Estudios jurídicos en Homenaje al Profesor Víctor Moreno Catena

VOLUMEN II

Procedimiento de selección de originales, ver página web:
www.tirant.net/index.php/editorial/procedimiento-de-seleccion-de-originales

Estudios jurídicos en Homenaje al Profesor Víctor Moreno Catena

VOLUMEN II

Helena Soleto
Raquel López Jiménez
Amaya Arnáiz Serrano
Sabela Oubiña Barbolla
Coordinadoras

Instituto Alonso Martínez de justicia y litigación
Universidad Carlos III de Madrid

tirant lo blanch
Valencia, 2025

En caso de erratas y actualizaciones, la Editorial Tirant lo Blanch publicará la pertinente corrección en la página web www.tirant.com.

EDITA: TIRANT LO BLANCH
C/ Artes Gráficas, 14 - 46010 - Valencia
TELFS.: 96/361 00 48 - 50
FAX: 96/369 41 51
Email: tlb@tirant.com
www.tirant.com
Librería virtual: www.tirant.es
DEPÓSITO LEGAL: V-326-2025
ISBN: 978-84-1071-647-6 (Obra completa)
ISBN: 978-84-1071-870-8 (Volumen II)

Si tiene alguna queja o sugerencia, envíenos un mail a: *atencioncliente@tirant.com*. En caso de no ser atendida su sugerencia, por favor, lea en *www.tirant.net/index.php/empresa/politicas-de-empresa* nuestro procedimiento de quejas.

Responsabilidad Social Corporativa: http://www.tirant.net/Docs/RSCTirant.pdf

Índice volumen II

PRIMERA PARTE
PROCESO CIVIL ESPAÑOL

SEGUNDA PARTE
MISCELÁNEA PROCESAL

PRIMERA PARTE

PROCESO CIVIL ESPAÑOL

Principios informadores de la actuación de las partes en el proceso civil[1]

TOMÁS LÓPEZ-FRAGOSO ÁLVAREZ

Catedrático de Derecho Procesal ULL (Universidad de La Laguna)

SUMARIO: 1. PRINCIPIO DE DUALIDAD DE POSICIONES. 2. PRINCIPIO DE CONTRADICCIÓN. 3. PRINCIPIO DE IGUALDAD. 4. PRINCIPIO DISPOSITIVO. 5. PRINCIPIO DE APORTACIÓN. 6. IDENTIFICACIÓN DE LAS PARTES.

Los principios procesales nos ofrecen una idea general del modelo de sistema procesal de que se trate. Al respecto es evidente que para establecer nuestro modelo de justicia civil el mejor método es determinar los principios que informan la LEC (Ley 1/2000, de 7 de enero, de Enjuiciamiento Civil, en adelante LEC). Ha de tenerse en cuenta que estos principios procesales no sólo cumplen una función meramente didáctica, sino que, en cuanto principios informadores del Derecho procesal civil, suponen, además, fuente de este sector normativo, puesto que las normas procesales han de interpretarse según los principios procesales. Estos principios han rebasado esta naturaleza meramente interpretativa, pues la mayoría de ellos, y desde luego los más importantes relativos a las partes del proceso, han sido constitucionalizados como derechos fundamentales por el artículo 24 CE. Desde 1978 los principios que informan la actuación de las partes en el proceso civil son derechos de aplicación inmediata en cualquier tipo de proceso. Las partes del proceso actúan según los principios de dualidad de posiciones, contradicción e igualdad, como derechos constitucionales procesales, y, en el proceso civil, también de acuerdo con los principios dispositivo y de aportación. La vulneración de estos principios legitima para interponer un recurso ordinario o extraordinario, y respecto a los que son consubstanciales a la idea misma de proceso, esto es, los principios-derechos de dualidad de

1 Esta publicación es parte del proyecto de I+D+i de Generación de Conocimiento, titulado Sostenibilidad ambiental, social y económica de la administración de justicia. Retos de la Agenda 2030. (SOST JUST 2030), con referencia PID2021-126145OB-I00, financiado por MCIN/ AEI/10.13039/501100011033/ y "FEDER Una manera de hacer Europa".

posiciones, contradicción e igualdad posibilitan, en su caso, un recurso de amparo constitucional por vulneración de los artículos 14 y 24 CE. También los principios dispositivo y de aportación podrán fundar un amparo ante el Tribunal Constitucional, cuando su desconocimiento o vulneración suponga un quebranto del derecho a un proceso con todas las garantías ex artículo 24.2 CE. Ahora, en todo caso, aparte de haber agotado la vía jurisdiccional ordinaria, la parte que promueva un recurso de amparo habrá de justificar la trascendencia constitucional de su recurso.

Los principios procesales nos ofrecen una idea general del modelo del sistema procesal de que se trate. Al respecto es evidente que para determinar nuestro modelo de justicia civil el mejor método es determinar los principios que informan la LEC. Ha de tenerse en cuenta que estos principios procesales no sólo cumplen una función meramente didáctica, sino que, en cuanto principios informadores del Derecho procesal civil, suponen, además, fuente de este sector normativo, puesto que las normas procesales han de interpretarse según los principios procesales. Estos principios han rebasado esta naturaleza meramente interpretativa, pues la mayoría de ellos, y desde luego los más importantes relativos a las partes del proceso, han sido constitucionalizados como derechos fundamentales por el artículo 24 CE. Desde 1978 los principios que informan la actuación de las partes en el proceso civil son derechos de aplicación inmediata en cualquier tipo de proceso. Las partes del proceso civil actúan según los principios de dualidad de posiciones, contradicción e igualdad, como derechos constitucionales procesales, y, en el proceso civil, también de acuerdo con los principios dispositivo y de aportación. La vulneración de estos principios legitima para interponer un recurso ordinario o extraordinario, y respecto a los que son consubstanciales a la idea misma de proceso, esto es, los principios-derechos de dualidad de posiciones, contradicción e igualdad posibilitan, en última instancia, un recurso de amparo constitucional por vulneración de los artículos 14 y 24 CE. También los principios dispositivo y de aportación podrán fundar un amparo ante el Tribunal Constitucional, cuando su desconocimiento o vulneración suponga un quebranto del derecho a un proceso con todas las garantías ex artículo 24.2 CE. Ahora siempre que el que lo promueva justifique la trascendencia constitucional de dicho recurso.

1. PRINCIPIO DE DUALIDAD DE POSICIONES

El proceso exige, por su propia naturaleza, la existencia de dos partes contrapuestas, cada una de las cuales ha de ocupar una de las dos posiciones en que se estructura todo proceso civil: demandante y demandado. Esta estructura dialéctica del proceso es consecuencia de la contraposición de intereses en la controversia jurídica para cuya composición se ofrece a las partes el proceso civil. No cabe el auto proceso, como tampoco se admite el proceso frente a personas desconocidas o indeterminadas. Por ello en determinadas actuaciones judiciales no jurisdiccionales, esto es, actuaciones encomendadas a jueces sin que exista una contraposición de intereses, y por lo tanto sin que se ejercite pretensión alguna en sentido estricto, no cabe hablar de proceso ni de partes. Éste es el caso de la denominada Jurisdicción voluntaria (Ley 15/2015, de 2 de julio, de la Jurisdicción Voluntaria), donde el término jurisdicción es utilizado incorrectamente, y donde no existen procesos sino expedientes, ni tampoco partes sino solicitantes, ni se ejercitan pretensiones sino peticiones o solicitudes. La existencia de un demandante que pide del órgano jurisdiccional la estimación de una pretensión y de un demandado frente al que dicha pretensión se interpone es consubstancial a la naturaleza del proceso.

El principio de dualidad de partes no exige que las partes del proceso adopten la posición de parte activa o pasiva del proceso desde su inicio. Con independencia de que el demandante y el demandado reciban distintas denominaciones a lo largo del desarrollo del proceso, lo importante es tener en cuenta que, además de la necesidad de que exista un demandante y un demandado desde el inicio del proceso, cabe también la posibilidad de que en un proceso ya iniciado entre los legítimos contradictores intervengan determinados sujetos hasta entonces terceros procesales, dejando de ser terceros precisamente con su intervención procesal y teniendo que ocupar necesariamente bien la posición de parte demandante, bien la de demandada.

La dualidad de posiciones en que se descompone todo proceso se deduce directamente del propio artículo 24.1 CE, puesto que si por un lado a toda persona se le reconoce el derecho a la tutela judicial efectiva, ello se complementa con la prohibición en todo caso de la indefensión del sujeto frente a cual el acto de tutela jurisdiccional se pretende. Con lo cual el principio de dualidad de posiciones implica la garantía del derecho de audiencia bilateral contenido en el principio de contradicción.

2. PRINCIPIO DE CONTRADICCIÓN

El principio de contradicción es también consubstancial a la idea de proceso. Se encuentra reconocido como derecho fundamental en el artículo 24.1 CE, como derecho de audiencia bilateral, y también en el artículo 24.2 CE como derecho a un proceso con todas las garantías, puesto que una de las garantías básicas de las partes es poder alegar los hechos y fundamentos de derecho que estimen oportunos para obtener la tutela jurisdiccional de sus derechos e intereses legítimos. La opinión generalizada en la doctrina procesal contrapone un derecho de acción, del que es titular el demandante, y un derecho de defensa del demandado. Pero el demandante también es titular del derecho de defensa en cuanto derecho de poder realizar las alegaciones y proponer y practicar los medios de prueba conducentes a lograr una sentencia favorable. Desde esta perspectiva puede decirse que tanto el demandante como el demandado son titulares del derecho de audiencia o defensa, derecho que si se predica de ambas partes del proceso se convierte en derecho de audiencia bilateral, esto es, en el derecho de defender en el proceso sus propios derechos e intereses y contradecir las alegaciones y las pruebas de la parte contraria, puesto que la expectativa de obtener una sentencia favorable para cada una de las partes choca con la expectativa de la parte contraria, lo cual exige que se les reconozcan las mismas posibilidades procesales de defensa a ambas partes. Así la STC 52/1999, de 12 de abril, considera que "la indefensión es la situación en la que, normalmente con infracción de una norma procesal, el órgano judicial en el curso del proceso impide a una parte el ejercicio del derecho de defensa, privando o limitando su capacidad de ejercitar bien su facultad de alegar y justificar sus derechos e intereses para que le sean reconocidos, bien de replicar dialécticamente las posiciones contrarias en el ejercicio del indispensable principio de contradicción, siempre que la indefensión tenga un carácter material, expresión con la que se quiere subrayar su relevancia o trascendencia, es decir, que produzca un efectivo y real menoscabo del derecho de defensa".

El derecho de audiencia bilateral encuentra su sustrato "en el principio de que nadie puede ser condenado en juicio sin ser oído, proposición donde se cobijan una serie de exigencias y entre ellas, la garantía de un proceso contradictorio, con igualdad de armas para las partes. Ahora bien, desde la perspectiva de quienes no son los que ejercitan la acción para poner en marcha el procedimiento —actores, demandantes o querellantes, recurrentes—, el conocimiento de que éste se ha incoado es el factor desencadenante de su posibilidad de personarse y de actuar en su defensa, alegando lo que crean conducente a su interés e intentando probar los datos de hecho correspondientes. Cobran así todo su valor el papel de los actos procesales de comunicación y, muy especialmente, en la coyuntura inicial de cada instancia, de las citaciones y emplazamientos como medios para hacer saber la existencia de un proceso a quienes pueda afectarles" (STC 15/1995, de 24 enero).

Al respecto del principio de contradicción expresado en el clásico brocardo "nadie puede ser condenado sin ser oído" (audiatur et altera pars) hay que precisar:

a) No se trata sólo de la condena, sino de la estimación o desestimación de una pretensión, por lo que además del demandado será también titular del derecho de defensa el demandante.

b) La defensa, además de un derecho, es una carga procesal, puesto que el demandante viene gravado con la necesidad de ejercitar el derecho de acción si quiere obtener una sentencia favorable, y el demandado con la carga de la defensa si quiere hacer efectiva su expectativa de obtener la desestimación de la pretensión. En ningún caso se trata de una obligación en el proceso civil.

c) La defensa, tanto del demandante como del demandado, exige para su eficacia un acceso al proceso sin limitaciones por motivos económicos, lo que se garantiza con el derecho a la asistencia jurídica gratuita (artículo 119 CE).

d) El ejercicio eficaz de la contradicción exige que las partes tengan conocimiento de las alegaciones y de los medios de prueba que proponga la parte contraria. Respecto del demandado tal conocimiento cobra su máxima expresión con el conocimiento de la existencia del proceso, o sea, que frente a él se ha interpuesto una pretensión y cuál es su contenido. Los actos de comunicación judicial, con especial relieve el emplazamiento del demandado, constituyen el presupuesto del ejercicio del derecho de defensa.

En todo caso, como señala Calamandrei, el principio de contradicción, además de su reconocimiento constitucional como derecho de audiencia bilateral, supone uno de los expedientes prácticos más importantes para lograr una resolución justa de la controversia jurídica, puesto que con respeto a la imparcialidad del juzgador, de la bilateralidad del derecho de acción y del derecho de defensa, el juez logrará alcanzar un más completo conocimiento del conflicto jurídico que se delimita en la pretensión del demandante y con la oposición a dicha pretensión del demandado.

3. PRINCIPIO DE IGUALDAD

El derecho de audiencia bilateral no podrá ser efectivo si no se acompaña con el respeto del principio de igualdad. Principio de igualdad reconocido en el artículo 14 CE, y que en el proceso se presenta como igualdad de armas: las partes tienen que tener garantizados los mismos derechos, deberes, cargas y posibilidades procesales para alcanzar una sentencia favorable a cada una de sus posiciones. Por ello el principio de igualdad de armas procesales es complemento necesario del principio de contradicción y, por lo tanto, encuentra también reconocimiento en el derecho a un proceso con todas las garantías del artículo 24.2 CE. "Dicho principio procesal de contradicción aparece proclamado en el artículo 24.2 de la Constitución Española, cuando en él se establece el derecho de todas las personas a un proceso con todas las garantías, entre las que se encuentra el principio en cuestión, cuya base se halla en el aforismo del Derecho romano audiatur et altera pars. Pero ahora bien, dicho principio de contradicción necesita ser completado con el de "igualdad de armas" (die Waffengleichheit) cuyo origen teórico se encuentra en la doctrina científica alemana, porque no es suficiente que exista contradicción en el proceso, sino que, para que ésta sea efectiva, se hace necesario que ambas partes tengan las mismas posibilidades y cargas de ataque y defensa, de alegación, de prueba y de impugnación. Este principio de "igualdad de armas" que complementa al de contradicción, aparece proclamado en el artículo 14 de la Constitución Española, que establece el principio constitucional de igualdad, y este principio ha de ser aplicado indiscriminadamente en todas y cada una de las fases, trámites e instancias del proceso" (STS 1ª 13 febrero 1999).

Respecto del principio de igualdad de armas cabe realizar las siguientes puntualizaciones:

a) La garantía del principio exige que a ninguna de las partes, en consideración a la parte contraria, se le reconozcan privilegios procesales.

b) La igualdad de armas obliga a establecer los mecanismos legales precisos para evitar que las desigualdades económicas de alguna de las partes genere una desigualdad procesal. Ello se consigue con el derecho a obtener una asistencia jurídica gratuita (artículo 119 CE). En este sentido hay que tener en cuenta que la LEC parte del reconocimiento de este derecho de asistencia jurídica a las partes con insuficientes medios económicos para afrontar los gastos y costas procesales no sólo en los casos en que sea preceptiva la defensa técnica por abogado y representación por procurador, sino también cuando, no siendo preceptiva dicha forma de postulación, la parte contraria quiera valerse de la asistencia de tales profesionales (artículo 32 LEC). También es garantía del principio de igualdad procesal la necesidad de comunicar a la parte contraria la intención de actuar con abogado y procurador, no siendo preceptiva tal postulación, con el fin de que ésta decida si también quiere ser asistida y representada por abogado y procurador (artículos 32 y 33 LEC).

c) La desigualdad económica entre las partes encuentra una especial proyección en el derecho a un proceso sin dilaciones indebidas ex artículo 24.2 CE, al ser evidente que la parte con mayor poder económico puede sufrir un menor perjuicio por un retraso en la decisión del proceso. Esta circunstancia puede ser utilizada para forzar un modo alternativo de terminación del proceso de manera fraudulenta.

d) Hay que diferenciar una igualdad de armas teórica o legal y una igualdad práctica o material: en principio las partes demandantes y demandadas nunca tendrán reconocida una igualdad material porque en la práctica un desequilibrio económico entre ambas partes puede degenerar de hecho en desigualdades procesales, como por ejemplo a la hora de poder escoger entre una determinada defensa de entre todos los letrados que prestan sus servicios profesionales en un sistema de libre prestación de servicios. Además, la igualdad de armas procesales teórica nunca supondrá una identidad de las respectivas cargas con las que están gravadas las partes del proceso según sea la posición procesal que les corresponda. El demandante inicia el proceso por su propia voluntad y delimita libremente la controversia mediante la pretensión, pero se encuentra gravado con la carga de la alegación y de la defensa. El demandado, salvo que interponga una reconvención, tendrá que respetar la delimitación de la controversia realizada por la pretensión de la parte actora, pero puede obtener una sentencia favorable aun sin oposición expresa y aun siendo declarado en rebeldía, pues ésta se equipara, por regla general, a una oposición presunta.

e) Por lo tanto, las desigualdades procesales no siempre suponen una vulneración del derecho de igualdad en el proceso, puesto que sus posiciones son estructuralmente diferentes. Del mismo modo no puede considerarse que los demandados en determinados procesos sumarios sufran una desigualdad por ver limitadas las causas de oposición a la pretensión, puesto que al no producir la sentencia plenos efectos de cosa juzgada siempre podrán acudir posteriormente a un proceso plenario en igualdad de condiciones procesales.

4. PRINCIPIO DISPOSITIVO

El carácter instrumental del Derecho procesal civil determina que, dada la naturaleza privada de los intereses en conflicto, el proceso civil se rija por el principio de oportunidad. El principio de oportunidad informa al proceso civil frente al principio de necesidad que informa, con carácter general, al proceso penal. En consecuencia, teniendo en cuenta el contenido del Derecho de propiedad y el principio de autonomía de la voluntad del Derecho privado (artículo 33 CE), las partes del proceso civil disponen del inicio del proceso, de la delimitación de su objeto y de su terminación anticipada.

La LEC conforma un proceso civil regido por el principio dispositivo y de justicia rogada. "El principio dispositivo, mejor poder dispositivo, significa que en el campo del proceso civil, las partes disponen del objeto del proceso, en el sentido de ejercitarlo o renunciarlo a su voluntad. Comenzando, respecto al demandante, con la libertad de accionar y en cuanto a la elección de oportunidad del momento de realizarlo, limitado en el orden temporal a la prescripción de la acción y asimismo, iniciado el proceso con el poder de disposición sobre la pretensión, renunciándola o transigiendo y en cuanto al demandado con la libertad de comparecer o no y de allanarse o transigir la pretensión adversa. En íntima relación con tal principio, pero con independencia o al menos autonomía, figuran los de justicia rogada y de aportación de parte, el primero en cuanto que el actor determina la iniciación del proceso (ne procedat iudex ex officio y nemo iudex sine actore) y puede desistir" (STS 1ª 7 diciembre 1999).

El principio dispositivo determina que:

a) La parte demandante disponga del inicio del proceso mediante la presentación de la demanda, ejercitando el derecho de acción del artículo 24.1 CE (artículos 399 y 437 LEC).

b) La parte demandante delimite el objeto del proceso mediante la interposición de la pretensión. El objeto del proceso se delimita definitivamente por la oposición del demandado en ejercicio de su derecho de defensa. El debate procesal habrá de limitarse a dicho objeto, delimitado por la pretensión y por la oposición del demandado (artículos 405, 418 y 428 LEC).

c) Las partes disponen de la terminación anticipada del proceso sin sentencia o sin sentencia contradictoria, bien mediante la disposición del objeto del proceso o del propio proceso (artículos 19 a 21 LEC).

d) El tribunal quede vinculado por el objeto del proceso, delimitado por la pretensión y según la actitud que el demandado haya adoptado para delimitar el debate procesal, debiendo dictar en su día una sentencia congruente con dicho objeto procesal (artículo 218.1 LEC).

En definitiva, "nuestro Derecho se encuentra regido por el principio dispositivo de las partes sobre el objeto del proceso o, dicho de otra forma, son dueñas del Derecho material que se discute en el mismo, quedando los órganos jurisdiccionales vinculados a sus pretensiones y siendo el principio de rogación una simple faceta de aquél" (STS 1ª 25 marzo 1994).

5. PRINCIPIO DE APORTACIÓN

El proceso de la LEC se rige por el principio de aportación, según el cual le corresponde a la parte demandante alegar los hechos constitutivos de la pretensión y a la parte demandada los hechos impeditivos, extintivos y excluyentes que fundan la defensa del demandado a dicha pretensión. Además, también les corresponde a las partes del proceso la prueba de la veracidad de sus alegaciones de hecho, pues ellas están gravadas con la carga de la prueba de los hechos que puedan beneficiarles para la obtención de una sentencia favorable a sus respectivos intereses (artículo 217 LEC).

El proceso civil viene informado por el principio de oportunidad y dispositivo y el legislador español ha querido acompañar la vigencia de dichos principios con el principio de aportación a instancia de parte, frente a la posibilidad de haber permitido una investigación de oficio, no tanto de los hechos, cuanto de las pruebas que pudieran convencer al juez de la veracidad de las alegaciones que de tales hechos hubieran realizado las partes. En definitiva, el principio de aportación y su opuesto, el principio de investigación, resuelven el problema procesal de determinar a qué sujetos del proceso, juez o partes, les corresponde la formación del material fáctico del proceso (GIMENO). La LEC resuelve dicho problema optando por el principio de aportación.

Como señala la STS 1ª 14 noviembre 1994, "en efecto, tras afirmar que el principio dispositivo en su vertiente procesal constituye uno de los principios constitutivos del proceso civil, niega la tesis del recurrente, según la cual el derecho a obtener la tutela efectiva (artículo 24.1 de la Constitución Española) comportaría el deber de averiguar la verdad material, disponiendo el Juez de oficio cuantas pruebas sirvan a ese objetivo, aduciendo al respecto el citado Tribunal Constitucional que el artículo 24 "eleva a rango constitucional el derecho a la tutela jurisdiccional y otras garantías procesales, pero no instaura otro modelo —inquisitivo— de proceso civil" " (ATC 251/1984, de 25 abril).

Por lo tanto, el principio de aportación "significa la asunción por cada parte de los elementos de alegación, petición y prueba que vinculan al juez dentro del margen de la pretensión y de su oposición" (SSTS 1ª 7 diciembre 1999 y 5 noviembre 2003), y produce las siguientes consecuencias:

a) La introducción de los hechos en el proceso le corresponde a las partes. En concreto, el demandante aporta los hechos en la demanda (artículos 399, para el juicio ordinario, y 437 LEC, para el juicio verbal) y el demandado en la contestación a la demanda, que, como consecuencia de la entrada en vigor de la Ley 42/2015, de 5 de octubre, adoptará forma escrita tanto en el juicio ordinario como en el verbal (artículos 405 y 438.1 LEC).

b) La prueba se practicará a instancia de parte (artículo 282 LEC).

c) Excepcionalmente podrá el tribunal acordar de oficio "que se practiquen determinadas pruebas o que se aporten documentos, dictámenes u otros medios e instrumentos probatorios, cuando así lo establezca la ley" (artículo 282 LEC). Esto sólo ocurre en el caso de procesos sobre declaración o impugnación de la filiación, paternidad y maternidad, también en los procesos sobre la adopción de medidas de apoyo a las personas con discapacidad y en los procesos matrimoniales, o sea, en los procesos cuyo objeto es indisponible para las partes. Al efecto, el artículo 339.5 LEC señala respecto al dictamen de peritos, que el tribunal podrá designar de oficio al perito. Con carácter general se reconoce al tribunal el poder practicar de oficio cuantos medios de prueba considere pertinentes (artículo 752.1 ap. 2º), con excepción de las materias accesorias que se pretendan en estos procesos indisponibles sobre el estado y condición civil de las personas, puesto que sobre dichas materias rigen los principios y normas generales (artículo 752.4 LEC). Por lo tanto, excepcionalmente, podrá el tribunal acordar de oficio la práctica de cualquier medio de prueba, sobre hechos alegados por las partes, en los procesos sobre la adopción de medidas de apoyo a las personas que lo necesiten para ejercitar sus derechos (artículos 759, 761.3 y 763.3 LEC), en los procesos sobre filiación, paternidad y maternidad (artículo 752.1 ap. 2º LEC) y en los procesos matrimoniales (770.4ª, 771.3, 774.2, y 777.4 LEC). Fuera de estos casos el tribunal no podrá acordar de oficio la práctica de medios de prueba. Sí le reconoce la LEC con carácter general la facultad de señalar a las partes la insuficiencia de los medios de prueba propuestos por las partes y manifestarles la conveniencia de proponer determinados medios de prueba, siempre que se refieran a fuentes de prueba que ya consten en las actuaciones, invitación que las partes podrán aceptar o no (artículo 429.1 ap. 3º LEC). En la práctica de la prueba podrá el tribunal participar activamente en el interrogatorio de las partes, solicitando aclaraciones o adiciones de la parte interrogada (artículo 306.1 LEC) y del mismo modo y con el mismo fin podrá interrogar al testigo (artículo 372.2 LEC) o pedir aclaraciones o explicaciones a un perito (artículo 347.2 LEC). Por último, el tribunal podrá acordar de oficio la práctica de medios de prueba como diligencias finales, pero únicamente sobre hechos controvertidos sobre los que ya se practicó prueba a instancia de parte y siempre que tales pruebas "no hubieran resultado conducentes a causa de circunstancias ya desaparecidas e independientes de la voluntad y diligencia de las partes" (artículo 435.2 LEC).

6. IDENTIFICACIÓN DE LAS PARTES

El principio de dualidad de posiciones exige la existencia como mínimo de dos partes que ocupen la posición de demandante y de demandado desde el inicio del proceso. Ambas partes deben estar identificadas también desde la presentación de la demanda mediante los datos y circunstancias que permitan su determinación (artículos 399.1 y 437.1 y 2 LEC). Respecto del demandante es obvio que tal identificación no debe causar mayores problemas, puesto que sus datos identificadores debe expresarlos el actor en su demanda. El problema de la identificación de las partes se circunscribe a la parte demandada. Ha de tenerse en cuenta que en el caso de una reconvención, en principio, la identificación de las partes presenta menos problemas. Al consistir la reconvención la interposición de una nueva pretensión por el demandado frente al demandante en el mismo procedimiento (artículo 406.1 LEC), ambas partes, reconvenido y reconviniente, han de estar ya identificadas en el proceso y sus datos personales se harán constar en la misma forma que en el escrito de demanda (artículo 406.3 LEC). En todo caso, cuando el demandante reconvenido actúe representado por procurador, la reconvención se notificará mediante dicho representante técnico. Es cierto que siendo admisible la reconvención frente a los terceros que sean litisconsortes del actor respecto de la pretensión ejercitada con la reconvención, surgirá de nuevo el mismo problema de la adecuada identificación de tales terceros reconvenidos, como sucede con los demandados originarios. A la hora de afrontar el problema de la identificación de los demandados —originarios o reconvenidos— ha de tenerse bien presente, en primer lugar, que no se admite el proceso frente a personas desconocidas o no identificadas, y, en segundo término, que de la adecuada identificación de los demandados depende la posibilidad de poder realizarles un emplazamiento personal eficaz y, en definitiva, la efectividad del derecho fundamental de defensa.

La demanda ha de presentarse frente a una o varias personas determinadas.

"La existencia de personas no demandadas nominalmente a las que les puede afectar el fallo, supuesto éste que implica que está mal constituida la relación jurídico-procesal, ya que hay que demandar nominativamente a todas aquellas personas que puedan resultar afectadas por el fallo de la Sentencia" (STS 1ª, 2 diciembre 1999).

No cabe presentar una demanda y solicitar del tribunal que realice una especie de llamamiento por edictos de cualquier persona que pueda tener interés en oponerse a la pretensión. La pretensión, y con ella el proceso, se individualiza con los sujetos que la interponen y frente a los que se interpone.

La identificación del demandado es un problema que ha de conjugar dos intereses contrapuestos. Por un lado, no puede exigirse al demandante una perfecta identificación del demandado, pues tal exigencia puede derivar en un desconocimiento de la efectividad del derecho de acción; pero, por otro lado, tampoco cabe admitir una identificación tan vaga del demandado que también haga que su derecho de defensa sea meramente teórico. En atención a ambos intereses se ha de concluir que la identificación del demandado exige su determinación, esto es, que se pueda determinar con certeza a quién se demanda, a qué persona o entidad con capacidad para ser parte se está demandando. No cabe exigir en todos los casos que se designe al demandado por su nombre y sus dos apellidos, o, en el caso de una persona jurídica, por su denominación social; cabrá, según las circunstancias de cada proceso concreto, exigir una mayor o menor concreción en los datos personales del demandado. "La identidad del demandado se puede buscar por cualquier circunstancia que permita su determinación, y es suficiente la concreción e individualización que permita conocer con exactitud aquel contra quien se entabla la acción (STS 1ª 15 noviembre 1974), siendo admisible la designación del demandado por el nombre comercial (STS 1ª S 16 Dic. 1971); y en el caso, la designación del demandado se hizo por el rótulo que figura en el establecimiento hotelero y que fue tan eficaz que la sociedad propietaria del mismo compareció a ejercitar, sin mengua procesal alguna, su derecho de defensa, por lo que procede desestimar el recurso" (STS 1ª 1 marzo 1991).

La LEC regula en su artículo 416.1.5ª como cuestión procesal "el defecto en el modo de proponer la demanda, o, en su caso, la reconvención por falta de claridad o precisión en la determinación de las partes". Pero téngase en cuenta que dicha falta de claridad o precisión habrá de estimarse, como decimos, no cuando la parte no esté perfectamente identificada, sino cuando no se encuentre determinada. Y a tal efecto el artículo 424 LEC permite las aclaraciones o precisiones oportunas para determinar a las partes. Además, el mismo artículo nos señala en su número segundo que, aun no realizándose tales aclaraciones o precisiones, "el tribunal sólo decretará el sobreseimiento del pleito si no fuese en absoluto posible determinar... frente a qué sujetos jurídicos se formulan las pretensiones".

Un problema específico es la designación en la demanda del domicilio del demandado. Los artículos 155 y ss. LEC se ocupan expresa y pormenorizadamente de este problema. Es evidente la importancia que estos actos de emplazamiento del demandado revisten para su comparecencia en el proceso, de tal manera que un emplazamiento irregular que imposibilite el conocimiento por el demandado de la existencia del proceso impide el ejercicio de su derecho fundamental de defensa, hasta tal punto que estos actos de comunicación integran el propio derecho fundamental. "El derecho de defensa y la correlativa interdicción de indefensión establecidos en el art. 24.1 CE comportan la posibilidad de un juicio contradictorio en el que las partes puedan hacer valer sus derechos e intereses legítimos. De ahí, la especial trascendencia de los actos de comunicación del órgano judicial con las partes, en especial, de aquel que se hace a quien ha de ser o puede ser parte en el proceso, pues, en tal caso, el acto de comunicación es el necesario instrumento que facilita la defensa en el proceso de los derechos e intereses cuestionados. Se trata, pues, con dichos actos de comunicación de garantizar la defensa de los derechos e intereses legítimos de las partes, de tal manera que su falta o deficiente realización, siempre que se frustre la finalidad con ellos perseguida, coloca al interesado en una situación de indefensión que es lesiva del derecho fundamental citado, salvo que la falta de comunicación tenga su causa en la pasividad o negligencia del interesado que adquirió conocimiento del acto o resolución por medios distintos" (STC 17/1992, de 10 febrero). Además, si la falta de emplazamiento personal se debe a una maquinación fraudulenta del demandante, quien ocultó o mintió sobre los datos del demandado para imposibilitar un efectivo conocimiento de pendencia del proceso, tal comportamiento legitima al demandado para interponer en su día una revisión (artículo 510.4º LEC). "Es reiterada doctrina de esta Sala la de que entraña maquinación fraudulenta toda actividad de la parte actora encaminada a dificultar, disimular u ocultar al demandado el planteamiento del litigio, obstaculizando mediante ardides su defensa, y constituyendo la forma más frecuentemente empleada la afirmación inexacta de desconocerse su domicilio y provocar un emplazamiento edictal, a fin de que se sustancie el juicio en rebeldía de la parte demandada, cuando el empleo de una mínima y elemental diligencia por parte del actor, haciendo adecuadas gestiones, le hubiera permitido conocer con exactitud el domicilio de la persona a la que dice demandar" (STS 1ª 26 julio 1994).

El acceso de los consumidores a la justicia: las acciones colectivas

CARLOS LASARTE ÁLVAREZ
Catedrático Emérito de Derecho Civil
UNED

Al espléndido y reconocido Profesor Víctor M. Moreno Catena, brillante procesalista y Abogado de buenas causas, con la admiración y el cariño mutuo que nos profesamos desde hace más de cincuenta años, tanto familiar como universitariamente, desde nuestra extinta juventud en la Facultad de Derecho de la Universidad de Sevilla hasta nuestra actual situación de jubilados en la Administración Pública.

SUMARIO:

1. INTRODUCCIÓN

Naturalmente, cualquier consumidor puede dirigirse, en defensa de sus derechos e intereses, a la Administración de justicia, a través de los procedimientos judiciales previstos en la legislación, reclamando cuanto corresponda y procurando una sentencia que le sea favorable. Tal vía o modo de acceso a la justicia se da por sabida, pero ha parecido claramente insuficiente en las últimas décadas, en las que se ha puesto de manifiesto con toda claridad que el entendimiento tradicional del proceso civil y las reglas legales aplicables, que presuponían, siempre, la actuación individual y concreta de una persona determinada eran claramente insuficientes.

Afirmar la insuficiencia de la actuación individual, sobre todo frente a las cláusulas abusivas, era tanto como propugnar la existencia de los intereses generales, colectivos o difusos en beneficio de los consumidores y usuarios, de manera tal que éstos, agrupadamente considerados, en cuanto colectividad, pudieran contar con una serie de acciones colectivas que les permitieran conseguir sentencias cuyo fallo fuera vinculante para el conjunto de suministradores y servicios y no sólo frente a aquél contra el que se hubiera pleiteado.

Pues bien, al utilizar la expresión o el giro de acceso de los consumidores a la justicia, tanto en los documentos jurídicos de la Unión Europea cuanto por parte de los autores, se está haciendo referencia, en efecto, a la superación del esquema clásico del proceso civil y a la desembocadura de acciones colectivas que pudieran ser ejercitadas por los consumidores y usuarios en cuanto grupo y, naturalmente, por las organizaciones y asociaciones nacidas para procurar la defensa de sus intereses.

2. HITOS EUROPEOS EN EL ACCESO DE LOS CONSUMIDORES A LA JUSTICIA

Razones de orden pragmático aconsejan no extenderse demasiado en resaltar la importancia que ha desplegado el "impulso comunitario" en el acceso de los consumidores a la justicia. Las dos últimas décadas del siglo XX se han caracterizado, en efecto, en la Unión Europea por haber desplegado una serie de instrumentos que, en un tiempo verdaderamente récord, han culminado en el reconocimiento de las acciones colectivas a favor de consumidores y usuarios.

Tales iniciativas, desarrolladas fundamentalmente por el Comité Económico y Social, culminaron en noviembre de 1993 en el Libro Verde sobre acceso de los consumidores a la justicia y solución de litigios en materia de consumo.

Dicho Libro Verde puso de manifiesto la necesidad, comúnmente sentida en el conjunto de los ordenamientos nacionales, de procurar procedimientos rápidos, baratos y eficaces y sobre todo la necesidad de que las asociaciones y organizaciones de consumidores y usuarios pudieran actuar en defensa de los intereses generales.

Ello puso las bases para el abordaje de la cuestión, en el ámbito comunitario, desde dos ámbitos, no obstante las limitaciones competenciales de la Unión Europea en materia de Derecho procesal: por un lado, en lo referente al ejercicio judicial de acciones colectivas, y junto con ello, la creación de entidades que permitieran la articulación de tales acciones; y por otro lado, apostando también decididamente por el establecimiento de mecanismos extrajudiciales de resolución de conflictos en materia de consumo:

a) En cuanto a lo primero (articulación judicial de acciones colectivas), cinco años después del mencionado Libro Verde sobre acceso de los consumidores a la justicia y solución de litigios en materia de consumo, se aprobó la Directiva 98/27/CE, relativa a las acciones de cesación en materia de protección de los intereses de los consumidores, que abrió el camino de la defensa de los intereses colectivos de los consumidores. Esta Directiva sería derogada posteriormente por la Directiva 2009/22/CE, del Parlamento Europeo y del consejo, de 23 de abril de 2009, relativa a las acciones de cesación en materia de protección de los intereses de los consumidores, y ésta a su vez, por la actual Directiva 2020/1828, del Parlamento Europeo del consejo, de 25 de noviembre de 2020 relativa a las acciones de representación para la protección de los intereses colectivos de los consumidores, cuya fecha límite de transposición es el 25 de diciembre de 2022, y sin perjuicio de que los Estados miembros hayan de aplicar "las disposiciones legales, reglamentarias y administrativas de transposición de la Directiva 2009/22/CE a las acciones de representación que se hayan ejercitado antes del 25 de junio de 2023" (art. 22.2 de la Directiva 2020/1828).

b) En cuanto a lo segundo (establecimiento de mecanismos extrajudiciales de resolución de conflictos), el referente normativo a nivel comunitario lo constituye la vigente Directiva 2013/11/UE del Parlamento Europeo y del Consejo, de 21 de mayo de 2013, relativa a la resolución alternativa de litigios en materia de consumo, la cual ha apostado por mecanismos extrajudiciales, sencillos y baratos, de resolución de conflictos en el tráfico con consumidores.

3. LA LEGISLACIÓN ESPAÑOLA

Seguidamente vamos a analizar, aunque brevemente, los extremos fundamentales que deben considerarse en nuestra legislación interna, cuya evolución y desarrollo es innecesario destacar que se ha ido produciendo de la mano del propio desarrollo normativo de la Unión Europea.

3.1. La Ley General para la defensa de los consumidores y usuarios

Por supuesto, el arranque inicial del acceso de los consumidores a la justicia en sentido propio debe partir de un pasaje de la LCU que, prima facie, resulta algo impreciso y tiene ribetes de declaración programática: se trata de un pasaje comprendido en el apartado primero del artículo 20, conforme al cual las asociaciones de consumidores, entre otras finalidades, pueden "... representar a sus asociados y ejercer las correspondientes acciones en defensa de los mismos, de la asociación o de los intereses generales de los consumidores y usuarios...".

Así pues, la contemplación del tema en la LCU se caracteriza por distinguir una tríada de posibilidades, que a continuación vamos a considerar por separado: acciones judiciales en defensa de los asociados, acciones judiciales en defensa de la propia asociación, y, finalmente, acciones en defensa de los intereses generales de los consumidores y usuarios.

3.1.1. Ejercicio de acciones en defensa de los asociados

Sabemos que uno de los puntos fuertes del desarrollo de la protección de consumidores y usuarios ha venido representado precisamente por el fomento y fortalecimiento de las asociaciones de consumidores, estudiadas en el capítulo anterior. Sabemos igualmente que, conforme al texto originario del primer apartado del artículo 38 del Código Civil "las personas jurídicas... pueden ejercitar acciones civiles o criminales, conforme a las leyes y a las reglas de su constitución".

Atendiendo a dicho binomio es incontrovertible que las asociaciones de consumidores no sólo pueden, sino que también deben representar a sus asociados en la defensa de sus (de los asociados) intereses, cuando así lo solicite cualquier socio.

Se trata evidentemente en tales casos de una legitimación por sustitución (o, si se quiere, por representación), en cuanto la asociación no alega y defiende sus propios intereses y derechos, sino el derecho o interés individual de uno o de varios de sus asociados, quienes estimando que la defensa de sus derechos será más efectiva y, sobre todo, más cómoda para ellos, se dirigirán a la asociación para que actúe en su nombre. De hecho, la pertenencia o adscripción a una determinada asociación, en la mayor parte de los casos, encuentra fundamento y punto de arranque precisamente en la previsión de que, llegado algún conflicto, actuará procesalmente la asociación.

Como es sabido, dicho tipo de legitimación no representa novedad alguna y, de hecho, otros supuestos de legitimación por sustitución son verdaderamente "viejos conocidos", como es el caso del ejercicio de las acciones subrogatoria y revocatoria (contempladas en el art. 1.111 CC), así como de la acción directa, casuísticamente admitida por algunos preceptos del Código Civil (arts. 1.597, 1.722) y autorizada por algunas leyes especiales (Leyes de caza, de energía nuclear, de contrato de seguro, etc.).

3.1.2. Ejercicio de acciones en defensa de la asociación

El segundo supuesto contemplado en el artículo 20.1 LCU no arroja tampoco novedad o paradoja alguna. Se trata sencillamente de que la asociación actúa o interviene procesalmente en defensa de sus propios intereses o derechos, como cualquier otra persona jurídica, asimilada a su vez a la persona propiamente dicha, esto es a cualquiera de los seres humanos.

En tal caso, la asociación actuará conforme a sus propias reglas y los derechos, intereses o expectativas que legítimamente crea tener, sea frente a terceras personas, sea frente a sus propios asociados (exigiéndoles, por ejemplo, conductas inherentes o conformes con la finalidad de la asociación o reclamándoles el pago de las correspondientes cuotas).

3.1.3. Ejercicio de las acciones colectivas

Bajo dicho giro lingüístico, pretendemos referirnos a las acciones ejercitadas por la asociación en defensa "de los intereses generales de los consumidores y usuarios", según el tenor literal del artículo 20.1 de la LCU.

Está fuera de duda, por cuanto hemos resumido anteriormente, que el ejercicio de acciones colectivas por parte de las asociaciones de consumidores se enmarca o encuadra en el movimiento europeo pro consumidor. Sin embargo, lo cierto es que la previsión normativa de la Ley General para la defensa de los consumidores y usuarios, al tiempo que representaba una absoluta novedad en nuestro ordenamiento jurídico, planteaba la dificultad de su aplicación práctica, pues las disposiciones procesales vigentes no fueron objeto de reforma alguna por parte de la LCU y se encontraban asentadas en principios y reglas característicos de la acción o intervención individual.

Por tanto, podemos concluir concisamente, en el momento de publicarse la Ley General, en 1984, se había alcanzado o conseguido imponer el principio de que las asociaciones de consumidores podían ejercitar acciones judiciales en defensa de los intereses generales o grupales de consumidores y usuarios, sin establecerse en cambio procedimiento o mecanismo judicial alguno que permitiera su materialización efectiva o su aplicación práctica. Pero el paso fundamental ya estaba dado: una vez imperante el principio y aceptada la legitimación colectiva o legitimación grupal, la existencia o elaboración de las correspondientes normas procesales era cuestión de esperar, pues en el mundo del Derecho naturalmente lo importante son las normas y principios reguladores de cualquier sector normativo (de ahí que se hable, generalmente, de normas sustantivas), siendo las normas procesales, a las que normalmente se les denomina normas adjetivas, un posterius requerido por el conjunto del sistema.

3.2. La Ley Orgánica del Poder Judicial

En este caso, el funcionamiento del sistema siguió avanzando y, antes de que la LCU cumpliera su primer año de vigencia, la Ley Orgánica del Poder Judicial (Ley 6/1985, de 1 de julio) dejó establecido en la primera parte del apartado tercero de su artículo 7, que "los Juzgados y Tribunales protegerán los derechos e intereses legítimos, tanto individuales como colectivos, sin que en ningún caso pueda producirse indefensión". Esto es, en virtud de dicho mandato normativo se da entrada formal y concreta en nuestro ordenamiento jurídico a la protección de los intereses difusos o colectivos, superando la visión estrictamente individual del anterior paradigma del proceso.

Para la defensa de los intereses colectivos, sigue afirmando el precepto indicado, "... se reconocerá la legitimación de las corporaciones, asociaciones y grupos que resulten afectados o que estén legalmente habilitados para su defensa y promoción". Así pues, la legitimación en relación con los supuestos de intereses difusos o colectivos toma carta de naturaleza en nuestro ordenamiento de manera decidida, hasta el punto de que, junto con personas jurídicas propiamente dichas (asociaciones y corporaciones) se otorga también legitimación a los "grupos sin personalidad", decisión legislativa que, evidentemente, no está carente de problemas, pero que al propio tiempo representa unas posibilidades de actuación para los consumidores y usuarios que, algunas décadas antes, resultaban absolutamente impensables.

3.3. La Ley General de Publicidad

Una vez abierta la nueva vía con carácter general, no es extraño que la legitimación colectiva se fuera abriendo paso enseguida en otras disposiciones legislativas. En orden cronológico, la primera de ellas fue la Ley 34/1988 de 11 de noviembre, de publicidad. Su artículo 25 (hoy ya derogado por la Ley 29/2009, de 30 de diciembre) establecía lo siguiente:

1. Los órganos administrativos competentes, las asociaciones de consumidores y usuarios, las personas naturales o jurídicas que resulten afectadas y, en general, quienes tengan un derecho subjetivo o un interés legítimo podrán solicitar del anunciante la cesación o, en su caso, la rectificación de la publicidad ilícita.

2. La solicitud de cesación o rectificación se hará por escrito en forma que permita tener constancia fehaciente de su fecha, de su recepción y de su contenido.

Así pues, otorgaba legitimación activa tanto a las asociaciones de consumidores cuanto a grupos indeterminados ("quienes tengan un derecho subjetivo o un interés legítimo ...") y siguiendo las pautas establecidas en la Directiva 84/450 se daba carta de naturaleza en nuestro ordenamiento jurídico a un procedimiento especial dirigido a obtener la cesación de la publicidad ilícita.

3.4. La Ley de Competencia Desleal

La siguiente disposición legislativa que debemos considerar viene representada por la Ley 3/1991, de 10 de enero, que consagra, en el ámbito de la competencia desleal, la actuación o legitimación colectiva de las asociaciones de consumidores. Así, tras establecer en su artículo 32 (en su redacción vigente tras la modificación operada por la citada Ley 29/2009, de 30 de diciembre) que:

"1. Contra los actos de competencia desleal, incluida la publicidad ilícita, podrán ejercitarse las siguientes acciones:

1ª Acción declarativa de deslealtad.

2ª Acción de cesación de la conducta desleal o de prohibición de su reiteración futura. Asimismo, podrá ejercerse la acción de prohibición, si la conducta todavía no se ha puesto en práctica.

3ª Acción de remoción de los efectos producidos por la conducta desleal.

4ª Acción de rectificación de las informaciones engañosas, incorrectas o falsas.

5ª Acción de resarcimiento de los daños y perjuicios ocasionados por la conducta desleal, si ha intervenido dolo o culpa del agente.

6ª Acción de enriquecimiento injusto, que sólo procederá cuando la conducta desleal lesione una posición jurídica amparada por un derecho de exclusiva u otra de análogo contenido económico.

2. En las sentencias estimatorias de las acciones previstas en el apartado anterior, números 1ª a 4ª, el tribunal, si lo estima procedente, y con cargo al demandado, podrá acordar la publicación total o parcial de la sentencia o, cuando los efectos de la infracción puedan mantenerse a lo largo del tiempo, una declaración rectificadora".

Determina en el siguiente precepto (el art. 33, añadido por la repetida Ley 29/2009) que la legitimación activa se regulará por las reglas siguientes:

"1. Cualquier persona física o jurídica que participe en el mercado, cuyos intereses económicos resulten directamente perjudicados o amenazados por la conducta desleal, está legitimada para el ejercicio de las acciones previstas en el artículo 32.1, 1ª a 5ª

Frente a la publicidad ilícita está legitimada para el ejercicio de las acciones previstas en el artículo 32.1, 1ª a 5ª, cualquier persona física o jurídica que resulte afectada y, en general, quienes tengan un derecho subjetivo o un interés legítimo.

La acción de resarcimiento de los daños y perjuicios ocasionados por la conducta desleal podrá ejercitarse, igualmente, por los legitimados conforme a lo previsto en el artículo 11.2 de la Ley 1/2000, de 7 de enero, de Enjuiciamiento Civil.

La acción de enriquecimiento injusto sólo podrá ser ejercitada por el titular de la posición jurídica violada.

2. Las acciones contempladas en el artículo 32.1, 1ª a 4ª, podrán ejercitarse además por las asociaciones, corporaciones profesionales o representativas de intereses económicos, cuando resulten afectados los intereses de sus miembros.

3. Ostentan legitimación activa para el ejercicio de las acciones previstas en el artículo 32.1, 1ª a 4ª, en defensa de los intereses generales, colectivos o difusos, de los consumidores y usuarios:

a) El Instituto Nacional del Consumo y los órganos o entidades correspondientes de las comunidades autónomas y de las corporaciones locales competentes en materia de defensa de los consumidores y usuarios. [Téngase presente, como ya tuvimos ocasión de explicar en un tema anterior, que el Instituto Nacional de Consumo se refundió, en el año 2016, junto con la Agencia Española de Seguridad Alimentaria y Nutrición, para formar AECOSAN (Agencia Española de Consumo, Seguridad Alimentaria y Nutrición). Hoy día, y desde 2020, AECOSAN no existe como organismo, y las funciones que tenía atribuidas corresponden ahora por separado, por un lado, a AESAN (Agencia Española de Seguridad Alimentaria y Nutrición), organismo autónomo adscrito a la Secretaría General de Consumo y Juego; y por otro, a la Secretaría General de Consumo (dentro de la estructura orgánica básica del Ministerio de Consumo)].

b) Las asociaciones de consumidores y usuarios que reúnan los requisitos establecidos en el texto refundido de la Ley General para la Defensa de los Consumidores y Usuarios o, en su caso, en la legislación autonómica en materia de defensa de los consumidores y usuarios.

c) Las entidades de otros Estados miembros de la Comunidad Europea constituidas para la protección de los intereses colectivos y de los intereses difusos de los consumidores y usuarios que estén habilitadas mediante su inclusión en la lista publicada a tal fin en el "Diario Oficial de las Comunidades Europeas".

4. El Ministerio Fiscal podrá ejercitar la acción de cesación en defensa de los intereses generales, colectivos o difusos, de los consumidores y usuarios".

3.5. La Ley de Condiciones Generales de la Contratación

En el orden cronológico que venimos siguiendo, la siguiente disposición legislativa que debemos considerar es la Ley 7/1998, de 13 de abril, condiciones generales de la contratación, que ya hemos tenido oportunidad de presentar y estudiar con anterioridad. En el análisis de dicha Ley resulta conveniente distinguir entre acciones individuales y colectivas, pues así lo hace su propia Exposición de motivos y, a continuación, el articulado.

3.5.1. Acciones individuales

Como acabamos de decir, el punto II de la Exposición de motivos de la Ley de Condiciones Generales de la Contratación se extiende en la consideración de la posibilidad de ejercicio de acciones individuales, a consecuencia de la nulidad de las condiciones generales de la contratación: "El Capítulo II sanciona con nulidad las cláusulas generales no ajustadas a la Ley (y) determina la ineficacia por no incorporación de las cláusulas que no reúnan los requisitos exigidos en el capítulo anterior para que puedan entenderse incorporadas al contrato. Esta nulidad, al igual que la contravención de cualquier otra norma imperativa o prohibitiva, podrá ser invocada, en su caso, por los contratantes conforme a las reglas generales de la nulidad contractual, sin que puedan confundirse tales acciones individuales con las acciones colectivas de cesación o retractación reconocidas con carácter general a las entidades o corporaciones legitimadas para ello en el capítulo IV y que tienen un breve plazo de prescripción".

Tales acciones son, pues, las dimanantes del régimen de nulidad o de no incorporación de condiciones generales de la contratación que se encuentra regulado en los artículos 7 a 10 de la propia Ley, para cuyo estudio remitimos a lo dicho con anterioridad.

3.5.2. Acciones colectivas

En relación con las acciones colectivas, reguladas por primera vez con carácter general en nuestro ordenamiento jurídico por la Ley 7/1998, expresa el punto IV de su Exposición de motivos lo siguiente:

"El Capítulo IV regula las acciones colectivas encaminadas a impedir la utilización de condiciones generales que sean contrarias a la Ley, como son la acción de cesación, dirigida a impedir la utilización de tales condiciones generales; la de retractación, dirigida a prohibir y retractarse de su recomendación, siempre que en algún momento hayan sido efectivamente utilizadas, y que permitirá actuar no sólo frente al predisponente que utilice condiciones generales nulas, sino también frente a las organizaciones que las recomienden, y la declarativa, dirigida a reconocer su cualidad de condición general e instar la inscripción de las mismas en el Registro de Condiciones Generales de la Contratación. Todo ello sin perjuicio de la posibilidad de ejercitar las acciones individuales de nulidad conforme a las reglas comunes de la nulidad contractual o la de no incorporación de determinadas cláusulas generales.

La Ley parte de que el control de la validez de las cláusulas generales tan sólo corresponde a Jueces y Tribunales, sin perjuicio de la publicidad registral de las resoluciones judiciales relativas a aquéllas a través del Registro regulado en el Capítulo III y del deber de colaboración de los profesionales ejercientes de funciones públicas.

Este Capítulo IV también regula la legitimación activa para la interposición de las acciones colectivas de cesación, retractación y declarativa, incluyendo entre las entidades legitimadas a las asociaciones de consumidores y usuarios, aunque sin ser las únicas por ser mayor el campo de actuación que tiene la Ley.

También se regula la legitimación pasiva, el plazo de prescripción (considerándose suficiente a efectos de seguridad jurídica dos años desde la inscripción de las condiciones generales en el correspondiente Registro, sin perjuicio de su posible ejercicio en todo caso si no hubiera transcurrido un año desde que se dictase una resolución judicial declarativa de la nulidad de las cláusulas), las reglas de su tramitación y la eficacia de las sentencias, que podrán ser no sólo invocadas en otros procedimientos sino que directamente vincularán al Juez en otros procedimientos dirigidos a obtener la nulidad contractual de cláusulas idénticas utilizadas por el mismo predisponente".

El detenimiento y la concreción puestos de manifiesto en el pasaje transcrito de la Exposición de motivos son directamente proporcionales a la importancia que la Ley de condiciones generales de la contratación atribuye a tales materias y, en particular, a la acción de cesación, objeto de una regulación detallada y precisa en los artículos 12 a 20 de su redacción originaria que, sin embargo, se han visto profundamente afectados enseguida por la Ley de enjuiciamiento civil, de manera tal que su vigencia no ha llegado ni siquiera a un trienio, como vamos a ver en el siguiente epígrafe.

En consecuencia, nos vamos a limitar a reproducir o transcribir su redacción originaria, por si en algún momento su utilización fuera conveniente a cualquier lector:

Artículo 12. Acciones de cesación, retractación y declarativa.

1. Contra la utilización o la recomendación de utilización de condiciones generales que resulten contrarias a lo dispuesto en esta Ley, o en otras leyes imperativas o prohibitivas, podrán interponerse, respectivamente, acciones de cesación y retractación.

2. La acción de cesación se dirige a obtener una sentencia por medio de la cual se condene al demandado a eliminar de sus condiciones generales

las que se reputen nulas y a abstenerse de utilizarlas en lo sucesivo. Declarada judicialmente la cesación, el actor podrá solicitar del demandado la devolución de las cantidades cobradas en su caso, con ocasión de cláusulas nulas, así como solicitar una indemnización por los daños y perjuicios causados. En caso de no avenirse a tal solicitud, podrá hacerse efectiva en trámite de ejecución de sentencia.

3. Por medio de la acción de retractación se insta la imposición al demandado, sea o no el predisponente, de la obligación de retractarse de la recomendación que haya efectuado de utilizar las cláusulas de condiciones generales que se consideren nulas y de abstenerse de seguir recomendándolas en el futuro, siempre que hayan sido efectivamente utilizadas por el predisponente en alguna ocasión.

4. La acción declarativa tendrá por objeto el reconocimiento de una cláusula como condición general de contratación e instar su inscripción únicamente cuando ésta sea obligatoria conforme al artículo 11.2, inciso final, de la presente Ley.

Artículo 13. Sometimiento a dictamen de conciliación.

Previamente a la interposición de las acciones colectivas de cesación, retractación o declarativa, podrán las partes someter la cuestión ante el Registrador de Condiciones Generales en el plazo de quince días hábiles sobre la adecuación a la Ley de las cláusulas controvertidas, pudiendo proponer una redacción alternativa a las mismas. El dictamen del Registrador no será vinculante.

Artículo 14. Competencia material y tramitación del proceso.

1. Las acciones declarativa, de cesación y de retractación se substanciarán en todo caso ante la jurisdicción civil u ordinaria por los trámites del juicio de menor cuantía.

2. Los juicios en que se substancien la acción de nulidad o de declaración de no incorporación, y las acciones declarativa, de cesación o retractación se tramitarán separadamente, sin perjuicio de las acumulaciones de estas últimas entre sí.

Artículo 15. Competencia territorial.

1. En los juicios promovidos por las acciones declarativa, de cesación o retractación será Juez competente el de Primera Instancia del lugar donde el demandado tenga su establecimiento, y a falta de éste, de su domicilio.

2. En caso de que el demandado carezca de establecimiento y domicilio en el territorio español, será competente el Juez del lugar en que se hubiera realizado la adhesión.

Artículo 16. Legitimación activa.

Las acciones previstas en el artículo 12 podrán ser ejercitadas por las siguientes entidades:

1. Las asociaciones o corporaciones de empresarios, profesionales y agricultores que estatutariamente tengan encomendada la defensa de los intereses de sus miembros.

2. Las Cámaras de Comercio, Industria y Navegación.

3. Las asociaciones de consumidores y usuarios legalmente constituidas y que tengan estatutariamente encomendada la defensa de éstos.

4. El Instituto Nacional de Consumo y los órganos correspondientes de las Comunidades Autónomas y de las Corporaciones locales competentes en materia de defensa de los consumidores.

5. Los colegios profesionales legalmente constituidos.

6. El Ministerio Fiscal.

Artículo 17. Legitimación pasiva.

1. La acción de cesación procederá contra cualquier profesional que utilice condiciones generales que se reputen nulas.

2. La acción de retractación procederá contra cualquier profesional que recomiende públicamente la utilización de determinadas condiciones generales que se consideren nulas o manifieste de la misma manera su voluntad de utilizarlas en el tráfico, siempre que en alguna ocasión hayan sido efectivamente utilizadas por algún predisponente.

3. La acción declarativa procederá contra cualquier profesional que utilice las condiciones generales.

4. Las acciones mencionadas en los apartados anteriores podrán dirigirse conjuntamente contra varios profesionales del mismo sector económico o contra sus asociaciones que utilicen o recomienden la utilización de condiciones generales idénticas que se consideren nulas.

Artículo 18. Intervinientes en el proceso y recurso de casación.

1. Las entidades legitimadas de conformidad con el artículo 16 de la presente Ley podrán personarse en los procesos promovidos por otra cual-

quiera de ellas, si lo estiman oportuno, para la defensa de los intereses que representan.

2. El interviniente será tenido por parte sin que se retroceda en las actuaciones pero podrá utilizar en adelante los medios de defensa o recursos con independencia del actor o demandado.

3. En las acciones de cesación, retractación o declarativa, cualquiera que sea su cuantía, se admitirá siempre recurso de casación ante el Tribunal Supremo.

Artículo 19. Prescripción.

Las acciones colectivas de cesación y retractación prescriben por el transcurso de dos años desde el momento en que se practicó la inscripción de las condiciones generales cuya utilización o recomendación pretenden hacer cesar.

Tales acciones, no obstante, podrán ser ejercitadas en todo caso durante el año siguiente a la declaración judicial firme de nulidad o no incorporación que pueda dictarse con posterioridad como consecuencia de una acción individual.

La acción declarativa es imprescriptible.

Artículo 20. Efectos de la sentencia.

1. La sentencia estimatoria obtenida en un proceso incoado mediante el ejercicio de la acción de cesación, impondrá al demandado la obligación de eliminar de sus condiciones generales las cláusulas que declare contrarias a lo prevenido en esta Ley o en otras leyes imperativas, y la de abstenerse de utilizarlas en lo sucesivo. Por otra parte, aclarará la eficacia del contrato.

2. Si la acción ejercitada fuera la de retractación, la sentencia impondrá al demandado la obligación de retractarse de la recomendación efectuada y de abstenerse de su recomendación futura, de aquellas cláusulas de condiciones generales que hayan sido consideradas contrarias a Derecho.

3. Si la acción ejercitada fuera la declarativa la sentencia declarará el carácter de condición general de la cláusula o cláusulas afectadas y dispondrá su inscripción en el Registro de Condiciones Generales.

4. La sentencia dictada en recurso de casación conforme al artículo 18, apartado 3 de esta Ley, una vez constituya doctrina legal, vinculará a todos los jueces en los eventuales ulteriores procesos en que se inste la nulidad

de cláusulas idénticas a las que hubieran sido objeto de la referida sentencia, siempre que se trate del mismo predisponente.

3.6. La Ley de Enjuiciamiento Civil

En efecto, como acabamos de precisar, la publicación de la Ley de Enjuiciamiento Civil (Ley 1/2000, de 7 de enero) ha supuesto una notoria modificación en el texto originario de los artículos relativos a las acciones colectivas, entre otras razones porque la LEC ha dado carta de naturaleza a dichas acciones en cuanto mecanismo de protección de los intereses colectivos o difusos y, en consecuencia, ha barrido literalmente buena parte de los preceptos a ellas dedicados en la Ley de condiciones generales de la contratación.

Han sido objeto de profunda modificación los artículos 12 y 16 antes transcritos y, de otro lado, han sido completamente derogados los artículos 14 (competencia material y tramitación del proceso), 15 (competencia territorial), 18 (intervinientes en el proceso y recurso de casación) y 20 (efectos de la sentencia).

3.7. La Ley 39/2002

A su vez, en la materia estudiada, han tenido una extraordinaria importancia la Ley 39/2002, a la que dedicamos el presente epígrafe, bajo su propia numeración oficial. Utilizamos dicha técnica en este caso porque la rúbrica de la Ley es tan extensa y su contenido tan variopinto que resulta extraordinariamente difícil seguir cualquier otro procedimiento u otra técnica de identificación de dicha Ley.

La rúbrica oficial de la Ley es en efecto la siguiente: "Ley 39/2002, de 28 de octubre, de transposición al ordenamiento jurídico español de diversas directivas comunitarias en materia de protección de los intereses de los consumidores y usuarios". Y vive Dios que, ciertamente, se trata de Directivas varias y de modificaciones múltiples, pues resultan afectadas y por supuesto modificadas, nuevamente, las disposiciones componentes de la siguiente tríada legislativa:

– la propia Ley de Enjuiciamiento Civil,

– la Ley de condiciones generales de la contratación, y

– la Ley General para la Defensa de los Consumidores y Usuarios, además de, entre otras (pues no deseamos que el lector desfallezca), las siguientes leyes:

– la Ley 26/1991, sobre contratos celebrados fuera de los establecimientos mercantiles (hoy derogada, por refundida en el TRLCU),

– la Ley 21/1995; reguladora de los viajes combinados (hoy derogada también, y por la misma razón que la anterior),

– la Ley 42/1998, sobre derechos de aprovechamiento por turno de bienes inmuebles de uso turístico (hoy derogada; véase la vigente Ley 4/2012, de 6 de julio),

– la Ley 34/1988, General de Publicidad, y

– la Ley 7/1995, de Crédito al Consumo (hoy derogada; véase la vigente Ley 16/2011, de 24 de junio).

3.8. El Texto Refundido de la LCU

Finalmente, aún haciendo gracia de la Ley 44/2006 (de 29 de diciembre, de mejora de la protección de los consumidores) debemos considerar la promulgación del Real Decreto Legislativo 1/2007, de 16 de noviembre, por el que se aprueba el Texto Refundido de la LCU, pues dicha disposición legislativa, de una parte, considera una vez más de manera explícita las acciones de cesación; mientras que, de otra, al igual que unos años después la Ley 3/2014, no cita como derogada, en su disposición derogatoria única, la Ley 39/2002; ni parece haber tomado sus disposiciones para refundirlas en el nuevo Texto refundido por cuanto se afirma en su preámbulo.

3.9. La Ley 7/2017, de 2 de noviembre

En cumplimiento de los deberes transpositivos impuestos por la Directiva 2013/11/UE relativa a la resolución alternativa de litigios en materia de consumo, se aprueba la Ley 7/2017 de 2 de noviembre (BOE del 4 de noviembre de 2017), por la que se incorpora al ordenamiento jurídico español la Directiva 2013/11/UE, del Parlamento Europeo y del Consejo, de 21 de mayo de 2013, relativa a la resolución alternativa de litigios en materia de consumo.

Esta Ley, lejos de prever nuevos mecanismos de solución extrajudicial de conflictos en materia de consumo, se limita a ofrecer un nuevo marco institucional para la creación y funcionamiento de "entidades de resolución de conflictos", los cuales operarán conforme a los "procedimientos" extrajudiciales ya conocidos (fundamentalmente, mediación y arbitraje). El preámbulo de la citada Ley resulta significativo en este sentido, al apuntar que "esta ley no regula ni desarrolla procedimientos de resolución alternativa de litigios, sino que se limita a establecer los requisitos que buscan la armonización de la calidad de las entidades de resolución alternativa a las que pueden recurrir los consumidores y empresarios para la solución de sus litigios".

En un esfuerzo de síntesis del contenido de esta Ley, con el fin de ofrecer una visión panorámica de la misma, podemos señalar como principales aspectos de su regulación los siguientes:

1) Las entidades de resolución de conflictos pueden clasificarse, según el criterio distintivo sobre el que pongamos el acento. Así:

a) Las entidades de resolución de conflictos pueden tener naturaleza pública o privada. Las primeras dependerán de un organismo público, mientras que las segundas no. La naturaleza pública o privada del organismo no imprime a su actividad un valor añadido (carácter o no vinculante de su resolución, o sometimiento a principios distintos en su actividad). Las diferencias se refieren esencialmente a la necesidad o no de la constitución de un seguro o garantía que cobra la responsabilidad civil por la actividad de las personas que actúen en el procedimiento de resolución del conflicto (las entidades de naturaleza pública están exceptuadas de esta carga —cfr. art. 22.2 de la Ley 7/2017—), así como al régimen de responsabilidad civil material aplicable (Código Civil, o Ley 40/2015, de 1 de octubre, de Régimen Jurídico del Sector Público).

b) Por otro lado, las entidades de resolución de conflictos pueden tener la condición de "acreditadas", o carecer de tal condición. Las primeras son aquellas que han obtenido "acreditación" por resolución de la autoridad competente (estatal o autonómica —*vid.* infra—) y figura incorporada en el listado nacional de la Agencia Española de Consumo, Seguridad Alimentaria y Nutrición (cfr. art. 2,i) Ley 7/2017). Tanto las entidades acreditadas como las que no gozan de tal acreditación, están sujetas, como es lógico, a los mismos principios de actuación en los procedimientos en los que intervengan, y quedan igualmente sometidos las demás disposiciones de la Ley 7/2017. Sin embargo, hay importantes diferencias entre uno y otro tipo de entidad. Resumidamente:

– Sólo las acreditadas pueden dictar resoluciones vinculantes entre las partes (en cuyo caso, además, la entidad acreditada debe ser creada mediante Ley o norma reglamentaria —cfr. art. 6.2 Ley 7/2017). Ahora bien: no todas las acreditadas pueden ofrecer resolución vinculante. Esto es lo que parece deducirse de lo dispuesto en el artículo 26 de la Ley 7/2017 (*vid.* infra).

– Sólo la interposición de reclamación ante una entidad acreditada tiene virtualidad interruptiva de la prescripción de la acción correspondiente a la materia sobre la que la reclamación verse (art. 4 Ley 7/2017), algo que, por lo demás, no se entiende muy bien a la vista de la regla general del art. 1973 del Código Civil (en la que se reconoce fuerza interruptiva de la prescripción a la reclamación extrajudicial), a menos que tengamos que admitir, o bien que este art. 4 de la Ley 7/2017 desplaza en su ámbito la regla general del 1973 del Código Civil; o bien que la presentación de reclamación ante una entidad no acreditada ni siquiera tiene carácter de reclamación extrajudicial.

– Finalmente (aunque esto sea más bien un apunte que una diferencia), llama poderosamente la atención que la Ley permita la creación de entidades de naturaleza pública no acreditadas (cfr. art. 2,h) Ley 7/2017).

c) Finalmente, atendiendo a la Administración que otorga la acreditación, las entidades de resolución de conflictos pueden gozar de acreditación estatal o autonómica. La acreditación debe ser otorgada, como por otro lado parece claro, por un organismo público. El reparto competencial Estado-Comunidades Autónomas, obliga a reconocer a las Comunidades Autónomas que hayan previsto y desarrollado competencias en materia de mediación en materia de consumo, competencia para otorgar acreditaciones a organismos de resolución localizados en su territorio. Llegados a este punto, dispone el artículo 26.2 de la Ley 7/2017 que "Las Comunidades Autónomas, y en su caso las Ciudades Autónomas de Ceuta y Melilla, podrán designar una autoridad competente para la acreditación de entidades de resolución alternativa establecidas en su ámbito territorial en los siguientes supuestos: a) Entidades que lleven a cabo procedimientos que finalicen con una decisión no vinculante para las partes, siempre que en su legislación hayan desarrollado la competencia de mediación en materia de consumo (…) b) Entidades que tramiten procedimientos administrativos establecidos y desarrollados en su legislación." Parece, pues, que si el organismo es de carácter privado (pues el caso de que tenga carácter público queda comprendido en el apartado b) transcrito), la acreditación autonómica no es suficiente para ofrecer resoluciones vinculantes: se hace precisa la acreditación estatal, que habrá de ser concedida, una vez desaparecida la Agencia Española de Consumo, Seguridad Alimentaria y Nutrición, por la Subdirección General de Arbitraje y Derechos del Consumidor (cfr. art. 3.3,b), en relación con el apartado 2,b) del mismo artículo 3, del RD 495/2020, de 28 de abril, por el que se desarrolla la estructura orgánica básica del Ministerio de Consumo).

En cualquier caso, hay materias en relación con las cuales el Estado se reserva competencia exclusiva para señalar el organismo público que conceda la acreditación a la entidad de resolución de conflictos. Así sucede en el ámbito del sector financiero, o en litigios sobre los derechos de los usuarios del transporte aéreo establecidos en la normativa de la Unión Europea, sectores ambos (el financiero y el del transporte aéreo) para los que se prevé, para cada uno, la creación en España de un solo organismo de resolución (cfr. disposiciones adicionales primera y segunda).

En materia de resolución de conflictos en el transporte aéreo, además, la Ley 3/2020, de 18 de septiembre, que modificó la disposición adicional primera de la Ley 7/2017, ha añadido entre otras cosas que "sin perjuicio del derecho de la compañía aérea a impugnar la decisión de la entidad acreditada, transcurrido un mes desde que fuera emitida la decisión podrá solicitarse por el pasajero su ejecución ante el juzgado de lo mercantil competente. A estos efectos, la decisión, debidamente certificada por la entidad acreditada, tendrá la consideración de título ejecutivo extrajudicial, de conformidad con lo dispuesto en el numeral 9º del apartado 2 del artículo 517 de la Ley 1/2000, de 7 de enero, de Enjuiciamiento Civil".

2) Hay materias que quedan fuera del ámbito de aplicación de la Ley 7/2017. Se trata de las tres siguientes:

– Las reclamaciones que se refieran a servicios no económicos de interés general.

– Las reclamaciones referidas a servicios relacionados con la salud, prestados por un profesional sanitario con el fin de evaluar, mantener o restablecer el estado de salud de los pacientes, así como la extensión de recetas, dispensación y provisión de medicamentos y productos sanitarios.

– Las reclamaciones dirigidas a prestadores públicos de enseñanza complementaria o superior.

3) Los principios a los que deben ajustarse los procedimientos de resolución alternativa gestionados por las entidades de resolución alternativa sea el que sea el procedimiento (que tendrá su regulación específica en la normativa estatal o autonómica correspondiente —mediación y arbitraje fundamentalmente—), son los principios de independencia, imparciali-

dad, transparencia, eficacia, equidad (art. 8), gratuidad para el consumidor (art. 11) e igualdad entre las partes (art. 19).

4. LAS ACCIONES COLECTIVAS

4.1. La acción de cesación

La acción de cesación, en la Ley de condiciones generales de la contratación se encontraba dirigida, en lo fundamental, a luchar contra las estipulaciones y condiciones generales que hubieran sido declaradas nulas (art. 12.2), pero en la actualidad su sentido y funcionalidad propios se ha expandido generosamente, por obra y gracia de varias Directivas europeas y, sobre todo, por su transposición a través de la Ley 39/2002, anteriormente mencionada.

Es más, esta última Ley ha incorporado a la Ley General de Defensa de consumidores y usuarios una nueva disposición adicional tercera, intitulada precisamente "acciones de cesación" que deja claro el incremento del valor de la acción de cesación como mecanismo de protección de los intereses colectivos de los consumidores de manera general y no sólo frente a las condiciones generales de la contratación:

"1. A falta de normativa sectorial específica, frente a las conductas de empresarios o profesionales contrarias a la presente Ley que lesionen intereses colectivos o intereses difusos de los consumidores y usuarios podrá ejercitarse la acción de cesación.

2. La acción de cesación se dirige a obtener una sentencia que condene al demandado a cesar en la conducta y a prohibir su reiteración futura.

Asimismo, la acción podrá ejercerse para prohibir la realización de una conducta cuando ésta haya finalizado al tiempo de ejercitar la acción, si existen indicios suficientes que hagan temer su reiteración de modo inmediato.

3. La legitimación para el ejercicio de esta acción se regirá por lo dispuesto en el artículo 11, apartados 2 y 3, de la Ley 1/2000, de 7 de enero, de Enjuiciamiento Civil.

En cualquier caso estará legitimado el Ministerio Fiscal."

Así pues, con independencia de que la acción de cesación se encuentre regulada en todas las disposiciones legales a las que la incorpora la propia Ley 39/2002, lo cierto es que cualquier conducta lesiva para consumidores y usuarios puede determinar su ejercicio, con carácter general y de conformidad con las normas procesales que seguidamente tendremos en cuenta.

Por su parte, el TRLCU se pronuncia en términos prácticamente idénticos a la Ley 39/2002, estableciendo en su artículo 53 "la acción de cesación se dirige a obtener una sentencia que condene al demandado a cesar en la conducta y a prohibir su reiteración futura. Asimismo, la acción podrá ejercerse para prohibir la realización de una conducta cuando esta haya finalizado al tiempo de ejercitar la acción, si existen indicios suficientes que hagan temer su reiteración de modo inmediato". Cierto es, sin embargo, que el TR dispone también la posibilidad de que las entidades legitimadas en España para el ejercicio de la acción de cesación puedan hacer lo propio en cualquier otro Estado miembro de la Unión Europea (art. 55) al tiempo que, a la recíproca, se reconoce igual legitimación activa a las entidades de los restantes miembros de la Unión Europea para actuar en España (art. 54.1.d).

La Ley 3/2014 introdujo una importante modificación en materia de acumulación de acciones, permitiendo acumular, a la acción de cesación, pretensiones declarativas de nulidad, y de condena de cumplimiento contractual e indemnizatorias, independientemente de que la acción de cesación fuese ejercitada por un particular (hipótesis en que la acumulación es razonable) o hubiese sido ejercitada por una asociación de consumidores (hipótesis que conlleva mayores dificultades, y que en cualquier caso exigiría una explicación de los términos en que se permitiría esa acumulación).

Concretamente, la Ley 3/2014 introdujo en el artículo 53 TRLCU los dos párrafos siguientes:

"A cualquier acción de cesación podrá acumularse siempre que se solicite la de nulidad y anulabilidad, la de incumplimiento de obligaciones, la de resolución o rescisión contractual y la de restitución de cantidades que se hubiesen cobrado en virtud de la realización de las conductas o estipulaciones o condiciones generales declaradas abusivas o no transparentes, así como la de indemnización de daños y perjuicios que hubiere causado la aplicación de tales cláusulas o prácticas. De dicha acción acumulada accesoria conocerá el mismo juzgado encargado de la acción principal, la de cesación por la vía prevista en la ley procesal.

Serán acumulables a cualquier acción de cesación interpuesta por asociaciones de consumidores y usuarios la de nulidad y anulabilidad, de incumplimiento de obligaciones, la de resolución o rescisión contractual y la de restitución de cantidades que se hubiesen cobrado en virtud de la realización de las conductas o estipulaciones o condiciones generales declaradas abusivas o no transparentes, así como la de indemnización de daños y perjuicios que hubiere causado la aplicación de tales cláusulas o prácticas."

Seguramente, tanto las dificultades interpretativas del segundo párrafo transcrito, como las líneas maestras de lo que ha de ser la transposición de la Directiva 2020/1828, de 25 de noviembre (a la que nos referiremos en el siguiente epígrafe 4.4 de este tema), aconsejaron la derogación de dicho segundo párrafo, lo que se produjo a través del Real Decreto-Ley 7/2021, de 27 de abril.

4.2. La acción de retractación

Conforme a la redacción dada al artículo 12.3 de la Ley 7/1998 por la nueva LEC, "la acción de retractación tendrá por objeto obtener una sentencia que declare e imponga al demandado, sea o no el predisponente, el deber de retractarse de la recomendación que haya efectuado de utilizar las cláusulas de condiciones generales que se consideren nulas y de abstenerse de seguir recomendándolas en el futuro".

4.3. La acción declarativa

La acción declarativa "se dirigirá a obtener una sentencia que reconozca una cláusula como condición general de la contratación y ordene su inscripción, cuando ésta proceda, conforme a lo previsto en el inciso final del apartado 2 del artículo 11" (art. 12.4 LCGC).

4.4. La Directiva 2020/1828, de 25 de noviembre de 2020, relativa a las acciones de representación para la protección de los intereses colectivos de los consumidores

La aprobación de la Directiva 2020/1828 mencionada cuyo plazo máximo de transposición a los derechos internos finalizó el día 25 de diciembre de 2022, supone el último hito normativo comunitario en lo referente a la regulación de las acciones colectivas para la tutela judicial de los intereses de los consumidores.

La futura transposición de esta Directiva obligará, casi con seguridad, a modificar el Título V del Libro I del TRLCU, que parece el lugar natural para recibir esta regulación general.

Esquemáticamente, podemos señalar como principales aspectos de esta Directiva los siguientes:

a) La norma comunitaria hace referencia, como categoría general, a las acciones de representación, que son acciones que las entidades habilitadas están legitimadas para interponer para la protección de los intereses colectivos de los consumidores.

b) Las acciones de representación son dos: 1) la acción de cesación; 2) la acción de resarcimiento:

– La acción de cesación sigue siendo la misma que ya conocida. Lo más resaltable es que la Directiva exige que los Estados Miembros también permitan acciones de cesación que pretendan obtener una medida provisional al objeto de hacer cesar o prohibir una práctica.

– La acción de resarcimiento, que si bien el Legislador español ya la contempla como posible acción acumulable a la de cesación, ahora la Directiva impone considerarla como acción colectiva ejercitable en sí misma, esto es, individualmente, sin necesidad de ser acumulada a una acción de cesación.

c) A diferencia de los resultados de una acción de cesación (de cuyos efectos beneficiosos no pueden aislarse grupos de consumidores para que sólo a estos beneficie, con exclusión de los demás), las acciones de resarcimiento, aun cuando ejercitables colectivamente, están destinadas a reconocer particulares derechos a los consumidores afectados, con lo que, aquí sí, es necesario que existan mecanismos que permitan identificar a los beneficiados por los derechos que la sentencia estimatoria les reconozca. La razón es que, para esos beneficiados, la resolución tendrá efecto de cosa juzgada, y no podrán ejercitar acciones resarcitorias individuales frente al mismo empresario y con base en la misma causa de pedir (art. 9.4 de la Directiva). En este sentido, el apartado 2 del artículo 9 de la Directiva dispone que "Los Estados miembros regularán la manera y la fase de la acción de representación para obtener medidas resarcitorias en que los consumidores individuales afectados por la acción de representación manifiesten expresa o tácitamente su voluntad, dentro de un plazo adecuado después de haberse ejercitado dicha acción de representación, de ser representados o no por la entidad habilitada en dicha acción de representación y de quedar vinculados o no por el resultado de la acción de representación". Por su parte, el apartado 5 del mismo precepto añade que "Cuando una medida resarcitoria no especifique de manera individual a los consumidores que pueden beneficiarse de las soluciones que aquella proporcione, delimitará al menos el grupo de consumidores que pueden beneficiarse de tales soluciones".

d) El ámbito subjetivo de la cosa juzgada de las resoluciones dictadas en el marco de procedimientos de cesación o resarcitorias, determina también el ámbito subjetivo de la consecuencia suspensiva o interruptora de los plazos de prescripción de las acciones. Esto significa que aquellos consumidores que no estén representados por la entidad demandante de la acción correspondiente, no se benefician del efecto interruptor del plazo de prescripción de las acciones individuales que pudieran interponer; a la inversa, los que sí hayan sido representados por la entidad accionante, se benefician del efecto interruptor, como si ellos mismos hubiesen sido los demandantes. Esto es, en cierto modo, algo lógico.

Lo que es menos evidente, y por tanto merece apuntarse de forma específica, es que, aun cuando de la acción de cesación se benefician todos los consumidores (representados y no representados por la entidad que ejercita dicha acción), sólo los consumidores representados por la entidad se benefician del efecto interruptor que conlleva la demanda, de cara al eventual ejercicio por parte de ellos de las posteriores acciones resarcitorias que, individual o colectivamente, pudieran ejercitar en el futuro (art. 16 de la Directiva 2020/1828).

e) En la línea de la colaboración de los órganos judiciales de los Estados comunitarios, el artículo 15 de la repetida Directiva dispone que "las resoluciones firmes de los órganos jurisdiccionales o autoridades administrativas de cualquier Estado miembro, que declaren la existencia de una infracción que perjudique los intereses colectivos de los consumidores puedan ser alegadas por todas las partes como prueba en el contexto de cualquier otra acción ante sus órganos jurisdiccionales o autoridades administrativas nacionales, para solicitar medidas resarcitorias contra el mismo empresario por la misma práctica, de conformidad con la normativa nacional sobre valoración de la prueba".

5. NORMAS PROCESALES

En el momento presente, la acción de cesación en defensa de los intereses colectivos y difusos de los consumidores y usuarios se ventilará en juicio verbal (art. 250.1.12º LEC). Todas las restantes acciones colectivas consideradas, en principio, se decidirán en el juicio ordinario contemplado en el artículo 250 de la nueva LEC.

La legitimación activa en relación con las acciones colectivas, regulada en el artículo 16 de la LCGC, ha sido objeto de nueva redacción por parte de la Ley 39/2002, en el siguiente sentido:

"Artículo 16. Legitimación activa.

"Las acciones previstas en el artículo 12 podrán ser ejercitadas por las siguientes entidades:

1. Las asociaciones o corporaciones de empresarios, profesionales y agricultores que estatutariamente tengan encomendada la defensa de los intereses de sus miembros.

2. Las Cámaras de Comercio, Industria y Navegación.

3. Las asociaciones de consumidores y usuarios que reúnan los requisitos establecidos en la Ley 26/1984, de 19 de julio, General para la Defensa de los Consumidores y Usuarios, o, en su caso, en la legislación autonómica en materia de defensa de los consumidores.

4. El Instituto Nacional del Consumo y los órganos o entidades correspondientes de las Comunidades Autónomas y de las Corporaciones locales competentes en materia de defensa de los consumidores.

5. Los colegios profesionales legalmente constituidos.

6. El Ministerio Fiscal.

7. Las entidades de otros Estados miembros de la Comunidad Europea constituidas para la protección de los intereses colectivos y de los intereses difusos de los consumidores que estén habilitadas mediante su inclusión en la lista publicada a tal fin en el "Diario Oficial de las Comunidades Europeas".

Los Jueces y Tribunales aceptarán dicha lista como prueba de la capacidad de la entidad habilitada para ser parte, sin perjuicio de examinar si la finalidad de la misma y los intereses afectados legitiman el ejercicio de la acción.

Todas las entidades citadas en este artículo podrán personarse en los procesos promovidos por otra cualquiera de ellas, si lo estiman oportuno, para la defensa de los intereses que representan."

En relación con las acciones de cesación, de manera particular, ha de tenerse en cuenta ahora que el artículo 54 del TRLCU introduce ligeras variantes para ellas, aunque la pauta legislativa fundamental siga siendo idéntica.

La citada Ley 39/2002 ha modificado igualmente el artículo 19 de la LCGC, regulador de la prescripción de las acciones colectivas, en el sentido de establecer tendencialmente la imprescriptibilidad de los tres grupos de acciones consideradas, si bien dicha regla se rompe en relación con la acción de cesación y la acción de retractación, atendiendo a la circunstancia de que las condiciones generales de la contratación hayan sido objeto de depósito e inscripción en el Registro General de Condiciones Generales de la Contratación, pues en tal caso el plazo prescriptivo se reduce a cinco años, como regla general.

A la misma conclusión ha de llegarse en la actualidad, pues el artículo 56 del TRLCU (que no ha sido objeto de modificación alguna por parte de la Ley 3/2014) establece que "las acciones de cesación previstas en este título son imprescriptibles, sin perjuicio de lo dispuesto en el artículo 19, apartado 2 de la Ley 7/1998, de 13 de abril, sobre condiciones generales de la contratación en relación con las condiciones generales inscritas en el Registro de Condiciones Generales de la Contratación". Se mantiene, pues, lo dicho en la LCGC (que dispone que, si las condiciones generales se hubieran depositado en el Registro General de Condiciones Generales de la Contratación, dichas acciones prescribirán a los cinco años, computados a partir del día en que se hubiera practicado dicho depósito y siempre y cuando dichas condiciones generales hayan sido objeto de utilización efectiva).

BIBLIOGRAFÍA

Ariza Colmenarejo, M. J., La acción de cesación como medio para la protección de los consumidores y usuarios, Aranzadi, Cizur Menor, 2012.

Barona Vilar, S. Tutela de los consumidores y usuarios en la Ley de Enjuiciamiento Civil, Ed. Tirant lo Blanch, 2003.

Cortés Domínguez, V., Bujosa Vadell, L., La protección jurisdiccional de los intereses de grupo, Barcelona, 1996.

Díaz Alabart, S; Carrancho Herrero, M. T. (dirs.); Fuenteseca, C. (coord.), Resolución alternativa de litigios de consumo a través de ADR y ODR (Directiva 2013/11 y Reglamento (UE) nº 524/2013), Madrid, Reus, 2017.

de Lucchi López-Tapia, Y. La tutela judicial civil de los intereses de consumidores y usuarios, 1ª edición, Edisofer 2005.

Gascón Inchausti, F., "Capítulo I. Acciones de cesación", en VV.AA, La defensa de los consumidores y usuarios: comentario sistemático del texto refundido aprobado por Real Decreto Legislativo 1/2007, Iustel, Madrid, 2011, 891-967.

Gimeno Sendra, V., Moreno Catena, V., Derecho Procesal Civil, Madrid, 2001.

González Cano, M. I., La protección de los intereses legítimos en el proceso administrativo (especial consideración de los intereses legítimos colectivos), Valencia, 1997.

González Cano, M. I. La tutela colectiva de consumidores y usuarios en el proceso civil, Ed. Tirant lo Blanch, 2002.

Méndez Pinedo, E., La protección de consumidores en la Unión Europea. Hacia un Derecho procesal comunitario de consumo, Madrid, 1998.

Montón García, L. Acciones colectivas y acciones de cesación, Ed. Instituto Nacional del consumo, 2004.

Montón García, L. Los consumidores y usuarios en la Ley de Enjuiciamiento Civil de 7 de enero de 2000, Ed. Instituto Nacional del consumo, 2004.

Moreno Catena, V., Cortés Domínguez, V., y Gimeno Sendra, V., Introducción al Derecho Procesal, Madrid, 2000.

Herrera Petrus, C., "Acciones colectivas en defensa de los consumidores y usuarios frente a la publicidad ilícita", Actas de Derecho Industrial y Derecho de Autor. Tm. XXVIII, 2007-2008, 277-313.

Santos Urbaneja, F., "Urge una ley de acciones colectivas para la defensa de los consumidores y usuarios", en Revista de Derecho de la Competencia y la distribución, núm. 12, 2013, 167-182.

Seoane Spiegelberg, J. L., "La tutela procesal de consumidores y usuarios", en VV.AA., Hacia un código del consumidor, Madrid, Consejo General del Poder Judicial, 34, 2006, 39-160.

Silguero Stagnan, J., La tutela jurisdiccional de los intereses colectivos a través de la legitimación de los grupos, Madrid, 1995.

Cuando el tribunal decide echar una mano a un litigante

FRANCISCO RAMOS MÉNDEZ
Catedrático de Derecho Procesal

SUMARIO: 1. LA TENSIÓN ENTRE DILIGENCIA DE PARTE Y NEUTRALIDAD DEL TRIBUNAL. 2. ENCOMENDARSE SIN MÁS A LA SAPIENCIA JURÍDICA DEL TRIBUNAL. 3. CUANDO EL TRIBUNAL SUSCITA DE OFICIO "DEFECTO LEGAL EN EL MODO DE PROPONER LA DEMANDA". 4. LA IRRESISTIBLE TENTACIÓN DEL TRIBUNAL SUPREMO DE PONER LA GUINDA. 5. LA DESCONSIDERADA ESTIMACIÓN DE EXCEPCIONES DE OFICIO. 6. CUANDO SOLO EL TRIBUNAL CONOCE LOS ARCANOS DE LA ADMISIÓN DE RECURSOS EXTRAORDINARIOS. 7. EL APROVECHAMIENTO DE LA PERICIA JURÍDICA DEL TRIBUNAL EN BENEFICIO DEL DELINCUENTE.

1. LA TENSIÓN ENTRE DILIGENCIA DE PARTE Y NEUTRALIDAD DEL TRIBUNAL

Recuerda la divisa de actuación de todo litigante bien instruido y asesorado que "*vigilantibus non durmientibus iura succurrunt*". La diligencia de la parte es un canon de comportamiento canónico esperado en la gestión de un litigio, de tal suerte que la negligencia o falta de cuidado la hace directamente responsable de las eventuales consecuencias adversas.

Este paradigma de conducta puede tener no obstante matices poliédricos en los diversos tipos de procesos, no solo por exigencias del guion procesal —la consabida distribución de expectativas y cargas—, sino también porque cada litigante es muy libre de decidir su estrategia forense en función de sus objetivos, que no necesariamente tienen que coincidir con lo que abreviadamente denominamos "pretensión", petición de derechos, satisfacción jurídica y demás variantes a gusto del consumidor. Un proceso "a pérdidas" no es tan infrecuente como se pudiera pensar, por múltiples razones que ahora no vienen al caso.

La regla o norma de conducta, ínsita en la dinámica de toda acción procesal, se traduce en libertad de iniciativa, actuación y, en definitiva, de defensa, según el mejor entender de cada parte. Como contrapartida, se espera que el tribunal sea neutral, es decir, que se ciña a evaluar y decidir el caso, tal como lo han planteado las partes. De ello se encargan numerosas prescripciones de las leyes procesales, con rango de garantía constitucional. Mientras que el tribunal es libre para adoptar la solución final que estime procedente en derecho, debe respetar el tenor de las alegaciones y pruebas de las partes, sin extralimitarse, ateniéndose a las normas de procedimiento de cada sector procesal.

Pero hete aquí que otro dístico no menos invocado, de honda raigambre histórica y académica, puede aminorar, amansar e incluso diluir la regla de la diligencia del litigante. Me refiero al principio "*iura novit curia*" o su equivalente "*da mihi factum, dabo tibi ius*". En términos convencionales, se viene entendiendo que el tribunal es libre de aplicar al caso las normas jurídicas relevantes que entienda procedentes, independientemente de que las hayan alegado o no las partes. Ciertamente, en la ley se acota y matiza esta teórica libertad de apreciación jurídica del tribunal, según las exigencias de la materia litigiosa. En el ámbito civil, la piedra de toque de lo libérrimo se fija en el respeto de la *causa petendi.* Lamentablemente, el parámetro no solo no está definido en la ley, sino que, además, las construcciones doctrinales tienen hartas limitaciones. En el campo penal, el rigor y exigencias del principio de legalidad tratan de acotar más aun esta teórica libertad de recorrido del tribunal. Y lo mismo ocurre en otros sectores o en los casos en que no opera el principio dispositivo.

Sin embargo, pese a las bridas legales, en la práctica, el brocardo opera casi como una jaculatoria de salvaguardia que permite al tribunal cubrir cualquier fuga que pueda echar en falta. Incluso, aun en los casos en que el tribunal asume el planteamiento tal como lo ha formulado la parte, con frecuencia se siente tentado a remachar la argumentación con añadidos y apéndices de su cosecha que moldean y perfeccionan el sustrato jurídico, según su querencia. Una cita por aquí, un *obiter dicta* por allá, o un precedente jurisprudencial no avistado por el litigante le sirven para redondear la consistencia del fallo. En casos extremos, es como si la razón jurídica de la parte quedase soterrada en segundo plano, cediendo ante las "mejores" razones que el tribunal halla para decidir el caso.

Esta especie de efecto llamada del "*iura novit curia*" se debe a que encierra en sí una fuerza expansiva que aflora por doquier e incide en el núcleo mismo de la creación del derecho en cada caso. Es el viejo y nuevo dilema de dónde empiezan y dónde terminan los limites de aplicación de la ley por parte de los tribunales. Nada menos que la piedra filosofal de toda nuestra arquitectura procesal. Y de nuevo, se plantean los interrogantes de rigor: ¿Cómo se acota el grado de sujeción del juez a la ley, que es la base del sistema? ¿Qué ocurre con los desbordamientos?

Así expuesto sumariamente, este es el marco en el que se desenvuelve la problemática que pretendo ilustrar con algunos casos de mi experiencia, a guisa de crónica forense. No voy a desarrollar en esta ocasión el análisis detallado de las implicaciones dogmáticas de ambos vectores de la dinámica de un litigio. Me voy a limitar a anotar diversos precedentes jurisprudenciales que podrían invitar a la reflexión sobre la andadura de estos criterios operativos procesales. Estoy seguro que cada operador tiene su propio acervo y podría añadir otros muchos, igualmente elocuentes.

2. ENCOMENDARSE SIN MÁS A LA SAPIENCIA JURÍDICA DEL TRIBUNAL

El primer caso que traigo a colación arranca de una práctica ancestral en el foro catalán, en cuanto se me alcanza. Los fundamentos de derecho de muchas demandas civiles se limitaban a una invocación genérica de las normas jurídicas del tenor: "el Código Civil", "el derecho de obligaciones", "los principios generales del derecho", "*iura novit curia*". Efectivamente, era y podría seguir siendo pacífico que tal economía de argumentos jurídicos no constituye "defecto legal en el modo de proponer la demanda". Por lo tanto, ningún tribunal se sobresaltaba ante la parquedad de estos especímenes, porque, además, ponían en valor su sapiencia jurídica. Esta praxis no solo no ha desaparecido, sino que muchas veces eclosiona donde menos se la espera.

El caso que recupero se escenifica esta vez en el foro galaico. En un litigio civil se ejercitan una acción declarativa sobre la existencia y validez de un contrato de compraventa de un solar, sometido a varias condiciones, y, simultáneamente, una acción de condena interesando se prohíba al vendedor disponer y gravar la finca hasta tanto no se apruebe un determinado plan urbanístico.

Aparte del relato de hechos sobre la existencia y tenor del contrato, en los fundamentos jurídicos de la demanda, no se aducía norma legal alguna, y menos una que apoyara la pretensión de prohibición de disponer y gravar la finca. Tampoco se contenía argumentación jurídica alguna que la soportara, salvo la siguiente invocación genérica:

> *"Se invoca en todo caso, el principio "iura novit curia" en cuanto a complementar con distinta fundamentación jurídica los hechos expuestos en la presente demanda."*

En el informe de conclusiones del acto del juicio tampoco se introdujo en el debate argumento alguno, que fuera objeto de contradicción, según las reglas de la dialéctica procesal. Seguía, pues, operativa la invitación al tribunal a que hiciese lo que considerase oportuno.

El encomendarse a la sapiencia del tribunal fue realmente efectivo para la parte actora, pues la sentencia de instancia[1] no dudó en hacerle los deberes, a su favor, con una extensa e inusitada argumentación, de la que es representativa, en particular, su FJ 4º:

> *"Admitiendo que el contrato es legal, válido y generador de derechos y obligaciones para las partes, resto por examinar la pretensión de condena ejercitada, teniendo en este punto que acudir a lo dispuesto en el artículo 1.121 del Código Civil, precepto que faculta al acreedor, antes del cumplimiento de las condiciones, para ejercitar las acciones procedentes para la conservación de su derecho, siendo doctrina jurisprudencial reiterada la que declara que "es de señalar que las condiciones suspensivas durante la fase o periodo del* pendet, *aunque la obligación en realidad ya ha nacido no produce la plenitud de sus efectos, no obstante lo cual, es lo cierto, que el acreedor tiene ya las necesarias facultades para asegurar la tutela o garantía de sus derechos evitando, en la medida de lo posible, que en tanto la* condictio [sic] *se cumple pueda verse perjudicado en sus intereses, consecuencia de lo cual es que cumplida la* condictio [sic], *el contrato, negocio jurídico u obligación a ella sometido, no solamente adquiera éstos su plenitud, sino que además y por virtud de lo prevenido en los arts. 1113.1 y 1120.1, inciso primero del CC, esos plenos efectos se retrotraen al momento de la celebración del contrato, negocio jurídico u obligación (STS de 30 de septiembre de 1993, con cita de las sentencias de ese mismo Alto Tribunal de 23 de mayo de 1937, 21 de junio de 1932, 18 de diciembre de 1985, 30 de junio de 1986 y 6 de febrero de 1992), de la cual resulta que la condición suspensiva el efecto que produce precisamente es dejar en suspenso la entrada en vigor del contrato con las consiguientes obligaciones de las partes, pero no excluye éstas, y, por ende, puede exigir el cumplimiento de la obligación recíprocamente contraída por la demandada, que no es otra que la entrega de la cosa en las condiciones pactadas (vende y transmite, libre de cualquier clase de carga o gravamen, y al corriente en el pago de los tributos, tasas e impuestos —IBI, etc.—), si puede ejercitar acciones encaminadas a la conservación de su derecho, interesando en el presente caso la imposición de una obligación a la demandada de abstenerse de realizar cualquier acto de disposición o gravamen sobre el inmueble litigioso, lo que no es sino consecuencia lógica de las obligaciones derivadas del contrato, tanto atendida la naturaleza de éste (artículo 1445 del Código Civil), como las expresamente estipuladas en el mismo y asumidas por la parte demandada, sin que quepa olvidar que aun cuando el contrato celebrado no produce más que efectos obligacionales, su perfección dará lugar a la posterior consumación para que tenga lugar el efecto traslativo de dominio,*

[1] SJPI nº 2 de Ourense, de 24.07.2007, juicio ordinario 456/2006.

> *mediante la tradición instrumental (artículo 1.462, párrafo 2º, del Código Civil), expresamente prevista por las partes en la estipulación cuarta, por lo que no cabe acoger tampoco los argumentos expuestos por la demandada frente a tal pretensión, así:*
> *1.- En cuanto a que no existe obligación contractual ni legal que impida a esta parte gravar o enajenar la finca: la vendedora vende libre de cargas y gravámenes.*
> *2.- Respecto a que no existe contraprestación alguna en el contrato para dicha pretensión: La contraprestación es el precio que le va a abonar en su día el actor cuando se consuma el efecto traslativo, momento al que las partes difirieron dicha obligación del comprador, quedando éste además obligado en otro caso a indemnizar daños y perjuicios si no comparece al acto del otorgamiento.*
> *3.- En relación a que la demandante no puede pedir el cumplimiento del contrato porque no lo ha cumplido tampoco: Obviamente al estar sometido a condición no puede pedir el cumplimiento del contrato (entrega de la cosa) hasta que se produzca el evento que constituye la condición, pero sí ejercitar pretensiones encaminadas a garantizar los derechos que a su favor nacen del contrato.*
> *4.- Por último, respecto a que se trata de una condena de futuro, para la que la demandante carece de interés jurídico concreto y actual, porque esta parte no ha incumplido ninguna de sus obligaciones contractuales: El interés jurídico no es otro que en su día disponer de la finca para edificar sobre ella, ya que esa fue la finalidad del contrato, interesando salvaguardar tal derecho frente a lo que ya ha sido un intento de resolución del mismo por la demandada fuera del plazo contractualmente pactado.*
> *No obstante esta pretensión debe ser igualmente matizada, al no poder acogerse íntegramente en los términos solicitados, toda vez que la misma lo será hasta que se apruebe definitivamente el plan urbanístico y pueda determinarse si concurre o no la condición para la entrada en vigor del contrato."*

Más allá del tenor del fallo, habrá que convenir, por lo menos, que el juzgado le ha hecho los deberes a la parte cumplidamente. Pero, además, en este caso, el exceso de celo del tribunal en cuanto a la argumentación a favor de la posición actora, ha trasgredido precisamente las limitaciones que previene la ley (arts. 216 y 218.1.II LEC), porque: (i) ha puesto fundamentos jurídicos donde no había ninguno; (ii) ha argumentado, por su cuenta y sin contradicción, sobre el alcance de estos fundamentos jurídicos elegidos por él mismo; (iii) invoca, *motu proprio*, por primera vez y sin que nadie lo hubiera invocado, el art. 1.121 CC, incidiendo, además, en aplicación indebida e interpretación errónea de dicha norma; (iv) para llegar a la conclusión que se trasluce en el fallo de condena, la sentencia deduce obligaciones contractuales de la parte demandada, que en modo alguno resultan de la literalidad de los términos del contrato y que van más allá de lo que las propias partes quisieron al contratar; (v) y, en fin, para dar cobertura a la pretensión de condena, la sentencia invoca determinados preceptos de la regulación legal del contrato de compraventa, enumerando supuestas obligaciones que, según doctrina y jurisprudencia, consolidadas no son tales.

En casos así, aparentemente, la aspiración de cualquier profesional sería que todo tribunal le echase una manita en el resto de asuntos que someta a su consideración. Sin embargo, estas formulaciones abiertas, en blanco, que desincentivan el rigor jurídico que debe tener una demanda, probablemente habría que reconsiderar si se consideran conformes con el paradigma legal. El riesgo es obvio: hurtar la contradicción plena sobre el objeto del litigio, que no es explicitado suficientemente, con lo cual se cercenan las oportunidades de defensa del demandado. Y es que, en estos casos, las sorpresas no son previsibles, por muchas profecías y actos de fe que realice el demandado sobre le teórica andadura del litigio.

3. CUANDO EL TRIBUNAL SUSCITA DE OFICIO "DEFECTO LEGAL EN EL MODO DE PROPONER LA DEMANDA"

Más llamativa e insólita es la situación vivida en un juicio ordinario seguido ante un juzgado de Barcelona. Un propietario decide dedicar su piso a actividad de hospedaje, sin que en los estatutos de la comunidad existiera limitación alguna para tal actividad y previa obtención de la oportuna licencia administrativa. Al percatarse de ello, el resto de comuneros deciden en junta modificar los estatutos de la comunidad y prohibir este tipo de actividades. El propietario afectado impugna los acuerdos y la comunidad reconviene pidiendo la interrupción de la actividad de hospedaje.

Desde el punto de vista jurídico, en el pleito confluían las normas del CC español, de la Ley de Propiedad Horizontal y los preceptos del CC catalán, que cada parte argumentaba convenientemente en favor de su postura.

En el momento de la audiencia previa, sorpresivamente, el juzgado *motu proprio* suscitó objeciones sobre el tenor jurídico de la demanda y, en un determinado momento del debate, amagó con estimar de oficio la excepción de defecto legal en el modo de proponer la demanda, y sobreseer el juicio.

Ante tal deriva, mi reacción fue instintiva y más de abogado que de académico. Solicité benévolamente un plazo de cuarenta y ocho horas para tratar de aclararle al tribunal los fundamentos jurídicos de la demanda y me fue concedido. Reformulé adecuadamente los textos de la demanda en plan esquemático y soslayé el envite. En el lance también me quedó claro que mi cliente tenia el pleito perdido en primera instancia, por mucho que nos desfogásemos *de facto* et *de iure*. Y así fue, pues el juzgado desestimó íntegramente la demanda y estimó la reconvención, esto es, un K.O. en toda regla en el argot forense. Eso sí, para ello necesitó explayarse y cargarse de razón durante cincuenta páginas de elaborada argumentación, si bien esta no fue corroborada luego por las instancias superiores. La secuencia del asunto llevó a la modificación de la sentencia, primero por la Audiencia Provincial y sucesivamente por el Tribunal Superior de Justicia de Cataluña, que moderaron los éxitos y fracasos de cada litigante equitativamente[2].

4. LA IRRESISTIBLE TENTACIÓN DEL TRIBUNAL SUPREMO DE PONER LA GUINDA

Si el caso anterior no pasa de ser una mera anécdota forense, el que rememoro acto seguido tiene mucha mayor enjundia pues se ubica directamente en el Tribunal Supremo y su vocación innata de poner los puntos sobre las íes, con deleite, como legalmente le corresponde.

El asunto iba del expolio de los libros de una biblioteca de una institución religiosa de una diócesis española. El tema se incardinó inicialmente en la vía penal, como era de cajón, pero se torció cuando el único sospechoso falleció y con ello se archivó la causa penal. La Diócesis inició entonces un pleito civil contra los poseedores de dichos libros, que los habían comprado a lo largo de varios años en subastas públicas organizadas regularmente por una entidad especializada. En la demanda se expresaba que la acción ejercitada era una reivindicatoria pura y dura. En síntesis, las cuestiones jurídicas de mayor relevancia se ciñeron a los presupuestos de la acción: condición de propietario, plazo de ejercicio, identificación del objeto, prescripción / usucapión de los adquirentes, buena fe en todo caso y derecho al reintegro del precio pagado según las prescripciones del archifamoso articulo 464 CC.

La sentencia del juzgado se limitó a estimar la demanda. Era un resultado cantado, a tenor de la presión eclesial, mediática y ambiental en que se vivió el proceso desde su inicio. Pero, en definitiva, nada que se saliera del planteamiento del debate sobre la reivindicatoria, tal como lo había

---

2 STSJ Cataluña, nº 24/2020, de 27 de julio, Sala de lo Civil y Penal (Id. Cendoj 08019310012020100022).

formulado la Diócesis. La Audiencia Provincial tampoco se salió del guion, limitándose a confirmar la sentencia del juzgado.

En cambio, el Tribunal Supremo se sintió motivado a efectuar una interpretación extensiva de la Ley de Patrimonio Histórico Español, en extremos que no se habían debatido en las instancias inferiores y que excedían del planteamiento canónico de la acción reivindicatoria. Queda claro el punto de partida y el de llegada del tribunal porque lo enuncia justo en el encabezamiento de los fundamentos jurídicos de la sentencia[3]: "*La cuestión que se plantea es la posibilidad de adquirir "a non domino" en subasta pública bienes muebles sometidos a la Ley del Patrimonio Histórico español que estén en posesión de instituciones eclesiásticas.*" Ciertamente, esta norma había sido alegada en las instancias, pero justo para evidenciar que los libros en cuestión no figuraban catalogados como patrimonio, según certificación administrativa obrante en autos.

En casación, el desarrollo que efectúa el Tribunal Supremo de determinados preceptos de la LPHE, con referencias incluso a la Ley de Ordenación del Comercio Minorista, no respondía a los términos del debate. Era un argumento gratuito de refuerzo de la tesis de la Diócesis. Desde luego, a estas alturas, nadie esperaba que se desestimara la demanda. Pero sí que se reintegrase a los compradores el precio pagado. El planteamiento del tribunal se preordena a marginar el art. 464 CC y, en particular, el derecho al reembolso del precio pagado por los compradores de buena fe en las subastas. Con la simple aseveración de partida de que los bienes pertenecientes a la Iglesia Católica están fuera de comercio, y que la LPHE no prevé ningún derecho de reembolso despacha a los compradores de buena fe con la pura pérdida del precio pagado.

El esfuerzo "creativo" del TS no se compadece en absoluto tampoco con la realidad del comercio del libro antiguo. Basta con acudir a cualquier librería anticuaria para verificar cuantos libros "eclesiales", "eclesiásticos", "sagrados", y demás especies, en cualquiera de sus variantes, se ofrecen en los escaparates y catálogos de los libreros. Desde biblias, misales, cantorales, tratados teológicos, oracionales, hasta libros de toda clase y condición que la propia iglesia ha reciclado al mercado "profano". ¡Y el Tribunal Supremo sin enterarse!

---

3 STS nº 301/2019, de 28 de mayo, Sala de lo Civil (Id. Cendoj 28079110012019100032).

5. LA DESCONSIDERADA ESTIMACIÓN DE EXCEPCIONES DE OFICIO

También se encuadra en el Tribunal Supremo el siguiente episodio de este desbordamiento imparable del "*iura novit curia*". En esta ocasión, el caso versaba sobre la terminación por cumplimiento del plazo de un contrato de arrendamiento de un local de negocio. El contrato databa de medio siglo atrás y, en el curso de los años, la propiedad había pleiteado por la extinción del arriendo, por lo menos, otra vez.

Al hilo de las reinterpretaciones jurisprudenciales de las Disposiciones Transitorias de la LAU 1994, en fechas más recientes, la propiedad volvió a la carga pleiteando contra el arrendatario por la extinción del plazo del arriendo, al entender que había transcurrido con creces cualesquier plazo de duración que se quisiera considerar y aduciendo que el arrendamiento no podía considerarse una carga perpetua.

En este escenario, el arrendatario rememoró el pleito anterior y alegó la excepción de cosa juzgada en el nuevo juicio. En la audiencia previa el juzgado vio el cielo abierto para sacarse el tema de encima y estimó la excepción de cosa juzgada. Apelado el auto, la Audiencia Provincial revocó la decisión del juzgado y declaró la inexistencia de cosa juzgada.

Así las cosas, el juicio siguió su curso y concluyó con una sentencia de primera instancia sobre el fondo desestimatoria de la demanda. Apelada esta resolución, la Audiencia Provincial desestimó el recurso, aduciendo a estas alturas de la historia —¡leerlo para creerlo!— la falta de interés del demandante en la acción declarativa ejercitada relativa a la terminación del arriendo. La evidente incoherencia del razonamiento fue objeto de un único motivo por infracción procesal, el quebrantamiento de las formas esenciales del juicio de toda la vida ¡Tan claro era el defecto, que no necesitaba argumentación superabundante, ni motivos en cascada!

Consecuentemente, el Tribunal Supremo estimó el recurso —¡mira que es difícil que prospere un recurso por infracción procesal!— y casó la sentencia. Pero acto seguido, constituyéndose en tribunal de instancia, de oficio, de forma imprevisible y sin que fuera objeto del recurso, ni de contradicción, apreció la excepción de cosa juzgada y desestimó la demanda[4].

---

4 STS nº 574/2018, de 16 de octubre, Sala de lo Civil (Id. Cendoj 28079110012018100566).

Este tipo de fallos "sorpresivos" de nuestro más alto tribunal no son infrecuentes. Recuérdense, por ejemplo, exabruptos similares al estimar de oficio la falta de litisconsorcio pasivo necesario o la incompetencia de jurisdicción después de años de pleito. Al ser la instancia suprema, las ataduras son más lábiles y los riesgos se reducen al mayor o menor estrépito jurídico que puedan producir entre los enterados. Nada alarmante, pero demoledor para la sanidad del sistema.

En cuanto a la dogmática de la cosa juzgada, no es ocioso recordar que la garantía constitucional de intangibilidad de las resoluciones judiciales firmes es predicable tanto de las resoluciones interlocutorias como de las definitivas. En el caso anotado, el telón de fondo era la configuración de la audiencia previa del juicio civil ordinario como escenario idóneo de discusión y cierre de cualquier cuestión procesal que pueda impedir una resolución sobre el fondo. Como es notorio, el sistema de la LEC 1/2000 está articulado precisamente para depurar en la audiencia previa todos estos eventuales óbices procesales y, entre ellos, explícitamente, la cosa juzgada (art. 416.1.2ª LEC), tanto en su vertiente formal como material.

Por pura disposición legal, la existencia o no de cosa juzgada se resuelve definitivamente en la audiencia previa (art. 421 LEC). Si la decisión es positiva, el auto de sobreseimiento del proceso (art. 421.1 LEC) es recurrible en apelación ante la Audiencia Provincial respectiva (art. 455.1 LEC). La decisión de la Audiencia, sea cual sea su contenido, es definitiva, pues ya no cabe recurso alguno (art. 477.2 LEC).

Pese a ello, el Tribunal Supremo obró como lo hizo, soslayando cualquier debate sobre algo ya enterrado en la audiencia previa. Cosas de la jerarquía y del privilegio de la última palabra.

6. CUANDO SOLO EL TRIBUNAL CONOCE LOS ARCANOS DE LA ADMISIÓN DE RECURSOS EXTRAORDINARIOS

En este excurso deslavazado sobre las sinuosidades de la libertad de *know how* jurídico de los tribunales hay que dejar anotada, una vez más, la situación del trámite de admisión de recursos de casación por el Tribunal Supremo y de amparo de ciudadanos no significados por el Tribunal Constitucional. En términos claros y simples: es jurídicamente escandalosa y profesionalmente intolerable, pues, en estos casos, el genuino principio operativo "*iura novit curia*" se disuelve como un azucarillo en la nada procesal.

Como evidencian las estadísticas, la mayoría de estos recursos se inadmite sistemáticamente, sin mayores miramientos. Todos los esfuerzos de nuestros mas excelsos tribunales y de sus equipos de laborantes se preordinan en esta dirección. No habría nada que objetar si el resultado se atuviera a alguna regla legal, clara, lógica, previsible. Pero, lamentablemente, no es el caso. Las decisiones sobre la admisión de estos recursos son completamente imprevisibles, muchas veces rebuscadas, cuando no arbitrarias. Vale cualquier remilgo para justificar el objetivo perseguido. Por mucho que la doctrina se ha esforzado en construir una dogmática sobre la admisión y sus reglas lógicas, la recepción por estos excelsos tribunales ha sido nula.

Basta con abrir cualquier repertorio de jurisprudencia al uso para comprobar que no existe regla alguna: recursos, rigurosamente motivados según la *lex artis*, perecen por la mera malquerencia del tribunal. Otros, en cambio, que se descalificarían en cualquier filtro imparcial *secundum tabulas*, franquean las puertas y tienen la opción de ser examinados en cuanto al fondo. Pura tómbola. La situación, como digo, es kafkiana y nada seria. Insostenible. *De facto*, rige la regla de que en estos casos el tribunal hace lo que le viene en gana. Pero, desde luego, esto no es el "*iura novit curia*". En realidad, ni siquiera se corresponde con la regulación legal actual. Simplemente, está fuera de normas. Tratándose de nuestros más altos tribunales habrá que convenir que no es nada edificante. Quede dicho, una vez más.

7. EL APROVECHAMIENTO DE LA PERICIA JURÍDICA DEL TRIBUNAL EN BENEFICIO DEL DELINCUENTE

No era, ni es, mi propósito abordar la proyección del "*iura novit curia*" en el ámbito penal. Pero no me resisto a dejar un breve apunte sobre la mesa como broche de esta reflexión. En este sector del ordenamiento jurídico la holgura del principio, por definición, debería ser prácticamente rígida. No se pueden inventar o acomodar delitos, porque ello es contrario a la médula del derecho penal.

Pero hete aquí que la dogmática penal, tan excelsa en muchas construcciones teóricas, sigue adoleciendo de muchos agujeros negros por los que se cuela la tipicidad, la antijuricidad y tantos otros adminículos del sistema, como el concurso de delitos y de leyes, la subsunción o absorción de conductas en algunos tipos colindantes, el delito continuado, etc. En muchas ocasiones, los deslices o desajustes se le achacan a la textura o dicción de la norma y hay ejemplos de libro recientes en nuestro foro en este sentido. En todos estos casos, los tribunales tienen que hacer malabarismos para no salirse de los márgenes de las normas penales y embridar la fuerza expansiva del brocardo. Es obvio que las dudas, los agujeros de las normas, acaban por beneficiar al presunto delincuente o al condenado. Pero esta es la gran magnanimidad de nuestro sistema garantista, a la que nadie está dispuesto a renunciar.

Otro tanto ocurre en el escenario de un proceso penal con el margen de elasticidad que tiene el tribunal a la hora de ser congruente con el principio acusatorio. La elección de un tipo de delito menos grave que el que es objeto de acusación, la concreción numérica de la pena o la observancia de los términos de una conformidad son parámetros que operan en beneficio del imputado y no a la inversa.

Los formantes de la decisión judicial en el proceso civil un esbozo

ÁNGEL M. LÓPEZ Y LÓPEZ
Profesor Emérito de Derecho Civil de la Universidad de Sevilla
Abogado

1. PROHIBICIÓN DEL ARBITRIUM MERUM EN LA DECISIÓN DEL JUEZ CIVIL

El punto de partida, a mi modo de ver, debe ser la afirmación de que toda decisión judicial viene siempre heterodeterminada, es decir no es fruto de una apreciación exclusiva del que la pronuncia, de su particular modo de ver lo que es correcto o ajustado en el singular caso litigioso. El Derecho moderno, salvo casos excepcionales, no admite el *arbitrium merum.* El arbitrio llamado de equidad no es otra cosa que un tipo de aquel, pues la referencia a lo razonable o equitativo en sí mismo solo pertenece a la convicción del juzgador, sin referencia a una predeterminación de sus criterios coercible en casos idénticos, y al no ser así no es una predeterminación jurídica. En rigor, un puro juicio de equidad no puede ser más que un mero arbitrio

2. LA IMPARCIALIDAD COMO ÚNICA CONDICIÓN ESTRUCTURAL DEL JUICIO

Es comúnmente aceptado que las condiciones del juicio son la independencia, la imparcialidad y la objetividad del Juez. Ahora bien, la única condición estructural del juicio es la imparcialidad, puesto que el juicio responde, por definición a la necesidad de superación de la parcialidad entre las contiendas de los hombres. El Juez debe estar en una posición de desinterés, entendida esta como la superación de la antinomia amigo-enemigo. La necesidad de que el juez sea absolutamente autónomo para decir el Derecho no es una condición estructural del juicio sino una premisa de este. Si el juez debe obedecer órdenes, de otro Juez o Tribunal u otro poder del Estado, no sería él el que juzgara. En consecuencia, el Juez ha de ser independiente de ese otro poder y no sometido a jerarquía alguna, dentro del ámbito de su jurisdicción, en relación con otro órgano de su clase.

3. SU RELATIVA DEPENDENCIA DEL PRINCIPIO DE SEPARACIÓN DE PODERES Y DE LOS MECANISMOS DE GOBIERNO DE LOS JUECES

Esta condición estructural del juicio, la imparcialidad, y pese a lo que se afirma continuamente como tópico, en su esencia misma, solo indirecta o reflejamente tiene que ver con el llamado principio de separación de poderes. No es cuestión entrar aquí sobre el nacimiento de tal principio en las modernas estructuras constitucionales, aunque no se debería olvidar que su primitiva *ratio* estribaba en que los jueces no fueran los últimos y verdaderos actores de las decisiones políticas. La estructura íntima del Poder judicial radica en que no se le pueden imponer soluciones por ningún órgano de ningún poder del Estado, ni siquiera judicial, porque para eso solo existe la vía de los recursos, que suponen un *iudicium novum,* en su forma ordinaria. Esa esencia íntima alcanza su legitimación en sí misma, que no necesita del principio democrático, salvo en el momento constituyente. A partir de ahí, es la concreta observancia de las normas del juicio concreto lo que lo hace legítimo, aunque pueda ser erróneo, y otros juicios concretos están previstos para su eventual corrección. Se nos ha de excusar la reiteración del adjetivo concreto, porque quiere poner el acento en que el Poder judicial, reside en todos y cada uno de los Jueces y Magistrados, de acuerdo con los dictados constitucionales, y no en su órgano de gobierno, perfectamente prescindible. Ciertamente, desde el momento que los jueces son depositarios de la más elevada de la *prudentia iuris*, se exigen condiciones morales y de conocimiento del Derecho excelentes; pero si no hemos de ser hipócritas, esa exigencia de mérito personal y científico no la garantiza ni el autogobierno judicial, ni dejaría de garantizarla el poder ejecutivo, siempre que el legislativo hubiera habilitado un riguroso método de ingreso y ascensos, gobernado por el principio de capacidad y mérito. No deja el que escribe de preguntarse si suprimidas las potestades discrecionales del principio del Consejo General del Poder Judicial, acabaría por hacerlo políticamente poco atractivo, y nos ahorraríamos el bochorno de estos días. Pero ¡curiosamente!, esa es la reforma que nadie propone. Abandono este penoso camino para centrarme en mi propósito del análisis de los formantes de las singulares decisiones judiciales. Ha de entenderse que cuanto sigue tiene en mente el proceso civil, aun cuando mucho puede extenderse a los otros órdenes jurisdiccionales, pero en ellos confluyen vectores que justifican otros matices.

4. LA ROBUSTA EXISTENCIA DEL PRINCIPIO DE CERTEZA DEL DERECHO

Hemos comenzado afirmando que las decisiones judiciales deben en su inmensa mayoría tener un fundamento heterónomo, es decir han de basarse en una norma producida extramuros de la actividad jurisdiccional misma; trataremos separadamente el papel del precedente judicial en la decisión del litigio. Esto dicho, es preciso levantar acta de que dicho principio de hetero determinación viene afectado por la existencia de un problema general de indeterminación del Derecho mismo, que se manifiesta de un modo más o menos agudo; y por ello, todos los Ordenamientos prevén formas de paliarlo lo más posible, porque sin una robusta afirmación de la certeza del Derecho vendría a menos un orden social mínimamente estable. La constancia empírica es qué tal certeza existe, como lo demuestra el hecho del cumplimiento voluntario de la inmensa mayor parte de los mandatos contenidos en las normas jurídicas, sean éstos del tipo que sean. La conflictividad no es más que una parte minoritaria de la experiencia jurídica, entendida esta como la vivencia del Derecho en la sociedad; aunque, como es sabido, los progresos de éste habitualmente van ligados a la búsqueda de respuestas a la insatisfacción de sus soluciones, que se establecieron frente a problemas cuya percepción social ha cambiado. o son de nueva aparición, o bien generan dudas sobre el sentido y alcance de aquellas soluciones. Aun a riesgo de cierta simplificación, diremos que las nuevas respuestas jurídicas a la insatisfacción o inadecuación se mueven en dos planos empíricamente relacionados, aunque desde un punto de vista funcional, son distintos: la creación de nuevas normas, o con aplicación de las normas existentes, con utilización de la función jurisdiccional, mediante su vehículo príncipe, el proceso judicial.

Cabe observar que los dos planos, también habitualmente, se suelen manifestar en forma de conflicto, lo que abre el camino a la crítica de lo ya existente, tanto para su cambio como para su aplicación a un concreto conflicto entre partes, aplicación que puede exigir la dilucidación del sentido y alcance de las normas, lo que conocemos como interpretación. Instalados en esta perspectiva conflictual, nuestras disquisiciones, mayoritariamente, al menos desde el punto de vista teórico, comportan algo de deformación pues se privilegian las realizadas al hilo de la glosa de un supuesto *Edictum de rebus dubiis*, en lugar de un prevalente *Edictum de rebus certis*, que es quien corresponde a la inmensa mayor parte de la realidad jurídica, si la consideramos como lo que es, una suerte de fenómeno, a flor de la piel de la existencia social y sin el cual esta no se podría desenvolver.

5. LA CUESTIÓN DE LA "ÚNICA SOLUCIÓN POSIBLE"

Ahora bien, y con esta premisa, ante un concreto conflicto jurídico, no cabe mantener, ni siquiera en términos generales y abstractos, la existencia de una "única solución posible". Con independencia de la pregunta de qué instrumentos podrían ser utilizados establecerla en cada caso concreto, la realidad muestra choques de intereses entre sujetos, cuya tutela de unos frente a otros nunca puede ser determinada *a priori*, de manera que se imponga en todos y cada uno de los casos; no existen verdades intrínsecas en el campo del Derecho, pues este, fruto de un decurso histórico complejo, no puede producirlas; a lo sumo, dicho trayecto histórico puede decantar principios de amplio consenso social, lo que no equivale al establecimiento de verdades ontológicamente en sí como tales, precisamente por su radical historicidad; salvo que queramos aprovechar para introducir la doctrina del Derecho natural, que, con todo el respeto que se debe tener a la misma, dado que en sus distintas formulaciones históricas ha sido capital para todo el pensamiento jurídico, si las alejamos de ellas, es una cuestión fidencial, y siempre envenenada ideológicamente.

6. LA "ÚNICA SOLUCIÓN POSIBLE" Y SU INCOMPATIBILIDAD CON EL PRINCIPIO DE CONTRADICCIÓN EN EL PROCESO

Si vamos a la realidad en la que queremos desenvolvernos, el proceso civil, la cuestión de la existencia de una única solución posible tiene su principal manifestación (y en ella surgió la querella teórica sobre la misma) cuando nos encontramos ante su planteamiento dentro del proceso mismo. Ahora bien, la estructura contradictoria de este (que resulta esencial para su existencia misma como institución) muestra que, si una solución única existiera o pudiera ser deducida automáticamente, a lo que quedaría reducido el proceso sería a la mera actividad de ejecución, en el caso de que a la aplicación de aquella solución se opusiera resistencia o desconocimiento. El proceso, como proceso declarativo o constitutivo, no existiría. La irrealidad de esta conclusión queda avalada porque no conocemos ningún catalogo de soluciones jurídicas únicas. Debemos salir al paso de alguna fácil objeción. Primero, el razonamiento anterior no desconoce la existencia de intereses privilegiados dentro del proceso, de forma tal que se facilite su realización en relación con los de la otra parte; peros eso, obviamente, no significa que sean la única solución posible. Segundo, la necesidad de que la solución judicial a un litigio no difiriera *ceteris paribus* de la adoptada en otro no indica que exista una única solución posible, sino que está relacionada con la densa problemática del precedente judicial y su carácter vinculante *pro futuro*. No es exactamente equiparable, en función del principio de igualdad, que pueda ser arbitrario articular dos soluciones distintas ante dos casos idénticos, a que la respuesta dada en el precedente fuera la única posible. Quizá no conviniera olvidar que la diatriba acerca de la solución única tuvo su principal manifestación en culturas jurídicas sustanciadas en el precedente, es decir, las de *common law*.

7. "ÚNICA SOLUCIÓN POSIBLE" Y "TEORÍA DE LA SUBSUNCIÓN"

Según pienso, la disputa de calor y color anglonorteamericano sobre la solución jurídica única guarda estrecho parentesco con la propia de nuestra cultura europeo-continental sobre la llamada "subsunción". Ambas tienen un mismo propósito, embridar el *arbitrium merum* como mecanismo de la decisión judicial, preservando al tiempo el papel del juez imparcial, y tanto más imparcial cuanto más heterónomamente condicionado, ya por el *leading case,* ya por el mandato de una norma de origen parlamentario, o ejecutivo, en este caso con las debidas restricciones operadas por el principio de legalidad. La operación tiene algo de psicológicamente contradictorio, pues por un lado se desea un juicio lo más cercano al caso concreto, y que por la cercanía esté más cerca de una justa composición de los intereses en conflicto, y al mismo tiempo se desea que esa solución no dependa exclusivamente de la voluntad del juez, y se acomode a criterios predeterminados, y con vocación de generalidad, Son precisamente las críticas a la teoría de la subsunción las que nos convencen de la imposibilidad de la única solución posible.

8. APRECIACIONES CRÍTICAS SOBRE LA DICHA TEORÍA

La teoría clásica de la subsunción parte de que la determinación del supuesto de hecho es una cuestión de verdad, y que acreditada dicha verdad el precepto o consecuencia jurídica se impone con una pura deducción lógica secuencial. Pero la realidad es que las cosas no funcionan así: el hecho al que se encamina la consecuencia no es un hecho histórico aislado en bruto, sino un hecho o conjunto de hechos *jurídicamente relevantes,* no contemplados explícitamente en el "supuesto de hecho". Hay más, la delimitación del supuesto de hecho no puede ser hecha directamente casi nunca por el juez, sino que lo hace a través de percepciones a él externas, que ha de valorar a través de inferencias lógicas, máximas de experiencia, criterios de probabilidad, desde la autenticidad del documento a la credibilidad de los testigos o la exactitud de una prueba pericial, y no es sino la manera que tiene de dilucidar hechos cuya dimensión histórica realmente acontecida no puede conocer; además todos los procesos existentes ponen límites al alcance de la verdad, por unos motivos u otros.

Con estas elementales apreciaciones queremos poner de relieve es que, aún aceptado el esquema de la teoría de la subsunción, el juicio no solo de verdad sino también el de validez alcanza al supuesto de hecho, lo que implica la utilización de normas jurídicas. Hay una grave insuficiencia, como arquitectura lógica de la subsunción, del silogismo "premisa mayor" (consecuencia jurídica) —"premisa menor" (supuesto de hecho) La operación de la decisión judicial puede ser notablemente compleja, y desemboca en una norma concreta de decisión del caso, en cuyo establecimiento desempeña un papel esencial el juzgador, lo que abona la existencia de la creación judicial del Derecho incluso en los países de *civil law.* Pese al conjunto de heterodeterminaciones (y, específicamente, la de las leyes) que condicionan la decisión judicial, el juez goza de un amplio margen para conformarla. La pregunta entonces cambia de sentido: ¿hasta dónde goza de él?

9. VERDAD PROCESAL Y DISCRECIONALIDAD DE JUEZ. EL CARÁCTER AUTORREFERENCIAL DE LA "SUMISIÓN A LA LEY" EN LA DECISIÓN JUDICIAL

Desde luego hay que descartar la idea de una verdad intrínseca y objetiva alcanzable en el proceso, cuando en este se puede lograr solo una verdad procesal; y por la propia naturaleza del juicio esta solo puede ser una de las aproximaciones plausibles o mejor relacionadas con una verdad ontológica. Una aproximación plausible conduce a concluir que es innegable la existencia de una discrecionalidad del juez, y por consiguiente debemos saber los límites que la enmarcan. El sometimiento al Derecho de los Poderes del Estado pasa también por la circunscripción de su necesaria, y en todo caso, inevitable, discrecionalidad.

De todos modos, el ámbito donde la actuación de cada Poder dispone de esa posibilidad, tiene lógicas muy distintas según que estemos ante el Legislativo, el Ejecutivo y el Judicial. Podemos apartar de nuestra disquisición al primero, dado que en el Estado de Derecho moderno todo se reduce, aunque con grave problemática, a los límites constitucionales de las leyes: hablamos de la extensión de la supremacía del Parlamento, surgido del principio democrático, en nuestro entorno jurídico político habitualmente a través de la llamada democracia representativa. En cambio, la discrecionalidad administrativa y la discrecionalidad judicial comparten problemas que no son idénticos, pero derivan de una estructura jurídica común: ser funciones ejecutivas de la predisposición regulativa operada por la Constitución y por las leyes, y que solo en épocas relativamente recientes se han desdoblado orgánicamente, hasta el punto de disfrutar históricamente de una denominación común, *iurisdictio.*

La confrontación entre las dos discrecionalidades resulta muy ilustrativa para nuestro propósito. Ambas se fundan en la posibilidad de ejecutar los mandatos de la ley en términos acotados por esta, pero con una posibilidad de opciones-decisiones distintas; diríase que los parámetros que marcan la legitimidad de las posibles opciones son materialmente los mismos: piénsese, por ejemplo, en el canon de la razonabilidad. Empero, su posición respecto a la ley es muy distinta desde el punto de vista de que el control de la discrecionalidad administrativa está precisamente confiado a los jueces, y a su interpretación de las leyes, y es un control de un Poder del Estado efectuado por otro Poder de este; en cambio, el control de la discrecionalidad judicial es, por principio, de carácter autorreferencial. Y en este carácter autorreferencial radica la causa última de los problemas de la discrecionalidad judicial: puesto que de la actividad judicial se predica en el Estado de Derecho "la sola sumisión a la ley" es preciso aclarar qué significa en manos de quienes administran el alcance de dicha sumisión.

10. APROXIMACIÓN A UNA TEORÍA DE LOS FORMANTES DE LA DECISIÓN JUDICIAL. LA DIFICULTAD DE UNA TAXONOMÍA

El problema entonces se plantea como una cuestión de instrumentos para lograr un determinado fin, la verdad procesal, lo que nos reenvía directamente a lo que se considere objeto del proceso judicial y a la teoría de la interpretación de las normas que gobiernan sustantiva y procedimentalmente la decisión judicial sobre dicho objeto (empleamos la palabra normas de un modo muy genérico, incluyendo normas y propios precedentes judiciales). Esos instrumentos podemos llamarlos genéricamente los formantes de la decisión judicial, y resulta útil su elenco y definición, sin ignorar los confusos límites entre ellos, y la problemática subyacente a cada uno, que a veces involucra cuestiones de gran calado, y que aquí no podrán quedar más que apuntadas.

Desde un punto de vista estático se puede intentar una taxonomía de dichos formantes. Asumiendo el riesgo que supone un elenco, tanto desde el número de sus miembros como de sus relaciones entre sí, podemos hablar de que en la decisión judicial pueden confluir en una primera aproximación valores morales mayoritariamente admitidos desde el punto de vista social, principios jurídicos de carácter general y normas legales (en el amplio sentido antes dicho) Iniciamos la exposición de esta tríada con dos advertencias, la primera la dificultad y relatividad de las distinciones, y secuencialmente y también afectada por dichas dificultad y relatividad, la necesidad de proceder dentro de cada una de las tres a separadas tipologías. Además, la actividad judicial se desenvuelve en el tiempo y reiteradamente, resolviendo casos concretos, es decir, elaborando continuamente soluciones, lo que nos lleva a hablar de una dinámica propia que puede convertirse en un formante de ella misma. Nos estamos refiriendo, como resulta evidente a la cuestión del precedente judicial.

Ciertamente, desde un punto de vista meramente lógico, en el caso de que el precedente fuera uno de los formantes de la decisión judicial, una vez establecido lo podríamos haber incorporado como un formante estático más; pero eso supondría haber prejuzgado que el precedente como formante existe en nuestro sistema, lo que sabemos es discutido (bajo los viejos paños de la pregunta sobre la jurisprudencia como fuente del Derecho), y además, y esto nos parece más decisivo para su tratamiento, ignorar que los formantes estáticos antes relacionados, nacen *ex ante* y *ad extra* de la actividad jurisdiccional y el precedente es un fruto intrínseco de la misma: con este apunte no queremos indicar una mera distinción de perspectiva, sino de carácter específico del hipotético formante precedente judicial

11. LOS "VALORES MORALES GENERALIZADOS" COMO FORMANTE

Vayamos ahora al formante de la decisión judicial que hemos denominado "valores morales generalizados", lo que ya implica una toma de posición sobre su alcance, aunque como habrá de verse, ya en el propio nombre apreciamos la dificultad de concebirlo autónomamente en relación con otros formantes. En realidad, la autonomía de la moral como pauta jurídica por sí sola es discutida desde hace siglos, en el instante en que en Derecho Romano los *bonos mores* no se asimilaban necesariamente a la *consuetudo*, es decir los contenidos de moral tradicional no eran necesariamente los contenidos de Derecho no escrito que componían la costumbre, y quedaban confiados a la *interpretatio prudentium.* Pero no deja de ser ilustrativo que en el arco histórico del Derecho de Roma todos los contenidos no regulados por la ley, o surgidos de la casuística *ex auctoritate,* van adquiriendo valor regulativo, integrándose paso a paso en la *consuetudo* como *diuturni mores consensu utentium.* Obviamente, no traigo aquí el apunte romanístico como antecedente, ni como criterio de autoridad, sino para mostrar como el genio jurídico más grande de todos los tiempos, ya había visto los peligros del uso, para resolver conflictos, de valores morales no basados en un largo consenso social, y fue prescindiendo del mecanismo a medida que se incrementaba la complejidad de la sociedad romana.

12. NECESIDAD DE QUE TALES VALORES SE MANIFIESTEN A TRAVÉS DEL SISTEMA DE FUENTES ESTABLECIDO. "MORAL" Y "BUENAS COSTUMBRES"

En nuestros tiempos se afirma (aunque la realidad oculta puede ser distinta, piénsese en las sentencias a favor de la educación segregada) que la moral no puede ser derivada de ningún credo religioso. Ello equivaldría a la imposición, aunque fuera por vía indirecta, de un confesionalismo que la Constitución excluye como característica del Estado, y mucho menos puede referirse a las convicciones morales de un individuo en concreto, con respecto a las cuales no le asiste el más mínimo derecho para hacerlas efectivas, jurídicamente hablando, frente a otro individuo. "Moral" quiere indicar las convicciones éticas generalizadas de una sociedad, el conjunto de valores morales que dicha sociedad asume como propios en un determinado tiempo y lugar y, en consecuencia, el límite de la moral es, por ello, oscilante y cambiante. Los particulares no pueden regular sus intereses en contra de esos valores, que son interiorizados por una colectividad como las pautas de la honestidad; es bien claro que este límite, en todo caso, no se puede apreciar sino de manera restrictiva, pues una desmesurada expansión podría llevar, en la práctica, a la imposición de un credo moral, sin guardar el debido respeto a convicciones legítimas, aunque minoritarias. Si las convicciones morales no son auténticamente generalizadas, difícil es concebirlas como un límite general.

Precisamente por ello, hay quien entiende que "moral" es equivalente a "buenas costumbres". En verdad, tras del intento de identificación late el plausible propósito de objetivar lo más posible el concepto de moral, en evitación de los peligros que hace un momento se apuntaban, en el sentido de que lo que no sea vivido efectivamente como convicción ética de la generalidad, no sea exigido como pauta a concretos particulares. Se objeta, frente a este argumento, que de esta forma se evitaría la aplicación de pautas éticas generalizadas, pero que no han sido objeto de un acto de exteriorización concreto; ahora bien, no creemos en el peso de tal objeción: mal se podrá identificar una norma ética si no ha sido objeto de algún comportamiento, y no olvidemos que comportamientos son también las conductas omisivas. Por ello, no parece desencaminada la posición de quienes asimilan "moral" a "buenas costumbres".

De todos modos, sería iluso pensar que el problema queda resuelto, pues, aunque el juez solo pueda utilizar la moral a través de la referencia a ella por una ley, una costumbre o un principio general del Derecho en función regulativa directa— otra cosa no sería resolver el litigio de acuerdo con el sistema de fuentes establecido, y supondría entrar directamente en la esfera del Derecho libre— siempre queda el problema del contenido de la moral en el caso concreto y para eso, el juez no tiene más remedio que auscultar la conciencia social. Para mí, lo único 'que puede aceptarse es que la moral *en sí misma* no es una de las fuentes a que en todo caso debe atender la decisión judicial, y que su uso debe ser restrictivo. No tenemos nada más que pensar en el apotegma *nemo in iudicium turpitudinem allegans*, que si atenemos a la generalidad de su dicción podría parecer que articularía un general veto de acceso a la jurisdicción, incluso *in limine litis*, de una pretensión inmoral, cuando nadie lo entiende más allá de la aplicación de unas normas especiales de los efectos de la nulidad en caso de causa ilícita (artículos 1305 y 1306 del Código civil), y siempre dentro de los cauces del proceso debido.

13. "MORAL" Y "ORDEN PÚBLICO": SUS DIFERENTES ALCANCES

A pesar de lo dicho sobre la necesidad de que la moral necesita, en línea de principio, manifestarse a través del sistema de fuentes establecido (y siempre con la dificultad de su concreción en el caso), queda una cuestión de no poco alcance a dilucidar, que vendría a ser una notable excepción a aquel principio.

Es un tema poco tratado, y se trata de la posible inserción de las buenas costumbres dentro del orden público, en cuanto conjunto de disposiciones imperativas no necesariamente explícito. El dato textual, el importantísimo artículo 1255, corazón del Derecho de los particulares, enunciación del principio de la autonomía de la voluntad y sus límites abona la solución contraria al distinguir entre leyes, moral y orden público.

Pero las cosas tal vez no sean tan fáciles, pues no tenemos una idea firme del orden del contenido del orden público, a lo que se añade, y se verá que son temas íntimamente ligados, su aplicación a través de principios generales Se debe partir de la premisa de que las restricciones dictadas por el "orden público" han de deducirse del Derecho positivo (otra alternativa no cabe), pero que no son los que expresan las leyes, ni las "buenas costumbres", porque en tal caso, el concepto de orden público sería una mera duplicación de aquéllas. En efecto, aun cuando se parta del entendimiento de la función de uno y otro límite atribuyéndoles el sentido de que todos son conceptos con los que se quiere señalar que hay intereses que trascienden a la pura esfera los particulares, y, por consiguiente, no pueden ser objeto de disposición, parcial o totalmente, por ellos, esta trascendencia y falta de disponibilidad consiguiente viene marcada de un modo diferente por las leyes imperativas, por la moral, y por el orden público. Aquéllas lo hacen de manera expresa, y la moral, solo de la forma traslaticia que hemos esbozado; el orden público, en cambio es un sistema de límites deducidos del conjunto del ordenamiento, y opera no por determinaciones expresas sino por principios.

14. LA DUALIDAD PRINCIPIO-NORMA EN LA DECISIÓN JUDICIAL. DIFICULTAD DE LA DISTINCIÓN. REENVÍO DE LA CONSIDERACIÓN DEL PRECEDENTE COMO FORMANTE. INUTILIDAD PARA LA DISTINCIÓN ENTRE PRINCIPIO Y NORMA DEL ANÁLISIS DE SUS CUALIDADES SUSTANTIVAS INTRÍNSECAS O SU ORDENACIÓN JERÁRQUICA

Con ello, se pone de manifiesto que toda solución a un conflicto jurídico se encuentra determinada bien por una norma expresa bien por un principio (recuérdese que hemos decidido obviar de momento la problemática del precedente judicial), lo que aboca a que nos enfrentemos con la dualidad principio-norma, cuyos dos miembros expresan los principales formantes de la actividad judicial.

Según pienso, determinar cuándo nos encontramos ante uno u otra es cuestión no poco debatida, y con consecuencias prácticas que van más allá de una mera distinción conceptual, es tarea sumamente difícil si nos aferramos a que principios y normas tienen cualidades intrínsecas diferentes por su origen o por su mayor o menor generalidad de formulación, o por su preeminencia jerárquica o aplicativa

Esta ausencia de cualidades intrínsecas viene dada porque en cualquier ordenamiento toda norma (ahora en sentido amplísimo) tiene un origen más o menos directo, pero siempre con valor legitimante, en actos de los que detentan el gobierno de la comunidad dificultad, con lo que la formulación amplia la pueden tener tanto las normas como los principios, con lo que, como habrá de verse *a radice* solo difieren en la forma de manifestarse cono mandatos jurídicos.

Tampoco podemos elevar a notas distintivas de principios y normas la preminencia jerárquica y aplicativa de aquellos, porque no siempre se da. Aunque la predicáramos de los principios generales del Derecho, y ello prescindiendo del espinoso problema de su identificación, no las podríamos predicar *tout court* de todo tipo de principios, pues es categoría en la que están comprendidos algunos que no se pueden adjetivar como "generales del Derecho". Ejemplo de lo que estamos diciendo es hay principios constitucionales de absoluta supremacía sobre otros, y no pueden ser entendidos siempre como principios generales del Derecho, en el sentido de formantes de la decisión judicial. Mayor preeminencia de los que llama el artículo 1. 1. de la Constitución "valores supremos del ordenamiento jurídico" no es pensable, y si se les quiere llamar principios, no hay inconveniente alguno, siempre que no se les llame principios generales del Derecho, en el sentido de fuente; la terminología constitucional ha sido tal vez consciente de que no son lo mismo, al apellidarlos *valores*. Es claro que la igualdad proclamada en el precepto no es un principio general del Derecho, pero si lo es en el artículo 14 de la Constitución constitucional, de tan fecunda aplicación. Que este hunda su raíz ética en el artículo 1 no es de dudar, pero ello no los hace compartir ni la misma forma ni la misma función, pese a que ambos son sin duda principios jurídicos y no meras afirmaciones programáticas. No estamos hablando de principios no vinculantes jurídicamente, pues los *valores* lo son, estamos precisando el mecanismo de efectividad de los principios generales del Derecho como formantes de la decisión judicial Hay más: los principios pueden admitir entre si cuestiones de preferencia y jerarquía, que solo pueden resolverse ponderando su contenido caso por caso. Como diré, no podemos ilustrar como categoría general a los principios a partir de sus contenidos.

15. LA DISTINCIÓN ENTRE PRINCIPIO Y NORMA PUEDE ESCLARECERSE SOLO SI SE UTILIZAN LAS DELIMITACIONES MORFOLÓGICAS DE LA TEORÍA GENERAL DE LA NORMA JURÍDICA. PREMISAS DE ESTE PUNTO DE VISTA

Corolario de todo lo anterior es que, pese a las anunciadas dificultades de una taxonomía, la distinción entre principio y norma no resulta medianamente nítida si no se utilizan las delimitaciones morfológicas de la teoría general de la norma jurídica. Advierto desde este mismo momento que parto de las siguientes premisas, que doy por indiscutidas, aunque son desde luego discutibles, pero también es cierto que pueden considerarse plausibles, y ello puede considerarse suficiente para no detenernos en un discurso preliminar sin fin, que a remate de cuentas, y caso de terminar, solo puede hacerlo con una toma de posición que excluya otras, con un juicio condicionado por las premisas adoptadas, lo que no deja de ser desde un punto de vista lógico un razonamiento circular.

Estas premisas, son: los principios generales del Derecho no son normas éticas—aunque su contenido está lleno de ética— sino normas jurídicas; pero que no tienen capacidad para manifestarse por sí mismos sino a través de otras, sean las derivadas de la potestad legislativa, la costumbre o la interpretación de los tribunales (y como ha de verse, en esta manifestación reside lo más agudo de la problemática); en contra de lo que pudiera parecer, esta necesidad de interposición no es un argumento en contra de su supremacía, sino expresión de la misma.

Una segunda, ya anunciada anteriormente, consiste en que la morfología de la teoría general permite dilucidar entre principio y norma, pero no alecciona *per se* y en positivo las cuestiones de contenido, que solo pueden ilustrarse tomando como base otras referencias, sustantivas, y no puramente formales

16. NORMAS JURÍDICAS COMPLETAS, PRINCIPIOS, CLÁUSULAS GENERALES

Una norma jurídica completa (suele ser el caso común de la ley y de la costumbre), de acuerdo con la teoría general, consta de dos partes diferenciadas, un *supuesto de hecho*, a cuyo acaecimiento se encadena una *consecuencia jurídica inmediata*. El hecho de que necesite concreciones a la hora de formar una decisión judicial no la priva de su carácter completo, ni la convierte en un principio general, pues lo formalmente estructural de este es precisamente que no indica consecuencia jurídica alguna inmediata, que necesita ser obtenida por el intérprete, en un proceso más próximo a la creación que a la *interpretación-actividad*, contrapuesta a la *interpretación-producto*, esta entendida como la determinación del sentido y alcance de una disposición. Para evitar equívocos, diremos inmediatamente dos cosas que analizamos en orden inverso, por razones de coherencia lógica. La primera es que los principios, sin dejar de serlo, puede estar formulados legislativamente, y ello no altera lo que a continuación exponemos, La segunda es que una problemática similar a la de los principios la plantean las normas legales incompletas, cuando contengan cláusulas generales, que no sean propiamente principios.

17. ILUSTRACIÓN DE LA TIPOLOGÍA ANTERIOR

La tipología anterior, norma (de origen legal o consuetudinario) completa, principio general, norma legal incompleta, tal vez sea acreedora, en aras de arrojar claridad en su abstracta presentación, de ser ilustrada con algún ejemplo.

Un ejemplo, entre muchos posibles, de norma legal completa es el artículo 1454 del Código Civil, en el que se propone una consecuencia jurídica inequívoca de una determinada conducta de las partes, fácilmente probable, en el contrato de compraventa: en ella solo debe notar el intérprete la impropiedad terminológica de llamar rescisión a la resolución, impropiedad absolutamente notoria. En el 1454 el legislador opta por una solución, históricamente de origen consuetudinario según los más, y pudo tomar otra sin impedimento alguno. Esta norma, y las de sus características, soportan sin esfuerzo una aplicación inmediata, próxima a la subsunción.

Pero hay normas legales completas que plantean problemas aplicativos que su texto puede gobernar, pero no estableciendo solo parcialmente consecuencias inmediatas. Pensemos en el artículo 1902, que tiene el prestigio de responder a uno los famosos *tria iuris precepta, neminem laedere*, con lo que su conexión con los principios generales es obvia; es más, puede considerarse el vehículo legal de un principio general, pero no es un principio general, desde el instante en que posee un supuesto bien diferenciado, acción u omisión dañosa, dolosa o culposa, al que se anuda como consecuencia la reparación del daño.

No obstante, y la propia historia de la aplicación del precepto lo demuestra, no es posible solventar su aplicación singular, sin concretar normas para la determinación de lo que a sus efectos sea jurídicamente relevante acción u omisión, sobre los criterios de imputación causal al autor o autores de aquella acción u omisión, sobre la carga de la prueba, o sobre qué daños son resarcibles, y el cálculo de su resarcimiento, etc. Estas concreciones, y otras muchas más que el artículo no contiene, son necesarias para su aplicación, y son en pobre medida (por decir alguna) extraíbles de otras normas por ningún procedimiento interpretativo o interpretativo, y terminan por ser creaciones jurisprudenciales, incluidas algunas que podrían ser calificadas *contra legem*, como la inversión de la prueba de la culpa. El hecho cierto es que el Derecho de daños es un Derecho de corte jurisprudencial, y a la jurisprudencia han correspondido avances, incluso más allá de la primitiva responsabilidad aquiliana, y de los que el legislador ha tomado posterior nota. Pero a pesar de este amplio protagonismo judicial, estamos en la lógica de la aplicación de una norma completa, por más creativa que sea parcialmente.

Digo esto porque no se ve la misma lógica cuando la norma no es completa, aunque también sea expresión de un principio general, como es el caso también prototípico del artículo 1258 del Código Civil, que extiende los efectos del contrato a las exigencias de la buena fe. Tal como está formulado se diferencia del anterior en que no hay un supuesto de hecho y una consecuencia jurídica, sino una idea jurídicamente rectora del comportamiento de los contratantes, cuya plasmación también deviene obra de la jurisprudencia, estableciendo casos de vulneración de la buena fe, que se expresan con la estructura de una norma completa: inadmisión del retraso desleal en la exigencia de un derecho, o el ejercicio de motivos formales abusivos, o la prohibición de ir contra los propios actos, etc. El principio general de la buena fe desempeña un papel de fuente de normas, y ese es el de todos los principios propiamente dichos, si se adopta el criterio morfológico indicado.

18. LA DISTINCIÓN MORFOLÓGICA ESTÁ LLENA DE CONSECUENCIAS PRÁCTICAS

De todas formas, al acentuar la distinción morfológica, no estamos ante un mero juego clasificatorio: un principio general en forma de norma completa limita más al juez que un verdadero principio general, tal como aquí lo he entendido, y ello, aunque deje amplísimo margen, La diferencia tiene además una notable consecuencia y es la de que principios en forma de norma legal pueden sustentar *por sí solos* un recurso de casación, y los verdaderos (morfológicamente) principios generales, carecen de esa posibilidad, salvo su apoyo en una ley o en doctrina jurisprudencial, porque es lo único que permite escapar de la imposibilidad de fundar la casación en normas genéricas. Esta imposibilidad afecta no solo a las que tienen dicha característica y que sean expresión de principios, sino también a las que la poseen, y que no los expresan: un ejemplo relevante sería la falta de viabilidad para la casación, con la sola fundamentación en el artículo 609 del Código Civil, que, aunque vertebre parte del sistema transmisivo, y con profunda raigambre histórica, es difícil considerarlo un principio general del Derecho. En suma, lo que pretendemos decir es que los principios generales del Derecho *morfológicamente* no son siempre principios en oposición a normas, y que ello no deja de tener consecuencias prácticas, y esta es afirmación que para nada afecta a su consideración como legado ético del Ordenamiento, ni a su papel en el sistema de fuentes, ni a su incidencia en la interpretación y aplicación de otras normas.

19. ALGUNAS CONSIDERACIONES ESPECÍFICAS SOBRE LAS CLÁUSULAS GENERALES

La demostración de que existe una específica problemática de las normas incompletas, con independencia de su significado sustantivo nos la pone de relieve la existencia de *leyes* que se expresan a través de las llamadas *cláusulas generales*, que en muchas ocasiones no pueden ser tomadas como expresión de principios generales, ni por su dimensión ética, ni por su solo alcance sectorial. Traigo algún ejemplo como ilustración: las referencias, esparcidas por el Código Civil, al "interés del menor", indicativas del fin principal a conseguir en su tutela, o las también abundantes al "buen padre de familia" como medida de la diligencia. La identidad morfológica con los principios es evidente, pues son parámetros valorativos abstractos que ha que trasladar a normas concretas, que, aunque sean por vía interpretativa y para un caso singular, no preexisten para la solución de este. Es cierto que existe una intensa discusión de carácter teórico sobre la distinción entre principios, y cláusulas, y sobre que puedan separar a estas de los estándares o los conceptos jurídicos indeterminados; que esta tarea de delimitación tenga muchos efectos prácticos, no logro representármelo del todo, aunque tal vez, por su propia historia y dentro de su propio ámbito, el Derecho Administrativo, los conceptos jurídicos indeterminados merecieran palabras aparte, cosa que para nuestro propósito no es necesario.

20. LAS INTENSAS POSIBILIDADES DE CREACIÓN JUDICIAL DE DERECHO A TRAVÉS DE PRECEDENTES FUNDADOS EN PRINCIPIOS Y CLÁUSULAS GENERALES

Las anteriores consideraciones se resumen en que existen dos formantes básicos de la decisión judicial: uno, normas que individualizan supuestos de hecho y consecuencias jurídicas; y otro, principios y cláusulas que carecen de dichos supuestos, por lo que su aplicación siempre es el establecimiento de una norma derivada para el caso concreto. No se hace cuestión en este esbozo de las dimensiones sustantivas de cada uno de ellos como expresión de valores de muy diverso contenido y jerarquía, en cuya complejidad viven las soluciones a los conflictos dentro del proceso civil. Nuestro (relativo) pormenor ha ido encaminado a resaltar que el camino desde la fuente heterónoma de la decisión judicial, es siempre un recorrido de lo general a lo concreto, tanto en el caso de las normas como de los principios y las cláusulas generales; y pese a ello, en el caso de los segundos, su estructura formal, dota a los jueces de elevadas dosis de discrecionalidad y posibilidad de crear Derecho nuevo, Derecho judicial en sentido estricto; tan es así que hay quien ve en los principios y en las cláusulas generales una suerte de delegación legislativa. Obviamente, de Derecho nuevo de origen judicial solo podemos hablar cuando la solución dada a un litigio específico tenga capacidad para proyectarse hacia el futuro y ser aplicada en casos similares, y ello nos reenvía a la doctrina del precedente, que se convertiría en otro de los formantes de la decisión judicial, del que algo diré tras ocuparme de la posibilidad de creación de Derecho judicial en el caso de las normas.

21. EL RECTO ENTENDIMIENTO DE LA INTERPRETACIÓN TEXTUAL DISMINUYE EN GRAN MEDIDA LA DISCRECIONALIDAD DEL JUEZ

En las normas, a pesar de estar dotadas de supuesto de hecho y consecuencia jurídica, la posibilidad de una creación de Derecho judicial es bastante menor, aunque desde luego no es irrelevante, salvo que se parta de un entendimiento desenfocado de las disposiciones sobre interpretación de la ley, no poco frecuente, y que parece tener como objetivo la huida de la interpretación textual. Empero, una recta lectura de aquellas abona lo contrario.

21.1. El art. 3. 1° del Código Civil solo tiene sentido referido a la relación entre el producto de los órganos del Estado encargados de la función regulativa y su entendimiento por la función jurisdiccional. En efecto, desde el instante en que un Ordenamiento se desdoblan la función de la predisposición regulativa y la función jurisdiccional, atribuyéndola a distintos órganos, el proceso de interpretación de una norma arroja siempre una tensión entre un texto, fijado como mandato general, y una decisión del significado de dicho mandato, solo para un caso concreto. Es tensión entre lo dispuesto generalmente y su aplicación singular es la que solventa a través del proceso interpretativo, y tiene en los Ordenamientos modernos un ingrediente esencialmente político, en un amplio sentido.

21.2. Si aceptamos estas premisas, el sentido del art. 3. 1° CC resulta totalmente claro. Como salvaguarda del mandato regulativo establece como elemento príncipe el elemento textual, con fundamental apelación a un canon semántico. La manifestación extrema sería la que indica el apotegma *in claris non ft interpretatio* (aunque conocemos que el brocardo es incorrecto, y envuelve una petición de principio: ha de haber siempre interpretación, y solo algo es "claro" si resulta de la interpretación misma; sin olvidar que, en perspectiva histórica la norma *in claris* refleja una complejidad de la que aquí y ahora no puedo ocuparme). Las apelaciones al contexto, los antecedentes históricos y legislativos, y la atención al espíritu y finalidad de las normas, no pretenden erosionar el texto: son elementos necesarios para que este alcance su pleno sentido, pues no es una mera realidad filológica, sino que contiene un mandato que esa realidad puede no haber traducido por exceso o por defecto. Esa es la razón de que hablemos de una interpretación extensiva (la ley —el texto— dijo menos de lo que quería) o de una interpretación restrictiva (la ley —el texto— dijo más de lo que quería). Dichos elementos no pretenden combatir el texto, sino restituir su significado propio como mandato, y en el fondo se utilizan también para una restauración de una realidad filológico-jurídica inexacta, que cuando sea contradictoria pueda dar lugar incluso a la llamada "interpretación correctora". Pero el texto, en sí mismo, es el principio y fin de la interpretación, y el límite a la misma. Es, en efecto, elemento limitativo de la determinación de la finalidad y el propósito de la norma, pues no hay finalidad o propósito aceptable si no cae dentro de uno de los posibles contenidos semánticos del texto. Pero hay más, aunque sea dentro del mismo campo semántico, no se puede escoger ninguna interpretación de la ley que pudiera parecer plausible con su letra, y no obsequie la voluntad del legislador, que es la de la mayoría, y al juez resulta conocida.

21.3. Convendría alguna matización con respecto a la idea de que toda interpretación debe ser *secundum Constitutionem,* cosa que nadie niega, pero que para el juez civil tiene precisas limitaciones si se parte, como es lo correcto, de la presunción de legitimidad del mandato del legislador y no se pretende que la interpretación de la Constitución les permite apartarse de ese mandato. Cosa distinta es que, si la voluntad del legislador arroja alguna incertidumbre, deba resolverse en el sentido más próximo a los principios y a los valores constitucionales, pero nunca sustituyendo aquella voluntad. Y ante una supuesta inconstitucionalidad, es una exigencia ineludible la depuración de que todas y cada una de las posibles interpretaciones de la ley son incompatibles con la Norma fundamental., y de ser así recurrir a la llamada cuestión de inconstitucionalidad (artículo 163 de la Constitución).

21.4. En el marco anteriormente dibujado no cabe la menor duda de que la traslación de lo general a lo concreto puede crear soluciones adecuadas y flexibles para un caso concreto; pero son, por así decirlo, intersticiales a la propia ley, y en consecuencia decisiones que poseen principalmente una fundamentación heterónoma.

22. LA ANALOGÍA EN LA PERSPECTIVA DE LA CREACIÓN JUDICIAL DE DERECHO

Sin embargo, este cuadro de predominio del texto legal no es absoluto, si se considera la cuestión de la analogía. Como resulta conocido el Código civil distingue entre interpretación y aplicación de las normas a propósito de la analogía (y sus excepciones). *Prima facie,* el problema de la aplicación analógica se pone en otros términos históricos y conceptuales a los de la interpretación Se ve a la analogía como un procedimiento de autointegración ante una laguna de regulación que, tanto si hablamos de *analogía legis* (argumento *a simile,* justamente el que reconoce el art. 4.1° CC: una norma no contempla un supuesto específico, hay otra que regula uno semejante y entre ambos se aprecie identidad de razón), como si lo hacemos de *analogía iuris* (recurso a principios generales del ordenamiento, art. 1.6° CC), nos coloca, más allá de la interpretación de las normas, y más cerca de su creación; sobre todo en el caso de la segunda, por la idealidad e indeterminación de los principios, a los que hay que rellenar de contenido concreto, como ya hemos visto. Se habla así de la "declaratividad" de la interpretación frente a la "creatividad" de la analogía. Con todo, ni puede negarse totalmente, como queda visto, creatividad a la interpretación, ni es posible en términos absolutos escindir la tarea de integración de las normas de la de su interpretación, Tanto en la *analogía legis* como en la *analogía iuris* determinar si existe una laguna es una cuestión de interpretación; declarar la insuficiencia o inexistencia de regulación de un punto de una determinada norma, o del entero Ordenamiento, es una tarea propia de la interpretación; como también lo es de identificar una norma con identidad de razón para cubrir la laguna o concretar el principio o principios generales llamados a solventar tal problema.

23. EL RECURSO AL PRECEDENTE. INEFICIENCIA DEL CONTROL NOMOFILÁCTICO PARA CONSTRUIR UNA TEORÍA DEL PRECEDENTE

Para cerrar este boceto, conviene decir algo sobre los formantes de la decisión judicial, en una perspectiva dinámica. Ello se reduce a analizar la función del precedente, tarea que habíamos dejado para el final de este esbozo. Adoptada sobre un fundamento heterónomo de carácter general, la decisión concreta del juez puede servir de pauta para decisiones posteriores: tal sería el precedente porque su eventual proyección hacia el futuro equivaldría a una norma general, carácter fuertemente acentuado si es con frecuencia reiterado.

23.1. La doctrina, se ha volcado en discusiones de carácter general sobre la inserción de la jurisprudencia en el sistema de fuentes, partiendo de cuestiones de principio, relacionadas sobre todo con el principio de separación de poderes; ello, desde luego, no es improcedente, pero ha tenido la virtualidad de alejar de una visión realista de la cuestión. No se puede negar un importante papel creador del Derecho a los jueces, bien por la vía más amplia de los principios, la analogía y las cláusulas generales, bien por la más estrecha de las normas. Aceptado esto, el problema deviene otro muy distinto, el de la discrecionalidad de los jueces; tal discrecionalidad puede redundar en un grave menoscabo de los valores de certeza, previsibilidad, e igualdad de los destinatarios de las decisiones judiciales, y en el límite, cuando no se obsequie ni mínimamente la *ratio* política de las normas, en un auténtico conflicto entre legislación y jurisdicción.

23.2. Si la lucha del Derecho moderno ha sido la de la limitación de las inmunidades de Poder, esta se reproduce y se agudiza en nuestros tiempos, y ahora con respecto al Poder judicial; no se trata de negar la discrecionalidad, se trata de fijarle límites. Creo que una senda principal en tal fijación conduce a que revisemos el papel del precedente, lo que implica averiguar sus conexiones con el principio de igualdad, cardinal de nuestras Constituciones.

23.3. Tal tarea implica, por de pronto, rechazar que la exigencia de juzgar según precedentes suponga menoscabo alguno de la independencia de los jueces, ni de su "sola" sumisión a la ley; siguen siendo independientes y encontrando en la ley el cauce y el límite para una interpretación objetiva, pero están obligados a fallar de manera razonablemente idéntica ante casos razonablemente idénticos. Esta solución es la única congenial a las limitaciones de la actividad judicial que son siempre, y por su propia naturaleza, autorreferenciales, no como la actividad administrativa, cuya discrecionalidad es limitada heterorreferencialmente, y precisamente por los jueces. La adhesión al principio de igualdad haría, además, crecer la previsibilidad de las soluciones jurisprudenciales y redundaría en seguridad jurídica. Creo que es llegado el tiempo de concebir el juego del principio de igualdad en las sentencias como una exigencia intrínseca de la decisión judicial, y no solo operativo como una mera manifestación de la interdicción de la arbitrariedad, que es el tratamiento habitual que se da al no obsequio de un precedente.

23.4. Esta exigencia intrínseca difícilmente puede quedar solo confiada a la función nomofiláctica de la casación. Las relaciones entre nomofilaxia y precedente tienen un tinte u otro según consideremos prevalente en la casación el *ius constitutionis* o el *ius litigatoris*. Como es lógico, no es posible en la economía de este trabajo otra cosa que aceptar, obviando una densa problemática, que el sistema busca la conjugación de ambos, y para ello concibe el obsequio de uno y otro en la fijación de una jurisprudencia uniforme, lo que, objetivamente, no es otra cosa que el establecimiento como correcta de una interpretación de la ley. Si queremos llamar a esta interpretación precedente no hay inconveniente en principio, siempre que seamos consciente de que lo que suministra al juez, por vía de vinculación o persuasión, es una eliminación del *casus dubius*, en sentido jurídico. Pero en realidad, la técnica del precedente en sentido propio no busca uniformar los fundamentos regulativos de una decisión, sino que pretende, que ante hechos similares o análogos se apliquen los mismos criterios; se trata de un empirismo que busca en unos hechos notas de identidad o semejanza con otros hechos anteriores, ya resueltos en una forma determinada, para resolverlos en esa misma forma. De ello se deduce que la aplicación del precedente no puede acaecer plenamente más que en las instancias donde la plenitud jurisdiccional abarca hechos y Derecho (sean principios, cláusulas generales o normas), es decir en las instancias ordinarias de la jurisdicción civil, sin las limitaciones propias en este aspecto de la casación.

23.5. Lo que he afirmado, si merece ser considerado, serían unos principios básicos, solo útiles como marco para una más articulada teoría del precedente en nuestro sistema, aun por formular. Resulta estimable como punto de partida, pienso, tomar como imagen la vieja distinción civilista entre accesión discreta y accesión continua, es decir, si el precedente es fruto de una avulsión o de un aluvión. Casi nunca plantean dificultades las decisiones jurisprudenciales fruto de una sedimentación continua y meditada; muchas, cuando corresponden a intervenciones que afectan *ex novo* a una situación anterior que sufre, por efectos de una norma legislativa, un cambio radical. Es en este supuesto, pienso, donde afloran con más intensidad para los jueces las tentaciones de la política y los excesos de la discrecionalidad. Parece fácilmente constatable que la mayor parte de las decisiones judiciales que mutan las orientaciones del Derecho de los particulares se toman en un *tempo lento,* y con superposiciones aluvionales, mientras que las que se refieren a *policies* o a actos del Poder con significado político inmediato son proclives a aquellas tentaciones, y a decisiones avulsionales. Tal vez aquí convendría distinguir entre la fuerza de un precedente derivado de una lenta decantación y puesta al día de un acervo jurisprudencial de larga data y la fuerza del que derive de un cambio regulativo. En todo caso, parece emerger la necesidad de una reconsideración al alza del precedente judicial, en un contexto más amplio y complejo del que aquí parcamente he diseñado,

BIBLIOGRAFÍA

La que sigue, desde luego no exhaustiva, tiene por objeto ilustrar algunos puntos importantes del texto, y determinar alguna de las posiciones de que parte el autor.

1. Sobre la imparcialidad como condición estructural de juicio Satta Salvatore, *Il mistero del processo,* en *Soliloqui e colloqui di un giurista,* 1968; Cotta, Sergio "La istituzione giudiziaria tra diritto e política", en *Rivista di diritto civile,* 1984, n. 4, págs. 421 ss.; Mortati, *Istituzioni de diritto pubblico,* I, 1968, págs. 354-358; López y López, Ángel M. "Independencia, imparcialidad, objetividad del juez (notas para una reflexión sobre la actividad jurisdiccional y la separación de poderes") *Justicia: Revista de Derecho procesal,* 1986, págs. 951-966
2. A mi juicio, es de primerísima magnitud toda la aportación de Taruffo sobre la determinación de los hechos en el proceso: *La prova nel processo civile,* Milano, 2012, expresión global de su pensamiento. Con especial referencia al punto *La prova dei fatti giuridici. Nozioni,* Milano, 1992, y el sugerentísimo *La semplice veritá: il giudice e la costruzione dei fatti,* Bari., 2009, entre otras muchas aportaciones, fruto de un larga dedicación al tema.
3. Puede verse últimamente sobre la crisis del modelo subsuntivo, y la estructura de la decisión judicial, Carlo Nitsch, *Il giudice e la legge. Consolidamento e crisi di un paradigma nella cultura giuridica italiana del primo Novecento,* Milano, 2021, En cuanto a la evidentemente problemática distinción entre *quaestio facti* y *quaestio iuris* subrayando la necesaria delimitación jurídica de la primera, véanse las ejemplares páginas de Larenz, K., *Metodología de la Ciencia del Derecho,* Barcelona, 1980, págs. 272-307.
4. La tesis de la única solución posible remite a una notoria polémica, generadora de una abundantísima literatura posterior, entre Hart, H. L. y Dworkin, R. Información y consideraciones críticas en Scott J. Shapiro, *The "Hart-Dworkin" Debate: A Short Guide for the Perplexed* http://dx.doi.org/10.2139/ssrn.968657.
5. Como es bien sabido, el tema de la certeza o certidumbre del Derecho posee una literatura muy extensa, desde el protoclásico de López de Oñate, F. *La certezza del Diritto,* hasta nuestros días, en la que el tropo viene sustituido por el de seguridad jurídica sobre el cual puede consultarse en la doctrina española como excelente vision de conjunto, *La seguridad jurídica,* de Pérez Luño. A. E., Barcelona 1984. Interesantes observaciones en Endicott, *T,* "Vagueness and Law ", en *Vagueness: A Guide,* Springer Books, 11, 2019, al cuidado de Ronziti, G., https://doi.org/10.1007/978-94-007-0375-9., aunque no haya que olvidar la pertenencia del

autor a la cultura del *common law.* Mas próximo a nuestra problemática "*I civilisti e la certezza del diritto"*, Lipari, N, *Rivista trimestrale di diritto e procedura civile*, Vol. 69, Nº 4, 2015, págs. 1115-114. En el ensayo del gran civilista italiano se conjugan casi todos los aspectos del presente trabajo, del que si embargo no comparto el exagerado rechazo de la Ley. Mas cerca de mi modo de ver las cosas, y desde luego más próxima al principio democrático que la Ley encarna, otro grande, Irti, N, *Diritto senza veritá*, Roma-Bari, 2011, En el fondo, la batalla del proceso hoy no es más que la lucha entre la objetividad que presentan las determinaciones heterónomas del ordenamiento, y entre ella y muy principalmente la ley, y la subjetividad del juez. Nadie alcanza objetividad y menos el juez sin referencia externa. Creo que en un mundo dominado por poderes anónimos hay más que buenas razones para volver al positivismo jurídico, sobre todo al transparente positivismo de las normas, principios o normas que sean y a un reforzamiento del valor vinculante de los precedentes. Ejemplar para este entendimiento el libro de Scarpelli, Uberto, *Cos'é il positivismo giuridico*, Milano, 1965. En el punto contrario, no compartido por nosotros, estaría Zagrebelsky G, *Il diritto mite*, Torino, 1988, aunque su último capítulo a veces da la sensación de una palinodia de lo antes escrito

6. Nuestro esbozo está construido sobre la idea de que los formantes de la decisión judicial en el proceso civil deben ser heterónomos a la decisión mima, en modo tal que contribuyan a la certeza del Derecho y a la igualdad de los ciudadanos. En nuestro esquema de las fuentes de la decisión, no cabe ninguna hipótesis de conflicto entre legislación y jurisdicción dado que los principios y las cláusulas generales que se pueden utilizar son los consagrados por una asentada tradición científica o jurisprudencia, cuando no son fijados por la ley, o por una moral objetivada en buenas costumbres, o por el texto de la Ley. Cierto es que aquel conflicto está latente y puede saltar en algún momento, pero para la justicia civil las probabilidades de dicho conflicto son, a mi modo de ver, bastante escasas, y el verdadero problema sería un desnortado flujo jurisprudencial y las incoherencias resultantes del mismo
7. Creo que no se ha acometido en España sobre las relaciones de la moral, las buenas costumbres y el orden público un esfuerzo del calado del de Espín Cánovas, D., "Las nociones de orden público y buenas costumbres como límites de la autonomía de la voluntad de la doctrina francesa", *Anuario de Derecho Civil*, 1963, págs. 783-820, y de él cabe extraer información y perspectiva, pese a su antigüedad
8. Sobre la caracterización formal de los formantes remito *a* Larenz, K., *Metodología de la Ciencia del Derecho*, cit., págs. 242-270
9. El libro clásico sobre el papel de los principios en la creación judicial del Derecho Privado es el de Esser, J., *Principio y norma en la elaboración jurisprudencial del Derecho privado*, Barcelona 1961, que por cierto mereció una virulenta acogida por De Castro, F, "Fuentes del Derecho e interpretación jurídica", *Anuario de Derecho Civil*, 1958, págs. 235-259, tal vez excesiva e ideológica Sobre las cláusulas generales no me consta en la literatura española más que el ensayo de Miquel González "Clausulas generales y desarrollo judicial del Derecho" en *Anales de la Facultad de Derecho de la Universidad Autónoma de Madrid*, 1997, págs. 297-326; tampoco parece grande la atención en el resto de los países del *civil law*, con la sola excepción de Italia, con abundantísima producción, muchas veces reiterativa desde una visión general, pueden verse M. *Libertini*, "*Clausole generali*, norme di principio, norme

a contenuto indeterminato. Una proposta di distinzione", in *Rivista critica del diritto privato,* 2011, 345 ss., Patti, S, "Principi, clausole generali e norme specifiche nell'applicazione giurisprudenziale", *Giustizia civile.com,* 2, 2016, págs., la amplia monografía de Velluzzi, V. *Le clausole generali. Semantica e politica del diritto* Milano, 2010 y como obra más reciente, en cuanto yo conozca, El conjunto de ensayos al cuidado de D'amico, con presentación de Polo Grossi, P, *Principi e clausole generali nell'evoluzine dell'ordinamento giuridico,* Milano, 2017. Se llega a sostener que en las cláusulas generales son una suerte de delegación del Poder legislativo al Poder Judicial. Posiblemente, desde el punto de vista técnico no cabe concebir tal delegación, pero la fuerza expresiva de los términos es grande. Cfr. Rescigno, P, "Appunti sulle clausole generali", en *Rivista de diritto commerciale,* 1998, I, pp 1 ss. En el mismo sentido, *Jueces y Constitución,* de Bachof, O., traducción española, Madrid, 1985, págs. 52-54. No conviene olvidar a la hora de deslindar su aplicación que las cláusulas generales fuero el instrumento de la judicatura y el profesorado nazi para cambiar sustancialmente el Derecho Alemán durante el Tercer Reich. Crónica de este episodio en Rüthers. B., *Derecho degenerado. Teoría jurídica y juristas de cámara en el Tercer Reich,* traducción al español y brillante y penetrante introducción de García Amado, J. A. Cualquier uso de las cláusulas generales no debe dejar de tener en cuenta que su maleabilidad puede provocar perversos efectos para el sistema democrático, que se funda en la sujeción del Juez a la, incluso para su margen de creación de Derecho Ello no significa, por supuesto la ilegitimidad de tales formulaciones abiertas de Derecho. Como fácilmente se puede comprender, en los límites de este trabajo solo puede y debe hacerse esta afirmación de principio.

10. Sobre la necesidad de atenerse al texto y a la mayoría política que traduce, véase la luminosa reflexión de S. Cotta, "La istituzione giudiziaria tra diritto e política", *en Rivista di diritto civile,* cit. que afirma vigorosamente que los jueces han de vivir "*con la conciencia de la supremacía del Parlamento, lo que es equivalente a respetar en la tarea no sólo los términos de la ley, y ello no significa otra cosa sino que el respeto se extiende primordialmente a la ratio político jurídica de la mayoría que da lugar a ella*" (pág. 427, traducción mía). La idea de que el texto es punto de partida y al tiempo límite de la interpretación es también de Larenz, *op. cit.*, págs. 316-320. La misma idea queda desarrollada con indicaciones bibliográficas de porte, "Identitá del testo, interpretazione letterale e contestualismo nella prospettiva ermeneutica", Pastore, B., págs. 137-166. En *Significato letterale e interpretazione del diritto,* a cura di Velluzzi, V., Torino, 2000. Lúcidamente indica que el texto time una función *indicativa* y otra *limitativa,* que necesariamente han de concurrir; otra cosa es el ineludible respeto al texto signifique amarrarse a su estructura lógico-gramatical.
11. Sobre el papel creador de Derecho de la jurisprudencia, y su no equiparación a la, el clásico *Giudici legislatori?* de M. Cappelleti, Milano, 1984; y más recientemente, "Riflessioni sulla creativitá de la giurisprudenza nel tempo presente", *Rivista trimestrale di diritto e procedura civile,* 1982, págs. 784 ss. Cuestión distinta es la discrecionalidad judicial, y se me permitirá reenviar para unas consideraciones de principio e información básica a mi trabajo "Ley, juez, discrecionalidad: consideraciones generales y algunas enseñanzas del Derecho de los Estados Unidos", *Quaderni fiorentini per la storia del pensiero giuridico moderno,* 2023, págs. 942-963
12. Desde una perspectiva histórica y conceptual, (Ilustraciones esenciales en Piano Mortari, V., "Interpretazione (diritto intermedio)", *Enciclopedia del Diritto,* XXII,

págs. 277-293, especialmente págs. 281-285. la analogía se ha contemplado esencialmente como actividad creadora de Derecho. Por el contrario, la enseñanza tradicional y de autoridad ve en la analogía un *continuum* de la tarea interpretativa. *Ad rem,* Betti, E., *Interpretazione della legge e degli atti giuridici,* Milano, 1949, págs. 47-51, Caíani, L., voz *"Analogía",* en *Enciclopedia del Diritto,* II, págs. 354-356. La tesis de la "declaratividad" de la analogía frente a la de su "creatividad" no puede ser aquí discutida; para una introducción a dicha discusión, que se sustenta sobre la dicotomía interpretación-aplicación, *vid.* Tarello, G., *L'interpretazione della legge,* Milano, 1980, págs. 39-49. Por cuenta propia, y sin ignorar la necesidad de mayores profundizaciones, creo que la interpretación *como actividad* en la práctica escapa a la dicotomía, si se ha entender como compartimentos estancos: la llamada aplicación analógica necesita de la utilización de la interpretación, como he dicho en el texto. Cosa distinta es como se quiera ver el final *como resultado* de la actividad interpretación-aplicación en el caso de la analogía, sobre todo de la analogía iuris, si como "declaración" o como "creación"

13. A mi modo de ver, la mejor reflexión sobre el precedente para los ordenamientos de *civil law* se encuentra Galgano, F., *La globalizzazione nello specchio del diritto,* Bologna, 2005, 115-156. Es sugestiva la *lezione magistrale* de Taruffo, M, *Precedente e giurisprudenza,* Napoli, 2007. En cualquier caso, pienso, un precedente que cumpla las funciones indicadas en el texto no se puede construir solo desde el punto de vista de la función nomofiláctica. Sobre las relaciones entre *ius constitutionis* y *ius litigatoris* y las relaciones entre nomofilaxia, uniformidad de interpretación, estado de la cuestión, reciente, con perspectiva histórica y con abundancia de bibliografía, "Recurso de casación: Entre eficacia y nuevas orientaciones de fines tradicionales", de Armenta Deu, T., en Indret, 1, 2018, págs. 1-49

Carga de la prueba y presunciones en los procesos de responsabilidad civil. Dos institutos precisados de clarificación

GUILLERMO ORMAZABAL SÁNCHEZ
Catedrático de Derecho Procesal
Universidad de Girona

SUMARIO: 1. INTRODUCCIÓN. 2. LAS PRESUNCIONES COMO MECANISMO DE FIJACIÓN DE HECHOS QUE NO ALTERA LA DISTRIBUCIÓN DE LA CARGA DE LA PRUEBA. SU CONTROL EN SEDE DE RECURSO. 3. CARGA DE LA PRUEBA Y PRESUNCIONES EN EL ÁMBITO DE LA RESPONSABILIDAD MÉDICO-SANITARIA. 4. LA ATRIBUCIÓN DE LA CARGA DE LA PRUEBA Y LAS PRESUNCIONES EN FUNCIÓN DEL FACTOR RIESGO. BIBLIOGRAFÍA.

1. INTRODUCCIÓN

Tanto las presunciones como la inversión de la carga de la prueba se presentan como instrumentos o técnicas legales de las que el legislador y los tribunales pueden echar mano para mitigar las severas dificultades probatorias que afligen a los litigantes en los procesos dirigidos a exigir responsabilidad civil. Se trata, de hecho, de técnicas profusamente utilizadas en la praxis judicial y en la legislación respecto de cuyos contornos y consecuencias reina en ocasiones una cierta confusión, consistente sobre todo en el uso indiferenciado de ambas denominaciones (presunciones y carga de la prueba) para referirse a instituciones jurídicas de diversa naturaleza y cuyo uso implican consecuencias bien diferentes.

Las líneas que siguen se proponen, de modo sintético, clarificar en qué consisten esencialmente ambos instrumentos de facilitación probatoria y, posteriormente, analizar su aplicación y modo de operar en dos campos particulares, donde encuentran una especial incidencia y donde se pone de manifiesto de un modo especialmente gráfico su diversa naturaleza y consecuencias, a la par que la confusión derivada de su indistinta invocación: el de los procesos que versan sobre la exacción de responsabilidad civil médica y en los casos, también relativos a la responsabilidad civil, en los que el factor del riesgo se erige como criterio central en materia probatoria.

Aparte de su propósito científico y académico, las reflexiones que siguen tienen como objetivo primordial rendir homenaje al apreciado Prof. Moreno Catena, académico de excelencia que tantas y tan clarificadoras aportaciones ha realizado a la ciencia del Derecho procesal, tanto civil como penal, y de cuyo magisterio y ha tenido la oportunidad de aprender quien suscribe esta pequeña aportación.

2. LAS PRESUNCIONES COMO MECANISMO DE FIJACIÓN DE HECHOS QUE NO ALTERA LA DISTRIBUCIÓN DE LA CARGA DE LA PRUEBA. SU CONTROL EN SEDE DE RECURSO

El mecanismo en que se basa una presunción legal o judicial es siempre el mismo: a partir de un hecho fijado como cierto (el denominado hecho base o indicio) mediante prueba, admisión de hechos o notoriedad, se lleva a cabo una inferencia lógica que permite deducir otro hecho (el denominado hecho presunto). Las presunciones constituyen un mecanismo de fijación de hechos diferente de la prueba en sentido estricto y no entrañan la inversión de la carga de la prueba, sino que arrojan sobre el litigante perjudicado por la presunción la carga de aportar prueba para evitar la fijación como cierto del hecho presunto.

Dicha inferencia o nexo lógico puede ser imperado por la ley, con el objeto de facilitar la acreditación de hechos que ofrecen especialidades dificultades probatorias (las denominadas presunciones legales); o cabe que dicha deducción o establecimiento del nexo o inferencia lógica sea llevada a cabo por el juez, en el ejercicio de sus facultades de libre valoración del material probatorio siguiendo las reglas de la sana crítica (las denominadas presunciones judiciales).

Eso es, en definitiva, lo que dispone la ley cuando señala en el art. 385 LEC que las presunciones establecidas por el legislador dispensan de la prueba del hecho presunto a la parte a la que este hecho favorezca, y que tales presunciones sólo pueden entrar en juego cuando la certeza del hecho indicio del que parte la pre-sunción haya quedado establecida mediante admisión o prueba. Por su parte, refiriéndose a las presunciones judiciales, el art. 386 LEC señala que, a partir de un hecho admitido o probado, el tribunal podrá presumir la certeza, a los efectos del proceso, de otro hecho, si entre el admitido o demostrado y el presunto existe un enlace preciso y directo según las reglas del criterio humano, y que la sentencia en la que se aplique el párrafo anterior deberá incluir el razonamiento en virtud del cual el tribunal ha establecido la presunción.

Una presunción ni invierte ni altera la distribución de la carga de la prueba tal como ésta resulta de aplicar las reglas del art. 217 LEC. Si un hecho está favorecido por una presunción, no es que la carga de probarlo pase a gravar al litigante contrario, sino que ese hecho queda fijado mediante dicha presunción. Es decir, la carga de la prueba no se altera, sino que el hecho queda fijado como cierto. La consecuencia es que el litigante contrario queda gravado con la carga de desvirtuar la certeza del hecho presunto.

El art. 385.2 LEC, situado en sede de presunciones legales pero también aplicable a las judiciales (art. 386.2 LEC) indica el modo en que puede se lleva a cabo dicha prueba desvirtuadora o enervante de la presunción: cuando la ley establezca una presunción salvo prueba en contrario, ésta podrá dirigirse tanto a probar la inexistencia del hecho presunto como a demostrar que no existe, en el caso de que se trate, el enlace que ha de haber entre el hecho que se presume y el hecho probado o admitido que fundamenta la presunción.

Si para facilitar la prueba sobre un hecho la ley, en vez de una presunción, establece una verdadera inversión de la carga de la prueba, el litigante perjudicado por dicha inversión se encontraría en una situación mucho más desventajosa que el perjudicado por la presunción legal o judicial. En el primer caso, para levantar la carga probatoria que le sobreviene, dicho litigante se vería obligado a probar con certeza plena que no existe el hecho afectado por la inversión de la carga de la prueba. Tratándose de una presunción, sin embargo, a parte de aportar prueba que desvirtúe la certeza del hecho base o indicio, aquel litigante podría intentar también, como permite el art. 385.2 LEC antes transcrito, demostrar que no existe, en el caso de que se trate, el enlace que ha de haber entre el hecho que se presume y el hecho probado o admitido que fundamenta la presunción, lo que le proporciona mayor facilidad para zafarse de la presunción y evitar que opere en su contra.

Veámoslo con un ejemplo. El art. 15.1 de la Ley 24/2015, de 24 de julio, de patentes, señala que las invenciones realizadas por el empleado o prestador de servicios durante la vigencia de su contrato o relación de empleo o de servicios con el empresario que sean fruto de una actividad de investigación explícita o implícitamente constitutiva del objeto de su contrato pertenecen al empresario. Y el art. 19 del mismo texto legal introduce una presunción en los términos siguientes: salvo prueba en contrario, las invenciones para las que se presente una solicitud de patente o de otro título de protección exclusiva dentro del año siguiente a la extinción de la relación de empleo o de servicios, se presumen realizadas duran-te la vigencia de ésta.

Si el empleador demanda al trabajador reclamando la titularidad de la patente solicitada por éste en dicho periodo, dicho empleado podrá intentar demostrar, escalando la empinada pendiente de ofrecer prueba plena al respecto, que la patente en cuestión no es fruto de la actividad de investigación contractualmente comprometida con el demandante y realizada con los medios que éste le proporcionó, sino de una actividad investigadora diferente, previa, paralela o posterior y no relacionada con aquella.

Pero tiene otro modo de defenderse, tal vez más hacedero, a saber, demostrar que el enlace previsto con carácter general en la norma entre el hecho base y el presunto no es válido o es dudoso en el caso concreto, acreditando, por ejemplo, que desarrollaba también una labor investigadora compatible con su vinculación contractual en el marco de un proyecto de investigación universitario que versaba sobre materias conexas a las que son objeto de la patente. Es decir, no precisa demostrar con certeza plena que su patente no es fruto del trabajo que desarrolló bajo la dependencia contractual y los medios que le proporcionó su empleador, sino que le basta acreditar que la inferencia lógica supuesta por el legislador (si alguien desarrolla una patente relativa a la investigación vinculada a la relación laboral, dicha patente es fruto de dicha relación) resulta dudosa en el caso concreto.

Si en vez de establecer una presunción, el legislador hubiese invertido la carga de la prueba, gravando al empleado con la carga de probar la ajenidad de la invención respecto de la relación laboral, dicho empleado sólo podría impedir su condena demostrando con certeza plena la ajenidad de la invención. La diferencia práctica, como se ve, puede ser considerable.

Como en tantas, ocasiones, sin embargo, los conceptos están más claros en la teoría que en la realidad. Existen, en efecto, numerosos supuestos en los que, bajo la denominación literal de "presunción", el legislador establece verdaderas inversiones o normas particulares de atribución de la carga de la prueba. Escaler Bascompte[1] recoge una larga lista de casos de este tipo, entre los que cabe citar, por ejemplo, los siguientes:

> Art. 434 CC: *La buena fe se presume siempre, y al que afirma la mala fe de un poseedor corresponde la prueba.*

---

1 Cfr. Escaler Bascompte, R., *La carga de la prueba*, editorial Atelier, Barcelona 2017.

Art. 1277 CC: *Aunque la causa no se exprese en el contrato, se presume que existe y que es lícita mientras el deudor no pruebe lo contrario.*
Art. 14.2 de la Ley 15/2009, de 11 de noviembre, del contrato de transporte de mercancías. El precepto lleva como rúbrica fuerza probatoria de la carta de porte: *en ausencia de anotación en la carta de porte, o en documento separado firmado por el porteador y el cargador o expedidor, de las reservas suficientemente motivadas del porteador, se presumirá que las mercancías y su embalaje están en el estado descrito en la carta de porte y con los signos y señales en ella indicados.*

En todos estos casos, está por completo ausente una máxima de experiencia de la que se deriva la conclusión o efecto ordenado por el legislador. Se trata de que la ley, lisa y llanamente, atribuye la carga de la prueba a la persona perjudicada por la así (incorrectamente) llamada "presunción". No es que del hecho de poseer se derive lógicamente una inferencia lógica que permita concluir que todo poseedor posee de buena fe. Sucede que el legislador, a quien cuestione en juicio la buena fe del poseedor, simplemente le endilga la carga de probar que posee de mala fe. Lo mismo le sucederá, siguiendo los ejemplos expuestos arriba, al litigante que alegue la inexistencia o licitud de la causa de un contrato y al que cuestione la correspondencia con lo descrito en la carta de porte.

Por lo que se refiere al control judicial de las presunciones en el recurso de casación hay que distinguir entre las presunciones legales y las presunciones judiciales. Por lo que respecta a las primeras, para que prosperase una impugnación por infracción de una norma que establece una presunción legal sería preciso demostrar que la inferencia establecida en la norma presuntiva ha sido palmariamente ignorada por el juzgador, es decir, que, aun habiendo fijado como cierto, mediante prueba, notoriedad o admisión, el hecho base en que se apoya la presunción, el órgano judicial no llevó a cabo la operación deductiva prescrita por la ley. Estaríamos ante una infracción de las normas que regulan la formación interna de la sentencia, por expresarlo con las palabras del art. 469.1. 2º LEC antes de ser derogado por el Decreto-ley 6/2023, de 20 de diciembre en relación con el extinto recurso por infracción procesal. La fijación del hecho base, excepto en el caso de las normas de valoración legal relativas a la valoración de documentos públicos, caen en el ámbito de la libre potestad valorativa del juez sobre el material probatorio, ámbito terminantemente excluido del control judicial mediante el recurso de casación, por referirse a la valoración de la prueba, con la salvedad de los casos en la valoración del juez haya incurrido en patente, manifiesta o evidente arbitrariedad.

Incluso en el caso de que el juez hubiese fijado como cierto el hecho base desencadenante de la presunción, pero no hubiese aplicado la misma, para que prosperase la impugnación sería también preciso que hubiese omitido toda motivación dirigida a argumentar que no existe, en el caso de que se trate, el enlace que ha de haber entre el hecho que se presume y el hecho probado o admitido que fundamenta la presunción (cfr. art. 385.2 LEC). La motivación del juez en este sentido, salvo cuando resultase manifiestamente absurda o irracional, queda exenta de todo control o posibilidad de revisión judicial en sede de recurso de casación.

Por lo que respecta a las presunciones judiciales, es decir, a las no impuestas por la ley sino establecidas por el juez, al entrar de lleno en la libre facultad valorativa de los tribunales de instancia sobre el material probatorio, queda excluida sobre las mismas toda revisión en sede casacional. Salvo, claro está, en los casos en los que la valoración del juez haya incurrido en patente, manifiesta o evidente absurdidad al establecer la presunción.

3. CARGA DE LA PRUEBA Y PRESUNCIONES EN EL ÁMBITO DE LA RESPONSABILIDAD MÉDICO-SANITARIA

El desarrollo de la ciencia médica es uno de los factores de mayor incidencia en el espectacular incremento de la esperanza de vida y en el bienestar general experimentado en nuestro siglo. Ello no obstante, toda actuación médica entraña un cierto y frecuentemente elevado componente de riesgo para la vida o la integridad física del paciente. Al riesgo inherente a las ya de por sí complejas técnicas terapéuticas se añade la imprevisibilidad e incerteza de posibles reacciones adversas, no calculadas, de un organismo ya debilitado por la enfermedad. Por no decir que el propio diagnóstico de esta puede presentar una considerable complejidad. Incluso uno de los procesos patológicos más comunes en las urgencias quirúrgicas, la apendicitis aguda, con una incidencia del 6%, puede ofrecer un cuadro clínico con síntomas contradictorios o mutuamente excluyentes.

Ante este panorama, las dificultades probatorias del actor son evidentes: no domina una ciencia médica en constante evolución que se vale de técnicas cada vez más sofisticadas; quizá ha estado inconsciente durante el curso de la intervención; o en el peor de los casos, no vive para contarlo a sus sucesores, que son quienes accionan; la cada vez más compleja organización del trabajo en los equipos médicos y en los centros hospitalarios puede también obstaculizar la identificación y determinación de los responsables.

De ahí que el legislador haya barajado en alguna ocasión imponer al médico la carga de la prueba respecto de ausencia de culpa, es decir, respecto el desempeño diligente de su oficio. En el Derecho español, el art. 148 II LGDCU (Ley General de Consumidores y Usuarios) aún va más allá de la inversión de la carga probatoria en relación con la culpa cuando establece un régimen de responsabilidad objetiva en materia de servicios que engloba, entre otros, los *servicios sanitarios.*

Con encomiable sensatez, ni la jurisprudencia ni la doctrina parecen admitir semejante conclusión pese al tenor literal del precepto. En efecto, el Tribunal Supremo ha considerado siempre que la obligación del médico no consiste en la prestación de un resultado concreto —la curación o mejora del paciente—, sino en un tratamiento diligente y adecuado a la *lex artis,* sin que por lo tanto opere ningún género de inversión de la carga probatoria, y de manera que la prueba del daño y de la culpa, así como la del nexo causal entre ambos elementos, corre a cargo exclusivamente del actor. Sirva como ejemplo la cita de una añeja sentencia, la STS de 8 de mayo de 1991 (ECLI: ES:TS:1991:16105), que contiene una doctrina ininterrumpidamente reiterada hasta la actualidad: *(...) la obligación del médico, y en general del profesional sanitario, no es la de obtener en todo caso la recuperación del enfermo como obligación de resultado, sino una obligación de medios, es decir, está obligado a proporcionar al paciente todos los cuidados que requiera según el estado de la ciencia.*

Así pues, en materia de responsabilidad médica no existe en Derecho español un régimen especial de prueba: el actor debe acreditar la existencia de culpa, al haberse transgredido el estándar de diligencia plasmado en el art. 1104 CC, y la existencia del nexo causal con los daños. Por supuesto, pueden operar y, como se verá, frecuentemente operan las presunciones judiciales para acreditar el nexo de causalidad con los daños o la negligencia del profesional sanitario.

El Tribunal Supremo español considera inaplicable en materia de responsabilidad médica la doctrina que postula la distribución de la carga probatoria según el criterio del riesgo, a la que se hará referencia en el epígrafe siguiente. Dicha doctrina, en otros supuestos, le lleva a alterar el reparto normal de la carga probatoria. Además, en la jurisprudencia del Tribunal Supremo sólo de forma excepcional se da lugar a la inversión de la carga probatoria en relación con la culpa (aunque el Tribunal utiliza a veces el término "presunción"), cuando el error médico haya consistido en un funcionamiento incorrecto de artefactos o instalaciones técnicas puestas al servicio terapéutico (SSTS de 1 de diciembre de 1987 (ECLI:

ES:TS:1987:8802 y ECLI: ES:TS:1987:7695), así como en el caso de que los daños provengan de la elección, dosificación o incorrecta indicación de fármacos y medicamentos, como es el caso de la STS de 17 de junio de 1989 (ECLI: ES:TS:1989:15592).

En otros casos, sin embargo, la jurisprudencia sí da lugar a la inversión la carga probatoria en relación con la causalidad y con la culpa. Se trataría de aquellos supuestos en que, conforme al acaecer o devenir normal de las cosas o según la experiencia común, se produce un resultado dañoso anómalo o llamativo, que sólo puede explicarse por la negligencia o la incompetencia del demandado. Esta doctrina suele conocerse con la expresión latina *in re ipsa* (*res ipsa loquitur*): cuando los acontecimientos "hablan por sí mismos" no es preciso que hable el hombre; el actor queda eximido de toda actividad probatoria dirigida a acreditarlos. Esta doctrina, muy extendida en el ámbito anglosajón, presenta cierta analogía con la doctrina jurisprudencial alemana del *grober Behandlungsfehler*, expresión que podemos traducir como del "error craso". Como ejemplo de inversión de la carga probatoria en aplicación de la doctrina *in re ipsa*, puede traerse aquí la STS 89/1993, de 15 de febrero (ECLI: ES:TS:1993:638): a causa de una infección contraída en el mismo hospital, el paciente demandante sufrió una gangrena. El Tribunal Supremo resolvió que era el hospital quien había de probar que las condiciones de asepsia eran suficientes y adecuadas para evitar este tipo de contagios.

El punto de gravedad de esta doctrina, que a veces también se denomina del resultado desproporcionado, radica en lo siguiente: si cabe descartar razonablemente que los daños se hayan originado por una causa diferente a la concurrencia de un caso fortuito o fuerza mayor, es el demandado quien queda gravado con la carga de demostrar que la causa de los daños no radica en su negligencia o falta de cuidado. La referida STS de 17 de junio de 1989 (ECLI: ES:TS: 1989:15592) lo expresa de la siguiente manera: "una vez descartada la concurrencia de caso fortuito o de fuerza mayor, la inversión de la carga de la prueba obligaba a la clínica a desvirtuar la presunción de su actuación culposa". Y la STS de 12 de febrero de 1990 (ECLI: ES:TS: 1990:12923): "dado que no se ha acreditado en absoluto el concurso de alguna otra causa externa o anómala e imprevisible reacción orgánica del paciente susceptibles de producir tal efecto, puede sentarse la conclusión presuntiva de que hubo en el acto operativo algún descuido, por leve que pudiere haber sido, originador del edema que dañó el nervio".

En alguna otra ocasión, como es el caso de la STS de 4 de noviembre de 1992 (ECLI: ES:TS:1992:17425), lo que decanta el sentido de la decisión es el hecho de que el resultado dañoso se presente como "anómalo y llamativo", lo que no es sino otra forma de expresar lo mismo: el término "anomalía" o el hecho de "llamar la atención" denotan la inexistencia de causas derivadas de los riesgos normales o previsibles de una intervención o tratamiento de las características del caso concreto. Según Solé Feliu[2], la jurisprudencia rechaza la aplicación de esta doctrina cuando el daño producido es manifestación de un riesgo típico inherente al tratamiento, aunque sea infrecuente, ya que se trata de daños que pueden ocurrir por igual sin negligencia del profesional, tal como se señalaba en un voto particular de la mencionada STS de 31 de enero de 2003.

En realidad, en estos casos no nos hallamos frente a un supuesto de inversión de la carga probatoria, sino más bien, aunque el Tribunal Supremo utilice indistintamente ambas expresiones, ante una simple presunción. El hecho base o indicio en que se sustenta es la comisión de un error médico y de un daño que no cabe reconducir a los riesgos típicos de la operación o tratamiento de que se trate, sino solamente a dicho error. De aquí parte una inferencia lógica que permite tener por fijado el hecho presunto: la existencia de nexo causal entre la conducta negligente del demandado y los daños. No es necesario, pues, hablar de una problemática inversión de la carga probatoria.

Como señala Solé Feliu[3], en ocasiones, la jurisprudencia echa mano de lo dispuesto en el art. 217.7 LEC, comentado más arriba, en relación con el suministro de la información sanitaria por parte del médico y a la prestación del consentimiento informado por parte del paciente. Aunque, según las normas ordinarias de distribución de la carga de la prueba, sería el paciente quien habría de acreditar la falta de consentimiento, al tratarse de un hecho constitutivo de su pretensión, ello le podría acarrear afrontar una suerte de *probatio diabolica* (la —imposible— prueba de un hecho negativo), mientras que el médico está en mejor posición para acreditar el suministro de dicha información. Existe abundante jurisprudencia que afirma que "la prueba de haber facilitado la información incumbe a quien tiene obligación de prestarla y tiene a su alcance los medios nece-

---

2 Solé Feliu, J., *Mecanismos de flexibilización de la prueba de la culpa y del nexo causal en la responsabilidad civil médico-sanitaria*, Revista de Derecho Civil, http://nreg.es/ojs/index.php/RDC, vol. V, núm. 1 (enero-marzo, 2018), págs. 75 y 76.

3 Cfr. *Mecanismos de flexibilización de la prueba... op. cit.*, pág. 80.

sarios para justificarlo", es decir, el profesional o centro sanitarios (SSTS 29.6.2007 y 19.11.2007). Como señala el mismo autor, la prueba sobre la información al paciente en relación con los riegos de la operación y con el consentimiento del paciente constituyen dos de los aspectos probatorios más relevantes en las acciones de responsabilidad dirigidas contra profesionales de la salud.

En este sentido el art. 4 de la Ley 41/2002, de 14 de noviembre, reguladora de la autonomía del paciente y de derechos y obligaciones en materia de información y documentación clínica, señala que

> (...) *los pacientes tienen derecho a conocer, con motivo de cualquier actuación en el ámbito de su salud, toda la información disponible sobre la misma, salvando los supuestos exceptuados por la Ley* (...) y que *la información, que como regla general se proporcionará verbalmente dejando constancia en la historia clínica, comprende, como mínimo, la finalidad y la naturaleza de cada intervención, sus riesgos y sus consecuencias.* Además, se dispone que *la información clínica forma parte de todas las actuaciones asistenciales, será verdadera, se comunicará al paciente de forma comprensible y adecuada a sus necesidades y le ayudará a tomar decisiones de acuerdo con su propia y libre voluntad.*

Y finalmente se impone al médico el deber de garantizar al paciente el cumplimiento de su derecho a la información, deber que afecta asimismo a los profesionales que le atiendan durante el proceso asistencial o le apliquen una técnica o un procedimiento concreto.

Pues bien, según la STS 349/1994, de 25 de abril de (ECLI: ES:TS:1994:2845), la información que se proporcione al paciente ha de ser, no ya completa, sino exhaustiva, abarcando el diagnóstico, el pronóstico, los riesgos que entraña la intervención o tratamiento y los medios de que el médico dispone para conjurarlos. Esta información se extiende a las enfermedades calificables de recidivas, crónicas o evolutivas, y debe comprender la instrucción al paciente sobre la necesidad de someterse a las curas preventivas o a las que resulten precisas para evitar el agravamiento o la repetición de las dolencias. La carga de la prueba del médico comprende dichos aspectos.

Tal vez debería matizarse que el deber de información y documentación del médico y la consiguiente carga probatoria se contraen a aquellos riesgos que parezcan previsibles o considerables en atención a las peculiaridades de la intervención o tratamiento y no, por el contrario, respecto de aquellos que, aunque se materializaron en daños concretos, parecían *ex ante* remotos, extraordinarios o razonablemente descartables.

Especial mención merece aquí el deber de información cuando se acude al médico no para intentar remediar una dolencia o patología, sino —en palabras de la STS 574/1997, de 27 de junio (ECLI: ES:TS:1997:4569)— para el mejoramiento del aspecto físico o estético o para la transformación de una actividad biológica como la sexual, es decir, en supuestos tales como operaciones de cirugía estética, la práctica de la vasectomía o de una ligadura de trompas, que el tribunal también ha denominado de "cirugía satisfactiva" en contraposición a la "cirugía asistencial", que se referiría a la curación de dolencias patológicas. Como dice la sentencia que acabamos de referir, aunque en estos supuestos la relación médica no pierda el carácter de arrendamiento de servicios, se acentúa el deber de información del médico.

4. LA ATRIBUCIÓN DE LA CARGA DE LA PRUEBA Y LAS PRESUNCIONES EN FUNCIÓN DEL FACTOR RIESGO

El Tribunal Supremo ha perfilado una importante doctrina sobre la inversión de la carga de la prueba en función de la creación de riesgo, equiparando dicha inversión con una presunción *iuris tantum* de culpa —lo que el alto Tribunal ha denominado en ocasiones "recepción moderada del principio de responsabilidad objetiva o por riesgo"— en relación a aquellos agentes que, al desarrollar ciertas actividades generadoras de riesgo, de las que obtienen un lucro o provecho, quedan obligados a observar un elevado grado de diligencia en su actuación. El fundamento de esta inversión o presunción —términos que el Tribunal maneja indistintamente— consiste en facilitar al actor la prueba de la culpa, aspecto en el que el demandado se encuentra en una situación más ventajosa al resultarle más asequible acreditar que ha obrado con la debida diligencia o la concurrencia de caso fortuito o fuerza mayor.

Así, en la STS de 20 de diciembre de 1990 (ECLI: ES:TS:1990:11024) puede leerse que

> "(...) es doctrina reiterada y constante de esta Sala (...) que mientras permanezcan vivas las afirmaciones que sirven de apoyo al reproche de negligencia, con notables limitaciones al criterio puramente subjetivista, para buscar adecuación a los avances de la técnica y su secuela de creación de riesgo, según las obligadas pautas interpretativas a que se refiere el párrafo 1° del artículo 3° del Código Civil, que se plasman básicamente en la presunción de culpabilidad (...) con inversión de la carga de la prueba, ha de claudicar el motivo de casación que, contrariando tal doctrina, denuncia infracción del art. 1214 CC (...) *lo que implica una moderada recepción del principio de responsabilidad objetiva basada en el riesgo o peligro, que atenúa o excusa*

> *el factor psicológico de la culpabilidad, presumiendo* iuris tantum *la culpa mientras no se demuestre haber obrado con prudencia y diligencia* (...)"(el resaltado es nuestro).

Y en la STS de 28 de febrero de 1992 (ECLI: ES:TS: 1992:12592) se dice que

> "(...) es asimismo de señalar, que la doctrina de esta Sala ha ido evolucionando hacia una cierta objetivación de la culpa extracontractual tanto en los casos del art. 1902 como del 1903 CC, bien a través de la idea del 'riesgo' bien a través de la 'inversión de la carga de la prueba', lo que se traduce en que aun tratándose de actividades o conductas normalmente diligentes y desde luego lícitas, al referirse a actividades que aún beneficiosas para la comunidad en general encierran un evidente riesgo para sus miembros, determinan que el beneficio que su explotación supone para quienes las desarrollan, se aprovechan o explotan directamente tales actividades, empresas o trabajos, se compense con una mayor y más estricta responsabilidad, imponiéndose en consecuencia un más firme o menos flexible reproche en orden a los eventos dañosos que para terceros pueda resultar de dichas actividades".

Otras sentencias más recientes no hacen sino reiterar dicha doctrina. Así, por ejemplo, la STS 385/2011, de 30 de mayo de 2011 [ECLI: ES:TS:2011:4846], la STS 523/2015, de 22 de septiembre [ECLI: ES:TS:2015:3878].

La referida doctrina del Tribunal Supremo, sin embargo, no tiene pretensión de erigirse en norma general de distribución de la carga probatoria, sino que resulta de aplicación en los supuestos de culpa extracontractual y además no en todos, ya que las excepciones son numerosas y algunas de ellas tan importantes como la responsabilidad médica; la colisión recíproca de vehículos (STS de 5 de julio de 1991 [ECLI: ES:TS:1991:11080] y la STS 294/2019, de 27 de mayo [ECLI: ES:TS:2019:1600] por citar una antigua y otra moderna); la responsabilidad derivada de la actuación de abogados y procuradores (así, por ejemplo, la STS 99/2000, de 7 de febrero [ECLI: ES:TS:2000:825] y la STS 213/2006, de 27 de febrero [ECLI: ES:TS:2006:1042]; así como todos aquellos supuestos en los que quede acreditada la concurrencia de culpa del damnificado (por todas, las SSTS de 7 de febrero de 1992 [ECLI: ES:TS:1992:859] y 11 de febrero de 1992 [ECLI: ES:TS:1992:12613]).

Por otra parte, las ya referidas presunción o inversión no se extienden a la relación de causalidad entre la infracción del deber de conducta y el daño, sino que permiten fijar solamente la culpa o infracción culposa del deber de conducta. La prueba de la causalidad grava por completo al actor.

Además, el Tribunal Supremo ha aclarado que la aplicación de esta teoría o criterio de imputación del riesgo de no esclarecimiento procesal de los hechos tiene como presupuesto el desarrollo de una actividad que implique un riesgo anormal, cualificado, no habitual o extraordinario. En este sentido, la STS 1176/2002, de 10 de diciembre (ECLI: ES:TS:2002:8293) se ocupa de un caso relativo a los daños sufridos con ocasión de la práctica del baile en la pista de una discoteca. El actor fundamentaba su reclamación en factores como la deficiente iluminación de la pista de baile, el exceso de personas, determinados obstáculos etc., hechos que habrían conducido a la producción del accidente, pero cuya prueba, según el TS, incumbía al actor, ya que la actividad que propia de un local de las características concurrentes en el caso no podría considerarse como extraordinaria o anormalmente peligrosa. Y, por su parte, la STS 122/2018, de 7 de marzo de 2018 (ECLI: ES:TS:2018:730) llega a la misma conclusión en el caso de una espectadora de un partido de fútbol que perdió un ojo a causa de un balonazo proyectado desde el campo hacia las gradas. El riesgo de sufrir dicho accidente estaría implícito en la asistencia a un partido de fútbol y correspondería al espectador prevenirse y tomar las medidas necesarias para protegerse del mismo, sin que quepa atribuir al organizador del espectáculo la carga de acreditar haber actuado con la debida diligencia.

BIBLIOGRAFÍA

Escaler Bascompte, R., *La carga de la prueba*, editorial Atelier, Barcelona 2017.

Solé Feliu, J., *Mecanismos de flexibilización de la prueba de la culpa y del nexo causal en la responsabilidad civil médico-sanitaria*, Revista de Derecho Civil, http://nreg.es/ojs/index.php/RDC, vol. V, núm. 1 (enero-marzo, 2018), págs. 55-97

La regulación procesal positiva del razonamiento probatorio: una aproximación analítica[1]

CARLOS DE MIRANDA VÁZQUEZ[2] [3]
Profesor lector de Derecho Procesal
Universitat Pompeu Fabra

---

1 El presente trabajo se enmarca dentro del Grupo de Investigación Reconocido, Consolidado y Financiado "Retos del Derecho Procesal" (2021SGR00991) de la AGAUR y del Proyecto I+D "Nuevos retos tecnológicos del derecho probatorio" (PID2020-115304GB-C21) del Plan Estatal de Investigación Científica del Ministerio de Ciencia e Innovación; ambos liderados por el profesor Picó i Junoy. Asimismo, este estudio se enmarca dentro del Proyecto de Investigación "Derecho correcto. Criterios de corrección en la práctica jurídica" (PID2023-146061NB-I00), cuyo investigador principal es el profesor García Amado.

2 Quiero manifestar mi profundo agradecimiento al equipo de dirección y coordinación de esta obra por la oportunidad que se me ha brindado de participar en este acto de homenaje a uno de los, sin duda, más destacados y brillantes procesalistas españoles, el profesor Moreno Catena. No he tenido la suerte de ser alumno suyo y no le conozco personalmente. No obstante, sí ha formado parte de mi aprendizaje como procesalista la lectura de muchos de sus trabajos. Entre otros, me permito destacar ahora, por su evidente interés a los efectos de mi principal tema de investigación, el estudio "Prueba de presunciones; denuncia en casación. Responsabilidad civil contractual. Compensación de culpas", publicado en *Cuadernos Civitas de Jurisprudencia Civil*, 1984 (4), págs. 1389-1398.

3 Expreso mi más sentido y sincero agradecimiento al profesor Rafael HERNÁNDEZ MARÍN por sus amables comentarios a la versión inicial de este trabajo, que, sin duda alguna, han contribuido a mejorarlo.

1. INTRODUCCIÓN[4]

1.1. Las obligaciones principales de los jueces

En mi opinión, son tres. En primer lugar, la de resolver todo conflicto jurídico que se les plantee, esto es, la de juzgar o, también llamada, *función judicial*. La segunda de ellas consiste en que la anterior se realice, siempre, conforme a Derecho (positivo), pudiendo referirnos a esta como *función jurisdiccional*. Finalmente, y en tercer lugar, les grava la obligación de justificar sus decisiones, u obligación de *motivación*[5].

Sin perjuicio de que se reconozca la importancia de todas ellas, a los efectos que nos ocupan, la tercera resulta crucial, por numerosas razones. Entre estas, me permito destacar ahora una. Hace posible el efectivo control del cumplimiento de la segunda de las mencionadas (la de resolver el conflicto jurídico conforme a Derecho). Y no solo esto. En caso de que se detecte el incumplimiento de esta última, le cabrá al justiciable articular la oportuna queja a través del recurso procesal que legalmente quepa, en cada caso (lo que constituye, como es bien sabido, una manifestación del derecho [fundamental] a la tutela judicial efectiva, *ex* art. 24.1 Constitución española —en adelante, CE—[6]).

---

4 El germen primigenio de este trabajo y de muchas de sus ideas se encuentra en De Miranda Vázquez, C., "El razonamiento probatorio", en *La prueba a debate. Diálogos hispano-cubanos*, J. Picó, J. Mendoza y A. Mantecón (dirs.), C. de Miranda y L. A. Hierro (coords.), edit. J. M. Bosch, Barcelona, 2021, págs. 185-200.

5 A este respecto, me baso en las tesis desarrolladas por el profesor Hernández Marín, R., en su obra *Las obligaciones de los jueces*, edit. Marcial Pons, Madrid, 2005.

6 Sobre el contenido del derecho fundamental a la tutela judicial efectiva, véase, por extenso, Picó y Junoy, J., *Las garantías constitucionales del proceso*, 2ª ed., edit. J. M. Bosch, Barcelona, 2012, págs. 77 y ss. y 97 y ss.

1.2. El juicio de hecho y su motivación

Constituye un lugar común que el *juicio jurisdiccional* se compone de una serie de (sub)juicios que, de forma sumamente simplificada, se reducen al juicio de hecho (o *quaestio facti*) y al juicio de Derecho (*quaestio iuris*)[7].

La decisión judicial última acerca de qué está probado y de qué no lo está, se debe recoger en el relato de hechos probados[8]. Asimismo, los jueces se encuentran obligados, en nuestro ordenamiento jurídico, a motivar las sentencias (como imponen los arts. 120.3 CE y 218.2 LEC, principalmente) y también otras clases de resoluciones judiciales (en el ámbito del proceso civil, los autos, siempre, *ex* art. 208 Ley de Enjuiciamiento civil española —en lo sucesivo, LEC—, y las providencias en ocasiones, como se desprende de este mismo precepto). Esta obligación que grava a los juzgadores se reconoce, al mismo tiempo, como un derecho fundamental a favor de los justiciables, tal y como se desprende de la interpretación autorizada —que hace el Tribunal Constitucional español— del art. 24.1 CE[9]. Considero, además, que se encuentra generalmente aceptado que el juicio de hecho no constituye una excepción en relación con la antedicha obligación. A mi modo de ver[10], el art. 218.2 LEC extiende la obligación de motivar a la *quaestio facti*. Quizá de forma un tanto imprecisa, el primer período del art. 218.2 LEC lo expresa positivamente.

La motivación del juicio de hecho consiste —según ha sostenido Hernández Marín[11]— en probar que ocurrió determinado hecho extraprocesal. Incluso me atrevería a afirmar que se trata de justificar cómo del material probatorio (conjunto de evidencia disponible en el proceso) el juez ha alcanzado el relato fáctico, contenido en la relación de hechos probados.

---

7 En relación con esta clásica dicotomía, y en profundidad, Ubertis, G., "*Quaestio facti e quaestio iuris*", en *Quaestio facti. Revista internacional sobre Razonamiento Probatorio*, vol. 1, 2020, págs. 67-74.

8 Por lo que hace al relato de hechos probados, me remito a De Miranda Vázquez, C., "A vueltas con el relato de hechos probados en la sentencia civil", *Justicia. Revista de Derecho Procesal*, 2015 (1), págs. 197-247.

9 Al respecto, Picó y Junoy, J., *Las garantías…*, *ob. cit.*, págs. 77 y ss.

10 Este aserto se justifica en De Miranda Vázquez, C., "La motivación del juicio de hecho: un poco de luz en un mar de sombras", *Justicia. Revista de Derecho Procesal*, 2015 (2), págs. 267-308.

11 Cfr. Hernández Marín, R., *Teoría general de las decisiones judiciales*, edit. Marcial Pons, Madrid, 2021, pág. 360.

Sostengo, asimismo, que la justificación del juicio de hecho se lleva a cabo a través de un *razonamiento*, que se denomina —generalmente— *probatorio*. En otras palabras, a través del razonamiento probatorio se pretende probar que, en un caso concreto, ocurrió determinado hecho extraprocesal, partiendo de un conjunto de premisas, fundadas en la evidencia disponible.

Pues bien, cabe preguntarse, en primer lugar, si todas las (sub)decisiones que contribuyen a formar el juicio de hecho deben ser objeto de justificación. Y, en segundo lugar, si las anteriores obligaciones normativas se cumplen con el solo hecho de que la sentencia contenga una motivación o si, además, exigen cómo deba ser dicha motivación.

En este trabajo no me puedo ocupar de la primera de las cuestiones, pero sí de la segunda, a la que dedicaré todos mis esfuerzos.

1.3. El razonamiento probatorio es complejo

He sostenido, apenas unas líneas más arriba, que la justificación del juicio de hecho se lleva a cabo a través de un *razonamiento*, que se ha dado en llamar *probatorio*.

Los *razonamientos*, en general, pueden ser clasificados en *simples* y *complejos*.

Un *razonamiento simple* se conforma por un número variable de enunciados asertivos[12]. Como mínimo, dos. En este último caso, uno de ellos funge como *conclusión*, mientras que el otro lo hace como *premisa*. Con carácter general, cabe sostener que mientras que la conclusión siempre será única, no así la premisa, que puede ser una sola, o un número indefinido de ellas. Estos se formulan con la intención de probar algo, que se contiene enunciado en la conclusión. La fuerza de esta última depende del respaldo o apoyo que le brinden las premisas.

Frente al anterior, al razonamiento simple, se yergue el *razonamiento complejo*, que se caracteriza por ser un cúmulo de razonamientos simples, formulados de manera secuenciada, formando una estructura.

---

[12] La expresión *enunciado asertivo* significa, según entiendo, una expresión bien formada de un lenguaje con sentido completo y que puede ser verdadero o falso. Me apoyo en la concepción de Hernández Marín, R., *Razonamientos en la sentencia judicial*, edit. Marcial Pons, Madrid, 2013, págs. 13-15.

Para no crear confusión semántica, en lo sucesivo me referiré al *razonamiento complejo* como *razonamiento*, a secas, y a los *razonamientos simples* que lo conforman como *(sub)razonamientos.*

Estos últimos pueden estar dispuestos en una secuencia lineal, dando lugar a una *cadena de (sub)razonamientos.* Comenzará el razonamiento con un (sub)razonamiento —al que aludiremos como *inicial*— y culminará con otro (sub)razonamiento —que denominaremos *final*—. No obstante, cabe otra manera de disponer los (sub)razonamientos de un razonamiento. Cabe hacerlo a través de una serie de líneas de secuencia argumental que convergen, todas ellas, no necesariamente de forma uniforme, en el (sub) razonamiento final. En este caso, se trata de un *árbol de (sub)razonamientos*[13]. Bien mirado, la inmensa mayoría de los razonamientos de la vida cotidiana son complejos. El razonamiento probatorio diría que lo es siempre.

1.4. La disconformidad a derecho procesal del razonamiento probatorio como motivo de recurso

El razonamiento probatorio (en lo sucesivo, *RP*) puede ser objeto de consideración desde diferentes perspectivas, como lo atestigua la abundante literatura especializada que se ha venido ocupando de él[14]. En este trabajo lo único que interesa es si el *RP* es "(...) como según el Derecho debe ser"[15]. Esto es crucial. Si un *RP* no es conforme a lo que, según el Derecho, debe ser (*tout court*, es *contra legem*), se habrá verificado una, o más, infracciones legales. Y esto último será materia indiscutible del recurso procesal que corresponda según la legalidad rituaria vigente. Por medio de este, cabrá denunciar que este acto procesal del tribunal —la sentencia, en la que se integra *RP*— es contrario a Derecho (positivo).

---

13 Para un análisis detallado de las nociones básicas sobre los razonamientos, en general, me remito a la pedagógica exposición de Hernández Marín, R., en *Razonamientos...*, *ob. cit.*, págs. 33 y ss.

14 Entre otras publicaciones, VV. AA., *Prueba y razonamiento probatorio en Derecho*, J. A. García Amado y P. R. Bonorino (coords.), edit. Comares, Granada, 2014; VV. AA., *Del derecho al razonamiento probatorio*, J. Ferrer Beltrán y C. Vázquez (dirs.), edit. Marcial Pons, Madrid, 2020; VV. AA., *El razonamiento probatorio en el proceso judicial. Un encuentro entre diferentes tradiciones*, J. Ferrer Beltrán y C. Vázquez (dirs.), edit. Marcial Pons, Madrid, 2020.

15 Hernández Marín, R., "Una concepción recursiva del razonamiento probatorio", *Analisi e Diritto*, 2/2018, pág. 71.

Considero que, desde una perspectiva práctica, al justiciable, disconforme con el juicio de hecho, le interesa conocer si el *RP*, en su caso, es conforme, o disconforme, a Derecho, y más precisamente al Derecho Procesal.

Por supuesto que para que se pueda concluir la (dis)conformidad a Derecho es condición necesaria, aunque no suficiente, que existan reglas jurídicas que regulen el *RP*. Más exactamente, "(...) es indispensable"[16].

En el caso del ordenamiento jurídico procesal español existen reglas jurídicas que se ocupan de disciplinar el *RP*. Más precisamente, el objeto de dicha disciplina es el establecimiento de ciertas exigencias con respecto de los enunciados asertivos que se pueden incorporar al mismo, ya sea como premisas, ya sea como conclusiones. Entiendo que "el Derecho aquí aludido es el conjunto de normas jurídicas procesales que regulan la motivación de las decisiones judiciales, en la cual se inserta el razonamiento probatorio"[17].

Ahora bien, la concreta labor de identificar las reglas jurídico-procesales que, según nuestro Derecho procesal positivo, establecen qué enunciados —y en qué calidad— pueden formar parte del *RP*, no lo ha acometido, hasta la fecha y hasta donde yo sé, ningún autor procesalista. Sí existe, en cambio, un abordaje riguroso y exhaustivo de la cuestión en el ámbito de la Teoría del Derecho y, más exactamente, en el área de la Teoría general de las decisiones judiciales, protagonizado por el profesor Hernández Marín.

Según este autor, cuyo pensamiento me dispongo a exponer y a analizar, existe un número plural de normas jurídico-procesales[18] que se ocupan de regular qué enunciados asertivos (en adelante, *EEAA*, o *EA*, si se trata de la expresión singular) pueden formar parte del *RP*, ya sea como premisas, ya sea como conclusión.

---

16 Hernández Marín, R., "Una concepción..., *ob. cit.*, pág. 71.

17 *Idem.*

18 A ese número plural de normas jurídicas, Hernández Marín no las denomina "conjunto" y tampoco "sistema", en el sentido estricto de ambos términos. Secundo sin titubear esta importante consideración, pues su dispersión, su —cuanto menos aparente— falta de coordinación y la ausencia de un sistema a este respecto me convencen de ello.

2. REGLAS JURÍDICO-PROCESALES RELATIVAS AL *RP*

2.1. Visión de conjunto

Aunque sigo sustancialmente el planteamiento del profesor Hernández Marín, del que me reconozco completo deudor, en diversos puntos me aparto de aquel, para sostener puntos de vista distintos, lo que me ha conducido a introducir algunas variantes al dibujo completo de su construcción interpretativa.

Como ya se ha expresado anteriormente, dichas reglas jurídico-procesales (identificadas en su mayor parte por el recién mencionado autor), atienden a los *EEAA* que pueden incorporarse al *RP*, o bien como premisas, o bien como conclusión.

Con respecto de las primeras (de las premisas), deseo efectuar una precisión clarificadora. En cuanto a las premisas, considero que las mismas se pueden incorporar al *RP*, como parte de un (sub)razonamiento inicial, pero también como parte de un (sub)razonamiento sucesivo y, por ende, no inicial —ya sea intermedio o ya sea final—. Esto acontece, desde luego, cuando la conclusión de un primer (sub)razonamiento se incorpora al siguiente (sub)razonamiento como premisa. Efectivamente hay *EEAA* que juegan, dentro del *RP*, dos roles diferentes: el de conclusión de un (sub) razonamiento y, seguidamente, como premisa de otro (sub)razonamiento posterior. No obstante, los *EEAA* se pueden incorporar como premisas de (sub)razonamientos no iniciales de otra forma distinta. Me refiero a aquellos supuestos en que dichas premisas no son conclusiones de un previo (sub)razonamiento. Se trata de elementos de evidencia que se incorporan al *RP* —como *EEAA*— en momentos no iniciales de este[19].

> Un sencillo ejemplo permitirá comprender cabalmente a qué me refiero. Supongamos que llegamos a una vivienda. Todos los muebles acumulan una considerable cantidad de polvo. Un primer (sub)razonamiento lleva por conclusión el siguiente *EA*: "hace tiempo que esta vivienda no se limpia". Si a continuación abrimos la nevera y observamos que está completamente vacía, inferimos que "la vivienda lleva deshabitada largo tiempo". Y esto último resulta de la observación efectuada al abrir la nevera, pero, también, de la realizada previamente al apreciar la gran cantidad de polvo que acumulan los muebles. En este razonamiento complejo —no necesariamente probatorio—, no ha sido hasta el segundo y último (sub)razonamiento que se ha introducido, como premisa, la enunciación de lo observado al abrir la nevera. Esto

---

19 Sigo a este respecto, en esencia, las tesis de Hernández Marín recogidas en *Teoría...*, *ob. cit.*, págs. 309-310.

sucede igualmente en el caso del *RP*. Piénsese en un proceso en el que prestan testimonio dos testigos. T_1 afirma algo de lo que el juez infiere el *EAx*. Así mismo, T_2 afirma otra cosa distinta a partir de la cual, junto con *EAx*, infiere, a su vez, la conclusión definitiva sobre determinado hecho controvertido. La afirmación de T_2 no es incorporada al *RP* como premisa hasta el segundo (sub)razonamiento, siendo inédita hasta este momento.

Pero, además de lo anterior (de premisas no iniciales del *RP* que resultan inéditas al momento de su inclusión en un (sub)razonamiento posterior al inicial), debe advertirse otro fenómeno. Me refiero a las *máximas de experiencia* que se localizan en la mayoría de (sub)razonamientos probatorios (en los iniciales y en los no iniciales del *RP*). Son *EEAA* que se incorporan al *RP* en calidad de premisas, desde el o los (sub)razonamientos iniciales, hasta el último de ellos. Se trata de información que no procede de la evidencia disponible en el proceso, sino del conjunto de conocimientos generales de que dispone el juez.

Por lo que hace a las reglas jurídico-procesales que autorizan la incorporación de *EEAA* al *RP* como conclusión, me parece necesario subrayar que se refieren, genéricamente, a la conclusión de un (sub)razonamiento cualquiera. Tanto se puede tratar de la conclusión del último (sub)razonamiento, de la cadena o del árbol, como de la conclusión de otro de los (sub)razonamientos que preceden al definitivo. Matizo esto porque, en algún pasaje de la obra de Hernández Marín, se podría interpretar lo contrario, esto es, que las normas procesales solo autorizan la incorporación de un *EA* como conclusión del *RP* como conjunto o, lo que es lo mismo, en mi opinión, que decir que se incorpora como conclusión del último (sub) razonamiento que conforma el *RP*[20]. Estimo carente de sentido que no se regulara qué *EEAA* pueden incorporarse al *RP* como conclusión de cualquiera de los (sub)razonamientos que preceden al último, y sin embargo sí se regulara esto último. En este sentido, no debe perderse de vista que el *RP* es un razonamiento complejo, esto es, se encuentra conformado con un número plural de razonamientos dispuestos de forma secuencial, sea en forma de cadena (o linealmente), sea en forma de árbol (o convergiendo hacia un tronco único).

---

[20] Véase, por ejemplo, en Hernández Marín, R., "Una concepción..., *ob. cit.*, pág. 74, la siguiente afirmación: "Cabe preguntarse si, de modo análogo, existe alguna norma jurídica que establezca una condición suficiente para que un enunciado pueda formar parte del razonamiento probatorio en calidad de *conclusión de esta cadena de razonamientos*" (la cursiva es mía).

2.2. *Reglas jurídicas sobre EEAA que se pueden incorporar al RP como premisas*

2.2.1. EEAA relativos a hechos procesales

Según diversas normas jurídico-procesales (de las que seguidamente daré cuenta), está autorizada la incorporación al *RP* en calidad de premisas de todos aquellos *EEAA* relativos a *hechos procesales*, que sean *verdaderos*. Conviene efectuar dos breves comentarios a este respecto, antes de proseguir. Por una parte, entiéndase por *hechos procesales* aquellos que acontecen en el interior del proceso. Más concretamente, en el transcurso de actividades procesales regladas, entre las que destaca la actividad probatoria. En este último escenario, se producen hechos tales como las respuestas que ofrecen los testigos frente a las preguntas que se les formulan, las manifestaciones de los peritos, etc. Por otra parte, se añade el adjetivo calificativo "verdaderos", en el bien entendido que lo que en el razonamiento probatorio se atribuya a una fuente de prueba debe corresponderse efectivamente con lo afirmado o con lo proyectado por esta. Expuesto de forma más sencilla, si en el razonamiento probatorio contenido en la sentencia se expresa que el testigo *T* afirmó que *p*, lo que aquí se exige es que dicho testigo *T* realmente expresase que *p* y no cualquier otra cosa diferente.

La autorización normativa para la incorporación al razonamiento probatorio de esta clase de *EEAA* procede, a mi juicio, de dos diferentes reglas jurídicas, ambas contenidas en la LEC: los arts. 386.1 y 218.2 i. f.

Por una parte, el primer período del art. 386.1, en el que se puede leer —para lo que aquí interesa— que "*a partir de un hecho* (...) *probado, el tribunal podrá presumir la certeza, a los efectos del proceso, de otro hecho* (...)". Me permito parafrasear la expresión en el sentido siguiente: el razonamiento probatorio —y cualquier (sub)razonamiento probatorio— podrá partir de aquellas afirmaciones de hecho que han resultado de la prueba practicada. Más sintéticamente, se admiten como premisas iniciales aquellos enunciados asertivos que, directa (por haberlo expresado fuentes de prueba personal) o indirectamente (por tratarse de la verbalización por parte del juzgador de lo proyectado por fuentes de prueba materiales) resultan de la actividad procesal probatoria.

Por otra parte, el período final del art. 218.2 LEC, a tenor del cual la motivación deberá atenerse siempre a las *reglas de la razón*. En este punto, y siguiendo a Hernández Marín[21], la principal de estas reglas —metajurí-

[21] Cfr. Hernández Marín, R., "Una concepción..., *ob. cit.*, pág. 71.

dicas— es aquella que obliga a que cualquier enunciado que se formule por un proferente sea verdadero[22]. Aun cuando considero que el referido autor efectúa tal manifestación como resultado de su propia reflexión —conjetura que corroboro con el hecho de que no anuda ninguna cita a tal afirmación—, me parece posible apreciarla, al menos, en algunas tesis del ámbito de la *Pragmática*[23]. Concretamente, me conduce a reparar en las máximas conversacionales de Grice, y en particular, a la máxima de calidad, a tenor de la cual quien profiere una afirmación debe hacerlo solo si su contribución es veraz[24].

Un ejemplo nos permitirá comprender la sencillez de las reglas mencionadas y de la forma en que pueden ser infringidas. Un testigo asevera en un juicio que presenció el suceso *x*, siendo que su intervención en el proceso y, concretamente, su declaración, se ajusten a lo estipulado por el Derecho procesal que resulte de aplicación. El juez podrá incorporar como premisa de su razonamiento el *EA* "el testigo *T* ha afirmado que presenció el suceso *x*" (lo que es distinto de afirmar "el testigo *T* presenció el suceso *x*", cuyo valor de verdad es incierto). En cambio, si el juez incorporase el *EA* "el testigo *T* ha afirmado que *no* presenció el suceso *x*" o cualquier otro *EA* que no se correspondiera con la efectiva afirmación por el testigo *T* del suceso *x*, entonces habría infringido el art. 218.2 i. f. LEC. La aseveración del juez (contenida como *EA* en su *RP*) no se correspondería con el hecho procesal efectivamente acaecido, y, por tanto, sería falso.

2.2.2. EEAA relativos a hechos notorios

Lo primero que quiero subrayar es que —aunque parezca obvio—, se trata de hechos, con ocurrencia efectiva, en unas determinadas coordenadas espacio-temporales, presentes o pretéritas. Sentado esto, sostengo que,

---

[22] A este respecto, me parece interesante considerar que otro supuesto —además de los enunciados falsos— que también podría considerarse que contraviene las "reglas de la razón" y, por ende, supone una vulneración del art. 218.2 *in fine* LEC, es el de los enunciados gratuitos, entendiendo por tales aquellos que carecen de soporte epistémico o empírico. Así, Hernández Marín, R., "Una concepción..., *ob. cit.*, pág. 72.

[23] A decir de Escandell, M. V., —en *Introducción a la Pragmática*, edit. Ariel, Barcelona, 2013, pág. 9—, "(...) la pragmática toma el lenguaje tal y como se manifiesta, es decir, inmerso en una situación comunicativa concreta (...)".

[24] Sobre esta cuestión, y en profundidad, véase García Suárez, A., *Nuevas aproximaciones a los modos de significar*, 3ª ed., edit. Tecnos, Madrid, 2019, págs. 211-213.

de cualquier hecho actual o pasado se puede predicar, enunciándolo. Tal enunciado puede ser, a mi entender, tanto asertivo singular (*EAs*) —*Leo Messi jugó en el F. C. Barcelona*—, como asertivo general (*EAg*) —*Todos mis antepasados han sido médicos*—. Con respecto de esta última categoría, me parece necesario distinguir los hechos, en sentido estricto —que pueden tener un alcance muy reducido o amplísimo— y las regularidades fenomenológicas, plasmadas en enunciados, denominados en filosofía de la ciencia, "generalizaciones empíricas". A estos últimos enunciados se los conoce en el ámbito jurídico como *máximas de (la) experiencia.*

Quizá un ejemplo ilustre mejor lo que se pretende con la anterior distinción. Supongamos que observamos un ave que vuela hacia el norte al comienzo del verano. Ese concreto vuelo, de esa singular ave, que se dirige al norte un día y a una hora determinados —a la que la vemos pasar— es un hecho. La afirmación de tal sucedido conformaría un *EAs*. Si, en lugar de una, pasara ante nuestros ojos un centenar, se trataría igualmente de un hecho, concretamente un *EAg*. En cambio, cuando los ornitólogos sentaron en su día que tal clase de aves se dirige al norte, todos los años, al llegar el verano, no aludieron a un hecho, ni a una pluralidad de ellos, sino que generalizaron —por abstracción de casos— el comportamiento de esa clase de aves, dando lugar a una regularidad fenomenológica denominada *migración* (que también se formula a través de un *EAg*).

Lo que, en mi opinión, puede ocasionar cierta confusión es que tanto un hecho (aunque se conforme por una pluralidad de entidades), como una regularidad fenomenológica, se formulan mediante enunciados asertivos generales (*EEAAg*). En la realidad material no existen regularidades fenomenológicas y sí exclusivamente hechos, que, perfectamente, se pueden repetir constantemente de forma idéntica en su apariencia. Si no hubiera seres humanos sobre el planeta, alguna ave, o muchas, volarían igualmente hacia el norte, cada año, al llegar el verano. Lo que no existiría es la expresión "migración", ni tampoco la afirmación que describe dicha regularidad ornitológica. Ciertamente, tampoco existirían enunciados asertivos. Sólo los hechos en sí, como realidad material, y tan siquiera como una segmentación —estrictamente humana— de la realidad, en tanto que un todo continuo.

En suma, si se es fiel a la expresión legal —que se refiere a *hechos notorios*—, esta se refiere a *hechos*, a secas, y no añade ninguna mención a regularidades fenomenológicas. En definitiva, los notorios pueden ser los primeros, pero en ningún caso las segundas. Por lo que estimo dudoso — desde una perspectiva semántica— considerar las máximas de experiencia como hechos notorios[25]. La razón principal para sustentar tal distinción estriba en que una máxima de experiencia no es un hecho notorio por la sencilla razón de que no es un hecho, sino un enunciado acerca de hechos.

Sentado lo anterior, debo hacer referencia a la regla jurídico-procesal que, a mi parecer, autoriza la incorporación al *RP* de aquellos *EEAA* relativos a hechos notorios. Más exactamente, y de conformidad al tenor literal de la norma —281.4 LEC—, aquellos *EEAA* relativos a hechos que gocen de notoriedad absoluta y general. Los denominados por la Ley hechos notorios son, expresado más exactamente, hechos extraprocesales que gozan de notoriedad absoluta y general.

Cabe interrogarse por la aplicación, a esta categoría de hechos, de la exigencia contenida en el art. 218.2 i. f. LEC, cuando impone la sempiterna sujeción a las reglas de la razón. Según sostenía antes, la principal de estas es la que exige que los jueces formulen enunciados verdaderos. La respuesta al interrogante abierto es, según entiendo, afirmativa. No obstante, exige una matización. No se impone al juez que el hecho, en sí mismo considerado, tenga entidad real —presente o pasada—, sino que el *EA* sobre ese hecho goce de notoriedad absoluta y general. Por consiguiente, se infringen los arts. 281.4 y 218.2 i. f. LEC, cuando se predique —*EA*— la notoriedad absoluta y general de un hecho que carece de tal.

---

25 Sobre esta disyuntiva, me parece interesante destacar cómo ha planteado enormes dificultades a los especialistas en materia de prueba. Así, por ejemplo, Muñoz Sabaté —en *Fundamentos de prueba judicial civil LEC 1/2000*, edit. J. M. Bosch, Barcelona, 2001— da a entender una cosa (p. 149) —"la cualidad de hecho concreto contribuye (...) a diferenciarlo de la máxima de experiencia (...)"— y su contraria (p. 152) —"se busca afanosamente por la doctrina diferenciar el hecho notorio de la máxima de experiencia, pero a mi entender no es posible lograr una nítida distinción"—. No obstante, hay pronunciamientos tajantes al respecto que, suscribo, como es el caso de Seoane Spiegelberg, J. L., *La prueba en la Ley de Enjuiciamiento Civil 1/2000. Disposiciones generales y presunciones*, 2ª ed., edit. Aranzadi, Cizur Menor (Navarra), 2007, págs. 183-184: "Tampoco cabe confundir el hecho notorio con la máxima de experiencia. El hecho notorio conforma el contenido de una alegación fáctica, que precisamente por su notoriedad no es preciso demostrar en el proceso, mientras que las máximas de experiencia sirven para valorar los hechos y las pruebas alegadas en juicio. Son, pues, reglas no hechos".

2.2.3. EEAA relativos a hechos admitidos

Debo principiar este epígrafe con algunas consideraciones semánticas relevantes. La primera es adjetivar el término *hechos* con la expresión *extraprocesales*. La segunda de ellas guarda relación con que, en puridad, lo que se admite no es un *hecho* (extraprocesal), sino la afirmación que ha efectuado un litigante acerca de un hecho extraprocesal. Esto explica que se pueda admitir un enunciado asertivo de parte procesal que sea falso. No obstante, la Ley, suponiendo —como máxima de experiencia vulgar— que nadie aceptaría como existente —o existido— algo que no lo es —o no lo ha sido—, autoriza la incorporación al *RP* de un *EAs* sobre un hecho extraprocesal que ha sido admitido (*rectius*, del que se ha admitido su correspondiente afirmación procesal)[26].

La regla jurídico-procesal que lo autoriza es el art. 386.1 LEC. Esta norma —que nominalmente disciplina las *presunciones judiciales*— autoriza, entre otras cosas, que un *EA*, de parte, admitido de contrario, se integre en el *RP* como premisa. "A partir (...)", dice, "(...) de un hecho admitido el tribunal podrá presumir la certeza, a los efectos del proceso, de otro hecho (...)"[27].

2.2.4. EEAA relativos a regularidades fenomenológicas

Se trata de enunciados asertivos que recogen regularidades fenomenológicas asentadas por inducción cuantitativa o de casos. En suma, generalizaciones, empíricas. Lejos de ser regularidades de naturaleza universal, en realidad reflejan relaciones de carácter más o menos frecuente, cuya

---

26 El *EA* que el juez incorpora al *RP* como premisa tiene que coincidir exactamente con el *EA* que cualquier de los litigantes haya introducido válidamente en el proceso a través de un escrito procesal de los legalmente previstos.

27 Hernández Marín, hasta el año 2018, admitía que los *EEAA* sobre hechos extraprocesales admitidos (intraprocesalmente) se pudieran incorporar al *RP* en calidad de premisa. Y lo justificaba en la dicción del art. 218.3 LEC. En su última monografía —2021— imprime un considerable giro a su postura, en este punto, y pasa a considerar que lo que autoriza el 218.3 LEC no tiene que ver con las premisas, sino con la conclusión. Cuando llegue el momento, incidiré de nuevo sobre esta cuestión.

inserción en los razonamientos probatorios pasa desapercibida porque se encuentran (casi siempre) implícitas[28].

El problema que plantean (las máximas de experiencia), a los efectos que nos ocupan, es si el ordenamiento procesal español autoriza su incorporación al *RP* en calidad de premisa. Se ha sostenido que sí[29], aunque por la vía de su identificación con los hechos notorios, lo que, anteriormente, he puesto en tela de juicio. No obstante, y dado que sería un contrasentido concluir que un elemento tan importante del razonamiento probatorio (las máximas de experiencia) no se encuentre autorizado por las normas procesales españolas para que sea incluido en el *RP*, opto por pensar que cabría una interpretación extensiva del art. 281.4 LEC, de modo que cupiesen esta clase de *EEAA* en la regla jurídico-procesal relativa a los hechos notorios.

2.3. Reglas jurídicas sobre EEAA que se pueden incorporar al RP como conclusiones

2.3.1. La regla general

En mi opinión, esta se corresponde con el art. 386.1 LEC. Según el sentido que le atribuyo a esta norma, la misma autoriza que un *EAs* se incorpore al *RP* como *conclusión* si se cumple que:

(i) La premisa, o premisas que formen parte del razonamiento, al que *EAs* se incorpora como conclusión, se hayan incorporado, a su vez, con arreglo a cualquiera de las reglas que hemos identificado en II.2.

(ii) El razonamiento del que *EAs* es su conclusión sea conforme a las *reglas del criterio humano.*

Procede, a continuación, una importante matización. Esta regla, según la interpreto, no limita la incorporación de un *EAs* al *RP*, en la exclusiva posición de conclusión última o final del mismo. Por el contrario, lo que autoriza es la incorporación de cualquier *EAs* en calidad de conclusión de cualquiera de los (sub)razonamientos que formen parte del *RP*. Por consiguiente, podrá tratarse, tanto de la conclusión del *razonamiento*, como de cualquiera de los *(sub)razonamientos.*

---

28 Para una visión muy amplia y contemporánea, véase Limardo, A., "Repensando las máximas de experiencia", *Quaestio facti. Revista Internacional sobre Razonamiento Probatorio*, nº 2, 2021, págs. 115-153.

29 Así, Hernández Marín, R., *Razonamientos…*, *ob. cit.*, pág. 152.

2.3.2. La imprecisa alusión a las premisas (en el art. 386.1 LEC)

Con respecto de las dos condiciones que, según mi interpretación, el art. 386.1 LEC requiere para que un *EAs* se puede incorporar al *RP* en calidad de conclusión, la primera merece una reflexión detenida.

Debo comenzar admitiendo que no menciona en modo alguno la expresión "premisa", o su correspondiente número plural. Sin embargo, sí que dice, claramente, que *a partir de* unos hechos (ya sean probados, ya sean admitidos), el juez puede presumir otro hecho distinto. Un sencillo análisis semántico permite arrojar mucha luz sobre las claves del ejercicio interpretativo. La locución "a partir de" es una locución preposicional que denota el punto del que procede algo[30]. En este caso, más que de un lugar de procedencia, el sentido del enunciado jurídico guarda relación con el *fundamento* o el *sustento* de eso otro a lo que el juez puede llegar.

Tal sustento se encuentra constituido por unos hechos (mejor expresado, unos *EEAA*) sobre los cuales el juez puede *presumir* otro hecho. Este último término, destacado en cursiva, admite su sustitución por otro, con el que guarda una relación de sinonimia, y es *concluir*. Ese otro hecho —al que la norma se refiere expresamente en singular, no así como sucede con los hechos probados o admitidos— es, mejor dicho, un *EA* singular (en adelante, *EAs*).

En definitiva, el juez prueba la existencia de un hecho extraprocesal (al que se refiere un *EAs*) a partir de unos *EEAA*, que por fungir como sustento o respaldo del primero —expresado con la locución preposicional *a partir de*—, pueden ser considerados *premisas* admisibles del *RP*. Dicho de otra forma, si lo que el Legislador procesal civil de 2000 quiso expresar —bien que de una forma imprecisa y tosca— es la noción de *inferencia*, entonces todo apunta a que ese otro hecho, presumido, sea su *conclusión*, y esos hechos, sobre la base de los cuales, se alcanza aquella, son sus *premisas*.

Sobre estas, la norma no precisa en absoluto. Es, por así decir, genérica. De modo tal que no es correcto sostener que alude a las premisas iniciales del *RP*, ni tampoco a las intermedias, ni por supuesto a las que formen parte del último de los (sub)razonamientos del árbol o de la cadena.

---

30 Sobre las locuciones preposicionales, véase VV. AA., *Nueva gramática de la lengua española. Manual*, edit. Espasa Libros, Madrid, 2010, págs. 560 y ss. Según el Diccionario de la Lengua española, versión *online* (https://dle.rae.es/partir [30.11.2023]), la expresión "a partir de" es una locución preposicional, que equivale a "desde", (denota el punto del que procede algo).

Por otra parte, puede resultar chocante que el enunciado jurídico se refiera exclusivamente a dos *EEAA* tipo, que pueden fungir como premisas, cuando de lo expuesto anteriormente, pareciera que la Ley admite más supuestos típicos. Y más problemático es aún —desde una perspectiva interpretativa— esa ambigua alusión a *hechos probados.*

La locución *hechos probados* tiene dos significados posibles, semánticamente hablando. Por una parte, puede entenderse como aquellos hechos que resultan —en forma de *EA*— de lo afirmado o lo proyectado por las fuentes de prueba en el seno de la actividad probatoria. En definitiva, lo que haya dicho un testigo, por ejemplo, o lo que haya verbalizado el juez a partir de la proyección de una grabación audiovisual. En este sentido, pueden formar parte del *RP* aquellos *EEAA* que predican sobre hechos procesales —que, por corresponder con lo efectivamente afirmado o proyectado, sean verdaderos (los *EEAA*)—. No en vano, anteriormente (en II.2.1), me referí al 386.1 LEC como norma que autoriza la incorporación al *RP,* en calidad de premisas, de los *EEAA* que se refieren a hechos procesales. Sin embargo, y por otra parte, cabe interpretar, también, que un hecho probado sea la conclusión de un (sub)razonamiento probatorio que, a su vez, opere como premisa de un subsiguiente (sub)razonamiento probatorio.

Esto último es lo que —junto a la noción implícita de inferencia (de la que seguidamente me ocuparé)— invita a pensar que este enunciado jurídico —el art. 386.1 LEC— haya recogido la noción de *recursión,* como expondré más adelante.

Sea como fuere, me permito postular en este momento la tesis de que el *EA* que se refiere a un hecho procesal y que funge como premisa, según el primero de los sentidos de la locución *hecho probado,* se localizará en el *RP* siempre como premisa inicial. En cambio, ocurrirá lo opuesto en el caso de que el entendimiento de *hecho probado* sea el segundo de los propuestos.

2.3.3. El enlace preciso y directo según las reglas del criterio humano

a) ¿Es el "enlace" una expresión vulgar de "inferencia"?

Mi tesis consiste en afirmar que el *enlace* (entre hechos probados o admitidos y ese otro hecho, que se considera cierto, a los efectos del proceso) es una versión (vulgar) de la noción de *inferencia.*

Primeramente, conviene revisar, siquiera sea brevemente, algunas nociones básicas tomadas de la lógica (comprendida esta en su sentido genérico). Comencemos por la noción de *razonamiento.* Este es, al igual que una *inferencia,* y un *argumento,* "una secuencia de dos o más enunciados asertivos, formulada con la pretensión o creencia de que uno de los enunciados de la secuencia es apoyado o justificado por los restantes enunciados integrantes de la secuencia"[31]. Sigamos con el concepto de *inferencia.* "El mero hecho de formular un razonamiento [o un argumento] crea una relación entre los enunciados que son las premisas del razonamiento y el enunciado que constituye su conclusión". Esta relación puede ser denominada "relación de razonamiento" o, también, "relación inferencial". De aquí que "(...) en un razonamiento su conclusión se infiere, o es inferida, de sus premisas: en el sentido de que por el mero hecho de formular un razonamiento se crea una relación, relación inferencial, entre las premisas y la conclusión del razonamiento"[32].

El art. 386.1 LEC pone el acento en el *enlace* entre unos hechos y otro distinto, de modo tal que solamente puede el juez *presumir* —quizás mejor *concluir*— la certeza de un hecho, (a partir de otros) si entre estos últimos y aquel otro existe un enlace (preciso y directo), esto es, si existe una relación de inferencia entre premisas y conclusión. Dicho de otro modo, cabe incorporar un *EAs* como conclusión de un (sub)razonamiento probatorio si esta se infiere de determinadas premisas, esto es, si la conclusión se encuentra respaldada o sustentada por las premisas[33].

b) Las reglas del criterio humano, ¿son las reglas de la lógica (del art. 218.2 I.f. LEC)?

Según lo que acabo de sostener, el art. 386.1 LEC se refiere a la inferencia de una conclusión a partir de unas premisas. Mejor dicho, autoriza a incorporar al razonamiento probatorio, en calidad de conclusión de un (sub)razonamiento, aquel *EAs* que se infiera de las premisas, incorporadas a su vez según las reglas jurídicas vistas anteriormente.

Ahora bien, el art. 386.1 LEC no sólo exige que el *EAs* que se incorpora al (sub)razonamiento probatorio en calidad de conclusión sea tal de un

---

31 Cfr. Hernández Marín, R., *Razonamientos..., ob. cit.*, pág. 40.

32 *Ibidem*, pág. 44.

33 No comparto la tesis que defiende que el *nexo lógico* al que se refiere la expresión *enlace*, del art. 386.1 LEC, es equivalente a las máximas de la experiencia. La demostración de mi crítica no la puedo desarrollar en este trabajo, por razones de espacio.

razonamiento, sino que, además, exige que este último sea conforme a las reglas del criterio humano.

Según la segunda acepción del Diccionario de la Lengua española (versión *online*) para la entrada "criterio", este consiste en un *juicio* o *discernimiento*[34]. Dado que se presentan ambas como sinónimos, escojo la primera expresión por resultar de uso más extendido.

A su tiempo, el término "juicio" es polisémico, y dentro de las diversas acepciones de esta expresión, me quedo con aquella que, según el Diccionario de la Lengua española (versión *online*), tiene el siguiente significado: *relación lógica entre dos o más conceptos*[35].

Así pues, la locución *reglas del criterio humano* puede formularse a través de una expresión equivalente, tal que *reglas de las relaciones lógicas entre enunciados* o, aún mejor, *reglas de inferencia.* Impropiamente expresado (mediante una fórmula vulgar), *reglas de la lógica.* Así las cosas, procede analizar a continuación qué clase de reglas sean estas.

Se ha apuntado en un momento previo, que hablar de relación de inferencia es hablar de respaldo o apoyo. El que prestan las premisas a la conclusión. Según mi entendimiento de la lógica, dicho respaldo puede ser de dos clases: absoluto y contingente[36].

El primero es el que dispensan las premisas a la conclusión cuando se trata de un razonamiento deductivo, en el que, precisamente por ser deductivo, si las premisas son verdaderas, la conclusión también tiene que serlo, necesariamente. En el caso de la deducción, y únicamente en este, se dice que las premisas implican la conclusión. O, lo que es lo mismo, está última es consecuencia lógica de las primeras.

El segundo, en cambio, es el que dispensan las premisas a la conclusión cuando se trata de un razonamiento inductivo (en sentido genérico, esto es, no deductivo). En este, si las premisas son verdaderas es probable que la conclusión también lo sea. Pero no es en absoluto necesario que la conclusión sea verdadera si las premisas también lo son.

---

34 Véase https://dle.rae.es/criterio?m=form&m=form&wq=criterio (30.11.2023).

35 Véase la 7ª entrada, que responde a un significado filosófico, como se indica expresamente, en https://dle.rae.es/juicio?m=form&m=form&wq=juicio (30.11.2023).

36 Sobre lo que se expresa en los dos siguientes párrafos, me remito a Hernández Marín, R., *Razonamientos…*, *ob. cit.*, págs. 48-49.

En el caso del razonamiento deductivo, puede decirse que existen varias formas concretas de formular las premisas, disponerlas en el razonamiento y distribuir la información semántica entre los elementos de este último, que garantizan, para todo caso concreto, que, si las premisas son verdaderas, la conclusión también lo será. Por exponerlo de manera más comprensible, veamos la siguiente forma (abstracta): *P ó Q, no P, entonces Q*. Esta forma se caracteriza por ser una manera exacta y precisa de formular las premisas (*P ó Q* no es intercambiable por *P y Q*, por ejemplo), de disponer las premisas (primero se introduce la disyuntiva y luego se niega uno cualquiera de sus términos) y, finalmente, de permitir el flujo de información (si sólo hay dos alternativas y es el caso de que una no se da, la información disponible nos marca el terreno de las posibilidades, se restringe la misma al eliminar una de ellas y la conclusión resulta inevitable e indiscutible)[37].

Existe un número limitado de formas lógicas de las que se pueden derivar otras y entre ellas cabe combinarlas para obtener fórmulas tan complejas como se desee.

Lo que se ha predicado en relación con el razonamiento deductivo no cabe en el caso del razonamiento *no deductivo* o *inductivo* en sentido amplio. Aquí no hay formas lógicas que, cuanto menos, hagan muy probable, o altamente probable, que, si las premisas son verdaderas, la conclusión también lo sea. Se han alumbrado algunos esquemas formales de razonamiento inductivo que pretenden representar casos en los que, si las premisas son verdaderas, probablemente la conclusión también lo sea. Sin embargo, lo conseguido es poco y vago. Quizá se ha alcanzado más por la vía opuesta. Esto es, la de identificar supuestos donde, incluso aunque la apariencia sea otra, la verdad de las premisas hace improbable la verdad de la conclusión o, cuanto menos, es tan probable que sea verdadera como falsa[38]. Sin embargo, hay casos en que un razonamiento inductivo es inválido. Por ejemplo, sucede en el siguiente razonamiento: (Premisa) "Hoy tengo buenas sensaciones"; (conclusión) "es probable que hoy me toque

---

37 Como señala Cáceres Nieto, E., —en *Introducción práctica al cálculo lógico aplicado al Derecho*, edit. Porrúa, México, 2014, pág. 10—, "a [las] estructuras que (…) representan abstractamente argumentos (…) [se les da la denominación de] "forma argumental". (…) Las formas argumentales de la lógica deductiva (…) tienen la propiedad formal de garantizar que si las premisas (…) son verdaderas, entonces la conclusión es necesariamente verdadera (…)".

38 Sobre esta cuestión aquí escuetamente expresada, véase Bordes Solanas, M., *Las trampas de Circe: falacias lógicas y argumentación informal*, 4ª ed., edit. Cátedra, Barcelona, 2018.

la lotería". Evidentemente es improbable[39]. Pues bien, me refiero a las conocidas falacias[40]. Los bienintencionados intentos habidos por clasificarlas sólo han generado enconadas disputas entre sus proponentes y sus detractores, pero poca cosa más.

A diferencia del razonamiento deductivo donde la validez es única —porque, o las premisas garantizan la verdad de la conclusión, o no lo hacen; no hay términos medios o gradaciones—, la validez inductiva depende de la probabilidad de que su conclusión sea verdadera si sus premisas también lo son[41]. Dado que la probabilidad puede ser mayor o menor, también la validez inductiva puede ser mayor o menor.

Esto último nos conduce a otro punto, sumamente espinoso. No resulta posible establecer gradaciones de soporte de las premisas con respecto de la conclusión. No podemos determinar *ex ante* en qué medidas las premisas apoyan la conclusión. Y cuando lo hacen, en cada supuesto, no nos resulta posible "medirlo". No hay respaldos porcentuales, porque no se pueden establecer, o no ha sido posible al menos hasta el momento, especialmente en el ámbito de las ciencias sociales. Nos tenemos que conformar con pronunciamientos en cierta medida subjetivos —aunque pueda concitarse un conjunto de apreciaciones subjetivas coincidentes—[42].

Sin embargo, al ser subjetiva la apreciación de que las premisas respaldan la conclusión, habrá supuestos en que la validez del razonamiento inductivo será dudosa. No es posible fijar con precisión los límites de la validez, de modo que nos vemos abocados a un escenario de vaguedad. Por consiguiente, puede darse el caso de que un supuesto de razonamiento inductivo se repute válido por unos e inválido por otros.

Lo que nos debe preocupar es que muy raras veces algún (sub)razonamiento perteneciente al *RP* es deductivo, de modo que en la inmensa mayoría de los supuestos los (sub)razonamientos son inductivos, en sentido amplio.

---

39 Ejemplo tomado de Hernández Marín, R., *Razonamientos…*, *ob. cit.*, pág. 50.

40 Sobre este apasionante asunto, véase, en general, Vega Reñón, L., *La fauna de las falacias*, edit. Trotta, Madrid, 2013, y singularmente para el ámbito jurídico, Andino López, J. A., "Las falacias argumentativas y su reflejo en la jurisprudencia", *Revista Jurídica de Catalunya*, nº 4-2017, págs. 877-892.

41 Cfr. Hernández Marín, R., *Razonamientos…*, *ob. cit.*, pág. 51.

42 Más ampliamente sobre esto, Gascón Abellán, M., *Los hechos en el derecho. Bases argumentales de la prueba*, 2ª ed., edit, Marcial Pons, Madrid, 2004, pág. 106.

Todo lo anterior implica dos cosas. La primera es que la alusión a las *reglas del razonamiento*, o, si se quiere, *reglas de la lógica*, es ilusoria. La segunda es que, lejos de poder contar con un repertorio de reglas taxativas, lo más que podemos hacer es identificar algunos supuestos de invalidez palmaria de un razonamiento inductivo, porque resulte generalmente pacífico que, aun siendo las premisas verdaderas, sea (muy) improbable que la conclusión lo sea también.

c) Los (sub)razonamientos inductivos y el requisito de la validez monotónica procesal

Antes de entrar de lleno en la cuestión, la misma merece una sucinta introducción de la noción de *monotonicidad* de la lógica deductiva[43]. Se trata de una propiedad de los razonamientos deductivos. Expresado sencillamente, significa que, si a un razonamiento deductivamente válido añadimos cualquier enunciado asertivo como premisa, el razonamiento subsiguiente también es plenamente válido.

> Supongamos el siguiente razonamiento (deductivo) de partida: (Premisa) *Todos los hombres son mortales*; (premisa) *Sócrates es hombre*; (conclusión) *Sócrates es mortal*. Ahora pongamos que incorporamos la siguiente premisa: *París es la capital de Francia*. El razonamiento resultante es también válido.

En cambio, esta propiedad no es predicable del razonamiento inductivo. Un razonamiento inductivo válido, dadas unas determinadas premisas, puede convertirse en otro razonamiento, esta vez inválido, si añadimos determinada premisa.

> Supongamos el siguiente razonamiento de partida: (Premisa) *Normalmente, las aves vuelan*; (premisa) *Piolín es un gorrión*; (conclusión) *Probablemente, Piolín vuela*. El razonamiento es inductivamente válido en tanto que las premisas respaldan la conclusión y lo hacen con un elevado nivel de probabilidad. Sin embargo, añadamos, ahora, como premisa, el siguiente enunciado asertivo: *Piolín tiene un ala rota*. Con la introducción de este último, el razonamiento resultante no puede considerarse válido. Las premisas no respaldan en modo alguno la conclusión. Por más que las aves normalmente vuelen y que *Piolín* se cuente entre ellas, el hecho de tener el ala rota se lo impide rotundamente.

---

43 En lógica, se dice que es una de las propiedades de la lógica deductiva es su *monotonía*: "Propiedad de la relación de consecuencia responsable de que se mantengan los teoremas ya demostrados pese al incremento de hipótesis". Según definen Manzano, M., y Huertas, A., *Lógica para principiantes*, edit. Alianza Editorial, Madrid, 2004, pág. 404.

Se predica, pues, de la inducción ser no-monotónica, porque puede verse afectada la validez del razonamiento inductivo —como se acaba de comprobar— por la aparición de nueva información. El hecho de que uno de los *EEAA* (vulgarmente, la regla o premisa mayor) del razonamiento no agote todos los casos de un determinado campo semántico, conlleva que la introducción de nuevos datos revele que se haya escogido la regla equivocada. Por lo expuesto, este tipo de razonamiento es el propio de las situaciones en que la información es incompleta.

En cualquier caso, cuando se trate de razonamientos inductivos, cuantitativamente los más abundantes en sede de razonamiento probatorio, para reputarlo válido debe exigirse, en primer lugar, que el propio razonamiento no resulte inductivamente inválido (de forma que sea improbable que siendo las premisas verdaderas lo sea también la conclusión; o, expresado de otro modo, que se trate de una falacia). Pero, además, y en segundo lugar, no puede suceder que en caso de añadir una premisa adicional, el razonamiento que surja de esta adición sea inductivamente inválido (como sucede en el anterior ejemplo de *Piolín*).

2.3.4. Los "enlaces" específicamente autorizados por la ley

A tenor de lo expuesto, el Legislador, a través del art. 386.1 LEC, autoriza la incorporación al razonamiento probatorio de un *EAs* en calidad de conclusión si es tal de un razonamiento deductiva o inductivamente válido. Pero, además, y por otra parte, el propio Legislador autoriza la incorporación de una conclusión, con un contenido determinado, en una serie de casos concretos de razonamiento, que configura en las normas.

En otras palabras, la LEC autoriza específicamente algunos concretos razonamientos, que no son deductivamente válidos y que no parece que lo sean tampoco en el plano de la validez inductiva. Constituyen autorizaciones específicas aquéllas que, contenidas en enunciados jurídicos (procesales), permiten alcanzar conclusiones sin necesidad de que medie un razonamiento inductivamente (o deductivamente) válido[44]. En estos supuestos, de los que seguidamente daré cuenta, se autoriza al juez que infiera una específica conclusión a partir de una premisa.

---

[44] Cfr. Hernández Marín, R., "Una concepción…, *ob. cit.*, pág. 78.

Los tres supuestos, que han sido identificados por Hernández Marín[45], son los siguientes:

– La admisión de hechos por el demandado en su escrito de contestación, a tenor de lo dispuesto en el art. 281.3 LEC, junto con los supuestos de confesión expresa de la parte, sujeta a todas las exigencias de forma previstas en el art. 316.1 LEC[46]. En ambos, las afirmaciones fácticas de parte, controvertidas de contrario, se deberán reputar probadas por ministerio de la Ley, de modo que el juez tendrá por efectivamente acontecidos los hechos extraprocesales correspondientes.

– En el de la prueba documental de carácter público, según se aprecia en el art. 319 LEC[47]. Supongamos que un litigante aporta al proceso, en tiempo y forma, una escritura notarial, no impugnada de adverso, en la que el notario autoriza una compraventa de una vivienda. Supongamos también que es controvertida la transmisión del inmueble. El juez puede concluir que es verdad que se produjo el negocio transmisivo a la sola luz de la antedicha escritura, con independencia de que el razonamiento *per se* resulte inductivamente inválido. Otro tanto sucede en relación con el art. 326.1 LEC, en relación con los documentos privados.

Estos supuestos, en mi opinión escasos, responden a las previsiones legales de prueba de valoración tasada.

---

45 Aunque con matices, por cuanto que en su obra ha modificado su postura en relación con la interpretación del art. 281.3 LEC. En una fase inicial, la consideraba una regla jurídica que autorizaba la incorporación de un *EA* al razonamiento probatorio en calidad de premisa (en su opinión, inicial). En su última monografía, dejó de considerarla de tal forma, para concebirla como una regla que autoriza un razonamiento específico.

46 Para una visión detallada de dichas exigencias procesales, véase Abel Lluch, X., *Derecho Probatorio*, edit. J. M. Bosch, Barcelona, 2012, págs. 68 y ss. y 567 y ss.

47 El enunciado único del art. 319.1 LEC viene formulado en los siguientes términos: "*Con los requisitos y en los casos de los artículos siguientes, los documentos públicos comprendidos en los números 1º a 6º del artículo 317 harán prueba plena del hecho, acto o estado de cosas que documenten, de la fecha en que se produce esa documentación y de la identidad de los fedatarios y demás personas que, en su caso, intervengan en ella*". Lo que establecen los enunciados jurídicos subsiguientes es, en esencia, que es condición necesaria y suficiente para que opere la previsión del enunciado único del art. 319.1 LEC que el documento no haya sido impugnado o que, habiéndolo sido, haya superado la actividad de verificación.

Desafortunadamente el Legislador no ha reflejado de ninguna forma la relación evidente que existe entre el 386.1 y los demás preceptos identificados.

2.3.5. La idea de recursión y su consagración por el art. 386.1 LEC

Aun cuando ya se ha dado cuenta de este fenómeno en momentos precedentes, bien que de forma indirecta, es momento de abordarlo de manera directa.

La noción de recursión no tiene que ver con los razonamientos, sino con *procesos* o *definiciones*. Siguiendo a Hernández Marín[48], para caracterizar los enunciados que, según el Derecho, pueden formar parte del razonamiento probatorio, se formula una definición recursiva. Supongamos el término "enunciado que, según el Derecho, puede formar parte del razonamiento probatorio", al que denominaremos *T*. La definición de *T* se compone de varias cláusulas: (1ª) si un *EA* cumple ciertos requisitos *RR*, entonces *EA* es un *T*; (2ª) si un *EA* cumple otros requisitos *SS*, entonces *EA* es un *T*. Cada una de estas cláusulas establece una condición suficiente para que un *EA* sea un *T*. Por ello, son definiciones parciales del término *T*; (3ª) La tercera cláusula es otra definición parcial del término *T*. Dice que un *EA* es un *T*, si *EA* guarda cierta relación con otros enunciados, *A1*, *A2*, ..., que sean *T*; concretamente, si *a)* existe una relación inferencial entre *EA*, por un lado, y *A1*, *A2*, ..., por otro lado, de tal manera que *EA* es la conclusión de un razonamiento *R*, cuyas premisas son los enunciados, *A1*, *A2*, ...; y *b)* se cumple la condición adicional de que esa relación inferencial está autorizada por el Derecho.

Como se puede observar, en esta tercera cláusula se usa el término *T*, que se está definiendo. Esta es la razón por la que se trata de una definición recursiva. Lo característico de una definición recursiva que defina, digamos, una propiedad *P* es que, en primer lugar, atribuye dicha propiedad a ciertos objetos, y, en segundo lugar, atribuye la misma propiedad *P* a cualquier otro objeto que guarde cierta relación con otros objetos que también la tengan.

---

48 Más ampliamente, en Hernández Marín, R., *Teoría...*, *ob. cit.*, págs. 362-364.

Pues bien, en mi opinión, y siguiendo las tesis de Hernández Marín, el art. 386.1 LEC permite una definición recursiva de prueba, según se ha expuesto[49].

3. A MODO DE EPÍLOGO

Forzoso es reconocer que se dejan numerosos interrogantes por responder y que diversas cuestiones sólo se han apuntado someramente. La juiciosa limitación de espacio a la que se ha sujetado esta modesta contribución restringe el alcance de la especulación emprendida acerca de este interesante tópico.

Por otra parte, la tarea es ardua, pues las diversas reglas identificadas no están coordinadas, ni vertebran, al menos en apariencia, un sistema de reglas procesales sobre el *RP*. Añádase que se atribuye al Legislador la asunción de nociones lógicas y epistémicas sin disponer de pruebas sólidas de ello.

Sea como fuere, con las anteriores líneas sólo se pretende dar pie a la discusión teórica en el ámbito de la doctrina procesalista en relación con esta cuestión, tan intelectualmente atractiva, como relevante para el jurista práctico.

BIBLIOGRAFÍA

Abel Lluch, X., *Derecho Probatorio*, edit. J. M. Bosch, Barcelona, 2012.

Andino López, J. A., "Las falacias argumentativas y su reflejo en la jurisprudencia", *Revista Jurídica de Catalunya*, nº 4-2017, págs. 877-892.

Bordes Solanas, M., *Las trampas de Circe: falacias lógicas y argumentación informal*, 4ª ed., edit. Cátedra, Barcelona, 2018.

Cáceres Nieto, E., *Introducción práctica al cálculo lógico aplicado al Derecho*, edit. Porrúa, México, 2014.

De Miranda Vázquez, C., "El razonamiento probatorio", en *La prueba a debate. Diálogos hispano-cubanos*, J. Picó, J. Mendoza y A. Mantecón (dirs.), C. de Miranda y L. A. Hierro (coords.), edit. J. M. Bosch, Barcelona, 2021, pp, 185-200.

De Miranda Vázquez, C., "A vueltas con el relato de hechos probados en la sentencia civil", *Justicia. Revista de Derecho Procesal*, 2015 (1), págs. 197-247.

De Miranda Vázquez, C., "La motivación del juicio de hecho: un poco de luz en un mar de sombras", *Justicia. Revista de Derecho Procesal*, 2015 (2), págs. 267-308.

Escandell, M. V., *Introducción a la Pragmática*, edit. Ariel, Barcelona, 2013.

---

49 Véase, con mayor amplitud, Hernández Marín, R., "Una concepción..., *ob. cit.*

García Suárez, A., *Nueva aproximaciones a los modos de significar*, 3ª ed., edit. Tecnos, Madrid, 2019.
Gascón Abellán, M., *Los hechos en el derecho. Bases argumentales de la prueba*, 2ª ed., edit, Marcial Pons, Madrid, 2004.
Hernández Marín, R., *Teoría general de las decisiones judiciales*, edit. Marcial Pons, Madrid, 2021.
Hernández Marín, R., "Una concepción recursiva del razonamiento probatorio", *Analisi e Diritto*, 2/2018, págs. 69-90.
Hernández Marín, R., *Razonamientos en la sentencia judicial*, edit. Marcial Pons, Madrid, 2013.
Hernández Marín, R., *Las obligaciones básicas de los jueces*, edit. Marcial Pons, Madrid, 2005.
Limardo, A., "Repensando las máximas de experiencia", *Quaestio facti. Revista Internacional sobre Razonamiento Probatorio*, nº 2, 2021, págs. 115-153.
Manzano, M., y Huertas, A., *Lógica para principiantes*, edit. Alianza Editorial, Madrid, 2004.
Moreno Catena, V., "Prueba de presunciones; denuncia en casación. Responsabilidad civil contractual. Compensación de culpas", *Cuadernos Civitas de Jurisprudencia Civil*, 1984 (4), págs. 13891-1398.
Muñoz Sabaté, LL., *Fundamentos de prueba judicial civil LEC 1/2000*, edit. J. M. Bosch, Barcelona, 2001.
Picó y Junoy, J., *Las garantías constitucionales del proceso*, 2ª ed., edit. J. M. Bosch, Barcelona, 2012.
Ubertis, G., "*Quaestio facti e quaestio iuris*", *Quaestio facti. Revista internacional sobre Razonamiento Probatorio*, vol. 1, 2020, págs. 67-74.
Vega Reñón, L., *La fauna de las falacias*, edit. Trotta, Madrid, 2013.
VV.AA., *Prueba y razonamiento probatorio en Derecho*, J. A. García Amado y P. R. Bonorino (coords.), edit. Comares, Granada, 2014.
VV.AA., *Del derecho al razonamiento probatorio*, J. Ferrer Beltrán y C. Vázquez (dirs.), edit. Marcial Pons, Madrid, 2020.
VV.AA., *El razonamiento probatorio en el proceso judicial. Un encuentro entre diferentes tradiciones*, J. Ferrer Beltrán y C. Vázquez (dirs.), edit. Marcial Pons, Madrid, 2020.
VV.AA., *Nueva gramática de la lengua española. Manual*, edit. Espasa Libros, Madrid, 2010.

Retos en la digitalización del proceso civil. Algunas reflexiones con motivo de la aprobación del Real Decreto-Ley 6/2023[1]

EMILIANO CARRETERO MORALES
Profesor de Derecho Procesal
Universidad Carlos III de Madrid
ORCID ID: 0000-0002-8209-7170

SUMARIO: 1. INTRODUCCIÓN. ANTECEDENTES NORMATIVOS Y ESTADO DE LA CUESTIÓN. 2. LAS REFORMAS INTRODUCIDAS POR EL REAL DECRETO-LEY 6/2023, DE 19 DE DICIEMBRE, CON RESPECTO A LA DIGITALIZACIÓN DEL PROCESO CIVIL. 2.1. REFORMAS DE CARÁCTER GENERAL. 2.2. REFORMAS RELATIVAS AL PROCESO CIVIL. 3. ANÁLISIS CRÍTICO DE LAS REFORMAS. 4. CONCLUSIONES. BIBLIOGRAFÍA.

1. INTRODUCCIÓN. ANTECEDENTES NORMATIVOS Y ESTADO DE LA CUESTIÓN

Es una realidad innegable que los procesos civiles no funcionan bien o, por lo menos, todo lo bien que deberían. Ello es debido a múltiples factores, como la incapacidad de los tribunales de soportar y gestionar adecuadamente la ingente carga de trabajo que sufren, el exceso de judicialización de los conflictos o los deficientes y, en muchas ocasiones, obsoletos medios y recursos al servicio de la Administración de Justicia, además de la propia animadversión a los cambios que, con carácter general y a diferencia de otros sectores de la sociedad, existe entre los operadores jurídicos.

Tal y como pone de manifiesto Moreno Catena, "en la situación actual de la litigiosidad civil, la primera y seguramente más relevante pregunta es si cualquier Estado podría hoy responder, con los medios y mecanismos

---

[1] Mi eterno agradecimiento al maestro de maestros, profesor D. Víctor Moreno Catena, por darme la oportunidad de volver a la Universidad después de un largo tiempo desconectado de la misma, gracias a él hoy tengo la oportunidad de desarrollar mi verdadera vocación. El presente trabajo es un modesto homenaje y reconocimiento al referente que me ha acompañado durante mi trayectoria universitaria.

tradicionales, a la exigencia de justicia de una ciudadanía cada vez más motivada y que no se resigna a unos servicios públicos que no cumplan unos mínimos parámetros de calidad y eficiencia"[2].

Los procesos civiles diseñados en el pasado lo fueron para atender a un número de controversias significativamente inferior al que hoy en día tienen que atender, lo que implica que nuestros tribunales no se encuentran preparados para hacer frente en las debidas condiciones a tal volumen de trabajo[3].

En las últimas décadas se han hecho importantes esfuerzos para intentar mejorar y modernizar la situación de la Administración de Justicia, pero los mismos no han dado el resultado esperado[4]. Se han llevado a cabo reformas legislativas, se ha intentado impulsar la utilización de mecanismos alternativos de resolución de conflictos, se han ido incorporando nuevas tecnologías al servicio de los tribunales, como el sistema de comunicaciones LexNET o el expediente judicial electrónico, y el último paso que se ha dado, o se está intentando dar, es la introducción de los tribunales online y de los juicios a través de medios digitales.

Si bien es un fenómeno relativamente novedoso, ya existen experiencias previas en algunas jurisdicciones y tribunales con la utilización de estos medios electrónicos aplicados al proceso. Cada vez parece más evidente que, en los tiempos actuales, un procedimiento basado en papel y en el contacto físico entre los tribunales y las personas participantes en dicho

---

2 Moreno Catena, V. "Sobre el futuro del proceso civil", en Jiménez Conde, F., Banacloche Palao, J. y Gascón Inchausti, F. (Dirs.) *Logros y retos de la Justicia Civil en España,* Tirant lo Blanch, Valencia, 2023, pág. 114.

3 En nuestro país, según datos del CGPJ, en 2023, sólo en la jurisdicción Civil, se registraron 828.079 nuevos asuntos, lo que supuso un crecimiento interanual del 5%. En esta jurisdicción se resolvieron 774.873 asuntos, un 9,8% más, y quedaron en trámite 2.278.006, un 18,7% más que al final del cuarto trimestre de 2022. *Vid.* https://www.poderjudicial.es/cgpj/es/Poder-Judicial/Consejo-General-del-Poder-Judicial/En-Portada/-El-numero-de-asuntos-ingresados-en-los-organos-judiciales-vuelve-a-aumentar-en-2023-y-supera-los-siete-millones–un-4-8—mas-que-el-ano-anterior.

4 Como señala Alcoceba Gil, "la preocupación institucional por mejorar los resultados arrojados por la jurisdicción parece comprensible si se atiende a los elevados tiempos de tramitación que el sistema presenta y que, lejos de reducirse, se incrementan con el paso de los años pese al constante aumento de la inversión pública en el sector". Alcoceba Gil, J. M., "Sobre la eficacia como meta de las políticas públicas de Justicia", *Diario La Ley,* N° 10200, de 3 de enero de 2023, pág. 3.

proceso no resulta la fórmula más eficiente en términos de costes temporales y económicos.

Es lógico pensar que si los tribunales hacen un uso adecuado de las tecnologías aplicadas al proceso, los farragosos, y muchas veces desfasados, trámites del proceso civil podrán ser sustituidos por un conjunto de actuaciones sistematizadas y racionalizadas, menos costosas, más eficientes y más accesibles. El hecho de que, aún a día de hoy, por ejemplo, muchas notificaciones tengan que hacerse de forma personal o a través del correo implica un derroche de recursos que, en la medida de lo posible, debe ser evitado y, en este sentido, la adecuada implementación de las nuevas tecnologías puede contribuir de forma significativa.

La imparable irrupción de las nuevas tecnologías en el siglo XXI afecta a todos los ámbitos de la sociedad y, como no podía ser de otra forma, también ha llegado a la Justicia, más tarde que a otros sectores, pero ha llegado y lo ha hecho para quedarse. La realidad tecnológica se ha impuesto con el avance de los tiempos y con la realidad de los hechos, por lo que deberíamos preguntarnos no ya si es posible una Justicia digital, sino qué tipo de Justicia digital queremos.

La digitalización de la Administración de Justicia es una realidad, a día de hoy podríamos hablar de la llamada "E-Justicia" que se podría definir como el uso de las TICs (nuevas tecnologías de la información y la comunicación) aplicadas a la Administración de Justicia[5].

El punto de inflexión en nuestro ordenamiento se produjo con la aprobación de la *Ley 18/2011, de 5 de julio, reguladora del uso de las tecnologías*

---

5 Tal y como pone de manifiesto Alcoceba Gil, "la digitalización constituye una de las grandes vías para potenciar el rendimiento de los sistemas judiciales. Se trata de un elemento que lleva siendo objetivo prioritario de los planes de modernización de la justicia desde hace décadas y ocupa un lugar destacado dentro de las políticas promovidas por la UE y el Consejo de Europa en materia de eficiencia de la justicia. (…) La intensidad y la ambición con que se formula este objetivo ha ido progresivamente creciendo. De pretender la mera superación de la cultura analógica, se ha pasado al concepto de justicia digital, donde no solo el tratamiento y transmisión de la información se producen a través de medios electrónicos, sino que los procesos automatizados y la inteligencia artificial son presentados como parte fundamental de la propia génesis del sistema. Aquello que hoy se denomina *transformación digital* es, aplicado al ámbito de la Justicia, algo mucho más profundo que un mero cambio de soporte de la información judicial". Alcoceba Gil, J. M., "Sobre la eficacia como meta de las políticas públicas de Justicia", *op. cit.*, págs. 12-13.

de la información y la comunicación en la Administración de Justicia, que vino a establecer un auténtico marco tecnológico, más allá de los sistemas de gestión procesal telemática que se venían utilizando hasta la fecha. En virtud de esta Ley se introdujeron en nuestro ordenamiento conceptos como el "Punto de Acceso General de la Administración de Justicia" o la "Sede Judicial Electrónica", se creó el "Expediente Judicial Electrónico" y se contemplaba la práctica de actos de comunicación por medios electrónicos, configurándose como el texto legal de referencia en materia tecnológica.

Con el paso de los años se fueron llevando a cabo algunas reformas legislativas a fin de ir adaptando los nuevos avances tecnológicos a la Administración de Justicia, destacando en este sentido la publicación en el año 2015 del *Real Decreto 1065/2015, de 27 de noviembre, sobre comunicaciones electrónicas en la Administración de Justicia en el ámbito territorial del Ministerio de Justicia y por el que se regula el sistema LEXNET*, que supuso un profundo cambio y avance en el sistema de notificaciones y comunicación con la Administración de Justicia.

El proceso de transformación y digitalización de la Justicia se ha intensificado de forma considerable con motivo de la pandemia del COVID-19 y la subsiguiente declaración del estado de alarma en nuestro país. La emergencia de la situación provocó un sobreesfuerzo de la Administración de Justicia para conseguir adaptar los, en muchos casos, obsoletos medios disponibles y digitalizar en poco tiempo bastantes trámites que con anterioridad se venían desarrollando de forma presencial en las distintas sedes judiciales y que, con motivo del estado de alarma, tuvieron que empezar a llevarse a cabo a través de actuaciones telemáticas[6].

Con la aprobación del *Real Decreto 463/2020, de 14 de marzo, por el que se declara el estado de alarma para la gestión de la situación de crisis sanitaria ocasionada por el COVID-19*, se acordó la celebración de vistas y juicios telemáticos para evitar la posible propagación de contagios, así como para, en la medida de lo posible, intentar no colapsar más el ya de por sí congestionado sistema de administración de Justicia con la suspensión de plazos procesales, así como de actuaciones pendientes del trámite oportuno.

---

6 Tal y como señala Calaza López, "la pandemia ha anticipado, en el tiempo, la digitalización que —con más prudencia en la calma— en todo caso estaba por llegar antes de esta tempestad vírica". Calaza López, S., "Transición digital de la Justicia", en Llorente Sánchez-Arjona, M. y Calaza López, S. (Dirs.), *Digitalización de la Justicia: prevención, investigación y enjuiciamiento*, Thomson Reuters Aranzadi, Navarra, 2022, pág. 36.

Sin duda, esta situación, de carácter excepcional, conllevó un extraordinario incremento de la digitalización de actuaciones procesales, sustituyéndose muchos actos que antes se realizaban necesariamente de forma presencial por actuaciones telemáticas, como se ha comentado, lo que suscitó un debate en la práctica entre quienes se congratulaban porque, por fin, se afrontaba el necesario proceso de modernización de la Justicia, a pesar de que fuese con motivo de una situación no deseada por nadie, y quienes consideraban que esta brusca irrupción de la digitalización de la Justicia, sin contar con los medios adecuados, podía suponer un perjuicio y una vulneración de ciertos derechos y garantías procesales de las partes, así como del propio proceso.

El *Real Decreto-ley 16/2020, de 28 de abril, de medidas procesales y organizativas para hacer frente al COVID-19 en el ámbito de la Administración de Justicia*, contemplaba en su art. 19, con el objetivo de preservar el distanciamiento social como medida de prevención, la celebración de actos procesales mediante presencia telemática y señala que, "durante la vigencia del estado de alarma y hasta tres meses después de su finalización, constituido el Juzgado o Tribunal en su sede, los actos de juicio, comparecencias, declaraciones y vistas y, en general, todos los actos procesales, se realizarán preferentemente mediante presencia telemática, siempre que los Juzgados, Tribunales y Fiscalías tengan a su disposición los medios técnicos necesarios para ello". Esta medida tuvo bastante buena acogida entre jueces, magistrados y letrados de la Administración, de Justicia, mientras que abogados y procuradores se mostraron más cautos sobre sus efectos[7]. En lo que sí coincidían y coinciden la práctica totalidad de operadores jurídicos es que ha llegado el momento de plantear seriamente la posibilidad de administrar justicia por medios telemáticos y que con los recursos adecuados se conseguiría facilitar la tramitación de los procesos y agilizar la Justicia.

La posibilidad de celebrar vistas y actos procesales de forma telemática ya se encontraba prevista anteriormente en el art. 229.3 de la LOPJ, en el que se señala que, cuando lo acuerde el Juez o Tribunal, las actuaciones judiciales podrán llevarse a cabo a través de videoconferencia u otro sistema similar que permita la comunicación bidireccional y simultánea de la imagen y el sonido y la interacción visual, auditiva y verbal entre dos personas o grupos de personas geográficamente distantes, habiendo de asegurarse, en todo caso, la posibilidad de contradicción de las partes y la debida sal-

---

7 *Vid.* "Está preparada la Justicia española para los juicios a través de Internet?", *Diario La Ley*, Wolters Kluwer, 5 de mayo de 2020.

vaguarda del derecho de defensa y habiendo, igualmente, de acreditarse, por parte del letrado de la Administración de Justicia del Juzgado que haya acordado la medida, la identidad de las personas que intervengan mediante la previa remisión o exhibición directa de la documentación preceptiva, por conocimiento personal o por cualquier otro medio idóneo.

Sin embargo, y a pesar de dicha previsión legal, en la práctica lo cierto es que, hasta la fecha de la entrada en vigor del estado de alarma, en muy contadas ocasiones se había hecho uso por parte de nuestros tribunales de la posibilidad de llevar a cabo actuaciones procesales mediante medios telemáticos, siendo actos concretos en el marco de un juicio presencial y en casos aislados, por ejemplo cuando, para evitar desplazamientos innecesarios o para una mejor gestión de los recursos públicos, se consideraba oportuno tomar declaración a un testigo o a un perito mediante videoconferencia.

En el mes de diciembre de 2020 se aprobó el *Anteproyecto de Ley de Medidas de Eficiencia Procesal del Servicio Público de Justicia*[8], en palabras del propio Ministerio de Justicia, "como un nuevo instrumento integrado en la nueva arquitectura jurídica dentro de la Estrategia Justicia 2030, enmarcado y conectado con el Plan de Recuperación, Transformación y Resiliencia y el Plan de la Unión Europea Next Generation"[9]. Uno de los ejes fundamentales del Anteproyecto era el relativo a las reformas procesales para la transformación digital que busca una tramitación más ágil de los procedimientos, evitando desplazamientos a las sedes judiciales y reduciendo costes económicos, ambientales y territoriales, introduciendo para ello una serie de cambios mínimos necesarios para adaptar la legislación española a la normativa europea, en concreto al marco regulatorio establecido

---

8 Disponible en: https://www.mjusticia.gob.es/es/AreaTematica/ActividadLegislativa/Documents/APL%20Eficiencia%20Procesal.pdf

9 Ya en su comparecencia de 4 de mayo de 2020, el Ministro de Justicia al explicar el tercer eje fundamental del "Plan Justicia 2030", relativo a la transformación digital, ponía de manifiesto las sensaciones contradictorias que tenía respecto a los avances digitales en nuestro país. Así, por una parte, destacaba el despliegue tecnológico que el Ministerio había llevado a cabo durante la pandemia y subsiguiente estado de alarma y su satisfacción con el mismo, pero, por otra parte, apuntaba que ello no podía ocultar que el grado de penetración y versatilidad tecnológica en nuestro país en pleno siglo XXI es inaceptable, señalando "la necesidad de avanzar de manera decidida hacia una transformación del sistema que pivote sobre un uso más integrado y estructural de nuestras herramientas informáticas". *Vid. Diario de Sesiones del Senado* núm. 42, pág. 12.

por el *Reglamento (UE) 910/2014 del Parlamento Europeo y del Consejo, de 23 de julio de 2014, relativo a la identificación electrónica y los servicios de confianza para las transacciones electrónicas en el mercado interior y por la que se deroga la Directiva 1999/93/CE*[10]. Dicho Reglamento contemplaba que el acceso a determinadas funcionalidades de la administración electrónica se llevasen a cabo mediante sistemas de identificación y autenticación, separando estos conceptos del de firma electrónica. En la *Ley 39/2015, de 1 de octubre, del Procedimiento Administrativo Común de las Administraciones Públicas*[11], ya se había previsto el uso de técnicas de autenticación adaptadas al Reglamento, sin embargo no existía todavía dicha adaptación de la norma europea en el ámbito de la Justicia, pese a encontrarse regulados los sistemas de identificación y autenticación en la *Ley 18/2011, de 5 de julio, reguladora del uso de las tecnologías de la información y la comunicación en la Administración de Justicia*, por lo que se recoge ahora en el Anteproyecto, si bien no se establece una nueva regulación, sino que se hace una remisión directa a lo dispuesto en la Ley 39/2015.

En virtud del referido Anteproyecto, como se ha mencionado, se adaptaba la regulación de los sistemas de identificación y autenticación a la legislación europea y se buscaba generalizar la celebración de vistas y declaraciones por videoconferencia. Tal y como se destacaba en la propia Exposición de Motivos, se trata de que la transformación digital de nuestra sociedad reciba traslado correlativo en la Administración de Justicia, por lo que es necesario adaptar sus estructuras para poder hacer frente a las dificultades en el desenvolvimiento normal de los juzgados y tribunales y para superar el reto de ofrecer un servicio público eficiente y justo a la ciudadanía.

Lógicamente, la crisis sanitaria desatada tras la pandemia del COVID-19 y la subsiguiente declaración del estado de alarma pusieron de manifiesto, aún más si cabe, la necesidad de acelerar la adaptación de la legislación española con respecto a la implementación de las nuevas tecnologías en el servicio público de Justicia. En este sentido, se acordaba introducir medidas encaminadas a evitar, en la medida de los posible, el desplazamiento de los ciudadanos y profesionales, así como la concentración de personas en las oficinas judiciales, generalizando la celebración de vistas y declaraciones a través de videoconferencia y acudiéndose al auxilio judicial sólo cuando no fuese posible llevar a cabo una actuación procesal por medio

---

10 DOUE núm. 257, de 28 de agosto de 2014.

11 BOE núm. 236, de 2 de octubre de 2015.

de dicha vía. Igualmente, las notificaciones habrían de llevarse a cabo a través de medios telemáticos, convirtiéndolos en el medio casi exclusivo, ya que sólo se exceptuaría de la obligación de comunicarse electrónicamente con la Administración de Justicia a las personas físicas que no se hubiesen obligado previa y contractualmente a hacerlo o que no hubiesen optado voluntariamente por comunicarse en dicha forma. Por lo que respecta a las personas jurídicas, se suprimía la obligación de que la primera comunicación, cuando aún no estuviese personada, tuviese que hacerse por remisión a su domicilio, facilitándose la notificación a las mismas en la Dirección Electrónica Habilitada, lo que sin duda ayudaría a reducir los tiempos de espera en los emplazamientos, además de poder remitir por esta vía de forma auditada, verificada e íntegra la documentación del procedimiento.

Por último, destacaba también la creación de un Registro electrónico de apoderamientos *apud acta*, dependiente del Ministerio de Justicia, que permitiría al ciudadano, precisamente, conferir la representación de forma telemática, sin necesidad de desplazamiento de los mismos a las sedes judiciales, sustituyendo la regulación prevista en la Ley 18/2011.

Paralelamente, se presentó el *Anteproyecto de Ley de Medidas de Eficiencia Digital del Servicio Público de Justicia, por la que se transpone al ordenamiento jurídico español la Directiva (UE) 2019/1151 del Parlamento Europeo y del Consejo, de 20 de junio de 2019, por la que se modifica la Directiva (UE) 2017/1132 en lo que respecta a la utilización de herramientas y procesos digitales en el ámbito del Derecho de sociedades*[12], aprobado en Consejo de Ministros de 19 de octubre de 2021, que, en la misma línea que el anterior, pretende potenciar el entorno digital con el propósito de favorecer una más eficaz potestad jurisdiccional, tal y como se señala en su Exposición de Motivos. Se establece la obligación de las Administraciones Públicas competentes en materia de Justicia de asegurar la prestación del servicio público por medios digitales, habiendo de garantizarse la itineración de expedientes electrónicos y la transmisión de documentos electrónicos entre órganos judiciales y fiscales, así como la interoperabilidad de datos entre los mismos y la identificación y firma de los intervinientes en actuaciones y servicios no presenciales. Se potencia la tramitación tecnológica del Expediente Judicial Electrónico y se facilita la intervención telemática de los ciudadanos en las actuaciones judiciales. Se generaliza, igualmente, el uso de los medios electrónicos en la relación con

---

12 Disponible en: https://www.mjusticia.gob.es/es/AreaTematica/ActividadLegislativa/Documents/APLEficienciaDigitalAudPubeinformes_actual.pdf.

la Administración de Justicia y de las sedes judiciales electrónicas, incidiéndose en la relevancia del "Punto de Acceso General de la Administración de Justicia". También, destaca la creación de la "Carpeta Justicia", sistema de acceso personalizado por el que cada persona podrá acceder a sus asuntos o pedir cita previa para ser atendida, todo ello mediante un sistema de identificación seguro. Se regulan los llamados "Puntos de Acceso Seguro" y los "Lugares Seguros", a fin de que se puedan llevar a cabo las actuaciones procesales mediante videoconferencia con plenos efectos, preservándose la inmediación judicial. Respecto del Expediente Judicial Electrónico, se pasa de la orientación al documento a la orientación al dato y se establece la preferencia de la práctica de las comunicaciones judiciales por vía telemática, salvo para aquellas personas que no estén obligadas a comunicarse con la Administración de Justicia por dicha vía, al igual que se señala en el Anteproyecto de Ley de Medidas de Eficiencia Procesal.

En el mes de septiembre de 2022 se aprobó el *Proyecto de Ley de Medidas de Eficiencia Digital del Servicio Público de Justicia*[13], en el que quedaban refrendadas todas las medidas contempladas en el anterior Anteproyecto, constituyéndose como base y referencia de las actuales reformas aprobadas recientemente en esta materia.

Como consecuencia de la disolución anticipada del Congreso de los Diputados y del Senado y la convocatoria de elecciones generales, algunos proyectos legislativos que estaban en vías de ser aprobados quedaron inconclusos, entre ellos el Proyecto de Ley de Medidas de Eficiencia Procesal y el mencionado Proyecto de Ley de Medidas de Eficiencia Digital del Servicio Público de Justicia.

Una vez celebradas las elecciones y constituidas las nuevas Cortes Generales, finalmente, el día 20 de diciembre de 2023 se publicó en el Boletín Oficial del Estado el *Real Decreto-ley 6/2023, de 19 de diciembre, por el que se aprueban medidas urgentes para la ejecución del Plan de Recuperación, Transformación y Resiliencia en materia de servicio público de justicia, función pública, régimen local y mecenazgo*[14]. Tal y como se señala en la propia Exposición de Motivos,

---

13 Boletín Oficial de las Cortes Generales, Congreso de los Diputados, Núm. 116-1, de 12 de septiembre de 2022.

14 BOE núm. 303, de 20 de diciembre de 2023. Tal y como apunta Magro Servet, "hubiera sido más deseable que se utilizara la vía legislativa del Parlamento para conseguir los preceptivos informes consultivos del Consejo General del Poder Judicial, así como de la procura, la abogacía y de la Fiscalía General del Estado para evitar errores, lagunas u omisiones, que con la técnica del Real Decreto Ley

se presenta como "una herramienta normativa completa, útil, transversal y con la capacidad suficiente para dotar a la Administración de Justicia de un marco legal, coherente y lógico en el que la relación digital se descubra como una relación ordinaria y habitual, siendo la tutela judicial efectiva en cualquier caso la prioridad absoluta, pero hallando bajo esta cobertura de normas y reglas un nuevo cauce, más veloz y eficaz, que coadyuvará a una mejor satisfacción de los derechos de la ciudadanía".

Se erige, pues, como un instrumento que pretende promover y facilitar la intervención telemática de los ciudadanos y profesionales en las actuaciones judiciales, simplificando la relación con la Administración de Justicia, potenciándose para ello los juicios telemáticos y la presentación de escritos por esta vía.

2. LAS REFORMAS INTRODUCIDAS POR EL REAL DECRETO-LEY 6/2023, DE 19 DE DICIEMBRE, CON RESPECTO A LA DIGITALIZACIÓN DEL PROCESO CIVIL

2.1. Reformas de carácter general

El Real Decreto, tal y como se contemplaba en el anterior Proyecto de Medidas de Eficiencia Digital, incorpora un sistema de acceso único y especializado, la "Carpeta Justicia", que es un sistema por el cual cada persona puede acceder directamente a sus asuntos, consultar los expedientes en los que sea parte o interesada y solicitar cita previa para ser atendida. En esta carpeta, los ciudadanos, mediante un sistema de identificación seguro, podrán conocer sus actos de comunicación, bien porque estén obligados a hacerlo en los casos determinados en la ley, o bien porque así deseen hacerlo de forma voluntaria; en cualquier caso, se requerirá identificación previa del ciudadano y los requisitos de esta se establecerán reglamentariamente, previo informe del Comité Técnico Estatal de la Administración Judicial Electrónica (en adelante CTEAJE). Este servicio se podrá ofrecer a través de un sistema común, a través de las Sedes Judiciales Electrónicas existentes en cada territorio, o bien a través de ambas fórmulas. Precisamente, la accesibilidad al sistema de Justicia es uno de los aspectos claves que se pretenden mejorar, regulándose las características de las Sedes Ju-

---

pueden existir". Magro Servet, V., "Análisis del Real Decreto-ley 6/2023, de 19 de diciembre. Aspectos procesales y de funcionalidad tecnológica en la justicia". *Diario La Ley,* N° 10412, 22 de diciembre de 2023, pág. 3.

diciales Electrónicas, así como su contenido, servicios que han de prestar y reglas especiales de responsabilidad.

Se regula, asimismo, el "Punto de Acceso General de la Administración de Justicia", con una clara visión de servicio a la ciudadanía.

También, se intenta velar porque la inmediación judicial quede preservada de la mejor forma posible en todas las actuaciones procesales que hayan de llevarse a cabo mediante videoconferencia, creándose los llamados "Puntos de acceso seguros", desde los que se podrán llevar a cabo dichas actuaciones telemáticas con seguridad y con plenos efectos procesales, si bien este es un aspecto, cuando menos discutible, como posteriormente se comentará.

Para ello, se actualizan los sistemas de identificación y autenticación, conforme a lo previsto en el Reglamento (UE) 910/2014 del Parlamento Europeo y del Consejo, de 23 de julio de 2014, incluyéndose el establecimiento de un sistema seguro de identificación en las videoconferencias, la regulación de sistemas de Código Seguro de Verificación, sistemas de firma del personal al servicio de la Administración de Justicia, normas sobre interoperabilidad, identificación y representación de los ciudadanos, así como intercambio electrónico de datos en entornos cerrados de comunicación, pendiente todo ello, en cualquier caso, del ulterior desarrollo reglamentario. También, para facilitar la identificación digital de personas que no tienen acceso a un certificado electrónico o que tienen dificultades en su utilización, se articula un sistema de identificación y firma no criptográfica en actuaciones y procedimientos judiciales.

Una de las grandes novedades de la reforma legislativa hace referencia a la tramitación electrónica de los procedimientos judiciales orientada al dato, que permitirá conservar traza de cualquier acceso, creación o modificación o borrado de información del ámbito jurisdiccional para todo el personal interviniente.

El principio general de orientación al dato pretende facilitar la interoperabilidad de los sistemas, la búsqueda y análisis de dichos datos, así como la anonimización, entendiendo como tal la técnica de tratamiento de datos que elimina o modifica los datos personales identificables para obtener datos anónimos que no se pueden asociar con ninguna persona, y la seudonimización o procedimiento de gestión de datos donde se reemplazan campos de información personal dentro de un registro de datos por uno o más identificadores artificiales o pseudónimos. Igualmente, se prevé la publicación de información en portales de datos abiertos, la producción de actuaciones automatizadas, asistidas y proactivas, la utilización de sistemas de inteligencia artificial para la elaboración de políticas públicas y la transmisión de los datos conforme a lo que en un futuro se determine.

Se concibe el Expediente Judicial Electrónico como un conjunto de datos estructurados que proporcionan información, incluyéndose los documentos, grabaciones audiovisuales, y los trámites y actuaciones electrónicas del procedimiento judicial que constarán en un índice electrónico y se identificarán con su correspondiente número único.

El documento judicial electrónico habrá de contener metadatos que aseguren la interoperabilidad y deberá llevar asociado un sello o firma electrónica donde quede constancia de la fecha, hora y órgano emisor.

De la regulación contenida en el Título III del Libro I, se podría destacar que tanto la iniciación como la tramitación del procedimiento habrán de llevarse a cabo electrónicamente para aquellas personas que estén obligadas a comunicarse de esta forma con la Administración de Justicia. Se establece, por tanto, la preferencia de las comunicaciones judiciales por vía telemática, salvo en los casos de personas que no estén obligadas conforme a las leyes a relacionarse con la Administración de Justicia de dicha manera.

En el Título IV del Libro I se regulan los actos y servicios no presenciales, generalizándose la oportunidad de comprobar su realización de manera previa y previéndose la realización de manera no presencial de actos gubernativos y servicios no estrictamente jurisdiccionales. Se definen, igualmente, los conceptos de "Puntos de Acceso Seguros" y de "Lugares Seguros", desde los que se podrá intervenir por medios telemáticos, estableciéndose sus requisitos técnicos y garantías, considerándose como tales algunos lugares concretos como las oficinas judiciales.

El registro electrónico de datos para el contacto electrónico con la Administración de Justicia se regula en el Título V del Libro I, que prevé la creación de un Registro en el que los ciudadanos, de forma voluntaria, y los profesionales, de forma obligatoria, proporcionarán sus datos de carácter personal para el contacto electrónico. Se contempla, igualmente, la creación de un sistema de archivos para conservar y acceder a expedientes y documentos electrónicos que habrá de ser interoperable con los sistemas de gestión procesal y el resto de los sistemas de archivo.

El Título VI regula el "Portal de Datos de la Administración de Justicia", que habrá de facilitar a los ciudadanos y ciudadanas y a los profesionales información procesada sobre la actividad, carga de trabajo y otros datos relevantes de todos los órganos, servicios y oficinas judiciales y fiscales de

España, información que será proveída por los sistemas de Justicia en los términos que determine el CTEAJE.

En el Título VII se potencia precisamente el papel del CTEAJE como órgano de impulso y coordinación del desarrollo de la transformación digital de la Administración de Justicia, previéndose la constitución en su seno de un "Consejo Consultivo para la Transformación Digital de la Administración de Justicia" que va a tener como fin favorecer que la iniciativa, diseño, desarrollo y producción de sistemas se lleven a cabo en coordinación con el sector privado y los colectivos que se puedan ver principalmente afectados.

Por último, en el Título VIII se recogen las medidas de eficiencia procesal del servicio público de justicia y se modifican diferentes leyes a fin de armonizar la regulación procesal en los diferentes órdenes jurisdiccionales con el contexto de tramitación electrónica.

2.2. *Reformas relativas al proceso civil*

Por lo que respecta al orden jurisdiccional civil, en cuanto a las novedades relativas o dirigidas a impulsar la digitalización del proceso, destaca la regulación de los apoderamientos electrónicos a procuradores con arreglo al nuevo marco de tecnologización (art. 24 LEC).

Se establece en el art. 129.2 LEC la preferencia de la videoconferencia, siempre que sea posible, en lugar de acudir al auxilio judicial y en el apartado 4 del mismo artículo se señala que las actuaciones judiciales también podrán realizarse a través de videoconferencia en los términos establecidos en el art. 229 LOPJ.

De especial relevancia es la inclusión del nuevo art. 129 bis LEC, en virtud del cual los actos de juicios, vistas, audiencias, comparecencias, declaraciones y, en general, todos los actos procesales se celebrarán preferentemente mediante videoconferencia siempre que la oficina judicial tenga los medios técnicos oportunos para ello. La intervención mediante presencia telemática se habrá de practicar siempre a través de punto de acceso seguro, según se determine con la normativa que regule el uso de la tecnología en la Administración de Justicia. No obstante esta previsión, acto seguido, en la línea de lo dispuesto en el art. 137.2 LEC, se hace constar que en los actos que tengan por objeto la audiencia, declaración o interrogatorio de partes, testigos o peritos, la exploración de la persona menor de edad, el reconocimiento judicial personal o la entrevista a persona con discapacidad será necesaria la presencia física de la persona que haya de intervenir y, cuando ésta sea una de las partes, la de su defensa letrada, si bien se mencionan, igualmente, una serie de excepciones, como que la persona que haya de intervenir resida en un municipio distinto a aquel en el que tenga su sede el tribunal, en cuyo caso, y a petición propia, lo podrá hacer en un lugar seguro del municipio donde resida, de conformidad con la normativa que regule el uso de la tecnología en estos espacios; también, cuando el interviniente lo haga en su condición de autoridad o funcionario público podrá pedir que su declaración se lleve a cabo a través de un punto seguro; y, por último, cuando el juez o tribunal, en atención a las circunstancias del caso, disponga otra cosa. Se dispone, en el apartado 3, que si el juez lo estima oportuno podrá en todo caso determinar mediante resolución motivada la participación física de cualquier interviniente, aún encontrándose en los casos excepcionados mencionados anteriormente. Por último, en el apartado 5, se hace constar expresamente que habrán de adoptarse las medidas necesarias para asegurar que en el uso de medios tecnológicos se garantizarán los derechos de todas las partes del proceso, es especial el derecho a la asistencia letrada efectiva, a la interpretación y traducción y a la información y acceso a los expedientes judiciales.

A su vez, en el nuevo art. 137 bis LEC, se dispone que los intervinientes por videoconferencia lo harán desde la oficina judicial correspondiente al partido judicial de su domicilio o lugar de trabajo, o bien desde el Juzgado de Paz de su domicilio o lugar de trabajo si tuviere los medios, y que el juez podrá estimar, a la vista de las circunstancias del caso, que las intervenciones telemáticas puedan llevarse a cabo desde cualquier lugar siempre y cuando se disponga de los medios tecnológicos adecuados para ello que, además, permitan asegurar la identidad del interviniente. El uso de medios de videoconferencia habrá de solicitarse con antelación suficiente y, en todo caso, al menos con diez días de antelación al señalado para la actuación correspondiente. Estas previsiones también serán de aplicación a las actuaciones que hayan de realizarse únicamente ante los letrados de la Administración de Justicia.

Los arts. 146 y 147 LEC se adaptan a fin de recoger las previsiones dispuestas en materia de reformas tecnológicas disponiéndose que cuando se utilicen medios técnicos de grabación o reproducción, estos habrán de asegurar la autenticidad, integridad e inalterabilidad de lo grabado en los términos que establezca la normativa que regule el uso de la tecnología en la Administración de Justicia.

El nuevo apartado 2 del art. 152 LEC establece la prioridad de los medios electrónicos en los actos de comunicación cuando los sujetos intervinientes estén obligados a ello, en virtud de lo dispuesto en el art. 273 LEC, o cuando aún no estándolo se hayan obligado contractualmente (salvo en los contratos de adhesión en los que sean partes consumidores y usuarios) u opten de forma voluntaria a hacer uso de dichos medios.

Se modifica el art. 196 LEC para permitir que la deliberación y votación de las resoluciones en tribunales colegiados pueda llevarse a cabo medios electrónicos, cuando se cuente con ellos y de conformidad con lo que establezca la normativa que regule los usos de la tecnología en la Administración de Justicia.

También son de destacar las novedades introducidas en los arts. 267 y 268 LEC relativas a la forma de presentación de documentos públicos y privados, señalándose que los mismos podrán ser aportados al proceso en soporte electrónico a través de imagen digitalizada conforme a la normativa técnica del CTEAJE sobre imagen electrónica.

En el mismo sentido, se modifica el apartado 4 del art. 273 LEC, señalándose que los escritos y documentos presentados por vía telemática o electrónica habrán de indicar el tipo y número de expediente y el año al que se refieran e irán referenciados mediante un índice electrónico que permita su debida localización y consulta, habiendo de llevar incorporada la oportuna firma electrónica y adaptarse a lo que se establezca en la Ley reguladora del uso de las tecnologías en la Administración de Justicia.

También se introducen reformas en relación al interrogatorio domiciliario (art. 313 LEC), la declaración de peritos (art. 346 LEC) o la declaración de testigos (art. 364 LEC), cuando los intervinientes que hayan de prestar declaración tengan su domicilio fuera de la demarcación judicial del tribunal, en cuyo caso podrán hacerlo preferentemente a través de videoconferencia en lugar de acudir al auxilio judicial.

Por último, destacaría la reforma introducida en el art. 414.2 LEC, en virtud de la cual se establece que las partes y sus representantes procesales deberán comparecer a la audiencia previa por videoconferencia o mediante la utilización de medios electrónicos cuando el tribunal lo acuerde oficio o bien a instancia de alguna de las partes, primándose, pues, la presencia digital de los mismos frente a su presencia física. En el mismo sentido, y respecto del acto del juicio o vista, en el art. 432.1.2º se dispone que las partes y sus representantes procesales deberán comparecer por videoconferencia o mediante la utilización de medios tecnológicos cuando el tribunal lo acuerde de oficio o a instancia de alguna de ellas, siempre y cuando se cumplan los requisitos establecidos en el art. 137 bis, si bien, en este caso, hay que recordar, tal y como se señala en el comentado art.

129 bis, que en los actos que tengan por objeto la audiencia, declaración o interrogatorio de partes, testigos o peritos, la exploración de la persona menor de edad, el reconocimiento judicial personal o la entrevista a persona con discapacidad será necesaria la presencia física de la persona que haya de intervenir, salvo que el juez, en atención a las circunstancias del caso, disponga otra cosa.

3. ANÁLISIS CRÍTICO DE LAS REFORMAS

Me gustaría comenzar este apartado con algunas preguntas que, desde mi punto de vista, a día de hoy ofrecen una difícil respuesta. La primera de las cuestiones que habría de plantearse es si esta conversión digital o informática es una realidad o en la actualidad aún sigue siendo una utopía.

La realidad es que muchos órganos judiciales, aún hoy en día, no disponen de los medios necesarios para poder llevar a cabo una tramitación adecuada de los procedimientos a través de medios telemáticos, e incluso aquellos que sí que los tienen suelen tener fallos en bastantes ocasiones derivados del posible error o caída del sistema telemático, bien del propio tribunal o de cualquiera de los intervinientes, lo que lleva a la suspensión o aplazamiento de la celebración del acto procesal con el subsiguiente retraso del propio proceso, a lo que habría que unir el posible riesgo de la inadecuada conducta de alguna de las partes como estrategia procesal dirigida precisamente a la caída del sistema o su no funcionamiento para provocar la suspensión del acto procesal de que se trate y dilatar de esta forma la debida tramitación del procedimiento[15].

En este sentido, además de la ya importante inversión que se ha hecho en los últimos años, se precisa una gran inyección de fondos públicos, sin ella, evidentemente, la ambiciosa reforma programada y la filosofía del texto legal no se podrán llevar a cabo[16].

---

15 *Vid.* Cardona Fernández, A. M., "La celebración de juicios telemáticos. ¿Es la solución a la pandemia y al colapso judicial?", en *Diario La Ley,* nº 9786, 8 de febrero de 2021, Wolters Kluwer, pág. 4.

16 Tal y como dispone el art. 63 del Real Decreto-ley 6/29023, "El Ministerio de la Presidencia, Justicia y Relaciones con las Cortes y las Comunidades Autónomas con competencias en materia de Justicia dotarán a las oficinas judiciales y fiscales de los medios técnicos adecuados para que puedan garantizarse las actuaciones y servicios no presenciales". En este sentido, Magro Servet señala que "es preciso que la tecnología sea mejor y que la inversión en justicia en esta materia sea total

Igualmente, parece evidente que falta una adecuada preparación y formación de todos los operadores jurídicos en la correcta utilización de los medios y recursos disponibles y, por supuesto, en los que vendrán[17].

Se ha dejado para más adelante la regulación reglamentaria de los usos específicos de los medios tecnológicos en la Administración de Justicia y esta cuestión se antoja fundamental para especificar cuestiones importantes como la presencia de los ciudadanos con las debidas garantías en los actos procesales por vía telemática o la intervención, obligaciones y derechos de todos los operadores jurídicos en el uso de las herramientas digitales.

Son evidentes las buenas intenciones del legislador y la ineludible necesidad de modernizar nuestro obsoleto proceso civil, tanto como lo son las incuestionables ventajas que una adecuada implementación de estas reformas puede traer consigo, como la celeridad y ahorro en los tiempos de tramitación de los procedimientos y la agilización del trabajo; la rapidez en la realización de los actos procesales, evitando las estériles esperas que muchas veces los ciudadanos tienen que sufrir en las sedes judiciales; una mejor coordinación entre órganos judiciales e, incluso, entre los distintos integrantes de la oficina judicial; mayor transparencia en la tramitación de los procedimientos y mayor posibilidad de fiscalización pública de los mismos; la posibilidad de integrar a los ciudadanos como una parte más del servicio público de Administración de Justicia, con plenos derechos y no como meros administrados a expensas de los retrasos en los pasillos de un juzgado o de una sala de vistas; la mejora en la comunicación entre juzgados y profesionales, lo que permitirá agilizar la tramitación de los asuntos;

---

para evitar fallos de desconexión digital y problemas derivados de la intención de ciudadano y profesionales de comunicarse de forma digital con la Administración pública y que luego existan errores, por lo se exige una inversión máxima por parte del Estado y las Comunidades Autónomas en esta tecnologización de la Justicia para hacerla posible y accesible". Magro Servet, V., "Análisis del Real Decreto-ley 6/2023...", *op. cit.* pág. 8.

17 Como indica Laro González, "la práctica forense ha dejado patente la necesidad —o idoneidad— de recurrir a la realización de actuaciones judiciales empleando medios electrónicos, pero no podemos obviar la falta de medios tecnológicos adaptados a la actual coyuntura en muchos juzgados y tribunales, y tampoco la escasa formación informática con la que cuentan algunos de los profesionales al servicio de la Administración de Justicia, por lo que no podemos desatender la brecha digital existente". Laro González, E., "Una Justicia eficiente y digital para una Administración de Justicia Obsoleta", en Llorente Sánchez-Arjona, M. y Calaza López, S. (Dirs.), *Digitalización de la Justicia: prevención, investigación y enjuiciamiento,* Thomson Reuters Aranzadi, Navarra, 2022, pág. 320.

la facilitación de determinados aspectos de la práctica de la prueba, como la rapidez de la videoconferencia frente al auxilio judicial, o la incomunicación de las partes o de los testigos que, en muchas ocasiones, suponen un verdadero problema en la práctica diaria de nuestros tribunales ante la falta de medios oportunos en este sentido[18]; la mejora en la autenticidad y fehaciencia de determinados actos procesales y, en consecuencia, su seguridad; etc.

Ahora bien, la segunda cuestión que deberíamos plantear es si debemos avanzar a cualquier precio. Hay que avanzar, sí, pero no a cualquier precio, no hay que perder de vista el objetivo de todo proceso judicial que no es otro que facilitar a los ciudadanos una resolución a su controversia fundada en Derecho y con todas las garantías debidas, por esta razón el legislador ha de tomar las medidas y cautelas necesarias para deslindar lo principal, que es el objeto del proceso, de lo accesorio, que es la técnica o los medios empleados para alcanzar dicho fin[19].

Es imposible predecir si con la utilización general o habitual de medios telemáticos en la Administración de Justicia se va a contribuir a acabar con alguno de los evidentes males de los que ésta padece o si, por el contrario,

---

18 Como señala Izquierdo Jiménez, refiriéndose a algunas de las medidas adoptadas con motivo del COVID-19 cuando muchas de las vistas se practicaban a través de videoconferencia, "la inicial preocupación acerca de la incomunicación entre declarantes cuando prestasen declaración fuera de la sede judicial, se trató de solventar mediante la habilitación de *salas de espera virtuales*, que *garantizan el aislamiento* sin que el interviniente *pueda oír ni ver nada hasta ser autorizado*". Izquierdo Jiménez, J. J., "La videoconferencia en el proceso civil: ¿Cambio de paradigma? Estado de la cuestión y análisis de la reforma operada mediante Real Decreto-ley 6/2023, de 19 de diciembre", *Diario La Ley*, Nº 10442, 8 de febrero de 2024, pág. 11.

19 Tal y como pone de manifiesto Perea González, "la seguridad, la celeridad o la eficiencia que facilitan los medios tecnológicos no son coartadas para la justificación, por mínima que ésta pueda ser, de la exclusión de servicio cuando la técnica ordinaria del mismo, por los motivos que puedan concurrir, no puede desplegarse de forma satisfactoria. El juicio de admisibilidad de una pretensión no se sujeta a la capacidad técnica que se haya de ofrecer coyunturalmente por los factores prestacionales; la comodidad o incomodidad en la tramitación de un asunto no puede erigirse en insoslayable requisito de procedibilidad, con el efecto perjudicial e inaceptable que, en su caso, ello puede suponer para el legitimador del servicio: esto es, el ciudadano". Perea González, A., "La *desmaterialización procesal*: el impacto del *hecho tecnológico* en la Administración de Justicia", *Diario La Ley*, Nº 9806, 9 de marzo de 2021, pág. 5.

los actos y garantías procesales se van a ver afectados de forma negativa por el uso de estas tecnologías.

Por ejemplo, la regulación que el legislador ha efectuado de la videoconferencia ofrece algunas inconsistencias y contradicciones. Así, en el nuevo apartado 4 del art. 129 LEC se establece expresamente que "las actuaciones judiciales también se podrán realizar a través de videoconferencia" en los términos establecidos en el art. 229 LOPJ, y en el apartado 2 del mismo artículo se dispone que "las actuaciones que deban realizarse fuera del partido judicial donde radique la sede del tribunal que conozca del proceso se practicarán, cuando proceda, mediante videoconferencia siempre que sea posible y, en otro caso, mediante auxilio judicial", primándose claramente la vía telemática frente a la seguida hasta este momento. Sin embargo, paradójicamente, del nuevo art. 137 bis, parece seguir deduciéndose la necesidad de llevar a cabo las actuaciones mediante videoconferencia a través de auxilio judicial (eso sí, sin necesidad de exhorto, bastando la comunicación electrónica) al exigirse a los profesionales, partes, testigos y peritos que hayan de intervenir en cualquier actuación a través de videoconferencia que lo hagan desde la oficina correspondiente al partido judicial de su domicilio o lugar de trabajo o, si disponen de los medios pertinentes, desde los oportunos Juzgados de Paz, si bien en el apartado 3 se señala que el juez, en atención a las circunstancias del caso, podrá acordar que la videoconferencia se lleve a cabo desde cualquier lugar, siempre que se disponga de los medios que permitan asegurar la identidad del interviniente según se determine reglamentariamente.

No se determina de forma clara y unívoca el lugar en el que habrá de llevarse a cabo (puntos de acceso, lugares seguros, oficina judicial correspondiente, desde cualquier lugar cuando el juez cuando el juez lo estime oportuno) y en la mayoría de las ocasiones implica el desplazamiento, aunque sea dentro del mismo partido judicial, de los intervinientes a los lugares determinados, por lo que se pierde, a priori, una de las principales ventajas que ofrece la videoconferencia, cuál es, precisamente, evitar desplazamientos inútiles y pérdidas de tiempo, además de los posibles costes económicos.

Además, está el tema de la amplia discrecionalidad que se confiere a los jueces y tribunales a fin de determinar cuando las actuaciones habrán de llevarse a cabo a través de medios tecnológicos, es decir a través de videoconferencia, y cuando éstas habrán de tener lugar presencialmente, así como de los intervinientes que podrán o tendrán que hacerlo de una u otra forma. De acuerdo con Izquierdo Jiménez[20], esta casi absoluta discrecionalidad de los órganos judiciales puede llevar en la práctica a disparidad de criterios entre los mismos en cuanto a su aplicación, con la subsiguiente inseguridad jurídica y afectación al principio de igualdad, por lo que es de esperar que en el futuro se intenten aunar criterios y establecer más concretamente los supuestos en los que las actuaciones habrán de realizarse de forma telemática y aquellos en los que las partes habrán de comparecer presencialmente estableciéndose orientaciones claras en tal sentido.

Una de las cuestiones que más debate puede suscitar es, cuando los juicios se celebren de forma telemática, cómo pueden verse afectados determinados derechos y principios fundamentales del proceso civil, como el derecho a la tutela judicial efectiva o los principios de publicidad, oralidad, contradicción o inmediación[21], además de otros factores o cuestiones importantes como la integridad, validez y calidad epistémica de la prueba o las posibles dificultades para la identificación y autentificación de las partes y operadores jurídicos.

Por ejemplo, por lo que respecta al principio de publicidad, parece claro que si las vistas se celebran de forma telemática va a ser difícil garantizar el acceso a todos los ciudadanos en la medida en que no se doten de medidas efectivas que realmente lo permitan, lo que parece complicado y puede suponer la vulneración del art. 24 CE en materia de publicidad del juicio. Esta cuestión ha sido prevista en el art. 66 del Real Decreto-ley 6/2023 que, al igual que otras muchas importantes cuestiones contempladas en la norma, ha dejado su regulación específica para su posterior desarrollo reglamentario, encomendando tal labor al CTEAJE.

Igualmente, con respecto a la práctica de la prueba realizada a través de medios tecnológicos, se podría perder, tanto para el juez como para los abogados, la impresión personal y la fidedigna percepción del lenguaje verbal y no verbal de los intervinientes en el juicio como partes, testigos

---

20 *Vid.* Izquierdo Jiménez, J. J., "La videoconferencia en el proceso civil…", *op. cit.*, pág. 22.

21 En este sentido, para Pérez Daudí, "es cierto que la jurisprudencia ha declarado que la videoconferencia no afecta a la oralidad ni al principio de inmediación en la medida en que posibilite la comunicación bidireccional entre el interviniente por este medio y el tribunal. Sin embargo, considero que debe permitirse de forma restrictiva y sólo en aquellos casos en los que esté justificada la imposibilidad del declarante de comparecer en sede judicial". Pérez Daudí, V., "La transformación digital de la Justicia Civil", en Llorente Sánchez-Arjona, M. y Calaza López, S. (Dirs.), *Digitalización de la Justicia…*, *op. cit.*, pág. 471.

o peritos, lo que afectaría la plenitud de la aplicación del principio de inmediación. Además, se priva a los abogados de la posibilidad de preparar un contrainterrogatorio eficaz al no poder tener acceso, igualmente, a una percepción completa del lenguaje no verbal del declarante.

Resulta cuando menos paradójico que, con anterioridad a la aprobación de la actual LEC en el año 2000, se viniese insistiendo por parte de la doctrina en la necesidad de la presencia física del juez en la práctica de las pruebas, a fin de que éste pudiera llevar a cabo una verdadera libre apreciación de las mismas, y ahora se permita dar un paso atrás en ese sentido, dejando además la decisión de estar presente o no en dicha práctica en el propio criterio del órgano judicial (art. 129 bis 2.a)[22].

También, puede haber algún inconveniente en la práctica de determinadas pruebas, como las periciales con acceso a documentos, la testifical o el interrogatorio de partes cuando se pide que se muestre algún documento al declarante a fin de que reconozca la firma o algún extremo contenido en el mismo, o la propia documental cuando se pretende aportar algún documento nuevo o de nuevo conocimiento en la vista, por lo que habría que ver el medio de poder hacerse con las debidas garantías o bien exigir su aportación previa.

Conectado con lo anterior, en cierta medida, podría implicar también que se pierda el factor sorpresa como estrategia procesal, toda vez que hay que tener en cuenta que con la implantación de las vistas y juicios telemáticos si hubiese que aportar al tribunal con carácter previo a la celebración de la vista los documentos y pruebas de los que se van a hacer valer las partes en la misma, lógicamente, también va a tener acceso a las mismas la parte contraria[23].

---

22 "La amplitud con la que el legislador concibe el uso de la videoconferencia puede producir la indeseable consecuencia de convertir en regla general aquello que en rigor debería constituir una excepción, justificada por las circunstancias concurrentes oportunamente valoradas por el juzgador, con perjuicio, por tanto, de los principios de inmediación y publicidad". *Vid.* Informe del CGPJ al Anteproyecto de Ley de Medidas de Eficiencia Procesal, párrafos 293, 294 y 295.

23 Como indica Martín Pastor, "para evitar que la presentación del escrito documento previa a la vista pueda suponer una injustificada ventaja para la otra parte, cabe prever que la presentación anticipada solo se dirija al tribunal, reservando la exhibición a la parte en el acto de la vista". Martín Pastor, J., "Retos de la justicia digital", en Jiménez Conde, F., Banacloche Palao, J. y Gascón Inchausti, F. (Dirs.) *Logros y retos de la Justicia Civil en España*, Tirant lo Blanch, Valencia, 2023, pág. 597.

En cuanto a la calidad epistémica de la prueba, la dispersión en la realización de los medios de prueba puede conllevar también que se acaben priorizando unas pruebas frente a otras, ya que la valoración que pueda efectuar el juez de algunos medios de prueba realizados telemáticamente no puede ser la misma que si los mismos se hubiesen llevado a cabo de forma presencial, como el interrogatorio de partes, peritos o testigos, cuya valoración plena, como comentábamos anteriormente, exige una percepción más humanizada y que, tal y como pone de manifiesto Cardona Fernández, "con la digitalización de los juicios telemáticos se desvanece, no pudiendo ser examinadas dichas pruebas de forma taxativa y ello debido a que el análisis de la prueba por parte del juez en vía telemática no es equiparable a su examen por vía presencial, ya que mediante la declaración por videoconferencia son inapreciables algunas circunstancias propias de la declaración o de un interrogatorio presencial como son la determinación del estado de nerviosismo del declarante, la gesticulación, la credibilidad de las respuestas atendiendo a su expresión corporal y otras muchas apreciaciones que se erradican o quedan mermadas en el momento que determinada práctica probatoria tiene lugar por vía telemática"[24].

Otro problema importante, sin duda, es qué sucede con aquellas personas que no tienen fácil acceso a los medios tecnológicos o a los puntos de acceso seguros y su derecho de acceso a la Justicia. Tal y como se dispone en el art. 137 bis LEC, los intervinientes en cualquier actuación por videoconferencia lo harán desde la oficina judicial correspondiente al partido judicial de su domicilio o lugar de trabajo, si bien en el caso de disponer de medios adecuados podrán hacerlo desde cualquier lugar si se puede

---

[24] Cardona Fernández, A. M., "La celebración de juicios telemáticos...", *op. cit.*, pág. 5. En la misma línea, Pérez Daudí apunta que "actualmente hay un sector doctrinal que pone en duda la valoración de la prueba personal y su relación con la inmediación, lo que favorece el uso de la videoconferencia como sustitutiva de la presencia física del tribunal. En mi opinión, la actual configuración del proceso exige la inmediación, y la presencia ante el Juez o tribunal que deba dictar sentencia debe realizarse de forma física. Una cuestión distinta es que ante la imposibilidad de que sea así se opte porque sea virtual, que siempre será preferible a practicar la declaración mediante exhorto en el cual el tribunal sentenciador sólo tiene contacto con la prueba personal a través del acta en el que consta su práctica o del vídeo, pero sin que pueda interactuar ni formular aclaraciones". Pérez Daudí, V., "La transformación digital de la Justicia Civil", en Llorente Sánchez-Arjona, M. y Calaza López, S. (Dirs.), *Digitalización de la Justicia...*, *op. cit.*, pág. 472.

asegurar su identidad, siempre que el juez lo estime oportuno en función de las circunstancias concurrentes del caso[25].

Parece paradójico que políticas públicas diseñadas para facilitar y mejorar el acceso a la Justicia puedan llevar, precisamente, al efecto contrario limitando o incluso anulándolo para un determinado sector de la población. Aunque cada vez son menos, hoy en día aún hay bastantes personas que, por diversos motivos, no disponen de medios tecnológicos o bien no tienen acceso a internet y que, por dicho motivo, podrían, en ocasiones, quedar al margen de los avances que se están produciendo como consecuencia del proceso de modernización de la Justicia, la llamada "brecha digital"[26].

Es necesario, pues, tener en consideración esta realidad a fin de no afectar el derecho a la tutela judicial efectiva de dichas personas, facilitándoles el acceso a los medios necesarios u ofreciéndoles vías alternativas que permitan dar efectivo cumplimiento al citado derecho fundamental.

Otro problema adicional podría ser la dependencia total y sobrecarga de trabajo de los miembros del cuerpo de Auxilio Judicial para la realización de aquellos actos que conlleven la necesidad de llevar a cabo conexiones virtuales, teniendo en cuenta que dichos funcionarios a duras penas pueden hacer frente hoy en día a sus obligaciones laborales derivadas pre-

---

25 Tal y como señala Andino López, "el legislador parece estar más preocupado de identificar al declarante que de la declaración en sí misma" y precisa que, de llevarse a cabo la declaración telemática, debería garantizarse que el declarante no es auxiliado por un tercero situado fuera del plano de la cámara durante su declaración y que no tenga a su disposición un borrador de las preguntas que se le vayan a realizar. Andino López, J. A., "Sobre los juicios telemáticos", *Diario La Ley, Especial La Ley Probática,* Nº 15, marzo 2024. En el mismo sentido Laro González apunta que se ha de tener especial cuidado con la práctica de la prueba porque "los declarantes podrían contar con herramientas no permitidas en su declaración física", concluyendo que "apostar por una justicia telemática, más celera y más eficaz, no significa aniquilar actuaciones judiciales donde la máxima es la presencialidad". Laro González, E., "Una Justicia eficiente y digital para una Administración de Justicia Obsoleta", en Llorente Sánchez-Arjona, M. y Calaza López, S. (Dirs.), *Digitalización de la Justicia…, op. cit.*, pág. 322.

26 Tuset Varela define la brecha digital como "la desigualdad en acceso a nuevas tecnologías y a la falta de conocimiento sobre su uso y potencial en los casos en que está accesible". Tuset Varela, D., "Proceso 2.0: video-identificación, identidad digital autosoberana y brecha digital", *Diario La Ley,* Nº 9671, 10 de julio de 2020, pág. 9.

cisamente del incremento de dichas actuaciones digitales sin contar con los medios adecuados para ello.

4. CONCLUSIONES

Es evidente que hay que buscar soluciones para intentar mejorar la complicada situación de nuestro sistema de administración de Justicia, pero las medidas rápidas, adoptadas sin un adecuado proceso de análisis e impacto de sus consecuencias, pueden conllevar más problemas que ventajas.

Es necesario trabajar en un adecuado marco reglamentario legal completo y detallado que, en la medida de lo posible, se intente anticipar a los posibles problemas que en la práctica pueda conllevar la implementación de todas estas medidas, especialmente en todo lo relacionado a aquellos derechos fundamentales que puedan afectar a los ciudadanos y a los propios principios rectores del proceso civil.

Hay que buscar la uniformidad en la organización y en la actuación, para ello se tiene que establecer un sistema operativo conjunto y plenamente integrado que permita la adecuada interoperatividad entre todos los órganos judiciales y detectar posibles fallos o insuficiencias a fin de ser subsanadas adecuadamente.

El despliegue a gran escala de un sistema digital de Justicia tiene que ir acompañado de toda clase de cautelas y de mucha prudencia, ya que se pueden plantear problemas graves relacionados con la seguridad de las comunicaciones y la protección de los datos de las partes implicadas en el proceso. Hay que buscar el equilibrio entre la eficiencia y operatividad, por un lado, y las cautelas oportunas que permitan preservar las garantías necesarias de todo proceso judicial, por otro.

La reforma operada, en virtud del Real Decreto-ley 6/2023 introduce una serie de cambios importantes, era un reforma urgente y necesaria a fin de adaptar y acompasar el proceso civil a los tiempos actuales y a los avances digitales y tecnológicos, máxime cuando estos avances pueden introducir mejoras sustanciales en la tramitación del mismo. Sin embargo, hasta que no se produzca el ulterior y trascendental desarrollo reglamentario, hay muchas cuestiones que a día de hoy suponen una incógnita, dada la inconsistente y, en ocasiones, defectuosa regulación. Valga como ejemplo la comentada regulación de la videoconferencia, con sus contradicciones.

La digitalización del proceso civil no ha de ser un fin en sí mismo, sino una vía para mejorar su eficiencia. De momento, se ha condicionado el empleo de medios telemáticos a la existencia de medios técnicos suficientes a disposición de los juzgados y, como la realidad actual demuestra, muchos de nuestros tribunales, aún hoy en día, carecen de dichos medios, por lo que, lógicamente, se precisa un importante esfuerzo en este sentido a fin de dotar a todos los órganos judiciales de los medios tecnológicos adecuados. Por mucho que pretendamos digitalizar el proceso a través de disposiciones legales, si no se dotan a los órganos judiciales de los medios y recursos necesarios para materializar adecuadamente dichas previsiones legales las mismas están abocadas a quedar en papel mojado. Una justicia continuamente parcheada o remendada no se puede renovar. Hay que buscar un nuevo modelo de justicia moderna y verdaderamente eficiente, pero ello, sin duda, requiere de un importante esfuerzo y la subsiguiente inversión en recursos materiales y humanos.

Igualmente, hay que prever y dar soluciones adecuadas a los posibles problemas técnicos que surjan de la aplicación de la digitalización del proceso civil, de forma que, en ningún caso, prime el método sobre el propósito perseguido, habiendo de articularse mecanismos que permitan la subsanación de dichos problemas con las debidas garantías legales.

Es cierto que la digitalización del proceso civil puede suponer un importante ahorro de costes y de tiempo, pero también conlleva una deshumanización de la Justicia que puede llevar a que los ciudadanos pierdan aún más la confianza en el sistema legal.

No hay que perder de vista que el objeto del proceso civil no es otro que facilitar que cualquier ciudadano, en ejercicio de su derecho fundamental a la tutela judicial efectiva, obtenga una resolución fundada en Derecho que ponga fin a la controversia jurídica planteada y, en este sentido, la digitalización del proceso no cambia nada, es decir, la sustitución de la tramitación en papel por el empleo de herramientas tecnológicas que puedan modificar la propia estructura del proceso y sus trámites previos no implica alterar el fin último de todo proceso y sus garantías básicas.

BIBLIOGRAFÍA

Alcoceba Gil, J. M., "Sobre la eficacia como meta de las políticas públicas de Justicia", *Diario La Ley*, Nº 10200, de 3 de enero de 2023.

Andino López, J. A., "Sobre los juicios telemáticos", *Diario La Ley, Especial La Ley Probática*, Nº 15, marzo 2024.

Calaza López, S., "Transición digital de la Justicia", en Llorente Sánchez-Arjona, M. y Calaza López, S. (Dirs.), *Digitalización de la Justicia: prevención, investigación y enjuiciamiento*, Thomson Reuters Aranzadi, Navarra, 2022.

Cardona Fernández, A. M., "La celebración de juicios telemáticos. ¿Es la solución a la pandemia y al colapso judicial?", en *Diario La Ley,* nº 9786, 8 de febrero de 2021, Wolters Kluwer.

Izquierdo Jiménez, J. J., "La videoconferencia en el proceso civil: ¿Cambio de paradigma? Estado de la cuestión y análisis de la reforma operada mediante Real Decreto-ley 6/2023, de 19 de diciembre", *Diario La Ley,* Nº 10442, 8 de febrero de 2024.

Laro González, E., "Una Justicia eficiente y digital para una Administración de Justicia Obsoleta", en Llorente Sánchez-Arjona, M. y Calaza López, S. (Dirs.), *Digitalización de la Justicia: prevención, investigación y enjuiciamiento,* Thomson Reuters Aranzadi, Navarra, 2022.

Magro Servet, V., "Análisis del Real Decreto-ley 6/2023, de 19 de diciembre. Aspectos procesales y de funcionalidad tecnológica en la justicia". *Diario La Ley,* Nº 10412, 22 de diciembre de 2023.

Moreno Catena, V. "Sobre el futuro del proceso civil", en Jiménez Conde, F., Banacloche Palao, J. y Gascón Inchausti, F. (Dirs.) *Logros y retos de la Justicia Civil en España,* Tirant lo Blanch, Valencia, 2023.

Perea González, A., "La *desmaterialización procesal*: el impacto del *hecho tecnológico* en la Administración de Justicia", *Diario La Ley,* Nº 9806, 9 de marzo de 2021.

Pérez Daudí, V., "La transformación digital de la Justicia Civil", en Llorente Sánchez-Arjona, M. y Calaza López, S. (Dirs.), *Digitalización de la Justicia: prevención, investigación y enjuiciamiento,* Thomson Reuters Aranzadi, Navarra, 2022.

Tuset Varela, D., "Proceso 2.0: video-identificación, identidad digital autosoberana y brecha digital", *Diario La Ley,* Nº 9671, 10 de julio de 2020.

Vistas telemáticas y presentación de escritos por medios electrónicos en el proceso civil

CRISTINA RUIZ LÓPEZ
Universidad de Córdoba[1]

La Comisión Europea publicó en 2023 el "itinerario hacia la Década Digital" con el que se pretende fijar las metas y los objetivos para conseguir la transformación digital de Europa en 2030[2]. Esta transformación digital ya se inició hace tiempo. La famosa frase de Antonio Gramsci "lo viejo está muriendo y lo nuevo no ha nacido todavía" no parece ajustarse a la situación actual en el mundo jurídico. Llevamos al menos dos décadas, precisamente, viviendo el nacimiento de "lo nuevo". En estos últimos años lo vemos ponerse en marcha y somos testigos de todas las emociones que generan los cambios, las modificaciones y las incertidumbres. Indepen-

---

[1] crlopez@uco.es Trabajo realizado en el marco del proyecto de investigación del plan estatal "El Derecho Procesal civil y penal desde la perspectiva de la Unión Europea: la consolidación del Espacio de Libertad, Seguridad y Justicia (Ref. PID2021-124027NB-I00)", financiado por MCIN/ AEI / 10.13039/501100011033 / FEDER, UE.

[2] COMISIÓN EUROPEA, *La Década Digital de Europa: metas digitales para 2030*, 2023, accesible en https://commission.europa.eu/strategy-and-policy/priorities-2019-2024/europe-fit-digital-age/europes-digital-decade-digital-targets-2030_es (Fecha de consulta: 15 de marzo de 2024).

dientemente de las reacciones que generen estas emociones (inseguridad, miedo, reticencias y resistencias varias[3]), que la Administración de Justicia necesita modernizarse, agilizarse y digitalizarse es una opinión unánime tanto por las y los profesionales del ámbito jurídico como por la ciudadanía, haya tenido o no contacto con la Administración de la Justicia. En el sondeo de opinión de Metroscopia del año 2023 respecto de "La imagen de la Justicia entre usuarios de sus servicios" los datos son muy positivos respecto de la eficiencia organizativa de la Justicia (ceñidas las preguntas a la hora de comienzo de las actuaciones judiciales o a la disponibilidad de la documentación). Sin embargo, el 50% de las personas encuestadas respondieron estar "Muy de acuerdo" con la siguiente afirmación "La Administración de Justicia es tan lenta que siempre que se pueda vale más evitar acudir a ella"[4].

En la Encuesta de 2020 realizada a 1.000 juezas y jueces se recogía que "*Nueve de cada diez jueces/zas (87%) piensan que en España (como, por cierto, en todos los países democráticos para los que disponemos de información) los gobiernos, con independencia de cuál sea su ideología, tienden siempre a mostrar más interés en tratar de controlar a la Justicia, para que no ponga trabas o límites a sus decisiones, que en proporcionarle los medios adecuados para que pueda actuar del modo más ágil y eficaz posible*"[5]. Y he aquí el principal escollo que nos encontramos:

---

3 Como apunta María José Pazos "*aunque la resistencia al cambio es algo casi intrínseco a la naturaleza humana, en el colectivo de Justicia se percibe aún con mayor intensidad (englobando aquí tanto desde los cuerpos de Gestión y Tramitación, carrera judicial, Fiscalía, Letrados de la Administración de Justicia y demás operadores de Justicia)*", Pazos Rego, María José, "La realidad de la Inteligencia Artificial en el Poder Judicial Español", *Derecho Digital e Innovación*, n. 15, enero-marzo 2023.

4 METROSCOPIA, *La imagen de la Justicia entre usuarios de sus servicios*, 2023, accesible en https://www.poderjudicial.es/cgpj/es/Temas/Estadistica-Judicial/Estadistica-por-temas/Opinion-y-quejas-sobre-el–funcionamiento-de-la-justicia/Opinion-de-los-profesionales-y-usuarios-de-la-Administracion-de-Justicia-/Encuestas-para-medir-la-calidad-percibida-por-los-usuarios-que-tienen-relacion-con-los-Tribunales-de-Justicia/ (Fecha de consulta: 15 de marzo de 2024).

5 PODER JUDICIAL, *Encuesta 2020. La Justicia vista por los jueces*, 2020 pág. 15. Accesible en https://www.poderjudicial.es/cgpj/es/Temas/Estadistica-Judicial/Estadistica-por-temas/Opinion-y-quejas-sobre-el–funcionamiento-de-la-justicia/Opinion-de-los-profesionales-y-usuarios-de-la-Administracion-de-Justicia-/Encuestas-a-la-Carrera-Judicial/ (Fecha de consulta: 15 de marzo de 2024).

la dotación en medios humanos, técnicos, materiales y económicos de la Administración de la Justicia[6].

Con todo ello, a finales de 2023 y principios de 2024 nos encontramos en plena efervescencia reguladora. Se suceden los reales decretos-ley, los anteproyectos de leyes y con ellos, numerosas modificaciones legislativas. En particular, el Real Decreto-ley 6/2023, de 19 de diciembre, por el que se aprueban medidas urgentes para la ejecución del Plan de Recuperación, Transformación y Resiliencia en materia de servicio público de justicia, función pública, régimen local y mecenazgo[7], ha venido a impulsar la transformación digital de los procesos judiciales.

Sonia Calaza resume las novedades normativas en "Más Eficiencia digital. Menos Eficiencia procesal. Ninguna Eficiencia organizativa."[8]. Y lo cierto es que el articulado destinado a la implementación y potenciación de la eficiencia procesal digital es mucho mayor que el del resto de "eficiencias". Sin duda se debe a la previsión de nuevos reales decretos y proyectos de leyes que se detengan en la eficiencia procesal y organizativa[9].

Los cambios para la eficiencia digital procesal que ha supuesto este Real Decreto-Ley 6/2023 los podemos resumir en:

---

6 En el Barómetro mensual del Centro de Investigaciones Sociológicas de enero de 2001 a marzo de 2024, sin embargo, muestra que la sociedad no sitúa la Administración de la Justicia como uno de los tres problemas del país. Sólo en mayo de 2018 obtuvo el dato más elevado con un 6,8% de población española que consideraba la Administración de justicia como uno de los tres principales problemas de España. En marzo de 2024 se sitúa con 2,9%. Correspondería en otro trabajo analizar el porqué de este bajo índice.

7 (*Tol 9803574*). A fecha de abril de 2024, Proyecto de Ley por la que se aprueban medidas urgentes para la ejecución del Plan de Recuperación, Transformación y Resiliencia en materia de servicio público de justicia, función pública, régimen local y mecenazgo (procedente del Real Decreto-Ley 6/2023, de 19 de diciembre), (*Tol 9841185*).

8 Calaza López, Sonia, "Una nueva graduación de la Eficiencia en el Plan de Recuperación, Transformación y Resiliencia de la Justicia como "servicio público": más eficiencia digital, menos eficiencia procesal y ninguna eficiencia organizativa", *Actualidad Civil*, n. 1, 2024.

9 Proyecto de Ley Orgánica de medidas en materia de eficiencia del Servicio Público de Justicia y de acciones colectivas para la protección y defensa de los derechos e intereses de los consumidores y usuarios, 121/000016, BOCG 22 de marzo de 2024.

- obligación de las administraciones competentes en materia de Justicia de garantizar la prestación del servicio público de Justicia por medios digitales (asegurando la iteración de expedientes electrónicos y transmisión de documentos), la interoperabilidad de datos, el acceso a los servicios, procedimientos e informaciones y la identificación y firma de las personas intervinientes) Artículo 7 del Real Decreto-Ley.
- Intervención telemática de ciudadanas y ciudadanos en las actuaciones judiciales (derechos reconocidos en el artículo 5 del Real Decreto-Ley 6/2023).
- Expediente Judicial Electrónico, basado en la orientación al dato (artículo 35 Real Decreto-Ley 6/2023).
- Sistema de acceso único y personalizado, la Carpeta Justicia (artículos 12 a 18 del Real Decreto-Ley 6/2023).
- Obligación de presentación de escritos y documentos, los actos de comunicación, la consulta de expedientes judiciales o de su estado de tramitación por vía telemática (excepto personas físicas sin procurador/a) (artículos 32 y 41 del Real Decreto-Ley 6/2023).
- Realización de forma electrónica del primer emplazamiento. Si la persona destinataria no accede a su contenido durante los primeros tres días se procederá a la publicación en el Tablón Edictal Único[10] (artículos 50 y 54 Real Decreto-Ley 6/2023).
- Preferencia por las vistas telemáticas (salvo declaraciones o interrogatorio de partes, testigos o peritos).
- Emisión de las actuaciones celebradas por medios electrónicos (artículos 66 y 67 Real Decreto-Ley 6/2023).
- Apoderamiento *apud acta* al procurador o procuradora por comparecencia electrónica (creación de un Registro Electrónico de Apoderamiento de la Administración General del Estado).
- Uso de Inteligencia Artificial para determinados aspectos como la anonimización (artículo 35 Real Decreto-Ley 6/2023).

En este trabajo exponemos algunas de las novedades para lograr la eficiencia digital. En concreto, la realización de vistas telemáticas y la presentación de escritos por medios electrónicos incidiendo en las cuestiones

---

[10] Accesible en https://www.boe.es/notificaciones/ (Fecha de consulta: 15 de marzo de 2024).

técnicas que conllevan, las finalidades que persiguen, las dificultades para su implantación y la brecha digital de la sociedad potencialmente usuaria.

1. LAS VISTAS TELEMÁTICAS

El artículo 103.17 del Real Decreto-ley 6/2023 introdujo en la Ley de Enjuiciamiento Civil el artículo 129bis. Este artículo consagra la preferencia por la presencia telemática para, en general, todos los actos procesales en presencia judicial y ante los y las Letrados y Letradas de la Administración de Justicia y ante el Ministerio Fiscal. Esta regla general se exceptúa en caso de la audiencia, declaración o interrogatorio de partes, testigos o peritos, la exploración de la persona menor de edad, el reconocimiento judicial personal o la entrevista a persona con discapacidad, supuestos en los que se exige la presencia física. Esta excepción, a su vez se exceptúa en las letras a) a c) del apartado 2 de este artículo cuando así lo disponga el tribunal, si la persona reside en un municipio distinto al de la sede del tribunal o cuando quien interviene lo haga en su condición de autoridad o funcionario público. Esta última apreciación es razonable en el contexto de lo que se denomina "la España vaciada".

Finaliza este artículo aludiendo a la necesidad de respetarse los derechos de las partes y en especial el derecho a la asistencia letrada efectiva, a la interpretación y traducción y a la información y acceso a los expedientes judiciales.

Señalan Javier García y Javier González que "El origen de las "virtual hearings" o vistas telemáticas, según el Prof. Susskind, puede fijarse en los años 80 del siglo pasado, una década antes del nacimiento de Internet. En esos años las videoconferencias se realizaban entre las distintas salas de videoconferencia mediante conexiones de video."[11] A partir de esos orígenes, el empleo de la videoconferencia ha permitido una verdadera "comunicación bidireccional, simultáneo y a distancia de imágenes y sonidos que permite intervenir en el proceso a quien no se encuentra físicamente en el lugar en que una actuación procesal se celebra, pero bajo sometimiento a los mismos principios constitucionales y procesales que se han de aplicar a las declaraciones vertidas en la sede del Juzgado o Tribunal, en función de

---

11 García Sanz, Javier y González Guimaraes-Da Silva, Javier, "Las "vistas telemáticas" en el proceso civil español: visión comparada, regulación y cuestiones prácticas que suscita su celebración", *Diario La Ley*, n. 9659, de 23 de junio de 2020.

la fase del procedimiento en que nos hallemos y particularmente al principio de inmediación y contradicción si se trata de practicar pruebas"[12]. Los beneficios del uso de la comparecencia telemática son numerosos. Estos autores apuntan los siguientes:

– *Agilización de los procedimientos.*

– *Optimización de sus resultados.*

– *Reducción de la duración total de los procedimientos civiles.*

– *Previsible reducción del número de pruebas a practicar. mayor exigencia de los tribunales en su admisión. Síntesis de los alegatos de los abogados de las partes. Menor duración de las vistas.*

– *Ahorro de costes y recursos para la administración de justicia y para las partes en disputa. Mejora de la eficacia de los procedimientos judiciales.*

– *Obtención de información fiable, completa e inmediata sobre el estado de los juzgados y tribunales. Facilidad para garantizar el carácter público de las vistas telemáticas.*

– *Mejora significativa de la experiencia de los usuarios de la administración de justicia*[13].

De hecho, la admisión de las vistas telemáticas se ha generalizado en otros Estados como Australia, Inglaterra y Gales, China, algunos Estados en Estados Unidos, India o Austria sobre todo como consecuencia de los efectos que provocó la COVID-19[14]. Su uso está tan extendido y generalizado que podemos encontrar ya regulaciones, por ejemplo, sobre el decoro de los abogados y las abogadas en las vistas online en Nueva York[15] o incluso

---

12 *Ibídem.*

13 *Ibídem.*

14 Un año después de que se celebrara el primer juicio telemático durante la pandemia provocada por el COVID-19 "Se han habilitado hasta ahora 6.560 salas de videoconferencia móvil y se han realizado más de 300.000 comparecencias virtuales: un ahorro de tiempo y de recursos extraordinario" según el ministro de Justicia en "Primer año de juicios telemáticos: 300.000 comparecencias virtuales", VVAA. *Diario La Ley Ciberderecho,* n. 51, junio 2021.

15 VVAA. *Diario La Ley Legal Management,* n. 49, abril 2021. Como señala una abogada consultada en este artículo "lo que sucede en Internet queda ahí para siempre y, segundo, que, además, puede llegar a todo el mundo, gracias al efecto viral de las redes y medios sociales."

en España[16]. En el ámbito de la Unión Europea pueden apreciarse los diferentes niveles de digitalización de la Justicia en la herramienta "*Service of documents: official transmission of legal documents*"[17]. Asimismo, en el Informe de 2023 sobre el estado de la Década Digital se detallan[18] los avances en transformación digital de los Estados miembros

A pesar de estos aspectos positivos, también existen riesgos y afectación a principios del proceso civil que deben ser abordados. De esta nueva regulación podemos detener en tres aspectos concretos: el principio de inmediación, la acreditación de la identidad y la posibilidad de que exista contaminación entre los y las testigos.

1.1. Aspectos procesales: inmediación, acreditación de la identidad, contaminación de testigos

1.1.1. Principios de inmediación y de publicidad

Una de las críticas que se realicen respecto de las actuaciones telemáticas es la afectación al principio de inmediación. Este principio implica que "el juez está obligado y necesitado de interpretar la prueba en el mismo momento en que se produce. Por esta razón, por ejemplo, la Ley permite al órgano judicial pedir aclaraciones a los testigos o a las partes, incluso a los peritos, en el acto de sus respectivas declaraciones: esa facultad del juez, no tiene más finalidad que poder interpretar la prueba."[19] La posibilidad

---

16 Consejo General del Poder Judicial, *Guía para la celebración de actuaciones judiciales telemáticas*, 2021.

17 Accesible en https://e-justice.europa.eu/39433/EN/service_of_documents_official_transmission_of_legal_documents (Fecha de consulta: 15 de marzo de 2024). En concreto, hay un apartado en el que se especifica si es posible recibir y/o remitir documentación en formato electrónico en un Estado Miembro: *Is electronic service of documents (service of judicial or extrajudicial documents through remote means of electronic communication, such as e-mail, internet based secured application, fax, sms etc.) permitted in civil proceedings? If so, for which types of proceedings is this method provided for? Are there restrictions with regard to the availability/access of this method of service of documents depending on who the addressee is (legal professional, legal person, company or other business actor, etc.)?*

18 COMISIÓN EUROPEA, *Informe de 2023 sobre el estado de la Década Digital*, 2023, accesible en https://digital-strategy.ec.europa.eu/es/library/2023-report-state-digital-decade (Fecha de consulta: 15 de marzo de 2024).

19 Moreno Catena, Víctor y Cortés Domínguez, Valentín, *Derecho procesal civil: parte general*, Valencia: Tirant lo Blanch, 2023, pág. 223.

ahora de que partes, testigos y peritos puedan comparecer por videoconferencia afecta a aquello que Moreno Catena y Cortés Domínguez indicaban como manifestación del principio de inmediación que "impone que los testigos, aun cuando vivan fuera del territorio de donde está situada la sede judicial, tienen la obligación de desplazarse a la misma para prestar testimonio."[20]

Sin embargo, como apunta Antonio Alberto Pérez "la utilización de la videoconferencia en el proceso ha ido progresivamente implementándose condicionando su utilización a la persecución de fines legítimos —razones de utilidad, seguridad o de orden público—, empero como ya declarara la STS n. 161/2015, de 17 de marzo"[21]. De hecho, este autor apunta que "La evolución anunciada por la resolución precedente se apreció, ya antes de la pandemia de COVID-19, en, v.gr., la STS 331/2019, de 27 de junio[22], que equipara jurídicamente la presencia física con la virtual". Con todo ello, siguiendo a Pérez Ureña "La videoconferencia no es una excepción al principio de inmediación, sino una forma distinta de su realización sin más requisitos que el asegurar la posibilidad de contradicción y asegurar el derecho de defensa, y proceder cuando lo acuerde el juez o tribunal", y añadió que: "Declarar de pie o sentado un testigo no depende de que declare por videoconferencia, como tampoco que el testigo declare con papeles o sin ellos". Así, la inmediación digital es equiparable a la inmediación física.

Por lo que respecta al principio de publicidad, la posibilidad de que se retransmitan en directo las actuaciones judiciales se contempla en el artículo 66 del Real Decreto-Ley 6/2023 y así también se recoge en el nuevo artículo 137bis de la Ley de Enjuiciamiento Civil.

De hecho, en la página web https://sedejudicial.justicia.es/vistas-judiciales aparece la posibilidad de acceder a emisiones grabadas y en directo del Tribunal Supremo, la Audiencia Nacional y Los tribunales Superiores de Justicia (respecto de estos últimos, por ahora, solo se han publicados las aperturas de años judiciales). En la web https://www.administraciondejusticia.gob.es/-/acceso-a-grabaciones-de-vistas se puede acceder a las Oficinas Judiciales de las Comunidades Autónomas con competencias asumidas

---

20 *Ibídem*, pág. 302.

21 Pérez Ureña, Antonio Alberto, "Cuestiones sobre prueba en el proceso civil en el Real Decreto-ley 6/2023. Líneas generales" *Práctica de Tribunales Editorial La Ley*, n. 166, enero de 2024.

22 STS 331/2019, de 27 de junio, ECLI:ES:TS:2019:2163 (*Tol 7355325*),

en materia de Administración de Justicia y al denominado "territorio Ministerio" y acceder a las grabaciones de vistas.

La necesidad del control de la difusión de las actuaciones telemáticas y de la garantía de los derechos en materia de protección de datos se intensifica en estas circunstancias. La ciberseguridad es uno de los mayores retos de las medidas para la eficiencia procesal digital.

Además, a todo ello hay que añadir la competencia y capacitación digital tanto de los y las profesionales que actuarán en el proceso como de las partes como usuarias de la Administración de Justicia. Estamos ante una cuestión de máxima importancia. Un buen instrumento sin conocimientos sobre cómo usarlo, no sirve para nada.

1.1.2. Acreditación de la identidad

Otra de las cuestiones polémicas en torno a la comparecencia por videoconferencia se centra en cómo se puede proceder a identificar las personas.

El artículo 5.2 letra i) del Real Decreto-Ley 6/2023 consagra como derecho de la ciudadanía "utilizar los sistemas de identificación y firma electrónica ante la Administración de Justicia del documento nacional de identidad, aquellos otros dispositivos puestos a su disposición con la finalidad de facilitar su autenticación o firma de acuerdo con lo establecido el artículo 20 del presente real decreto-ley, así como aquellos otros determinados en la misma". Este artículo 20 remite a la Ley 39/2015, de 1 de octubre, del Procedimiento Administrativo Común de las Administraciones Públicas[23] en el Reglamento (UE) nº 910/2014 del Parlamento Europeo y del Consejo, de 23 de julio de 2014[24], y la Ley 6/2020, de 11 de noviembre, reguladora de determinados aspectos de los servicios electrónicos de confianza[25]. Una vez utilizado un sistema de firma de los previstos, se entenderá acreditada la identidad (artículo 20.3 Real Decreto-Ley 6/2023).

A este respecto, siguiendo a Vicente Magro Servet para acreditar la identificación de la persona que declare por videoconferencia desde su domici-

---

23 (*Tol 5494102*).

24 Real Decreto 203/2021, de 30 de marzo, por el que se aprueba el Reglamento de actuación y funcionamiento del sector público por medios electrónicos (*Tol 8372179*).

25 (*Tol 8192852*).

lio se deberá "en la proposición de prueba indicar quién comparecerá por videoconferencia y desde dónde indicando el sistema para contar con el mecanismo p plataforma para acreditar la identidad. "Incluso, podría hacerse desde plataforma en teléfono móvil. Lo importante es la constancia de la identidad en escrito previo, la del mecanismo de comunicación y que la llamada de conexión se haga por el órgano judicial a la sede del domicilio donde se encuentra por videoconferencia según se haya hecho constar ya en el escrito de proposición de prueba, o bien en escrito posterior si no se conoce en aquel instante.". Asimismo, "Se acompañará fotocopia del DNI de la parte, testigo, o perito que vaya a declarar por videoconferencia desde su domicilio. Y en el momento de la práctica de la prueba el LAJ adverará la identidad de la parte, testigo o perito antes de proceder a la práctica de la prueba"[26].

1.1.3. Aportación de documentos en las actuaciones orales telemáticas

De conformidad con el artículo 45 del Real Decreto-Ley 6/2023 se establece que "En actuaciones telemáticas, podrán presentar y visualizar documentación también de forma telemática." Se podrá realizar en el momento del juicio o actuación, presentación de conformidad con el Real Decreto-Ley 6/2023 y el Comité técnico estatal de la Administración de Justicia Electrónica. En el caso de que una parte no pueda "presentar un documento de forma telemática, deberá ponerlo de en conocimiento del órgano judicial de manera previa." Esta posibilidad, sin embargo, se atisba la dificultad para su desarrollo. Principalmente por la falta de dotación de medios técnicos (por ejemplo, las licencias necesarias para el uso de herramientas como Word o Adobe) y la capacitación de abogadas/os y procura, así como LAJ, gestores/as procesales y miembros de la judicatura.

1.1.4. Contaminación de testigos

Como apunta Silvia Barona, hay que mostrar cautela con los desarrollos tecnológicos y su implementación en el servicio público de Justicia pues "puede generar algunas disfuncionalidades, tanto de exclusión respecto de

---

26 Magro Servet, Vicente, "El interrogatorio domiciliario en la reforma de la LEC cuando la videoconferencia es inviable (arts. 137 bis, 169. 4 y 5, 311, 312, 313, y 364)", *Práctica de Tribunales*, n. 160, Sección Práctica Procesal, enero-febrero 2023.

los no digitales, como de función, porque también el sistema digital puede mostrar falencias y vulneraciones de los derechos de las personas"[27].

1.2. Aspectos técnicos: puntos seguros de conexión y la inteligencia artificial aplicada a las vistas telemáticas: la textualización

1.2.1. Puntos de acceso seguros y lugares seguros

El artículo 62 del Real Decreto-Ley 6/2023 define como "puntos de acceso seguros" "dispositivos y sistemas de información que cumplan los requisitos que se determinen por la normativa del Comité técnico estatal de la Administración judicial electrónica" y en cualquier caso los que garanticen la transmisión segura, la identificación y la integridad, interoperabilidad, confidencialidad y disponibilidad de lo actuado. Y como "lugares seguros" "que cumplan los requisitos que se determinen por la normativa del Comité técnico estatal de la Administración judicial electrónica" y en particular que cuenten con dispositivos catalogados como de "puntos de acceso seguros", garanticen la comprobación de la identidad, asegurar el derecho a la defensa y permitir la digitalización de documentos. En el artículo se identifican los lugares seguros: La oficina judicial, Registros Civiles, Instituto Nacional de Toxicología y Ciencias Forenses y los Institutos de Medicina Legal, sedes de las Fuerzas y Cuerpos de Seguridad del Estado, sedes oficiales de la Abogacía del Estado, del Servicio Jurídico de la Administración de la Seguridad Social y de los Servicios Jurídicos de las Comunidades Autónomas, Centros penitenciarios, órganos dependientes de Instituciones Penitenciarias, centros de internamiento de extranjeros y centros de internamiento de menores y Cualesquiera otros lugares que se establezcan por Reglamento.

El artículo 137bis de la Ley de Enjuiciamiento Civil, introducido por el Real Decreto-Ley 6/2023 establece que "Los y las profesionales, así como las partes, peritos y testigos que deban intervenir en cualquier actuación por videoconferencia lo harán desde la oficina judicial correspondiente al partido judicial de su domicilio o lugar de trabajo. En el caso de disponer de medios adecuados, dicha intervención también se podrá llevar a cabo desde el juzgado de paz de su domicilio o de su lugar de trabajo." Se

---

[27] Barona Vilar, Silvia, "Ecosistema digital de Justicia eficiente (De la Justicia digital orientada al documento a la Justicia orientada al dato)", *Actualidad Civil*, n. 5, mayo 2023.

indican, por tanto, los puntos seguros de conexión. No obstante, se abre una posibilidad a discreción judicial para acordar las intervenciones desde cualquier lugar si se disponen de medios para asegurar la identidad de quien interviene (apartado 3 del artículo 137bis de la Ley de Enjuiciamiento Civil).

No obstante, se prevén dos situaciones particulares:

- en el caso de "*menor de edad o persona sobre la que verse un procedimiento de medidas judiciales de apoyo de personas con discapacidad, la declaración por videoconferencia solo se podrá hacer desde una oficina judicial*".
- *"Las víctimas de violencia de género, violencia sexual, trata de seres humanos, y víctimas menores de edad o con discapacidad podrán intervenir desde los lugares donde se encuentren recibiendo oficialmente asistencia, atención, asesoramiento y protección, o desde cualquier otro lugar si así lo estima oportuno el juez siempre que dispongan de medios suficientes para asegurar su identidad y las adecuadas condiciones de la intervención"*.

En este apartado también ha de ser mencionada la situación generada por la distribución de la población en la geografía española dando lugar a lo que se conoce como "la España vaciada" y la nueva regulación del auxilio judicial. El Real Decreto-Ley 6%2023 ha modificado los artículo 129 y 169 de la Ley De Enjuiciamiento Civil estableciendo la preferencia por la videoconferencia en el caso de que las actuaciones se deban de realizar fuera del partido judicial. En este sentido, Pérez Ureña se pregunta si el criterio de la circunscripción judicial admite alguna excepción. Ya que "no todas las circunscripciones judiciales (partidos judiciales) en España son iguales, ni en extensión ni en población (...) Surge la pregunta de si, en tales casos, cabría admitir la excepción, siempre que así lo solicite el "afectado" y lo pida formalmente el letrado/a señalando la distancia de kilómetros que existen entre el domicilio y la sede del juzgado para postular que la declaración se pueda llevar a efecto por videoconferencia también. En nuestra opinión sería una medida, que, en atención al caso concreto, sería acertada"[28]. Esta situación la describe Vicente Magro como "réquiem por el auxilio judicial" ante la generalidad del uso de la videoconferencia que va a suponer.

---

[28] Pérez Ureña, Antonio Alberto, "Cuestiones sobre prueba en el proceso civil en el Real Decreto-ley 6/2023. Líneas generales" *Práctica de Tribunales* Editorial *La Ley*, *op. cit.*, pág. 11 y Magro Servet, "El interrogatorio domiciliario en la reforma de la LEC cuando la videoconferencia es inviable (arts. 137 bis, 169. 4 y 5, 311, 312, 313, y 364)" *op. cit.*

1.2.2. La inteligencia artificial aplicada a las vistas telemáticas: la textualización

En 2023 se desarrollaron por el Ministerio de Justicia "modelos de robotización de procesos y aplicación de técnicas de inteligencia artificial"[29]. Una de estas iniciativas consiste en la *"textualización de la grabación de actuaciones judiciales en formato video"*[30]. Así, por ejemplo, María José Pazos menciona "*Themis®, que es un sistema de textualización automática, desarrollada por ETIQMEDIA e implementada por el Ministerio de Justicia, diseñada para el ámbito judicial, que permite la localización precisa de momentos clave dentro de grabaciones de vistas judiciales y declaraciones mediante búsquedas por palabra. Esto, que podría consumir mucho tiempo, reduce drásticamente el tiempo empleado por Jueces y Fiscales para revisar una grabación, lo que aumenta la productividad y permite una toma de decisiones más rápida y efectiva*"[31]. La representante de la Dirección General de Transformación Digital de la Administración de Justicia del Ministerio de Justicia y Letrada de la Administración de Justicia, Cristina Lorenzo Pérez, en el seminario organizado por el Colegio de la Abogacía de Barcelona afirmaba que esta Inteligencia Artificial entrenada para la textualización reconocía todas las lenguas cooficiales de España, así como los diferentes acentos[32]. Sin duda, habrá que atender a la dotación técnica en todos los juzgados, la formación en esta herramienta, su puesta en marcha y su uso.

---

29 VVAA., *Diario La Ley Ciberderecho*, n. 75, septiembre 2023. "Justicia avanza en la automatización de procedimientos, el aprovechamiento del dato y la aplicación de la IA".

30 Las otras aplicaciones de la Inteligencia Artificial en la Administración de Justicia se centran en la anonimización de documentación judicial y la clasificación automática de documentos.

31 Pazos Rego, María José, "La realidad de la Inteligencia Artificial en el Poder Judicial Español", *op. cit.*

32 Accesible en https://www.icab.es/es/formacion/cursos/Jornada-Reformas-procesales-del-RDL-6-2023-juicios-telematicos-procedimiento-testigo-expediente-judicial-electronico-y-otras-novedades-de-interes/ (Fecha de consulta: 15 de marzo de 2024).

2. LA PRESENTACIÓN DE ESCRITOS POR MEDIOS ELECTRÓNICOS

Otra de las novedades que ha conllevado el Real Decreto-Ley 6/2023 es la presentación de documentos judiciales en formato electrónico. Se regulan en los artículos 39 a 48 del Real Decreto-Ley 6/2023 y en los modificados artículos 135, 267, 268, 268bis y 270.3 de la Ley de Enjuiciamiento Civil.

2.1. Aspectos procesales. Obligatoriedad de la presentación electrónica, concepto de documento original y copia auténtica y derecho transitorio

2.1.1. Obligatoriedad de la presentación electrónica

El artículo 41 del Real Decreto-Ley 6/2023 establece la obligatoriedad de la presentación de todo tipo de documentos en formato electrónico. La conservación deberá realizarse "en un formato que permita garantizar la autenticidad, integridad y conservación del documento, así como su consulta con independencia del tiempo transcurrido desde su emisión (apartado 2). Y su eliminación "deberá ser autorizada de acuerdo con lo dispuesto en la normativa aplicable sobre archivos judiciales". Por lo que respecta a la eliminación, se publicó la Resolución de 17 de enero de 2023, de la Subsecretaría, por la que se aprueban calendarios de conservación de series documentales, específicas y comunes, custodiadas por el Ministerio de Justicia. Los plazos de destrucción variarán según el documento en 6 meses, 5 años o 10 años[33].

En el caso de que existan dudas respecto de su integridad, se procederá a requerir a quien presente el documento.

Esta obligatoriedad ya ha mostrado sus efectos en el orden social en la primera resolución judicial en la que se rechaza la prueba documental presentada por una empresa por estar en formato papel una vez entraron en

[33] En su apartado 5 se establece respecto a los documentos electrónicos "Las eliminaciones de documentos electrónicos resultantes de la aplicación de esos dictámenes se realizarán conforme a las Recomendaciones para el borrado lógico de documentación electrónica y destrucción física de soportes informáticos de la Administración General del Estado de la Comisión Superior Calificadora de Documentos Administrativo.

vigor todos los títulos del Real Decreto-Ley 6/2023 el 21 de diciembre de 2023 (solo el título VIII entró en vigor el 20 de marzo de 2024)[34].

En el caso de que se presenten documentos en papel por quienes no estén obligadas a relacionarse electrónicamente, la oficina judicial procederá a su digitalización (artículo 43 del Real Decreto 6/2023). Si no es posible su digitalización, se deberá proceder a su conservación. En el caso de tener un formato distinto al papel, debe ser compatible para su incorporación al expediente judicial electrónico.

2.1.2. El concepto de documento original y copia auténtica

El artículo 39 del Real Decreto-Ley 6/2023 define *documento judicial electrónico* como "información de cualquier naturaleza en forma electrónica, archivada en un soporte electrónico, según un formato determinado y susceptible de identificación y tratamiento diferenciado admitido en el Esquema Judicial de Interoperabilidad y Seguridad y en las normas que lo desarrollan, y que haya sido generada, recibida o incorporada al expediente judicial electrónico por la Administración de Justicia en el ejercicio de sus funciones". Un aspecto esencial en la regulación es la exigencia de que estos documentos judiciales electrónicos cuenten con "metadatos" para posibilitar su "interoperabilidad". Siguiendo con el principio de orientación al dato que preside la transformación Digital de la Justicia, en el Anexo que acompaña al Real Decreto-Ley 6/2023 se define "metadato" como "dato que define y describe otros datos, existiendo diferentes tipos de metadatos según su aplicación". Asimismo, se define "Interoperabilidad" como "capacidad de los sistemas de información, y por ende de los procedimientos a los que éstos dan soporte, de compartir datos y posibilitar el intercambio de información y conocimiento entre ellos". A la luz de la disparidad territorial de herramientas digitales la interoperabilidad es esencial para la cooperación y la coordinación en la Administración de Justicia.

En el caso de que el documento judicial electrónico incorpore la firma del/la Letrado/a de la Administración de Justicia tendrá la consideración de documento público (artículo 39).

Una vez catalogado como "documento judicial electrónico" se suscita la duda de qué se considera "documento original" y qué "copias auténticas".

---

34 Sentencia de la Audiencia Nacional, Sala de lo Social, 14/2024, de 5 de febrero, Rec. 297/2023 (*Tol 9884699*).

Como "documento original" se identifican "todos los documentos judiciales electrónicos emanados de los sistemas de gestión procesal y provistos de firma electrónica, así como los correspondientes a los escritos y documentos iniciadores o de trámite presentados por las partes e interesados, una vez hayan sido incorporados al expediente judicial electrónico. También tendrán la consideración de documentos originales las resoluciones judiciales o administrativas que hubiesen sido firmadas electrónicamente por la autoridad competente para su emisión" (artículo 40 del Real Decreto-Ley 6/2023). Los documentos digitalizados no tendrán la consideración de documentos original, salvo que se declare de forma expresa.

Por su parte, se determinan como copias auténticas las copias firmadas por el/la Letrados/as de la Administración de Justicia, provistos de sello electrónico y si el original se encuentra en el expediente judicial electrónico y sea coincidente con este documento. También se señala el carácter de copia auténtica a "la digitalización de los documentos en papel presentados por quienes no estén obligados a relacionarse con la Administración de Justicia por medios electrónicos, siempre que se realice en los términos definidos por el Comité técnico estatal de la Administración judicial electrónica" (artículo 40.4 del Real Decreto-Ley 6/2023).

2.1.3. Derecho transitorio

El Real Decreto-Ley 6/2023 entró en vigor el 21 de diciembre de 2023 excepto el Título VIII que entró en vigor el 20 de marzo de 2024. Este periodo de *vacatio legis* determina que, de conformidad con el artículo 2 de la Ley de Enjuiciamiento Civil, los procedimientos civiles seguirán las normas procesales vigentes en el momento de su incoación[35]. Se ha criticado este término "incoación" pues parece más referido al ámbito penal que civil, en el que el auto o decreto de admisión parece que se encuadre más en el ámbito procesal civil. Y, sin embargo, las críticas se centran en que "en función del mayor o menor retraso del juzgado se aplicase el nuevo sistema a demandas registradas antes del 20 de marzo, pero admitidas

---

35 *Disposición transitoria segunda. Régimen transitorio aplicable a los procedimientos judiciales*
Las previsiones recogidas por el libro primero del presente real decreto-ley serán aplicables exclusivamente a los procedimientos judiciales incoados con posterioridad a su entrada en vigor, salvo que en este se disponga otra cosa.

con posterioridad a dicha fecha"[36]. Guerra Pérez plantea que "debería haberse empleado la palabra iniciado o registrado que es por otro lado la consecuencia general de la litispendencia que recoge el art. 410 LEC." Por tanto, será el día que marque LEXNET el que determine si se aplica o no el nuevo proceso civil digitalizado.

2.2. *Aspectos técnicos: interrupciones, interoperabilidad y obsolescencia*

La posibilidad de que haya una interrupción del servicio de comunicaciones telemáticas o electrónicas es una de las principales preocupaciones d ellos y las profesionales de la abogacía y procura respecto a la presentación electrónica de documentos. En el artículo 135 de la Ley de Enjuiciamiento Civil se establecen dos supuestos dependiendo de si se trata de una interrupción planificada o no planificada. En el primer caso, se ha de informar con la antelación suficiente (habrá que determinarse esta suficiencia) e indicar los medios alternativos de presentación. En el caso de interrupción. No planificada se deberá presentar en la oficina judicial el primer día hábil siguiente acompañando el justificante de dicha interrupción. En el caso de que la imposibilidad de la presentación electrónica se deba a limitaciones en el uso, se podrá presentar el primer día hábil siguiente. Y si se debe al tamaño del archivo o su naturaleza, se deberá presentar el "*escrito por medios electrónicos y presentar en la oficina judicial dentro del primer día hábil siguiente el documento o documentos que no haya podido adjuntar*".

Señalan Javier García y Javier González que "la digitalización de la justicia española se ha concentrado prácticamente en exclusiva en la presentación de documentos y notificaciones electrónicas y no en la intercomunicación entre todos los juzgados y el acceso a esa documentación"[37]. Éste es el concepto de interoperabilidad al que hemos aludido y que actualmente es uno de los principales retos. En el artículo 48 del Real Decreto-Ley 6/2023 se establece "*El Sistema Común de Intercambio de documentos y expedientes judiciales electrónicos tendrá por objeto posibilitar la itineración de expedientes electrónicos y la transmisión de documentos electrónicos de una oficina u órgano judicial o*

---

[36] Guerra Pérez, Miguel, "Algunos problemas de derecho transitorio de la Reforma procesal civil de los RRDD Leyes 5 y 6/2023", *SEPÍN*, 2024, accesible en https://blog.sepin.es/problemas-derecho-transitorio-reforma-procesal-civil-2023 (Fecha de consulta: 15 de marzo de 2024).

[37] García Sanz, Javier y González Guimaraes-Da Silva, Javier, "Las "vistas telemáticas" en el proceso civil español: visión comparada, regulación y cuestiones prácticas que suscita su celebración", *op. cit.*

fiscal a otro, en los casos en los que corresponda por aplicación de las leyes procesales, e independientemente de que los tribunales u oficinas implicados utilicen el mismo o distintos sistemas de gestión procesal, y estará bajo la responsabilidad y gestión del Ministerio de la Presidencia, Justicia y Relaciones con las Cortes". El papel del Comité técnico estatal de la Administración judicial electrónica es muy relevante para el establecimiento de requisitos técnicos y previsiones para la interoperabilidad en todo el territorio del Estado.

Asimismo, en este proceso de digitalización surge una pregunta ¿es posible que los documentos digitalizados hoy no puedan ser visualizados en el futuro? La respuesta es afirmativa y se debe al avance frenético de la tecnología y a la obsolescencia de las herramientas que se utilizan. Sirva como ejemplo los disquetes que tan útiles y novedosos fueron en un momento y ahora en 2024 son irreproducibles. Esto mismo ha ocurrido con los DVDs encontrándonos con ordenadores que ya no incluyen reproductor de DVD. El riesgo de pérdida de documentación es muy elevado. Es cierto que como hemos indicado existe un período de conservación de documentos judiciales para luego su destrucción o eliminación, pero ¿es posible que durante el lapso temporal la tecnología avance y queden irreproducibles los documentos? La Disposición transitoria tercera alude tangencialmente a esta cuestión estableciendo que "Si el estado de la técnica no hiciera posible remitir el expediente administrativo electrónico con los requisitos establecidos en este real decreto-ley y en la normativa técnica de aplicación, y, en todo caso, hasta el plazo máximo de los cinco años siguientes a la entrada en vigor del libro primero del presente real decreto-ley, será admisible la remisión del expediente en otro formato digital que posibilite su descarga y reutilización por el tribunal, oficina judicial u oficina fiscal. El expediente así remitido tendrá valor de copia simple". Impone el plazo de cinco años desde la entrada en vigor, pero no parece atisbar que, precisamente, el estado de la ciencia en cinco años haya cambiado tanto como para que las disposiciones y requisitos técnicos que ahora se prevén, entonces serán anticuados.

3. CAPACITACIÓN DIGITAL, BRECHA DIGITAL Y DISPARIDAD TERRITORIAL

En Comisión Europea "itinerario hacia la Década Digital" se marca como objetivo que el 80% de la población Europa cuente con capacidades digitales básicas (en la actualidad el porcentaje se sitúa en el 68% de la población[38]). Ello se relaciona con el primer principio de la transformación digital "*promover una transformación digital centrada en las personas*" según la Declaración Europea sobre los Derechos y Principios Digitales[39]. Y es que en el informe sobre la transformación digital en España elaborado por la Comisión Europea se indica que "*Más de un tercio de la población española carece de competencias digitales básicas; sin embargo, España obtiene buenos resultados en competencias digitales básicas y superiores, con un 64% y un 38% de la población respectivamente, por encima de la media de la UE.*"[40] Como recomendaciones se señala que "*España debería acelerar sus esfuerzos en el ámbito de las competencias digitales, especialmente en la mejora y el reciclaje de la mano de obra, en particular, en tecnologías avanzadas y emergentes, para hacer frente a la falta de especialistas en TIC. Además, España debería seguir animando a más estudiantes a especializarse en TIC y promover la diversidad y el equilibrio de género en esta materia, reduciendo cualquier posible estereotipo en la enseñanza y el aprendizaje de la informática*"[41].

Como señala Raúl Sánchez, dos cuestiones han de ser evidenciadas en la transición digital que estamos experimentando. Por un lado, la falta de implementación normativa y de medios técnicos y, por otro lado, "la existencia de diferentes sistemas de gestión procesal, generados como consecuencia de la estructura de transferencia de competencias, ha derivado en un modelo de digitalización a diferentes velocidades"[42].

Por lo que respecta a la falta de medios técnicos, señala la magistrada María Gavilán que "*la corriente favorable a la digitalización pronto chocó con grandes diferencias en las dotaciones materiales y técnicas de los diferentes órganos*

---

38 COMISIÓN EUROPEA, *Informe de 2023 sobre el estado de la Década Digital*, 2023, pág. 4.

39 PARLAMENTO EUROPEO, EL CONSEJO Y LA COMISIÓN, *Declaración Europea sobre los Derechos y Principios Digitales para la Década Digital*, DOUE 2023/C 23/01, accesible en https://eur-lex.europa.eu/legal-content/ES/TXT/HTML/?uri=CELEX:32023C0123(01) (Fecha de consulta: 15 de marzo de 2024).

40 COMISIÓN EUROPEA, *Informe de 2023 sobre el estado de la Década Digital, Spain*, 2023, pág. 2 (traducción propia).

41 *Ibidem.*

42 Sánchez Gómez, Raúl, "Transición digital en la administración de justicia. Tramitación judicial electrónica orientada al dato", *Actualidad Civil* n. 3, marzo 2024. Esta disparidad territorial en la Administración de Justicia es alarmante. Así, por ejemplo, "La justicia vasca utilizará el expediente judicial electrónico y dejará de usar el papel en el primer semestre de 2023" en *Diario La Ley Ciberderecho*, n. 51, junio 2021

judiciales, que hicieron complicado, aun concurriendo una voluntad favorable al uso de la tecnología, que esta pudiera llevarse a cabo"[43]. Se necesita una dotación presupuestaria que haga viable esta transformación digital.

A ello hay que añadir la capacitación y competencia digital de profesionales jurídicos (judicatura, fiscalía, LAJ, gestión procesal, tramitación, auxilio judicial, abogacía, procura, etc.)[44] y la ciudadanía. No se nos puede pasar por alto, además, la necesidad de que esta capacitación se extienda a los profesores y las profesoras en las Facultades de Derecho de las Universidades españolas. Nuestra labor es esencial para ofrecer una formación jurídica que se adapte al contexto social donde se pretende que el alumnado ejerza.

La importancia de fomentar la cultura digital en la sociedad en general, los y las profesionales en particular y el profesorado de las Facultades de Derecho es esencial[45].

4. REFLEXIONES FINALES

Es clara la apuesta desde la Unión Europea, y desde España, por la "digitalización, humanización, agilización, simplificación y universalización de la Justicia civil"[46] entendiendo cómo el modelo de Justicia desempeña un

---

[43] VVAA, "Usada correctamente, la videoconferencia no merma los derechos y garantías procesales, sino que va en línea con la normativa europea", *Diario La Ley Ciberderecho*, n. 72, mayo 2023.

[44] En los diferentes temarios de las oposiciones se incluyen los temas de la regulación sobre la transformación digital. Además, en los periodos de formación teórico-práctica en la Escuela judicial y en Centro de Estudios Jurídicos también se incluyen temas referentes a la formación en TICs y digitalización. Sin duda, las nuevas generaciones de profesionales están llamadas a afrontar la verdadera puesta en práctica de las medidas para la eficiencia digital.

[45] Es destacable la labor del Ministerio de Justicia en la difusión de vídeos y recursos gráficos para informar y formar sobre todas las modificaciones de la nueva Justicia Digital como el canal de YouTube de Servicio Público de Justicia *@serviciopublicodejusticia5325.*

[46] Calaza López, Sonia, "Una nueva graduación de la Eficiencia en el Plan de Recuperación, Transformación y Resiliencia de la Justicia como "servicio público": más eficiencia digital, menos eficiencia procesal y ninguna eficiencia organizativa", *op. cit.*

papel ineludible en el cumplimiento, control y sustento de los Objetivos de Desarrollo Sostenible[47].

El Real Decreto-Ley 6/2023 ha supuesto un paso adelante en la consolidación del uso de los medios electrónicos en las actuaciones procesales sobre todo por el establecimiento de su obligatoriedad y carácter preferente en los casos que señala. Esta nota de obligatoriedad y preferencia nos acerca más una Justicia igual para todas y todos. Sin embargo, su implementación, desarrollo y puesta en práctica depende de la dotación presupuestaria, equipamientos técnicos en igualdad de condiciones de todas las oficinas judiciales, homogeneidad y, al menos, cumplimiento de los criterios para la interoperabilidad de herramientas, formatos y demás criterios técnicos que superen la disparidad territorial producto de la asunción de competencias en materia de justicia por algunas Comunidades Autónomas y, esencialmente, la formación y capacitación de los y las profesionales jurídicos/as y de los equipos docentes de las Facultades de Derecho de las Universidades españolas. La cultura de la digitalización se ha de promover en la sociedad en general, pero especialmente en quienes en el futuro desarrollarán su profesión en el ámbito jurídico.

BIBLIOGRAFÍA

Barona Vilar, Silvia, "Ecosistema digital de Justicia eficiente (De la Justicia digital orientada al documento a la Justicia orientada al dato)", *Actualidad Civil*, n. 5, mayo 2023

Calaza López, Sonia, "Una nueva graduación de la Eficiencia en el Plan de Recuperación, Transformación y Resiliencia de la Justicia como "servicio público": más eficiencia digital, menos eficiencia procesal y ninguna eficiencia organizativa", *Actualidad Civil*, n. 1, 2024.

García Sanz, Javier y González Guimaraes-Da Silva, Javier, "Las "vistas telemáticas" en el proceso civil español: visión comparada, regulación y cuestiones prácticas que suscita su celebración", *Diario La Ley*, n. 9659, de 23 de junio de 2020.

Guerra Pérez, Miguel, "Algunos problemas de derecho transitorio de la Reforma procesal civil de los RRDD Leyes 5 y 6/2023", *SEPÍN*, 2024.

---

47 Barona Vilar, Silvia, "Ecosistema digital de Justicia eficiente (De la Justicia digital orientada al documento a la Justicia orientada al dato)", *op. cit.* Sobre todo, por lo que respecta al *objetivo 16: Paz, Justicia e Instituciones sólidas*, pero interrelacionado con otros objetivos como *1 (poner fin a la pobreza en todas las formas del mundo), el Objetivo 3 (Salud y Bienestar), el Objetivo 4 (Educación de Calidad), el Objetivo 5 (lograr la igualdad entre géneros y empoderar a todas las mujeres y niñas), el Objetivo 10 (Reducción de las desigualdades), el Objetivo 13 (Acción por el Clima).*

Magro Servet, Vicente, "El interrogatorio domiciliario en la reforma de la LEC cuando la videoconferencia es inviable (arts. 137 bis, 169. 4 y 5, 311, 312, 313, y 364)", *Práctica de Tribunales*, n. 160, Sección Práctica Procesal, enero-febrero 2023.
Moreno Catena, Víctor y Cortés Domínguez, Valentín, *Derecho procesal civil: parte general*, Valencia: Tirant lo Blanch, 2023.
Pazos Rego, María José, "La realidad de la Inteligencia Artificial en el Poder Judicial Español", *Derecho Digital e Innovación*, n. 15, enero-marzo 2023.
Pérez Ureña, Antonio Alberto, "Cuestiones sobre prueba en el proceso civil en el Real Decreto-ley 6/2023. Líneas generales" *Práctica de Tribunales Editorial La Ley*, n. 166, enero de 2024.
Sánchez Gómez, Raúl, "Transición digital en la administración de justicia. Tramitación judicial electrónica orientada al dato ", *Actualidad Civil* n. 3, marzo 2024
VVAA., *Diario La Ley Ciberderecho*, n. 75, septiembre 2023.
VVAA, "Usada correctamente, la videoconferencia no merma los derechos y garantías procesales, sino que va en línea con la normativa europea", *Diario La Ley Ciberderecho*, n. 72, mayo 2023.
VVAA. *Diario La Ley Ciberderecho*, n. 51, junio 2021.
VVAA. *Diario La Ley Legal Management*, n. 49, abril 2021.

INFORMES OFICIALES

COMISIÓN EUROPEA, *La Década Digital de Europa: metas digitales para 2030*, 2023.
COMISIÓN EUROPEA, *Informe de 2023 sobre el estado de la Década Digital*, 2023.
COMISIÓN EUROPEA, *Informe de 2023 sobre el estado de la Década Digital, Spain*, 2023.
METROSCOPIA, *La imagen de la Justicia entre usuarios de sus servicios*, 2023.
PARLAMENTO EUROPEO, EL CONSEJO Y LA COMISIÓN, *Declaración Europea sobre los Derechos y Principios Digitales para la Década Digital*, DOUE 2023/C 23/01
PODER JUDICIAL, *Encuesta 2020. La Justicia vista por los jueces*, 2020.

El nuevo recurso de casación civil y la doctrina jurisprudencial del Tribunal Supremo como pretendida fuente del derecho

JULIO BANACLOCHE PALAO
Catedrático de Derecho Procesal UCM

SUMARIO: 1. LA REFORMA DE LA CASACIÓN CIVIL POR MEDIO DEL REAL DECRETO-LEY 5/2023, DE 28 DE JUNIO. 2. LOS ELEMENTOS CLAVE DE LA REFORMA DEL SISTEMA DE RECURSOS EXTRAORDINARIOS INTRODUCIDA POR EL RDL 5/2023. 3. LA TRAMITACIÓN DEL NUEVO RECURSO DE CASACIÓN CIVIL. 4. LA ESTIMACIÓN DEL RECURSO DE CASACIÓN Y SU REENVÍO AL TRIBUNAL DE INSTANCIA. 5. LA PRETENDIDA CONVERSIÓN DE LA DOCTRINA DE LA SALA DE LO CIVIL DEL TRIBUNAL SUPREMO EN FUENTE DEL DERECHO. 6. CONCLUSIONES. BIBLIOGRAFÍA.

1. LA REFORMA DE LA CASACIÓN CIVIL POR MEDIO DEL REAL DECRETO-LEY 5/2023, DE 28 DE JUNIO

1.1. El Real Decreto-ley 5/2023, de 28 de junio (en adelante, RDL 5/2023), que entró en vigor el 29 de julio de 2023 (al mes de su publicación en el Boletín Oficial del Estado) y fue convalidado por Acuerdo de la Diputación Permanente del Congreso de los Diputados (publicado por Resolución de 26 de julio de 2023), contenía en su Libro Quinto (dedicado a la *"adopción de medidas urgentes en el ámbito financiero, socioeconómico, organizativo y procesal"*) un Título VII (*"Medidas de carácter procesal"*), cuyo Capítulo III (*"Modificación de la regulación del proceso civil"*) incorporaba un artículo 225 (*"Modificación de la Ley 1/2000, de 7 de enero, de Enjuiciamiento Civil"*) que reformaba todo el sistema de recursos extraordinarios del proceso civil (apartados siete a diecisiete), dando nueva redacción o suprimiendo algunos de los preceptos de la LEC dedicados a dichos recursos.

Al margen de su estructura kafkiana —donde la modificación de, por ejemplo, el art. 477 LEC, se encuentra en el apartado siete del artículo 225 del citado RDL 5/2023—, la nueva regulación se caracteriza por su falta de rigor técnico: así, por lo que respecta a la reforma en materia de recursos, aunque, en teoría, suprimía el recurso extraordinario por infracción procesal —al permitir la casación también por *"infracción de norma procesal"* (art. 477.2 LEC) y no solo por infracción sustantiva, como hasta entonces, unificando así el régimen de recursos extraordinarios en un solo recurso de casación—, no modificaba los numerosos preceptos que a lo largo de la LEC se referían al citado recurso por infracción procesal, ni derogaba los arts. 468 a 476 LEC, que lo regulaban expresamente, ni aludía a la Disposición Final decimosexta, que contenía el régimen de articulación provisional (funcionando desde hacía 22 años) entre el meritado recurso y el de casación. El hecho de que, para más inri —porque nunca se había llegado a aplicar—, el apartado diecisiete del art. 225 del RDL suprimiera *"el Capítulo VI del Título IV del Libro II, en materia de recurso en interés de la Ley, dejando sin contenido los artículos 490 a 493"*, todavía generaba más dudas sobre el verdadero alcance de la reforma —en el sentido de si se había eliminado o no el recurso extraordinario por infracción procesal—, porque daba a entender que perfectamente se podían haber modificado o derogado todos los preceptos de la LEC incompatibles con el nuevo sistema (como los que mencionaban y regulaban dicho recurso extraordinario por infracción procesal), si realmente se hubiera tenido voluntad de hacerlo.

Esta confusión se ha aclarado tras la aprobación del Real Decreto-ley 6/2023, de 19 de diciembre (convalidado por el Congreso el 10 de enero de 2024), que contiene de nuevo reformas procesales y corrige buena parte de los errores técnicos señalados, al incorporar a su articulado lo que debió introducirse en el RDL anterior: fundamentalmente, la supresión en los diversos preceptos de la LEC de todas las referencias existentes al recurso extraordinario por infracción procesal y, sobre todo, la eliminación de los arts. 467 a 476 LEC y de la Disposición final decimosexta de la LEC. Por tanto, ya no se suscitan dudas sobre que ha desaparecido definitivamente el antiguo recurso extraordinario por infracción procesal.

1.2. Una modificación de normas procesales a través de un Real Decreto-Ley es una cuestión difícilmente justificable, no solo por la afectación que, en algunos casos, puede suponer para determinados aspectos del contenido esencial del art. 24 CE (y no hay que olvidar a este respecto que los derechos fundamentales no pueden ser regulados mediante esa fórmula excepcional), sino sobre todo porque no suele responder a situaciones de *"extraordinaria y urgente necesidad"*, únicas que permiten la vía del Real Decreto-Ley (art. 86.2 CE). Solo situaciones imprevisibles (como sucedió con el COVID, que dio lugar al RDL 463/2020, de 14 de marzo) o la inminencia de una sanción europea por la no temporánea trasposición de una Directiva (como sucedió con la mediación, aprobada originariamente por RDL 5/2012, de 5 de marzo), pueden justificar una manera de legislar tan poco adecuada para las cuestiones procesales. En todos los demás casos, siempre cabe —y es exigible— realizar una tramitación parlamentaria *plena* de la reforma procesal de que se trate.

En el caso de esta concreta reforma del sistema de recursos extraordinarios operada por el RDL 5/2023, la existencia de una necesidad "urgente y extraordinaria" no parece fácil de sostener, dado que ese mismo texto legal se había incluido en el Proyecto de Ley de Eficiencia Procesal, que llevaba dos años tramitándose en el Congreso de los Diputados y que decayó con la disolución de las Cortes Generales en mayo de 2023. La razón que la Exposición de Motivos (apartado V) esgrime para justificar la necesidad de aprobar esta reforma por un Decreto-ley es el incremento de la litigiosidad con relación al recurso de casación, y la dedicación de numerosos esfuerzos a atender a un trámite de admisión que en el 80% de los casos terminaba en un rechazo. Para el Gobierno, *"nos encontramos ante una situación de urgencia y necesidad de un Alto Tribunal que se enfrenta a una litigiosidad masiva que hacen (sic) necesario adoptar una serie de medidas procesales limitadas que, asentadas sobre los elementos estructurales propios del proceso judicial, logren una mayor agilidad en la tramitación de los recursos que están pendientes ante el Tribunal Supremo o en los que se plantean situaciones similares"*. Sin embargo, esa congestión de la Sala de lo Civil del Tribunal Supremo no es nueva, sino que se remonta a muchos años atrás y, en ningún caso, le ha impedido dictar resoluciones en plazos considerados hasta este momento como razonables.

Estas mismas explicaciones se reiteran más adelante (Exposición de Motivos, apartado VI, último párrafo: *"en esta regulación procesal no se altera ni se afecta a la competencia de los órganos judiciales. Tampoco se afecta a los elementos estructurales o esenciales del proceso judicial. Por el contrario, se trata de una serie de medidas procesales limitada que, asentada sobre los elementos estructurales propios del proceso judicial, busca una mayor agilidad en la tramitación de los recursos que están pendientes ante el Tribunal Supremo o en los que se plantean situaciones similares, a fin de proporcionar instrumentos y cauces procesales eficaces para atender la litigiosidad masiva"*). Se insiste, pues, en que es la litigación masiva la que justifica el dictado de un Decreto-ley; sin embargo, la proliferación de tales casos se remonta a más de diez años atrás, y además la parte del Proyecto de Ley de Eficiencia Procesal que más podía luchar contra ella (como la regulación del denominado procedimiento testigo) no se incluyó en el contenido del RDL 5/2023, luego no parece que esa fuera la causa real de acudir a una reforma exprés.

Por otra parte, tampoco es cierto que el contenido del RDL 5/2023 no afecta a elementos estructurales o esenciales del proceso, porque la articulación de los recursos extraordinarios sí forma parte de lo que podría considerarse el "núcleo duro" del sistema procesal civil. Del mismo modo, la normativa contenida en el RDL 5/2023 no se limita a dotar de más agilidad a los recursos de casación *pendientes*, como da a entender la Exposición de Motivos, sino que establece una nueva regulación para el futuro. Son, pues, más que justificaciones, *excusas*, las que se incorporan al RDL, porque parece claro que no existía urgencia alguna para aprobar esta reforma, y si se ha hecho de esa manera ha sido para contentar a la Sala de lo Civil del Tribunal Supremo, que venía reclamando para sí un modelo de admisión de los recursos de casación similar al previsto desde 2007 para los recursos de amparo, como en seguida trataremos de demostrar[1].

De cualquier forma, no parece que el Tribunal Constitucional vaya a pronunciarse sobre la constitucionalidad del citado RDL 5/2023; primero, porque el plazo para presentar contra él recurso de inconstitucionalidad ya ha transcurrido sin que nadie lo haya interpuesto; y, segundo, porque no parece que el Tribunal Supremo vaya a cuestionar una regulación que ha salido —directa o indirectamente— de sus propios despachos. Tampoco es seguro que, en el caso de que se hubiera planteado, el Tribunal Constitucional lo hubiera declarado inconstitucional, habida cuenta la posición tan laxa que, sobre la cuestión de la "extraordinaria y urgente necesidad", está teniendo en sus últimas sentencias[2]. Pero al menos debemos dejar aquí

---

1 Esta promoción de la reforma por la propia Sala de lo Civil del Tribunal Supremo se puede comprobar al leer el trabajo de su Presidente, Francisco Marín Castán, titulado: "Claves para una reforma urgente de la casación civil", en Hualde López (dir.), *Estudios sobre el recurso de casación civil: fase de admisión*, Thomson Reuters Aranzadi, Cizur Menor, 2020, págs. 265-276.

2 Por ejemplo, en la reciente STC 145/2023, de 25 de octubre, el Tribunal Constitucional valida un RDL que regulaba una cuestión que llevaba produciéndose durante décadas (la tasa de temporalidad en la función pública), poniendo en definitiva el principio de oportunidad política por encima del de verdadera urgencia y necesidad, con el argumento de que el juicio del Tribunal no debe sustituir al previo del Gobierno que aprueba la norma y al Congreso que la convalida: *"A este tribunal le corresponde un control externo del amplio margen de discrecionalidad política que la Constitución atribuye al Gobierno en la valoración de que concurre una extraordinaria y urgente necesidad de aprobar una norma a través del real decreto-ley. Desde el prisma de que no le corresponde a este tribunal suplir la apreciación del Gobierno sobre la concurrencia del presupuesto habilitante, y por tanto, de conformidad con el indicado control externo, podemos adelantar que el Gobierno ha satisfecho la exigencia de explicitar y razonar de forma suficiente la existencia de una situación de "extraordinaria y urgente necesidad", y, consiguientemente ha satisfecho la carga de justificar la concurrencia del presupuesto habilitante exigido por el artículo 86.1 CE. En tal sentido, conviene insistir, frente a la censura*

constancia de que la vía del Real Decreto-ley no es la manera adecuada de abordar las reformas procesales, y que si se acepta el incremento de la litigiosidad y la racionalidad en el uso de los medios disponibles como motivos suficientes para sostener la existencia de una situación de "extraordinaria y urgente necesidad" habilitante, cualquier modificación de las leyes procesales podría hacerse mediante Decreto-ley y, por tanto, sin los pertinentes informes de los órganos consultivos y prescindiendo de la correspondiente tramitación parlamentaria, lo que iría en detrimento no solo de la calidad de las normas derivada del procedimiento legislativo ordinario, sino del propio sistema democrático, al convertirse el poder ejecutivo en legislativo en lo relativo a la materia procesal[3].

2. LOS ELEMENTOS CLAVE DE LA REFORMA DEL SISTEMA DE RECURSOS EXTRAORDINARIOS INTRODUCIDA POR EL RDL 5/2023

2.1. Como ya hemos indicado, la reforma —que, insistimos, ha sido promovida, aunque de forma no pública ni transparente (entre otras cosas, porque excede de sus funciones propias) por la Sala de lo Civil del Tribunal Supremo— trata de disminuir el trabajo que pesa sobre dicha Sala con la implementación de dos medidas complementarias entre sí: por un lado, la de inadmitir los recursos a través de una resolución *de facto* inmotivada; y, por otro, la de limitar las decisiones de fondo a aquellas materias que la propia Sala considere que merece la pena resolver, descartando entrar a

---

que los recurrentes a la inexistencia del presupuesto habilitante, que las situaciones concretas y los objetivos gubernamentales que han dado lugar a la aprobación del decreto-ley puede ser independientes de su imprevisibilidad e, incluso, pueden tener su origen en la previa inactividad del propio Gobierno o de los que le han precedido, siempre que concurra efectivamente la excepcionalidad de la situación y la misma requiera una acción normativa inmediata en un plazo más breve que el requerido por la vía normal o por el procedimiento de urgencia para la tramitación parlamentaria. Tampoco está de más recordar que en el control jurídico acerca de la concurrencia del presupuesto habilitante este requisito este tribunal no debe suplantar a los órganos constitucionales que intervienen en la aprobación y convalidación de los reales decretos-leyes".

3 Como afirma Joan Picó i Junoy: "Con esta forma de proceder, en definitiva, se ha eliminado el debido y democrático debate parlamentario en una materia de tanta trascendencia para la justicia civil como es el recurso de casación ante el Tribunal Supremo" (Reflexiones críticas de urgencia sobre la reciente reforma de la casación civil", *Diario La Ley*, nº 10325, julio de 2023, pág. 2).

resolver los demás casos. Por lo tanto, los intereses de los justiciables están completamente ausentes en el nuevo sistema; es más, se reducen considerablemente, tanto en lo que se refiere al acceso al recurso como en la argumentación que lo fundamenta, e incluso en la posible celebración de una vista. Como ha dicho algún autor, el recurso de casación puede pasar de ser extraordinario a ser excepcional[4].

Aunque pudiera pensarse que esta reforma toma como punto de referencia la regulación del recurso de casación contencioso-administrativo implementada por la Ley Orgánica 7/2015, de 21 de julio, por la que se modificaba la Ley Orgánica 6/1985, de 1 de julio, del Poder Judicial, veremos en seguida que no es del todo correcto. Es verdad que en 2015 se introducen por vez primera en la Ley 29/1998, de 13 de julio, reguladora de la jurisdicción contencioso-administrativa (en adelante, LJCA) aspectos que aparecen en la reforma de la casación civil, como las limitaciones de carácter formal en los escritos procesales[5], el "interés casacional objetivo" como núcleo sobre el que pivota la admisión del recurso (art. 88 LJCA), una Sección de Admisión —aunque especificando cómo se forma y quien la compone (art. 90.2 LJCA)—, o la posibilidad de inadmitir los recursos por providencia sucintamente motivada (art. 90.3.a LJCA). Pero los cambios introducidos en la casación civil por el RDL 5/2023 van más allá que los previstos para el recurso de casación contencioso-administrativo, y pretenden convertir a la Sala de lo Civil en un órgano libérrimo a la hora de decidir los asuntos sobre los que va a resolver, y a sus resoluciones en

---

4 Jordi Nieva Fenoll afirma que "no hay que engañarse; hay que tener bien claro que esa perspectiva de éxito en la interposición del recurso se aleja muchísimo con la reforma. A partir de ahora, el recurso de casación puede devenir, no extraordinario, como ya lo es, sino excepcional y hasta marginal, de manera que la enorme mayoría de Letrados de este país, de manera realista, no podrán pensar jamás en interponerlo. Con todo, ese fatal resultado final depende por completo del Tribunal Supremo. Como impropio "legislador", en su mano estará que las Audiencias Provinciales se conviertan en pequeños tribunales territoriales de "casación", lo que sería inquietante, sobre todo porque son muchísimos y pueden provocar una fragmentación del ordenamiento jurídico sin precedentes. Sin embargo, es bastante posible que algo así acabe sucediendo en los próximos años" ("Reformando la casación —civil y penal— por Real Decreto-Ley: ¿el espíritu de una época?", *Actualidad Civil*, nº 7, julio de 2023, pág. 2).

5 El art. 87 bis 3 de la LJCA establece que: *"La Sala de Gobierno del Tribunal Supremo podrá determinar, mediante acuerdo que se publicará en el "Boletín Oficial del Estado", la extensión máxima y otras condiciones extrínsecas, incluidas las relativas a su presentación por medios telemáticos, de los escritos de interposición y de oposición de los recursos de casación".*

doctrina de obligado cumplimiento para el resto de los tribunales de su orden jurisdiccional.

En nuestra opinión, el verdadero modelo de esta reforma de la casación civil debe hallarse en la que se introdujo en el recurso de amparo constitucional, a través de la Ley Orgánica 6/2007, de 24 de mayo —por cierto, también impulsada por el propio destinatario de la norma, en este caso, el Tribunal Constitucional—. Esta modificación incluía las siguientes medidas: 1) se constituían dos secciones en cada una de las dos Salas del Tribunal Constitucional, con el fin de duplicar el trabajo con relación a la admisión (art. 8.1 LOTC); 2) se permitía inadmitir por providencia los recursos de amparo que se consideraba que no cumplían alguno de los requisitos exigidos (art. 50.3 LOTC); y 3) se incorporaba la *"especial trascendencia constitucional"* como requisito que debía justificarse para poder entrar a resolverse sobre el recurso (art. 50.1.b LOTC). Es decir, que, con esta nueva regulación, ya no bastaba para fundar un recurso de amparo la alegación de haberse vulnerado en el caso concreto un derecho fundamental, sino que además se requería que el asunto mereciera —a juicio del Tribunal Constitucional— un pronunciamiento por su parte, acreditando la "especial trascendencia constitucional".

2.2. Como vamos a intentar demostrar a continuación, esos mismos principios se han tomado como referencia en la reforma del recurso de casación civil, quizá por el mimetismo que desde hace mucho tiempo —casi desde que se aprobó la Constitución española— caracteriza al Tribunal Supremo respecto a todo lo que hace el Tribunal Constitucional (puesto de manifiesto en numerosas ocasiones como, por ejemplo, con la aprobación en 1997 del "estatuto" de los miembros del Tribunal Supremo, que los equiparaba en salario y prerrogativas a los Magistrados del Tribunal Constitucional).

Así, en primer lugar, la reforma crea una *"Sección de Admisión de la Sala Primera del Tribunal Supremo"* (art. 483.2 LEC) que no está prevista orgánicamente en la LOPJ[6], y que se encargaría de pronunciarse sobre la admi-

[6] La única referencia que la LOPJ realiza a una "Sección de Admisión" en el Tribunal Supremo es en el art. 61 bis 3 I al tratar del "Gabinete Técnico", señalando que dentro cada área —y *"existirán tantas áreas como órdenes jurisdiccionales"*— *"podrá existir una sección de Admisión y otra sección de Estudios e Informes"*. Por lo tanto, la sección es una división interna del Gabinete Técnico, de carácter meramente funcional, y no de la propia Sala, con un carácter orgánico, como indica el art. 483.2 LEC.

sión del recurso, de modo similar a cómo hacen las Secciones en el Tribunal Constitucional. A continuación, se prevé que la inadmisión se realice *"por providencia sucintamente motivada"* (art. 483.3 LEC), de manera que ya no va a hacer falta una resolución motivada *de facto* —ni siquiera el trámite regulado antes de la reforma, consistente en solicitar alegaciones de las partes antes de resolver sobre una posible inadmisión— para rechazar el recurso, sino que se podrá *despachar* con dos líneas de pretendida justificación, como sucede actualmente con el recurso de amparo constitucional.

Por último, se condiciona la admisión a que en el recurso de casación *"concurra interés casacional"* (art. 477.2 LEC), de igual modo que para el amparo se exige "especial trascendencia constitucional". Por lo tanto, en la nueva regulación se ha suprimido la posibilidad de acceder a la casación por razón de la cuantía (antes de la reforma la *summa gravaminis* estaba fijada en 600.000 euros para la casación civil), de manera que solo cabe plantear recurso de casación si se alega vulneración de derecho fundamental sustantivo en materia civil (es decir, derecho al honor, a la intimidad y a la propia imagen, derecho a la información, derecho de asociación, y cualquier otro similar), o si el Tribunal Supremo aprecia interés casacional en la infracción sustantiva o procesal alegada (y este existirá, como sucedía en la anterior regulación, *"cuando la resolución recurrida se oponga a doctrina jurisprudencial del Tribunal Supremo o resuelva puntos y cuestiones sobre los que exista jurisprudencia contradictoria de las Audiencias Provinciales o aplique normas sobre las que no existiese doctrina jurisprudencial del Tribunal Supremo"*: art. 477.3 I LEC).

La reforma introduce un novedoso —y extraño— "interés casacional" denominado "notorio", que tendría lugar *"cuando la resolución impugnada se haya dictado en un proceso en el que la cuestión litigiosa sea de interés general para la interpretación uniforme de la ley estatal o autonómica. Se entenderá que existe interés general cuando la cuestión afecte potencial o efectivamente a un gran número de situaciones, bien en sí misma o por trascender del caso objeto del proceso"* (art. 477.4 LEC). Lo que sorprende es que este caso no pueda incluirse en alguno de los tres supuestos de interés casacional "ordinario", porque lo lógico es que esa cuestión tan de interés y que afecta a numerosas situaciones o bien no tenga aún sentada doctrina por el Tribunal Supremo —y perfectamente podía entonces ser resuelta por el tercer supuesto de interés casacional—, o bien ya exista dicha doctrina, en cuyo caso se trataría de hacerla valer —y podría encajar en el primer o en el segundo supuesto del interés casacional ordinario—.

En cualquier caso, el adjetivo empleado para calificar ese nuevo interés casacional ("notorio") es claramente inadecuado, porque el que se refiera a una cuestión que afecte a un elevado número de situaciones o que pueda ser interesante para una interpretación uniforme de una materia, no lo convierte en algo que cualquiera consideraría que merece un pronunciamiento por parte del Tribunal Supremo (que eso es lo que significa que algo sea notorio)[7].

Por otra parte, si lo que se pretendía con esta nueva modalidad de interés casacional —como ha señalado alguna autora[8]— era permitir adaptar la doctrina jurisprudencial a los cambios producidos en la realidad social, lo lógico hubiera sido que se dijera así de forma expresa, y no que se haya recurrido a un etéreo "interés notorio" que se reconduce a un "interés general" y que, a la postre, se desconoce cuál puede llegar a ser su verdadero alcance[9].

---

7 Como bien señala José Ramón García Vicente, "hubiera sido preferible, tal vez, confiar en este punto en la autocontención (la *self restraint*) del Tribunal —que a buen seguro hubiera sabido hacer uso de esta libertad para elegir, del uso de una discrecionalidad razonada— antes que introducir una noción como esta, que requerirá de precisiones antes o después ingobernables. Posiblemente confluyan dos propósitos en cierto modo contradictorios: el imperativo o regulativo, por un lado (hay que salvar la presencia del interés casacional, como palanca objetiva del recurso) y la discrecional libertad de la sala para elegir racionalmente asuntos o problemas que trasciendan, esto es, que sean el semillero de otros. La motivación sobre su presencia no puede ser una simple afirmación, sino que deberán exponerse las razones —naturalmente restrictivas, porque no todo es notorio y no solo es notorio lo que el Tribunal considera que lo es— que justifiquen su apreciación y que puedan ilustrar a los litigantes sobre en qué casos tienen la posibilidad de invocar su presencia" ("La nueva casación civil: dudas y certezas", *Diario La Ley*, nº 10344, septiembre de 2023, págs. 5 y 6).

8 Para María Santisteban Castro, "la inclusión del criterio de interés casacional notorio encuentra su razón de ser en la necesidad de introducir una cláusula que, de forma específica, permitiera llevar a cabo un cambio en la doctrina jurisprudencial operante en torno a una cuestión determinada. Esto se hace necesario cuando sea preciso adaptarse a la evolución de la realidad social o de la común opinión de la comunidad jurídica sobre una determinada materia" ("El cambio de paradigma del modelo casacional civil español a través del Real Decreto-Ley 5/2023", *Revista de la Asociación de Profesores de Derecho Procesal de las Universidades Españolas*, nº 8, Ed. Tirant lo Blanch, 2023, pág. 236).

9 Dice a este respecto Piedad González Granda que "el interés casacional es notorio cuando la cuestión litigiosa afecte potencial o efectivamente a un gran número de situaciones, bien en sí misma o por trascender del caso objeto del proceso. Si esto es así: ¿No podría haberse simplificado al menos en estos términos? ¿Añade algo

Otra importante novedad de la reforma es que ese interés casacional ahora se aprecia no solo respecto al Derecho sustantivo, sino también con relación al Derecho procesal, dado que la reforma suprime el recurso extraordinario por infracción procesal con los motivos específicos en que dicho recurso podía basarse (contemplados en el art. 469 LEC), unificándolo todo a través de un único recurso de casación, que se funda siempre en "infracción de norma" y en el que, además, debe concurrir "interés casacional". Es decir, como sucedía con el recurso de amparo constitucional, la vulneración del precepto material o procesal es condición necesaria, pero no suficiente, para admitir la casación: se requiere además que el Tribunal Supremo considere que el asunto presenta interés casacional.

En definitiva, que se reproduce ahora con relación al recurso de casación civil el mismo esquema de admisión que el implantado hace quince años para el recurso de amparo constitucional: solo se admitirán aquellos casos que quiera el propio Tribunal destinatario del recurso, descartando los demás mediante una resolución sin apenas motivación (generalmente, un par de líneas donde se indica que no concurre el requisito que sea, sin mayor explicación). Nos encontramos, pues, ante la versión hispana[10] del *"writ of certiorari"* anglosajón[11], que abandona la protección del *ius li-*

---

el concepto de notoriedad entendida en el sentido expuesto a lo que puede ser el concepto de generalidad? ¿No es en definitiva una contradicción en los términos identificar lo notorio con lo general? ¿No es en realidad una utilización impropia del término notorio?" ("El *quid pro quo* de la reforma de los recursos extraordinarios civiles: breve apunte", *Diario La Ley*, nº 10365, octubre de 2023, pág. 11).

10 Dice Nieva Fenoll: "No hay que ocultar que lo que se ha introducido con esta reforma ha sido un *certiorari* al más puro estilo anglosajón, aunque encubierto o disfrazado, lo que es impropio y hasta indignante porque una reforma de semejante calado no es una banalidad, sino algo que hubiera debido ser discutido ampliamente en el Parlamento" ("Reformando la casación...", *cit.*, pág. 4).

11 En un interesantísimo artículo que no ha perdido actualidad, María Ángeles Ahumada Ruiz sostiene, con relación al *certiorari* que ejerce el Tribunal Supremo de Estados Unidos, que "el mecanismo del *certiorari* ha puesto en manos del Tribunal el tremendo poder de seleccionar, entre la multitud de casos que reclaman su atención, aquellos que, según su criterio, le permiten desempeñar mejor su función institucional y decidir solo o preferentemente las cuestiones cuyo impacto trasciende los límites de la controversia particular en que se plantean" ("El *certiorari*. Ejercicio discrecional de la jurisdicción de apelación por el Tribunal Supremo de los Estados Unidos", *Revista Española de Derecho Constitucional*, núm. 41, mayo-agosto 1994, pág. 94).

tigatoris que tradicionalmente ha caracterizado a la casación civil patria[12], como ya hemos visto que sucedió en buena medida en 2015 con la casación contencioso-administrativa[13], en favor del menor trabajo del órgano jurisdiccional[14].

---

12 Víctor Moreno Catena indica a este respecto que "junto a esta finalidad de defensa del *ius constitutionis*, la casación española ha venido desde antiguo cumpliendo otra función no menos importante que el sistema casacional clásico minimiza: la defensa del *ius litigatoris*. Esta tutela de los derechos de los litigantes se realiza, entre otras cosas, *suprimiendo el reenvío* al tribunal de instancia para que éste resuelva de nuevo ajustándose a lo ordenado en la sentencia de casación, lo que supone dilaciones y dispendios para los litigantes; el sistema español atribuye al propio órgano de la casación (desde 1852 y, definitivamente, en la LEC de 1855), la decisión sobre el fondo, declarando definitivamente lo que en derecho proceda cuando se trate de un error en el juicio" (*Derecho Procesal Civil. Parte general*, 10ª ed., Ed. Tirant lo Blanch, Valencia, 2019, págs. 383 y 384)

13 Como señala Raúl Cancio Fernández, hablando de la reforma del recurso de casación contencioso-administrativo de 2015, "el elemento estructural del nuevo panorama casacional será la objetivación de la naturaleza del recurso, abandonando su finalidad reparadora de intereses y derechos subjetivos, para mutar en un remedio básicamente dirigido a la creación de jurisprudencia (...) Con la nueva regulación, la admisión pasará a ser una decisión del Tribunal basada en la existencia del denominado "interés casacional objetivo", imponiéndole al recurrente la carga procesal de justificar que en su caso concurre alguna de las causas que lo generaría, sin que la correcta invocación formal de cualesquiera de ellas determine la admisión del recurso, injertándose así por fin en nuestro sistema casacional el venerable *writ of certiorari* de la Corte Suprema norteamericana" (artículo publicado en el *Diario ABC* el 28 de septiembre de 2015).

14 Ibón Hualde López (en "Algunas cuestiones sobre la admisión del proyectado recurso de casación civil", *Revista Indret*, 2.2022) no considera que el sistema de casación español sea equivalente al *certiorari* norteamericano ("En definitiva, aunque es innegable que la vigente regulación de la casación contencioso-administrativa, lo mismo que la contenida en el Anteproyecto por el que se pretende la reforma de la casación civil, concede cierta discrecionalidad al órgano casacional en la selección de asuntos, lo que lleva a acercar esos recursos al *certiorari*, aquella no es comparable a la que ostenta el Tribunal Supremo de los Estados Unidos (*Supreme Court of the United States*)": pág. 21), e incluso propugna que se aumente el nivel de discrecionalidad suprimiendo incluso la necesidad de motivar la admisión del recurso de casación ("Cabe plantear entonces la posibilidad, propia de un sistema de admisión de plena discrecionalidad como el norteamericano, de que en el ámbito de nuestra casación la admisión y la inadmisión del recurso tenga siempre lugar por medio de providencia, que es una resolución no necesariamente motivada; posibilidad que, desde luego, traería consigo una considerable disminución del tiempo y esfuerzo que los magistrados del Tribunal Supremo han de dedicar a

2.3. A la vista de lo anterior, el RDL 5/2023 configura un sistema de recursos extraordinarios que modifica sustancialmente el modelo anterior sentado en el Disposición final 16ª de la LEC (que, como ya se señaló, no se deroga por el RDL 5/2023, sino por el seis meses posterior RDL 6/2023), al hacer desaparecer el recurso extraordinario por infracción procesal y unificar todo en un único recurso, denominado de casación, que se residencia ante la Sala de lo Civil del Tribunal Supremo.

Las resoluciones recurribles en casación se refieren en el art. 477.1 LEC: *"las sentencias que pongan fin a la segunda instancia dictadas por las Audiencias Provinciales cuando, conforme a la ley, deban actuar como órgano colegiado y los autos y sentencias dictados en apelación en procesos sobre reconocimiento y ejecución de sentencias extranjeras en materia civil y mercantil al amparo de los tratados y convenios internacionales, así como de Reglamentos de la Unión Europea u otras normas internacionales, cuando la facultad de recurrir se reconozca en el correspondiente instrumento"*. Quedan, pues, fuera del ámbito del recurso tanto las sentencias dictadas en apelación en juicios verbales que se tramiten por razón de la cuantía (pues son resueltas por un solo Magistrado: art. 82.2.1º II LOPJ), como los autos que ponen fin a la segunda instancia al resolver una excepción procesal. También, como hasta ahora, quedan fuera de la casación las decisiones últimas (que tienen forma de auto) relativas a los procesos de ejecución y a los expedientes de jurisdicción voluntaria, con lo que seguirá sin haber doctrina del Tribunal Supremo sobre tales materias.

Con la nueva regulación resulta indiferente si el procedimiento (juicio ordinario o juicio verbal) quedó originariamente fijado por razón de la materia o de la cuantía, porque ha desaparecido, como ya se ha señalado, el acceso por la vía de la *summa gravaminis*. Ahora todo pleito que haya finalizado con una sentencia de fondo (y que no sea un verbal por razón de la cuantía) tiene teóricamente acceso a casación. Eso sí, se requiere la concurrencia de dos elementos, que se establecen en el art. 477.2 LEC: la infracción de norma sustantiva o procesal (y, en este segundo caso, se ha tenido que denunciar la vulneración en la instancia, si hubo posibilidad: art. 477.6 LEC), y la existencia de interés casacional (definido en el art. 477.3 LEC, como ya se indicó). Solo quedan excepcionados de este segundo requisito los recursos contra *"sentencias dictadas para la tutela judicial civil de derechos fundamentales susceptibles de recurso de amparo"*, lo que ya estaba previsto y viene funcionando desde la entrada en vigor de la LEC 1/2000.

---

la motivación de los autos, cuando su dictado resulta legalmente preceptivo": pág. 22).

En consecuencia, a la hora de interponer el recurso de casación, el recurrente deberá especificar un motivo por cada infracción (art. 481.3 LEC), y exponer con claridad (a través de un encabezamiento: art. 481.4 LEC, y una fundamentación correlativa: art. 481.5 LEC) dicha infracción y el *"problema jurídico planteado"* (art. 481.5 LEC). Con ello se da carta de naturaleza legal a lo que hasta ahora era un simple Acuerdo de Pleno no jurisdiccional de la Sala de lo Civil del Tribunal Supremo de 27 de enero de 2017, de manera que se refuerza el carácter *paralegislativo* que están asumiendo las Salas de Tribunal Supremo en orden a fijar los requisitos de admisión de los recursos, con el beneplácito del Tribunal Constitucional, que considera dicha cuestión como algo de legalidad ordinaria en la que no puede entrar salvo manifiesta arbitrariedad[15], especialmente si se trata de un recurso de carácter extraordinario, como es la casación[16].

---

15 Como indica la STC 71/2022, de 13 de junio, recogiendo doctrina plenamente asentada: *"de ahí que este tribunal venga manteniendo que el control que compete a la jurisdicción constitucional no alcanza a revisar los pronunciamientos referidos a la inadmisión de recursos, al ser esta una cuestión de legalidad ordinaria, salvo en aquellos casos en los que la interpretación o aplicación de los requisitos procesales llevada a cabo por el juez o tribunal, que conducen a la inadmisión del recurso, resulte arbitraria, manifiestamente irrazonable, o incurra en un error de hecho patente con relevancia constitucional (entre otras muchas, SSTC 43/2000, de 14 de febrero, FJ 3; 258/2000, de 30 de octubre, FJ 2; 181/2001, de 17 de septiembre, FFJJ 2 y 3, y 74/2003, de 23 de abril, FJ 3)".*

16 Señala a este respecto la STC 143/2020, de 19 de octubre: *"cuando se trata de recursos devolutivos extraordinarios cuya competencia corresponde resolver al Tribunal Supremo, nuestra doctrina de control constitucional, relativa al recurso de casación pero predicable con igual fuerza de otros recursos extraordinarios que le han sido confiados por las leyes procesales, como puede ser justamente el recurso extraordinario por infracción procesal en el ámbito civil, es que comporta un control "si cabe, más limitado [...]. Por una parte, porque la resolución judicial que se enjuicia es del Tribunal Supremo, a quien le está conferida la función de interpretar la ley —también, evidentemente, la procesal—, con el valor complementario que atribuye a su jurisprudencia el Código civil. La STC 37/2012, de 19 de marzo, FJ 4, declara que 'toda jurisprudencia del Tribunal Supremo, órgano jurisdiccional superior en todos los órdenes salvo lo dispuesto en materia de garantías constitucionales (artículo 123.1 CE), complementa el ordenamiento jurídico, conforme señala el artículo 1.6 del Código civil, y tiene, por ello, vocación de ser observada por los jueces y tribunales'. Por otra parte, porque el recurso de casación tiene la naturaleza de recurso especial o extraordinario, lo que determina que debe fundarse en motivos tasados —numerus clausus— y que está sometido no solo a requisitos extrínsecos de tiempo y forma y a los presupuestos comunes exigibles para los recursos ordinarios, sino a otros intrínsecos, sustantivos, relacionados con el contenido y la viabilidad de la pretensión; de donde se sigue que su régimen procesal es más estricto por su naturaleza de recurso extraordinario (SSTC 37/1995, de 7 de febrero, FJ 5; 248/2005, de 10 de octubre, FJ 2; 100/2009, de 27 de abril, FJ 4, y 35/2011, de 28 de marzo, FJ 3)"*

2.4. Pero la nueva norma va todavía más allá, y ha procedido a *deslegalizar* los requisitos formales que se exigen al recurso, al remitirlos a una posterior regulación *interna* del propio Tribunal Supremo (*"La Sala de Gobierno del Tribunal Supremo podrá determinar, mediante acuerdo que se publicará en el "Boletín Oficial del Estado", la extensión máxima y otras condiciones extrínsecas, incluidas las relativas al formato en el que deban ser presentados, de los escritos de interposición y de oposición de los recursos de casación"*: art. 481.8 LEC, reproduciendo lo previsto para el recurso de casación contencioso-administrativo). Dicho Tribunal se ha apresurado a aprobar dicha normativa, y así la encontramos recogida en el Acuerdo de 14 de septiembre de 2023, de la Comisión Permanente del Consejo General del Poder Judicial, por el que se publica el Acuerdo de 8 de septiembre de 2023, de la Sala de Gobierno del Tribunal Supremo, sobre la extensión y otras condiciones extrínsecas de los escritos de recurso de casación y de oposición civiles (publicado en el BOE núm. 226, de 21 de septiembre de 2023).

Conforme a esta normativa —evidentemente de naturaleza reglamentaria, lo que supone una innovación en el ámbito procesal civil, y no precisamente loable y probablemente vulneradora del art. 1 LEC que consagra el principio de legalidad procesal, al exigir que *"en los procesos civiles, los tribunales y quienes ante ellos acudan e intervengan deberán actuar con arreglo a lo dispuesto en esta Ley"*, lo que impone una evidente reserva de ley[17]—, el escrito de interposición donde se contiene el recurso adquiere de forma paradójica un papel secundario, por más que se indique minuciosamente cuál debe ser su extensión máxima (*"50.000 "caracteres con espacio", equivalente a 25 folios"*) y su formato (*"fuente "Times New Roman", con un tamaño de 12 puntos en el texto y de 10 puntos en las notas a pie de página o en la transcripción literal de normas o párrafos de sentencias que se incorporen. El interlineado en el texto será de 1,5. Los márgenes horizontales y verticales (márgenes superior, inferior, izquierdo y derecho de la página) serán de 2,5 cm. El documento no contendrá*

[STC 7/2015, FJ 2 A) c); en el mismo sentido, SSTC 115/2017, de 19 de octubre, FJ 5 d); 98/2020, de 22 de julio, FJ 2 B), y 99/2020, de 22 de julio, FJ 2 A) d)]".

17 Así también lo señala Susanna Oromí Vall-Llovera: "Esta falta inicial (de previsión legal) se ha suplido a través del Real Decreto Ley 5/2023, con la introducción del apartado 8 al art. 481 de la LEC. Esta previsión salva un escollo, pero no puede estar exenta de crítica, pues se otorgan competencias a un órgano gubernativo del poder judicial sobre cuestiones que de forma directa o indirecta tienen un contenido procesal, limitando en este aspecto el principio de legalidad procesal previsto por el art. 1 de la LEC" ("Un camino hacia la digitalización del Tribunal Supremo: condiciones extrínsecas de los escritos de interposición y oposición del recurso de casación civil", *Diario La Ley*, nº 10398, noviembre de 2023, pág. 11).

rayas ni otros elementos que dificulten su lectura. Todos los folios estarán numerados de forma creciente, empezando por el número uno que figurará en la esquina superior derecha del folio").

El protagonismo del nuevo recurso de casación lo adquiere una "carátula" —de la que nada habla la LEC— que debe preceder al escrito de interposición, y donde se resume todo el contenido de este (*"contendrá los datos esenciales del recurso"*). Tal carátula —en contra de lo que su propio nombre indica, pues una carátula es, según la RAE, una "cubierta o portada de un libro o de los estuches de discos, casetes, cintas de video"—, consiste en la cumplimentación de un formulario bastante extenso —aunque también tienen limitado el número de caracteres que pueden emplearse en cada uno de sus apartados—, que de hecho será lo que sirva para determinar si se va a admitir o no el recurso de casación (el Preámbulo del Acuerdo dice al respecto de forma harto eufemística que la carátula *"facilitará a la Sección de Admisión de la Sala Primera la revisión de los presupuestos formales y de contenido que exige la ley, y la identificación de los elementos esenciales del recurso"*). Es decir, que, a la vista de lo expuesto, cabe la posibilidad de que un recurso de casación sea inadmitido por la decisión de un órgano (la Sección de Admisión) que no está previsto ni regulado en la LOPJ, y por carecer de un requisito (la carátula) que no se menciona expresamente en la LEC. Como se puede comprobar, la nueva normativa no parece muy respetuosa con el principio de legalidad procesal.

Una vez más, con esta exigencia de presentar una carátula previa que acompañe al escrito del recurso de casación, el Tribunal Supremo no hace sino copiar lo ya realizado por el Tribunal Constitucional quien, también de forma al menos *alegal* —pues nada dice al respecto la LOTC—, ha exigido que el recurso de amparo constitucional venga precedido de un "formulario" —una denominación por lo menos más correcta que la de "carátula"— donde se debe resumir el contenido esencial del escrito conteniendo el recurso de amparo (Acuerdo de 15 de marzo de 2023, del Pleno del Tribunal Constitucional, por el que se regula la presentación de los recursos de amparo a través de su sede electrónica, BOE de 23 de marzo de 2023).

De cualquier forma, y al margen de la posible vulneración de derechos fundamentales (art. 24.1 CE) que existiría si se generaliza una interpretación rigurosa de estas exigencias formales no establecidas en la ley que conllevara la inadmisión de las pretensiones planteadas[18], hay que denunciar

---

18 Para Oromí Vall-Llovera, no sería conforme con la Constitución que la Sala de lo Civil del Tribunal Supremo inadmitiera una casación por no respetarse los requi-

la progresiva incorporación a nuestro sistema jurídico procesal de estos ejemplos del denominado "derecho blando" o *soft law*[19] (es decir, protocolos que no están incorporados a cuerpos normativos, pero que inspiran o determinan la conducta de los agentes jurídicos por venir exigidos *de facto* por los órganos judiciales), que pueden ser adecuados o convenientes en el ámbito del derecho internacional, pero absolutamente incompatibles con áreas del Derecho regidas por el principio de legalidad, como sucede con el Derecho Procesal.

3. LA TRAMITACIÓN DEL NUEVO RECURSO DE CASACIÓN CIVIL

3.1. Una vez interpuesto en el plazo de veinte días desde la notificación de la sentencia impugnada (art. 479.1 LEC) el recurso de casación ante el tribunal *a quo* (esto es, *"ante el tribunal que haya dictado la resolución que se impugne"*: art. 479.1 LEC, que será la Audiencia Provincial), el Letrado de la Administración de Justicia de dicho tribunal deberá tenerlo por interpuesto si cumple los requisitos de tiempo y forma (art. 479.2 LEC) y remitir los autos al tribunal *ad quem* (esto es, *"al tribunal competente para conocer del recurso de casación"*: art. 482.1 LEC, que será la Sala de lo Civil del Tribunal Supremo o la Sala de lo Civil y Penal del Tribunal Superior de Justicia si el recurso se funda en Derecho foral o especial), emplazando a las partes por término de treinta días para que se personen allí (art. 482.1 LEC).

Tras la comparecencia, el art. 483.1 LEC prevé de forma absolutamente novedosa —porque no estaba previsto en la regulación anterior sobre casación— y sorprendente —porque supone reiterar lo que ya se ha realizado

---

sitos formales fijados por ella en Acuerdo gubernativo: "Los requisitos de extensión y los otros de formato de los escritos, por tanto, solo pueden ser meras recomendaciones para la elaboración de los escritos de la casación, sin efecto vinculante, pues la LEC no establece la inobservancia de estos requisitos como causa de inadmisión del recurso. Ante la falta de esta previsión legal, su estimación como causa de inadmisión dejaría a la parte sin casación de forma desproporcionada, al tratarse de meros requisitos formales, lo que podría suponer una vulneración del derecho fundamental a la tutela judicial efectiva en su vertiente de acceso a los recursos. Si se pretende que sea un motivo de inadmisión, es necesario que la LEC así lo establezca en aras a la seguridad jurídica. Pero la exigencia constitucional no termina con la previsión legal, el motivo de inadmisión también debe no resultar arbitrario y no ser desproporcionado" ("Un camino…", *op. cit.*, pág. 12).

19 *Vid.* sobre esta cuestión el libro de Garrido Gómez, Mª Isabel: *El soft law como fuente del derecho transnacional*, Ed. Dykinson, Madrid, 2017.

y desconfiar del buen desempeño de su función por parte del órgano de segunda instancia— que el Letrado de la Administración de Justicia del tribunal *ad quem* vuelva a comprobar *"que el recurso de casación se haya interpuesto en tiempo y en forma, incluyendo, en el caso de infracciones procesales, la denuncia previa en la instancia, de haber sido posible, así como la debida constitución de los depósitos para recurrir y el cumplimiento, en su caso, de los requisitos del artículo 449"*. Hay que recordar que esa misma tarea se encomienda al Letrado de la Administración de Justicia del tribunal *a quo*: *"Si la resolución impugnada fuera susceptible de recurso, éste se hubiere formulado dentro de plazo y, tratándose de recurso fundado en infracción de normas procesales, se acredite, de haber sido posible, la previa denuncia de la infracción y, en su caso, el intento de subsanación, en la instancia o instancias precedentes, en el plazo de tres días el letrado o letrada de la Administración de Justicia tendrá por interpuesto el recurso"*: art. 479.2 LEC).

Curiosamente, si se detecta algún defecto en la *primera* admisión a trámite, corresponde al Letrado de la Administración de Justicia comunicárselo al tribunal *a quo* para que este se pronuncie al respecto (pudiendo admitir por providencia o inadmitir por auto: art. 479.2 LEC), mientras que, en el caso de que la falta del requisito se localice en ese *segundo* control formal para la admisión, es el propio Letrado de la Administración de Justicia quien inadmitirá directamente por decreto (art. 483.1 LEC). Aunque no se dice expresamente, hay que entender, por aplicación de las reglas generales, que ese decreto es susceptible de ser recurrido en revisión ante la Sala (art. 454 bis 1 II LEC), porque, de lo contrario, se vulneraría la doctrina sentada por el Tribunal Constitucional desde su STC 58/2016, de 17 de marzo, que prohíbe que exista cualquier decisión procesal exenta de control judicial; pero, en todo caso, llama la atención el hecho de que no se le atribuya a la Sala directamente el control de cumplimiento de los requisitos formales al examinar la admisión en cuanto al fondo, como sucedía en la anterior regulación, y se deje la decisión en manos del Letrado de la Administración de Justicia[20].

---

20 Precisamente algún autor considera que la razón de ser del control por parte del Letrado de la Administración de Justicia es precisamente para aligerar de trabajo a la Sala: "El control de admisibilidad del recurso de casación por parte del letrado de la Administración de Justicia del Tribunal *ad quem* que recoge el actual artículo 483.1 ha sido sin duda incorporado con la loable intención de descargar de trabajo a la Sala de Admisión y desde ese punto de vista me parece una decisión irreprochable" (Manuel Muñoz García-Liñán, "Valoración critica de la regulación del nuevo recurso de casación civil", *Diario La Ley*, nº 10381, noviembre de 2023, pág. 4). Pero no parece que esa tarea de comprobación implique mucho trabajo (máxime si ya está depurada la cuestión por el examen realizado por el tribunal

Por encontrar una explicación a este absurdo doble control que la reforma prevé para una cuestión tan sencilla como es la de comprobar que el recurso se ha interpuesto en el tiempo previsto (en veinte días) y con la forma establecida (abonando el depósito y acompañando la prueba de que se denunció la infracción procesal que se alega), quizá se deba a la cada vez más frecuente desidia y descoordinación legislativa que tienen lugar en la producción de las normas de los últimos años: en este caso, haber intentado establecer que el trámite inicial de admisión residiera en el propio tribunal *ad quem* —como sucede, tras la vigencia del RDL 6/2023, con el recurso de apelación—, pero sin apercibirse de que eso exigía derogar el art. 479.2 LEC, que atribuía esa misma función al tribunal *a quo*. Al final, se ha introducido lo primero sin eliminar lo segundo, lo que genera una regulación de muy difícil comprensión y justificación.

3.2. Pues bien, si realizados los controles formales preceptivos, todo resulta correcto, se procede a entrar en el trámite de admisión en cuanto al fondo. Y es aquí donde el RDL 5/2023 ha introducido mayores cambios. Con la anterior regulación, el antiguo art. 483.2 LEC exponía los casos en que la Sala podía proceder a la inadmisión del recurso de casación[21]: 1) por la existencia de un defecto de forma no subsanable (es decir, que la sentencia no fuera recurrible o no se hubieran cumplido los requisitos de tiempo y forma); 2) porque el escrito de interposición del recurso tuviera defectos graves (por no identificarse los motivos concretos de casación, o ser confusos o contradictorios, etc.); 3) porque no se llegara a la *summa gravaminis* requerida, o no existiera interés casacional (bien por no especificar la doctrina del Tribunal Supremo infringida, o no existir verdadera contradicción, etc.); y 4) porque "el recurso careciere manifiestamente de fundamento o se hubiesen resuelto ya en el fondo otros recursos sustancialmente iguales". Este último caso era el supuesto más amplio y el que permitía una mayor discrecionalidad al Tribunal Supremo, de manera que podía rechazar aquellos recursos que, a su parecer, plantearan una cuestión nimia, o que versaran sobre una materia sobre la que ya hubiera doctrina jurisprudencial archiconocida y que se respetaba en la sentencia impugnada.

---

a quo), ni que libere del examen y pronunciamiento posteriores de la Sala en los casos en que se haya acordado la inadmisión, porque será casi seguro que el recurrente presentará un recurso de revisión.

21 De igual manera, el antiguo art. 473.2 LEC establecía los casos en que podía inadmitirse el recurso extraordinario por infracción procesal.

Es más, en la anterior normativa, se daba a conocer "a las partes personadas" la causa de inadmisión, con el fin de que pudieran presentar alegaciones en el plazo de diez días antes de que se procediera a acordar la inadmisión (antiguo art. 483.3 LEC). Si al final se inadmitía el recurso (o parte de él), se resolvía por medio de auto —es decir, de forma motivada— (antiguo art. 483.4 LEC), contra el que no procedía interponer recurso alguno (antiguo art. 483.5 LEC).

Pues bien, la nueva regulación ha acabado con todos esos controles que impedían que la admisión del recurso extraordinario de casación se convirtiera no ya en algo discrecional, sino incluso arbitrario. Ahora, *"la Sección de Admisión de la Sala Primera del Tribunal Supremo"* (sea este órgano lo que sea)[22] inadmite por *"providencia sucintamente motivada"* (art. 483.3 LEC), es decir, sin que consten en la resolución las razones de la inadmisión o, a lo sumo, una frase genérica (del estilo: "no concurre interés casacional", o "no se aprecia infracción de norma procesal") que no permitirá conocer los concretos motivos de la decisión en el caso de que se trate. Se reproduce, pues, como ya se ha indicado, la fórmula que emplea el Tribunal Constitucional para inadmitir los recursos de amparo.

Además, la reforma ha suprimido el trámite de alegaciones del antiguo art. 483.3 LEC, por lo que no cabe que la parte recurrente intente convencer a la Sección de que no ha entendido bien el núcleo de la cuestión, o de que sí existe interés casacional, o de que es un caso en que este es notorio. Ahora la primera noticia que tendrá de la Sala es que se le ha inadmitido el recurso presentado, sin posibilidad de enmienda de dicha decisión.

Y quizá lo más grave es que ha desaparecido la lista de causas que justificaban la inadmisión, por más que alguna de ellas (como la carencia manifiesta de fundamento) pudiera acoger —y de hecho acogía— cualquier rechazo. Ahora ni siquiera tenemos una mínima referencia sobre cuáles son los motivos que pueden inducir a la Sala a no admitir el recurso; si a eso unimos que en la providencia que lo inadmita —que no se puede

---

22 Para salvar la constitucionalidad de esta figura, habrá que entender que se trata de una división de la Sala de carácter funcional y no orgánico: *"debemos declarar que las Secciones a las que se refiere el artículo 86.3 LJCA son una variedad de las Secciones "funcionales" que contempla la Ley Orgánica del Poder Judicial, por lo que no constituyen órganos judiciales distintos a los efectos de nuestra doctrina constitucional sobre el alcance de la reserva de ley orgánica que deriva del artículo 122.1 CE y que, en consecuencia, no necesariamente deben ser reguladas por disposiciones de rango orgánico"* (STC 128/2018, de 29 de noviembre).

recurrir: art. 483.4 LEC— tampoco se contiene explicación alguna, podemos concluir que se ha consagrado la discrecionalidad más absoluta —por no decir otra cosa más gruesa— que permite al Tribunal Supremo hacer lo que quiera en cada momento sobre la admisión o no de un recurso de casación, sin tener que justificar nada a nadie. Como, además, tal y como señalamos, el Tribunal Constitucional ha fijado la doctrina de que la admisión de los recursos extraordinarios es una cuestión de legalidad ordinaria que corresponde gestionar al Tribunal Supremo y que solo puede ser controlada cuando sea manifiesta infundada o arbitraria, dado que el sistema no permite controlar esa posible falta de fundamento o esa arbitrariedad, habría que plantearse si una regulación que impide de forma absoluta dicho control no sería inconstitucional por vulnerar el art. 9.3 CE (que prohíbe la actuación arbitraria de los poderes públicos) y el art. 24.1 CE (que considera el derecho al acceso a los recursos legalmente previstos como formando parte del derecho a la tutela judicial efectiva).

3.3. Cuando se admite el recurso de casación, continúa su sustanciación dando traslado al resto de partes para que formulen por escrito alegaciones a aquel en un plazo de veinte días (art. 485 LEC). Aunque el precepto habla de que *"la parte o partes recurridas y personadas"* han de formalizar *"su oposición"* al recurso (y lo mismo decía la versión del precepto anterior a la reforma), el escrito no tiene por qué ser siempre de oposición, porque también cabe que alguna de las partes —las que estén en su misma posición procesal— apoyen los términos de aquel, máxime si sus argumentos o peticiones coinciden con lo expuesto en el recurso propio. Además, las partes deben indicar en sus respectivos escritos —de interposición del recurso y de oposición o, por mejor decir, de posicionamiento frente al recurso— *"si consideran necesaria la celebración de vista"*.

La decisión sobre dicha vista corresponde en exclusiva a la Sala de lo Civil, que acordará su celebración cuando lo considere *"conveniente para la mejor impartición de justicia"* (art. 486.1 LEC), por lo que es irrelevante la petición de las partes a ese respecto. Una vez más, la reforma operada por el RDL 5/2023 ha reforzado el poder de la Sala en detrimento de los particulares, porque la anterior regulación establecía que debía celebrarse vista, además de cuando así lo acordaba *motu proprio* el Tribunal, "si todas las partes (la) hubieren solicitado". Ahora esa posibilidad de que haya vista por el unánime deseo de todas las partes afectadas ha desaparecido, y pone de manifiesto que estamos ante una reforma hecha tomando en consideración únicamente la perspectiva y la opinión del Tribunal Supremo, cercenando los derechos y facultades (pocos en ambos casos) que la LEC atribuía a los justiciables con relación al recurso de casación.

La concreta regulación del desarrollo de la vista —cuando se haya acordado, lo que será ahora muy excepcional— no ha variado respecto de la regulación anterior: *"En caso de celebrarse la vista, comenzará con el informe de la parte recurrente, para después proceder al de la parte recurrida. Si fueren varias las partes recurrentes, se estará al orden de interposición de los recursos, y siendo varias las partes recurridas, al orden de las comparecencias"*. Solo se ha añadido —como era de esperar, habida cuenta el sujeto que ha promovido la reforma—, un aumento de los poderes del Tribunal a los efectos de disciplinar a las partes en el ejercicio de su labor: *"La Sala podrá indicar a los abogados de las partes y, en su caso, al Ministerio Fiscal, el tiempo del que disponen para sus informes y las cuestiones que considera de especial interés"*. Es decir, que en los pocos casos en que haya vista, además esta estará limitada en el tiempo y en el contenido: será la Sala la que indique a los abogados cuánto tiempo se les concede para informar, y sobre qué cuestiones quiere ser informada. Dadas estas premisas, sería interesante que ambas cuestiones fueran puestas de manifiesto en el momento de citar a la vista, para que los Letrados puedan prepararse convenientemente su intervención, y no tengan que reestructurar todo su discurso sobre la marcha a la vista de lo que le manifieste el Tribunal al inicio del acto.

3.4. Celebrada (o no) la vista, *"la Sala señalará día y hora para la deliberación, votación y fallo del recurso de casación"* (art. 486.1 LEC). Y la resolución correspondiente ha de dictarse *"dentro de los veinte días siguientes al de la finalización de la deliberación"* (art. 487.2 LEC). Como sucede con otros muchos plazos judiciales —es decir, aquellos que deben ser cumplidos por el órgano judicial—, este será raro que se cumpla, especialmente por el atasco de asuntos que actualmente arrastra la Sala de lo Civil; pero también por el hecho de que apenas se vayan a celebrar vistas, lo que dificulta que se pueda ordenar la resolución de los asuntos en función del momento en que las sucesivas vistas tengan lugar.

4. LA ESTIMACIÓN DEL RECURSO DE CASACIÓN Y SU REENVÍO AL TRIBUNAL DE INSTANCIA

4.1. En la regulación previa a la reforma, el recurso extraordinario de infracción procesal —que sería el actual recurso de casación por infracción de norma procesal— se resolvía siempre por medio de una sentencia (antiguo art. 476.1 LEC), que procedía al archivo del asunto (cuando estimaba la falta de jurisdicción o competencia objetiva: antiguo art. 476.2 II LEC) o a su reenvío para que el tribunal de instancia bien se pronunciara sobre el fondo del asunto ("se ordenará al tribunal de que se trate que resuelva sobre el fondo del asunto": antiguo art. 476.2 III LEC), bien continuara tramitando el procedimiento, una vez corregido el defecto detectado ("ordenará que se repongan las actuaciones al estado y momento en que se hubiere incurrido en la infracción o vulneración": antiguo art. 476.2 IV LEC). Como se puede observar, en ninguno de esos casos el Tribunal Supremo entraba a decidir sobre el fondo de la cuestión, ni tampoco le decía al tribunal de instancia cómo tenía que resolver el asunto (aunque indudablemente debía respetarse lo contenido en su resolución).

De igual modo, cuando lo que se había planteado era un recurso de casación —lo que tras la reforma sería un recurso de casación por infracción de norma sustantiva—, la decisión siempre se instrumentaba también a través de una sentencia (antiguo art. 487.1 LEC) y, en caso de estimarse el recurso, se casaba la sentencia impugnada y se dictaba una nueva resolviendo "sobre el caso" en cuestión (antiguo art. 487.2 y 3 LEC). Por lo tanto, en cualquiera de los distintos supuestos que permitían acceder a la casación, el Tribunal Supremo zanjaba la controversia indicando la correcta aplicación o interpretación del precepto de que se tratara y, en su caso, fijando su doctrina sobre dicho precepto, para conocimiento de los tribunales inferiores y del conjunto de la comunidad jurídica, pero no estaba previsto que procediera a reenviar el asunto al órgano del que provenía la sentencia impugnada. Y ello no solo por una razón de economía procesal (la de no diferir la decisión del asunto, con el riesgo añadido de que este pudiera volver al Tribunal Supremo si la Audiencia Provincial no resolvía conforme a lo que alguna de las partes considerara procedente), sino también porque resultaba innecesario, al poder el propio Tribunal Supremo proteger directamente el derecho subjetivo del recurrente vencedor.

4.2. Pues bien, tras la reforma operada por el RDL 5/2023, la resolución que se dicte también debe ser —de ordinario— una sentencia: *"El recurso de casación se decidirá por sentencia"* (art. 487.1 LEC). Además, se indica que, como es lógico, primero se resuelvan las posibles infracciones procesales, porque pueden determinar que sea innecesario pronunciarse sobre la cuestión de fondo: *"Cuando en el escrito de interposición se denuncien distintas infracciones, procesales y sustantivas, la Sala resolverá en primer lugar el motivo o motivos cuya eventual estimación determine una reposición de las actuaciones"* (art. 487.3 LEC). Eso supone que, si se ha considerado existente una vulneración de un derecho fundamental vinculado al art. 24 CE, o la infracción de una norma procesal, o no se ha respetado una garantía esencial del procedimiento —determinantes todas ellas de nulidad de todas o de parte de las actuaciones practicadas (como decía el ahora derogado, tras el RDL 6/2023, art. 469.1.3º y 4º LEC)—, el Tribunal Supremo debe casar la resolución impugnada —aunque esto no se diga expresamente— y reenviar el asunto al tribunal que corresponda para que dicte nueva sentencia o continúe con la tramitación del procedimiento (lo que de forma no del todo correcta la nueva redacción del precepto denomina "reposición de actuaciones").

Sin embargo, y curiosamente, la nueva normativa ha olvidado la posibilidad —que sí regulaba la antigua— de que el resultado de la estimación del recurso sea la de proceder el archivo del asunto, lo que procedería cuando el Tribunal Supremo considere que estamos ante un caso de falta de jurisdicción o de competencia objetiva, o que no se ha apreciado de forma incorrecta alguna excepción procesal que determina la imposibilidad de enjuiciar el fondo del asunto (como la litispendencia o la cosa juzgada)[23]. Hay que entender que, en esos casos, la propia Sala sigue pudiendo ordenar el archivo definitivo de las actuaciones.

4.3. Pero la gran novedad de la reforma estriba en que el art. 487.1 LEC obliga al Tribunal Supremo a dictar un auto —no una sentencia— cuando *"habiendo ya doctrina jurisprudencial sobre la cuestión o cuestiones planteadas, la resolución impugnada se oponga a dicha doctrina"*; en este caso, *"casando la resolución recurrida, devolverá el asunto al tribunal de su procedencia para que dicte nueva resolución de acuerdo con la doctrina jurisprudencial"*. Como se puede observar, esta prescripción se aplica tanto cuando la cuestión debatida es de naturaleza procesal, como si lo es de carácter sustantivo.

Por lo tanto, tras la reforma, a diferencia de lo que sucedía en la regulación anterior, en estos casos en que ya existe doctrina de la Sala de lo Civil, esta no dicta una resolución que anula la decisión impugnada y resuelve sobre el fondo del asunto aplicando su doctrina consolidada (auto resci-

---

23 Si estas excepciones procesales se hubieran estimado por el órgano de primera instancia en la audiencia previa, el asunto no llegaría a casación, dado que el posible recurso sería resuelto por medio de auto por la Audiencia Provincial y este no podría ser recurrido en casación. Sin embargo, nada obsta a que el asunto llegue al Tribunal Supremo si dichas excepciones fueron desestimadas en primera y en segunda instancia.

sorio), sino que se limita a realizar la primera función (es decir, anular la sentencia previa, indicando las razones por las que toma su decisión), reenviando *en todo caso* el asunto al tribunal *a quo* para que sea este el que dicte nueva sentencia (auto rescindente)[24]. Eso sí —y esta es la diferencia *cualitativa* que introduce la reforma—, ese tribunal parece que no es libre a la hora de decidir conforme a lo que considere legalmente más acertado —como siempre había sucedido en los casos de reenvío—, sino que ha de resolver *"de acuerdo con la doctrina jurisprudencial"* sentada por el Tribunal Supremo.

De esta forma, se consiguen alcanzar los dos objetivos pretendidos: reducir el trabajo de la Sala, al poder dictar una resolución apenas motivada, que prácticamente se va a limitar a la cita de la doctrina infringida y a impeler a la Audiencia Provincial a dictar sentencia conforme a ella; y remarcar el carácter vinculante de la doctrina del Tribunal Supremo, al imponerse su criterio interpretativo de las normas frente al que puedan tener los tribunales inferiores.

Evidentemente, nada obligaba a incorporar esta disposición, pues perfectamente la propia Sala podría resolver el asunto de que se trate aplicando su anterior doctrina y dictando una sentencia definitiva e irrecurrible, como lleva haciendo durante más de un siglo. Sin embargo, se sacrifican derechos fundamentales del ciudadano (a obtener una tutela judicial efectiva y a un proceso sin dilaciones indebidas) simplemente para remarcar el papel del Tribunal Supremo como intérprete supremo de la legalidad ordinaria, pretendiendo por primera vez en el ámbito del Derecho civil convertir su doctrina (que no deja de ser una interpretación normativa, por muy autorizada que sea) en vinculante para los tribunales jerárquicamente inferiores. Aparece aquí, una vez más, el mimetismo con lo previsto para el Tribunal Constitucional, cuya doctrina resulta de obligado cumplimiento para los tribunales ordinarios, según establece el art. 5.1 LOPJ: *"La Constitución es la norma suprema del ordenamiento jurídico, y vincula a todos los Jueces y Tribunales, quienes interpretarán y aplicarán las leyes y los reglamentos*

---

[24] No compartimos, por tanto, la opinión de Arturo Muñoz Aranguren de que, a pesar del tenor literal del precepto, lo normal será que el Tribunal Supremo siga resolviendo sobre el fondo del asunto: "por regla general, la estimación del recurso de casación por razones sustantivas determinará que el Tribunal Supremo resuelva definitivamente la controversia, sin reenvío alguno" ("El diseño del nuevo recurso de casación civil en el Proyecto de Ley de Medidas de Eficiencia Procesal del Servicio Público de Justicia", *Diario La Ley*, nº 10210, Sección Doctrina, 18 de enero de 2023).

según los preceptos y principios constitucionales, conforme a la interpretación de los mismos que resulte de las resoluciones dictadas por el Tribunal Constitucional en todo tipo de procesos"[25].

No se dice nada, sin embargo, sobre lo que sucedería si la Audiencia Provincial no comparte el criterio del Tribunal Supremo y dicta nueva sentencia sorteándolo —ni tampoco se aclara si eso conllevaría algún tipo de responsabilidad disciplinaria para los Magistrados *disidentes*—[26], ni cuando la nueva resolución de la Audiencia no satisfaga a la parte favorecida por la resolución del Tribunal Supremo[27]. Parece claro que en tales casos tendría que aplicarse el art. 477.1 LEC, que permite recurrir las sentencias que ponen fin a la segunda instancia dictadas por las Audiencias Provinciales. Pero con ello volveríamos al principio: de nuevo el asunto estaría en manos del Tribunal Supremo, que fijaría por segunda vez su criterio, pero sin poder dictar sentencia al respecto, sino rescindiendo la sentencia previa y dictando auto que se reenviaría al tribunal *a quo*. Y así podríamos

25 Lo mismo señala el art. 4 bis 1 LOPJ respecto a la doctrina emanada por el TJUE: *"Los Jueces y Tribunales aplicarán el Derecho de la Unión Europea de conformidad con la jurisprudencia del Tribunal de Justicia de la Unión Europea"*.

26 Esta posibilidad ha sido vista desde el principio por los comentaristas de la norma. Así, José María Blanco Saralegui, después de destacar la eficacia del modelo ("este sistema de reenvío, imitado de la casación francesa, es sumamente práctico"), plantea las dificultades que puede encontrar, incluyendo el posible planteamiento de una cuestión de inconstitucionalidad: "no obstante, no dejan de observarse ciertos problemas, porque en efecto, los jueces y tribunales están vinculados únicamente a la ley, y la justicia está servida por magistrados independientes en el ejercicio de su cargo (art. 1 de la Ley Orgánica del Poder Judicial). El legislador español no ha optado nunca por un sistema de jurisprudencia vinculante, en el sentido en el que opera en otras jurisdicciones. Un juez o tribunal no puede ser sancionado por contravenir la jurisprudencia de un órgano superior, por lo que habrá que ver si existen Audiencias provinciales que acaben rebelándose contra esta imposición o si se plantean cuestiones de inconstitucionalidad de la norma" ("Las reformas procesales del Real Decreto-Ley 5/2023. Especial referencia a la reforma del recurso de casación en las jurisdicciones civil, penal, contencioso-administrativo y social", *Actualidad Jurídica Uría Menéndez*, nº 62, octubre 2023, pág. 144).

27 Señala a este respecto García Vicente, que "la eficacia que tenga este auto dependerá, entre otras cosas, del diálogo entre tribunales; de algunas reglas no escritas sobre la lealtad respectiva así como, por último, de la fuerza persuasiva que tengan las sentencias del Tribunal Supremo, cuya legitimidad descansa no tanto en su posición "superior" —en el orden procesal de los recursos, art. 123.1 de la Constitución— como en la *auctoritas* que nace de su capacidad para persuadir a través de sus razones" ("La nueva casación...", *cit.*, pág. 8).

continuar hasta el infinito, mientras el ciudadano contempla impotente ese peregrinaje de su asunto.

4.4. La cuestión de la vinculación a la doctrina del Tribunal Supremo de los tribunales inferiores no es algo novedoso: en el ámbito contencioso-administrativo, con relación a los recursos de casación "en interés de ley", el ya derogado art. 100.7 LJCA señalaba que "cuando (la sentencia) fuere estimatoria fijará en el fallo la doctrina legal. En este caso se publicará en el "Boletín Oficial del Estado" y a partir de su inserción en él vinculará a todos los Jueces y Tribunales inferiores en grado de ese orden jurisdiccional". Esta posibilidad fue expresamente declarada conforme a la Constitución por el Tribunal Constitucional en su STC 37/2012, de 19 de marzo[28].

Al hilo de esta sentencia, algún autor ha considerado que existen tres tipos diferentes de vinculación que pueden generar los recursos de casación, en función de la modalidad de la sentencia que este origine. Así, habría sentencias dictadas en trámite de casación ordinaria, otras en interés casacional o de unificación, y las dictadas en interés de ley[29]. Pues bien, mientras que las primeras carecerían de toda fuerza vinculante, las

---

28 Según esta STC 37/52012, *"a la tradicional finalidad nomofiláctica de protección del Derecho objetivo del recurso de casación propiamente dicho, el recurso de casación en interés de la ley añade una función integradora o uniformadora del Derecho, pues mediante el establecimiento por el Tribunal Supremo (dada su supremacía ex art. 123.1 CE) de una doctrina legal vinculante para todos los Jueces y Tribunales inferiores en grado jurisdiccional, se garantiza la aplicación uniforme de la ley en todo el territorio nacional, evitando la perpetuación de criterios interpretativos establecidos en Sentencias de esos Jueces y Tribunales inferiores que se estiman erróneos y gravemente dañosos para el interés general, como ya advertíamos en la citada STC 111/1992, FJ 4. Siendo esto así, debemos descartar que el art. 100.7 LJCA, en la medida en que establece el carácter vinculante de las Sentencias del Tribunal Supremo que estiman los recursos de casación en interés de ley, sea inconstitucional porque vulnere (como se aduce en el Auto de planteamiento de la cuestión) el principio de independencia judicial proclamado en el art. 117.1 CE, por las razones que más adelante se expresan".*

29 Señala el magistrado Gonzalo Moliner Tamborero: "Estos distintos tipos de sentencias obedecen a una finalidad distinta que los caracteriza, pues mientras las dictadas en casación ordinaria tienen como finalidad principal la tutela del derecho de las partes —el *ius litigatoris*—, las de unificación tienen como objeto principal la tutela del *ius constitutionis*, que se concreta en la necesidad de obtener una sentencia que unifique doctrinas contrapuestas sostenidas por sentencias dictadas en supuestos fácticos y jurídicos sustancialmente iguales; por su parte, las que se dictan "en interés de ley" tienen un contenido nomofiláctico especial" ("La ga-

segundas tendrían un mayor nivel de influencia —que no de vinculación— sobre los tribunales[30], y solo las terceras podría entenderse que vinculan a los órganos inferiores, debiendo estos resolver conforme a lo indicado por el Tribunal Supremo[31]. Esto es lo mismo que se desprende de la citada STC 37/2012, de 19 de marzo[32], que considera que la independencia judicial impone que no se pueda obligar a los tribunales inferiores a seguir la doctrina emanada por el Tribunal Supremo[33], excepción hecha del caso excepcional del recurso en interés de ley.

---

rantía de seguridad jurídica en las sentencias de casación", *Actualidad Jurídica Uría Menéndez*, 35-2013, pág. 17).

30 Para Moliner Tamborero, "no obstante la inexistencia de un reconocimiento expreso del valor específico de las sentencias de unificación desde un punto de vista jurídico formal, no cabe duda de que en la realidad práctica, desde una visión sociológica, existe una aceptación generalizada de su eficacia erga omnes que deriva de la auctoritas que las mismas puedan tener por su propia calidad jurídica y de la potestas que les ha dado el legislador al reconocerles un valor unificador que es garantía de seguridad jurídica" ("La garantía...", *op. cit.*, pág. 18).

31 Dice al respecto Moliner Tamborero: "Al lado de todas estas sentencias se hallan en nuestro ordenamiento las dictadas en interés de ley —previstas en el art. 100.7 de la LJCA y en el art. 219 in fine de la LRJS—, a las cuales se les reconoce una cualidad que no tienen las otras, en cuanto que vinculan a los Jueces y Tribunales de grado inferior hasta el punto de que cualquier desviación dolosa o negligente de su contenido puede hacer incurrir al Juez en responsabilidad, de forma que sólo podrá apartarse de la misma planteando la misma cuestión de inconstitucionalidad que hubiera debido plantear en el caso de querer apartarse del contenido de la norma legal aplicable" ("La garantía...", *op. cit.*, pág. 18).

32 Así, *"la independencia del poder judicial, que se predica de todos y cada uno de los Jueces y Magistrados en cuanto ejercen la función jurisdiccional, implica que, en el ejercicio de esta función, están sujetos única y exclusivamente al imperio de la ley, lo que significa que no están ligados a órdenes, instrucciones o indicaciones de ningún otro poder público, singularmente del legislativo y del ejecutivo. E incluso que los órganos judiciales de grado inferior no están necesariamente vinculados por la doctrina de los Tribunales superiores en grado, ni aun siquiera por la jurisprudencia del Tribunal Supremo, con la excepción, de la que seguidamente nos ocuparemos, de la doctrina sentada en los recursos de casación en interés de ley; todo ello sin perjuicio de hacer notar que toda jurisprudencia del Tribunal Supremo, órgano jurisdiccional superior en todos los órdenes salvo lo dispuesto en materia de garantías constitucionales (art. 123.1 CE), complementa el ordenamiento jurídico, conforme señala el art. 1.6 del Código civil, y tiene, por ello, vocación de ser observada por los Jueces y Tribunales inferiores, en los términos que después se expresan, a lo que ha de añadirse que la infracción de la jurisprudencia constituye motivo de casación en todos los órdenes jurisdiccionales".*

33 *"Conforme a lo expuesto, la independencia judicial (art. 117.1 CE) permite que los órganos judiciales inferiores en grado discrepen, mediante un razonamiento fundado en Derecho,*

Al margen de que se comparta o no esta visión del Tribunal Constitucional sobre el carácter vinculante de la jurisprudencia del Tribunal Supremo en esos casos excepcionales, lo cierto es que las sentencias que dicta actualmente la Sala de lo Civil de dicho Tribunal y los autos a los que se refiere el art. 487.1 LEC no son en ningún caso de las propias de la tercera modalidad, puesto que no surgen de un recurso interpuesto "en interés de ley", que solo pueden presentar sujetos especialmente legitimados y con el fin de neutralizar interpretaciones gravemente erróneas o dañosas para el interés general[34], sino de las casaciones "ordinarias", que, por tanto, no permitirían la imposición de su doctrina a los tribunales inferiores. En este sentido, conviene recordar que el motivo de casación es la infracción de un precepto legal sustantivo o procesal, no de la doctrina del Tribunal Supremo que lo interpreta; y si se permite alegar el incumplimiento de dicha doctrina, es para favorecer la uniformidad en la interpretación normativa y la seguridad jurídica, pero siempre en el bien entendido de que dicha doctrina se refiere a un precepto infringido, que es el único Derecho que se protege, y no porque aquella tenga valor de fuente en sí misma considerada.

---

del criterio sostenido por Tribunales superiores e incluso de la jurisprudencia sentada por el Tribunal Supremo (art. 1.6 del Código civil), si fuere el caso, sin que con ello se vulnere el principio de igualdad en aplicación de la ley, al tratarse de órganos judiciales diferentes (SSTC 160/1993, de 17 de mayo, FJ 2; 165/1999, de 27 de septiembre, FJ 6; y 87/2008, de 21 de julio, FJ 5, por todas), y tampoco el derecho a la tutela judicial efectiva, con la excepción, justamente, del supuesto de la doctrina legal que establezca el Tribunal Supremo al resolver el recurso de casación en interés de ley, precisamente por los efectos vinculantes que tiene para los órganos judiciales inferiores en grado, supuesto excepcional en que estos órganos judiciales quedan vinculados a la "doctrina legal correctora" que fije el Tribunal Supremo (STC 111/1992, FJ 4), so pena de incurrir incluso, como ya se dijo, en infracción del art. 24.1 CE por inaplicar el precepto legal con el contenido determinado por esa doctrina legal que les vincula por imperativo de lo dispuesto en el art. 100.7 LJCA (SSTC 308/2006, FJ 7, y 82/2009, FJ 8)" (STC 37/2012, de 19 de marzo).

34 *"Recuérdese, por otra parte, el carácter excepcional del recurso de casación en interés de ley, tanto por la limitación de los legitimados para su interposición, como por su finalidad específica: corregir las sentencias de los Tribunales inferiores que se estiman "gravemente dañosas y erróneas", de manera que el Tribunal Supremo pueda fijar, en su caso, una doctrina legal correctora y vinculante, pero respetando la situación jurídica particular derivada de la Sentencia impugnada (STC 111/1992, FJ 4)"* (STC 37/2012, de 19 de marzo).

5. LA PRETENDIDA CONVERSIÓN DE LA DOCTRINA DE LA SALA DE LO CIVIL DEL TRIBUNAL SUPREMO EN FUENTE DEL DERECHO

5.1. En nuestro sistema de fuentes, la jurisprudencia sentada por el Tribunal Supremo[35] nunca se ha considerado que tuviera fuerza vinculante para los tribunales inferiores. Así se desprende de lo dispuesto en el art. 1.6 CC, a cuyo tenor: *"La jurisprudencia complementará el ordenamiento jurídico con la doctrina que, de modo reiterado, establezca el Tribunal Supremo al interpretar y aplicar la ley, la costumbre y los principios generales del derecho"*. Es decir, la jurisprudencia "hace más completo" el ordenamiento aclarando términos e integrando normas, pero no crea Derecho. Como es perfectamente lógico, dicha jurisprudencia suele ser tenida en cuenta por el conjunto de los tribunales, que dictan de ordinario sentencia aplicando lo que en ella se ha dicho; pero eso no la convierte en equivalente a la ley (a la que están sometidos los jueces según el art. 117.1 CE), ni permite afirmar que sea una fuente primaria del Derecho[36].

Los civilistas coinciden de forma unánime en la anterior conclusión: las sentencias no son normas jurídicas, ni tienen más fuerza vinculante que la que despliegan en el caso concreto de que se trate[37]. Cumplen una impor-

---

35 Usamos aquí el termino jurisprudencia como "el conjunto de criterios de interpretación y aplicación de las normas, costumbres y principios generales del Derecho (...) cuando provienen del órgano jurisprudencial al que se atribuye la misión de controlar la aplicación de las leyes por los órganos judiciales y de uniformar en la medida de lo posible los criterios de interpretación, que entre nosotros es el Tribunal Supremo" (Luis Díez-Picazo y Ponce De León y Antonio Gullón Ballesteros, *Sistema de Derecho Civil*, Vol. I, 12ª ed, Ed. Tecnos, Madrid, 2012, pág. 150).

36 No obstante, algún autor ha entendido que sí se puede considerar a la jurisprudencia como fuente del Derecho: "En definitiva, de una manera o de otra, la jurisprudencia tiene carácter vinculante y ello no es más que el síntoma de una realidad, a saber, la de que crea o desarrolla el Derecho y, en consecuencia, estamos ante una fuente del Derecho. Es verdad que su posición es subordinada, pues sólo puede actuar dentro de los límites que le marcan la Constitución y la Ley" (Octavio GARCÍA PÉREZ: "El principio de legalidad y el valor de la jurisprudencia", *Revista Indret*, 4/2018, pág. 32).

37 Como señalan Díez-Picazo y Ponce De León y Gullón Ballesteros, "las sentencias no crean normas jurídicas que puedan situarse en un plano de igualdad o de hermandad con las normas legales (...) Las sentencias son siempre decisiones concretas sobre casos concretos (...) Al decidir litigios, deciden casos concretos y sus decisiones lo son solo de casos concretos. No son, por consiguiente, verdaderas normas" (*Sistema de Derecho...*, *op. cit.*, pág. 152).

tante función de clarificación o integración de normas, pero siempre con sujeción a las fuentes del Derecho preestablecidas, sin que la jurisprudencia pueda ser considerada como una verdadera fuente[38].

Como ya se ha señalado, la única vinculación de los tribunales ordinarios a una interpretación de otro tribunal es la debida al Tribunal de Justicia de la Unión Europea (art. 4 bis 1 LOPJ) y al Tribunal Constitucional (art. 5.1 LOPJ), cuando sientan doctrina sobre Derecho europeo o sobre preceptos constitucionales o derechos fundamentales. Lo mismo reitera el art. 40.2 LOTC: *"En todo caso, la jurisprudencia de los tribunales de justicia recaída sobre leyes, disposiciones o actos enjuiciados por el Tribunal Constitucional habrá de entenderse corregida por la doctrina derivada de las sentencias y autos que resuelvan los procesos constitucionales"*. Precisamente, con este último precepto, redactado por la citada LO 6/2007, se pretendía zanjar la polémica surgida entre el Tribunal Constitucional y el Tribunal Supremo, cuando este último se negó a aplicar doctrina emanada por aquel al entender que estaba enjuiciando cuestiones de legalidad ordinaria, y no de carácter constitucional. Por eso, en esa misma reforma de la LO 6/2007, se clarificó —"por inspiración" del Tribunal Constitucional, indudablemente— que *"en ningún caso se podrá promover cuestión de jurisdicción o competencia al Tribunal Constitucional. El Tribunal Constitucional delimitará el ámbito de su jurisdicción y adoptará cuantas medidas sean necesarias para preservarla, incluyendo la declaración de nulidad de aquellos actos o resoluciones que la menoscaben; asimismo podrá apreciar de oficio o a instancia de parte su competencia o incompetencia"* (art. 4.1 LOTC). Es decir, que lo que es de legalidad constitucional y no ordinaria lo determina el Tribunal Constitucional, y todos los tribunales ordinarios deben cumplir lo que haya decidido sobre la materia de que se trate. Pero nada similar aparece con relación al Tribunal Supremo.

5.2. El Tribunal Constitucional ha rechazado que nuestro sistema jurídico sea el propio del *common law*, donde la jurisprudencia es fuente del Derecho. Así, la STC 16/2015, de 16 de febrero, ha señalado que: *"en el sistema de civil law en que se desenvuelve la labor jurisprudencial encomendada al Tribunal Supremo español, la jurisprudencia no es, propiamente, fuente del Derecho —las sentencias no crean la norma— por lo que no son miméticamente trasladables*

---

[38] Dice Carlos Lasarte Álvarez a este respecto que "resulta claro que la jurisprudencia desempeña en nuestro Derecho un papel secundario respecto de las fuentes del Derecho propiamente dichas y que, al menos *formalmente*, no puede considerarse como tal" (*Principios de Derecho civil I. Parte General y Derecho de la persona*, 24ª ed., Ed. Marcial Pons, Madrid, 2018, pág. 45).

las reglas que se proyectan sobre el régimen de aplicación de las leyes. A diferencia del sistema del common law, en el que el precedente actúa como una norma y el overruling, o cambio de precedente, innova el ordenamiento jurídico, con lo que es posible limitar la retroactividad de la decisión judicial, en el Derecho continental los tribunales no están vinculados por la regla del prospective overruling, rigiendo, por el contrario, el retrospective overruling (sin perjuicio de su excepción por disposición legal que establezca el efecto exclusivamente prospectivo de la Sentencia, como el art. 100.7 LJCA en el recurso de casación en interés de ley)".

Por lo tanto, el precedente —entendiendo como tal la doctrina previamente sentada de forma reiterada por la Sala de lo Civil del Tribunal Supremo sobre una determinada cuestión jurídica— no es vinculante en nuestro sistema, lo que permite poder adaptar la interpretación de las normas a las situaciones nuevas y corregir o ampliar los criterios fijados con anterioridad. Lo único que se pide es que se motive la desviación de la doctrina establecida, para evitar que la opinión sostenida carezca de fundamento.

5.3. Sin embargo, el objetivo último del art. 487.1 LEC es convertir la doctrina jurisprudencial de la Sala de lo Civil del Tribunal Supremo en fuente del Derecho, obligando a los tribunales jerárquicamente inferiores a decidir según aquella. Por eso, el Tribunal no asume la redacción de la nueva sentencia aplicando su doctrina previa, sino que casa la del órgano inferior y le conmina a que dicte otra *respetando el precedente.* Es decir, se pretende pasar de un modelo donde el único sometimiento del Juez es al texto de la ley, a otro donde quedaría vinculado a la fuerza del precedente.

El sometimiento de los tribunales a la doctrina del Tribunal Supremo supone una alteración de lo dispuesto en el art. 117.1 CE, que limita esa vinculación judicial a la ley —que es la verdadera fuente del Derecho—, y no a la jurisprudencia, que es una forma de aplicar esa ley[39]. Para algún autor, esta obligación de seguir la doctrina previa supondría además dar una instrucción general a los tribunales jerárquicamente inferiores, lo que está prohibido actualmente por el art. 12 LOPJ[40], precisamente

---

39 Para Díez-Picazo y Ponce De León y Gullón Ballesteros, en la Constitución "se proclama la especial sujeción del poder judicial a la ley, lo que implica la terminante prohibición de creación judicial del Derecho. No es posible la invasión del poder legislativo por parte del poder judicial, como corresponde a un sistema de separación de poderes" (*Sistema de Derecho…*, *op. cit.*, pág. 154).

40 Nieva Fenoll considera que "de hecho, aunque algunos defenderán lo contrario, no es ni puede ser el sistema que vigente en España porque esa vinculación es

como protección de la independencia judicial. Someter de forma imperativa a un Juez al criterio interpretativo de su superior, en nuestro modelo jurídico, siempre se ha considerado como un atentado a la independencia judicial[41]. Por eso ni siquiera es vinculante el acuerdo de la mayoría de un órgano, como bien señala el art. 264.3 LOPJ: *"En todo caso, quedará a salvo la independencia de las Secciones para el enjuiciamiento y resolución de los distintos procesos de que conozcan, si bien deberán motivar las razones por las que se aparten del criterio acordado"*. Solo se requiere, pues, una motivación reforzada que justifique por qué no se sigue el criterio de la mayoría.

IV. En definitiva, si se considerara que el art. 487.1 LEC consagra el carácter vinculante de la doctrina de la Sala de lo Civil del Tribunal Supremo, se estaría vulnerando el sistema de fuentes de nuestro ordenamiento jurídico, afectando a la independencia judicial de los Jueces y Magistrados —sometidos únicamente al imperio de la ley—, y petrificando la interpretación de las normas sustantivas y procesales. Como todos esos efectos de la reforma resultan claramente indeseados, hay que obviar la interpretación estricta del inciso final de dicho precepto, y entender que con él no se ha innovado nada, sino que únicamente recoge el desiderátum de que la interpretación de las normas llegue a ser uniforme por la voluntaria asunción por parte de los tribunales inferiores de lo dicho en su doctrina por el Tribunal Supremo.

6. CONCLUSIONES

6.1. Los Reales Decretos-ley 5/2023 y 6/2023 han modificado el sistema de recursos extraordinarios del proceso civil, suprimiendo el recurso por

una auténtica orden al tribunal inferior, cuya falta de seguimiento puede hacer incurrir al magistrado inferior nada menos que en prevaricación. Esa vinculación no parece compatible con la independencia judicial, al menos en el sentido que desde hace casi cuarenta años la viene desarrollando el legislador en el art. 12 de la Ley Orgánica del Poder Judicial (...). ¿Qué es el "precedente vinculante", sino una instrucción de carácter general, dirigida a los jueces inferiores, sobre la aplicación o interpretación del ordenamiento jurídico que lleven a cabo en el ejercicio de su función jurisdiccional?" ("Reformando la casación...", *cit.*, pág. 5).

41 Así lo dice Luis Andrés Cucarella Galiana: "compartimos las críticas que la doctrina realiza a los supuestos en que el ordenamiento jurídico prevea una vinculación de los jueces a la jurisprudencia del TS, en la medida en que puede implicar una lesión a la independencia judicial" (en *El recurso de casación civil*, dir. Rafael Bellido Penadés, Ed. Wolters Kluwer La Ley, Madrid, 2014, pág. 540).

infracción procesal y concentrando todas las impugnaciones en un único recurso, denominado de casación, que ahora se puede fundar tanto en infracción de norma sustantiva como de carácter procesal.

Esta reforma de la casación, inspirada y promovida por la Sala de lo Civil del Tribunal Supremo, se ha configurado pensando única y exclusivamente en los intereses de la propia Sala, por lo que la situación de los justiciables y sus defensores ha quedado muy perjudicada con la nueva regulación: han de someter sus escritos a unos requisitos de forma hasta ahora no exigidos, no pueden alegar en caso de la posible inadmisión del recurso, tampoco se les comunican las razones por la que ha tenido lugar la inadmisión, e incluso resulta irrelevante la petición de todos ellos a la hora de decidir si se celebra o no la vista ante la Sala.

6.2. Pero lo más destacado es que, con la nueva regulación, el Tribunal Supremo tiene una libertad casi total para decidir qué va a resolver y qué cuestiones rechaza. Al margen de los casos de tutela civil de derechos fundamentales, que aún permanece como caso autónomo de acceso a casación, se ha suprimido el que permitía recurrir por razón de la cuantía del asunto, de manera que la única manera de obtener una sentencia es que el Tribunal considere que en el asunto existe interés casacional. Además, la determinación de si concurre o no tal circunstancia depende única y exclusivamente de su propia valoración. Incluso se ha reservado un interés casacional "notorio", que le permitiría entrar a decidir sobre materias al margen de los casos específicamente previstos de interés casacional.

El modelo en que se ha inspirado no solo este aspecto de la reforma, sino toda ella en su conjunto, es la regulación que se hizo en 2007 del recurso de amparo constitucional, donde a través de la "especial trascendencia constitucional", se permitió al Tribunal Constitucional seleccionar los asuntos sobre los que quería pronunciarse, rechazando los demás, por más que en ellos se hubiera podido incurrir en una vulneración de derecho fundamental.

6.3. La reforma de la casación también ha incorporado la exigencia de que los tribunales inferiores deban resolver conforme a la doctrina jurisprudencial de la Sala de lo Civil del Tribunal Supremo. Para conseguirlo, dicha Sala no va a dictar sentencia aplicando aquella, sino que se limitará por medio de un auto a casar la sentencia que no la respeta y a reenviar el asunto al órgano del que provenga, conminándole a resolver conforme a la jurisprudencia establecida. Esto supone una modificación —por la puerta de atrás— del sistema de fuentes fijado en el art. 1.1 CC, al convertir al precedente en norma de obligado cumplimiento. De ser así considerado, se estaría vulnerando la doctrina del Tribunal Constitucional sobre la independencia judicial y el sometimiento de los Jueces únicamente al imperio de la ley, e imponiendo de facto una instrucción general a todos los órganos judiciales inferiores.

En consecuencia, hay que entender que las Audiencias Provinciales siguen siendo libres de interpretar la ley como consideren más adecuado, pudiendo apartarse del criterio del Tribunal Supremo siempre que motiven suficientemente las razones de su disidencia.

BIBLIOGRAFÍA

Ahumada Ruiz, María Ángeles: "El *certiorari.* Ejercicio discrecional de la jurisdicción de apelación por el Tribunal Supremo de los Estados Unidos", *Revista Española de Derecho Constitucional*, núm. 41, mayo-agosto 1994.

Blanco Saralegui, José María: "Las reformas procesales del Real Decreto-Ley 5/2023. Especial referencia a la reforma del recurso de casación en las jurisdicciones civil, penal, contencioso-administrativo y social", *Actualidad Jurídica Uría Menéndez*, nº 62, octubre 2023.

Cancio Fernández, Raúl: artículo publicado en *Diario ABC* el 28 de septiembre de 2015.

Cucarella Galiana, Luis Andrés: *El recurso de casación civil*, dir. Rafael Bellido Penadés, Ed. Wolters Kluwer La Ley, Madrid, 2014.

Díez-Picazo y Ponce De León, Luis y Antonio Gullón Ballesteros: *Sistema de Derecho Civil*, Vol. I, 12ª ed, Ed. Tecnos, Madrid, 2012

García Pérez, Octavio: "El principio de legalidad y el valor de la jurisprudencia", *Revista Indret*, 4/2018.

García Vicente, José Ramón: "La nueva casación civil: dudas y certezas", *Diario La Ley*, nº 10344, septiembre de 2023.

Garrido Gómez, Mª Isabel: *El soft law como fuente del derecho transnacional*, Ed. Dykinson, Madrid, 2017.

González Granda, Piedad: "El *quid pro quo* de la reforma de los recursos extraordinarios civiles: breve apunte", *Diario La Ley*, nº 10365, octubre de 2023.

Hualde López, Ibón: "Algunas cuestiones sobre la admisión del proyectado recurso de casación civil", *Revista Indret*, 2.2022.

Lasarte Álvarez, Carlos: *Principios de Derecho civil I. Parte General y Derecho de la persona*, 24ª ed., Ed. Marcial Pons, Madrid, 2018.

Marín Castán, Francisco: "Claves para una reforma urgente de la casación civil", en Hualde López (dir.), *Estudios sobre el recurso de casación civil: fase de admisión*, Thomson Reuters Aranzadi, Cizur Menor, 2020.

Moliner Tamborero, Gonzalo: "La garantía de seguridad jurídica en las sentencias de casación", *Actualidad Jurídica Uría Menéndez*, 35-2013.

Moreno Catena, Víctor: *Derecho Procesal Civil. Parte general*, 10ª ed., Ed. Tirant lo Blanch, Valencia, 2019.

Muñoz Aranguren, Arturo: "El diseño del nuevo recurso de casación civil en el Proyecto de Ley de Medidas de Eficiencia Procesal del Servicio Público de Justicia", *Diario La Ley*, nº 10210, Sección Doctrina, 18 de enero de 2023.

Muñoz García-Liñán, Manuel: "Valoración critica de la regulación del nuevo recurso de casación civil", *Diario La Ley*, nº 10381, noviembre de 2023.

Nieva Fenoll, Jordi: "Reformando la casación —civil y penal— por Real Decreto-Ley: ¿el espíritu de una época?", *Actualidad Civil*, nº 7, julio de 2023.

Oromí Vall-Llovera, Susanna: "Un camino hacia la digitalización del Tribunal Supremo: condiciones extrínsecas de los escritos de interposición y oposición del recurso de casación civil", *Diario La Ley*, nº 10398, noviembre de 2023.

Picó i Junoy, Joan: Reflexiones críticas de urgencia sobre la reciente reforma de la casación civil", *Diario La Ley*, nº 10325, julio de 2023.

Santisteban Castro, María: "El cambio de paradigma del modelo casacional civil español a través del Real Decreto-Ley 5/2023", *Revista de la Asociación de Profesores de Derecho Procesal de las Universidades Españolas*, nº 8, Ed. Tirant lo Blanch, 2023.

Sobre la casación civil reformada

MANUEL ORTELLS RAMOS
Catedrático de Derecho Procesal
Profesor emérito de la Universitat de València

1. BREVEMENTE SOBRE LOS ANTECEDENTES

En Derecho español, como en el de varios países europeos, se produjo, en el siglo XIX, la recepción del recurso de casación, creado por los revolucionarios franceses. Pero, como las instituciones jurídicas no son obras canónicas intocables, sino que se ajustan a las necesidades de la sociedad a la que sirven, ni el recurso de casación en Francia se parece al que fue en 1790, ni el modo en que fue recibido y ha evolucionado en otros ordenamientos —el español, entre ellos— ha tenido como resultado un recurso de características iguales.

1.1. La recepción en España del recurso de casación francés y su posterior evolución

En la creación del *Tribunal de Cassation* y de sus procedimientos, los revolucionarios franceses tuvieron presentes experiencias y técnicas que ya estaban establecidas bajo la monarquía absoluta. En el antiguo régimen, el

Conseil des Parties —integrado en la estructura del Consejo Real—, informado por las denuncias de las partes interesadas, anulaba las sentencias de los tribunales que infringían las normas dictadas por el monarca, no porque esas sentencias lesionaran derechos de las partes en los procesos, sino porque desconocían el poder normativo del rey.

Los revolucionarios modificaron completamente las bases ideológicas de esa institución y la pusieron al servicio de la efectividad práctica de los principales postulados revolucionarios: protección de la ley como expresión de la voluntad general, principio de igualdad ante la ley y rígida división de poderes.

El *Tribunal de Cassation* se configuró, en el Decreto de 27 de noviembre-1 de diciembre de 1790, como un órgano adjunto a la Asamblea legislativa, con la función política de proteger la observancia de la ley por los tribunales, anulando sus sentencias contrarias a ella. En este momento, el *Tribunal* solo podía casar las sentencias por el motivo de "contravención expresa al texto de la ley", no podía motivar su resolución y ésta no vinculaba al tribunal al que el proceso era devuelto, para que juzgara de nuevo, respetando el texto de la ley. Podía haber nuevas demandas en casación —por entenderse que la ley había sido, de nuevo, desconocida— que, al final, conducían a que la cuestión jurídica fuera resuelta —vía *référé obligatoire*— por el Cuerpo legislativo mediante una ley interpretativa, que sí que era obligatoria para el tribunal que debiera dictar sentencia. El *Tribunal de Cassation* no juzgaba inicialmente ni siquiera sobre la cuestión de derecho.

Esta situación cambió, de una parte, con la ampliación de los motivos de casación —a la contravención expresa, se añadió la errónea interpretación y la errónea aplicación— y, de otra, con la supresión del *référé obligatoire* y la sujeción del tribunal de reenvío a la resolución sobre la cuestión de derecho emitida por la *Cour de Cassation* (reforma de 1837). La *Cour* desempeñó desde entonces una función jurisdiccional, limitada, sin embargo, a la cuestión de derecho de la relación controvertida, uniendo a la finalidad inicial de protección de la ley, la de fijar y unificar el modo de interpretarla y aplicarla, es decir, la jurisprudencia.

El recurso de casación fue recibido en el Derecho español, con el nombre de recurso de nulidad, en el Decreto de 4 de noviembre de 1838. Posteriormente fue regulado —ya con el nombre de casación— por la LEC de 1855 y por leyes posteriores hasta la LEC/1881.

La formación histórica de la casación española se caracterizó por acentuar la tendencia a la protección de los derechos de los litigantes. Admitía cierta posibilidad de revisión del juicio de hecho y mantenía en el propio

Tribunal Supremo (en adelante, TS) la competencia para dictar la sentencia sobre el pleito después de estimar una casación por infracción de normas materiales, en vez de disponer el reenvío del proceso al tribunal de grado inferior.

El régimen de la casación civil de la LEC/1881 tuvo un largo periodo de estabilidad. Sólo se modificó —y notablemente— por una reforma de 1984, que perfeccionó el régimen del recurso en cuanto a la técnica jurídica, también facilitó su admisibilidad e incluso amplió la posibilidad de que, mediante el mismo, fuera revisado el juicio sobre los hechos. Esto pudo contribuir a que aumentara el número de recursos, la carga de trabajo de la Sala de lo Civil y, consiguientemente, la demora en su resolución.

La de 1992 fue, realmente, una contrarreforma. Su finalidad fue reducir la sobrecarga de trabajo de la Sala de lo Civil, para lo que se aplicaron varias técnicas, pero, principalmente, la destinada a limitar las resoluciones recurribles. Dado que la regla más general para acotar tales resoluciones era la de cuantía del asunto, la reacción del legislador consistió, de una parte, en incrementar la cuantía mínima requerida, y, por otra, en dificultar el acceso a casación de resoluciones dictadas en procesos de cuantía inestimada o inestimable, para evitar que esa característica se utilizara para eludir la restricción producida por umbral mínimo de cuantía.

El Tribunal Constitucional (en adelante, TC), en su doctrina jurisprudencial sobre el principio y el derecho fundamental a la igualdad reconocido por el art. 14 de la Constitución Española (en adelante, CE), distingue entre la igualdad en la ley, que opera como un límite al poder legislativo, prohibiéndole establecer en las leyes un trato discriminatorio de situaciones iguales, y la igualdad en la aplicación de la ley, que limita a los poderes públicos encargados de esa aplicación —y, entre ellos, a los órganos jurisdiccionales—, les prohíbe resolver casos sustancialmente iguales modificando arbitrariamente los criterios de resolución, y les obliga, si consideran que deben resolverlos de modo diferente, a fundamentar el cambio de modo suficiente y razonable. No obstante, el examen y la tutela de este segundo aspecto de la igualdad mediante el amparo constitucional tiene límites. El TC ha entendido que no puede estimar un amparo por lesión de la igualdad en la aplicación de la ley si se alega que tal lesión ha sido causada por la resolución de un tribunal contradictoria con otra u otras dictadas en casos sustancialmente iguales por un tribunal diferente, del mismo o de superior grado —así, por ejemplo, el TS respecto de órganos jurisdiccionales de grado inferior—, porque esto implicaría negar la independencia de los jueces (art. 117.1 CE) y porque si el TC tuviera que determinar cuál de tales resoluciones es la conforme a Derecho, se alteraría la posición que la Constitución le asigna, convirtiéndole en una especie de tribunal de casación universal. Según otra explicación, una exigencia constitucional de favorecer la unificación en la interpretación y aplicación de las normas se funda, más que en la igualdad reconocida por el art. 14 CE, en los principios de certeza y seguridad jurídica establecidos por el art. 9.3 CE.

En todo caso, el TC, al establecer aquel límite a las posibilidades del amparo para proteger la igualdad en la aplicación de la ley por los tribunales, también ha declarado que establecer medios para esa protección es responsabilidad del legislador ordinario, que debe configurar un sistema adecuado de recursos.

Con ocasión de la reforma de la casación en 1992, se expresaron críticas contra la preponderancia de la regla general de la cuantía para la selección de las resoluciones recurribles en casación en el proceso civil, porque marginaba o dificultaba que este recurso pudiera cumplir una función de unificación de la jurisprudencia, y, consiguientemente, para garantizar la igualdad en la aplicación de la ley y la seguridad jurídica respecto de la amplia variedad de asuntos litigiosos en materia de Derecho privado. En el entorno temporal de los años 90 del pasado siglo, y no solo respecto del recurso de casación en el proceso civil, sino también en recursos similares en otros procesos, se propusieron —y, en alguna medida, se realizaron— reformas destinadas a que esta clase de recursos cumplieran aquella función.

1.2. Los recursos extraordinarios y la casación en la LEC/2000. La reforma de 2023

Al regular los recursos ante el TS en el nuevo proceso civil, la LEC/2000 tuvo en cuenta, de una parte, el problema de la sobrecarga de trabajo de la Sala de lo Civil, y, de otra, el objetivo de que la nueva ordenación contribuyera a mejorar el cumplimiento de la función de unificar la jurisprudencia en materia de Derecho privado, para lo que estableció una regla adecuada en el régimen de las resoluciones recurribles.

En el primer aspecto, consideró no solo la incidencia de su regulación en la carga de trabajo del TS, sino también en la de las Salas de lo Civil y Penal de los Tribunales Superiores de Justicia (en adelante, TSJ) y en la del TC. El recurso de casación hasta la LEC/1881 podía fundarse tanto en infracción de normas materiales (infracción de ley), como en la de normas procesales (quebrantamiento de forma). Diferentemente, en el cuerpo de la LEC/2000 se regularon dos recursos extraordinarios, uno por infracción procesal, otro de casación. El primero era competencia de los TSJ, el segundo, del TS; además, la parte interesada en recurrir debía optar por uno de tales recursos. Esta regulación conducía, de un lado, a aumentar una reducida carga de trabajo de las Salas de lo Civil de los TSJ, y, de otro, a limitar el acceso de recursos al TS. La unificación de la jurisprudencia sobre las normas procesales —en riesgo por la dispersión de la competencia para el recurso por infracción procesal— se entendía garantizada por la posibilidad de acceso al TC, mediante el recurso de amparo por infracción de los derechos fundamentales procesales reconocidos, principalmente, por el art. 24 CE —medio que, en todo caso, acaba operando como máximo grado de protección de tales derechos—; no obstante, para completar esa garantía, en los casos en que no se hubiera interpuesto amparo, se estableció un recurso en interés de la ley ante el TS.

La dificultad parlamentaria para una modificación de la Ley Orgánica del Poder Judicial (en adelante, LOPJ), necesaria para atribuir las nuevas competencias a los TSJ, condujo a que el régimen previsto en el cuerpo de LEC/2000 no entrara en vigor. La Ley 1/2000 estableció un régimen provisional de los recursos extraordinarios que prescindió de las atribuciones de competencia mencionadas y del carácter opcional de tales recursos. La Sala de lo Civil del TS era competente para conocer de los dos recursos extraordinarios y el régimen de las resoluciones recurribles en casación se extendió a las recurribles por infracción procesal. Por lo demás, las Salas de lo Civil de los TSJ eran competentes para conocer de la casación por infracción de Derecho civil propio de la Comunidad Autónoma, pero este recurso podía fundarse también en infracción de normas procesales.

En el segundo aspecto apuntado antes, la LEC/2000 estableció como el requisito que, de modo más general, determinaba la recurribilidad de las resoluciones en casación (y, con arreglo al régimen provisional, también en infracción procesal) el de la concurrencia de interés casacional, que, como veremos, tenía como finalidad proteger la unificación de la jurisprudencia. No era, sin embargo, el único requisito que determinaba recurribilidad; se conservó el requisito de cuantía, pero muy elevada, de modo que se estrechaba considerablemente la posibilidad de acceso por ese requisito. Y se introdujo un requisito de materia —violación de derechos fundamentales— para que el eventual acceso al TC en amparo se moderara por la previa posibilidad de obtener la protección del TS.

La sobrecarga de trabajo del TS continuó incidiendo sobre el régimen del recurso y su aplicación. Para reducirla, se aumentó notablemente la cuantía, lo que disminuía la entrada de recursos por ese solo requisito.

Además, la Sala de lo Civil del TS interpretó el requisito de interés casacional de un modo que reducía su ámbito de aplicación y, con ello, también las resoluciones recurribles. El legislador, para neutralizar esta interpretación, reformó la formulación del interés casacional para salvaguardar su función de favorecer la unificación de la jurisprudencia en la más amplia variedad de asuntos de Derecho privado.

Una reforma de los recursos extraordinarios en el proceso civil estaba incluida en el Proyecto de Ley de medidas de eficiencia procesal del servicio público de Justicia, en curso de tramitación parlamentaria cuando se disolvieron las Cámaras el 29 de mayo de 2023. Esa reforma ha sido aprobada por el RDLey 5/2023, de 28 de junio, convalidado por la Diputación Permanente del Congreso de los Diputados (Resolución de 26 de julio de 2023).

Entre las razones de la reforma está la conveniencia de superar el régimen provisional de los recursos extraordinarios, que generaba complejidad en el procedimiento de admisión y dificultaba que la Sala de lo Civil del TS cumpliera la función de unificar la jurisprudencia. A esa complejidad contribuían, también, otros aspectos del régimen de admisión que determinaban que esa actividad ocupara gran parte de la capacidad de trabajo de la Sala y de las partes: un porcentaje de inadmisiones muy elevado demostraba que el trabajo desarrollado en unos tiempos de tramitación cada año más prolongados —crecieron constantemente, hasta duplicarse, desde 2013— no servía para alcanzar el resultado útil de sentencias sobre el fondo del recurso.

Por otra parte, aunque no se ofrecen datos estadísticos sobre los recursos que accedían al TS solo por el requisito de cuantía del asunto superior a 600.000 euros, la reforma opta por suprimir este requisito de recurribilidad, reduciendo así en alguna medida la entrada de asuntos, y por generalizar, con una sola excepción, el requisito de interés casacional. Además, asigna a este requisito un nuevo contenido adicional para reforzar la función de unificación de la jurisprudencia.

2. EL TRIBUNAL COMPETENTE

Sin perjuicio de la competencia funcional de tramitación que corresponde al tribunal que ha dictado la sentencia recurrida, la competencia funcional para resolver el recurso de casación corresponde:

a) A la Sala de lo Civil del TS, por regla general (art. 56. 1º LOPJ; art. 478.1, párrafo primero) y, en todo caso, si la norma que se aduce como infringida es constitucional (art. 5.4 LOPJ).

b) A la Sala de lo Civil del TSJ de la Comunidad Autónoma en cuyo territorio tenga su sede el tribunal que ha dictado la resolución impugnable, siempre que el recurso se funde en infracción del Derecho Civil, Foral o Especial propio de la Comunidad Autónoma y que el Estatuto de Autonomía haya previsto esta atribución de competencia (art. 73.1 a) LOPJ; art. 478.1, párrafo segundo).

El TS ha entendido que no cumple este requisito cualquier norma de Derecho contenida en una ley de una Comunidad Autónoma en ejercicio de las competencias que haya asumido y que se haya aplicado para resolución de un proceso civil, sino únicamente las que deriven del ejercicio de la competencia que pueden asumir en virtud del art. 149.1. 8ª CE (así, ATS, Civil, 3 marzo 2015 y ATS, Civil, 20 mayo 2015; anteriormente habían descartado esa restricción los ATS, Civil, 4 diciembre 2007, y ATS, Civil, 2 julio 2013).

Aparentemente esta ordenación competencial no es obstáculo para el objetivo de unificar la jurisprudencia, puesto que cada tribunal la unificaría en el ámbito de un ordenamiento distinto. Sin embargo, no siempre es así, porque "la sujeción al Derecho civil común o al especial o foral se determina por la vecindad civil" (art. 14.1 CC) y no con arreglo a criterios territoriales. Cuando el Derecho civil propio de una Comunidad Autónoma sea aplicado por un tribunal que no tenga su sede en aquélla, la competencia para conocer del recurso de casación corresponderá al TS de acuerdo con la regla general antes enunciada, de modo que respecto a aquel Derecho pueden formar jurisprudencia dos Tribunales (por lo general, la Sala de lo Civil del TSJ de la Comunidad Autónoma, pero, excepcionalmente, también la Sala de lo Civil del TS).

El segundo problema deriva de la atribución de competencia funcional sobre recursos fundados en una doble infracción, de Derecho común y de Derecho civil autonómico. El art. 478.1, párrafo segundo la atribuye a la Sala de lo Civil del TSJ. Esta solución podría suponer una nueva quiebra de la función unificadora del recurso, esta vez en cuanto a la interpretación del Derecho común. No obstante, este riesgo puede descartarse, al menos en parte, porque las sentencias en casación de las Salas de lo Civil de los TSJ competentes solo pueden establecer doctrina jurisprudencial respecto de normas del Derecho civil propio de la Comunidad Autónoma (art. 477.3, párrafo segundo) y esas Salas solamente pueden apreciar interés casacional notorio si la cuestión litigiosa es de interés general para la interpretación de tales normas (art. 477.4). Otra cosa es que no hay previsión especifica de un medio de impugnación en caso de que la interpretación y aplicación de las normas de Derecho común, sobre las que también pueden pronunciarse las Salas de lo Civil de TSJ competentes, no se ajusten a la doctrina jurisprudencial establecida por la Sala de lo Civil del TS.

En cuanto a la aplicación del régimen de la competencia funcional, la Sala del Tribunal que reciba los autos remitidos por el tribunal a quo examinará su competencia para conocer del recurso de casación, antes de resolver sobre la admisión. Si estima que no es competente, oirá a las partes y al MF, y resolverá remitir los autos al tribunal competente, con emplazamiento de las partes ante el mismo (art. 484.1). Esta resolución sobre la competencia es vinculante si la dicta la Sala de lo Civil del TS (art. 484.3). Si es la Sala de lo Civil de un TSJ la que considera que la competencia corresponde a la Sala Primera del TS se procederá según el art. 52 LOPJ, prevaleciendo la decisión del TS.

En principio, el examen de la competencia debe hacerse tomando como base la calidad de las normas que el recurrente ha invocado como infringidas. No obstante, la aplicación judicial de este régimen va más allá de constatar esa invocación del recurrente y profundiza en el examen de si las normas cuya infracción afirma, han sido efectivamente aplicadas, o debido serlo, o, incluso, si son las principalmente relevantes para resolver la cuestión planteada por el recurso ((p. ej., ATS, Civil, 1 abril 2003, ATS, Civil, 22 enero 2008, ATS, Civil, 21 abril 2009, ATS, Civil, 19 julio 2017). De este modo se descartan las consecuencias sobre la competencia de una invocación inconsistente y solo destinada a fundar artificialmente una competencia que, por cualquier razón, pueda convenir al recurrente.

Si se ha invocado infracción de precepto constitucional, la Sala de lo Civil del TS solo asume la competencia tras examinar la relevancia en la sentencia recurrida de la infracción invocada (ATS, Civil, 6 marzo 2001; ATS, Civil, 9 octubre 2001). Si inadmite o desestima el correspondiente motivo, el TS remite el recurso al TSJ competente para examinar motivos pendientes de infracción de Derecho Civil propio de la Comunidad Autónoma (ATS, Civil, 4 diciembre 2008; STS, Civil, 187/2009 de 31 marzo).

La diferente atribución de la competencia funcional según, principalmente, que se haya invocado infracción de norma de Derecho civil propio de una Comunidad autónoma, podría coexistir con un régimen procesal único del recurso —resoluciones recurribles, motivos y procedimiento—. El art. 149.1. 6ª CE atribuye al Estado la competencia exclusiva para la "legislación procesal, sin perjuicio de las necesarias especialidades que en este orden se deriven de las particularidades del derecho sustantivo de las Comunidades Autónomas". Específicamente, respecto del régimen de la casación, la LEC no solo regula expresamente la actividad procesal ante y de la Sala de lo Civil del TS y la de las Salas de lo Civil de TSJ competentes, sino también las diferencias en cuanto al principal requisito de recurribilidad —el interés casacional— según se trate de Derecho común o de Derecho civil propio de la Comunidad autónoma (art. 477.3 y 4)

No obstante, en atención a determinadas peculiaridades del Derecho civil propio de alguna Comunidad autónoma y al que, en determinado momento, era el régimen común del recurso de casación, el TC (STC de 25 de marzo de 2004) entendió que los TSJ competentes no podrían cumplir la función de unificar la doctrina jurisprudencial sobre el Derecho civil propio, lo que justificaba que la Comunidad autónoma estableciera una legislación especial sobre la casación en caso de infracción de normas de aquel Derecho. Al amparo de esa interpretación, cuatro Comunidades autónomas han establecido una regulación legal especial del recurso de casación, cuando está afectado su Derecho propio (Ley 5/2005, de 25 de abril, del Recurso de Casación en Materia Civil de Galicia, Ley 4/2005, de 14 de junio, de Casación Foral Aragonesa, Ley 4/2012, de 5 de marzo, de Recurso de Casación de Derecho Civil de Cataluña, Ley 4/2022, de 19 de mayo, del Recurso de Casación Civil Vasco). En este estudio solo se considera la regulación de la LEC.

3. LAS RESOLUCIONES RECURRIBLES EN CASACIÓN

La determinación de las resoluciones contra las que es admisible recurso de casación la realiza el artículo 477.1, 3 y 4, no con una cláusula amplia, sino especificando las resoluciones con una combinación de requisitos. En este aspecto, la redacción del art. 466 por el Real Decreto-ley 6/2023, de 19 de diciembre —"Contra las sentencias dictadas por las Audiencias Provinciales en la segunda instancia de cualquier tipo de proceso civil podrán las partes legitimadas interponer el recurso de casación"— crea una confusión innecesaria, que hubiera podido evitarse fácilmente refiriendo la norma a las resoluciones determinadas por la ley.

3.1. El requisito general

Ha de tratarse, en todo caso, de sentencias dictadas en segunda instancia por los órganos jurisdiccionales colegiados constituidos en las Audiencias Provinciales (art. 477.1).

Consiguientemente no son recurribles:

a) Los autos dictados por las Audiencias Provinciales que pongan fin a la segunda instancia, aunque tengan como consecuencia la firmeza de la sentencia de fondo apelada —como ocurre con los autos que tienen por producido un desistimiento o una caducidad— o, sustancialmente, consistan ellos mismos en un pronunciamiento de fondo, como el auto de terminación del proceso por satisfacción extraprocesal o por carencia sobrevenida de objeto, que ha de dictarse si alguna parte no está de acuerdo con la concurrencia de la causa legal, se ha debatido sobre la misma en una comparecencia ante el tribunal y éste ha resuelto que concurre y que el proceso debe terminar (art. 22.2).

b) Las sentencias dictadas en segunda instancia por magistrado único en la Audiencia Provincial en juicios verbales adecuados por razón de la cuantía (art. 82.2. 1º, párrafo segundo LOPJ). Esta exclusión había sido establecida, por vía interpretativa, en el Acuerdo TS, Sala de lo Civil, de 27 de enero de 2017. A mi juicio, esa interpretación era errónea, porque la constitución del órgano jurisdiccional con un magistrado único en la Audiencia Provincial era, y sigue siendo, una de las composiciones legalmente previstas en esas Audiencias y, consiguientemente, cumplía el requisito de sentencia dictada por la Audiencia Provincial, que era lo que exigía la redacción entonces vigente del art. 477.2. La reforma de 2023 especifica, ahora, claramente que el órgano jurisdiccional ha de ser colegiado.

Esta exclusión —un tanto desdibujada si se descuida la necesidad de comprobar la remisión— tiene una gran potencia para dejar sentencias sin recurribilidad en casación. Cumplirán el requisito las que se dicten en procedimientos adecuados por razón de la materia, sean ordinarios, verbales o especiales. En cuanto a las dictadas en procedimientos adecuados por razón de la cuantía, la entrada en vigor del Real Decreto-ley 6/2023, de 19 de diciembre, que eleva a 15.000 euros la cuantía límite del juicio verbal (art. 250.2), dejará sin acceso a la casación las sentencias dictadas en todo proceso cuyo procedimiento adecuado sea el verbal por razón de la cuantía.

c) Las sentencias dictadas en primera y única instancia por las Salas de lo Civil de los TSJ, en procesos sobre la acción de anulación de laudo arbitral (art. 73.1, c) LOPJ; art. 8.5 LArb), así como en procesos sobre responsabilidad civil de personas aforadas (art. 73.2 a) LOPJ) —p. ej., el ATSJ Murcia, Civil, 29 noviembre 2005, inadmitió el recurso en un caso de aplicación del art. 73.2 b) LOPJ—.

Es difícil superar por vía interpretativa la limitación que impone este requisito general. En todo caso, es exigible rigor —en todas las direcciones— al examinar si esa forma de resolución (la de sentencia) ha sido utilizada respecto de lo que, según la ley, debe ser su objeto. Ya en una valoración crítica, debe decirse que la reforma de 2023 es, en este punto, incoherente consigo misma: la exclusión de toda resolución en forma de auto impedirá que se forme jurisprudencia sobre algunas normas procesales —a pesar de que su infracción vuelve a ser, ahora, motivo de casación—; además, dificultará que el TS cumpla la función de unificar la jurisprudencia sobre, entre otras, materias de Derecho de la Unión Europea, respecto de las cuales se han planteado muchas e importantes cuestiones prejudiciales ante el TJUE en procedimientos en los que la resolución judicial nacional debía adoptar la forma de auto.

Como excepción al requisito general, también son recurribles

a) Aunque sean dictadas en proceso de única instancia, las sentencias dictadas por las secciones especializadas en materia mercantil de determinadas Audiencias Provinciales en procesos de impugnación jurisdiccional de resoluciones que agoten la vía administrativa dictadas en materia de propiedad industrial por la Oficina Española de Patentes y Marcas. Esta excepción ha sido introducida por el Real Decreto-ley 6/2023, de 19 de diciembre, en un segundo párrafo del art. 477.1, al comprobar que la sentencia de este proceso creado por la LO 7/2022, de 27 de julio, de modificación de la LOPJ en materia de Juzgados de lo Mercantil, había quedado sin acceso a la casación.

b) Las resoluciones, se dicten como sentencias o como autos, de la Audiencia Provincial al conocer de recursos sobre reconocimiento y ejecución de resoluciones según Reglamento (CE) núm. 1215/2012 (art. 50) o según Convenio de Lugano (art. 44), o con arreglo a normas de Derecho europeo o de Derecho internacional que establezcan que determinadas resoluciones serán recurribles en casación.

3.2. Los requisitos especiales

Para ser recurribles en casación las sentencias de la clase indicada han de reunir, además, alguno de los requisitos especiales siguientes.

3.2.1. Sentencias dictadas para la tutela judicial civil de los derechos fundamentales

Este requisito especial (art. 477.2) es el de alcance más restringido entre los que establece la ley. Y es sorprendente en su exigencia de que el derecho fundamental sea susceptible de recurso de amparo, porque todos los derechos fundamentales lo son.

La determinación de su alcance planteaba —y sigue planteando— un problema. Sin duda están comprendidas las sentencias dictadas en los procesos en los que se ha formulado pretensión de tutela de un derecho fundamental (art. 249.1. 2º; Ley Orgánica 1/1982, de 5 de mayo, de Protección civil de derechos al honor, intimidad personal y propia imagen). Es, en cambio, dudoso si incluye, también, sentencias dictadas en procesos no sujetos a las reglas especiales de tutela judicial civil de derechos fundamentales, pero cuyo contenido resuelve sobre un derecho fundamental, de modo que normas que lo reconocen y regulan han podido ser infringidas.

La respuesta debería ser afirmativa, porque la sustancia de la infracción es la misma y los tribunales de más alto grado entre los ordinarios podrían proteger los derechos fundamentales, evitando el recurso de amparo ante el TC como única vía. No obstante, según el apartado IV, 3.4 del Acuerdo TS, Sala de lo Civil, 27 enero 2017, sobre criterios de admisión, sólo cumplen este requisito especial las sentencias dictadas en un proceso de tutela judicial civil de derechos fundamentales. Es previsible que la Sala de lo Civil del TS continúe manteniendo esa interpretación, porque la descripción legal de la característica no ha cambiado sustancialmente con la reforma de 2023.

En todo caso, las sentencias que cumplan el requisito general, que infrinjan normas que reconozcan y regulen derechos fundamentales —incluidos los derechos fundamentales procesales— y que no hayan sido dictadas en el procedimiento de protección civil de los mismos, serán recurribles si concurre respecto de las mismas el requisito de interés casacional, en alguna de sus dos modalidades que estudiaremos a continuación.

3.2.2. Sentencias que, por su contenido, fundamentan la concurrencia de supuestos reglados de interés casacional

Interés casacional es el término técnico más ampliamente utilizado para la finalidad de política jurídica de regular la casación de modo que cumpla los objetivos de unificación y evolución ordena de la jurisprudencia. Ahora bien, aparte de que para esa finalidad se utilizan, o se han utilizado, otros instrumentos —así, la casación para unificación de doctrina en el proceso laboral y, hasta una reforma de 2015, en el contencioso-administrativo—, la expresión interés casacional no significa lo mismo en los regímenes de la casación que la utilizan, ni siquiera en el propio régimen de la casación civil.

En el art. 477.3 el interés casacional es un requisito reglado. La ley somete la constatación de su concurrencia a un alto grado de objetividad; no lo configura como una atribución de discrecionalidad al tribunal que ha de apreciarlo, ni siquiera como un concepto jurídico indeterminado.

El interés casacional con este significado presenta, al menos a primera vista, tres modalidades: (1) oposición a doctrina jurisprudencial del TS (entiéndase, siempre, de su Sala de lo Civil); (2) resolución por la sentencia recurrible de cuestiones sobre las que existe jurisprudencia contradictoria de las AP; (3) inexistencia de doctrina jurisprudencial del TS sobre la norma que aplica la sentencia recurrible.

El examen de estas modalidades revelará algunos matices al grado de objetividad para apreciar la concurrencia del requisito, en el sentido de que, respecto de alguno de sus elementos, el TS dispone de un ámbito de decisión no estrictamente limitado (principalmente, qué ha de entenderse por doctrina jurisprudencial o jurisprudencia).

Las modalidades (1) y (3) se pueden tratar conjuntamente, porque su problema fundamental consiste en qué debe entenderse por doctrina jurisprudencial del TS, a la que en la (1) ha de haberse opuesto la sentencia recurrible, y que, en la (3), no ha de existir.

De entrada, la oposición a la doctrina jurisprudencial del TS no se limita al supuesto de que la sentencia recurrible haya resuelto sobre el objeto del proceso de un modo, contrario o diferente, al modo en que el TS haya resuelto, con anterioridad, objetos de proceso concretos (sustancialmente) iguales al de aquella sentencia. Este significado tan restrictivo es propio de la casación para unificación de doctrina, actualmente solo vigente en el proceso laboral: sentencias con pronunciamientos distintos respecto de los mismos litigantes, u otros diferentes en idéntica situación, y en mérito a hechos, fundamentos y pretensiones sustancialmente iguales.

La oposición a doctrina jurisprudencial del TS incluye, sin duda, ese supuesto, pero va más allá, porque tiene como punto de referencia la norma (también otras fuentes del Derecho) de la cual aquella doctrina especifica el significado, tanto mediante la constatación de qué hechos, que han sido relevantes en un proceso, pueden integrarse en el supuesto de hecho de tal norma (o constituyen base para la aplicación de un principio jurídico), como precisando, también en consideración de litigios concretos, qué consecuencias jurídicas deben producirse en atención a la aplicabilidad de una norma o principio. Que esta comprensión es correcta lo demuestra, además de la comprobación de cómo aplica el requisito el TS, el último inciso del art. 477.3 —que refiere a la norma la inexistencia de doctrina jurisprudencial del TS—, y la necesidad de aplicar el requisito también si el recurso de casación se funda en infracción de normas procesales.

Específicamente, para la modalidad (1) es necesario que la sentencia recurrible haya aplicado, o inaplicado, una norma o principio del Derecho, concretamente relevantes para el sentido de tal sentencia, en contradicción a como lo ha hecho el TS al resolver sobre la aplicación de esa norma o principio en casos anteriores respecto de los cuales también eran concretamente relevantes. Además, la existencia de doctrina jurisprudencial del TS requiere que la misma sea reiterada —es decir, mantenida en al menos dos sentencias—, aunque el TS también ha entendido que, para establecerla, basta una sentencia del pleno de la Sala o que fije tal doctrina tras estimar una casación contra sentencia recurrible por interés casacional (Acuerdo TS, Sala de lo Civil, 27 enero 2017, apartado 3.3, C). En todo caso, ha de ser una doctrina jurisprudencial que conserve su eficacia al tiempo de interposición del recurso, por no haber sido sustituida por una doctrina diferente.

Para la modalidad (3), lo determinante es que no exista doctrina jurisprudencial, con las características mencionadas, respecto de una norma (o un principio jurídico), lo que se deberá, probablemente, a la novedad de la norma, a su reciente vigencia y —conectando con los problemas de la modalidad (2)— a la rara posibilidad de que todas las secciones de las cincuenta AP la hayan aplicado sin contradicción entre ellas.

La modalidad (2) consiste en que la sentencia recurrible resuelva puntos o cuestiones —de nuevo se demuestra que el referente de la posible contradicción no es la totalidad del objeto de los procesos— sobre el que exista doctrina contradictoria de las AP. El apartado III, 3.3, B del Acuerdo TS, Sala de lo Civil, 27 enero 2017, sobre criterios de admisión, requiere, como regla general, que esa contradicción exista entre al menos dos sentencias de una sección de una AP con otras al menos dos sentencias de una sección de otra AP, siendo la sentencia recurrida una de las incluidas en los pares mencionados. En algunos supuestos se flexibiliza esta rígida comprobación de la contradicción.

En el Acuerdo mencionado, el TS también ha establecido que esta modalidad (2) es subsidiaria de la modalidad (1), en el sentido de que, si sobre el punto o cuestión hay doctrina jurisprudencial del TS, la sentencia solo será recurrible si los ha resuelto de manera divergente con tal doctrina, no por la contradicción entre sentencias de las AP. Ahora bien, si esto debe ser así, la existencia de contradicción entre sentencias de las AP no añade nada a lo que resulta de la modalidad (3) de interés casacional, porque a los efectos de la recurribilidad no será relevante aquella contradicción, sino la falta de doctrina jurisprudencial del TS a la que la sentencia recurrible haya podido oponerse. Tal vez la constatación de la contradicción entre las AP solo sirva para facilitar la constatación de que no existe doctrina jurisprudencial del TS sobre el punto o cuestión.

Estas tres modalidades de interés casacional tienen por finalidad seleccionar para el acceso a la casación aquellas sentencias que, por sus características, revelan riesgos para la unidad de la jurisprudencia: se oponen a la doctrina jurisprudencial del TS, o esta doctrina no existe —y, por tanto, está abierta la posibilidad de jurisprudencia contradictoria—, o esa divergencia ya se ha manifestado efectivamente en el grado jurisdiccional de las AP. Ahora bien, esas modalidades solo influyen en la admisión de la casación en cuanto a las resoluciones recurribles. La decisión sobre la estimación o desestimación del recurso dependerá de que el TS entienda que la norma, cuya infracción ha afirmado el recurrente, ha sido o no infringida. Con esa resolución de fondo se fijará, o se pondrá el primer paso para fijar, doctrina jurisprudencial sobre una norma o principio que carecía de ella o, específicamente, sobre los que ya había contradicción entre las AP. Si el interés casacional ha consistido en oposición a doctrina jurisprudencial del TS, la estimación del recurso confirmará, en lo esencial, esa doctrina jurisprudencial, pero su desestimación la modificará, o será el primer paso para modificarla, con lo que el requisito de recurribilidad también habrá servido a la unidad de la jurisprudencia, mediante la atribución al tribunal de casación de la potestad de hacerla evolucionar ordenadamente.

3.2.3. El interés casacional notorio o la potestad discrecional de apreciar interés casacional

El art. 477.4 complementa el régimen de los requisitos especiales de recurribilidad con la previsión de que la Sala de lo Civil del TS y, en el ámbito de sus competencias, las Salas de lo Civil de los TSJ, “podrán apreciar que existe interés casacional notorio cuando la resolución impugnada se haya dictado en un proceso en el que la cuestión litigiosa sea de interés general para la interpretación uniforme de la ley estatal o autonómica. Se entenderá que existe interés general cuando la cuestión afecte potencial o efectivamente a un gran número de situaciones, bien en sí misma o por trascender del caso objeto del proceso".

Esta norma atribuye al tribunal de casación una potestad discrecional de considerar recurribles resoluciones que cumplan el requisito general de recurribilidad. Esa potestad coexiste con la potestad reglada de comprobar la recurribilidad por la concurrencia de los requisitos especiales del art. 477.3. La cuestión es determinar cómo deben interpretarse sistemáticamente esas dos previsiones normativas.

Una opción sería entender que el tribunal de casación, además de comprobar si concurre alguno de los supuestos reglados de interés casacional, está habilitado para examinar si la cuestión a la que se refiere el recurso es "de interés general para la interpretación uniforme de la ley", con la posible consecuencia de negar la recurribilidad si llega a una conclusión negativa. Contradicen esta interpretación al menos, tres razones: primera, la diferencia entre el imperativo "se considerará" del art. 477.3, que ampara que debe admitirse la recurribilidad si se constatan los elementos objetivos de alguno de sus requisitos, y el "podrá apreciar que existe" del art. 477.4, que deja abierto un campo de libre apreciación; la segunda, que si los supuestos reglados de interés casacional no fueran más que ejemplos de aquel interés general, se hubieran incluido en el segundo inciso del art. 477.4 —como se hace con la circunstancia de que la cuestión afecte a un gran número de situaciones litigiosas—; y tercera, por el antecedente del Acuerdo TS, Sala de lo Civil, 27 enero 2017, en el que el TS ya anticipó una liberación de la recurribilidad que ampliaba los supuestos reglados si el recurrente fundamentaba suficientemente que la doctrina jurisprudencial del TS "debe ser modificada para ajustarla a nuevas realidades sociales o a la opinión común de la comunidad jurídica".

La interpretación más correcta depende de la finalidad perseguida por la norma del art. 477.4, que, a mi juicio, es reducir los efectos negativos que produce el tiempo necesario para que el tribunal de casación unifique la jurisprudencia sobre determinada norma o la modifique, si entiende que debe hacerlo.

La formación de jurisprudencia, o su confirmación o modificación, requieren tiempo. El tiempo necesario para el desarrollo de las dos instancias y del propio recurso de casación. Probablemente, ni siquiera basta con la suma de los tiempos de tramitación de un proceso sobre determinado objeto, sino que pueden ser necesarios varios procesos, con sus correspondientes tiempos, para que pueda concluirse que, distinguiendo las singularidades y constatando las coincidencias de diversos casos, el tribunal de casación ha fijado jurisprudencia sobre determinada norma, tal vez modificando jurisprudencia preexistente.

Esa indefinición de la jurisprudencia deja abiertas expectativas de éxito para los diversos intereses que pueden ser afectados por los criterios de decisión sobre la cuestión jurídica relevante. Aumenta la probabilidad de iniciación de procesos cuyo resultado esté condicionado por esa cuestión, así como la de presentación de recursos en los mismos. Eso contribuye al aumento de la carga de trabajo de los tribunales de los distintos grados, aunque ese exceso puede no conducir a resultados de calidad, sino a sentencias divergentes sobre cuestiones iguales o similares, algunas de las cuales serán consideradas, si llegan a casación, no conformes a Derecho. Desincentiva las soluciones autocompositivas, porque, en la inseguridad, las partes afectadas mantienen abiertas expectativas de obtener una respuesta judicial favorable a sus intereses. Estas consecuencias negativas se agravan en el caso de los litigios en masa, caracterizados por su gran número y por diversos grados de homogeneidad en las cuestiones jurídicas relevantes en todos ellos, de manera que la demora de una respuesta judicial unificadora acrecienta el riesgo de que sean resueltas de modos diferentes, algunos de los cuales, llegados a la casación, podrán estimarse no conformes a derecho.

En algunos ordenamientos europeos se ha tratado de contrarrestar esos efectos negativos con la técnica de una cuestión prejudicial que pueden plantear tribunales de instancia al tribunal de casación sobre cuestiones jurídicas relevantes en diferentes litigios pendientes, para que este tribunal se pronuncie sobre las mismas, con eficacia vinculante o simplemente orientativa, según los distintos regímenes.

Es difícil —si posible— imaginar supuestos de interés general de "interpretación uniforme de la ley" a los que no puedan dar respuesta los requisitos especiales de recurribilidad del art. 477.3; recuérdese: sentencias que contradigan una interpretación uniforme ya establecida por el TS o que no puedan atender a la misma porque no está fijada.

Otra cosa es si lo previsto por el art. 477.3 posibilita alcanzar la finalidad de unificación con oportunidad temporal. No lo posibilita, en primer lugar y con total seguridad, si se considera que el tribunal de casación no solo ha de unificar la jurisprudencia, sino que también puede y debe modificarla; difícilmente podría cumplir esa función de —llamémosla— unificación dinámica de la jurisprudencia si la recurribilidad solo dependiera de los supuestos del art. 477.3. Tampoco la hace posible en el caso de que la cuestión jurídica relevante se plantee por la entrada en vigor de normas nuevas, si hubiera que esperar a que la necesidad de una interpretación uniforme se manifestara concretamente mediante una amplia serie de sentencias divergentes de las AP.

En especial, esas dos situaciones pueden darse en el caso de que la sentencia recurrida se oponga a jurisprudencia del TJUE, que no está incluido en los supuestos reglados de interés casacional. La jurisprudencia del TJUE puede haberse formado en la resolución de cuestiones prejudiciales no planteadas por tribunal español y en relación con una norma nacional suya, pero esto no excluye que vincule a los tribunales españoles en la aplicación que deben hacer del Derecho de la Unión (art. 4bis.1 LOPJ). A falta de la posibilidad de una apreciación discrecional de interés casacional habría que esperar a que el TS modificara su jurisprudencia para ajustarla a la del TJUE o a que, sobre la cuestión relevante, se generara divergencia entre las AP que justificara la intervención unificadora del TS.

Con lo previsto por el art. 477.4 se pueden superar las limitaciones recién mencionadas, pero el tribunal de casación habrá de ponderar la conveniencia de fijar jurisprudencia, o de modificarla, en la primera oportunidad que le ofrezca un recurso de casación y la utilidad de que la cuestión jurídica sea suficientemente debatida en el grado de los tribunales de instancia.

4. LOS MOTIVOS DEL RECURSO

Los motivos admisibles del recurso, limitados como es propio de su carácter extraordinario, los determina, principalmente, el art. 477.2: "El recurso de casación habrá de fundarse en la infracción de norma procesal o sustantiva". Hay otros preceptos que, como enseguida veremos, inciden también en esa determinación.

La letra del art. 477.2 requiere algunas observaciones. La primera, es equivoco vincular los motivos del recurso con la concurrencia de interés casacional, porque este condiciona la recurribilidad de la resolución, pero no el fundamento del recurso. La segunda, aunque los términos "infracción de norma" son los predominantemente utilizados por la ley para delimitar el fundamento del recurso, la literatura jurídica se refiere, también, a error de Derecho en el juicio que contiene la resolución impugnada. Ese modo de expresar lo que puede ser examinado en casación no es extraño a la propia ley, que habla de "error de hecho" al regular la excepción a los límites de aquel examen. Probablemente, describir el fundamento admisible de la casación como "error de Derecho" sea más acertado, porque, dejando aparte que la norma no es el único componente del sistema de fuentes del Derecho, la comprensión restrictiva de "infracción de norma" podría justificar que los razonamientos de integración normativa fueran excluidos de acceso y examen en casación.

Conviene tratar por separado la infracción de normas materiales —o sustantivas, como dice la ley— y la de normas procesales. No obstante, para ambas clases de motivos las normas que pueden ser infringidas son:

a) En primer lugar, la Constitución, cuyos preceptos tienen —además de una eficacia especial— la eficacia propia de toda norma jurídica, siendo directamente aplicables por los tribunales ordinarios (art. 5.4 LOPJ). Para examinar si la aplicación de las normas constitucionales ha sido correcta, se atenderá a la jurisprudencia del TC (art. 5.1 LOPJ).

b) Las leyes formales, los decretos-leyes y los decretos legislativos resultado de una delegación legislativa. A mi juicio, también las leyes de bases, porque los tribunales solo están sujetos a los decretos legislativos que las desarrollen en la medida en que no excedan de los límites de la delegación. Estas normas pueden haber sido dictadas por el Estado o por una Comunidad Autónoma (art. 73.1 a) LOPJ).

La infracción de disposiciones de rango inferior a la ley no tiene acceso por sí sola al recurso. El recurso habrá de fundarse en la infracción de la ley desarrollada por aquellas disposiciones. Por otra parte, el recurso solo podrá ser estimado si la disposición de rango inferior a ley es acorde con ésta, en caso contrario, la potestad de examen de legalidad y de inaplicación de reglamentos (art. 6 LOPJ) impedirá el éxito del recurso.

c) Las normas jurídicas contenidas en tratados internacionales que formen parte del ordenamiento español (arts. 96.1 CE y 1.5 CC).

d) Las normas de Derecho de la Unión Europea originario (tratados constitutivos y sus modificaciones) y derivado. Para examinar si aplicación de las normas de Derecho de la Unión Europea ha sido correcta, se atenderá a la jurisprudencia del TJUE (art. 4 bis.1 LOPJ).

e) Las leyes extranjeras cuando sean de aplicación por los tribunales españoles al venir reclamadas por la normativa conflictual.

El tratamiento en casación de la ley extranjera no es pacífico. Según una postura solo puede acceder a casación como cuestión de hecho, es decir, en cuanto al problema de la existencia, contenido y vigencia de esa ley.

Según otra orientación, como la norma extranjera cumple en el enjuiciamiento la misma función que la norma nacional (y además es ésta la que impone su aplicación), las infracciones de aquélla pueden fundar un motivo de casación. De sostenerse la primera postura la cuestión solo podría acceder a la casación con arreglo a lo que se dirá en el apartado 4.2.

f) Las normas consuetudinarias, siempre que estén probadas (esta cuestión no puede acceder a la casación, salvo del modo limitado en que pueden ser examinados los errores de hecho) y dentro de los límites del artículo 1.3 CC.

g) Los principios generales del derecho (art. 1.4 CC), generalmente invocados según su formulación en la doctrina jurisprudencial.

No hay casación por infracción de jurisprudencia, aunque las sentencias de las que resulte la misma serán invocadas para justificar que se ha producido una infracción de la norma. La oposición de una sentencia a la doctrina jurisprudencial de la Sala Primera del TS determina la recurribilidad de la sentencia. La estimación del recurso requiere, en todo caso, que el tribunal de casación considere que la sentencia ha infringido una norma.

4.1. La infracción de normas materiales (o sustantivas)

Esta clase de motivos admisibles consiste en la infracción de las normas que rigen el enjuiciamiento jurídico de la sentencia recurrida sobre la pretensión procesal, su fundamento y las defensas materiales hechas valer. Para fundar la existencia de las infracciones, la parte recurrente solamente puede basarse, como referencia de la aplicación concreta de las normas, en los hechos que se han dado por establecidos en la sentencia. Esta regla solo tiene las excepciones que veremos en el siguiente apartado 4.2.

La infracción de las normas puede consistir en que el órgano jurisdiccional, al juzgar sobre el objeto del proceso, lo ha hecho con desconocimiento abierto y frontal de la norma; negando su eficacia normativa, específicamente, su vigencia, o asumiendo una vigencia inexistente; interpretando la norma erróneamente, por atribuirle un significado que no le corresponde; o aplicando la norma a unos hechos que no cumplen todo lo que requiere su supuesto de hecho, o, por el contrario, no aplicándola cuando los hechos establecidos satisfacen plenamente lo que exige aquel supuesto.

En todo caso, para que exista infracción no basta que en la sentencia recurrida se formulen afirmaciones o razonamientos que puedan entenderse expresivos de juicios jurídicos erróneos de las clases apuntadas. Es necesario que esos juicios hayan determinado las decisiones, los pronunciamientos, de la sentencia recurrida. No hay infracción si solo se razona mal, sino si, por razonar mal, se decide mal.

Según el art. 481.3: "Solo podrán denunciarse las infracciones que sean relevantes para el fallo, siempre que hubieran sido invocadas oportunamente en el proceso o consideradas por la Audiencia Provincial". El primer inciso del apartado avala el significado de "infracción de norma" que se ha expuesto. El segundo inciso, sin embargo, va más allá de precisar qué es infracción; establece una norma legal expresa sobre las cuestiones nuevas en casación, y lo hace en sentido restrictivo: no es admisible plantear una infracción de una norma que no se hubiera invocado en la instancia o no hubiera sido considerada por la sentencia sin tal invocación; ahora bien, eso no impide que el TS desestime un recurso si entiende que los pronunciamientos de la sentencia impugnada basados en una infracción de norma, pueden ser mantenidos con base en otras normas que esa sentencia no haya tomado en consideración.

4.2. La posibilidad limitada de impugnación de los hechos fijados en la sentencia

En los regímenes de la casación ajustados a la concepción originaria de esta institución, los motivos del recurso no permiten que se revisen, y eventualmente se modifiquen, los hechos fijados en la sentencia de instancia. Precisamente hay que partir de esos hechos para determinar si se han infringido las normas, si hay errores de Derecho en la sentencia.

La limitación de la casación a la cuestión de Derecho y la correlativa exclusión de la cuestión de hecho siempre ha sido problemática, porque no hay una línea divisoria siempre clara y precisa entre ambas clases de cuestiones. Algunas muestras de "zonas grises" en esa delimitación son las siguientes:

a) La diferenciación entre lo que supone revisar la fijación de hechos (cuestión de hecho) y lo que supone revisar el juicio sobre la esencia, calificación o significado jurídico de los hechos fijados (cuestión de derecho, previa a la aplicación de la norma, pero posiblemente determinante de errores en tal aplicación).

b) La integración, en el caso concreto, de conceptos jurídicos indeterminados (p. ej.: diligencia del buen padre de familia, del ordenado comerciante, buena fe, dolo, fraude, caso fortuito, fuerza mayor, culpa, etc.): uno es el problema de que ciertos hechos hayan ocurrido o no (ésta sería cuestión de hecho), otro es el problema de si los hechos que se entienden acaecidos pueden o no ser subsumidos bajo aquellos conceptos (cuestión de derecho).

c) En la interpretación de los negocios jurídicos debe distinguirse entre tener o no por cierta la declaración de voluntad y el problema jurídico (al que dedican regulación específica los arts. 675 y 1281 a 1289 CC) de la significación y alcance que debe darse a la voluntad declarada.

d) La construcción de presunciones judiciales tuvo —bajo la LEC/1881— acceso a casación por entenderse que el art. 1253 CC (artículo de contenido igual al del art. 386.1) era infringido si se afirmaba concurrente un hecho presunto sin establecer el enlace preciso y directo según las reglas del criterio humano o estableciéndolo de modo absurdo.

En anteriores regulaciones de la casación en España, aquella regla ha tenido, a veces, excepciones, y éstas, a su vez, han tenido un alcance mayor o menor. En la ordenación inmediatamente anterior a la vigente, ni el juicio sobre los hechos podía ser revisado en casación, ni había un motivo que expresamente autorizara esa revisión mediante el recurso extraordinario por infracción procesal. No obstante, el TS entendió que esa revisión era admisible si el error del juicio de hecho tuviera la entidad suficiente para estimar que la sentencia violaba el derecho fundamental a la tutela judicial efectiva.

Específicamente, según el Acuerdo TS, Sala de lo Civil, 27 enero 2017: "La valoración de la prueba no puede ser materia de los recursos extraordinarios. Solo el error patente puede alegarse como motivo del recurso, con los siguientes requisitos: (i) debe tratarse de un error fáctico —material o de hecho—; (ii) debe ser patente, evidente e inmediatamente verificable de forma incontrovertible a partir de las actuaciones judiciales" (apartado I.1), precisándose esta última referencia en el sentido de que el recurrente "deberá indicar la prueba concreta, incluso con referencia al folio de las actuaciones o al minuto del soporte audiovisual, y exponer cómo, dónde o cuándo se ha producido el error" (apartado III.3.2).

Según el art. 477.5: "La valoración de la prueba y la fijación de hechos no podrán ser objeto de recurso de casación, salvo error de hecho, patente e inmediatamente verificable a partir de las propias actuaciones".

La excepción a la revisión del juicio sobre los hechos alcanza, pues, a los errores de hecho en la valoración de los medios de prueba practicados, y, también, a aquellos en los que la sentencia haya podido incurrir al considerar que determinados hechos han quedado o no fijados por admisión (arts. 281.3, 286.2 y 3, y, en relación con el anterior artículo, los arts. 426.4 y 433.1).

Además, solamente son revisables los errores de hecho de determinada calidad: patentes, que salten a la vista simplemente leyendo, o viendo y/o escuchando, o cotejando de otro modo, lo que consta en la documentación de las actuaciones. Es decir, no estamos ante lo que, en algunos antecedentes de la casación española, se llamó "error resultante de documento auténtico", o puesto de manifiesto por un "documento ligerosuficiente", que, en definitiva, eran documentos con valor probatorio legal. El art. 477.5 no establece como referencia solamente documentos aportados como medio de prueba y de determinada calidad, sino todos los actos procesales que forman las actuaciones judiciales, tanto los realizados por escrito e incorporados a los autos, como los realizados de otro modo y documentados en cualquiera de las formas (escrita, audiovisual, electrónica) autorizadas por la ley.

Hay otro modo de fijar los hechos que no queda incluido en la norma, precisamente por la acotada referencia para evidenciar el error: la fijación de hechos que resulta de la construcción de presunciones judiciales. La referencia, que complementa los requisitos del error de hecho revisable, tal vez aplicable a la constatación del hecho base de la presunción, no permite incluir los errores, ni siquiera los graves, en la construcción del enlace entre aquel hecho y el hecho que se presume. La revisión de esta clase de error —enlace construido de manera arbitraria, ilógica o absurda— habrá de intentarse invocando infracción de la norma que reconoce el derecho fundamental a la tutela judicial efectiva.

Por otra parte, la norma tampoco clarifica el tratamiento en casación de la infracción de las escasas normas de valoración legal de la prueba vigentes en Derecho español. En principio, el error en la determinación de los hechos que deben darse como probados en aplicación de esas normas debería considerarse motivo admisible de recurso sin necesidad de una excepción como la del art. 477.5. En efecto, aunque en los casos de aplicación de las normas de prueba legal el juicio tenga por objeto hechos, lo que se produce es un error de Derecho por infracción de aquellas normas. No obstante, la doctrina jurisprudencial no es clara sobre si esa infracción basta por sí sola para fundamentar el motivo o si ha de concurrir con la apreciación de haberse producido un error fáctico notorio y patente. El art. 477.5 contribuirá a confirmar que es necesario ese complemento, o, por expresar de modo más chocante lo que esto significa, que ha de concurrir la convicción del tribunal de casación de que se ha producido un error de tal entidad.

En cualquier caso, el art. 477.5 no pone en peligro la cobertura casacional de la infracción de la norma procesal que prohíbe admitir y, si se hubieran admitido y practicado, valorar, las pruebas ilícitas por violación de derechos fundamentales. El acceso de esta infracción a la casación no depende de excepciones a la regla de no revisión del juicio sobre los hechos, porque aquella prohibición no se proyecta sobre la apreciación del error o del acierto en la valoración de la prueba, sino sobre la cuestión previa de si la actividad o la aportación realizadas tienen o no validez jurídica como prueba.

4.3. La infracción de norma procesal

El art. 477.2, al limitarse a disponer que el recurso de casación ha de fundarse en infracción de normas procesales, rompe con una tradición iniciada por el Decreto de 4 de noviembre de 1838, consistente en establecer un catálogo de tales infracciones en las que podía fundarse el recurso.

Los sucesivos cambios legislativos que ha experimentado esta materia revelan que existe un campo de tensión entre dos planteamientos: de una parte, el de máxima limitación de acceso a la casación de la infracción de normas procesales, con un catálogo estricto y cerrado de infracciones invocables; de otra, el de máximo acceso de tales infracciones, garantizado por un amplio catálogo de las mismas, cerrado por una cláusula general que ampara infracciones graves no tipificadas.

El art. 477.2 se encuadraría en el segundo planteamiento y, además, con una insuperable generosidad, porque prescinde del catálogo y opta por una cláusula general que ni siquiera acota las infracciones de normas procesales con algún criterio complementario de gravedad. No obstante, esta generosidad es aparente, porque la seguridad de acceso a la casación está mejor protegida si la cláusula general va acompañada de una relación de infracciones tipificadas, que delimite con mayor precisión la potestad de resolución de la Sala Primera del Tribunal Supremo. Por otro lado, no es razonable entender que cualquier infracción de cualquier norma procesal puede fundar un recurso con expectativa de éxito.

La determinación de las infracciones de normas procesales puede fundar la estimación de un recurso de casación es problemática, también, por otras razones. El requisito general de recurribilidad está limitado a resoluciones en forma de sentencia, y hay normas procesales que no se aplican en el acto de la sentencia, de modo que tampoco pueden ser infringidas al realizarlo. Además, y por la misma razón, tampoco podría cumplirse el requisito de que la infracción de norma invocada sea relevante para el fallo (art. 481.3).

En mi opinión, las infracciones de normas procesales que pueden fundar la casación son las que causan ineficacia de los actos procesales con arreglo a lo previsto por los arts. 238, 239, 240, 242 y 243 LOPJ, y los arts. 225, 226, 227, 229, 231, y otros —art. 238.6º LOPJ— de la LEC, siempre que, además y en su caso, la infracción se haya denunciado, de ser posible, en la instancia y, de haberse producido en la primera, la denuncia se haya reproducido en la segunda, y que, si la infracción deriva de un defecto subsanable, la subsanación se hubiera pedido, igualmente en ambas instancias en su caso, y no se hubiera realizado (art. 477.6).

De ese modo, tiene respuesta adecuada, tanto el problema de determinar las infracciones procesales de manera que alcancen, pero también queden acotadas, a las que tengan un grado suficiente de gravedad, como el de que queden incluidas las infracciones que no se realizan en el acto de sentencia, pero causan la ineficacia derivada de ese acto, con arreglo al art. 230 y al art. 243 LOPJ.

La aplicación correcta o incorrecta —en este caso constitutiva de infracción— de una norma procesal se sustenta en unos hechos concretos, aunque, a diferencia de lo que ocurre con la sentencia final del proceso, esos hechos no siempre han de exponerse como fundamento de una resolución que infrinja la norma. Tal vez por esa razón no suele plantearse el problema de la posible revisión de tales hechos en casación. También por la razón de que esos hechos resultan o constan, de forma más o menos explícita, en las propias actuaciones procesales; ahora bien, esto no ha de impedir que se revise, con el alcance permitido por el art. 477.5, la constatación que se haya hecho de los mismos, aunque no pueda ser estrictamente calificada como valoración de prueba o fijación de hechos por admisión.

Por otra parte, es oportuno indicar aquí que el tribunal de casación, sin que haya sido planteado en los motivos del recurso, puede declarar la nulidad de actuaciones, con toda seguridad, en los supuestos en los que la ley, limitada, pero claramente, le atribuye la potestad de oficio para hacerlo (art. 240.2, párrafo segundo LOPJ; art. 227.2, párrafo segundo: falta de jurisdicción o de competencia objetiva o funcional).

5. BREVEMENTE SOBRE LAS MODIFICACIONES DEL PROCEDIMIENTO

Me limitaré a casi solo una mención de unas modificaciones que, aunque afectan a algo tan minusvalorado como el procedimiento, parecen relacionadas con uno de los motivos de la reforma.

El tradicional rigor formal del acto de interposición se refuerza con la habilitación a Sala de Gobierno del TS para especificar con mayor detalle las indicaciones respecto del requisito de forma que ya establece la ley. Con ese fin, se ha adoptado el Acuerdo de 8 de septiembre de 2023, de la Sala de Gobierno del Tribunal Supremo, sobre la extensión y otras condiciones extrínsecas de los escritos de recurso de casación y de oposición civiles (publicado, por Acuerdo de la Comisión Permanente del CGPJ, en el BOE de 21 de septiembre de 2023).

Respecto del primer control de admisión, el que se realiza en el tribunal *a quo*, no se catalogan con precisión los requisitos que pueden/deben ser examinados específicamente por este tribunal. Para el anterior régimen del recurso, el apartado IV del Acuerdo TS, Sala de lo Civil, 27 enero 2017, los determinaba con detalle.

El control de admisión ante y por el tribunal *ad quem* tiene diferencias importantes:

a) El LAJ puede decidir la inadmisión por decreto si no concurren determinados requisitos (art. 483.1). Esta potestad no se atribuye, por lo general, al LAJ en los controles de admisión. En todo caso, como ese decreto pone término al procedimiento e impide su continuación, será impugnable mediante revisión directa (art. 454bis.2, pár. segundo) ante la Sala competente para decidir sobre la admisión.

b) No hay un catálogo de causas de inadmisión que puedan/deban ser examinadas por la sección de la admisión de la Sala de lo Civil del TS (o por la Sala de lo Civil del TSJ, en su caso), como el que establecía la anterior redacción del art. 483.2. No es dudoso, sin embargo, que en este control pueden examinarse todas las causas de inadmisión que se deduzcan de la regulación del recurso, sin los límites que pueden estar justificados en controles de admisión precedentes.

c) Sobre la admisión se resuelve sin audiencia de las partes recurridas, a las que, si se han personado, se les dará traslado del acto de interposición y de la resolución de admisión (art. 485). La exclusión de su audiencia previa no impide que estas partes puedan oponer causas de inadmisión para que se aprecien en la resolución final del recurso.

d) Aunque el art. 487.1 autoriza que se resuelva mediante auto la estimación del recurso si el interés casacional consiste en que la sentencia recurrida se opone a jurisprudencia del TS —en su caso, del TSJ—, un auto de admisión que, precisamente, se fundara en que concurre esa modalidad de interés casacional, no puede, a continuación, decidir la estimación del recurso. La sección de admisión no tiene competencia para ello y, además, el recurso se decidiría con indefensión de la parte recurrida que, hasta este momento, aún no ha podido realizar el acto de oposición.

La celebración de vista deja de estar vinculada, con la eficacia propia de un acto de causación, a lo que hubieran manifestado todas las partes, y depende, exclusivamente, de una decisión de la Sala (art. 486). En la vista solo son admisibles alegaciones de naturaleza argumentativa, no innovativas de los motivos del recurso que han sido admitidos, si bien no cabe excluir que alegaciones que pueden revelar la existencia de nulidades absolutas sirvan para que el tribunal ejerza potestades que debe ejercer incluso de oficio. La disposición del art. 486 —"La Sala podrá indicar a los abogados de las partes y, en su caso, al Ministerio Fiscal, el tiempo del que disponen para sus informes y las cuestiones que considera de especial interés"— aparenta ser limitativa de la amplitud de las alegaciones, pero, a mi juicio, es más bien significativa de una especie de ejercicio anticipado de las potestades de dirección de los debates, que es adecuada para la preparación de las intervenciones de los abogados.

6. RESOLUCIÓN FINAL SOBRE LA ESTIMACIÓN DEL RECURSO

La resolución sobre la estimación o desestimación del recurso depende de que el tribunal considere o no fundadas las infracciones de normas que hayan sido alegadas como motivo del mismo. A pesar de la importancia, en alguna modalidad de interés casacional, de una preexistente doctrina jurisprudencial para la recurribilidad de la resolución, la decisión sobre la estimación en ningún caso depende de que la resolución recurrida haya contradicho tal doctrina. Tampoco las contradicciones jurisprudenciales entre AP tienen más consecuencia que determinar la recurribilidad (art. 487.5).

No obstante, es contradictorio con la relevancia que se asigna al interés casacional para determinar las resoluciones recurribles y con la exigencia de que, en el acto de interposición, se exprese "la doctrina jurisprudencial que se interese de la Sala, en su caso" (art. 481.1), que, al regular la forma de la sentencia del recurso en el art. 487, no se establezca que la misma debe exponer con claridad esa nueva doctrina, en el caso de que la estimación del recurso haya generado tal novedad. Una regla formal en este sentido facilitaría el conocimiento de la jurisprudencia por los tribunales de instancia y, con ello, bien el seguimiento de la misma, bien la divergencia razonada con ella.

6.1. Orden de examen de los motivos y efectos de su estimación

Las diferentes clases de normas cuya infracción puede ser alegada —materiales, procesales y distintas clases de estas últimas— determinaban una específica regulación del contenido y efectos de la resolución final estimatoria del recurso, tanto en los regímenes anteriores de la casación, como en el régimen provisional de los recursos extraordinarios de la LEC/2000.

En el régimen actual de la casación, esa regulación detallada queda sustituida por una disposición muy sintética: si han sido denunciadas distintas infracciones de normas procesales y sustantivas, "la Sala resolverá en primer lugar el motivo o motivos cuya eventual estimación determine una reposición de las actuaciones" (art. 487.3).

Esta disposición versa sobre el orden de examen y resolución de los motivos del recurso y sobre la consecuencia de la estimación de los mismos. Su significado depende, en gran medida, de su interpretación sistemática, pero la propia disposición, a pesar de su aparente simplicidad, encierra contenidos normativos importantes.

6.1.1 Resolución de los motivos de infracción de normas procesales y consecuencias de su estimación

En primer lugar, deben ser examinados los motivos que denuncien infracciones de normas procesales. Pero, a su vez, respecto de estos motivos hay que distinguir, para el orden de examen y consecuencias de la estimación, entre:

a) Infracciones de normas procesales que determinan ineficacia —nulidad o anulación— de los actos procesales anteriores a la sentencia recurrida —que serán declarados nulos o anulados y, además, causarán la ineficacia derivativa de la sentencia—, o que determinan la ineficacia originaria de la propia sentencia —infracción del requisito de mayoría de magistrados para adoptarla, del requisito de forma (motivación), de los de objeto (congruencia)-

La consecuencia de la estimación de estas infracciones es la reposición de las actuaciones al momento procesal en que se cometió la infracción, para que se realice el acto válidamente y, en su caso, continúe el procedimiento hasta la terminación que corresponda.

No obstante —esta es un primer resultado importante de la interpretación sistemática— la consecuencia de la reposición de los autos para su eventual continuación, no es la correcta en todos los supuestos de infracción de las normas reguladoras de la jurisdicción, la competencia genérica, las competencias objetiva y funcional, y, si está regida por normas imperativas, la competencia territorial.

Como se hacía en anteriores regulaciones de la casación, hay que distinguir. Si la infracción consiste en que el órgano jurisdiccional que ha dictado la sentencia recurrida no podía hacerlo con arreglo a las normas rectoras de la jurisdicción y de la competencia, la consecuencia debe ser la nulidad de las actuaciones, para que las partes insten la iniciación de proceso si corresponde y ante quien corresponda. Si la infracción consiste en haber negado el pronunciamiento sobre el fondo, con base en la errónea apreciación de carecer de jurisdicción o de competencia, la casación no será admisible si tal resolución se ha dictado —como dispone el art. 66— en forma de auto. No obstante, si se dictó en forma de sentencia —por tanto, tras la realización de toda la actividad procesal en las instancias—, está justificada la reposición de actuaciones para que resuelva sobre el fondo el tribunal de instancia que negó, indebidamente, esa resolución.

b) Infracciones de normas procesales que se aplican en el momento de sentenciar, pero que no rigen la eficacia del acto procesal de sentencia, sino que, por si solas o junto con otras normas materiales, determinan la estimación o desestimación de las pretensiones, del mismo modo que las normas de Derecho material.

Son normas procesales de esta clase, las que rigen las condiciones de concesión de la tutela declarativa o de condena a prestación futura, cómo debe decidirse sobre las pretensiones objeto del proceso de acuerdo con las reglas de carga de la prueba (art. 217), o las que disponen qué debe decidirse en atención al efecto prejudicial de la cosa juzgada (art. 222.4). También las que imponen corregir los errores de hecho patentes e inmediatamente verificables a partir de las propias actuaciones, así como —si estas no fueran cuestiones problemáticas— las normas que establecen el valor probatorio legal de ciertos medios de prueba y las que rigen la construcción de presunciones judiciales (art. 386.1).

La infracción de esta clase de normas no puede corregirse simplemente anulando la sentencia y reponiendo las actuaciones, sino que requiere modificar el propio contenido de la sentencia sobre el fondo. La disposición, tan laxa, del art. 487.3 habilita al tribunal de casación para que, si estima la infracción de estas normas, resuelva él mismo sobre la o las pretensiones objeto del proceso sin necesidad de reposición de actuaciones.

6.1.2. Resolución de los motivos de infracción de normas materiales —o sustantivas— y consecuencias de su estimación

Los motivos que invoquen infracción de normas materiales —sustantivas en la terminología de la ley— serán examinados si no están admitidos motivos de infracción de normas procesales de ninguna de las dos clases antes mencionadas y si lo están y han sido desestimados. También, si ha sido estimado un motivo de infracción de normas procesales de la segunda clase antes apuntada, si tal estimación implica una modificación del contenido de la sentencia recurrida que, a su vez, determine que es fundada la alegación de infracción de la norma material que también se ha formulado como motivo del recurso; por ejemplo, una modificación de los hechos por estimación del motivo procesal, da base para que se aplique, o no deba aplicarse, una norma material que la sentencia recurrida, respectivamente, no aplicó o aplicó, que es lo que la parte ha invocado como infracción de norma material.

Por lo que hace a las consecuencias de la estimación de motivos de infracción de normas materiales, la regla general es que no procede la reposición de actuaciones, sino que el propio tribunal de casación debe resolver sobre el objeto del proceso, de modo, eso sí, coherente con la corrección de la infracción de norma que ha considerado existente. Y esa resolución no ha de manifestarse en la sentencia con alguna separación formal respecto de los pronunciamientos sobre los motivos del recurso de casación. Basta que sea coherente con tales pronunciamientos.

No obstante, de nuevo una disposición, tan laxa, como la del art. 487.3 facilitará que el tribunal de casación, tras haber estimado motivos de infracción de ciertas normas materiales, puede decidir la reposición de las actuaciones a los tribunales de instancia para que dicten la sentencia sobre el objeto del proceso, vinculada, eso sí, a lo que el tribunal de casación ya ha decidido sobre la cuestión de Derecho material. Esto puede estar justificado si la infracción de la norma material ha conducido a que la sentencia recurrida desestime la pretensión sin necesidad de examinar parte de sus fundamentos. Sin la cobertura de aquel artículo, la Sala Primera ya había procedido de este modo en casos en que la sentencia recurrida había desestimado la pretensión por prescripción o caducidad (principalmente), sin haber examinado, ni haberse pronunciado sobre los demás aspectos del fundamento de la pretensión (así, entre otras, STS núm. 91-2012, de 22 febrero; STS núm. 369-2019, de 27 junio).

6.2. La regla general de forma de la resolución —sentencia— y la excepción —estimación del recurso mediante auto-

La regla general es que la resolución del recurso debe adoptar la forma de sentencia. En ella se examinarán y resolverán los diferentes motivos admitidos a trámite y, de ser estimatoria, en su caso, se retrotraerán las actuaciones a los tribunales de instancia o el propio tribunal de casación resolverá sobre el objeto del proceso atendiendo a cómo ha decidido el recurso.

La excepción la establece el art. 487.1, según el cual, si hay ya doctrina jurisprudencial sobre la cuestión o cuestiones planteadas y la resolución impugnada se opone a dicha doctrina, "el recurso podrá decidirse mediante auto que, casando la resolución recurrida, devolverá el asunto al tribunal de su procedencia para que dicte nueva resolución de acuerdo con la doctrina jurisprudencial".

La casación con reenvío del asunto a algún tribunal de instancia para que, incluso en casos de infracción de norma material, resuelva de nuevo sobre el objeto del proceso, es un rasgo característico de la casación francesa. Se recogió en el régimen del recurso de nulidad del Real Decreto de 4 de noviembre de 1838, pero fue abandonado en todos los regímenes posteriores de la casación, que atribuían a la propia Sala Primera la resolución sobre el objeto del proceso, dictada con mayor o menor separación formal respecto de la decisión sobre los motivos de la casación. La reforma de 2023 ha establecido una posibilidad de aplicarla, cuyo alcance y significado requieren dos aclaraciones.

En primer lugar, hay que tener en cuenta que la contraposición a una doctrina jurisprudencial preexistente solo determina, en principio, recurribilidad de la resolución. En cambio, la aplicación de la posibilidad analizada se sitúa en el momento de la resolución sobre la estimación del recurso y ésta depende de que la sección de enjuiciamiento (o, en su caso, el pleno de la Sala) considere que la sentencia impugnada ha incurrido en la infracción de las normas que ha sido invocada en los motivos del recurso. Consiguientemente, si ambas condiciones —oposición a doctrina jurisprudencial y decisión estimatoria del recurso— han de cumplirse, el supuesto de aplicación ha de consistir en un caso en que, primero, el recurso ha sido admitido por interés casacional consistente en oposición a doctrina jurisprudencial, y, después —en la resolución sobre el fondo del recurso—, la estimación del mismo se ha considerado procedente, sin que las razones que justifican esa decisión signifiquen modificar la doctrina jurisprudencial preestablecida. Si, por el contrario, la sección de enjuiciamiento (o, en su caso, el pleno de la Sala) considera que el recurso debe ser estimado, porque son fundadas las infracciones de normas alegadas en los motivos, aunque esto implique modificar doctrina jurisprudencial preestablecida, el recurso deberá ser resuelto por sentencia, la cual, además, será el primer paso en el cambio de la correspondiente doctrina jurisprudencial.

En segundo lugar, lo dispuesto por la excepción del art. 487.1 no tiene nada que ver con la debatida cuestión del valor normativo a la doctrina jurisprudencial establecida por el tribunal de casación. Este tribunal, al resolver el recurso mediante auto, no se limita a —digamos— recordar en abstracto que tiene establecida doctrina jurisprudencial sobre determinada cuestión, sino que decide sobre los motivos del recurso interpuesto contra la sentencia de un proceso concreto, y lo hace en el sentido de estimarlos, al tiempo que indica que su resolución se ajusta, además, a una doctrina jurisprudencial que ya tiene establecida. Consecuentemente, que el tribunal de instancia, a la hora de proceder y/o resolver tras el reenvío, deba ajustarse a lo resuelto en el auto estimatorio del recurso no es más que una aplicación estricta de lo dispuesto en el último inciso del art. 12.2 LOPJ.

Por lo demás, hubiera sido adecuado regular qué debe hacerse si el órgano jurisdiccional del reenvío acaba por resolver sin ajustarse a lo dispuesto por el auto estimatorio de la casación y a la doctrina jurisprudencial que el mismo expresamente ha confirmado. En defecto de regulación, la única salida es un nuevo recurso de casación.

BIBLIOGRAFÍA

AA.VV., *El Tribunal Supremo, su doctrina legal y el recurso de casación: estudios en homenaje del profesor Almagro Nosete*, Gimeno Sendra, V. (director), Ed. Iustel, 2007.

AA.VV., *Los recursos ante Tribunales Supremos en Europa*, Ortells Ramos, M. (coordinador), Ed. Difusión Jurídica, 2008.

AA.VV., *El recurso de Casación Civil,* Bonet Navarro, J. (director), Ed. Thomson Reuters-Aranzadi, 2010.

AA.VV., *El recurso de casación civil,* Bellido Penadés, R. (director), Ed. Wolters Kluwer, 2014.

Calamandrei, P., *La cassazione civile,* I, reedición Roma Tre-Press, 2019, https://romatrepress.uniroma3.it/categoria-volume/la-memoria-del-diritto/page/2/

De la Oliva Santos, A., *Casación, oralidad y nuevo proceso civil,* Ediciones Jurídicas de Santiago, 2009.

Díez-Picazo Giménez, I., "Sobre los nuevos criterios de admisión de la casación civil", en *Actualidad Jurídica Aranzadi,* 2012.

Guasch Fernández, S., *El hecho y el Derecho en la casación civil,* J. M. Bosch Editor, 1998.

López Sánchez, J., *El interés casacional,* Ed. Civitas, 2002.

Ortells Ramos, M., "Reforma de la casación civil. Notas sobre el Anteproyecto de Ley de Eficiencia Procesal", en *Estudios sobre la casación civil. Homenaje a Fernando Jiménez Conde,* Thomson Reuters Aranzadi, 2021.

Ortells Ramos, M., "Sélection des affaires et unification évolutive de la jurisprudence dans la cassation espagnole", *Mélanges en l'honneur du Professeur Loïc Cadiet,* Lexis Nexis, 2023.

Ortells Ramos, M., "Interés casacional y resoluciones recurribles en la reforma en curso de la casación civil", *La humanización del proceso,* López-Fragoso Álvarez, T, González Navarro, A. M. (directores), Dykinson, 2023.

Serra Domínguez, M., "Del recurso de casación", en *Comentarios a la reforma de la Ley de Enjuiciamiento Civil,* CORTÉS, V. (coordinador), Tecnos, 1985.

Tapia Fernández, I., "¿El Tribunal Supremo legislador? El valor normativo de la Jurisprudencia y de los Acuerdos no jurisdiccionales de la Sala Primera", *Justicia,* 2017, núm. 2.

La reciente reforma del recurso de casación civil

PABLO MORENILLA ALLARD
Catedrático de Derecho Procesal

SUMARIO: 1. INTRODUCCIÓN. 2. LA REFORMA DE LA CASACIÓN CIVIL. 2.1. EL NUEVO ARTÍCULO 477 LEC. 2.1.1. RESOLUCIONES RECURRIBLES EN CASACIÓN. 2.1.2. MOTIVO DEL RECURSO DE CASACIÓN. A) UN SOLO RECURSO DE CASACIÓN, Y NO DOS. B) INTERÉS CASACIONAL. 2.1.3. ESPECIALIDADES EN LA CASACIÓN PROCESAL. 2.2. LAS NOVEDADES MÁS DESTACABLES SOBRE EL PROCEDIMIENTO CASACIONAL. 2.2.1. ART. 481: CONTENIDO DEL ESCRITO DE INTERPOSICIÓN DEL RECURSO. 2.2.2. ART. 483: DECISIÓN SOBRE LA ADMISIÓN DEL RECURSO.

1. INTRODUCCIÓN

El día 30 de junio de 2023[1] entró en vigor el Real Decreto-ley 5/2023, de 28 de junio, cuyo breve título dice así: "*por el que se adoptan y prorrogan determinadas medidas de respuesta a las consecuencias económicas y sociales de la Guerra de Ucrania, de apoyo a la reconstrucción de la isla de La Palma y a otras situaciones de vulnerabilidad; de transposición de Directivas de la Unión Europea en materia de modificaciones estructurales de sociedades mercantiles y conciliación de la vida familiar y la vida profesional de los progenitores y los cuidadores; y de ejecución y cumplimiento del Derecho de la Unión Europea*" (en adelante, *RDL 5/2023*).

Este RDL 5/2023 abarca mucho más de lo que semejante título indica, pues también modifica los recursos de casación de los cuatro órdenes jurisdiccionales (ver su Título VII, Capítulos I a IV).

Dadas las lógicas limitaciones de este artículo en homenaje a mi admirado colega el Prof. Moreno Catena, reduciré mi análisis a la reforma de la casación civil.

Ya anticipo que la modificación es importante, pues acierta en lo esencial al unificar el recurso extraordinario por infracción procesal con el

---

1 *Vide* su Disposición Final 9ª (al día siguiente de su publicación en el BOE), lo que tuvo lugar el día 29 de junio de 2023. Conforme a esta DF 9ª, la parte que ahora nos ocupa entró en vigor al mes de su publicación, es decir, el 29.07.2023.

recurso de casación, siendo la regla casi única de acceso la del interés casacional, ahora exigible a ambos recursos.

La Exposición de Motivos justifica esta reforma como sigue:

> *"La reforma de la Ley 1/2000, de 7 de enero, de Enjuiciamiento Civil, se recoge en el capítulo III. Además de la correlativa introducción de las medidas de conciliación antes expuestas, se modifica también el régimen del recurso de casación. Así, el modelo actual de recursos extraordinarios en materia civil, casación e infracción procesal, creado por la propia Ley 1/2000, de 7 de enero, separó la denuncia de las infracciones procesales (materia del recurso extraordinario por infracción procesal) de las sustantivas (objeto del recurso de casación), reservando este último al Tribunal Supremo o a los Tribunales Superiores de Justicia, en el caso de normas de derecho civil foral o especial propias de las Comunidades Autónomas con competencia para ello. La previsión de dos recursos diferentes, en función de la naturaleza procesal o sustantiva de la infracción, y de tres cauces distintos de acceso (procesos sobre tutela civil de derechos fundamentales, cuantía superior a 600.000 euros e interés casacional)* ***no resulta operativa en el actual desarrollo del derecho privado****. Por otra parte, las sucesivas reformas de la Ley 1/2000, de 7 de enero, han situado* ***las cuestiones socialmente más relevantes en procedimientos sin cuantía, por razón de la materia****. En la misma línea, la propia evolución de la litigiosidad hacia materias que afectan a amplios sectores de la sociedad, con un peso cada vez más importante del derecho de la Unión Europea y de la jurisprudencia del Tribunal de Justicia de la Unión Europea, evidencia que* ***las partes y los tribunales tienen cada vez más difícil deslindar nítidamente las normas sustantivas de sus implicaciones procesales a efectos de los recursos extraordinarios.***
>
> *En este contexto, son cada vez más evidentes tanto las dificultades que encuentran las partes para construir correctamente los recursos como los obstáculos que tiene la propia Sala de lo Civil del Tribunal Supremo para cumplir su función de unificación de doctrina en materias socialmente relevantes. Estos problemas se producen, además, en un contexto de* ***incremento incesante de la litigiosidad****, con la consiguiente dedicación desmesurada de los medios personales de que dispone la Sala a una compleja fase de admisión que alarga de forma desmedida los tiempos de respuesta de todos los recursos.* ***En los últimos años, el porcentaje de recursos que se admiten está entre el 18 por 100 y el 19 por 100 del total****, lo que implica que la mayor parte de las energías del tribunal se dedican a un 81 u 82 por 100 de recursos que, por ser inadmisibles, impiden cumplir con la función constitucional del Tribunal Supremo.* ***La duración de la fase de admisión supera ya los dos años****.*
>
> *Esta situación exige la reforma de la ley, en el sentido de* ***atribuir al recurso de casación el tratamiento que reclama su naturaleza de recuso extraordinario dirigido a controlar la correcta interpretación y aplicación de las normas aplicables****, en consonancia con la reiteradísima la* [sic] *jurisprudencia del Tribunal Constitucional, del Tribunal Europeo de Derechos Humanos y de la propia Sala Primera de lo Civil de nuestro Tribunal Supremo insistiendo en el especial rigor de los requisitos de admisión del recurso de casación."*

En mi opinión, es esta última razón la que mejor justifica la reforma: la necesidad lógico-jurídica de unificar el recurso de casación como recurso extraordinario con el que crear jurisprudencia sobre las normas jurídicas procesales y sustantivas. Gracias a esta reforma, el recurso extraordinario por infracción procesal se encauza a través del recurso de casación, existiendo ya un solo recurso extraordinario: el recurso de casación con el que pretender unificar la interpretación de todo el ordenamiento jurídico civil y mercantil, ya sea éste sustantivo o procesal.

2. LA REFORMA DE LA CASACIÓN CIVIL

El Legislador modifica los arts. 477-479, 481-487 LEC y deroga los arts. 490 a 493 LEC relativos al recurso de casación en interés de la Ley. Deja intactos los arts. 468 a 476 LEC (relativos al recurso extraordinario por infracción procesal) y tampoco modifica la Disposición Final 16ª de la LEC sobre el régimen transitorio de los recursos extraordinarios por infracción procesal y de casación.

A la espera de que la Sala de lo Civil del Tribunal Supremo adopte un nuevo acuerdo no jurisdiccional sobre esta relevante modificación, enumeraré las novedades más destacables que se han introducido en esta materia, y daré mi parecer sobre cada una de ellas.

2.1. El nuevo artículo 477 LEC

2.1.1. Resoluciones recurribles en casación

El apartado primero del art. 477 LEC dispone lo siguiente: "*Serán recurribles en casación las sentencias que pongan fin a la segunda instancia dictadas por las Audiencias Provinciales cuando, conforme a la ley, deban actuar como órgano colegiado y los autos y sentencias dictados en apelación en procesos sobre reconocimiento y ejecución de sentencias extranjeras en materia civil y mercantil al amparo de los tratados y convenios internacionales, así como de Reglamentos de la Unión Europea u otras normas internacionales, cuando la facultad de recurrir se reconozca en el correspondiente instrumento.*"

Con esta nueva redacción se acerca el texto de la Ley al del acuerdo no jurisdiccional del Pleno de la Sala I del Tribunal Supremo, *sobre criterios de admisión de los recursos de casación y extraordinario por infracción procesal*, de 27 de enero de 2017 (en adelante, "*el acuerdo TS de 2017*").

Son por tanto recurribles en casación:

(i) Las sentencias "*que pongan fin*" a la segunda instancia dictadas por las Audiencias Provinciales "*cuando, conforme a la ley, deban actuar como órgano colegiado*". Es decir, son recurribles en casación todas las sentencias dictadas en segunda instancia respecto de juicios ordinarios (con independencia de la cuantía o materia), y las dictadas en los juicios verbales por razón de la materia (art. 82.2.1°.II LOPJ, *a contrario* sensu).

(ii) Los autos y sentencias dictados en apelación "*en procesos sobre reconocimiento y ejecución de sentencias extranjeras en materia civil y mercantil al amparo de los tratados y convenios internacionales, así como de Reglamentos de la Unión Europea u otras normas internacionales, cuando la facultad de recurrir se reconozca en el correspondiente instrumento*".

No son recurribles en casación:

(i) Los autos dictados en apelación por las Audiencias Provinciales (salvo en la materia internacional antes citada), con lo que siguen estando fuera del control casacional todas las resoluciones dictadas en el proceso de ejecución. Esta exclusión carece de justificación dada la relevancia de la materia, lo cual convierte a los juzgados y a las Audiencias Provinciales en auténticos *reinos de taifas* en materia ejecutiva.

(ii) Las sentencias de las Audiencias Provinciales que carezcan de la condición de sentencia dictada en segunda instancia, por acordar la nulidad y retroacción de las actuaciones o la absolución en la instancia, o por resolver una cuestión incidental.

(iii) Las sentencias dictadas por las Audiencias Provinciales en los juicios verbales por razón de la cuantía.

(iv) Las sentencias que debieron adoptar la forma de auto, así como las dictadas o que debieron dictarse por un único magistrado, por no actuar la Audiencia Provincial en tales casos como órgano colegiado.

2.1.2. Motivo del recurso de casación

La gran novedad se encuentra, precisamente, aquí. Se recuerda que, con anterioridad a esta reforma, la casación procesal se encauzaba a través del recurso extraordinario por infracción procesal (arts. 469 y ss. LEC) y la casación sustantiva mediante el recurso de casación (arts. 477 y ss. LEC), con la complejidad técnica que ello suponía.

Ahora, el nuevo apartado segundo del art. 477 LEC dice: "*El recurso de casación habrá de fundarse en infracción de norma procesal o sustantiva, siempre que concurra interés casacional. No obstante, podrá interponerse en todo caso recurso de casación contra sentencias dictadas para la tutela judicial civil de derechos fundamentales susceptibles de recurso de amparo, aun cuando no concurra interés casacional.*"

a) Un solo recurso de casación, y no dos

Esta novedad supone que todos los motivos de casación se han de introducir a través de un solo recurso de casación. Se ha puesto, por tanto (y acertadamente), punto final a la dualidad de recursos extraordinarios. Ahora, insisto, todos acceden al Alto Tribunal mediante el recurso de casación por infracción de Ley, sea ésta material o procesal.

Aunque el Tribunal Supremo será quien evidentemente tenga la última palabra al respecto, en mi opinión esta enorme novedad supone todo lo siguiente:

a) Que la Disposición Final 16ª LEC carece de sentido, por lo que debería haber sido expresamente derogada (como así se ha hecho con los arts. 490 a 493 LEC).

b) Que la regulación del recurso extraordinario por infracción procesal (arts. 468 a 476 LEC) carece igualmente de sentido, por lo que debería también de haberse derogado.

Las dos cuestiones que acabo de apuntar tienen la suficiente entidad como para haber precisado una regulación mucha más precisa que la actual.

Así, por ejemplo, podría discutirse acerca de si la enumeración tasada de motivos del recurso extraordinario por infracción procesal del art. 469.1 LEC supone que solo esas materias podrán ahora encauzarse con la nueva casación civil. Personalmente me inclino por la interpretación literal del nuevo art. 477.2 LEC ("*habrá de fundarse en infracción de norma procesal*"), esto es, por la posibilidad de fundar la casación en cualquier norma procesal, no solamente en el elenco cerrado del art. 469.1 LEC.

b) Interés casacional

No basta, sin embargo, fundar la casación procesal o material en la infracción de Ley pues también se exige que "*concurra interés casacional*", con la sola excepción de las Sentencias dictadas en segunda instancia en materia de amparo, pues éstas acceden a la casación, aunque no concurra ese interés casacional.

Los apartados 3 y 4 regulan el contenido del interés casacional como sigue:

> *"3. Se considerará que un recurso presenta interés casacional cuando la resolución recurrida se oponga a doctrina jurisprudencial del Tribunal Supremo o resuelva puntos y cuestiones sobre los que exista jurisprudencia contradictoria de las Audiencias Provinciales o aplique normas sobre las que no existiese doctrina jurisprudencial del Tribunal Supremo.*
> *Cuando se trate de recursos de casación de los que deba conocer un Tribunal Superior de Justicia, se entenderá que existe interés casacional cuando la sentencia recurrida se oponga a doctrina jurisprudencial, o no exista doctrina del Tribunal Superior de Justicia sobre normas de Derecho especial de la Comunidad Autónoma correspondiente, o resuelva puntos y cuestiones sobre los que exista jurisprudencia contradictoria de las Audiencias Provinciales.*
> *4. La Sala Primera o, en su caso, las Salas de lo Civil y de lo Penal de los Tribunales Superiores de Justicia, podrán apreciar que existe* ***interés casacional notorio*** *cuando la resolución impugnada se haya dictado en un proceso en el que la cuestión litigiosa sea de* ***interés general*** *para la interpretación uniforme de la ley estatal o autonómica. Se entenderá que existe interés general cuando* ***la cuestión afecte potencial o efectivamente a un gran número de situaciones****, bien en sí misma o por trascender del caso objeto del proceso."*

He destacado en negrita ese "*interés casacional notorio*" porque es el novedoso respecto de la anterior versión del art. 477 LEC. El Legislador sigue la estela de la casación contencioso-administrativa; en particular me recuerda a la regulación contenida en el art. 88.2 LJCA, letras b) ("*siente una doctrina sobre dichas normas que pueda ser gravemente dañosa para los intereses generales*") y, especialmente, su letra c) ("*afecte a un gran número de situaciones, bien en sí misma o por trascender del caso objeto del proceso*").

2.1.3. Especialidades en la casación procesal

El nuevo art. 477 LEC dedica sus dos últimos apartados (el 5° y el 6°) a regular particularidades de la casación procesal.

El apartado 5° dispone que "*la valoración de la prueba y la fijación de hechos no podrán ser objeto de recurso de casación, salvo error de hecho, patente e inmedia-*

tamente verificable a partir de las propias actuaciones". De nuevo el Legislador ha tenido a bien convertir en norma la interpretación dada por el Tribunal Supremo en esta materia: "*La valoración de la prueba no puede ser materia de los recursos extraordinarios. Solo el error patente puede alegarse como motivo del recurso, con los siguientes requisitos: (i) debe tratarse de un error fáctico —material o de hecho—; (ii) debe ser patente, evidente e inmediatamente verificable de forma incontrovertible a partir de las actuaciones judiciales; (iii) no podrán acumularse en un mismo motivo errores patentes relativos a diferentes pruebas...*" (el Acuerdo TS 2017).

Y el apartado 6º (reiterando lo dispuesto en el art. 469.2 LEC) establece la siguiente regla: "*Cuando el recurso se funde en infracción de normas procesales será imprescindible acreditar que, de haber sido posible, previamente al recurso de casación la infracción se ha denunciado en la instancia y que, de haberse producido en la primera, la denuncia se ha reproducido en la segunda instancia. Si la infracción procesal hubiere producido falta o defecto subsanable, deberá haberse pedido la subsanación en la instancia o instancias oportunas.*" Este requisito casacional específico se reitera en dos ocasiones más: en el art. 479.2 y en el art. 483.1.

Esta clara reiteración con lo ya dispuesto en el citado art. 469.2 LEC me reafirma en la abrogación de los arts. 468 a 476 LEC.

2.2. *Las novedades más destacables sobre el procedimiento casacional*

Dado que las modificaciones son a veces menores (me refiero a los arts. 478.1, 479, 482, 484 a 487) respecto de la anterior regulación, me centraré en las dos que considero de mayor calado: la que afecta al contenido del recurso y a la casi titánica superación de la barrera de admisibilidad ("*el porcentaje de recursos que se admiten está entre el 18 por 100 y el 19 por 100 total*", recuerda la Exposición de Motivos de este RDL).

2.2.1. Art. 481: Contenido del escrito de interposición del recurso

Esta nueva norma dispone lo siguiente:

> "*1. En el escrito de interposición se identificará el cauce de acceso a la casación y, de ser este el interés casacional, se identificará asimismo la modalidad que se invoca y la justificación, con la necesaria claridad, de la concurrencia del interés casacional invocado. Además de ello, se expresará la norma procesal o sustantiva infringida, precisando, en las peticiones, la doctrina jurisprudencial que se interesa de la Sala, en su caso, y los pronunciamientos correspondientes sobre el objeto del pleito. También se podrá pedir la celebración de vista, que solo tendrá lugar si el tribunal lo considera necesario.*

2. El recurso de casación se articulará en motivos. No podrán acumularse en un mismo motivo infracciones diferentes.
3. Solo podrán denunciarse las infracciones que sean relevantes para el fallo, siempre que hubieran sido invocadas oportunamente en el proceso o consideradas por la Audiencia Provincial.
4. Cada motivo se iniciará con un encabezamiento, que contendrá la cita precisa de la norma infringida y el resumen de la infracción cometida.
5. En el desarrollo de cada motivo se expondrán los fundamentos del mismo, sin apartarse del contenido esencial del encabezamiento y con la claridad expositiva necesaria para permitir la identificación del problema jurídico planteado.
6. Al escrito de interposición se acompañarán copia de la sentencia impugnada, si contuviera firma electrónica o código de verificación que la identifique, o certificación en otro caso, y, cuando sea procedente, texto de las sentencias que se aduzcan como fundamento del interés casacional.
7. En su caso, en el escrito de interposición, además de fundamentarse el recurso de casación, se habrá de manifestar razonadamente cuanto se refiera a la inexistencia de doctrina jurisprudencial relativa a la norma que se estime infringida.
8. La Sala de Gobierno del Tribunal Supremo podrá determinar, mediante acuerdo que se publicará en el ''Boletín Oficial del Estado'', la extensión máxima y otras condiciones extrínsecas, incluidas las relativas al formato en el que deban ser presentados, de los escritos de interposición y de oposición de los recursos de casación.''

Si se compara esta nueva norma con el tan citado acuerdo TS de 2017, se obtienen las siguientes conclusiones:

En primer lugar, y desde el punto de vista formal, la "*extensión máxima y otras condiciones extrínsecas… de los escritos de interposición y de oposición*" (art. 481.8) ya ha sido objeto del citado Acuerdo TS de 2017: "*La sala considera que, por lo general, es suficiente una extensión de veinticinco páginas con interlineado 1,5 y fuente Times New Roman con un tamaño de 12 puntos en el texto y de 10 puntos en las notas a pie de página o en la transcripción literal de preceptos o párrafos de sentencias que se incorporen.*"

A la espera de que el Alto Tribunal adopte un nuevo acuerdo sobre esta nueva casación, los escritos rectores del recurso de casación (los de interposición y oposición) están sometidos a un máximo de 25 folios, con ese interlineado y ese tipo de letra. Semejante limitación ya existía en la demanda internacional de amparo ante el Tribunal Europeo de Derechos Humanos (sometida un exigente formulario), en la casación contencioso-administrativa (15 folios la preparación y 25 la interposición) y ahora también en el recurso de amparo TC.

Es evidente que esa limitación cuantitativa exige al Abogado un gran esfuerzo tanto al escoger los motivos de su recurso, como al resumir el conflicto en esos pocos folios.

Reconozco que ese reto merece la pena no solo pensando en el Tribunal, también en el propio Abogado, pues 25 folios deberían ser suficientes como para presentar el o los motivos de la casación.

En segundo lugar, y siguiendo con cuestiones formales, al escrito de interposición se ha de adjuntar "*copia de la sentencia impugnada, si contuviera firma electrónica o código de verificación que la identifique, o certificación en otro caso, y, cuando sea procedente, texto de las sentencias que se aduzcan como fundamento del interés casacional.*"

Dado que la gran mayoría de las resoluciones judiciales civiles se notifican por *LexNet*, bastará con adjuntar el PDF de la Sentencia a impugnar en casación, y si se ha acudido al expediente de los arts. 214 y 215 LEC, hay que adjuntar también el Auto que los resuelve (y es también conveniente adjuntar el escrito en cuestión).

También me parece acertado, adjuntar las sentencias en las que se basa en el interés casacional para facilitarle el trabajo de su localización al Tribunal Supremo.

En tercer lugar, y ya desde el punto del contenido del escrito de interposición del recurso de casación, al mismo se refieren los apartados 1 a 5 y 7 del mencionado art. 481 LEC.

(i) es preciso destacar el "*cauce de acceso*" a la casación. El cual será en el 95% de los casos el del "*interés casacional*". Esto conviene hacerlo en la página primera del escrito de interposición.

(ii) hay que indicar la "*modalidad*" del interés casacional en el que se basa en el escrito de interposición, esto es, por vulnerar la jurisprudencia del TS, para unificar la jurisprudencia menor de las Audiencias Provinciales o bien porque sobre la norma infringida por la Sentencia impugnada no existe jurisprudencia.

(iii) "*el recurso se articulará en motivos*", habiendo tantos motivos como "*infracciones diferentes*". La idea, por tanto, es que un motivo contenga una violación de una norma jurídica.

(iv) aunque la Ley guarda silencio al respecto, por razones lógicas conviene comenzar con los motivos procesales y luego por los sustantivos.

(v) rige la "*teoría de la equivalencia de los resultados*", es decir, que "*sólo podrán denunciarse las infracciones que sean relevantes para el fallo*". Si la infracción cometida en la Sentencia impugnada en casación no produce como consecuencia una modificación de su Fallo, esa infracción no será admitida por el TS.

(vi) cada motivo del recurso de casación habrá de especificar la norma procesal o sustantiva infringida más el interés casacional correspondiente (v.gr. "*Primer motivo. Violación del art. 222 LEC y de la jurisprudencia sobre la cosa juzgada negativa*").

(vi) cada motivo ha de tener un "*encabezamiento*" a modo de breve presentación del motivo. Dice en este sentido el art. 481.4 LEC que "*contendrá la cita precisa de la norma infringida y el resumen de la infracción cometida*". Si la casación fuera procesal, también habrá de indicarse (con su correspondiente prueba) que se denunció previamente la concreta infracción procesal en la instancia a través del correspondiente escrito basado en los arts. 214-215 LEC, desestimado o estimado en parte mediante Auto (que también habrá de ser adjuntado).

(vii) Por último, tras ese encabezamiento el motivo será desarrollado con los fundamentos del mismo "*sin apartarse del contenido esencial del encabezamiento y con la claridad expositiva necesaria para permitir la identificación del problema jurídico planteado*", y precisando en las peticiones finales de cada motivo "*la doctrina jurisprudencial que se interesa de la Sala*".

2.2.2. Art. 483: Decisión sobre la admisión del recurso

El nuevo art. 483 dice así:

> *"1. Una vez transcurrido el término del emplazamiento, el letrado o letrada de la Administración de Justicia comprobará que el recurso de casación se haya interpuesto en tiempo y en forma, incluyendo, en el caso de infracciones procesales, la denuncia previa en la instancia, de haber sido posible, así como la debida constitución de los depósitos para recurrir y el cumplimiento, en su caso, de los requisitos del artículo 449, procediendo en caso contrario a la inadmisión mediante decreto.*
> *2. Concurriendo los requisitos anteriores, el letrado o letrada de la Administración de Justicia elevará las actuaciones a la Sección de Admisión de la Sala Primera del Tribunal Supremo o a la Sala de lo Civil y Penal del Tribunal Superior de Justicia para que se pronuncie sobre la admisión del recurso.*
> *3. El recurso de casación se inadmitirá por providencia sucintamente motivada que declarará, en su caso, la firmeza de la resolución recurrida y se admi-*

> *tirá por medio de auto que exprese las razones por las que la Sala Primera del Tribunal Supremo o la Sala de lo Civil y Penal del Tribunal Superior de Justicia debe pronunciarse sobre la cuestión o cuestiones planteadas en el recurso.*
> *Si la causa de inadmisión no afectara más que a alguna de las infracciones alegadas, resolverá mediante auto la admisión del recurso respecto de las demás que el recurso denuncie.*
> *4. Contra la providencia o el auto que resuelva sobre la admisión del recurso de casación no se dará recurso alguno."*

Como se indica en la Exposición de Motivos de este RDL 5/2023, es notorio el actual colapso de la Sala de lo Civil del Tribunal Supremo. Sala que dedica el 80% de su trabajo a inadmitir recursos de casación a través de su Sección de (in)Admisión. Se pretende mejorar esa estadística simplificando la inadmisión del recurso de casación. Ahora (y a diferencia de la anterior regulación) se dictará una providencia "*sucintamente motivada*" notificando a las partes la inadmisión del recurso, providencia que es irrecurrible.

Esta muerte súbita sigue la estela de la casación contencioso-administrativa desde su reforma de 2015.

El tiempo dirá si, gracias a esa mayor facilidad para inadmitir casaciones, el Alto Tribunal aumenta las estadísticas de admisión. Personalmente, no creo que esa estadística mejore; recuerdo que la del Tribunal Constitucional está entre el 2% y 5% de admisión, y no ha variado mucho desde su reforma de 2007.

Lo que sí está claro es que la nueva casación civil (al igual que la penal, la administrativo y la laboral) requiere de auténticos expertos en la materia, pues solo un jurista especializado en casaciones está en condiciones de ofrecer alguna posibilidad de éxito a la parte perjudicada por la Sentencia a impugnar en casación.

Exigibilidad de la obligación y fuerza ejecutiva del título

IGNACIO DÍEZ-PICAZO
Catedrático de Derecho Procesal (UCM)

SUMARIO: 1. PLANTEAMIENTO. 2. ESTADO DE LA CUESTIÓN. 2.1. PRIMERA APROXIMACIÓN. 2.2. LA SITUACIÓN EN LA JURISPRUDENCIA DEL TRIBUNAL SUPREMO Y EN LA JURISPRUDENCIA MENOR. 2.3. DELIMITACIÓN DE LA CUESTIÓN DUDOSA. 3. REPLANTEAMIENTO DEL TEMA. 3.1. ALGUNAS PREMISAS. 3.2. LA EXIGIBILIDAD DE LA OBLIGACIÓN SEGÚN EL TÍTULO COMO PRESUPUESTO DE LA EJECUTIVIDAD.

1. PLANTEAMIENTO

No parece plantear dudas que la exigibilidad de una obligación constituye requisito de la acción ejecutiva (y aun de la acción sin más, a salvo los supuestos admisibles de condena de futuro) cuando existe título ejecutivo. El deudor podrá oponer con éxito cualquier defensa que obste a la exigibilidad de la obligación. La única cuestión será determinar qué defensas de fondo podrá esgrimir en el seno mismo del proceso de ejecución y cuáles habrá de esgrimir en un proceso declarativo posterior al despacho de la ejecución. No es este el tema sobre el que versa este trabajo. La cuestión, si se quiere, es previa: si o en qué medida la exigibilidad de la obligación es (además) requisito de la ejecutividad del título. La reflexión se centra en los títulos ejecutivos extrajudiciales. Por no complicar las cosas, haré referencias a la escritura pública, paradigma de los títulos no judiciales. Y dejo fuera las especialidades relativas al régimen de consumidores y usuarios.

2. ESTADO DE LA CUESTIÓN

2.1. Primera aproximación

La cuestión acerca de la exigibilidad como requisito para que la obligación incorporada a un título (escritura pública) pueda hacerse efectiva mediante el recurso al procedimiento de ejecución de títulos extrajudiciales no ha sido tratada de modo concluyente por la doctrina española, al menos de manera relevante a los efectos de lo que aquí se pretende examinar. Tampoco el del control de este requisito, en su caso.

La Ley de Enjuiciamiento Civil no menciona expresamente la exigibilidad de la obligación como presupuesto o requisito del despacho de la ejecución. Tampoco la falta de exigibilidad de la obligación se encuentra mencionada de manera expresa entre las causas de oposición de fondo a la ejecución de títulos no judiciales (art. 557). Sí hay otros preceptos a los que, como veremos, habrá que prestar atención. El primero es el que en sede de oposición a la ejecución por motivos procesales establece con carácter general que el deudor puede oponer (art. 559.1.3º) "*no cumplir el documento presentado (...) los requisitos legales exigidos para llevar aparejada ejecución*". Y con anterioridad, en sede de despacho de la ejecución, el artículo 551 dispone que *"presentada la demanda ejecutiva, el tribunal, siempre que concurran los presupuestos y requisitos procesales (...), dictará auto conteniendo la orden general de ejecución y despachando la misma"*. Y a continuación el artículo 552.1 establece que *"si el tribunal entendiese que no concurren los presupuestos y requisitos legalmente exigidos para el despacho de la ejecución, dictará auto denegando el despacho de la ejecución*". Sí menciona expresamente el término *exigibilidad* el artículo 573.3 al regular los documentos a acompañar a la demanda ejecutiva por saldo de cuenta: *"Si el acreedor tuviera duda sobre la realidad o exigibilidad de alguna partida o sobre su efectiva cuantía, podrá pedir el despacho de la ejecución por la cantidad que le resulta indubitada y reservar la reclamación del resto para el proceso declarativo que corresponda, que podrá ser simultáneo a la ejecución"*. Ciertamente se trata de una norma especial para la ejecución por saldo de cuenta, pero la cuestión, como se verá, es en qué consiste la especialidad de la regla.

¿Es la exigibilidad de la obligación un presupuesto procesal de la ejecución? La reacción inmediata es negativa. No, la exigibilidad es cuestión de fondo que atiende a la existencia o a la subsistencia o no de acción ejecutiva. Son la oposición por motivos de fondo y el declarativo posterior las sedes jurídico-procesales del debate sobre la exigibilidad o inexigibilidad de la obligación. Esta sería una respuesta sencilla, clara, nítida y sin fisuras. Sin embargo, como vamos a ver, no es incompatible con lo anterior que ciertos requisitos de exigibilidad sean considerados también requisitos de ejecutividad. Hablo *de lege lata*, porque *de lege ferenda* es evidente que la libertad del legislador es inmensa a estos efectos.

2.2. La situación en la jurisprudencia del Tribunal Supremo y en la jurisprudencia menor

En la jurisprudencia encontramos algunas resoluciones particularmente relevantes que, aunque centradas en la clásica y controvertida cuestión de si lo *deducible y no deducido* por vía de oposición a la ejecución de títulos no judiciales es cosa juzgada y no cabe hacerlo valer más tarde en un procedimiento declarativo, constituyen casos muy ilustrativos sobre lo que, según nuestros tribunales, el juez de la ejecución debe controlar de oficio antes del despacho de la ejecución: la exigibilidad de la deuda, y su carácter vencido y líquido.

La resolución más relevante en esta materia es la Sentencia del Tribunal Supremo de 24 de noviembre de 2014. Entre otras cosas, el Tribunal Supremo recuerda que el juez debe controlar de oficio los requisitos de exigibilidad y liquidez de la deuda (571 a 574 de la LEC) y, por lo tanto, el ejecutado puede oponer, una vez despachada ejecución, la falta de cumplimiento de esos requisitos. La oposición habrá de formularse por vía de los defectos procesales del título 559.1.3º de la LEC. Además, declara la improcedencia de plantear la ineficacia de la ejecución en un juicio declarativo posterior promovido contra el ejecutante por quien voluntariamente dejó de comparecer en el proceso de ejecución como ejecutado, ya que considera que existe cosa juzgada material:

"De una interpretación conjunta y sistemática de las normas aplicables en relación con las precedentes sentencias de esta Sala sobre la materia se desprende, primero, que las circunstancias relativas al vencimiento de la obligación, y por tanto a su carácter exigible, que resulten del propio título no judicial en que se funde la ejecución, o de los documentos que deben acompañarlo, sí son oponibles en el proceso de ejecución; y segundo, que el ejecutado que, habiendo podido oponerlas, no lo hubiera hecho, no podrá promover un juicio declarativo posterior pretendiendo la ineficacia del proceso de ejecución.

Aunque ciertamente hay autores de la doctrina científica y resoluciones de las Audiencias Provinciales que sostienen una posición contraria, y que la expresión "...a los solos efectos de la ejecución...", del art. 561 LEC, o la supresión en 2012 de la referencia que contenía el art. 559.1-3º al incumplimiento, en el documento presentado, de los requisitos legales para llevar aparejada ejecución, son argumentos de peso en apoyo de esa posición contraria, también es cierto que la redacción del art. 564 LEC, y sobre todo el control de oficio que los arts. 549, 551 y 552 imponen al juez, llevan a concluir que el ejecutado puede oponer la falta de los requisitos que el juez debe controlar de oficio, entre los que se encuentran los de los arts. 571 a 574 LEC sobre exigibilidad y liquidez de la deuda.

Esta oposición del ejecutado, tratándose de una ejecución fundada en títulos no judiciales, aparecía claramente autorizada por el art. 559.1-3º LEC en su redacción aplicable a este recurso por razones temporales y debe seguir considerándose así, pues aun cuando el artículo se titule "Sustanciación y resolución de la oposición por defectos procesales", entre estos han de considerarse comprendidos los resultantes del propio documento o documentos en que se funde la ejecución, es decir, los inherentes al propio título de la ejecución, como son la falta de nacimiento de la obligación por estar supeditada a una condición suspensiva, su carácter no exigible por no haber vencido todavía o, en fin, la falta de aportación de los documentos que prueben la no iniciación de las obras o la falta de entrega de las viviendas en los casos de ejecución fundada en un aval de la Ley 57/1968.

A su vez, la falta de oposición del ejecutado, pudiendo haberla formulado, determinará la improcedencia de promover un juicio declarativo posterior pretendiendo la ineficacia del proceso de ejecución seguido contra él, dado el carácter de principio general de lo dispuesto en el apdo. 2 del art. 400 LEC en relación con su art. 222; y en coherencia con lo anterior, si la oposición sí se formula pero se rechaza única y exclusivamente porque las circunstancias que consten en el propio título no pueden oponerse en el proceso de ejecución, entonces el ejecutado sí podrá promover un juicio declarativo posterior sobre la misma cuestión.

En suma, esta Sala considera que su doctrina jurisprudencial sobre el art. 1479 LEC de 1881 debe ser mantenida en la interpretación del art. 564 de la vigente LEC de 2000".

El Tribunal Supremo se refiere además a otras tres Sentencias anteriores.

La STS de 13 de febrero de 2012, citada por la anterior, considera que la inexistencia de la deuda derivada de una escritura pública de mandato retribuido, en el que la retribución quedaba supeditada a la recalificación de una finca, podía volver a plantearse en un proceso declarativo después de que en el proceso de ejecución tanto el juez de primera instancia como el tribunal de apelación hubieran considerado que no podía oponerse la inexistencia del crédito fundada en el incumplimiento del mandato.

La STS de 9 de marzo de 2012 considera que la inexistencia de la deuda derivada de un préstamo no se había podido oponer en el proceso de ejecución por no estar comprendida entre las causas de oposición del artículo 557 de la LEC. No obstante, de su motivación se deduce, primero, que si la inexistencia de la deuda hubiera podido oponerse y no se hubiera hecho, habría concurrido la excepción de cosa juzgada; y segundo, que la inexistencia de la deuda se fundaba a su vez en una simulación negocial ajena al contenido de la escritura pública de préstamo en virtud de la cual se había despachado en su día la ejecución.

La STS de 24 de abril de 2013 considera, en un caso de ejecución fundada en un aval de la Ley 57/1968, que la entidad avalista sí puede oponer la falta de los requisitos necesarios para que el aval tenga carácter ejecutivo, como son la no iniciación de las obras o la falta de entrega de las viviendas. En lo que aquí interesa, declara esta sentencia que *"[e]l control de las irregularidades formales del título ejecutivo debe hacerlo de oficio el Juez que ha de decretar dicho despacho [el despacho de la ejecución], y sobre esa cuestión, por ser de orden público procesal, puede pronunciarse la AP al resolver la apelación aun en el caso de que ni el juzgador de instancia se hubiera pronunciado sobre ella ni la parte ejecutada la hubiera invocado como motivo de oposición"*.

En las Audiencias Provinciales pueden encontrarse autos y sentencias posteriores a la Sentencia del Tribunal Supremo de 24 de noviembre de 2014 que siguen la misma línea jurisprudencial. En particular, me parecen relevantes las siguientes:

En el caso del Auto de la Audiencia Provincial de Madrid (Sección 9ª) núm. 382/2017, de 29 de septiembre, se había ejecutado una póliza de seguros suscrita por una cooperativa para garantizar las cantidades entregadas por los cooperativistas para la construcción de sus viviendas. El actor tenía una certificación individual de seguro para garantizar las cantidades entregadas. Tanto en las condiciones generales como en las particulares de la póliza se recogía la cláusula en virtud de la cual la baja voluntaria en la cooperativa era causa de baja en el seguro. La compañía aseguradora se había opuesto en el procedimiento de ejecución porque entendía que el certificado individual a favor del ejecutante se había emitido con posterioridad a haberse dado de baja en la cooperativa. El Auto, dictado en un procedimiento declarativo posterior, concluye que el recurrente ya había reclamado a la aseguradora en el procedimiento de ejecución y no puede hacerlo en un procedimiento ordinario por los mismos motivos, ya que lo resuelto en el procedimiento de ejecución anterior produce cosa juzgada material en el procedimiento ordinario.

En el caso del Auto de la Audiencia Provincial de Ciudad Real (Sección 1ª) núm. 65/2017, de 26 de mayo, se ejecutó una póliza de préstamo personal al que se vinculó un contrato de seguro con el que se garantizaba el pago al beneficiario de la cantidad pendiente de amortizar a la prestamista para el caso de incapacidad temporal, permanente, absoluta, y/o fallecimiento. El ejecutado se opuso a la ejecución de la póliza de préstamo por entender que la concesión del préstamo se vinculó a la concertación de un seguro de impago. Se estimó parcialmente el motivo de oposición mediante auto por el Juzgado de Primera Instancia. Frente a dicho auto se interpuso recurso de apelación. La Audiencia Provincial resolvió estimando el recurso teniendo en cuenta lo establecido en la STS de 24 de noviembre de 2014, sobre la oportunidad de oponer en el marco del proceso de ejecución de título no judicial los motivos comprendidos en documentos inherentes al título de la ejecución, integrando el título ejecutivo con el documento que se aporta en la oposición, es decir, el contrato de seguro de impago.

En el caso de la Sentencia de la Audiencia Provincial de Barcelona (Sección 19ª) núm. 27/2016, de 27 de enero, se trataba de un contrato de préstamo con obligación accesoria de fianza. La oposición a la ejecución ejercitada por una de las partes se fundó en la inexistencia de la obligación principal de los actores como fiadores por las mismas causas que el deudor principal. En el procedimiento ordinario posterior se estima que todas las causas de extinción de las obligaciones pudieron y debieron haber sido alegadas conforme a lo establecido en el artículo 557 de la LEC en la oposición a la ejecución. La Audiencia Provincial estimó el recurso de apelación al apreciar la cosa juzgada material.

2.3. Delimitación de la cuestión dudosa

Supongo que al lector, tras todo lo anterior, se le acumulan las dudas. Dista de haber certidumbre sobre el tema. De la jurisprudencia analizada, muy particularmente de la STS de 24 de noviembre de 2014, cabría en principio deducir y concluir que los requisitos de vencimiento, liquidez y exigibilidad de la deuda, aunque no todos ellos expresamente recogidos en la nueva LEC, son presupuesto necesario de la ejecución. El juez tendría que controlar de oficio estos requisitos, y no debería despachar ejecución si considerara que alguno de ellos no se cumple. El ejecutado tendría la carga de oponer todas las circunstancias relativas a la falta de exigibilidad o vencimiento e iliquidez de la deuda que le interesasen en el caso de que el juez despachase ejecución, con el riesgo de que se declarara la cosa juzgada sobre cualesquiera de estas circunstancias si no se opusiera, o se hallara en rebeldía.

No obstante, no cabe esquivar que esta jurisprudencia dista de permitir una conclusión unívoca incontrovertible. Hemos de decir que la jurisprudencia no es particularmente clara y puede inducir a duda. Porque lo cierto es que las resoluciones no versan sobre el tratamiento de la exigibilidad de la obligación como requisito de su fuerza ejecutiva. Versan sobre la extensión de la cosa juzgada a lo deducible no deducido en la oposición a la ejecución. Por vía indirecta cabe concluir que si se contemplan supuestos de exigibilidad es porque son deducibles por vía de incidente de oposición a la ejecución. Las resoluciones dicen *obiter* que el juez debe controlar de oficio. *Ergo* esto debería conducir al juez a denegar el despacho de la ejecución. Sin embargo, hay una cierta contradicción: si el ejecutado acaba por tener la carga, so pena de preclusión y cosa juzgada, de alegar —vía oposición— la falta de exigibilidad de la obligación, será porque el juez no habrá controlado de oficio *a limine*, o no lo habrá hecho correctamente. Y, sobre todo, si hay cosa juzgada es porque la exigibilidad es cuestión de fondo, no procesal. Pero si hay un control *a limine* que el juez debe hacer, será porque la falta de exigibilidad se erige en requisito *procesal* de la falta de ejecutividad de la obligación. Esto ya avanza, como vamos a ver, que la exigibilidad puede ser contemplada desde dos perspectivas: como requisito de la fuerza ejecutiva de la obligación y como requisito de fondo de la obligación. Mezclar ambas perspectivas, que es lo que a la postre hace el Tribunal Supremo, no es correcto. Adelanto que, a mi juicio, ambas pueden coexistir, pero no mezclarse.

Finalmente, lo que no está claro es lo siguiente. La tutela ejecutiva está concebida para supuestos en que no solo los requisitos de exigibilidad de la obligación dineraria documentada constan en el propio título, sino que su concurrencia es, como máxima de la experiencia, obvia, clara e incontestable. El paradigma es el de la obligación dineraria sometida a un término. En tal caso los dos únicos hechos constitutivos de la exigibilidad de la deuda posterior al título son la afirmación de su impago y el transcurso del tiempo hasta la fecha de vencimiento. Ahora bien, cuando la exigibilidad de la obligación dineraria depende de condiciones que, aunque consten en el título, deben ser acreditadas por el acreedor, queda en el aire si la obligación tiene fuerza ejecutiva (sin perjuicio de la facultad del deudor de oponerse alegando y probando su falta de exigibilidad); y si la obligación carece de fuerza ejecutiva, ello no solo puede ser alegado por el deudor sino que debe ser controlado de oficio por el juez.

La cuestión es, por tanto, si tienen o no fuerza ejecutiva, o en qué casos la tienen, las obligaciones documentadas en un título cuya exigibilidad depende de circunstancias que, aun descritas en el título, deben producirse con posterioridad. Obviamente sobre la concurrencia de los hechos posteriores no puede recaer la fe pública propia del título. Por consiguiente, la ejecutividad se basa en una exigibilidad afirmada por el acreedor con base en hechos constitutivos posteriores a la creación del título; hechos cuya concurrencia puede ser negada por el deudor. En casos sencillos la verificación de la concurrencia de esos hechos posteriores podría ser hecha por el juez *prima facie.* En todo caso, si se admite la ejecutividad habrá que convenir que esta se basa no solo en el título, sino en hechos posteriores (aunque estén previstos en el título). Bastaría la afirmación por el acreedor, desplazando al deudor la carga de oponerse y de soportar mientras tanto el embargo de bienes. La alternativa es negar la ejecutividad de la obligación contenida en el título.

3. REPLANTEAMIENTO DEL TEMA

3.1. Algunas premisas

Quizás convenga empezar por precisar que el replanteamiento que pretendo intentar es *de lege lata.* Como he dicho antes, los planteamientos *de lege ferenda* sobre hasta dónde puede llegar (o resulta razonable o conveniente) la ejecutividad de las obligaciones es cuestión de política jurídica abierta a las más variadas opciones (unas desde luego a mi juicio más sensatas que otras), tanto en lo que se refiere a este aspecto de la exigibilidad como en general.

La exigibilidad de la obligación es una categoría propia del Derecho civil. Se conecta con instituciones como la mora o la compensación. La exigibilidad de una obligación es un concepto que encierra las ideas de facultad del acreedor de exigir el cumplimiento y de deber jurídico del deudor de cumplir la prestación. En general, la exigibilidad va unida a la ausencia de término o condición, o a la expiración del término y el acaecimiento de la condición. Pero también cabe que lo no exigible devenga exigible, como, por ejemplo, por vencimiento anticipado convencional o legal; o al revés, que lo exigible devenga inexigible, como, por ejemplo, en concurso de acreedores. Además, se entiende no exigible la obligación si no hay cumplimiento de la propia en las relaciones sinalagmáticas (excepción de incumplimiento o de cumplimiento defectuoso). También afecta a la exigibilidad la llamada *mora creditoris.* Y se consideran inexigibles las denominadas obligaciones naturales. Hay, en fin, tanto en relaciones contractuales de tracto único como de tracto sucesivo, muchos casos en que la exigibilidad de una obligación (determinada o determinable) depende de hechos posteriores que hacen nacer una facultad de configuración jurídica a favor del acreedor, esto es, un derecho potestativo, cuyo ejercicio determina la exigibilidad.

La tipología de la exigibilidad es muy amplia. La exigibilidad es una categoría que abarca multitud de supuestos, cuya regulación y razón de ser difieren notablemente. Ciertamente la exigibilidad de la obligación es requisito de la acción civil ejercitable para obtener su cumplimiento. El único caso que exceptúa la regla sería el de las condenas de futuro, cuando sean admisibles. Y si es requisito de la acción civil, lo es también desde luego de la acción ejecutiva. La inexigibilidad puede estar basada tanto en la ausencia de hechos constitutivos, como en la concurrencia de hechos impeditivos, extintivos o excluyentes.

A partir de lo anterior, la exigibilidad de la obligación es en principio cuestión de fondo y como cuestión de fondo debe ser tratada, tanto en el proceso de declaración como en el proceso de ejecución de títulos no judiciales. En este último, además, solo las excepciones oponibles en la oposición de fondo podrán ser hechas valer, quedando las demás para el declarativo simultáneo o posterior. Hasta aquí, nada nuevo o especial.

La cuestión es si la exigibilidad cumple también otro papel o función en la ejecución como presupuesto de la ejecución misma; si la exigibilidad, o algunos aspectos de la exigibilidad, afectan a la ejecutividad; si además de la exigibilidad sustantiva, cabe hablar de una *exigibilidad procesal* a efectos de la ejecutividad de la obligación, cuyo ámbito y tratamiento serían los propios de los presupuestos procesales de la ejecución forzosa.

3.2. La exigibilidad de la obligación según el título como presupuesto de la ejecutividad

La cuestión que analizamos tiene un primer punto no controvertido: la obligación que conste en la escritura pública tiene que derivar de lo contenido en el propio título. Es lo que cabe llamar *exigibilidad según el título,* a la que alude la jurisprudencia. Debe existir fehaciencia sobre lo declarado por las partes en el momento de constitución del título ejecutivo. La obligación debe estar contemplada y descrita en la escritura. Si se trata de una obligación pura y exigible desde el momento mismo de la creación del título, no hay cuestión. La cuestión surge en todos aquellos casos en que la exigibilidad de la obligación descrita en el título depende de hechos posteriores.

Si la exigibilidad depende del mero transcurso del tiempo, esto es, de la expiración de un término, no parece que la cuestión deba ofrecer, como regla, problemas. El transcurso del plazo es un hecho objetivo cuya concurrencia no deriva de la mera afirmación por el acreedor. Es perfectamente verificable. Si el término está claramente descrito en la escritura, la ejecutividad de la obligación sometida a término una vez expirado este no ofrece particular problema. A su vez, la expiración del plazo se erige, sin duda, como falta de un presupuesto de la fuerza ejecutiva del título, cuya falta puede y debe ser apreciada de oficio por el tribunal ejecutor y que puede también ser alegada por el deudor en la oposición por motivos procesales. Ciertamente puede haber algún caso en que la expiración de un plazo pueda haber sido establecida con arreglo a algún parámetro complejo y que su verificación pueda ser contestada por el deudor, pero será muy excepcional. Lo normal será lo contrario. Esta es la razón por la cual la LEC permite la ampliación automática de la ejecución al vencimiento de nuevos plazos (art. 573).

Las cosas se vuelven más complicadas cuando nos encontramos con obligaciones sujetas a condición. Y mucho más aún cuando se trata de obligaciones que dependen de derechos potestativos del acreedor según el título. La distinción entre unos y otros casos a su vez es borrosa, como lo es el deslinde respecto de condiciones meramente potestativas. ¿*Quid* de la ejecutividad en todos estos casos? Obviamente, partimos de que la condición o los requisitos de nacimiento de derecho potestativos están descritos en el título. Decidir si estos casos entran en la *exigibilidad procesal* o no, esto es, en los presupuestos de la ejecución, tiene importancia capital y es aspecto muy relevante en el tráfico jurídico. Si estos casos tienen acceso a la ejecución forzosa desplazando al ejecutado la carga de oponerse o de entablar un declarativo, el *solve et repete* en que al fin y a la postre consiste la ejecución varía notablemente el ámbito. Porque el deudor deberá o no soportar el embargo inmediato de sus bienes. Qué tipo de exigibilidad está en la base de ejecutabilidad es cuestión muy relevante.

Nótese que, aunque el hecho en que consiste la condición o el hecho o los hechos de los que depende el derecho potestativo del acreedor estarán detallados en la escritura y contarán, por tanto, con la fe pública (y el control de legalidad) de lo declarado, el hecho constitutivo del nacimiento de la obligación conforme al título o de su exigibilidad conforme al título son por definición posteriores al título mismo. Sobre su concurrencia el título solo aporta que fue lo querido, o cuando menos lo declarado, por las partes. Ciertamente según un principio de normalidad cabe presumir la concurrencia de los hechos constitutivos y la inexistencia de los impeditivos, extintivos y excluyentes, de modo que si además la obligación deriva de una escritura pública en la que el notario ha ejercido sus funciones, la obligación asumida en el título podría ser exigida por vía ejecutiva porque precisamente hay una mayor certidumbre y mayor grado de probabilidad de que los hechos constitutivos afirmados por el acreedor, aun posteriores a la constitución del título ejecutivo, sean ciertos. Sin embargo, ello no quita a que en realidad se trata de hechos posteriores a los que no alcanza la fe pública sobre su existencia, sino que forman parte de la configuración de una relación jurídica sobre la que sí existe fe pública tanto en su contenido como en cuanto a las declaraciones de voluntad que la hicieron nacer. Abonaría también la conclusión de que no se debe negar la fuerza ejecutiva a las obligaciones así configuradas el hecho de que la ley procesal ha desplazado al deudor cargas mucho más gravosas que esta al limitar sobremanera las defensas esgrimibles en el seno de la ejecución misma y atribuyendo la carga del declarativo posterior. Pero esto tiene un punto falaz o cuando menos insuficiente: cabe oponer que la ley procesal hace sumario el incidente de oposición precisamente porque la exigibilidad de la obligación deriva del título mismo o como mucho del título y el mero transcurso del tiempo. Y si, como decíamos, la expiración de un plazo raramente podrá ser puesta en tela de juicio, no sucede lo mismo con cualesquiera otras circunstancias posteriores en las que se base la exigibilidad de la deuda. Se puede también aducir que la ley procesal presume siempre a efectos del despacho de la ejecución la veracidad de la afirmación del acreedor de la falta de pago o cumplimiento por parte del deudor. Es cierto, pero esto pertenece a la esencia misma de la técnica de la ejecutividad. Sin ello no habría sencillamente títulos ejecutivos extrajudiciales. Por eso el pago es excepción oponible en el proceso de ejecución mismo y lo único que se exige es que conste documentalmente.

Quizás sería razonable hacer depender la ejecutividad de la sencillez o falta de complejidad de la condición o del derecho potestativo. Si uno u otro fueran susceptibles de un examen *prima facie* se daría fuerza ejecutiva. Esta *tesis de la sencillez* tiene en contra su ausencia de expresa base *de lege lata*, así como la dificultad de trazar una línea nítida en su apreciación. Su pragmatismo, sin embargo me parece incuestionable.

Es verdad que la ley admite cuando menos un supuesto en que hay ejecutividad de obligaciones nacidas o devenidas exigibles en virtud de hechos posteriores. Se trata del caso antes aludido de la ejecución por saldo de operaciones regulada en los artículos 572 y 573 LEC. Aunque lo que directamente se regula en estos preceptos es el modo en que el acreedor puede unilateralmente liquidar la deuda, pocas dudas caben de que la liquidación abarcará operaciones posteriores al título, con lo que es evidente que aquí se está dando fuerza ejecutiva a obligaciones cuyo surgimiento no depende del mero transcurso del tiempo. Pero este caso específico no es definitorio de una categoría sobre el tema de la exigibilidad a efectos del despacho de la ejecución. Nótese el número y la intensidad de las cautelas que la ley procesal impone para permitir el acceso a la ejecución de este tipo de deudas.

Lo anterior nos permite una reflexión ulterior más general sobre exigibilidad y liquidez. Es frecuente considerar que donde hay un pacto de liquidez se está autorizando sin más la ejecución y considerando exigible la obligación. Sin embargo, esto, a mi juicio, no es así. Exigibilidad y liquidez son cosas distintas. Pueden ser exigibles obligaciones ilíquidas en el momento de la reclamación. Y es obvio que hay obligaciones líquidas inexigibles. Un pacto de liquidez nada dice sobre la exigibilidad de la deuda. Es verdad que se puede aducir que la inclusión en la escritura de un pacto expreso de liquidez constituye *prima facie* un elemento favorable a la ejecutividad de las obligaciones asumidas, por cuanto denota que las partes entendieron que la escritura recogía obligaciones con fuerza ejecutiva. Sin embargo, no puede perderse de vista a su vez que una cláusula de liquidez solo se aplicará si la obligación es exigible. Es decir, obviamente el pacto de liquidez se prevé por las partes para el caso de que las obligaciones de pago fueran exigibles, condición que no debería depender de la mera afirmación del acreedor.

Cabría preguntarse también sobre la relevancia de eventuales pactos de ejecutividad. Así, que la escritura contenga el pacto expreso de considerar ejecutiva determinada obligación cuya exigibilidad no deriva sin más del propio título. Habrá que convenir que esto, a diferencia de los pactos de liquidez, no es algo que la ley prevea. Puede ser un razonable postulado *pro futuro* (al margen del Derecho de los consumidores), pero *de lege lata* resulta difícil fundar la ejecutividad de una obligación en el mero pacto entre las partes. Seguramente una solución *de lege lata* razonable sería que las cuestiones atinentes al cumplimiento de la condición o al surgimiento del derecho potestativo del acreedor tuvieran que ser controladas de oficio *a limine* por el tribunal, cuando fueran verificables *prima facie*, pero permitir con amplitud en todo caso su alegación por el deudor ejecutado por vía de oposición al amparo del artículo 559.1.3º de la LEC. Es lo que hace la ley respecto de la liquidación unilateralmente hecha por el acreedor. *Ergo* es razonable que se considere incluida aquí la falta del hecho constitutivo de la exigibilidad de la obligación posterior a la creación del título.

En conclusión, si la exigibilidad depende de hechos distintos del mero transcurso de tiempo o de otras circunstancias que no admiten discusión y cuya falta de concurrencia se pueden constatar *prima facie*, en mi opinión el tribunal debería inadmitir y denegar el despacho. Si, no obstante, se despacha ejecución, el ejecutado debería poder oponerse al mismo, por la vía de defectos procesales del título al amparo del artículo 559.1.3º de la LEC. Esta cuestión se decidiría a los meros efectos de la ejecutividad de la deuda y, por tanto, debería quedar al margen del secular debate de la cosa juzgada. En no pocos casos la exigibilidad conforme al título depende de hechos constitutivos posteriores que no pueden darse por ciertos a los efectos de la ejecución por la mera afirmación del acreedor. La exigibilidad puede en no pocos casos resultar muy compleja conforme al título mismo. No puede obviarse que el control de oficio de los requisitos de la ejecutividad de la obligación es difícil que pueda exceder de un control *prima facie*, lo que conduce al despacho de la ejecución si del título y documentos aportados con la demanda resulta una *apariencia* de exigibilidad y liquidez; de modo que se trasladaría al ejecutado la carga de oponerse a la ejecución y demostrar la falta de exigibilidad y vencimiento de la deuda, invirtiendo la posición procesal de este, que pasaría a asumir la carga probatoria del demandante. Pero cuando menos es necesario admitir que el artículo 559. 1.3º LEC es base suficiente para oponer lo que hemos llamado la falta de *exigibilidad procesal*, esto es, la falta de requisitos de exigibilidad para permitir la ejecución. Nótese que en ciertos casos la acreditación de la complejidad puede resultar particularmente intensa, exigiendo el ejecutante una narración detallada, similar a la de una demanda de un proceso declarativo, con lo que no tiene sentido que esto no pueda ser discutido en el seno mismo de la ejecución por el hecho de que el contrato conste en un documento que constituye (*rectius*: puede constituir) título ejecutivo.

Es más, dado que todo lo dicho aquí tiene que ver con la *exigibilidad procesal* a efectos de la ejecución, la exigibilidad sustantiva deberá ser sustanciada y decidida en la oposición de fondo (si se trata de excepciones oponibles) o en el declarativo posterior. Mas lo cierto es que, de existir interés por haber ya reclamación extrajudicial o amenaza de reclamación, parece viable también que quien niega que la obligación sea exigible inste, aunque no sea habitual en nuestro país, un procedimiento declarativo *negativo*, con la pretensión merodeclarativa de la inexistencia o inexigibilidad de la obligación; e incluso, en su caso, con la solicitud de medidas cautelares. Su mera pendencia podría bloquear el procedimiento ejecutivo por prejudicialidad o litispendencia. Sé que esto (en lo que me consta) dista de haberse intentado, pero no veo obstáculo jurídico para hacerlo.

Embargo y apremio de acciones y participaciones sociales

MANUEL CACHÓN CADENAS
Catedrático de Derecho Procesal

SUMARIO: 1. INTRODUCCIÓN. 2. ASEGURAMIENTO DEL EMBARGO DE PARTICIPACIONES SOCIALES. 3. DELITO DE DESOBEDIENCIA EN EL QUE INCURRE EL ADMINISTRADOR QUE SE NIEGA A ANOTAR EL EMBARGO EN EL LIBRO REGISTRO DE SOCIOS. 4. EMBARGO DE LA MAYORÍA DEL CAPITAL SOCIAL: UN SUPUESTO DE FALTA DE COINCIDENCIA ENTRE EL OBJETO DEL EMBARGO Y EL OBJETO DEL ASEGURAMIENTO DE LA TRABA. 5. ASEGURAMIENTO DEL EMBARGO DE LOS DIVIDENDOS. 6. EJERCICIO DE LOS DERECHOS DE SOCIO. 7. EMBARGO GENÉRICO DE ACCIONES. 8. PROBLEMAS QUE PLANTEA LA SUSTITUCIÓN DEL EMBARGO DE ACCIONES O PARTICIPACIONES SOCIALES POR EL EMBARGO DE OTROS BIENES. 9. FALTA DE EQUIPARACIÓN DEL EMBARGO DE INMUEBLES CON EL EMBARGO DE PARTICIPACIONES SOCIALES. 10. LA SUBASTA NOTARIAL COMO FORMA ORDINARIA DE APREMIO DE LAS ACCIONES Y PARTICIPACIONES SOCIALES EMBARGADAS. 11. DERECHO DE ADQUISICIÓN PREFERENTE DE LAS PARTICIPACIONES SOCIALES EMBARGADAS. 12. ¿EXCLUSIÓN COMO VÍA DE APREMIO DE LA ENTREGA DIRECTA AL EJECUTANTE DE LAS ACCIONES O PARTICIPACIONES SOCIALES EMBARGADAS?. 13. POSIBLES REPERCUSIONES DE LA DECLARACIÓN DE INEFICACIA DE LA TRANSMISIÓN FORZOSA. 14. PROBLEMAS REFERIDOS A LAS TERCERÍAS DE DOMINIO QUE PUEDAN INTERPONERSE EN ESTOS CASOS. 15. VENTA EXTRAPROCESAL DE LAS ACCIONES EMBARGADAS POR ACUERDO DE LAS PARTES. 16. LA REALIZACIÓN FORZOSA DE ACCIONES PIGNORADAS QUE NO COTIZAN EN BOLSA. 17. PREFERENCIA DEL ACREEDOR PIGNORATICIO SOBRE EL ACREEDOR QUE OBTIENE EL EMBARGO DE UNAS PARTICIPACIONES SOCIALES CON POSTERIORIDAD A LA CONSTITUCIÓN DE LA PRENDA.

1. INTRODUCCIÓN[1]

El embargo y el apremio de acciones y participaciones sociales han sido objeto de una bibliografía brillante, en la que destacan varias monografías: Molina Romero, *Aspectos prácticos del embargo y apremio de acciones y participaciones sociales*, Palma de Mallorca, 1995; Troncoso Reigada, *Transmisión forzosa de acciones y participaciones de S.L. y cláusulas restrictivas*, Madrid, 2004; ID., *El embargo de acciones de SA y participaciones de SL*, Cizur Menor (Navarra), 2005; Retortillo Atienza, *El embargo de acciones de la sociedad anónima*, Cizur Menor (Navarra), 2011.

---

[1] Desde estas páginas envío mis mejores deseos al profesor Víctor Moreno Catena, compañero y amigo, para su nueva etapa vital, iniciada con su jubilación administrativa.

Este escrito no pretende ahondar en el estudio teórico del tema, excelentemente desarrollado por la bibliografía mencionada. El objetivo, más modesto, consiste en poner de relieve algunos de los problemas que esta materia ha suscitado en la práctica de nuestros tribunales, haciendo referencia a las resoluciones judiciales que se han enfrentado con esas cuestiones.

Aunque sea una obviedad, debemos recordar que la utilidad práctica del embargo y del apremio de acciones y participaciones sociales depende exclusivamente del valor económico efectivo que tenga el patrimonio de la sociedad, con independencia del valor nominal de las propias acciones o participaciones. Lo recuerda expresamente el AAP Madrid (Sección 14) de 31 de octubre de 2000 (Ponente Pablo Quecedo Aracil):

> "Desde una visión simplista, la aportación de bienes al capital social supone el 'cambio de ladrillos por títulos o participaciones'. Nada hay que decir si la aportación responde a valores reales, y el patrimonio social —concepto distinto de la cifra de capital—, es suficiente para respaldar el valor de las participaciones. En tales casos, la aportación al capital social no sería problemática, en cuanto el valor de las participaciones —activo menos pasivo dividido por el número de participaciones— fuese suficiente a cubrir la deuda.
> Si la sociedad esta descapitalizada, carece de reservas, y su activo está cargado de deudas, el embargo de participaciones sociales resulta anecdótico, pues se embargan cosas sin otro valor que el puramente contable, pero carentes de valor económico y de valor de realización, protegiendo de los acreedores los beneficios que se pudieran obtener por las plusvalías de las enajenaciones de los inmuebles".

2. ASEGURAMIENTO DEL EMBARGO DE PARTICIPACIONES SOCIALES

Si lo embargado son participaciones sociales de una sociedad de responsabilidad limitada, el aseguramiento del embargo se ha de llevar a cabo mediante la notificación de la traba a los administradores de la sociedad, requiriéndolos al mismo tiempo para que anoten el embargo en el libro registro de socios, y remitan de inmediato a todos los socios una copia de la notificación del embargo (art. 623.3 LEC y art. 109 LSC).

A su vez, los administradores de la sociedad han de informar al Juzgado acerca de las cláusulas estatutarias o contractuales que deban ser tenidas en cuenta en la realización forzosa de los valores embargados, y, en especial, las limitaciones que afecten a la libre transmisibilidad de los valores o la existencia de derechos de adquisición preferente (arts. 623.3 y 635 LEC). Este deber de información de los administradores de la sociedad es una manifestación específica de la obligación de colaboración de terceros prevista en el art. 591 LEC.

Los tribunales han hecho una interpretación extensiva de las medidas de aseguramiento del embargo previstas por la ley. Buen ejemplo de esta orientación es el AAP Barcelona (Sección 15) de 19 de abril de 2006 (ECLI: ES:APB:2006:8526A, Ponente Luis Garrido Espá). El Juzgado había intentado notificar el embargo a los administradores de la sociedad, pero no fue posible, por lo que la ejecutante pidió que se notificara la traba al propio ejecutado. El Juzgado denegó esta medida, pero la AP revocó esa resolución:

> "Fue denegada asimismo la petición de que se notificara al Sr. Luis Francisco el embargo trabado sobre sus acciones y participaciones en diversas sociedades mercantiles, su anotación en los Libros Registro de socios de esas compañías, su notificación a los restantes socios y la retención o aprehensión de los títulos. El Sr. Magistrado entendió que la medida no se ajustaba a lo prevenido por el art. 623.3 LEC, que prevé la notificación del embargo de acciones y participaciones a los administradores de la sociedad.
>
> Así es, ciertamente, pero la ejecutante pone de manifiesto que se ha intentado sin ningún éxito la notificación de la traba a quienes registralmente figuran como administradores de tales sociedades (y así resulta del f. 29 del testimonio remitido), pese a que consta la caducidad de los cargos. Se afirma asimismo que dichas sociedades se encuentran inactivas y desaparecidas de su domicilio social (f. 30 y ss. del testimonio).
>
> En tal contexto, por defecto o subsidiariedad, no cabe entender que vulnere la norma ni se desvíe de su finalidad la notificación de la traba al titular de las acciones o participaciones, esto es, al propio ejecutado, que es quien tiene o debe tener en su poder los títulos o por lo menos dar razón de su paradero y de las demás circunstancias que les afecten, máxime cuando, por las circunstancias concurrentes, tampoco es descartable que sea el propio ejecutado quien asuma la condición de administrador de hecho, o que por lo menos pueda proporcionar la información adecuada para que la traba pueda hacerse efectiva".

El criterio mantenido por la AP, por ser más favorable al derecho a la tutela judicial efectiva de la ejecutante, parece más plausible que la interpretación rígidamente literal efectuada por el Juzgado.

3. DELITO DE DESOBEDIENCIA EN EL QUE INCURRE EL ADMINISTRADOR QUE SE NIEGA A ANOTAR EL EMBARGO EN EL LIBRO REGISTRO DE SOCIOS

Cuando el Juzgado requiere a los administradores de la sociedad de responsabilidad limitada para que anoten el embargo de las participaciones sociales en el libro registro de socios, normalmente no se plantean problemas en la práctica.

Pero ocasionalmente puede ocurrir que el administrador o los administradores se nieguen a hacer esa anotación. Esto es lo que sucedió en el caso enjuiciado por la SAP La Rioja (Sección 1ª) de 20 de febrero de 2018 (ECLI: ES:APLO:2018:58, Ponente María Carmen Araujo García). Se habían embargado las participaciones sociales pertenecientes al deudor y correspondientes a varias sociedades de las que el propio deudor era administrador único. El Juzgado requirió reiteradamente al administrador para que anotara el embargo en el libro registro, comunicara al tribunal las certificaciones acreditativas de los embargos registrados y, en su caso, comunicase al Juzgado la existencia de pactos de limitación a la libre transmisión de las participaciones, con apercibimiento de incurrir en desobediencia grave a la autoridad judicial, y sin perjuicio de su eventual responsabilidad penal por alzamiento de bienes o insolvencia punible. El administrador incumplió los requerimientos del Juzgado.

Abierto un proceso penal por desobediencia, el Juzgado de lo Penal condenó al administrador por ese delito. El condenado interpuso recurso de apelación, pero la Sentencia citada, confirmando la resolución del Juzgado, también entendió, acertadamente, que el administrador había incurrido en un delito de desobediencia:

> "Incumplidos los requerimientos, cuatro meses después (el plazo concedido era de quince días), vuelve a ser requerido con apercibimiento de que, de no proceder en plazo de siete días, como se le exige, incurriría en delito de desobediencia grave a la autoridad judicial. Por tanto concurren en el presente caso los requisitos o elementos del delito de desobediencia grave a la autoridad, previsto y penado en el artículo 556 del Código Penal; en primer lugar, concurre un mandato expreso, concreto, directo y terminante de hacer una específica conducta, dictado por la autoridad judicial en este caso, dentro de sus competencias legales; en segundo lugar, la orden aparece revestida de todas las formalidades y ha sido claramente notificada al obligado a cumplirla, de forma que éste ha podido tener un conocimiento real y positivo de la misma, reiterado en este caso; en tercer lugar, se evidencia la negativa u oposición voluntaria, resistente y obstinada al mandato, revelando el propósito de desconocer abiertamente la decisión de la autoridad, lo que equivale a la exigible concurrencia del dolo de desobedecer, puesto que se le requirió en varias ocasiones y siguió desobedeciendo empecinadamente; y, en cuarto lugar, la conducta es grave, pues supone desoír un mandato judicial dirigido a la ejecución, cuyos fines resultan impedidos por la conducta obstinada de no sujetarse a las exigencias del ordenamiento jurídico, poniendo de manifiesto el absoluto desprecio de D. Carlos Ramón y su afán de evadir la acción de la justicia".

4. EMBARGO DE LA MAYORÍA DEL CAPITAL SOCIAL: UN SUPUESTO DE FALTA DE COINCIDENCIA ENTRE EL OBJETO DEL EMBARGO Y EL OBJETO DEL ASEGURAMIENTO DE LA TRABA

Si el embargo recae sobre acciones o participaciones que representen la mayoría del capital social, el art. 630.1 LEC permite asegurar la traba mediante la constitución de una administración judicial, dado que el ejecutado, al ser titular de la mayoría del capital social, tiene el control de la sociedad y, con él, la posibilidad de dañarla económicamente. En este caso el objeto del embargo (las acciones o participaciones) es distinto del objeto del aseguramiento de la traba (la empresa).

El AAP de A Coruña (Sección 5ª) de 26 de enero de 2016 (ES:APC:2016:56A, Ponente Julio Tasende Calvo), efectuando una interpretación extensiva, pero acertada, del art. 630.1 LEC, admite la constitución de una administración judicial en un supuesto en que el embargo recayó sobre la totalidad de las participaciones de una sociedad de responsabilidad limitada que tenían carácter ganancial:

> "El recurso de apelación interpuesto por la sociedad ejecutada contra el auto que acuerda la administración judicial de la misma, en aplicación del art. 630 de la LEC, impugna la medida adoptada por entender que no se cumplen los requisitos exigidos por esta norma para que se pueda constituir dicha administración.
> Como bien señala la resolución apelada, en este caso se ha embargado el 100% de las participaciones sociales en las que se divide el capital social de la entidad ejecutada, de las cuales es titular el coejecutado, con lo que se da cumplimiento a uno de los supuestos contemplados en el art. 630 de la LEC para poder acordar la medida, cual es el embargo de acciones o participaciones que representen la mayoría del capital social, con independencia de a quién corresponda su propiedad, cuestión en la que incide el recurso, por lo cual resulta irrelevante para entender cumplido dicho requisito el hecho de que las participaciones embargadas tengan carácter ganancial o de que no se haya anotado el embargo en el Libro Registro de Socios, en el que aparece el coejecutado como único titular de la totalidad de las participaciones sociales.
> En cualquier caso, no cabe discutir aquí la procedencia de dicho embargo, decretado en su día por auto de 4 de octubre de 2012, dada la firmeza de esta resolución, de la cual se dio conocimiento a la esposa del ejecutado, a los efectos del art. 541 de la LEC, en relación con el art. 1373 del CC, sin que ninguno de los interesados hubiera formulado alegación u oposición contra la misma. Por consiguiente, procede desestimar el recurso".

El aseguramiento de la traba mediante la constitución de una administración judicial de la empresa también es procedente cuando sean dos o más ejecutados los titulares de las acciones o participaciones embargadas, siempre que éstas representen la mayoría o la totalidad del capital social, que es lo que sucedió, por ejemplo, en el supuesto resuelto por el AAP Barcelona (Sección 10ª) de 14 de marzo de 2023 (ECLI: ES:APB:2023:72A, Ponente Montserrat Comas de Argemir Cendra), en el que se acordó el embargo de las cuotas de participaciones de todos los socios en una sociedad de responsabilidad limitada, decretándose la constitución de una administración judicial.

Aunque los arts. 630 y ss. LEC se refieren a la medida de administración judicial, en la práctica es frecuente que, al amparo de esa normativa, el tribunal mantenga la administración existente, limitándose a nombrar un interventor judicial, para que controle a los administradores, evitando el vaciamiento patrimonial de la empresa y procurando que el ejecutante perciba los rendimientos económicos que, en su caso, se hayan embargado. Una muestra de este criterio puede encontrarse en el AAP Málaga (Sección 5ª) de 28 de noviembre de 2019 (ECLI: ES:APMA:2019:155A, Ponente Soledad Velázquez Moreno). De esta forma, se consigue el aseguramiento del embargo con una medida menos invasiva que la administración judicial.

Cabe añadir que la constitución de la administración judicial (o de la intervención judicial) no impide que se puedan adoptar también las medidas de garantía del embargo compatibles con la administración, como, por ejemplo, la anotación del embargo en el Registro de la Propiedad si hay inmuebles en el patrimonio de la empresa sometida a administración, o en el Registro de Bienes Muebles si forman parte del patrimonio de la empresa bienes susceptibles de inscripción en este Registro.

5. ASEGURAMIENTO DEL EMBARGO DE LOS DIVIDENDOS

La traba de las acciones o participaciones de las que sea titular el ejecutado no implica, por sí sola, el embargo de los dividendos que puedan producir las acciones o participaciones embargadas. En consecuencia, para que queden trabados los dividendos, es necesario una declaración expresa y específica acordando ese embargo. Es éste un criterio que viene sosteniendo la jurisprudencia desde antiguo (véanse, por ejemplo, las SSTS de 31 marzo 1917 y 30 enero 1930). El embargo de los dividendos es una modalidad del embargo de frutos y rentas previsto en el art. 592.1.5º LEC.

Así pues, pueden darse tres supuestos distintos:

a) Que el embargo recaiga exclusivamente sobre las acciones o participaciones.

b) Que la traba afecte únicamente a los dividendos, pero no a las acciones o participaciones que producen esos dividendos: un buen ejemplo se encuentra en el ya citado AAP Madrid (Sección 9ª) de 25 octubre 2005 (REC: 607/2004 | RES: 267/2005, Ponente José Luis Durán Berrocal). En este caso el aseguramiento del embargo ha de efectuarse mediante una orden judicial dirigida a la sociedad para que retenga a disposición del tribunal los dividendos, siendo posible también, excepcionalmente, la constitución de una administración judicial sobre la empresa (arts. 622 y 630 LEC).

c) Que se embarguen simultáneamente las acciones y participaciones de las que sea titular el ejecutado y los dividendos que puedan producir, que es lo que se pedía, por ejemplo, en el caso resuelto por el Auto de la Sala Civil y Penal del TSJ de la Comunidad Valenciana (Sección 1ª) de 5 de agosto de 2021 (Ponente María Pía Calderón Cuadrado), en que se solicitó "el embargo preventivo del 100% de las participaciones sociales de la sociedad AB Equity Spain, S.L. y del 68,37% de las participaciones de AB Landlord Spain, S.L. titularidad de D. Luis Pablo" y "el embargo de los dividendos que pudieran repartirse a favor de D. Luis Pablo por su participación en AB Equity Spain, SL, y AB Landlord Spain, S.L.". En estos casos el aseguramiento del embargo de los dividendos también se ha de realizar mediante una orden judicial de retención dirigida a la sociedad a fin de que retenga a disposición del tribunal el importe de los dividendos que correspondan al ejecutado, y, de forma excepcional, se puede constituir una administración judicial de la empresa (arts. 622 y 630 LEC).

6. EJERCICIO DE LOS DERECHOS DE SOCIO

El art. 132.1 LSC establece que, salvo disposición contraria de los estatutos, en caso de prenda de participaciones o acciones corresponderá al propietario el ejercicio de los derechos de socio. El acreedor pignoraticio queda obligado a facilitar el ejercicio de estos derechos. Por su parte, el art. 133 LSC señala que, en caso de embargo de participaciones o de acciones, se observarán las disposiciones contenidas en el artículo anterior siempre que sean compatibles con el régimen específico del embargo.

Así pues, el accionista o socio podrá seguir ejercitando los derechos incluidos en las acciones o participaciones embargadas, y en particular el derecho de voto.

Corrobora este criterio el AAP Barcelona (Sección 15) de 23 de octubre de 2008 (ECLI: ES:APB:2008:7337A, Ponente Blas Alberto González Navarro). En un proceso de ejecución seguido a instancia de dos acreedores, se embargaron las participaciones sociales que la deudora tenía en una sociedad de responsabilidad limitada. Los ejecutantes pidieron la convocatoria judicial de la junta general de la sociedad, pero el Juzgado denegó esa petición, por entender que aquéllos carecían de legitimación para solicitar esa convocatoria judicial. La AP confirmó la resolución del Juzgado:

> "La resolución combatida ha rechazado la pretensión de los actores, Dña. Estefanía y D. Silvio, orientada a la convocatoria judicial de la sociedad ARRIAZA 89 S.L, al entender el Sr. Magistrado que los instantes carecen de legitimación activa para ello, pues no ostentan la condición de socios de la entidad, como exige el artículo 45 de la LSRL *[arts. 166 y ss. LSC]*. Recurren los actores esgrimiendo la resolución dictada en ejecución por el Juzgado de lo Mercantil nº 2 de Barcelona, que había declarado embargadas todas las participaciones sociales de dicha entidad, pertenecientes a su única socia y administradora social, su deudora Consuelo. A su juicio, con arreglo al artículo 38 de la LSRL *[actualmente, art. 132.1 en relación con el art. 133 LSC]* son los acreedores los que deben ejercitar los derechos de socio.
>
> Esta tesis debe ser igualmente rechazada. Es patente que un embargo de participaciones sociales, aunque en la resolución que acuerda la traba se haga mención a sus derechos políticos y económicos, no transmite al acreedor la condición de socio, titular de esos derechos. Tan sólo activa un mecanismo de transmisión forzosa de dichas participaciones (art. 635 LEC), que obliga a los administradores, debidamente notificados de la traba y a sus efectos, a comunicar cualquier limitación en la transmisión de las acciones o cualquier otra disposición estatutaria o contractual que les afecte (art. 623 LEC). Mientras está vigente la traba, el artículo 38 de la LSRL *[actualmente, art. 133 LSC)]* establece, como no puede ser de otra forma al ser inembargables derechos sin contenido patrimonial como los que aquí se invocan, que los derechos de socio serán ejercitados por el titular, pues así resulta de la remisión que dicho precepto hace al artículo 37 *[actualmente, art. 132.1 LSC]*, que establece la misma regla para la prenda, esto es, para el caso de que las acciones no estén embargadas, sino pignoradas y en poder del acreedor. Que el artículo 38 *[actualmente, art. 133 LSC]* aluda al régimen específico del embargo no significa que éste, específicamente, pueda convertir en socio al embargante antes de que las participaciones hayan sido adjudicadas según la LEC, sino a las peculiaridades de cada traba según su objeto de cara a la ejecución forzosa".

En el mismo sentido se pronuncia el AAP Madrid (Sección 9ª) de 25 octubre 2005 (REC: 607/2004 | RES: 267/2005, Ponente José Luis Durán Berrocal). El Juzgado acordó como medida cautelar el depósito y la administración de los frutos civiles y derechos políticos de unas determinadas acciones. Esta resolución fue recurrida en apelación, y la AP la dejó sin efecto en cuanto a los derechos políticos, por entender que el ejercicio de estos derechos seguía correspondiendo al titular de las acciones:

> "Frente a las medidas acordadas por la resolución recurrida en los términos expuestos en el correspondiente antecedente, se alza la parte recurrente alegando su Letrada en el acto de la Vista en defensa de su revocación la inem-

> bargabilidad de los derechos políticos y económicos propios de los accionistas como titulares de las acciones, con alusión expresa a los artículos 48, 72 y 73 de la Ley de Sociedades Anónimas, y cita de la jurisprudencia aplicable, cuya tesis recurrente debe ser parcialmente acogida por las siguientes razones: Primera, la sentencia del Tribunal Supremo de 14 de marzo de 1974, invocada al recurrir, con cita de las de 25 de abril de 1933, 17 de noviembre de 1972 y 11 de octubre de 1973, sienta que "el cargo de Administrador Judicial, no puede tener más alcance que el que legalmente le corresponda, y según el artículo 1778 del C. Civ. y 1442 de la Ley rituaria civil, únicamente el de una medida precautoria que sólo confiere al depositario o secuestratario las facultades inherentes a la obligación de custodia peculiar del depósito, que debe cumplir con la diligencia de un buen padre de familia, por lo que hay que tener presente que el nombramiento en este caso se limitaba única y exclusivamente a dicha función "con limitaciones que la ley establece", pero no para atribuir otras que sólo competen al titular del derecho o bien embargado, pues no hay que olvidar que la condición de accionista va unida a la titularidad de la acción y que a diferencia de los derechos patrimoniales del mismo, el de "voto" constituye un derecho personal que por su especial naturaleza no puede ser enajenado con independencia de la acción, y había de ser ejercitado necesariamente por el propio titular, por sí o por medio de representante"; Segunda, el artículo 73 de la vigente Ley de Sociedades Anónimas *[actualmente, art. 133 LSC]* establece que en el caso de embargo de acciones se observarán las disposiciones contenidas en el artículo anterior, siempre que sean compatibles con el régimen específico del embargo, cuyo artículo 72-1 *[actualmente, art. 132.1 LSC]* previene que en el caso de prenda de acciones corresponderá al propietario de éstas, salvo disposición contraria de los estatutos, el ejercicio de los derechos de accionista; [...] de las precedentes se colige que los llamados derechos políticos que la titularidad de las acciones confiere, según el artículo 48 de la Ley de Sociedades Anónimas (impugnación de acuerdos sociales, información, y, especialmente, el de asistencia y voto en las juntas generales), siguen, por regla general, siendo de ejercicio por el accionista en caso de embargo (con mayor razón si cabe en los de depósito o secuestro), y que sólo cabrá acordarse cautelarmente su intervención, bien cuando se justifique un uso sesgado o torticero de los mismos "ex artículo" 7.2 del Código Civil, en perjuicio del acreedor, bien por la vía de la administración judicial de la empresa en los términos y con los requisitos que contemplaba el Decreto Ley de 20 de octubre de 1969 (vigente cuando se inició el proceso cautelar del que dimana esta alzada), o los que actualmente regulan los artículos 630 a 633 de la Ley Procesal Civil".

Igual orientación sigue el AAP Madrid (Sección 28) de 9 de julio de 1018 (ECLI: ES:APM:2018:10563, Ponente Gregorio Plaza González):

> "Por lo que respecta al embargo de participaciones sociales [...] el embargo no implica la pérdida de la propiedad ni de los derechos económicos y políticos que de las mismas derivan".

La Sentencia del Juzgado de lo Mercantil núm. 8 de Barcelona de 21 de diciembre de 2015 sostiene, *obiter dicta*, que, en caso de embargo de las acciones, el derecho de voto no corresponde al accionista, pero ésta es una afirmación infundada, que choca con el criterio general mantenido por nuestros tribunales:

> "Por tanto la mera posesión de los títulos al portador sería suficiente para legitimar el ejercicio del derecho al voto, pero no hay que olvidar que debe catalogarse como tenedor de acciones al portador propietario de las mismas, situación que no se da en el presente supuesto. El derecho de voto debe ser ejercitado por el accionista (por sí o a través de su representante) y los únicos supuestos en los que no ocurre así, como en el usufructo, prenda o embargo de acciones, son eso, excepciones a la regla general que atribuye dichos derechos políticos al propietario de las acciones".

7. EMBARGO GENÉRICO DE ACCIONES

Durante la vigencia de la LEC de 1881, se extendió en la práctica un uso forense consistente en declarar embargados genéricamente, "a voleo", bienes o derechos que pudiera tener el ejecutado, sin efectuar la reseña o descripción individualizada de los mismos, y sin que constara su existencia efectiva. Los tribunales consideraban acertadamente que ese embargo era irregular, pero admitían la posibilidad de subsanar la deficiencia especificando posteriormente los bienes o derechos embargados.

Esta práctica afectaba también al embargo de acciones y participaciones sociales, como pone de manifiesto el AAP de las Palmas de Gran Canaria (Sección 3ª) de 29 de enero de 2004 (ECLI: ES:APGC:2004:138A, Ponente Rosalía Mercedes Fernández Alaya), que se ocupa de un caso en el que se efectuó un embargo genérico de acciones, y posteriormente se pidió la mejora del embargo concretando las acciones embargadas. El Auto citado estimó improcedente la mejora del embargo, pero entendió que la irregularidad del embargo inicialmente trabado había quedado subsanada con la petición de mejora del embargo:

> "[...] no puede decretarse una mejora de embargo si no se acredita la insuficiencia de los bienes embargados. Sin embargo, examinadas detenidamente las actuaciones se comprueba que en el caso que enjuiciamos no nos encontramos ante una mejora o ampliación del embargo en su día trabado, pues en la correspondiente diligencia practicada con fecha 22 de febrero de 1995 (f.37) constan embargadas las acciones o valores que poseyere el ejecutado, declaración esta que, aun realizada de forma no muy correcta por ser genérica, posibilita en aras a la salvaguarda de la tutela efectiva del ejecutante en este momento procesal la materialización de tal embargo sobre las concretas acciones que se especifican en el escrito obrante al folio 179 de los autos".

Es importante tener en cuenta que el embargo genérico había sido practicado bajo la vigencia de la LEC de 1881. De haberse efectuado tras la entrada en vigor de la actual LEC, la deficiencia de la que adolecía habría sido insubsanable, conforme al tenor literal del art. 588.1 LEC, que proclama la nulidad del embargo practicado sobre bienes o derechos cuya efectiva existencia no conste.

8. PROBLEMAS QUE PLANTEA LA SUSTITUCIÓN DEL EMBARGO DE ACCIONES O PARTICIPACIONES SOCIALES POR EL EMBARGO DE OTROS BIENES

En ocasiones, tras producirse el embargo de acciones o participaciones sociales, el ejecutado pide la sustitución de ese embargo por la traba de otros bienes, por considerarla menos gravosa para él. En estos casos se suscita la cuestión consistente en determinar el lugar que ocupan las acciones y participaciones dentro del orden de prelación de bienes previsto por el art. 592 LEC a efectos del embargo.

Un ejemplo de este problema lo encontramos en el Auto del Juzgado de lo Mercantil núm. 9 de Barcelona de 30 octubre 2018, que denegó la sustitución del embargo de participaciones sociales por el embargo de la mitad indivisa de un inmueble por estimar que el primero es menos gravoso que el segundo y que la realización forzosa de las participaciones es más fácil que la de la mitad indivisa del inmueble:

> "Por último, en relación a la medida alternativa que propone consistente en el embargo de la mitad indivisa que ambos poseen en Blanes en lugar del embargo de las participaciones sociales de MAKATEA, no ha lugar al no respetar el art. 592 LEC pues el embargo de las participaciones sociales es una medida ejecutiva menos gravosa que el embargo de una vivienda y de más fácil realización".

Este razonamiento implica entrar en valoraciones harto dudosas acerca de la menor o mayor gravosidad de uno y otro embargo y de la menor o mayor facilidad de realización de unos y otros bienes. Pero es que, además, era innecesario aventurar estas valoraciones, dado que el art. 592 LEC permite resolver fácilmente el problema, al considerar preferente el embargo de participaciones sociales (núm. 6°) frente al embargo de bienes inmuebles (núm. 7°).

9. FALTA DE EQUIPARACIÓN DEL EMBARGO DE INMUEBLES CON EL EMBARGO DE PARTICIPACIONES SOCIALES

En el caso resuelto por el AAP Madrid (Sección 21) de 24 de noviembre de 2010 (REC: 521/2008 | RES: 527/2010, Ponente Almudena Cánovas del Castillo Pascual), resultó imposible el embargo de la mitad indivisa de un inmueble por estar inscrita a nombre de un tercero, concretamente una sociedad de responsabilidad limitada, a pesar de que con anterioridad el bien había pertenecido al ejecutado. El cambio de titularidad registral obedeció a que el ejecutado había aportado el inmueble a la sociedad, obteniendo como contraprestación un determinado número de participaciones sociales. El ejecutante ejercitó una acción rescisoria por fraude de acreedores dirigida a lograr la cancelación de la inscripción practicada a favor de la sociedad, haciendo así posible el embargo de la mitad indivisa del inmueble y la anotación del mismo. La resolución citada consideró procedente la acción rescisoria por entender, acertadamente, que el embargo de la mitad indivisa del inmueble no podía ser equiparado al embargo de las participaciones sociales recibidas a cambio de la aportación de esa mitad indivisa a la sociedad:

> "Ciertamente no ha venido a discutir la misma el carácter subsidiario de la acción rescisoria ejercitada, admitiendo también ésta la inexistencia de cualquier otro bien del que fuera titular el Sr. Estanislao, al margen del discutido en la litis, con el que pudiera hacer frente a sus obligaciones de pago, refiriéndose en el escrito formalizando el recurso de apelación que nos ocupa a la falta de perjuicio alguno respecto a la entidad BBVA S.A. al haber aportado la parte indivisa de la vivienda que era propiedad del Sr. Estanislao para la constitución de Dreams of Majadahonda S.L, y ello en cuanto que entiende que ello no supuso minoración en su patrimonio sino un cambio en el tipo de propiedad, cuestión ésta que desde luego no podemos admitir, siendo evidente que no es lo mismo la efectividad respecto del embargo de una parte indivisa de una vivienda que respecto de una serie de participaciones sociales".

10. LA SUBASTA NOTARIAL COMO FORMA ORDINARIA DE APREMIO DE LAS ACCIONES Y PARTICIPACIONES SOCIALES EMBARGADAS

La LEC excluye la subasta judicial como mecanismo de transmisión forzosa de las acciones y participaciones sociales.

Si el embargo ha recaído sobre acciones admitidas a negociación en mercado secundario, el letrado de la administración de justicia ordenará que se enajenen con arreglo a la normativa legal que regula estos mercados (art. 635.1 LEC).

A su vez, si lo embargado fueran acciones o participaciones societarias de cualquier clase que no coticen en Bolsa, la realización se hará atendiendo a las disposiciones estatutarias y legales sobre enajenación de las acciones o participaciones y, en especial, a los derechos de adquisición preferente, pero, a falta de disposiciones especiales, la realización se hará a través de notario (art. 635.2 LEC).

En la práctica, es frecuente que los estatutos de las sociedades no contemplen ninguna forma especial de enajenación de las acciones o participaciones embargadas, por lo que el Juzgado se limita a expedir un testimonio de la ejecución, que se remite al notario correspondiente para que proceda a su enajenación, por aplicación del 635.2 LEC.

Hasta la reforma de la Ley del Notariado (en adelante, LN) introducida por la Ley 15/2015, de 2 de julio, de la Jurisdicción Voluntaria, no se regulaba la subasta notarial de las acciones y participaciones sociales, por lo que la jurisprudencia entendió que la regulación legal prevista para la subasta judicial era aplicable, por vía analógica, a la subasta notarial.

Así, por ejemplo, la STS 21 noviembre 2000 (ECLI: ECLI:ES:TS:2000:8498 Ponente Pedro González Poveda) señala:

> "*[la ley no establece]* los requisitos a que ha de ajustarse la subasta pública a celebrar ante el Notario, por lo que es indudable que nos encontramos ante un vacío legal para llenar el cual habrá de acudirse a aquellas normas que regulan la celebración de subastas públicas en procesos ejecutivos".

En el mismo sentido se pronuncia el AAP Zaragoza (Sección 5ª) de 17 de junio de 2002 (núm. 375/2002, Ponente Juan Ignacio Medrano Sánchez), que cita expresamente la STS que acabo de mencionar. También el AAP Guipúzcoa (Sección 3ª) de 3 febrero de 2016 (ECLI: ES:APSS:2016:1A, Ponente Juana María Unanue Arratibel) en relación con la subasta notarial desierta por falta de postores.

Después de la reforma introducida por la Ley 15/2015 en la LN, los arts. 72 a 77 de esta Ley establecen una regulación detallada de las subastas notariales, tomando como modelo principal la normativa que la LEC dedica a las subastas judiciales.

Además, el art. 72.2 LN prevé que las normas establecidas en la legislación procesal para las subastas judiciales se han de aplicar supletoriamente a las subastas notariales.

11. DERECHO DE ADQUISICIÓN PREFERENTE DE LAS PARTICIPACIONES SOCIALES EMBARGADAS

El art. 109.2 LSC establece: "Celebrada la subasta, en el momento anterior a la adjudicación, quedará en suspenso la aprobación del remate y la adjudicación de las participaciones sociales embargadas. El juez o la autoridad administrativa remitirán a la sociedad testimonio literal del acta de subasta o del acuerdo de adjudicación y, en su caso, de la adjudicación solicitada por el acreedor. La sociedad trasladará copia de dicho testimonio a todos los socios en el plazo máximo de cinco días a contar de la recepción del mismo".

El art. 109.3 LSC añade: "El remate o la adjudicación al acreedor serán firmes transcurrido un mes a contar de la recepción por la sociedad del testimonio a que se refiere el apartado anterior. En tanto no adquieran firmeza, los socios y, en su defecto, y sólo para el caso de que los estatutos establezcan en su favor el derecho de adquisición preferente, la sociedad, podrán subrogarse en lugar del rematante o, en su caso, del acreedor, mediante la aceptación expresa de todas las condiciones de la subasta y la consignación íntegra del importe del remate o, en su caso, de la adjudicación al acreedor y de todos los gastos causados. Si la subrogación fuera ejercitada por varios socios, las participaciones se distribuirán entre todos a prorrata de sus respectivas partes sociales".

La jurisprudencia se ha esforzado en aquilatar el alcance del derecho de adquisición preferente previsto en el art. 109 LSC, insistiendo en que esta norma contempla un supuesto de derecho de tanteo, pero no de derecho de retracto. En este sentido la Sentencia del Juzgado de lo Mercantil núm. 1 de Castellón de la Plana de 22 de marzo de 2022 declara:

> "[...] el art. 109 LSC no regula un derecho de retracto a ejercitar con posterioridad a la formalización de la adjudicación [...], sino, exclusivamente, un derecho de tanteo cuya infracción permitiría sancionar el negocio infractor con la consecuencia deducible del art. 112 LSC (ineficacia de la adquisición frente a la sociedad; SAP de Madrid, Secc. 28ª o SJM nº 6 de Madrid, de 13 de mayo de 2014), pero, en ningún caso, podría determinar el nacimiento en favor del socio preterido un derecho de retracto que no está previsto ni en la citada norma ni en los estatutos.
> [...] Así, en cuanto a la naturaleza del derecho de adquisición preferente que resulta del art. 109 LSC, podemos traer a colación la opinión del Ilmo. Magistrado del Tribunal Supremo Rafael Sarazá Jimena (Código de leyes mercantiles. Jurisprudencia Sistematizada. 1ª Edición. 2017), que señala que 'Estas previsiones (en relación a los apartados 2º y 3º del art. 109) configuran este derecho como un derecho de tanteo, en el que solo se produce una transmisión (del socio al que se han embargado las participaciones sociales o se han

> ejecutado las participaciones sociales pignoradas, al socio o a la sociedad que ejercitan el derecho a subrogarse), a diferencia de lo que ocurre en el régimen de las restricciones a la transmisión forzosa de acciones del artículo 125 con relación al artículo 124, ambos LSC, en el que se produce una doble transmisión, del socio que sufre el embargo al adquirente en el procedimiento de ejecución forzosa y de este al beneficiario del derecho de adquisición preferente que hace uso de su derecho'".

En igual sentido se pronuncia la Sentencia del Juzgado de lo Mercantil núm. 2 de Madrid de 13 de abril de 2007.

12. ¿EXCLUSIÓN COMO VÍA DE APREMIO DE LA ENTREGA DIRECTA AL EJECUTANTE DE LAS ACCIONES O PARTICIPACIONES SOCIALES EMBARGADAS?

La LN no determina si cabe o no la entrega directa al ejecutante de las acciones o participaciones sociales embargadas como modalidad de apremio. Por ello, se ha suscitado la duda de si resulta o no procedente aplicar el art. 634.1.4º LEC, conforme al cual el letrado de la administración de justicia entregará directamente al ejecutante, por su valor nominal, los bienes embargados [...] cuyo valor nominal coincida con su valor de mercado, o que, aunque inferior, el acreedor acepte la entrega del bien por su valor nominal".

A estos efectos, es interesante el caso resuelto por el AAP Guipúzcoa (Sección 3ª) de 3 febrero de 2016 (ECLI: ES:APSS:2016:1A, Ponente Juana María Unanue Arratibel).

El Juzgado había embargado 780 participaciones de una sociedad de responsabilidad limitada pertenecientes al ejecutado. Dado que las participaciones embargadas no cotizaban en bolsa, el Juzgado ofició al Colegio Notarial de San Sebastián para que procediera a la designación del notario encargado de la venta de las participaciones. El Colegio Notarial contestó al Juzgado que era necesario que el Juzgado comunicara el precio de venta de las participaciones embargadas. Este problema venía provocado por el hecho de que la ley no indicaba cómo se debía determinar el precio de las participaciones a efectos de la subasta notarial, al contrario de lo que sucede actualmente, en que el art. 74.3 LN establece que la valoración la hará un perito designado por el notario.

El Juzgado autorizó al notario designado para que procediera a la subasta de las participaciones por el importe total de 7.800 euros, que era su valor nominal global. Pero el ejecutado impugnó esa resolución, pidiendo que se nombrara un perito para que éste efectuara la valoración de las participaciones. Así lo acordó el Jugado. No obstante, surgió otro problema. En efecto, el perito designado valoró en 0 (cero) euros las participaciones embargadas.

Ante ello, el Juzgado declaró no haber lugar a la subasta, invocando a estos efectos el art. 643.2 LEC, que dispone: "No se convocará subasta de bienes o lotes de bienes cuando, según su tasación o valoración definitiva, sea previsible que con su realización no se obtendrá una cantidad de dinero que supere, cuando menos, los gastos originados por la misma subasta".

Ahora bien, posteriormente la ejecutante pidió que se le adjudicaran las participaciones en aplicación del art. 651 LEC, que regula los casos en que la subasta queda desierta por falta de postores. El ejecutado se opuso a esa adjudicación. El Juzgado acordó adjudicar a la ejecutante las participaciones embargadas por su valor nominal, invocando el art. 634 LEC, y no el art. 651 de la misma Ley.

Esta resolución fue apelada. El citado AAP Guipúzcoa (Sección 3ª) de 3 febrero de 2016 (ECLI: ES:APSS:2016:1A, Ponente Juana María Unanue Arratibel) desestimó la apelación basándose en la siguiente argumentación:

> "La pretensión de la ejecutante estimada por la resolución recurrida contraría la diligencia de ordenación, firme por no recurrida, de 2 de octubre de 2012, que declaró que no ha lugar a la subasta y ello en base al art. 643-2 de la L. E. Civil y lo procedente y coherente, con dicha declaración judicial firme es simplemente alzar el embargo.
> Las participaciones de una S.L. únicamente son realizables vía subasta. Si no hay subasta no cabe ninguna opción de entrega directa, únicamente prevista para unos supuestos tasados, dinero etc. en el art. 634, sin previa realización de los bienes vía subasta [...]. Tampoco puede aplicarse el art. 637 de la L. E. Civil.
> Por lo tanto, procede se declare no haber lugar a la adjudicación interesada, ordenando el levantamiento del embargo".

En consecuencia, el Auto mencionado acordó el alzamiento del embargo.

A mi juicio, la resolución a que se ha hecho referencia se equivoca al decretar el alzamiento del embargo por carecer de valor económico las participaciones sociales embargadas, invocando para ello el art. art. 643.2 LEC. Este precepto legal no prevé el alzamiento del embargo cuando el valor económico de los bienes embargados sea nulo o no baste previsiblemente para cubrir los gastos que origine la subasta. El art. 643.2 LEC se limita a disponer que, en esos casos, no se convoque la subasta, que es lo que había acordado el Juzgado en el supuesto que nos ocupa. Puede parecer una sutileza inútil, pero no lo es, ya que cabe que cambien las circunstancias y que los bienes embargados adquieran en el futuro un valor económico del que actualmente carecen, con lo que no habría inconveniente para celebrar la subasta.

También yerra el Auto citado al entender que no es procedente la entrega directa *ex* art. 634 LEC de las participaciones sociales al ejecutante por su valor nominal. En nuestro caso el ejecutante había aceptado esa entrega, que, a su vez, no perjudica al ejecutado, porque, si bien éste pierde la titularidad de las participaciones embargadas, se trata de bienes cuyo valor económico efectivo es nulo y, a su vez, ve extinguida la deuda en la parte correspondiente al valor nominal de las participaciones.

13. POSIBLES REPERCUSIONES DE LA DECLARACIÓN DE INEFICACIA DE LA TRANSMISIÓN FORZOSA

Art. 11.3 de la Ley del Mercado de Valores dispone: "El tercero que adquiera a título oneroso valores representados por medio de anotaciones en cuenta de persona que, según los asientos del registro contable, aparezca legitimada para transmitirlos no estará sujeto a reivindicación, a no ser que en el momento de la adquisición haya obrado de mala fe o con culpa grave".

El AAP Barcelona (Sección 15ª) de 24 mayo 2005 (ECLI: ES:APB:2005:3895A, Ponente Ignacio Sancho Gargallo) estima que el carácter irreivindicable de la transmisión de acciones que establece el art. 11.3 de la Ley del Mercado de Valores no opera frente a los adquirentes de las acciones embargadas, sino solamente frente a los subadquirentes. En una ejecución se embargaron diversas acciones, que fueron adquiridas en la misma ejecución por dos adjudicatarios. Posteriormente, por una causa ajena a los adquirentes, se declaró la nulidad de pleno derecho de todas las actuaciones procesales a partir de la notificación del despacho de la ejecución y del embargo de las acciones. Se planteó, entonces, el problema de determinar si la adquisición tenía o no carácter irreivindicable:

> "José Enrique y Eugenio adquirieron las acciones de GRAND TIBIDABO en el curso de una ejecución judicial, por el procedimiento previsto en la Ley de enjuiciamiento civil. La nulidad de actuaciones acordada desde la notificación del auto de despacho ejecución y embargo de acciones afecta a los actos de realización, viciando la transmisión de acciones. En esta transmisión,

que es nula de pleno derecho, José Enrique y Eugenio son adquirentes y no subadquirentes, por lo que carecen de la condición de tercero, y por ello no pueden oponer la irreivindicabilidad prevista en el art. 9 LMV *[actualmente art. 11]*. Para llegar a esta conclusión no es preciso un juicio declarativo ordinario, pues de las actuaciones procesales de la ejecución, y en concreto de la comunicación realizada por la entidad GAESCO encargada de la venta judicial de las acciones, se desprende que José Enrique y Eugenio carecen de la condición de subadquirentes".

Ahora bien, si se asume el criterio mantenido por esta resolución, hay que admitir, al menos, que los terceros adquirentes de buena fe puedan ejercitar una acción de enriquecimiento injusto contra el ejecutante y contra el ejecutado, que se han beneficiado de la transmisión forzosa de las acciones declarada nula: el ejecutante ha recibido el precio de adquisición de las acciones abonado por los adquirentes y el ejecutado ha visto extinguida la parte correspondiente de su deuda.

14. PROBLEMAS REFERIDOS A LAS TERCERÍAS DE DOMINIO QUE PUEDAN INTERPONERSE EN ESTOS CASOS

En caso de embargo de acciones o participaciones sociales, cabe la interposición de tercería de dominio con arreglo a las normas generales previstas por la ley para esta clase de tercería.

Pero la naturaleza de los bienes embargados en estos supuestos puede provocar dudas sobre la procedencia de la tercería en función de la situación jurídica en la que se encuentre la sociedad a las que correspondan las acciones o participaciones embargadas. Esto es lo que sucedió, por ejemplo, en el caso enjuiciado por el AAP Madrid (Sección 10ª) 10 abril 2007 (ECLI: ES:APM:2007:4987A, Ponente Mariano Zaforteza Fortuny). Después del otorgamiento de la escritura pública de constitución de una sociedad de responsabilidad limitada, pero antes de la inscripción de la sociedad en el Registro Mercantil, dos socios donaron algunas de sus participaciones sociales. Posteriormente, se embargaron las participaciones en un procedimiento seguido contra los donantes. Y los donatarios interpusieron una tercería de dominio pidiendo el alzamiento del embargo. El Juzgado estimó la tercería de dominio, y la ejecutante interpuso recurso de apelación, que fue desestimado por el Auto citado, que plantea la cuestión jurídica suscitada en los siguientes términos:

"[...] la cuestión nuclear sobre la que discrepan los contendientes en este pleito reside en si la donación de participaciones sociales antes mencionada fue válida y eficaz, o si, por el contrario, careció de efectos transmisivos de los derechos derivados de dichas participaciones en favor de quienes constaron como donatarios de las mismas. La respuesta que se dé a ese interrogante depende, en cualquier caso, de cómo se interprete lo preceptuado en los artículos 11.1 y 28 de la Ley de Sociedades de Responsabilidad Limitada, los cuales ordenan que 'la sociedad se constituirá mediante escritura pública, que deberá ser inscrita en el Registro Mercantil. Con la inscripción adquirirá la sociedad de responsabilidad limitada su personalidad jurídica', y que 'hasta la inscripción de la sociedad o, en su caso, del acuerdo de aumento del capital en el Registro Mercantil no podrán transmitirse las participaciones sociales', normas análogas a lo establecido en los artículos 7.1 y 62 de la Ley de Sociedades Anónimas, a cuyo tenor 'la sociedad se constituirá mediante escritura pública que deberá ser inscrita en el Registro Mercantil. Con la inscripción adquirirá la sociedad anónima su personalidad jurídica. Los pactos que se mantengan reservados entre los socios no serán oponibles frente a la sociedad' y 'hasta la inscripción de la sociedad o, en su caso, del acuerdo de aumento del capital social en el Registro Mercantil no podrán entregarse ni transmitirse las acciones'".

Actualmente, esta cuestión está regulada en el art. 34 LSC, que establece: "Hasta la inscripción de la sociedad o, en su caso, del acuerdo de aumento de capital social en el Registro Mercantil, no podrán transmitirse las participaciones sociales, ni entregarse o transmitirse las acciones".

A continuación, la resolución a la que se ha hecho referencia expone las dos líneas jurisprudenciales existentes sobre la validez de los actos de transmisión de las acciones o participaciones realizados antes de la inscripción de la sociedad en el Registro Mercantil:

"La doctrina jurisprudencial se ha pronunciado sobre esta materia en varias ocasiones. Algunas SSTS, como las de 8 de mayo de 1987, que cita las de 22 de octubre de 1984 y 28 de septiembre de 1985, en que se apoya en la sentencia del Juzgado, señala que la prohibición de transmisión de acciones mientras no esté inscrita la sociedad en el Registro Mercantil, que establece el artículo 14 de la derogada Ley de Sociedades Anónimas, es tajante y la consecuencia del incumplimiento acarrea la nulidad radical prevista en el artículo 6.3 del Código Civil, que hace totalmente ineficaz el contrato en cualquier concepto, no sólo el de compraventa, sin que pueda ser de aplicación la doctrina de los actos propios, ni de la buena fe, al tratarse de un negocio jurídico contra ley. Otras SSTS mantienen una respuesta diferente. Así, la STS de 14 de febrero de 1967 atribuye validez a un pacto de adjudicación en pago de acciones de una sociedad antes de su inscripción. La STS de 4 de febrero de 1971 ha sentado que 'la compraventa de valores mobiliarios presenta dos momentos perfectamente diferenciados: uno, el de la celebración del contrato, cuya efectividad para quienes lo concertaron no depende de la presencia del funcionario o mediador de ninguna clase; y otro, el de su ejecución o transmisión de las acciones enajenadas, que si bien en principio se produjo por la simple tradición del documento, más adelante precisó para lograrlo la intervención de Agente de Cambio o Corredor de Comercio, al extremo de que la ausencia de este requisito 'ad solemnitatem' no sólo priva a esta operación de la irreivindicabilidad, sino que la convierte en radicalmente nula, (...) si bien semejante sanción por su carácter excepcional, no se extiende a la del convenio que sirvió de antecedente a la transmisión (...), que produce todos sus efectos entre quienes lo suscribieron y sus herederos, que recíprocamente pueden compelerse a formalizarlo'. La STS de 16 de julio de 1992, afirma que 'el artículo 14 de la Ley de Sociedades Anónimas de 17 de julio de 1951 prohíbe transmitir a ningún accionista sus acciones mientras la sociedad no este inscrita en el Registro Mercantil, pero no imposibilita que previamente, en etapa presocial, se puedan concertar pactos de enajenación de acciones entre los accionistas y terceros, como sucede en el caso de autos', y también que 'así las cosas la venta de referencia resulta eficaz y vinculante para los interesados directos en la misma, en cuanto representa un convenio válido para la transmisión de los títulos y es antecedente a su debida formalización, pero exige, conforme fue previsto en el convenio, la intervención de Agente de Cambio y Bolsa. De esta manera no es aplicable la pretendida sanción de nulidad a un contrato surgido de las libres voluntades concertadas de los intervinientes en el mismo que cabe completar para su plena y debida efectividad, con el cumplimiento y realización de las formalidades esenciales exigidas para su total operatividad en el tráfico mercantil. La necesidad de forma en los convenios como el controvertido no representa una solemnidad absoluta, determinante de su nulidad, sino más bien viene a ser precisión que las partes han de observar para la plena transmisión de las acciones enajenadas, pudiendo compelerse a su cumplimiento, en el caso de que una de ellas no preste debida colaboración al efecto (art. 1279 del Código Civil)', y, finalmente, con referencia expresa a la Ley de 1989, y cita de numerosas sentencias del Tribunal Supremo, sienta que 'la Ley de Sociedades Anónimas del año 1951, no regula de manera específica y suficientemente amplia, la transmisión de acciones sociales, lo que ha corregido el Texto Refundido aprobado por Real Decreto Legislativo de 22-72-1989. La doctrina de esta Sala mantiene una línea definida de respeto a las voluntades contratantes, cuando no exista sospecha o concurrencia de fraude, que no es el caso de autos, moderando las exigencias formalistas, susceptibles de cumplirse y poder acceder a las mismas, de manera que no hacen de imposible cumplimiento los negocios de transmisión de acciones SSTS 93-4-1957, 13-10-1959, 4-2-1971, 21-2-1986 y 8-2-1988)'. Posteriormente, las SSTS de 8 de junio de 1995 y 12 de diciembre de 2002, han seguido la línea jurisprudencial de la STS de 16 de julio de 1992".

Ante estas discrepancias, el Auto mencionado se inclina en favor de la segunda de las líneas jurisprudenciales expuestas:

"Esta Sala entiende que acerca de la cuestión debatida en este proceso debe prevalecer la doctrina jurisprudencial contenida en sentencias del Tribunal Supremo dictadas en 1992, 1995, 2002 y 2005 sobre otras resoluciones del mismo Alto Tribunal de 1984, 1985 y 1987, cuyo criterio se ha visto superado por aquéllas más recientes, por lo cual no cabe acoger lo alegado por la parte apelante y, en cambio, se debe compartir el criterio seguido por la Juez de primera instancia, en sintonía con la tesis esgrimida por los terceristas ahora recurridos".

Pero el Auto en cuestión, al acoger la tercería de dominio, prescinde de la doctrina jurisprudencial que considera aplicable la teoría del título y el modo a esta tercería, de manera que la estimación de la misma exige, no sólo la existencia de un negocio jurídico transmisivo anterior al embargo a favor del tercerista, sino también que bien haya sido entregado al tercerista con anterioridad a la traba, lo que no cabe respecto de las acciones o participaciones sociales mientras no se inscriba la sociedad en el Registro Mercantil.

15. VENTA EXTRAPROCESAL DE LAS ACCIONES EMBARGADAS POR ACUERDO DE LAS PARTES

El art. 640 LEC prevé como modalidad de apremio alternativa a la subasta judicial la posibilidad de realizar los bienes embargados mediante un convenio entre el ejecutante y el ejecutado.

Cuando ocurrieron los hechos juzgados por el AAP Madrid (Sección 10ª) de 13 de marzo de 2007 (ECLI: ES:APM:2007:3417A, Ponente Mariano Zaforteza Fortuny), aún estaba en vigor la LEC de 1881, que no regulaba ese convenio de realización forzosa. A pesar de ello, la ejecutante y el ejecutado acordaron que éste vendiera las acciones embargadas. Ni el Juzgado ni la Audiencia negaron validez al pacto otorgado por las partes, pero ambos órganos judiciales estimaron que la venta había sido hecha extraprocesalmente, por más que obedeciera a ese acuerdo de las partes. En concreto el Auto citado de la Audiencia declaró:

> "El Juzgado 'a quo' dictó auto desestimatorio de la impugnación, al considerar que la venta de las acciones embargadas tuvo lugar fuera de la ejecución judicial. En efecto, la escasa documental de que se dispone en relación con la cuestión controvertida revela que en el juicio ejecutivo seguido en su día a instancia de Banco Pastor, S.A., contra don Jose Pedro, entre otros, se practicó un embargo de determinadas acciones del señor Jose Pedro en fecha 28 de julio de 1987, no constando que se desarrollaran actos procesales tendentes a la subasta de las mismas, y sí habiéndose acreditado mediante la documental aportada por la entidad bancaria recurrida que las acciones embargadas fueron vendidas extrajudicialmente —al parecer, merced a un acuerdo alcanzado por la entidad financiera acreedora y su deudor, titular de las acciones—, de manera que el día 19 de mayo de 1994 se ingresó el producto de la venta en una cuenta corriente titularizada por el propio señor José Pedro en Banco Pastor, S.A., habiendo dispuesto de la totalidad del saldo el señor José Pedro pocos días después, en concreto el 30 de mayo de 1994, mediante la retirada en efectivo y sin aplicar ese monto dinerario al pago de la deuda que se le había reclamado judicialmente, y no constando que desde entonces haya habido movimiento alguno en la referida cuenta bancaria".

16. LA REALIZACIÓN FORZOSA DE ACCIONES PIGNORADAS QUE NO COTIZAN EN BOLSA

El art. 1872.1° del Código Civil regula un procedimiento extrajudicial, concretamente una subasta notarial, para la realización forzosa de los bienes pignorados: "El acreedor a quien oportunamente no hubiese sido satisfecho su crédito, podrá proceder por ante Notario a la enajenación de la prenda. Esta enajenación habrá de hacerse precisamente en subasta pública y con citación del deudor y del dueño de la prenda en su caso. Si en la primera subasta no hubiese sido enajenada la prenda, podrá celebrarse una segunda con iguales formalidades; y, si tampoco diere resultado, podrá el acreedor hacerse dueño de la prenda. En este caso estará obligado a dar carta de pago de la totalidad de su crédito".

Este procedimiento es aplicable a las acciones pignoradas cuando éstas no estén admitidas a cotización en Bolsa (art. 1872.2° del Código Civil).

Pues bien, en la práctica la constitucionalidad de esta subasta notarial ha suscitado dudas, atendiendo a que el art. 117.3 CE atribuye en exclusiva a los jueces y tribunales la potestad para juzgar y hacer ejecutar lo juzgado en toda clase de procesos. Pero los tribunales han corroborado la constitucionalidad de esta realización forzosa extrajudicial. Una muestra de este criterio puede encontrarse en la SAP Sevilla (Sección 6ª) de 17 de diciembre de 2001 (núm. 1083/2001, Ponente Pedro Luis Núñez Ispa):

> "La demanda promovida por los actores y ahora apelantes pidió la nulidad de la ejecución extrajudicial prendaria, por ilegal y anticonstitucional, y por aplicación de la doctrina del Tribunal Supremo en STS 4 mayo 1998, que permite considerar derogados todos los procedimientos extrajudiciales de ejecución, como contrarios a la norma básica del art. 24 de la Constitución Española. Pero la sentencia de instancia no admitió estos argumentos, por cuanto no es admisible en el ámbito procesal (ni la aplicación de las normas por analogía) la aplicación extensiva o incluso analógica de la referida STS, referida al procedimiento extrajudicial de ejecución hipotecaria (por cierto, tampoco admitida por una reciente Sentencia de la Sección Quinta de esta Audiencia Provincial) a la ejecución notarial de la prenda.
> [...] Efectivamente, y frente a los argumentos del recurso de apelación, insistiendo en la materia sobre no ser aplicable al caso el art. 1.872, 1 ° del Código Civil en base a la misma doctrina, es lo cierto que en el sistema anterior y en el vigente de la Ley de Enjuiciamiento Civil nueva, como muy bien estableció la destacada sentencia de instancia, en el caso de embargo de acciones, obligaciones o de otros valores cotizables o en mercados secundarios su realización se practicará conforme a la normativa legal con intervención de Fedatario público —arts. 635 y 636 nueva Ley de Enjuiciamiento Civil—. Puesto que sigue invariable el principio de que, en estos supuestos, y en concreto, respecto de la cuestión objeto del recurso, la prohibición legal solo se aplica a la adjudicación directa de las acciones sobre las que se constituyó la prenda,

en virtud del pacto comisorio prohibido por la Ley [...] Por ello corresponde mantener la legalidad constitucional y eficacia jurídica y económica de la figura regulada por el art. 1.872 del Código Civil y con ello desestimar el recurso, imponiendo las costas de esta alzada a los apelantes —art. 710.11 Ley de Enjuiciamiento Civil—".

17. PREFERENCIA DEL ACREEDOR PIGNORATICIO SOBRE EL ACREEDOR QUE OBTIENE EL EMBARGO DE UNAS PARTICIPACIONES SOCIALES CON POSTERIORIDAD A LA CONSTITUCIÓN DE LA PRENDA

La jurisprudencia entiende, correctamente, que, en caso de constitución de prenda sobre unas participaciones sociales, el acreedor pignoraticio tiene preferencia sobre el acreedor que ha obtenido a su favor el embargo de las participaciones con posterioridad a la constitución de la prenda, aunque ésta no haya accedido a un Registro público. En este sentido se pronuncia, por ejemplo, la SAP Barcelona (Sección 11ª) de 11 de octubre de 2021 (núm. 530/2021, Ponente Antonio Gómez Canal), que, después de citar la doctrina jurisprudencial establecida por el TS sobre esta cuestión, declara:

"Si aplicamos al caso que nos ocupa esta doctrina podemos afirmar que cuando en fecha 26/10/09 CARTERA embargó a EWING OIL, S.L. las participaciones sociales de ISTAMELSA, S.L., las mismas ya estaban gravadas con un derecho preferente a favor de los acreedores Sres. Eleuterio, a quienes sustituyó OLIVIA (arts. 1.203.3º, 1.212, 1.528 CCivil y 569-2.5 CCCat.): el derivado de la prenda constituida sobre ellas en fecha anterior, en concreto el 10/2/09 como tuvo ocasión de constatar el Notario sr. Espinosa ante el que se tramitó el proceso para lograr su efectividad (arts. 569-2.b), 569-12 y 569-20 CCCat.). Aunque el derecho real de prenda sobre esos títulos fuera ignorado por CARTERA al embargarlos ante el Juzgado de Primera Instancia nº 5 de Mataró —se había constituido con anterioridad en documento público (art. 569-13.2 y 3 CCCat.) pero sin acceso a registro alguno— el mismo le resulta oponible [...] la preferencia que según el Derecho sustantivo ostenta el acreedor pignoraticio quedaría vacía de contenido si tras su realización, en este caso por vía notarial con adjudicación al propio acreedor, éste se viera propietario de un bien gravado y obligado para liberarlo a satisfacer el crédito de quien con posterioridad en el tiempo obtuvo el embargo sobre el objeto dado en prenda. OLIVIA adquirió los títulos libres de las cargas constituidas después de su derecho real de prenda, como era el caso del embargo a favor de CARTERA. Ante esta disyuntiva entre acreedores el Derecho opta por dar preferencia al pignoraticio, OLIVIA en este caso".

La enervación de la acción de condena como medida de reducción de causas judiciales civiles

MARÍA MARCOS GONZÁLEZ
Catedrática de Derecho Procesal UAH

SUMARIO: 1. INTRODUCCIÓN. 2. ACCIÓN PRIVADA CIVIL Y ACCIÓN PÚBLICA PROCESAL. 3. TERMINACIÓN ANTICIPADA DEL PROCESO CIVIL. 4. ENERVACIÓN DE LA ACCIÓN DE CONDENA.

1. INTRODUCCIÓN

La reciente reforma de medidas urgentes en materia de servicio público de justicia, de 19 de diciembre de 2023[1], insiste en la importancia de obtener una resolución judicial en plazo para lo que potencia la tramitación tecnológica del Expediente Judicial Electrónico e introduce las reformas imprescindibles de carácter procesal que garanticen la agilización en la tramitación de los procesos judiciales.

Esta reforma, que entrará en vigor en marzo de 2024, forma parte del conjunto de medidas procesales previstas en el Proyecto de Ley de Medidas de Eficiencia Procesal del Servicio Público de Justicia de 2022[2] (en adelante, PLEP) —que quedó inconcluso como consecuencia de la disolución

1 Real Decreto-ley 6/2023, de 19 de diciembre, por el que se aprueban medidas urgentes para la ejecución del Plan de Recuperación, Transformación y Resiliencia en materia de servicio público de justicia, función pública, régimen local y mecenazgo, BOE nº 303, 20 de diciembre de 2023.

2 Proyecto de Ley (BOE nº 97-1, de 22 de abril de 2022) tramitado durante la XIV Legislatura de las Cortes parlamentarias. El 3 de febrero de 2023 se publican en el Boletín Oficial de las Cortes Generales las enmiendas presentadas en relación con el Proyecto de Ley de medidas de eficiencia procesal del servicio público de Justicia, así como del índice de enmiendas al articulado (BOE nº 97-3, de 3 de febrero de 2023).

anticipada de las cortes parlamentarias en mayo de 2023[3]— y que se propuso la descarga del sistema judicial de uno de cada cuatro procedimientos civiles (más de medio millón) a través de la potenciación de la negociación entre las partes, directamente o ante un tercero neutral[4].

En relación con el objeto del trabajo, destacamos dos de estas medidas: la primera, la inserción de medios adecuados de solución de controversias en vía no jurisdiccional (en adelante, MASC) que se configuran como requisito de procedibilidad de la demanda judicial; y la segunda, la consideración por los tribunales del rechazo injustificado al intento de solución extrajudicial a la hora de imponer las costas.

Estas medidas manifiestan el interés del legislador procesal por asegurar la sostenibilidad del sistema judicial fomentando mecanismos privados de negociación previa[5].

Este interés del legislador es compartido por la doctrina procesal que desde hace décadas investiga las alternativas a la jurisdicción, conocidas como ADR[6], pese a lo cual aún no se han logrado los adecuados niveles de su implementación quizá, entre otras causas, porque el recurso a un MASC previo o simultáneo al proceso civil ha supuesto, o así se ha enten-

---

3 Real Decreto 400/2023, de 29 de mayo, de disolución del Congreso de los Diputados y del Senado y de convocatoria de elecciones.

4 La Exposición de Motivos del PLEP enfatizó la necesidad de abrir la Justicia Civil a los ciudadanos para que se sientan protagonistas de sus propios problemas y asuman de forma responsable la solución más adecuada de los mismos, especialmente en determinados casos en los que es imprescindible buscar soluciones pactadas que garanticen, en lo posible, la paz social y la convivencia.

5 En palabras de la Exposición de Motivos del PLEP: el servicio público de Justicia debe ser capaz de ofrecer a la ciudadanía la vía más adecuada para gestionar su problema. En unos casos será la vía exclusivamente judicial, pero en muchos otros será la vía consensual la que ofrezca la mejor opción.

6 El Libro Verde sobre ADR (2002) afirmaba: "Es particularmente conveniente hace hincapié en el papel de las ADR como instrumentos al servicio de la paz social. En efecto, en las formas de ADR en que los terceros no toman ninguna decisión, las propias partes no se enfrentan, sino que, al contrario, emprenden un proceso de aproximación, eligen el método de resolución del conflicto y desempeñan un papel más activo en este proceso para intentar descubrir por sí mismas la solución que más les conviene. Una vez resuelto el conflicto, este enfoque consensual incrementa para las partes la posibilidad de que las partes sigan manteniendo relaciones de carácter comercial o de otro tipo "(Libro verde sobre las modalidades alternativas de solución de conflictos en el ámbito del derecho civil y mercantil /* COM/2002/0196 final */. EUR-Lex —52002DC0196-ES, 10).

dido, ampliar el tiempo total que transcurre entre el incumplimiento contractual de la parte y la satisfacción forzosa de la deuda[7].

La insuficiencia de estos resultados es lo que nos ha llevado a explorar la posibilidad de encontrar nuevas medidas procesales que también apuesten por acentuar el carácter subsidiario de la vía judicial[8] sin afectar negativamente a la protección procesal efectiva y en plazo razonable de los derechos sustantivos[9].

En particular, apostamos por la incentivación en sede judicial de los actos de disposición de las partes litigantes sobre el objeto litigioso, principalmente de la satisfacción extraprocesal de la pretensión, con la que disminuiría tanto la litigiosidad al poner fin al proceso judicial como el plazo de cumplimiento de las obligaciones contractuales.

---

7 La exigencia de actividad negociadora previa del PLEP supondrá un incremento del plazo medio en España para exigir el cumplimiento de contratos, un incremento de coste y un empeoramiento de la competitividad de nuestro país y nuestra justicia. Por este motivo, algunas Enmiendas de modificación al PLEP consideran que en deudas líquidas, determinadas, vencidas y exigibles debería ser suficiente el previo requerimiento de pago al deudor en la dirección postal o electrónica designada en el contrato para notificaciones, o en su caso, en la dirección habitual empleada para comunicaciones entre las partes, eliminando la obligatoriedad del recurso previo a un MASC (V. Enmiendas núms. 321 y 467 del Grupo Parlamentario Plural… pág. 251 y pág. 399; Enmienda núm. 14 del Grupo Parlamentario Vasco… págs. 13-14). Sobre la no obligatoriedad de este requisito y los criterios tradicionalmente referidos por el Banco Mundial para elaborar sus informes de competitividad de las economías de distintos países, V. Enmienda núm. 323 del Grupo Parlamentario Plural… pág. 253.

8 Gómez Orbaneja, Emilio, *Derecho Procesal Civil,* 8ª ed. Madrid: Artes Gráficas y Ediciones (1976) 16-19; Moreno Catena, Víctor y Valentín Cortés Domínguez. *Introducción al Derecho Procesal,* 12ª ed. Valencia: Tirant lo Blanch, 2023, 37-45; Cordón Moreno, Faustino. *Introducción al Derecho Procesal,* 1ª ed., Pamplona: Eunsa, 2020, 56-59; Banacloche Palao, Julio. *Aspectos fundamentales de Derecho procesal civil,* 5ª ed. Madrid: La Ley, 2023, 25-31.

9 El Informe 2023 de los Indicadores de la Actividad de la Justicia refleja que el número de ejecuciones pendientes es de un 66 por ciento, el peor dato de los últimos años evidenciando la carencia de medios y personal suficientes para conseguir una tasa aceptable. El informe aporta el dato de que hay alrededor de 100.000 resoluciones pendientes más, siendo las jurisdicciones civil y penal las que se llevan la palma (V. Fundación Aranzadi La Ley, Observatorio de la actividad de la justicia. Informe 2023, febrero 2024. https://tienda.laley.es/p/observatorio-de-la-actividad-de-la-justicia-informe-2023).

Desde esta perspectiva, proponemos que el legislador procesal incorpore con carácter general en la tutela jurisdiccional de condena, y no solo para el juicio de desahucio, la facultad del demandado de enervar la acción del demandante por medio del cumplimiento de la obligación sustantiva a través del pago o la consignación en los términos presentados por el actor en su demanda. El régimen procesal seguiría el de la enervación de la acción de desahucio con las adaptaciones precisas en función de la diferente naturaleza de ambas, como veremos, ya que en el caso del desahucio estamos ante una forma de evitar la resolución del contrato de arrendamiento ante la falta de pago y, por el contrario, en la enervación que proponemos estaríamos ante el mero cumplimiento de las obligaciones sin que guarde relación con resolución de contrato alguno[10].

En particular, la finalidad social y humanitaria de protección del arrendatario que subyace a la enervación de la acción de desahucio[11] no concurre en la enervación de la acción de condena que proponemos que se sitúa en una órbita principalmente jurídica amparando el derecho del acreedor al pago de lo debido[12].

Antes de iniciar el desarrollo del trabajo, nos parece relevante justificar el motivo por el que hemos utilizado en el título la expresión "causas

---

10 Esta diferencia justifica que la acción de condena pudiera enervarse, al contrario que en la acción de desahucio, en el supuesto en que el demandante hubiera requerido de pago al demandado por cualquier medio fehaciente con, al menos, treinta días de antelación a la presentación de la demanda y el pago no se hubiese efectuado al tiempo de dicha presentación (art. 22. 4 LEC).

11 V. García-Rostán Calvín, Gemma. "Eficacia de la ejecución dineraria y derecho constitucional a una vivienda digna". En *Justicia: ¿Garantía versus Eficiencia?*, dirigido por Fernando Jiménez Conde y Rafael Bellido Penadés, 209-232. Valencia: Tirant lo Blanch, 2019.

12 La STS 28 mayo 2014 (RJ 2014/2834) afirma que no se configura tanto como un derecho cuanto como una oportunidad del arrendatario para evitar el desahucio por falta de pago, porque al arrendador le es indiferente el momento en que se le pague la renta estipulada y las SSTS 27 marzo 2014 (RJ 2014/1530), 18 marzo 2014 (RJ 2014/1512), 14 febrero 2012 (RJ 2012/391) y 9 septiembre 2011 (RJ 2011/6415) defienden que el arrendador no viene obligado a soportar que el arrendatario se retrase de ordinario en el abono de las rentas periódicas por lo que no se excluye la aplicación de la resolución arrendaticia aunque la demanda se funde en el impago de una sola mensualidad; la STS 20 octubre 2009 (RJ 2009/5694) considera que permitir ese comportamiento contractual del arrendatario lleva consigo el riesgo de propiciar los pagos impuntuales de la renta debilitando correlativamente el derecho del arrendador a su pago puntual.

judiciales civiles" que no es otro que la conveniencia de mantener el rigor técnico de los términos jurídicos con el fin de facilitar en mayor medida la exposición y comprensión del tema tratado.

En este sentido, entendemos que sustituir el término "casos o causas judiciales" a la hora de hablar de las cuestiones sometidas a la jurisdicción por "conflictos" entre las partes desdibuja la configuración del proceso judicial y algunas de sus instituciones más relevantes como la litispendencia, término que señala con precisión cuales son los elementos que permanecen inalterables a lo largo del proceso desde el momento que se admite la demanda judicial (art. 410 LEC)[13].

Por el contrario, el término "conflicto entre las partes" puede resultar demasiado amplio e impreciso, jurídicamente hablando[14], ya que abarca aspectos de muy diversa naturaleza la mayoría ajenos al Derecho y nos ubica ante la compleja y metajurídica cuestión de "resolver un conflicto" recurriendo a metodologías adecuadas para el acercamiento entre las partes o la mejora de la comunicación interpersonal entre ellas.

Sin embargo, la resolución de un "caso o causa", entendido como supuesto fáctico con relevancia jurídica, nos ubica ante la aplicación de la ley a ese caso que queda "cerrado" o con efecto de cosa juzgada y eficacia ejecutiva. Podríamos decir que los jueces restauran las violaciones de los derechos aplicando la ley, pero no tienen por función resolver los conflictos que pueden subyacer a las mismas[15].

---

13 La interposición de la demanda, si después es admitida, marca el momento en el que se producen todos sus efectos procesales entre los que se encuentra, por un lado, la prohibición de alterar el objeto del proceso establecido en la demanda, en la contestación y, en su caso, en la reconvención (art. 414.1 LEC); y, por otro, la obligación del órgano jurisdiccional de continuar con el proceso hasta el final y de dictar la sentencia de fondo congruente sobre el asunto.

14 La expresión "resolución de la controversia planteada" podría ser algo más cercana al ámbito jurídico siempre que se considerara que la controversia es jurídica.

15 Sobre la evolución del proceso civil americano, y su influencia en otros modelos procesales civiles, afirma Dondi que la incidencia del rol de *legal ethics* sobre el proceso civil exige hablar de problemas del proceso teniendo en cuenta el ámbito disciplinario y cultural. No parece casual que, en la cultura jurídica estadounidense al definir la totalidad de las disciplinas del proceso, y de la ética profesional del abogado se utilice un término como *law of lawyering:* dicho término se refiere justamente al ejercicio de la actividad de defensa técnica tanto en el curso del proceso como en su fase preventiva (Dondi, Angelo. "Problemas recurrentes y organización metodológica". En *Procesos civiles en evolución. Una perspectiva comparada*, 39. Madrid: Marcial Pons, 2015).

E insistiendo en lo que ya hemos señalado, las precisiones relativas al alcance de la litispendencia son relevantes en este trabajo ya que, en relación al objeto del proceso, manifiestan que el mismo ya está determinado en la demanda y en la contestación sin que nos encontremos, por tanto, ante una pretensión abstracta que permita analizar todas las causas que subyacen al "conflicto" entre las partes así como todas las posibles soluciones negociadas que podrían poner fin al mismo[16].

2. ACCIÓN PRIVADA CIVIL Y ACCIÓN PÚBLICA PROCESAL

Los sujetos con capacidad jurídica y capacidad de obrar formalizan compromisos jurídicos, a través de los contratos, en los que se obligan a la realización de comportamientos determinados, bilaterales y sinalagmáticos de una parte contratante con respecto a la otra parte.

En el supuesto en que una de las partes incumpla con su obligación[17], parcial o totalmente, la parte que ha cumplido en tiempo y forma no está legitimada para reclamar por la fuerza su derecho (autotutela)[18] sino que deberá proceder a la reclamación formal de dicho cumplimiento frente a la otra parte, dejando conveniente constancia de dicho requerimiento a los efectos oportunos, y si esta reclamación no surte efecto y sigue interesado en el cumplimiento tendrá a su disposición la vía judicial declarativa para reclamar la deuda —si carece de título para iniciar proceso de ejecución o monitorio— y lograr que la sentencia judicial condene a la otra

---

16 V. art. 413.1 LEC sobre la no influencia del cambio de circunstancias en la sentencia sobre el fondo, después de iniciado el juicio.

17 Gómez Pomar, Fernando. "El incumplimiento contractual en Derecho Español". *InDret,* nº 3 (2007): 1-49. https://indret.com/wp-content/themes/indret/pdf/466_es.pdf

18 Como es de sobra conocido, las partes civiles no disponen de la autotutela declarativa y ejecutiva de sus obligaciones sinalagmáticas, a diferencia de las entidades del Sector Público, por lo que carecen de potestad para exigir el cumplimiento de obligaciones jurídicas de las respectivas partes contratantes, lo que significa que tendrán que proceder a dicha exigencia a través de la reclamación judicial. La autotutela privada está prohibida, es decir, la exigencia forzosa del cumplimiento. V. Yáñez Díaz, Carlos. "La revisión de oficio en la contratación de las sociedades mercantiles públicas. De nuevo los límites entre el Derecho público y el privado". *Revista Parlamentaria de la Asamblea de Madrid (Asamblea)* 44 (2023): 89-121. https://www.asambleamadrid.es/documents/20126/64823/R.44_Carlos_Yanez_Diaz.pdf/eb610d8b-ef53-6267-449d-1956326ef0b1

parte, en su caso, a cumplir con lo pactado en los términos que considere jurídicamente aplicables[19].

En estos supuestos, el acreedor en el ejercicio de su autonomía de la voluntad exige al deudor, a través de la acción procesal pública, el cumplimiento de la obligación en los términos pactados sin mostrar interés en la resolución ni tampoco en reformular el contrato por considerar que el tiempo de la configuración del mismo ha finalizado y que ya están en el tiempo de la ejecución o cumplimiento, si bien este cumplimiento será en los términos que determine la sentencia judicial.

Pese a que el Estado no tiene interés en los negocios privados de los ciudadanos, como son todos aquellos pertenecientes al ámbito de libre disposición de las partes, la necesidad de evitar la autotutela del acreedor le sitúa en una posición de tercero imparcial frente a las dos partes contratantes que, en una primera fase de declaración, le obligará a pronunciarse sobre las alegaciones y pruebas presentadas por las partes relativas al incumplimiento contractual y a concluir bien estimando total o parcialmente la petición de condena del demandado, bien desestimando la petición absolviendo al demandado; y, en una segunda fase eventual, en caso de sentencia condenatoria que no sea voluntariamente cumplida por el condenado, a realizar los actos patrimoniales necesarios para proceder al efectivo cumplimiento en sustitución del deudor (proceso de ejecución forzosa).

De este modo, el acreedor que ha reclamado judicialmente la condena de la otra parte al cumplimiento de lo acordado debe recorrer un largo camino procesal, antes de ver efectivamente satisfecha su pretensión patrimonial, que inicia con actuaciones de carácter declarativo en las que ambas partes alegan y prueban en igualdad y contradicción, y continua con las de carácter ejecutivo a través, del embargo y realización de bienes, con carácter general.

Si consideramos el número de ciudadanos que se encuentran inmersos en procesos civiles en los que se reclaman objetos procesales disponibles para las partes, así como la elevada cuantía económica a la que asciende la suma de las demandas declarativas y ejecutivas, con las respectivas cos-

---

19 La STS 22 diciembre 2014 (RJ 2014/2801) afirma que el principio de *lex contractus*, fuerza vinculante de los contratos que proclama el art. 1901 Código Civil está en relación con el principio de autonomía de la voluntad o bien con el principio de la *necessitas*, esencia de la obligación que proclama el art. 1256 o en definitiva con el de *pacta sunt servanda*.

tas, podemos deducir la relevancia del papel que cumplen los juzgados y tribunales en la garantía del buen funcionamiento del tráfico jurídico y, por ende, también del mercado entendido como intercambio de bienes y servicios.

Esta tutela se dirige por la parte solicitante (acreedora) frente al Estado, no frente a la otra parte (deudora), con base en la titularidad universal del derecho a la tutela judicial efectiva y se le reclama la aplicación de las leyes sustantivas y procesales a los hechos alegados conforme a las pruebas presentadas con la pretensión de obtener la tutela estatal ante la vulneración por la parte demandada del derecho sustantivo[20].

La interposición de la demanda judicial sobre un determinado objeto civil conforme a los requisitos de la legislación procesal sitúa a las partes ante una relación jurídico procesal de naturaleza pública que excede y difiere de la relación jurídico civil de naturaleza privada que subyace a la misma y que continúa desplegando su virtualidad jurídica durante la sustanciación del proceso con los límites establecidos, en su caso, por el legislador procesal[21].

Es importante resaltar que nos encontramos ante una relación jurídico privada de las partes que, a pesar de su carácter dispositivo, se somete al

---

20 Afirma Cordón Moreno, citando a Calamandrei, que "el término acción, originariamente empleado en el sentido de ejercicio de la fuerza privada por el titular del derecho frente al titular de la obligación (o, más en general, del ofendido frente al ofensor), pasa a significar, en sentido traslaticio, el recurso con que el ciudadano invoca en su propio favor la fuerza pública del Estado; no ya la actividad encaminada a sujetar o someter directamente a la otra parte, sino la actividad jurídica que se realiza para poner en movimiento, en defensa del propio derecho, el ejercicio de la potestad jurisdiccional del Estado" (Cordón Moreno, Faustino. *Introducción al Derecho procesal* ... 36).

21 Como afirma el Tribunal Supremo "el principio dispositivo que rige en el procedimiento civil tiene como límite efectivamente lo que, en cada momento procesal, esté en disposición de las partes, sin que pueda afectar, en ningún caso, a las normas procesales que tienen carácter de orden público, lo que abunda en la tesis de que si la acción es el derecho de la parte que la ejercita a obtener la tutela de los tribunales y un pronunciamiento sobre el derecho discutido, esta se agota tras la tramitación ordinaria del proceso y el dictado de la sentencia de primera y segunda instancia, por lo que la acción no resulta ya renunciable, sino que ahora dentro de la esfera del poder de disposición de la parte que ha obtenido una sentencia de conformidad con los pedimentos de su demanda, estará el poder de hacer uso o no de esos pronunciamientos favorables mediante la ejecución de la sentencia dictada por el órgano jurisdiccional" (ATS 4 julio 2006 [JUR 2006, 195002]).

poder judicial a quien se le solicita una intervención de carácter pública consistente en que juzgue los hechos alegados por medio de las pruebas practicadas y que otorgue el *petitum* sobre la fundamentación de la *causa petendi* del objeto de la demanda[22].

El proceso civil tiene por objeto relaciones jurídicas de naturaleza privada que no pierden esta naturaleza por el hecho de acceder al proceso judicial. En efecto, un negocio civil o mercantil no deja de tener un interés privado y pasa a tenerlo público por el hecho de acceder a la sede judicial; por lo tanto, la naturaleza dispositiva de las deudas civiles no puede verse alterada por la demanda judicial lo que significa que la libre disposición de las partes sobre sus derechos continua durante el proceso[23]. Por este motivo, las facultades de disposición del art. 19 LEC son titularidad de las partes litigantes y no del órgano jurisdiccional[24].

Sin embargo, podemos plantearnos si el legislador procesal podría regular un mecanismo de finalización anticipada del proceso civil, configurando los requisitos a los que la parte demandada debería someterse en el caso de estar interesada en su utilización, al modo como se regula en el proceso penal la institución de la conformidad premiada[25] (allanamiento

---

22 La vía judicial es la última para resolver los conflictos entre particulares, o en todo caso, subsidiaria del acuerdo que ellos mismos puedan alcanzar. La petición de suspensión, incluso la planteada el mismo día del juicio, no supone sino una manifestación más del poder de disposición que tienen las partes sobre el proceso que en modo alguno puede ser coartado ni sometido a limitaciones (AAP Córdoba, 19 septiembre 2002 [AC 2002, 1309]).

23 La STS 19 julio 2000 (RJ 2000, 6816) afirma que "nuestro Derecho se encuentra gobernado por el principio dispositivo de las partes sobre el objeto del proceso, en el sentido de que son dueñas del derecho material que se discute en el mismo, quedando los órganos jurisdiccionales vinculados a sus pretensiones y siendo el principio de rogación una simple faceta de aquél".

24 Defiende el Tribunal Supremo que "el principio dispositivo del proceso civil goza de una importancia tal que permite la distinción de los procesos civiles de los de otra naturaleza, donde el poder de disposición de las partes se halla más limitado, y tiene la importancia y significación de atribuir a las partes el poder de dirigir el proceso de forma material, hasta el punto de que el órgano judicial no puede obligar a demandante y demandado a mantener determinadas posiciones, sin perjuicio de los efectos que las leyes tengan atribuidas a las renuncias y allanamientos que las partes puedan manifestar" (ATS 13 abril 2010 [RJ 2010, 3534]).

25 Tanto la conformidad en la guardia como fuera de la guardia en los juicios rápidos pueden beneficiarse de la rebaja de pena. Del mismo modo, en el procedimiento abreviado se puede obtener la misma rebaja a través del reconocimiento de hechos (art. 779, 1, 5ª LECrim) (V. Gascón Inchausti, Fernando. *Derecho*

premiado). Dicha regulación incorporaría un porcentaje legal de disminución de la cuantía total de la deuda, anudado a la conformidad civil o aceptación de la pretensión del actor, que se aplicaría por imperativo legal al margen de la negociación entre las partes contratantes o de la voluntad del demandante y también al margen del órgano jurisdiccional.

No cabe duda de que este mecanismo de rebaja legal de la cuantía a pagar supondría un aliciente para que el demandado procediera a la aceptación de la pretensión del actor en los términos definitivos señalados por el legislador y de este modo finalizaría el proceso civil con la consiguiente mejora en las cifras de la sobrecarga de trabajo judicial. Pero a pesar de esta ventaja entendemos que esta solución no podría aplicarse en nuestro ordenamiento jurídico.

La razón de este rechazo es, a nuestro juicio, doble: por un lado, la disminución patrimonial de la cuantía a entregar al demandante, al margen de su intervención por determinación legal vulnera la titularidad privada del derecho sustantivo de las partes civiles y supone un desamparo del derecho del demandante y una invasión en la esfera de libre disposición del demandado; por otro, esta disminución supondría un aliciente para no proceder al pago y esperar a la demanda civil con el fin de beneficiarse de dicha reducción por lo que supondría un aumento de la litigiosidad y un fomento del impago de las obligaciones, en consecuencia, un incumplimiento de la función instrumental del Derecho Procesal.

3. TERMINACIÓN ANTICIPADA DEL PROCESO CIVIL

El legislador procesal ha regulado los supuestos relativos a la desacertadamente llamada "terminación anormal del proceso" por contraposición a la terminación normal que es la sentencia y, en concreto, la transacción, la renuncia, el desistimiento, el allanamiento, la satisfacción extraprocesal

---

Procesal Penal. Materiales para el estudio. 6ª edición, Madrid: 2024; https://docta.ucm.es/rest/api/core/bitstreams/d6d32180-f3d2-485d-a733-73b485cc9cea/content; Fraga Mandián, Javier. *La sentencia de conformidad. Especial consideración de la denominada conformidad premiada.* Salamanca, 2016. https://gredos.usal.es/handle/10366/132926; Gimeno Sendra, José Vicente. "La conformidad "premiada" de los juicios rápidos". *La ley penal: revista de derecho penal, procesal y penitenciario* nº 5 (2004): 5-14. Mateos Rodríguez-Arias, Antonio. "Algunas reflexiones críticas sobre la conformidad en el proceso penal". *Anuario de la Facultad de Derecho. Universidad de Extremadura* nº 35 (2019): 167-194).

y la carencia sobrevenida de objeto[26], con especial mención de la enervación del desahucio, entre otros. Decimos "desacertadamente" porque si consideramos el carácter subsidiario de la vía judicial deberíamos aceptar como normal que las partes continuaran planteándose durante la tramitación del proceso la posibilidad de ejercitar cualquiera de los poderes de disposición con los que poner fin al proceso judicial[27].

En coherencia con el respeto al ámbito de autonomía de las partes del derecho sustantivo civil y mercantil, el art. 3.1 PLEP (titulado precisamente principio de autonomía privada en el desarrollo de los MASC) reitera que las partes son libres para convenir o transigir, a través de los MASC, sobre sus derechos e intereses, siempre que lo acordado no sea contrario a la ley, a la buena fe ni al orden público[28]. Las partes pueden alcanzar acuerdos totales o parciales. En el caso de acuerdos parciales, las partes podrán presentar demanda para ejercitar sus pretensiones respecto a los extremos de la controversia en los que se mantenga la discrepancia.

Desde esta perspectiva, consideramos que una vez comenzado el proceso judicial conviene que las partes reconsideren la posibilidad de poner fin al proceso ejercitando algunas de las facultades de disposición para lo que es preciso que el legislador procesal contemple esta posibilidad como

---

26 Gascón Inchausti, Fernando. *La terminación anticipada del proceso por desaparición sobrevenida del interés.* Madrid: Civitas, 2003; Doig Díaz, Yolanda. *La terminación del proceso por satisfacción extraprocesal*, Madrid: La Ley (2008); San Cristóbal Reales, Susana. "Los mecanismos de satisfacción extraprocesal o carencia sobrevenida el objeto, y enervación del desahucio, para poner fin al proceso de forma anticipada". *Anuario Jurídico y Económico Escurialense* XLV (2012): 91-118. https://publicaciones.rcumariacristina.net/AJEE/article/view/104

27 En este sentido defiende Alvarado Velloso que "el proceso es simplemente, un método ideado para que dos sujetos —*natural y esencialmente desiguales*— que ven alterada su convivencia en el plano de la realidad social por coexistencia de la pretensión de uno y la resistencia del otro acerca de un mismo bien de la vida, puedan discutir sus diferencias mediante un diálogo argumentativo que efectúan ante un tercero que los iguala jurídicamente por medio de su propia imparcialidad y que, llegado el caso, dará la razón a uno o al otro si es menester heterocomponer el litigio por ausencia de autocomposición de los propios contendientes durante el desarrollo de la discusión" (Alvarado Velloso, Adolfo. *Sistema procesal, garantía de la libertad.* Lima: A&C Ediciones, 2018, pág. 761).

28 "El principio dispositivo expresa el poder de disposición del sujeto legitimado sobre la pretensión jurídico material que deduce en juicio, pero los problemas procesales referentes a la licitud, utilidad, validez o regularidad del proceso caen fuera de su ámbito porque afectan a materias, en buena lógica jurídica, indisponibles" (STS 25 febrero 1992 [RJ 1992, 1552]).

normal y erradique la imagen demasiado extendida, aunque inexacta, por la que las partes finalizan su actuación sustantiva al inicio del proceso y ambas trasladan al juez imparcial e independiente sus derechos sustantivos para que, sin solución de continuidad, resuelva el fondo del asunto al dictar sentencia.

Esta imagen responde a las consecuencias derivadas de la aplicación del principio "*Ut lite pendente nihil innovetur*" (estando el pleito pendiente, nada sea innovado) por el que, en relación con el objeto del proceso, carecen de eficacia las innovaciones que después de iniciado el juicio introduzca el demandado o un tercero en el estado de los hechos o de las personas o de las cosas que hubieren dado origen a la demanda[29].

A nuestro juicio, los poderes de disposición ejercidos por las partes que muestran más ventajas en el correcto desarrollo del tráfico jurídico, e indirectamente sobre el sistema de justicia, son todos los que ponen fin a la causa judicial enervando la acción material y, en consecuencia, la acción procesal como es el caso de la satisfacción extraprocesal de las pretensiones del actor y/o del demandando reconviniente que provocará la terminación del proceso al dejar de haber interés legítimo en obtener la tutela judicial pretendida (art. 22.1 LEC); es decir, aquellos que no solo finalizan la instancia (desistimiento del art. 20.3 LEC) o solo alcanzan un acuerdo

---

29 El viejo aforismo latino se ha aplicado por la jurisprudencia, por ejemplo, en la impugnación de acuerdos sociales del art. 204 Ley de Sociedades de Capital, en los siguientes términos: iniciado ya un proceso de impugnación de un determinado acuerdo social, no puede la sociedad afectada por su propia y exclusiva iniciativa, en una Junta posterior, ratificar o tratar de convalidar el aludido acuerdo que está siendo objeto de impugnación en el referido proceso ya en tramitación, pues ello entrañaría una clara y unilateral violación del principio 'ut lite pendente nihil innovetur', con la consiguiente y grave conculcación de la seguridad jurídica por la que todo proceso ha de estar presidido (V. García Villarrubia, Manuel. "¿Qué efectos tiene un acuerdo de la junta general de socios por el que se ratifica otro anterior impugnado judicialmente?". *El Derecho. Boletín de Mercantil Uría Menéndez,* 42 (2011); Rojo, Ángel. "La impugnación de acuerdos". En *Comentario de la Ley de Sociedades de Capital,* directores Ángel Rojo y Emilio Beltrán, 1453-1464. Madrid: Civitas, 2011. La Ley 31/2014, de 3 de diciembre modifica el art. 204 disponiendo que, si la revocación o sustitución de un acuerdo social hubiera tenido lugar después de la interposición de la demanda de impugnación del mismo, el juez dictará auto de terminación del procedimiento por desaparición sobrevenida del objeto (V. Piqueras Casado, Lourdes María. "La impugnación de acuerdos sociales". *Anales de Derecho Universidad de Murcia,* 37 (2019). https://doi.org/10.6018/analesderecho.391141).

sobre el fondo que al no afectar materialmente la esfera jurídica del acreedor quedan abiertos a la necesidad de recurrir a la ejecución forzosa con la consiguiente ulterior demanda ejecutiva y desarrollo del proceso judicial (transacción del art. 19.2 LEC)[30].

No se trataría, por tanto, de fomentar la transacción judicial o extrajudicial que pusiera fin al proceso judicial ya que la misma, si bien finaliza el proceso de declaración en el que se inserta la transacción, no presenta las ventajas materiales y procesales inherentes a la satisfacción de las pretensiones ya que se mantiene en el terreno de la autonomía de la voluntad y, en consecuencia, en el régimen de impugnación de la validez de los negocios jurídicos con la consiguiente dilación del efectivo cumplimiento de las obligaciones como consecuencia, en su caso, de la nueva solicitud de actuación pública del órgano jurisdiccional[31].

Se trataría, por tanto, de lograr que el cumplimiento satisfactorio de las pretensiones del proceso eludiera, por innecesario, la continuidad del proceso de declaración[32] y el inicio de un proceso de ejecución aligerando la

---

30 Afirma Gómez Orbaneja en relación al allanamiento y a la renuncia, contra lo que tan a menudo se enseña se trata en ambos casos de puros actos procesales, absolutamente distintos e independientes del reconocimiento y la renuncia como negocios jurídicos del derecho civil (Gómez Orbaneja, Emilio. *Derecho Procesal Civil...* pág. 396).

31 Cordón Moreno, Faustino. "Sobre la transacción como título ejecutivo". *Gómez Acebo & Pombo Publicaciones,* 27 enero 2022. https://www.ga-p.com/publicaciones/sobre-la-transaccion-como-titulo-ejecutivo/ y "Transacción homologada judicialmente, prestaciones no vencidas y caducidad de la acción ejecutiva". *Gómez Acebo & Pombo Publicaciones,* marzo 2022. https://www.ga-p.com/wp-content/uploads/2022/03/Transaccion_homologada-2.pdf. San Cristóbal Reales, Susana. "La transacción como sistema de resolución de conflictos disponibles". *Anuario Jurídico y Económico Escurialense,* XLIV (2011) 277-302.

32 En este sentido, la STS 12 mayo 2023 (RJ 2023/3268) declara la inexistencia de transacción porque la firma del documento por el deudor no es sino un mero recibí a efectos de evitar la ejecución y el devengo de nuevos intereses; las SSTS 26 febrero 2019 (RJ 2019/632) y 6 junio 2028 (RJ 2018/2437) examinan en casación si lo convenido por las partes está o no afectado por prohibición legal o limitación alguna por razones de interés general o en beneficio de tercero; la STS 14 julio 2010 (RJ 2010/6042) estima que la transacción judicial se adoptó antes de la sentencia de primera instancia, pero se comunicó al Juez después de dictada ésta por lo que faltó la presentación, ratificación y homologación por el Juez y, finalmente, la STS 11 julio 2006 (RJ 2006/4624) estima la procedencia de la transacción y su homologación respecto de los firmantes del convenio debiendo continuar el recurso respecto de los demás.

sobrecarga de trabajo de los órganos jurisdiccionales civiles y, sobre todo, implementando en la sociedad una cultura del cumplimiento diligente de las propias obligaciones jurídicas que es, a nuestro juicio, el auténtico baluarte de la paz social en el plano jurídico[33].

La exposición de las principales líneas jurisprudenciales relativas a la transacción nos permitirá reforzar aún más las ventajas que presenta la satisfacción extraprocesal frente a la transacción.

En concreto, la transacción, sea judicial o extrajudicial, produce el efecto de sustituir una relación jurídica controvertida por otra cierta y no controvertida, extinguiendo los derechos y acciones en que trae causa y originando nuevos vínculos y obligaciones[34]. Por eso se ha negado la posibilidad de plantear cuestiones que afecten a las situaciones preexistentes a la transacción que han perdido la protección jurídica al ser transigidas. Si la transacción tiene para las partes efectos de cosa juzgada, según el art. 1816 CC, vincula al órgano jurisdiccional en un proceso posterior cuando concurre identidad de elementos subjetivos y objetivos[35]. Sin embargo, la jurisprudencia ha declarado que la transacción no puede identificarse totalmente con los efectos de la cosa juzgada propia de las sentencias firmes y que la imposibilidad de plantear las cuestiones transigidas no implica

---

33 La Exposición de Motivos del PLEP identifica litigiosidad con conflicto social sin reparar en que precisamente la litigiosidad es uno de los mecanismos de solución de conflictos y, en consecuencia, no es la causa sino el efecto. La causa es el incumplimiento de las obligaciones de las partes que es lo que provoca el conflicto jurídico, como uno de los tipos de conflicto social. Al respecto, afirma Díez-Picazo que si en lugar de hablar de exceso de litigiosidad habláramos de exceso de acceso a la justicia cambia el panorama. A nadie se le ocurriría decir que hay un "exceso de acceso a la justicia", como no se oye decir que hay un "exceso de prestación sanitaria" o un "exceso de prestación educativa" en ninguno de sus niveles. Sin embargo, automáticamente, en cuanto hay muchas controversias, la tutela judicial es excesiva, lo cual me parece un sinsentido (Díez-Picazo Giménez, Ignacio. "Los retos actuales del proceso civil". En *Logros y retos de la Justicia Civil en España*, dirigida por Fernando Jiménez Conde y otros, 21-30. Valencia: Tirant lo Blanch, 2023).

34 "La transacción comporta en sí misma una negociación entre las partes partiendo de una situación de incertidumbre que haga posible obtener ventajas mediante la realización de recíprocas concesiones" (STS 26 noviembre 2010 [RJ 2010, 1315]).

35 V. Atienza López, José Ignacio. "Nulidad de los efectos de cosa juzgada sobre lo acordado en transacción judicial". *Revista CEF Legal* nº 114 (2010): 11-15: Silvosa Tallón, José Manuel, "La transacción en la LEC". *Revista Internauta de Práctica Jurídica* nº 24 (2009) 13-36.

que la transacción sea invulnerable, ya que puede impugnarse su validez y eficacia, dejándola sin efecto y reavivando la situación jurídica anterior[36].

En relación a la transacción judicial, la misma tiene una naturaleza dual, ya que, manteniendo su carácter sustantivo, la aprobación judicial le confiere un carácter procesal como acto que pone fin al proceso, con el efecto de hacer posible su ejecución como si se tratara de una sentencia (arts. 1816 CC y 517 LEC). Sin embargo, la homologación judicial no modifica la naturaleza consensual de la transacción como negocio jurídico dirigido a la autorregulación de los intereses de las partes y, por tanto, aunque las transacciones judiciales pueden hacerse efectivas por la vía de apremio, el art. 1817 CC no las elimina de la impugnación de los vicios del consentimiento[37].

Y, por su parte, la transacción extrajudicial no puede ser ejecutada forzosamente si no se obtiene, con carácter previo, un pronunciamiento judicial sobre su existencia y eficacia que sirva de título ejecutivo. El órgano judicial deberá constatar los siguientes requisitos (art. 1809 CC)[38]: 1°) Realidad de relaciones jurídicas subsistentes entre las partes sobre las que aparezcan incertidumbre, desacuerdo, dudas o disputas acerca de los derechos, posiciones o pretensiones que cada una de ellas crea ostentar, efecto que por su carácter subjetivo ha de interpretarse no por su valor racional, sino por el real, cualquiera que sea el fundamento de la contradicción o disidencia que le sirva de origen; 2°) Intención de los contratantes de poner término a semejante inseguridad, dando fijeza a sus respectivos derechos, mediante la terminación del litigio a que se hallen sometidos, o deseo de evitar la provocación de un pleito, aun cuando la amenaza de su iniciación

---

36 V. STS 5 abril 2010 (RJ 2010, 2541). Afirma, por su parte, el ATS 10 mayo 2000 (RJ 2000, 3909) que "la transacción judicial, que es uno de los medios de poner fin a un pleito comenzado, está mencionado solamente en el art. 1816 CC para darle entre las partes la autoridad de cosa juzgada. No obstante, precisamente por el efecto, la función del tribunal no puede ser la de aprobar sustantivamente lo acordado por los litigantes, sino la de controlar si se cumplen los requisitos subjetivos, objetivos y formales de toda transacción. El contenido pertenece al terreno de la autonomía de la voluntad, sujeto solo al art. 1255 CC; cuya observancia también puede ser exigida por el tribunal ante el que se transige" (ATS 10 mayo 2000 [RJ 2000, 3909]).

37 V. STS 5 abril 2010 (RJ 2010, 2541) que añade: "La LEC no introduce novedad alguna que pueda contradecir la doctrina expuesta, dados los términos del art. 19 LEC y lo establecido en el art. 415 LEC sobre remisión al CC".

38 V. STS 21 octubre 1977 (RJ 1977, 3904).

no sea inminente; 3°) Recíprocas concesiones por parte de los interesados de modo que cada uno de ellos, dando, reteniendo o prometiendo alguna cosa sufra algún sacrificio, de forma definitiva y no provisional, sin lo cual este tipo de convenciones no es concebible y sin que sea indispensable, la igualdad absoluta de los acuerdos adoptados ni la paridad de las concesiones puesto que las mismas pueden consistir en la simple renuncia de un derecho por parte de uno de los contratantes[39].

4. ENERVACIÓN DE LA ACCIÓN DE CONDENA

El acreedor de una deuda líquida, determinada, vencida y exigible formula su requerimiento de pago al deudor[40] y este suele ser el momento que el deudor en dificultades utiliza para plantear al acreedor una negociación en la que acordar una fórmula de pago fraccionado o una quita de parte de la deuda[41]. Cuando esta vía extrajudicial fracasa, el acreedor de-

---

39 "La jurisprudencia de esta Sala ha declarado que no constituye requisito esencial de la transacción la entrega recíproca de prestaciones, ya que en ocasiones el deseo de poner término a un litigio, soslayar discusiones y no extraer del olvido hechos y actos ya ocurridos, mueve a los contratantes a la aceptación de acuerdos sin iguales alcances y paridad de condiciones, y aunque si una de las partes no da, promete o cede su derecho, existiría una mera renuncia de la otra, no obstante las prestaciones pueden ser sacrificios de orden moral y no han de tener necesariamente contenido económico, radicando sus medios en cierto y recíproco sacrificio de parte de las respectivas posiciones y pretensiones de las partes, con el fin de evitar la provocación de un pleito o poner término al que habían comenzado, pudiendo afectar la transacción a una relación jurídica no litigiosa, pero susceptible de serlo. Se configura así la finalidad de poner término a una relación jurídica incierta como la causa de la transacción, el hecho de que la contraprestación recibida por esa renuncia de derechos y acciones fuese mayor o menor no contradice la existencia de una causa verdadera y lícita" (STS 20 diciembre 2001 [RJ 2001, 352]). Esta consideración también nos parece del máximo interés ya que pone de manifiesto la centralidad de la finalidad jurídica inherente a la transacción frente a otras finalidades metajurídicas presentes, entre otros mecanismos, en la mediación.

40 Sobre la fehaciencia del requerimiento, el Tribunal Supremo ha defendido que su finalidad no es someterlo a formalismos insustanciales, sino asegurar que la forma de llevarlo a cabo permite garantizar que llegó a conocimiento del deudor (V. SSTS 12 abril 2021 [RJ 2021, 1505], 28 mayo 2014 [RJ 2014, 2834] y 22 septiembre 2015 [RJ 2015, 4015]).

41 Por otro lado, "el incumplimiento de la obligación por una parte y el cumplimiento por otra, en sendas obligaciones sinalagmáticas o recíprocas, es el presupuesto

manda al deudor en vía judicial exigiéndole, al menos, la cantidad adeudada en los términos acordados en el momento de la perfección del contrato.

Al igual que en determinados procesos sumarios de desahucio[42] el demandante puede anunciar en la demanda que asume el compromiso de condonar al arrendatario todo o parte de la deuda y de las costas, expresando la cantidad concreta, condicionado al desalojo voluntario de la finca dentro del plazo que indique (art. 437.3 LEC modificado), en los procesos de reclamación de cantidad el demandante puede anunciar en la demanda el compromiso de condonar al deudor una cuantía concreta que sea parte de la deuda condicionado al pago o consignación de dicha cantidad en un plazo determinado que no podrá ser inferior al de quince días desde que se notifique la demanda[43].

---

esencial de la resolución contractual de una obligación prevista en el art. 1124 Código Civil porque implica la frustración del fin del contrato, concepto objetivo que difiere del subjetivo atinente a la voluntad rebelde del deudor. Incluso concurre este presupuesto si se da una imposibilidad sobrevenida en cuyo caso se excluye la indemnización de daños y perjuicios (…) Y la resolución puede declararse incluso si el incumplimiento no sea imputable al deudor, pues no puede obligarse al otro contratante —que ha cumplido o está dispuesto a cumplir— a permanecer vinculado al contrato indefinidamente hasta que aquél esté en condiciones de satisfacer su prestación" (STS 22 diciembre 2014 [RJ 2801/2014]).

42 V. Magro Servet, Vicente. "La enervación de la acción de desahucio tras la reforma por Ley 19/2009, de 23 de noviembre", *Práctica de tribunales: revista de derecho procesal civil y mercantil* 71 (2010); Faustino Cordón Moreno, "Cantidad que el arrendatario debe pagar o consignar para enervar la acción de desahucio", *Gómez Acebo & Pombo Publicaciones*, 28 julio 2022, https://www.ga-p.com/publicaciones/cantidad-que-el-arrendatario-debe-pagar-o-consignar-para-enervar-la-accion-de-desahucio/; Eduardo Trigo Sierra y Encarnación Pérez Pujazón, "Cuestiones procesales prácticas relativas al juicio de desahucio por impago de rentas", *Actualidad Jurídica Uría Menéndez* N° 15, 2006, págs. 45-61, https://www.uria.com/documentos/publicaciones/1612/documento/art03.pdf?id=2122; Durán Silva, Carmen. "La enervación de la acción de desahucio", *Práctica de tribunales: revista de derecho procesal civil y mercantil* 71 (2010).

43 El *dies a quo* para proceder al pago difiere del de los procesos de desahucio en los que tiene lugar desde el requerimiento de pago del Letrado de la Administración de Justicia ya que, en nuestro caso, no se contempla la regulación de un requerimiento de pago porque este tiene sentido anudado al previsible desalojo de la finca (art. 440.3 LEC). Sobre el requerimiento de pago del arrendador que evita la enervación, V. SSTS 9 enero 2023 (RJ 2023/750); 29 marzo 2021 (RJ 2021/1453); 12 abril 2021 (RJ 2021/1505); 29 noviembre 2021 (RJ 2021/5283); 13 octubre 2015 (RJ 2015/4874); 22 septiembre 2015 (RJ 2015/4015); 23 junio 2014 (RJ 2014/3472); 28 mayo 2014 (RJ 2014/2834).

En estos supuestos, el demandante puede mejorar su expectativa del cobro de la deuda sin tener que contar con el trascurso del tiempo que consume el desarrollo del proceso de declaración y, en su caso, el posterior de ejecución con los inconvenientes derivados de no contar con la recepción material del dinero en el plazo pactado y, además, con los riesgos inherentes a este transcurso del tiempo. Es esta mejora, junto a las dificultades que haya percibido de la previa comunicación del deudor, la que le permite rebajar la cuantía que considere equilibrada para que el deudor cumpla su obligación y ponga fin a la vulneración del derecho de crédito del acreedor en la que ha incurrido con su incumplimiento.

Tras la admisión de la demanda, el Letrado de la Administración de Justicia dará traslado de la demanda a la persona demandada para que, por similitud con determinados procesos de desahucio, si pretende la enervación de la acción de condena pague o ponga a disposición del demandante en el tribunal o notarialmente el importe de la cantidad rebajada en el plazo establecido por el legislador que se corresponderá con los primeros días del plazo para contestar a la demanda, en su caso[44].

El proceso de reclamación de cantidad por falta de pago del demandado terminará mediante decreto dictado al efecto por el Letrado de la Administración de Justicia si, recibida la demanda con el compromiso del demandante, le paga o pone a su disposición en el Tribunal o notarialmente, dentro del plazo establecido, el importe de la cantidad reclamada en la demanda como pago enervador de la acción de condena (art. 22.1 LEC).

Si el demandante se opusiera a la enervación por no cumplirse los anteriores requisitos, o si el demandado no hubiera procedido al pago o consignación, continuará el proceso con el trámite preceptivo de la contestación a la demanda.

La no aceptación del compromiso significa la continuación del proceso judicial en los términos de la sustanciación legal prevista, sin que sea adecuada la apertura de una fase de oposición del demandado para formular las razones por las que no debe en todo o en parte la cantidad reclamada ya que las actuaciones relativas a la defensa del demandado se tramitarán

---

44 En el caso del desahucio, la aceptación del compromiso por parte del demandado equivaldrá a un allanamiento con los efectos del art. 21 LEC (art. 438.5 LEC).

conforme a la regulación de la contestación a la demanda en el plenario, a diferencia de los procesos sumarios de desahucio (art. 438.5 LEC)[45].

Es el caso, entre otros, de la alegación por el demandado de la cláusula *rebus sic stantibus*, una de las cuestiones más complejas por su carácter jurisprudencial y la incertidumbre que esto produce en las partes que solicitan su aplicación las cuales pretenden que se modifique lo estipulado en el contrato debido a la concurrencia de una circunstancia externa, sobrevenida y extraordinaria que altera significativamente el equilibrio inicial entre las prestaciones o, en su caso, que se resuelva el contrato[46]. Esta modificación suele afectar a la forma de pago de lo debido, o al plazo de vencimiento.

En estos casos, la parte alega que durante la ejecución del contrato ha surgido un cambio de las circunstancias que sirvieron de base al mismo, con las características señaladas, que hace que aquélla le sea excesivamente onerosa o que se haya frustrado el fin del contrato por lo que solicita la revisión del contrato al no ser razonable que permanezca sujeto al mismo, y si la revisión no es posible o no puede imponerse a la otra parte, solicita la resolución.

Como sabemos, la jurisprudencia ha declarado que el pronunciamiento sobre esta cláusula en los juicios plenarios requiere su formulación expresa mediante demanda reconvencional por lo que no es suficiente con la mera referencia a la misma por vía de excepción en el escrito de contestación[47] ya que el planteamiento de la cláusula introduce en el proceso una nueva pretensión y se amplía indefectiblemente su objeto como consecuencia del ejercicio de una nueva acción que debe sustanciarse con todas las garantías (también para la parte reconvenida), enjuiciarse y resolverse en la

---

45 En las demandas de desahucio por falta de pago, el demandado puede formular oposición alegando las razones por las que no debe las cantidades reclamadas o las circunstancias relativas a la procedencia de la enervación (art. 440. 3 LEC) en cuyo caso se celebrará la vista en el día y hora establecidos en el requerimiento de pago que impedirá la práctica del lanzamiento.

46 V. Amunategui Rodríguez, Cristina de. *La cláusula rebus sic stantibus*, Valencia: Tirant lo Blanch 2003; Martínez Velencoso, Luz María. *La alteración de las circunstancias contractuales*, Madrid: Thomson Civitas, 2003. Salvador Coderch, Pablo. "Alteración de circunstancias en el art. 1213 de la Propuesta de Modernización del Código Civil en materia de Obligaciones y Contratos", *InDret*, 4-2009. www.indret.com

47 V. SSTS 18 enero 2012 (RJ 2013, 1604), 14 noviembre 2012 (RJ 2013, 2275), 17 enero 2013 (RJ 2013, 1819) y 19 junio 2023 (RJ 2023, 4121).

sentencia decidiendo si se concede la tutela jurisdiccional pretendida por la parte reconviniente.

Conviene poner de manifiesto, a los efectos de la propuesta que estamos realizando, que asistimos a un cambio en la posición tradicional de la jurisprudencia[48] en la aplicación de esta cláusula en el ámbito civil que está flexibilizando la rigidez y el carácter extraordinario que se exigía para su admisión[49].

Ciertamente, la jurisprudencia suele aplicar el principio *pacta sunt servanda* que está ligado estrechamente al principio de autonomía de la voluntad que debe regir los contratos[50] y de aquí deriva la resistencia de los

---

48 V. Agüera, Sergio y Adriana Martín. "La cláusula *rebus sic stantibus* y otras fórmulas alternativas utilizadas en la jurisprudencia. Especial referencia a los recientes pronunciamientos judiciales", *Aranzadi digital, nº* 1 (2014): 1-9. https://www.icab.es/export/sites/icab/.galleries/documents-noticies/dossier-clausula-bib-la-clausula-rebus-sic-stantibus-y-otras-formulas-alternativas-utilizadas-en-la-jur-bib-2014-938.pdf; Domingo Monforte, José. "La cláusula rebus sic stantibus. Evolución jurisprudencial". *El Notario del siglo XXI. Revista del Colegio Notarial de Madrid,* nº 87 (2019): 140-143. https://www.elnotario.es/hemeroteca/revista-87/9619-la-clausula-rebus-sic-stantibus-evolucion-jurisprudencial; Castiñeira Jerez, Jorge. "Hacia una nueva configuración de la doctrina rebus sic stantibus: a propósito de la sentencia del Tribunal Supremo de 30 de junio de 2014". *InDret nº* 4 (2014): 1-26. https://indret.com/wp-content/themes/indret/pdf/1090.pdf.

49 El Tribunal Supremo en su sentencia de 30 de junio de 2014 afirma que existe una tendencia —en especial a nivel internacional— a normalizar el problema de la alteración sobrevenida de las circunstancias, dándole encaje en la teoría general del contrato y de las obligaciones. Refiere en este sentido que la doctrina *rebus sic stantibus* no es incompatible con la aplicación y plena vigencia del principio *pacta sunt servanda,* en la medida en que la aplicación de aquella doctrina se deriva de otras reglas y fundamentos igual de importantes y compatibles con dicho principio, en concreto, la regla de la conmutatividad y el principio de la buena fe. Pero advierte de la necesidad de abandonar la antigua fundamentación según reglas de equidad y justicia en pro de una progresiva objetivación de su fundamentación (Santamaría Pastor, Juan; Carlos Vázquez Cobos, José Luis Palma Fernández y Pilar Cuesta de Loño, "La nueva configuración de la doctrina rebus sic stantibus y su eventual aplicación a la contratación pública", *Gómez-Acebo & Pombo Abogados,* nº 3 (2018): 1-4. https://www.ga-p.com/wp-content/uploads/2018/03/la-nueva-configuracion-de-la-doctrina-rebus-sic-stantibus-y-su-eventual-aplicacion-a-la-contratacion-publica-gcsp-n-62.pdf).

50 La reducción de beneficios de la empresa de los hijos por la crisis inmobiliaria no comporta que tal riesgo empresarial deba ser compartido por la viuda, que no tendría derecho a exigir un aumento de la cuantía de su renta si se produjera un incremento en los beneficios empresariales: el riesgo de la disminución de rendi-

tribunales a exonerar al deudor por el hecho de que existan circunstancias sobrevenidas. Sin embargo, esta tendencia está cambiando y puede suponer un riesgo para las partes contratantes que desconocen si en su caso concurrirán los presupuestos jurisprudenciales para su estimación[51].

Una vez expuestas algunas cuestiones procesales relativas a la enervación de la acción de condena por pago o consignación, que en cualquier caso requerirían la amplitud y precisión técnica del legislador procesal, nos detendremos, para concluir, en los motivos por los que consideramos que esta forma de terminar el proceso presenta beneficios generales, para el sistema de justicia, y particulares para las partes afectadas por el incumplimiento.

Comenzando con los de carácter general, el cumplimiento de las obligaciones en los términos que ambas partes consideran adecuados y sin alterar sustancialmente los plazos establecidos —en pleno respeto a la autonomía de la voluntad de las partes— potencia el correcto desarrollo del tráfico jurídico y genera confianza por suponer una disminución de comportamientos oportunistas que erosionan el cumplimiento diligente; la terminación anticipada del proceso permite evitar determinados gastos procesales ya que no va a ser precisa la continuación del proceso civil con el ahorro de gastos que supone y la contribución a la sostenibilidad del sistema de justicia; los actos procesales que se desarrollan son, en principio, de la competencia del Letrado de la Administración de Justicia por lo que también se evita la sobrecarga de trabajo al órgano jurisdiccional entendido en sentido estricto.

En cuanto al demandante, la satisfacción material de su pretensión en el inicio del proceso judicial, con carácter previo a la contestación a la demanda, supone lograr de forma anticipada el resultado final pretendido sin necesidad de sustanciar el proceso declarativo y, en su caso, el ejecu-

---

mientos al proceder del deterioro de la situación económica y de las variaciones del mercado, debe ser considerado como propio de la actividad empresarial de los deudores del pago de la renta (STS 5 abril 2019 [RJ 2019/1360]).

51 La STS 24 junio 2015 (RJ 2015/2341) defiende, con mayor flexibilidad que en otras épocas, que la moderación de lo pactado puede producirse cuando la alteración sea sobrevenida y concurra un aumento extraordinario de la onerosidad o que no concurra la posibilidad de haber efectuado una previsión razonable de la situación desencadenada (art. 9: 503 de los Principios Europeos de la Contratación).

tivo[52]. La reducción en el montante total que ofrece al demandado lo compensa con el pago o consignación, lo que no sucedería si se tratara de una mera negociación (transacción) susceptible de ser objeto de proceso judicial declarativo y, en su caso, de proceso de ejecución. Dicha reducción y consiguiente aceptación por el demandado también le beneficia en cuanto que aleja el riesgo de estimación por parte del órgano jurisdiccional de la modificación del contrato por aplicación de la cláusula *rebus sin stantibus* que podría suponer la desestimación parcial o total de su pretensión. Por otro lado, si el deudor no acepta la reducción, el proceso judicial continuará sin que se haya dilatado el comienzo del proceso judicial. La oferta del demandante podrá ser tenida en cuenta por el órgano jurisdiccional a efectos de la condena en costas, si entran en vigor los nuevos criterios propuestos por el PLEP.

En cuanto al deudor demandado, la rebaja de la cuantía supone una ventaja cierta frente a la incertidumbre de si el órgano jurisdiccional estimará o no la modificación contractual que solicita por aplicación de la cláusula *rebus*, de interpretación jurisprudencial, o las otras causas que alegue en su defensa[53]. Por otro lado, la finalización del proceso judicial por el cumplimiento de la pretensión supone el cese de los gastos relativos a costas procesales, así como el cese del devengo de intereses o las indemnizaciones que procedieran por el incumplimiento.

La cuestión que podríamos plantearnos pero que razones de espacio nos impiden hacerlo es la relativa al criterio que el legislador podría adop-

---

[52] En este caso el pago o consignación sí supone una satisfacción extraprocesal de la pretensión a diferencia de la enervación del desahucio en el que el actor pide la resolución del contrato y esta pretensión con la enervación no se ha satisfecho, sino al contrario (San Cristóbal Reales. "Los mecanismos de satisfacción extraprocesal o carencia sobrevenida el objeto" ... pág. 102)

[53] Es el caso de la alegación de enriquecimiento injusto o sin causa que, en palabras de la STS 18 septiembre 2015 (RJ 2015/2356), "debe ser apreciado cuando se da la inexistencia de causa en el desplazamiento patrimonial (...) y se da justa causa al existir una situación jurídica que autoriza las pretensiones del demandante bien por disposición legal o porque ha mediado un negocio jurídico válido y eficaz que justifica su reclamación. En el caso, es necesario acudir a la justicia económica, que impide enriquecimientos injustificados con evidente lesión patrimonial del sujeto que resulta perjudicado (...) y la restitución que su apreciación conlleva, constituye postulado de justicia efectiva y tutela corresponsal, sucediendo que en este supuesto la justa causa se tornó injusta por los aconteceres sucedidos y que han quedado estudiados, ajenos a la voluntad del recurrente".

tar sobre la imposición de costas[54] teniendo en cuenta que el mismo puede ser determinante, en cierto modo, para fomentar o retraer este modo de finalización anticipada del proceso judicial. Se podría aplicar el criterio del art. 22.1 LEC conforme al cual no procede la condena en costas a ninguno de los litigantes, por entender que es el que facilita el pago anticipado, si bien presenta limitaciones de justicia material en cuanto que el demandante tendrá que sufragar sus propias costas relativas a la presentación de la demanda, si bien también tendrá que hacerlo el demandado. Por el contrario, en el caso de la enervación del desahucio, el Letrado de la Administración de Justicia dictará un decreto poniendo fin al proceso de desahucio y condenando al arrendatario al pago de las cosas devengadas salvo que las rentas y cantidades debidas no se hubiesen cobrado por causas imputables al arrendador (arts. 440.3 y 22.5 LEC)[55].

---

54 Sobre la condena en costas, V. Cordón Moreno, Faustino, "Satisfacción extraprocesal y condena en costas", *Gómez Acebo & Pombo Publicaciones,* 7 mayo 2021, https://www.ga-p.com/publicaciones/satisfaccion-extraprocesal-y-condena-en-costas/; Díez Núñez, José Javier. "Problemática sobre las costas procesales en los casos de terminación anormal del procedimiento del artículo 22 LEC", *Actualidad Jurídica Aranzadi,* nº 763 (2008): 10-13; Cabrejas Guijarro, Maria del Mar. "Juicio de desahucio: enervación. Pronunciamiento sobre costas procesales", *Revista CELLegal,* nº 74 (2007): 47-50. https://revistas.cef.udima.es/index.php/ceflegal/article/view/13755/13501; Fuentes Soriano, Olga. *Las costas en la nueva LEC.* Valencia: Tirant lo Blanch, 2000.

55 V. Cabanillas Sánchez, Antonio. "La mora del acreedor", *Anuario de Derecho Civil,* nº 4 (1988): 1341-1422; Millán Salas, Francisco. "La mora del acreedor. Consecuencias y cese". *Revista crítica de Derecho Inmobiliario* nº 792 (2022): 2352-2393.

Idoneidad del proceso testigo para alcanzar las finalidades que persigue

NÚRIA REYNAL QUEROL
Profesora Titular de Derecho Procesal de la UAB

SUMARIO: 1. CONSIDERACIONES GENERALES. 2. ÁMBITO DE APLICACIÓN DEL PLEITO TESTIGO. 3. TRIBUNAL COMPETENTE PARA CONOCER DEL PLEITO TESTIGO. 4. CRITERIOS PARA DETERMINAR EL PLEITO TESTIGO. 5. LIMITACIÓN DE LOS SUPUESTOS EN LOS QUE PUEDE PRODUCIRSE LA EXTENSIÓN DE EFECTOS. 6. CONCLUSIONES. BIBLIOGRAFÍA.

1. CONSIDERACIONES GENERALES

Es por todos conocido el enorme volumen de asuntos que en los últimos tiempos se han generado en materia de condiciones generales de la contratación y el colapso de los órganos judiciales que, en muchas ocasiones, ello ha originado. A nadie se le oculta que el incremento de pleitos con objeto equivalente aboca a los tribunales a resolver un número indeterminado de litigios con un planteamiento jurídico prácticamente idéntico[1]. Es obvio que todo ello puede terminar en una resolución tardía de las pretensiones deducidas por los ciudadanos así como en la obtención de una solución contradictoria de los tribunales en supuestos con pretensiones de igual contenido.

En respuesta a esta situación, y en un intento de proporcionar una justicia más ágil y eficaz, el legislador se ha ocupado de regular una serie de instrumentos procesales que pretenden dotar de mayor eficacia al proceso civil. De todos los previstos, centraremos nuestra atención en dos de ellos, a saber, el método del pleito testigo y vinculado a él la técnica del la extensión de efectos. La nueva regulación enlaza claramente con la Directiva 2020/1828, de 25 de noviembre, que pretende reforzar la tutela de los consumidores individuales.

---

[1] Un análisis de la situación puede leerse en Ortells Ramos, *Proceso colectivo, procesos en serie y proceso testigo. Jueces y CGPJ ante los litigios civiles en masa*, en "Revista General de Derecho Procesal", 2021, nº 54, págs. 3 y ss.

Así, una de las reformas introducidas por el Proyecto de Ley de Medidas de Eficiencia Procesal del Servicio Público de Justicia alude a la figura del procedimiento testigo. El texto prevé incorporar en la Ley de Enjuiciamiento Civil un artículo 438 ter dedicado a regular dicho mecanismo procesal, consistente en tramitar un procedimiento para que sirva de modelo a otras causas sustancialmente idénticas, evitando la reiteración de actuaciones procesales. La institución del pleito testigo llega en el ordenamiento procesal civil con el propósito de evitar la tramitación simultánea de procesos sustancialmente idénticos y, en consecuencia, reducir las cargas de trabajo de los órganos judiciales[2].

Junto con el instrumento del pleito testigo, el Proyecto de Ley de Medidas de Eficiencia Procesal también incorpora, en el apartado 2 del art. 519, la figura de la extensión de efectos de sentencias. En este caso se trata de extender la eficacia de una sentencia a asuntos idénticos al que ha sido objeto de la resolución. Con ello también se pretende reducir la litigación en masa, evitando la tramitación de litigios sustancialmente idénticos y fomentando la homogeneidad en las respuestas de los órganos judiciales.

Ambas instituciones plantean múltiples cuestiones, tanto respecto del redactado del Proyecto como de su hipotética aplicación, de las cuales vamos a resaltar algunas de ellas.

2. ÁMBITO DE APLICACIÓN DEL PLEITO TESTIGO

La redacción del Proyecto de Ley De Medidas de Eficiencia Procesal circunscribe el ámbito de aplicación de la figura del pleito testigo a una materia y un contexto determinados, en concreto, a las demandas referidas en el art. 250.1.14º de la LEC. Tratándose del primer apartado del art. 250 LEC, puede afirmarse, en primer lugar, que el procedimiento testigo está previsto para asuntos que por razón de la materia se incluyen en la esfera del juicio verbal. El punto 14 del apartado es el que especifica, además, de qué asuntos se trata y alude a las acciones individuales relativas a condicio-

---

2 *Vid.* en este sentido, Fernández Seijo, *Notas sobre los llamados pleitos "testigo" y su encaje en la ley de enjuiciamiento civil: una posible solución procesal a la litigación en masa en tiempos de crisis*, en "Revista Aranzadi Doctrinal", 2020, nº 7; Achón Bruñén, *Ventajas y posibles problemas que plantean las modificaciones previstas en el Anteproyecto de Ley de Medidas de Eficiencia Procesal relativas a los procesos de nulidad por cláusulas abusivas*, en "Proceso Civil: cuaderno jurídico", 2021, nº 143, pág. 22.

nes generales de la contratación[3]. De donde se infiere, en segundo lugar, que la técnica del pleito testigo sólo va a ser de aplicación a los litigios que versen sobre dicha temática. La restricción del ámbito de aplicación del pleito testigo a los asuntos relativos a condiciones generales de la contratación plantea el problema de la conveniencia de extender el uso de esta técnica a otras materias distintas de la mencionada. En este sentido, es indiscutible que, si una de las finalidades pretendidas por la figura del proceso testigo consiste en reducir la carga de trabajo de los órganos judiciales, la exclusión de determinados temas de su área de influencia no va a favorecer la consecución de dicho objetivo.

El legislador introduce una salvedad en cuanto al ámbito de aplicación descrito, que alude a los supuestos en que es necesario realizar un control de transparencia de la cláusula o valorar la existencia de vicios en el consentimiento del contratante. En estos casos, la demanda no participará del sistema del pleito testigo para su resolución. Esta excepción seguramente se explica por tratarse de asuntos en los que no existe identidad sustancial de los hechos y en los que, por consiguiente, es necesaria una interpretación y valoración de los mismos en función de la actividad probatoria de las partes o de las circunstancias concretas de cada caso. Sin perjuicio de lo acabado de exponer, probablemente hubiera sido más oportuno que el legislador, en lugar de excluir estos asuntos del ámbito de aplicación del pleito testigo, hubiera delimitado con más precisión el requisito de la identidad objetiva necesario para la aplicación de este mecanismo procesal. Así, regulando de forma explícita en la ley la exigencia de identidad de pretensión, fundamentación jurídica y fundamentación fáctica entre los procesos partícipes en la técnica testigo, ya quedaban descartados todos aquellos asuntos que no cumplieran con esta triple equivalencia, entre los cuales sin duda se encuentran la gran mayoría de supuestos de control de la transparencia de la cláusula y de existencia de vicios del consentimiento del contratante.

---

[3] El Proyecto de Ley de Medidas de Eficiencia Procesal modifica ligeramente el ámbito de aplicación de los juicios ordinario y verbal. En lo que ahora nos interesa, mientras las demandas donde se ejerciten acciones colectivas relativas a condiciones generales de la contratación se tramitarán a través del cauce del juicio ordinario (art. 249.1.5º), las acciones individuales sobre este mismo tipo de condiciones generales se reservan al juicio verbal (art. 250.1.14º).

3. TRIBUNAL COMPETENTE PARA CONOCER DEL PLEITO TESTIGO

A su vez, el conocimiento de las demandas sobre acciones individuales relativas a condiciones generales de la contratación se atribuye a los Juzgados de Primera Instancia[4] del domicilio del demandante[5] y, por consiguiente, será ante estos órganos jurisdiccionales donde tendrá lugar, en su caso, la utilización del sistema ahora objeto de estudio.

Otra cuestión importante a determinar es la que se refiere al órgano jurisdiccional ante el cual han de estar pendientes los procesos anteriores candidatos a ser testigo. Si resulta que el tribunal que tiene atribuida la facultad de decidir sobre la aplicación del régimen del pleito testigo es aquél ante el que se presenta la demanda del proceso dependiente, es lógico entender que los procesos anteriores también han de estar pendientes ante él o, en todo caso, haberlo estado en la primera instancia de su tramitación[6]. Piénsese que la decisión sobre el uso del sistema del proceso testigo debe acordarse en el momento de la presentación de la demanda haciendo una comparación entre la pretensión de esta última y las pretensiones de los procesos anteriores, información a la cual la oficina judicial tiene acceso si se trata de litigios tramitados en sus dependencias.

Además la interpretación expuesta enlaza con la regulación de la extensión de efectos recogida en el art. 519.2 del Proyecto. Uno de los requisitos enumerados en el precepto exige, para la extensión mencionada, que el órgano competente para ejecutar la sentencia cuyos efectos se pretenden

---

4 Teniendo en cuenta que el art. 86 ter 2d LOPJ solo atribuye competencia a los Juzgados de lo Mercantil para conocer de las acciones colectivas relativas a condiciones generales de la contratación y a la protección de consumidores y usuarios, las acciones individuales sobre estas cuestiones se tramitan en los Juzgados de Primera Instancia, de acuerdo con el art. 85.1 LOPJ. *Vid.* sobre esta cuestión Guixé Nogués, *Acciones colectivas en defensa de los derechos e intereses de consumidores y usuarios: problemas de competencia*, en "Acciones colectivas (cuestiones actuales y perspectivas de futuro)" (Coords. Armenta Deu, Pereira Puigvert), Madrid, 2018, págs. 179-187.

5 Conforme al art. 52.1.14 LEC, "en los procesos en que se ejerciten acciones para que se declare la no incorporación al contrato o la nulidad de las cláusulas de condiciones generales de la contratación (...) será competente el tribunal del domicilio del demandante". Sobre esta norma de competencia territorial puede leerse Guixé Nogués, *op. cit.*, págs. 187-196.

6 *Vid.* Ortells Ramos, *Proceso colectivo, procesos en serie y proceso testigo. Jueces y CGPJ ante los litigios civiles en masa, cit.*, pág. 21.

extender sea competente territorialmente para conocer la pretensión a la cual se aplicaran dichos efectos. La redacción es un tanto confusa y en definitiva viene a exigir que el tribunal competente para ejecutar la sentencia testigo, tribunal que se corresponde con el que ha dictado esta sentencia en primera instancia, tiene que ser el mismo órgano competente territorialmente para conocer la pretensión dependiente. En suma, ambas pretensiones, la resuelta en la sentencia testigo cuyos efectos se van a extender y la planteada en el proceso dependiente beneficiaria de la extensión, tienen que tramitarse ante el mismo Juzgado de Primera Instancia.

Así pues, los procesos anteriores al proceso dependiente, que servirán o uno de los cuales servirá como proceso testigo, han de estar o haber estado pendientes ante el juzgado que conoce de la primera instancia del proceso iniciado por la demanda posterior[7]. Tal exigencia tiene, a nuestro entender, dos consecuencias que afectan la aplicación práctica de la técnica del pleito testigo.

Por un lado, observamos como la exigencia mencionada determina los asuntos sobre los que pueden versar los procesos anteriores susceptibles de convertirse en modelo. De este modo, considerando que la demanda dependiente, según el ámbito de aplicación del pleito testigo, consiste en una demanda de juicio verbal interpuesta ante un Juzgado de Primera Instancia sobre acciones individuales relativas a condiciones generales de la contratación, ineludiblemente los procesos anteriores también deberán tramitarse o haberse tramitado ante ese mismo tribunal, esto es, un Juzgado de Primera Instancia. Consiguientemente, puede afirmarse que el pleito anterior que se sustancie como pleito testigo será, igual que el proceso dependiente, un proceso individual, y no parece que pueda ser un proceso colectivo, puesto que las reclamaciones individuales y colectivas de condiciones generales de la contratación no se tramitan en los mismos juzgados[8]. Mientras los Juzgados de lo Mercantil tienen atribuida la competencia para conocer de las acciones colectivas, los Juzgados de Primera Instancia son los encargados de tramitar las acciones individuales sobre la materia.

---

7 Ortells Ramos, *op. cit*, pág. 22.

8 *Vid.* en este sentido Achón Bruñén, *Futuras reformas legales que afectan a pleitos con consumidores y usuarios: especial referencia a la extensión de efectos y al "pleito testigo" en los procesos de nulidad de cláusulas abusivas*, en "Práctica de Tribunales: Revista de Derecho Procesal Civil y Mercantil", 2020, nº 146, pág. 9; Pérez Marín, *La protección de los derechos de los consumidores a través del pleito testigo o la ilusión del legislador*, en "Revista General de Derecho Procesal", nº 60. 2023, pág. 19.

Por otro, es fácilmente predecible que la limitación del uso del régimen del pleito testigo a las demandas presentadas ante un determinado juzgado por su relación con otros procesos previamente pendientes ante el mismo, entorpezca en cierta medida el cumplimiento de los objetivos propios de este mecanismo procesal, que no son otros que los de mejorar la seguridad jurídica y la economía procesal[9]. Inevitablemente, con esta regulación, cada Juzgado de Primera Instancia podrá contar con su pleito testigo al cual van a quedar vinculados un grupo de procesos dependientes. Y ello va a generar, muy probablemente, tanto un elevado número de causas modelo, como una posible disparidad de soluciones a supuestos sustancialmente similares[10]. En consecuencia, la pretendida homogeneidad en las respuestas judiciales que persigue la técnica del pleito testigo va a quedar realmente circunscrita al ámbito del partido judicial de cada Juzgado de Primera Instancia, reduciendo esencialmente la uniformidad de soluciones a supuestos con pretensiones iguales o similares.

4. CRITERIOS PARA DETERMINAR EL PLEITO TESTIGO

La decisión sobre si es procedente o no la aplicación de la técnica del pleito testigo corresponde tomarla al órgano jurisdiccional que está tramitando las actuaciones afectadas por esta circunstancia, quien resolverá sobre la suspensión del procedimiento dependiente hasta que finalice la causa seleccionada como modelo.

Si el tribunal entiende que se cumplen los requisitos exigidos por el art. 438 ter, deberá dictar un auto acordando la suspensión del curso de las actuaciones hasta la terminación del procedimiento identificado como

---

9 Así lo apunta Ortells Ramos, *Proceso colectivo, procesos en serie y proceso testigo. Jueces y CGPJ ante los litigios civiles en masa, cit.*, pág. 22; Castillo Martínez, *El pleito testigo en el Proyecto de Ley de Medidas de Eficiencia Procesal,* en “Práctica de Tribunales: revista de derecho procesal civil y mercantil”, nº 160, 2023.

10 En opinión de Ortells Ramos, *op. loc. cit.*, y en aras a evitar una situación como la descrita, la regulación del proceso testigo podría haber previsto la creación de “un instrumento de información al que un Juzgado, ante el que se presenten demandas cuyas pretensiones cumplan los requisitos de igualdad o similitud, pueda acceder para conocer la pendencia en cualquier otro Juzgado de procesos que puedan considerarse testigos”. En este sentido, la falta de un sistema de publicidad o de comunicaciones entre juzgados también es puesta de relieve por Ballugera Gómez, *Extensión de efectos de la nulidad de condiciones generales en acciones individuales,* en “Revista de Derecho VLex”, mayo 2022, nº 216.

testigo. Ello indica que la decisión que decreta la suspensión ha de ser una resolución debidamente motivada, donde es necesario explicar, por consiguiente, las razones o los motivos justificados que la determinan.

Del mismo modo, el auto acordando la suspensión de las actuaciones por la tramitación de un pleito testigo, deberá contener la identificación exacta y justificada de la causa que se considera modelo. Existe un vacío en la redacción del art. 438 ter sobre el modo de elegir el proceso testigo puesto que el legislador no define el criterio que debe emplear el Juez para seleccionar cuál, de entre todas las causas similares, puede erigirse como guía. Sería conveniente que el precepto regulara al menos mínimamente algunas pautas de selección, principalmente si tenemos en cuenta la relevancia y la repercusión de la decisión sobre la aplicación del pleito testigo, que implica, por un lado, la tramitación con celeridad de este proceso y, por otro, la suspensión de unas actuaciones hasta que en este último se obtenga una resolución firme[11].

En nuestra opinión, algunos de los criterios o parámetros a tener en cuenta para la elección del proceso testigo deberían ser, no solo la prioridad temporal, sino también la fundamentación fáctica y jurídica alegada en el proceso en cuestión. El hecho de que un litigio sea el primero en haberse iniciado no es bastante para ser considerado como testigo, sino que es necesario además examinar si su fundamentación es suficientemente completa y compleja para servir como base a la hora de resolver otras causas más sencillas[12].

---

11 *Vid.* Achón Bruñén, *Ventajas y posibles problemas que plantean las modificaciones previstas en el Anteproyecto de Ley de Medidas de Eficiencia Procesal relativas a los procesos de nulidad por cláusulas abusivas, cit.*, pág. 22; Banacloche Palao, *Las reformas en el proceso civil previstas en el Anteproyecto de Ley de Medidas de Eficiencia Procesal: ¿una vuelta al pasado?*, en "Diario la Ley", 2021, nº 9814. pág. 11.

12 *Vid.* Noya Ferreiro, *Extensión de efectos de la sentencia y el pleito testigo. ¿Una apuesta por la eficacia?*, en "Revista Española de Derecho Administrativo", 2019, nº 200, pág. 100; Achón Bruñén, *op. loc. cit.* Por contra, Calaza López, *Tutela global del derecho privado en un contexto de justicia sostenible*, en "Proceso y daños: perspectivas de la justicia en la sociedad del riesgo" (Coord. Funes Beltrán, Dirs. Asencio Mellado, Fernández López), Valencia, 2022, pág. 104, propone, como criterio para determinar el proceso modelo, establecer un plazo dentro del cual deberían iniciarse los procesos para beneficiarse de la técnica del proceso testigo.

5. LIMITACIÓN DE LOS SUPUESTOS EN LOS QUE PUEDE PRODUCIRSE LA EXTENSIÓN DE EFECTOS

No cualquier resolución que pone fin al pleito testigo puede desplegar sus efectos en el proceso dependiente, sino que el art. 519.2 establece determinadas condiciones que la decisión debe cumplir para poder llevar a cabo la extensión.

a) En primer lugar, debe tratarse de una sentencia. De entre todas las posibles resoluciones con que puede finalizar la causa modelo, únicamente la que adopta la forma de sentencia es susceptible de extender su eficacia al proceso dependiente. Ello excluye la posibilidad que otro tipo de resoluciones puedan extender sus efectos.

b) Además, la sentencia ha de resolver la cuestión de fondo planteada, en el sentido de estimar la pretensión formulada[13]. Así se deduce del redactado del precepto cuando establece que la sentencia de la que se pretenda extender sus efectos ha de reconocer una situación jurídica individualizada. Ciertamente, al demandante del proceso dependiente le va a interesar la extensión de efectos de la sentencia del pleito testigo en aquellos supuestos en los que la resolución acepta la pretensión de la demanda, que es coincidente con la que él ha presentado, y da la razón al sujeto que se encuentra en una situación jurídica análoga a la suya.

c) Asimismo, es necesario que la sentencia se haya dictado en primera instancia y haya adquirido firmeza. En relación con la firmeza de la sentencia, es evidente que carece de sentido solicitar la extensión de los efectos de una resolución cuyos pronunciamientos pueden modificarse en vía de recurso. Cuando la resolución gana firmeza, y por tanto el reconocimiento de la pretensión por el tribunal tiene efecto de cosa juzgada, es el momento procesal oportuno para plantear la extensión por aquellos sujetos que se encuentran en la misma situación jurídica a la que ha sido objeto de pronunciamiento[14].

d) Por último, no basta con que la sentencia sea firme, sino que se precisa que la sentencia de primera instancia haya sido apelada y confirmada ante la Audiencia Provincial. Aunque los términos en los que está redac-

---

13 *Vid.* De Diego Díez, *Extensión de efectos y pleito testigo en la jurisdicción administrativa*, Madris, 2016; Ortells Ramos, *Proceso colectivo, procesos en serie y proceso testigo. Jueces y CGPJ ante los litigios civiles en masa, cit.*, pág. 45.

14 Noya Ferreiro, *Extensión de efectos de la sentencia y el pleito testigo. ¿Una apuesta por la eficacia?, cit.*, pág. 85.

tado el requisito son confusos, la Exposición de Motivos del Proyecto deja claro que la extensión de efectos se solicita respecto de la sentencia que ha sido declarada firme tras ser confirmada por el órgano de segunda instancia.

Ciertamente, la finalidad del requisito objeto de análisis, según la Exposición de Motivos del Proyecto de Ley de Medidas de Eficiencia Procesal del Servicio Público de Justicia, no es otra que reforzar la seguridad y las garantías del mecanismo de la extensión de efectos. Sin embargo, la exigencia de la condición acabada de exponer puede resultar insatisfactoria en determinados supuestos, en la medida que puede significar una restricción de la posibilidad de solicitar dicha extensión. Esto es lo que puede suceder en aquellos casos en que el pleito testigo acaba con una sentencia de primera instancia contra la cual ninguna de las partes considera oportuno interponer recurso de apelación, por ejemplo, porque es una sentencia que estima la demanda de acuerdo con una consolidada jurisprudencia sobre la materia y la parte demandada que ha sido condenada entiende que las posibilidades de ganar el recurso, en caso de interponerlo, son nulas. En este supuesto, aunque el proceso testigo haya finalizado con sentencia firme estimatoria de la demanda, al no haber sido recurrida en segunda instancia, el actor del proceso dependiente no podría solicitar la extensión de su eficacia[15].

6. CONCLUSIONES

La figura del proceso testigo plantea múltiples cuestiones, tanto derivadas de la regulación de la que es objeto como de su hipotética aplicación.

Algunas de estas cuestiones ponen en duda la utilidad del proceso testigo para alcanzar las finalidades que pretende el legislador.

Así, la limitación del ámbito de aplicación de esta figura a materias muy concretas y la exclusión de este ámbito de aplicación de determinados asuntos, reduce los supuestos de utilización de la técnica del proceso tes-

---

15 La solución que propone Achón Bruñén, *Ventajas y posibles problemas que plantean las modificaciones previstas en el Anteproyecto de Ley de Medidas de Eficiencia Procesal relativas a los procesos de Nulidad por cláusulas abusivas, cit.*, pág. 16, pasa por prescindir del requisito de que se trate de una sentencia de segunda instancia y únicamente requerir que la sentencia firme dictada no sea contraria a la jurisprudencia existente en la materia, de modo similar a lo que establece el art. 110.5b) LJCA.

tigo. A ello debe añadirse la también limitación de los supuestos en que podrá tener lugar la extensión de efectos una vez terminado el proceso testigo. Restricciones que no van a ayudar a convertir a esta figura en un mecanismo eficaz de reducción de la carga de trabajo de los órganos judiciales.

Igualmente, la limitación del uso del régimen del pleito testigo a las demandas presentadas ante un determinado juzgado por su relación con otros procesos previamente pendientes ante el mismo, va a entorpecer el cumplimiento de otro de los objetivos propios de este mecanismo procesal, a saber, mejorar la seguridad jurídica y la economía procesal. La pretendida homogeneidad en las respuestas judiciales que persigue la técnica del pleito testigo va a quedar realmente circunscrita al ámbito del partido judicial de cada Juzgado de Primera Instancia, reduciendo esencialmente la uniformidad de soluciones a supuestos con pretensiones iguales o similares.

Otros problemas que plantea el proceso testigo cuestionan la operatividad de esta figura y su razón de ser. En este sentido, por ejemplo, la falta de previsión de criterios legales a tener en cuenta a la hora de seleccionar la causa que servirá de modelo al resto de procesos similares va a dificultar el empleo de esta técnica por parte de los jueces, que se van a encontrar con un vacío legal en un tema de gran importancia.

BIBLIOGRAFÍA

Achón Bruñén, *Futuras reformas legales que afectan a pleitos con consumidores y usuarios: especial referencia a la extensión de efectos y al "pleito testigo" en los procesos de nulidad de cláusulas abusivas*, en "Práctica de Tribunales: Revista de Derecho Procesal Civil y Mercantil", 2020, nº 146.

Achón Bruñén, *Ventajas y posibles problemas que plantean las modificaciones previstas en el Anteproyecto de Ley de Medidas de Eficiencia Procesal relativas a los procesos de nulidad por cláusulas abusivas*, en "Proceso Civil: cuaderno jurídico", 2021, nº 143.

Ballugera Gómez, *Extensión de efectos de la nulidad de condiciones generales en acciones individuales*, en "Revista de Derecho VLex", mayo 2022, nº 216.

Banacloche Palao, *Las reformas en el proceso civil previstas en el Anteproyecto de Ley de Medidas de Eficiencia Procesal: ¿una vuelta al pasado?*, en "Diario La Ley", 2021, nº 9814.

Calaza López, *Tutela global del derecho privado en un contexto de justicia sostenible*, en "Proceso y daños: perspectiva de la justicia en la sociedad del riesgo" (Coord. Funes Beltrán, Dirs. Asencio Mellado, Fernández López), Valencia, 2022.

Castillo Martínez, *El pleito testigo en el Proyecto de Ley de Medidas de Eficiencia Procesal*, en "Práctica de Tribunales: revista de derecho procesal civil y mercantil", nº 160, 2023.

De Diego Díez, *Extensión de efectos y pleito testigo en la jurisdicción administrativa*, Madrid, 2016.

Fernández Seijo, *Notas sobre los llamados pleitos "testigo" y su encaje en la ley de enjuiciamiento civil: una posible solución procesal a la litigación en masa en tiempos de crisis*, en "Revista Aranzadi Doctrinal", 2020, nº 7.

Guixé Nogués, *Acciones colectivas en defensa de los derechos e intereses de consumidores y usuarios: problemas de competencia*, en "Acciones colectivas (cuestiones actuales y problemas de futuro)" (Coords, Armenta Deu, Pereira Puigvert), Madrid, 2018.

Noya Ferreiro, E*xtensión de efectos de la sentencia y el pleito testigo. ¿Una apuesta por la eficacia?*, en "Revista Española de Derecho Administrativo", 2019, nº 200.

Ortells Ramos, *Proceso colectivo, procesos en serie y proceso testigo. Jueces y CGPJ ante los litigios civiles en masa*, en "Revista General de Derecho Procesal", 2021, nº 54.

Pérez Marín, *La protección de los derechos de los consumidores a través del pleito testigo o la ilusión del legislador*, en "Revista General de Derecho Procesal", nº 60, 2023.

La difícil decisión entre la ejecución de sentencias de las acciones de representación o la extensión de efectos del proceso testigo

Mª JESÚS ARIZA COLMENAREJO
Profesora Titular de Derecho Procesal
Universidad Autónoma de Madrid

Resumen: El estudio aborda brevemente el Anteproyecto de Ley de acciones de representación de 2023 (ALAR) por el que se pretendía trasponer la Directiva (EU) 2020/1828, relativa a las acciones de representación en materia de protección de intereses colectivos de los consumidores, concretamente lo relativo a la ejecución de las decisiones cuando se condena a una prestación resarcitoria. Posteriormente el contenido ha sido incorporado al Proyecto de Ley Orgánica de medidas en materia de eficiencia del Servicio Público de Justicia y de acciones colectivas para la protección y defensa de los derechos e intereses de los consumidores y usuarios. Finalmente la parte relativa a acciones colectivas no ha seguido adelante. Por ello, el estudio del anteproyecto mantiene su vigencia. El anteproyecto creaba un proceso especial para establecer un sistema único de tutela colectiva. El texto se ha frustrado y, a cambio, se reforma la LEC mediante el Real Decreto-Ley 6/2023, de 19 de diciembre, que no pasa de modificar puntualmente ciertos aspectos procedimentales de los pretendidos procesos colectivos. El modelo hay que entenderlo dentro de un sistema que incorpora el denominado proceso testigo, que tiene sus consecuencias directas en el proceso de ejecución. Así como en el anteproyecto se derogaba el art. 519 LEC, en la reforma vigente, se modifica el mismo para hacerlo coherente con el proceso testigo.

1. SITUACIÓN ACTUAL DE LA EJECUCIÓN DE ACCIONES COLECTIVAS EN MATERIA DE CONSUMIDORES Y USUARIOS

La historia de la implantación de las acciones colectivas en España nos remonta a la LEC de 2000, si bien el punto de partida fue el art. 7.3 LOPJ al reconocer la tutela de intereses colectivos al tiempo que la legitimación a asociaciones legalmente habilitadas para la defensa de aquellos. La LEC reguló en su momento una serie de especialidades que pretendían constituir el marco procesal civil de la defensa de intereses de consumidores y usuarios, para lo cual ha partido de la distinción entre intereses colectivos y difusos, en función de la determinación o no de consumidores y usuarios, y siempre dentro de este ámbito material (art. 11 LEC). Las principales especialidades procesales consisten en el reconocimiento de capacidad para ser parte a grupos de consumidores y usuarios afectados por un hecho dañoso (art. 6), la regulación de la legitimación con todas sus especificidades (art. 11), determinados supuestos de intervención provocada junto con la publicidad procesal de procesos colectivos (art. 15), acumulación de acciones (art. 76), contenido y efectos de las sentencias dictadas en el ámbito de consumidores y usuarios (art. 221), y la ejecución forzosa de las anteriores sentencias (art. 519).

Con el paso de los años y la evolución hacia fórmulas contractuales en masa con un ámbito territorial global, se ha puesto de manifiesto la insuficiencia de las herramientas procesales para resolver los problemas que se suscitan en la defensa de los derechos de la parte más desfavorecida en la relación entre empresarios y consumidores[1]. De hecho, la auténtica eclosión de las acciones colectivas se ha producido entrado el siglo XXI. En todo este entramado regulatorio, el punto de arranque es la diferencia en los conceptos de colectivo y difuso, que posteriormente se va arrastrando a las especialidades procesales tales como la difusión y el llamamiento a consumidores afectados que inicialmente no han tomado ninguna decisión sobre el ejercicio de su derecho individual, el pronunciamiento que debe incluir la sentencia, o la fórmula de la ejecución forzosa. Consecuentemente, esto nos exige determinar si estamos ante un sistema en el que el consumidor decide intervenir procesalmente en un proceso iniciado por otros (*opt-in*), o si la decisión va a extenderse a aquellos afectados que no han participado a menos que hagan uso de una facultad de exclusión expresa (*opt-out*). El encuadre en cada uno de los sistemas repercute directamente

---

[1] Romero Pradas, M. I., "El acceso de los consumidores a la justicia y la solución de los conflictos de consumo", en Romero Pradas, M. I. (dir.) *Hacia una tutela efectiva de consumidores y usuarios*, Ed. Tirant lo Blanch, Valencia, 2022, pág. 34.

en las consecuencias vinculantes de las decisiones judiciales adoptadas, y, por lo tanto, en la extensión de los efectos. A ello se añade también la posibilidad de hacer efectiva la sentencia de carácter resarcitorio para terceros que inicialmente no fueron parte. Como puede deducirse, la cuestión no es baladí, y todo entra a formar parte de un complejo proceso que debe regularse de principio a fin con la coherencia procesal necesaria. La doctrina ha puesto de manifiesto la falta de uniformidad de los ordenamientos integrantes de la UE, que no siempre apuestan decididamente por uno u otro sistema[2].

La identificación de un modelo u otro requiere configurar, amén de otras instituciones procesales, un sistema de ejecución, bien voluntaria o forzosa, en el que se plantean diversos problemas como es la identificación de quién resulta afectado por una sentencia de condena a resarcimiento emanada en un proceso en el que no se ha sido parte, y, sobre todo, la determinación del *quantum* de la condena, junto con el órgano encargado de resolver todas estas cuestiones. Las hipótesis, en este caso, abarcan soluciones como acudir al mismo órgano judicial que dictó la resolución de condena, o derivar a órganos administrativos o privados el expediente por el que se ejecuta la decisión. En todo caso, ante un incumplimiento voluntario, no cabe duda de que se hace preciso acudir a la vía jurisdiccional.

Como se ha señalado, la última década ha visto incrementada exponencialmente la litigiosidad de este tipo de procesos, con lo que se ha producido una sobrecarga de los tribunales inasumible con el proceso tal y como está configurado en la actualidad. Ello lleva a los poderes públicos a reformular los procesos colectivos, incluido el ámbito comunitario, que permanentemente somete a reflexión las acciones de grupo o colectivas. En este sentido y ante el surgimiento de nuevos problemas, se dicta la Directiva (UE) 2020/1828 relativa a las acciones de representación que, entre otras cuestiones, aborda el tema de la financiación de los procesos colectivos, justificado por el ánimo de relegar a los consumidores y usuarios de la carga de tener que litigar. Para lograr esta finalidad, se crea todo un sistema de entidades habilitadas para el planteamiento de acciones de cesación y

---

2 Gascón Inchausti, F., "Hacia un nuevo régimen de acciones colectivas en Derecho español", *op. cit.*, pág. 697; López Sánchez, J., "Los retos de la justicia civil ante los litigios en masa", en Jiménez Conde, F., Banacloche Palao, J. y Gascón Inchausti, F. (dirs.) *Logros y retos de la justicia civil en España*, ed. Tirant lo Blanch, Valencia, 2023, pág. 306, se refiere a la disyuntiva entre el sistema de autoexclusión (*opt out*) o adhesión (*opt in*), respecto de los cuales la Directiva 2020/1828 obliga a elegir cuando se trata de tutela resarcitoria.

resarcitorias, que ostentan legitimación, y que se sitúan en el eje central al cual bien se adhieren los particulares afectados, o bien rechazan quedar amparados por la decisión que recaiga en el litigio. Pero también se incorpora la posibilidad de financiar procesos de este tipo que devienen excesivamente costosos para los consumidores. Con todo, los controles sobre las entidades habilitadas y las fuentes de financiación, encuentran una regulación que probablemente cambie la concepción del coste de litigiosidad.

La trasposición de la Directiva es inevitable y ya ha habido una primera aproximación con la elaboración de un texto de Anteproyecto en el que se pretende acometer una profunda reforma de las acciones colectivas, tal y como veremos. No obstante, los avatares legislativos han provocado momentáneamente la paralización de la reforma, si bien todo el análisis que se haga hasta la fecha puede mejorar cualquier avance reflejado en nuevas propuestas.

Por ahora, si nos fijamos en la ejecución forzosa de sentencias de condena dictadas en materia de consumidores y usuarios, el art. 519 LEC constituye el referente ante una situación no deseada pero inevitable. El mismo está previsto para permitir a terceros no litigantes en el proceso declarativo principal, que no pudieron ser determinados e identificados en la sentencia, acogerse a las consecuencias favorables de la sentencia de condena, siempre bajo determinados requisitos previamente establecidos. El incidente viene a completar un régimen procesal imperfecto que deja muchos vacíos normativos y que no ha sido muy utilizado. La evolución jurisprudencial se ha dirigido a extender los efectos de la cosa juzgada o del pronunciamiento de condena a terceros que no fueron parte pero que se han encontrado en una situación similar. El elemento diferencial lo constituyen los procesos en materia de condiciones generales de la contratación, que permiten identificar situaciones análogas, con problemas similares, y decisiones uniformes. Pero aún queda lejos la inclusión de cualquier controversia de daño masivo en materia de consumidores y usuarios que no vaya precedida de un clausulado general.

2. INTENTOS PRELEGISLATIVOS DE MEJORA DE LA EJECUCIÓN COLECTIVA

2.1. La propuesta del sistema del proceso testigo y su incidencia en la ejecución

Con la ejecución de sentencias dictadas en materia de consumidores y usuarios, se han puesto de manifiesto en la jurisprudencia y en la doctrina, las dificultades que se arrastran como consecuencia de la defectuosa regulación. Legitimar para posibilitar una reclamación resarcitoria al consumidor que no fue parte en el proceso principal por las circunstancias que sea, supone establecer un incidente de fuerte carácter declarativo, cuyo objeto consiste en comprobar si el consumidor reclamante reúne los requisitos que previamente la sentencia objeto de ejecución ha establecido. Esto nos traslada a ese momento anterior en que se imponen unos contenidos a las sentencias dictadas en procesos de consumidores y usuarios. El art. 519 LEC está en función de la regulación de la sentencia del art. 222, además de los efectos extensivos de la misma.

Ya se ha hecho referencia al punto de partida, que no es otro que la deficiente distinción del art. 11 LEC entre intereses colectivos y difusos. Por supuesto, si los afectados estuvieran identificados *ab initio*, el desarrollo y consecuencias de la sentencia se simplificaría. El problema consiste precisamente en que no se conoce la identidad de todos los afectados, pero tampoco se conoce su voluntad de litigar, lo que habilita al tercero a una aparición tardía.

En los últimos años se está intentando paliar esta situación de incertidumbre, que en cierto modo afecta a la entidad demandada por cuanto la sentencia que recae en un proceso puede tener consecuencias en el futuro, y pueden ir apareciendo consumidores reclamantes sucesivamente. A fin de lograr seguridad jurídica, los textos prelegislativos han puesto sobre la mesa la posibilidad de instaurar el denominado "proceso testigo", que se ha materializado a través del RD-Ley 6/2023[3]. A grandes rasgos, el objetivo es doble. Por un lado, se pretende generar esa seguridad jurídica en las partes personadas, y en hipotéticos legitimados, ya que en un solo procedimiento calificado como testigo o como proceso guía, se van a resolver las cuestiones que, de forma similar, se plantean en una multitud de procesos, y siempre teniendo al mismo demandado en el punto de mira. Por otro lado, y probablemente sea la razón de peso, se intenta evitar una litigiosidad excesiva, de modo tal que consumidores afectados que no participaron, intervinieron o no quisieron demandar, tengan la oportunidad

---

3 El proceso testigo se recoge por primera vez en el Proyecto de Ley de medidas de eficiencia procesal del servicio público de Justicia, y posteriormente se ha incorporado a nuestro ordenamiento mediante el RDL 6/2023. En medio, ha habido un intento de regular un proceso especial para la tutela colectiva con el anteproyecto de Ley de acciones de representación para la protección de los intereses colectivos de los consumidores para trasponer la Directiva 2020/1828, cuyo futuro es una incertidumbre.

de incorporarse en fases sucesivas, y en concreto en la fase de ejecución de sentencia.

Los textos que traen el proceso testigo al proceso civil, casi en idénticos términos que se regula ya en el proceso contencioso-administrativo, son dos. Se trata del Proyecto de Ley de Medidas de Eficiencia Procesal del Servicio Público de Justicia de 2022, procedente del Ministerio de Justicia cuya tramitación parlamentaria no finalizó como consecuencia de la disolución de la legislatura en 2023, si bien el contenido se ha incorporado exactamente igual en el RD-Ley 6/2023. El otro documento se elabora por el CGPJ y se denomina Medidas organizativas procesales para el Plan de Choque en la Administración de Justicia tras el estado de alarma, de 2020, que cuenta con una segunda versión en la que se incorporan algunas modificaciones que afectan al proceso testigo[4]. En ambos casos nos hallamos ante un sistema construido sobre la base de dos fases procedimentales, consistentes en la identificación de un proceso calificado como proceso testigo, y sobre el que pivotan otros con objeto similar y que permanecen en suspenso hasta la resolución del primero. La segunda fase lo constituye la opción de otros litigantes consumidores afectados para acogerse a los efectos del pronunciamiento de la sentencia recaída en el proceso testigo, o bien desistir, o continuar con su propio proceso.

En cuanto a la ejecución forzosa, el art. 519 LEC sufre las alteraciones necesarias para adaptar el precepto al nuevo protagonista. No obstante, el art. 519 LEC iba a desaparecer con el Anteproyecto de Ley de acciones de representación, puesto que se pretendía instaurar un proceso especial autónomo, circunstancia con la que ya no hay que contar. Por ello, el mismo análisis del Proyecto de Ley de Eficiencia Procesal cobra vigencia porque la pretendida reforma se materializa en el RD-L 6/2023.

El estudio del art. 519 LEC permite apreciar que también en fase de ejecución se da entrada a afectados que plantearon una demanda similar y buscan la extensión de los efectos de la sentencia ya resuelta[5]. Los textos no resuelven los problemas iniciales relativos a la necesidad de contar con una sentencia que establezca requisitos específicos que identifique beneficia-

---

4 El texto es ampliamente analizado por Ortells Ramos, M., "Proceso colectivo, procesos en serie y proceso testigo. Jueces y CGPJ ante los litigios civiles en masa", *Revista General de Derecho Procesal*, nº 54, 2021.

5 Ariza Colmenarejo, M. J., "Efectos de las resoluciones dictadas en procesos colectivos y el llamado proceso testigo", en *Hacia una tutela efectiva de consumidores y usuarios*, dir. Romero Pradas, M. I., ed. Tirant lo Blanch, 2022, pág. 771.

rios de la ejecución, ni tampoco el riesgo de incremento de incidentes sólo para resolver la legitimación de terceros afectados que aparecen en esta fase de ejecución. El efecto más indeseado es crear una situación en la que no se acota la cuantía de la condena pecuniaria ni la posible sucesión en cascada de reclamaciones tras el proceso declarativo. Por ello, se considera urgente abordar una reforma integral de los procesos colectivos que establezca cauces rápidos, eficaces y poco costosos, para lo que la trasposición de la Directiva 2020/1828 es la mejor ocasión[6].

2.2. *Directiva (UE) 2020/1828, relativa a las acciones de representación y su trasposición al ordenamiento español*

La Directiva 2020/1828, relativa a las acciones de representación pretende ser traspuesta al ordenamiento español, para lo que ya contamos con un primer texto en forma de anteproyecto que, por ahora, no va a seguir adelante. La característica principal es que se aprovechaba la reforma para establecer un proceso especial que permitía el ejercicio de acciones frente a cualquier infracción en que se vean perjudicados los derechos o intereses colectivos de los consumidores y usuarios[7]. Con ello se quería poner fin a una regulación caracterizada por la inserción de especialidades procedimentales en los procesos declarativos de la LEC, y adaptar mejor el proceso a las peculiaridades que presentan los procesos colectivos en general. Esto traía como consecuencia la derogación de algunos preceptos clave en el sistema vigente, como es el art. 11 LEC, punto de partida en la diferenciación de intereses colectivos frente a los intereses difusos, que tantos problemas ha generado en la práctica judicial[8]. Del mismo modo, se prescindía del sistema de publicidad y llamamiento de consumidores afectados por un hecho dañoso, cuando son otros, concretamente cuando son las asociaciones de consumidores y usuarios quienes toman la iniciativa de plantear una demanda colectiva. Además, y como no puede ser de otra

---

6 Romero Pradas, M. I., "El acceso de los consumidores a la justicia y la solución de los conflictos de consumo", en *Hacia una tutela efectiva ... op. cit.*, pág. 53.

7 Damián Moreno, J., "Consideraciones en torno a las acciones de representación para la protección de los intereses colectivos de los consumidores", *Anuario de Derecho Civil*, tomo LXXVI, 2023, pág. 1155, quien aplaude la incorporación del nuevo procedimiento.

8 El Informe del CGPJ al anteproyecto de ley de acciones de representación para la protección de los intereses colectivos de los consumidores (2023) considera positivo que se prescinda de la distinción entre intereses colectivos y difusos.

forma, se recogía la derogación del art. 519 LEC relativo a la ejecución de sentencias dictadas en procesos instados por asociaciones de consumidores y usuarios sin determinación individual de los beneficiados. El precepto no encaja ni con un incidente de naturaleza ejecutiva, ni como otro de naturaleza jurisdiccional, habida cuenta de que se justifica por la necesidad de determinar quién ostenta legitimación para presentar una demanda ejecutiva contra quien ya ha sido condenado, y sobre la base de la dificultad de determinar *a priori* los consumidores o usuarios individuales beneficiados.

Con este marco normativo, del análisis de la Directiva, en especial en lo relativo a la ejecución de las decisiones de condena al pago de pretensiones resarcitorias, se extrae la amplitud con que se permite la regulación interna de los Estados miembro. Pero lo determinante es la posibilidad de que se regulen sistemas que no queden constreñidos al *op-in* u *op-out*, sino que, tal y como señala el art. 9 de la Directiva, sobre las medidas resarcitorias, los Estados puedan regular la manera y la fase de la acción en que los consumidores individuales afectados tengan la facultad de manifestar expresa o tácitamente su voluntad de ser representados o no por la entidad habilitada, y en consecuencia, quedar vinculados o no por el resultado de la acción de representación[9]. Precisamente esto es lo que se ha trasladado al anteproyecto, ya que, una vez que se prescinde de la diferencia entre tutela colectiva y tutela difusa, la realidad es que no siempre se van a conocer los consumidores afectados, por lo que se tienen que salvaguardar sus derechos, bien dándoles entrada en un proceso iniciado por la entidad habilitada, bien permitiéndoles no quedar vinculados por la decisión recaída en dicho proceso.

Otra de las características del anteproyecto consistía en identificar los dos tipos de pretensiones con las que se obtiene la tutela colectiva, cada una con características distintas; a saber, la acción de cesación y la acción resarcitoria. Para la primera, se reconoce legitimación a la entidad habilitada, que ejercerá la acción de representación, si bien impide intervenir en el proceso a consumidores afectados en el art. 830.4 ALAR, lo cual es lógico a la vista de la peculiaridad de dicha acción[10]. Para la segunda, igual-

---

9 Damián Moreno, J., "Consideraciones en torno a las acciones de representación para la protección de los intereses colectivos de los consumidores", *cit.*, pág. 1163.

10 Hay que tener en cuenta que la acción de cesación encuentra limitada la legitimación a entidades asociativas, organismos públicos o el Ministerio Fiscal, siendo residual los casos en que hay reconocimiento de legitimación individual a consumidores y usuarios afectados, la cual se establece a través de la figura del "grupo de afectados" cuya capacidad para ser parte se prevé en el art. 6.1.7º LEC.

mente se impide la intervención en el proceso de consumidores y usuarios afectados (art. 831.3 ALAR), si bien se genera un sistema de vinculación-desvinculación a partir del denominado *auto de certificación de la acción*, en función de la cuantía reclamada[11]. Así pues, si la cantidad reclamada o el valor de la prestación solicitada como resarcimiento por cada beneficiario supera los 5000 euros, entonces se permite a los afectados optar por la vinculación expresa a la acción. Si esta posibilidad es excepcional, el criterio general viene marcado por la necesidad de desvinculación expresa del resultado del proceso. El silencio del consumidor le incluye dentro de los efectos de la resolución, salvo que la cuantía reclamada sea elevada, en cuyo caso el juez puede requerir su manifestación expresa para acogerse al pronunciamiento. El debate puede consistir en el hecho de que si no se produce expresamente la vinculación, el criterio general le sitúa en la misma posición, es decir, el considerarse afectado vinculado por la decisión recaída en la acción de representación de reparación. Quizá sea una de las cuestiones en las que el anteproyecto deba ser más conciso.

Dichas cuestiones afectan al desarrollo posterior del proceso y, sobre todo, a la ejecución de la decisión, bien sea judicial o bien adopte la fórmula de acuerdo de resarcimiento, previsión que se introduce como una novedad. En este sentido, en cierto modo subsiste en el anteproyecto el problema de partida, que no es otro que la falta de identificación de todos los consumidores afectados, por lo que las soluciones sólo pueden consistir en habilitar herramientas procesales que sienten las bases para poder afirmar que determinado individuo reúne las características y condiciones para poder beneficiarse de las cantidades objeto de condena[12]. Por eso, se mantiene la idea de que, en caso de que la determinación individual de los afectados no sea posible, la sentencia debe establecer las características y requisitos necesarios para poder beneficiarse de los pronunciamientos. De este modo, sigue contándose con un número indeterminado de hipotéticos afectados que no han participado ni activa ni pasivamente en el proceso en que se ejercita una acción de representación resarcitoria. A partir de este momento, y derivado del desconocimiento de cuántos consumidores pueden estar implicados, surgen una serie de cuestiones a tratar, como es

---

[11] Damián Moreno, J., "Consideraciones en torno a las acciones de representación para la protección de los intereses colectivos de los consumidores", *cit.*, pág. 1165, entiende que la vinculación del consumidor no le convierte en parte, simplemente le da derecho a beneficiarse de los efectos económicos de la sentencia.

[12] Gascón Inchausti, F., "Hacia un nuevo régimen de acciones colectivas en Derecho español", en *Hacia una tutela efectiva … op. cit.*, pág. 705.

la fijación del *quantum* de la condena, y las vías para obtener dichas cantidades.

Determinación de la cuantía de la condena. En estos casos, el anteproyecto señalaba que el tribunal se encargará de realizar una estimación relativa al número de consumidores que pueden beneficiarse de la condena, para fijar un máximo que la entidad condenada debe consignar para proceder al pago. Señalaba el art. 860 que la sentencia determina la cantidad que corresponde a cada consumidor, o en su caso, a cada una de las categorías si se pueden agrupar. El principal problema estriba en la indeterminación, no tanto de los consumidores afectados, sino de la cuantía a indemnizar, lo que se traslada a todas las actuaciones relativas a una posible ejecución forzosa. En efecto, el demandado condenado puede cumplir los pronunciamientos en la medida en que conoce la cuantía. En este sentido, el anteproyecto establecía varios preceptos de los que se deducía la potestad del juez sobre este extremo. Por un lado, inicialmente realiza una estimación máxima, tal y como se establece como requisito de la sentencia. Si esta cantidad es suficiente para satisfacer a consumidores identificados y determinados a futuro, no hay problema. El inconveniente consiste en que sea una cantidad insuficiente, en cuyo caso la entidad demandante, habilitada para materializar la liquidación, solicite el incremento de la cantidad habida cuenta de que resulta insuficiente. La decisión la adopta el juez tras la resolución del incidente previsto en la norma.

Por otro lado, el anteproyecto establecía un procedimiento al que se podían acoger las partes o que el órgano judicial podía considerar más conveniente, procedimiento que se denomina de *pronunciamientos sucesivos*. En este caso, el objeto procesal se divide a fin de promover inicialmente una pretensión de carácter declarativo, en la que se solicite la declaración de responsabilidad del demandado en relación con la conducta infractora, y posteriormente otro procedimiento cuyo objeto es la determinación de las cantidades a resarcir. A efectos de la futura ejecución no se altera el régimen establecido con carácter general.

Por su parte, se establecía el sistema de ejecución forzosa en caso de incumplimiento de la sentencia por el condenado. El anteproyecto prescinde del incidente del art. 519 LEC vigente, el cual demora la identificación del beneficiario a una fase posterior a la sentencia. En el nuevo texto se proponen muchos medios para que los afectados sean conocidos al momento de dictar sentencia, y además hayan manifestado su voluntad de vincularse o desvincularse, de modo tal que muchos problemas derivados de la extensión de los efectos de la sentencia pueden verse solventados[13]. A tal fin se facilita notablemente la petición de la correspondiente indemnización a través de un impreso o formulario que puede instarse a través de la entidad demandante mediante una plataforma creada al efecto. Aun así, siempre se reconoce la imposibilidad de haber conocido y llegado a todos los consumidores afectados. En este caso, se debería ingresar la cantidad estipulada como máxima, en la cuenta de depósitos y consignaciones del tribunal. La no aparición de reclamantes no exime al condenado de la obligación de consignar la cantidad objeto de condena. La presencia de intereses generales en este tipo de conflictos se aprecia en el anteproyecto cuando prevé el despacho de la ejecución de oficio, y el establecimiento de un sistema de multas en caso de incumplimiento de la condena o su retraso.

El segundo aspecto por tratar brevemente es la asignación de la liquidación a la entidad habilitada demandante. En efecto, como consecuencia de una decisión de política legislativa, las actividades propias de liquidación y distribución de las indemnizaciones serán asumidas en el anteproyecto por la entidad habilitada demandante. Así, establece el art. 877 del anteproyecto que una vez el condenado haya consignado la cantidad objeto de condena, se encargará a la entidad habilitada demandante para efectuar la liquidación y distribución entre los beneficiarios. De este modo, se externalizan parcialmente las operaciones propias de la ejecución, siendo una de las partes del proceso la que asume esta función. Por supuesto, todo lo relativo al despacho de la ejecución, así como la vía de apremio, se mantiene en los mismos términos que establece la LEC para la ejecución forzosa. Sólo interviene la entidad habilitada cuando consta a disposición del órgano judicial la cantidad debida. Se trata de desplazar las competencias en esta fase de ejecución desde el letrado de la Administración de Justicia, hasta la parte procesal.

Los interrogantes que pueden surgir en este aspecto son múltiples, si bien, el anteproyecto intenta anticipar la solución. Por un lado, debe preservarse la imparcialidad de la entidad y la ausencia de intereses en conflicto con alguno de los implicados. Se trata de principios que se garantizan previamente habida cuenta de que se trata de uno de los requisitos legitimadores de la entidad habilitada. La ventaja más notable consiste en

13 Martín Pastor, J., "Sobre la aplicación de las técnicas de tratamiento de la litigiosidad masiva", en *El derecho procesal: entre la academia y el foro*, ed. Atelier, Barcelona, 2022, pág. 321 y sig.

descargar a los juzgados de la tediosa labor de materializar el pago a beneficiarios que van apareciendo progresivamente.

Además, se va a poner a disposición de los consumidores una plataforma electrónica con el fin de solicitar el cobro. Dicha plataforma prevista en el art. 849 se pondrá en funcionamiento en el seno de la entidad demandante, sin perjuicio de que incluso dicha entidad pueda encomendar el funcionamiento y gestión de la plataforma electrónica al Colegio de Procuradores del lugar donde se halle pendiente el proceso, siempre bajo su responsabilidad y la supervisión última del tribunal. La plataforma electrónica tendrá la suficiente publicidad como para facilitar el acceso y las gestiones que asuma. El modelo se asemeja a lo previsto en la reciente reforma del proceso concursal, según la cual, la fase de liquidación de microempresas se materializa a través de una plataforma electrónica de liquidación de bienes, dentro del Registro Público Concursal, con el fin de automatizar la venta y pagos a los acreedores. La diferencia esencial estriba en, por un lado, la atribución a la entidad, que tiene carácter privado, y en el caso del proceso sobre acciones de representación, y por otro, la llevanza de la plataforma de liquidación de bienes por parte del Registro Público Concursal. Aun así, la objetividad que debe presidir la actuación de la Entidad habilitada demandante favorece la desjudicialización de dichas actuaciones, lo que revierte en la descarga de trabajo para los tribunales.

En cualquier caso, cualquier desacuerdo sobre la identidad y acreditación de los beneficiarios debe elevarse al tribunal que conociera el proceso en primera instancia.

3. VUELTA AL PUNTO DE PARTIDA CON EL REAL DECRETO-LEY 6/2023, DE 19 DE DICIEMBRE

El Anteproyecto de Ley de acciones de representación para la protección de los intereses colectivos de los consumidores ha quedado parado por el momento, al igual que la parte correspondiente a las acciones colectivas en el proyecto de Ley Orgánica de 2024. Las circunstancias políticas han provocado que no se le diera impulso como proyecto con la correspondiente tramitación legislativa. No obstante, subsiste la obligación de trasponer la Directiva 2020/1828, si bien cabe pensar en que se ha perdido la oportunidad de una regulación integral de acciones colectivas. Entre medias ha aparecido el proceso testigo como mejor opción, que en ningún caso era objetivo del anteproyecto.

En consecuencia, la acción ejecutiva de consumidores y usuarios fundada en sentencia de condena pasa a adaptarse a la existencia de un proceso testigo. Aunque mejor que hablar de acción ejecutiva, hay que referirse a la extensión de los efectos de sentencias dictadas en procesos testigo. Extensión de efectos y ejecución confluyen en el mismo precepto. Por supuesto, las instituciones afectadas son distintas, y por ello la idea de añadir apartados a lo que se ha concebido como acción ejecutiva, no resulta idóneo. Esta regulación de la extensión de efectos tendría que haberse incluido entre los artículos destinados a regular las características y efectos de las sentencias en general.

En cierto modo, se ha dado un paso atrás en la regulación de las acciones colectivas. Por el momento, el anteproyecto extendía el ámbito material para el ejercicio de acciones de representación para la protección de los intereses colectivos de consumidores y usuarios a los supuestos en que la conducta de empresarios o profesionales infringieran los derechos e intereses colectivos de consumidores y usuarios[14]. Frente a ello, el actual marco regulatorio, y, por lo tanto, la posibilidad de identificar un proceso testigo se circunscribe a las demandas en que se ejerciten acciones individuales relativas a condiciones generales de la contratación, dentro de las demandas referidas en el art. 250.1.14º. Y sólo en los casos previstos en la legislación sectorial, por lo que cabe entender que no siempre es de aplicación.

En lo que a la idea de ejecución se refiere, se incorpora un sistema de extensión de efectos de las sentencias dictadas en estos procedimientos, pero manteniendo la misma acción ejecutiva de consumidores y usuarios basada en sentencia de condena sin determinación individual de benefi-

---

14 García Álvarez, L., "La aplicación en materia ambiental de las acciones de representación para la protección de los intereses colectivos de los consumidores. A propósito de la Directiva (UE) 2020/1828", *Revista Italo-Española de Derecho Procesal*, vol. 2, 2020, pág. 65, quien va más allá de la Directiva, puesto que entiende que el ámbito material de aplicación obliga a diferenciar en función de la fuente normativa en la que se produce el conflicto, lo que incrementa la complejidad. Además, pone de manifiesto el texto de la propuesta de Directiva de 2018, que abarcaba materias como el servicio financiero, la energía, las telecomunicaciones, salud y medio ambiente. *Vid.* también Aguilera Morales, M., "Ante el reto de diseñar un modelo de tutela colectiva de manos de la Directiva (UE) 2020/1828", *Revista Española de Derecho Europeo*, 78-79, 2021; Yugueros Prieto, N., *Acceso a la justicia y legitimación medioambiental en el proceso español*, ed. Colex, A Coruña, 2023, pág. 260.

ciados. Es decir, el art. 519 LEC ve ampliada su redacción para referirse además a la extensión de efectos de la decisión. En este sentido, ya hemos señalado las dificultades sistemáticas que se encuentran en la regulación, ya que son instituciones diferentes.

En cualquier caso, se mantienen los inconvenientes que se arrastran con la regulación del art. 519 LEC. El incidente se establece para identificar la legitimación de consumidores y usuarios que no se determinaros en la sentencia de condena, pero cuyos requisitos les habilita para beneficiarse de las repercusiones económicas. Ante el incumplimiento voluntario del condenado, el auto por el que se resuelve el incidente, legitima para presentar una demanda de ejecución.

La novedad se encuentra en los apartados 2 a 6 del art. 519 LEC que, como decimos, se justifica por la aparición del proceso testigo y las distintas opciones que tiene el consumidor demandante de acogerse al efecto expansivo de la sentencia recaída en el proceso guía. La regulación vigente permite que el sujeto cuyo proceso fue suspendido a raíz de un proceso testigo, opte por la extensión de los efectos de la sentencia recaída en éste, siempre que concurran diversas circunstancias. El punto de partida es que la sentencia sea firme y la firmeza se adquiera tras la resolución del recurso de apelación por la Audiencia Provincial. Con ello se pretende garantizar que el pronunciamiento no es casual, aislado, sino que está confirmado por un órgano colegiado que ha revisado la decisión de primera instancia. No obstante, la redacción deja en el aire algunas cuestiones. Entre ellas, está el sentido de la decisión tanto en primera instancia como en la alzada. Puede que la Audiencia Provincial revoque la decisión, por lo que se busca una resolución de un tribunal. La primera instancia se convierte en un trámite más, o en una fase previa. Por otro lado, también se excluye la adquisición de firmeza alcanzada por la ausencia de recurso. Se deja a voluntad de los contendientes del proceso testigo la posibilidad de que la sentencia extienda sus efectos. Los perjuicios sobre el demandante que tiene su proceso en suspenso son evidentes, con independencia de que se promueva la tramitación preferente de este litigio. El paso del tiempo puede mermar expectativas de otros demandantes que permanecen a la espera de un proceso al que no se pueden unir, y del que son dueños otros sujetos. Pensemos precisamente en una sentencia de condena del proceso testigo, condena a una entidad que ha empleado condiciones generales con regularidad. Lógicamente, estaría en condiciones de recurrir el pronunciamiento, pero eso puede desembocar en la posibilidad de que terceros que también litigaron contra dicha entidad, puedan acogerse a esa condena. Parea cortar la aparición de futuros beneficiarios por la condena, nada más fácil que no recurrir. De este modo, se puede sentar una estrategia particular por parte de la entidad demandada.

Los demás requisitos consisten en comprobar la similitud de situaciones y partes. En cierto modo, se duplica la comprobación, ya que para identificar un proceso testigo, y suspender el resto de procesos, deben afirmarse indiciariamente las pretensiones, la no necesidad de control de trasparencia de la cláusula, ni valorar existencia de vicios del consentimiento del contratante, al tiempo que afirmar la identidad sustancial de las condiciones generales cuestionadas. Una vez que contamos con la sentencia firme, debe llevarse a cabo un control similar. Así, la situación jurídica debe ser idéntica, el mismo demandado, y que no sea preciso ni control de transparencia de la cláusula ni valorar la presencia de vicios en el consentimiento del contratante. Se repite la necesidad de identificar la identidad sustancial de condiciones generales. Se añade un requisito relativo a la competencia del órgano judicial. Por ello, el órgano sentenciador y el encargado de la ejecución, también debe ser competente por razón de territorio. Esta circunstancia junto con la identidad de demandado dificulta la diferenciación entre la acumulación de acciones y la puesta en marcha del proceso testigo. Además, la amplitud en la determinación de la competencia territorial en materia de consumidores y usuarios puede plantear un escenario con demandas en varias circunscripciones del territorio nacional, lo que deriva en la hipotética descompensación de criterios a pesar de que coincida el demandado y las condiciones generales.

En cualquier caso, el actual art. 519 LEC regula situaciones que no siempre pueden considerarse de carácter ejecutivo, por lo que la sistemática es mejorable.

4. CONCLUSIONES

Las características más destacables en el anteproyecto sobre acciones de representación consisten en la supresión de la distinción entre intereses colectivos e intereses difusos, criterio de partida para justificar una tramitación procedimental diferente pero no exenta de múltiples problemas en cuanto a la extensión de los efectos de la sentencia, y a la posterior actuación en fase de ejecución forzosa. Con el anteproyecto se pasa a establecer una diferenciación objetiva en base a la naturaleza de la acción, consistente en acciones de representación de cesación y acciones de representación resarcitorias, posibilitando el ejercicio conjunto de ambas[15]. Para ello, se crea un proceso especial, con lo que se desvincula del modelo actualmente vigente de proceso declarativo con especialidades.

Sobre el aspecto concreto de la ejecución, se aboga por una desjudicialización, ya que se externaliza la ejecución, atribuyéndola a una de las partes, lo cual puede ser criticable ya que se asemejaría al esquema de la ejecución del orden contencioso administrativo. En todo caso, el uso de plataformas digitales favorece tanto la publicidad de la existencia de procesos colectivos, como el ejercicio de los derechos de vinculación o desvinculación de los consumidores individuales afectados. La asunción por parte de las entidades habilitadas de la plataforma supondrá el incremento de los costes del proceso, de ahí toda la regulación de la financiación por terceros en los términos de la Directiva. Los costes derivados de la implementación de la plataforma digital tendrán la consideración de costas procesales, por lo que cabe pensar que en último término incrementará la cuantía objeto de condena del demandado.

Por último, no puede desconocerse que la Directiva promueve la imposición de sanciones a la entidad condenada cuando no cumple o excede el plazo de cumplimiento de la condena. El anteproyecto ha recogido el testigo de las multas y sanciones en esta materia, por lo que la ejecución de las decisiones será más efectiva, redundando en beneficio del consumidor afectado.

La paralización provisional de la incorporación del anteproyecto a nuestro ordenamiento proviene sustancialmente de la aprobación de las disposiciones sobre proceso testigo en el RD-Ley 6/2023, que se aparta de cualquier mención a las acciones de representación y deja en el aire la configuración de un proceso colectivo especial. Desde luego, ambas regulaciones son incompatibles, sobre todo porque el anteproyecto derogaba el art. 519 LEC que hoy cobra vigencia y se adapta a la normativa sobre extensión de los efectos de sentencias dictadas como proceso guía. La necesaria futura trasposición de la Directiva 2020/1828, tendrá que decidir qué sistema se impone, pero se prevé la poca aplicación del proceso testigo por las dificultades procesales que presenta.

---

15 Se acoge la idea señalada por Armengot Vilaplana, A., "Intervención de consumidores y acumulación de pretensiones en el proceso colectivo", en *Litigiosidad masiva y eficiencia de la justicia civil,* coord. Ortells Ramos, M. y Cucarella Galiana, L. A., ed. Aranzadi, Pamplona, 2019, pág. 277.

BIBLIOGRAFÍA

Aguilera Morales, M., "Ante el reto de diseñar un modelo de tutela colectiva de manos de la Directiva (UE) 2020/1828", *Revista Española de Derecho Europeo*, 78-79, 2021.

Ariza Colmenarejo, M. J., "Efectos de las resoluciones dictadas en procesos colectivos y el llamado proceso testigo", en *Hacia una tutela efectiva de consumidores y usuarios*, dir. Romero Pradas, M. I., ed. Tirant lo Blanch, 2022.

Armengot Vilaplana, A., "Intervención de consumidores y acumulación de pretensiones en el proceso colectivo", en *Litigiosidad masiva y eficiencia de la justicia civil*, coord. Ortells Ramos, M. y Cucarella Galiana, L. A., ed. Aranzadi, Pamplona, 2019.

Damián Moreno, J., "Consideraciones en torno a las acciones de representación para la protección de los intereses colectivos de los consumidores", *Anuario de Derecho Civil*, tomo LXXVI, 2023.

García Álvarez, L., "La aplicación en materia ambiental de las acciones de representación para la protección de los intereses colectivos de los consumidores. A propósito de la Directiva (UE) 2020/1828", *Revista Italo-Española de Derecho Procesal*, vol. 2, 2020.

Gascón Inchausti, F., "Hacia un nuevo régimen de acciones colectivas en Derecho español", en Romero Pradas, M. I. (dir.) *Hacia una tutela efectiva de consumidores y usuarios*, Ed. Tirant lo Blanch, Valencia, 2022.

López Sánchez, J., "Los retos de la justicia civil ante los litigios en masa", en Jiménez Conde, F., Banacloche Palao, J. y Gascón Inchausti, F. (dirs.) *Logros y retos de la justicia civil en España*, ed. Tirant lo Blanch, Valencia, 2023.

Martín Pastor, J., "Sobre la aplicación de las técnicas de tratamiento de la litigiosidad masiva", en *El derecho procesal: entre la academia y el foro*, ed. Atelier, Barcelona, 2022.

Ortells Ramos, M., "Proceso colectivo, procesos en serie y proceso testigo. Jueces y CGPJ ante los litigios civiles en masa", *Revista General de Derecho Procesal*, nº 54, 2021.

Romero Pradas, M. I., "El acceso de los consumidores a la justicia y la solución de los conflictos de consumo", en Romero Pradas, M. I. (dir.) *Hacia una tutela efectiva de consumidores y usuarios*, Ed. Tirant lo Blanch, Valencia, 2022.

Yugueros Prieto, N., *Acceso a la justicia y legitimación medioambiental en el proceso español*, ed. Colex, A Coruña, 2023.

De cómo la jura de cuentas del abogado perdió su carácter privilegiado (en buena parte motivado por el Derecho de la Unión)

ÁNGELES GUTIÉRREZ ZARZA

1. COSTAS PROCESALES, DEMANDA DE TUTELA JUDICIAL Y EFICIENCIA DE LA JUSTICIA

En este libro homenaje he querido retomar el tema de mi Tesis Doctoral, que tuvo por título "Las costas en el proceso civil"[1]. Constituye una

---

1 Fue publicada en dos monografías: *Las costas en el proceso civil* (Madrid: Colex, 1998) y *La asistencia jurídica gratuita en el proceso civil* (Madrid: Colex, 1998). Me gustaría expresar mi agradecimiento y afecto al Profesor Vicente Gimeno Sendra, del que tanto aprendí y que prologó mi primera monografía, en cuyo libro homenaje, sintiéndolo mucho, no pude participar. La bibliografía sobre las costas procesales en nuestro país es prácticamente inabarcable. Aún así, y sin ánimo de agotar las fuentes, pueden verse, de los años 90 (y por tanto en aplicación de la LEC de 1881) Juan Francisco Herrero Perezagua, *La condena en costas. Procesos*

materia bastante compleja desde un punto de vista procesal, que excede de los criterios de imposición de costas a los que suele prestarse atención, y tiene, además, una indudable trascendencia económica para quienes, enfrentados por un conflicto, sopesan acudir a juicio.

En los años que redactaba mi Tesis, el Profesor Moreno Catena reflexionaba ya acerca de la ineficacia de la Justicia, y llamaba la atención sobre el alto coste de litigar en juicio[2]. Junto a Pastor Prieto[3], fue pionero en

---

declarativos civiles (Barcelona: J. M. Bosch, 1994), que ha seguido publicando sobre la materia hasta el día de hoy; Luis Martín Contreras, *La tasación de costas y la liquidación de intereses y sus impugnaciones en los órdenes jurisdiccionales civil, penal, contencioso-administrativo y social (legislación, doctrina, jurisprudencia y casos prácticos),* (Granada: Comares, 1997). Ya con la LEC vigente, Olga Fuentes Soriano, *Las costas en la nueva LEC* (Valencia: Tirant lo Blanch, 2000); Víctor Moreno Catena, et alt, *La Nueva Ley de Enjuiciamiento Civil. Tomo I. Sujetos y actuaciones del proceso. Las costas procesales* (Madrid: Tecnos 2000); María José Achón Bruñén, *Las costas procesales y las denominadas juras de cuentas: soluciones a problemas que la LEC silencia* (Madrid: Bosch Editor, 2008). Más recientes, Alejandro Martínez García et alt, *Costas y gastos procesales: cuando el Tribunal Supremo miró a Europa: la tasación de las costas "a la sombra" de los criterios de la Sala Primera del Tribunal Supremo* (Valencia, Tirant lo Blanch 2014).

2 "La Administración de Justicia (…) se enfrenta desde hace unas décadas con una "clientela" bien distinta, incapaz de soportar el alto coste de su mal funcionamiento (tanto en tiempo como en dinero), pero que se ve abocada a acudir a ella". "Causas históricas de la ineficacia de la justicia". *Justicia: revista de derecho procesal,* 1 (1998): 33-56. *Vid.* también Victor Moreno Catena, "Causas de la ineficacia de la administración de justicia: propuesta de soluciones", *Proserpina: revista de la Universidad Nacional de Educación a Distancia. Centro Regional de Extremadura-Mérida* (ejemplar dedicado al estado actual de la administración de Justicia) 6 (1987): 91-122. Con una perspectiva similar, Vicente Gimeno Sendra, "Causas históricas de la ineficacia de la Justicia", *Justicia: revista de derecho procesal,* 2 (1987): 579-602. También sobre la ineficacia de la Justicia en aquel momento, con cita de ambos y otros autores, Ángeles Gutierrez Zarza, *Las costas en el proceso civil,* cit., 112-116. Tanto Víctor Moreno como Vicente Gimeno volvieron a abordar este tema 30 años después, con idénticos títulos, en Joan Picó i Junoy, *La evolución del derecho procesal a la luz de "Justicia"*(coord.) (Barcelona: J. M. Bosch Editor, 2022): 561-584 y 307-333, respectivamente.

3 Su obra de referencia *¡Ah de la Justicia! Política Judicial y Economía* (Madrid: Tecnos 1993) fue de obligada consulta para todos los que abordamos el tema de las costas procesales desde esta perspectiva multidisciplinar. Más recientemente, del mismo autor, "Eficacia y eficiencia de la Justicia", *Papeles de economía española,* 95 (2003): 272-305, con Virginia Rosalez López, "Dos dimensiones de la eficiencia de la justicia", *Economistas,* 23 (105): 103-114; "Litigiosidad ineficiente", *Cuadernos de Derecho Judicial,* 13 (2007): 337-408; "¿Penurias de medios? Un análisis empírico de

adaptar el análisis económico del Derecho a nuestra disciplina[4], tema del que aún se ocupa en el manual de Introducción al Derecho Procesal que comparte con Cortés Domínguez[5]

Desde la perspectiva de la demanda de tutela judicial, el coste de litigar constituye una importante variable para las dos partes en conflicto. Cada una de ellas resta dicho coste del valor esperado en juicio, y comparando ambos resultados puede determinarse si hay o no margen para el acuerdo. En palabras de Moreno Catena:

> "La pregunta de fondo es: ¿por qué surge la demanda de tutela jurisdiccional? Y, salvo excepciones, la respuesta es casi tautológica: los conflictos nacen porque a alguien le ha compensado provocarlos. En otras palabras, y con matizaciones, alguien pensó que el beneficio esperado de ignorar o apropiarse de un derecho, incumplir un contrato, no adoptar precauciones y causar daños o, en general, infringir una norma era inferior al coste de hacerlo"[6].

Cuando hay margen para el acuerdo, pueden las partes acudir a las fórmulas alternativas que se impulsan y promueven en la actualidad[7]. Y si no lo hay, y una de ellas decide acudir a juicio, el riesgo de ser condenado en

---

los costas públicos y privados, visibles y ocultos de la justicia", *Cuadernos de derecho judicial,* 6 (2008): 345-429, y "Justicia y economía: panorámica, crítica e implicaciones", *Manuales de formación continuada,* 49 (2009): 53-171. Muy interesante, desde una perspectiva histórica y prestando atención al Derecho anglosajón al principio de su trabajo, Gabriel Doménech Pascual, "Por qué y cómo hacer análisis económico del Derecho", *Revista de Administración Pública,* 195 (2014) 99-133. De otros autores y más actuales, Raúl Núñez Ojeda, Nicolás Carrasco Delgado, *Derecho, Proceso y Economía. Una introducción al análisis económico del Derecho procesal civil,* con prólogo de Francisco Ramos Méndez (Madrid: Marcial Pons, 2022); Alberto Alejandro Fiorenza, *Introducción al análisis económico y conductual del Derecho Procesal* (Barcelona: J. M. Bosch, 2023).

4 Puede verse *El coste de la Justicia,* Cuadernos de Derecho Judicial XV-2001, (Madrid: Consejo General del Poder Judicial, 2002). Ambos autores elaboraron el Libro Blanco de la Justicia, que constituyó la primera propuesta de reforma del sistema judicial en España basada en el análisis económico del Derecho.

5 *Introducción al Derecho Procesal,* 12ª ed. (Valencia: Tirant lo Blanch, 2023) pág. 50-54.

6 *Introducción al Derecho Procesal, cit.*, pág. 52. Muy recientemente aborda esta cuestión, desde distintas perspectivas, Julio Sigüenza López, "La negociación eficiente también tiene un coste", *La Justicia tenía un precio,* Juan F. Herrero Perezagua (dir.) y Javier López Sánchez (dir.), (Barcelona: Atelier 2023), *cit.*, pág. 55-79.

7 Santos Pastor Prieto, "Eficiencia y métodos alternativos", *Anuario de la Facultad de Derecho de la Universidad Autónoma de Madrid,* Ejemplar dedicado a Medios alternativos de solución de controversias, 11 (2007): 49-78.

costas influye sobremanera en la actuación procesal de demandante y demandado. Cada parte tiene, además, la obligación de afrontar los gastos y las costas que se vayan devengando, pues en caso contrario, asume el riesgo de enfrentarse en una jura de cuentas a quien ha sido hasta el momento su abogado o procurador.

Mi contribución va a centrarse en el procedimiento de jura de cuentas del abogado, que ha sido modificado a través del Real Decreto-ley 6/2023, de 19 de diciembre, por el que se aprueban medidas urgentes para la ejecución del Plan de Recuperación, Transformación y Resiliencia en materia de servicio público de justicia, función pública, régimen local y mecenazgo. Como es sabido, este RD-ley recuperó buena parte de las reformas contenidas en tres proyectos de ley que estaban en tramitación al término de la anterior legislatura, relativos a los tres a la eficiencia de la Justicia[8]. El concepto de "eficiencia", íntimamente relacionado con la escasez de recursos de la Administración de Justicia y la limitada oferta de tutela judicial, requiere, en palabras que Moreno Catena:

> "que los juzgados resuelvan todos los conflictos de que sean capaces y con la mayor calidad posible, con respeto a la imparcialidad, independencia, transparencia y responsabilidad de los juzgadores y la libertad de acceso a los ciudadanos, junto con la salvaguarda de los principios estructurales de contradicción e igualdad"[9].

Para lograr este objetivo, el RDley 6/2023 contiene dos grandes bloques de reformas procesales, para aumentar la eficiencia digital y la eficiencia procesal del servicio público de Justicia. Entre las segundas, para frenar el aumento de litigiosidad y agilizar los procesos en los distintos órdenes jurisdiccionales, introduce importantes cambios en materia de imposición de costas.

---

8 Me refiero al Proyecto de Ley 121/000097, de medidas de eficiencia procesal del servicio público de Justicia (BOCG de 22 de abril de 2022); el Proyecto de Ley 121/000116, de Medidas de Eficiencia Digital del Servicio Público de Justicia (BOCG de 12 de septiembre de 2022) y el Proyecto de Ley Orgánica 121/000098), de eficiencia organizativa del servicio público de Justicia, por la que se modifica la Ley Orgánica 6/1985, de 1 de julio, del Poder Judicial, para la implantación de los Tribunales de Instancia y las Oficinas de Justicia en los municipios (BOCG de 22 de abril de 2022).

9 Introducción al Derecho Procesal, *cit.*, pág. 51. Con esta aproximación, Alejandro Alberto Fiorenza, *En torno al proceso* (Barcelona: J. M. Bosch Editor, 2019), pág. 155 y ss.

Las razones que han llevado a reformar el proceso de jura de cuentas han sido algo distintas. Obedecen a un problema (la ausencia de control judicial de posibles cláusulas abusivas en el contrato entre abogado y cliente) que requería una solución urgente, especialmente después de la cuestión prejudicial que planteó un Juzgado de Sevilla y que fue resuelta por Sentencia del TJUE en el asunto Vicente y Delia[10].

Así, esta reciente reforma ha sido el último paso en la evolución de un procedimiento que ya estaba regulado en la LEC de 1881, en su art. 12, y que por aquel entonces se describió como un juicio en miniatura y de carácter privilegiado[11].

Su transformación hasta el momento actual me parece interesante, porque ha sido fruto de las aportaciones constantes del legislador español y el de la Unión Europea, a los que se sumaron, en distintos momentos y en un diálogo de preguntas y respuestas, los tribunales españoles y el TJUE. Todos ellos han tratado de conciliar distintas perspectivas e intereses en juego, aunque no siempre lo hayan logrado, como podrá comprobarse en los apartados siguientes.

2. LA PROGRESIVA CONFIGURACIÓN LEGAL DE LA JURA DE CUENTAS DEL ABOGADO

2.1. El proceso en miniatura del art. 12 LEC de 1881 y la STC 110/1993

La LEC de 1881 regulaba en su art. 8 el procedimiento de jura de cuentas del procurador "frente a su poderdante moroso", y en el art. 12 el procedimiento de jura de cuentas del abogado frente al procurador o, si éste no hubiera intervenido en el pleito, frente a la parte a la que defendiera[12].

---

10 Sentencia de 22 de septiembre de 2022, Vicente y Delia, C-335/21.

11 Sobre el mismo puede verse Ángeles Gutiérrez Zarza, Las costas en el proceso civil, *cit.*, pág. 203-222 y la bibliografía allí citada.

12 En el caso del abogado, la jura de cuentas quedaba definida en apenas dos párrafos, el primero de los cuales disponía que aquél debía presentar "minuta detallada, jurando que no le han sido satisfechos" sus honorarios. Para la tramitación posterior, el precepto se remitía al citado art. 8 LEC, de manera que el órgano judicial debía ordenar a la parte contraria que abonara la minuta con las costas, dentro de un plazo que no excediera de diez días, "bajo apercibimiento de apremio". Sólo estaba prevista, como causa de oposición, que el demandado impug-

Esta regulación generaba numerosas dudas de interpretación, que el Ministerio de Justicia intentó aclarar con las Reales Órdenes de 12 de mayo y 4 de agosto de 1934. En la primera, no dudó en calificar ambos procedimientos como "personales, privilegiados, especiales y sumarios" y en la segunda confirmó que en ellos el abogado ejercitaba "una acción privilegiada". En la de fecha 12 de mayo se ordenó además que los procedimientos fueran tramitados con la mayor brevedad posible, sin admitir alegaciones que dilataran las diligencias ni declaraciones de derecho, que quedaban reservadas para un declarativo posterior.

La configuración de la jura de cuentas y su carácter privilegiado mereció las críticas de Prieto Castro, que lo consideraba un "privilegio inexplicable"[13], en tanto que De la Plaza lo calificó como "un privilegio de clase" por estar regulado a favor del abogado y el procurador y en detrimento de otros profesionales o titulares de créditos a quienes se obligaba a instar procedimientos más largos y costosos[14].

Con la llegada de la Constitución de 1978, esta desigualdad de trato y las prácticamente nulas posibilidades de oposición del requerido de pago motivaron una cuestión de inconstitucionalidad, que fue resuelta por nuestro Alto Tribunal en la Sentencia 110/1993. En ella, el TC consideró que no se trataba de un privilegio otorgado con carácter general a procuradores y abogados "en atención a estas profesiones, sino en atención a su intervención en un pleito concreto en el que han actuado y para obtener la debida satisfacción, dentro de ese mismo pleito, a la actividad en él desarrollada". Además, "es el carácter de los créditos devengados durante la sustanciación del litigio y, por tanto, con constancia en el mismo, lo que permite abreviar el procedimiento para su reintegro dentro del mismo proceso en el que se han producido y ante el mismo juzgador que ha de resolver".

No terminó con ella la polémica.

La propia STC estuvo acompañada de dos votos particulares, que insistían en el carácter privilegiado de la jura de cuentas y proponían, como alternativa, regular un procedimiento nuevo. Para De la Vega Benayas, au-

---

nara los honorarios por excesivos, en cuyo caso eran de aplicación los correspondientes trámites (de la impugnación por excesivos) de la tasación de costas de los arts. 427 y ss. LEC, a los que se remitía.

13 *Derecho Procesal Civil* (Madrid: 1968) 407, y "El procedimiento privilegiado de exacción de los arts. 7, 8 y 12 LEC". *Estudios y comentarios para la teoría y la práctica procesal civil (Madrid: 1950), 566.*

14 *Derecho Procesal Civil Español,* Tomo I (Madrid: 1951), 584.

tor del primer voto particular, ese procedimiento podía ser el monitorio e instarse también por otros acreedores "que merezcan, por su título, ese tratamiento procesal sumario aunque siempre con la prohibición de despachar ejecución (retención o embargo) sin trámite de audiencia y oposición del deudor". Vicente Gimeno Sendra, entonces Magistrado del TC y autor del segundo voto particular, consideró que con esta Sentencia se intentaba "conciliar lo irreconciliable, esto es, un proceso de ejecución con las garantías del art. 24 CE", porque el título que abría ejecución no era una sentencia, sino un documento privado sin mayor constatación, y porque no se permitía al deudor "alegar y probar cuantas excepciones y defensas pueda oponer frente a la legitimidad de la reclamación de cantidad unilateralmente fijada por el Abogado o Procurador"[15].

2.2. La "manifestación de cuentas" del art. 35 LEC vigente

La Ley 1/2000, de 7 de enero, de Enjuiciamiento Civil (LEC) mantuvo la tradición de regular ambos procedimientos al principio del Libro I, junto a los preceptos relativos a las partes y su intervención en juicio por medio de abogado y procurador (y no en el Libro IV, dedicado a los procesos especiales). El art. 34 LEC regula, hasta el día de hoy, la "Cuenta del procurador" y el art. 35 LEC los "Honorarios de los abogados".

En los dos preceptos se sustituyó la obligación de prestar juramento por la de manifestar (formalmente, en el caso del Abogado) que las cantidades que uno y otro reclama les son debidas y no satisfechas. Este cambio terminológico ha motivado que Bonet Navarro[16] los denomine "procedimientos de cuenta manifestada", que es también la denominación que a veces utiliza el TS. Por mi parte, y aun reconociendo que este cambio de denominación es el ajustado al tenor literal actual de los arts. 34 y 35, he preferido mantener el tradicional de "jura de cuentas" porque permite su fácil identificación y también se sigue usando por otro autores y numerosas sentencias hasta el día de hoy.

Puede decirse que los nuevos procedimientos mantuvieron en esencia la estructura de los anteriores, pero modificaron su naturaleza jurídica, al reconocer expresamente la posibilidad del requerido de formular oposi-

---

15 Sobre la jura de cuentas tras la citada STC puede verse Ángeles Gutiérrez Zarza, *Las costas en el proceso civil, cit.*, pág. 203-222.

16 "La necesaria reforma de la mal llamada 'jura de cuentas'". *Revista de Derecho UNED*, 21 (2017), pág. 76.

ción y no sujetarlo sin más a la regla *solve et repete*. Así, el art. 35 permitía impugnar los honorarios por indebidos (en cuyo caso el órgano judicial examinaba la minuta, las actuaciones y la documentación que figuraba en el procedimiento y determinaba la cantidad) y por excesivos (tras lo cual se oía al abogado y, si no aceptaba la reducción, se solicitaba el dictamen del Colegio). Víctor Moreno Catena y Amaya Arnáiz Serrano consideraron entonces que las causas de oposición de la persona requerida debían ir más allá de ambas impugnaciones, y también más allá de las causas de oposición a la ejecución de títulos extrajudiciales del art. 557 LEC. Ya no se trataba de incoar directamente un proceso de ejecución, sino "un proceso declarativo especial y sumario, con predominante función ejecutiva", en el cual la oposición del cliente "podía ser por motivos procesales o de fondo, y dirigirse tanto a la existencia o exigibilidad de la obligación como a su cuantía, pudiendo aducirse cualquier hecho impeditivo, extintivo o excluyente"[17].

2.3. *La reforma por Ley 13/2009 y la atribución de competencias (¿no jurisdiccionales?) al Letrado de la Administración de Justicia*

La Ley 13/2009, de reforma de la legislación procesal para la implantación de la nueva Oficina judicial, atribuyó al entonces llamado Secretario Judicial la competencia para tramitar los procedimientos de jura de cuentas y monitorio. El Preámbulo justificaba este cambio por la necesidad de que los jueces se centraran en el ejercicio de la potestad jurisdiccional, en tanto que algunas materias, que el legislador consideró no jurisdiccionales, fueran asumidas por otros funcionarios públicos. Como veremos después y ya puso de manifiesto entonces parte de la doctrina[18], no puede decirse que el legislador estuviera muy acertado con algunas de las modificaciones que introdujo en la jura de cuentas, en el procedimiento monitorio, y en la

---

17 "La intervención y designación del abogado y los procesos de jura de cuentas (Arts. 31 a 35 LEC)", *Comentarios prácticos a la Ley de Enjuiciamiento Civil, InDret: Revista para el Análisis del Derecho*, 1 (2006), pág. 24-25.

18 Puede verse, con detalle, José Bonet Navarro, "La necesaria reforma de la mal llamada 'jura de cuentas'", *cit.*, pág. 82 y ss., donde se muestra muy crítico con esta reforma, por razones que comparto, y muy detallado en su análisis, en el cual se remite, en lo que se refiere al proceso monitorio, al estudio de Javier López Sánchez "Naturaleza jurídica de los procesos monitorio y cambiario" (en *Estudios Jurídicos. Secretarios Judiciales, VII-2001* (Madrid, 2001), p— 575-576), para defender su naturaleza claramente jurisdiccional.

imposibilidad de recurrir en revisión ciertos decretos dictados por los (entonces aun llamados) Secretarios Judiciales en el orden civil, contencioso-administrativo y laboral.

En lo que se refiere a la jura de cuentas, la atribución de su competencia al Secretario Judicial fue total, hasta el punto de entender buena parte de la doctrina que a partir de entonces ha sido un procedimiento de jurisdicción voluntaria[19]. Otra consecuencia importante de la reforma de 2009 fue que, al atribuir la competencia exclusiva de la jura de cuentas al Secretario Judicial y vedar la posibilidad de recurrir en revisión sus resoluciones, obligaba a la parte a acudir a un procedimiento declarativo posterior para ejercitar su derecho a la tutela judicial efectiva. Dicho de otra forma, el procedimiento de jura de cuentas terminaba para el cliente sin que el órgano judicial hubiera tenido oportunidad de pronunciarse en modo alguno sobre sus motivos de oposición, ni en el propio procedimiento ni a través de un recurso que no podía interponerse frente al decreto del Secretario Judicial.

Como veremos después, el TJUE ha cambiado esta tendencia y devuelto la jura de cuentas a manos del órgano judicial, eso sí, ahora de manera compartida con el letrado AJ.

2.4. Las modificaciones por dos leyes orgánicas de 2015 y la reforma del proceso monitorio tras la Sentencia del TJUE en el Asunto Banco Español de Crédito SA

La Ley Orgánica 7/2015, de 21 de julio, que modificó la Ley Orgánica 6/1985, de 1 de julio, del Poder Judicial, cambió la denominación de Secretario Judicial por la de Letrado de la Administración de Justicia en el primer párrafo del art. 35(1).

Unos meses después la Ley Orgánica 42/2015, de 5 de octubre consideró que no era necesario abogado ni procurador en los procedimientos de jura de cuentas, y en consecuencia, al no devengar unos ni otros aranceles ni honorarios que repercutir a la parte contraria, suprimió el inciso final del art. 34(1) LEC que obligaba a la persona requerida a abonar

---

19 Como "Expediente de jurisdicción voluntaria para el pago de los honorarios de los abogados" ha sido incluido en *Derecho Procesal Civil. Parte Especial,* 12ª ed., (Valencia: Tirant lo Blanch, 2023), pág. 198-199.

las cantidades reclamadas "más las costas" (la expresión suprimida fue la entrecomillada)[20].

Esta segunda LO 42/2015 resultó también relevante porque a través de ella se modificó el procedimiento monitorio para ajustarlo a la STJUE de 14 de junio de 2012, en el asunto Banco Español de Crédito[21]. En ella se declaró que la redacción que entonces tenían los arts. 812 a 818 LEC no era ajustada a la Directiva 93/13/CEE del Consejo, de 5 de abril de 1993, sobre las cláusulas abusivas en los contratos celebrados con consumidores, en la medida en que no permitía al juez examinar de oficio (*in limite litis* ni en ninguna otra fase posterior) el carácter abusivo de una cláusula sobre intereses de demora contenida en un contrato celebrado entre un profesional y un consumidor, cuando este último no hubiera formulado oposición. En línea con este pronunciamiento, la citada Ley Orgánica añadió entonces la obligación del letrado AJ de dar traslado de la reclamación de la deuda al tribunal, para que este pueda apreciar de oficio si alguna de las cláusulas que constituye el fundamento de la petición o que haya determinado la cantidad exigible puede ser calificada de abusiva.

La misma Ley Orgánica, en aplicación de otra Sentencia del TJUE[22], introdujo el control judicial de las cláusulas abusivas en el despacho de ejecución de los laudos arbitrales, confirmando así el impacto del Derecho de la Unión, y en particular de la citada Directiva 93/13/CEE, en el Derecho Procesal Civil español[23]. La última muestra de este impacto ha sido la reforma de los procedimientos de jura de cuentas por el Real Decreto-ley

---

20 La Exposición de Motivos de la Ley Orgánica justificaba la supresión de este inciso final "para unificar las diferentes prácticas forenses que se están desarrollando en los tribunales en relación con los procedimientos de cuentas juradas de procuradores y reclamación de honorarios de los abogados (...), como así se viene recogiendo reiteradamente por la jurisprudencia del Tribunal Supremo". Sobre esta reforma procesal, que fue relevante en otros aspectos de la jura de cuentas y sobre los que no puedo detenerme para no exceder la extensión de mi contribución, me remito al trabajo de José Bonet Navarro, "La necesaria reforma de la mal llamada 'jura de cuentas'", *cit.*, pág. 85 y ss.

21 C-618/10

22 Sentencia TJUE (Sala 1ª) de 28 de julio de 2016, Milena Tomášová, C-168/15.

23 No sin cierta sorpresa y algunas reticencias por parte de la doctrina procesalista que escribió sobre el tema entonces. Puede verse por ejemplo Vicente Gimeno Sendra, "Los procesos sobre cláusulas abusivas, ¿un caos procedimental?", *Liber Amicorum del profesor Francisco Ramos Méndez,* Manuel Jesús Cachón Cadenas (aut.), Justo Franco Arias (aut.), Francisco Ramos Méndez (hom), vol 2 (2018), 1029-1038.

6/2023, a raíz de la Sentencia del TJUE en el asunto Vicente y Delia. Con una técnica muy similar a la llevada a cabo en por la LO 42/2015 en el caso del monitorio, este RD-ley ha incluido también la revisión de oficio por parte del tribunal de la posible existencia de cláusulas abusivas en los contratos y otros tipos de documentos que sirvan de base a la elaboración de la minuta cuyo pago se reclama en la jura de cuentas del art. 35 LEC.

Antes de abordar esta importante Sentencia del TJUE, es preciso analizar brevemente la STC 34/2019, de 14 de marzo y algún otro pronunciamiento del TJUE.

2.5. La STC 34/2019 y el recurso directo de revisión ante el juez o tribunal

La Sentencia 34/2019, de 14 de marzo, del Pleno del TC, resolvió una cuestión interna de inconstitucionalidad planteada por la Sala Segunda del TC a raíz de un recurso de amparo que, a su vez, tenía su origen en una jura de cuentas del art. 35 LEC.

En esta jura de cuentas, la persona requerida impugnó el decreto de admisión a trámite y requerimiento de pago, alegando caducidad en la instancia e impugnando los honorarios por indebidos y por excesivos. El letrado AJ desestimó su pretensión y, según lo dispuesto en el art. 35(2) LEC, con remisión al art. 34(2), ambos en la redacción que les había dado la reforma de 2009, ya mencionada, indicó que no cabía recurso alguno, si bien, lo acordado no prejuzgaba la sentencia que pudiera recaer en un procedimiento declarativo posterior. La impugnante quiso recurrir en revisión en aplicación del art. 454 bis LEC, y solicitó también la nulidad de actuaciones, pero ambas peticiones fueron inadmitidas por una providencia del juzgado, que fue la recurrida en amparo ante el TC.

El recurso de amparo se fundó en la posible vulneración del derecho de acceso a la justicia y el derecho de que toda decisión de los letrados AJ sea revisada y esté sujeta a control judicial, en el ejercicio de la potestad jurisdiccional de la que únicamente son titulares los jueces y magistrados. Se añadía además la falta de motivación suficiente de la resolución judicial (una mera providencia) que puso fin al procedimiento.

Admitido el amparo, la Sala Segunda del TC acordó someter al Pleno la posible inconstitucionalidad del párrafo segundo del art. 35(2) LEC en relación con los párrafos segundo y tercero del art. 34(2) LEC, a los que se remite, y en los cuales se disponía, tras la reforma de 2009 que "Dicho decreto no será susceptible de recurso, pero no prejuzgará, ni siquiera parcialmente, la sentencia que pudiera recaer en juicio ordinario ulterior".[24]

El TC, en línea con otras sentencias anteriores, califica la jura de cuentas del abogado como "un procedimiento sumario con garantías limitadas". Recuerda sin embargo que, como señaló en la STC 110/1993, esta sumariedad no puede justificar en modo alguno que la decisión que en él se adopte esté desprovista de todo enjuiciamiento, ni que la parte requerida no pueda formular oposición alguna. Sobre las causas de oposición, la STC 110/1993 ya señaló que debe permitirse al deudor "hacer las alegaciones que estime pertinentes", especialmente cuando la falta de presupuestos procesales no ha sido advertida por la autoridad competente, en cuyo caso "pueden ser puestos de manifiesto o alegados por el requerido".

Sobre esta base, el TC analiza ahora la labor del letrado AJ, que califica de no jurisdiccional, y entiende por tanto que debe darse a la persona recurrida la posibilidad de presentar un recurso de revisión ante un juez o magistrado que, por su propia naturaleza, sí están investidos de potestad jurisdiccional.

Entiende así que la jura de cuentas del abogado

> "Se configura como un procedimiento sumario en el que el letrado de la administración de justicia, órgano no investido de función jurisdiccional (en el mismo sentido, STJUE de 16 de febrero de 2017, asunto Margarit Panicello), valora la adecuación de la minuta a la actuación profesional del letrado, resuelve sobre los derechos del abogado frente a la parte que le ha encargado su defensa, determina la cuantía de lo adeudado e impone su cumplimiento al obligado".

Prosigue la STC

> "Es decir, el letrado decide sobre las relaciones jurídicas existentes entre abogado y su cliente, pues su decisión se proyecta sobre la procedencia de los honorarios durante la sustanciación de un litigio. Se le atribuyen facultades decisorias sobre cuestiones sustantivas como su propia competencia, el pago, la existencia de pactos relativos a los honorarios, la propia corrección de estos, su prescripción o, incluso, como se pone de manifiesto en el proceso

---

24 Para resolver esta cuestión, el TC contaba con dos importantes precedentes en los que había declarado la inconstitucionalidad de dos preceptos, contenidos uno de ellos en la Ley 29/1998, reguladora de la Jurisdicción Contencioso-Administrativa, y el otro en la Ley 36/2011, de 10 de octubre, reguladora de la jurisdicción social (LJS), en los que se impedía a la parte recurrir el decreto del letrado AJ. Se trataba de los arts. 102 bis.2 LJCAy 188(1) LJS, en la redacción dada por la Ley 13/2009.

> a quo, la caducidad del procedimiento principal del que trae causa. Y ha de resolver calificando la concurrencia de los presupuestos propios de este procedimiento especial y los requisitos exigibles al título para despachar la ejecución, pues la única finalidad de este procedimiento es que el letrado de la administración de justicia requiera, bajo apercibimiento de apremio, a la parte litigante, para que pague los honorarios devengados en el asunto".[25]

Llegados a este punto, el TS considera que "lo esencial es que la resolución del letrado AJ sea sometida al control del juez o tribunal, como exigencia del art. 24(1) CE". Y se pregunta, teniendo en cuenta que no cabe recurso de revisión, si ese control es posible de otro modo: en la fase de ejecución, o en el procedimiento declarativo posterior. Y concluye que no lo es.

Por un lado, entiende que las posibilidades de alegación frente a ese decreto no se permiten en la fase de ejecución forzosa, donde están tasadas por el art. 557 LEC en lo que se refiere a los títulos no judiciales ni arbitrales.

Por otro lado, el TS entiende que "el eventual procedimiento declarativo posterior no enerva ni las decisiones adoptadas en el decreto ni impide que despliegue sus efectos", con lo cual se causa al requerido de pago un perjuicio económico que puede ser difícil de reparar cuando el órgano judicial conozca por primera vez el asunto.

Por todo ello, el TC entiende que en la jura de cuentas se dirimen derechos y obligaciones entre las partes "totalmente al margen de la actividad propiamente jurisdiccional", y que "al no caber recurso alguno, no puede ser objeto de revisión (…) por ningún órgano jurisdiccional", lo cual impide que la tutela de los derechos se dispense por los jueces y tribunales, "creando un sector de impunidad que no se compadece con el art. 24(1) CE".

El TC declaró, en consecuencia, la inconstitucionalidad y nulidad del párrafo tercero del art. 34(2) LEC, al que remitía el párrafo segundo del art. 35(2) LEC, en cuanto que impedía a la parte recurrir el decreto del letrado AJ. En aplicación del art. 39 LOTC, "y para salvaguardar la armonía y consistencia interna de la ordenación legal objeto de controversia", declaró igualmente la inconstitucionalidad y nulidad del párrafo cuarto del

---

25 Me permito transcribir este extenso párrafo de la sentencia porque recoge b uena parte de las causas de oposición que puede alegar la persona requerida y ha de resolver, en tal caso, el letrado AJ.

art. 35(2) LEC. Y precisó, que, "en tanto el legislador no se pronuncie al respecto, el recurso judicial procedente frente al decreto del letrado AJ es el de revisión al que se refiere el art. 454 bis LEC"[26].

2.6. Nueva Sentencia del TJUE (aunque no de fondo) en el Asunto Margarit Panicello

La Sentencia TJUE de 16 de febrero de 2017, Margarit Panicello, C-503/15 tuvo su origen en una cuestión prejudicial planteada por el letrado AJ del Juzgado de Violencia sobre la Mujer único de Terrasa en el marco de un procedimiento de jura de cuentas. En esta sentencia, el Tribunal no contestó a las cuestiones de fondo que le habían sido planteadas: consideró que dicho letrado no era "órgano judicial" a los efectos de poder formular una cuestión prejudicial del art. 267 TFUE, y se declaró incompetente para resolverlas[27].

Aun así, la Sentencia es relevante porque se pronuncia sobre la naturaleza de la jura de cuentas, que entiende que es un procedimiento de carácter administrativo, y sobre la labor que desarrolla en dicho procedimiento el letrado AJ, que considera de naturaleza igualmente administrativa, no jurisdiccional, porque carece de la garantía de la independencia judicial en su aspecto externo (al tratarse de un funcionario del Ministerio de Justi-

---

26 Con este pronunciamiento, el TS dictó una sentencia que fue más allá de la mera declaración de inconstitucional de un precepto, e incluso de la interpretación del mismo, supliendo la labor del legislador hasta que éste se pronunciara sobre las posibilidades de recurso, lo cual ha sucedido con el Real Decreto-ley 6/2023. Sobre esta labor "aditiva" de los tribunales constitucionales, que ya había recibido la atención de la doctrina procesalista italiana en los años 90, puede verse Javier Vecina Cifuentes, "Las sentencias "aditivas" del Tribunal Constitucional y el respeto al legislador", *Justicia: revista de derecho procesal,* 3-4 (1993), pág. 477-494, y mi artículo poco después, en línea con el suyo, "Las sentencias interpretativas y aditivas del Tribunal Constitucional español", *Revista de Derecho Procesal,* 3 (1995), 1003-1040.

27 José Bonet Navarro, en el artículo que ya he citado en otras ocasiones ("La necesaria reforma de la mal llamada 'jura de cuentas'", *cit.,* pág. 88 y ss.), vaticinaba que el TJUE declararía que la jura de cuenas era contraria a la Directiva de cláusulas abusivas porque no permitía el control de oficio de órgano judicial, y proponía distintos escenarios para que el legislador ajustara este procedimiento a la normativa UE, entre ellos, una reforma similar a la del monitorio. Esa vez no pudo ser, pero sus propuestas sí han ido en línea con la reforma procesal de diciembre de 2023.

cia y por tanto sujeto al principio de dependencia jerárquica, conforme al cual puede recibir órdenes de un superior).

Las cuestiones que planteó el letrado AJ ante el TJUE son bastante similares a las que planteó años después el Juzgado de Sevilla y sobre las cuales, ahora sí, se pronunció el mismo Tribunal en la Sentencia que analizo a continuación.

2.7. La cuestión prejudicial del Juzgado de Sevilla: la parte contratante de la parte contratante (o cláusulas abusivas a partir de otras cláusulas abusivas)

La Sentencia TJUE (Sala Novena) de 22 de septiembre de 2022[28] tuvo su origen en una hoja de encargo firmada por la cliente (Delia) de un abogado, en la cual este asumía el estudio, la reclamación extrajudicial y la interposición, en su caso, de una reclamación judicial para instar la nulidad de las cláusulas abusivas incorporadas a un contrato firmado por Delia frente a una entidad bancaria.

El problema surgió porque esa hoja de encargo contenía una cláusula de desistimiento en virtud de la cual dicha cliente se comprometía "a seguir las instrucciones del despacho y si se desiste por cualquier causa antes de la finalización del procedimiento judicial o alcanza acuerdo con la entidad bancaria, sin conocimiento y contra el criterio del despacho, habrá de abonar la suma que resulte de aplicar el Baremo del Ilustre Colegio de Abogados de Sevilla para tasación de costas respecto de la demanda presentada declarativa de nulidad y acumulada de cantidad"[29].

---

[28] Vicente y Delia, C-335/21

[29] A consecuencia de la reclamación extrajudicial presentada por el abogado, su clienta aceptó la cantidad ofrecida por la entidad bancaria como reintegro de cantidades indebidamente abonadas en aplicación de una cláusula suelo contenida en el contrato de préstamo. La cantidad ascendía a 870,67 euros. El reintegro se ofrece en fecha 2 de junio de 2017, y unos días después, el 12 de junio de 2017, se registra la demanda presentada por el letrado (que llevaba fecha de 22 de mayo) en el Juzgado de primera instancia n. 10 bis de Sevilla. Al día siguiente, el mismo abogado manifiesta a su cliente por burofax la disconformidad con la oferta de la entidad bancaria, "subrayando que se había presentado demanda contra esta última". A finales de septiembre, se informa al juzgado del desistimiento de la demanda por satisfacción extraprocesal, en contra del criterio del abogado, y el letrado AJ dicta decreto poniendo fin al procedimiento. A mediados de noviembre, el abogado presenta procedimiento de jura de cuentas contra la cliente por

En línea con nuestro TC, el TJUE considera que la jura de cuentas del abogado es un procedimiento sumario con garantías limitadas. Destaca que el requerimiento de pago y cualquier decisión posterior se toma por el letrado AJ, que no es autoridad judicial. La intervención del órgano judicial sólo está prevista en la fase del eventual recurso contra dicha resolución y en esta fase, la competencia del órgano judicial es limitada, porque únicamente puede pronunciarse sobre lo que ha sido objeto de decisión por el letrado AJ, y no se admite prueba distinta a la documental que haya sido presentada durante la jura de cuentas. Por ello, según el TJUE, "puede concluirse que existe un riesgo no desdeñable de que se disuada al consumidor de hacer valer estos derechos en el marco de un recurso de revisión".

El TJUE entiende que ni en la jura de cuentas ni en el recurso que pueda plantearse después es posible efectuar un control (de oficio, si fuera necesario), del carácter abusivo de las cláusulas contenidas en un contrato (o precontrato, preminuta, hoja de encargo o documento similar) firmado entre abogado y cliente.

Aunque puede plantearse un procedimiento declarativo posterior, su incoación y tramitación no impide que la jura de cuentas despliegue sus efectos. Y en la fase de ejecución del decreto del letrado A, aunque se tramita bajo control del juez, solamente puede formularse oposición por las causas recogidas en el art. 556 LEC, sin que sea posible comprobar el carácter abusivo de las cláusulas. Es el art. 557(1), aplicable a otros títulos, el que prevé la posible impugnación de cláusulas abusivas.

Por todo lo anterior, el TJUE concluye en primer lugar que el procedimiento de jura de cuentas del abogado, así configurado, se opone a la Directiva 93/13/CEE a la luz del principio de efectividad y del artículo 47 de la Carta.

En segundo lugar, el TJUE considera que la cláusula de desistimiento (en los términos en que está redactada en este caso) no entra dentro de

---

valor de 1.105,50 euros, en aplicación de la cláusula de desistimiento que ha sido transcrita. La antigua cliente, ahora con abogada de oficio, impugna los honorarios por indebidos y el carácter abusivo de la cláusula de desistimiento. El letrado de la AJ desestimó la impugnación y fijó en 1.337,65 la cantidad debida y requirió a la deuda para el pago dentro de los cinco días siguientes. El decreto del letrado AJ se recurre en revisión, y el Juez de primera instancia eleva una cuestión prejudicial al TJUE porque duda, en esencia, que el procedimiento de jura de cuentas se ajuste a la Directiva 93/13/CEE, al principio de efectividad del derecho de la UE y al derecho a la tutela judicial efectiva del art. 47 de la Carta.

la excepción del art. 4(2) de la Directiva 93/13/CEE, que excluye de su ámbito de aplicación las cláusulas referidas "a la definición del objeto principal del contrato ni a la adecuación entre precio y retribución, por una parte, y servicios o bienes que hayan de proporcionarse como contrapartida, por otra, siempre que dichas cláusulas se redacten de manera clara y comprensible". Se trata más bien de una cláusula accesoria, que tiene por objeto "sancionar el comportamiento el cliente que actúa en contra del asesoramiento de su abogado".

En tercer lugar, el TJUE analiza si la cláusula citada puede ser contraria a la Directiva 2005/29/CE de 11 de mayo de 2005, relativa a prácticas comerciales desleales, por constituir una práctica comercial desleal o engañosa. Para ello, tiene en cuenta que aquélla no se mencionaba en la oferta comercial o en la información previa a la celebración del contrato, lo cual "constituye *a priori* una omisión de comunicar información sustancial o una ocultación de información sustancial que puede influir en la decisión tomada por el consumidor de entablar esa relación contractual". Y prosigue:

> "En efecto, de los autos que obran en poder del Tribunal de Justicia se desprende que dicha cláusula remite, para el cálculo de la penalidad contractual que estipula, al baremo del Ilustre Colegio de Abogados de Sevilla, cuyo contenido es difícilmente accesible y comprensible, y que, en caso de aplicación de dicha cláusula, el consumidor estaría obligado a abonar una penalidad contractual que puede alcanzar un importe significativo, e incluso desproporcionado en relación con el precio de los servicios prestados en virtud de ese contrato".

Por ello, el TJUE concluye que la inserción en un contrato de este tipo de cláusulas, en similares circunstancias a las analizadas, "debe calificarse de práctica comercial "engañosa", en el sentido del artículo 7 de esta Directiva, siempre que haga o pueda hacer que el consumidor medio tome una decisión sobre una transacción que de otro modo no hubiera tomado, extremo que corresponde comprobar al juez nacional".

Esta Sentencia del TJUE, por sus múltiples implicaciones, a las que volveré después, causó un gran revuelo entre los Colegios de Abogados y sus colegiados. Era, además, la segunda decisión del TJUE dictada en 2022 que afectaba de manera directa a su forma de minutar.

La primera se había dictado el día 7 de abril[30] a propósito de una tasación de costas (no una jura de cuentas) que fue continuación de un proce-

---

30 Sentencia del Tribunal de Justicia (Sala Cuarta) de 7 de abril de 2022, EL, TP y Caixabank S.A., C-385/20.

dimiento civil en el que se declaró como abusiva una cláusula contenida en un contrato de préstamo con divisa. La sentencia declara nula la cláusula y ordena recalcular el saldo deudor “atendiendo al importe que los actores habrían devuelto si las mensualidades se hubieran calculado en euros y no en divisa”.

La cuestión clave en este asunto fue determinar cuál era la cuantía real del pleito y qué cantidad debía por tanto tenerse en cuenta para calcular el límite del art. 394(3) LEC, según el cual debe incluirse en la tasación de costas “una cantidad total que no exceda de la tercera parte de la cuantía del proceso, por cada uno de los litigantes que hubieren obtenido tal pronunciamiento; a estos solos efectos, las pretensiones inestimables se valorarán en 18.000 euros, salvo que, en razón de la complejidad del asunto, el tribunal disponga otra cosa”.

Según la citada Sentencia de 7 de abril, el consumidor debe poder recuperar un importe razonable y proporcionado respecto de los gastos que haya tenido que soportar objetivamente para impugnar en un procedimiento judicial las cláusulas de carácter abusivo frente a una entidad bancaria. De lo contrario, un régimen de tasación de costas que obligue al consumidor cargar con una parte de las costas en función de las cantidades indebidamente pagadas puede disuadirles de ejercer su derecho a impugnar dichas cláusulas y ser por tanto contrario a los arts. 6(1) y 7(1) de la Directiva 93/13/CEE.

Íntimamente relacionado con esta cuestión, el TJUE entendió que el juez encargado en último término de la tasación de costas debe tener libertad para determinar la verdadera cuantía del proceso, de manera que el consumidor pueda obtener el reembolso de un importe razonable y proporcionado respecto de los gastos que haya tenido que soportar objetivamente para interponer tal recurso[31].

---

[31] Esta Sentencia es muy interesante desde el punto de vista del principio del vencimiento como criterio inspirador de la condena en costas, porque plantea si la parte favorecida por dicha condena tiene derecho al reembolso íntegro de los gastos y costas que le ha ocasionado tener que defender sus derechos en un proceso, incluidas las cantidades que ha abonado a su abogado. En mi opinión, el reembolso sí debería ser íntegro cuando las pretensiones han sido totalmente estimadas por el órgano judicial y fue la actitud obstativa de la parte contraria la que obligó a defenderlas en juicio. En estos casos el principio de Chiovenda, según el cual “la necesidad de servirse del proceso para obtener la razón no debe volverse contra quien la razón” me parece aun plenamente vigente. Su análisis excede sin embargo del objeto de mi contribución a este libro homenaje.

2.8. *El Proyecto de Ley de medidas de eficiencia procesal y el Real-Decreto ley 6/2023, de 19 de diciembre*

En la Sentencia de 22 de septiembre de 2022, y en línea con los argumentos del Gobierno español y de la Comisión, el TJUE entendió que, de acuerdo con el principio de interpretación conforme, correspondía al órgano judicial nacional examinar en qué medida la regulación de la jura de cuentas del art. 35 en relación con el art. 34 LEC podía interpretarse de manera conforme con la Directiva 93/13. Para ello, según la misma Sentencia, dicho órgano judicial debía extraer las consecuencias que procedieran, "dejando inaplicadas, si fuera necesario, cualesquiera disposiciones o jurisprudencia nacionales que se opongan a la obligación del juez, dimanante de las exigencias de esta Directiva, de examinar de oficio si las estipulaciones acordadas entre las partes tienen carácter abusivo"[32].

Sin embargo, dejar en manos del órgano judicial la responsabilidad de adecuar la normativa de la Unión protectora de los derechos de los consumidores con la regulación legal de la jura de cuentas creaba desconcierto e inseguridad jurídica entre los jueces y magistrados. Los abogados y sus colegios profesionales eran también conscientes de la dificultad de conciliar la citada Sentencia del TJUE con las disposiciones aplicables a la jura de cuentas.

Ante esta situación, el legislador español ha optado por reformar ambos preceptos, los arts. 34 y 35 LEC, usando la fórmula que había aplicado años atrás para el procedimiento monitorio: añadiendo un apartado que, aunque figure al final de ambos preceptos, permite al órgano judicial controlar *ab initio* la posible presencia de cláusulas abusivas en el contrato, hoja de encargo, pre-minuta u otro documento similar, en el que se haya plasmado la relación abogado-cliente y que sirva como soporte documental para la jura de cuentas.

El legislador podía haber adoptado otras opciones, como analizó Bonet Navarro con motivo de la STJUE en el asunto Margarit Panicello[33], pero ésta parece igualmente válida. Habrá que esperar a su entrada en vigor y al comienzo de su aplicación práctica para evaluarla.

---

32 En el mismo párrafo se cita a renglón seguido la Sentencia de 7 de noviembre de 2019, Profi Credit Polska, C-419/18 y C-483/18, EU:C:2019:930, apartado 76 y jurisprudencia mencionada en ella.

33 Véase *supra*, nota a pie n. 27.

El legislador ha aprovechado, además, la reforma legal para adaptar la redacción del art. 35(2) (y del art. 34(2)) LEC a la STC 34/2019, ya analizada. La nueva redacción declara expresamente al final de su tercer párrafo que frente al decreto del letrado AJ "cabrá interponer recurso directo de revisión", y al comienzo del cuarto párrafo se dice ahora que "*este decreto y el auto que resuelva el recurso de revisión no prejuzgarán*, ni siquiera parcialmente, la sentencia que pudiera recaer en juicio declarativo posterior" (lo señalado en cursiva es lo de nueva redacción).

El Proyecto de Ley 121/000097, de medidas de eficiencia procesal del servicio público de Justicia[34], había previsto la reforma el régimen de recursos en el procedimiento de jura de cuentas[35], pero no el control de oficio del carácter abusivo de las cláusulas relativas a la relación entre abogado y cliente. El citado Proyecto de Ley se registró en el Congreso en mayo de 2022, y la Sentencia del TJUE que abordó esta materia es de septiembre del mismo año, por lo que cabe pensar que fue esta última la que motivó que durante la tramitación parlamentaria se introdujera tal reforma procesal. Y efectivamente, sucedió de esta manera.

Cuando el citado Proyecto de Ley se encontraba en el trámite de enmiendas en el Congreso, el Grupo Parlamentario Socialista, el Grupo Parlamentario Confederal de Unidas Podemos-En Comú Podem— Galicia en Común presentó la enmienda núm. 314, de modificación, para introducir un apartado (4) en el art. 34 LEC (en la jura de cuentas del procurador). Lo justificó por considerar precisa "la adecuación de la normativa nacional a la sentencia de 22 de septiembre de 2022 de TJUE, asunto C-335/21, que en su fallo ha concluido que los arts. 34 y 35 LEC no son acordes con la exigencia de protección al consumidor". Se reconoce, además, que la redacción propuesta se ha inspirado "en la prevista en el art. 815(4) LEC" (sobre el procedimiento monitorio)[36].

---

34 BOCG, Congreso de los Diputados, XIV Legislatura. Serie A, Proyectos de Ley, 22 de abril de 2022, núm. 97-1.

35 Señalaba en su Exposición de motivos: "Otro de los objetivos cuya consecución se logra con esta reforma es la adaptación del sistema de recursos contra las resoluciones de los letrados o las letradas de la Administración de Justicia a la doctrina del Tribunal Constitucional, que ha venido declarando inconstitucional el diseñado por el legislador que impedía la interposición de recurso de revisión contra el decreto resolutivo de la reposición (sentencia 15/2020, de 28 de enero de 2020) y de la jura de cuentas (sentencia 34/2019, de 14 de marzo de 2019)."

36 Página 246.

La adición del apartado (4) en el artículo 35, sobre la jura de cuentas del abogado, se propone en el Congreso en un momento posterior y por la enmienda núm. 596 del Grupo Parlamentario Socialista[37]. La justificación es la misma que en el caso de la enmienda núm. 314.

3. CUESTIONES PRÁCTICAS RELEVANTES DE LA ACTUAL REGULACIÓN

No es mi intención abordar en este apartado, de manera sistemática y completa, la regulación actual de la jura de cuentas del abogado. Requiere un análisis detallado que excedería el número de páginas y el objeto de mi contribución, que está centrada en la progresiva configuración de un proceso civil que empezó siendo privilegiado y que ya no lo es. En cambio, he seleccionado algunas cuestiones que suscitan dudas en la práctica de los tribunales, y sobre las cuales se han pronunciado (a veces a modo de *obiter dicta)* el TJUE y los Tribunales Constitucional y Supremo[38] español.

3.1. Libre determinación de honorarios, derecho de la competencia y normas protectoras de consumidores

En términos generales, la relación entre el abogado y su cliente se enmarca en el contrato de arrendamiento o prestación de servicios del art. 1544 del Código Civil[39], con la importante particularidad de no determinarse el precio al principio de la relación contractual, sino durante el transcurso o al término de la misma[40]. Este precepto se desarrolla y completa por los arts. 26 a 30 y 48 a 55 del Estatuto General de la Abogacía de 2021 y las normas de los respectivos Colegios de Abogados.

---

37 Página 512.

38 No es frecuente que el TS se pronuncie sobre la jura de cuentas a través de un recurso de casación (aunque hay algunos casos), pero sí son numerosos los recursos directos de revisión que resuelve el TS, a propósito de las juras de cuentas que presentan los abogados frente a sus clientes por los honorarios devengados ante la Sala de lo Civil del TS.

39 STS, Sala 1ª, de 23 de mayo de 2006. Algunas SSTS lo califican como "un contrato de gestión que la jurisprudencia construye, de modo no totalmente satisfactorio, con elementos tomados del arrendamiento de servicios y del mandato" (SSTS, Sala 1ª, de 22 de abril de 2013, y de 20 de mayo de 2014).

40 STS, Sala 1ª, de 18 de febrero de 2005.

A la hora de fijar el precio rige el principio de libre determinación de la remuneración de los servicios jurídicos prestados, en aplicación del art. 26 del citado Estatuto y de la Ley 2/1974, de 13 de febrero, sobre Colegios Profesionales, cuyo art. 14, tras la reforma de 2009[41], prohíbe a los citados Colegios y a sus organizaciones colegiales "establecer baremos orientativos ni cualquier otra orientación, recomendación, directriz, norma o regla sobre honorarios profesionales"[42].

No obstante, a renglón seguido, el art. 14 incluye una excepción que figura en la Disposición adicional cuarta de la misma Ley, a la cual se remite, y que permite "elaborar criterios orientativos a los exclusivos efectos de la tasación de costas y la jura de cuentas de los abogados", además de "para el cálculo de honorarios y derechos que corresponden a los efectos de tasación de costas en asistencia jurídica gratuita".

La Sala Primera del TS ha confirmado esta excepción, a la que añade que cuando no hay pacto expreso entre las partes, en la fijación de los honorarios entre el abogado y su cliente "se podrán tener en cuenta, como referencia, los baremos orientadores del Colegio en cuyo ámbito actúe, aplicados conforme a las reglas, usos y costumbres del mismo, normas que, en todo caso, *tendrán carácter supletorio de lo convenido* y que se aplicarán en los casos de condena en costas a la parte contraria"[43].

Por su parte, la Sala Tercera del TS ha establecido una importante diferencia, desde la perspectiva del Derecho de defensa de la competencia y

41 Ley 25/2009, de 22 de diciembre, de modificación de diversas leyes para su adaptación a la Ley sobre el libre acceso a las actividades de servicios y su ejercicio.

42 El citado principio se reforzó por la Ley 17/2009, de 23 de noviembre, sobre el libre acceso a las actividades de servicios y su ejercicio, que introdujo parcialmente en nuestro ordenamiento la Directiva 2006/123/CE de 12 de diciembre relativa a los servicios en el mercado interior.

43 ATS 7131/2021, de 26 de mayo, que señala a continuación que "*las normas colegiales constituyen previsiones supletorias,* destinadas preferentemente a la cuantificación de la condena en costas, la cuenta jurada y la asistencia jurídica gratuita, pero que pueden tener un carácter orientativo, a falta de pacto, para cuantificar el precio del arrendamiento de servicios, cuando se utilizan de manera conjunta con otros datos o referencias como pueden ser la complejidad del asunto, los motivos del recurso —si lo ha habido— u otras circunstancias que hayan concurrido en el caso" ((la cursiva es mía).

frente a la competencia desleal, entre "los baremos" y "los criterios orientativos" que puedan establecer los Colegios de Abogados[44].

Entiende por "criterios orientativos" el conjunto de elementos, pautas o directrices con algún grado de generalidad que han de tenerse en cuenta en los procedimientos de tasación de costas y jura de cuentas de los abogados.

En contraposición, los "baremos" van más allá, en el sentido de que aplican los criterios orientativos en cada caso o trámite concreto, con el resultado de constituir listados o tarifas de precios para cada actuación de los abogados. El TS destaca que en estos baremos se incluyen "valores de referencia expresados en euros como escalas con tramos de cuantías a las que se aplican distintos porcentajes", y "reglas específicas y pormenorizadas referidas a actuaciones profesionales concretas y que conduzcan directamente a una determinada cuantificación de los honorarios". Los baremos, así entendidos, son una conducta prohibida por el artículo 1 de la Ley 15/2007, de 3 de julio, de Defensa de la Competencia, porque tienden a homogeneizar los honorarios cobrados por los honorarios excluyendo la divergencia de precios que resultaría de un sistema de libre competencia[45].

---

44 La distinción se ha consolidado en varias Sentencias dictadas a finales de 2022, en la última de las cuales aclaró, al resolver un recurso de interés casacional, qué debía entenderse como "criterios orientativos a los exclusivos efectos de la tasación de costas y de la jura de cuentas de los abogados": si el conjunto de elementos que han de tenerse en cuenta para la tasación de costas y de la jura de cuentas de los abogados, o si también es admisible el resultado cuantitativo de aplicar dichos criterios en cada caso concreto, que sería un listado de precios que han ser aplicados de modo automático según diferentes escalas de cuantía, y si los mismos deben ser o no de conocimiento público y abierto". Como se verá, la Sala Tercera optó por la primera interpretación, lo cual ha causado bastante confusión en la práctica. Sobre las anteriores Sentencias de la Sala 3ª dictadas a finales de 2022 puede verse M. José Achón Bruñén, "Prohibición por la Sala 3ª del TS de la difusión de baremos por los Colegios de Abogados. Honorarios excesivos y cláusulas abusivas en las hojas de encargo", Diario La Ley n. 10285, Sección Tribuna, 12 de mayo de 2023.

45 En aplicación de esta jurisprudencia, la Comisión Nacional de los Mercados y la Competencia calificó de conducta muy grave la publicación de una "Recopilación de criterios del Colegio de Abogados de Madrid en la emisión de sus dictámenes sobre honorarios profesionales a requerimiento judicial" aprobado por Acuerdo de la Junta de Gobierno del ICAM de 4 de julio de 2013, e impuso al ICAM una multa de casi medio millón de euros. La Sala de lo Contencioso-Administrativo de la AN, en Sentencia de 22 de julio de 2021, confirmó la sanción: "una vez

Hasta aquí pueden entenderse compatibles la jurisprudencia de la Sala 1ª y de la Sala 3ª del TS, porque a medida que se leen con mayor detalle sus sentencias la confusión aumenta. Ya he señalado que la Sala 1ª establece que, a falta de acuerdo entre las partes, los baremos orientadores pueden tenerse en cuenta —junto a otros elementos— de manera subsidiaria para fijar el precio de los servicios prestados por el abogado. Sin embargo la Sala 3ª, en su Sentencia frente al Colegio de Abogados de Las Palmas, critica este ámbito de aplicación más amplio y lo considera contrario a la Ley de competencia desleal[46].

Por si el asunto no fuera lo suficientemente complejo, la Directiva 93/13/CEE sobre cláusulas abusivas, la Directiva 2005/29/CE sobre competencia desleal y la STJUE de 22 de septiembre de 2022 en el asunto Vicente y Delia dificultan aún más conciliar la normativa aplicable. En esta Sentencia, el TJUE entendió que la cláusula de desistimiento era contraria a la Directiva sobre competencia desleal porque remitía a unas Normas del Colegio de Abogados de Sevilla que eran de difícil localización e interpretación, e insistía en que el consumidor ha de disponer de la información necesaria y de criterios claros sobre los honorarios del abogado al que con-

examinados por la Sala, comprobamos que no se trata, estrictamente, de una serie de criterios elaborados con este fin sino de un auténtico baremo de precios como refleja la cuantificación que realiza respecto de la actuación profesional del abogado en relación con cada trámite procesal". Recurrida esta Sentencia en casación, el TS aplicó en ella los mismos criterios que en la STS n. 1684/2022, de 19 de diciembre de 2022, dictada en recurso promovido por el Colegio de Las Palmas, y en la STS n. 1751/2022, de 23 de diciembre de 2022, dictada en el recurso formulado por el Colegio de Abogados de Guadalajara. Y concluyó que, efectivamente, el ICAM no había hecho públicos meros criterios orientadores a los efectos de la tasación de costas y la jura de cuentas, sino baremos o tarifas que vulneraban el art. 1 de la Ley de Competencia Desleal.

46 "… aunque el propio encabezamiento del acuerdo colegial se refiere a criterios de honorarios que se aprueban "a los efectos de informe a requerimiento judicial en las impugnaciones de tasaciones de costas y jura de cuentas de los Abogados", lo cierto es que su ámbito de aplicación es mucho más amplio. Por lo pronto (…) tales criterios están llamados a servir de guía (…) en cualquier procedimiento judicial en el que por el Juzgado se solicite pericia en materia de honorarios profesionales. Y, más relevante aún, también son de aplicación "cuando no exista pacto o presupuesto escrito respecto a la cuantificación de los honorarios y éstos sean objeto de discusión entre Abogados o entre Abogado y Cliente" (Fundamento jurídico 5º de la STS 1749/2022, que analizamos, y que reproduce parte del Fundamento jurídico 3º de la STS de 19 de diciembre de 2022 dictada en el caso del Ilustre Colegio de Abogados de Las Palmas).

trata. Sin embargo, si de acuerdo con la Sala 3ª del TS no pueden establecerse baremos o tarifas con precios orientativos para las actuaciones de los abogados, parece que algo no cuadra.

No puedo detenerme mucho más en esta cuestión, pero sí me gustaría destacar la importancia de encontrar un perfecto encaje entre las distintas perspectivas y disposiciones aplicables al modo de minutar de los abogados, especialmente cuando sus clientes son personas físicas protegidas por el derecho europeo y nacional en materia de consumidores. Hay muchos intereses económicos en juego y no puede haber confusión e inseguridad jurídica.

3.2. Plazo para instar la jura de cuentas y caducidad de la instancia

En los procedimientos de jura de cuentas (tanto del abogado como del procurador), el TS se ha pronunciado a favor de la aplicación del art. 237 LEC, sobre la caducidad de la instancia, a la hora de determinar si ha transcurrido el plazo para instar la solicitud[47]. Entiende el TS que, aunque la LEC no haya previsto un plazo específico, ello no significa que pueda instarse la jura cuando hayan transcurrido varios años desde el devengo de los honorarios[48].

---

47 Una cuestión distinta es el cómputo del plazo para el ejercicio de las acciones de reclamación de los honorarios profesionales de los letrados. El TS se ha pronunciado sobre esta cuestión en su Sentencia 496/2022, de 3 de febrero, resolutoria de un recurso de casación y (entonces aún denominado) y por infracción procesal, según la cual es aplicable el plazo de los tres años del art. 1967 Cc. Además, "a efectos de determinar el diez a quo del plazo de prescripción trianual de la pretensión de cobro de honorarios profesionales prevista en el art. 1967 Cc, la doctrina de la Sala es la de que, cuando se hayan efectuado diversas gestiones o actuaciones en relación con un mismo asunto de un cliente, el momento en que "dejaron de prestarse los respectivos servicios" es el de la terminación del asunto, de modo que no empieza a correr el plazo de prescripción hasta su finalización". Y añade: "A efectos del cómputo del plazo de prescripción, como señalamos en la Sentencia 417/2017, de 30 de junio, la jurisprudencia de esta Sala tiene establecido que los servicios profesionales de los abogados y procuradores en un determinado asunto deben considerarse como un todo, es decir como el conjunto de los trabajos desarrollados para la defensa del asunto, y no se forma aislada respecto de cada una de sus actuaciones; salvo que por voluntad de las partes proceda fragmentar y dividir el cobro de cada una de las actuaciones del profesional, como si se tratara de encargos diferentes, aunque versen sobre un mismo asunto".

48 "... pensar que el silencio de la LEC al respecto supone que no existe ese límite temporal puede resultar absurdo al intérprete, en cuanto se contradice con la propia justificación de su existencia. Si el legislador establece un trámite privi-

En consecuencia, y en aplicación del citado art. 237 LEC, el plazo para presentar la reclamación de jura de cuentas por los honorarios devengados en primera instancia es de un año, y por los devengados en segunda instancia y casación es de dos.[49]

Sobre el *dies a quo* para el cómputo de los plazos, según el TS, "la naturaleza incidental de la jura de cuentas respecto del procedimiento principal del que trae causa exige que la cuestión de la caducidad se examine con referencia a dicho procedimiento", y dentro del mismo, en particular, "con referencia a la última actuación habida en dicho procedimiento"[50]. Así por ejemplo, en el caso de inadmisión del recurso de casación comienza a contar desde que se dictó y notificó el correspondiente auto de inadmisión.

No se tiene en cuenta, a los efectos del cómputo de dicho plazo, la práctica de ciertas actuaciones relativas a la tasación de costas[51].

---

legiado, afectado por el principio de sumariedad, en atención, precisamente, a posibilitar el cobro inmediato, resulta una conclusión ilógica pensar que pueda ser promovido en cualquier momento posterior al litigio, sine die (...)", ATS 1331/2022, de 1 de febrero. Véase también el ATS 604/2021, de 20 de enero, en un caso curioso donde el abogado defiende lo indefendible tras resultar acusado de apropiación indebida por la comunidad de propietarios frente a la que insta la jura.

49 El Real Decreto-ley 6/2023 ha suprimido la referencia que se hacía en este apartado (1) al recurso por infracción procesal, en lógica concordancia con la desaparición de este recurso.

50 ATS 1331/2022, de 1 de febrero.

51 "Según ha declarado esta Sala, la solicitud de la tasación de costas debe considerarse un acto preparatorio de la ejecución, ya que completa el título de crédito y crea el de ejecución (entre otros, AATS de 11 de septiembre de 2012, recurso 2236/2002, y de 20 de diciembre de 2012, recurso 3416/1992, que recogen el criterio del Acuerdo del Pleno Gubernativo de 21 de julio de 2009).
Por esta razón, esta Sala (como recuerda la Sentencia 163/2015, de 1 de abril, y se declara en las resoluciones antes citadas) ha considerado que a la solicitud de tasación de costas se le debe aplicar el plazo legal para el ejercicio de las acciones ejecutivas de cinco años (Art. 518 LEC). De lo indicado se deduce que la tasación de costas, y demás actuaciones judiciales que de ella se deriven, no pueden ser tenidas en cuenta, a los efectos de fijar el *dies a quo*, para apreciar el abandono de la instancia cuando lo que se reclama en la jura de cuentas son los honorarios devengados por la intervención profesional del letrado en los recursos extraordinarios". ATS 1331/2022, de 1 de febrero, en relación con un recurso de revisión ante el TS de una sentencia dictada por un juzgado de primera instancia en un juicio verbal. En este caso, la última notificación en el procedimiento principal se efectuó el 3 de julio de 2018, el procurador presentó su escrito de jura de cuentas

3.3. Algunos motivos de oposición e impugnación por indebidos: prejudicialidad penal, actitud negligente del abogado, comisión de éxito

Ya he señalado que con la vigente LEC, tal y como precisaron Moreno Catena y Arnáiz Serrano, la oposición del deudor frente al requerimiento de pago "podía ser por motivos procesales o de fondo, y dirigirse tanto a la existencia o exigibilidad de la obligación como a su cuantía, pudiendo aducirse cualquier hecho impeditivo, extintivo o excluyente"[52].

En efecto, el TS admite entre otros motivos de oposición alegar la caducidad en la instancia[53], la falta de legitimación activa[54], la prejudicialidad penal en el proceso civil[55], o la actitud negligente del abogado[56]. También

el 6 de octubre de 2020, y el Letrado AJ declaró la caducidad del expediente de jura de cuentas por decreto de 20 de septiembre de 2021. El TS, en aplicación de la jurisprudencia mencionada, consideró irrelevante que el procurador hubiera presentado ante el juzgado de primera instancia ejecución de la tasación de costas por escrito de 26 de abril de 2019.

52 Véase *supra*, apartado 2.2., y nota a pie n. 17.

53 Motivo analizado en el ATS, Sala Civil, 21.3.2023, ECLI:ES:TS:2023:3808A, con motivo de la jura de cuentas de un abogado por los honorarios devengados por la interposición de un recurso de casación, que fue inadmitido por el TS. Véase también supra, el apartado 3.2. que acabamos de analizar.

54 Motivo analizado en el ATS, Sala Civil, 21.3.2023, citado en la nota anterior.

55 ATS 7.2.2023, núm. 270/2019. Se trataba de un supuesto en el que Caixabank había presentado una querella por presuntos delitos de estafa, falsedad documental y estafa procesal contra el procurador que instó la jura de cuentas, tras acreditar la entidad bancaria que el correspondiente Juzgado de Instrucción había acordado la incoación de un procedimiento diligencias previas y la admisión a trámite de dicha querella. El TS acordó la suspensión inmediata de la jura de cuentas, hasta que concluyera el procedimiento principal, en aplicación del art. 40 LEC.

56 Por actitudes "tales como no presentarse él mismo a los juicios señalados, no realizar de manera personal los escritos necesarios, o dejar incluso que se le pasen los plazos procesales en asuntos de importancia", lo cual fue debido, según la parte que impugnó los honorarios, a que el letrado "no estaba colegiado como ejerciente", sino que, como más tarde pudo conocer el esposo de quien impugnó la minuta, "se ha encontrado durante todos estos años dado de alta como demandante de empleo y además cobrando una prestación por ello". STS 4209/2020, de 15 de diciembre. En ella se analiza el recurso de casación y por infracción procesal que presentó el abogado frente a las sentencias que desestimaron su demanda de derecho al honor, presentada tras formular la parte contraria esas declaraciones al oponerse a la jura de cuentas.

ha considerado indebida la reclamación en la jura de cuentas de la comisión por éxito pactada entre abogado y cliente[57].

3.4. La "media ponderada y razonable de la minuta dentro de los parámetros de la profesión" en la impugnación de honorarios por excesivos

En el momento de examinarse la impugnación por excesivos, la Sala de lo Civil del TS entiende que debe atenderse a todas las circunstancias concurrentes, sin que por sí solas sean determinantes ni tengan carácter vinculante las normas orientadoras de los Colegios de Abogados establecidas al efecto, ni el informe preceptivo que ha de pedirse al Colegio del letrado que se opone a la impugnación. Como resultado de estas valoraciones,

> "*la minuta incluida en la tasación debe ser una media ponderada y razonable dentro de los parámetros de la profesión*, no sólo calculada de acuerdo a criterios de cuantía, sino además adecuada a las circunstancias concurrentes en el pleito, el grado de complejidad del asunto, la fase del proceso en que nos encontramos, los motivos del recurso, la extensión y desarrollo del escrito de impugnación del mismo, la intervención de otros profesionales en la misma posición procesal y las minutas por ellos presentadas a efectos de su inclusión en la tasación de costas, sin que, para la fijación de esa media razonable que debe incluirse en la tasación de costas, resulte vinculante el preceptivo informe del Colegio de Abogados"[58].

---

57 ATS 4641/2020, de 30 de junio, por considerarse que dicha cláusula era ajena a las actuaciones del recurso de casación en el que defendió a su cliente: "Del propio texto de la norma resulta que a través del presente expediente, sólo cabe reclamar por créditos documentados en la correspondiente minuta o cuenta detallada y justificada, y relacionados con la actuación profesional del procurador o del abogado en el litigio, esto es, referido a la actuación procesal que los mismos han realizado ante esta Sala y en concreto en los recursos extraordinario por infracción procesal y de casación interpuestos, no pudiendo por ello en el seno de esta reclamación incluirse el pago de una comisión o prima de éxito, la cual, aun cuando responda a lo pactado entre abogado y cliente, no responde a una actuación procesal ante esta Sala en los recursos extraordinario por infracción procesal y casación, planteándose una cuestión compleja derivada del contrato entre abogado y cliente que excede del ámbito del artículo 35 LEC", todo ello sin perjuicio de que el abogado pueda reclamar tal cantidad en el juicio declarativo correspondiente.

58 ATS, Sala 1ª, 1972/2021, de 23 de febrero; ATS, Sala 1ª, 4431/2021, de 14 de abril.

3.5. Extensión y límites del recurso de revisión frente al decreto del letrado AJ

El recurso de revisión que se interponga frente al decreto del letrado AJ en aplicación del art. 454 bis LEC (también objeto de reforma por el RD-ley 6/2023), deberá citar la infracción en que hubiera incurrido aquél. En caso contrario, el TS recuerda que es causa suficiente de inadmisión de plano y, en un momento posterior, de desestimación del recurso[59].

En cuanto a los extremos que son objeto de revisión por el TS, en el Auto de 20 de septiembre de 2022 se señala que la solución a todas las controversias relativas a la impugnación por excesivos de los honorarios de abogados "pasa por el examen de las circunstancias concretas del caso y su acomodación a los parámetros o criterios que rigen en la materia, lo que incumbe en primer lugar al letrado de la Administración de Justicia, como encargado de la resolución inicial del incidente, y posteriormente a esta Sala", cuya función revisora "se contrae a los casos en que el decreto dictado por el letrado AJ infrinja normas procesales o incurra en arbitrariedad o falta de proporción, sin que sea posible usar el recurso de revisión para sustituir esa ponderación por un nuevo juicio de mejor criterio por parte de esta sala"[60].

Cuando en el recurso de revisión se estima la impugnación de la oposición al decreto del Letrado AJ que consideró excesivos los honorarios del abogado, y se corrige la cantidad minorada para aceptar la que inicialmente había sido reclamada por el abogado, se imponen las costas del incidente por excesivos a la parte que lo promovió[61].

Cuando la jura de cuentas y el posterior recurso de revisión se tramitan ante el TS por los honorarios devengados por los abogados en el marco de recursos de casación, el Alto Tribunal no impone las costas del recurso a

---

59 ATS, Sala 1ª, 3071/2018, de 20 de septiembre. El recurso de revisión podría interponerse por ambas partes, por ejemplo, cuando el decreto del letrado AJ consideró que los honorarios eran debidos (frente a lo alegado por el deudor en su escrito de impugnación), pero excesivos (reduciendo así la cuantía reclamada por el abogado), como sucedió en el recurso de revisión ante el TS resuelto por ATS, Sala 1ª, 3808/2023, de 21 de marzo.

60 ATS, Sala 1ª, de 20 de septiembre de 2022, n. 3071/2022. En idéntico sentido, ATS, Sala 1ª, de 22 de febrero de 2022, n. 4296/2018, con cita de los Autos de 18 de enero 2022, n. 4870/2017, 16 de noviembre de 2021, n. 3896/2018, 2 noviembre 2021, n. 777/2018 y 14 septiembre 2021, n. 3890/2018.

61 Así, ATS de 21 de marzo de 2023, n. 3808/2023.

ninguna de las partes, en aplicación del criterio fijado por la Sala del art. 61 LOPJ en el Auto de 10 de febrero de 2015[62].

4. CONCLUSIONES

Según avancé al principio y hemos tenido ocasión de comprobar, la jura de cuentas del abogado es el resultado de una larga evolución, que comenzó (al menos) en el art. 12 LEC de 1881. La doctrina más autorizada criticó entonces su carácter privilegiado y la brevedad de su regulación legal, que apenas dejaba margen a la persona requerida para oponerse. Sobre estos aspectos se pronunció el TC en 1993. No convencieron del todo sus argumentos, y la LEC vigente trató de mejorar su tenor literal y las posibilidades de defensa de la persona requerida. El intento del legislador en 2009 de transferir la jura de cuentas por completo al letrado AJ no salió del todo bien. Así lo destacó de nuevo la doctrina más relevante y lo confirmó el TJUE, al responder a las preguntas (cuestiones prejudiciales) de varios tribunales españoles. El TC tuvo también que intervenir para fortalecer las posibilidades de defensa del requerido, al menos en fase de recurso. El TJUE confirmó esta necesidad, pero añadió que el tribunal debe también proteger al consumidor frente a las cláusulas abusivas al principio de la jura. Con el RD-ley 6/2023, el legislador español vuelve a adaptar la regulación legal a los nuevos tiempos. Puede que no sea la última.

Lo que sí parece claro a día de hoy es que este procedimiento ha dejado de tener un carácter privilegiado, en el sentido de conciliar y equilibrar ahora los intereses de ambas partes (incluso, como hemos visto deja a los abogados y en una posición delicada a la hora de minutar).

Además, como resultado de este diálogo constante entre la doctrina, el legislador nacional y el europeo, nuestros tribunales y el de la UE, ha dejado de ser un proceso en miniatura y se ha convertido en un proceso complejo regulado en un extenso precepto legal.

En el recién estrenado art. 35 LEC, cada palabra cuenta. Ha sido el resultado de mucho estudio y debate entre reconocidos juristas. Lo mismo sucede con la mayoría de los preceptos (si no de todos) incluidos en la LEC y otras tantas leyes procesales. De ahí que no puedan reformarse a la

---

62 En el mismo sentido, AATS de 16 de junio de 2015, recurso 10/2005, 9 de marzo de 2016, recurso 15/2013, y 19 de octubre de 2016, recurso 10/2007, todos ellos citados en el ATS de 21 de marzo de 2023, recurso 3808/2023.

ligera. No puede suceder que alguien se levante una mañana pensando en Bruselas y con la idea genial de cambiar la LECrim para reducir los plazos de investigación del Ministerio Fiscal. Quizá esta reforma sea necesaria, no conozco el tema en profundidad ni he tenido ocasión de debatirla con jueces y fiscales, pero sí me parece que en tal caso, será necesario estudiarla y debatirla con quienes conocen bien su contexto y su impacto. Lo contrario es preocupante y compromete nuestro Estado de Derecho, que no por ser una palabra muy usada últimamente ha dejado de ser importante.

Me gustaría terminar con las palabras del Profesor José María Asencio Mellado, que hace unos días publicaba lo siguiente en una revista especializada en Derecho Procesal[63]:

> "Cuando las instituciones que conforman el Poder Judicial en sentido amplio se dañan, cuando el valor de la división de poderes se ignora o devalúa poniendo por delante de su esencialidad consideraciones inmediatas, lícitas o ilícitas, no es este el tema, los efectos se instalan en la sociedad de forma difícil de eliminar, al menos en un futuro cercano. La paz social puede verse comprometida y, de suceder, no podrá el Poder Judicial ser quien la garantice si su actividad se somete a la sospecha permanente. El daño hecho a las instituciones no ha sido evaluado por quienes no lo han valorado con el rigor necesario".

BIBLIOGRAFÍA

Achón Bruñén, María José. *Las costas procesales y las denominadas juras de cuentas: soluciones a problemas que la LEC silencia.* Madrid: Bosch Editor, 2008.

Achón Bruñén, María José. "Prohibición por la Sala 3ª del TS de la difusión de baremos por los Colegios de Abogados. Honorarios excesivos y cláusulas abusivas en las hojas de encargo". *Diario La Ley* n. 10285, Sección Tribuna, 12 de mayo de 2023.

Asencio Mellado, José María. "Preservar el Estado de Derecho", *Práctica de Tribunales,* 166 (enero-febrero 2024).

Bonet Navarro, José. "La necesaria reforma de la mal llamada 'jura de cuentas'". *Revista de Derecho UNED,* 21 (2017) 73-108.

De la Plaza, Manuel. *Derecho Procesal Civil Español,* Tomo I. Madrid: 1951.

Doménech Pascual, "Por qué y cómo hacer análisis económico del Derecho", *Revista de Administración Pública,* 195 (2014) 99-133.

Fiorenza, Alberto Alejandro. *Introducción al análisis económico y conductual del Derecho Procesal.* Barcelona: J. M. Bosch, 2023.

Fuentes Soriano, Olga. *Las costas en la nueva LEC.* Valencia: Tirant lo Blanch, 2000.

Gimeno Sendra, Vicente. "Causas históricas de la ineficacia de la Justicia", *Justicia: revista de derecho procesal,* 2 (1987): 579-602.

63 "Preservar el Estado de Derecho", *Práctica de Tribunales,* 166 (enero-febrero 2024).

Gimeno Sendra, Vicente. "Causas históricas de la ineficacia de la Justicia". Joan Picó i Junoy, *La evolución del derecho procesal a la luz de "Justicia"*(Joan Picó i Junoy, coord...). Barcelona: J. M. Bosch Editor (2022): 307-333.

"Gimeno Sendra, Vicente. Los procesos sobre cláusulas abusivas, ¿un caos procedimental?", *Liber Amicorum del profesor Francisco Ramos Méndez,* Manuel Jesús Cachón Cadenas (aut.), Justo Franco Arias (aut.), Francisco Ramos Méndez (hom), vol 2 (2018), 1029-1038.

Gutiérrez Zarza, Ángeles. *Las costas en el proceso civil.* Madrid: Colex, 1998

Gutiérrez Zarza, Ángeles. *La asistencia jurídica gratuita en el proceso civil.* Madrid: Colex, 1998

Gutiérrez Zarza, Ángeles. "Las sentencias interpretativas y aditivas del Tribunal Constitucional español", *Revista de Derecho Procesal,* 3 (1995), 1003-1040.

Herrero Perezagua, Juan Francisco. *La condena en costas. Procesos declarativos civiles.* Barcelona: J. M. Bosch, 1994

López Sánchez, Javier. "Naturaleza jurídica de los procesos monitorio y cambiario" (en *Estudios Jurídicos. Secretarios Judiciales, VII-2001.* Madrid (2001), 557-582.

Martín Contreras, Luis. *La tasación de costas y la liquidación de intereses y sus impugnaciones en los órdenes jurisdiccionales civil, penal, contencioso-administrativo y social (legislación, doctrina, jurisprudencia y casos prácticos).* Granada: Comares, 1997

Martínez García. Alejandro et alt, *Costas y gastos procesales: cuando el Tribunal Supremo miró a Europa: la tasación de las costas "a la sombra" de los criterios de la Sala Primera del Tribunal Supremo.* Valencia: Tirant lo Blanch 2014.

Moreno Catena, Víctor. "Causas históricas de la ineficacia de la justicia". *Justicia: revista de derecho procesal,* 1 (1998): 33-56.

Moreno Catena, Víctor. "Causas de la ineficacia de la administración de justicia: propuesta de soluciones", *Proserpina: revista de la Universidad Nacional de Educación a Distancia. Centro Regional de Extremadura-Mérida* (ejemplar dedicado al estado actual de la administración de Justicia) 6 (1987): 91-122

Moreno Catena, Víctor. "Causas históricas de la ineficacia de la justicia". Joan Picó i Junoy, *La evolución del derecho procesal a la luz de "Justicia"*(Joan Picó i Junoy, coord.). Barcelona: J. M. Bosch Editor (2022): 561-584

Moreno Catena, Víctor. Arnáiz Serrano, Amaya. "La intervención y designación del abogado y los procesos de jura de cuentas (Arts. 31 a 35 LEC)", *Comentarios prácticos a la Ley de Enjuiciamiento Civil, InDret: Revista para el Análisis del Derecho,* 1 (2006), pág. 24-25

Moreno Catena, Víctor, Cortés Domínguez, Valentín. *Introducción al Derecho Procesal,* 12ª ed. Valencia: Tirant lo Blanch (2023).

Moreno Catena, Víctor, Cortés Domínguez, Valentín. *Derecho Procesal Civil. Parte Especial,* 12ª ed. Valencia: Tirant lo Blanch, 2023.

Moreno Catena, Víctor, Pastor Prieto, Santos. *El coste de la Justicia,* Cuadernos de Derecho Judicial XV-2001, Madrid: Consejo General del Poder Judicial (2002)

Moreno Catena, Víctor et al., *La Nueva Ley de Enjuiciamiento Civil. Tomo I. Sujetos y actuaciones del proceso. Las costas procesales.* Madrid: Tecnos 2000.

Núñez Ojeda, Alejandro, Carrasco Delgado, Nicolás. *Derecho, Proceso y Economía. Una introducción al análisis económico del Derecho procesal civil,* con prólogo de Francisco Ramos Méndez. Madrid: Marcial Pons, (2022).

Pastor Prieto, Santos. *¡Ah de la Justicia! Política Judicial y Economía.* Madrid: Tecnos (1993).

Pastor Prieto, Santos. "Eficacia y eficiencia de la Justicia", *Papeles de economía española,* 95 (2003): 272-305

Pastor Prieto, Santos. "Litigiosidad ineficiente", *Cuadernos de Derecho Judicial,* 13 (2007): 337-408.

Pastor Prieto, Santos. "Eficiencia y métodos alternativos", *Anuario de la Facultad de Derecho de la Universidad Autónoma de Madrid,* Ejemplar dedicado a Medios alternativos de solución de controversias, 11 (2007): 49-78.

Pastor Prieto, Santos. "¿Penurias de medios? Un análisis empírico de los costas públicos y privados, visibles y ocultos de la justicia", *Cuadernos de derecho judicial,* 6 (2008): 345-429.

Pastor Prieto, Santos. "Justicia y economía: panorámica, crítica e implicaciones", *Manuales de formación continuada,* 49 (2009): 53-171.

Pastor Prieto, Santos, Rosalez López, Virginia. "Dos dimensiones de la eficiencia de la justicia", *Economistas,* 23 (105): 103-114.

Prieto Castro, Leonardo. *Derecho Procesal Civil.* Madrid (1968)

Prieto Castro, Leonardo. "El procedimiento privilegiado de exacción de los arts. 7, 8 y 12 LEC". *Estudios y comentarios para la teoría y la práctica procesal civil. Madrid (1950)*

Sigüenza López, Julio. "La negociación eficiente también tiene un coste", *La Justicia tenía un precio,* Juan F. Herrero Perezagua (dir.) y Javier López Sánchez (dir.). Barcelona: Atelier (2023), pág. 55-79.

Vecina Cifuentes, Javier. "Las sentencias "aditivas" del Tribunal Constitucional y el respeto al legislador", *Justicia: revista de derecho procesal,* 3-4 (1993), pág. 477-494.

Resolución judicial de los conflictos derivados del ejercicio de la patria potestad[1]

ESTHER PILLADO GONZÁLEZ
Catedrática de Derecho Procesal
Universidad de Vigo

1. CONSIDERACIONES PREVIAS SOBRE EL EJERCICIO DE LA PATRIA POTESTAD

La patria potestad se configura como un conjunto de derechos y obligaciones que los progenitores deben ejercer sobre sus hijos no emancipados al objeto de atender los aspectos esenciales y trascendentales de su vida[2]; en concreto, el art. 154 CC señala que esta función comprende "velar por ellos, tenerlos en su compañía, alimentarlos, educarlos y procurarles una formación integral", "representarlos y administrar sus bienes", y "decidir el lugar de residencia habitual de la persona menor de edad". A su vez, añade el precepto siguiente que los hijos deben obedecer y contribuir de forma equitativa al levantamiento de las cargas familiares cuando convivan con ellos (art. 155 CC).

Debe tenerse en cuenta que, desde la reforma operada por la *Ley 8/2021, de 2 de junio, por la que se reforma la legislación civil y procesal para el apoyo de las personas con discapacidad en el ejercicio de su capacidad jurídica*[3], la patria potes-

---

[1] Este trabajo ha sido elaborado en el marco del proyecto de investigación "Justicia sostenible en estado de mudanza global (JUSOST)", Ref. CIPROM 2023-64 GVA.

[2] Por su parte, el menor no emancipado ejercerá la patria potestad sobre sus hijos con la asistencia de sus padres y, a falta de ambos, de su tutor (art. 157 CC).

[3] Que ha eliminado la patria potestad prorrogada y la patria potestad rehabilitada por considerarlas figuras demasiado rígidas y poco adaptadas al sistema de pro-

tad ya no se ejerce por los progenitores cuando el menor con discapacidad llegue a la mayoría de edad o cuando el hijo mayor de edad soltero que vive en su compañía fuere incapacitado. En estos casos, en coherencia con las previsiones contenidas en la *Convención Internacional sobre los derechos de las personas con discapacidad*[4], se prestarán a la persona con discapacidad los apoyos que sean precisos del mismo modo y por el mismo medio que a cualquier adulto que los necesite (arts. 249 y ss. CC)[5].

El ejercicio de la patria potestad requiere que los progenitores tengan en cuenta lo que es mejor para el menor a la vista de su personalidad y siempre respetando sus derechos y su integridad física y mental (art. 154.2 CC). En todo caso, la patria potestad se debe ejercer en interés del menor, en cuanto éste es el principio básico y esencial que debe regir cuando se adopta cualquier decisión que le afecte, tal como imponen tanto la *Convención de Derechos del Niño* como la *LO 1/1996, de 15 de enero, de Protección Jurídica del Menor* (arts. 3.1 y 2.1, respectivamente). La determinación concreta del interés del menor corresponde a los progenitores, pero, en caso de desacuerdo, será la autoridad judicial quien señale qué es más beneficioso para el mismo.

Como regla general, la patria potestad se ejercerá de forma conjunta por ambos progenitores, permitiéndose los actos que uno de ellos realice con el consentimiento expreso o tácito del otro (art. 156.1 CC); además, el mismo precepto considera que serán válidos los actos que realice uno de ellos "conforme al uso social y a las circunstancias o en situaciones de urgente necesidad".

El apartado 2º del art. 156 CC introduce una previsión especial para aquellos casos en que se haya dictado sentencia condenatoria y, mientras no se extinga la responsabilidad penal, o se haya iniciado un proceso penal

---

moción de la autonomía de las personas adultas con discapacidad que ahora se propone en la citada Ley 8/2021.

4 Convención Internacional sobre los derechos de las personas con discapacidad, hecha en Nueva York el 13 de diciembre de 2006.

5 Tal como señala el apartado III Exposición de Motivos Ley 8/2021 "conviene recordar que las nuevas concepciones sobre la autonomía de las personas con discapacidad ponen en duda que los progenitores sean siempre las personas más adecuadas para favorecer que el hijo adulto con discapacidad logre adquirir el mayor grado de independencia posible y se prepare para vivir en el futuro sin la presencia de sus progenitores, dada la previsible supervivencia del hijo; a lo que se añade que cuando los progenitores se hacen mayores, a veces esa patria potestad prorrogada o rehabilitada puede convertirse en una carga demasiado gravosa".

contra uno de los progenitores por atentar contra la vida, la integridad física, la libertad, la integridad moral o la libertad e indemnidad sexual de los hijos o hijas comunes menores de edad, o por atentar contra el otro progenitor; en estos casos, bastará su consentimiento para la atención y asistencia psicológica de los hijos e hijas menores de edad, debiendo el primero ser informado previamente. Lo anterior será igualmente aplicable cuando no se haya interpuesto denuncia previa y la mujer esté recibiendo asistencia en un servicio especializado de violencia de género, siempre que medie informe emitido por dicho servicio que acredite dicha situación. Si la asistencia hubiera de prestarse a los hijos e hijas mayores de dieciséis años se precisará en todo caso el consentimiento expreso de estos. Se trata de un supuesto de especial necesidad que permitirá al cónyuge que está siendo víctima de una situación de violencia decidir de forma unilateral sobre la atención psicológica ante el riesgo para la integridad física y psicológica del menor[6].

El tenor literal del art. 156.1 CC permite hacer una distinción entre lo que se denomina patria potestad ordinaria, que se corresponde con todas las decisiones que se deben adoptar en relación a los hijos en el día a día sobre su desarrollo o educación y que podrán ser adoptadas de forma unilateral por aquel de los progenitores que tenga al menor en su compañía por ejercer la custodia o, en su caso, el régimen de visitas; y otras decisiones que afectan de forma trascendental a la vida del menor, en relación a las cuales sí es necesario el consenso entre las partes[7].

Frente a la norma general de ejercicio conjunto de la patria potestad, en dos situaciones concretas es posible el ejercicio exclusivo por uno de los progenitores. De un lado, en supuestos de ausencia o imposibilidad de uno de ellos (art. 156.4 CC)[8]; así, ante el fallecimiento de uno de los proge-

---

6 Linacero de la Fuente, M., "La patria potestad. Responsabilidad parental", en *Tratado de Derecho de Familia* (dir. Linacero de la Fuente), Tirant lo Blanch, Valencia, 2021, pág. 464.

7 Como señala con acierto Romero Coloma ("Conflictos derivados del ejercicio de la patria potestad", *Revista Aranzadi Doctrinal* núm. 4/2015 parte Estudios, 2015, BIB 2015\997), carecería de sentido práctico que, al convivir cada uno de los progenitores, por ejemplo, en un domicilio distinto —por estar separados o divorciados—, cualquier decisión respecto al menor se paralizase hasta poder efectuar la consulta al otro progenitor que no convive con el hijo.

8 La Ley 8/2021 ha modificado el precepto suprimiendo la referencia a la incapacidad en coherencia con la Convención de los derechos de las personas con discapacidad y la consideración de la plena capacidad de todas las personas, eli-

nitores o la privación por sentencia firme de la patria potestad o ausencia declarada judicialmente o cualquier supuesto en que, de hecho, no sea posible ejercer la patria potestad, como puede ser una enfermedad grave.

De otro, cuando los progenitores viven separados es posible ejercer la patria potestad por "aquel con quien el hijo conviva. Sin embargo, el Juez, a solicitud fundada del otro progenitor, podrá, en interés del hijo, atribuir al solicitante la patria potestad para que la ejerza conjuntamente con el otro progenitor o distribuir entre el padre y la madre las funciones inherentes a su ejercicio" (art. 156.5 CC). Esta previsión debe entenderse referida a los progenitores que están separados de hecho o que nunca han convivido, porque en el caso de nulidad matrimonial, separación o divorcio, en la correspondiente sentencia, la autoridad judicial habrá acordado lo más oportuno a la vista del interés del menor.

En todos los supuestos previstos legalmente, respecto de terceros de buena fe, se presumirá que cada uno de los progenitores actúa en el ejercicio ordinario de la patria potestad con el consentimiento del otro (art. 156.3 *in fine* CC).

2. INTERVENCIÓN JUDICIAL ANTE LOS CONFLICTOS DERIVADOS DEL EJERCICIO DE LA PATRIA POTESTAD

Cuando en el ejercicio de la patria potestad por parte de los progenitores se produzca un desencuentro en la toma de decisiones de especial relevancia para sus hijos, podrán acudir ante la autoridad judicial para que, a través de resolución motivada, determine a quien le corresponde adoptar esa decisión.

El procedimiento relativo a la intervención judicial en los casos de desacuerdo en el ejercicio de la patria potestad está regulado en las secciones primera y segunda del capítulo segundo de su título III (arts. 85 y 86) Ley 15/2015, de 2 de julio, de la Jurisdicción Voluntaria (en adelante, LJV), junto con los restantes expedientes de jurisdicción voluntaria en materia de familia.

---

minando la declaración de incapacidad. Se parte ahora de que las personas con discapacidad pueden ejercer la patria potestad salvo que se disponga otra cosa por la autoridad judicial.

El art. 86.1 LJV señala que son dos los supuestos concretos en que será posible acudir ante la autoridad judicial para solicitar su intervención: de un lado, cuando existen desacuerdos entre los progenitores con relación al ejercicio conjunto de la patria potestad; de otro, cuando el titular de la patria potestad sea un menor de edad no emancipado y hubiera desacuerdo o imposibilidad de sus progenitores o tutor. En ambos casos, la concreción del ámbito de aplicación del procedimiento requiere hacer una distinción, en los términos expuestos y tal como se deriva del art. 156 CC, entre lo que se denomina patria potestad ordinaria que engloba las decisiones que forman parte de la vida cotidiana del menor o aquellas que se deban acordar por razones de urgencia, que pueden ser adoptadas por uno solo de los progenitores; y otras decisiones que afectan al menor de forma trascendental y que precisan del consenso entre ambos. Únicamente, cuando el desacuerdo se refiere a estas últimas procederá acudir al procedimiento del art. 86.1 LJV[9].

El art. 156.1 CC no enumera las decisiones concretas que se pueden adoptar por uno solo de los progenitores, sino que sólo alude a que serán válidas las que se adopten de acuerdo con "el uso social y circunstancias o situaciones de urgente necesidad"; al respecto, la jurisprudencia incluye dentro del uso social todos aquellos actos relativos al desarrollo normal de un menor y que se repiten con relativa frecuencia en su vida. Sin ánimo de exhaustividad: llevar al niño al pediatra en revisiones ordinarias, la administración de fármacos en pequeñas enfermedades, decisiones relativas a la

---

9 En este sentido, el AAP de Barcelona, de 27 de junio de 2017 (*Tol 6415393*) señala que "Cabe distinguir con base en lo preceptuado en los párrafos 1 º y 3º del art. 156 CC, entre actos de ejercicio ordinario de la patria potestad, que puede realizar válidamente uno solo de los progenitores (el que ejerce la guarda y custodia de hecho o en virtud de resolución judicial) sin necesidad de recabar el consentimiento del otro, y actos de ejercicio extraordinario de la patria potestad, que precisan el consentimiento de ambos progenitores o, en su defecto, resolución judicial, entendiendo por tales actos extraordinarios los referidos a las decisiones más importantes que pueden adoptarse en la vida de un menor y no pueden calificarse como ordinarias o habituales en el seno de la familia por resultar excepcionales conforme a los usos sociales. Entre estas últimas se consideran, desde luego, la elección del lugar de residencia del menor y la de traslado de domicilio del mismo, así como la elección del colegio, al margen igualmente las decisiones relativas a la salud física o psíquica del menor, el sometimiento a terapias o tratamientos (fisioterapia, quimioterapia, rehabilitación, etc.), intervención quirúrgica, o inclusive actividades de ocio o deporte de riesgo o extraescolares que constituyen un gasto extraordinario, que deban abonarse por ambos progenitores por mitad".

ropa o calzado que se ha de poner, la adquisición de libros o material escolar, la decisión sobre la alimentación del día a día, la solicitud de becas de estudio, la delegación en un familiar de la recogida del menor en el centro educativo o la realización de actividades de ocio y tiempo libre que no sean peligrosas. En cuanto a las situaciones urgentes, son aquellas que precisan de una rápida e inmediata actuación por parte del progenitor que en ese momento esté acompañando al menor y que pueden afectar a su vida, salud o integridad física, así como a su patrimonio o bienes; por ejemplo, llevar al niño al servicio de urgencias del hospital por una afección grave o ante las heridas graves causadas por una caída o accidente.

No integran la patria potestad ordinaria y, por tanto, exigirán consenso entre los progenitores, todas aquellas decisiones que exceden el ordinario y habitual ejercicio de la potestad parental; por ello, el objeto de este procedimiento es muy amplio en cuanto, tal como señala el Auto de la Audiencia Provincial de Barcelona, de 6 de abril de 2018, "el trámite del art. 86 de la Ley de Jurisdicción voluntaria está previsto para superar la discrepancias de todo orden que se produzca entre los progenitores en relación al ejercicio efectivo de la potestad parental, y siendo que el referido precepto no pone límite alguno al ejercicio de la pretensión, que la refiere a que el Juez deba intervenir en los casos de desacuerdo en el ejercicio de la patria potestad ejercitada conjuntamente por los progenitores, desacuerdo que puede ser tanto escrito como verbal, ya que la diferencia entre ellos no es más que una cuestión de prueba y no condiciona la realidad de su existencia"[10].

De acuerdo con la jurisprudencia, las discrepancias entre los progenitores sobre el ejercicio conjunto de la patria potestad que más habitualmente requieren intervención judicial son las relativas al cambio de domicilio del menor, que supondrá apartar al mismo de su entorno habitual, además de influir en la relación con el progenitor no custodio sobre todo en aquellos casos en que medie mucha distancia entre el lugar del nuevo domicilio del menor y aquel donde radique el citado progenitor[11]. La elección de centro educativo es una fuente de conflicto recurrente entre los progenitores

---

[10] AAP de Barcelona, de 6 de abril de 2018 (*Tol 6589788*).

[11] Considera el TS que la relativa al domicilio es "una de las decisiones más importantes que pueden adoptarse en la vida del menor y de la propia familia, que deberá tener sustento en el acuerdo de los progenitores o en la decisión de uno de ellos consentida expresa o tácitamente por el otro, y solo en defecto de este acuerdo corresponde al juez resolver lo que proceda previa identificación de los bienes y derechos en conflicto a fin de poder calibrar de una forma ponderada la

ya sea en el momento inicial de la escolarización o cuando ya está iniciada ésta y se pretende un cambio de centro escolar. El desacuerdo puede venir derivado de la elección entre un colegio público o privado; religioso o laico; o por el régimen de internado o no; o por la ubicación del centro escolar, en la misma ciudad de los progenitores o en otra distinta, ya sea en España o en otro país[12]. También es habitual el desacuerdo entre los progenitores en relación con la formación religiosa del menor y la participación en actos propios de una confesión religiosa (como puede ser que se bautice, que haga la primera comunión o que se confirme)[13]. Otra de las razones que lleva a acudir a este procedimiento de jurisdicción voluntaria es la disensión a la hora de decidir sobre las medidas a adoptar en relación a la salud física o psíquica del menor, en concreto, el sometimiento a determinado tratamiento médico o la práctica de una intervención quirúrgica; también la determinación de las actividades extraescolares que debe realizar el menor son fuente de conflictos entre los progenitores no sólo porque inciden sobre la formación del menor, sino también porque constituyen normalmente un gasto extraordinario. Además, a raíz de la crisis sanitaria provocada por la Covid-19 han sido recurrentes las solicitudes de intervención judicial para la toma de decisión sobre la necesidad de vacunar al menor contra la citada enfermedad debido al eventual riesgo de una reacción adversa que la suministración de la vacuna pudiera generar en su salud[14]; también la pandemia ha llevado a los progenitores a utilizar este procedimiento ante el desacuerdo sobre si el menor debía o no acudir

---

necesidad y proporcionalidad de la medida adoptada, sin condicionarla al propio conflicto que motiva la ruptura". STS de 26 de octubre de 2012 (*Tol 2672517*).
Sobre el desacuerdo en la determinación del domicilio, AAP de Sevilla, de 3 de marzo de 2021 (JUR 2021/254212).

12 SAP de Castellón, de 15 de enero de 2021 (*Tol 8450907*); AAP de Madrid, de 23 de enero de 2023 (JUR 2023/321087); AAAP de Bizkaia, de 23 de enero de 2020 (*Tol 7965829*) y de 27 de diciembre de 2018 (*Tol 7072934*).

13 La STC 5/2023, de 20 febrero, resuelve un recurso de amparo ante la falta de audiencia del menor en un expediente de jurisdicción voluntaria por discrepancias entre los progenitores por la administración del bautismo y la asistencia a la asignatura de religión.
También, sobre la discrepancia sobre si la hija debe bautizarse, *vid.* AAP de Granada, de 6 abril. (JUR 2023\66854).

14 AAP de Málaga, de 17 de enero de 2023 (JUR 2023/280034); AJPI de Tafalla de 7 de marzo de 2022 (JUR 2022/162383); AJPI de Santiago de Compostela de 24 de enero de 2022 (JUR 2022/38620); AJPI de Vigo de 15 de noviembre de 2021 (*Tol 8641531*).

presencialmente al centro escolar, una vez levantado el estado de alarma, ante el temor al contagio de la enfermedad[15].

Al margen de las ya señaladas, que son las decisiones más frecuentes que llevan a los progenitores a acudir ante los tribunales, también la autoridad judicial interviene cuando el desacuerdo se refiere a la emisión o no del documento nacional de identidad o pasaporte para viajar al extranjero, ya sea para visitar a un familiar o para ir de vacaciones[16], o a la realización de actividades de ocio o tiempo libre de alto riesgo (como pueden ser la escalada) o si se deben publicar imágenes del menor en redes sociales[17].

La delimitación del ámbito de aplicación de este procedimiento exige también concretar en qué casos la discrepancia sobre el ejercicio de la patria potestad entre los progenitores, que están separados o divorciados, debe ser resuelta a través de este expediente de jurisdicción voluntaria o, por el contrario, es preciso acudir a un procedimiento de modificación de medidas acordadas en un proceso matrimonial previo (art. 775 LEC) o a la ejecución forzosa de medidas acordadas en sentencia dictada en proceso matrimonial (con las particularidades previstas en el art. 776 LEC). La clave para la determinación del procedimiento adecuado exige comprobar si la decisión relativa a la patria potestad afecta o no a una resolución judicial previa en la que se han adoptado medidas relativas a su ejercicio por los progenitores.

En concreto, cuando se ha dictado sentencia en un proceso de separación o divorcio donde se han acordado por la autoridad judicial unas medidas relativas a los hijos en común, no procede acudir al procedimiento de jurisdicción voluntaria con la pretensión de modificar las ya adoptadas judicialmente[18]; ni siquiera cuando no se modifica la medida fijada en la

---

15 AAP de Bizkaia, de 30 de junio de 2021 (*Tol 8670789*); AJPI de León, de 10 de septiembre de 2020 (*Tol 8090282*).

16 AAAP de La Coruña, de 27 de mayo de 2020 (*Tol 8210499*); de Tarragona, de 25 de noviembre de 2020 (*Tol 8240252*).

17 SAP de Pontevedra, de 4 de junio de 2015 (EDJ 2015/104609); AAP de León, de 21 de abril de 2022 (JUR 2023/65003); AAP de Asturias, de 13 de marzo de 2019 (*Tol 7231534*).

18 AAP de La Rioja, de 16 de abril de 2020 (*Tol 8134353*).
Por su parte, en la SAP de Gipuzkoa, de 10 de julio de 2017 (*Tol 6358989*) se entiende que el procedimiento adecuado es el de jurisdicción voluntaria pues la solicitud, centrada en que se permita a uno de los progenitores la realización de todos los trámites relacionados con la petición de nacionalidad española de su

sentencia de forma directa sino, indirectamente, cuando la decisión pueda tener una gran repercusión en las ya acordadas.

En esta línea, el Auto de la Audiencia Provincial de Alicante, de 4 de diciembre de 2019, señala que "el procedimiento de jurisdicción voluntaria que se insta por la parte demandante al amparo de los arts. 85 y 86 de la Ley de Jurisdicción Voluntaria en relación con el art. 156 del Código Civil no es el adecuado para intentar como en este caso se hace una verdadera modificación de medidas adoptadas en sentencia de separación o divorcio o cualquier otra en relación con la custodia y alimentos de menores, que tiene su cauce propio y específico en el art. 775 de la LEC por cambio sustancial de las circunstancias, en tanto que el procedimiento de jurisdicción voluntaria es el adecuado para el caso de desacuerdos puntuales en materias muy concretas relacionadas con el ejercicio de la patria potestad. En este caso la sentencia de divorcio atribuye el uso del que fuera domicilio conyugal a la madre con quien convivirá la hija común, y establece un régimen de visitas intersemanales y fines de semana alternos en favor del padre, por lo que la pretensión de trasladar el domicilio de la madre e hija de DIRECCION001 al Reino Unido en realidad está encubriendo una pretensión de una verdadera modificación de medidas adoptadas en el procedimiento de divorcio, no una cuestión puntual o extraordinaria surgida para una momento concreto o pasajero. Si se autorizara el cambio de domicilio, en realidad se estaría alterando o modificando el régimen de visitas por completo por un cauce inadecuado, porque la distancia entre las dos localidades mencionadas haría imposible la aplicación de una de las medidas relacionadas con el régimen de visitas de mayor importancia, cual es la de los días entre semana mencionados"[19].

---

hijo menor, no suponen modificación de las medidas previamente acordadas por la autoridad judicial en la sentencia. AAP

19 AAP de Alicante, de 4 de diciembre de 2019 (*Tol 7874577*).
En este sentido, también es muy ilustrativo el AAP de Barcelona de 9 de octubre de 2019 (*Tol 7566489*) cuando señala que "El expediente de jurisdicción voluntaria (arts. 85 y 86 LJV) es apropiado solo cuando no exista una medida específica adoptada expresamente por resolución judicial, cuando se trate de una discrepancia concreta respecto a un acto con trascendencia jurídica en la que sea necesario, para que tenga validez, el consenso de ambos progenitores o cuando la decisión judicial dirimente no altere el equilibrio existente entre el conjunto de medidas establecidas en la sentencia firme (AAPB, sec. 12, de 31 de mayo de 2017). La urgencia no es la característica fundamental de este procedimiento, pero puede concurrir. Es posible, en determinadas condiciones, resolver la discrepancia sobre el lugar de residencia del menor en un expediente de jurisdicción voluntaria

Tampoco procede acudir al procedimiento de jurisdicción voluntaria cuando uno de los progenitores incumple alguna de las medidas contenidas en la sentencia en cuanto en ese caso será necesario instar la ejecución solicitando el cumplimiento de la resolución judicial de acuerdo con lo previsto en el art. 776 LEC[20].

(AAAPB, sec. 18 de 26 de abril de 2017 y de 6 de julio de 2017), pero si la discrepancia no es puntual y tiene impacto o influencia en las medidas adoptadas en un procedimiento de ruptura, no cabe remitirse a los arts. 88 a 89 de la Ley 15/2015, de 2 de junio, de la Jurisdicción Voluntaria. Normalmente no se tratará de una controversia ocasional que se pueda resolver como tal acto de jurisdicción voluntaria, pues tendrá perspectiva de permanencia y afectará a otros pronunciamientos, como el régimen relacional o los alimentos (*vid.* Auto dictado en el Rollo de Apelación nº 611/2019). En estos casos el proceso adecuado es el de modificación de efectos de sentencia y el propio juzgado advertido el caso puede subsanar la errónea remisión a los actos de jurisdicción voluntaria subsanar y tramitar por el cauce adecuado".

Igualmente, AAAP de Burgos, de 7 de septiembre de 2022 (JUR 2023/60601); de Jaén, de 20 de enero de 2022 (2022/92178); de Barcelona, de 8 de febrero de 2021 (JUR 2021/87662).

20 AAP de La Coruña, de 15 de junio de 2021 (*Tol 8567843*) cuando, ante la solicitud inicial del procedimiento de jurisdicción voluntaria en que se pide que "se resuelvan problemas surgidos a la hora de la entrega y recogida del menor y otros que denomina "de interpretación de la sentencia de medidas paterno— filiales", incluyéndose cuestiones como "las discrepancias en el disfrute de las vacaciones estivales, tiempo de estancia con el menor durante la situación de pandemia, el vestido y calzado que lleva el menor, la necesidad de que le sean entregado con la tarjeta sanitaria y las discrepancias de los padres sobre la hora de la siesta del menor", señala que "Lo que pide el recurrente son decisiones sobre la ejecución de sentencia, en la que denuncia incumplimientos por parte de la madre de sus obligaciones como persona encargada de la guarda del hijo, o modificaciones de cuestiones accesorias. Nada que tenga que ver con discrepancias en el ejercicio conjunto de la patria potestad o con una situación que requiera medidas de protección del menor. Estas cuestiones tienen su cauce adecuado de solución en el procedimiento de ejecución de la sentencia de medidas paterno-filiales, el del Libro III de la LEC con las especialidades del artículo 776".

Por su parte, en el AAP de Lleida, de 21 de octubre de 2019 (*Tol 7573110*), en relación a la decisión de someter al menor a estudio y evaluación por un psicólogo adoptada unilateralmente por la madre, sin el consentimiento del padre, y no constando esta cuestión en la sentencia que atribuyó a ambos progenitores la patria potestad compartida, ante la demanda ejecutiva presentada por el padre ante un incumplimiento de medidas por la madre, alude expresamente a que "El auto de medidas acordó el ejercicio compartido tanto de la patria potestad como de la guarda y custodia del hijo menor, que en aquél momento tenía un año y medio. Se trata de una atribución genérica por lo que no puede considerarse que

Debe apuntarse que lo habitual será acudir a este expediente de jurisdicción voluntaria cuando las discrepancias en el ejercicio de la patria potestad se producen entre progenitores que no conviven, ya sea porque están separados o divorciados, o cuando se ha producido la ruptura de pareja de hecho o porque nunca ha habido convivencia; no obstante, no existe obstáculo alguno a su utilización en el caso de desencuentros en la toma de decisiones sobre los hijos entre progenitores que conviven, ya se trate de pareja matrimonial o no[21].

Finalmente, aunque es menos frecuente en la práctica, también se podrá acudir a al procedimiento previsto en los arts. 85 y 86 LJV en los supuestos en que esté legalmente prevista la autorización o intervención judicial cuando el titular de la patria potestad es menor de edad no emancipado y hubiere desacuerdo o imposibilidad de los progenitores.

3. COMPETENCIA

La competencia objetiva para la resolución de este procedimiento corresponde al Juzgado de Primera Instancia (o de Familia); además, pese al silencio de los arts. 2.1 y 86.2 LJV, si concurre un acto de violencia de género, serán de aplicación los arts. 87 ter LOPJ y 49 bis LEC, de manera que asumirá la competencia el Juzgado de Violencia sobre la Mujer si se cumplen todos los requisitos previstos legalmente[22].

---

el proceder de la madre comporte un incumplimiento que deba resolverse en el marco de la ejecución forzosa sino que, ante el distinto parecer del padre, los conflictos, desacuerdos o discrepancias entre los progenitores sobre dicho ejercicio compartido han de resolverse por el cauce del art. 236-11 y 236-13, iniciando un expediente de los contemplados en los arts. 85 y 86 de la Ley 15/2015, de Jurisdicción Voluntaria, y pudiendo igualmente someter sus discrepancias a mediación, tal como indica el art. 236-13.3 CCCat".

21 Como señala el AAP de Bizkaia, de 7 de mayo de 2021 (*Tol 8589227*), "La solicitud de intervención judicial no está vinculada a la ruptura de la relación entre los progenitores— el precepto está incluido en el Capítulo I —"Disposiciones Generales" del Título VII "De las relaciones paterno filiales"— Y es que las discrepancias en el ejercicio de la patria potestad pueden producirse sin que exista previamente ningún procedimiento de separación o divorcio o de ruptura de la pareja de hecho, bien que la mayoría de estas controversias se produzcan en casos de ruptura del matrimonio o de la relación de pareja".

22 En este sentido, AAP de Madrid, de 22 de mayo de 2012 (*Tol 5346823*).

En lo que respecta a la competencia territorial, el inciso primero del art. 86.2 LJV establece como fuero general para estos procedimientos el domicilio o, en su defecto, residencia del hijo; criterio respetuoso con el interés superior del menor en cuanto la competencia corresponde al órgano más cercano al lugar en que se encuentra. En el segundo inciso del citado precepto se incluye otro fuero específico para aquellos supuestos en que el ejercicio conjunto de la patria potestad por los progenitores hubiera sido establecido por resolución judicial, siendo entonces "competente para conocer del expediente el Juzgado de Primera Instancia que la hubiera dictado"; la aplicación de este criterio puede suponer que la competencia territorial sea asumida por un órgano que no esté ubicado en el domicilio o residencia del menor, lo que no parece compatible con su interés.

Un problema de aplicación del fuero del domicilio o residencia de menor para la determinación del juzgado territorialmente competente en este procedimiento se puede producir cuando el desacuerdo en el ejercicio de la patria potestad tiene lugar entre progenitores separados o divorciados y en la sentencia dictada en el correspondiente procedimiento judicial se ha fijado un régimen de guardia y custodia compartida, conviviendo el menor con cada uno de los progenitores en su domicilio situado en distintos partidos judiciales. En estos casos, al no existir ninguna norma que indique cuál debe considerarse el domicilio del menor, pueden producirse cuestiones de competencia territorial entre los dos juzgados que estén ubicados en los partidos judiciales correspondientes a los domicilios de los progenitores. Pues bien, siguiendo las pautas establecidas por la *Instrucción de la Fiscalía General del Estado, 1/2006, de 7 de marzo, sobre la guardia y custodia compartida*, el domicilio del menor a efectos de su empadronamiento podrá venir determinado en la sentencia de separación o divorcio; de no ser así, "el domicilio preferente será el de aquel de los progenitores con el que en cómputo anual el menor pase la mayor parte del tiempo" y en aquellos casos en que los períodos de convivencia estén equilibrados y no pueda aplicarse este criterio, deberán ser en principio los propios progenitores quienes de mutuo acuerdo, elijan de entre los dos domicilios en los que el menor vive, aquel en el que ha de ser empadronado el menor.

Otro problema que se puede derivar de la aplicación de la norma competencial prevista en el segundo inciso del art. 86.2 LJV es el conflicto de competencia entre el Juzgado de Primera Instancia o de Familia y el Juzgado de Violencia sobre la Mujer en aquellos casos en que la sentencia en la que se ha acordado el ejercicio conjunto de la patria potestad hubiera sido dictada por el órgano penal, en virtud de las previsiones contenida en los arts. 87 ter LOPJ y 49 bis LEC; en estos casos, la norma competencial comprendida en el inciso segundo del art. 86.2 LJV debe ser interpretada en el sentido de que sólo asumirá la competencia el Juzgado de Violencia sobre la Mujer que hubiera dictado la sentencia cuando la solicitud de intervención de la autoridad judicial ante el desacuerdo entre los progenitores por el ejercicio de la patria potestad se hubiera presentado mientras el proceso penal todavía estaba en trámite; por tanto, si el proceso penal se hubiera archivado, sobreseído o finalizado por extinción de la responsabilidad penal, la *vis atractiva* del Juzgado de Violencia sobre la Mujer habrá finalizado y la competencia será asumida por el órgano civil[23].

4. LEGITIMACIÓN

Ambos progenitores están legitimados para instar este procedimiento, ya sea de forma individual o conjunta (art. 86.3 LJV), siendo indiferente, como ya se ha apuntado, que los progenitores estén o hayan estado casados, sean o hayan sido pareja de hecho y con independencia de que haya habido o no convivencia.

Si el titular de la patria potestad es un menor no emancipado, también estarán legitimados sus progenitores y, a falta de éstos, su tutor (art. 86.3 LJV). Además, pese al silencio del art. 86 LJV, este expediente podrá ser iniciado también a instancia del Ministerio Fiscal. Tampoco se hace mención en este precepto a la posible iniciación de oficio de este expediente, en contraste con lo que ocurre en el procedimiento para acordar medidas de protección relativas al ejercicio inadecuado de la potestad de guarda o de administración de los bienes del menor o persona con discapacidad, regulado en este mismo Capítulo II del Título III LJV, (art. 87.3 LJV); la

---

[23] En este sentido se pronuncia el ATS de 19 de febrero de 2019 (*Tol 7106198*) cuando señala que "No procede extender la competencia del juzgado de violencia contra la mujer para la modificación de medidas a los casos en los que se haya sobreseído provisional o libremente, o archivado el proceso antes de la interposición de la demanda, por el simple hecho de que dictara en su día las medidas definitivas (art. 775 LEC), dado que el legislador solo consideró necesario atribuirle competencia exclusiva y excluyente en tanto concurrieran simultáneamente las circunstancias que establece el art. 87 ter de la LOPJ. En este caso, como hemos dicho, no concurría imputado ni causa penal abierta, dado que se habían sobreseído las diligencias, razón por la cual el juzgado de violencia contra la mujer carecía de competencia para conocer de la demanda de modificación de medidas".
Igualmente, AATS de 13 de septiembre de 2017 (*Tol 6355568*) y 21 de marzo de 2018 (*Tol 6554433*); AAP de Madrid, de 15 de noviembre de 2020 (*Tol 8294081*).

razón de la diferencia en la regulación de este aspecto entre ambos procedimientos radica, sin duda, en el carácter tuitivo del segundo en la medida en que su finalidad es adoptar, de forma rápida, las medidas de protección que sean necesarias en relación al menor o persona con discapacidad que, de un lado, garantice que están cubiertas sus necesidades básicas y, de otro lado, que evite riesgos o peligros para su persona o bienes en su entorno familiar o por actuaciones de terceros. Por ese motivo, se permite que el juez actúe de oficio. No ocurre lo mismo en el caso del desacuerdo entre los progenitores en materia de patria potestad, y sólo cuando esa discrepancia suponga una desatención del menor o un riesgo personal o patrimonial permitirá una actuación de oficio; no obstante, en este supuesto procedería la adopción de una medida del art. 158 CC que encajaría en el ámbito de aplicación del expediente previsto en los arts. 87 y ss. LJV[24].

5. OBJETO DEL PROCESO

El objeto de este expediente se limita a la atribución por parte del juez de la facultad de decidir sobre el ejercicio de la patria potestad a uno de los progenitores, en cuando el art. 156 CC no hace recaer en él la adopción de la concreta decisión sustituyendo la voluntad de aquellos, sino que se trata de que el órgano judicial autorice a uno de ellos la toma de la decisión de forma individual y sin contar con el consenso del otro[25].

Además, el mismo art. 156 CC señala que, en el supuesto de desacuerdos reiterados, con la consiguiente obstaculización del ejercicio de la patria potestad, o bien cuando conste alguna causa que entorpezca gravemente su ejercicio, el juez podrá atribuirla, total o parcialmente, a uno de los progenitores o bien distribuir entre ellos sus funciones, no pudiendo

---

24 En sentido contrario, para Armengot Villaplana ("De la intervención judicial con la patria potestad", *Práctica de Tribunales*, núm. 116, 2015, La Ley 5180/2015), sí será posible la iniciación de oficio del expediente de jurisdicción voluntaria previsto en el art. 86 LJV, por aplicación de la disposición contenida en el art. 87.3 LJV que "Si bien es cierto que esta última disposición está enmarcada en la regulación de los expedientes dirigidos a adoptar medidas de protección del menor o persona con capacidad judicialmente modificada ante un ejercicio inadecuado de la potestad de guarda o de administración de sus bienes, la referencia explícita a las medidas a que se refiere todo el capítulo obliga a entender que también a los expedientes de desacuerdo en el ejercicio de la patria potestad les resulta aplicable la iniciación de oficio".

25 AAP de Málaga, de 8 febrero de 2022 (JUR 2023\272882).

exceder esta medida del plazo de dos años. Actúa de esta forma el juez en interés del menor al evitar que su vida sea judicializada por las continuas desavenencias de sus progenitores[26].

El objeto del expediente está limitado al concreto desacuerdo relativo al ejercicio de la patria potestad y no es posible que se incluyan otras peticiones relacionadas; por ejemplo, si el desencuentro entre los progenitores se refiere al centro educativo, público o privado, en el que debe matricularse el menor, no se puede añadir a la solicitud de intervención judicial que se aumente la pensión de alimentos para afrontar el coste del cambio de colegio[27], puesto que esta cuestión deberá ser objeto de un procedimiento de modificación de medidas.

6. TRAMITACIÓN. RESOLUCIÓN Y RECURSOS

No se incluye en el art. 86 LJV ninguna especialidad en la tramitación de este expediente, de manera que habrá de acudirse a las normas generales contenidas en el Título Preliminar LJV (arts. 13 a 22), con las previsiones específicas incluidas en el art. 85 LJV, aplicable a los dos procedimientos regulados en el Título III LJV.

Por tanto, el procedimiento se iniciará por el Ministerio Fiscal o por solicitud presentada por alguno de los sujetos legitimados, debiendo constar en la misma de forma clara el concreto desacuerdo de los progenitores en relación con el ejercicio de la patria potestad[28], pues el objeto de este proceso se limita a ese desencuentro puntual entre los mismos o, en su caso, desacuerdos reiterados que dificulten el ejercicio de la patria potestad. Además, es importante reflejar que la decisión relativa a la patria potestad no afecta a una resolución judicial previa en la que se acuerda la guarda y

---

26 Nevado Montero, J. J., "El desacuerdo de los progenitores sobre la vacunación de sus hijos"..., *op. cit.*

27 *Vid.* González Del Pozo, J. P., "Los expedientes de jurisdicción voluntaria en materia de familia en la Ley 15/2015, de 2 de julio (Parte II), Revista de Derecho de Familia, núm. 47, 2016, Tribunas.

28 AAP de Guadalajara, de 9 de abril de 2019 (*Tol 7455018*) "existencia de desacuerdo en el ejercicio de la patria potestad, pero no habiendo concretado la cuestión sobre la que existe tal discordia, sino que se solicita su atribución para todos los actos, como señala muy acertadamente el Ministerio Fiscal y recoge el auto, no procede la admisión de dicha solicitud".

custodia y las correspondientes medidas filioparentales, porque, de ser así, habrá de inadmitirse la solicitud por inadecuación de procedimiento[29].

Además, el Ministerio Fiscal, en coherencia con la previsión contenida en el art. 4 LJV, intervendrá en estos procedimientos en que siempre será parte interesada una persona menor de edad o con discapacidad, de ahí que, tal como apunta el art. 85.1 LJV deberá ser citado a la comparecencia.

En este proceso, se celebrará audiencia en todo caso (art. 85.1 LJV), siendo una de las excepciones a las que alude el art. 17 LJV; en consecuencia, la falta de convocatoria de la audiencia conllevará la nulidad de actuaciones ante la evidente indefensión que la infracción de la norma procesal puede generar en todos los interesados en el procedimiento[30]. A la vista, deberán ser citados por el Letrado de la Administración de Justicia todos los interesados. Además del Ministerio Fiscal, que como se ha apuntado debe ser parte en todos los procesos en que sean interesados personas menores de edad o discapacitadas, serán citados los promotores del expediente y, tal como textualmente señala el art. 85.1 LJV, "los progenitores, guardadores o tutores cuando proceda"; esto es, cuando recaigan sobre ellos o se vean afectados por la decisión que se adopte sobre el ejercicio de la patria potestad o la administración de bienes, a efectos de garantizar un adecuado ejercicio de su derecho de defensa[31]. También será citada "la persona con discapacidad con medidas de apoyo para el ejercicio de su capacidad jurídica", cuando se vea directamente afectada por la resolución que se dicte.

En coherencia con el derecho de audiencia del menor previsto en el art. 9 LO 1/1996, también deberán ser citados a la comparecencia los menores si tuvieren suficiente madurez y, en todo caso, si tienen más de 12 años[32];

---

29 En ese sentido se pronuncia la jurisprudencia que inadmite la solicitud cuando considera que su objeto transciende del propio de este expediente en cuanto supone la modificación de una medida previamente acordada en una previa resolución judicial. Entre otras, AAAP de Barcelona, de 16 de mayo de 2019 (*Tol 7255047*); de Guadalajara, de 9 de abril de 2019 (*Tol 7455018*); de Barcelona, 7 de febrero de 2019 (*Tol 7067259*).

30 En este sentido, AAP de Murcia, de 26 de marzo de 2019 (*Tol 7342246*).

31 Ante la falta de citación de uno de los interesados, por ejemplo, un progenitor, impidiéndole hacer alegaciones y proponer prueba, con la consiguiente indefensión, tal como señala el AAP de Málaga, de 12 de enero de 2021 (*Tol 8677225*), procederá acordar la nulidad de actuaciones al amparo del art. 238.3 LOPJ.

32 Pese al carácter preceptivo de la audiencia del menor en los supuestos legales, no quiere decir que no puedan darse excepciones sobre la base precisamente del in-

la audiencia deberá ser practicada con todas las garantías previstas legalmente con el objeto de evitar perjuicios a los menores y, al mismo tiempo para garantizar el buen fin de la diligencia, facilitando que el menor colabore y exprese con sinceridad sus opiniones sobre la cuestión objeto del procedimiento. En concreto, el art. 18.2.4ª LJV señala que los menores deberán ser oídos "en condiciones idóneas, en términos que les sean accesibles, comprensibles y adaptados a su edad, madurez y circunstancias"[33].

En lo que respecta a la audiencia de las personas con discapacidad, de acuerdo con el art. 7 bis LJV, deberán adoptarse, de oficio o a instancia de parte o del Ministerio Fiscal todas las adaptaciones necesarias para garantizar su derecho a "entender y ser entendidas" durante del desarrollo de la audiencia. Así, se facilitará la asistencia o apoyos necesarios para que pueda hacerse entender, lo que incluirá la interpretación en las lenguas de signos reconocidas legalmente y los medios de apoyo a la comunicación oral de personas sordas, con discapacidad auditiva y sordociegas; se permitirá la participación de un profesional experto que a modo de facilitador realice tareas de adaptación y ajuste necesarias para que la persona con discapacidad pueda entender y ser entendida; y, finalmente, la persona con discapacidad podrá estar acompañada de una persona de su elección desde el primer contacto con las autoridades y funcionarios.

También deberá citarse a la comparecencia a los progenitores del menor, y, a falta de éstos, a su tutor, en el caso concreto de que el titular de la patria potestad fuese un menor no emancipado; finalmente, la inclusión en el mismo precepto *in fine* de la referencia a "otros interesados" debe ser

---

terés del menor que aconseje que no sea escuchado en un caso concreto a la vista de las circunstancias concurrentes; esto puede ocurrir cuando la declaración del menor pueda causarle un perjuicio en su estabilidad física, psíquica o emocional, o cuando su opinión ya consta en las actuaciones y no ha habido cambio de circunstancias, aunque el hecho de que el menor ya haya sido explorado por el equipo psicosocial no excluye de forma automática la audiencia el menor por el juez, sino que habrán de explicitarse las razones que llevan a evitar la sobreexposición del menor en el proceso y que llevan a evitar que la audiencia directa con el juez. *Vid.* Pillado González, E., en "El derecho del menor a ser oído en los procesos de familia: naturaleza jurídica, carácter preceptivo y relevancia probatoria" en *Retos de la justicia civil indisponible: infancia, adolescencia y vulnerabilidad* (coord. Calaza López y Pillado González), Pamplona, Aranzadi, 2022, págs. 625 y ss.

33 *Vid.* Grande Seara, P., "La audiencia del menor en los procesos de familia: práctica y documentación de la audiencia", en *Retos de la justicia civil indisponible: infancia, adolescencia y vulnerabilidad* (coord. Calaza López y Pillado González), Pamplona, Aranzadi, 2022, págs. 655 y ss.

entendida en el sentido de citar, por ejemplo, a los abuelos u otros parientes o allegados que tuvieran reconocido por resolución judicial un derecho a relacionarse con el menor y la decisión que se adopte en el expediente de jurisdicción voluntaria pudiera afectar al ejercicio de ese derecho.

En este procedimiento, no será preceptiva la postulación procesal (art. 85 LJV)[34], lo que tiene sentido a la vista del carácter más fáctico que jurídico de las cuestiones que son su objeto y que afectan a menores o personas con discapacidad, estando sus intereses ya protegidos por el Ministerio Fiscal, cuya intervención es preceptiva[35]; eso no excluye, por supuesto, que las partes decidan acudir representadas por procurador y defendidas por abogado. En todo caso, tal como señala el art. 3.2 LJV, la postulación será preceptiva si se presenta oposición o para la presentación de recurso de apelación contra la resolución que ponga fin al expediente (art. 20.2 LJV).

Finalmente, debe apuntarse, como una especialidad importante de este procedimiento, que cabe la práctica de diligencias de oficio (art. 85.2 LJV), tanto durante la comparecencia como en un momento posterior (arts. 18.2.4ª y 85.2 LJV); en ese último caso, deberá garantizarse el derecho de defensa de los interesados, de ahí que se les deba dar traslado del acta para que puedan efectuar alegaciones en el plazo de 5 días. Con la finalidad de que la autoridad judicial pueda adoptar la decisión que sea más ajustada a las necesidades e intereses del menor o persona con discapacidad, podrá fundamentarla en cualesquiera hechos de los que tuviera conocimiento como consecuencia de las alegaciones de los interesados, las pruebas o la celebración de la comparecencia, aunque no hubieran sido invocados por el solicitante o los restantes interesados (art. 19.2 LJV).

---

34 De acuerdo con el art. 14.3 LJV, en estos casos deberá facilitarse al interesado un impreso normalizado para formular su solicitud, no siendo necesario que se concrete la fundamentación jurídica de lo solicitado.

35 Banacloche Palao, J., *Los expedientes y procedimientos de jurisdicción voluntaria*, La Ley, Madrid, 2020, pág. 209.
Aunque también se alzan voces que, en sentido contrario, abogan por la conveniencia de la preceptiva postulación procesal teniendo en cuenta que en estos expedientes se ven afectados derechos e intereses de menores o personas con discapacidad. *Vid.* Fernández de Buján, A., "Luces y sombras del Anteproyecto de Ley de Jurisdicción Voluntaria de 31 de octubre de 2013", *Diario La Ley*, núm. 8273, Sección Doctrina, 2014 (Ref. D-89 LA LEY), págs. 17 y 18; Nevado Montero, J. J., "El desacuerdo de los progenitores sobre la vacunación de sus hijos", *Actualidad Civil*, núm. 1, *Sección Persona y Derechos*, 2021, LA LEY 812/2021.

El expediente finaliza a través de auto en el que la autoridad judicial decidirá a quien le corresponde tomar la decisión en relación al ejercicio de la patria potestad; contra el mismo cabrá recurso de apelación que se tramitará de acuerdo con lo previsto en la LEC (art. 20.2 LJV)[36]. Todo ello sin olvidar que la resolución no produce efectos de cosa juzgada, lo que permitirá iniciar un proceso contencioso sobre la misma cuestión (art. 19 LJV).

7. REFLEXIÓN FINAL

La introducción de este expediente de jurisdicción voluntaria se presenta como un cauce ágil y sencillo para la resolución de los conflictos, muy habituales en la práctica, relativos al ejercicio conjunto de la patria potestad por parte los progenitores; de ahí que merezca una crítica positiva su previsión por el legislador. Reconocido el acierto de la norma, procede una reflexión sobre la necesidad de incentivar la utilización de mecanismos de resolución de conflictos no adversariales para evitar no sólo la judicialización de la familia con los perjuicios que ello conlleva para todos sus miembros, especialmente los hijos menores de edad, sino también el colapso de los juzgados de familia ante esas discrepancias entre los progenitores[37].

---

36 La disposición adicional primera LJV ha modificado el art. 156 CC eliminando la referencia a la inexistencia de recurso frente a las resoluciones que resolvían los procedimientos de jurisdicción voluntaria relativos a desacuerdos en materia de patria potestad; con ello se resuelven las dudas sobre el recurso de apelación en estos casos pues la disposición transitoria décimo segunda de la Ley 11/1981, de 13 de mayo, de modificación del Código Civil en materia de filiación, patria potestad y régimen económico matrimonial, preveía un recurso en estos procedimientos que se admitía en un solo efecto.

37 Como acertadamente señala el AAP de Barcelona, de 26 de noviembre de 2018 (JUR 2018, 245787), "La judicialización de estos conflictos es, cuanto menos, inapropiada. En materias esencialmente de naturaleza ética, son los progenitores los que deben consensuar en todo caso lo que es más conveniente para los hijos en cuestiones como la educación, la formación y los valores culturales que desean transmitir —en lo ningún juez puede sustituirles— ni tampoco en materia religiosa o en la apreciación de la mayor o menor conveniencia de que fijen su residencia en uno u otro lugar, sigan un curso de idiomas en el extranjero o vayan a pasar sus vacaciones a unas colonias o a otras".

A fin de reducir la judicialización de los conflictos y que éstos se cronifiquen y supongan una reiteración de demandas judiciales para la resolución por el juez de los constantes y reiterados desacuerdos entre los progenitores[38], habría de acudirse a la mediación familiar o a la coordinación de parentalidad con el objeto de facilitar el diálogo y el acuerdo entre los progenitores y así evitar los perjuicios que para los hijos en común supone la necesidad de la intervención de la autoridad judicial.

BIBLIOGRAFÍA

Armengot Villaplana, A., "De la intervención judicial con la patria potestad", *Práctica de Tribunales*, núm. 116, 2015, La Ley 5180/2015.

Banacloche Palao, J., *Los expedientes y procedimientos de jurisdicción voluntaria*, La Ley, Madrid, 2020.

Calaza López, S., "Dame más jurisdicción voluntaria de menores", *Práctica de Tribunales*, núm. 124, *Sección Estudios*, 2017 (LA LEY 124/2017)

Calaza López, S., Pillado González, E., *Retos de la justicia civil indisponible: infancia, adolescencia y vulnerabilidad* (coord. Calaza López y Pillado González), Aranzadi, Cizur Menor, 2022.

De la Oliva Santos, A., Díez-Picazo Giménez, I. Vegas Torres, J., *Derecho Procesal Civil. Ejecución forzosa. Procesos especiales*, Madrid, 2005.

De Lucchi López-Tapia, Y., "Tutela procesal reactiva y preventiva en materia de modificación de medidas acordadas en procesos de familia", *La Ley. Derecho de Familia*, núm. 33, 2022.

Díaz Solís, A., "Divergencias en el ejercicio de la patria potestad, en especial la autorización para el cambio de domicilio del menor", *Diario La Ley*, núm. 9186, 2018.

Fernández De Buján, A., "Luces y sombras del Anteproyecto de Ley de Jurisdicción Voluntaria de 31 de octubre de 2013", *Diario La Ley*, núm. 8273, Sección Doctrina, 2014 (Ref. D-89 LA LEY), págs. 17 y 18;

Fernández De Buján, A., "Régimen jurídico de la oposición en el marco de la jurisdicción voluntaria", en *Diario La Ley*, núm. 8496, 2015.

Fernández De Buján, A. (dir.), *Comentarios prácticos a la Ley 15/2015, de la jurisdicción voluntaria*, Cizur Menor, Aranzadi, 2016.

FISCALÍA GENERAL DEL ESTADO, *Circular 9/2015, de 22 de diciembre, sobre la intervención del Ministerio Fiscal en la nueva Ley de la Jurisdicción Voluntaria*;

FISCALÍA GENERAL DEL ESTADO, *Instrucción 1/2006, de 7 de marzo, sobre la guardia y custodia compartida y el empadronamiento de los hijos menores.*

[38] No se puede obviar que acudir ante un órgano judicial para la resolución de una discrepancia sobre el ejercicio conjunto de la patria potestad, agudiza en la mayoría de las ocasiones las diferencias entre los progenitores, aumentando las diferencias entre ellos y, en consecuencia, las posibilidades de una nueva judicialización.

González del Pozo, J. P., "Las tormentosas relaciones procesales entre los expedientes de jurisdicción voluntaria previstos en los arts. 86 y 87 LJV y los procesos contenciosos de familia", *Revista de Derecho de Familia,* núm. 82, 2022, Tribunas.

González del Pozo, J. P., "Los expedientes de jurisdicción voluntaria en materia de familia en la Ley 15/2015, de 2 de julio (Parte I), Revista de Derecho de Familia, núm. 46, 2016, Tribunas.

González del Pozo, J. P., "Los expedientes de jurisdicción voluntaria en materia de familia en la Ley 15/2015, de 2 de julio (Parte II), Revista de Derecho de Familia, núm. 47, 2016, Tribunas

Lasarte, C., *Derecho de Familia. Principios de Derecho Civil VI,* Marcial Pons, Madrid, 2021.

Liébana Ortiz, J. R. (dir.), *Cuestiones prácticas sobre la Jurisdicción Voluntaria,* Cizur Menor, Aranzadi, 2015.

Linacero de la Fuente, M., *Derecho de las personas y de las relaciones familiares,* Tirant lo Blanch, Valencia, 2022;

Linacero de la Fuente, M. (dir.), *Tratado de Derecho de Familia. Aspectos sustantivos. Procedimientos. Jurisprudencia. Formularios,* Tirant lo Blanch, Valencia, 2021.

Nevado Montero, J. J., "El desacuerdo de los progenitores sobre la vacunación de sus hijos", Actualidad Civil, núm. 1, Sección Persona y Derechos, 2021, LA LEY 812/2021.

O'callaghan Muñoz, X., *Compendio de Derecho Civil, Tomo IV. Derecho de familia,* Centro de Estudios Ramón Areces, Madrid, 2020.

Pillado González, E., "La intervención judicial en relación con la patria potestad", en *Jurisdicción voluntaria. Ley 15/2015, de 2 de julio, de la Jurisdicción Voluntaria,* (dir. Sonia Calaza López), Valencia, 2022, págs. 835 a 871.

Romero Coloma, A., "Conflictos derivados del ejercicio de la patria potestad", *Revista Aranzadi Doctrina*l núm. 4/2015, parte Estudios, 2015, BIB 2015\997.

Santana Páez, E., "El menor en los procesos de familia", en *La Ley. Derecho de Familia,* núm. 27, 2020, LA LEY 11896/2020.

La inmutabilidad de los Smart Contracts: *reflexiones, tensiones y soluciones desde la justicia civil*[1]

JORDI GIMENO BEVIÁ
Prof. Titular Derecho Procesal UNED

1. CONCEPTO Y FUNDAMENTO

A la hora de conceptualizar los *Smart Contracts* (también utilizaremos su abreviatura, SC), conviene advertir al lector que dependerá de la perspectiva o de la condición de quien emita la definición[2]. No será la misma aquella que ofrezca un informático —quién partirá de un programa o *software*—, a la que pueda realizar un economista o, en último término y con relación al tema que nos ocupa, un jurista.

Si pretendemos ofrecer una definición eminentemente jurídica seguramente *a priori* no sea pacífica en tanto los SC no traen causa del desarrollo

---

1 Al Prof. Víctor Moreno Catena, con gran afecto y admiración.
Este trabajo ha sido desarrollado en el marco del proyecto de investigación "Transición Digital de la Justicia" (IP. Profa. Dra. Dª. Sonia Calaza López), Proyecto estratégico orientado a la transición ecológica y a la transición digital del Plan Estatal de investigación científica, técnica y de innovación 2021-2023, en el marco del Plan de Recuperación, Transformación y Resiliencia, Ministerio de Ciencia e Innovación, financiado por la Unión Europea: Next Generation UE, con REF. TED 2021-130078B-100.

2 De ello también nos advierte en un excelente trabajo FELIU REY, J. "Smart Contract: Concepto, ecosistema y principales cuestiones de Derecho privado" *La Ley Mercantil* nº 47, mayo 2018, pág. 4

jurisprudencial ni de una iniciativa parlamentaria, sino del intelecto de un grupo de informáticos que paulatinamente los ha ido —y sigue— desarrollándolos, por lo que su disociación de elementos procedentes de otras disciplinas como la informática deviene harto complejo.

Tampoco cabe tomar como punto de partida una traducción literal del anglicismo pues, como acontece con los *false friends*, los *Smart Contracts* no tienen por qué encerrar un contrato ni mucho menos que éste sea inteligente. Por ello, avanzando siempre de lo general a lo particular, a continuación, se partirá de definiciones amplias para, a través de las aportaciones realizadas por la doctrina, ofrecer una aproximación jurídica del referido fenómeno.

En primer lugar conviene acudir al concepto que ofrece su autor intelectual, Nick Szabo quien define los *Smart Contracts* como "*un conjunto de promesas, determinadas digitalmente, que incluyen protocolos a través de los cuales las partes ejecutan dichas promesas*"[3]. Como se puede apreciar, se trata de una definición generalista, de la que se puede extraer la necesidad de que se determinen ciertas condiciones —de ahí que en la actualidad se haga referencia a la cláusula que representa su funcionamiento, "*if…then*"—, en soporte digital, con una configuración de los protocolos para que sean llevadas a efecto.

Otros autores contemporáneos como Cong y Zhiguo, amén de argumentar —en línea con lo que sostenemos— que todavía no se ha alcanzado una definición universalmente aceptada, proponen su conceptualización como "*contratos digitales que permiten condiciones supeditadas a un consenso descentralizado a prueba de manipulaciones y típicamente auto-ejecutables a través de su ejecución automatizada*"[4]. De la referida definición merece la pena detenerse en la descentralización y la auto-ejecución como elementos que no pueden faltar en una definición de los Smart Contracts y que

---

3 El texto literal en inglés es "A smart contract is a set of promises, specified in digital form, including protocols within which the parties perform on these promises." Szabo, N. *op. cit.* pág. 1. Sin embargo, González Meneses advierte —con razón— que se trata de una definición "poco precisa" en tanto no se trata de un contrato electrónico o digitalizado, sino "programado". En González Meneses, M. "Smart Contracts. ¿Una economía sin Derecho contractual? Conferencia impartida en la ilustre Academia Martitense del Notariado el 7 de noviembre de 2019.

4 Cong, L. W. y Zhiguo, H. "Blockchain disruption and Smart Contracts" The Review of Financial Studies vol. 32 nº 5, 2019, págs. 176 y 177. Su definición, literalmente en ingles es "…*digital contracts allowing terms contingent on decentralized consensus that are tamper-proof and typically self-enforcing through automated execution.*"

además los diferencia de los contratos electrónicos tradicionales en los que sí suele existir una contraparte que se encarga de evaluar el cumplimiento de las condiciones (*trusted authority*). Sin embargo, la esencia de los Smart Contracts huye de autoridades centrales siendo auto-ejecutable cuando concurren las condiciones pre-establecidas. Ello supone, por tanto, que la intervención humana se desvanezca[5].

Resulta relevante, acercándonos a un enfoque más jurídico, la consideración o no de los SC como contratos —al menos desde el concepto, posteriormente lo abordaremos desde su naturaleza jurídica—. Autores internacionales lo definen como "*contratos programables que son capaces de autoejecutarse cuando se cumplen las condiciones predefinidas*"[6]. También doctrina autorizada española lo conceptualiza como "*programa informático que permite la verificación, ejecución y aplicación de las estipulaciones de un acuerdo contractual*"[7].

No obstante lo anterior, otros autores alertan que el término "contrato" en la definición de este fenómeno es comúnmente usado de un modo "informal" o "libre" que lo aleja del significado tradicional del contrato[8]. E incluso, en vez de vincularlo al contrato en sentido estricto, algunos lo plantean como una "*variante avanzada de negocio electrónico*"[9] si bien resultaría una consideración más que una definición.

Por todo lo anteriormente expuesto, quizás sería conveniente partir de acepciones más neutras y no tan excesivamente restrictivas que, aún desde una perspectiva jurídica, no descuiden su inexorable naturaleza digital, pudiendo ser definido como programas informáticos que autoejecutan instrucciones, previamente insertadas en lenguaje código o máquina, au-

---

5 En palabras del ilustre civilista Salvador Coderch "La necesidad de confiar en la contraparte desaparece, se puede, por lo tanto, contratar con todo el mundo y se puede hacer al margen, además, de un sistema jurídico centralizado que garantice en última instancia la justiciabilidad de los contratos: en el entorno de los contratos inteligentes, los actores humanos se desvanecen" Salvador Coderch, P. "Contratos inteligentes y derecho del contrato", *Indret* nº 3, 2018, pág. 2

6 Eze, K. "Smart Contracts: a premier", *Journal of Scientific and Engineering Research*, 2018, pág. 538

7 Barrio Andrés, M. *Manual de Derecho digital*, Tirant lo Blanch, 2020, pág. 83

8 Mik, E. "Smart contracts: Terminology, technical limitations and real world complexity", *Law, Innovation & Technology*, 2017, pág. 4

9 Se trata de una categoría jurídica plenamente aceptada por la doctrina privatista, de acuerdo con Ibañez Jiménez, J. "Smart contract y notariado español: algunas claves orientadoras" *La Ley mercantil* nº 48, junio 2018, pág. 8

tomáticamente, ante la advertencia de un término o producción de una condición[10].

2. NATURALEZA JURÍDICA

Tal y como es sabido, nuestro Código Civil no contiene una concreta definición del término "contrato", sino que se limita a señalar en el art. 1254 que "*el contrato existe desde que una o varias personas consienten en obligarse, respecto de otra u otras, a dar alguna cosa o prestar algún servicio*". La ausencia de un concepto unívoco en el Código Civil, sin embargo, no ha obstado para que éste haya sido ofrecido por doctrina civilista autorizada como Diez-Picazo, quien lo define como "el negocio jurídico bilateral por el que se constituye, modifica o extingue una relación jurídica patrimonial"[11]

Más allá de su delimitación conceptual, lo que resulta relevante para la consideración del acuerdo como contrato es la concurrencia de los requisitos contemplados en el art. 1261: consentimiento, objeto y causa.

Así las cosas, para que un Smart Contract —dejando a un lado su incorrecta traducción— pueda ser considerado un contrato, deberá cumplir con los requisitos inherentes a los contratos.

En el otro lado de la medalla, para que un contrato sea considerado un Smart Contract, también deberá cumplir con las características de este último, cuales son el formato digital, en lenguaje código o máquina, que sea autoejecutable, inmutable y planteado en un registro descentralizado.

Por consiguiente, si ambas figuras no se reconocen el negocio jurídico será distinto al contrato. Ahora bien, ¿es realmente relevante que el Smart Contract sea un contrato?

Será relevante si se pretende que el Smart Contract tenga efectos legales. Mientras que el contrato, en tanto generador de derechos y obligaciones, es jurídicamente vinculante, el Smart Contract, por el contrario, puede serlo o no. Y ello porque, en el mundo virtual, no todo lo que acontece cuenta con un respaldo legal o, incluso, en caso de conflicto, se soluciona

---

10 Se ha partido, si bien realizando algunas modificaciones, de la definición previamente ofrecida por Gimeno Bevia, V. "La incidencia de la tecnología Blockchain en los procesos de empresas", *Revista de Derecho del Mercado de Valores*, nº 26, 2020

11 Definición que ha sido acogida por gran parte de la doctrina, por ejemplo, De Verda y Beamonte, J. R. (et al.) *Derecho Civil II. Obligaciones y Contratos*, 4ª Ed., Tirant lo Blanch, Valencia, 2019 pág. 195

a través de la jurisdicción. Sirva como ejemplo el ataque a la DAO en Ethereum en el que los usuarios de la propia red acordaron, por consenso, la solución al conflicto —un robo de más de 20 millones de dólares en criptomonedas—[12] o, incluso otro ejemplo más cercano, la no consideración de la criptomoneda Bitcoin como dinero a efectos de responsabilidad civil por el Tribunal Supremo (STS 326/2019 de 20 de junio).

En efecto, si partimos de que la tecnología Blockchain, las criptomonedas e incluso los Smart Contracts —que se sirven de esta tecnología— surgen en un entorno descentralizado carente de autoridad y, por ende, de una regulación (a la que sí se ven sometidos los contratos tradicionales), difícilmente éstos podrán ser alegados ante la jurisdicción. Bien es cierto, que un SC, por su naturaleza, se puede ejecutar sin la intervención humana, pero, si a su encriptación no le acompaña un documento que refleje su contenido, ante cualquier imprevisto o problema (p.ej. fuerza mayor en el despliegue de un SC que aplique "internet de las cosas" o IoT), no podrá ser reclamado en los tribunales o cortes arbitrales.

Ante esta dicotomía, conocida internacionalmente bajo el lema "Code vs Contract", algunos arguyen la posibilidad de crear dos categorías que distingan aquellos Smart Contracts que son "puramente código" o informáticos, de aquellos que sí pudieran constituir contratos jurídicamente vinculantes[13]. Si bien la distinción pudiera resultar imprecisa porque todos los SC se redactan en lenguaje código, no es menos cierto que no pocos autores, también en nuestro país, han acogido dicha distinción valiéndose de la denominación Smart Legal Contracts[14]. De hecho, la Smart Contract Alliance, promovida desde la Cámara de Comercio Digital[15], define los Smart Legal Contracts como "Un contrato inteligente que articula y es capaz de autoejecutar, sobre una base legalmente exigible, los términos de un acuerdo entre dos o más partes"[16]. Hete aquí la clave: una base legalmente exigible.

---

[12] Una explicación más detallada desde una perspectiva procesal, puede verse en Gimeno Bevia, J. "La resolución de conflictos en Blockchain o cuando el código es la ley: el difícil reto desde la justicia penal", *La Ley Mediación y Arbitraje* nº 16, 2023.

[13] MIK, E. *op. cit.* pág. 5.

[14] *Vid.* entre otros Vilalta Nicuesa, E. A, *Smart legal contracts y blockchain. La contratación inteligente a través de Blockchain*, Wolters Kluwer, 2019

[15] Más información en el siguiente enlace https://digitalchamber.org/initiatives/smart-contracts-alliance/

[16] Véase el documento de la Smart Contract Allianz "Smart Contracts: is the law ready?" pág. 12

Aunque se trate de una distinción que pueda resultar ilustrativa y, en definitiva, útil a efectos prácticos, es importante recordar que no se trata de una simple cuestión de etiquetas, sino que para que un Smart Contract sea considerado contrato y viceversa, deberán cumplirse los requisitos que los sustentan. La doctrina española, así las cosas, parece que refleja cierto consenso a la hora de considerar que los Smart Contracts no suponen *per se* una nueva forma de contrato, sino más bien una nueva forma de instrumentarlo que, a su vez, posibilita la autoejecución del acuerdo de voluntades programadas mediante código gracias a la tecnología Blockchain[17]

Por lo anteriormente expuesto, cabe concluir que la discusión sobre si los Smart Contracts son o no contratos no debe abordarse únicamente desde una perspectiva jurídico-material pues el debate será estéril. No se trata, por ende, de acercar forzosamente los Smart Contracts hacia los contratos tradicionalmente entendidos para considerarlos como tal ni viceversa. El Derecho y la informática o computación son disciplinas autónomas, pueden funcionar alejadas —como ha sucedido hasta hace no demasiado tiempo— pero si pretendemos que lo que acontece digitalmente tenga efectos jurídicos no se podrá obviar la existencia o necesidad, ante su ausencia, de una regulación. Lamentablemente —o afortunadamente, en términos de seguridad jurídica— el Derecho no avanza a la misma velocidad que la tecnología y el legislador tendrá que ser capaz de acompasar avances informáticos, como estos particulares contratos, al Derecho vigente.

Por tanto, y desde una perspectiva netamente jurídica, abogamos por la confluencia de los Smart Contracts con el Derecho, pues sería absurdo dar la espalda a avances tecnológicos muy ventajosos para la sociedad —ahorro de costes y tiempo, transparencia, confianza, entre tantos otros— Ello no se antoja una quimera, ni mucho menos, pues los Smart Contracts son realmente flexibles y pueden tener en consideración distintas regulaciones sin ver alterada su naturaleza. La clave radica, como dirían los anglosajones, en ir cerrando la brecha ("*Bridging the gap*") entre el código y el contrato, buscando fórmulas intermedias que permitan alcanzar un *ten con ten* entre la necesidad de que en último término pueda ser legalmente vinculante (*enforceable by a court*) sin perjuicio de que nos podamos beneficiar de su autoejecutabilidad, difícilmente manipulable (*automated tamper-proof execution*). Ahí es donde se centran los esfuerzos de muchas iniciativas que desa-

[17] *Vid.* Quintana Cortés, J. L. "La tecnología Blockchain y su pretendida aplicación a la contratación pública como mecanismo para lograr mayor integridad", Revista Española de Control Externo, vol. XXIII, nº 64, enero 2020, págs. 152-173, pág. 160

rrollan los *Smart Contracts* y donde comienzan a surgir soluciones creíbles, incluso en entornos regulados complejos como el sector financiero[18].

3. PRINCIPALES CARACTERÍSTICAS

3.1. Autoejecución

A pesar de lo dispuesto en el Código Civil (p.ej. arts. 1091, 1258) uno de los principales temores —también riesgos— a la hora de suscribir un contrato es la desconfianza hacia la contraparte ante un posible incumplimiento. De hecho, el contrato como instrumento jurídicamente vinculante, precisamente tiene su razón de ser en la necesidad, de un lado, de que personas (físicas o jurídicas) puedan contratar sin necesidad de conocerse y, de otro, en que su contenido, en caso de incumplimiento, pueda ser reclamado ante los tribunales.

El miedo al incumplimiento, sin embargo, se desvanece ante un Smart Contract. Y ello porque si se cumplen las condiciones pre-establecidas, su ejecución, siguiendo la mecánica "*if…then*" resulta automática en tanto la característica que implica la consideración de estos programas como "inteligentes" es la capacidad para ejecutarse por sí mismo y en sus propios términos. En efecto, estos contratos actúan conforme a las instrucciones provistas en el código por lo que se activan cuando reciben datos de entrada que le proporcionan la información necesaria, ante la que reaccionan con una determinada respuesta de salida. Es decir, el código realiza las acciones en lugar de un ser humano y entiende cómo y cuándo actuar[19]

Ello podrá implicar el fin de la desconfianza en materia contractual porque, en línea con lo dispuesto en el art. 1256 CC —"*La validez y el cumplimiento de los contratos no pueden dejarse al arbitrio de uno de los contratantes*"—, la ejecución del Smart Contract se producirá con independencia de la voluntad posterior de las partes. Es decir, se limita el "arbitrio" al que alude el

---

[18] Es muy interesante el planteamiento que realiza Harley quien, irónicamente, indica que el mundo del Derecho no puede dar la espalda a las ventajas de los Smart Contracts con base en la supremacía del Derecho-Contrato frente al código. En Harley, B. "Are smart contracts contracts?" publicada en el Blog Taking Tech de Clifford Chance el 1 de agosto de 2017 y disponible en el siguiente enlace https://talkingtech.cliffordchance.com/en/emerging-technologies/smart-contracts/are-smart-contracts-contracts.html

[19] Bomprezzi, C. *Implications of Blockchain-Based Smart Contracts on Contract Law*, Nomos, 2021, pág. 56

Código Civil pues una vez introducidas las condiciones en lenguaje-máquina, éstas se ejecutarán en sus propios términos.

Pero, además, el hecho de que la ejecución se automatice —de ahí que hablemos de auto-ejecución o auto-ejecutoriedad— simplifica notablemente el cumplimiento contractual, ya sea la liberación de crédito, la entrega de una cosa, etc. pues si ésta resulta automatizada y se elimina el factor humano, se reducirá los riesgos de incumplimiento. Asimismo, la no participación de un tercero o la ausencia de intermediación en la fase de ejecución implicará una reducción importante de los costes del contrato. Por consiguiente, la auto-ejecución es una característica nuclear, así como una de las principales ventajas de los Smart Contracts.

Un ejemplo interesante —y real— lo podemos encontrar en los SC relacionados con las apuestas. Ya existen aplicaciones como p.ej. Augur que permiten apostar y, si acontece finalmente el resultado apostado, se liberará el crédito[20]. También, ante un progresivo aumento del Internet de las Cosas (*IoT*), otro de los supuestos que suelen traerse a colación es la posibilidad de bloquear un coche o la entrada a un hotel ante el impago de la cuota previamente determinada. Así pues, si, p.ej. el día 30 no se ha liberado la cantidad establecida en el contrato, la cerradura del coche o el sistema de acceso a la habitación del hotel automáticamente se bloquean[21].

Por consiguiente, la programación de las condiciones deja escaso o nulo margen para la discrecionalidad en la ejecución que, como se ha indicado, acontecerá según los términos acordados.

3.2. Inmutabilidad

Pero la auto-ejecución del contrato en sus propios términos tiene una doble lectura y es que en sus propias ventajas se encuentran también sus inconvenientes[22]. De un lado, es una garantía que no se pueda alterar lo

---

20 Augur es una aplicación descentralizada (DAPP) que permite realizar apuestas-predicciones de cualquier tipo. Para más información vid https://augur.net/

21 Neuburger, J. D., Choy, W. L. y Milewski, K. P. "Smart Contracts: Best Practices" en Practical Law, Thomson Reuters, Resource ID: w-022-2968, 2019, pág. 2.

22 Muy ilustrativo resulta tanto el artículo como el propio título de la entrada de Gauci-Maistre Xynou en el que indica que la inmutabilidad no se sabe si resulta una bendición o una maldición. Gauci-Maistre Xynou, "Inmutability in a smart contracr: a blessing or a curse?" Disponible en el siguiente enlace https://www.lexology.com/library/detail.aspx?g=9b0e1787-f6cc-428a-8d55-93e5994bf416

acordado, pero, de otro, tal automatismo en la ejecución imposibilita que se puedan tener en cuenta acontecimientos que alteren o impidan el desarrollo de la relación contractual. De ahí que, otra característica esencial vinculada —o la cara b— a la anteriormente explicada sea la inmutabilidad.

En efecto, la inmutabilidad implica la imposibilidad de cambio, voluntario o no, una vez ejecutado el Smart Contract. Y ello porque los contratos inteligentes eliminan la ambigüedad del lenguaje natural lo que, para algunos autores supone una limitación de su utilidad y que, en determinadas circunstancias, las partes prefieran la flexibilidad de los contratos legales a la rigidez de los programas informáticos automatizados[23].

3.3. Lenguaje máquina

Otra de las particularidades de los Smart Contracts radica en el lenguaje utilizado en su redacción o, en este caso, programación. Aunque los contratos inteligentes tengan efectos en el mundo real, su configuración y desarrollo acontece en el mundo virtual. Por ello, más allá de la existencia previa de un contrato, ya sea escrito o verbal, como ya apuntaba Szabo, el Smart Contract debe estar especificado digitalmente[24]. Así las cosas, habida cuenta el lenguaje máquina es muy complejo —incluso ininteligible— para aquellos legos en programación, resulta fundamental que las condiciones previamente codificadas tengan un respaldo documental previo en lenguaje natural, es decir, que exista un documento que contenga las condiciones acordadas por las partes para que, posteriormente, pueda verificarse una correcta codificación de lo acordado.

3.4. Descentralización —matizada-

Por otro lado, como es sabido, en la tecnología Blockchain, de la que se sirven los Smart Contracts, una de las características principales radica en la ausencia o limitación de intermediación o de una autoridad central. En efecto, son los propios usuarios de la red los que con base en la DLT (*Distributed Ledger Technology* propia de Blockchain) comprueban la viabilidad de

23 Fink, M. "Grundlagen und Technologie von Smart Contracts" en *Smart Contracts* (Fries, M y Paal, B., cords.) Ed. Mohr Siebeck, 2019, pág. 9

24 "*A smart contract is a set of promises, specified in digital form...*" Szabo, N. "*Smart Contracts*: Building Blocks for Digital Markets", 1996. pág. 1.

realizar la operación, la validan y la ejecutan, sin que sea necesario acudir a un tercero o a una autoridad central para que la lleve a cabo. No obstante lo anterior, no es infrecuente que los Smart Contracts acontezcan en entornos delimitados, privados o permisionados, algunos de ellos al abrigo de redes de determinadas asociaciones y/o fundaciones[25]. En la práctica forense, el despliegue de estos contratos generalmente se produce en redes o entornos híbridos, donde los miembros del consorcio ejercen cierto grado del control que una autoridad central tradicional podría tener (por ejemplo, la determinación de quién puede participar en la cadena de bloques y en qué medida)[26]. Esta estructura ofrece un terreno intermedio que aprovecha los beneficios tecnológicos de las cadenas de bloques y la descentralización, manteniendo al mismo tiempo un marco empresarial global[27]. Por lo anteriormente expuesto, cabe concluir que generalmente en los SC no acontece una ausencia total de autoridad central, sino que el control o, mejor dicho, la supervisión, se desplaza hacia un entorno delimitado por los propios usuarios agrupados en determinadas redes, plataformas o asociaciones.

3.5. Transparencia

Los SC despliegan sus efectos en entornos de confianza puesto que la información de lo conveniado resulta visible y puede ser comprobada por los participantes de la red Blockchain. La transparencia, por consiguiente, opera como un elemento fundamental y distintivo de esta tecnología en tanto generadora de confianza entre los usuarios que podrán revisar el correcto desarrollo de las operaciones. Así pues, cualquiera puede revisar los elementos de cada transacción y debe percibirse como uno de los principales activos de los SC[28]. Es importante tener presente que la transparencia como característica inherente a estos contratos inteligentes puede verse matizada o atenuada en función del entorno en el que se vaya a desplegar el contrato, esto es un entorno público, semipúblico o privado.

---

25 Por ejemplo, la asociación española ALASTRIA https://alastria.io/

26 También se plantea su utilización en redes privadas como instrumento favorecedor del nuevo ciclo tecnológico del Registro de la Propiedad, tal y como apunta Ureta García, A. B. "Smart Contracts y Propiedad Horizontal: una solución en busca de problemas", 2024, en prensa, gentilmente cedido por el autor.

27 Neuburger, J. D. et al. *op. cit.*, pág. 2

28 Así lo exponen entre otros algunos desarrolladores de la red Ethereum http://sebfor.com/ethereum-developers-bring-transparency-smart-contracts/

Asimismo, la transparencia en su acepción de característica de Blockchain y, por ende, del Smart Contract no se encuentra únicamente vinculada al entorno o a la red en la que se despliega —pública, privada o híbrida—, sino también a la trazabilidad completa de los datos a lo largo del proceso. Así las cosas, dada la inmutabilidad de la cadena Blockchain, podrá ser revisada para evaluar si éste se ejecutó según lo acordado.

3.6. La importancia de los oráculos

Unos de los elementos diferenciales y genuinos de los Smart Contracts, en contraposición con algunas de las características que también concurren en la propia tecnología Blockchain, estriba en la utilización de los oráculos. Podemos definir los oráculos como el enlace o puente entre el SC y el mundo exterior. En efecto, en no pocas ocasiones el SC precisará determinada información o datos externos para su correcto despliegue. Así pues, a modo de ejemplo, para que la empresa aseguradora libere el crédito por el retraso del avión, el Smart Contract deberá acudir a las bases de datos globales de tráfico aéreo para comprobar si efectivamente el retraso supera el límite máximo establecido y debe abonar la pertinente indemnización[29]. Esa información externa, como se puede observar, viene proporcionada a través de los oráculos, por lo que desempeñan un papel capital en el correcto despliegue de los contratos inteligentes.

4. LA INMUTABILIDAD COMO GARANTÍA, PERO TAMBIÉN FUENTE DE CONFLICTOS

La inmutabilidad y, por ende, su falta de flexibilidad impide una modificación voluntaria del contrato inteligente una vez ha sido iniciado. Si en el transcurso del contrato las partes acuerdan otra condición o, por ejemplo, deciden aumentar el plazo para realizar el pago, no cabe la modificación de este. Del mismo modo, la naturaleza de los Smart Contracts también impide atender circunstancias excepcionales de fuerza mayor —como, por ejemplo, las acontecidas en la pandemia causada por el COVID-19—, que sí pueden ser afrontadas en un contrato tradicional. A mayor abundamiento, la inmutabilidad puede incluso erigirse en un auténtico escollo ante la

[29] Véase el fallido seguro Fizzy de la aseguradora Axa https://www.youtube.com/watch?time_continue=2&v=xJZulZ_-CMI&feature=emb_logo

afectación de otros elementos del contrato. En relación con la capacidad jurídica, por ejemplo, piénsese en el supuesto en el que, una vez ejecutado el contrato, se descubre que una de las partes carece de ella. Aunque esto *a priori* puede parecer improbable, sin embargo, en un entorno *on-line* en el que no siempre se utilizan identidades reales, es un problema que debe tenerse en cuenta.

Pero los referidos problemas no son imputables a la tecnología, sino a las partes y a causas de fuerza mayor. Sin embargo, sí puede suceder —y, *de facto*, será el principal problema de estos contratos— que acontezca algún error en la codificación de las condiciones en su conversión al lenguaje-máquina, afectando incluso al propio objeto, que deberá seguir su curso hasta su ejecución con consecuencias diferentes a las concebidas con anterioridad a su inserción tecnológica. Es decir, el resultado de lo acontecido no era el pretendido por las partes. Del mismo modo, los SC, igual que otras funcionalidades tecnológicas, también pueden sufrir ataques informáticos, bugs o errores de software (p.ej. el famoso DAO Attack). Ante estos escenarios, tampoco la inmutabilidad permite suspender temporalmente o dejar en *stand by* el Smart Contract, y aunque debiera ser corregido para no ver afectado el cumplimiento del contrato en sus propios términos, su reparación o "debuggeo" no resulta factible una vez iniciada su ejecución.

Una vez puestos de relieve los contras de la inmutabilidad, sugiere Fink que los contratos inteligentes del futuro no serán totalmente autoejecutables, sino que en muchos casos tendrán que incorporar interfaces para la intervención humana[30]. Si bien de alguna manera esto es contrario a la naturaleza inmutable y automatizada de los contratos inteligentes, refleja el hecho de que para algunos los contratos inteligentes solo obtendrán aceptación comercial si reflejan la realidad de cómo actúan las partes contratantes[31].

Como se puede apreciar, la inmutabilidad o falta de flexibilidad supone una preocupación para parte de la doctrina que entiende que los contratos "inteligentes" pueden resultar inútiles ante la imposibilidad de atender a cualquier cambio o modificación imprevisto o pretendido por las partes.

---

30 Fink, M. *op. cit.* pág. 10

31 Levi, S. D. y Lipton, A. B. "An Introduction to Smart Contracts and Their Potential and Inherent Limitations", *Harvard Law School Forum on Corporate Governance*, 26 mayo 2018. Disponible en el siguiente enlace https://corpgov.law.harvard.edu/2018/05/26/an-introduction-to-smart-contracts-and-their-potential-and-inherent-limitations/

5. POSIBLES SOLUCIONES

Como se puede inferir, la inmutabilidad implica que los SC sean inmunes a los principales institutos contractuales que determinan el fin o la modificación del contrato, como la rescisión, el desistimiento o una posible renegociación. Y ello, principalmente, porque una vez que las partes han cargado las órdenes en la cadena de bloques, pierden el control sobre su ejecución que acontecerá de forma automática sobre los términos programados. En resumidas cuentas, la prestación se ejecuta a través del código y la confianza se desplaza desde las partes hacia el código.

Ahora bien, es importante distinguir entre ejecución y cumplimiento. Las partes pierden el control sobre su ejecución, pero no sobre el cumplimiento del objeto del contrato. En efecto, no tienen el control de lo que se ejecuta dentro de la cadena (*on-chain*) pero sí pueden superar la fría inmutabilidad del código con la flexibilidad que ofrece el cumplimiento en el mundo físico o real (*off-chain*)[32].

Así las cosas, nada obsta para que las partes, con base en la autonomía de su voluntad, puedan acordar, *ex ante* o *ex post*, remedios o soluciones. Ello no es contrario al principio de autonomía de libertad contractual ni a la máxima *pacta sunt servanda* habida cuenta los remedios acordados o que se acuerden, acontecerán ante situaciones sobrevenidas e imprevistas a la ejecución del contrato inteligente.

5.1. Soluciones técnicas on-chain

En el ecosistema Blockchain, si el contenido del código no coincide con la voluntad de las partes, una opción lógica sería, de común acuerdo, desplegar otro Smart Contract distinto con las modificaciones deseadas, que suponga, de hecho, la eliminación del anterior. Ello puede resultar factible si el fallo en la programación ha podido ser detectado y no se trata de una obligación excesivamente compleja. En caso contrario, será mejor buscar soluciones fuera de la cadena.

Otra opción sería configurar *ex ante* una serie de alternativas (*dynamic calls*) que se autoejecuten ante determinados escenarios. Así pues, aun

[32] Como excepción a ello, apunta Bomprezzi que la única hipótesis de ejecución directa de las obligaciones mediante el Smart Contract acontece cuando se intercambian activos nativos de Blockchain, como criptomoneda, pues el contrato inteligente tiene control directo sobre esos activos. Bomprezzi, C. *op. cit.*, pág. 214.

siendo técnicamente más complejo, las partes pueden determinar distintas situaciones con itinerarios o respuestas diversas —si acontece A el contrato se desplegará de una forma, pero si acontece C, en vez de B, de otra—. Se produce, por consiguiente, una interacción entre las distintas posibilidades o escenarios que, generalmente, acontecerá en entornos permisionados donde, como hemos avanzado, encuentran mejor encaje los Smart Contracts desde una perspectiva civil o mercantil[33]. Ahora bien, como alertan algunos autores, esta configuración multiopcional, sin embargo, puede implicar un notable aumento de los costes de programación[34].

5.2. Soluciones ex ante acordadas en el contrato escrito

Habida cuenta la tecnología Blockchain, aun siendo accesible su comprensión, resulta técnicamente compleja, todo aquello ínsito a la cadena de bloques —p.ej. la codificación en lenguaje máquina— debiera contar con un reflejo, respaldo y trazabilidad documental. Por ende, antes de ordenar el despliegue del SC, las partes plasmarán su objeto en un contrato tradicional a fin de que, entre otros extremos, pueda comprobarse *a posteriori* que el resultado acontecido equivale a lo pretendido inicialmente por las partes. Se trata, por consiguiente, de ofrecer una copia de seguridad física o *back up* documental al SC o, como gráficamente afirma Gimeno Bevia, "*que los contratantes que hagan uso de dicha tecnología alineen los documentos que redacten en el lenguaje humano con el lenguaje máquina.*"[35]

Así las cosas, las partes podrán establecer remedios o soluciones frente a distintos escenarios. De un lado, pueden pactar como proceder si la ejecución —generalmente por un defecto en la programación— no se corresponde con la voluntad de las partes. En estos casos, bien podrán pactar la devolución o la entrega completa del objeto —si éste hubiera sido entregado parcialmente— o una compensación equivalente si la transmisión fuera

---

33 El uso de varios SC interconectados es útil para los procesos comerciales de alto nivel. Así, podemos asumir un sistema complejo utilizando varios SC con referencias cruzadas y automatización. Sin embargo, el uso de direcciones estáticas para los contratos que están codificados en la lógica del contrato está llevando a un "mantenimiento incómodo". *Vid.* Imeri, A., Lamont, J. et. alt. "Model of Dynamic Smart Contracts for permissioned Blockchains". Artículo accessible a través del siguiente enlace https://ceur-ws.org/Vol-2586/paper1.pdf

34 *Vid.* ampliamente la crítica que realiza Sklaroff en su interesante artículo "Smart contracts and the cost of inflexibility", *Univ. Pennsylvania Law Review,* vol 166, 2018, págs. 263-298, especialmente las págs. 291 y ss.

35 Gimeno Bevia, V. *op. cit.*

irreversible. De otro, también pueden acordar distintas opciones ante situaciones sobrevenidas —p.ej de fuerza mayor— que dificulten el ulterior cumplimiento de la relación contractual.

Sea como fuere, en cualquier escenario se plantea la intervención humana posterior para asegurar un cumplimiento acorde a lo pretendido por las partes. Y aunque pudiera interpretarse como una suerte de desconfianza hacia el código, lo cierto es que todavía nos encontramos en un estadio de incipiente desarrollo de los SC por lo que parece prudente avanzar hacia relaciones contractuales desplegadas en la cadena de bloques, pero con un respaldo documental que identifique con claridad la voluntad de las partes y que pueda ser reclamado, en último término, ante los tribunales.

5.3. Soluciones ex post: actuar de buena fe ante un enriquecimiento sin causa

Pero aun cuando las partes no hayan establecido remedios previos ante un hipotético defecto de programación o fallo informático, la buena fe se concibe como un estándar de comportamiento debido de las partes alineado con el contrato mismo[36]. En efecto, tal y como reza el art. 1258 CC, los contratos no obligan solamente al cumplimiento de lo pactado, sino también a las consecuencias conformes a la buena fe.

Por consiguiente, si una vez desplegado el software una de las partes recibe algo distinto a lo pretendido, debe devolver lo que recibió *sine causa*, y si la restitución en especie es imposible, deberá restituirlo económicamente. Así pues, tanto la descentralización como, en lo que nos interesa, la inmutabilidad, son obstáculos que pueden ser superados con base en la buena fe de las partes, que actúan diligentemente ante una imprevista ejecución del SC[37].

Y ello porque, en caso contrario, estaríamos ante un enriquecimiento injusto o sin causa que, según reiterada jurisprudencia del TS "... dan lugar a la obligación de reparar el perjuicio; la esencia es, pues, la atribución patrimonial sin causa, por lo que el enriquecido sin causa debe restituir al empobrecido aquello en que se enriqueció"[38]. Si no lo hiciera, nada obs-

[36] Salvador Corderch, P. y García Micó, T. G. "Concepción contextual de la buena fe contractual. Artículo 1258 CC" *InDret*, 1.2020, pág. 28

[37] Bomprezzi, C. *op. cit.*, pág. 206

[38] Entre otras la STS 110/2006 de 6 de febrero, STS 559/2010 de 21 de septiembre o la STS 529/2010 de 23 de julio.

taría para que la parte agravada ejercitase una acción de enriquecimiento injusto ante la justicia civil.

6. INMUTABILIDAD DEL CÓDIGO Y PROCESO CIVIL

Puede ocurrir, sin embargo, que el SC se autoejecute y las partes discrepen sobre si lo acontecido se corresponde con lo acordado. Teniendo presente la inmutabilidad del resultado, si una de las partes voluntariamente no quiere remediarlo, es razonable pensar que la otra pueda reclamar su cumplimiento ante los tribunales[39]. Además, resulta curioso, como señala Schumann Barragán, la inversión de roles demandante-demandado pues generalmente "*será el deudor de la relación jurídica principal el que deba reaccionar judicialmente frente al uso indebido o ejecución incorrecta de los contratos autoejecutables*"[40].

Hay que partir, necesariamente, de que no nos encontramos ante un escenario "*code is law*" pues un enfoque basado en que el código es ley (*full code is law defense)* implicaría aceptar, incondicionalmente, el resultado de lo acontecido tras la ejecución del código informático, más allá de que ello difiera de lo acordado por las partes. Por otro lado, los SC en la práctica comercial, acontecerán en un entorno regulado —y seguramente permisionado—, no en el iniciático modelo pensado por Nakamoto que huye de los intereses regulatorios de los Estados[41]. No obstante lo anterior, a nadie se le escapa —y seguramente al juez tampoco— que, como sugiere Nadal Gómez, las partes que voluntariamente optan por un Smart Contract como modalidad contractual, no solo prestan un consentimiento habitual para la perfección del contrato, sino también sobre su consumación automática[42].

---

39 Sería incluso preferible que las partes pactasen, ex ante, acudir al arbitraje en vez de a la justicia civil, habida cuenta pueden encontrar una mayor especialización en tecnología Blockchain en las cortes arbitrales que en nuestros tribunales.

40 Schumann Barragán, G. "Smart contracts y tutela judicial. La incidencia de los contratos autoejecutables en la tutela de los derechos y los intereses materiales de los justiciables", *Justicia. Revista de Derecho procesal*, nº 2, 2021, págs. 309-338

41 Nakamoto, S., "Bitcoin: a peer-to-peer electronic cash system", https://bitcoin.org/files/bitcoinpaper/bitcoin_es_latam.pdf.

42 Nadal Gómez, I. "Los Smart Contracts y el derecho a la tutela judicial efectiva" en *Justicia: ¿garantías vs eficiencia?* (Jiménez Conde, F. y Bellido Penadés, R. Dirs.) Tirant lo Blanch, 2020 pág. 376

El *quid* de la cuestión estriba en determinar si el resultado, autoejecutado e inmutable desde la cadena, refleja lo pretendido por las partes. Para ello, en primer lugar, coincidimos con Villar Fuentes en que la Blockchain, donde se despliega el contrato inteligente, es necesariamente fuente de prueba que, dada su pertinencia y utilidad, deberá ser examinada en el proceso[43]. Y con independencia de su aportación al proceso como medio "no expresamente previsto..." (art. 299.3 LEC) o como instrumento que permite reconocer datos (art. 299.2 LEC) —pues entendemos que no cabe realizar una interpretación restrictiva de los medios de prueba—, será determinante la prueba pericial para comprobar que las instrucciones codificadas en lenguaje máquina reflejan la voluntad de las partes[44]. Como hemos indicado, lo lógico es que el SC cuente con un respaldo documental, por lo que se confrontará lo "descifrado" o descodificado tras la pericial con el documento, generalmente privado, introducido como documental ex art. 299.1.3ºLEC.

Cabe plantearse qué sucede si la pericial informática arroja unas instrucciones distintas a las acordadas en el documento privado. Si siguiéramos las posiciones, afortunadamente minoritarias, del criptoanarquismo, por el que "...todos los acuerdos entre las personas se rigen, en última instancia, no por instituciones corruptibles, sino por la fría y dura lógica del código de los contratos inteligentes"[45] debiéramos asumir una filosofía no intervencionista y una prevalencia del contenido *on-chain* frente al documento suscrito por las partes. Sin embargo, prevalecerá el documento originario salvo que la parte que alega que el SC se autoejecutó correctamente pueda, bien impugnar la autenticidad del documento base u originario, bien probar, por otros medios, que lo insertado es realmente lo que las partes acordaron en un momento posterior a la suscripción del referido documento —ya sea mediante otro documento u otro medio de prueba válido—, lo cual no se antoja probable ni sencillo existiendo un documento previo suscrito por las partes.

---

43 Villar Fuentes, I. "Proceso civil y los Smart Contracts en Blockchain", Revista APDPUE nº 7, 2023, pág. 227.

44 En un mismo sentido sobre la importancia de la prueba pericial, *vid.* Nadal Gómez, *op. cit.* pág. 384.

45 En este sentido se pronuncian los "perjudicados" por la DAO que continuaron en Ethereum Classic, en vez de aceptar la decisión mayoritaria de la bifurcación radical (*Hard Fork*) que por mayoría decidió continuar en Ethereum. Véase, también en castellano, la filosofía de la propia Ethereum Classic, disponible en el siguiente enlace https://ethereumclassic.org/es/why-classic/code-is-law

Así las cosas, si tras la práctica de la prueba resulta que lo ejecutado no ha sido lo acordado por las partes en el contrato originario, el juez podrá ordenar —lógicamente si la parte demandante así lo ha solicitado en su escrito de demanda— el correcto cumplimiento de la prestación o la restitución de lo indebidamente obtenido. Por consiguiente, también judicialmente, en último término, puede solucionarse la problemática que plantea la inmutabilidad del Smart contract.

7. CONCLUSIÓN

La inmutabilidad como característica inherente a los Smart Contracts, no debe observarse como una barrera. De un lado, porque los avances tecnológicos apuntan a que sea posible configurar soluciones alternativas que atiendan a los distintos escenarios que pueden acontecer en una relación contractual —y más en redes permisionadas, donde acontecerán la mayoría de Smart Contracts—. De otro, y principalmente, porque el SC puede —y la práctica forense demuestra que se avanza en esta línea— constituir una parte auto-ejecutable de un contrato tradicional, es decir, ante transacciones complejas —que parece son las que más preocupan— el SC no opera en un contexto contractual "sólo código" (*code-only*) sino en uno mixto (*hybrid*) que, en el marco de un contrato tradicional, se sirva de esta tecnología para el cumplimiento de alguna prestación. Por consiguiente, la inmutabilidad se erige en una ventaja si se utiliza para el cumplimiento de una prestación que pueda y deba automatizarse, no para aquellas que las partes pretendan dejar al albur de la ambigüedad y/o precisen o dependan de una necesaria actuación humana.

BIBLIOGRAFÍA

Barrio Andrés, M. *Manual de Derecho digital*, Tirant lo Blanch, 2020

Bomprezzi, C. *Implications of Blockchain-Based Smart Contracts on Contract Law*, Nomos, 2021

Cong, L. W. y Zhiguo, H. "Blockchain disruption and Smart Contracts" The Review of Financial Studies vol. 32 nº 5, 2019

De Verda Y Beamonte, J. R. (et al.) *Derecho Civil II. Obligaciones y Contratos*, 4ª Ed., Tirant lo Blanch, Valencia, 2019

Feliu Rey, J. "Smart Contract: Concepto, ecosistema y principales cuestiones de Derecho privado" *La Ley Mercantil* nº 47, mayo 2018

Fink, M. "Grundlagen und Technologie von Smart Contracts" en *Smart Contracts* (FRIES, M y PAAL, B., cords.) Ed. Mohr Siebeck, 2019

Gimeno Bevia, J. "La resolución de conflictos en Blockchain o cuando el código es la ley: el difícil reto desde la justicia penal", *La Ley Mediación y Arbitraje* nº 16, 2023

Gimeno Bevia, V. "La incidencia de la tecnología Blockchain en los procesos de empresas", *Revista de Derecho del Mercado de Valores,* nº 26, 2020

González Meneses, M. "Smart Contracts. ¿Una economía sin Derecho contractual? Conferencia impartida en la ilustre Academia Martitense del Notariado el 7 de noviembre de 2019.

Ibañez Jiménez, J. "Smart contract y notariado español: algunas claves orientadoras" *La Ley mercantil* nº 48, junio 2018

Levi, S. D. y Lipton, A. B. "An Introduction to Smart Contracts and Their Potential and Inherent Limitations", *Harvard Law School Forum on Corporate Governance,* 26 mayo 2018.

Mik, E. "Smart contracts: Terminology, technical limitations and real world complexity", *Law, Innovation & Technology,* 2017

Nadal Gómez, I. "Los Smart Contracts y el derecho a la tutela judicial efectiva" en *Justicia: ¿garantías vs eficiencia?* (Jiménez Conde, F. y Bellido Penadés, R. Dirs.) Tirant lo Blanch, 2020

Quintana Cortés, J. L. "La tecnología Blockchain y su pretendida aplicación a la contratación pública como mecanismo para lograr mayor integridad", Revista Española de Control Externo, vol. XXIII, nº 64, enero 2020, págs. 152-173

Salvador Coderch, P. "Contratos inteligentes y derecho del contrato", *Indret* nº 3, 2018

Salvador Corderch, P. y García Micó, T. G. "Concepción contextual de la buena fe contractual. Artículo 1258 CC" *InDret,* 1.2020

Schumann Barragán, G. "Smart contracts y tutela judicial. La incidencia de los contratos autoejecutables en la tutela de los derechos y los intereses materiales de los justiciables", *Justicia. Revista de Derecho procesal,* nº 2, 2021, págs. 309-338

Sklaroff, J. "Smart contracts and the cost of inflexibility", *Univ. Pennsylvania Law Review,* vol. 166, 2018, págs. 263-298

Szabo, N. "*Smart Contracts*: Building Blocks for Digital Markets", 1996

Ureta García, A. B. "Smart Contracts y Propiedad Horizontal: una solución en busca de problemas", 2024, en prensa, gentilmente cedido por el autor.

Vilalta Nicuesa, E. A, *Smart legal contracts y blockchain. La contratación inteligente a través de Blockchain,* Wolters Kluwer, 2019

Villar Fuentes, I. "Proceso civil y los Smart Contracts en Blockchain", Revista APDPUE nº 7, 2023

La administración pública frente a la ocupación de inmuebles

MARÍA NIEVES JIMÉNEZ LÓPEZ
Profesora Contratada Doctora de Derecho Procesal (Acreditada PTU)
Universidad de Málaga

1. INTRODUCCIÓN

Uno de los temas de mayor actualidad jurídica que está siendo sometido a debate doctrinal y jurisprudencial, pero también político y social, es la problemática respecto a la ocupación ilícita de inmuebles, usando el término en un sentido general, debido a que puede observarse que, en los últimos años, los casos en que éstos ilícitos se producen, han aumentado de forma exponencial.

Una primera cuestión importante para abordar el problema es, por tanto, tratar de analizar que causas se esconden bajo dicho aumento, pues sólo tratando de minimizar estas causas, podrá nuestro Ordenamiento Jurídico dar una repuesta eficaz al mismo. Pero, además, es importante también, incluso, de cara a poder identificar y atajar estas causas, determinar y analizar cuáles son los derechos comprometidos y afectados en estas circunstancias, así como su naturaleza.

A este respecto, en una primera idea de aproximación, podemos pensar, de un lado, en los derechos constitucionales: el derecho a la inviolabilidad del domicilio, el derecho a una vivienda digna y el derecho a la propiedad privada. Pero, resulta, además, que hay otros derechos de naturaleza civil que pueden verse afectados en estas situaciones: los derechos reales, como el derecho de propiedad, o incluso derechos personales, pero todos ellos relacionados con la posesión. Ambos derechos, de propiedad y de posesión, están protegidos por nuestro Ordenamiento Jurídico en diversos planos, hasta el punto que, incluso, nuestro Derecho Penal, recoge catalogados como delitos algunas conductas que afectan a éstos. Llegan a ser de tal amplitud, naturaleza y diversidad las conductas y los derechos afectados, que incluso el derecho administrativo ha recogido la necesidad de actuación frente a estas situaciones.

Sin embargo, esta diversidad de normas que hacen frente a las situaciones de ocupación de inmuebles, por otra parte, pueden dificultar, precisamente, la delimitación entre las conductas que constituyen un ilícito administrativo, de las que constituyen un ilícito civil, de las que constituyen un ilícito penal. Con lo que, nos encontramos, en este punto, con una cuestión fundamental a analizar: cuando estamos ante cada uno de estos casos. Y ello, no sólo porque la norma a aplicar frente a estas actuaciones sea distinta, sino porque también es distinta, en consecuencia, la tutela procesal que el Ordenamiento otorga en unos casos y en otros, pues difieren los principios procesales aplicables y los procedimientos a seguir, según que afrontemos la conducta desde el derecho procesal civil o desde el derecho procesal penal.

2. CONTEXTO ACTUAL DE OCUPACIÓN

Hemos asistido, especialmente en los últimos tiempos, a un aumento importante de casos en los que se procede, por la vía de hecho, a ocupar inmuebles, especialmente, viviendas, por ocupantes que no ostentan ningún título jurídico que los legitime. Pero, este aumento, no está relacionado, mayoritariamente, con un aumento en la popularidad del movimiento okupa, si no con las recientes crisis económicas que en los últimos años han provocado una situación de burbuja inmobiliaria y han dificultado, no ya la adquisición, sino, en general, el acceso a una vivienda, o incluso, la posibilidad de mantenerla, para millones de personas a nivel mundial[1].

A consecuencia de estas crisis, muchas personas, que o no tenían o que han perdido su hogar, han optado por ocupar inmuebles para utilizarlos

---

[1] Indudablemente, entendemos que estas crisis relacionadas con el acceso a la vivienda, le han dado fuerza al movimiento okupa en la actualidad. Pero no entendemos que el aumento en las ocupaciones se deba a un repunte en los seguidores de este movimiento.

como viviendas. Estos actos de ocupación provocan conflictos sociales y legales que afectan a una multitud de sujetos y derechos: propietarios o poseedores y comunidad de vecinos, principalmente. Pero, lo peor, además, es que esta dificultad de acceso a una vivienda ha propiciado que surjan bandas organizadas que, o bien, ayudan a completar y realizar con éxito la ocupación, o bien tratan de terminar con el problema con métodos pocos ortodoxos e incluso ilegales.

Por todo esto, podemos afirmar que, no sólo resulta absolutamente necesario dar soluciones jurídicas a estos problemas generados a partir de la ocupación de inmuebles, si no también, que resulta igualmente necesario que los poderes públicos busquen medios eficaces y reales para combatir de forma eficaz la pobreza, todos los tipos de pobreza, que es lo que origina, en estos casos, en algunos casos, la ocupación.

Ya sea como consecuencia de la falta de políticas sociales, o por el auge que el movimiento okupa está teniendo en los últimos años, lo cierto es que, actualmente, encontramos que el fenómeno de la ocupación, en España, ha dado un paso más y se ha convertido en un negocio, una forma de obtener ganancias por parte de ciertas organizaciones y grupos.

Partiendo de los distintos conceptos de ocupas y okupas, y de los distintos tipos de negocios y de inmuebles sobre los que, como veremos, puede recaer este fenómeno, resulta necesario analizar cuál es la situación actual al respecto.

En este sentido, debemos destacar que, como decíamos anteriormente, los ocupas y los okupas, y quienes hacen negocio con la ocupación, conocen bien las diferencias jurídicas que nosotros vamos a analizar en este trabajo. Así, nos encontramos con que, en determinadas zonas geográficas de España, normalmente, grandes ciudades como Madrid y Barcelona, donde el movimiento okupa tiene más adeptos y es más popular, ha crecido en los últimos años la okupación de inmuebles y edificios, no sólo para ser usados como viviendas, sino como centro de reunión, para actividades sociales, etc. Pero, por otra parte, también nos encontramos con que, tras las últimas crisis económicas sufridas a nivel global, no faltan quienes carecen de recursos para acceder y/o mantener una vivienda, y recurren a esta práctica de la ocupación como vía de solución del problema.

Sin embargo, lo cierto, es que, sea de una manera o de otra, la información está en el punto de partida de estos actos, como decíamos, y quienes los realizan suelen elegir bienes inmuebles vacíos o desocupados, que pertenecen a entidades financieras o fondos de titulización, no moradas o domicilios de particulares, como, por otra parte, hacen creer ciertos medios de comunicación, generando una gran alarma social[2]. Aunque, también debe admitirse que, con independencia de que la titularidad sobre el inmueble recaiga sobre un particular o sobre una entidad financiera, su ocupación ocasiona trastornos e incomodidades para los vecinos que tienen que convivir con ellos, y que, en cierto sentido, veremos también, se hayan desprotegidos frente a este fenómeno en auge.

3. SITUACIONES DIVERSAS DE OCUPACIÓN

La ocupación, puede producirse respecto de un bien inmueble, una vivienda, un domicilio, en sentido civil o administrativo, o una morada, entendido conforme a criterios penales y constitucionales. Así, al tratarse de situaciones diversas y afectar a bienes de diversa índole y protección, podemos encontrar una multitud de vías de actuación distintas, según el supuesto de hecho concreto.

Pero, además, también hemos de tener en cuenta que, la ocupación puede afectar a distintos derechos y, por tanto, a distintos sujetos, por lo que, dependiendo cual sea el derecho que tratamos de defender, esto es, el derecho de propiedad, el de posesión, o el de inviolabilidad de domicilio, tendremos que optar, a su vez, por una vía u otra.

En España, actualmente, debido al auge de este fenómeno, se ha ampliado el abanico de posibilidades de actuación, en todos los ámbitos. Así, podemos hacer frente a estos actos, a través de una tutela administrativa; de una tutela civil, en sus diversas vías y opciones, jurisdiccionales y no jurisdiccionales; y de una tutela en el ámbito penal. Por supuesto, como hemos dicho, la posibilidad de elegir y de utilizar varias vías, dependerá del caso concreto ocurrido, y del derecho exacto a restaurar.

4. EL ILÍCITO ADMINISTRATIVO

4.1. Delimitación del concepto

El punto de partida lo encontramos, una vez más, en nuestra CE, cuyo artículo 104 establece, como misión de las Fuerzas y Cuerpos de seguri-

---

2 *Vid.* Sierra Gabarda, R. "Ocupación y confusión procesal", en *Diario La Ley*, nº 9707, de 1 de octubre de 2020, pág. 1.

dad, proteger el libre ejercicio de los derechos y libertades y garantizar la seguridad ciudadana, debiendo regularse por ley orgánica las funciones, principios básicos de actuación y estatutos de éstas. La seguridad ciudadana, se alza así, como una garantía del ejercicio de los derechos y libertades reconocidos y amparados en la CE; como un elemento esencial del Estado de Derecho.

El desarrollo de este mandato, lo encontramos, actualmente, en la Ley Orgánica 4/2015, de 30 de marzo, de Protección de la Seguridad Ciudadana, que se presenta, según la propia Exposición de motivos, como *un código que recogiera las principales actuaciones y potestades de los poderes públicos, especialmente de las Fuerzas y Cuerpos de Seguridad, a fin de garantizar la seguridad de los ciudadanos."*[3].

Pues bien, el legislador, ha entendido que el fenómeno de la ocupación atenta y pone en riesgo la seguridad ciudadana, y por ello, en el artículo 37.7 LOPCS, regula, como infracción leve:

> *"La ocupación de cualquier inmueble, vivienda o edificio ajenos, o la permanencia en ellos, en ambos casos contra la voluntad de su propietario, arrendatario o titular de otro derecho sobre el mismo, cuando no sean constitutivas de infracción penal. Asimismo, la ocupación de la vía pública con infracción de lo dispuesto por la Ley o contra la decisión adoptada en aplicación de aquella por la autoridad competente. Se entenderá incluida en este supuesto la ocupación de la vía pública para la venta ambulante no autorizada."*[4].

El contenido de este artículo es denso. Por un lado, hace referencia a la ocupación de inmuebles, viviendas o edificios ajenos. Por otro lado, se refiere a dos actuaciones distintas: la ocupación y la permanencia. Añade el requisito de que se produzca en contra de la voluntad; y, por último, recoge como sujeto afectado por tales actos y, por tanto, que pueden obtener protección de sus derechos, a propietario, arrendatario o titular de otro derecho. Para terminar, y más importante, se establece que estos actos serán sancionables administrativamente siempre que no sean constitutivos de delito.

Este artículo, y algunos otros de la LOPSC, fueron objeto de un recurso de inconstitucionalidad, interpuesto por diversos grupos parlamentarios, alegando que supone una vulneración de los artículos 21 y 25 CE, esto es,

---

3 En adelante LOPSC.

4 La sanción que corresponde a estas infracciones, es una multa de 100 a 600 euros, según el artículo 39 LCS.

el derecho de reunión y el principio de taxatividad. El Pleno del Tribunal Constitucional se pronunció a través de la sentencia de 19 de noviembre de 2020[5]. En ella, El Tribunal, declara que este artículo es conforme a la constitución, y establece que para que se considere infracción administrativa, tienen que darse tres elementos:

1. La voluntad en contra del propietario o titular del derecho real afectado,

2. Que no constituya infracción penal:

Según esta sentencia, los delitos recogidos en la Ley Orgánica 10/1995, de 23 de noviembre, del Código Penal, cuyas conductas podrían coincidir con la que se regula en la LOPSC son[6]:

- El delito de allanamiento de morada previsto en el artículo 202.1
- El delito de allanamiento de domicilio de persona jurídica y establecimiento abierto al público del artículo 203.1 y 2.
- El delito de usurpación del artículo 245.2.
- El delito de desórdenes públicos con ocupación de domicilio de persona jurídica pública o privada, del artículo 557 ter.1.

3. La ausencia de violencia:

Precisamente, en el recurso de inconstitucionalidad presentado por los grupos parlamentarios, se alegaba que ni se definía el concepto de ocupación, ni se precisaba si debía concurrir, para la existencia de infracción, violencia o intimidación. La respuesta, por parte del Tribunal es que no resulta necesario realizar tal aclaración, ya que, si la ocupación o permanencia se produce con violencia o intimidación, estaríamos, no ya ante una conducta que cumpliría con el tipo penal de los delitos que acabamos de enumerar, sino que estaríamos ante sus tipos agravados.

No obstante, la Magistrada Doña María Luisa Balaguer Callejón formuló voto particular a esta sentencia, y, concretamente, en lo que respecta a la constitucionalidad del artículo 37.7 LOPSC entiende que:

> *"Este precepto presenta un claro vicio de falta de taxatividad, y la interpretación conforme que realiza la sentencia no lo supera, sino que ahonda en él. El precepto adolece de una falta de concreción que vulnera claramente el principio de tipicidad, previsto en el artículo 25.1 CE. No se concreta qué ha*

5 RTC 2020/172.

6 En adelante CP.

> *de entenderse por "ocupación", si habría de concurrir violencia o intimidación, o bastaría con la simple presencia simultánea de personas en tal espacio común, incluso de forma totalmente pacífica. Este precepto podría aplicarse a una acampada reivindicativa, a la instalación de mesas de petición de firmas en una plaza pública sin cobertura legal o contra la orden de la autoridad en aplicación de la ley, o a la instalación de una persona sin domicilio en la calle para pasar la noche, pasando por otro número indefinido de situaciones que no se concretan.".*

Nosotros, sólo compartimos, en parte, el razonamiento que se realiza en este voto particular, pues, si se realiza una lectura de los artículos del CP que acabamos de enumerar, observamos como ninguna de las conductas en ellos recogidas coincide con las conductas sancionadas en el artículo 37.7 LOPSC, salvo la del artículo 245.2, del delito de usurpación.

Esto es así porque los delitos de los artículos 202.1, 203.1 y 2, y 557 ter.1, hacen referencia al concepto de morada y domicilio, y el artículo 37.7 LOPSC se refiere a inmuebles, viviendas y edificios, que son, como hemos visto, conceptos más amplios que el de morada y domicilio. Por tanto, si la ocupación o permanencia se realiza en inmuebles, viviendas o edificios que puedan tener la consideración de morada o domicilio, estaremos, sin duda alguna, ante el ámbito de actuación de la vía penal.

Ahora bien, cuestión distinta es la delimitación entre la infracción penal y la administrativa, en caso de usurpación de inmuebles, que no constituyan morada. Para realizar tal delimitación, la realización de la conducta con violencia o intimidación o en ausencia de ellas, resulta esencial, pues si dicha usurpación se produce con violencia o intimidación, estaremos ante el tipo penal agravado del artículo 245.1 CP.

La cuestión se torna más compleja, en cambio, cuando la usurpación se produce sobre bienes inmuebles, viviendas o edificios, que no tengan la consideración de morada o domicilio, sin violencia o intimidación. En estos casos si resulta posible confundir los supuestos en que se trata de una infracción administrativa, sancionada por el artículo 37.7 LOSC, con los supuestos que constituyen una infracción penal, previstos en el artículo 245.2 CP.

Por eso, a nuestro entender, no resulta necesario que el artículo 37.7 LOPSC se pronuncie expresamente sobre la violencia o intimidación al producirse la infracción, ya que, entendemos, que la ocupación bienes inmuebles, viviendas o edificios, que no tengan la consideración de morada o domicilio, con violencia o intimidación, constituye el tipo del delito de usurpación del artículo 245.1 CP.

Sin embargo, respecto a la ocupación de la vía pública, que constituye la segunda parte de este artículo 37.7 LOPSC, sí que compartimos la opinión de la magistrada Doña María Luisa Balaguer Callejón, pues queda tan indeterminada e inconcreta, que permitiría sancionar una multitud infinita de actuaciones indeterminables legalmente, pues en este caso si es necesario definir qué se entiende por ocupación de la vía pública, y que requisitos deben darse para que dicha ocupación sea constitutiva de infracción.

Volviendo a la difícil delimitación del ámbito de actuación administrativo y penal, en torno a la ocupación de inmuebles, viviendas y edificios que no constituyen morada o domicilio, sin violencia o intimidación, al comparar el primer apartado del artículo 37.7 LOPSC con el artículo 245.2 CP, podemos ver como la redacción es prácticamente exacta[7]. La única diferencia es que el segundo especifica que el inmueble, vivienda o edificio no debe constituir morada, porque si no se produciría el tipo penal de otro de los delitos que hemos enumerado anteriormente, y el primero, no hace mención a la morada.

No obstante, nosotros entendemos que la exclusión expresa de los inmuebles, viviendas o edificios que constituyen morada no es necesaria en la LOPSC, pues su aplicación es subsidiaria del CP, ya que sólo entra en juego si la actuación no constituye infracción penal, y si el objeto de estos actos es una morada, ya estaríamos en un tipo penal y no sería de aplicación la LOPSC.

La respuesta a esta delimitación, nos llega de nuestros tribunales y de la doctrina penalista. Así, queda excluida del ámbito penal y, por tanto, puede entrar en el ámbito administrativo, la ocupación de inmuebles, viviendas y edificios en los siguientes supuestos[8]:

- Cuando no se ponga en riesgo el derecho de posesión del titular.

---

7 En el CP se sanciona con una pena de multa de tres a seis meses.

8 *Vid.* a modo de ejemplo, SAP de Madrid, de 29 de enero de 2016, JUR 2016\53749; SAP de Barcelona de 26 de abril de 2016 JUR 2016/127061; SAP de Cádiz, de 6 de octubre de 2000, JUR 2001\21489; SAP de Las Palmas de 13 de octubre de 2000, JUR 2001\23107; SAP de Barcelona de 5 de abril de 2016 JUR 2016\126252; SAP de Burgos de 17 de enero de 2000, ARP 2000\121; SAP de Córdoba de 9 de octubre de 2000, ARP 2000\2535; SAP de Málaga de 9 de octubre de 2000, RP 2000\2270; SAP de Granada de 29 de mayo de 2000, ARP 2000\2240, entre otras. En cuanto a la doctrina, *Vid.* Magro Servet, V, "El delito de usurpación de inmuebles del artículo 245.2 CP: ¿Vía penal o vía civil?", en *La Ley Penal: Revista de Derecho Penal, Procesal y Penitenciario,* núm. 126, 2017, pág. 6 a 13.

Esto ocurre en aquellos casos en los que se produce la ocupación ocasional o puntual, pero sin intención de ejercer ningún tipo de derecho posesorio por ocupación.

- Cuando se trate de un inmueble, vivienda o edificio abandonado, inhabitable o en situación de ruina total.

En estos casos, no existe un derecho posesorio que proteger, pues su titular ni lo ejerce ni puede ejercerlo.

Además, conviene señalar que, para que se produzca el tipo penal del artículo 245.2 CP, es necesario que concurra el elemento subjetivo del dolo, es decir, el conocimiento de la ajenidad del inmueble y de la ausencia de autorización del titular del bien para la ocupación del mismo.

Por todo lo expuesto, podemos entonces afirmar que, procede utilizar la vía penal, y sancionar penalmente a través del artículo 245.2 CP, las conductas de ocupación y permanencia en inmuebles, viviendas y edificios ajenos cuando se den las siguientes circunstancias:

- Que no constituya morada o domicilio.
- Que no se produzca con violencia o intimidación.
- Que no esté abandonado, inhabitable o en situación de ruina total.
- Que no se disponga de autorización o realice en contra de la voluntad del titular.
- Que el sujeto activo tuviese conocimiento de la ajenidad del inmueble y de la ausencia de autorización del titular del bien para la ocupación del mismo
- Que se ponga en riesgo el derecho posesorio del titular
- Que el sujeto activo tenga intención de permanencia, y no se trate de una ocupación ocasional.

Mientras no se cumplan todos y cada uno de estos requisitos, la ocupación y permanencia en inmuebles, viviendas o edificios ajenos, serán sancionables por la vía administrativa del artículo 37.7 LOPSC. No existe, para nosotros, por tanto, duplicidad sancionadora a este respecto.

4.2. Actuación policial en caso de infracción administrativa de ocupación de inmuebles

Ya tuvimos ocasión de analizar cómo, además de una infracción penal, ciertas ocupaciones de inmuebles pueden ser constitutivas de una infracción administrativa del artículo 37.7 LOPSC. En estos casos, es muy importante delimitar, como ya expusimos, cuando corresponde una y cuando corresponde otra, ya que una aplicación de ambas normativas y, por tanto, sanciones, supondría un incumplimiento del principio *ne bis in idem*, y el sujeto activo sería castigado dos veces por el mismo hecho. Así se desprende expresamente también del artículo 44 LOPSC, que, respecto a estos supuestos, establece que no podrán sancionarse los hechos que ya hayan sido sancionados penal o administrativamente si se da una identidad de sujeto, de hecho y de fundamento.

No obstante, en estos casos, si es posible que existan dudas acerca de cuándo corresponde una u otra vía. Para ello, en relación con el citado artículo 44 LOPSC, la Instrucción 6/2020, establece que, es posible abrir ambas vías, debiendo constar, en su caso, en el atestado realizado por los agentes policiales, este hecho, el cual remitirán al Ministerio Fiscal o Juzgado correspondiente, además de a la autoridad administrativa pertinente, junto con las correspondientes diligencias que deben practicar, y que sean acordes con la posible tramitación penal.

Ahora bien, remitido el atestado, la autoridad administrativa suspenderá el procedimiento administrativo sancionador, a la espera de pronunciamiento firme en vía penal, ya sea a favor del enjuiciamiento de los hechos o su sobreseimiento.

5. LA OCUPACIÓN DE VIVIENDAS DE TITULARIDAD PÚBLICA Y LA ACTUACIÓN ADMINISTRATIVA

5.1. Vías de actuación de las Administraciones públicas ante la ocupación de inmuebles

Cuestión distinta a los posibles ilícitos administrativos relacionados con la ocupación, es la ocupación de viviendas que son de titularidad de las Administraciones Públicas. En estos casos, corresponde a dichas Administraciones recuperar la posesión de los inmuebles, pero determinar la vía procesal a través de cual debe hacerse, no resulta sencillo.

La norma general, es que, para recuperar la posesión de sus bienes, las Administraciones y entidades públicas, deben utilizar una de las vías reconocida en el artículo 41 LPAP, entre las que se incluye, la recuperación de oficio de bienes y derechos, cuando hubiese perdido indebidamente la posesión[9]. Ahora bien, si ese bien inmueble constituye vivienda, y, más aún, si esa vivienda constituye el domicilio de los ocupantes, aunque sean ocupantes sin título, ya no podrá actuar en ejercicio de autotutela, y necesitará de la orden judicial correspondiente, para cuya adopción, en principio, entendemos, son competentes los Juzgados de lo Contencioso-Administrativo, en virtud del artículo 8.6 de la Ley 29/1998, de 13 de julio, Reguladora de la Jurisdicción Contencioso-Administrativa, según el cual, corresponde a éstos conocer de las autorizaciones para la entrada en domicilios y restantes lugares cuyo acceso requiera el consentimiento de su titular, siempre que ello proceda para la ejecución forzosa de actos de la administración pública.

Pero, por otra parte, debemos distinguir cuando la ocupación se ha producido sobre una vivienda de titularidad pública, pero de protección social. Para estos casos, desde 2018, la LEC incluye, en el apartado 250.1. 4º, un segundo párrafo sobre la recuperación de la posesión en caso de ocupación de viviendas, que resulta de aplicación en estos casos[10].

En efecto, este segundo párrafo se incorpora con esta redacción a partir de la reforma de 2018, realizada, precisamente, con el objetivo de dar solución, vía civil, a los supuestos de ocupación ilegal de viviendas, ante la alarma social generada por el crecimiento de las ocupaciones de vivienda, por realizar la reforma y regular expresamente un proceso, con especialidades concretas, para la recuperación de la posesión de viviendas ocupadas ilícitamente[11].

---

9 Podríamos entender que la Administración si puede utilizar la vía de la autotutela para recuperar la posesión, salvo que se trate de viviendas.

10 "*Podrán pedir la inmediata recuperación de la plena posesión de una vivienda o parte de ella, siempre que se hayan visto privados de ella sin su consentimiento, la persona física que sea propietaria o poseedora legítima por otro título, las entidades sin ánimo de lucro con derecho a poseerla y las entidades públicas propietarias o poseedoras legítimas de vivienda social.*".

11 El propio título de la Ley nos resulta poco adecuado por los términos elegidos. Aunque, al menos, se refiere a la ocupación y no a la okupación, ya que, en el propio preámbulo de la Ley, se hace referencia a la ocupación *"Como consecuencia de la compleja y dura realidad socioeconómica, se ha producido en los últimos años un considerable número de desahucios de personas y familias en sobrevenida situación de vulnerabilidad económica y de exclusión residencia."*, y como consecuencia de *"fenómenos de ocupación ilegal premeditada, con finalidad lucrativa, que, aprovechando de forma muy reprobable la situación de necesidad de personas y familias vulnerables, se han amparado en la alta sensibilidad social sobre su problema para disfrazar actuaciones ilegales por motivaciones diversas, pocas veces respondiendo a la extrema necesidad."*.

Esto lleva a entender, sin más planteamientos, que se trata de incorporar matices respecto de estos supuestos, al proceso ya existente con anterioridad, con el objetivo de dar una mejor tutela judicial efectiva. Sin embargo, un análisis más en profundidad de este artículo, en consonancia con las ideas que, con anterioridad, establecimos al estudiar el derecho de posesión y las acciones ejercitables en su defensa, nos llevan a afirmar que, aunque esta haya sido la intención del legislador, pues así lo manifiesta expresamente en el preámbulo de la Ley de 2018, esta modificación no es, ni mucho menos, una adecuación del proceso al caso concreto, sino que, es otro juicio posesorio distinto al que existía ya, en el apartado 250.1.4º LEC[12]. Estamos, en nuestra opinión, ante una nueva variante de juicio de desahucio, dentro del artículo 250.1 LEC[13].

En cuanto al ámbito de aplicación de esta nueva modalidad, se refiere este artículo a las viviendas o partes de ella, y a personas físicas, *propietaria o poseedora legítima por otro título,* las entidades sin ánimo de lucro con derecho a poseerla y las entidades públicas *propietarias o poseedoras legítimas de vivienda social.* Por último, se requiere que estas personas, se hayan visto privadas del bien sin su consentimiento.

Como puede observarse, la legitimación activa en este procedimiento corresponde, tanto a personas físicas, como jurídicas, ya sean privadas, o públicas, pero con limitaciones, pues debe tratarse de entidades sin ánimo de lucro, y entidades públicas respecto de viviendas sociales. Estas personas, además, deben ser propietarias o poseedoras legítimas, o tener derecho a poseer. Quedan excluidas, por tanto, del uso de esta vía procesal de tutela sumaria, las personas jurídicas privadas con ánimo de lucro, aunque fueren titulares legítimas de una vivienda y se hubieran visto privadas de su

---

12 En el mismo sentido, *vid.* Jiménez París, J. M., "Desahucio exprés... *ob. cit.*, págs. 8 y 9; y Schumann Barragán, G., "El proceso de tutela sumaria de la posesión... *ob. cit.*, pág. 3, y Pérez Daudí, V., "Especialidades procesales del desalojo de la vivienda ocupada ilegalmente", en *Revista General de Derecho Procesal*, nº 46, 2018, pág. 11.

13 De hecho, en el texto de la Proposición de Ley realizada por el Ilustre Colegio de Abogados de Barcelona, y presentada por el Grupo Parlamentario Mixto, de 19 de enero de 2017, al Congreso de los Diputados, este procedimiento aparecía fuera del apartado 4º del artículo 2050.1 LEC, ocupando un nuevo apartado 2 bis, que es como, a nuestro entender, debía incluirse, en un apartado independiente. Boletín oficial de las Cortes Generales, de 30 de enero de 2017, núm. 78-1.

posesión por una ocupación ilegal; y las entidades financieras y empresas inmobiliarias titulares de patrimonios residenciales[14].

Por otra parte, también se establece un requisito específico respecto de las entidades públicas, pues sólo pueden acudir a este procedimiento en relación a las viviendas sociales de las que sean propietarias o poseedoras legítimas, y éstas se hayan visto ocupadas ilícitamente.

Resulta, entonces, este precepto una excepción a la competencia de los Juzgados del orden contencioso-administrativo, para los casos en que las entidades públicas son titulares de viviendas sociales. La razón, entendemos, es dotar de mayor agilidad la recuperación de estas viviendas, ya que están precisamente destinadas, a personas vulnerables y con escasos recursos económicos, y que, sin embargo, también están siendo objeto de ocupación[15]. Para recuperar la posesión de otros inmuebles o bienes titularidad de Administraciones o entidades públicas, deberá usarse alguna de las vías del artículo 41 LPAP, no siendo posible, acudir a esta vía.

Respecto al requisito de ser propietarias o poseedoras legítimas de la vivienda social ocupada, se requiere aportar el título en que se base el derecho a poseer, junto con la demanda. Por tanto, la protección de este

---

14 Se ha discutido mucho acerca de la conveniencia o no, e incluso se ha dudado de la constitucionalidad de excluir, con carácter general, a las personas jurídicas del ámbito de aplicación de este proceso. *Vid.* Vélez Toro, A. J., "El nuevo juicio verbal...*ob. cit.*, pág. 2. Esta exclusión se debe a que el legislador trata de alcanzar un cierto equilibrio entre la protección de los derechos reales, y el derecho a una vivienda digna, pues, la Ley 5/2018, como hemos visto y analizaremos más adelante, parte de entender las distintas causas que se encuentran detrás de este aumento del fenómeno de la ocupación. A nuestro entender, estas entidades, no están desprovistas de tutela, pues tienen a su disposición, para hacer efectivo su derecho, la vía del artículo 250.1.7º LEC, como vía más rápida de obtener el desalojo, y la posibilidad de acudir a un proceso plenario en ejercicio de su acción reivindicatoria. No hay, por tanto, en nuestra opinión, inconstitucionalidad alguna, ni discriminación en permitir que personas físicas, entidades sin ánimo de lucro y entidades públicas titulares de viviendas de protección social, puedan usar esta nueva vía del proceso de desahucio, y las restantes personas jurídicas no.

15 Así lo reconoce expresamente la Ley de 2018, en su Preámbulo: "*Incluso, se han llegado a ocupar ilegalmente viviendas de alquiler social de personas en situación económica muy precaria o propiedad de ancianos con pocos recursos y para abandonarlas se les ha exigido el pago de cantidades a cambio de un techo inmediato, o se ha extorsionado al propietario o poseedor legítimo de la vivienda para obtener una compensación económica como condición para recuperar la vivienda de su propiedad o que legítimamente venía poseyendo.*".

proceso, se proyecta, sobre el derecho real de posesión, entendido como el derecho a poseer, no sobre la posesión de hecho, en sí[16].

Por último, se requiere que la Administración titular de la vivienda se haya visto privada del bien sin su consentimiento. Debe tratarse, en palabras del propio Tribunal Constitucional, de una ocupación ilegal, en el sentido, de *no consentida ni tolerada*, de manera que los legítimos poseedores hayan sido *despojados de su derecho, por la fuerza o de manera clandestina*[17]. Concuerda este concepto, con la ocupación de hecho ilícita, que analizamos anteriormente, realizada a través de actos clandestinos, o sin conocimiento del poseedor del bien, ya que esta posesión, no consolida la adquisición de la posesión.

Podemos decir, por tanto, que nos encontramos, ante un proceso sumario, es decir, de cognición limitada, en el que el juez ha de resolver si procede acordar la inmediata recuperación de la posesión de una vivienda social por parte de la entidad pública, con justo título que lo justifique, siempre que se haya visto privada de ella sin su consentimiento o tolerancia, con el consiguiente desalojo de los ocupantes.

5.2. *El desalojo de los ocupantes de hecho de viviendas sociales y protección del derecho a la vivienda*

La Constitución Española de 1978, recoge entre los derechos sociales, el derecho a disfrutar de una vivienda digna y adecuada, en el artículo 47. Sin embargo, este artículo se sitúa dentro del Capítulo tercero, denominado *"De los principios rectores de la política social y económica"*, por lo que ha sido excluido por el propio Tribunal Constitucional como derecho fundamental[18]. Según este Tribunal, se trata realmente de un principio rector de la política social y económica, lo que supone, que los poderes públicos tienen, por tanto, la obligación de actuar y realizar políticas públicas en el ámbito social y económico, que garanticen este derecho[19].

---

16 *Vid.* Schumann Barragán, G., "El proceso de tutela... *ob. cit.*, pág. 3.

17 Sentencia de Pleno del Tribunal Constitucional, de 28 de febrero de 2019. RTC 2019/32.

18 La primera sentencia dictada por el Tribunal Constitucional en este sentido fue la de 18 de mayo de 1981 (RTC 1981/16).

19 Pisarello Prados, G.: "El derecho a la vivienda como derecho social: implicaciones constitucionales" en *Revista catalana de dret public*, n. 38, 2009. Jimenez Blanco, A: "El derecho a una vivienda digna y adecuada", en *Comentario a la Constitución*

A nivel europeo, también se ha reconocido y protegido este derecho. Primero, en la Carta Social Europea de 1961, aunque no fue hasta 1996, año en que ésta fue revisada y actualizada, cuando se hizo mención de forma directa al derecho a la vivienda, a cuyo ejercicio efectivo se comprometían las partes[20].

También en la Carta de Derechos Fundamentales de la Unión Europea, aprobada en el año 2000, en el artículo 34.3, se reconoce el derecho a una ayuda de vivienda para garantizar una existencia digna.

No aparece, sin embargo, recogido expresamente en el Convenio Europeo de Derechos Humanos, aunque, a pesar de ello, el Tribunal Europeo de Derechos Humanos, se ha pronunciado sobre él, en numerosas ocasiones, a través del artículo 8 del mismo, que regula el derecho a la vida privada y familiar. De hecho, en muchas de esas ocasiones, sus pronunciamientos han estado relacionados con el desalojo en casos de ocupación ilícita de viviendas por personas vulnerables, y concretamente, en la mayor parte de los casos, se trataba de viviendas sociales de titularidad de las Administraciones Públicas.

Así pues, podemos destacar en sus inicios, el asunto *Stankova contra Eslovaquia*, resuelto mediante STEDH de 9 de octubre de 2007, el asunto Skrtic contra Croacia, resuelto por STEDH de 5 de diciembre de 2013, o el *asunto Winterstein y otros contra Francia,* con sentencia de 17 de octubre de 2013[21].

Este Tribunal, ha tenido también la oportunidad de pronunciarse en diversas ocasiones sobre esta materia en asuntos contra España. Destacamos el asunto A.M.B. y Otros contra España. En esta ocasión, la demandante y sus dos hijos menores de edad, reconocidos como familia en situación de riesgo de exclusión social, había solicitado desde hacía varios años la concesión de una vivienda de protección social, pero ante la falta de respuesta y en ausencia de vivienda y recursos económicos, proceden a ocupar ilegalmente el apartamento de titularidad del Instituto de la Vivienda de Madrid, el IVIMA. Al conocer la situación, desde el IVIMA, se le ordenó restituir la vivienda a la Administración en el plazo de diez días, sin que

---

socio-económica de España, Granada, 2002. pág. 1711-1726; Garrido Gutiérrez, P., "El derecho a una vivienda digna y adecuada", en *Los principios rectores de la política social y económica,* Madrid, 2004, pág. 369.

20 La Carta Social Europea revisada de 1996, fue firmada por España en el año 2000, pero ratificada en 2021, por lo que no entró en vigor en nuestro país hasta el 1 de julio de dicho año. (BOE núm. 139, de 11 de junio de 2021).

21 JUR 20027/298821, STEDH 2013/89, y STEDH 2013/321282, respectivamente.

se le propusiera vivienda alternativa a la demandante. Al no producirse el desalojo de forma voluntaria, la Comunidad de Madrid solicita y obtiene una orden judicial de desahucio[22].

En esa orden judicial, se reconoce que, por la situación de vulnerabilidad de los ocupantes, era conveniente adoptar las medidas necesarias para la debida protección de los menores que pudieran encontrarse en la vivienda, pero que, no obstante, la situación particular de la demandante, no era distinta de la de otras muchas familias que están a la espera de una vivienda y que no se podía encontrar una justificación a la ocupación ilegal.

En este punto, la demandante solicitó y obtuvo, ante el TEDH, la suspensión del desahucio, hasta que el gobierno de Madrid informó y presentó medidas concretas de realojo alternativas que se les propondrían a la demandante y a sus hijos en caso de desahucio, con el fin de prevenir la alegada vulneración del artículo 3 del Convenio, y en qué plazos. Una vez presentada la información, se alzó la suspensión de la medida.

La doctrina del TEDH es clara en todos estos casos en los que se trata de viviendas o propiedades de titularidad pública. Así, en la citada sentencia del asunto *Stankova contra Eslovaquia* en 2007, asegura el Tribunal que, tratándose de una vivienda de titularidad pública "*el efecto de la orden de desahucio de los tribunales ordinarios, sin haber facilitado a la demandante un alojamiento alternativo, produjo unos efectos incompatibles con su derecho al respeto de su vida privada y familiar y a su domicilio*". Además, continúa, "*la injerencia en cuestión no era necesaria en una sociedad democrática puesto que no se fundaba en unos motivos pertinentes y suficientes*".

En el asunto Skrtic contra Croacia de 2013, el Tribunal no sólo vuelve a hacer alusión a la necesidad de valorar, por parte de los tribunales nacionales, si la injerencia es proporcionada al legítimo objetivo perseguido y si es necesaria en una sociedad democrática, sino que, además, establece expresamente que "*debe recordarse que este requisito en virtud del párrafo 2 del artículo 8 plantea una cuestión de procedimiento, así como de fondo.* ". "*Las garantías procesales disponibles para el individuo serán especialmente concretas en la determinación de si el Estado demandado, al fijar el marco reglamentario, permaneció dentro de su margen de apreciación. En concreto, el Tribunal debe examinar si el proceso de toma de decisiones que llevó a la medida de la injerencia fue justo y de tal forma concedió el debido respeto a los intereses garantizados por el artículo 8 para el individuo...*". Y concluye que "*al no examinar los mencionados argumentos, los*

---

22 Decisión del TEDH de 11 de diciembre de 2012. Ap. 77842/12

tribunales nacionales no concedieron a la demandante las garantías procesales adecuadas. El proceso de toma de decisiones que condujo a la medida de la injerencia, en esas circunstancias no fue justo y no concedió el debido respeto a los intereses de la demandante protegidos por el artículo 8.".

También en el *asunto Winterstein y otros contra Francia* de 2013, el Tribunal, consideró desproporcionado este desalojo sin solución habitacional, pero, sobre todo, asienta la doctrina de que cualquier persona que sufra la pérdida de la vivienda tiene el derecho a que un tribunal independiente decida la proporcionalidad de la medida a la luz del art. 8 CEDH, pese a que se hubiera extinguido su derecho a ocupar la vivienda en virtud de la legislación nacional.

Recuerda así, el Tribunal en esta sentencia, que *"se considera que una injerencia es "necesaria en una sociedad democrática" para lograr un objetivo legítimo si responde a una "necesidad social apremiante" y, en particular, sigue siendo proporcionada al objetivo legítimo perseguido y si las razones invocadas por la autoridad nacional autoridades para justificarlo parecen "relevantes y suficientes". Si bien corresponde a las autoridades nacionales ser las primeras en decidir si se cumplen todas estas condiciones, corresponde a la Corte resolver finalmente la cuestión de la necesidad de la injerencia a la luz de los requisitos del Convenio.".*

Añade, además, que *"para evaluar la proporcionalidad de una medida de expulsión, deben tenerse en cuenta, en particular, las siguientes consideraciones: si el domicilio se ha establecido legalmente, esto menoscaba la legitimidad de cualquier medida de expulsión y, por el contrario, si se ha establecido ilegalmente, la persona en cuestión está en una posición menos fuerte; además, si no se dispone de alojamiento alternativo, la interferencia es más grave que si se dispone de dicho alojamiento, debiendo evaluarse su idoneidad o de otro modo teniendo en cuenta, por un lado, las necesidades particulares de la persona y, por otro lado, del derecho de la comunidad a la protección del ambiente.".*

5.3. Las Administraciones Públicas como garantes del derecho a la vivienda digna

Todos los asuntos resueltos por el TEDH que hemos expuestos con anterioridad, son relativos con la ocupación ilícita de viviendas de protección social, pues se trata, en todos los casos, de viviendas o propiedades de titularidad pública.

Sin embargo, lo cierto es que la responsabilidad de las Administraciones Públicas frente al derecho a la vivienda no termina aquí. La Administración Públicas, es también responsable de procurar una solución habitacional a todos aquellos individuos que deben desalojar una vivienda por estar ocupándola de forma ilícita, pero que se encuentran en situación de vulnerabilidad económica y/o social.

Así lo confirma también la doctrina del TEDH, en asuntos en los que las viviendas ocupadas ilícitamente no eran de titularidad privada. Destacamos el *asunto Ceesay y otros contra España*, en el que TEDH aplicó esta doctrina, aun cuando el edificio sobre el que se debía llevar a cabo el desalojo, era de titularidad de la Sociedad de Gestión de Activos procedentes de la Reestructuración Bancaria (SAREB)[23]. De forma similar se pronunció en 2014, en el *asunto de la Corrala Utopía contra España.*

Esta doctrina del TEDH que hemos analizado, ha tenido influencia en nuestro Tribunal Constitucional, de forma que también su doctrina ha evolucionado respecto a la condición y el carácter del derecho a la vivienda digna reconocido en nuestra CE. Así, se ha hecho notar, especialmente a partir de 2021, con la conocida sentencia de 31 de mayo, en la que el Tribunal se acoge en mayor medida a los parámetros establecidos por el TEDH[24].

6. CONCLUSIONES

La ocupación ilegal de viviendas se ha convertido en un problema de carácter social, político y también jurídico. Esta situación afecta, fundamentalmente, a los sujetos de derecho privado, a los ciudadanos, pero también es muy importante destacar que papel juegan en estos supuestos las Administraciones Públicas.

Así, debemos distinguir, por un lado, cuando se trata de un ilícito administrativo, para poder determinar que tipo de actuación deben llevar en estos casos las Administraciones Públicas. Pero, por otra parte, podemos también enfocar la cuestión de la ocupación ilícita referida a viviendas, tanto de titularidad pública como privada, y analizar que vías procesales tiene, como titular de las viviendas ocupadas, para recuperarlas, pero también, que responsabilidad ostenta, como Administración, ante el desalojo de viviendas privadas.

---

[23] Ap. 62688/13.

[24] RTC 2021/113.

Para ello, debemos estudiar, en primer lugar, al artículo 37.7 de la Ley Orgánica 4/2015, de 30 de marzo, de Protección de la Seguridad Ciudadana. Este artículo, como hemos visto, se refiere, por un lado, a la ocupación *de cualquier inmueble, vivienda o edificio*. En estos casos, para que se considere infracción administrativa, tienen que darse tres elementos: la voluntad en contra del propietario o titular del derecho real afectado, que no constituya infracción penal, y la ausencia de violencia. Pero, por otro lado, se refiere también a *la ocupación de la vía pública*, pero lo hace de forma indeterminada por lo que, bajo este artículo, se permite sancionar una multitud infinita de actuaciones indeterminables legalmente.

En cuanto a la ocupación ilícita referida a viviendas, cuando se trata de viviendas públicas, la Administración puede hacer uso de la vía administrativa y contencioso-administrativa, como norma general, o del proceso regulado en el artículo 250.1.4º LEC, respecto de viviendas sociales.

Ahora bien, son muchas las consecuencias que se derivan de la doctrina del TEDH respecto al derecho a una vivienda digna, quedando patente que, con independencia de las circunstancias, las Administraciones Públicas tienen que asumir la responsabilidad de garantizar el derecho de los ciudadanos una vivienda digna, tanto si son titulares de las viviendas de las que se debe producir el desalojo, como si éstas son de titularidad privada.

Esto es así, porque debemos reconocer que una de las principales causas de ocupación de viviendas es la situación de vulnerabilidad económica que sufren muchas personas, muchas familias.

Esto nos permite afirmar que, sí puede y debe exigirse a las Administraciones Públicas pertinentes, doten de una solución habitacional a las personas en situación de carencia económica y falta de recursos, es decir, vulnerables. Y nos permite, igualmente, asegurar, que no basta con incluir en las normas procesales una previsión por la que se ponga en conocimiento de los servicios sociales la situación de los sujetos, y darles un breve plazo para que adopten las medidas oportunas, antes de proceder a la ejecución de la orden de desalojo inmediato, sino que debe dotarse a los servicios sociales de capacidad real para ofrecer soluciones a estas personas.

El órgano judicial que deba adoptar una orden de desalojo de una vivienda, debe siempre tener en cuenta los derechos fundamentales afectados por dicha medida, y de los que son titulares los ocupas de la vivienda, esto es, el derecho a una vivienda digna, el derecho a la inviolabilidad del domicilio, y el derecho a la intimidad personal y familiar, así como el derecho a la protección de menores, discapacitados y familias.

Por tanto, para adoptar esta decisión, debe tener en cuenta, en cada caso concreto, las espaciales circunstancias del ocupa y del solicitante de la medida, debiendo realizar un juicio de proporcionalidad, y valorando el interés a proteger, si da una necesidad social imperiosa que justifique la medida, y el grado afectación de los derechos fundamentales del afectado por ésta.

En cualquier caso, frenar el aumento de estas conductas, pasa, necesariamente, en nuestra opinión, y en primer lugar, porque los poderes públicos cumplan con el mandato constitucional de procurar, a todos los sujetos en situación de vulnerabilidad, una vivienda digna.

Y ello, porque como establece el TEDH, *la pérdida de la vivienda es una de las injerencias más graves en el derecho al respeto del domicilio. Toda persona en riesgo de ser víctima de una injerencia de tal magnitud debería poder, en principio, hacer que un tribunal independiente examinase la proporcionalidad de la medida a la luz de los principios pertinentes del artículo 8 del Convenio, aunque ya no tuviese derecho a ocupar el lugar según la legislación nacional*[25].

BIBLIOGRAFÍA

Garrido Gutiérrez, P., "El derecho a una vivienda digna y adecuada", en *Los principios rectores de la política social y económica*, Madrid, 2004.

Jimenez Blanco, A: "El derecho a una vivienda digna y adecuada", en *Comentario a la Constitución socio-económica de España*, Granada, 2002.

Jiménez París, J. M. Desahucio exprés contra la ocupación de viviendas", en Diario La Ley, nº 9262, 2018.

Magro Servet, V, "El delito de usurpación de inmuebles del artículo 245.2 CP: ¿Vía penal o vía civil?", en *La Ley Penal: Revista de Derecho Penal, Procesal y Penitenciario*, núm. 126, 2017.

Pérez Daudí, V., "Especialidades procesales del desalojo de la vivienda ocupada ilegalmente", en *Revista General de Derecho Procesal*, nº 46, 2018.

Pisarello Prados, G.: "El derecho a la vivienda como derecho social: implicaciones constitucionales" en *Revista catalana de dret public*, n. 38, 2009.

Schumann Barragán, G., "El proceso de tutela sumaria de la posesión por ocupación ilegal de viviendas introducido por la Ley 5/2018. Su naturaleza jurídica y algunas implicaciones prácticas.", en *Diario La Ley*, nº 9264, de 21 de septiembre de 2018.

Sierra Gabarda, R. "Ocupación y confusión procesal", en *Diario La Ley*, nº 9707, de 1 de octubre de 2020.

Vélez Toro, A. J., "El nuevo juicio verbal sumario para la recuperación inmediata de viviendas ocupadas ilegalmente", en *Práctica de Tribunales*, nº 138, mayo-junio, 2019.

---

[25] Caso McCann contra Reino Unido. Sentencia de 13 de mayo de 2008. TEDH 2008/30.

La reforma constitucional de la protección a las personas con discapacidad prevista en el artículo 49 de la CE[1]

ANTONIO FERNÁNDEZ DE BUJÁN
Catedrático Emérito de Derecho Romano de la Universidad Autónoma de Madrid
Académico de Número de las Reales Academias de Jurisprudencia y Legislación de España y de Galicia

Para el Profesor Víctor Moreno Catena, Maestro del Derecho, en testimonio de afecto y amistad.

1. INTRODUCCIÓN

A lo largo de la historia, los Estados, las organizaciones internacionales y la sociedad en general, no han apoyado como debieran a las personas con discapacidad o han establecido o tolerado, discriminaciones por razón de discapacidad contrarias al principio de igualdad ante la ley.

---

1 El presente estudio se realiza en el marco del Proyecto I+D+i, de Generación del Conocimiento, 2021 Modalidad Investigación no Orientada Tipo B: "Acciones e interdictos populares: Delitos públicos, delitos privados, y tutela del uso público de las cosas públicas". Ministerio de Ciencia e Innovación, Agencia Estatal de Investigación, Área Derecho, Cod. Administrativo/Ref.: PID2021-124608NB-1OO, 2022-2025. Entidad solicitante: Universidad Autónoma de Madrid. Investigadores Principales: IP1 Fernández de Buján y Fernández, Antonio; IP2 Alburquerque Sacristán, Juan Miguel.

Todas las personas son iguales en dignidad, y al mismo tiempo diferentes, distintas, únicas, irrepetibles. Muchas personas, cada vez más, son dependientes, frágiles, vulnerables, necesitadas de pleno reconocimiento de su capacidad jurídica, de asistencia, de apoyos y de ayudas, para sentirse seguras, para tomar decisiones por sí mismas y para progresar.

La discapacidad es uno de los grandes desafíos, de presente y de futuro, que tiene planteada la humanidad. Una legislación respetuosa con la discapacidad debe partir del valor de su diferencia y tener presente que afecta no sólo a las condiciones de vida de millones de personas, el diez por ciento de la población mundial, sino también a su dignidad, libertad, desarrollo de la personalidad e igualdad con las demás personas[2]

En el prefacio de la Alta Comisionada de las Naciones Unidas para los Derechos Humanos, a los Principios y Directrices internacionales sobre el acceso a la justicia para las personas con discapacidad aprobados en 2020 se afirma: "Las personas con discapacidad son un objetivo fundamental de la labor de mi Oficina, en parte porque son uno de los grupos más desfavorecidos. Durante demasiado tiempo han sido ignoradas, desatendidas e incomprendidas, y sus derechos, sencillamente, negados. Las leyes, los procedimientos y las prácticas siguen discriminando a las personas con discapacidad y el sistema de justicia tiene un papel decisivo a la hora de prevenir estos casos y proporcionar reparaciones efectivas cuando se producen, en particular si son consecuencia de leyes injustas. Garantizar el acceso a la justicia es indispensable para la gobernanza democrática y el Estado de derecho, así como para combatir la desigualdad y la exclusión. Desde la aprobación de la Convención sobre los derechos de las personas con discapacidad existe un modelo para lograr la inclusión fundamentado en el enfoque de la discapacidad basado en los derechos humanos"[3].

Cabe referirse, a continuación, a cuatro textos legales básicos en materia de discapacidad y Constitución en el Ordenamiento Jurídico español:

1. La Convención de Nueva York de 2006

---

2 *Vid.* en, Calaza López, S., Hitos estructurales sobre la discapacidad. Actualidad civil, n. 3, 2022

3 Prólogo de Michelle Bachelet, al documento elaborado por un grupo de expertos coordinados por la Relatora Especial de Naciones Unidas sobre los derechos de las personas con discapacidad, en colaboración con el Alto Comisionado de las Naciones Unidas para los Derechos humanos. Ginebra, agosto 2020

2. La Ley 8/ 2021, de 2 de junio, de reforma de la legislación civil y procesal para el apoyo a las personas con discapacidad en el ejercicio de su capacidad jurídica, que está considerada como una de las leyes más relevantes en materia de derecho privado desde la aprobación de la Constitución
3. El Anteproyecto de Ley de 7 diciembre de 2018 de reforma del artículo 49 de la CE, relativo a los derechos de las personas con discapacidad
4. El Proyecto de ley de reforma del artículo 49 de la Constitución Española, de 11 de mayo de 2021, y
5. La Proposición de ley de

2. LA CONVENCIÓN DE NUEVA YORK DE 2006

En materia de discapacidad el texto por excelencia es la Convención Internacional de Nueva York de 2006 sobre los derechos de las personas con discapacidad que fue ratificada por España en 2008, junto con 82 países, desde entonces por más de 200, y constituye el primer Tratado Internacional específico sobre los derechos de las personas con discapacidad.

La Convención de NY es derecho vigente en España, conforme al artículo 96.1 CE y, por tanto, aplicable de forma directa por los Tribunales, si bien se ha producido desde su ratificación un proceso de adaptación de la legislación española a los principios y normas contenidos en la misma, en el curso del cual se incardina la Proposición de Ley de reforma del artículo 49 de la Constitución, relativo a la discapacidad, que constituye la última de sus manifestaciones

La Convención cambia el paradigma de la discapacidad y adopta el modelo social conforme al cual, las personas con discapacidad deciden conforme a su voluntad, deseos y preferencias, siendo las diversas barreras, el entorno social, las que dificultan su plena integración en la sociedad, de igual forma que la propia discapacidad[4].

Conforme al derogado modelo médico de discapacidad el tutor o el curador, actúan conforme al mejor interés de la persona con discapacidad y asisten, representan o sustituyen, en mayor o menor medida, según los

---

[4] *Vid.* en Palacios, Agustina, El modelo social de discapacidad. Colección CERMI, Madrid 2008

casos, a las personas con discapacidad en la toma de decisiones, lo que contrasta con la nueva regulación que hace hincapié en el modelo social de discapacidad, en el que se suprime la tutela, y la curatela y la guarda de hecho tienen, con carácter general, naturaleza asistencial y, sólo excepcionalmente se prevé que sean representativas y, muy excepcionalmente, sustitutivas de la voluntad de la persona con discapacidad.

Conforme al párrafo 2, del art. 1, de la Convención de Nueva York, que se aproxima a lo que se entiende por una definición, aunque la rúbrica del artículo es Propósito: "Las personas con discapacidad incluyen a aquellas que tengan deficiencias físicas, mentales, intelectuales o sensoriales a largo plazo que, al interactuar con diversas barreras, puedan impedir su participación plena y efectiva en la sociedad, en igualdad de condiciones con las demás".

Entre los apoyos que los países están obligados a prestar a las personas con discapacidad, el Comité de los derechos de las personas con discapacidad, previsto en el art. 34 y ss. de la Convención, en la Observación General de 2014, a propósito del art. 12, 3 señala: "el diseño universal y las medidas de accesibilidad, a fin de que el espacio lo puedan usar todas las personas, y los métodos de comunicación diferentes a los habituales, como el lenguaje de signos o el Braille".

En el art. 13 apartados 1 y 2 de la Convención de Nueva York de 2006, sobre los derechos de las personas con discapacidad, se exige a los Estados partes facilitar el acceso a la justicia en igualdad de condiciones que las demás personas, con el siguiente tenor:

"1. Los Estados partes asegurarán que las personas con discapacidad tengan acceso a la justicia en igualdad de condiciones con las demás, incluso mediante ajustes de procedimiento y adecuados a la edad, para facilitar el desempeño de las funciones efectivas de esas personas como participantes directos e indirectos, incluida la declaración como testigos, en todos los procedimientos judiciales, con inclusión de la etapa de investigación y otras etapas preliminares.

2. A fin de asegurar que las personas con discapacidad tengan acceso efectivo a la justicia, los Estados partes promoverán la capacitación adecuada de los que trabajan en la administración de justicia, incluido el personal policial y penitenciario "[5].

---

[5] *Vid.* en Alía Robles, Avelina, "El valor de los tribunales especializados para la tutela judicial efectiva de las personas con discapacidad ". La Ley Digital. Derecho de familia, nº 28, 15307/2020, págs. 1-15

En el apartado 2º del artículo 14 de la Convención de Nueva York, rubricado Libertad y seguridad de la persona, se establece: "Los Estados Partes asegurarán que las personas con discapacidad que se vean privadas de su libertad en razón de un proceso tengan, en igualdad de condiciones con las demás, derecho a garantías de conformidad con el derecho internacional de los derechos humanos y a ser tratadas de conformidad con los objetivos y principios de la presente Convención, incluida la realización de ajustes razonables"[6].

En el artículo 1 de la Convención de NY de 2006, rubricado Definiciones, en los párrafos 3º y 4º, se establece: "Por "discriminación por motivos de discapacidad" se entenderá cualquier distinción, exclusión o restricción por motivos de discapacidad que tenga el propósito o el efecto de obstaculizar o dejar sin efecto el reconocimiento, goce o ejercicio, en igualdad de condiciones, de todos los derechos humanos y libertades fundamentales en los ámbitos político, económico, social, cultural, civil o de otro tipo. Incluye todas las formas de discriminación, entre ellas, la denegación de ajustes razonables[7].

Por "ajustes razonables" se entenderán las modificaciones y adaptaciones necesarias y adecuadas que no impongan una carga desproporcionada o indebida, cuando se requieran en un caso particular, para garantizar a las personas con discapacidad el goce o ejercicio, en igualdad de condiciones con las demás, de todos los derechos humanos y libertades fundamentales"[8].

El art. 12, considerado de forma unánime su columna vertebral, establece que los Estados partes, en síntesis:

---

6 Cuenca Gómez, P.: "Cinco años de vigencia de la Convención Internacional sobre los Derechos de las Personas con Discapacidad. Avances y retos pendientes", Anuario de acción humanitaria y derechos humanos, Número 11, 2013, págs. 20 y ss.

7 *Vid.* al respecto en Fernández de Buján, A., De la Ley 8/2021, para el apoyo a las personas con discapacidad, al proyecto de ley de reforma del artículo 49 CE. Revista Aranzadi Doctrinal, n. 1, 2023; Turturro Pérez de los Cobos, S., El modelo social de discapacidad: un cambio de paradigma y la reforma del artículo 49 CE. Lex Social, Revista de Derechos Sociales, 2022, 12 (1), págs. 43 a 46;

8 La Convención sobre los Derechos de las Personas con Discapacidad, CDPC en adelante, hecha en Nueva York en 2006 y ratificada por España en 2008, constituye el primer Tratado Internacional específico sobre los derechos de las personas con discapacidad.

– reconocerán que las personas con discapacidad tienen capacidad jurídica en igualdad de condiciones que las demás en todos los aspectos de la vida;

– adoptarán las medidas pertinentes para proporcionar acceso a las personas con discapacidad al apoyo que puedan necesitar[9] ;

– asegurarán que en todas las medidas relativas al ejercicio de la capacidad jurídica por las personas con discapacidad se proporcionen salvaguardas adecuadas y efectivas; y

– tomarán todas las medidas que sean pertinentes y efectivas para garantizar el derecho de las personas con discapacidad al tráfico jurídico y económico en igualdad de condiciones con las demás. Así, a ser propietarias y heredar bienes, controlar sus propios asuntos económicos y tener acceso en igualdad de condiciones a préstamos bancarios, hipotecas y otras modalidades de crédito financiero, así como a velar por que las personas con discapacidad no sean privadas de sus bienes de manera arbitraria, es decir, por la protección de su patrimonio[10].

En el año 2014 el Comité sobre los Derechos de las personas con discapacidad, previsto en los artículos 34 al 39 de la Convención, hizo pública

---

9 *Vid.* sobre el acceso a la justicia de las personas con discapacidad en, Araoz Sánchez-Dopico, I., Comentario al art. 7 bis, en comentarios a la ley 8. 2021, directora Guilarte Martín— Calero, C., por la que se reforma la legislación civil y procesal en materia de discapacidad, TRA, 2021, pág. 1132 ss.; Fernández de Buján, A., "Acceso a la justicia de las personas con discapacidad: la especial competencia del letrado de la administración de justicia ", conforme a la Ley 8/2021," Acta Judicial, n. 9, 2022, págs. 2-16; De Lucchi López-Tapia, Y., El servicio de facilitación judicial como pieza clave para la tutela judicial efectiva de las personas con discapacidad. Actualidad civil, vol. 9, 2022; Id. Ajustes procedimentales para garantizar el acceso a la justicia de las personas en situación de discapacidad: el nuevo artículo 7 bis de la Ley de Enjuiciamiento Civil. Práctica de tribunales: revista de derecho procesal civil y mercantil, n. 151, 2021; De Lucchi López Tapia, Y., La humanización de la justicia con relación a las personas con discapacidad: el derecho fundamental de acceso a la misma en condiciones de igualdad. Revista de Estudios Europeos, 2023, págs. 156-181.

10 Cuenca, Patricia, "La capacidad jurídica de las personas con discapacidad: el art. 12 de la Convención de la ONU y su impacto en el Ordenamiento Jurídico español", en Derechos y Libertades, n. 24, 2011.

la Observación General n. 1 en la que manifiesta que procede a explicar el art. 12 de la Convención para conseguir que se cumpla[11].

Entre las consideraciones realizadas en la Observación de 2014, las que han resultado más polémicas, para una parte de la doctrina y la jurisprudencia, son las siguientes:

– La capacidad jurídica de la Convención incluye la capacidad para ser titular de derechos y para actuar en relación con esos derechos.

– El déficit de capacidad mental no puede servir para limitar o negar la capacidad jurídica: "Conforme al artículo 12 de la Convención, los déficits en la capacidad mental, ya sean supuestos o reales, no deben utilizarse como justificación para negar la capacidad jurídica".

– Ha de respetarse la voluntad, preferencias y deseos de la persona con discapacidad y no decidir en ningún caso por ellas, conforme al art. 12. 3. 17.

– Cuando, pese a haberse hecho un esfuerzo considerable, no sea posible determinar la voluntad y las preferencias de una persona, la determinación del "interés superior" debe ser sustituida por la "mejor interpretación posible de la voluntad y las preferencias", conforme al art. 12.4.21.

– Las salvaguardias para el ejercicio de la capacidad jurídica deben incluir la protección contra la influencia indebida; sin embargo, la protección debe respetar los derechos, la voluntad y las preferencias de la persona, incluido el derecho a asumir riesgos y a cometer errores, conforme al art. 12.4.22.

– En todo momento, incluso en situaciones de crisis, deben respetarse la autonomía individual y la capacidad de las personas con discapacidad de adoptar decisiones, conforme al art. 12.3.18.

---

11 Si bien en un Informe de 2010 de España al Comité se afirma: "no hay inconveniente con la actual regulación para cumplir las previsiones del art. 12 de la Convención", en la Observación del Comité de 2019, en relación con los Informes de España, se subraya que: "Al Comité le preocupa que el Código Civil del Estado parte permita privar de capacidad jurídica a una persona por motivos de discapacidad y mantenga regímenes de sustitución en la adopción de decisiones". *Vid.* en, De Asís, Rafael, "El segundo informe sobre cumplimiento por parte de España de la Convención sobre los derechos de las personas con discapacidad ", en Papeles El Tiempo de los Derechos, n. 16, 2019

– Algunas personas con discapacidad solo buscan que se les reconozca su derecho a la capacidad jurídica en igualdad de condiciones con las demás, conforme a lo dispuesto en el artículo 12, párrafo 2, de la Convención, y pueden no desear ejercer su derecho a recibir el apoyo previsto en el artículo 12, párrafo 3, conforme al art. 12.3.19.

Un amplio sector doctrinal considera que las explicaciones contenidas en Observación General de 2014 van más allá de las disposiciones contenidas en la Convención.

Entre las palabras más utilizadas por la Convención y la Observación, además de las que constituyen su propio objeto —apoyo, discapacidad y capacidad jurídica— cabe mencionar las siguientes: igualdad ante la ley, libertad, dignidad, respeto, voluntad, preferencias, deseos, toma de conciencia, derechos humanos, derechos fundamentales, diversidad, accesibilidad, barreras, influencia indebida, inclusión, autonomía, privacidad, independencia individual, salvaguardas, familia, genero, discriminación, salud, trabajo, Comité, medidas de apoyo pertinentes y efectivas, Estados parte, y Derecho Internacional.

Desde la entrada en vigor de la Convención en 2008, han sido numerosos los textos legislativos que han sido modificados con la finalidad de cumplir con las previsiones del Tratado Internacional.

3. LA LEY 8/2021, DE 2 DE JUNIO, DE REFORMA DE LA LEGISLACIÓN CIVIL Y PROCESAL PARA EL APOYO A LAS PERSONAS CON DISCAPACIDAD EN EL EJERCICIO DE SU CAPACIDAD JURÍDICA

La adaptación normativa a la Convención se inicia con la Ley 26/2011, de 1 de agosto, que preveía un plazo de un año para adecuar el Ordenamiento Jurídico español al art. 12 del Convenio.

En el año 2013 se aprobó la pionera Ley General de los derechos de las personas con discapacidad.

Cabe así mismo subrayar los esfuerzos por interpretar el Código Civil a la luz de los principios de la Convención, realizados por la jurisprudencia mayoritaria, a partir de la STS 282/2009, de 29 de abril, aprobada por el Pleno, y constituida en referente de posteriores, y numerosas resoluciones judiciales.

Procede mencionar al respecto, por referirse sólo a los textos legislativos más recientes, anteriores a la Ley 8/ 2021, los siguientes:

_La Ley 4/2015, de 27 de abril, del Estatuto de la víctima del delito, para proteger especialmente a las víctimas con discapacidad.

– La Ley 4/2017, en relación con el derecho a contraer matrimonio de las personas con discapacidad en igualdad de condiciones que las demás, conforme a la nueva redacción dada al art. 56. 2 del CC, en 2017.

– La Ley Orgánica 1/ 2017, de modificación de la Ley Orgánica del Tribunal del Jurado, para garantizar la participación de las personas con discapacidad sin exclusiones.

– La Ley Orgánica 2/ 2018, para la modificación de la Ley del Régimen Electoral General, para garantizar el derecho de sufragio de todas las personas con discapacidad.

– La Ley Orgánica 3/ 2018, de protección de Datos Personales y Garantía de los Derechos Digitales.

– El reconocimiento de la capacidad de testar de las personas con discapacidad mental e intelectual, conforme a la Jurisprudencia del Tribunal Supremo de 2018, y

– La Ley 2/ 2020, de eliminación de la esterilización forzosa o no consentida de personas con discapacidad con grave trastorno psíquico previamente incapacitadas.

– - La Ley 8/2021, de 2 de junio, de reforma de la legislación civil y procesal para el apoyo a las personas con discapacidad en el ejercicio de su capacidad jurídica.

En el Apartado I del Preámbulo de la Ley 8/2021, de apoyo a las personas con discapacidad, sin duda el más relevante texto legislativo en materia de discapacidad de nuestro Ordenamiento jurídico se afirma "… se pretende dar un paso decisivo en la adecuación de nuestro ordenamiento jurídico a la Convención internacional sobre los derechos de las personas con discapacidad". La Convención se menciona en 8 ocasiones en los ocho apartados del Preámbulo[12].

---

12 *Vid.* García Rubio, María Paz, ¿Pueden los Jueces proveer de apoyos a las personas con discapacidad contra su voluntad? Sancho Gargallo, Segarra Crespo, García Rubio, Pérez Bueno; Calaza López, S. (coord.), de Prada Rodríguez, M. (coord.). Actualidad civil, n. 3, 2023; Id. La necesaria y urgente adaptación del Código

La Ley 8/2021, de 2 de junio, considerada por la doctrina como la más importante de derecho civil desde la Constitución, o una de las más relevantes, al nivel de la Ley de 1981 de derecho de familia, afecta a todo el Ordenamiento, aunque especialmente al derecho civil[13] y procesal.

La nueva regulación está inspirada, como exige el art. 10 CE, en el respeto a la dignidad, en la tutela de sus derechos fundamentales y en el respeto a la libre voluntad de la persona con discapacidad, así como en los principios de necesidad y proporcionalidad de las medidas de apoyo que, en su caso, pueda necesitar para el ejercicio de su capacidad jurídica en igualdad de condiciones que los demás[14].

La reforma normativa impulsada por esta ley debe ir unida a un cambio del entorno y a una transformación de la mentalidad social, especialmente la de aquellos profesionales del Derecho que prestan sus funciones a requerimiento de las personas con discapacidad, partiendo de los nuevos principios y no de visiones paternalistas que hoy resultan obsoletas[15].

---

civil español al art. 12 de la Convención de Nueva York sobre los derechos de las personas con discapacidad", AAMN, tomo LVIII, 2018, págs. 173-197.; Id. Algunas propuestas de reforma del código civil como consecuencia del nuevo modelo de discapacidad. en especial en materia de sucesiones, contratos y responsabilidad civil", Revista de Derecho Civil vol. V, núm. 3, julio-septiembre, 2018, págs... 173-197. Id. Contenido y significado general de la reforma civil y procesal en materia de discapacidad, Sepin, 2021, págs. 1-17. Id. VV.AA., "La reforma civil y procesal de la discapacidad. Un tsunami en el ordenamiento jurídico. Monográfico coordinado por García Rubio, María Paz, La Ley, Derecho de familia, n. 31, julio—septiembre 2021.

13 *Vid.*, Calaza López, S., La justicia civil indisponible en la encrucijada: la asincronía entre la reforma sustantiva y procesal en la provisión judicial de apoyos a las personas con discapacidad, en el monográfico "La reforma civil y procesal de la discapacidad. Un tsunami en el ordenamiento jurídico", dirigido por García Rubio, María Paz., La Ley Derecho de Familia nº 31, julio-septiembre de 2021, Ed. Wolters Kluwer La Ley; Id. Id. Inteligencias múltiples y Derecho procesal, en Sociedad, Justicia y discapacidad. Dirección Luáces Gutierrez, Ana, TR Aranzadi, 2021; Id. Justicia y vulnerabilidad en Debates jurídicos de actualidad. Dirección Castillejo Manzanares, R., TR Aranzadi, 2021

14 *Vid.* en Fernández de Buján, A., Provisión de apoyos a personas con discapacidad, en La humanización de la justicia civil de familia, coord. Calaza López, S. La Ley, Derecho de Familia, n. 33. Enero marzo, 2022, págs. 1-33.

15 Conforme se afirma en el Apartado III del Preámbulo de la Ley 8/ 2021 es importante señalar que podrá beneficiarse de las medidas de apoyo cualquier persona que las precise, con independencia de si su situación de discapacidad ha obtenido algún reconocimiento administrativo

En marzo de 2018, la Comisión General de Codificación remitió al Ministerio de Justicia la Propuesta de Anteproyecto para el apoyo a las personas con discapacidad en el ejercicio de su capacidad jurídica. El texto se elaboró en el ámbito de las Secciones 1ª y 5ª, correspondientes a Derecho Civil y Derecho Procesal.

El 21 de septiembre de 2018 el Gobierno aprobó el Anteproyecto de Ley. El 7 de julio de 2020 el Gobierno aprobó el Proyecto de Ley, que fue así mismo aprobado en la Comisión de Justicia del Congreso de los Diputados, con competencia legislativa plena, el 21 de marzo de 2021.

En el marco de la tramitación del Proyecto de Ley de apoyo a la discapacidad, los días 20 y 26 de octubre de 2020 comparecieron, en trámite de asesoramiento, ante la Comisión de Justicia del Congreso de los Diputados, 13 personas expertas en la materia, 6 de ellas vinculadas al ámbito de la discapacidad.

El primero de los comparecientes, a propuesta de todos los grupos parlamentarios, fue D. Luis Cayo Pérez Bueno, presidente del Comité Español de Representantes de Personas con Discapacidad, CERMI. Nada mejor que la literalidad de sus palabras para percibir la magnitud de la discapacidad en relación con nuestro país: "Vengo a exponer, a grandes rasgos, la posición del movimiento social de la discapacidad en España, más de 4 millones de personas, 12 millones, si se cuentan sus familias, una situación de discapacidad en uno de cada cinco hogares españoles y va creciendo......

El CERMI no es sino la expresión de la sociedad civil articulada en torno a la discapacidad. Vaya por delante el apoyo global, firme y decidido del Cermi y de sus organizaciones, a esta iniciativa legislativa, necesaria, pertinente y certera que obedece a poderosas demandas sociales, morales, políticas y jurídicas ".

Por su parte, en representación del Consejo General de la Once, su secretario general, D. Rafael de Lorenzo, afirmó en su comparecencia: "el proyecto de ley es un gran esfuerzo de país, se ha contado con el sector, que está satisfecho con el papel que han jugado los tres ministros de Justicia de dos Gobiernos diferentes en la aprobación de la futura ley, que permitirá que las personas con discapacidad puedan ejercer sus derechos plenamente y tomar sus decisiones después de tantos años de excesiva protección".

El día 24 de marzo el Proyecto tuvo entrada en el Senado, y se residenció en la Comisión para las Políticas Integrales de la Discapacidad. Finalizada la presentación de enmiendas, la Ponencia elaboró un Informe al respecto. El día 5 de mayo de 2021 la Comisión aprobó el texto de la Ponencia, con 80 enmiendas transaccionales, por unanimidad. El Pleno del Senado, en su sesión celebrada el día 12 de mayo de 2021, aprobó el Dictamen de la Comisión para las Políticas Integrales de la Discapacidad sobre el Proyecto de Ley. Las enmiendas aprobadas por el Senado y el correspondiente mensaje motivado fueron remitidos al Congreso de los Diputados a los efectos previstos en el artículo 90.2 de la Constitución.

El Pleno del Congreso de los Diputados, en su sesión del día 20 de mayo de 2021, aprobó, el Proyecto de Ley.

El texto de la nueva Ley se publicó en el BOCG el 31 de mayo de 2021. Sancionada la Ley el 2 de junio, se promulgó en el BOE de 3 de junio, como Ley 8/2021, de 2 junio. La nueva Ley entró en vigor el 3 de septiembre de 2021.

Notas esenciales de la Ley 8/ 2021[16]

1ª El trasvase del modelo médico al modelo social de discapacidad

En relación con la causa natural o social de la discapacidad, la CNY considera que la discapacidad es el resultado de la interacción entre algunos rasgos peculiares que tienen las personas y las barreras construidas socialmente por lo que adopta el modelo social conforme al cual las diversas barreras y el entorno dificultan la plena integración en la sociedad de las personas con discapacidad. Muchas limitaciones, se afirma en el Preámbulo de la Ley 8/2021, vinculadas tradicionalmente a la discapacidad no han procedido de las personas afectadas, sino de su entorno.

La discapacidad tiene básicamente una causa natural, es un hecho de la naturaleza, que existe con independencia de las barreras sociales, por la que algunas personas tienen, en algún momento de su vida o durante toda la vida, llámese diversidad funcional o limitaciones físicas, sensoriales, intelectuales o mentales, por lo que no cabe afirmar de forma categórica que tiene un origen social, pero es una realidad natural con connotaciones de construcción social derivadas del hecho cierto que las barreras físicas, comunicacionales, cognitivas, actitudinales y jurídicas han cercenado los

---

16 *Vid.*, sobre las notas esenciales de la nueva Ley, con carácter general, en Moreno Catena, V., Derecho Procesal Civil, Cortés Domínguez, V. y Moreno Catena, V., Derecho Procesal Civil. Parte Especial. Tirant lo Blanch, Valencia 2003, págs. 48 ss., y en Fernández de Buján, A., La Ley 8/2021, para el apoyo a las personas con discapacidad en el ejercicio de su capacidad jurídica: un nuevo paradigma de la discapacidad, La Ley, 26.11. 2021, págs. 1-13.

derechos de las personas con discapacidad y la posibilidad de su ejercicio. En definitiva, rasgos o limitaciones y barreras.

En España la discapacidad es una realidad que afecta cuatro millones de personas y lo probable es que la mayoría de las personas a lo largo de nuestra vida tengamos algún tipo de discapacidad. Como subrayan, Pérez Bueno y De Lorenzo García, desde sus respectivas responsabilidades como Presidente del CERMI y Secretario General de la Once: "se ha producido a nivel nacional e internacional un proceso legislativo que ha permitido el salto paradigmático desde el modelo médico-rehabilitador hasta el modelo social que enfoca la protección de la persona con discapacidad como una cuestión de Derechos Humanos, dando lugar al nacimiento de diversos instrumentos jurídicos que hacen posible este nuevo paradigma en el que la persona con discapacidad, sujeto de derechos, está en el centro del ordenamiento jurídico. En este nuevo modelo la dignidad es intrínseca a la persona con discapacidad e inescindible de ésta, y está estrechamente ligada a valores como la libertad y la igualdad........."[17].

2ª La heterogeneidad de la discapacidad

Heterogeneidad, diversidad y gradualidad son términos muy ligados a la discapacidad, que puede tratarse como un todo homogéneo en determinados aspectos, pero no en otros. Así, en la toma de decisiones, sólo un sector de las personas con discapacidad, en al ámbito intelectual o mental, necesitará medidas de apoyo.

Si bien la Ley se refiere con carácter general a las personas con discapacidad, y algunos de los artículos atañen a personas con discapacidad sensorial, la mayoría de sus preceptos afectan de forma específica a personas con discapacidad cognitiva o psicosocial, expresión que abarca especialmente la discapacidad intelectual, la enfermedad mental y la demencia, y se refiere a supuestos diversos en los que la persona con discapacidad necesita asistencia, necesita apoyos para tomar decisiones o conocer su alcance, o bien no es posible discernir su voluntad.

3ª El concepto de capacidad jurídica, que es utilizado por La Convención, la Observación General y la Ley para referirse tanto a la titularidad

---

17 De Lorenzo García, R y Pérez Bueno, LC. "Comentarios Introductorios", en Fundamentos del Derecho de la discapacidad, Thomson Reuters Aranzadi, 2020, págs. 51-90; Fontestad-Portalés, L., Ley 8/2021, de 2 de junio, por la que se reforma la legislación civil y procesal para el apoyo a las personas con discapacidad en el ejercicio de su capacidad jurídica. Ars Iuris Salmanticensis, vol. 9, nº 2, 2021.

del derecho, como a su capacidad de ejercicio, supone **la subsunción** de ambas facultades en la propia expresión capacidad jurídica y **la supresión** en los respectivos textos legales, de la clásica dicotomía capacidad jurídica y capacidad de obrar, en relación con la discapacidad.

4ª El principio de la voluntad, los deseos y las preferencias y de la persona con discapacidad

El nuevo modelo social de discapacidad, basado en los derechos humanos, supone **un cambio radical en especial** en el marco de la adopción de decisiones **que implica** pasar del paradigma de la sustitución en la adopción de decisiones a otro basado en la voluntad, los deseos y las preferencias de la persona con discapacidad, que se configura como uno de los ejes esenciales de la Ley 8/2021.

5ª Medidas de apoyo a las personas con discapacidad

EL Titulo XI del libro I del CC pasa a denominarse "De las medidas de apoyo a las personas con discapacidad en el ejercicio de su capacidad jurídica"

El art. 249, con el que se inicia el mencionado Título, y es probablemente el de mayor trascendencia, junto con el 250, de la Ley, prevé las medidas de apoyo a las personas con discapacidad, y las salvaguardas necesarias para un adecuado ejercicio del mismo.

En síntesis, del texto del art. 249, cabe deducir lo que sigue

- Las medidas de apoyo a las personas con discapacidad constituyen el elemento nuclear de la Convención de NY y de la Ley 8/ 2021.
- Las medidas de apoyo a las personas mayores de edad o menores emancipadas que las precisen tendrán por finalidad permitir el desarrollo pleno de su personalidad y deben ser necesarias, por lo que debe quedar constancia o justificarse su necesidad.
- Las medidas de apoyo pueden ser de origen voluntario, fáctico, legal o judicial. Las medidas voluntarias y fácticas, tendrán carácter prioritario, respecto de las judiciales, como son el defensor judicial y la curatela,
- Se suprime el estado civil de incapacitado y el procedimiento de modificación judicial de la capacidad por considerar que no cabe modificar en juicio la capacidad de las personas, y el hacerlo por razón de la discapacidad supondría una discriminación.

- El apoyo será el que la persona con discapacidad voluntariamente requiera, y su intensidad oscilará de muy liviano a muy intenso por aplicación de los principios de proporcionalidad y necesidad de la prestación.
- La mayoría de las medidas de apoyo tienen carácter asistencial y no afectan al proceso cognitivo y volitivo.

  En casos excepcionales, cuando pese a haberse hecho un esfuerzo considerable, no sea posible determinar la voluntad, deseos y preferencias de la persona, las medidas de apoyo podrán tener funciones representativas. En tales supuestos, quien presta el apoyo deberá tener en cuenta la trayectoria vital de la persona con discapacidad, sus creencias y valores, así como los factores que ella hubiera tomado en consideración, con el fin de tomar la decisión que habría adoptado la persona en caso de no requerir representación.

Quizás hubiera sido deseable no referirse a tales supuestos como excepcionales dado que las personas consideradas grandes dependientes en atención patologías psíquicas severas, suponen una tercera parte de las personas con discapacidad, y un número considerable de las mismas, especialmente las personas con alzhéimer avanzado, no pueden expresar su voluntad[18]

6ª. Salvaguardas

La toma de decisiones por parte de una persona con discapacidad intelectual intensa o enfermedad mental que necesita medidas de apoyo para decidir, implica un riesgo de abusos y de manipulación en atención a su vulnerabilidad, por lo que la Ley prevé medidas de salvaguarda para prevenirlos y garantizar que el apoyo es el adecuado.

Estas salvaguardas asegurarán:

a. que se atenderá a la voluntad, los deseos y las preferencias de la persona con discapacidad que las requiera
b. que no haya conflicto de intereses ni influencia indebida[19]

---

[18] López Jiménez, R., La adopción de medidas de apoyo a personas con discapacidad: la jurisdicción voluntaria y el procedimiento contencioso Cuadernos de derecho transnacional, Vol. 14, Nº 2, 2022, págs. 580-604

[19] Fernández de Buján, A., Discapacidad. Jurisdicción Voluntaria. Voluntad, deseos preferencias. Oposición. Rechazo a la provisión de apoyos. Derecho de vito recíproco. Justicia y Discapacidad. Directoras Calaza López. Luáces Gutierrez. Lloren-

c. que sean proporcionales y adaptadas a las circunstancias de la persona

d. que se apliquen en el plazo de tiempo más corto posible, y

e. que estén sujetas a exámenes periódicos por parte de una autoridad o un órgano judicial competente, independiente e imparcial

7ª. Eliminación de la tutela, la patria potestad prorrogada y la patria potestad rehabilitada del ámbito de la discapacidad.

La eliminación de estas instituciones se debe a que se consideran figuras demasiado rígidas y poco adaptadas al sistema de promoción de la autonomía de las personas adultas con discapacidad previsto en la Ley 8/2021.

Es por ello que, conforme a la nueva regulación, cuando el menor con discapacidad llegue a la mayoría de edad se le prestarán los apoyos que necesite del mismo modo y por el mismo medio que a cualquier adulto que los requiera. En todo caso, los progenitores pueden ser nombrados curadores a propuesta de la persona con discapacidad o por decisión judicial.

8ª. La curatela como principal medida de apoyo de origen judicial para las personas con discapacidad.

La institución objeto de una regulación más amplia en la Ley 8/2021 es la curatela, que se prevé sólo para la discapacidad y se configura como una institución flexible y gradual en la actual concepción, que oscila desde su conformación como asistencial, en la mayoría de los casos, a su carácter representativo, en determinados supuestos.

La determinación del tipo procedimiento para proceder a la provisión de apoyos y, en su caso, el nombramiento de curador fue objeto de controversia en la tramitación del texto legal. El sector de la discapacidad se pronunció a favor de un procedimiento de Jurisdicción Voluntaria en atención a que la Jurisdicción Contenciosa puede suponer una estigmatización de la discapacidad contraria al modelo de priorizar la voluntad de la persona con discapacidad, y a la penosidad que a nivel familiar puede implicar un proceso contencioso para dotar de medidas de apoyo a una persona con discapacidad[20]

---

te Sánchez Arjona. Dykinson 2023, págs. 29-46; Id. Conflicto, controversia, contraposición, contienda, polémica, oposición: proceso y litigio. Despalabro. Ensayos de Humanidades. Universidad Autónoma de Madrid. 6, 2012.

20 *Vid.* así mismo en este sentido, en Moreno Catena, V., Derecho Procesal Civil. Parte Especial. Tirant lo Blanch, *cit.*, págs. 48 ss. y 53 ss.

Regulado en la Ley un inicial expediente de Jurisdicción Voluntaria para la provisión de apoyos, previsto en el nuevo art. 43 bis, a) b) y c) de la LJV se establece que la oposición de cualquier legitimado personado en el expediente voluntario, incluso contra la voluntad de la persona con discapacidad, pondrá fin al expediente, y podrá presentarse una demanda de adopción de medidas de apoyo en juicio contencioso lo cual, a mi juicio, es contrario al principio de prioridad de la voluntad, deseos y preferencias de la persona con discapacidad que informa la propia Ley 8/ 2021, y no toma en consideración la gran novedad de la Ley 15/ 2015 de la JV, conforme a la cual la oposición no hará contencioso el expediente voluntario ni impedirá que continúe su tramitación hasta que sea resuelto, salvo que la ley expresamente lo prevea[21] En suma, a mi juicio, la oposición a las medidas de apoyo, salvo que sea de la propia persona con discapacidad, no debe producir el archivo del expediente voluntario[22].

9ª. Responsabilidad y obligaciones de las personas con discapacidad

La plena capacidad jurídica de las personas con discapacidad se traduce en una mayor responsabilidad y, en consecuencia, en un cambio en el concepto de imputación subjetiva en la responsabilidad civil por hecho propio y en una más restringida concepción de la responsabilidad por hecho ajeno

---

21 *Vid.* sobre la oposición en Fernández de Buján, A. "Comentarios al artículo 1 y al artículo 17. 3, de la LJV, en Comentarios a la Ley 15/2015 de, la Jurisdicción Voluntaria…, págs. 75-81 y 173-182. Id. Vid sobre la Ley de Jurisdicción Voluntaria, Antonio, La reforma de la Jurisdicción Voluntaria. Textos prelegislativos, legislativos y tramitación parlamentaria. Dykinson 2015 Id. Discapacidad. Jurisdicción Voluntaria. Voluntad, deseos, preferencias. Oposición. Rechazo a la provisión de apoyos, derecho de veto recíproco, en Justicia y Discapacidad en un entorno digital. Directoras Calaza, Luaces, Llorente, Dykinson 2023, págs. 29-46; Calaza López, S., Diálogo sobre la trascendencia real de la "voluntad, deseos y preferencias" de las personas con discapacidad en el ámbito judicial: ¿Pueden los Jueces proveer de apoyos a las personas con discapacidad contra su voluntad? Actualidad civil, n. 3, 2023

22 *Vid.* en Fernández de Buján, A., Comentario al art. 43 bis de la Ley de Jurisdicción Voluntaria, en Comentarios a la Ley 8/2021 por la que se reforma la legislación civil y procesal en materia de discapacidad dirigidos por García Rubio, MP., Ed. Aranzadi, Pamplona, 2022; Fontestad-Portalés, Comentario al artículo 753 LEC, en Comentario articulado a la reforma civil y procesal en materia de discapacidad. García Rubio M. P., y Moro Almaraz, M. J., directoras. Civitas 2022

Como reflexión final, cabe subrayar que el derecho de la discapacidad lleva camino de convertirse en una disciplina específica de estudio y especialidad en el marco del Ordenamiento Jurídico.

4. EL ANTEPROYECTO DE LEY DE 7 DE DICIEMBRE DE 2018, DE REFORMA DEL ARTÍCULO 49 DE LA CE, RELATIVO A LOS DERECHOS DE LAS PERSONAS CON DISCAPACIDAD

Como textos legales recientes en materia de discapacidad, cabe mencionar el Anteproyecto, y el Proyecto de Ley de reforma del art. 49 de la Constitución, residenciado hasta su caducidad, por finalización de la XIV Legislatura sin ser aprobado, en la Comisión Constitucional del Congreso de los Diputados, en trámite de ampliación de enmiendas parciales[23].

Conforme al vigente art. 49 CE: "Los poderes públicos realizarán una política de previsión, tratamiento, rehabilitación e integración de los disminuidos físicos, sensoriales y psíquicos, a los que se prestará la atención personalizada que requieran y los ampararán especialmente para el disfrute de los derechos que este Título otorga a todos los ciudadanos".

El 7 de diciembre de 2018 el Consejo de ministros aprobó el Anteproyecto de reforma del artículo 49 de la Constitución[24].

La elaboración del mencionado anteproyecto se realizó a partir de una propuesta de los grupos parlamentarios de la Comisión del Congreso de los Diputados para las políticas integrales de la discapacidad que contó con la participación del colectivo del sector de la discapacidad, representado por el CERMI y se justificó por la necesidad de adaptar la Constitución a los principios contenidos en la Convención de Nueva York de 2006, que supuso un punto de inflexión en el reconocimiento y protección de sus derechos[25].

---

23 Pérez Bueno, L. C., Artículo 49, primera reforma social de la Constitución Española. Consideraciones y propuestas desde la discapacidad organizada. Actas de Coordinación Socio-sanitaria, n. 27, 2020, págs. 11-25

24 *Vid.* en De Asis, Rafael, De nuevo sobre Constitución y Discapacidad, Universitas, 2020, n. 31, págs. 52-64; Id. Discapacidad y Constitución, Derechos y Libertades, n. 29, 2013

25 En opinión de Rodríguez-Piñeiro, M.," Artículo 49", en Comentarios a la Constitución Española, BOE— Wolters Kluver, Rodríguez-Piñeiro, Miguel y Casas, ME, 2018, págs. 1405 ss. "cabe una interpretación del art. 49 conforme a la concepción

El vigente artículo 49 de la Constitución fue considerado desde su inclusión en el texto constitucional de 1978 un gran avance en la protección de las personas con discapacidad, que fueron reconocidas constitucionalmente como integrantes de un colectivo al que se le otorga una especial protección. Se incardina en el Capítulo III, De los principios rectores de la política social y económica, arts. 39 a 52, del Título I de la CE, rubricado De los derechos y deberes de los ciudadanos.

Se subraya en la EM del Anteproyecto que la reforma del artículo 49 requiere una modificación sustancial del lenguaje, la estructura y el contenido del texto legal[26].

Con fecha 28 de febrero de 2019, el Pleno del Consejo de Estado emitió Dictamen en el que examina el texto del Anteproyecto de reforma constitucional. Como consecuencia de las observaciones recogidas en este Dictamen, se modificaron dos aspectos contenidos en los apartados segundo y tercero del artículo 49 del Anteproyecto inicial:

- Respecto del primero, se concreta que la participación de las organizaciones representativas de las personas con discapacidad en la adopción de políticas públicas se realizará 'de acuerdo con lo establecido en las leyes'.

---

social de la discapacidad, en atención a que establece una protección jurídica de los derechos de las personas con discapacidad que va más allá de una mera visión médica o reparadora del tratamiento de la discapacidad, por lo que no cabría reformar el artículo 49, opinión que en buena medida coincide con la posterior valoración del Consejo de Estado que, en cierta medida, cuestiona así mismo, la necesidad de reformar el art. 49

26 A juicio de Turturro Pérez de los Cobos, S., El modelo social de discapacidad: un cambio de paradigma y la reforma del artículo 49 CE. Lex Social, Revista de Derechos Sociales, 2022, 12 (1), págs. 37-65: "... el mencionado Anteproyecto de reforma del artículo 49 presentado por el Consejo de ministros, el 11 de mayo de 2021, es claramente mejorable. Sorprendentemente el Consejo de ministros no ha aceptado íntegramente las recomendaciones técnicas contenidas en el Dictamen del Consejo de Estado. En cuanto al contenido, cabe destacar como aspecto positivo que el nuevo precepto contempla varios principios del modelo social de discapacidad: inclusión versus integración, y vida independiente. Sin embargo, olvida la accesibilidad universal (en sentido estricto y en sentido amplio). Un principio que, unido a la idea de "ajustes razonables", ha ido adquiriendo en los últimos tiempos un gran protagonismo en la protección de los derechos de las personas con discapacidad".

- Respecto del segundo, se acepta la observación atinente a la utilización de la expresión 'especial protección' de las personas con discapacidad, recogiendo así los términos precisos que utiliza la Sentencia del Tribunal Constitucional 208/2013, de 16 de diciembre. Se produce, por ello, la eliminación en el apartado 3 de la expresión protección reforzada de las personas con discapacidad y su sustitución por la expresión especial protección[27]

La disolución de las Cortes el 24 de septiembre de 2019 por una nueva convocatoria electoral, impidió la posible aprobación del correspondiente Proyecto de Ley y su posterior tramitación parlamentaria.

El posterior estado de alarma de 2020 impidió replantear la propuesta dado que el artículo 169 establece que "No podrá iniciarse la reforma constitucional en tiempo de guerra o de vigencia de alguno de los estados previstos en el artículo 116", en el que se regulan los estados de alarma, excepción y sitio.

5. EL PROYECTO DE LEY DE 11 DE MAYO DE 2021 DE REFORMA DEL ARTÍCULO 49 DE LA CE, RELATIVO A LOS DERECHOS DE LAS PERSONAS CON DISCAPACIDAD

El 11 de mayo de 2021, el Consejo de ministros aprobó un proyecto de ley de reforma del artículo 49 CE. El nuevo texto del artículo 49 consta de una Exposición de Motivos, con 8 apartados, un artículo único y una Disposición final única

Se adiciona respecto de los 6 apartados de la EM del Anteproyecto, un nuevo apartado II, y el apartado VIII en el que se resalta la amplia participación y el diálogo en la reforma, y se mencionan las aportaciones específicas al texto legal derivadas del Dictamen del Consejo de Estado.

La CE consagra la dignidad de la persona y el libre desarrollo de la personalidad como claves de bóveda del Estado social y democrático de Derecho. Una de sus manifestaciones más específicas fue considerado el art. 49, dedicado a la protección de las personas con discapacidad, que situó a España a la vanguardia de la protección de las personas del mencionado colectivo al reconocerles los derechos previstos en el Título I CE, y estable-

---

27 En contra, De Asís, R. De nuevo...... pág. 57, que considera que hablar de protección reforzada, nunca especial, puede tener sentido.

cer un mandato de protección a los poderes públicos de las personas con discapacidad.

Desde su aprobación, el art. 49 ha influido de forma notable en los poderes públicos y ha generado un notable desarrollo legislativo, si bien en los últimos años la protección de las personas con discapacidad se ha impulsado especialmente desde el D. Internacional, siendo en la actualidad el eje central de la protección de las personas con discapacidad la Convención de NY de 2006.

De forma paralela al cambio normativo, la sociedad civil articulada en torno a la discapacidad ha pedido un cambio sustancial del art. 49 CE para acomodarlo a la nueva realidad social y especialmente a la Convención de Nueva York de 2006, en el marco del Estado social, y con fundamento en tres décadas de estudios doctrinales y jurisprudencia constitucional, con la finalidad de reflejar mejor los valores que en la actualidad inspiran la protección del colectivo, superar la vigente concepción médico rehabilitadora y constituirse de nuevo en referencia de la protección y promoción de los derechos de las personas con discapacidad[28].

La reforma modifica sustancialmente el art. 49 desde el punto de vista del lenguaje, la estructura, el contenido y la extensión del nuevo texto legal. En este sentido cabe subrayar lo siguiente:

– Se moderniza la terminología utilizada para referirse al colectivo, de forma q refleje mejor la dignidad inherente a las personas con discapacidad. Así se sustituye la referencia a disminuidos físicos, sensoriales y psíquicos por la genérica de personas con discapacidad, que es la utilizada por la Convención de 2006

– Se estructura en cuatro apartados, cada uno de los cuales refleja una concepción diferente de la protección de las personas con discapacidad, en atención a los múltiples enfoques desde los que se aborda la discapacidad

– Se modifica el contenido para adaptarlo a la nueva concepción de la discapacidad, que ya no se basa en la antigua médico-rehabilitadora, coherente en el momento en que fue aprobado el texto legal pero superada en la actualidad por un modelo social de corte igualitario, y

– Se amplía, en consideración a todo ello, la extensión del texto legal, que pasa a tener 11 líneas, respecto a las 3 del originario art. 49 CE.

---

28 EM apartado I, del PL de reforma del art. 49 CE

Art. 49, apartado primero: "Las personas con discapacidad son titulares de los derechos y deberes previstos en este Título en condiciones de libertad e igualdad real y efectiva, sin que pueda producirse discriminación".

En el art. 49, apartado 1 se vincula de forma expresa la obligación de los poderes públicos de promover la libertad e igualdad real, prevista en el art. 9.2, del Título Preliminar, de las personas con discapacidad, como titulares de los derechos y libertades contenidos en el Título I de la Constitución, sin que pueda producirse discriminación, conforme a lo previsto en el artículo 14 de la Constitución. Se produce con ello la incorporación explícita de la igualdad material del artículo 9, 2 y la igualdad formal del artículo 14 al sistema de protección de derechos de las personas con discapacidad. Y ello en la línea expuesta por las STS del Tribunal Constitucional 269/1994, de 3 de octubre y de 3/2018, de 22 de enero[29]. Se pone así mismo el énfasis en los derechos y deberes de los que son titulares las personas con discapacidad, previstos en el Título I CE, como ciudadanos libres e iguales

Art. 49, apartado segundo: "Los poderes públicos realizarán las políticas necesarias para garantizar la plena autonomía personal e inclusión social de las personas con discapacidad. Estas políticas respetarán su libertad de elección y preferencias, y serán adoptadas con la participación de las organizaciones representativas de personas con discapacidad en los términos que establezcan las leyes. Se atenderán particularmente las necesidades específicas de las mujeres y niñas con discapacidad"

En el art. 49, apartado segundo:

a) Se dirige un mandato a los poderes públicos a fin de que lleven a cabo las políticas necesarias para garantizar la plena autonomía y la inclusión social de las personas con discapacidad

b) Se modifica la óptica de interpretación de los principios informadores del Título I CE, atinente a los Principios rectores de la política social y económica, que pasa de una perspectiva objetiva de las políticas sociales a una perspectiva subjetiva que sitúa en primer plano a los colectivos a quienes se dirigen las políticas públicas.

c) Se establece que las políticas públicas deben respetar la libertad de elección y preferencias de las personas con discapacidad. Ello supo-

---

29 Vid la opinión de De Asís, R., De nuevo……, pág. 59, atinente a introducir expresamente el término discapacidad entre las prohibiciones de discapacidad mencionadas en el art. 14 CE, si bien ciertamente de modo implícito se incluye al referirse a "cualquier otra condición o circunstancia personal o social".

ne la sustitución del vigente modelo tuitivo por otro en el que la persona con discapacidad pueda decidir sobre la intensidad del apoyo y de las medidas de acción positiva que le afecten.

d) Se dispone que las políticas públicas serán adoptadas con la participación de las organizaciones representativas de las personas con discapacidad, en los términos que establezcan las leyes. Se reconoce por ello el papel garantista y cooperativo de la sociedad civil articulada en torno a la discapacidad, conforme a lo previsto al respecto en la Convención de NY de 2006, lo que implica la posibilidad de intervenir y participar activamente en la elaboración de medidas y políticas de acción positiva, y

e) Se establece que se atenderán particularmente las necesidades específicas de las mujeres y niñas con discapacidad, lo que supone el reconocimiento de la doble vulnerabilidad de este colectivo y la adopción de políticas públicas destinadas a eliminar (el texto legal dice reducir) las desigualdades específicas asociadas al sexo y a la discapacidad, lo que implica la introducción de la perspectiva de género en la reforma.

Art. 49, apartado tercero:

“Se regulará la especial protección de las personas con discapacidad para el pleno ejercicio de sus derechos y deberes”.

En el apartado 3º del art. 49 se reconoce constitucionalmente mediante una mención expresa la especial protección de las personas con discapacidad con la finalidad de que el ejercicio de sus derechos pueda desarrollarse en plenitud. En esta dirección se ha manifestado la STC 208/2013, de 16 de diciembre

El art. 49, apartado cuarto:

“Las personas con discapacidad gozan de la protección prevista en los tratados internacionales ratificados por España que velan por sus derechos”.

En el apartado 4º del art. 49 se contiene una mención expresa a la protección de los derechos de las personas con discapacidad prevista en los tratados internacionales ratificados por España, al objeto de garantizar la protección mínima de este colectivo, que puede ser ampliada por la legislación española

De la literalidad del texto cabe deducir la exigibilidad de los tratados internacionales, relativos a la discapacidad, vigentes en el momento actual y los que sean ratificados en el futuro.

Se vincula así mismo de forma explícita el apartado 4º del art. 49 al art. 10 CE, que establece que "Las normas relativas a los derechos fundamentales y a las libertades que la Constitución reconoce se interpretarán de conformidad con la Declaración Universal de Derechos Humanos y los tratados y acuerdos internacionales sobre la misma materia ratificados por España".

En suma, se establece una conexión expresa entre el art. 49 CE y los arts. 9, 10 y 14 CE[30].

Tramitación parlamentaria.

El 30 de septiembre de 2021 se presentó el proyecto de Ley de reforma del artículo 49 de la Constitución en el Pleno del Congreso de los Diputados por el ministro de la Presidencia, Relaciones con las Cortes y Memoria Democrática, en nombre del Gobierno.

Se presentaron dos enmiendas a la totalidad al Proyecto de Ley, por el Grupo Parlamentario Vox y por el Grupo Parlamentario Popular, en el Congreso. La defensa de las enmiendas fue realizada por un representante de cada uno de los mencionados Grupos Parlamentarios. A continuación, en turno de fijación de posiciones intervinieron representantes de los Grupos Parlamentarios Mixto, Ciudadanos, Plural, Unidas Podemos, En Comú Podemos y Galicia en común, y Socialista.

Concluidas las intervenciones, se procedió a la votación de las enmiendas a la totalidad de devolución al Proyecto. Efectuada la votación, dio el siguiente resultado: votos emitidos 129, más 220 votos telemáticos, 349. Votos a favor 142, votos en contra 205, dos abstenciones. Las enmiendas a la totalidad quedaron rechazadas. A partir de entonces el proyecto estuvo en trámite de ampliación de plazo para la presentación de enmiendas parciales.

La aprobación del proyecto de reforma constitucional requiere una mayoría de 3/5 en ambas Cámaras, conforme al procedimiento ordinario del artículo 165 CE, por lo que se necesita para su aprobación el voto favorable de los dos grupos parlamentarios mayoritarios, socialista y popular.

---

30 Vid al respecto en Turturro Pérez de los Cobos, S., El modelo social de discapacidad: un cambio de paradigma y la reforma del artículo 49 CE, *cit.* págs. 54 ss.

La disolución de las Cortes Generales el 30 de mayo supuso la caducidad del proyecto de ley en tramitación[31]. Las elecciones generales se celebraron el 23 de julio de 2023.

6. PROPOSICIÓN DE LEY DE 26 DE DICIEMBRE DE 2023

El 22 de diciembre de 2023, el presidente del Gobierno, y el líder del PP, llegaron a un acuerdo, en el seno del Congreso de los Diputados, para reformar el artículo 49 de la Constitución y eliminar del mismo la palabra "disminuidos"[32].

Ambas partes acordaron:

- Presentar una proposición de ley en el Congreso antes del 31 de diciembre con la firma conjunta del PSOE y PP, y su tramitación por el procedimiento de urgencia y lectura única.
- Celebrar un pleno monográfico al respecto en enero.
- Renunciar a la realización de un referéndum de ratificación la reforma constitucional[33].

---

31 Así en, Congreso de los Diputados XIV legislatura serie d. 16 de junio de 2023 núm. 637 pág. 1 Boletín Oficial de las Cortes Generales. Composición y organización de la cámara disolución de la legislatura. 420/000336 relaciones de iniciativas caducadas y de iniciativas trasladadas a la cámara que se constituya en la XV legislatura.

32 Si bien la retirada del término "disminuido" contó con el apoyo en la Comisión Constitucional de todos los grupos parlamentarios que conformaban el Congreso en la XIV legislatura, la convocatoria de elecciones en 2019 impidió continuara la tramitación del Proyecto de Ley en tramitación. *Vid.* en Una lucha de 20 años para reformar el artículo 49 de la Constitución y eliminar la palabra "disminuidos". Servicio de Información sobre discapacidad. Servimedia. 7/02/2023.

33 El artículo 168 de la Constitución establece que, en caso de que se propusiere la revisión total de la Constitución o una parcial que afecte al Título preliminar, al Capítulo segundo, Sección primera del Título I, o al Título II, se procedería a la aprobación del principio por mayoría de dos tercios de cada Cámara y a la disolución inmediata de las Cortes. Las nuevas Cámaras habrían de ratificar la decisión y proceder al estudio del nuevo texto constitucional, que debería ser aprobado por mayoría de dos tercios tanto en Congreso como en Senado y, posteriormente, sería sometida a referéndum para su ratificación. Ahora bien, dado que el artículo 49 no pertenece a ninguna de las secciones antecitadas, sino que se integra en el Capítulo Tercero, no es necesario dicho proceso.

Renunciar a enmiendas o modificaciones no pactadas o aceptadas por ambos grupos parlamentarios.

Una reforma constitucional de esta naturaleza exige un respaldo mínimo de tres quintos de cada una de las Cámaras, 210 diputados y 159 senadores, lo que hace imprescindible el consenso de los dos grandes partidos. Por otra parte, presentar un referéndum sobre la reforma constitucional requiere la firma de 35 diputados[34].

El 29 de diciembre los Grupos Parlamentarios Popular y Socialista registraron en el Congreso, firmada por los portavoces de ambos grupos, la Proposición de Ley conjunta de reforma del art. 49 y solicitaron su tramitación por el procedimiento de urgencia y lectura única, en cuyo caso sería suficiente un solo debate en Pleno para su aprobación[35]. Fue calificada por la Mesa del Congreso en su reunión del 9 de enero.

El acuerdo "incluye un calendario de tramitación de la citada proposición de reforma constitucional con el objetivo de que sea aprobada definitivamente en enero de 2024".

La entrada en vigor de la reforma del artículo 49 se produciría el mismo día de la publicación de su texto en el BOE "conforme señala la propia proposición "

La Proposición de Reforma fue calificada el 9 de enero de 2024. Quedó pendiente de su toma en consideración por el Pleno de la Cámara desde el 11 de enero de 2024 y ha sido publicada en el BOCG. Congreso de los Diputados el 12 de enero de 2024.

En la Exposición de Motivos se afirma que el artículo 49 colocó en su momento a España "a la vanguardia" de la protección de las personas con discapacidad pero que a día de hoy "resulta patente que la redacción original del artículo 49 (…) precisa de una actualización en cuanto a su lenguaje y contenido, y para reflejar los valores que inspiran la protección de este colectivo".

---

34 La Constitución en el artículo 167. 3, establece que, "una vez aprobada la reforma constitucional por las Cortes Generales, "será sometida a referéndum para su ratificación cuando así lo soliciten, dentro de los quince días siguientes a su aprobación, una décima parte de los miembros de cualquiera de las Cámaras". No especifica, sin embargo, que tengan que ser del mismo grupo parlamentario.

35 Los dos partidos mayoritarios habían ya acordado desde hace más de medio año el texto para la reforma del artículo 49 CE, aunque el borrador no llegó a hacerse público.

El texto del nuevo artículo 49 queda redactado en los siguientes términos:

1. Las personas con discapacidad ejercen los derechos previstos en este Título en condiciones de libertad e igualdad reales y efectivas. Se regulará por ley la protección especial que sea necesaria para dicho ejercicio.

2. Los poderes públicos impulsarán las políticas que garanticen la plena autonomía personal y la inclusión social de las personas con discapacidad, en entornos universalmente accesibles. Asimismo, fomentarán la participación de sus organizaciones, en los términos que la ley establezca. Se atenderán particularmente las necesidades específicas de las mujeres y los menores con discapacidad.'

Disposición Final Única

La presente reforma del artículo 49 de la Constitución Española entrará en vigor el mismo día de la publicación de su texto oficial en el 'Boletín Oficial del Estado'. Se publicará también en las demás lenguas de España.

En suma, los dos principales Grupos Parlamentarios de la Cámara quieren reformar el texto constitucional para que el artículo 49 recoja que:

- Las personas con discapacidad ejercen los derechos previstos en este Título en condiciones de libertad e igualdad reales y efectivas
- Se regulará por ley la protección especial que sea necesaria para dicho ejercicio
- Los poderes públicos impulsarán las políticas que garanticen la plena autonomía personal y la inclusión social de las personas con discapacidad, en entornos universalmente accesibles.
- Se fomentará la participación de sus organizaciones, en los términos que la ley establezca y
- Se atenderán particularmente las necesidades específicas de las mujeres y los menores con discapacidad

Los dos Grupos Parlamentarios recogen en la Exposición de Motivos que: a. "la Constitución Española de 1978 consagra la dignidad de la persona y el libre desarrollo de la personalidad como claves de bóveda de nuestro Estado social y democrático de Derecho. Una de las plasmaciones concretas de esta configuración es su artículo 49, dedicado específicamente a la protección de las personas con discapacidad". b. "la sociedad civil articulada en torno a las personas con discapacidad ha venido planteando a los poderes públicos la necesidad de acomodar el artículo 49 de la Constitución a la realidad social y a la normativa internacional". c. "tiene una relevancia fundamental la tarea realizada por las organizaciones representativas, que desempeñan un papel esencial en el cumplimiento de las obligaciones que la Constitución y las leyes imponen a los poderes públicos". d. "en el seno de la sociedad española avanza claramente el reconocimiento de las necesidades específicas de las mujeres y los menores con discapacidad" y que, e. "resulta patente que la redacción original del artículo 49 de la Constitución Española de 1978, que plasmó el compromiso del constituyente con los derechos y libertades de las personas con discapacidad, precisa de una actualización en cuanto a su lenguaje y contenido, para reflejar los valores que inspiran la protección de este colectivo, tanto en el ámbito nacional como internacional".

El acuerdo incluye un calendario de tramitación que sitúa el pleno monográfico en enero, con el objetivo de que la reforma sea aprobada en enero o febrero de 2024. El ministro de Justicia, Presidencia y Relaciones con las Cortes afirmó en rueda de prensa que las últimas conversaciones con el PP versaron en torno a los plazos, coincidiendo ambos en la necesidad de que se resuelva el asunto en enero, tanto en el Congreso como en el Senado. Se prevé un pleno monográfico a mediados de enero, al que seguirían dos días para la presentación de enmiendas. Aprobado en el Congreso pasaría al Senado para su aprobación definitiva. La entrada en vigor de la reforma del artículo 49 se produciría, como en las anteriores reformas constitucionales, el mismo día de la publicación de su texto en el BOE.

El 31 de diciembre de 2023 el Consejo Español para la Defensa de la Discapacidad y la Dependencia, CEDDD, hizo pública su crítica al texto de la propuesta de modificación del artículo 49 contenida en el Proyecto de Ley de 2021[36].

El día 16 de enero de 2024 tuvo lugar el Pleno del Congreso de los Diputados, en sesión extraordinaria celebrada en el Senado, en la que se

---

[36] Consejo Español para la Defensa de la Discapacidad y la Dependencia, en Salud a diario. es, de 1 de enero de 2024. La crítica versa básicamente sobre los siguientes aspectos:
– El Gobierno sólo ha tenido en cuenta menos de la mitad de las sugerencias manifestadas por el Consejo de Estado
– El CEDDD rechaza que se proclame la titularidad de los derechos y deberes constitucionales de las personas con discapacidad, ya que el enunciado propuesto parece sugerir que sin este reconocimiento expreso no tendría lugar esa titularidad, cuando es evidente que cualquier persona, por el mero hecho de serlo, es titular de todos los derechos y deberes previstos en la Constitución.

aprobó la toma en consideración de la Proposición de Reforma de la Constitución. Los votos emitidos fueron 348, de los cuales 315 fueron positivos y 33 abstenciones A continuación, se aprobó el acuerdo de tramitación directa y lectura única de la Proposición de Reforma Constitucional. Los votos emitidos al respecto fueron 348, de los cuales 310 fueron positivos, 33 negativos y 5 abstenciones.

A partir del momento en que se aprobó la forma de tramitación, se abrió un plazo de presentación de enmiendas hasta las 14 h del día 17. Se aprobó así mismo que el debate de la Proposición de Reforma fuese el jueves 18 a partir de las 12 h. El día 18 tuvo lugar el Pleno previsto en el que intervinieron. Concluidas las intervenciones que versaron básicamente sobre la actualización en lenguaje y del artículo 49 CE dedicado a los derechos y la protección de la persona con discapacidad, se pasó a la votación. De los 344 asistentes, fueron emitidos 312 votos favorables y 32 desfavorables, por lo que la propuesta quedó aprobada, al obtener la mayoría cualificada de tres quintos que exige el artículo 167 CE para este tipo de reformas.

A continuación, el Congreso remitió al Senado el texto, que ha sido aprobado en los mismos términos que la proposición de reforma presentada al no haberse votado ninguna enmienda, para continuar su tramitación parlamentaria. En el Senado se exige la misma mayoría favorable de tres quintos que en el Congreso.

– El Gobierno pretende constitucionalizar la participación de las organizaciones que representan a las personas con discapacidad en la adopción de las políticas públicas y normativas.
– El CEDDD quiere poner de manifiesto que es muy positivo y un gran avance que las administraciones quieran escuchar activamente a la sociedad civil. Sin embargo, el movimiento social de la discapacidad no pertenece a ninguna entidad llamada representativa en exclusiva ni a sus intereses particulares.
– No cabe excluir a muchas otras entidades que no se sienten representadas en ellas y podrían ocurrir casos como los ya vividos, en que se promueven legislación y políticas públicas contrarias a la voluntad e intereses de la comunidad, como por ejemplo: la eliminación de la educación especial, afectando a más de 38.068 menores con discapacidad que por libre elección están en estos centros, o la expulsión de los contratos públicos a la mitad de Centros Especiales de Empleo y sus 50.000 trabajadores con discapacidad.
– Desde un punto de vista técnico, puede no ser del todo aconsejable incorporar una referencia específica de esta índole, ya que va dirigida a un grupo de personas en concreto ("mujeres y niñas") dentro de un gran colectivo como son las personas con discapacidad y dejando fuera al resto de personas que puedan tener necesidades específicas.

Con fecha 19 de enero de 2024 tuvo entrada en el Senado el texto aprobado por el Pleno del Congreso de los Diputados, relativo a la Proposición de Reforma del artículo 49 de la Constitución Española. Al amparo de lo establecido en el artículo 154.2 del Reglamento del Senado, se ordenó la remisión de la Proposición a la Comisión Constitucional.

Al amparo del artículo 70.1 del Reglamento del Senado, a petición de la mayoría absoluta de senadores, se acordó la habilitación del mes de enero de 2024 para el cómputo de los plazos necesarios para la tramitación de la citada Proposición de Reforma Constitucional, así como para la celebración de las reuniones de los órganos de la Cámara que resultasen necesarias. En virtud de lo establecido en el artículo 154.1 del Reglamento del Senado, el plazo para la presentación de enmiendas terminó el día 23 de enero.

Fueron presentadas enmiendas por el Grupo Parlamentario Vasco y por el Grupo Plurinacional Sumar. Examinadas las enmiendas presentadas a la Proposición de Reforma del artículo 49 de la Constitución Española, la Mesa del Senado, en su reunión del día 17 de enero, acordó inadmitir a trámite todas las enmiendas presentadas.

El Pleno del Senado, en su sesión extraordinaria número 10, celebrada el día 25 de enero de 2024, aprobó la Proposición de Reforma del artículo 49 de la Constitución Española, sin introducir variaciones en el texto remitido por el Congreso de los Diputados, publicado en el Boletín Oficial de las Cortes Generales, Senado, número 51, de 19 de enero de 2024.

La Presidencia del Senado hizo pública, en el Boletín Oficial de la Cámara de 26 de enero, la apertura del plazo de quince días previsto en el artículo 167.3 de la Constitución Española, que concluirá el día 12 de febrero de 2024, dentro del cual una décima parte de los miembros de la Cámara podrá solicitar que la reforma aprobada por las Cortes Generales sea sometida a referéndum para su ratificación.

Vencido el plazo establecido sin que se hubiese solicitado el previsto referéndum de ratificación, la reforma del artículo 49 de la Constitución Española de 15 de febrero de 2024, fecha en la que la reforma constitucional fue sancionada por el Rey, entró en vigor el 17 de febrero de 2024, el mismo día de su publicación en el Boletín Oficial del Estado.

BIBLIOGRAFÍA

Alía Robles, A, El valor de los tribunales especializados para la tutela judicial efectiva de las personas con discapacidad. La Ley Digital. Derecho de familia, n. 28, 15307/2020, págs. 1-15

Araoz Sánchez-Dopico, Inés, Comentario al art. 7 bis, en comentarios a la ley 8. 2021, directora Guilarte Martín-Calero, Cristina, por la que se reforma la legislación civil y procesal en materia de discapacidad, TRA, 2021, pág. 1132 ss.

De Asis Roig R., Discapacidad y Constitución, Derechos y Libertades, n. 29, 2013; Id. "El segundo informe sobre cumplimiento por parte de España de la Convención sobre los derechos de las personas con discapacidad ", en Papeles El Tiempo de los Derechos, n. 16, 2019; Id. "De nuevo sobre Constitución y discapacidad", Universitas. Revista de Filosofía, Derecho y Política, Número 31, 2020, pág. 60.

Bachelet, M., Prólogo al documento elaborado por un grupo de expertos coordinados por la Relatora Especial de Naciones Unidas sobre los derechos de las personas con discapacidad, en colaboración con el Alto Comisionado de las Naciones Unidas para los Derechos humanos. Ginebra, agosto 2020.

Calaza López, S., Ni toda la discapacidad es vulnerabilidad, ni toda la vulnerabilidad es discapacidad en el nuevo crisol digital: en busca de la confluencia. Persona y derecho: Revista de fundamentación de las Instituciones Jurídicas y de Derechos Humanos, n. 89, 2003; Id. Hitos estructurales sobre la discapacidad. Actualidad civil, n. 3, 2022; Id. La justicia civil indisponible en la encrucijada: la asincronía entre la reforma sustantiva y procesal en la provisión judicial de apoyos a las personas con discapacidad, en La reforma civil y procesal de la discapacidad. Un tsunami en el ordenamiento jurídico, dirigido por García Rubio, María Paz., La Ley Derecho de Familia nº 31, julio-septiembre de 2021 Id. Id. Inteligencias múltiples y Derecho procesal, en Sociedad, Justicia y discapacidad. Dirección Luaces Gutiérrez, A., TR Aranzadi, 2021; Id. Justicia y vulnerabilidad, Debates jurídicos de actualidad. Dirección Castillejo Manzanares, R., TR Aranzadi, 2021

Carmona Cuenca, E.: La protección de categorías de personas especialmente vulnerables en el Derecho español, Teoría y Derecho: revista de pensamiento jurídico, Número 9, 2011, pág. 118; Id. Cinco años de vigencia de la Convención Internacional sobre los Derechos de las Personas con Discapacidad. Avances y retos pendientes, Anuario de acción humanitaria y derechos humanos, Número 11, 2013, págs. 20 y ss.

Cuenca Gómez, P., La capacidad jurídica de las personas con discapacidad: el art. 12 de la Convención de la ONU y su impacto en el Ordenamiento Jurídico español, en Derechos y Libertades, n. 24, 2011

De Lorenzo García, R.: Reforma social de la constitución: comentarios y reflexiones al artículo 49", Anales de derecho y discapacidad, Número 3, 2018, págs. 11-40

De Lorenzo García, Rafael. y Pérez Bueno, Luis Cayo Comentarios Introductorios", en Fundamentos del Derecho de la discapacidad, Thomson Reuters Aranzadi, 2020, págs. 51-90

De Lucchi López-Tapias, Y., La humanización de la justicia con relación a las personas con discapacidad: el derecho fundamental de acceso a la misma en condiciones de igualdad. Revista de Estudios Europeos, 2023, págs. 156-181; Id. El servicio de facilitación judicial como pieza clave para la tutela judicial efectiva de las personas con discapacidad. Actualidad civil, vol. 9, 2022; Id. Ajustes procedimentales para garantizar el acceso a la justicia de las personas en situación de discapacidad: el nuevo artículo 7 bis de la Ley de Enjuiciamiento Civil. Práctica de tribunales: revista de derecho procesal civil y mercantil, n. 151, 2021.

Fernández de Buján, A., Discapacidad. Jurisdicción Voluntaria. Voluntad, deseos preferencias. Oposición. Rechazo a la provisión de apoyos. Derecho de vito recíproco. Justicia y Discapacidad. Directoras Calaza Lòpez. Luaces Gutiérrez. Llorente Sánchez Arjona. Dykinson 2023, págs. 29-46; Id. De la Ley 8/2021, para el apoyo a las personas con discapacidad, al proyecto de ley de reforma del artículo 49 CE. Revista Aranzadi Doctrinal, n. 1, 2023. Id. Constitución y discapacidad: la protección de las personas con discapacidad como paradigma del Estado social, RJUAM, 45— II, 2022, págs. 9-29.; Id. La Ley 8/2021, para el apoyo a las personas con discapacidad en el ejercicio de su capacidad jurídica: un nuevo paradigma de la discapacidad, La Ley, 26.11. 2021, págs. 1-13; Id. Acceso a la justicia de las personas con discapacidad: la especial competencia del letrado de la administración de justicia, conforme a la Ley 8/2021, Acta Judicial, n. 9, 2022, págs. 2-16; Id. Provisión de apoyos a personas con discapacidad, en La humanización de la justicia civil de familia, coord. Calaza López, Sonia. La Ley, Derecho de Familia, n. 33. Enero marzo, 2022, págs. 1-33; Id. Conflicto, controversia, contraposición, contienda, polémica, oposición: proceso y litigio. Despalabro. Ensayos de Humanidades. Universidad Autónoma de Madrid. 6, 2012: Id. Comentarios al artículo 1 y al artículo 17. 3, de la LJV, en Comentarios a la Ley 15/2015 de, la Jurisdicción Voluntaria, págs. 75-81 y 173-182.; Id. Fernández de Buján, A., La reforma de la Jurisdicción Voluntaria. Textos prelegislativos, legislativos y tramitación parlamentaria. Dykinson 2015; Id. Comentario al art. 43 bis de la Ley de Jurisdicción Voluntaria, en Comentarios a la Ley 8/2021 por la que se reforma la legislación civil y procesal en materia de discapacidad dirigidos por García Rubio, María Paz, Aranzadi, 2022.

Fontestad— Portalés L., Comentario al artículo 753 LEC, en Comentario articulado a la reforma civil y procesal en materia de discapacidad. García Rubio M. P., y Moro Almaraz, M. J. directoras, Civitas 2022; Id. Ley 8/2021, de 2 de junio, por la que se reforma la legislación civil y procesal para el apoyo a las personas con discapacidad en el ejercicio de su capacidad jurídica. Ars Iuris Salmanticensis vol. 9, nº 2, 2021.

García Rubio, MP, ¿Pueden los Jueces proveer de apoyos a las personas con discapacidad contra su voluntad? Sancho Gargallo, Segarra Crespo, García Rubio, Pérez Bueno; Calaza López (coord.), De Prada Rodríguez (coord.). Actualidad civil, n. 3, 2023; Id. La necesaria y urgente adaptación del Código civil español al art. 12 de la Convención de Nueva York sobre los derechos de las personas con discapacidad", AAMN, tomo LVIII, 2018, págs. 173-197; Id. Contenido y significado general de la reforma civil y procesal en materia de discapacidad, Sepin, 2021, págs. 1-17.

López Jiménez, R., La adopción de medidas de apoyo a personas con discapacidad: la jurisdicción voluntaria y el procedimiento contencioso Cuadernos de derecho transnacional, Vol. 14, Nº 2, 2022, págs. 580-604

Moreno Catena, V., Derecho Procesal Civil, Cortés Domínguez, V. y Moreno Catena, V., Derecho Procesal Civil. Parte Especial. Tirant lo Blanch, Valencia 2003

Palacios, Agustina, El modelo social de discapacidad. Colección CERMI, Madrid 2008

Pérez Bueno, L. C. Artículo 49, primera reforma social de la Constitución Española. Consideraciones y propuestas desde la discapacidad organizada. Actas de Coordinación Socio-sanitaria, n. 27, 2020, págs. 11-25

Rodríguez-Piñero y Bravo-Ferrer, M.: Artículo 49", en Comentarios a la Constitución Española. XL Aniversario, Rodríguez-Piñero y Bravo-Ferrer, m. y Casas Baamonde, M. E. directores, La Ley. BOE, Tribunal Constitucional y Ministerio de Justicia, Madrid (España), 2018, pág. 1404.

Turturro Pérez de los Cobos, S., El modelo social de discapacidad: un cambio de paradigma y la reforma del artículo 49 CE. Lex Social, Revista de Derechos Sociales, 2022, 12 (1), págs. 43 a 46

VV.AA., La reforma civil y procesal de la discapacidad. Un tsunami en el ordenamiento jurídico. Monográfico coordinado por García Rubio, María Paz, La Ley. Derecho de familia, n. 31, julio— septiembre 2021

Personas con discapacidad: especialidades en el proceso civil[1]

TERESA ARMENTA DEU
Catedrática de Derecho Procesal, UdG

1. INTRODUCCIÓN

Este trabajo enfoca el nuevo tratamiento procesal de las personas con discapacidad necesitadas de apoyo en el proceso civil. El legislador ha tardado más de lo deseable en acoger modificaciones imperativas, que cuajan nuestro ordenamiento de novedades y de cambios de perspectiva desde el punto de vista del tratamiento en el acceso al proceso y su participación en el mismo, protagonizando sin duda un auténtico de giro de ciento ochenta grados en la perspectiva desde la que debe examinarse a la persona con discapacidad necesitada de apoyos. La exposición que aquí se inicia se orienta a una exposición clarificadora del tratamiento incorporado en reformas legales relativamente recientes para satisfacer un tratamiento singular de las personas en las que concurren algún grado de discapacidad. Se renuncia de antemano a un tratamiento exhaustivo en aras a un tratamiento conjunto de cómo aparece hoy el "panorama procesal" de estas personas.

---

[1] Este trabajo se elabora en homenaje al profesor Víctor Moreno Catena, con quien he compartido muchas y enriquecedoras actividades universitarias y sesiones en la Sección quinta de la Comisión General de Codificación. Con afecto.

Durante años la discapacidad derivaba en declaración de incapacidad, una suerte de muerte civil que abundaba en el infortunio de la persona, sin parar mientes en su grado, su naturaleza (psíquica o física) y por supuesto su alcance. La solución ante una situación tan compleja como variable era la citada declaración y el nombramiento de otra persona que guiara su destino y en el proceso civil la representara. Algo ha cambiado. Con más retraso del deseable, cierto, pero mas vale tarde que nunca.

La Ley 8/2021, de 2 de junio *por la que* se *reforma por la que se reforma la ley civil y procesal para el apoyo a las personas con discapacidad en el ejercicio de su capacidad jurídica* (en adelante Ley 8/2021) adecúa el ordenamiento jurídico español a la Convención Internacional sobre los derechos de las personas con discapacidad, suscrito en Nueva York el 13 de diciembre de 2006, cuyo artículo 12 proclama que las personas con discapacidad tienen capacidad jurídica en igualdad de condiciones con las demás, obligando a los Estados a adoptar las medidas pertinentes de apoyo para que dicha igualdad sea alcanzada. En esta línea de actuación la voluntad y las preferencias de las personas con alguna discapacidad se erige en el núcleo esencial de las reformas para garantizar que sean respetadas, procurando, simultáneamente, evitar los conflictos de intereses, las influencias indebidas y salvaguardar la proporcionalidad de manera que se adecuen a las circunstancias de cada persona. Las medidas deben adoptarse a la mayor brevedad y ser revisadas periódicamente por una autoridad u órgano judicial competente, independiente e imparcial[2].

Desde la concreta perspectiva del proceso civil, en la que me centraré, el nuevo modelo de tratamiento de las personas con discapacidad, gira en torno a la idea conforme a la cual, el discapacitado no tiene un nuevo estado civil que le obliga a ser sustituido por otra persona —algo que sólo ocurrirá en casos en que no pueda manifestar de manera alguna su voluntad— sino que preservando al máximo su autonomía de la voluntad, se acuden a medidas de apoyo que deben ser proporcionales y adaptadas a las circunstancias específicas para completar las carencias físicas y/o psíquicas de que se adolezca, contemplando el internamiento involuntario para supuestos psíquicos extremos.

Una reforma de tan importante calado ha requerido, no solo adecuar el ordenamiento civil para evitar discriminaciones injustificadas, sino, ade-

---

2 Manga Alonso, María Teresa, "Incidencia de la Convención sobre las personas con discapacidad en el Derecho español", en *Revista Jurídica de Castilla y León*, nº 48, 2019.

más, promover, proteger y asegurar el pleno goce, en condiciones de igualdad de los derechos y libertades de las personas sujetas a algún tipo de discapacidad. A tal efecto, los textos normativos modificados abarcan un amplio espectro: desde el Código Civil[3] a la ley del Notariado, el Código de Comercio, y la ley Hipotecaria, así como, la ley de Enjuiciamiento Civil, y la ley de Jurisdicción Voluntaria.

2. PERSONAS CON DISCAPACIDAD NECESITADAS DE APOYO. NUEVO RÉGIMEN CIVIL Y PROCESAL CIVIL

Conviene destacar inicialmente la relevante modificación a la hora de sustituir la tradicional limitación cercenadora de los derechos de la persona, por la apreciación del valor del cuidado como elemento del respeto al ejercicio de los derechos[4]. Y desde esta perspectiva, la proyección de la ayuda en una doble vertiente: i) la imposición de adaptaciones y ajustes en los procedimientos en que participen personas con discapacidad, y ii) la modificación de los procedimientos dirigidos a proveer de apoyos a las personas con discapacidad.

El punto de partida es la autonomía de la voluntad de la persona. Un cambio trascendente que requiere sistemas de apoyo para que la persona discapacitada pueda manifestar su voluntad con plena relevancia jurídica, salvaguardando aquella y las preferencias de la persona con discapacidad. Se respeta así la Convención, evitando la exclusión por su incapacidad, su "no" capacidad, de claro sesgo negativo y proveyendo a la necesidad de

---

3 Desaparece la incapacitación y con ella el tutor que representaba al incapaz. La figura del curador sustituye al tutor, en su caso, y la persona con discapacidad, participa y se representa a si misma en la toma de decisiones, salvo casos extremos. Desaparece la patria potestad prorrogada, la patria potestad rehabilitada y la prodigalidad. Un análisis general en (2021) AA.VV. (Guilarte Martín-Calero, C, dir) "Comentarios a la Ley 8 / 2021 por la que se reforma la legislación civil y procesal en materia de discapacidad" Thomson Aranzadi, Grandes Tratados; (2022) Castro-Girona Martínez, A, Cabello De Alba Jurado, F, y Pérez Ramos, C (dir), Fundación Notariado, 2022.
"La reforma de la discapacidad comentarios a las nuevas reformas legislativas" Thomson Reuters Aranzadi; y (2022) AA.VV. (Álvarez Lata, N (coord.)) El nuevo sistema de apoyos a las personas con discapacidad y su incidencia en el ejercicio de su capacidad jurídica

4 Bonet Navarro, Ángel, prólogo a la obra de Garcimartín Montero, Regina, *La provisión judicial de apoyo a personas con discapacidad*, Aranzadi, Navarra, 2021.

incluir su actividad en la sociedad y el tráfico jurídico. Cuestión tangente será la confluencia entre ese respeto y la ausencia de disponibilidad del objeto del proceso y la correlativa incidencia del principio de oficialidad que informan el conjunto de procesos especiales contemplados en el Libro IV, Capítulo I de la LEC[5]

El art. 12.3 de la Convención prescribe que: *Los Estados Partes adoptarán las medidas pertinentes para proporcionar acceso a las personas con discapacidad al apoyo que puedan necesitar en el ejercicio de su capacidad jurídica.*

Y la Observación general Nº 1 de 2014 explica cómo debe ser el apoyo, su tipo e intensidad. Este debe extenderse a la realización de actos jurídicos necesarios para contratar y actuar en general, incluyendo, aquellas circunstancias en que resulte necesario defender sus derechos ante los tribunales.

Siguiendo siempre la primordial atención a la autonomía de la voluntad, la provisión judicial de apoyos se rige por lo dispuesto en la legislación de jurisdicción voluntaria. Solo en caso de oposición en el previo expediente de jurisdicción voluntaria para el preceptivo nombramiento de curador o si el expediente no ha podido resolverse se acude a *los procesos sobre la capacidad de medidas judiciales de apoyo a personas con discapacidad*[6].

De hecho, el art. 250 CC dispone que las medidas de apoyo para el ejercicio de la capacidad jurídica de las personas que lo precisen son, además de las de naturaleza voluntaria, la guarda de hecho, la curatela y el defensor judicial, cuya función es asistir a la persona con discapacidad en el ejercicio de su capacidad en los ámbitos que sea preciso, respetando su voluntad y preferencias. Las cuatro medidas de apoyo operan "en cascada" según el orden que se cita seguidamente, de manera que cada una es prioritaria respecto de la siguiente. Además, en el seno de cada una de ellas, la intervención judicial se supedita a la insuficiencia de la dispuesta previamente por el discapacitado o a que no se haya elegido ninguna[7].

Veámoslas seguidamente en una brevísima aproximación de cara al posterior examen de los aspectos procesales[8].

---

5 Arts. 748 ss., y más en concreto, art. 751 y 752

6 Art. 756 LEC.

7 Garcimartín, R (2021) "La provisión judicial de apoyo a personas con discapacidad", Aranzadi.

8 Un análisis más pormenorizado en: Vegas Torres, Jaime, "Los principios informadores de la reforma. La adopción judicial de las medidas de apoyo a las personas con discapacidad", en *El ejercicio de la capacidad jurídica de las personas con*

i) Medidas voluntarias de apoyo

Como medida priorizada, las medidas de apoyo de carácter voluntario son las que toma el propio discapacitado, quien designa a la persona que le prestará apoyo y el alcance del mismo. Se plasma en una escritura pública que se inscribirá en el Registro Civil, correspondiendo al notario autorizante comunicar el documento público al citado Registro Civil[9].

Las medidas voluntarias de apoyo podrán consistir en poderes, mandatos preventivos, autotutela y mandatos sin poder[10]. Se establecerá también el régimen de actuación, el alcance de las facultades o la forma de ejercicio del apoyo[11]. Y paralelamente, las medidas u órganos de control para evitar abusos, conflicto de interés o influencia debida, así como los mecanismos y plazos de revisión con el fin de garantizar el respeto a la voluntad, deseos y preferencias.

---

discapacidad tras la Ley 8/2021, (Pereña Vicente, Montserrat, Heras Hernández, María del Mar —dirs.—), Tirant lo Blanch, Valencia, 2022, págs. 29-60. También, Garcimartín Montero, Regina, "La persona con discapacidad como protagonista del apoyo", en *Los vulnerables ante el proceso civil* (López Sánchez, Javier, Herrero Perezagua, Juan F. —dirs.—), Atelier, Barcelona, 2022, págs. 281-302 y entre otros muchos: AA.VV. (Guilarte Martín-Calero —Dir.—), *Comentarios a la Ley 8/2021 "por la que se reforma por la que se reforma la ley civil y procesal para el apoyo a las personas con discapacidad en el ejercicio de su capacidad jurídica"*, Marcial Pons, Madrid, 2021; y Damián Moreno, Juan, "La adopción de medidas de apoyo a las personas con discapacidad: una lectura en clave procesal", en *Anuario de Derecho Civil*, Vol. 75, nº 2, 2022, págs. 399-422.

9 Art. 255 LEC. Sobre estas y las restantes medidas civiles, puede verse, Pérez Álvarez, Miguel Ángel, "Las medidas de apoyo a las personas con discapacidad", Capítulo 17 del Curso Derecho Civil, IV, "Derecho de familia", Universidad de la Coruña, pág. 21 ss. También, (2021) AA.VV. (Guilarte Martín-Calero, C, dir) "Comentarios a la Ley 8 / 2021 por la que se reforma la legislación civil y procesal en materia de discapacidad" Thomson Aranzadi, Grandes Tratados.

10 Art. 255 CC. Vid, (2022) AA.VV. (Álvarez Lata, N (coord.)) El nuevo sistema de apoyos a las personas con discapacidad y su incidencia en el ejercicio de su capacidad jurídica, y entre otros, Pérez Álvarez, M. A, "Las medidas de apoyo a las personas con discapacidad", Capítulo 17 del Curso Derecho Civil, IV, "Derecho de familia", Universidad de la Coruña, pág. 21 ss

11 Art. 249 CC. Vid, Castro-Girona Martínez, A, Cabello de Alba Jurado, F, y Pérez Rmos, C (dir), "La reforma de la discapacidad comentarios a las nuevas reformas legislativas" Thomson Reuters Aranzadi.

ii) *Guarda de hecho*

Constituye una medida informal cuya existencia puede satisfacer las necesidades de apoyo del discapacitado, salvo en lo relativo a ejercer funciones de representación y los actos comprendidos en el art. 287 CC, para los que precisará de autorización judicial[12].

iii) *Curatela*

Medida formal de apoyo que nace de la voluntad del discapacitado pero precisa de resolución judicial, siendo la resolución judicial la que establezca el alcance del apoyo que puede ser representativo[13], y correspondiendo al Ministerio Fiscal diversas funciones revisoras[14]. La autocuratela constituye la fórmula paralela dispuesta por la persona mayor de edad o menor emancipado en previsión de circunstancias que puedan dificultarle el ejercicio de la capacidad jurídica. Se plasma en escritura pública que autorizará un notario y que se comunicará de oficio al Registro Civil[15].

iv) *El defensor judicial*

Figura reservada para que en ningún caso la persona con discapacidad quede sin asistencia. Su nombramiento procede al concurrir una serie de circunstancias contempladas legalmente, como la existencia de conflicto de intereses entre quien debe prestar el apoyo y el discapacitado, o cuando no resulte garantizado dicho apoyo[16]. Constituye en definitiva el último eslabón para evitar cualquier riesgo de perjuicio en el discapacitado en razón de serlo.

3. PROCESO CIVIL

Efectuada esta brevísima síntesis de las modificaciones más destacables en el régimen contemplado en el Código Civil, corresponde acometer seguidamente las relativas al proceso civil, que se proyectan en cuatro vertientes: i) la integración de la capacidad jurídica o procesal, ii) las adecuaciones para la participación en el proceso del discapacitado sin discriminación o

12 Art. 250 CC. Vid, autores y obras citados en notas 9, 10 y 11.

13 Art. 268 CC. Vid, autores y obras citados en notas 9, 10 y 11.

14 *Vid.* Armenta Deu, Teresa, *Jueces, Fiscales y Víctimas en un proceso en transformación*, Marcial Pons, Madrid, 2023, págs. 183-188.

15 Art. 255 CC

16 Art. 295 CC.

perjuicio, iii) la nueva regulación de la adopción de las medidas de apoyo judiciales, y iv) el internamiento involuntario en centro psiquiátrico[17].

Señalar desde el principio, que las reformas atienden a la proyección procesal del nuevo régimen mediante el cual el código civil completa los apoyos necesarios para ostentar la necesaria capacidad para ser parte y procesal, así como para alcanzar el ejercicio de una serie de derechos a lo largo del proceso en condiciones de igualdad o asimilable, adoptando las medidas precisas para una adecuada percepción y comunicación, por ejemplo[18].

3.1. El acceso a la justicia del discapacitado y la capacidad para ser parte y procesal

Comparecer como parte es solo un eslabón de la cadena. A partir del art. 13 de la Convención Internacional sobre los derechos de las personas con discapacidad, que regula su acceso a la justicia en igualdad de condiciones con las demás, resulta esencial el reconocimiento de personalidad jurídica al discapacitado de manera que pueda comparecer ante los tribunales con los apoyos necesarios; exigencia que conduce a una formulación totalmente nueva del correspondiente precepto de la Ley de Enjuiciamiento Civil.

El texto originario de la Ley de Enjuiciamiento Civil, señalaba: que "sólo podrán comparecer en juicio los que estén en el pleno ejercicio de sus derechos civiles". Su nueva redacción relata: *Podrán comparecer en juicio todas las personas debiendo hacerlo las personas con medidas de apoyo para el ejercicio de su capacidad jurídica, ateniéndose al alcance y contenido de estas (art. 7 LEC).* Se consagra, de este modo, un nuevo punto de partida: la capacidad jurídica universal que debe hacerse efectiva para el proceso y en el proceso. Y para

---

17 Dolado Busto, Blanca, "Innovaciones procesales para el apoyo a las personas con discapacidad", *Revista Aranzadi Doctrinal,* nº 11, 2022, págs. 11-30. También, Fernández Bujan y Fernández, Antonio, "La Ley 8/2021 para el apoyo a las personas con discapacidad en el ejercicio de su capacidad jurídica: un nuevo paradigma de discapacidad" en *Diario la Ley,* nº 9961, noviembre de 2021.

18 Arts. 7 y 7 bis LEC. Vegas Torres, J, (2022) "Los principios informadores de la reforma. La adopción judicial de las medidas de apoyo a las personas con discapacidad" en AA.VV., Pereña, M y Heras Hernández (dir), "El ejercicio de la capacidad jurídica de las personas con discapacidad tras la Ley 8/2021", Tirant lo Blanch, págs. 29-60. También, Garcimartín, R, (2022), "La persona con discapacidad como protagonista del apoyo", en AA.VV., Herreo Perezagua y López Sánchez (dirs), "Los vulnerables ante el proceso civil", Atelier, págs. 281-302.

procurarla, la respuesta legal impone las adaptaciones y ajustes en los procedimientos en que participen personas con discapacidad (art. 7 LEC).

La participación de la persona con alguna discapacidad en el proceso y la necesidad de apoyo se manifiesta en primer lugar, en lo relativo a la capacidad de obrar (aptitud para realizar o ser objeto de actos procesales válidos en el proceso) o dicho de otra forma, a la comparecencia en juicio y la representación, en su caso. Ya se ha mencionado la modificación del art. 7 LEC especificando: que *podrán comparecer en juicio todas las personas debiendo hacerlo las personas con medidas de apoyo para el ejercicio de su capacidad jurídica, ateniéndose al alcance y contenido de estas (art. 7 LEC)*[19]. A juicio de algunos autores (Toribio Fuentes) será a través de dichas medidas como la persona discapacitada dispondrá el modo de ejercitar su capacidad de obrar. Otros autores (García Rostan) , de manera más plausible, a mi juicio, defienden que la letra y el espíritu de la reforma de la Ley 8/2020 obliga a entender que la persona con discapacidad goza de la misma capacidad jurídica que cualquier otra, de manera que no será necesariamente a través de la adopción de la medida de apoyo cuando deberá disponer como ejerce su capacidad de obrar.

En el caso de entender que es a través de las correspondientes medidas de apoyo, se desarrollaría como sigue.

A) La *guarda de hecho*, como medida informal de apoyo, resaltada por el legislador, tiene por si sola, limitada relevancia para el ejercicio de la capacidad de actuación procesal. El guardador requiere autorización judicial si ha de representar a la persona discapacitada[20]. Y también, salvo excepciones, a la hora de interponer demanda en favor del discapacitado[21] o, si ha de realizar actos de disposición procesal[22]

B) Cuando la medida de apoyo es la curatela, adoptada mediante el correspondiente expediente de jurisdicción voluntaria[23], debe discriminarse

---

19 *Vid.* Pesqueira Zamora, María Jesús, "Aspectos procesales de la capacidad a partir de la nueva regulación", *Revista General de Derecho Procesal*, nº 57, 2022, págs. 1 y ss. Una propuesta anterior en Pesqueira Zamora, María Jesús, "Propuesta de reforma del procedimiento de incapacidad a la luz del artículo 12 de la Convención de las Naciones Unidas sobre las personas con discapacidad (Nueva York 2006), en *Justicia: Revista de Derecho Procesal*, 2018, págs. 201-242.

20 Arts. 264, I CC.

21 Arts. 264, II y 287 I, 7º CC.

22 Arts. 264 II y 287 I, 4º CC.

23 Art. 269 CC.

entre las diferentes modalidades, cuya diversidad obliga a distinguir entre: la delimitación objetiva de los actos jurídicos para cuya válida realización sea preceptivo apoyo, y la especificación del tipo de apoyo necesaria (asistencia, concurso de voluntades entre curador y discapacitado) o si fuera necesario la representación del curador en los casos así requeridos por la resolución que establece la curatela, según figura en la correspondiente inscripción en el Registro Civil[24].

En todo caso, el curador con funciones de representación, necesita, salvo excepciones, de autorización judicial para demandar en nombre del sometido a curatela[25] y para realizar actos de disposición procesal[26]. Finalmente,

C) Cuando se haya nombrado "defensor judicial" en procedimiento de jurisdicción voluntaria, el funcionamiento opera, en algunos casos como una sustitución provisional o episódica de una medida de apoyo previamente adoptada, en cuya hipótesis deberá prestar el mismo apoyo previsto para la medida a la q sustituye. Y, si no fuera una sustitución, sino algo provisional hasta la medida definitiva[27] o una medida autónoma[28], su alcance e incidencia en el ejercicio de la capacidad de actuación procesal dependerá de la resolución judicial en que se nombra al defensor judicial.

Tratándose de *medidas voluntarias de apoyo preestablecidas por la persona* para el caso de verse afectada por una discapacidad, se estará a lo dispuesto en la escritura pública que las haya concretado, de la que habrá debido dejarse constancia en el Registro Civil[29]. Ahora bien, si las medidas consisten en una autocuratela, se requiere una resolución judicial en procedimiento de jurisdicción voluntaria. El juez estará vinculado por lo expresado, pero podrá modificarlas motivadamente si lo considera justificado en atención a hechos relevantes posteriores al otorgamiento de la escritura[30].

---

24 Arts. 249 III, 250 V, 269 CC.

25 Art. 287 I, 7ª CC.

26 Art. 287 I 4º CC.

27 Art. 255 I, 4º CC.

28 Art. 295 I, 5º CC.

29 Arts. 255 y 300 CC

30 Art. 272 CC

El hecho de que se reconozca capacidad jurídica a los discapacitados con necesidad de medidas de apoyo no equivale a la eliminación de las dificultades que pueden tener para participar en el proceso, según sean la naturaleza de éstas. De ahí, que el art. 7.2 bis 2 LEC prevea un conjunto de medidas para alcanzar la efectiva participación en condiciones de igualdad.

3.2. Adecuaciones para la actuación de la persona con discapacidad en el proceso para garantizar su participación en régimen de igualdad

El art. 7 bis LEC, contiene el mandato de realizar las adaptaciones y los ajustes necesarios para garantizar la participación en condiciones de igualdad en los procesos en que participen personas con discapacidad. Tales "adaptaciones", bautiza la norma, no se concretan, como es natural, pero sí se advierte que podrán ser solicitadas a petición de cualquiera de las partes o del Ministerio Fiscal, pero también de oficio, por el propio tribunal.

Su concreción debe responder a deficiencias en la comunicación, la comprensión y la interacción con el entorno; preservando, en todo caso, el derecho a entender y ser entendida en cualquier actuación que se desarrolle. Y a tal efecto, se especifican, aquí sí, una serie de medidas para alcanzar aquél objetivo:

i) A efectos de *entender*, se prescribe que la comunicación oral o escrita, utilizará un lenguaje claro, sencillo y accesible, de forma que se tenga en cuenta las características personales y necesidades concretas, extendiendo los remedios si fuera precisa a la persona que presta su apoyo a la persona con discapacidad, "para el ejercicio de su capacidad jurídica"; mención expresa que suscita dudas en torno si dicha extensión a quien presta el apoyo se limita únicamente a este supuesto[31], propiciando, además, la participación de un profesional experto que a modo de facilitador realice tareas de adaptación y ajustes necesarias; y,

ii) Para facilitar *ser entendida*, de prescribe incorporar los instrumentos de asistencia y apoyo necesarios: lenguajes de signos reconocidos legalmente y medios de apoyo a la comunicación para sordos, con discapacidad auditiva o sordociegas.

---

[31] López Jiménez, Raquel, "La adopción de medidas de apoyo a personas con discapacidad: la jurisdicción voluntaria y el procedimiento contencioso", *Cuadernos de Derecho Transnacional*, Vol. 14, nº 2, 2022, págs. 580-604.

En dos apartados finales se desarrolla, de una parte, la participación del *facilitador,* un profesional experto al que se atribuyen tareas de adaptación y ajuste precisos para que la persona con discapacidad pueda entender y ser entendido, y de otra, la posibilidad de que la persona con discapacidad pueda estar acompañada de alguien de su elección desde el primer contacto con las autoridades y funcionarios[32].

Las adaptaciones y ajustes reguladas expresamente abarcan, asimismo, diferentes aspectos relativos a la competencia, la eventual declaración en rebeldía y la comprensión de los efectos del proceso. Desde esta perspectiva:

i) Se determina un fuero de competencia obligatorio que facilite el acceso al proceso en la sede de la residencia del demandado[33]; y,

ii) Se salvaguarda la facilidad para el reconocimiento de resoluciones, documentos, dictámenes e informes que deba conocer la persona discapacitada para que su expresión comunicativa sea real y efectiva[34].

Ambas medidas se orientan a evitar el perjuicio que pueda sufrir la persona discapacitada al dejar de contestar a la demanda en el proceso de provisión de apoyos, haciéndolo por ella un defensor judicial designado por el LAJ, así como, propiciar que dicha persona comprenda el objeto, la finalidad y los trámites de dicho proceso[35].

3.3. El nuevo proceso para la adopción de medidas judiciales de apoyo a personas con alguna discapacidad y su revisión

Eliminada la incapacitación como estado civil, y por ende, el procedimiento para su declaración, la nueva regulación se orienta a una nueva fórmula procesal en la adopción de las medidas de apoyo, que a partir de la voluntad del discapacitado, consagre la previsible variabilidad de aquellas, y finalmente, como "ultima ratio", el procedimiento para el internamiento involuntario por razones psíquica que adquiere una novedosa articulación

---

[32] *Vid.* Muyo Bussac, Pablo, "El rol del facilitador en los procesos civiles en los que intervengan personas con discapacidad intelectual", en *Los vulnerables ante el proceso civil* (López Sánchez, J., Herrero Perezagua, J. F. —dirs.—), Atelier, Barcelona, 2022, págs. 365-378.

[33] Art. 52.1.5° LEC

[34] Art. 162.3 LEC

[35] Art. 758 LEC.

y al que se dedicará el último apartado de este epígrafe[36]. Adviértase, en todo caso, que este proceso surgirá siempre en defecto del establecido por el discapacitado a través de los diversos medios de apoyo y la jurisdicción voluntaria. Los "procesos sobre la adopción de medidas judiciales de apoyo a personas con discapacidad" se regulan en los arts. 756 a 762 LEC, y las posibilidades de "revisión de las medidas de apoyo judicialmente adoptadas" en el art. 761 LEC[37].

En el plano general, regirán las reglas específicas que corresponden a los procesos no dispositivos, esto es: i) indisponibilidad del objeto del proceso; ii) intervención del MF conforme al ejercicio de funciones que se le atribuyen en el art. 124 CE[38]; iii) especialidades en el orden probatorio; iv) exclusión de la publicidad; y v) acceso de las sentencias al Registro Público.

Por otra parte, las prescripciones contempladas en la normativa de la Ley de Enjuiciamiento Civil contemplan algunas singularidades, como la exclusión de la publicidad y una serie de especificidades en la tramitación.

Eliminar la publicidad "externa" no es sino la consecuencia lógica de las condiciones físicas o psíquicas de la persona con alguna discapacidad, que reclama excluir la aplicación de este principio general por un elemental criterio de proporcionalidad entre los derechos en tensión (el de un proceso público y la protección necesariamente reforzada de la intimidad del discapacitado)[39]. Con todo, la exclusión de la publicidad se decide de oficio por los tribunales o a instancia de parte y afecta a los actos y vistas, que cabrá celebrar a puerta cerrada, y con reserva de las actuaciones, cuando las circunstancias lo aconsejen, sin necesidad de que concurran los supuestos señalados en el art. 138. Este último precepto —referido a las actuaciones orales— se consolida en lo relativo a las preceptivas audiencias, como se verá seguidamente[40].

---

36 Art. 1.2 Ley 15/2015, de Jurisdicción Voluntaria, (LJV, en adelante) y SAP de Santander, nº 179/2022, Sección 2, de 14 de febrero de 2022. Vid, Fontestad Portales, Leticia, "Ley 8/2021, de 2 de junio, por la que se reforma la legislación civil y procesal para el apoyo a las personas con discapacidad en el ejercicio de su capacidad jurídica" en *Ars Iuris Salmanticensis*, vol. 9, diciembre 2021, pág. 410.

37 El "proceso de internamiento no voluntario por razones de trastorno psíquico" se regula en el art. 763 LEC.

38 Un análisis pormenorizado al respecto en, Armenta Deu, T., *Jueces, Fiscales y Víctimas en un proceso en transformación*, Marcial Pons, Madrid, 2023, págs. 184-188.

39 Art. 754 LEC.

40 *Vid.* Infra. Apartado C).

El cauce procedimental preferente es el de la jurisdicción voluntaria[41]. Transitando a una tramitación contradictoria sólo en caso de que se formule oposición en el expediente de jurisdicción voluntaria, si dicho expediente de jurisdicción voluntaria no pudo resolverse, o en la hipótesis en que proceda nombrar curador. Tratándose de la tramitación contradictoria resulta de aplicación lo dispuesto en los arts. 756 ss. LEC, esto es, los trámites del juicio verbal, que tendrá carácter preferente cuando designe a la persona con discapacidad medidas de apoyo con funciones representativas, por razones que no precisan mayor explicación dado su objetivo.

Los aspectos susceptibles de ser resaltados específicamente alcanzan a un elenco de temas que de una forma u otra presentan notas particulares. Estas hacen referencia a: la competencia, la legitimación, las especialidades de la comparecencia, el acceso al registro de la sentencia y la adopción de medidas cautelares.

3.3.1. Competencia

La competencia objetiva corresponde a los Juzgados de Primera Instancia[42], sin perjuicio de la existencia de juzgados especializados ("órganos judiciales para la provisión de apoyos")[43] que dada la complejidad de estos temas justificarían sobradamente acudir a lo dispuesto en la Ley Orgánica del Poder Judicial[44]. Necesidad que ya se ha acometido en grandes ciudades y pequeñas poblaciones donde ya se ha creado un Juzgado de Discapacidad e Internamiento[45].

---

41 *Vid.* art. 12. LJV.

42 Art. 756 LEC.

43 Un completo análisis sobre la figura del "juez especializado" y en general sobre la competencia en estos procesos lo realiza, Chozas Alonso, J. M., "Juez predeterminado y especializado en materia de discapacidad" en AA.VV. *Los vulnerables ante el proceso civil,* (Herrero Perezagua, J. F. y López Sánchez, J. —dirs.—) Atelier, Barcelona, 2022, págs. 303 y ss., singularmente, págs. 307-313.

44 Art. 98 LOPJ. https://www.poderjudicial.es/cgpj/es/stfls/CGPJ/JUSTICIA%20Y%20DISCAPACIDAD/20220118%20Juzgados%20especializados%20en%20procedimientos%20para%20la/20%adopción%20de%medidas/%20per.%discapacidad.pdf

45 Madrid, Barcelona, Valencia, Murcia, Vid, Dolado Busto, B., "Innovaciones procesales para el apoyo a las personas con discapacidad", *Op. Cit.*, págs. 1 y ss.

La competencia territorial corresponde al juez del lugar donde reside la persona con discapacidad[46], aspecto que puede presentar alguna dificultad en caso de internamiento involuntario o si se producen traslados[47]. En la hipótesis de que se hubieran adoptado medidas de apoyo previas, mediante expediente de jurisdicción voluntaria, corresponderá el conocimiento del procedimiento contradictorio, salvo que la persona cambie posteriormente de residencia a la autoridad judicial que conociera del mismo[48]. Al igual que si antes de la celebración de la vista se produce un cambio de residencia habitual, acarrea remitir las actuaciones al Juzgado correspondiente[49]

3.3.2. Legitimación

La legitimación —que en este caso constituye uno de los supuestos en que puede y debe ser examinada al inicio del proceso— no se refiere a quien está autorizado para poner en conocimiento del tribunal ciertos hechos, que no constituye un caso de legitimación propiamente dicho, sino un "deber social", correspondiendo a cualquier persona que conozca de los hechos que hacen precisar la o las medidas de apoyo[50].

La legitimación en sentido estricto, que como es propio de un proceso especial se restringe notablemente, consta en una lista fijada normativamente[51]. Se atribuye a la propia persona interesada, su cónyuge no separado de hecho o legalmente o a quien se encuentre en una situación de hecho asimilable, su descendiente, ascendiente o hermano[52]. Por otra parte, y ya en el terreno de quienes pueden intervenir posteriormente: iniciado el

---

46 Art. 52.1, 5º LEC

47 En el primer caso, la jurisprudencia de algunas Audiencias, diferencia de si se trata de internamientos provisionales, en cuyo caso, prima la competencia del juez donde tiene su residencia, y en caso contrario, del lugar donde se le interne (SAP de San Sebastián, nº 26/2022, Sección 2, de febrero de 2022, ATS nº 200/2015, Sala de lo Civil, Sección 1, de 2 de diciembre de 2015, o SAP de Barcelona, nº 252/2021, Sección 18, de 19 de julio de 2021.

48 Art. 756.2 LEC.

49 Art. 756,3 LEC.

50 SAP de Orense, nº 439/2021, Sección 1, de 5 de octubre de 2021.

51 Art. 757 LEC. *Vid.* Adán Domenech, F., "Proceso sobre la adopción de medidas de apoyo a personas con discapacidad" en *Vlex.*, 2021. https://vlex.es/vid/reintegración-incapacidad-decretada-395800138

52 Art. 757.1 LEC.

proceso por alguno de éstos, cualquiera de los restantes puede incorporarse siempre que acredite un interés legítimo y lo haga a su costa[53].

También se encuentra legitimado el Ministerio Fiscal en los casos en que las circunstancias así lo requieran[54], esto es: a la hora de adoptar medidas cautelares[55], o incluso para adoptar las medidas de adopción de apoyos cuando valore que así resulte necesario, por inoperancia de las que se acogieron en el correspondiente expediente de jurisdicción voluntaria[56], o si los legitimados conforme a la LEC no existiesen o no hubieran presentado la correspondiente demanda, cuando se interponga una demanda frente al discapacitado[57], y a lo largo de todo el procedimiento para salvaguardar la voluntad, deseos, preferencias y derechos de las personas con discapacidad[58]. La Instrucción sobre medidas de protección para determinar la capacidad de obrar de las personas de 21 de diciembre de 2020 señala una serie de actividades prioritarias en su actuación[59].

---

53 Art. 13 y 757,4 ambos de la LEC. Un desarrollo más pormenorizado de la legitimación en Dolado Busto, B., "Innovaciones procesales para el apoyo a las personas con discapacidad ", *Cit.*, apartado 2.

54 La legitimación del MF, en el contencioso, a diferencia de la del expediente de jurisdicción voluntaria, es subsidiaria: intervendrá únicamente si no lo hacen alguno de los legitimados conforme al art. 757.1 LEC.

55 Art. 254 CC y art. 757.4 LEC.

56 Art. 757.2 LEC.

57 Art. 749 LEC.

58 Art. 749,2 LEC.

59 En las demandas formuladas por los Fiscales o en los escritos de contestación, se deberá interesar que las resoluciones judiciales relativas a la determinación de la capacidad de las personas concreten no sólo el alcance de la modificación que proceda, sino también la medida de protección o apoyo que consecuentemente deba adoptarse. Interesar que, de conformidad con lo dispuesto en los artículos 752 y 759 de la Ley de Enjuiciamiento Civil, sin necesidad de esperar a la celebración de la vista, se reciba el pleito a prueba, proponiendo la pericial consistente en el examen por el Médico Forense de la persona cuya capacidad se cuestiona y/o el informe de los Servicios Sociales que se estimen adecuados. O entre otros aspectos, relativos al ejercicio del derecho de sufragio, ingreso o residencias y otros aspectos importantes: contestarán, a través de los informes anual o extraordinario previstos en los arts. 269.4, 232 y 233 CC, mediante la incorporación de la documentación complementaria precisa, la situación actual de las personas cuya capacidad haya sido modificada en procedimientos judiciales previos, ponderando en virtud de su edad, deficiencia, evolución de su situación y demás circunstancias, la necesidad de ejercitar las acciones precisas para adaptar el sistema de

3.3.3. Demanda, contestación y vista: las especialidades de las comparecencias

La demanda acomodará su redacción a los requisitos del juicio verbal. El LAJ recabará del Registro Civil o de otros registros lo que estime pertinente sobre las medidas de apoyo inscritas[60], para lo que aquella deberá acompañarse de éstos, y examinará la concurrencia de legitimación en el sujeto que insta las medidas judiciales de apoyo (cuya ausencia determina el inmediato archivo del proceso) junto a la capacidad para ser parte y capacidad procesal[61].

Recuérdese que tanto el traslado a la persona con discapacidad de la demanda como del resto de las actuaciones deben adecuarse para su correcta comprensión del objeto, la finalidad y los trámites, según lo dispuesto en el art. 7bis LEC; y que para garantizar el supuesto de inasistencia de aquél —transcurrido el plazo de contestación a la demanda, si no compareciera— el LAJ nombrará defensor judicial, salvo que ya estuviera nombrado o su defensa corresponda al MF por no ser el promotor del procedimiento. La contestación a la demanda se desarrolla con arreglo a los términos ordinarios sin especialidad destacable[62].

3.3.4. Prueba, especialidades

Como proceso especial que es, las reglas generales sobre la prueba están informadas por lo dispuesto en el art. 752 LEC, esto es, no rige la preclusión de alegación e introducción de los medios probatorios correspondientes del proceso ordinario[63], e independientemente de lo que soliciten las

---

protección respecto de la misma, a las pautas contenidas en la presente Instrucción en relación con la especificación de sus habilidades.

60 Art. 758 LEC. *Vid.* Hernández Rodríguez, M. J., "Medidas de apoyo y seguimiento a las personas con discapacidad. La nueva Ley 8/2021, de 2 de junio", en *Actualidad Civil*, nº 5, 2022, págs. 1-8.

61 Art. 750 LEC.

62 Art. 757,2 LEC. Más allá, claro está, de los que eventualmente pudieran derivarse del art. 7 bis LEC.

63 Así, por ejemplo, los medios de reproducción de la palabra, el sonido o la imagen, las certificaciones y notas sobre asientos registrales, los informes periciales o los informes periciales, que deben acompañarse a la demanda, conforme al art. 265, son pena de preclusión más la eventual imposición de multa con arreglo a lo

partes y el MF, cabe la prueba de oficio[64]. Pero, además, la conformidad sobre los hechos no vinculará al tribunal, ni éste podrá decidir basándose exclusivamente en dicha conformidad o en el silencio o respuestas evasivas sobre los hechos alegados por la parte contraria[65]. Además, las reglas de valoración aplicables al interrogatorio de las partes, los documentos públicos y los documentos privados reconocidos, no obligan al juzgador como en el proceso ordinario[66]. No hace falta recordar que las repetidas reglas especiales no rigen para aquellas pretensiones que se ejerciten en estos procesos sobre las que las partes puedan disponer libremente[67].

La reforma incorporó un nuevo precepto relativo a las pruebas preceptivas, para referirse a la *entrevista a la persona discapacitada* necesitada de apoyos, mediante la llamada "exploración" "examen" o "entrevista"[68].

Para la misma se prevén una serie de singularidades parejas a la decisión que debe adoptarse. En primer término, dicha entrevista debe producirse, con las previsiones que comporta el art. 7bis LEC (ajustes para garantizar la igualdad, comprensión y comunicación, entre otros), y en tal sentido, cabe que dicha exploración se efectúe conjuntamente con el médico forense[69].

En segundo lugar, se dará audiencia al cónyuge no separado de hecho o legalmente o quien se encuentre en situación de hecho asimilable, así como a los parientes más próximos de la persona con discapacidad[70], como también sucederá cuando el nombramiento de curador no estuviese propuesto[71].

---

dispuesto en el art. 270.2 if LEC; y de la correspondiente declaración de inadmisibilidad (art. 272 LEC).

64 Art. 752.2 LEC.

65 En contraste con lo dispuesto en los artículos 405.2, 407,2 y 426.6, todos de la LEC.

66 Art. 752.2 if LEC. En contraste con lo dispuesto en los artículos 316 en relación con el 304 y 307; 317, 318 y 326, respectivamente.

67 Art. 752.4 LEC.

68 López Jiménez, R., "La adopción de medidas de apoyo a personas con discapacidad: la jurisdicción voluntaria y el procedimiento contencioso", *Op. Cit.*, págs. 580-604.

69 SAP de Pamplona, nº 464/2019, Sección 3, de 23 de febrero de 2021.

70 Art. 759.1, 2ª LEC.

71 En la persona de quien presenta alguna discapacidad, el cónyuge no separado de hecho o legalmente o quien se encuentre en situación de hecho asimilable, a sus parientes más próximos y a las demás personas que el tribunal considere oportuno (art. 759.3 LEC).

Destaca como novedad, la eventualidad de que la persona con discapacidad solicite expresamente, y el juez otorgue con carácter excepcional, que no se practiquen las audiencias preceptivas que se acaban de mencionar, cuando así resulte más adecuado para preservar la intimidad de quien precisa las medidas de apoyo, siempre que, además: la demanda haya sido presentada por la propia persona con discapacidad o el nombramiento de curador no estuviese propuesto[72].

En tercer lugar, deben acordarse los dictámenes periciales necesarios o pertinentes, de manera que no cabe adoptar la medida de apoyo sin el o los acordados por el tribunal, que lógicamente corresponderán a especialistas del ámbito social o médico o de otro tipo que resulten idóneos[73].

Finalmente, en el caso de apelación, se aplican las especialidades a las que acaba de hacerse referencia, con independencia de las limitaciones que en materia probatoria informan su procedencia y práctica en segunda instancia[74].

3.3.5. Sentencia, acceso al Registro y revisión de la misma

En cuanto a la sentencia, se acomodará a lo previsto en el CC[75]. Es decir, su contenido por corresponder a un proceso especial de los contemplados en el Título I del Libro IV de la LEC) será remitido de oficio por el Letrado de la Administración de Justicia a los Registros Civiles para la práctica de los asientos que correspondan[76]. Y particularmente, en el caso de medidas de apoyo, la comunicación se hará únicamente a petición de la persona en favor de la cual el apoyo se ha constituido[77].

---

72 Art. 759.2 y 3 LEC.

73 Art. 759.1, º LEC.

74 Art. 460 LEC, *Vid.* Armenta Deu, T., *Lecciones de derecho procesal,* 15ª edición, Marcial Pons, Madrid, 2023, pág. 540. La STS 206/2022, de 14 de marzo, declaró la nulidad de actuaciones en la adopción de medidas de apoyo solicitadas por inobservancia de los requisitos del art. 759,2 LEC; concretamente por no haberse oído los parientes más próximos, extendiendo la salvaguarda del principio de inmediación a la segunda instancia, de forma que la omisión acarrea causa de nulidad con arreglo al art. 238.3º LOPJ.

75 Art. 760 LEC.

76 Art. 755 LEC. También el Registro de la Propiedad, al Registro Mercantil, al Registro de Bienes Muebles o a cualquier otro Registro público a los efectos que corresponda (art. 755.2 LEC).

77 Art. 755 II if LEC.

Téngase presente, finalmente, que precisamente por la variabilidad en la situación que provocó la adopción de las medidas de apoyo concretas, las adoptadas en la sentencia serán revisadas, según lo previsto en la legislación civil, siguiendo los trámites previstos en la jurisdicción voluntaria, salvo que exista oposición en el expediente, en cuyo caso se deberá instar el correspondiente proceso contencioso, pudiendo promoverlo cualquiera de los legitimados para solicitar la adopción judicial de medidas de apoyo con arreglo al artículo 757,1 LEC, así como quien ejerza el apoyo de la persona con discapacidad[78].

3.3.6. Adopción de medidas cautelares

La adopción de medidas cautelares responde a la urgencia que pueda existir a la hora de adoptar las medidas, requiriendo así acreditar tanto el "fumus boni iuris", circunstancias que justifican la idoneidad de adoptar dichas medidas de apoyo, y el "periculum in mora", es decir, el riesgo en la dilación de su adopción. De ahí que se disponga que siempre que la urgencia de la situación no lo impida, las medidas cautelares se acordarán previa audiencia de las personas con discapacidad, y aplicando los preceptos referentes a: la vista de audiencia para las partes[79], el auto dictándolas[80], y la reiteración de la solicitud en caso de haberlas denegado y variar las circunstancias[81].

Así las cosas, cuando el tribunal competente tenga conocimiento de la situación de una persona en situación de discapacidad que requiera medidas de apoyo, adoptará de oficio las que estime necesarias para la protección de la persona o su patrimonio, poniéndolo en conocimiento del MF para que inicie, si lo estima procedente, un expediente de jurisdicción voluntaria[82]. Paralelamente, si es el MF quien se percibe de la necesidad y urgencia, podrá solicitar del tribunal su inmediata adopción[83].

---

78 Art. 761 LEC.

79 Art. 734 LEC.

80 Art. 735 LEC

81 Art. 736 LEC.

82 Art. 762 1 LEC.

83 Art. 762 2 LEC.

En definitiva, las medidas podrán adoptarse de oficio o a instancia de parte en cualquier fase del procedimiento, y por lo arriba señalado "inaudita parte" cuando las circunstancias lo justifiquen[84].

3.4. Proceso de internamiento no voluntario por razones de trastorno psíquico

Se trata de la medida más drástica e invasiva de los derechos del discapacitado, procediendo en situaciones extremas que la aconsejan para evitar un mal mayor. La regulación establece cómo recabar la autorización judicial para internar a una persona cuando no da su consentimiento o no está en condiciones de hacerlo[85]. El precepto que ha sido objeto de declaración de inconstitucionalidad, por limitar el derecho fundamental a la libertad personal mediante una norma ordinaria, revelando ausencia de rango normativo, es decir, una Ley Orgánica, no ha sido, sin embargo, declarado nulo[86], por no cuestionarse su contenido material y para no crear un vacío normativo, sin perjuicio de instar al legislador a que corrija dicha omisión en una próxima regulación mediante Ley Orgánica[87].

El procedimiento regula, tanto la adopción de la medida cautelar civil de internamiento no voluntario, como la medida más definitiva, cumpliendo toda una serie de requisitos, los primeros relativos a la medida en sí, los segundos al desarrollo del procedimiento en concreto[88]. Del contenido del precepto no anulado y de la sentencia del Tribunal Constitucional caben destacar las siguientes notas esenciales:

3.4.1. Presupuesto para la adopción de la medida

Como presupuesto objetivo figura la existencia en la persona de un trastorno psíquico al que se suma la circunstancia de urgencia o necesidad de inmediata intervención médica para su protección.

---

84 Art. 762 2 II y 3 LEC.

85 Art. 763 LEC.

86 Art. 17.1 CE y STC 129/1999, de 1 de julio, F J 2.

87 STC 141/2012, de 2 de junio F J 3.

88 Noriega Rodríguez, L., "La interpretación jurisprudencial sobre el internamiento no voluntario por razón de trastorno psíquico", *Revista Boliviana de Derecho*, nº 30, julio, 2020, págs. 76-99

La procedencia de la medida y su duración se atendrá a dicha necesidad y a la proporcionalidad.

Además, "la fase extrajudicial del internamiento urgente" será válido si concurren cuatro requisitos[89]:

i) existencia de un informe médico que acredite el trastorno psíquico que justifica el internamiento[90];

ii) información al afectado o quien lo represente acerca del internamiento y sus causas[91];

iii) obligación de comunicar al juez competente el internamiento y los motivos que lo justificaron en el plazo de 24 horas, y como máximo en el de 72 horas que fija el art. 17.2 CE[92]; y

iv) control posterior sobre el centro, sin necesidad de traslado a presencia física del juez. Dicha ratificación judicial de la medida tomada sin su intervención en el caso de urgencia, implica tanto la revisión de las condiciones de urgencias en que se tomó la medida, como su pervivencia o en otro caso, su anulación[93].

---

89 TEDH, Sentencia de 24 de octubre de 1979 (*caso* Witerwep).

90 Sobre el proceso, vid, Germán Urdiola, M. J., "El proceso para la solicitud de autorización de ingresos involuntarios a partir de la nueva modificación legislativa en materia de capacidad" en *Los vulnerables ante el proceso civil* (López Sánchez, J., Herrero Perezagua, J. F. —dirs.—), Atelier, Barcelona, 2022, págs. 331-345.

91 Como señala la STC 141/2012, de 2 de junio. Nadie puede ser privado de libertad sin conocer los motivos que lo determinan (art. 17.2 CE). Esta información, unida a la posibilidad de pedir exámenes médicos conforman su derecho de defensa jurídica y a la prueba, que no podrán ser ejercitados en su ausencia (Ibidem FJ 7). Vid Tomás Pla, A. S., "El apoyo como medida de protección del desvalido psíquico" en *Los vulnerables ante el proceso civil* (López Sánchez, J., Herrero Perezagua, J. F. —dirs.—), Atelier, Barcelona, 2022, págs. 347-363.

92 Art. 763 1 II LEC. SSTC 341/1993, de 18 de noviembre, FJ 6; 179/2000, de 26 de junio, FJ 21 y 53/2002, de 27 de febrero, FJ 6. Sobrepasar dicho plazo funda acudir al procedimiento de "habeas corpus". El plazo es improrrogable sin que suponga que el juez ratifique la medida, pero de modo expreso y claro, y estando el afectado en libertad. Otra interpretación vaciaría de contenido el límite previsto y confundiría una dilación procesal indebida con la lesión injustificada del derecho a la libertad (STC 141/2012 FJ 6).

93 STC 141/2012, de 2 de junio FJ 6.

3.4.2. Procedimiento

El internamiento no voluntario regulado en el art. 763 LEC recoge los presupuestos señalados añadiendo algunos de carácter procesal relativos a

a) la competencia

Si se trata de un internamiento urgente, la competencia para la ratificación de la medida corresponde al tribunal del lugar en que radique el centro donde se haya producido el internamiento[94];

b) representación y defensa

En todas las actuaciones el afectado podrá actuar con representante y asistido de defensor en los términos del art. 758 LEC. Alguna resolución interpreta que no es preceptiva, sino que debe ser objeto de información[95]; mientras que otras defienden que la negativa a su intervención vulnera el derecho a la asistencia jurídica que se reconduce a una lesión del derecho a la libertad del art. 17.1 CE[96]

c) traslado al curador o representante[97];

d) audiencias

Antes de autorizar o ratificar el internamiento, se oirá a la persona afectada por la decisión, al MF y a cualquier otra persona cuya comparecencia estime conveniente o lea solicitada por el afectado por la medida.

e) examen por el juez

Con independencia de otras pruebas que pueda estimar conveniente, el juez examinará por sí mismo a la persona de cuyo internamiento se trate y oirá el dictamen de un facultativo designado por él.

f) información periódica de los facultativos y facultades especiales de estos

En la misma resolución en que se acuerde el internamiento se expresará la obligación de los facultativos que atiendan a la persona internada de informar periódicamente (cada seis meses) al tribunal sobre la necesidad

---

94 Art. 763 1 III LEC. En caso de cambio de domicilio no modifica la competencia fijada conforme a los arts. 410 y 411 LEC (STS de 1 de junio de 2004).

95 STC 141/2012, de 2 de julio y STS 384/2016, de 26 de enero.

96 STC 50/2016 de 14 de marzo FJ 1. En idéntico sentido, SSTC 141/2012, de 2 de julio FJ 8; 13/2016, de 1 de febrero FJ 3; y 22/2016/de 15 de febrero FJ 6.

97 Art. 763.1 III if LEC.

de mantener la medida, sin perjuicio de los que el juez requiera cuando los estime pertinentes o la razón del internamiento así lo justifique[98]. Su ausencia determina la nulidad de la medida de internamiento[99].

Cuando los facultativos que atiendan a la persona interna consideren que no es necesario mantener el internamiento, darán el alta al enfermo, y lo comunicarán inmediatamente al tribunal competente[100].

g) resolución y recurso

El tribunal resolverá, tanto para autorizar o ratificar el razonamiento, como para mantenerlo a tenor de los informes médicos emitidos, y su propio examen. Dicha resolución, como limitativa que es de la libertad personal, debe tener una motivación reforzada[101].

En todo caso, la decisión que el tribunal adopte en relación con el internamiento será susceptible de recurso de apelación[102]. Y en su caso, de amparo por vulneración del art. 17 CE[103].

h) internamiento de menores

Se realizará siempre en un establecimiento de salud mental adecuado a su edad, previo informe de los servicios de asistencia del menor[104].

BIBLIOGRAFÍA

AA.VV. (Guilarte Martín-Calero —Dir.—), *Comentarios a la Ley 8/2021 "por la que se reforma por la que se reforma la ley civil y procesal para el apoyo a las personas con discapacidad en el ejercicio de su capacidad jurídica"*, Marcial Pons, Madrid, 2021.

98 Art. 763 4 I y II LEC. Los informes deben contener una información razonada que argumente suficientemente la necesidad y proporcionalidad de la medida, explicando, por ejemplo, que no cabe un tratamiento menos limitativo del derecho fundamental (STC 141/2012 FJ 7 c)).

99 SSAP Alicante 12 de julio 2019, de Valencia, de 20 de diciembre de 2017 y de Lugo de 2 de febrero de 2017.

100 Art. 763 4 IV LEC.

101 SSTC 251/2005, de 10 de octubre, FJ 4; 120/2008, de 13 de octubre, FFJJ 2 y 3, entre otras.

102 Art. 763 3 II LEC.

103 Noriega Rodríguez, L., "La interpretación jurisprudencial sobre el internamiento no voluntario por razón de trastorno psíquico", *Op. Cit.*, pág. 88.

104 Art. 763 2 LEC.

AA.VV. (Álvarez Lata, N (coord.)) El nuevo sistema de apoyos a las personas con discapacidad y su incidencia en el ejercicio de su capacidad jurídica, 2022

AA.VV., (Castro-Girona Martínez, A, Cabello de Alba Jurado, F, y Pérez Rmos, C (dir), "La reforma de la discapacidad comentarios a las nuevas reformas legislativas" Thomson Reuters Aranzadi, 2022

Adán Domenech, Frederic, "Proceso sobre la adopción de medidas de apoyo a personas con discapacidad" en *Vlex.*, 2021. https://vlex.es/vid/reintegración-incapacidad-decretada-395800138

Armenta Deu, Teresa, *Jueces, Fiscales y Víctimas en un proceso en transformación*, Marcial Pons, Madrid, 2023.

Armenta Deu, Teresa, *Lecciones de derecho procesal*, 15ª edición, Marcial Pons, Madrid, 2024.

Bonet Navarro, Ángel, prólogo a la obra de Garcimartín Montero, Regina, *La provisión judicial de apoyo a personas con discapacidad*, Aranzadi, Navarra, 2021.

Chozas Alonso, José Manuel, "Juez predeterminado y especializado en materia de discapacidad" en AA.VV. *Los vulnerables ante el proceso civil*, (Herrero Perezagua Juan F. y López Sánchez, Javier —dirs.—) Atelier, Barcelona, 2022.

Damian Moreno, Juan, "La adopción de medidas de apoyo a las personas con discapacidad: una lectura en clave procesal", en *Anuario de Derecho Civil*, Vol. 75, nº 2, 2022.

Dolado Busto, Blanca, "Innovaciones procesales para el apoyo a las personas con discapacidad ", *Revista Aranzadi Doctrinal*, nº 11, 2022.

Fernández Bujan y Fernández, Antonio, "La Ley 8/2021 para el apoyo a las personas con discapacidad en el ejercicio de su capacidad jurídica: un nuevo paradigma de discapacidad" en *Diario la Ley*, nº 9961, noviembre de 2021.

Fontestad Portales, Leticia, "Ley 8/2021, de 2 de junio, por la que se reforma la legislación civil y procesal para el apoyo a las personas con discapacidad en el ejercicio de su capacidad jurídica" en *Ars Iuris Salmanticensis*, vol. 9, diciembre 2021.

Garcimartín Montero, Regina, "La persona con discapacidad como protagonista del apoyo", en *Los vulnerables ante el proceso civil* (LÓPEZ Sánchez, Javier, HERRERO PEREZAGUA, Juan F. —dirs.—), Atelier, Barcelona, 2022.

Garcimartín Montero, Regina, *La provisión judicial de apoyo a personas con discapacidad*, Aranzadi, Navarra, 2021.

Germán Urdiola, María Jesús, "El proceso para la solicitud de autorización de ingresos involuntarios a partir de la nueva modificación legislativa en materia de capacidad" en *Los vulnerables ante el proceso civil* (López Sánchez, Javier, Herrero Perezagua, Juan F. —dirs.—), Atelier, Barcelona, 2022.

Hernández Rodríguez, María José, "Medidas de apoyo y seguimiento a las personas con discapacidad. La nueva Ley 8/2021, de 2 de junio", en *Actualidad Civil*, nº 5, 2022.

López Jiménez, Raquel, "La adopción de medidas de apoyo a personas con discapacidad: la jurisdicción voluntaria y el procedimiento contencioso", *Cuadernos de Derecho Transnacional*, Vol. 14, nº 2, 2022.

Manga Alonso, María Teresa, "Incidencia de la Convención sobre las personas con discapacidad en el Derecho español", en *Revista Jurídica de Castilla y León*, nº 48, 2019.

Muyo Bussac, Pablo, "El rol del facilitador en los procesos civiles en los que intervengan personas con discapacidad intelectual", en *Los vulnerables ante el proceso civil* (LÓPEZ Sánchez, Javier, Herrero Perezagua, Juan F. —dirs.—), Atelier, Barcelona, 2022.

Noriega Rodríguez, Lydia, "La interpretación jurisprudencial sobre el internamiento no voluntario por razón de trastorno psíquico", *Revista Boliviana de Derecho*, nº 30, julio, 2020.

Pérez Álvarez, Miguel Ángel, "Las medidas de apoyo a las personas con discapacidad", Capítulo 17 del Curso Derecho Civil, IV, "Derecho de familia", Universidad de la Coruña.

Pesqueira Zamora, María Jesús, "Aspectos procesales de la capacidad a partir de la nueva regulación", *Revista General de Derecho Procesal*, nº 57, 2022.

Pesqueira Zamora, María Jesús, "Propuesta de reforma del procedimiento de incapacidad a la luz del artículo 12 de la Convención de las Naciones Unidas sobre las personas con discapacidad (Nueva York 2006), en *Justicia: Revista de Derecho Procesal*, 2018.

Serrano Masip, M, "Medidas de protección de las víctimas" en (2017) AA.VV., M. de Hoyos (dir), Thomson Reuters. Aranzadi

Tena Aragón, M. T, "Protocolo de actuación con menores y personas con discapacidad necesitadas de especial apoyo y protección de víctimas del delito" en AA.VV., M. de Hoyos (dir), Thomson Reuters. Aranzadi

Tomás Pla, Ángel Santiago, "El apoyo como medida de protección del desvalido psíquico" en *Los vulnerables ante el proceso civil* (LÓPEZ Sánchez, Javier, Herrero Perezagua, Juan F. —dirs.—), Atelier, Barcelona, 2022.

Vegas Torres, Javier, "Los principios informadores de la reforma. La adopción judicial de las medidas de apoyo a las personas con discapacidad", en *El ejercicio de la capacidad jurídica de las personas con discapacidad tras la Ley 8/2021*, (Pereña Vicente, Montserrat, Heras Hernández, María del Mar —dirs.—), Tirant lo Blanch, Valencia, 2022.

(In)trascendencia procesal de la guarda de hecho como apoyo a las personas con discapacidad

YOLANDA DE LUCCHI LÓPEZ-TAPIA
Profesora Titular de Derecho Procesal
Universidad de Málaga

1. INTRODUCCIÓN

La creciente concienciación del modelo social de discapacidad ha potenciado, en los últimos años, las necesarias reformas legislativas para acomodar nuestro ordenamiento jurídico a los principios y el espíritu de la Convención de la ONU sobre los Derechos de las Personas con Discapacidad[1], culminando en los días en los que se redactan estas líneas en la necesaria, esperada y acertada reforma de nuestra Carta Magna, que por fin sustituirá, en su art. 49, el término "disminuidos" por el muchísimo más digno "personas con discapacidad", algo de lo que nos congratulamos y por ello hacemos esta breve referencia al inicio del presente trabajo.

Con relación al ejercicio de la capacidad jurídica de las personas con discapacidad, no es ya algo desconocido para nadie el cambio de paradigma operado por la *Ley 8/2021, de 2 de junio, por la que se reforma la legislación civil y procesal para el apoyo a las personas con discapacidad en el ejercicio de su capacidad jurídica* (en adelante, Ley 8/2021). El canon ha virado del anti-

1 Realizada en Nueva York en el año 2006, y ratificada por España en el año 2008.

guo sistema de proporcionar sustitución a las personas que encontraban dificultades en el ejercicio de su capacidad jurídica en la toma de decisiones a uno basado en el apoyo en la toma de decisiones de estas personas. La construcción legislativa de estos apoyos descansa, fundamentalmente, en la utilización de tres figuras fundamentales; la guarda de hecho, la defensoría judicial, y la curatela. Todas están diseñadas para proporcionar, con mayor o menor intensidad, el apoyo necesario para el ejercicio de la capacidad jurídica de la persona con discapacidad.

De entre todas ellas, el legislador sustantivo ha querido potenciar la guarda de hecho, decisión que, como opción de política legislativa, es absolutamente plausible. Se trata de potenciar a la persona que, de forma espontánea y voluntaria, decide asumir el cuidado y asistencia de la persona con discapacidad e incluso darle la posibilidad de que pueda representarlo en situaciones excepcionales, todo ello de forma estable y duradera en el tiempo.

El calificativo "de hecho" de la figura da clara idea de la informalidad de este apoyo, que no necesita estar revestido de decisión judicial alguna. No obstante, el mismo no puede impregnar toda la actividad de la persona guardadora, de manera que "de derecho" deben ser regulados aspectos fundamentales en el ejercicio de esta forma de apoyo, que clarifican la propia actuación de la persona guardadora, dotándola de una mayor seguridad jurídica.

La difícil conjugación de estos dos elementos se ha traducido, en este rodaje de dos años y medio de la reforma, en interrogantes que no tienen fácil respuesta en el texto legal.

Se ha querido negar trascendencia procesal a la guarda de hecho precisamente por constituir un apoyo informal, dejando de regular cuestiones importantes relativas, por ejemplo, a la forma de acreditar jurídicamente la misma. Al mismo tiempo, se ha querido otorgar excesiva trascendencia procesal al control del ejercicio de la guarda de hecho, siguiendo el espíritu de la obligación establecida en el art. 12. 4 de la Convención de establecer un sistema de salvaguardias adecuadas y efectivas para impedir los abusos de conformidad con el derecho internacional en materia de derechos humanos.

El objetivo de estas líneas es, precisamente, desgranar los problemas que, tanto la intrascendencia como la trascendencia procesal, están contribuyendo a que se desdibuje la función social que el legislador ha querido otorgar a la guarda de hecho[2]. Pero, además, sirven estas líneas para homenajear al ilustre Catedrático Víctor Moreno Catena en el año de su jubilación, expresando mi gratitud por haber tenido la ocasión de poder aprender de su excepcional obra investigadora en derecho procesal, abanderando la igualdad de todos los ciudadanos en su acceso a la justicia, cuestión que alcanza uno de sus cúlmenes con relación a las personas con discapacidad.

2. HITOS DE LA REFORMA PROCESAL DE LA LEY 8/2021

La intervención jurisdiccional en materia de discapacidad y ejercicio de la capacidad jurídica está referida a dos grandes ámbitos que, a su vez, están conformados por varios trámites procesales. Estos ámbitos determinan que la intervención del órgano jurisdiccional se produzca *ex ante*, cuando la persona necesita de la dotación del apoyo, o *ex post*, cuando ya está establecido el apoyo, para controlarlo debidamente.

Con respecto al primer ámbito de actuación, el juez va a intervenir en la determinación de los apoyos judiciales en los casos de defecto o insuficiencia de la voluntad de la persona con discapacidad. Estas medidas de carácter judicial son la curatela como medida formal de apoyo, que se aplicará a quienes precisen el mismo de modo continuado (art. 250 CC) y el nombramiento de defensor judicial en los casos establecidos en el art. 295 CC, que tiene un carácter más ocasional.

Dicha determinación se realizará o bien a través de un expediente de jurisdicción voluntaria (arts. 27 y siguientes LJV, para el nombramiento de defensor judicial y 42 bis LJV) o bien, en el caso en el que se haya formulado oposición en el expediente de jurisdicción voluntaria o éste no se haya podido resolver, a través de un proceso contencioso regulado en los arts. 756 y siguientes LEC. Estos dos cauces procesales constituyen también la vía para revisar periódicamente los apoyos establecidos, como así establecen los arts. 42 bis c) LJV y art. 761 LEC. En estos procesos, el juez está obligado al establecimiento de salvaguardias oportunas a fin de asegurar que el ejercicio de las medidas de apoyo se ajuste a los criterios de atención

2 Como la han denominado Calaza López, S. y González Navarro, A. "la estrella que guía el nuevo firmamento de la discapacidad". (2022) "Comentario al art. 52 LJV". *Comentario articulado a la reforma civil y procesal en materia de discapacidad.* Cizur Menor, ed. Aranzadi-Thomson Reuters, pág. 1166.

a la voluntad, deseos y preferencias de la persona que lo requiera (arts. 249 y 270, ambos del CC).

Con respecto al segundo ámbito de actuación, el juez deberá ejercer el control judicial de posibles abusos, conflictos de intereses o influencia debida, que se traduce en la posible iniciación de varios expedientes de jurisdicción voluntaria, entre otros: nombramiento de nuevo curador o remoción de éste (arts. 44 y siguientes LJV), extinción de poderes preventivos (art. 51 bis LJV), rendición de cuentas por el curador (art. 51 LJV), requerimiento y medidas de control de la guarda de hecho (arts. 52 y siguientes LJV), y otorgamiento de autorización judicial para determinados actos que deba realizar el curador o el persona guardadora de hecho (arts. 61 y siguientes LJV). Coincidiendo con lo que se ha apuntado por la doctrina[3], es verdad que no hay ninguna necesidad de regular diferentes tipos de expedientes de jurisdicción voluntaria, con diferentes tipos de legitimados y con diferentes niveles de participación de la persona con discapacidad, como lo ha hecho la reforma, puesto que complica el panorama procesal cuando los trámites procesales pueden ser mucho más sencillos y simplificar el ejercicio cotidiano de la capacidad jurídica de la persona con discapacidad.

Todas estas actuaciones y procedimientos se rigen por varios principios que, sin ser enumerados de forma explícita en la reforma, constituyen el núcleo vertebrador de la actuación del juez con relación al ejercicio de la capacidad jurídica. Están construidos sobre la base de la dualidad ontológica que se encuentra ínsita en todo el espíritu de la reforma; por un lado, el debido y necesario respeto a los deseos y preferencias de la persona, ya que este principio de respeto a la voluntad y preferencias de la persona resulta incuestionable en el marco del respeto a la dignidad de la persona establecido en el art. 10 de la Constitución Española; y por otro, la necesidad de conjugar dicho respeto con el respeto al bien social, lo que permite, en determinadas ocasiones, suplir la insuficiencia de la voluntad con la determinación judicial de las necesidades de la persona con discapacidad con relación a cuestiones fundamentales como ser humano. Como establece

---

3 Calaza López, S. "La justicia civil indisponible en la encrucijada: la asincronía entre la reforma sustantiva y procesal en la provisión judicial de apoyos a las personas con discapacidad", en *La reforma civil y procesal de la discapacidad. Un tsunami en el ordenamiento jurídico.* La Ley Derecho de Familia nº 31, julio-septiembre.

Sancho Gargallo[4], constituye un gran reto para el legislador articular un sistema de tutela jurídica para la persona con discapacidad que potencie el desarrollo de su personalidad, pero que no descuide la protección de las personas más vulnerables y sus intereses patrimoniales. Atendiendo a lo primero, se trata de promover al máximo la autonomía de una persona, sin privar de una protección judicial a quienes, por efectos de la discapacidad, resultan muy vulnerables.

Las medidas de apoyo en la Ley 8/2021 están divididas en dos grandes grupos: las medidas voluntarias y las medidas de carácter legal o judicial (art. 249 CC). Esta previsión supone un vuelco importante en la materia. Si bien antes de la reforma, todo debía girar en torno a un *proceso de incapacitación*, y solo con la sentencia firme se producía la modificación de la capacidad (antiguo art. 199 CC), con la Ley 8/2021 la tendencia se invierte. Ya no hay modificación de la capacidad jurídica como modificación de una situación jurídica que afecta al interés público y que deba ser realizada necesariamente por el órgano jurisdiccional. A partir de ahora, solo existe la posibilidad de designar apoyos para el ejercicio de una capacidad jurídica que es plena para todas las personas. Así las cosas, el órgano jurisdiccional deja de ser imprescindible, y solo interviene en determinadas ocasiones, entrando el juego el principio de subsidiariedad.

Esto significa que la Ley 8/2021 tiende a desjudicializar la determinación de los apoyos[5] por cuanto es posible la dotación de éstos sin que sea necesaria la intervención jurisdiccional, a través de las llamadas medidas voluntarias. Así lo establece el art. 255 CC cuando establece que "*cualquier persona mayor de edad o menor emancipada en previsión o apreciación de la concurrencia de circunstancias que puedan dificultarle el ejercicio de su capacidad jurídica en igualdad de condiciones con las demás, podrá prever o acordar en escritura pública medidas de apoyo relativas a su persona o bienes*". En el mismo documento se puede designar quién debe prestarle apoyo y con qué alcance, así como las salvaguardas oportunas para evitar abusos, conflicto de intereses o influencia debida. El documento puede ser tanto de futuro, en previsión de dificultades futuras en el ejercicio de la capacidad jurídica, los llamados

---

4 Sancho Gargallo, I. (2018). "Sentido de la intervención judicial y del proceso civil en la determinación de la capacidad y los apoyos necesarios para su ejercicio", en *La voluntad de la persona protegida: oportunidades, riesgos y salvaguardias. (Montserrat Pereña Vicente (dir.), Gloria Díaz Pardo (coord.), María Núñez Núñez (coord.).* Madrid, ed. Dykinson, pág. 19.

5 Esta desjudicialización ha sido calificada como el primer hito de la reforma procesal en la materia. *Vid.* Calaza López, S. "La justicia civil indisponible…", *cit*, pág. 4.

poderes preventivos (arts. 256 y ss. CC), como presente, ante la constatación de dificultades actuales (art. 255 CC).

En el ámbito de la intervención del juez como instrumento que dota de apoyos a las personas con discapacidad en el ejercicio de su capacidad jurídica, el principio de subsidiariedad, que se deriva del principio de respeto a la voluntad y preferencias de la persona necesitada de apoyo, constituye también, junto con éste, los nuevos ejes del sistema de apoyos construido por el paradigma instaurado por la Convención. Con arreglo al mismo, el sistema se va conformando de menos nivel de formalidad en los apoyos hasta la máxima formalidad que suponen los apoyos de origen judicial. Así, en primer lugar, el recurso a los apoyos de carácter formal, ya sean voluntarios o judiciales, debe realizarse cuando no se hayan podido obtener los mismos mediante el recurso al entorno familiar o comunitario, que tienen un gran peso en la promoción de la autonomía de las personas con discapacidad. En este sentido, y como hemos manifestado anteriormente, la figura de la persona guardadora de hecho adquiere una relevancia específica, dejando de ser una situación provisional y entendiéndose que el mismo es un apoyo perfectamente válido para la persona en cuestión, sin que sea necesario recurrir a ningún tipo de medida formal.

Si no existen apoyos “informales”, y la persona con discapacidad considera que necesita ese apoyo, ya sea de forma puntual o permanente en el tiempo, puede recurrir a formalizar los mismos con carácter voluntario en escritura pública.

Por último, —y de ahí la subsidiariedad jurisdiccional— si no existen medidas voluntarias de apoyo que se esté aplicando correctamente, puede entrar en juego el sistema judicial, con la dotación de apoyos con dicho carácter, toda vez que se articulen los cauces procedimentales pertinentes. Dichos cauces se rigen por el principio dispositivo, que significa que el órgano jurisdiccional no puede iniciar el procedimiento de oficio, sino que serán los legitimados por la norma los que puedan instar su iniciación. Esta matización es importante, puesto que la intervención jurisdiccional, en este ámbito concreto, está condicionada a la promoción a instancia de parte, pero, sin embargo, el control del ejercicio de los apoyos como segundo ámbito en el cual interviene el juez se puede realizar de oficio y no está configurada con arreglo al principio de subsidiariedad.

3. LA GUARDA DE HECHO COMO MODELO DE APOYO INFORMAL. SU PRETENDIDA INTRASCENDENCIA PROCESAL

3.1. Atribución de carácter preferente a la guarda de hecho. ¿Subsidiariedad de la curatela judicial?

El art. 250 CC enumera como medidas de apoyo, además de las que la persona pudiera determinar con carácter voluntario, la guarda de hecho, la curatela y el defensor judicial. La función de estas medidas consistirá en asistir a la persona con discapacidad en el ejercicio de su capacidad jurídica en los ámbitos en los que sea preciso, respetando su voluntad, deseos y preferencias.

La guarda de hecho es aquel apoyo voluntario que presta una persona de forma espontánea, sin que se haya establecido ninguna otra medida de apoyo voluntaria o judicial. Este apoyo puede ser gradual en cuanto a su intensidad, de manera que puede limitarse a una asistencia personal y en el ejercicio de su capacidad jurídica, o puede ser un apoyo más intenso, representando a la persona con discapacidad en los casos en los que esté anulada su capacidad volitiva. En ambos casos, como paradigma del nuevo sistema, los deseos, preferencias y voluntad de la persona con discapacidad deben ser respetados (art. 249 CC).

Hasta la reforma de la Ley 8/2021, la guarda de hecho se encontraba tímidamente[6] regulada en los arts. 303, 304 y 306 CC, no encontrándose una definición clara de la figura, algo que, por otra parte, se encontraba en consonancia con su propia denominación; si alguna institución es "de hecho", significa que no debe estar revestida de ninguna formalidad jurídica; de lo contrario sería una guarda "de derecho".

No tenemos intención de incidir en este trabajo en cuestiones sustantivas, sobre las que ya se ha pronunciado la doctrina civilista, mucho más autorizada que la que suscribe, pero sí resulta interesante contemplar la institución desde el punto de vista procesal, puesto que, dadas las connotaciones jurídica-sustantivas que tenga la figura[7], indudablemente, transfundirá una trascendencia procesal nada desdeñable.

---

6 Término utilizado por Bellido González del Campo, C. (2023). "La guarda de hecho. El ejercicio de hecho de un derecho". *Revista jurídica valenciana*, Nº 41, pág. 92.

7 Vid en este sentido, el trabajo de López San Luis, R. (2022). "Guarda de hecho vs guarda de derecho tras la Ley 8/2021, de 2 de junio, por la que se reforma la legis-

Con la nueva regulación de la Ley 8/2021, la perspectiva de la guarda de hecho, aunque continúa siendo una medida no judicial, cambia[8].

Por un lado, adquiere sin duda un protagonismo que viene explicado sin ambages en el propio Preámbulo de la Ley 8/2021, que destaca "el reforzamiento de la figura de la guarda de hecho, que se transforma en una propia institución jurídica de apoyo, al dejar de ser una situación provisional cuando se manifiesta como suficiente y adecuada para la salvaguarda de los derechos de la persona con discapacidad". En opinión de Alba Ferré[9], este es el gran acierto de la ley, porque la guarda de hecho es un claro reflejo de la voluntad del guardado que quiere que le asista la persona guardadora sin ser nombrado judicialmente. Este reforzamiento permite concluir que no deben existir diferencias entre persona guardadora de hecho y curador, más allá de la forma de constitución del apoyo, toda vez que la persona guardadora de hecho puede asumir funciones asistenciales e incluso representativas (art. 267 CC).

Por otro lado, se establece el carácter subsidiario de la curatela respecto de la guarda de hecho en el art. 269, párrafo 1° CC, que establece que "la autoridad judicial constituirá la curatela mediante resolución motivada cuando no exista otra medida de apoyo suficiente para la persona con discapacidad", lo que quiere decir que, si la persona con discapacidad está siendo apoyada por un persona guardadora de hecho, no debiera ser necesario acudir a la vía judicial para designar a un curador, puesto que el legislador lo considera como apoyo preferente.

---

lación civil y procesal para el apoyo a las personas con discapacidad en el ejercicio de su capacidad jurídica". Problemática jurídica de las personas con discapacidad (dir. Moreno Flórez, R. M.). Madrid, ed. Dykinson, pág. 211 y siguientes.

8 De hecho, algunos autores establecen que la elección por parte del legislador del mismo término para denominar esta institución no conlleva la afirmación de la continuidad del modelo sustitutivo de la voluntad ni del carácter tuitivo de la figura de apoyo. Prados García, C. (2023) "La guarda de hecho tras la Ley 8/2021. Misma denominación, pero distinto modelo". *Actualidad Civil, N° 3, Sección Persona y derechos*, pág. 4.

9 Alba Ferré, E. (2022). "El reconocimiento de la guarda de hecho como apoyo informal". *La reforma en favor de las personas con discapacidad (coords. Lasarte Álvarez, C., Jiménez Muñoz, F. J.)*, Madrid, ed. Dykinson, pág. 213. Añade la autora que puede que hubiese sido necesario que esta Ley tuviera en cuenta los grados de discapacidad, ya que la persona afectada por una elevada discapacidad será difícil que pueda manifestar su voluntad y en muchos casos, la elección de esta medida y puede que en más casos que los deseados necesite que las medidas de apoyo tengan un carácter representativo.

No obstante, este último punto ha sido bastante debatido en la jurisprudencia, existiendo resoluciones en diferentes sentidos; como establece Ruiz Alonso[10], el dilema se plantea entre dos posiciones interpretativas: una más rígida que impediría adoptar cualquier medida judicial por la mera existencia de una guarda de hecho previa; y otra, más flexible y teleológica, que permitiría al juez resolver atendiendo a las circunstancias concretas del caso y decidir cuál es la medida que podría ser más beneficiosa para la persona que necesita el apoyo.

A nuestro juicio, son dos los problemas que se plantean:

– En primer lugar, el escaso reconocimiento que, en la práctica, se les atribuye a las personas guardadoras de hecho. Son muchas los que acuden al órgano jurisdiccional a solicitar su nombramiento como curador representativo, ya que no se les reconoce su legitimación por parte de los operadores sociales para poder asistir a la persona con discapacidad; véase el ejemplo de las entidades bancarias que, desde que se aprobó la ley, vienen poniendo muchas pegas a la actuación asistencial de la persona guardadora de hecho, negándoles cualquier intervención con relación a la persona con discapacidad[11]. Esto supone que, donde el legislador reconoce una preferencia de un tipo de apoyo desjudicializado, la aplicación práctica y la interpretación obliga a judicializar la situación, conminando a la persona guardadora de hecho a acudir al órgano jurisdiccional a que le reconozca su situación o lo nombre como curador, con las consecuencias perniciosas que ello conlleva, teniéndose que pronunciar los órganos jurisdiccionales sobre una cuestión que el legislador ha querido dejar al margen de la administración de justicia y que supone una indebida utilización de los cauces procesales.

– En segundo lugar, el art. 255 CC excepciona del carácter preferente de la guarda de hecho en los casos en los que esta no sea suficiente. Así el precepto establece: "solo en defecto o por insuficiencia de estas medi-

---

10 Ruiz Alonso, G. A. (2023). "La curatela representativa con guarda de hecho previa: problemas aplicativos". *Diario La Ley, N° 10390, Sección Tribuna*, 17 de noviembre de 2023, pág. 1.

11 Torres Costa, E. "La guarda de hecho y el necesario cambio de mentalidad de los bancos". Entrada en el blog https://www.hayderecho.com/2023/04/24/la-guarda-de-hecho-y-el-necesario-cambio-de-mentalidad-de-los-bancos/. 24 de abril de 2023. Son recientes también los titulares en los medios de comunicación: https://www.abogacia.es/actualidad/opinion-y-analisis/el-bloqueo-de-cuentas-bancarias-a-personas-con-discapacidad/, https://www.epe.es/es/activos/20230102/bancos-bloquean-cuentas-personas-discapacidad-80621466;

das de naturaleza voluntaria, y a falta de guarda de hecho que suponga apoyo suficiente, podrá la autoridad judicial adoptar otras supletorias o complementarias". Quiere esto decir que las medidas judiciales podrán ser adoptadas sustituyendo a una guarda de hecho no eficiente. ¿Y en qué casos la guarda de hecho no será suficiente? El ánimo del legislador en potenciar la figura de la guarda de hecho ha sido tan impetuoso que no ha previsto las situaciones —excepcionales— en las que sea conveniente dicha sustitución. A estos motivos se refiere el Grupo de Trabajo sobre el nuevo sistema de provisión judicial de apoyos a personas con discapacidad y su aplicación transitoria (cód. ex 2201), del CGPJ[12], publicado en su página web. En efecto, dicho grupo ha establecido, por un lado; la primacía de la guarda de hecho frente a la curatela judicial pero, por otro; ha entendido que la guarda de hecho puede coexistir con una medida de apoyo judicial cuanto esta última sea necesaria para algún acto o esfera en la que no es suficiente o adecuada la guarda de hecho. Para tomar esa decisión judicial, se ha hecho hincapié en valorar la situación concreta estudiando la realidad socio-familiar de la persona con discapacidad. Y añade un triple elenco de situaciones que justifican la preferencia de la curatela judicial frente a la guarda de hecho, a saber:

- La guarda de hecho se podrá entender "no adecuada" cuando existan conflictos de intereses reiterados, conflictos de índole personal, abusos de la persona guardadora de hecho o influencia indebida del mismo sobre la persona con discapacidad.

- La guarda de hecho se podrá entender "no suficiente" cuando, por las circunstancias de la persona con discapacidad, se advierta que va a ser necesaria la solicitud de autorizaciones judiciales por la persona guardadora, para actuar en representación de la persona con discapacidad de forma reiterada, y por ello deberá acudir de modo reiterado al juzgado (p. e. en caso de patrimonio que por su entidad o cantidad implica una administración superior a la entendida ordinaria).

- A los supuestos anteriores habrá que añadir aquellos casos en que, por la existencia de conflictos alrededor de la guarda de hecho, por ejemplo, que varios familiares se irroguen de forma continua la guarda de hecho en detrimento del resto, o bien que los familiares de la persona guardadora

---

12 https://www.poderjudicial.es/portal/site/cgpj/menuitem.65d2c4456b6ddb628e635fc1dc432ea0/?vgnextoid=d51ded4701ef2810VgnVCM1000004648ac0aRCRD&vgnextchannel=14b3808f34af5410VgnVCM1000006f48ac0aRCRD&vgnextfmt=default&vgnextlocale=eu&perfil=2&lang_choosen=eu

de hecho se opongan a los actos del que sí actúa como tal, se constate que se está perjudicando o dificultando el desenvolvimiento de la vida de la persona con discapacidad.

Recientemente, el Tribunal Supremo se ha pronunciado, en sus Sentencias la 1443/2023[13] y 1444/2023[14], de 20 de enero ambas, dictando importante doctrina en la materia y flexibilizando la interpretación de la norma, aunque su posición creemos servirá para judicializar mucho mas la guarda de hecho, ahogando en cierta manera el espíritu del legislador de la Ley 8/2021. Ya lo había adelantado el propio Tribunal en su Sentencia 66/2023, de 23 de enero, estableciendo que "si llegara a acreditarse en un futuro su necesidad, por inadecuación o insuficiencia de la guarda de hecho, podrán adoptarse medidas judiciales de apoyo a instancia de las personas legitimadas de conformidad con la regulación introducida por la Ley 8/2021". En este caso, el TS estimó el recurso, entendiendo suficiente la guarda de hecho frente a medidas de carácter judicial.

Sin embargo, en los casos de las SSTS 1443/2023 y 1444/2023, el TS desestimó los recursos de casación, confirmando las resoluciones de las Audiencias Provinciales que entendieron la procedencia de sustituir la guarda de hecho por una curatela. El Ministerio Fiscal, disconforme con estas decisiones, acudió en casación al Tribunal Supremo argumentando que no existía doctrina jurisprudencial del Alto Tribunal en relación con la materia.

En ambos casos, se trataba de personas con discapacidad cognitiva grave que anulaba sus facultades volitivas y las personas guardadoras de hecho encontraban muchas trabas al ejercicio de la guardaduría. En los términos de la sentencia 1443/2023:

> "Si interpretáramos de forma rígida la norma (último párrafo del art. 255 CC), descontextualizada, negaríamos siempre la constitución de una curatela si en la práctica existe una guarda de hecho; lo que se traduciría en que al revisar las tutelas anteriores, se transformaran de forma automática todas ellas en guardas de hecho. Esta aplicación rígida y automática de la norma es tan perniciosa como lo fue en el pasado la aplicación de la incapacitación a toda persona que padeciera una enfermedad o deficiencia, de carácter físico o psíquico, que le impidiera gobernarse por sí mismo, al margen de si, de acuerdo con su concreta situación, era preciso hacerlo.
> En situaciones como la que es objeto de enjuiciamiento y en algunas otras de revisión de tutelas, hay que evitar esta aplicación autómata de la ley. Es nece-

[13] DOCUMENTO (*Tol 9740661*).

[14] DOCUMENTO (*Tol 9740872*).

sario atender a las circunstancias concretas, para advertir si está justificado la constitución de la curatela (y en otro contexto de revisión de tutelas anteriores, la sustitución por una curatela) en vez de la guarda de hecho"

Sin embargo, como adelantábamos, el TS favorece la conversión de la guarda de hecho en guarda de derecho cuando permite que todo persona guardadora de hecho pueda solicitar el nombramiento de curador, sin distinguir entre discapacidad grave que impida el ejercicio de la guarda meramente asistencial y otro tipo de discapacidad menos grave, lo que, sin duda, reviste trascendencia procesal que puede acabar apagando el reforzamiento de la guarda de hecho, máxime cuando las personas guardadoras encuentran tantas trabas en el ejercicio de sus funciones asistenciales[15]:

"El art. 263 CC, al regular la guarda de hecho, prevé la compatibilidad de la guarda de hecho con las medidas de apoyo voluntarias o judiciales, respecto de aquellas necesidades no cubiertas por estas últimas. Esta norma no impide que el guardador de hecho solicite formalizar judicialmente la prestación del apoyo, mediante su nombramiento como curador, con las mismas funciones asistenciales y de representación que hasta ahora prestaba como persona guardadora. Son reglas complementarias.
El art. 269 CC, dentro de la regulación de la curatela, prescribe en el párrafo primero que la curatela se constituirá "mediante resolución motivada cuando no exista otra medida de apoyo suficiente para la persona con discapacidad". Como ya hemos hecho al interpretar el último párrafo del art. 255 CC, la norma se entiende bajo la lógica de que la insuficiencia de un apoyo informal, como es la guarda de hecho, aflora también cuando quien lo presta lo pone de manifiesto y advierte la conveniencia de una constitución formal del apoyo, que facilite en sus específicas circunstancias prestar su función de asistencia y representación del mejor modo".

La solución pasa por, a nuestro juicio y partiendo de esta interpretación amplia que establece el TS, que flexibiliza el espíritu rígido de la Ley 8/2021, mejorar las condiciones en los que las personas guardadoras de hecho ejercen sus funciones asistenciales, de manera que los único que sea "de hecho" sea su carácter espontaneo, desprovisto de toda formalidad jurisdiccional, pero que la forma de acreditación del mismo, así como sus funciones y el control judicial de las mismas estén perfectamente diseñadas.

---

15 Es de esta opinión Torres Costa, quien opina perversión del nuevo modelo que, de no frenarse, terminará convirtiéndose en una generalizada "judicialización de la desjudicialización". Torres Costa, E. (2023), *op. cit.*, pág. 4.

3.2. Carácter informal del apoyo. Problemas de acreditación

En la propia definición de la institución, contenida en el art. 250 CC, la guarda de hecho constituye "una medida informal de apoyo que puede existir cuando no haya medidas voluntarias o judiciales que se estén aplicando eficazmente".

La calificación de "informal" por el CC parece, por tanto, y en contraposición a lo establecido en el Preámbulo de la ley, destilar la idea de que la guarda de hecho no reviste trascendencia jurídica-sustantiva, mucho menos procesal. Sin embargo, el análisis práctico de la situación actual nos devuelve un resultado diferente; la guarda de hecho debe ser considerada como una medida de apoyo formal que, como venimos adelantando, debiera haber estado regulada de una manera mucho más precisa para evitar situaciones complicadas de interpretar a la luz de los nuevos preceptos. Otra cosa diferente es su génesis, que deriva de la informalidad de asistencia espontanea y voluntaria.

Uno de los problemas que dificulta la potenciación de la figura de la persona guardadora de hecho es su acreditación documental como tal. Aunque en materia asistencial de cuestiones personales, obviamente, no es necesaria la acreditación, la realización de actividades de carácter fundamentalmente patrimonial (gestión de cuentas bancarias, firmas de contratos de arrendamiento de cosas o servicios, incluso el acceso a escritura pública de determinados actos dispositivos) resulta difícil sin un documento que acredite las facultades de aquella[16].

Ya hemos avanzado en el anterior epígrafe las dificultades puestas de manifiesto por muchas personas guardadoras para poder ejercer correctamente su función asistencial, lo que los aboca, inevitablemente, a un proceso jurisdiccional en el que solicitan que se les nombre curadores. No en vano, Santos Urbaneja[17] ya calificó este problema como el talón de Aquiles de la institución, en el contexto de lo que el denominó estado burocrático como aquel en el que está extendida la sensación de que sin *papeles* no se puede actuar.

---

16 Fábregas Ruiz, C. F. (2006) La guarda de hecho y la protección de las personas con discapacidad. Madrid, ed. Centro de Estudios Ramón Areces, pág. 26.

17 Santos Urbaneja, F. (2017). "El futuro de la guarda de hecho". *Protección jurídica de las personas con discapacidad". (Coords. Serrano García, I. y Candau Pérez, A.),* Valencia, ed. Tirant lo Blanch, pág. 213.

En esa búsqueda de reconocimiento por parte de los órganos jurisdiccionales, las personas guardadoras se han encontrado muchas veces con una resolución negativa, ya que aquellos consideran que, efectivamente, la guarda de hecho es un apoyo informal que no necesita formalización judicial[18], lo cual, en el argot coloquial, se trata de una "pescadilla que se muerde la cola".

En otras ocasiones, los órganos jurisdiccionales nombran curador a la persona que venía ejerciendo la guarda de hecho correctamente, lo que supone judicializar una guarda de hecho, perdiendo así esa potencialidad con la que nació[19].

De este laberinto hay que salir de alguna forma; esto es, aunque no lo diga expresamente la ley, se hace preciso acreditar documentalmente la guarda de hecho[20]. Y dicha acreditación no pasa por la vía del juzgado, precisamente. No desconocemos que el título habilitante para ejercer como persona guardadora es la propia ley y no un documento[21], pero, a menos que toda la sociedad esté concienciada con esta premisa, las dificultades en el ejercicio devendrán inevitables.

En este camino nos encontramos cuando se ha firmado en julio de 2023 un Convenio entre la Fiscalía, las asociaciones bancarias y el Banco de España que sienta los cauces para que la práctica bancaria se adecúe al nuevo tratamiento legal a la discapacidad marcado por la legislación e impulsa al análisis de las cuestiones prácticas que se deriven de su aplicación, conju-

---

18 Auto Juzgado de 1ª Instancia e Instrucción nº 3 de Córdoba de 11 de enero de 2022, Auto Juzgado 1ª Instancia nº 5 de Córdoba, de 7 de febrero de 2022, AJPI no 5 de Córdoba 413/2022, de 29 de junio, todos ellos citados por Prados García, C. (2023), *op. cit.*, pág. 8.

19 Vid un examen de la jurisprudencia en uno y otro sentido en De Verda y Beamonte, J. R. (2022). "Curatela frente a guarda de hecho: criterios jurisprudenciales". *IDIBE*, https://idibe.org/tribuna/curatela-frente-guarda-hecho-criterios-jurisprudenciales/, pág. 1.

20 En contra se manifiesta Torres Costa, E. quien considera indiscutible que la guarda de hecho no requiere de ningún documento que formalmente la constituya y su exigencia constituye un claro obstáculo al correcto funcionamiento de la medida de apoyo a la persona con discapacidad. Por lo tanto, los requerimientos efectuados por los bancos y otros organismos públicos y privados en el sentido antes transcrito son contrarios a la ley y perjudican claramente a la persona con discapacidad a quien, justamente deben proteger. "La guarda de hecho y el necesario cambio de mentalidad de los bancos", *op. cit.*, pág. 4.

21 Santos Urbaneja (2017), *op. cit.* pág. 212.

gándolas con la seguridad jurídica que requiere la actividad bancaria. De ese Convenio surge el Documento Interpretativo al Protocolo Marco entre FGE y Asociaciones Bancarias[22] en el que se aclaran muchas de las cuestiones controvertidas con relación a esta materia.

Así, el documento refleja las formas en las que se puede acreditar la guarda de hecho: "puede convenirse que la guarda de hecho, además de ponerse de manifiesto mediante la voluntad concordante de persona guardadora y guardado y a través del testimonio de su entorno familiar y social, se puede evidenciar, en cuanto a la convivencia y vínculo entre persona guardadora y guardado a través de muy diversas formas acreditativas de su existencia, como pueden ser, entre otras: el libro de familia; el historial de certificados de empadronamiento y de convivencia; informes de servicios sociales; informes de servicios públicos de salud y otros servicios públicos. Resultarán de especial eficacia por aportar mayor seguridad jurídica las actas de notoriedad en cuanto dan fe de los elementos esenciales de la guarda, es decir, la discapacidad que requiere el apoyo, el vínculo entre las partes y la suficiencia y adecuación de la propia guarda. Ello sin perjuicio de que, de forma incidental, pueda constatarse la existencia de una guarda de hecho suficiente y adecuada en resoluciones de las fiscalías o de los órganos judiciales". Añade, además, la posibilidad, de utilizar la formula de declaración responsable como buena práctica para garantizar la salvaguarda de su adecuado ejercicio, especialmente en ausencia de obligación de rendir cuentas periódicas a la fiscalía o a la autoridad judicial. Este modelo de declaración responsable se utiliza también para interactuar con las administraciones públicas. Como pone de manifiesto Segarra Crespo[23], esta debe contener la enumeración de sus obligaciones, incompatibilidades y prohibiciones, así como la obligación de respetar la voluntad, deseos y preferencias de la persona con discapacidad y, si no pudiera expresarla, de atender a su trayectoria vital.

Por su parte, las Conclusiones de las Jornadas de Fiscales Especialistas de las Secciones de Atención a Personas con Discapacidad y mayores de la Fiscalía General del Estado[24], celebradas en septiembre de 2021, estable-

---

22 https://www.fiscal.es/documents/20142/b6eff98b-564e-d7fe-f16d-1539e38d7d4b

23 Segarra Crespo, M. J. (2023). "Una iniciativa de responsabilidad social del sector bancario: facilitar el desarrollo de la guarda de hecho como figura de apoyo natural". *El Notario del siglo XXI*. Año 2023, nº 111.

24 Al que se refiere Ortiz Tejonero, M. (2022). "La guarda de hecho tras la entrada en vigor de la Ley 8/2021". *Diario La Ley, Nº 10053, Sección Tribuna*, 21 de abril de

cieron el libro de familia cuando de un familiar se trate, a los modelos de declaración responsable de guarda de hecho elaborados por la administración al efecto de cursar las peticiones de reconocimiento de la situación de dependencia, así como al certificado de empadronamiento, ya que resulta de extraordinaria relevancia el hecho de convivir con el guardado. Se llega a afirmar que, incluso, un decreto de archivo de diligencias preprocesales de Fiscalía que acuerda no interponer demanda de provisión judicial de apoyos por existir guardador de hecho eficaz.

Especial hincapié debe hacerse en lo que, a nuestro juicio, es la mejor solución para acreditar una guarda de hecho: el acta de notoriedad realizada ante notario, aunque como decía Voltaire, "lo mejor es lo enemigo de lo bueno", esta solución no está exenta de problemas, ya que la acreditación documental refleja un momento puntual y la discapacidad puede ser un concepto cambiante, lo que obligaría, al igual que las resoluciones judiciales que proporcionan apoyos, a ser revisadas en un plazo determinado.

Como pone de manifiesto la Circular Informativa 1/2023, de 27 de mayo, del Consejo General del Notariado, sobre la actuación notarial en las medidas de apoyo voluntario y para la declaración de notoriedad de la guarda de hecho (Ley 8/2021), "el acta de notoriedad constata la existencia de la guarda de hecho en un momento dado (tenencia), pero su subsistencia en el tiempo (posesión) es una presunción legal que se activa cada vez que se ejercita".

Algunos autores han apuntado hacia un escalón superior que entronca directamente con la supervisión judicial de la guarda de hecho. Consideran que debiera preverse una comunicación obligatoria de la figura a la autoridad judicial, Ministerio Fiscal o a la Entidad Pública encargada en el respectivo territorio de las personas con discapacidad que facilitaría, por un lado, la acreditación de la existencia de una persona guardadora de hecho, y, por otro, se le podría proteger a la persona bajo la guarda de posibles e hipotéticos abusos durante la misma[25], algo parecido a lo previsto en el Código Civil de Cataluña.

2022, pág. 4. No estamos de acuerdo en que una resolución judicial pueda servir para acreditar la condición de persona guardadora, pues no es esa la intención del legislador, como ponemos de manifiesto en el texto.

25 Donado Vara, A. (2022). "Humanización de la justicia: retos procesales en los procesos de familia. La judicialización de la guarda de hecho bajo el nuevo paradigma de la discapacidad". LA LEY Derecho de familia, Nº 33, Sección A Fondo, Primer trimestre de 2022, pág. 4.

3.3. Control judicial de la guarda de hecho

Aunque una las principales características de la reforma procesal en materia de capacidad jurídica es la desjudicialización, a la que nos hemos referido en epígrafes anteriores, en el sentido de que el legislador aboga por la preferencia de medidas voluntarias y la guarda de hecho, lo cierto es que esa desjudicialización inicial se convierte en una hiperjudicialización posterior, puesto que la regulación legal prevé una intervención jurisdiccional férrea en la tutela de las potenciales situaciones abusivas, algo que ha sido cuestionado por parte de la doctrina[26]. La igualdad de todas las personas en cuanto al ejercicio de su capacidad jurídica debe tener, como contrapartida, un control de los abusos en el ejercicio de esta por aquellas personas que encuentren limitaciones, puesto que el sistema es mucho más proclive a que se produzcan dichos abusos. Somos conscientes de los trastornos que puede ocasionar esta hiperjudicialización con respecto a trámites procesales, retrasos judiciales y sobrecarga de trabajo. En opinión de Roca Guillamón[27], esto puede redundar en una desprotección de los intereses del discapacitado "porque no será extraño que la persona guardadora de hecho pueda terminar por desanimarse ante el temor a la lenta y compleja burocracia judicial, y acabe por desentenderse de la situación, con lo que el perjudicado de un excesivo intervencionismo judicial, a la postre, puede terminar siendo el potencial beneficiario".

En conclusión, también en este aspecto la guarda de hecho acaba por revestir una trascendencia procesal que resulta imprescindible analizar por cuanto redunda en la eficiencia de un servicio público de justicia protector de las personas vulnerables en nuestra sociedad.

3.3.1. Control *ex ante* de la actuación de la persona guardadora de hecho. Autorización judicial para ejercer actuaciones de representación

El control jurisdiccional previo a la actuación de la persona guardadora de hecho implica que, para la realización de determinados actos, este precisa de una autorización judicial que calibre la pertinencia y adecuación de la asistencia a realizar.

---

26 Bellido González del Campo, C. (2023), *op. cit*, pág. 94. Roca Guillamón, J. (2022) "La guarda de hecho". *Problemática jurídica de las personas con discapacidad (dir. Moreno Flórez, R. M.)*. Madrid, ed. Dykinson, pág. 133

27 Roca Guillamón, J. (2022), *op. cit.*, pág. 133.

Con carácter general, han aumentado las situaciones en las que, tanto el curador representativo como la persona guardadora de hecho, necesitan autorización judicial para realizar actos en nombre de la persona con discapacidad, lo que reafirma esa hiperjudicialización a la que hacíamos referencia anteriormente. Por el contrario, no será necesaria autorización judicial cuando la persona guardadora solicite una prestación económica a favor de la persona con discapacidad, por ejemplo, una pensión ante la administración, lo que sin duda facilita la intervención de la persona guardadora, o realice actos jurídicos sobre bienes de esta que tengan escasa relevancia económica y carezcan de especial significado personal o familiar. Otra cosa será el alcance de la interpretación y clasificación de lo que significa especial significado personal o familiar, que excede del contenido del presente capítulo, pero que puede resultar peligroso puesto que, si existen actos que éste no lo califica de transcendentes, quedarían exentos de control judicial. En cualquier caso, los actos que indubitadamente, gozan de trascendencia personal y familiar serían, por ejemplo, un cambio de residencia o actos relacionados con el estado civil (separación, divorcio, filiación).

El art. 264 CC prevé que, "cuando, excepcionalmente, se requiera la actuación representativa de la persona guardadora de hecho, este habrá de obtener la autorización para realizarla a través del correspondiente expediente de jurisdicción voluntaria, en el que se oirá a la persona con discapacidad". El siguiente párrafo establece la necesidad, en todo caso, de recabar autorización judicial conforme a lo indicado en el párrafo anterior para prestar consentimiento en los actos enumerados en el artículo 287, que son los previstos para que el curador representativo deba solicitar la pertinente autorización.

La conjunción de estos preceptos conlleva cierta confusión sobre el alcance de la necesidad de este control jurisdiccional.

Por un lado, del art. 264, párrafo 1º CC se desprende que la guarda de hecho sin intervención jurisdiccional es meramente asistencial, pero que puede extenderse a los supuestos en los que la persona guardadora deba representar a la persona con discapacidad siempre que medie autorización judicial: "Cuando, excepcionalmente, se requiera la actuación representativa del guardador de hecho, este habrá de obtener la autorización para realizarla a través del correspondiente expediente de jurisdicción voluntaria, en el que se oirá a la persona con discapacidad".

El párrafo 3º del art. 264 CC extiende la exigencia de la autorización judicial a la persona guardadora de hecho para los actos enumerados en el citado art. 287, que regula los casos en los que el curador representativo necesita, además de una investidura judicial como tal, autorización para la realización de los actos previstos en el precepto: "En todo caso, quien ejerza la guarda de hecho deberá recabar autorización judicial conforme a lo indicado en el párrafo anterior para prestar consentimiento en los actos enumerados en el artículo 287".

En este punto, la cuestión radica en plantearnos si es necesaria la autorización judicial de dichos actos si la persona guardadora únicamente va a realizar una función de asistencia en la que va a apoyar al guardado. La primera aproximación a la cuestión pasaría por entender que no es necesaria puesto que no está actuando como representante y el art. 287 se refiere a casos en los que el curador ejerce funciones de representación; pero claro, la locución *en todo caso* al que se refiere el párrafo 3° del art. 264 incita a confusión, puesto que parece dar a entender que, además, de cuando ejerza funciones representativas, debe solicitar autorización en las enumeradas en el art. 287, aunque solo asista a la persona con discapacidad, ya que, si entendiésemos que es necesaria, además, una autorización en esos casos cuando ejerce funciones de representación, estaríamos duplicando la autorización, lo que no parece coherente.

A nuestro juicio, la interpretación teleológica del art. 264 CC, en su párrafo 3°, es meramente reforzadora de la necesidad de autorización judicial para representar a la persona con discapacidad. Acorde a esta interpretación, sería posible que se otorgara sin necesidad de autorización judicial una escritura de compraventa de un inmueble consentida por un padre asistido por su hijo —persona guardadora de hecho— que le apoya en el ejercicio de su capacidad[28]. De igual manera se pronuncia Ruiz-Rico Ruiz[29], entendiendo que la locución en todo caso, "pretende ser pedagógica, en cuanto aclaratoria".

La diferencia entre ambos párrafos radica en que, para la actuación representativa de la persona guardadora de hecho, aunque no se refiera a actos del art. 287, se precisa la autorización que exige el art. 264, párrafo

---

28 *Vid.* toda la argumentación que proporcionan en este sentido Lora-Tamayo Villacieros, M y Pérez Ramos, C. (2021). "La guarda de hecho tras la nueva regulación de la Ley 8/2021". El Notario del siglo XXI, nº 99.

29 Ruiz-Rico Ruiz, J. M. (2022). "El régimen jurídico de la guarda de hecho". *La reforma civil y procesal en materia de discapacidad. Estudio sistemático de la Ley 8/2021 de 2 de junio* (Dir. De Lucchi López-Tapia, Y. y Quesada Sánchez, A., coord. Ruiz-Rico Ruiz, J. M.). Barcelona, ed. Atelier, pág. 303.

1° CC. Por tanto, la actuación representativa es siempre factible con tal de que, oído el discapacitado, se cuente con la autorización obtenida en expediente de jurisdicción voluntaria. Además, el propio precepto permite obtener una autorización para actos de representación recurrentes, lo que agiliza la actuación representativa del guardador, implicando plenamente esta figura en el escenario del ejercicio de la capacidad jurídica.

Centrándonos en la trascendencia procesal de estas autorizaciones, la LJV regula confusamente varios expedientes para solicitar esta autorización.

Por un lado, el art. 52 regula exiguamente una referencia al expediente para que la persona guardadora de hecho solicite autorización judicial, en el que se establece, únicamente, que, antes de tomar una decisión, la autoridad judicial entrevistará por sí misma a la persona con discapacidad y podrá solicitar un informe pericial para acreditar la situación de esta, pudiendo citar a la comparecencia a cuantas personas considere necesario oír en función del acto cuya autorización se solicite.

Por otro, se regula mucho más detalladamente en los arts. 61 y siguientes LJV el expediente para recabar autorización o aprobación judicial para la realización de actos de disposición, gravamen u otros que se refieran a los bienes y derechos de menores y personas con discapacidad con medidas de apoyo para el ejercicio de su capacidad jurídica. Concretamente, el art. 61 establece que "se aplicarán las disposiciones de este Capítulo en todos los casos en que el representante legal del menor o la persona que preste apoyo a la persona con discapacidad o el administrador de un patrimonio protegido necesite autorización o aprobación judicial para la validez de actos de disposición, gravamen u otros que se refieran a sus bienes o derechos o al patrimonio protegido, salvo que hubiera establecida una tramitación específica".

Este concreto ámbito de aplicación nos conduce a un interrogante: partiendo de que el precepto hace referencia a todos los actos que se refieran a sus bienes y derechos, lo que engloba todo tipo de autorización y, además, se hace referencia a los casos en los que la persona que preste apoyo a la persona con discapacidad —entre las que debemos incluir al persona guardadora de hecho—; ¿debe considerarse como tramitación específica el expediente previsto especialmente en el art. 52, al que hemos hecho referencia anteriormente, previsto para la persona guardadora de hecho?

Las diferencias serían notables: por ejemplo, mientras que en este último expediente no sería preceptiva la intervención de abogado y procurador, puesto que, en ausencia específica de regulación, se aplican las reglas generales de no preceptividad, en el expediente regulado en los arts. 61 y siguientes, el art. 62.3 prevé la intervención de abogado y procurador cuando el acto para el que se inste la autorización sea superior a 6.000 euros. Además, se regulan específicamente los requisitos de la solicitud que condicionan la propia autorización. Por otro lado, el art. 52, párrafo 3º, incluido *ex novo* con la reforma de la Ley 8/2021, especifica que deberá realizarse una entrevista a la persona con discapacidad para acreditar su situación, algo que no prevé el expediente previsto en los arts. 61 y ss.

Ante esta situación[30], creemos que deben conjugarse ambas regulaciones, puesto que, solo aunando ambas, se consigue un mayor efecto tuitivo de la persona con discapacidad.

En este punto, resulta de trascendental importancia el cambio paradigmático de la reforma que pivota toda su regulación en torno al principio del respeto a los deseos, preferencias y voluntades de la persona con discapacidad, de manera que, aunque desafortunadamente la reforma procesal incide poco en este importante aspecto, el órgano jurisdiccional debe tener en cuenta, a la hora de realizar ese control, dicho principio. En efecto, no establece la ley procesal alusión alguna al principio de respeto a la voluntad, deseos y preferencias de la persona. Así, en el expediente de jurisdicción voluntaria para la autorización judicial de actos que deba realizar el curador o la persona guardadora de hecho no hay ni una sola referencia a la necesidad de respetar la voluntad, los deseos y las preferencias de la persona con discapacidad, mucho menos el de respeto a la trayectoria vital de la misma, en el caso de no poder averiguar cuál es su voluntad. El art. 65 LJV parece incluso que sigue manteniendo el principio del interés superior de la persona con discapacidad puesto que dispone que *"el Juez, teniendo en cuenta la justificación ofrecida y valorando su conveniencia a los intereses del menor o persona con discapacidad con medidas de apoyo para el ejercicio de su capacidad jurídica, resolverá concediendo o denegando la autorización o aprobación solicitada"*. Pensemos por ejemplo en una persona que toda su vida ha sido ahorradora, que no se ha desprendido de ningún bien en toda su vida y al final de ella, debido a una enfermedad senil, pierde toda capacidad de relación con el entorno. La sustitución en la toma de decisiones debe interpretar esa forma de vida y, por ejemplo, no proceder a la venta de ningún bien, de manera que la decisión del órgano jurisdiccional, al que

---

30 A la que también se refiere Donado Vara, A. (2022). "Capítulo XXV. Requerimiento y medidas de control". *Jurisdicción voluntaria. Ley 15/2015, de 2 de julio, de la jurisdicción voluntaria.* Valencia, ed. Tirant lo Blanch, pág. 577.

el curador representativo solicita la autorización para vender, debe ser la denegación de la misma[31].

3.3.2. Control *ex post* del ejercicio de la guarda de hecho

El art. 265 CC establece un control de la actuación de la persona guardadora de hecho cuando establece que "a través de un expediente de jurisdicción voluntaria, la autoridad judicial podrá requerir al guardador en cualquier momento, de oficio, a solicitud del Ministerio Fiscal o a instancia de cualquier interesado, para que informe de su actuación, y establecer las salvaguardias que estime necesarias. Asimismo, podrá exigir que el guardador rinda cuentas de su actuación en cualquier momento".

Por su parte, el art. 52 LJV regula el cauce procesal para realizar dicho control: "A instancia del Ministerio Fiscal, de la persona que precise medidas de apoyo o de cualquiera que tenga un interés legítimo, la autoridad judicial que tenga conocimiento de la existencia de un guardador de hecho podrá requerirle para que informe de la situación de la persona y bienes del menor o de la persona con discapacidad y de su actuación en relación con los mismos". A tal efecto, se podrán adoptar medidas de control de la actuación que se adoptarán, previa comparecencia, citando a la persona a quien afecte la guarda de hecho, a la persona guardadora y al Ministerio Fiscal.

Con esta previsión, se vuelve a dotar de trascendencia procesal a la guarda de hecho, ya que se prevé una legitimación amplia para iniciar un expediente que desemboca en el control de todas las actuaciones, personales y patrimoniales que se estén realizando, aunque sean meramente asistenciales y cuenten con la voluntad de la persona con discapacidad. Curiosamente, no se regula en este expediente la legitimación de la propia persona con discapacidad —aunque pueda entenderse en el amplio concepto de persona con interés legítimo— que puede poner de manifiesto un puntual conflicto de intereses con la persona guardadora, o una influencia indebida. Debe entender el legislador que si ocurre tal cosa, deberá solicitarse que se abra un expediente de provisión de apoyos, o el nombramiento de un defensor judicial de carácter ocasional. Se preguntan Calaza López y

---

31 *Vid.* una referencia a la proyección procesal del principio del respeto a la voluntad, deseos y preferencias de la persona con discapacidad en mi obra (2023). *Justicia judicial en transformación: revisión de principios y garantías procesales*. Cizur Menor, ed. Aranzadi Thomson Reuters, págs. 90 y ss.

González Navarro[32], cómo el legislador no ha afrontado la regulación de alguno para resolver esta cuestión, dentro de la regulación tan profusa de expedientes en materia de discapacidad.

En este sentido, traemos a colación en este momento lo que consideramos una carencia de la regulación procesal también en materia de legitimación como es la ausencia de la persona guardadora de hecho como legitimada para solicitar el expediente de provisión de apoyos previsto en el art. 42 bis LJV. Aunque en muchas de las ocasiones, la persona guardadora es un familiar de los que sí están legitimados, en otras muchas, esta es ajena a la familia cercana, pero resulta ser quien mejor conoce la situación de la persona con discapacidad, por lo que debiera haber estado prevista su legitimación.

3.3. Control de la eficacia de las medidas judiciales

Como hemos analizado, la guarda de hecho se erige en medida principal en defecto del establecimiento de otro tipo de medidas. En el mismo sentido, el art. 263 CC incluso prima la guarda de hecho frente a las medidas voluntarias o judiciales que ya estuvieran adoptadas, pero condiciona la funcionalidad de la primera a que las segundas no estén siendo aplicadas eficazmente.

Como ponen de manifiesto Lora-Tamayo Villacieros y Pérez Ramos[33], muchas veces en la práctica se constata que cónyuges que se han apoderado recíprocamente, se encuentran en una situación de deterioro cognitivo que les impediría ser el apoyo del otro; o en los casos, frecuentes también, en que los padres han sido el apoyo de su hijo con discapacidad hasta su fallecimiento y, al fallecer ambos, son acogidos por un hermano, que no realiza ningún trámite adicional para su designación como apoyo.

Ahora bien, existen otros supuestos en los que la primacía de la guarda de hecho puede entrar en colisión con apoyos voluntarios o judiciales, por cuanto la persona guardadora de hecho puede entender que no se están aplicando eficazmente. En otras palabras; ¿quién estará legitimado para apreciar tal falta de eficacia en la aplicación de las medidas y a través de que cauce deberá canalizarse la decisión?

---

[32] Calaza López, S. y González Navarro, A. (2022) "Comentario al art. 52 LJV", *op. cit.*, pág. 1166.

[33] Lora-Tamayo Villacieros, M y Pérez Ramos, C. (2021), *op. cit.*

Vuelve a revestir trascendencia procesal la necesidad de controlar si las medidas de apoyo están funcionando efectivamente, puesto que ello redundará en la responsabilidad de los actos realizados con o sin asistencia. En cuanto a las medidas judiciales, bien se podrá solicitar una revisión de las medidas de apoyo con base en el art. 42 bis c) LJV, o acudir a los expedientes previstos para la remoción del curador. Si se trata de medidas voluntarias, el art. 255 CC establece que la escritura pública de constitución del apoyo podrá prever las medidas u órganos de control que estime oportuno, las salvaguardas necesarias para evitar abusos, conflicto de intereses o influencia indebida y los mecanismos y plazos de revisión de las medidas de apoyo, con el fin de garantizar el respeto de su voluntad, deseos y preferencias.

4. BREVES CONCLUSIONES

La tradicional informalidad de la guarda de hecho ha determinado, hasta la reforma de la Ley 8/2021, su intrascendencia procesal —a salvo del control ex post de la persona guardadora de hecho, que ya se preveía anteriormente—. Sin embargo, tras la paradigmática reforma que encumbra la versatilidad y necesidad de esta figura de apoyo, no pueden ser desconocidos los problemas prácticos que plantea y que abocan a una trascendencia procesal mucho mayor. Sirvan las siguientes conclusiones como corolario de lo expuesto en el presente capítulo:

– A pesar de que la legitimación de la persona guardadora de hecho proviene de la ley, deberá ser necesario regular una forma de acreditación documental que facilite su labor, ya de por si comprometida y complicada, para no abocar a expedientes de nombramiento de medidas judiciales de apoyo cuando no son ni necesarios ni queridos por el legislador.

– Es necesario dotar de cobertura legal a los supuestos en los que debe proveerse una medida judicial de apoyo en detrimento de una guarda de hecho que no se esté aplicando eficazmente. Ya ha insistido el Tribunal Supremo en la subsidiariedad de la curatela en tanto exista una guarda de hecho que funciona eficazmente. Pero la eficacia no puede estar relacionada con la imposibilidad de operar en el tráfico jurídico por escollos puramente prácticos, ya que la ley deja bien clara la posibilidad de actuación de la persona guardadora en todos los aspectos de la vida de la persona con discapacidad, y en todos los niveles de intensidad del apoyo que presta, desde un apoyo liviano meramente asistencial hasta un apoyo intenso que puede llegar hasta la representación de aquella.

– No se comprende como la persona guardadora de hecho no está legitimada en el art. 42 bis a) LJV para solicitar la provisión de apoyos porque, aunque en muchas de las ocasiones, la persona guardadora es un familiar de los que sí están legitimados, en otras muchas, esta es ajena a la familia cercana, pero resulta ser quien mejor conoce la situación de la persona con discapacidad, por lo que debiera haber estado prevista su legitimación.

– Se hace necesaria una revisión íntegra de los expedientes de jurisdicción voluntaria destinados a ejercer el control *ex ante* de las facultades de la persona guardadora, puesto que existen disfunciones que dificultan su labor.

BIBLIOGRAFÍA

Alba Ferré, E. (2022). "El reconocimiento de la guarda de hecho como apoyo informal". *La reforma en favor de las personas con discapacidad. (coords. Lasarte Álvarez, C y Jiménez Muñoz, F. J.).* Madrid, ed. Dykinson.

Bellido González del Campo, C. (2023). "La guarda de hecho. El ejercicio de hecho de un derecho". *Revista jurídica valenciana,* nº 41.

Calaza López, S. "La justicia civil indisponible en la encrucijada: la asincronía entre la reforma sustantiva y procesal en la provisión judicial de apoyos a las personas con discapacidad", en *La reforma civil y procesal de la discapacidad. Un tsunami en el ordenamiento jurídico. La Ley Derecho de Familia* nº 31, julio-septiembre.

Calaza López, S. y González Navarro, A. (2022) "Comentario al art. 52 LJV". *Comentario articulado a la reforma civil y procesal en materia de discapacidad.* Cizur Menor, ed. Aranzadi-Thomson Reuters.

De Lucchi López-Tapia, Y. (2023). *Justicia judicial en transformación: revisión de principios y garantías procesales.* Cizur Menor, ed. Aranzadi Thomson Reuters.

De Verda y Beamonte, J. R. (2022). "Curatela frente a guarda de hecho: criterios jurisprudenciales". *IDIBE,* https://idibe.org/tribuna/curatela-frente-guarda-hecho-criterios-jurisprudenciales/.

Donado Vara, A. (2022). "Humanización de la justicia: retos procesales en los procesos de familia. La judicialización de la guarda de hecho bajo el nuevo paradigma de la discapacidad". *La Ley Derecho de familia, Nº 33, Sección A Fondo.*

Fábregas Ruiz, C. F. (2006). *La guarda de hecho y la protección de las personas con discapacidad.* Madrid, ed. Centro de Estudios Ramón Areces.

López San Luis, R. (2022). "Guarda de hecho *vs* guarda de derecho tras la Ley 8/2021, de 2 de junio, por la que se reforma la legislación civil y procesal para el apoyo a las personas con discapacidad en el ejercicio de su capacidad jurídica". *Problemática jurídica de las personas con discapacidad (dir. Moreno Flórez, R. M.).* Madrid, ed. Dykinson.

López San Luis, R. (2022). *La guarda de hecho como medida de apoyo a las personas con discapacidad.* Cizur Menor, ed. Aranzadi-Thomson Reuters.

Lora-Tamayo Villacieros, M y Pérez Ramos, C. (2021). "La guarda de hecho tras la nueva regulación de la Ley 8/2021". *El Notario del siglo XXI,* nº 99.

Ortiz Tejonero, M. (2022) "La guarda de hecho tras la entrada en vigor de la Ley 8/2021". Diario La Ley, Nº 10053, Sección Tribuna, 21 de abril de 2022.

Prados García, C. (2023) "La guarda de hecho tras la Ley 8/2021. Misma denominación, pero distinto modelo". *Actualidad Civil, Nº 3, Sección Persona y derechos.*

Roca Guillamón, J. (2022) "La guarda de hecho". *Problemática jurídica de las personas con discapacidad (dir. Moreno Flórez, R. M.).* Madrid, ed. Dykinson

Ruiz Alonso, G. A. (2023). "La curatela representativa con guarda de hecho previa: problemas aplicativos". *Diario La Ley, Nº 10390, Sección Tribuna, 17 de noviembre de 2023.*

Ruiz-Rico Ruiz, J. M. (2022). "El regimen jurídico de la guarda de hecho". *La reforma civil y procesal en materia de discapacidad. Estudio sistemático de la Ley 8/2021 de 2 de junio (Dir. De Lucchi López-Tapia, Y. y Quesada Sánchez, A., coord. Ruiz-Rico Ruiz, J. M.).* Barcelona, ed. Atelier.

Sancho Gargallo, I. (2018). "Sentido de la intervención judicial y del proceso civil en la determinación de la capacidad y los apoyos necesarios para su ejercicio", en *La voluntad de la persona protegida: oportunidades, riesgos y salvaguardias. (Montserrat Pereña Vicente (dir.), Gloria Díaz Pardo (coord.), María Núñez Núñez (coord.).* Madrid, ed. Dykinson.

Santos Urbaneja, F. (2017). "El futuro de la guarda de hecho". *Protección jurídica de las personas con discapacidad". (Coords. Serrano García, I. y Candau Pérez, A.),* Valencia, ed. Tirant lo Blanch.

Segarra Crespo, M. J. (2023). "Una iniciativa de responsabilidad social del sector bancario: facilitar el desarrollo de la guarda de hecho como figura de apoyo natural". *El Notario del siglo XXI,* nº 111.

Torres Costa, E. (2023) "La guarda de hecho y el necesario cambio de mentalidad de los bancos". Entrada en el blog https://www.hayderecho.com/2023/04/24/la-guarda-de-hecho-y-el-necesario-cambio-de-mentalidad-de-los-bancos/. 24 de abril de 2023.

Alcance de la figura del facilitador en el proceso civil

JESSICA JULLIEN DE ASÍS
Ayudante Doctora en Derecho Procesal
Universidad Carlos III de Madrid

1. INTRODUCCIÓN

El acceso a la justicia de las personas con discapacidad no es una cuestión novedosa lo que se refleja en numerosos trabajos doctrinales y referencias normativas al respecto. Ello no significa sin embargo que su traslado a la práctica sea pacífico ni que los resultados sean suficientes.

La Convención de los Derechos de las Personas con Discapacidad firmada en Nueva York en 2006 y ratificada por España en el 2008 (en adelante CDPD) sigue siendo en la actualidad una herramienta de referencia quedando aun parte del camino por recorrer hasta su pleno cumplimiento en España. Muestra de ello es la Ley 8/2021, de 2 de junio por la que se reforma la legislación civil y procesal para el apoyo a las personas con discapacidad en el ejercicio de su capacidad jurídica (en adelante Ley 8/2021). Modifica así importantes elementos que se analizarán a continuación y que abren camino para que las personas con discapacidad ejerciten, efectivamente, su capacidad jurídica.

Sin embargo, la eliminación de ciertas figuras o medidas y el reconocimiento de derechos es un primer paso para este efectivo ejercicio de la capacidad jurídica. Acompañando a estos debe ir la formación especializada, la eliminación de prejuicios y la incorporación armoniosa de adaptaciones y ajustes, todas ellas cuestiones más complejas y que requieren sin duda más tiempo.

La Ley 8/2021 no supone un cambio menor; esto se observa en la eliminación de ciertas medidas restrictivas de derechos, pero también en su presentación como un cambio de sistema. No se limita a la incorporación de modificaciones dispersas en el ordenamiento, sino que supone un cambio de enfoque forzado por medio de estas primeras. Parece así un momento idóneo para impulsar mecanismos y dinámicas que faciliten una adecuada implantación de este nuevo modelo y, en este sentido, se propone el impulso de la figura del facilitador dentro del proceso civil.

Sin ser una figura nueva, existe un uso deficiente de la misma y su regulación y traslado a la práctica admite importantes debates. Esta figura no solamente se reconoce de manera expresa en la Ley 8/2021 sino también en el reciente Real Decreto-ley 6/2023, de 19 de diciembre por el que se aprueban medidas urgentes para la ejecución del Plan de Recuperación, Transformación y Resiliencia en materia de servicio público de justicia, función pública, régimen local y mecenazgo. Como establece su preámbulo, este surge con el objeto de no dilatar el cumplimiento de hitos y objetivos que venían integrados en el Proyecto de Ley 121/000097, de medidas de eficiencia procesal del servicio público de Justicia (BOCG de 22 de abril de 2022) o en el Proyecto de Ley 121/000116, de Medidas de Eficiencia Digital del Servicio Público de Justicia (BOCG de 12 de septiembre de 2022).

Estos procesos legislativos quedaron precipitadamente inconclusos por la disolución anticipada del Congreso de los Diputados y del Senado por Real Decreto 400/2023, de 29 de mayo, de disolución del Congreso de los Diputados y del Senado y de convocatoria de elecciones, sin embargo, merece la pena acudir al primero en este caso para recuperar su aproximación al concepto de servicio público. En dicho Proyecto de Ley de Medidas de eficiencia procesal del servicio público de abril de 2022, se hace alusión a que la Administración de Justicia solamente puede considerarse como servicio público cuando la Justicia "*se percibe por la ciudadanía como algo propio, como algo cercano, eficaz, entendible y relativamente rápido*". Atendiendo a la participación de las personas con discapacidad, la incorporación al proceso de medidas de apoyo y ajustes debe lograrse de forma eficaz, sin que suponga un peso para la persona con discapacidad la tramitación o la defensa de dicha incorporación. Solamente así es posible que las personas con discapacidad reconozcan la Administración de Justicia como un servicio público, al que el acceso sea universal y permita ajustes en coherencia con ello y sin reconocerse como excepciones.

Desde la preservación de los derechos de las personas con discapacidad, y en concreto desde la adecuada integración de medidas y ajustes para asegurar la accesibilidad a la justicia en ausencia de discriminación, se opta en este caso por defender la necesidad de profesionalizar la valoración de dichos ajustes, cuando sean necesarios, desde la figura del facilitador o facilitadora. Para ello se van a abordar a continuación los conceptos de capacidad jurídica y su ejercicio a la luz de la CDPD y la Ley 8/2021, la definición de medidas de apoyo, ajustes de procedimiento y ajustes razonables junto a su alcance, y finalmente la figura de la persona facilitadora en el proceso civil atendiendo a su regulación actual, y su encaje desde el sentido de la norma.

2. EL EJERCICIO DE LA CAPACIDAD JURÍDICA Y LA ACCESIBILIDAD EN EL PROCESO CIVIL

La Convención de los Derechos de las Personas con Discapacidad ha abierto la puerta a numerosos avances, siendo sin duda alguna la Ley 8/2021 de 2 de junio, por la que se reforma la legislación civil y procesal para el apoyo de las personas con discapacidad en el ejercicio de su capacidad jurídica, uno de los últimos logros más importantes ya que responde a un ejercicio de coherencia en la interpretación de los derechos.

Aunque numerosas modificaciones legislativas apuntaban ya la dirección en la que debía avanzarse, esta ley termina de hacer palpable la exigencia de reconocer este ejercicio de la capacidad jurídica de las personas con discapacidad en igualdad de condiciones. Para ello fuerza un cambio de paradigma en el ejercicio de la capacidad jurídica, sustituyendo el modelo predominante de sustitución de la voluntad en la toma de decisiones por un modelo de medidas de apoyo ajustadas a las requeridas por la persona en cada momento.

2.1. La capacidad jurídica y su ejercicio

El cambio que está operando en España en la actualidad es en realidad lo que ya propuso la CDPD en su promulgación, observándose en su redacción una clara intención de cambio de modelo respecto al tratamiento de la capacidad jurídica de las personas con discapacidad. Pretendía, ya en aquel entonces, pasar de un modelo de sustitución en la toma de decisiones a un modelo de apoyo en las mismas, acorde al modelo social, en el que las personas con discapacidad deciden conforme a su voluntad, deseos y preferencias[1].

La diferenciación entre los conceptos de capacidad jurídica y capacidad de obrar fue muy relevante en el momento de su redacción[2]. Parte de estos debates se trasladan a nivel nacional ahora, encontrando voces que señalan que con la Ley 8/2021 se pierden el sentido de esta diferenciación.

Así, merecen ser abordados aun sea brevemente estos dos conceptos que se encuentran en el centro de esta modificación legislativa: la capacidad jurídica y capacidad de obrar[3].

La capacidad jurídica puede definirse como la aptitud para ser sujeto de derechos y de obligaciones[4]. Es equivalente al reconocimiento de la personalidad, que es determinada por el nacimiento y se extingue con la muerte (art. 28-32 Cc.). Se reconoce a toda persona por el hecho de serlo y se encuentra vinculada al reconocimiento de la dignidad humana. Tiene un carácter pasivo respecto a la idoneidad de la persona para ser receptora de efectos jurídicos[5]. Por su parte, la capacidad de obrar o la capacidad procesal es la aptitud de la persona para realizar actos jurídicos de manera eficaz, directa y válida. Interesa en este caso la capacidad procesal en el ámbito civil, que sería la necesaria para comparecer en juicio y poder realizar válidamente actos procesales —entendiéndolo en un sentido amplio—. Si la capacidad jurídica tiene carácter absoluto, la capacidad de obrar tiene carácter relativo en cuanto sí depende de la aptitud de la persona para desenvolverse con autonomía en la vida jurídica. Esta diferenciación queda clara en el sistema español y es por ello que previamente a la Ley 8/2021

---

1 Barranco, María del Carmen, Cuenca, Patricia y Ramiro Miguel Ángel, Capacidad jurídica y discapacidad: el artículo 12 de la Convención de los derechos de las personas con discapacidad, Anuario Facultad de Derecho - Universidad de Alcalá V (2012), ISSN 1888-3214, págs. 55 y ss.

2 Palacios, Agustina, *El modelo social de la discapacidad. Orígenes, caracterización y plasmación en la Convención Internacional sobre los derechos de las personas con discapacidad* (Madrid: Colección CERMI. CINCA, 2008), págs. 420 y ss.

3 De Castro, Federico, *Derecho civil de España,* T. II. (Madrid: Civitas, 1984), págs. 49 y 50 y Díez-Picazo, Luis, *Sistema de derecho civil,* Volumen I, 11ª ed. (Madrid: Tecnos, 2003) pág. 70.

4 Del Arco Torres, Manuel. y Pons González, Miguel Ángel "Capacidad jurídica", en *Diccionario de Derecho Civ*il, Tomo Primero, (Madrid: Editorial Aranzadi, 1984), pág. 196.

5 Rovira Sueiro, María, *La relevancia de la voluntad de la persona para afrontar su propia discapacidad,* (Madrid: Ed. Ramón Areces, 2006), pág. 14.

se reservaba a las personas mayores de edad[6] y a las que no hubiesen sido "incapacitadas judicialmente", encontrándose regulada en el artículo 7 de la Ley de Enjuiciamiento Civil (LEC).

Como se adelantaba, la redacción del art. 12 de la CDPD fue compleja y abordó la diferencia entre los conceptos de capacidad jurídica y capacidad de obrar donde tanto el posicionamiento de cada Estado, como también la traducción de los conceptos, invitaban a intensos debates.

A la luz de todos ellos, el Informe del Alto comisionado para los Derecho Humanos de Naciones Unidas concluyó que el término de capacidad jurídica en derecho internacional y gran parte del derecho comparado, incluye la capacidad de obrar —pese a poder sufrir restricciones, debiendo definirse en este caso cuáles serían legítimas—[7]. Ello se reafirma en el documento publicado por Naciones Unidas (NNUU) sobre "Principios y directrices internacionales sobre el acceso a la justicia para las personas con discapacidad" que en su glosario de términos reconoce por capacidad jurídica[8] "la capacidad de ser titular de derechos y la de actuar en derecho". Señala además que "concede a la persona la protección plena de sus derechos por el ordenamiento jurídico. La capacidad jurídica de actuar en derecho reconoce a esa persona como actor facultado para realizar transacciones y para crear relaciones jurídicas, modificarlas o ponerles fin"[9].

Así la Convención de los derechos de las personas con discapacidad de 2006, recoge en su artículo 13.1 y 2 que:

"*1. Los Estados Partes asegurarán que las personas con discapacidad tengan acceso a la justicia en igualdad de condiciones con las demás, incluso mediante ajustes de procedimiento y adecuados a la edad, para facilitar el desempeño de las*

---

6 Se mantiene en la actualidad la "representación, asistencia o autorización exigidos por ley" para las personas menores de edad no emancipadas respecto a la limitación de su capacidad procesal (art. 7.2 LEC).

7 Office of the United Nations, High Commissioner for Human Rights, *Legal capacity: background conference document*, (New York: 2005), *cit.* párr. 34. Disponible en https://digitallibrary.un.org/record/555152

8 Comité sobre los Derechos de las Personas con Discapacidad, Observación general N° 1 (2014) sobre igual reconocimiento como persona ante la ley, párr. 12.

9 Informe del Alto Comisionado de las Naciones Unidas para los Derecho humanos, *Principios y directrices internacionales sobre el acceso a la justicia para las personas con discapacidad* (Ginebra: 2020). Disponible en: https://www.un.org/development/desa/disabilities/wp-content/uploads/sites/15/2020/10/Access-to-Justice-SP.pdf

funciones efectivas de esas personas como participantes directos e indirectos, incluida la declaración como testigos, en todos los procedimientos judiciales, con inclusión de la etapa de investigación y otras etapas preliminares.

2. A fin de asegurar que las personas con discapacidad tengan acceso efectivo a la justicia, los Estados Partes promoverán la capacitación adecuada de los que trabajan en la administración de justicia, incluido el personal policial y penitenciario".

Por otra parte, en su artículo 12 reconoce que las personas con discapacidad tienen personalidad jurídica (art. 12.1) y capacidad jurídica en igualdad de condiciones con las demás en todos los aspectos de la vida (art. 12.2), obligando a los Estados a adoptar las medidas pertinentes que las personas con discapacidad pudieran necesitar para el *ejercicio* de esta capacidad jurídica (art. 12.3). Finalmente hace mención a las salvaguardias que deberán asegurarse para impedir los abusos y que deberán asegurar que las medidas de apoyo respeten los derechos, la voluntad y las preferencias de la persona (art. 12.4).

Se observa así que se optó finalmente por un modelo de asistencia en la toma decisiones, es decir acorde al modelo social[10]. Señala sin embargo Palacios una incongruencia en la redacción, que se comparte, y es que el apartado 4 establece que las salvaguardas para el ejercicio de la capacidad jurídica deben ser aplicadas en el plazo más corto posible. Señala así que

---

10 Merece recuperar un fragmento de los debates que se dieron en relación con la redacción del art. 12 CDPD y que dieron lugar a la redacción definitiva: "(...) la capacidad jurídica es [que es] una construcción social y de este modo refleja elecciones que las sociedades han hecho en diferentes épocas. Históricamente, la capacidad ha sido un atributo o una presunción que el Derecho ha concedido o denegado a diferentes poblaciones. Una clara ilustración de este proceso es provista por el tratamiento legal de la capacidad de la mujer. El contenido negociable del concepto es nuevamente demostrado por la Convención de los Derechos del Niño reconociendo las capacidades evolutivas del niño e incorporando explícitamente el derecho a la participación. (Artículo 12). De este modo, cuando nos estamos preguntando por la incapacitación legal que se aplica contra nosotros (personas con discapacidades psicosociales), estamos, por decirlo de algún modo, pisando caminos que ya han sido recorridos por otros grupos excluidos. Estamos diciendo que la afirmación de incapacidad que la sociedad sitúa en relación a algunos de nosotros es falsa y que tenemos derecho a vivir, como los demás, en nuestros propios términos", Documento elaborado por el *International Disability Caucus* en la Octava Sesión titulado "Explanatory note on legal capacity and torced interventions". En Palacios, A, *Modelo social de discapacidad: orígenes, caracterización y plasmación en la Convención Internacional sobre los derechos de las Personas con Discapacidad*, op *cit.*

"(...) la restricción en el tiempo resultaría apropiada para el modelo de sustitución de la voluntad, ya que si se restringen o anulan derechos de las personas resulta lógico prever que dicha restricción o anulación sea la menor en el tiempo. Pero si de lo que se trata es de salvaguardas dentro de un sistema de asistencia en la toma de decisiones, dichas medidas deberían estar previstas para extenderse en el tiempo de la misma forma que se extienden otras medidas de asistencia, esto es, mientras hagan falta"[11].

A la luz de todo ello puede observarse que el modelo español de sustitución de la toma de decisiones aplicado hasta la Ley 8/2021 coincide con el obsoleto modelo médico. Pese a ello, han sido numerosas y constantes las modificaciones normativas nacionales desde la ratificación del CDPD por España, aun manteniéndose una lógica alejada de lo establecido en el art. 12 CDPD. Ejemplo de ello son la incapacitación o el concepto de "capacidad judicialmente modificada"[12], que desaparecen con la Ley 8/2021, como claro reflejo de un sistema con fuertes tensiones con la dignidad de las personas con discapacidad. Se podría afirmar así que nos encontrábamos en un pseudosistema participativo de las personas con discapacidad sin alcanzar con seguridad la toma de decisiones en condiciones adecuadas.

Con la promulgación de la Ley 8/2021, la normativa nacional termina finalmente de alinearse con lo establecido en la CDPD, pasando del modelo médico-rehabilitador al modelo social "que enfoca la protección de la persona con discapacidad como una cuestión de Derechos Humanos, dando lugar al nacimiento de diversos instrumentos jurídicos que hacen posible este nuevo paradigma en el que la persona con discapacidad, sujeto de derechos, está en el centro del ordenamiento jurídico"[13]. Supone efectivamente un cambio de paradigma poniendo en su centro la dignidad, la autonomía y la autodeterminación de las personas con discapacidad, transformando los apoyos en un elemento no consustancial a la persona con discapacidad, sino vinculándolos a las situaciones personales valoradas en cada caso y conectado inevitablemente con la voluntad y las preferencias

---

11 Palacios, *El modelo social de la discapacidad. Orígenes, caracterización y plasmación en la Convención Internacional sobre los derechos de las personas con discapacidad* ..., pág. 466.

12 El concepto de "persona con la capacidad judicialmente modificada" venía en este momento sustituir términos peyorativos como "incapaz" o "incapacitación" en la Ley 15/2015, de 2 de julio, de Jurisdicción Voluntaria.

13 De Lorenzo García, Rafael y Pérez Bueno, Luis. "Comentarios Introductorios", en *Fundamentos del Derecho de la discapacidad,* (Thomson Reuters Aranzadi, 2020), págs. 51-90.

de la persona con discapacidad. Se trata por tanto de alejarse de un reconocimiento general de incapacidad, sino bien al contrario de presumir la capacidad general de toda persona y dotarla de apoyos cuando se valore que estos son necesarios para un pleno desarrollo de su personalidad. En esta misma línea, se alejan también de los mecanismos judiciales de reconocimiento y pasan a la esfera de lo voluntario como se verá más adelante.

Acorde a este cambio de paradigma se encuentra asimismo una cuestión no menor y es la terminología utilizada, haciéndola coherente con esta exigencia de cambio de tratamiento procesal a las personas con discapacidad. Se puede observar cómo la Ley 8/2021, en lo relativo a la modificación de la Ley 15/2015, de 2 de julio de la Jurisdicción Voluntaria, recoge en su apartado veinte la "Sustitución de términos" en sentido estricto. Así, exige la sustitución de las expresiones "persona con capacidad modificada judicialmente" por "persona con discapacidad con medidas de apoyo para el ejercicio de su capacidad jurídica", tanto en la Exposición de Motivos como en numerosos artículos[14].

2.2. *Medidas de apoyo*

Conforme a lo establecido hasta ahora, la regulación de las medidas de apoyo toma una relevancia clave. Especialmente ilustrativo es el artículo 249 Código Civil que reconoce como finalidad de las medidas de apoyo el desarrollo pleno de la personalidad de la persona y su desenvolvimiento jurídico en condiciones de igualdad. Establece además que deberán estar inspiradas en el respeto a la dignidad de la persona y en la tutela de sus derechos fundamentales.

Muestra de este cambio de paradigma, y que marca un funcionamiento claramente diferenciado al sistema previo, es que "*Las de origen legal o judicial solo procederán en defecto o insuficiencia de la voluntad de la persona de que se trate*". Además, acorde a esta pretensión de usar estas medidas de apoyo como un "traje a medida" para la persona, estas deberán ajustarse a los principios de necesidad y proporcionalidad.

---

14 Esto recuerda a su vez la importancia del uso del lenguaje, como confirma la reciente modificación del artículo 49 de la Constitución Española del 17 de febrero de 2024 (BOE-A-2024_3099), que además de sustituir el término de 'disminuido' por 'persona con discapacidad', establece el deber de los poderes públicos de impulsar políticas de integración y tratamiento y que garanticen la plena autonomía personal resaltando especialmente a la accesibilidad universal.

Igualmente se redefine, en coherencia con ello, el rol de las personas que presten estos apoyos el cual debe ser plenamente respetuoso con la voluntad, deseos y preferencias de la persona con discapacidad. En ningún caso estas medidas de apoyo sustituyen la toma de decisiones si no, como indica el concepto, apoya a la persona en la misma. Estos apoyos pretenden ayudar a la persona en la comprensión y en el razonamiento en su caso, para que pueda expresar su voluntad. Así, el artículo sigue, estableciendo que estas personas *"(...) deberán actuar atendiendo a la voluntad, deseos y preferencias de quien lo requiera. Igualmente procurarán que la persona con discapacidad pueda desarrollar su propio proceso de toma de decisiones, informándola, ayudándola en su comprensión y razonamiento y facilitando que pueda expresar sus preferencias. Asimismo, fomentarán que la persona con discapacidad pueda ejercer su capacidad jurídica con menos apoyo en el futuro*". Puede afirmarse que "la asistencia en la toma de decisiones no cuestiona la sabiduría de las elecciones de la persona, sino que permite a todos y todas afrontar la dignidad del riesgo"[15].

La capacidad jurídica no es sin embargo una "foto fija", lo que justifica que los apoyos se ajusten a estos principios de necesidad y proporcionalidad para las circunstancias concretas en las que se requieran. Por ende, y a razón de esta posible variabilidad, y respetando la dignidad y autodeterminación de la persona, los apoyos (y las personas que los presten), deberán tender a que la persona pueda ejercer su capacidad jurídica con menos apoyos en el futuro. En cualquier caso, las medidas de apoyo serán revisadas periódicamente en un plazo máximo de tres años —de manera excepcional hasta seis—, y en todo caso ante cualquier cambio en la situación de la persona que pueda requerir su modificación.

Termina afirmando que "*En casos excepcionales, cuando, pese a haberse hecho un esfuerzo considerable, no sea posible determinar la voluntad, deseos y preferencias de la persona, las medidas de apoyo podrán incluir funciones representativas. En este caso, en el ejercicio de esas funciones se deberá tener en cuenta la trayectoria vital de la persona con discapacidad, sus creencias y valores, así como los factores que ella hubiera tomado en consideración, con el fin de tomar la decisión que habría adoptado la persona en caso de no requerir representación*".

De manera general, el art. 251 Cc. recoge algunas prohibiciones respecto a la persona que desempeñe alguna medida de apoyo para asegurar una

---

15 Palacios, *El modelo social de la discapacidad. Orígenes, caracterización y plasmación en la Convención Internacional sobre los derechos de las personas con discapacidad...*, pp, 429-430.

adecuado funcionamiento de las mismas, lo que no será de aplicación en las medidas voluntarias siempre que hayan quedado expresamente excluidas: recibir liberalidades de la persona que precisa el apoyo o de sus causahabientes, prestar apoyo cuando en el mismo acto intervenga en nombre propio o de un tercero y existiera conflicto de intereses, o adquirir por título oneroso bienes de la persona que precisa el apoyo o transmitirle por su parte bienes por igual título.

Por otra parte, cuando una persona con discapacidad requiera de apoyos de manera urgente y no cuente con guardador de hecho, se prestará este apoyo de manera provisional por la entidad pública en el plazo de 24 horas (art. 253 Cc.).

Las medidas de apoyo preferentes serán por tanto de naturaleza voluntaria, establecidas por la persona en función de los deseos y preferencias. Será también ella quien designe a la persona que debe prestarle estos apoyos y podrá crear salvaguardas a fin de asegurarse el adecuado funcionamiento de estas medidas apoyo. En caso necesario será la autoridad judicial quien dicte las salvaguardas que considere oportunas.

De manera complementaria, el artículo 250 Cc. recoge algunas medidas de apoyo de carácter formal e informal. Estas medidas de apoyo podrán ser solicitadas por la propia persona con discapacidad, el Ministerio Fiscal, y determinados familiares, aunque cualquier persona está facultada para poner en conocimiento del Ministerio Fiscal los hechos que puedan ser determinantes de una situación que requiera la adopción judicial de medidas de apoyo.

Diferenciamos las siguientes:

- Guarda de hecho: es una medida de apoyo informal que puede funcionar como apoyo natural por parte de personas de confianza del entorno de la persona con discapacidad, cuando no existan medidas voluntarias o judiciales o estas no se estén aplicando eficazmente (art. 263 Cc.). La guarda de hecho se extingue cuando la persona solicitante así lo desee, cuando desaparezcan las causes que la motivaron, cuando el guardador desista, o a solicitud del Ministerio Fiscal o la autoridad judicial (arts. 266 a 627 Cc.).
- Autocuratela: es una medida preventiva y voluntaria por la que la persona con discapacidad puede determinar medidas y apoyo y personas que la podría asistir "*en previsión de la concurrencia de circunstancias que puedan dificultarle el ejercicio de su capacidad jurídica en igualdad de condiciones con las demás*". Lo hará, en virtud de lo establecido por

el art. 271. Cc., por escritura pública (tanto en cuanto al nombramiento como en cuanto a la exclusión de una o varias personas determinadas para el ejercicio de la función de curador).

- Curatela: es una medida de apoyo formal que se establece por resolución judicial, cuando no exista otra medida de apoyo suficiente y se pretenda brindar apoyos en un área determinada de la vida de la persona con discapacidad (actos concretos) de manera continuada. Su extensión, que será revisada en el plazo máximo de tres años y siempre que se haya dado un cambio en la situación de la persona. Será en todo caso determinada en armonía con la situación y circunstancias de la persona con discapacidad y con sus necesidades de apoyo. Puede recaer en una persona o en una entidad (arts. 268, 269 y 271 a 294 Cc.).
- Defensor judicial: es una medida formal de apoyo procederá cuando la necesidad de apoyo se precise de forma ocasional, aunque sea recurrente (arts. 295 a 298 Cc.).

Estas medidas de apoyo únicamente incluirán la representación de la persona con discapacidad de manera excepcional y por medio de resolución motivada.

A consecuencia, se elimina en este caso la incapacidad judicial, y desaparecen también en este ámbito la tutela, la patria potestad prorrogada y la patria potestad rehabilitada; se suprime igualmente la prodigalidad como institución autónoma.

Con carácter preferente, los procesos de adopción de medidas judiciales de apoyo a personas con discapacidad se regirán por lo dispuesto en la Ley de Jurisdicción Voluntaria (art. 42 bis a, b, y c), bajo los principios de necesidad y proporcionalidad.

Será en estos casos competente el Juzgado de Primera Instancia del lugar de residencia de la persona con discapacidad. Se reconoce legitimación activa a la propia persona con discapacidad, al Ministerio Fiscal y al cónyuge no separado de hecho o legalmente —o situación análoga— de la persona con discapacidad y sus descendientes, ascendientes o hermanos, aunque cualquier persona está facultada para poner en conocimiento del Ministerio Fiscal los hechos que puedan ser determinantes de una situación que requiera la adopción judicial de medidas de apoyo.

La persona con discapacidad podrá actuar con su propia defensa y representación. Si no fuera previsible que proceda a realizar por sí misma tal designación, con la solicitud se pedirá que se le nombre un defensor judicial, quien actuará por medio de Abogado y Procurador.

El procedimiento se regula en el artículo 42 bis b). Se exige en el mismo que la solicitud se acompañe de los documentos que acrediten la necesidad de adoptar las medidas de apoyo, así como un dictamen pericial de los profesionales especializados de los ámbitos social y sanitario. Se dará audiencia tanto a la persona con discapacidad como a las personas de su entorno. El expediente terminará con la elección de una medida de apoyo —también pudiendo ser alternativa— por parte de la persona con discapacidad o con su oposición, la del Ministerio Fiscal o cualquier de los interesados a cualquier tipo de apoyo. En estos casos, la autoridad judicial pueda adoptar provisionalmente las medidas de apoyo de aquella o de su patrimonio que considere convenientes, con un plazo máximo de treinta días, siempre que con anterioridad no se haya presentado la correspondiente demanda de adopción de medidas de apoyo en juicio contencioso.

Ello no evita por tanto que el procedimiento pueda transformarse en un contradictorio, acorde a lo establecido en el art. 756.1 LEC respecto a la formulación de oposición o cuando el expediente no haya podido resolverse en el nombramiento del curador.

En estos casos será competente la autoridad judicial que conoció del previo expediente de jurisdicción voluntaria, salvo que la persona a la que se refiera la solicitud cambie con posterioridad de residencia, en cuyo caso lo será el juez de primera instancia del lugar en que esta resida. Podrá promover el proceso la propia persona interesada y nuevamente su cónyuge no separado de hecho o legalmente o análogo y sus descendientes, ascendientes o hermanos —o el Ministerio Fiscal a falta de estas y siendo en todo caso preceptiva su intervención en el proceso—. En estos casos el desistimiento requiere la conformidad del Ministerio Fiscal y las medidas de apoyo adoptadas deberán ser conformes a lo dispuesto en la legislación aplicable sobre esta cuestión (arts. 249 a 298 Cc.) y revisadas periódicamente.

Sí debe mencionarse que si bien, como se ha indicado inicialmente, las medidas de apoyo preferentes serán de carácter voluntario, lo cierto es que el procedimiento contradictorio recuerda fuertemente al modelo derogado y permite cierta mejora acercándose más al planteamiento actual[16].

---

16 *Vid.* Vivas Tesón, Inmaculada, "Curatela y asistencia", en Munar Bernat, Pedro Antonio (dir.). *Principios y preceptos de la reforma legal de la discapacidad. El Derecho en el umbral de la Política,* (Madrid: Marcial Pons, 2021) págs. 280-281, que ofrece una visión crítica del procedimiento contradictorio considerándolo estigmatizador. También, respecto al modelo anterior y el impacto en las personas con discapacidad, consultar Endara Rosales, Juan, "Un asunto excesivamente jurídico y poco

3. LA FIGURA DEL FACILITADOR COMO AJUSTE DE PROCEDIMIENTO

Las medidas de apoyo para el ejercicio de la capacidad jurídica pueden entenderse como ajustes del procedimiento, en tanto que apoyan a la persona en la toma de decisiones sin sustituir su decisión y promueven así su participación activa. Existen sin embargo otros ajustes que conciernen no solamente a la persona con discapacidad, sino que impactan de manera directa en el desarrollo del procedimiento —ajustes de procedimiento en el sentido estricto de la palabra—. Entre estos, interesa en este caso la figura del facilitador que pese a existir desde hace años y es usada con normalidad por numerosos profesionales suele ser incorporada en la práctica a destiempo y tras haber vivido ya algunas dificultades en el proceso por parte de la persona con discapacidad en el proceso civil[17]. Esto, en parte, se debe quizá a su reconocimiento poco claro, entendido en mu chas ocasiones como una "ayuda" complementaria y no como un ajuste de procedimiento. Ello favorece que en no pocas ocasiones las personas con discapacidad pasen por un proceso judicial sin que se realicen ajustes de procedimiento lo que vicia su participación. También es posible que el antiguo sistema de sustitución en la toma decisiones lo relegase indebidamente a momentos más puntuales.

En cualquier caso, la modificación que supone la Ley 8/2021 justifica una revisión de esta figura, siendo necesario reforzar adecuadamente los mecanismos disponibles para el ejercicio de la capacidad jurídica de las personas con discapacidad. Se analiza por tanto cómo se encuentra regulada actualmente esta figura y algunas cuestiones que podrían resultar de utilidad para su adecuado uso y, a consecuencia, favorecer la finalidad de la Ley 8/2021 respecto al ejercicio de la capacidad jurídica de las personas

---

social. Sentimientos de injusticias en los procesos de incapacitación judicial", en Martínez-Pujalte, Luis y Miranda Erro, Javier (dirs.). *Avanzando en la inclusión. Balance de logros alcanzados y agenda pendiente en el Derecho español de la discapacidad.* (Navarra: Aranzadi, 2019), págs. 297 311. Para otros autores, esta dualidad en el régimen de procedimientos permite una manera más adecuada de gestionar estos apoyos, ofreciendo en última instancia la vía jurisdiccional cuando las demás hayan fracasad. En este sentido, véase Moreno Catena, Víctor, Derecho Procesal Civil, Parte Especial (Valencia: Tirant lo Blanch, 2021) p.53.

17 De Araoz Sánchez-Dopico, Inés, *Acceso a la justicia; ajustes de procedimiento para las personas con discapacidad intelectual y del desarrollo, Cuadernos de buenas prácticas,* (Madrid: Plena Inclusión, 2018), pág. 10. Disponible en: https://www.plenainclusion.org/sites/default/files/acceso_a_la_justicia_web.pdf

con discapacidad, especialmente en el caso de discapacidad intelectual y del desarrollo. Se opta además por reconocerlo claramente como un ajuste del procedimiento, por las exigencias de este reconocimiento se deriva en la práctica.

3.1. Ajustes de procedimiento y ajustes razonables

La distinción entre *ajustes de procedimiento* y *ajustes razonables* es relevante en este caso de cara a clarificar su categorización dentro de las medidas concernientes a asegurar el acceso universal a la justicia o dentro de las medidas de no discriminación. Encontramos en la doctrina diferentes posturas y en este caso se pretende depurar ambas definiciones a fin de detectar si la figura del facilitador encaja en una categoría o en otra, contando en función de ello con una exigibilidad distinta.

Los ajustes —de procedimiento o razonables— suponen, en términos generales, modificaciones y/o adaptaciones dirigidas a asegurar la participación de las personas con discapacidad en igualdad de condiciones y, en concreto en el caso que nos ocupa, a permitir el ejercicio de su capacidad jurídica en el proceso. Se encuentran por tanto vinculados a la accesibilidad y a la no discriminación.

El art. 9 de la CDPD relativo a la accesibilidad reconoce en su finalidad que las personas con discapacidad "*puedan vivir en forma independiente y participar plenamente en todos los aspectos de la vida*" y para ello es necesario asegurar su acceso en igualdad de condiciones "*al entorno físico, el transporte, la información y las comunicaciones, incluidos los sistemas y las tecnologías de la información y las comunicaciones, y a otros servicios e instalaciones abiertos al público o de uso público, tanto en zonas urbanas como rurales*", vinculando las medidas a la necesidad de identificar y eliminar obstáculos y barreras de acceso. Esto, en lo que nos atañe en este debate, exige asegurar la eliminación de barreras en el acceso a los procesos judiciales, pero también promover la intervención y participación activa de las personas con discapacidad en los mismos[18].

Se partiría por tanto de una exigencia inicial de contar con una justicia universal, es decir, diseñada desde un modelo accesible para persona sin

---

[18] Martín Pérez, José Antonio, Acceso a la justicia de las personas con discapacidad y ajustes de procedimiento, *Derecho Privado y Constitución*, 40 (2022) 11-53, pág. 14. doi: https://doi.org/10.18042/cepc/dpc.40.01

discapacidad y con discapacidad, sin necesidad de adaptación ni diseño especializado[19]. En este sentido, el Real Decreto Legislativo 1/2013, de 29 de noviembre, por el que se aprueba el Texto Refundido de la Ley General de derechos de las personas con discapacidad y de su inclusión social, reconoce en su art. 2.k que la accesibilidad universal "*es la condición que deben cumplir los entornos, procesos, bienes, productos y servicios, así como los objetos, instrumentos, herramientas y dispositivos, para ser comprensibles, utilizables y practicables por todas las personas en condiciones de seguridad y comodidad y de la forma más autónoma y natural posible. Presupone la estrategia de "diseño universal o diseño para todas las personas", y se entiende sin perjuicio de los ajustes razonables que deban adoptarse*". Así, las medidas que contra la discriminación o las exigencias de accesibilidad serían en términos generales aquellas que pretenden "corregir situaciones en las que el diseño universal no se ha satisfecho de manera justificada, esto es, por que no era posible"[20].

Interesa sin embargo diferenciar, como se adelantaba, el concepto de ajuste de procedimiento, de ajuste razonable. Para ello acudimos al artículo 2 CDPD que reconoce como ajuste razonable "*las modificaciones y adaptaciones necesarias y adecuadas que no impongan una carga desproporcionada o indebida, cuando se requieran en un caso particular, para garantizar a las personas con discapacidad el goce o ejercicio, en igualdad de condiciones con las demás, de todos los derechos humanos y libertades fundamentales*". Es decir, estas modificaciones y adaptaciones no serán siempre exigibles —o no de manera general—, teniendo como límite que supongan una "carga desproporcionada e indebida", es decir, se aplicará el principio de proporcionalidad.

Sin tener una definición clara de ajustes de procedimiento en la CDPD sí es un concepto utilizado en la misma. Volviendo a la redacción del art. 13, este indica que el acceso a la justicia en igualdad de condiciones con las demás personas deberá asegurarse "incluso" mediante ajustes de procedimiento. Es decir, parece exigir una flexibilización del propio procedimiento.

---

19 Sobre ello, De Asís Roig, Rafael, "El contenido del derecho a la accesibilidad universal: diseño, medidas, ajustes, apoyos, asistencia y acciones positivas" Martínez-Pujalte, Luis (dir.), Heredia Sánchez, Luis (coord.). *Nuevos Horizontes en el Derecho de la Discapacidad: hacia un Derecho Inclusivo,* (Navarra: Aranzadi, 2018), págs. 119-138

20 De Asís Roig, Rafael, De nuevo sobre la accesibilidad: diseño, medidas, ajustes, apoyos y asistencia, *Papeles el tiempo de los derechos,* 4 (2017) ISSN:1989-8797, pág. 3.

Para aclarar esta diferencia conceptual, puede acudirse a las definiciones presentadas por NNUU en sus Principios y directrices del año 2020 sobre el acceso a la justicia para las personas que discapacidad. En su glosario de términos utiliza una definición muy similar a la que encontramos en el art. 2 CDPD pero finaliza señalando que "A diferencia de los ajustes razonables, los ajustes de procedimiento no están limitados por el concepto de 'carga desproporcionada o indebida'"[21].

DE ASÍS difiere de esta interpretación entendiendo que, aunque los ajustes de procedimiento pueden reflejarse en medidas de apoyo, como expresión de una estrategia de accesibilidad universal a la justicia, "no podemos descartar supuestos de fallos en el diseño universal, justificados en la diversidad, que nos obliguen a plantear la realización de un ajuste procedimental como ajuste razonable. En ambos casos, los ajustes de procedimiento pueden tener sus límites, si bien, al formar parte de un derecho o del contenido esencial de un derecho fundamental, se tratará de una situación excepcional"[22]. En este sentido, se entendería que el diseño universal y las medidas de accesibilidad tienen carácter general mientras que los ajustes razonables tendrían carácter individual para corregir el diseño universal en una situación concreta —pudiendo suponer un ajuste de procedimiento—. Desde su exigibilidad, y sin perder su vinculación con la accesibilidad, quizá encontraría mayores tensiones con la no discriminación: la no adopción del ajuste razonable siempre será —o únicamente será— discriminatoria cuando su rechazo no se encuentre justificado o motivado y a su vez se llega su valoración por la ausencia de una medida previa de accesibilidad —no siendo en sí misma discriminatoria porque no era posible alcanzarla—.

---

21 En coherencia con ello, en la Observación General n. 1 de 2014, a propósito de la interpretación del artículo 13 CDPD, se afirma que: "*Los Estados partes también deben velar por que las personas con discapacidad tengan acceso a representación jurídica en igualdad de condiciones con las demás. Se ha determinado que en muchas jurisdicciones este es un problema, que debe solucionarse, entre otros medios, garantizando que las personas que vean obstaculizado su derecho a la capacidad jurídica tengan la oportunidad de impugnar esos obstáculos —en su propio nombre o por medio de su representante legal— y de defender sus derechos ante los tribunales*", vinculado a la ausencia de adaptaciones exigibles. Esto es además plenamente coherente con lo establecido en el Preámbulo de la Ley 8/2021 que establece que las medidas de apoyo podrán aplicarse a cualquier persona que las precise, con independencia de si su situación de discapacidad ha obtenido algún reconocimiento administrativo.

22 De Asís Roig, Rafael, Sobre ajustes de procedimiento y acceso a la justicia, *Papeles el tiempo de los derechos*, nº 6 (2020), ISSN 1989-8797, pág. 5.

Acudimos así a la definición discriminación por motivo de discapacidad que reconoce la CDPD en su art. 2 como "*se entenderá cualquier distinción, exclusión o restricción por motivos de discapacidad que tenga el propósito o el efecto de obstaculizar o dejar sin efecto el reconocimiento, goce o ejercicio, en igualdad de condiciones, de todos los derechos humanos y libertades fundamentales en los ámbitos político, económico, social, cultural, civil o de otro tipo. Incluye todas las formas de discriminación, entre ellas, la denegación de ajustes razonables*".

Desde estas reflexiones interesa volver finalmente al artículo 7bis de la LEC que habla de "adaptaciones y ajustes" a petición de cualquiera de las partes o del Ministerio Fiscal o del propio Tribunal, en todas las fases y actuaciones procesales necesarias. Estas podrán venir referidas por la comunicación, la comprensión y la interacción con el entorno.

En su apartado 2, haciendo mención expresa al derecho a entender y ser entendidas, reconoce que:

"*a) Todas las comunicaciones con las personas con discapacidad, orales o escritas, se harán en un lenguaje claro, sencillo y accesible, de un modo que tenga en cuenta sus características personales y sus necesidades, (…). Si fuera necesario, la comunicación también se hará a la persona que preste apoyo a la persona con discapacidad para el ejercicio de su capacidad jurídica.*

b) Se facilitará a la persona con discapacidad la asistencia o apoyos necesarios para que pueda hacerse entender, lo que incluirá la interpretación en las lenguas de signos reconocidas legalmente y los medios de apoyo a la comunicación oral de personas sordas, con discapacidad auditiva y sordociegas.

c) Se permitirá la participación de un profesional experto que a modo de facilitador realice tareas de adaptación y ajuste necesarias para que la persona con discapacidad pueda entender y ser entendida.

d) La persona con discapacidad podrá estar acompañada de una persona de su elección desde el primer contacto con las autoridades y funcionarios"[23].

Se definen así estas adaptaciones como ajustes de procedimiento —ajustes necesarios o de carácter general—, y no ajustes razonables en sentido estricto, sin intervenir el principio de proporcionalidad. Ello conlleva a su vez reconocer la participación la persona facilitadora (art. 7bis 2c LEC)

---

[23] Se puede entender así que la finalidad de este artículo supone "llevar la adaptación normativa también al ámbito procesal, especialmente al proceso civil" según Martín Pérez, Acceso a la justicia de las personas con discapacidad y ajustes de procedimiento, Derecho Privado y Constitución, 40 (2022) 11-53. pág. 20

como un ajuste de procedimiento[24] (conllevando a su vez la posible incorporación —especializada— de otros ajustes).

3.2. La profesionalización de la figura del facilitador

La figura del facilitador procesal no es una figura novedosa, pero sí ha encontrado un encaje mucho más claro en los últimos años, tanto en los procesos civiles como en los penales. Pese a ello su uso es limitado y en ocasiones la tramitación de su participación dificultosa por la ausencia de claridad. Es por ello por lo que su mención expresa y algo más definida parece acertada.

3.2.1. Regulación y alcance de la figura del facilitador

El artículo 7 bis LEC establece que "*En los procesos en los que participen personas con discapacidad (...), se realizarán las adaptaciones y los ajustes que sean necesarios para garantizar su participación en condiciones de igualdad. (...) En el caso de las personas con discapacidad, dichas adaptaciones y ajustes se realizarán, tanto a petición de cualquiera de las partes o del Ministerio Fiscal, como de oficio por el propio tribunal*".

Finalmente, concreta respecto al ámbito de aplicación, que "*Las adaptaciones se realizarán en todas las fases y actuaciones procesales en las que resulte necesario, incluyendo los actos de comunicación, y podrán venir referidas a la comunicación, la comprensión y la interacción con el entorno*"[25].

La regulación de la figura del facilitador procesal es escueta. El art. 7 bis a) tanto de la LEC como de la Ley de Jurisdicción Voluntaria establecen que "*Se permitirá la participación de un profesional experto que a modo de facilitador realice tareas de adaptación y ajuste necesarias para que la persona con discapacidad pueda entender y ser entendida*".

Como se mencionaba, las adaptaciones permiten a la persona con discapacidad participar en igualdad de condiciones a lo largo del proceso, sien-

---

[24] De Asís Roig, Rafael, Sobre ajustes de procedimiento y acceso a la justicia, Papeles el tiempo de los derechos, nº 6 (2020), ISSN 1989-8797, pág. 5.

[25] De Araoz Sánchez-Dopico, Inés,"Comentario al art. 7 bis", en Comentarios a la Ley 8. 2021, por la que se reforma la legislación civil y procesal en materia de discapacidad, De Lorenzo García, Rafael y Pérez Bueno, Luis (Madrid: Aranzadi, 2021), págs. 1125-1132.

do reconocidas como medidas de accesibilidad. Por ello tiene sentido que no solamente puedan ser solicitadas por la persona con discapacidad sino también por parte de profesionales como por ejemplo judicatura, fiscalía, servicios de atención a las víctimas o servicios policiales.

A diferencia de los ajustes razonables, concluíamos previamente que los ajustes del procedimiento están vinculados al concepto de accesibilidad universal y no se encuentran vinculados al principio de proporcionalidad y, más concretamente, que su aplicación es de carácter general. Interesa así conocer la categorización de esta medida ya que en base a ello podremos confirmar su exigibilidad en el proceso con carácter general —es decir, como ajuste de procedimiento—.

La escasísima regulación de esta figura dificulta inicialmente clarificar su impacto. Si bien la ley habla de profesional experto, no aporta más datos sobre quién podrá ejercer este rol. Para ello podemos acudir al ya mencionado glosario de NNUU de los "Principios y directrices internacionales sobre el acceso a la justicia para las personas con discapacidad", que reconoce a las personas facilitadoras —definiéndolas también como "intermediarias"— como:

"*personas que trabajan, cuando es necesario, con el personal del sistema de justicia y las personas con discapacidad para asegurar que haya una comunicación eficaz durante los procedimientos legales. Ayudan a las personas con discapacidad a entender y a tomar decisiones informadas, asegurándose de que las cosas se explican y se hablan de forma que puedan comprenderlas y que se proporcionan los ajustes y el apoyo adecuados. Los intermediarios son neutrales y no hablan en nombre de las personas con discapacidad ni del sistema de justicia, ni dirigen las decisiones o resultados o influyen en ellos*"[26].

Esta definición encaja quizá más, efectivamente, en la figura de personal intermediario que acompañaría a la persona con discapacidad a lo largo del proceso asegurando, como indica, una comunicación eficaz[27].

---

26 Informe del Alto Comisionado de las Naciones Unidas para los Derecho humanos, Principios y directrices internacionales sobre el acceso a la justicia para las personas con discapacidad (Ginebra: 2020), pág. 9. Disponible en: https://www.un.org/development/desa/disabilities/wp-content/uploads/sites/15/2020/10/Access-to-Justice-SP.pdf

27 No debe confundirse en todo caso el matiz de "cuando sea necesario", que es plenamente coherente con el sistema de medidas de apoyo. Es decir, la participación de una persona con discapacidad no requiere en todo caso la habilitación

Distinta es la definición ofrecida por Plena Inclusión que se centra de manera clara la evaluación diseño y asesoran sobre los apoyos adecuados y necesarios para que las personas con discapacidad ejerzan su derecho de acceso a la justicia en condiciones de igualdad. Esta intervención se ofrece a la persona con discapacidad (reconocida o no oficialmente) y a los y las profesionales del ámbito de la policía y la justicia. Es decir, el resultado de su intervención será "la identificación y desarrollo de los ajustes de procedimiento necesarios para garantizar la participación efectiva de la persona, eliminando las barreras que impiden que ejerza su derecho de acceso a la justicia en igualdad de oportunidades"[28].

Esta segunda definición parece sin duda más adecuada al sentido de la norma (de la Ley 8/2021) ya que lo que se pretende es efectivamente un libre ejercicio de la capacidad jurídica por parte de la persona pudiendo lograrse con los ajustes necesarios y sin ser necesaria en sí misma la intervención de un tercero en las interacciones en todo caso.

La figura del facilitador permite por tanto favorecer el respeto de la dignidad de la persona asegurando una adecuada adopción de ajustes —del procedimiento y razonables—, ajustados a las circunstancias de la persona en un momento determinado y en relación a su específica participación en un proceso, para así asegurar el respeto a la libre voluntad de la persona y pleno desarrollo de su personalidad[29].

Esto permite resaltar el doble sentido desde el que debe entenderse esta figura y es que, si bien para la persona inmersa en el proceso judicial será una medida que permita o facilite su participación activa sin obstáculos, para los operadores jurídicos será una herramienta de eficiencia procesal, dotando de calidad tanto la respuesta como el desarrollo del proceso.

Creo así importante resaltar que este es el lugar que debe ocupar la figura del facilitador ya que no solamente permite a la persona con discapacidad entender y hacerse entender, sino muy especialmente que el pro-

---

de ajustes del procedimiento pero sí la posibilidad de su habilitación cuando sea necesario o su valoración.

[28] Plena Inclusión España, *Propuesta de desarrollo profesional de la figura del facilitador procesal* (Madrid: Ed. Plena Inclusión, 2022), pág. 6. Disponible en: https://www.plenainclusion.org/wp-content/uploads/2022/11/Plena-inclusion.-Propuesta-de-desarrollo-profesional-de-la-figura-del-facilitador-procesal.pdf

[29] Alía Robles, Avelina, El valor de los tribunales especializados para la tutela judicial efectiva de las personas con discapacidad, *La Ley Digital. Derecho de familia*, nº 28, (2020), págs. 17-22

cedimiento pueda seguir su curso de manera justa y adecuada por medio de una apropiada interacción de partes procesales y operadores jurídicos. Desde esta última finalidad, son los operadores jurídicos quienes reciben este apoyo para realizar adecuadamente su trabajo, tanto en cuanto a recursos invertidos como en cuanto a calidad de la respuesta. Desde esta perspectiva se reduce esta posible visión del facilitador y la facilitadora únicamente como un apoyo "complementario" a la persona con discapacidad, reconociéndolo efectivamente como una adaptación o ajuste del procedimiento en sentido estricto. Esta perspectiva permite no solamente aprovechar en mayor medida las funciones de la persona facilitadora sino también reducir posibles aproximaciones paternalistas por parte de operadores jurídicos y evitar el sobresfuerzo de adaptaciones no profesionalizadas.

Finalmente, recalcar que la figura del facilitador no coincide con la del acompañante, reconocida en el art. 7bis d LEC. Esta figura viene a cumplir un propósito claramente diferenciado que se encuentra vinculado a la reducción del estrés y la preservación de la salud mental de la persona[30]. Si bien puede redundar en una mejor participación de la persona a lo largo del proceso, la persona acompañante no tiene por finalidad valorar ni asegurar la adopción de ningún ajuste. Por ello la elección de la misma depende únicamente de la persona con discapacidad y no se encuentra vinculada a ninguna exigencia técnica ni formativa[31].

3.2.2. La profesionalización de la figura del facilitador

Concluido que la figura del facilitador se reconoce como una medida que garantiza la accesibilidad universal de la justicia, conviene aclarar su vinculación con el proceso.

De una parte, y como cuestión previa, se encontraría la exigencia de profesionalización homogeneizada de esta figura. Por otra parte, se requiere una revisión de la vinculación en sentido estricto de estos profesionales,

---

30 Encontramos esta figura igualmente en el contexto penal, como un derecho de las víctimas en el artículo 4.c de la Ley 4/2015, de 27 de abril, del Estatuto de la víctima del delito.

31 De Araoz Sánchez-Dopico, Inés, "Comentario al art. 7 bis", en *Comentarios a la Ley 8. 2021, por la que se reforma la legislación civil y procesal en materia de discapacidad, op. cit.* pág. 1132.

lo que incluye tanto los trámites para su participación en el proceso como la formación de operadores jurídicos en este sentido.

Como se señalaba, la persona facilitadora tiene por función la identificación y desarrollo de los ajustes de procedimiento necesarios para garantizar la participación efectiva de la persona. Nuestro ordenamiento no ofrece ninguna definición de las funciones ni de la formación, aun sea orientativa, que debe tener la persona facilitadora para ser reconocida como experta.

Plena Inclusión ha realizado un intenso trabajo en este sentido que se recoge en una propuesta de desarrollo profesional de la figura y de la que cabe destacar las siguientes cuestiones[32]:

- Respecto a las funciones de la figura del facilitador, como señalaba tiene encomendada la evaluación de ajustes de procedimiento necesarios y la elaboración del informe resultante para los agentes de la Administración de Justicia implicados en el procedimiento, la explicación adaptada de todo el procedimiento, y el acompañamiento en su caso de la persona con discapacidad durante el proceso. También tiene entre sus funciones el asesoramiento a los diferentes operadores jurídicos acerca de las medidas y apoyos a implementar.
- Respecto a los principios que rigen su actuación, debe destacarse el principio de individualización, la asistencia a la Administración de Justicia, la debida información, la confidencialidad, el respeto a los principios de necesidad de actuación y de proporcionalidad —en su designación y en los ajustes recomendados— y el enfoque en derecho. Además, se rige por los principios de imparcialidad y neutralidad, no siento por tanto parte o intermediario de la persona con discapacidad sino aportando sus conocimientos técnicos —ajustados a sus funciones, no participando como perito ni abogado o abogada—.

Ello exige obligatoriamente contar con conocimientos en el ámbito de la discapacidad intelectual y del desarrollo, y sobre sistemas de apoyo y modelo social de la discapacidad, independientemente del perfil profesional

---

32 Plena Inclusión España, Propuesta de desarrollo profesional de la figura del facilitador procesal, Madrid, Ed. Plena Inclusión, 2022, Disponible en; https://www.plenainclusion.org/wp-content/uploads/2022/11/Plena-inclusion.-Propuesta-de-desarrollo-profesional-de-la-figura-del-facilitador-procesal.pdf

de base[33]. Es decir, requiere para una adecuada valoración de los ajustes necesarios, de una formación especializada. Esto resulta si cabe más claro tras la entrada en vigor de la Ley 8/2021 en la que se tiene especialmente presente que la necesidad de medidas de apoyo para el ejercicio de la capacidad jurídica de la persona con discapacidad varía en función de numerosos factores (del entorno en cada caso concreto, de la situación actual de la persona, de las medidas de apoyo con las que cuente, de la materia en la que debe tomar decisiones, etc.). Es decir, se requiere de unos conocimientos profundos en el ámbito de la discapacidad, pero también en el modelo social para regular adecuadamente estos ajustes de forma que favorezcan el pleno desarrollo de la persona.

Por otra parte, aunque la ley establece que se realicen las adaptaciones y ajustes necesarios tanto de oficio como de parte, redacta de manera ambigua la participación de la persona experta o, más exactamente, su vinculación al proceso. Sorprende que el mismo Preámbulo de la Ley 8/2021 señale expresamente que se permitirá la participación de este facilitador o facilitadora "a costa" de la persona con discapacidad[34]. En coherencia con ello, en los propios procesos sobre la adopción de medidas de apoyo a personas con discapacidad se encomienda al Letrado de la Administración de Justicia, tanto en la Ley de Jurisdicción voluntaria (art. 42 bis) como en la Ley de Enjuiciamiento Civil (art. 758), realizar "*las adaptaciones y los ajustes necesarios para que la persona con discapacidad comprenda el objeto, la finalidad y los trámites del expediente que le afecta, conforme a lo previsto en el art. 7 bis*" de la LEC.

Surge en base a ello la duda de si efectivamente el Letrado de la Administración de Justicia cuenta con formación suficiente para realizar estos ajustes en todos los casos.

Por otra parte, debe señalar que esto supone no solamente que la persona con discapacidad deberá hacerse cargo de su coste en su caso, sino tam-

---

33 De Araoz Sánchez-Dopico, Inés, *Acceso a la justicia; ajustes de procedimiento para las personas con discapacidad intelectual y del desarrollo, Cuadernos de buenas prácticas*, (Madrid: Plena Inclusión, 2018), pág. 77. Disponible en: https://www.plenainclusion.org/sites/default/files/acceso_a_la_justicia_web.pdf

34 Fontestad Portalés, Leticia, Ley 8/2021, de 2 de junio, por la que se reforma la legislación civil y procesal para el apoyo a las personas con discapacidad en el ejercicio de su capacidad jurídica [BOE-A-2021.9233], *Crónicas de legislación Procesal, Ars Iuris Salmanticensis*, vol. 9, (diciembre 2021), 392-415 eISSN: 2340-5155, pág. 409.

bién, de la búsqueda de este o esta profesional. Siendo esta figura, como se ha concluido, un ajuste del procedimiento, vinculado a la accesibilidad del proceso y a la tutela judicial efectiva en sentido amplio, choca que recaiga sobre la propia persona con discapacidad la responsabilidad de incorporarlo y mantenerlo en el proceso. Esto es además contrario a lo establecido por la Relatora especial de las Naciones Unidas sobre los derechos de las personas con discapacidad en 2020, afirmándose en el Principio 3 que los Estados garantizarán que se hagan una serie de ajustes de procedimiento mediante las diferentes medidas: "a. Estableciendo, financiando y ejecutando un programa de intermediarios o facilitadores independientes formados para prestar asistencia en materia de comunicación a las partes de los procesos y al sistema de justicia a fin de determinar si se necesitan ajustes y apoyos, y cuáles son los ajustes y apoyos adecuados, así como para prestar asistencia en la comunicación a lo largo del proceso" y "b. Diseñando y ejecutando un programa de intermediarios o facilitadores independientes coherente con los procedimientos y costumbres locales y en consonancia con la Convención sobre los derechos de las personas con discapacidad"[35].

Finalmente, desde el planteamiento presentado, para un adecuado funcionamiento de la figura del facilitador procesal, es necesario reforzar la formación de los operadores jurídicos. En primer lugar, para permitir un adecuado impacto de las medidas de apoyo, los operadores jurídicos deben conocer como es obvio su finalidad y funcionamiento. Por otra parte, la misma ley les reconoce legitimidad activa para impulsar estas medidas de apoyo, así como también para la aplicación de adaptaciones. Independientemente de ello, también debemos ser conscientes que las medias de apoyo y los ajustes impactan de manera directa en el desarrollo de las funciones de los operadores jurídicos. Es por ello esencial, para un desarrollo armonioso, que cuenten con formación básica especializada sobre la materia.

En este sentido, la Disposición adicional segunda de la Ley 8/2021, de 2 de junio, establece que se asegurará "(...) *una formación general y específica, en medidas de apoyo a las personas con discapacidad para el ejercicio de su capacidad jurídica, en los cursos de formación de jueces y magistrados, fiscales, letrados de la Administración de Justicia, fuerzas y cuerpos de seguridad, médicos forenses,*

---

35 Informe del Alto Comisionado de las Naciones Unidas para los Derecho humanos, *Principios y directrices internacionales sobre el acceso a la justicia para las personas con discapacidad* Ginebra: 2020. Disponible en: https://www.un.org/development/desa/disabilities/wp-content/uploads/sites/15/2020/10/Access-to-Justice-SP.pdf

personal al servicio de la Administración de Justicia y, en su caso, funcionarios de la Administración General del Estado, de las Comunidades Autónomas o de las entidades locales que desempeñen funciones en esta materia". Llama la atención la formación unificada del Letrado de la Administración de Justicia habida cuenta de la responsabilidad que le es reconocida en la Ley de Jurisdicción Voluntaria y en la LEC. Finalmente, la misma disposición recoge la obligación por su parte a los Colegios de Abogados, de Procuradores y de Graduados Sociales impulsar la formación y sensibilización de sus colegiados en las medidas de apoyo a las personas con discapacidad para el ejercicio de su capacidad jurídica.

Sin embargo, la formación no es suficiente: "La reforma normativa impulsada por esta ley debe ir unida, [por ello], a un cambio del entorno y a una transformación de la mentalidad social, especialmente la de aquellos profesionales del Derecho que prestan sus funciones a requerimiento de las personas con discapacidad, partiendo de los nuevos principios y no de visiones paternalistas que hoy resultan periclitadas"[36]. Se defiende aquí que por medio de la adopción de buenos ajustes de procedimiento, que permitan una participación activa y segura de las personas con discapacidad, y en la que los operadores jurídicos puedan a su vez interactuar con la persona atendiendo a las adaptaciones necesarias y únicamente por medio de intermediario cuando sea necesario, puede lograrse este cambio de mentalidad y este pleno conocimiento de los derechos de las personas con discapacidad. Para ello es esencial que los ajustes sean adecuados y por tanto se encuentra justificada la profesionalización de su valoración.

Funcionar acorde a este sistema de apoyos requiere de adecuado diseño que puede en un inicio resultar complejo y que no supone únicamente un cambio conceptual y una eliminación de las medidas de sustitución de la voluntad. Esto, que es necesario para cumplir con lo establecido en la Convención de los Derechos de las Personas con Discapacidad, debe ir acompañado de la "creación de figuras de apoyo y dotarlas de estatus legal", articulando protocolos que permitan su adecuada incorporación al proceso[37].

---

[36] Fernández de Buján, Antonio, Acceso a la justicia de las personas con discapacidad: la especial competencia del Letrado de la Administración de Justicia conforme a la Ley 8/2021, *Revista Acta Judicial*, nº 9, (enero— junio 2022), págs. 02-16, ISSN 2603-7173, pág. 7.

[37] Cuenca Gómez, Patricia, "El sistema de apoyo en la toma de decisiones desde la Convención Internacional sobre los Derechos de las Personas con Discapacidad:

4. CONCLUSIONES

– La Ley 8/2021 vienen a dar por fin cumplimiento a lo establecido en la Convención de los Derechos de las Personas con Discapacidad en 2006 basculando de un modelo de sustitución en la toma de decisiones a un modelo de apoyo en las mismas. Este sistema tiene en su centro el respeto de la dignidad de la persona y el respeto al libre desarrollo de la personalidad.

– Con un modelo previo de tendencia claramente médico-rehabilitadora en el tratamiento de la capacidad jurídica de las personas con discapacidad, los cambios que deben incorporarse son numerosos. Pese a ello las modificaciones normativas no son excesivas, aunque sí contundentes con la eliminación de algunas figuras. Se refleja así un cambio de paradigma que debe obligatoriamente ir acompañado de un cambio de mentalidad y de la búsqueda de un uso adecuado de las medidas de apoyo y ajustes.

– La modificación que se encuentra en la regulación de las medidas de apoyo permite a las personas con discapacidad el ejercicio de su capacidad jurídica y se encuentran diseñadas y definidas para favorecer el respeto de la voluntad, los deseos y las preferencias de las personas con discapacidad, así como el respeto de sus derechos. Supone por tanto una base que era ineludible para superar el antiguo modelo de sustitución de la voluntad de las personas. Es por ello un reflejo de la accesibilidad de la justicia.

– Junto a lo previo, debe tenerse presente además el concepto de ajustes. Estos ajustes pueden reflejarse o traducirse en medidas de apoyo, derechos, adaptaciones, exigencias ajustes razonables, etc. Sobrevolando los debates doctrinales que se han abordado y arrojan cierta luz sobre el alcance de cada uno de estos elementos, puede concluirse que los ajustes de procedimiento son aquellos que exigen la adaptación del proceso como reflejo de la exigencia de accesibilidad universal de la justicia. Esto teniendo por tanto un carácter general y forzando en caso necesario la flexibilización del procedimiento. Mayor debate se encuentra en los llamados ajustes razonables a los cuales se limita expresamente no debiendo suponer una carga desproporcionada o indebida. Es decir, aun pudiendo relacionarse con ajustes de procedimiento, se reserva para adaptaciones de carácter particular que se entiende no pueden haber sido cubiertas por un diseño universal.

---

principios generales, aspectos centrales e implementación en la legislación española", *REDUR* 10 (diciembre 2012), págs. 61-94. ISSN 1695-078X, pág. 75

– Este debate permite defender en cualquier caso que la figura del facilitador procesal puede reconocerse como un ajuste de procedimiento —no en este caso un "ajuste razonable", vinculado por tanto a la accesibilidad del proceso y siendo de carácter general —lo que no significa que su participación sea automática por la participación una persona con discapacidad—. Es decir, puede vincularse a su vez con el derecho a la tutela judicial efectiva que garantiza el art. 24 CE y el derecho a un juicio justo del art. 6 del Convenio Europeo de Derechos Humanos.

– Desde esta afirmación, parece que su regulación actual es insuficiente y no le otorga un estatus adecuado. Esto se refuerza además si se atiende a sus funciones entre las que se encuentra la evaluación de ajustes de procedimiento necesarios y la elaboración del informe resultante para los agentes de la Administración de Justicia implicados en el procedimiento. Si bien es cierto que no puede afirmarse que la adopción de ajustes dependerá exclusivamente de esta figura, ya que la ley le encomienda este rol también a judicatura y fiscalía, pero muy especialmente al Letrado de la Administración de Justicia, parece complejo que puedan contar con conocimientos suficientes para resolver todos los asuntos que puedan presentarse.

– Así se defiende que el paso a un modelo de apoyo en la toma de decisiones debe diseñarse de manera completa y acorde al sentido de la norma —Ley 8/2021— y para ello es esencial contar con una correcta articulación de posibles ajustes y figuras de apoyo. Parece que la variabilidad de los casos que pueden presentarse, pero también la necesidad de valorar estos ajustes y apoyos en cada caso —y en cada situación ya que las necesidades de una misma persona pueden variar en función de numerosos factores—, y la relevancia de que todas ellas se tomen acorde a la dignidad y el pleno desarrollo de la persona, justifica una profesionalización de la figura del facilitador. Ello además conlleva reconocerle un nuevo estatus legal y revisar su vinculación con el proceso, dependiendo en la actualidad su participación de la persona con discapacidad que lo solicite.

BIBLIOGRAFÍA

Alía Robles, Avelina, El valor de los tribunales especializados para la tutela judicial efectiva de las personas con discapacidad, La Ley Digital. Derecho de familia, nº 28, (2020), ISSN-e 2341-0566.

Barranco, María del Carmen, Cuenca, Patricia y Ramiro Miguel Ángel, Capacidad jurídica y discapacidad: el artículo 12 de la Convención de los derechos de las personas con discapacidad, *Anuario Facultad de Derecho - Universidad de Alcalá V* (2012), ISSN 1888-3214, págs. 53-80

Cuenca Gómez, Patricia, "El sistema de apoyo en la toma de decisiones desde la Convención Internacional sobre los Derechos de las Personas con Discapacidad: principios generales, aspectos centrales e implementación en la legislación española", *REDUR* 10 (diciembre 2012), págs. 61-94. ISSN 1695-078X

De Asís Roig, Rafael, Sobre ajustes de procedimiento y acceso a la justicia, *Papeles el tiempo de los derechos*, nº 6 (2020), ISSN 1989-8797.

De Asís Roig, Rafael, "El contenido del derecho a la accesibilidad universal: diseño, medidas, ajustes, apoyos, asistencia y acciones positivas", en Martínez-Pujalte, Luis (dir.), Heredia Sánchez, Luis (coord.). *Nuevos Horizontes en el Derecho de la Discapacidad: hacia un Derecho Inclusivo*). Navarra: Aranzadi, 2018.

De Asís Roig, Rafael, De nuevo sobre la accesibilidad: diseño, medidas, ajustes, apoyos y asistencia, *Papeles el tiempo de los derechos*, 4 (2017) ISSN:1989-8797.

De Araoz Sánchez-Dopico, Inés, *Acceso a la justicia; ajustes de procedimiento para las personas con discapacidad intelectual y del desarrollo, Cuadernos de buenas prácticas*, Madrid, Plena Inclusión, 2018. Disponible en: https://www.plenainclusion.org/sites/default/files/acceso_a_la_justicia_web.pdf

De Araoz Sánchez-Dopico, Inés, "Comentario al art. 7 bis", en *Comentarios a la Ley 8. 2021, por la que se reforma la legislación civil y procesal en materia de discapacidad*, De Lorenzo García, Rafael y Pérez Bueno, Luis, Madrid: Aranzadi, 2021.

De Castro, Federico, *Derecho civil de España*, T. II, Madrid: Civitas, 1984.

Del Arco Torres, Manuel. y Pons González, Miguel Ángel "Capacidad jurídica", en *Diccionario de Derecho Civ*il, Tomo Primero, Editorial Aranzadi, 1984.

De Lorenzo García, Rafael y Pérez Bueno, Luis. "Comentarios Introductorios", en *Fundamentos del Derecho de la discapacidad*, Thomson Reuters Aranzadi, 2020.

Díez-Picazo, Luis, *Sistema de derecho civil.* Volumen I, 11ª ed., Madrid: Tecnos, 2003.

Endara Rosales, Juan. (2019). "Un asunto excesivamente jurídico y poco social. Sentimientos de injusticias en los procesos de incapacitación judicial", en Martínez-Pujalte, Luis y Miranda Erro, Javier (dirs.). *Avanzando en la inclusión. Balance de logros alcanzados y agenda pendiente en el Derecho español de la discapacidad*, Navarra: Aranzadi, 2019.

Fernández de Buján, Antonio, Acceso a la justicia de las personas con discapacidad: la especial competencia del Letrado de la Administración de Justicia conforme a la Ley 8/2021, *Revista Acta Judicial*, nº 9, (enero— junio 2022), págs. 02-16, ISSN 2603-7173, pág. 7.

Fontestad Portalés, Leticia, Ley 8/2021, de 2 de junio, por la que se reforma la legislación civil y procesal para el apoyo a las personas con discapacidad en el ejercicio de su capacidad jurídica [BOE-A-2021.9233], *Crónicas de legislación Procesal, Ars Iuris Salmanticensis*, vol. 9, (diciembre 2021), 392-415 eISSN: 2340-5155, pág. 409.

Martín Pérez, José Antonio, Acceso a la justicia de las personas con discapacidad y ajustes de procedimiento, *Derecho Privado y Constitución*, 40 (2022) 11-53. doi: https://doi.org/10.18042/cepc/dpc.40.01

Moreno Catena, Víctor, *Derecho Procesal Civil, Parte Especial*, Valencia: Tirant lo Blanch, 2021.

Palacios, Agustina, *El modelo social de la discapacidad. Orígenes, caracterización y plasmación en la Convención Internacional sobre los derechos de las personas con discapacidad*, Madrid: Colección CERMI. CINCA, 2008).

Rovira Sueiro, María, *La relevancia de la voluntad de la persona para afrontar su propia discapacidad,* Madrid, Ed. Ramón Areces, 2006.
Vivas Tesón, Inmaculada, "Curatela y asistencia", en Munar Bernat, Pedro Antonio (dir.). *Principios y preceptos de la reforma legal de la discapacidad. El Derecho en el umbral de la política,* Madrid: Marcial Pons, 2021.

INFORMES

Office of the United Nations, High Commissioner for Human Rights, *Legal capacity: background conference document,* New York, 2005. Disponible en: https://digitallibrary.un.org/record/555152
Informe del Alto Comisionado de las Naciones Unidas para los Derecho humanos, *Principios y directrices internacionales sobre el acceso a la justicia para las personas con discapacidad* Ginebra: 2020. Disponible en: https://www.un.org/development/desa/disabilities/wp-content/uploads/sites/15/2020/10/Access-to-Justice-SP.pdf
Plena Inclusión España, Propuesta de desarrollo profesional de la figura del facilitador procesal, Madrid, Ed. Plena Inclusión, 2022, Disponible en; https://www.plenainclusion.org/wp-content/uploads/2022/11/Plena-inclusion.-Propuesta-de-desarrollo-profesional-de-la-figura-del-facilitador-procesal.pdf

La supresión del proceso civil para la autorización de esterilización de personas con discapacidad: un análisis procesal de la LO 2/2020, de 16 de diciembre[1]

Mª PAULA DÍAZ PITA
Catedrática de Derecho Procesal
Universidad de Sevilla

1. *PLÁCEME*

La polimatía (término de uso infrecuente) procede del griego *πολυμαθία (polymathía)* y designa la sabiduría que abarca conocimientos diversos, siendo el polímata aquella persona con grandes conocimientos en varias materias científicas o humanísticas a la que la curiosidad le conduce a un apren-

[1] La presente publicación se ha llevado a cabo en el marco del Proyecto de I+D+I PID2020-118111GB-I00, "Sujetos e Instrumentos del Tráfico Privado VIII: Reforma del Derecho de sucesiones", financiado por MCIN/AEI/10.13039/501100011033 y en el marco del Grupo de Investigación SEJ-617 "Nuevas dinámicas del Derecho Privado Español y Comparado".

dizaje continuo que no tiene solo como finalidad atesorar conocimientos sino también expresarlos, aplicarlos y transmitirlos[2].

En esta definición encaja a la perfección el Prof. Moreno Catena al que homenajeamos por su dilatada, fructífera y brillante carrera académica y que, de seguro, ha de seguir regalándonos sus conocimientos y reflexiones, sus experiencias y sus propuestas jurídicas de toda índole y temática de las que muchos y muchas, como es mi caso, aprendemos y nos enriquecemos como procesalistas, como juristas.

Es un honor poder aportar un modesto grano de arena a este merecido homenaje al Prof. Moreno Catena con un estudio sobre la supresión en el año 2020 del procedimiento para la esterilización de personas con discapacidad que, espero, siga alimentando su curiosidad.

2. INTRODUCCIÓN

Debemos congratularnos cuando los dos grandes partidos políticos de nuestro país se ponen de acuerdo para acometer la reforma del artículo 49 de la Constitución Española de 1978 (en adelante, CE), precepto pionero, como se recuerda en la Exposición de Motivos de la Reforma de 2024, en la protección de las personas con discapacidad y que "situó en su día a España en la vanguardia de la protección de este colectivo, al reconocerles expresamente la plenitud de los derechos previstos en el Título I de la Constitución y establecer un mandato de protección dirigido a todos los poderes públicos", cuyo texto original establecía que "los poderes públicos realizarán una política de previsión, tratamiento, rehabilitación e integración de los disminuidos físicos, sensoriales y psíquicos a los que prestarán la atención especializada que requieran y los ampararán especialmente para el disfrute de los derechos que este Título otorga a todos los ciudadanos".

Esta reforma del artículo 49 de la CE ve la luz, próximos los primeros 50 años de su vigencia, sobre la base del entendimiento casi unánime de todos los sectores sociales y políticos de que este precepto "precisa de una actualización en cuanto a su *lenguaje y contenido* y para reflejar los valores que inspiran la protección de este colectivo, tanto en el ámbito nacional como internacional" (Exposición de Motivos de la Reforma de 2024), por lo que su nuevo contenido pasa a ser el siguiente: "1. Las personas con

---

2 Burke, P. "El polímata. Una historia cultural desde Leonardo Da Vinci hasta Susan Sontag", Madrid, 2022.

discapacidad ejercen los derechos previstos en este Título en condiciones de libertad e igualdad reales y efectivas. Se regulará por ley la protección especial que sea necesaria para dicho ejercicio. 2. Los poderes públicos impulsarán las políticas que garanticen la plena autonomía personal y la inclusión social de las personas con discapacidad, en entornos universalmente accesibles. Asimismo, fomentarán la participación de sus organizaciones, en los términos que la ley establezca. Se atenderán particularmente las necesidades específicas de las mujeres y los menores con discapacidad"

El contexto legislativo en el que se ubica y justifica la modificación del artículo 49 de la CE tiene como pilar, en el ámbito del Derecho Internacional, la Convención sobre los Derechos de las Personas con Discapacidad (en adelante, CDPD) aprobada en Nueva York el 13 de diciembre de 2006 por la Asamblea General de Naciones Unidas y, como recuerda la Exposición de Motivos de la Reforma, ratificada por España el 3 de diciembre de 2007 con entrada en vigor el 3 de mayo de 2008.

En el ámbito específico de la legislación interna de nuestro país, la Exposición de Motivos de la Reforma del artículo 49 de la CE relaciona específicamente una serie de normas como la Ley 26/2011, de 1 de agosto, de adaptación normativa a la Convención Internacional sobre los derechos de las personas con discapacidad; el Real Decreto Legislativo 1/2013, de 29 de noviembre que aprueba el Texto Refundido de la Ley General de derechos de las personas con discapacidad y de su inclusión social; la Ley Orgánica 2/2018, de 5 de diciembre para la modificación de la Ley Orgánica del Régimen Electoral General y la Ley 8/2021, de 2 de junio, de reforma de la legislación civil y procesal para el apoyo a las personas con discapacidad en el ejercicio de su capacidad jurídica (en adelante, Ley 8/2021).

Suponemos que el legislador ha querido destacar solo algunas normas de nuestro ordenamiento interno que, en relación a los distintos aspectos del reconocimiento, mejora y protección de los derechos de las personas con discapacidad poseen mayor relevancia a la hora de apuntalar la necesaria reforma de este precepto constitucional.

Pasó por alto, sin embargo, la Exposición de Motivos de la Reforma, otras normas internas que poseen igual o similar relevancia como sustento de tan trascendental modificación entre las que se encuentra y destaca especialmente, desde nuestro punto de vista, la Ley Orgánica 2/2020, de 16 de diciembre, de modificación del Código Penal para la erradicación de la esterilización forzada o no consentida de personas con discapacidad incapacitadas judicialmente (en adelante, LO 2/2020) que entró en vigor al día siguiente de su publicación en el BOE de 17 de diciembre de aquel año.

3. EL PUNTO DE PARTIDA

Tanto los antecedentes legislativos como las consecuencias (civiles, penales y también procesales) de la reforma operada en el vigente Código Penal (en adelante, CP) por la mencionada LO 2/2020 han sido analizados en profundidad por penalistas y civilistas[3] que han aportado el esencial fundamento sustantivo al planteamiento de la misma desde el punto de vista del Derecho Procesal.

Falta, por consiguiente, el enfoque procesal (al que ya hemos dedicado algunos trabajos en los que se analizaron la evolución de esta cuestión[4]) que abordaremos en las siguientes líneas remontándonos, como lo hacen civilistas y penalistas, al origen de la denominada "re-criminalización" como delito de lesiones de la esterilización "forzada" o, más correctamente, no consentida de personas con discapacidad, producto de la LO 2/2020, y a su evolución (desde la criminalización, a la despenalización y vuelta a su sanción penal), en la creencia de que solo así podremos dar respuesta a las cuestiones estrictamente procesales producto de la supresión del peculiar y poco conocido "proceso civil de autorización de esterilización de personas que de forma permanente no puedan prestar en modo alguno el consentimiento válido, libre, consciente y expresamente emitido" que se encontraba previsto tanto en el apartado 2º del artículo 156 del CP como en la DA Primera de la LO 1/2015, de 30 de marzo, de modificación del

---

3 Véase al respecto, entre otros, García Álvarez, P. "La supresión del segundo párrafo del artículo 156 del Código Penal, por la Ley orgánica 1/2020, de 16 de diciembre, de modificación del Código penal para la erradicación de la esterilización forzada o no consentida de personas con discapacidad, incapacitadas judicialmente", en *Revista de Derecho y Genoma Humano.* Núm. 54/2021, págs. 57 a 84; Vivas Tesón, I. "La violencia contra las mujeres con discapacidad: una realidad invisible", en AA.VV. *Mujer, discapacidad y derecho*, Valencia, 2023, págs. 175 a 214.

4 Díaz Pita, M. P., "La esterilización de incapaces afectados por grave deficiencia psíquica: cuestiones procesales", en *Revista Actualidad Penal.* 1995, Núm. 42. Semana 13 al 19 noviembre, págs. 809 a 838; también, "El procedimiento español para la autorización de esterilización de incapaces: aspectos procesales del artículo 156 del Código Penal", en *Revista de Estudos Criminais.* 2005. Núm. 20, AÑO V, págs. 39 a 55.

Código Penal (en adelante, LO 1/2015), ambos actualmente derogados por la norma de 2020.

La LO 2/2020 fue respaldada en su integridad y sin ninguna enmienda tanto a su paso por el Congreso de los Diputados como por el Senado, y si bien desde la perspectiva del Derecho Penal se ha hecho un repaso exhaustivo sobre la evolución de la admisibilidad de las prácticas de esterilización para apoyar o no su supresión, lo cierto es que no ha ocurrido lo mismo desde la óptica procesal, por lo que es necesario poner de relieve que, desde este punto de vista, la evolución de la admisibilidad de las prácticas de esterilización de personas con discapacidad va ligada a la de la previsión legal expresa (o no) de un procedimiento *ad hoc* cuyo objeto sea la autorización judicial de esterilización.

4. LA EVOLUCIÓN DEL TRATAMIENTO PROCESAL DE LAS SOLICITUDES DE ESTERILIZACIÓN DE PERSONAS CON DISCAPACIDAD HASTA LA LO 2/2020 DE MODIFICACIÓN DEL CÓDIGO PENAL

En lo que atañe a la evolución de la previsión legal de un cauce procesal a seguir para sustanciar y decidir pretensiones de solicitud de esterilización de personas con discapacidad que no pueden prestar por sí mismas un "consentimiento válido, libre, consciente y expresamente emitido", tal y como en la actualidad exige el vigente artículo 156 del CP (del que queda en vigor su apartado 1°) hemos de seguir un recorrido cronológico, a la manera en que lo hacen los penalistas, de tal manera que las fechas claves en esta evolución procesal son, sintéticamente, las siguientes: 1983, año en el que se promulga la LO 8/1983, de 25 de junio de Reforma Urgente y parcial del entonces vigente Código Penal de 1973 (en adelante, LO 8/1983), por la que se añade un nuevo párrafo al art. 428; 1985, año en el que se dicta la Circular de la Fiscalía General del Estado 3/1985, de 30 de abril (en adelante Circular FGE 3/1985) sobre la capacidad de los oligofrénicos para prestar el consentimiento justificante previsto en el artículo 428, párrafo 2° del Código Penal; 1989, año en el que se promulga la LO 3/1989, de 21 de junio de Reforma del Código Penal de 1973 (en adelante, LO 3/1989) por la que se modifica el artículo 428; 1992, año en el que el Juzgado de Primera Instancia n° 5 de Barcelona plantea una cuestión de inconstitucionalidad respecto de la LO 3/1989 en relación con la modificación del artículo 428; 1994, año en el que se dicta la Sentencia del Tribunal Constitucional 215/1994, de 14 de julio (en adelante, STC 215/1994), que resuelve la cuestión de inconstitucionalidad declarando que el artículo 428 del CP, tras la redacción dada por la reforma de 1989, es conforme a la Constitución; 1995, año en el que se publica la LO 10/1995, de 23 de noviembre por la que se promulga el nuevo y actualmente vigente CP que regulaba en el artículo 156 el procedimiento para la solicitud de esterilización de personas entonces incapacitadas; 2000, año en que se promulga la Ley 1/2000, de 7 de enero, de Enjuiciamiento civil (en adelante, LEC) en la que se regularon originariamente los nuevos procesos especiales de incapacitación, modificación y reintegración de la capacidad en los artículos 756 a 762 (actualmente modificados); 2015, año en el que, por un lado, se promulgó la Ley 1/2015, de 2 de julio, de Jurisdicción Voluntaria (en adelante, LJV), y, por otro, la LO 1/2015, por la que se modificó el párrafo 2º del artículo 156 del CP y se reguló en la DA Primera los trámites procesales a seguir en desarrollo y aplicación del artículo 156 del CP; 2020, año en el que se promulga la LO 2/2020 que deroga el párrafo 2º artículo 156 del CP y, asimismo, la DA Primera de la LO 1/2015; 2021, año en que se promulga la Ley 8/2021, de 2 de junio, por la que se reforma la legislación civil y procesal para el apoyo a las personas con discapacidad en el ejercicio de su capacidad jurídica (en adelante Ley 8/2021); y, finalmente, 2023, año en que promulga la LO 1/2023, de 28 de febrero (en adelante, LO 1/2023), por la que se modifica la LO 2/2010, de 3 de marzo, de salud sexual y reproductiva y de la interrupción voluntaria del embarazo (en adelante, LO 2/2010), que tiene trascendencia en la cuestión de la esterilización de personas con discapacidad en tanto en cuanto da una nueva redacción al artículo 2 de esta última en el sentido al que haremos referencia más adelante.

Vamos, por consiguiente, a desgranar y examinar esta evolución de la regulación de los procedimientos a través de los cuales se han venido sustanciando, desde 1983 hasta 2020, las pretensiones de solicitud de esterilización de personas con una discapacidad psíquica grave, para concluir, como veremos en el último epígrafe, que el legislador, suponemos que con la mejor de las voluntades, ha regresado a la casilla de partida sin percatarse de ello y sin dar alternativa y salida a algunas de estas pretensiones que, actualmente, podrían llegar a plantearse en casos muy excepcionales.

4.1. El panorama anterior a la previsión de un procedimiento para la autorización de esterilización de personas "incapaces": la reforma en 1983 del Código Penal de 1973

Conviene advertir que las denominaciones que usaremos a partir de este epígrafe en referencia a las personas con grave discapacidad psíquica no existen en la actualidad al haber sido felizmente desterradas del lenguaje jurídico, por lo que su empleo ha de entenderse en el marco de la abundante y heterogénea normativa tanto civil como penal y procesal que ha estado vigente hasta los años veinte de este siglo.

Debemos comenzar, para contextualizar adecuadamente la cuestión de la actual supresión del procedimiento de esterilización de personas con discapacidad psíquica grave, por el origen de su previsión legal, ya que la esterilización de las entonces denominadas personas incapaces surge íntimamente ligada, desde el punto de vista del Derecho Penal, al tratamiento del consentimiento en las lesiones, siendo objeto de especial atención cuando en el año 1983 se promulga la LO 8/1983 de reforma del entonces vigente CP de 1973, por la que se añade un nuevo párrafo al artículo 428 (introducido este precepto en el año 1963) con el siguiente tenor literal: "no obstante lo dispuesto en el párrafo anterior, el consentimiento libre y expresamente emitido exime de responsabilidad penal en los supuestos de trasplante de órganos efectuados con arreglo a lo dispuesto en la Ley, *esterilizaciones* y cirugía transexual realizadas por facultativo, salvo que el consentimiento se haya obtenido viciadamente o mediante precio o recompensa o el otorgante fuera menor o incapaz, en cuyo caso no será válido el prestado por éstos ni por sus representantes legales".

Por tanto, tras la reforma de 1983 la esterilización consentida por personas capaces y mayores de edad, hasta ese momento castigada, pasa a constituir una causa de exención de la responsabilidad penal, aunque no ocurre lo mismo con la esterilización de personas incapaces ya que el consentimiento prestado por el propio incapaz o por sus representantes legales no se admitía expresamente por el legislador como un consentimiento válido, circunstancia ésta que fue objeto de numerosas críticas por parte de la doctrina[5] que, casi unánimemente, apoyaba la legitimación de los representantes legales de los incapaces para solicitar la práctica de estas intervenciones en casos muy concretos y excepcionales y con la concurrencia en estos sujetos de discapacidades psíquicas graves, permanentes e irreversibles que les impidieran manifestar un consentimiento libre y válido.

En sentido contrario a la doctrina, se pronunció la FGE en su Circular 3/1985, al afirmar que "[...] la legalidad actual en la materia puede sintetizarse del siguiente modo: el consentimiento prestado por las personas con plena capacidad tiene eficacia justificante en los límites del artículo 428,

---

5 Véase, por todos, Muñoz Conde, F., Berdugo Gómez de la Torre, I. y García Arán, M. "La reforma penal de 1989", Madrid, 1989.

párrafo segundo, pero el consentimiento que provenga de los menores, incapaces o de sus representantes legales no otorga un derecho para realizar las conductas allí descritas"[6].

Lógicamente, este precepto del CP obvia por completo la posible previsión expresa de un cauce procesal por el que pudiera sustanciarse una eventual petición de esterilización de personas incapaces, ya que, en este momento, no se contemplaba ni la prestación de consentimiento de los incapaces para su propia esterilización, ni la solicitud de la práctica de la misma por sus representantes legales, y mucho menos, por consiguiente, la articulación de un cauce procesal para ello.

4.2. El origen de la previsión de un procedimiento para la autorización de esterilización de personas "incapaces": la reforma en 1989 del Código Penal de 1973

Así las cosas, la LO 3/1989 de reforma del CP de 1973, se hizo eco de las numerosas críticas a la legislación en vigor y, para acallar la polémica suscitada por la reforma de 1983 en esta materia, añadió un nuevo inciso al párrafo 2º del artículo 428 en el que, ahora sí, preveía expresa y escuetamente unas normas de naturaleza exclusivamente procesal que permitían atisbar una suerte de procedimiento específico y especial para sustanciar pretensiones de solicitud de esterilización de personas con grave discapacidad psíquica y en cuyo texto literal se establecía que "sin embargo, *no será punible la esterilización de persona incapaz que adolezca de grave deficiencia psíquica cuando aquélla haya sido autorizada por el Juez*, a petición del representante legal del incapaz, oído el dictamen de dos especialistas, el Ministerio Fiscal y previa exploración del incapaz".

Por consiguiente, los requisitos procedimentales previstos en el párrafo 2º, último inciso del artículo 428 del CP que habían de observarse en el procedimiento para la decisión de solicitudes de esterilización de personas incapaces, se especifican por vez primera, de tal manera que debían concurrir los

[6] La propia Circular añade que "[...] la prestación del consentimiento es un acto personalísimo. Sólo tiene aptitud para la validez de la disposición el consentimiento que proceda inmediata y directamente del titular. Es ineficaz el prestado a través de representación legal o voluntaria, no siendo posible en ningún caso la sustitución del titular de la facultad de disposición para la emisión del consentimiento. Toda actividad de sustitución o de interposición se reputará inexistente. Tampoco la facultad de consentir puede delegarse en un tercero [...]".

siguientes: que se tratara de un incapaz afectado por una grave deficiencia psíquica; que la petición de esterilización se formulara exclusivamente por los representantes legales del incapaz; que en el transcurso del procedimiento se oyeran los dictámenes de dos especialistas; que, asimismo, fuera oído el Ministerio Fiscal; que la resolución que se adoptara viniera precedida de la exploración judicial del incapaz; y, por último, que la autorización para la esterilización fuera otorgada exclusivamente por un órgano judicial.

Las nuevas normas procesales contenidas en este artículo 428 del CP no mencionaban, sin embargo, expresamente cual sería la Jurisdicción competente ante la que sustanciar estas solicitudes, por lo que, en opinión sin fisuras de la doctrina penal[7] (que no procesal) y de las Circulares y Consultas de la Fiscalía General del Estado sobre el particular (1985, 1990, 1991) estimaron que tal competencia había de atribuirse a los órganos judiciales del orden jurisdiccional civil y, más concretamente, a los Jueces de Primera Instancia.

Esta afirmación, tan categórica como unánime, parecía apoyarse en un doble argumento: de un lado, se sostenía que el precepto analizado exigía que las peticiones de esterilización habían de ser formuladas por el representante legal del incapaz, por lo que era necesaria la previa declaración judicial de incapacitación que tenía por objeto determinar, además de la gravedad y alcance de la deficiencia psíquica, el régimen de tutela o guarda a que había de quedar sometido el incapaz (que no la designación de tutor que debía ser objeto de un expediente de jurisdicción voluntaria consecutivo a la sentencia de incapacitación); y, de otro, se afirmaba que, puesto que las solicitudes de esterilización de incapaces daban lugar a la sustanciación de un procedimiento caracterizado por la ausencia de contienda entre partes conocidas y determinadas[8], tales solicitudes habían de

---

7 Al respecto, entre otros, Arroyo Zapatero, L. "Los menores de edad y los incapaces ante el aborto y la esterilización", en Estudios Penales y Criminológicos, Tomo XI, 1986-87, pág. 24; el mismo, "Problemas jurídicos de la esterilización de menores e incapaces", en La Ley, 1988-4, pág. 901; Juanes Peces, A. "La esterilización de los deficientes mentales: aspectos sustantivos y procesales. Análisis del artículo 428 del Código Penal", en La Ley, 1991-2, pág. 1169; Compte Masanch, "Algunas cuestiones sustantivas y procesales que suscita la esterilización de los incapaces conforme al artículo 428 del Código Penal", en Memoria elevada al Gobierno por la Fiscalía General del Estado, 1990, págs. 277 y 278.

8 Presupuesto exigido por el artículo 1811 de la entonces vigente LEC de 1881 para la aplicación de las normas generales y especiales que regían los procedimientos de Jurisdicción Voluntaria.

tramitarse a través de un expediente de jurisdicción voluntaria cuyo conocimiento vendría atribuido a los Jueces de Primera Instancia.

Con estos argumentos se cierran, por tanto, las puertas a la posibilidad de atribuir la competencia para conocer y decidir sobre las peticiones de esterilización de incapaces a la Jurisdicción penal.

Tampoco contenía el artículo 428 del CP de 1973 ninguna referencia al procedimiento adecuado para sustanciar estas solicitudes de esterilización de personas incapaces afectadas por grave deficiencia psíquica, por lo que, la interpretación conjunta de este precepto, de las normas del Código Civil (en adelante, CC) y de la entonces vigente LEC de 1881 condujo a una tramitación larga y lenta que debía atravesar por tres procedimientos distintos subsiguientes unos de los otros, esto es, una previa declaración judicial de incapacitación para determinar la gravedad y alcance de la deficiencia psíquica mediante un *proceso de incapacitación*; el posterior *expediente de jurisdicción voluntaria* cuyo objeto era la constitución de la tutela del incapacitado y, por consiguiente, la designación de quienes ostentarían la representación legal del mismo y los límites de dicha representación; y, por último, un *expediente de jurisdicción voluntaria* cuyo objeto era la solicitud de esterilización del incapacitado por parte de sus representantes legales.

Sin embargo, el añadido de aquel inciso al párrafo 2º del artículo 428 del CP de 1973, lejos de facilitar la sustanciación de pretensiones de esterilización de personas incapacitadas, no dejaba de plantear problemas, esta vez no sólo de índole penal, sino también de carácter procesal.

En el año 1992 un Juzgado del orden jurisdiccional civil, concretamente el Juzgado de Primera Instancia nº 5 de Barcelona, planteó ante el TC una cuestión de inconstitucionalidad en relación a la LO 3/1989, en la parte de la misma en que se autorizaba la esterilización de los declarados incapacitados a petición de sus representantes legales.

Antes de que el TC despejara las dudas sobre la constitucionalidad de este precepto, el TS se pronunció sobre los inconvenientes de la necesaria sustanciación de distintos procedimientos previos a la solicitud de esterilización y, en su Sentencia de 22 de junio de 1993, apostó por la economía procesal aceptando y promoviendo que la designación de los representantes legales del incapacitado y la fijación de sus facultades se llevaran a cabo en el mismo proceso de incapacitación.

El TC resuelve la cuestión de inconstitucionalidad planteada al año siguiente en su Sentencia 215/1994, decantándose a favor de la constitucionalidad del precepto, pero no llegando, sin embargo, a pronunciarse en profundidad sobre las cuestiones de carácter procesal que suscitaba el artículo 428 del CP de 1973 al considerar que los aspectos procesales de la norma no habían sido sometidos a su consideración, ya que, afirmaba, el auto de planteamiento de la cuestión de inconstitucionalidad sólo contenía en este aspecto, a su juicio, un "mero comentario sobre la deficiente técnica legislativa de que hace gala la disposición cuestionada".

4.3. Un nuevo cambio en los trámites del proceso para la sustanciación de pretensiones de autorización de esterilización de personas con discapacidad: la promulgación del Código Penal de 1995

En el año 1995 se promulga el actualmente vigente CP cuyo artículo 156 recogió, en esencia, el contenido del derogado artículo 428 del CP de 1973.

El segundo párrafo del artículo 156 del entonces recién estrenado CP difería, sin embargo, de lo dispuesto en el artículo 428 del CP de 1973 al establecer que "sin embargo, no será punible la esterilización de persona incapacitada que adolezca de grave deficiencia psíquica cuando aquélla, tomándose como criterio rector el del mayor interés del incapaz, haya sido autorizada por el Juez, bien en el mismo procedimiento de incapacitación, bien en un expediente de jurisdicción voluntaria, tramitado con posterioridad al mismo, a petición del representante legal del incapaz, oído el dictamen de dos especialistas, el Ministerio Fiscal y previa exploración del incapaz".

Las referencias expresas del artículo 156 del nuevo CP a los trámites procesales a observar para sustanciar pretensiones de esterilización de personas incapacitadas afectadas por una grave deficiencia psíquica, confirmaba la práctica judicial iniciada con la reforma de 1989 del artículo 428 del CP de 1973, por lo que, la Jurisdicción competente seguía siendo la Jurisdicción civil, y concretamente los Juzgados de Primera Instancia; y en cuanto al procedimiento adecuado para la sustanciación de estas solicitudes de esterilización, el CP de 1995 contemplaba dos vías procesales: o bien la acumulación de la pretensión de incapacitación y de esterilización y su sustanciación en el mismo proceso de incapacitación; o bien la sustanciación de la pretensión de esterilización en un expediente de jurisdicción voluntaria posterior al proceso de incapacitación.

Sin embargo, a pesar de esta previsión del artículo 156 del CP, hasta la entrada en vigor de la actualmente vigente LEC la posibilidad de acumulación en el proceso de incapacitación de las pretensiones de incapacitación y de esterilización de la persona cuya incapacitación se pretendía no se ajustaba a las normas procesales entonces vigentes contenidas tanto en el CC como en la LEC de 1881, por varias razones.

La primera de estas razones hallaba sustento en la circunstancia de que los antaño denominados procesos de incapacitación (previstos en los entonces en vigor artículos 202 y siguientes del CC en relación con las disposiciones aplicables de la LEC 1881), tenían como objeto exclusivamente sustanciar demandas de declaración de incapacidad y, por consiguiente, promover la incapacitación de un sujeto; en tanto que a través de la solicitud de autorización de esterilizaciones de personas incapacitadas se pretendía, sin embargo, el control judicial de una serie de requisitos que necesariamente habían de concurrir para conceder las citadas autorizaciones previstos en el art. 156 del CP y que legitimaban el ataque a la integridad física de los declarados incapacitados afectados por una grave deficiencia psíquica que, de no mediar la autorización judicial, constituía delito si llegaba a producirse.

Por otro lado, el objeto de las solicitudes de autorización de esterilización de personas incapacitadas venía determinado por la constatación de que los declarados incapacitados por sentencia, afectados por una grave deficiencia psíquica, se veían por ello impedidos de prestar su consentimiento libre y expreso para la esterilización.

Por consiguiente, la pretensión de esterilización difícilmente procedía acumularla a la de incapacitación para sustanciar ambas por los cauces del proceso de incapacitación, siendo entonces más correcto y adecuado desde la óptica procesal separar ambos procedimientos sustanciándose uno subsiguiente del otro: el proceso de incapacitación y, a continuación, la solicitud de autorización de esterilización por los cauces de un expediente de jurisdicción voluntaria.

A partir de la entrada en vigor de la actual LEC (concretamente, los artículos 756 a 762) se hizo posible y conveniente acumular la pretensión de incapacitación y la de esterilización en virtud de lo dispuesto en su art. 759 LEC donde se hacía referencia a las "pretensiones de la demanda y demás medidas previstas por las leyes".

El término "pretensiones" podía ser comprensivo de la solicitud de incapacitación, del nombramiento de representante de la persona incapacitada y de su internamiento no voluntario en virtud de lo dispuesto en los entonces vigentes artículos 757, 759 y 763 de la LEC; pero, además, en aplicación conjunta con lo previsto en el artículo 156 del CP, de la solicitud de autorización de esterilización.

Por el contrario, a diferencia de lo que ocurría antes de la entrada en vigor de la nueva LEC, la posibilidad de sustanciar la pretensión de esterilización en expediente de jurisdicción voluntaria posterior al proceso de incapacitación planteaba ciertos problemas y restaba garantías a la defensa de los intereses de la persona incapacitada.

La característica fundamental de los expedientes de jurisdicción voluntaria consistía en la ausencia de partes contrapuestas y determinadas, de tal manera que la persona incapacitada no podía constituirse en el expediente en parte procesal, y, en principio, no podía oponerse a la pretensión de esterilización, cosa que sí era posible, porque así se preveía expresamente para los procesos de incapacitación en el artículo 758 LEC.

La defensa de los intereses de la persona incapacitada en el expediente de jurisdicción voluntaria era posible, sin embargo, por la aplicación conjunta de lo dispuesto en los artículos 156 del CP y 1817 de la LEC de 1881, ya que, por un lado, el primero de ellos preveía la intervención del Ministerio Fiscal que, como señala su propio Estatuto Orgánico, actúa en los procedimientos que afecten a menores o incapaces, en defensa de sus intereses, y, por otro, el artículo 1817 de la LEC de 1881, contemplaba la posibilidad de que "si a la solicitud promovida se hiciere oposición por alguno que tenga interés en el asunto, se hará contencioso el expediente…", facilitando, asimismo con ello que el Ministerio Fiscal, en defensa de los intereses de la persona incapacitada, pudiera oponerse a la solicitud de esterilización.

En cuanto a los requisitos procedimentales previstos en el art. 156 CP en su redacción originaria, algunos son los mismos que contenía el art. 428 del ACP y otros varían o se añaden a los que ya se venían aplicando.

Estos requisitos eran aún más restrictivos que los previstos en el derogado artículo 428 del CP de 1973, siendo concretamente, los siguientes: que se trate de una persona incapacitada que adolezca de grave deficiencia psíquica; que la autorización de esterilización responda al criterio rector del mayor interés del incapaz; que la esterilización sea autorizada por un Juez; que la solicitud sea presentada por el representante legal del incapaz o incapacitado; que sea oído el dictamen de dos especialistas; y, por último, que sea oído el Ministerio Fiscal.

Los mencionados requisitos planteaban ciertas dudas en su aplicación por la falta de concreción de su alcance y aplicación que ya desgranamos pormenorizadamente en otro trabajo[9] y que conviene rescatar aun cuando sea de forma resumida.

Con respecto a la exigencia de que la esterilización solo pudiera autorizarse respecto de una persona que previamente incapacitada judicialmente, adoleciera de "grave deficiencia psíquica", dado que desde el punto de vista médico-psiquiátrico este requisito podía ser comprensivo de una amplia gama de padecimientos psíquicos, como tal requisito de procedibilidad era necesario delimitar su significado; y, al respecto, si se ponía en relación lo dispuesto en el artículo 156 del CP con el contenido originario del artículo 200 del CC, solo y exclusivamente podía solicitarse la esterilización de un sujeto que estuviera afectado por una grave deficiencia psíquica *permanente*, exigencia ésta añadida por la dicción literal del último precepto citado.

Pero, ¿qué ocurría con los incapaces afectados por una deficiencia persistente de carácter psíquico pero no calificable como grave o por una deficiencia psíquica grave pero no permanente?

En respuesta a esta pregunta la Consulta 2/1990 de la FGE, sobre la aplicación de la reforma de la LO 3/1989 de actualización del CP de 1973, al examinar el antecedente artículo 428 del CP de 1973, ya había adelantado una serie de consideraciones al respecto que podían ser trasladables a la interpretación del requisito de la grave deficiencia psíquica *permanente* del artículo 156 del CP de 1995 y en las que trataba de establecer las diferencias entre enfermedad psíquica grave e incapacidad mental incurable, afirmando que la enfermedad psíquica grave es aquella que "[…] crea el riesgo de provocar una psicosis profunda o dar lugar a una incapacidad mental notoria […]"; y, aunque reconocía que era difícil concebir una enfermedad incurable que no pudiera calificarse de grave, afirmaba, sin embargo, que podía "[…] existir una perturbación menor de la salud incurable o crónica que no merezca aquella calificación […]" y que "[…] es posible una enfermedad psíquica grave que sólo produzca incapacidad transitoria por ser curable y una incapacidad mental incurable que no sea grave […]".

---

9 Díaz Pita, M. P., "El procedimiento español para la autorización de esterilización de incapaces: aspectos procesales del artículo 156 del Código Penal", *op. cit.*, págs. 39 a 55. Cucarella Galiana, L-A, Autorización judicial para la esterilización de los incapacitados, en Revista General de Derecho Procesal, nº 22, 2010; el mismo, Incapacitación, tribunales y esterilización de disminuidos psíquicos, Madrid, 2012.

Por todo ello, sostuvimos en su momento que el párrafo 2º del entonces vigente artículo 156 del CP, estaba haciendo referencia a enfermedades o deficiencias psíquicas no solamente graves sino también profundas, persistentes e irreversibles o incurables, y que tal valoración de la gravedad de la enfermedad o deficiencia psíquica, en orden a la determinación del consentimiento para la esterilización, había de ponderarse en el procedimiento para la autorización de esterilizaciones, aunque necesariamente debía estarse para su constatación al contenido de la sentencia de incapacitación.

Por otro lado, el requisito de que la autorización de esterilización de personas incapacitadas judicialmente respondiera al *criterio rector del mayor interés del incapaz*, que pretendía acallar las críticas que se habían vertido vigente el CP de 1973 (sin lograrlo a juicio, particularmente, de los civilistas), había sido extraído por el legislador de 1995 de la STC 215/1994 cuyo FJ 4º hacía expresa referencia al mismo, contemplando, además una íntima relación del mencionado criterio con el principio de proporcionalidad, pero sin concretar en qué consistía ese "mayor interés del incapaz" más allá de aludir a conceptos genéricos como la contribución a mejorar sus condiciones de vida y su bienestar, la equiparación a las personas capaces, el desarrollo de su personalidad o el ejercicio de su sexualidad.

Este *criterio rector del mayor interés del incapaz* aparecía, por otro lado, directamente vinculado a la sustitución del consentimiento de la persona incapacitada para ser sometida a una esterilización por el que prestarían sus representantes legales, entendiendo al respecto la STC 215/1994 en su FJ 4º que tal sustitución estaría plenamente justificada ya que, de no procederse así, "tal objeción, que excluiría a los incapaces de una posibilidad que se otorga a las personas capaces, resulta inaceptable porque llevada a sus últimas consecuencias lógicas, conduciría a rechazar cualquier tratamiento médico —y sobre todo una intervención quirúrgica ablatoria— indispensable para la vida o simplemente beneficiosa para la salud de los deficientes psíquicos graves. La propia esterilización puede estar médicamente indicada a los señalados fines. El problema de la sustitución del consentimiento en los casos de inidoneidad del sujeto para emitirlo, atendida su situación de grave deficiencia psíquica, se convierte, por tanto, en el de la justificación y proporcionalidad de la acción interventora sobre su integridad corporal; una justificación que únicamente ha de residir, siempre en interés del incapaz, en la concurrencia de derechos y valores constitucionalmente reconocidos cuya protección legitime la limitación del derecho fundamental a la integridad física que la intervención entraña".

Respecto a que la solicitud fuera presentada por el representante legal del incapacitado, este requisito procedimental presentaba un doble problema: de un lado, se cuestionaba si el contenido de la representación legal se extendía a suplir el consentimiento de su representado para un acto que supone un ataque a la integridad física de este último y que, por tanto, afecta a un derecho personalísimo; y, de otro, si la petición formulada por el representante legal había de entenderse o no en el sentido de prestar el consentimiento para la esterilización.

Respecto al primero de los problemas apuntados, la FGE en su Circular de 1985, antes de la reforma de 1989 del CP de 1973, ya había rechazado categóricamente la posibilidad de que el consentimiento del incapaz para la esterilización pudiera ser suplido por terceros, excluyéndose tanto a los representantes legales como a la autoridad judicial. Sin embargo, al añadir la reforma de 1989 un nuevo inciso al párrafo 2º del artículo 428 del CP de 1973, posibilitó que las solicitudes de esterilización fueran presentadas por los representantes legales de los sujetos declarados incapacitados, requisito éste que se mantuvo en el artículo 156 del vigente CP.

La petición de esterilización formulada por el representante legal no suponía, a nuestro juicio, en el marco del CP de 1995, un acto excluido del ámbito de la representación del incapacitado y ello porque, aun a pesar de que el artículo 162 del CC exceptuaba del contenido de la representación legal que los padres ostentan respecto de sus hijos menores no emancipados, los "actos relativos a los derechos de la personalidad u otros que el hijo, de acuerdo con las leyes y condiciones de madurez pueda realizar por sí mismo" (excepción que según Blasco Gascó[10] era también aplicable analógicamente a los tutores), es evidente que en los supuestos de sujetos incapacitados afectados por una grave deficiencia psíquica, sus condiciones de madurez no les permitía emitir libremente su consentimiento para ser esterilizados, por lo que necesariamente la legitimación para solicitarla había de otorgarse a los representantes legales.

En cuanto al segundo de los problemas planteados, la solicitud de esterilización formulada por el representante legal, en ningún caso podía entenderse en el sentido de prestar el consentimiento para la esterilización ya que, como señaló el Fiscal General del Estado en sus alegaciones formuladas en la cuestión de inconstitucionalidad resuelta por el STC de 1994, "[...] el artículo 428 del CP no autoriza en ningún momento que el

---

10 Blasco Gascó, M. R., en AA.VV, "Derecho de Familia", Valencia, 1991, págs. 541 y 542.

consentimiento para la esterilización [...] sea prestado por el representante legal del incapaz que adolezca de grave deficiencia, sino que llama al Juez para que, a petición del representante, autorice, sin que en ningún momento se le imponga, la esterilización solicitada. No se trata, pues, de que el consentimiento inexistente por la incapacidad del deficiente mental se sustituya por el de su representante [...]".

La petición formulada por el representante legal sólo podría interpretarse, a nuestro juicio, todo lo más como manifestación de la voluntad favorable a la esterilización, pero, en ningún caso, como sustitución del consentimiento del representado, ya que corresponde exclusivamente al órgano judicial suplir dicho consentimiento[11].

A todo ello había que sumar la necesaria audiencia del dictamen de dos especialistas que, a diferencia de los requisitos anteriormente señalados que lo eran de procedibilidad, es decir, que habían de concurrir inexcusablemente para la puesta en marcha del procedimiento de solicitud de esterilización en el marco del artículo 156 del CP, el que ahora nos ocupa constituía no un requisito, sino un *trámite procedimental* que suscitaba varias cuestiones.

Dado que, en algunos casos, los sujetos afectados por una grave deficiencia psíquica están sujetos a tratamientos médicos en algún centro público o privado, proponíamos, por un lado, que los peritos especialistas (o al menos uno de ellos) que habían de emitir su dictamen en el curso del procedimiento para la autorización de esterilizaciones debían ser, a nuestro juicio, aquellos profesionales (psiquiatras, asistentes sociales, etc) que por su trato estrecho y cercano con la persona incapacitada y por el seguimiento directo de su evolución pudieran proporcionar datos fidedignos del alcance de su padecimiento; y, por otro, ya que los contenidos de los dictámenes, además, debían determinar también las posibles repercusiones negativas que en la salud física del sujeto pueda tener su sometimiento a la intervención quirúrgica de esterilización, era conveniente la intervención en el procedimiento de un médico ginecólogo o de un urólogo.

El contenido de los referidos dictámenes podía ser extraído de la STC de 1994, tanto de lo expresado por el Fiscal General del Estado en sus alegaciones como de la argumentación contenida en los fundamentos jurí-

11 En este sentido, Romeo Casabona, C. M., "El diagnóstico antenatal y sus implicaciones jurídico penales", en La Ley: Revista jurídica española de doctrina, jurisprudencia y bibliografía, Nº 3, 1987, pág. 807.

dicos y en alguno de los votos particulares; por lo que, a la vista de los mismos, los extremos sobre los que habrían de pronunciarse los especialistas eran, a nuestro juicio, los siguientes: el carácter irreversible, permanente, grave e incurable de la deficiencia psíquica padecida por el sujeto cuya esterilización se pretendía o, en caso contrario, si pudiera llegar a producirse una evolución positiva del incapaz, lo que tenía como finalidad constatar si el incapacitado podía o no emitir un consentimiento libre y expreso; que la intervención quirúrgica en que consistía la esterilización no entrañara riesgo alguno para la vida y salud del incapacitado; que se justificara la proporcionalidad de la medida mediante la exclusión de otra alternativa menos gravosa para el derecho a la integridad física del incapacitado (es decir, el principio de la *ultima ratio*); y, por último, que la esterilización pudiera o no llevarse a cabo mediante un procedimiento o técnica médica que la hiciera irreversible.

Por tratarse, en cualquier caso, de pruebas periciales, los dictámenes de los especialistas en ningún caso podían poseer un carácter vinculante por su propia naturaleza; pero dada la importancia de los mismos en esta clase de procedimientos, la vinculación del Juez al resultado probatorio era lógica, aunque no irremediable: si el Juez se vía forzado a otorgar la autorización, no había de serlo por los informes médicos, sino por la valoración justa que efectuara de ellos y de los otros elementos del juicio sometidos a su examen y consideración.

Por último, el examen por el Juez del incapacitado cuya esterilización se solicitara había de tener como finalidad la constatación inmediata y directa de la concurrencia en el sujeto de las condiciones de madurez, capacidad de comprensión del alcance de la intervención quirúrgica de esterilización y la posibilidad o no de prestación de un consentimiento libre y expreso para ser sometido a tal intervención.

La exploración judicial del incapaz, si bien aparecía regida (al igual que ocurría con los dictámenes de los especialistas) por la libre apreciación del juzgador, lo cierto es que debía ser posterior a la emisión de los dictámenes tal y como se desprendía del tenor literal del párrafo 2° del artículo 156 del CP, y, en cierto modo, orientarse a la constatación de los extremos reflejados en aquéllos.

4.4. La reforma del Código Penal por la LO 1/ 2015

El salto temporal de 20 años nos traslada a 2015, año en que la LO 1/2015 de modificación del CP trae consigo una nueva redacción del artículo 156 del CP extrayendo del mismo la regulación de los cauces procesales a seguir para la sustanciación de solicitudes de esterilización de personas incapacitadas que pasan a especificarse en la DA Primera de esta norma.

La nueva redacción del artículo 156 del CP tras la reforma de 2015, era la siguiente: "No obstante lo dispuesto en el artículo anterior, el consentimiento válido, libre, consciente y expresamente emitido exime de responsabilidad penal en los supuestos de trasplante de órganos efectuado con arreglo a lo dispuesto en la ley, esterilizaciones y cirugía transexual realizadas por facultativo, salvo que el consentimiento se haya obtenido viciadamente, o mediante precio o recompensa, o el otorgante sea menor de edad o carezca absolutamente de aptitud para prestarlo, en cuyo caso no será válido el prestado por éstos ni por sus representantes legales. No será punible la esterilización acordada por órgano judicial en el caso de personas que de forma permanente no puedan prestar en modo alguno el consentimiento al que se refiere el párrafo anterior, siempre que se trate de supuestos excepcionales en los que se produzca grave conflicto de bienes jurídicos protegidos, a fin de salvaguardar el mayor interés del afectado, todo ello con arreglo a lo establecido en la legislación civil".

Por su parte DA Primera en la LO 1/2015, bajo el título de *Autorización judicial de esterilización* estableció lo siguiente: "La esterilización a que se refiere el párrafo segundo del artículo 156 del Código Penal deberá ser autorizada por un juez en el procedimiento de modificación de la capacidad o en un procedimiento contradictorio posterior, a instancia del representante legal de la persona sobre cuya esterilización se resuelve, oído el dictamen de dos especialistas y el Ministerio Fiscal, y previo examen por el juez de la persona afectada que carezca de capacidad para prestar su consentimiento".

La propia Exposición de Motivos de la LO 1/2015 argumentó y justificó la modificación del art. 156 CP por la necesidad de acomodar su contenido a la CDPCD y, además, aclaró que el párrafo 2º de este precepto se remitía a las leyes civiles y procesales civiles "que regularán en un futuro los supuestos de esterilización de la forma más adecuada y garantista para los derechos de las personas afectadas". Aunque, como de todos es sabido, estas propuestas nunca llegaron a plasmarse en ninguna norma.

En lo que se refiere a las cuestiones netamente procesales que fueron objeto de regulación en la DA Primera de la LO 1/2015 las novedades eran escasas en comparación con la anterior regulación, destacando, en primer lugar, el mantenimiento de la posibilidad de ejercitar acumuladamente las pretensiones de incapacitación y de esterilización en el mismo proceso de incapacitación.

En segundo lugar, se afianzó, asimismo, la posibilidad alternativa de sustanciar separadamente las pretensiones de incapacitación y de esterilización con la novedad de que esta última ya no podría solicitarse en un Expediente de Jurisdicción voluntaria posterior al proceso de incapacitación sino en "un procedimiento contradictorio" que el legislador de 2015 ni concretó cuál había de ser ni especificó qué trámites habían de observarse en él, por lo que obviamente avocaba a la aplicación de las normas generales de la LEC.

Y, por último, se sustituyó la referencia al proceso de incapacitación por el de *procedimiento de modificación de la capacidad*, sustitución que obedecía a que la Ley 41/2003, de 18 de noviembre, sobre protección patrimonial de las personas con discapacidad preveía que a los seis meses de su entrada en vigor el Gobierno remitiría a las Cortes Generales un proyecto de ley reguladora de los procesos de incapacitación que pasarían a denominarse *procedimientos de modificación de la capacidad de obrar* para su adaptación a las previsiones de la CDPCD, que, a la vista está, nunca llegaron a existir.

Sin embargo, la reforma de 2015 sí introdujo destacados cambios que afectaban al tratamiento penal de la esterilización de personas con discapacidad y que, a la postre, repercutían en el tratamiento procesal, en tanto en cuanto esas modificaciones atañen también a los requisitos de procedibilidad.

Desde la perspectiva penal se abandonaron los términos "incapaz" y "persona incapacitada" que fueron sustituidos por "personas que de forma permanente no puedan prestar en modo alguno el consentimiento" "válido, libre, consciente y expresamente emitido" requerido en el párrafo 1º del artículo 156 del CP para eximir de responsabilidad penal en estos supuestos de esterilización[12], por lo que, como señala García Arán[13] "es especialmente importante señalar que la decisión judicial en esta materia debía establecerse *ad hoc*, y no derivarse de la incapacitación civil", y, por consiguiente, siguiendo parámetros ajustados al Derecho Penal.

---

[12] García Álvarez, P., *op. cit.* pág. 73.

[13] García Arán, M. "La esterilización de personas discapacitadas: la radical reforma penal de 2020", en *Estudios penales y criminológicos,* Vol. 42, 2022, pág. 4 DOI: https://doi.org/10.15304/epc.8205.

Por ello, aun cuando, como se ha señalado anteriormente, la pretensión de esterilización en estos supuestos podía sustanciarse conjuntamente con la de incapacitación a tenor de lo dispuesto en la DA Primera de la LO 1/2015, lo cierto es que, como señala García Álvarez[14] la no exigencia tras la reforma del artículo 156 del CP de que la persona cuya esterilización se pretendía estuviera afectada por una grave deficiencia psíquica conducía a entender que "lo importante a estos efectos era que la persona, independientemente de que estuviera incapacitada judicialmente o aquejada de una enfermedad psíquica, pudiera o no prestar de forma válida el consentimiento para ser esterilizada".

Por tanto, el pilar central de la cuestión para sustanciar un proceso civil cuyo objeto fuera el examen y decisión de una pretensión de esterilización y, por consiguiente, la cuestión principal consistía en la determinación de en cuáles supuestos una persona poseía "aptitud para consentir" por sí misma que le fuera practicada una intervención quirúrgica de esta clase y si ese consentimiento era válido, libre, consciente y expresamente emitido, de tal manera que, como señala García Álvarez[15] "la imposibilidad de la persona, sobre cuya esterilización se decide, para consentir su propia esterilización, debía ser *permanente*, lo que impediría que pudieran ser esterilizadas impunemente personas que carecieran de la capacidad para decidir sobre su capacidad reproductiva únicamente de forma transitoria", alejándose, así, a su juicio, "la sombra del fantasma de las esterilizaciones en masa de deficientes mentales como una política de Estado".

Para la doctrina penal el punto más problemático de la nueva redacción del artículo 156 del CP se hallaba en que la esterilización de personas que de forma permanente no pudieran prestar en modo alguno su consentimiento válido, libre, consciente y expresamente emitido no resultaría una conducta punible siempre y cuando se tratara de "supuestos excepcionales en los que se produzca grave conflicto de bienes jurídicos protegidos"; por lo que se introducen en el artículo 156 del CP conceptos excesivamente amplios e indeterminados que, a la postre, generaban, como afirma García Álvarez[16] una cierta inseguridad jurídica.

Cuales sean esos "bienes jurídicos" y cuando había de entenderse que el conflicto entre ellos era "grave" abrió la puerta a las dudas sobre el derecho

---

14 García Álvarez, P., *op. cit.* pág. 73.

15 García Álvarez, P., *op. cit.* pág. 74.

16 García Álvarez, P., *op. cit.* pág. 74.

a la sexualidad, a formar una familia, a la integridad e indemnidad de estas personas que carecerían, a juicio del legislador de 2015, de aptitud para prestar el consentimiento sobre su propia esterilización, pero sin concretar ni supuestos ni condiciones[17].

Al fin y a la postre, lo que el legislador de 2015 negaba a las personas que no podían por sí mismas prestar un consentimiento válido, libre, consciente y expresamente emitido era la aptitud para someterse a un procedimiento médico-quirúrgico de esterilización, de tal manera que la legitimación quedaba desplazada a sus representantes legales, únicos que podían solicitar la incoación de un proceso para que un Juez civil, en su caso, autorizara y supliera (él, que no los representantes legales) esa falta de consentimiento de que pudieran adolecer aquéllas a tales efectos.

5. LA SUPRESIÓN DEL PROCESO CIVIL PARA LA AUTORIZACIÓN DE ESTERILIZACIÓN DE PERSONAS CON DISCAPACIDAD POR LA LEY ORGÁNICA 2/2020

Solo 5 años más tarde de la promulgación de la LO 1/2015, la reforma del CP aprobada por la LO 2/2020 suprime de un plumazo tanto el párrafo 2º del artículo 156 CP como la DA Primera de aquélla con la intención, dice, de preservar los derechos de las personas con discapacidad; y, por consiguiente, se suprime, asimismo, el proceso civil para la esterilización de personas con discapacidad que no pudieran prestar su consentimiento válido, libre, consciente y expresamente emitido.

Llama la atención, en primer lugar, el propio título de la LO 1/2020 *para la erradicación de la esterilización forzada o no consentida de personas con discapacidad incapacitadas judicialmente* en el que se mezclan conceptos que se pretenden equivalentes como los de "esterilización forzada" y "esterilización no consentida".

La doctrina penalista ha sido, no sin razón, sumamente crítica con esta equiparación de conceptos que distan y mucho de ser equivalentes; no sucediendo lo mismo en la doctrina civilista en la que se aprecia una clara división de opiniones a favor y en contra de estimar que la regulación de un procedimiento de esterilización de personas con discapacidad que de forma permanente no puedan prestar en modo alguno el consentimiento

---

[17] García Álvarez, P., *op. cit.* pág. 74.; GARCÍA ARÁN, M. *op. cit.*, pág. 4.

válido, libre, consciente y expresamente emitido conduce a una esterilización "forzosa y prohibida" por la propia CDPD.

Desde el punto de vista del Derecho Penal García Álvarez[18] sostuvo y sostiene que "si tenemos en cuenta el texto del segundo párrafo del artículo 156, la previsión en él contenida se refería a personas que "de forma permanente no puedan prestar en absoluto el consentimiento al que se refiere el párrafo anterior". Es decir, personas que no pueden prestar un consentimiento válido, libre, consciente y expreso. Y la rúbrica de la LO 2/2020, de 16 de diciembre, alude a la esterilización "forzosa", lo que conllevaría una esterilización en contra del consentimiento libre y válidamente emitido por la persona esterilizada. La contradicción es evidente: no procede hablar de esterilización forzosa de personas que no pueden, como premisa, consentir. Como mucho, de lo que se podrá hablar es de la esterilización de estas personas sin su consentimiento en tal sentido. Eso sí es correcto"[19].

Por consiguiente, si una persona con discapacidad es forzada a ser esterilizada o se practica su esterilización sin su consentimiento, ello, lógicamente, sería constitutivo de una conducta delictiva, como realmente era y es, castigada en el CP, como así ocurre en el artículo 156 actualmente vigente y sucedía en su precedente 428 del CP de 1973.

En el polo opuesto se encuentra una parte de la doctrina civilista que desde mucho tiempo atrás ya venían reclamando la derogación de la esterilización "forzada" de personas con discapacidad, permitida, afirmaban, por el artículo 156, párrafo 2° del CP.

Desde la perspectiva del Derecho Civil, a favor de la derogación del apartado 2° del artículo 156 del CP y de la Disposición Adicional Primera de la LO 1/2015, para Vivas Tesón[20] "una forma particular de violencia dirigida específicamente contra las niñas, adolescentes y mujeres con discapacidad se refiere a la esterilización y el aborto involuntarios. Ante todo, conviene dejar claro que, en sí mismas, no constituyen prácticas lesivas de

---

18 García Álvarez, P., *op. cit.* pág. 74.

19 A esta opinión se suman, entre otros Quintero Olivares, G. "La incriminación general de la esterilización de discapacitados", en *Almacén de Derecho,* 27 de octubre de 2020 y García Arán, M. *op. cit.*, pág. 2.

20 Vivas Tesón, I. "La violencia contra las mujeres con discapacidad", *op. cit.*, pág. 194; la misma, "La esterilización forzosa de niñas y mujeres con discapacidad en España", en AA.VV. *Mujer como motor de innovación jurídica y social,* Valencia, 2021, págs. 1077 a 1097.

derechos humanos. Una mujer puede recurrir libremente a la esterilización como medida de anticoncepción permanente porque, por las razones que ella estime oportunas, no quiere ser madre o volver a serlo. Sin embargo, sí lo es cuando no responde a una libre elección de la mujer y, sin su consentimiento, su esterilización es decidida, por razón de discapacidad y no de salud, por terceras personas que dicen saber lo que es mejor para ella, lo que, frecuentemente, sucede a las chicas con discapacidad intelectual o psicosocial"; por lo que esta autora apuesta decididamente por desterrar las esterilizaciones "forzadas" o "coactivas".

Acogiendo esta necesidad de suprimir la esterilización "forzada" de personas con discapacidad, el Preámbulo de la LO 2/2020 alude específicamente a que el mantenimiento tanto del párrafo 2º del artículo 156 del CP como de la DA Primera de la LO 1/2015 contravenían y vulneraban gravemente la CDPCD y, específicamente, su artículo 23.1 que, bajo la rúbrica de *Respeto del hogar y de la familia* dispone que "1. Los Estados Partes tomarán medidas efectivas y pertinentes para poner fin a la discriminación contra las personas con discapacidad en todas las cuestiones relacionadas con el matrimonio, la familia, la paternidad y las relaciones personales, y lograr que las personas con discapacidad estén en igualdad de condiciones con las demás, a fin de asegurar que: a) Se reconozca el derecho de todas las personas con discapacidad en edad de contraer matrimonio, a casarse y fundar una familia sobre la base del consentimiento libre y pleno de los futuros cónyuges; b) Se respete el derecho de las personas con discapacidad a decidir libremente y de manera responsable el número de hijos que quieren tener y el tiempo que debe transcurrir entre un nacimiento y otro, y a tener acceso a información, educación sobre reproducción y planificación familiar apropiados para su edad, y se ofrezcan los medios necesarios que les permitan ejercer esos derechos; c) Las personas con discapacidad, incluidos los niños y las niñas, mantengan su fertilidad, en igualdad de condiciones con las demás".

Entendía también el legislador en el Preámbulo de la LO 2/2020 que ambos preceptos vulneraban, asimismo, el artículo 39[21] del Convenio del Consejo de Europa sobre prevención y lucha contra la violencia contra las

---

[21] Dispone el artículo 39 del Convenio de Estambul, que lleva por rúbrica *Aborto y esterilización forzosos* que "Las Partes adoptarán las medidas legislativas o de otro tipo necesarias para tipificar como delito, cuando se cometa de modo intencionado: a) la práctica de un aborto a una mujer sin su consentimiento previo e informado; b) el hecho de practicar una intervención quirúrgica que tenga por objeto o por resultado poner fin a la capacidad de una mujer de reproducirse de modo natural

mujeres y la violencia doméstica (conocido como Convenio de Estambul), firmado el 11 de mayo de 2011 y suscrito por España y con aplicación en nuestro país desde 2014, y que "Naciones Unidas, a través del Comité de Derechos de las Personas con Discapacidad, ya recomendó oficialmente, en el año 2011, al Reino de España la acomodación de su ordenamiento interno (Código Penal) en este punto, para que no se vulnerara esta garantía".

Con independencia de las inexactas referencias al que correctamente se denomina "Comité sobre los derechos de las personas con discapacidad", cabe dejar constancia, como lo hace García Arán[22], de que "ante lo escueto de la cita manejada en el Preámbulo, cabe suponer que se refiere al documento del *Comité sobre los derechos de las personas con discapacidad* [...] [sexto periodo de sesiones. 19 a 23 de septiembre de 2011] en el que expone su "Examen de los informes presentados por los Estados Partes en virtud del artículo 35 de la Convención" y de que "en el apartado correspondiente a España en ningún momento se recomienda la modificación del Código Penal en el sentido afirmado en el Preámbulo que nos ocupa. Lo más próximo a ello es el artículo 17 en el que se dice: "El Comité expresa su inquietud por el hecho de que las personas con discapacidad cuya personalidad jurídica no se reconoce puedan ser sometidas a esterilización sin su consentimiento otorgado *libremente y con conocimiento de causa*"

Realmente el Comité mencionado no formuló, efectivamente, ninguna recomendación a España en este sentido de una reforma penal ya que, como señala García Arán[23], "la inquietud manifestada por el Comité se refiere a la posibilidad de que se actúe en contra del *consentimiento pleno y con completo conocimiento de causa* por parte de la persona discapacitada. Y si se recuerda la regulación española de entonces, ésta pretendía ceñirse a casos excepcionales en los que *no fuera posible* que la persona discapacitada prestara tal consentimiento pleno".

En cuanto al reproche que el Preámbulo la LO 2/2020 hace tanto al artículo 156, párrafo 2º del CP como a la DA Primera de la LO 1/2015 de vulnerar el artículo 23.1 de la CDPCD, hay que tener en consideración que, como señala García Arán[24], en "la Convención parte de que todas las

sin su consentimiento previo e informado o sin su entendimiento del procedimiento".

22 García Arán, M. *op. cit.*, pág. 5.

23 García Arán, M. *op. cit.*, pág. 5.

24 García Arán, M. *op. cit.*, págs. 5 y 6.

personas discapacitadas están en las mismas condiciones para consentir y sólo en algún punto se deslizan expresiones como "consentimiento libre y pleno" o "de manera responsable" en las que cabría apoyar la consideración diferenciada de distintas capacidades a la hora de consentir"; por lo que, como dice García Álvarez[25], "si leemos bien este artículo 23, en él se alude a personas, ciertamente, con discapacidad, pero [...] con capacidad de consentir libre y válidamente sobre su maternidad/paternidad y, por tanto, sobre su capacidad procreadora. Y este no es el mismo círculo de sujetos pasivos al que se entendía aludía el artículo 428 ACp ni, desde luego, al que se aludía en el hasta ahora vigente artículo 156 Cp. Sin lugar a dudas, la previsión contemplada en el segundo párrafo del artículo 156 Cp, en su última redacción, se refería a personas que no podían consentir válidamente por carecer de un mínimo de capacidad para comprender todo lo relacionado con la procreación".

En definitiva, como señala García Arán[26], "la apelación a la igualdad en abstracto y sin contexto puede convertirse en la peor de las desigualdades igualando irreflexivamente casos diferentes por lo que "llevándolo al terreno de la esterilización, ni todas las situaciones son iguales, ni cabe negar el conflicto entre la sexualidad y la capacidad genésica de la persona cuando sus consecuencias son inasumibles para ella, lo que lleva a la protección de su bienestar".

6. LA ENTRADA EN VIGOR DE LA LEY 8/2021 DE REFORMA DE LA LEGISLACIÓN CIVIL Y PROCESAL PARA EL APOYO A LAS PERSONAS CON DISCAPACIDAD

Del 16 de diciembre de 2020 (fecha de promulgación de la LO 2/2020) al 2 de junio de 2021, fecha de promulgación de la Ley 8/2021, transcurren apenas seis meses durante los cuáles siguieron en vigor los procesos de incapacitación regulados en la LEC y, asimismo, en el terreno civil, el sistema de tutela de las personas con discapacidad incapacitadas judicialmente previsto y en vigor en aquel momento en el CC, abriéndose un corto y peculiar interregno, presidido por la imposibilidad de incoar procedimientos de incapacitación que se deducía claramente del contenido de la DT Primera en la que se establecía que "a partir de la entrada en vigor

[25] García Álvarez, P., *op. cit.* pág. 80.

[26] García Arán, M. *op. cit.*, pág. 12.

de la presente Ley las meras privaciones de derechos de las personas con discapacidad, o de su ejercicio, quedarán sin efecto"

Para regular este paréntesis entre normas, la Ley 8/2021 contenía 6 Disposiciones Transitorias entre las que se encontraban aquellas que preveían el tratamiento que había de dispensarse a los procesos relativos a la capacidad de las personas que, conforme a la redacción hasta ese momento vigente de los preceptos de la LEC que los regulaban, se encontraran en tramitación, disponiendo al respecto la DT Sexta que "los procesos relativos a la capacidad de las personas que se estén tramitando a la entrada en vigor de la presente Ley se regirán por lo dispuesto en ella, especialmente en lo que se refiere al contenido de la sentencia, conservando en todo caso su validez las actuaciones que se hubieran practicado hasta ese momento".

Por su parte, la DT Quinta de la Ley 8/2021, que lleva por rúbrica *Revisión de las medidas acordadas*, preveía que las personas con la capacidad modificada judicialmente y sus representantes pudieran solicitar "en cualquier momento de la autoridad judicial la revisión de las medidas que se hubiesen establecido con anterioridad a la entrada en vigor de la presente Ley, para adaptarlas a ésta", fijando un plazo máximo de un año para la mencionada adaptación de las medidas. Aunque, si tal solicitud no se hubiera producido en ese plazo de un año, el párrafo 2º de la DT Quinta de la Ley 8/2021 prescribía que "la revisión se realizará por parte de la autoridad judicial de oficio o a instancia del Ministerio Fiscal en un plazo máximo de tres años", por lo que la plena acomodación a los nuevos parámetros procesales diseñados por la Ley 8/2021 se produciría, en algunos casos, en 2022 y, en otros, como fecha máxima, en el presente año 2024.

Huelga extendernos en exceso en los puntales civiles en los que se asienta la reforma de la legislación civil en materia de medidas de apoyo al ejercicio de la capacidad jurídica de las personas con discapacidad que prevé la Ley 8/2021 cuyo eje central se resume en su Preámbulo en el que se afirma que, en cumplimiento de la CDPCD, y como continuación de varias reformas ya implantadas en esta materia, se impone "el cambio de un sistema como el hasta ahora vigente en nuestro ordenamiento jurídico, en el que predomina la sustitución en la toma de las decisiones que afectan a las personas con discapacidad, por otro basado en el respeto a la voluntad y las preferencias de la persona quien, como regla general, será la encargada de tomar sus propias decisiones".

De forma sintética la Ley 8/2021 transita de un escenario en el que el consentimiento de algunas personas con discapacidad era, en todo caso, sustituido por el de sus representantes legales a aquel en el que tanto las personas mayores de edad como los menores emancipados ostentan plena capacidad para el ejercicio de su capacidad jurídica, aun cuando estén afectadas por alguna discapacidad (particularmente psíquica o intelectual), salvo que de forma permanente o transitoria precisen de medidas de apoyo al ejercicio de esa capacidad jurídica que le permitan "el desarrollo pleno de su personalidad y su desenvolvimiento jurídico en condiciones de igualdad" (artículo 249, párrafo 1º del CC).

Esas medidas de apoyo para el ejercicio de la capacidad jurídica de las personas que lo precisen pueden consistir en medidas de naturaleza voluntaria, la guarda de hecho, la curatela y el nombramiento de defensor judicial (artículo 250, párrafo 1º del CC), de tal manera que "la función de las medidas de apoyo consistirá en asistir a la persona con discapacidad en el ejercicio de su capacidad jurídica en los ámbitos en los que sea preciso, respetando su voluntad, deseos y preferencias. Las medidas de apoyo de naturaleza voluntaria son las establecidas por la persona con discapacidad, en las que designa quién debe prestarle apoyo y con qué alcance. Cualquier medida de apoyo voluntaria podrá ir acompañada de las salvaguardas necesarias para garantizar en todo momento y ante cualquier circunstancia el respeto a la voluntad, deseos y preferencias de la persona. La guarda de hecho es una medida informal de apoyo que puede existir cuando no haya medidas voluntarias o judiciales que se estén aplicando eficazmente. La curatela es una medida formal de apoyo que se aplicará a quienes precisen el apoyo de modo continuado. Su extensión vendrá determinada en la correspondiente resolución judicial en armonía con la situación y circunstancias de la persona con discapacidad y con sus necesidades de apoyo"[27].

En lo que respecta tanto al guardador de hecho como al curador, éstos ostentan, por regla general, exclusivamente funciones asistenciales (de apoyo al ejercicio de la capacidad jurídica de aquellas personas que lo precisen) y no representativas; representación que se prevé en el CC, tras la reforma operada por la Ley 8/2021, como función tan excepcional que los

---

[27] Para una completa y extensa comprensión del alcance de este nuevo planteamiento, véase, entre otros, Munar Bernat, P. A., "La curatela: principal medida de apoyo de origen judicial para las personas con discapacidad", en *Revista de Derecho Civil*, vol. V, núm. 3 (julio-septiembre, 2018), págs. 121 a 152. http://nreg.es/ojs/index.php/RDC.

artículos 264[28] (relativo al guardador de hecho) y 269[29] (que se refiere al curador) exigen para su ejercicio la previa autorización judicial y, por consiguiente, la sustanciación del procedimiento adecuado que se concreta en la incoación del correspondiente expediente de jurisdicción voluntaria.

Llegados a este punto cabe preguntarse si, habiendo sido suprimido el proceso civil de autorización de esterilización de personas con discapacidad por la reforma del CP de 2020 sería posible en la actualidad que un guardador de hecho o un curador con funciones representativas de la persona que no pudiera prestar un consentimiento válido, libre, consciente y expresamente emitido, solicitara su esterilización.

Resultaría engañosa una respuesta afirmativa si solo acudimos a la aplicación conjunta de los artículos 264 y 269 del CC antes mencionados y su artículo 287.1°, en relación todos ellos con lo dispuesto en el artículo 52.3 de la LJV, el artículo 9 de la Ley 41/2002, de 14 de noviembre, básica reguladora de la autonomía del paciente y de derechos y obligaciones en materia de información y documentación clínica (en adelante, Ley 41/2002), y, finalmente, el artículo 2 de la Ley orgánica 2/2010, modificado por la LO 1/2023.

Sin embargo, ha de señalarse que, inicialmente, el artículo 287.1° del CC en relación con los artículos 264 y 269, podría facultar tanto al guardador de hecho como al curador que ejerzan funciones de representación

---

28 Dispone el artículo 264 del CC que "cuando, excepcionalmente, se requiera la actuación representativa del guardador de hecho, este habrá de obtener la autorización para realizarla a través del correspondiente expediente de jurisdicción voluntaria, en el que se oirá a la persona con discapacidad. La autorización judicial para actuar como representante se podrá conceder, previa comprobación de su necesidad, en los términos y con los requisitos adecuados a las circunstancias del caso. La autorización podrá comprender uno o varios actos necesarios para el desarrollo de la función de apoyo y deberá ser ejercitada de conformidad con la voluntad, deseos y preferencias de la persona con discapacidad. En todo caso, quien ejerza la guarda de hecho deberá recabar autorización judicial conforme a lo indicado en el párrafo anterior para prestar consentimiento en los actos enumerados en el artículo 287".

29 Dispone el artículo 269 del CC que "sólo en los casos excepcionales en los que resulte imprescindible por las circunstancias de la persona con discapacidad, la autoridad judicial determinará en resolución motivada los actos concretos en los que el curador habrá de asumir la representación de la persona con discapacidad. Los actos en los que el curador deba prestar el apoyo deberán fijarse de manera precisa, indicando, en su caso, cuáles son aquellos donde debe ejercer la representación. El curador actuará bajo los criterios fijados en el artículo 249".

de una persona que precisa apoyo al ejercicio de su capacidad jurídica a que soliciten autorización judicial para "1º. Realizar actos de transcendencia personal o familiar cuando la persona afectada no pueda hacerlo por sí misma, todo ello a salvo lo dispuesto legalmente en materia de internamiento, *consentimiento informado en el ámbito de la salud* o en otras leyes especiales".

¿Y qué establece el artículo 9 de la Ley 41/2002 tras la modificación de 2023 respecto de la prestación de ese consentimiento informado? Pues en su apartado 3º prevé el otorgamiento del "consentimiento por representación" que, para el caso de las personas con discapacidad requiere, en su apartado 7º, que, previamente, se le ofrezcan "las medidas de apoyo pertinentes, incluida la información en formatos adecuados, siguiendo las reglas marcadas por el principio del diseño para todos de manera que resulten accesibles y comprensibles a las personas con discapacidad, para favorecer que pueda prestar por sí su consentimiento"; por lo que, de no poder prestar por sí misma su consentimiento para la práctica de intervenciones médicas y/o quirúrgicas, lo hará su representante legal, o, incluso, "personas vinculadas por razones familiares o de hecho"[30].

¿Y podría entenderse que el guardador de hecho o el curador que ostenten funciones representativas podrían, a la vista de los preceptos mencionados, solicitar la esterilización de una persona con discapacidad a la que representen sin que ello pueda interpretarse como petición de esterilización "forzada o no consentida" proscrita por la LO 2/2020 y castigada por el CP en el artículo 156 actualmente en vigor?

Entendemos, en principio, que sí, si como base de esta afirmación tomamos la definición que de "esterilización forzosa" aparece en el listado del artículo 2 de la mencionada LO 2/2010 en su redacción de 2023, cuyo número 8 entiende por tal la "forma de violencia contra las mujeres en el ámbito reproductivo que consiste en la práctica de una intervención quirúrgica que tenga por objeto o por resultado poner fin a la capacidad

---

30 Muy crítica con el contenido de este precepto se muestra, acertadamente, Vivas Tesón, I. "Vivir con discapacidad en el contexto de una pandemia: el derecho a tener derechos", Madrid, 2021, págs. 107 y 108 poniendo de manifiesto la inexplicable ausencia de modificación del artículo 9 de la Ley 41/2002 para acomodarlo a la reforma operada por la Ley 8/2021 en materia de los derechos de las personas con discapacidad, de tal manera que "la terminología de una y otra chirrían generándose problemas interpretativos" que esta autora analiza pormenorizadamente en las líneas siguientes. Esta acomodación pudo haberse llevado a cabo por la mencionada LO 1/2023, pero, finalmente, no se acometió.

de una mujer de reproducirse de modo natural *sin su consentimiento previo e informado o sin su entendimiento del procedimiento*".

A la vista del contenido de este precepto y, a sensu contrario, si una persona con discapacidad carece de consentimiento válido y eficaz o de entendimiento del procedimiento a seguir para practicarle una esterilización, y su guardador de hecho o su curador ostentan funciones representativas, nada impediría a éstos solicitarla a la autoridad judicial competente por los trámites de un expediente de jurisdicción voluntaria que, no estando previsto específicamente, se articularía como un expediente innominado sujeto a las normas generales de la LJV y que, quizás, podría completarse con los trámites previstos en el artículo 52.3 de la propia LJV, que inserto en la Sección 2ª del Capítulo IV (que lleva por rubrica *De la tutela, la curatela y la guarda de hecho*) establece que "en los casos en que, de acuerdo con la legislación civil aplicable, el guardador de hecho de una persona con discapacidad deba solicitar autorización judicial, antes de tomar una decisión, la autoridad judicial entrevistará por sí misma a la persona con discapacidad y podrá solicitar un informe pericial para acreditar la situación de esta. También podrá citar a la comparecencia a cuantas personas considere necesario oír en función del acto cuya autorización se solicite".

Sin embargo esta posible solución al vacío legal que ha provocado la LO 2/2020 al suprimir el proceso civil de autorización de esterilización para casos muy excepcionales, no sería viable ya que, como señala García Arán[31], la supresión del párrafo 2º del artículo 156 del CP ha dejado subsistente su párrafo 1º con la misma redacción que ya tenía, en el que de forma clara y contundente re-criminaliza la esterilización en todo caso y, por tanto, sin ninguna excepción, cuando la persona que se someta a ella carezca de consentimiento válido, consciente y expresamente emitido, porque, si en estos supuestos el otorgante del consentimiento carece absolutamente de aptitud para prestarlo, ni es válido el prestado por él ni tampoco lo es el que presten sus representantes legales (sus guardadores de hecho o sus curadores con funciones representativas).

Compartimos la opinión de García Arán[32] cuando, además, deja en evidencia algo tan obvio como que "la norma penal vigente es especial respecto a las disposiciones civiles [...] y, como tal, reduce las posibilidades —ya de por sí escasas—, de consentimiento por representación que permi-

---

31 García Arán, M. *op. cit.*, pág. 14.

32 García Arán, M. *op. cit.*, pág. 15.

ten el CC y la Ley de Autonomía del Paciente. Pero, además, [...] el texto del art. 156 CP restante tras la radical y escasamente meditada reforma impuesta por la LO 2/2020 contradice abiertamente los principios a los que su Preámbulo dice servir en aplicación de la Convención Internacional sobre las personas con discapacidad. Recuérdese que tanto la Convención como la LO 8/2021 de reforma del Código Civil admiten —un tanto a desgana—, la existencia de discapacidades en las que el sistema de apoyo pueda no ser suficiente, en cuyo caso, debe acudirse a la representación y adopción de la decisión sustituyendo la voluntad de la persona discapacitada a partir de aquella hipótesis acerca de lo que habría decidido de no padecer discapacidad. Pues bien, nada de eso es admitido por la nueva regulación penal".

7. CONCLUSIONES

Como conclusión, desde nuestro punto de vista entendemos que el legislador debió modificar, que no suprimir, el párrafo 2º del artículo 156 del CP para dotarlo de mayores garantías y restringir clara y precisamente los requisitos para que, en casos excepcionales, pudiera eximirse de responsabilidad penal al guardador de hecho o al curador que, ostentando funciones representativas atribuidas por los órganos judiciales del orden civil y por los trámites procesales oportunos, pudieran, con las debidas garantías y respeto de los derechos de las personas con discapacidad, solicitar su esterilización, si ello procede por entenderse que no pueden prestar a tales efectos un consentimiento válido, eficaz y expresamente emitido y atendiendo exclusivamente a su bienestar tanto físico como intelectual.

Por lo mismo, entendemos que la supresión de la DA Primera de la LO 1/2015 debió dar lugar, paralelamente, a la articulación de un expediente de jurisdicción voluntaria con la consiguiente modificación de la LJV en este sentido, cuyo objeto fuera precisamente la sustanciación de solicitudes de esterilización excepcionales y, asimismo, la previsión de un posible proceso civil especial en la LEC para el caso de oposición por parte del propio interesado, del Ministerio Fiscal, o de aquellas otras personas que pudieran, ostentando interés directo, mostrar su desacuerdo.

Resulta, como señala García Arán[33], sumamente contradictorio que "las personas no afectadas por incapacidad, pero también las afectadas por

---

[33] García Arán, M. pág. 14

una discapacidad leve, esto es, no de un modo *absoluto*, pueden solicitar y conseguir una intervención médica por la que se anule su capacidad genésica, sin que nadie intervenga en sus motivos. En cambio, las personas discapacitadas *absolutamente* no pueden prestar su consentimiento, ni directamente ni acudiendo a su sustitución por la autoridad judicial, a petición de su representante, con el procedimiento y las garantías que contenía el derogado párrafo segundo del art. 156 CP, ni tampoco acudiendo al repetido "apoyo" que el nuevo sistema civil supresor de la tutela en beneficio de la curatela proporciona a todas las personas discapacitadas [...]".

Parece, por último, tristemente paradójico que, por los trámites del expediente de jurisdicción voluntaria antes mencionado sea, sin embargo, perfectamente posible, a nuestro juicio, que el guardador de hecho o el curador con funciones de representación puedan solicitar otros tipos de intervenciones quirúrgicas o médicas que no sean la esterilización, como es el caso, por ejemplo, de toda clase de intervenciones ginecológicas y obstétricas.

BIBLIOGRAFÍA

Arroyo Zapatero, L. "Los menores de edad y los incapaces ante el aborto y la esterilización", en *Estudios Penales y Criminológicos*, Tomo XI, 1986-87, págs. 10 a 25.

Arroyo Zapatero, L. "Problemas jurídicos de la esterilización de menores e incapaces", en *La Ley*, 1988-4, págs. 898 a 901.

Blasco Gascó, M. R., en AA.VV, "Derecho de Familia", Valencia, 1991.

Burke, P. "El polímata. Una historia cultural desde Leonardo Da Vinci hasta Susan Sontag", Madrid, 2022.

Compte Masanch, "Algunas cuestiones sustantivas y procesales que suscita la esterilización de los incapaces conforme al artículo 428 del Código Penal", en *Memoria elevada al Gobierno por la Fiscalía General del Estado*, 1990, págs. 275 a 281.

Cucarella Galiana, L-A., "Autorización judicial para la esterilización de los incapacitados", en *Revista General de Derecho Procesal*, nº 22, 2010.

Cucarella Galiana, L-A., "Incapacitación, tribunales y esterilización de disminuidos psíquicos", Madrid, 2012.

Díaz Pita, M. P., "El procedimiento español para la autorización de esterilización de incapaces: aspectos procesales del artículo 156 del Código Penal", en *Revista de Estudos Criminais*. 2005. Núm. 20, AÑO V, págs. 39 a 55.

Díaz Pita, M. P., "La esterilización de incapaces afectados por grave deficiencia psíquica: cuestiones procesales", en *Revista Actualidad Penal*. 1995, Núm. 42. Semana 13 al 19 noviembre, págs. 809 a 838.

García Álvarez, P. "La supresión del segundo párrafo del artículo 156 del Código Penal, por la Ley orgánica 1/2020, de 16 de diciembre, de modificación del Código penal para la erradicación de la esterilización forzada o no consentida de personas con discapacidad, incapacitadas judicialmente", en *Revista de Derecho y Genoma Humano.* Núm. 54/2021, págs. 57 a 84.

García Arán, M. "La esterilización de personas discapacitadas: la radical reforma penal de 2020", en *Estudios penales y criminológicos,* Vol. 42, 2022, págs. 1-21. DOI: https://doi.org/10.15304/epc.8205.

Juanes Peces, A. "La esterilización de los deficientes mentales: aspectos sustantivos y procesales. Análisis del artículo 428 del Código Penal", en *La Ley*, 1991-2, págs. 1165 a 1170.

Munar Bernat, P. A., "La curatela: principal medida de apoyo de origen judicial para las personas con discapacidad", en *Revista de Derecho Civil,* vol. V, núm. 3 (julio-septiembre, 2018), págs. 121 a 152. http://nreg.es/ojs/index.php/RDC.

Muñoz Conde, F., Berdugo Gómez de la Torre, I. y García Arán, M. "La reforma penal de 1989", Madrid, 1989.

Quintero Olivares, G. "La incriminación general de la esterilización de discapacitados", en *Almacén de Derecho,* 27 de octubre de 2020.

Romeo Casabona, C. M., "El diagnóstico antenatal y sus implicaciones jurídico penales", en La Ley: Revista jurídica española de doctrina, jurisprudencia y bibliografía, Nº 3, 1987, págs. 798-819.

Vivas Tesón, I. "La esterilización forzosa de niñas y mujeres con discapacidad en España", en AA.VV. *Mujer como motor de innovación jurídica y social,* Valencia, 2021, págs. 1077 a 1097.

Vivas Tesón, I. "Vivir con discapacidad en el contexto de una pandemia: el derecho a tener derechos", Madrid, 2021.

Vivas Tesón, I. "La violencia contra las mujeres con discapacidad: una realidad invisible", en AA.VV. *Mujer, discapacidad y derecho,* Valencia, 2023, págs. 175 a 214.

El proyecto de Reglamento (UE) en materia de protección de los adultos, de 31 de mayo de 2023: una aproximación a sus implicaciones procesales

PIEDAD GONZÁLEZ GRANDA
Catedrática de Derecho Procesal
Universidad de León

1. ANTECEDENTES Y CONTEXTUALIZACIÓN DE LA PROPUESTA DE REGLAMENTO DEL PARLAMENTO EUROPEO Y DEL CONSEJO EN MATERIA DE PROTECCIÓN DE LOS ADULTOS

Con la única excepción de una norma sobre la capacidad de las personas físicas en el contexto de las obligaciones contractuales transfronterizas en materia civil y mercantil establecida en el artículo 13 del Reglamento (CE) 593/2008 del Parlamento Europeo y del Consejo, sobre la Ley aplicable a las obligaciones contractuales[1], no existe acto legislativo alguno de la Unión Europea (UE) que regule aspectos civiles ni procesales de la capacidad jurídica de las personas físicas, excluyendo expresamente de su ámbito de aplicación *el estado y la capacidad jurídica de las personas físicas* en su art. 2.1.a) el reciente Convenio de 2022 sobre el reconocimiento y la ejecución de resoluciones judiciales extranjeras en materia civil o mercantil[2].

Y es lo cierto que, en un contexto de envejecimiento, parece contraria a la construcción de la ciudadanía del siglo XXI la falta de regulación de la protección específica de los adultos que no están en condiciones de velar por sus intereses y puedan necesitar apoyos en el ejercicio de su capacidad jurídica, por estar en juego principios básicos de la UE al requerirse que estos apoyo y salvaguardas— hayan de ser proporcionados por un Estado miembro de la UE. La necesidad de dicha protección está en la base de la necesidad de uniformizar determinadas normas reguladoras de las situaciones derivadas del traslado de un adulto en tales condiciones de uno a otro Estado miembros, es decir, en las situaciones llamadas transfronterizas, en particular en relación con las posibles medidas adoptadas en un Estado miembro cuando dicho adulto se traslada a otro Estado miembro. Piénsese en la posible afectación negativa de derechos en ámbitos como el acceso a la justicia, el derecho a la autonomía, el derecho a la propiedad y la libre circulación.

Son muy amplias las repercusiones del campo de acción de los derechos humanos en el envejecimiento, observándose que el colectivo de las personas mayores está siguiendo una trayectoria muy similar a la que han recorrido otros grupos discriminados, como es el de las mujeres o el de las personas con discapacidad, y así es constatable que, partiendo de una inicial discriminación, consiguen en un segundo momento ser objeto de amparo, hasta alcanzar finalmente el *status* jurídico de sujetos plenos de derecho. Y lo cierto es que solo situados en este marco podemos entender debidamente la reflexión, el debate y las soluciones relativas a los problemas contemporáneos de las personas mayores y sus derechos, en un momento en que la lucha contra la discriminación por edad o *edadismo* está cada vez más presente en los foros científicos y no solo políticos, por considerarse un problema de salud pública, que interesa a la bioética y la neurociencia[3]

---

1 DO L 177 de 4.7.2008, pág. 6.

2 DOUE nº 187, de 14 de julio de 2022

3 Martínez-Cuevas, Isabel, "Edadismo", *Revista Electrónica de Biomedicina,* nº 3, págs. 31-33. Herranz González, Rubén (2022), "El edadismo o discriminación por edad

y que supone una perspectiva conceptual surgida de las discusiones impulsadas por la OMS[4].

Es un hecho incontestable que en los últimos años el envejecimiento ha ocupado un lugar destacable en el quehacer de organismos regionales intergubernamentales de todo el mundo, con el objetivo de alcanzar instrumentos tendentes a asegurar los derechos de las personas de edad avanzada. En un escenario en el que destaca la disparidad entre las realidades estatales más diversas y siendo una cuestión que se plantea en todas las latitudes, aparece como una prioridad el abordaje de esta realidad, destacando el sistema interamericano como el normativamente más avanzado, con la aprobación de la Convención Interamericana sobre la Protección de los derechos humanos de las personas mayores[5] y sorprendiendo el Protocolo de la Carta Africana de derechos humanos y de los pueblos relativo a los derechos de las personas de edad en África[6].

A nivel internacional el Convenio de la Conferencia de La Haya, de 13 de enero de 2000, sobre la Protección internacional de los adultos[7], dispone la protección en situaciones internacionales de los adultos que, debido

---

y sus clases", en *La discriminación por edad de las personas mayores; las múltiples caras del edadismo,* op. col., 2021, págs. 31-48.

4 En torno a la Estrategia y Plan de Acción mundiales sobre el Envejecimiento y la Salud, que ha dado lugar a la Década del Envejecimiento Saludable 2020-2030 y se recoge en el Informe Mundial sobre el Edadismo presentado a principios de 2021, Whasington, D.C. https://doi.org/10.37774/9789275324455.

5 Convención Interamericana sobre la Protección de los derechos humanos de las personas mayores, que entró en vigor en el año 2016 y que fue precedida de una serie de instrumentos regionales. Vid. al respecto Gomáriz Moraga, Enrique, "Los derechos de los mayores: sobre la Convención Interamericana para las personas mayores y sus dificultades de aplicación", *Revista Tiempo de Paz,* 2022, nº 145. También Álvarez Tomé, María, "La protección internacional de adultos, el encaje de los actuales instrumentos de Derecho Internacional privado y las perspectivas de avances en la UE", Cátedra Jean Monnet Working Paper, 3/2017, http://hdl.handle.net/2445/106468

6 Puede consultarse al efecto Huenchan, Sandra. (ed), "Envejecimiento, personas mayores y Agenda 2030 para el Desarrollo Sostenible. Perspectiva regional y de derechos humanos", Publicación de las Naciones Unidas, 2018. También Lee, Ronald y Donehower, Gretchen. "El envejecimiento de la población, las transferencias intergeneracionales y el crecimiento económico: América Latina en el contexto mundial", Notas de Población, vol. 37, N° 90 (LC/G.2469-P), Santiago, Comisión Económica para América Latina y el Caribe (CEPAL), enero, 2010.

7 El Convenio puede consultarse en castellano en la página web de la Conferencia de La Haya http://www.hcch.net/index_es.php?act=conventions.text&cid=71

a una alteración o insuficiencia de sus facultades personales, no están en condiciones de velar por sus intereses; establece al efecto normas en materia de competencia, ley aplicable y reconocimiento y ejecución de medios de protección de los adultos, así como normas sobre cooperación entre las autoridades competentes. Además de ofrecer una respuesta satisfactoria a esta materia, permite a las partes contratantes intensificar su cooperación en el ámbito de la protección de los adultos más allá de las disposiciones de dicho Convenio. Pero hasta la fecha (principios del año 2024) dicho Convenio solo ha sido ratificado por once Estados miembros de la UE y España no está entre ellos; de modo que en nuestro país, tras la aprobación y entrada en vigor de la Ley 8/2021, de 2 de junio, por la que se reforma la legislación civil y procesal para el apoyo a las personas con discapacidad en el ejercicio de su capacidad jurídica, no se ha tenido en cuenta de modo específico la situación de vulnerabilidad que pueden experimentar determinadas personas con discapacidad en contextos transfronterizos y la consiguiente necesaria protección de sus derechos fundamentales en tales contextos.

La UE no puede ser parte del Convenio de La Haya, dado que el propio Convenio (arts. 53 y 54) solo permite la incorporación a Estados soberanos y no a organizaciones internacionales. Pero su interés por la adhesión de los Estados de la UE a dicho instrumento viene de lejos, y de hecho, constatándose que ya en su Resolución de 18 de diciembre de 2008, el Parlamento Europeo[8] solicitó a la Comisión que, en cuanto fuere adquirida la suficiente experiencia con el funcionamiento del mismo, presentase una propuesta legislativa para reforzar la cooperación entre los Estados miembros y mejorar el nivel de reconocimiento y ejecución de las decisiones relativas a la protección de las personas mayores de edad. Y en el año 2009, el Programa de Estocolmo[9] subrayó la conveniencia de evaluar nuevas propuestas en relación con los adultos vulnerables, animándose concretamente a los Estados miembros a adherirse al Convenio de La Haya cuanto antes. Reforzando dicha actitud con la Resolución del Parlamento Euro-

---

8 Resolución del Parlamento Europeo, de 18 de diciembre de 2018, con Recomendaciones destinadas a la Comisión sobre la protección jurídica de los adultos: implicaciones transfronterizas **(2008/2123(INI))** https://www.europarl.europa.eu/doceo/document/TA-6-2008-12-18_ES.html?redirect#sdocta22

9 Programa de Estocolmo. Una Europa abierta y segura que sirva y proteja al ciudadano. https://eur-lex.europa.eu/LexUriServ/LexUriServ.do?uri=OJ:C:2010:115:0001:0038:es:PDF

peo de 1 de junio de 2017[10], texto en el que aparece por vez primera la petición a la Comisión de adopción de una propuesta de Reglamento con el objetivo de mejorar la cooperación entre los Estados miembros y garantizar el reconocimiento y la ejecución automáticos de las decisiones sobre la protección de los adultos vulnerables y de los mandatos por incapacidad.

Por su parte, tanto la UE como sus Estados miembros son partes de la Convención de las Naciones Unidas sobre los Derechos de las Personas con Discapacidad (CNUDPD), de 13 de diciembre de 2006, que ha marcado un hito fundamental en la materia, dando lugar a lo que ha venido a denominarse como un "cambio de paradigma" con respecto a la capacidad jurídica de las personas don discapacidad, abordada no desde una perspectiva de vulnerabilidad sino en un enfoque basado en los derechos humanos, al afirmar que *todas las personas con discapacidad deben disfrutar de capacidad jurídica en igualdad de condiciones con las demás* y obliga a los Estados Partes a adoptar las medidas pertinentes para apoyar a las personas con discapacidad en el ejercicio de su capacidad jurídica.

La aplicación de ambos instrumentos (CNUDPD y Convenio de La Haya de 2000) persigue el mismo objetivo común de promover y proteger los derechos de las personas con discapacidad. De modo que la Estrategia de la UE sobre los derechos de las personas con discapacidad 2021-2030[11] trata de resolver las diversas dificultades a que se enfrentan las personas con discapacidad, incluidas las personas mayores con discapacidad, y pretende avanzar en la aplicación de la Convención tanto a escala de la UE como de los Estados miembros, indicando expresamente que la Comisión trabajará con los Estados miembros para aplicar el Convenio de La Haya de 2000 en consonancia con la CNUDPD. En la reunión informal de 29 de enero de 2021 mantenida por los ministros de Justicia de la UE, se destacó la importancia del Convenio de La Haya de 2000 como medio para reforzar la protección de los adultos vulnerables, destacando la conveniencia de aumentar el número de ratificaciones por parte de los Estados miembros. Y de reforzar el marco de la UE para facilitar la libre circulación de las decisiones sobre protección de los adultos vulnerables. En las Conclusiones del

---

10 Resolución del Parlamento Europeo, de 1 de junio de 2017, con Recomendaciones destinadas a la Comisión sobre la protección de los adultos vulnerables (2015/2085(INL) https://eur-lex.europa.eu/legal-content/ES/TXT/PDF/?uri=CELEX:52017IP0235&from=ES

11 Estrategia de la UE sobre los derechops de las personas con discapacidad 2021-2030, adoptado en marzo de 2021, con base en la Estrategia sobre Discapacidad 2010-2020. https://ec.europa.eu/social/main.jsp?catId=1484&langId=es

Consejo sobre la Protección de los adultos vulnerables en el conjunto de la UE[12], el Consejo pide a los Estados miembros que promuevan un mayor conocimiento del Convenio de La Haya de 2000 entre los órganos jurisdiccionales y entre los profesionales y todas las partes que intervienen en su aplicación y que avancen en los procedimientos de ratificación del mismo; y pide a la Comisión sobre este mismo punto que evalúe posibles medidas para animar a otros Estados miembros a ratificar lo antes posible el Convenio de La Haya de 2000 y que realice un estudio minucioso sobre la manera ebn que la UE podría reforzar la protección de los adultos vulnerables en situaciones transfronterizas y sobre la conveniencia o necesidad de dotarse la UE de un marco jurídico para facilitar la libre circulación de las resoluciones judiciales y extrajudiciales en materia civil sobre la protección de los adultos vulnerables y que plantee propuestas legislativas en la materia.

En este contexto y con unos objetivos muy claros, surge la iniciativa proyectada: Propuesta de Reglamento del Parlamento Europeo y del Consejo relativo a la competencia, la ley aplicable, el reconocimiento y la ejecución de las medidas y la cooperación en materia de protección de los adultos[13]. Propuesta que va acompañada de otra: la ratificación del Convenio de La Haya de 2000 por todos los Estados miembros, debiendo ser ambas debatidas y aprobadas en su caso por el Parlamento y el Consejo, concediéndose a los Estados miembros un plazo de 4 años para cumplir con las directrices de comunicación electrónica y 5 años para la creación de un Registro interconectado de medidas adoptadas y de poderes de representación.

2. OBJETIVOS DE LA PROPUESTA DE REGLAMENTO DEL PARLAMENTO EUROPEO Y DEL CONSEJO RELATIVO A LA COMPETENCIA, LA LEY APLICABLE, EL RECONOCIMIENTO Y LA COOPERACIÓN EN MATERIA DE PROTECCIÓN DE LOS ADULTOS

En el contexto internacional antes expuesto, surge la iniciativa proyectada, de modo que se trata de dar cumplimiento —con este instru-

---

12 DOEU CI 330/1 de 17.8.2021

13 Comisión Europea "Proposal for a Regulation of the European Parliament and of the Council on jurisdiction, applicable law, recognition and enforcement of measures and cooperation in matters relating to the protection of adults", COM(2023) 280 final, 2023/0169 (COD), 31.5.2023.

mento— a los objetivos que se exponen, en número de tres, en el Cdo. (69); a saber: mejorar la protección de los derechos de los adultos en situaciones transfronterizas en la Unión; mejorar la eficacia y la rapidez de los procesos transfronterizos relativos a la protección de los adultos; y aumentar la seguridad jurídica y la previsibilidad en esas situaciones. Objetivos que no pueden ser alcanzados de manera suficiente por los Estados miembros, y que, por el contrario, debido a la aplicabilidad directa y al carácter vinculante del pretendido Reglamento, pueden lograrse mejor y a escala de la UE, a través de esta iniciativa europea y al amparo de los principios de subsidiariedad (consagrado en el art. 5 del Tratado de la UE) y de proporcionalidad (establecido en el mismo artículo).

Tales tres objetivos pueden ser fácilmente reconducidos, a efectos expositivos, en el marco de los mecanismos de cooperación reforzada propios de la UE, a dos, a saber: la mejora de la protección de los derechos y libertades de adultos vulnerables en situaciones transfronterizas por un lado; y la simplificación, mejora y racionalización de los mecanismos de cooperación en los procedimientos transfronterizos Con este doble objetivo como norte, el Reglamentos se propone abarcar las cuestiones civiles relativas a la protección de los adultos, en particular las relacionadas con las medidas, los documentos públicos y los poderes de representación destinados a la protección de los mismos (art. 1).

2.1. Mejora de la protección de los derechos y libertades de adultos vulnerables en situaciones transfronterizas

El primer objetivo tendente a la mejora de la protección de los derechos y libertades fundamentales y otros derechos de los adultos en situaciones transfronterizas tiene como base la Carta de los Derechos Fundamentales de la UE y el Derecho en materia de derechos humanos, en cuyo seno es fundamental la CNUDPD, de la que —ya ha sido dicho líneas arriba— son parte tanto la UE como sus Estados miembros.

El Reglamento debe aplicarse en coherencia con las obligaciones en materia de derechos humanos en virtud de la CNUDPD, que se aplica tanto en casos nacionales como transfronterizos. En su calidad de partes contratantes, los Estados miembros deben garantizar que su legislación nacional sustantiva y procesal sobre el tratamiento de los adultos sea coherente con las obligaciones en materia de derechos humanos previstas en la CNUDPD. En particular, los Estados miembros *deben respetar la igualdad de los adultos ante la Ley y su derecho a disfrutar de capacidad de obrar en igualdad de condiciones con los demás en todos los aspectos de la vida, con el apoyo que puedan necesitar, así como la autonomía e integridad de los adultos,* de conformidad con el art. 12 de la CNUDPD.

2.2. Simplificación, mejora y racionalización de los mecanismos de cooperación en los procedimientos transfronterizos

Por otro lado, en el marco de la cooperación reforzada en que cabe situar este Reglamento, no tiene un contenido sustantivo, sino que tiene por objeto la mejora de la eficacia y la rapidez de los procesos judiciales y administrativos relativos a la protección de los adultos, simplificando y racionalizando los mecanismos de cooperación en los procedimientos transfronterizos, dado que *esta mayor seguridad jurídica y unos procedimientos más sencillos, racionalizados y digitalizados también deberían animar a las personas a ejercer su derecho a la libre circulación.*

Se trata de que, independientemente de la terminología jurídica utilizada en cada Estado miembro, las medidas destinadas a la protección de los adultos y adoptadas de conformidad con los derechos humanos de los adultos afectados deben circular sin obstáculos en la UE. De modo que el objetivo subyacente del Reglamento es facilitar el reconocimiento y la ejecución de las medidas y la circulación de poderes de representación y proteger de forma eficaz el interés del adulto.

Toma como base el Convenio de La Haya de 2000, pero actualizado y adaptado (en particular prestando mucha atención a la comunicación electrónica) y atendiendo también a otros Reglamentos europeos de Cooperación reforzada. En este contexto nace la iniciativa proyectada, de modo que con fecha de 31 de mayo del presente año 2023 la Comisión Europea propone: por un lado la ratificación del Convenio de La Haya por todos los Estados miembros. Y además propone un Reglamento basado en el Convenio de La Haya, que no modifica la legislación interna, sino que constituye un marco de "Derecho Internacional Privado" para toda la UE. Se trata de la *Propuesta de Reglamento del Parlamento Europeo y del Consejo relativo a la competencia, la ley aplicable, el reconocimiento y la ejecución de las medidas y la cooperación en materia de protección de los adultos.*

2.3. *Una benéfica implicación interna: la solución a la duplicidad normativa existente en materia de reconocimiento y ejecución de resoluciones extranjeras afectantes a las medidas*

Ya hemos mencionado que hasta la fecha España no figura entre los Estados de la UE firmantes del Convención de La Haya de 2000 y quizás podríamos suscitar la reflexión al respecto, porque es lo cierto que no se está teniendo en cuenta de modo específico las situaciones de vulnerabilidad que pueden experimentar determinadas personas con discapacidad en contextos transfronterizos y la consiguiente necesaria protección de sus derechos fundamentales en los mismos. De hecho, es fácil advertir las consecuencias negativas de la falta de ratificación de dicha Convención, surgiendo muchos problemas por ejemplo respecto de la adopción de medidas de apoyo a los españoles que viven en el extranjero, para la resolución de los cuales ha de aplicarse la normativa interna.

Pero en el caso de España existe además un problema que podrá ser superado una vez sea aprobado el Reglamento y a su vez el Convenio de La Haya de 2000: el problema viene dado por la duplicidad de sistemas de reconocimiento y ejecución de resoluciones extranjeras adoptadas en el marco de procedimientos de Jurisdicción Voluntaria: el dispuesto en la Ley de Cooperación Jurídica Internacional en materia civil[14] (LCJIMC), ex art. 41.2 (*También serán susceptibles de reconocimiento y ejecución de conformidad con las disposiciones de este título las resoluciones extranjeras definitivas adoptadas en el marco de un procedimiento de jurisdicción voluntaria); y* la regulación específica contenida en la Ley de Jurisdicción Voluntaria[15] (LJV) (arts. 11 y 12).

Efectivamente, la promulgación de la vigente Ley de Jurisdicción Voluntaria, tan coincidente en el tiempos con la LCJIMC, contiene una regulación específica en materia de reconocimiento y ejecución, y en consecuencia, por lo que se refiere a las resoluciones definitivas extranjeras adoptadas en el marco de un procedimiento de Jurisdicción Voluntaria. De modo que se plantea la necesidad de coordinar la aplicación de las normas generales de una y otra, trea que no está exenta de dificultades y que revela un marco normativo innecesariamente complejo, en el que se considera algo normal que los regímenes especiales puedan establecer soluciones iguales a las de la normativa general, como expresamente recoge el tercer

14 Ley 29/2015, de 30 de julio, de Cooperación Jurídica internacional en materia civil (BOE de 31/07/2015).

15 Ley 15/2015, de 2 de julio, de la Jurisdicción Voluntaria (BOE de 03//07/2015).

párrafo del apartado V del Preámbulo de la LCJIMC, y en el que en ocasiones normas que regulan una misma cuestión utilizan conceptos idénticos pero a los que el legislador parece pretender dotar de significados diversos[16]. Y así sucede que, en contra de la recomendación del CGPJ[17], el art. 41.2 de la LCJIMC hace referencia a las resoluciones extranjeras adoptadas en el marco de un procedimiento de Jurisdicción Voluntaria. Por su parte, los arts. 11, así como 12.1 y 2 LJV establecen que el reconocimiento es presupuesto de la inscripción registral de las resoluciones definitivas o firmes; y que el reconocimiento puede tener lugar por vía incidental ante el encargado del Registro, si bien éste no será necesario cuando se haya obtenido previamente el *exequatur.* De tal modo que el criterio establecido en la LJV coincide con el previsto en la LCJIMC en relación con la posibilidad de reconocimiento incidental registral y con el eventual recurso al *exequatur.* Pero en lo no previsto en la LJV son aplicables las disposiciones contenidas en la LCJIMC, por ejemplo en relación con la tramitación del proceso de *exequatur.* La especialidad en el régimen de reconocimiento de las resoluciones definitivas de Jurisdicción Voluntaria radica fundamentalmente en que el art. 12.3 LJV incorpora una relación propia de causas de denegación del reconocimiento de las resoluciones firmes de Jurisdicción Voluntaria. Las carencias de esa relación propia se acentúan al tener en cuenta que fue adoptada solo unos días antes de la LCJIMC, que regula las causas de denegación en su art. 46.

3. ÁMBITO DE APLICACIÓN DEL REGLAMENTO

3.1. Ámbito material de aplicación

El Reglamento *se aplicará, en materia civil en situaciones transfronterizas, a la protección de los adultos que, por una disminución o insuficiencia de sus facultades personales, no estén en condiciones de velar por sus intereses* (art. 2.I).

Con una técnica similar y terminología prácticamente idéntica a la empleada en el Convenio de Nueva York de 2000 (si bien sin diferenciar propiamente, como sí hace aquel entre el Objeto del Convenio por un lado

---

16 Sobre ello, véase Martín Mazuelos, Francisco José, "Reconocimiento de actos extranjeros en materia de jurisdicción voluntaria en la nueva legislación", *Diario La Ley, nº 8629 (21 de octubre de 2015).*

17 CGPJ, Informe al Anteproyecto de Ley de Ley de Jurisdicción Voluntaria, pág. 34. https://www.poderjudicial.es/cgpj/es

y el Objeto de las medidas por otro), refiere el art. 2.III edl proyectado Reglamento las materias sobre las que pueden versar las medidas en los siguientes términos: a) determinación de la incapacidad del adulto y el establecimiento de un régimen de protección, b) la colocación del adulto bajo la protección de una autoridad judicial o administrativa, c) La tutela, la curatela y otras instituciones análogas, d) la designación y funciones de toda persona u organismo encargado de ocuparse de la persona o de los bienes del adulto, de representarlo o de asistirlo, e) las decisiones respecto a la colocación del adulto en un centro u otro lugar en el que pueda prestársele protección, f) la administración, conservación o disposición de los bienes del adulto y g) la autorización de una intervención puntual para la protección de la persona o de los bienes del adulto[18].

Por lo que se refiere a la relación entre el proyectado Reglamento y el Convenio de La Haya sobre la protección de los adultos, en el Cdo. (64) se dispone expresamente que en las relaciones entre los Estados miembros, *el presente Reglamento debe prevalecer sobre el Convenio de La Haya sobre la protección de los adultos.* Si bien con dos salvedades. Una, para garantizar que el Convenio de La Haya sobre la protección de los adultos se aplique en relación con terceros países que sean partes contratantes de dicho Convenio y a los que no se aplique el presente Reglamento, en determinadas circunstancias específicas, cuando el adulto tenga su residencia habitual en la Unión y cuando el elemento transfronterizo del caso en cuestión afecte a ese tercer país, el presente Reglamento no debe aplicarse. Y dos, referida a la cooperación entre las autoridades competentes y las autoridades centrales de un Estado miembro y las de una parte contratante del Convenio de La Haya sobre la protección de los adultos, que debe regirse por las disposiciones pertinentes del Convenio.

---

18 Excluyéndose expresamente las mismas materias que por su parte excluye el art. 4 del Convenio de Nueva York: a) las obligaciones alimentarias, b) la celebración, nulidad y disolución del matrimonio o cualquier relación similar, así como la separación legal; c) los regímenes matrimoniales y los regímenes de la misma naturaleza aplicables a relaciones análogas al matrimonio, d) los *trusts* y las sucesiones, e) la seguridad social, f) las medidas públicas de carácter general en materia de salud, g) las medidas adoptadas respecto de una persona como consecuencia de infracciones penales cometidas por esa persona, h) las decisiones sobre el derecho de asilo o en materia de inmigración, i) y las medidas que tengan como único objeto la salvaguarda de la seguridad pública.

3.2. Ámbito subjetivo de aplicación

Dos son los aspectos de interés en relación con el ámbito subjetivo de aplicación del proyectado Reglamento: el primero es el propio concepto de *adulto* y el segundo es la cualificación de la vulnerabilidad de ese adulto. En aras de garantizar una interpretación uniforme del Reglamento, se hace preciso que el mismo defina los conceptos implicados, que pueden tener significados divergentes en los distintos ordenamientos jurídicos de los Estados miembros.

A efectos del proyectado Reglamento, el concepto de adulto es una persona que haya alcanzado la edad de dieciocho años y, dependiendo del contexto, puede tratarse de adultos que no estén en condiciones de velar por sus intereses (debido a una disminución o insuficiencia de sus facultades personales), o bien de adultos que hayan otorgado poderes de representación que deban ejercitarse cuando dichos adultos no estén en condiciones de velar por sus intereses. Explica el Cdo.(65) que el Reglamento proyectado no debe aplicarse a los niños menores de dieciocho años, *Incluso en los casos en que hayan adquirido capacidad antes de esa edad* con el siguiente razonamiento: para evitar el solapamiento con el ámbito de aplicación del Reglamento (UE) 2019/1111 del Consejo, de 25 de junio de 2019, relativo a la competencia, el reconocimiento y la ejecución de resoluciones en materia matrimonial y de responsabilidad parental, y sobre la sustracción internacional de menores[19] y con el ámbito de aplicación del Convenio de La Haya, de 19 de octubre de 1996, relativo a la competencia, la ley aplicable, el reconocimiento, la ejecución y la cooperación en materia de responsabilidad parental y de medidas de protección de los niños[20]. Y según dispone el Cdo. (13), *Cuando se hayan adoptado medidas para la protección de un menor y deban permanecer en vigor o surtir efecto después de que el menor haya alcanzado la mayoría de edad, dichas medidas deben entrar en el ámbito de aplicación del Reglamento una vez que el menor haya alcanzado la mayoría de edad.*

El segundo aspecto de interés es la cualificación de la vulnerabilidad de ese adulto, que en los términos del proyectado Reglamento supone que *no esté en condiciones de velar por sus intereses por razón de una disminución o insuficiencia de sus facultades personales.* El Cdo. (12) aclara más en los siguientes términos: *La protección es necesaria debido a una insuficiencia o deficiencia de las*

---

19 DO L 178 de 2.7.2019, pág. 1.

20 DO L 151 de 11.6.2008, pág. 39.

facultades personales del adulto, que pueden ser permanentes o temporales, y entre otras cosas de carácter físico o psicosocial, o derivadas de una enfermedad relacionada con la edad, o de un estado de salud previo (coma, por ejemplo). Y es particularmente necesaria la protección *cuando los obstáculos en la interacción con una serie de factores medioambientales y personales dificultan su participación en la sociedad en igualdad de condiciones con los demás, especialmente cuando la insuficiencia o la disminución de las facultades personales del adulto es tal que impide a dicho adulto cuidar de sus propios intereses, como sus intereses patrimoniales y sus intereses personales o sanitarios.* La norma está pensando en todas las situaciones de discapacidad de los adultos, determinante de una disminución o insuficiencia de sus facultades personales, de modo que no estén en condiciones de velar por sus intereses. Pero sin duda adquiere un interés muy particular en este ámbito la protección de los adultos de más edad, y así figura en la Exposición de Motivos del proyectado Reglamento y en realidad en todos los instrumentos preparatorios del mismo. Y no es de extrañar, por el contrario, es natural que así sea, por cuanto el envejecimiento de las sociedades constituye un fenómeno creciente, como creciente es el interés por el análisis de los derechos humanos en un contexto de envejecimiento y la protección de los derechos de las personas mayores.

Más allá de las cifras, y de los escenarios que se analizan desde el punto de vista demográfico en un escenario globalizado, es destacable la aprobación de la ya mencionada Convención Interamericana sobre la Protección de los Derecho Humanos de las Personas Mayores en 2015. Y en el ámbito de las Naciones Unidas, el esfuerzo desarrollado por el Grupo de Trabajo de Composición Abierta sobre el Envejecimiento ha permitido acrecentar la agendas de desarrollo social y de derechos humanos en el mundo[21].

Pese a que los motivos de inquietud pueden ser diversos —por razones regionales o estatales— existe una acentuada sintonía respecto al necesario avance en instrumentos que sirvan de marco para la implementación de políticas dirigidas a la mejora de la protección de los derechos de los mayores, destacando la autonomía y la dignidad. Sin duda la globalización de la crisis provocada por la pandemia de COVID-19 ha actuado como elemento detonante, pues si bien afectó a toda la sociedad, incidió de manera particular en los adultos que ya eran vulnerables[22]. El proceso de envejeci-

---

21 Naciones Unidas, *Transformar nuestro mundo: la Agenda 2030 para el Desarrollo Sostenible* (A/RES/70/1), Nueva York, octubre, *World Population Prospects: The 2015 Revision*, Nueva York, 2015.

22 Ribera Casado, José Manuel, "Edadismo en tiempos de pandemia", *Anales de la Real Academia Nacional de Medicina*, 2020, nº 137, págs. 305-308.

miento de la población en las sociedades avanzadas es una realidad, como lo es que un número significativo de adultos se enfrenta a algún tipo de discapacidad, siendo en consecuencia vulnerables, enfrentándose en consecuencia a retos y dificultades para la protección de sus derechos e intereses, tanto en situaciones nacionales como transfronterizas, en las que las dificultades existentes pueden verse agravadas por obstáculos adicionales. Y así, en el caso de España, destino como es sabido de residencia de muchos mayores —principalmente europeos— que vienen a jubilarse a nuestras costas, se plantea una diversidad de desafíos jurídicos que tienen qué ver con el hecho de que pueden encontrarse en situaciones de vulnerabilidad si resulta que, una vez mermadas sus facultades intelectuales, requiere algún tipo de apoyo y todos los documentos que haya podido otorgar en previsión de necesitar medidas de apoyo en el futuro se han otorgado en su país de origen y con arreglo a su legislación nacional.

4. DETERMINACIÓN DE LAS NORMAS SOBRE COMPETENCIA INTERNACIONAL

A fin de evitar discrepancias indeseables, se determina que las normas sobre jurisdicción, competencia internacional o competencia general (como la denomina el proyectado Reglamento) y sobre ley aplicable en materia de protección de adultos sean las establecidas en el Convenio de La Haya sobre la protección de adultos. Con ello se quiere procurar que se apliquen las mismas normas a todos los casos que afecten a Estados miembros de la UE y a terceros países que sean parte en dicho Convenio.

En particular es el art. 5 el que determina la remisión al mencionado Convenio de La Haya, al disponer, bajo el enunciado "competencia general", que la misma se determinará de conformidad con el capítulo II del mismo (arts. 5-12), si bien con una salvedad en materia competencial contenida en el art. 5 del proyectado Reglamento que da carta de naturaleza a un criterio allí no contenido, al que nos referiremos enseguida.

El sistema del Convenio de La Haya está basado en el fuero de la residencia habitual, con atribución de la competencia principalmente a las autoridades del Estado de la residencia habitual del adulto, salvo supuestos en que no pueda determinarse ésta y salvo los supuestos de refugiados. Completándose el sistema con el fuero subsidiariamente concurrente de la autoridades del Estado de que sea nacional el adulto (*si consideran que están en mejores condiciones para valorar el interés del adulto, y después de comunicarlo a las autoridades competentes en virtud del art. 5 o del apartado 2 del art. 6* (art.

7.1) y con otros criterios especiales. Aceptándose la competencia de las autoridades del Estado en el que se encuentren situados los bienes del adulto para adoptar medidas de protección relativas a dichos bienes y la competencia del Estado en cuyo territorio se encuentre el adulto o los bienes que le pertenezcan para tomar medidas de urgencia o medidas de carácter temporal y con eficacia temporal limitada para la protección de la persona. Y previéndose una mayor flexibilidad al permitirse que las autoridades con competencia primaria puedan solicitar a las autoridades de otros Estados adoptar medidas de protección cuando ello redunde en interés del adulto.

La remisión genérica al Convenio de La Haya resuelve el problema que cabría suscitar en el caso de que uno de los dos Estados implicados, siendo ambos firmantes del Convenio de La Haya, pudiera considerar competente a un Tribunal o Autoridad que no lo fuese con arreglo al Reglamento, que sería su Derecho Internacional Privado interno. La aprobación obligatoria del Convenio de La Haya por todos los miembros impedirá que esta situación pueda producirse en el marco de la UE, al existir perfecta coincidencia entre todos los Estados miembros, todos partes del Convenio de La Haya y obligados por el Reglamento, que será su DIP interno.

No obstante, existe una salvedad en materia competencial contenida en el art. 5 del proyectado Reglamento (*Sin perjuicio de lo dispuesto en el art. 6.)* que se desarrolla efectivamente en los arts. 6 y 7, disposiciones que vienen a dar carta de naturaleza a un criterio de competencia adicional basado en la elección del foro, y que no debe olvidarse. Quiere con ella el Reglamento complementar el sistema establecido por el Convenio de La Haya, para dar la debida importancia a la elección del foro por parte de los adultos en la UE[23], de modo que se establece un criterio de competencia adicional basado en la elección del adulto, que persigue mejorar la protección del derecho a la autonomía de los adultos, debiendo respetarse su elección a la hora de organizar su futura representación sin necesidad de procedimientos adicionales. No obstante, y teniendo en cuenta que la situación personal y/o económica de un adulto puede haber variado entre el momento de

---

23 Tema que ha interesado tradicionalmente a la doctrina. Víd., entre otros, Martínez Calvo, Javier y Sánchez Cano, Mª Jesús, "El equilibrio entre autonomía de la voluntad y protección del interés superior de la persona con discapacidad en el ámbito internacional y en el Derecho Civil española, *Anuario Español de Derecho Internacional Privado,* 2021, vol. 21. También Álvarez Tomé, María, "La protección internacional de adultos, el encaje de los actuales instrumentos de Derecho Internacional privado y las perspectivas de avances en la UE", Cátedra Jean Monnet Working Paper, 3/2017, http://hdl.handle.net/2445/106468

la elección y el momento en que surge la necesidad de protección, se determina que los tribunales elegidos deban tener la posibilidad de evaluar si la elección realizada por el adulto sigue redundando en un interés en el momento en que presente la demanda. Evaluación que por supuesto habrá de realizarse teniendo en cuenta principalmente la opinión de dicho adulto y la importancia de los cambios en sus condiciones de vida y en su patrimonial desde el momento en que se realizó la elección. Deja claro por su parte el art. 7 que la competencia atribuida a las autoridades elegidas por el adulto de conformidad con el art. 6, no será exclusiva y, en particular, no impedirá a las autoridades competentes en virtud de los arts. 5 y 6 del Convenio de La Haya sobre la protección de los adultos ejercer su competencia, cuando las autoridades elegidas por el adulto no hayan ejercido su competencia o cuando se hayan inhibido. De modo que es importante destacar que este criterio de competencia adicional solo es factible en el caso de que se cumplan las tres condiciones que se enuncian acumulativamente en el art. 6, y con la obligación de informar a la autoridad central del Estado miembro en el que el adulto tenga su residencia habitual. Las condiciones son las siguientes: a) Que el adulto haya elegido a las autoridades de ese Estado miembro cuando aún estaba en condiciones de velar por sus intereses; b) quee el ejercicio de la competencia responda al interés del adulto; y c) que las autoridades de un Estado miembro competentes en virtud de los arts. 5 a 8 del Convenio de La Haya sobre la protección de los adultos no hayan ejercido su competencia[24].

5. RECONOCIMIENTO Y EJECUCIÓN DE LAS MEDIDAS Y DE LOS DOCUMENTOS PÚBLICOS EN QUE CONSTAN

5. 1. Reconocimiento y ejecución de las medidas

5.1.1. La supresión del *exequatur* como expresión de confianza mutua

En el art. 3, del proyectado texto normativo, correspondiente a las Definiciones, se define la "medida" (en materia de protección de adultos) como *toda medida adoptada por una autoridad de un Estado miembro, cualquiera*

[24] Una acogida positiva de esta introducción limitada del principio de la autonomía de la voluntad puede verse en González Marimón, María, "Hacia una Unión Europea "de" las personas. Sobre la propuesta de la Comisión Europea sobre la protección de adultos vulnerables en situaciones transfronterizas", *Cuadernos de Derecho Transnacional* (octubre 2023), vol. 15, nº 2, pág. 440.

que sea su denominación, para la protección de un adulto. Y es el Capítulo IV el correspondiente al "Reconocimiento y ejecución de las medidas", dedicando: la Sección I al "Reconocimiento de las medidas", la Sección 2 a la "Fuerza ejecutiva y ejecución de las medidas" y la Sección 3, contenedora de unas "Disposiciones comunes", al reconocimiento y a la ejecución, ha de entenderse.

En cuanto al reconocimiento y la ejecución de las resoluciones en materia de protección de adultos, lo más destacable es que se determina que la confianza mutua en la administración de justicia dentro de la UE justifica el principio de que dichas resoluciones sean reconocidas en todos los Estados miembros sin necesidad de procedimiento especial alguno de *exequatur.* Así, se dice expresamente en el art. 9.1 (dentro de la Sección correspondiente al Reconocimiento de las medidas) que: *El reconocimiento de las medidas adoptadas por las autoridades de un Estado miembro han de ser reconocidas en los demás Estados miembros "sin necesidad de recurrir a procedimiento especial alguno".* Que es lo mismo que —con otras palabras— determina al efecto el Convenio de Nueva York de 2000 en su art. 22.1: *Las medidas adoptadas por las autoridades de un Estado contratante serán reconocidas "de pleno derecho" en los demás Estados contratantes.*

Y en el art. 11 (dentro de la Sección correspondiente a la Fuerza ejecutiva y ejecución de las medidas), bajo el enunciado de "Fuerza ejecutiva (supresión del exequatur)", se dice que *Las medidas adoptadas por las autoridades de un Estado miembro que tengan fuerza ejecutiva en dicho Estado miembro tendrán fuerza ejecutiva en otro Estado miembro sin necesidad de declaración de exequatur.*

Reconocimiento y ejecución que deben basarse en el principio de confianza mutua, de modo tal que los motivos de denegación del reconocimiento deben limitarse al mínimo necesario, siendo posible proceder a la denegación si concurren uno o varios de los motivos de denegación previstos en un listado exhaustivo, que impide el control de la competencia del órgano jurisdiccional del Estado miembro de origen. La eliminación del *exequatur* debe entenderse en el contexto, de modo que, como el Convenio de La Haya no exime del mismo, en el país en el que se trata de ejecutar una medida, aunque todos los Estados miembros de la UE sean parte del Convenio de La Haya (lo que se pretende conjuntamente con la iniciativa analizada), seguiría planteándose su necesidad, de modo que la supresión del *exequatur* en la propuesta de Reglamento elimina este problema.

La supresión del *exequátur* aparece en el enunciado del art. 11, en la Sección 2 (Fuerza ejecutiva y ejecución de las medidas), concretamente

"Fuerza ejecutiva (supresión del exequatur) y merece **una pequeña aclaración conceptual,** fundamentalmente por razón de la implicaciones en nuestro ordenamiento interno: no es lo mismo procedimiento de *exequatur que* procedimiento de ejecución. Hay que entender que en un sistema en que resulta preciso el exequatur, su resultado —si es favorable— conduce a una resolución, el auto de exequatur en nuestro caso, que sirve para integrar el título de ejecución, sin el cual no puede darse comienzo al segundo. La relación que existe entre ambos es muy clara, en la medida en que de ordinario se tramita el procedimiento de exequatur con la intención directa de poder lograr después la incoación y desarrollo de la correspondiente ejecución forzosa. Pero la acción de reconocimiento es autónoma y distinta de la acción de ejecución en base a la resolución ya reconocida a través del sistema de exequatur. Así fue puesto de manifiesto con claridad en los años del pasado siglo por Liebman[25], si bien el problema es que no siempre se entendió así. Y la cuestión terminológica no ha ayudado en este punto, porque el término *exequatur* literalmente hace referencia a la ejecución, pero resulta que el procedimiento que termina con el otorgamiento o denegación del exequatur no es un procedimiento de ejecución sino un procedimiento declarativo cuya pretensión tiene naturaleza constitutiva, en el sentido utilizado ahora en nuestra LEC en su art. 5. De tal manera que hay que afirmar que el *exequatur* es el procedimiento a través del cual un órgano jurisdiccional u otra autoridad competente verifica el cumplimiento de los requisitos exigidos para que una resolución extranjera produzca efectos en su país, que serán distintos si la resolución goza de eficacia ejecutiva o bien no es ejecutable. De modo que: si esa resolución goza de eficacia ejecutiva en el país de origen, podrá ser ejecutada una vez obtenido el reconocimiento por los cauces establecidos para la ejecución de sentencias; y si la resolución extranjera no es ejecutable, tras su reconocimiento podrá producir eficacia de cosa juzgada o constituirse en título inscribible en un Registro público, según los casos[26].

---

25 Liebman, Enrico., "Lázione per la delibaziones delle sentenze straniere", *Rivista di Diritto Processuale Civile,* 1927.

26 No solo el término *exequatur* ha inducido frecuentemente a confusión, sino también fundamentalmente su ubicación en los textos legales. En nuestra legislación la regulación específica que se hacía en la LEC/1881 del proceso de reconocimiento se encontraba en la Sección Segunda del Título VIII del Libro II, relativa a la ejecución de sentencias firmes españolas y extranjeras. Y ello hizo suponer que cuando la LEC se refiere a fuerza quiere decir fuerza ejecutiva, o en otras palabras, que se trata de convertir a la sentencia extranjera en título de ejecución procesal y la situación era similar a la planteada por los textos italianos (González

Ahora así lo ha comprendido la Ley española, estableciendo el art. 44.3 de la Ley de Cooperación Jurídica Internacional que el reconocimiento sirve para que la decisión extranjera pueda producir en España todos los efectos que le sean propios, *con excepción de su fuerza ejecutiva.* Textualmente: *En virtud del reconocimiento, la resolución extranjera podrá producir en España los mismos efectos que en el Estado de origen.*

5.1.2. Causas de denegación del reconocimiento

En el proyectado Reglamento se establece un sistema de reconocimiento que no se asienta en un sistema de condiciones propios del *exequatur,* sino más bien en una regla favorable a la declaración de ejecutividad, que parte de la imposibilidad de revisión en cuanto al fondo (ex art. 13: *La medida adoptada por las autoridades de un Estado miembro en ningún caso podrá ser objeto de una revisión en cuanto al fondo)* y que cede solo cuando se aprecie la concurrencia de ciertas causas de denegación del reconocimiento, plasmadas en el art. 10, que determina los "Motivos de denegación del reconocimiento" en los siguientes términos:

a) ***Si la medida hubiera sido adoptada, salvo en caso de urgencia, en el marco de un procedimiento judicial o administrativo en el que no se hubiera dado el adulto la posibilidad de ser oído,*** de modo que ha de entenderse que opera incluso en aquellos casos en los que el adulto sea absolutamente incapaz de expresar su opinión, y ello porque los procedimientos dirigidos a la protección de un adulto deben guiarse, como principio básico, por las opiniones expresadas por el adulto, de modo que debe dársele siempre una oportunidad real y efectiva de expresarlas libremente, de conformidad con los arts. 20, 25, 26 y 47 de la Carta y los arts. 3, 9, 12, 13 y 19 de la CNUDPD. Si bien el procedimiento relativo al método de audiencia del adulto queda en manos de la legislación nacional, los Estados implicados habrán de emplear los instrumentos específicos de cooperación judicial internacional y en particular los previstos en el Reglamento (UE) 2020/1783 del Parlamento Europeo y del Consejo, de 25 de noviembre de 2020, relativo a la cooperación entre los órganos jurisdiccionales de los Estados miembros en el ámbito de la obtención de pruebas en materia civil o mercantil[27].

Granda, Piedad, *La reforma del sistema interno de la extensión y límites de la jurisdicción española en el orden civil,* ed. REUS, 2016, pág. 292).

27 DO L 405 de 2.12.2020, pág. 1.

b) ***Si el reconocimiento fuera manifiestamente contrario al orden público del Estado miembro en el que se solicita el mismo,*** causa que no planteará problemas en el contexto de la UE, dado que la asunción del Convenio de Nueva York determina el orden público común para todos ellos. Pero puede surgir respecto de las decisiones de Estados no miembros de la UE, si bien la exigencia de que el adulto haya debido ser oído para la toma de la medida de protección supone *una línea roja* en la aplicación de medidas de protección tanto dentro como fuera de la UE[28].

c) ***Si la medida fuera incompatible con una medida posterior adoptada en un tercer país que sería competente según el art. 5 o el art. 6,*** cuando esta última medida reúna los requisitos para su reconocimiento en el Estado miembro requerido.

d) ***Si no se ha respetado el procedimiento previsto en el art. 14,*** que recoge la necesidad de presentar con la solicitud de la ejecución (o con la impugnación del reconocimiento): a) una copia de la resolución que contenga la medida que reúna los requisitos necesarios para ser considerada auténtica. b) y un certificado expedido de conformidad con el art. 15 (que contempla la remisión al formulario que figura en el Anexo I del Reglamento), que refleje el contenido de la medida.

5.1.3. Ejecución de las medidas

Con una manifiesta confusión entre reconocimiento y ejecución al expresar "Supresión del exequatur" en el art. 11 (en la Sección correspondiente a la Ejecución) se hace referencia a la fuerza ejecutiva y ejecución de las medidas en los siguientes términos: *Las medidas adoptadas por las autoridades de un Estado miembro que tengan fuerza ejecutiva en dicho Estado tendrán fuerza ejecutiva en otro Estado miembro sin necesidad de declaración de exequatur.* Disposición que ha de completarse en su interpretación con lo dispuesto en el art. 12.I, que —tras disponer que el procedimiento de ejecución de las medidas adoptadas en otro Estado miembro se rigen por la Ley del Estado miembro de ejecución— determina en particular lo siguiente: *Las medidas adoptadas en un Estado miembro que tengan fuerza ejecutiva en el Estado miembro requerido se ejecutarán en dicho Estado miembro en las mismas condicio-*

---

28 Para expresarlo en palabras de Sánchez Moreno, María de los Reyes, "Hacia un nuevo Reglamento Europeo sobre personas vulnerables: las dos propuestas de la Comisión Europea de 31 de mayo de 2023", *El Notario del siglo XXI,* nº 3, septiembre 2023, pág. 38.

nes que las medidas adoptadas en el Estado miembro requerido. Y con la salvedad dispuesta en el propio art. 12.II, en los siguientes términos: *No obstante lo dispuesto en el apartado 1, los motivos de denegación o de suspensión de la ejecución con arreglo a la Ley del Estado miembro requerido, serán aplicables en la medida en que no sean incompatibles con los motivos mencionados en el art. 10.*

A la vista de las disposiciones expuestas, lo que sucede en realidad no es que *Las medidas adoptadas por las autoridades de un Estado miembro que tengan fuerza ejecutiva en dicho Estado tendrán fuerza ejecutiva en otro Estado miembro sin necesidad de declaración de exequatur,* tal y como dice el proyectado art. 11. No puede querer decir esa norma lo que dice literalmente, y ello porque esa cuestión (la fuerza ejecutiva sin declaración de exequatur) ya ha quedado resuelta en las disposiciones correspondiente al Reconocimiento (Sección 1). De lo que se trata es de que las medidas adoptadas por las autoridades de un Estado miembro que tengan fuerza ejecutiva en dicho Estado tendrán fuerza ejecutiva en otro Estado miembro, siempre que sean susceptibles de reconocimiento en los términos de lo dispuesto en los arts. 9 y 10 del Reglamento.

Mejor redacción tiene este tema —si bien el tratamiento es diferente— en el Convenio de La Haya de 2000, al establecer en su art. 25 que: *Si las medidas adoptadas en un Estado contratante y sean ejecutorias en el mismo, requieren ejecución en otro Estado contratante, serán declaradas ejecutorias o registradas a efectos de ejecución en ese otro Estado, a petición de toda parte interesada, según el procedimiento previsto por la Ley de ese último Estado.*

La cuestión es cómo se soluciona la cuestión que se suscita cuando las medidas adoptadas en un Estado contratante requieren ejecución en otro Estado contratante.

El proyectado Reglamento estamos viendo que la solución que le da es la siguiente: l*as medidas adoptadas en un Estado miembro que tengan fuerza ejecutiva en el Estado miembro requerido se ejecutarán en dicho Estado miembro en las mismas condiciones que las medidas adoptadas en el Estado miembro requerido. No obstante lo cual, ha de tenerse en cuenta que los motivos de denegación o de suspensión de la ejecución con arreglo a la Ley del Estado miembro requerido, serán aplicables en la medida en que no sean incompatibles con los motivos mencionados en el art. 10.*

La solución otorgada en nuestro sistema interno LCJI) es que la ejecución de las resoluciones judiciales extranjeras que tengan fuerza ejecutiva en el Estado de origen, se lleva a cabo una vez se haya obtenido el exequatur de acuerdo con lo previsto en el Título V de la Ley (art. 50.1). Y el mismo art. 50.2 remite, para el procedimiento de ejecución en España de las resoluciones extranjeras, a las disposiciones de la LEC y el desarrollo del proceso de ejecución será el ordinario, en función de lo establecido en el art. 50.2 (LCJI), aplicándose las reglas oportunas del Libro IIIde la LEC. Textualmente dice el art. 50 LCJI: 1. *Las resoluciones judiciales extranjeras que tengan fuerza ejecutiva en el Estado de origen serán ejecutables en España una vez se haya obtenido el exequatur de acuerdo con lo previsto en este título.* 2. *El procedimiento de ejecución en España de las resoluciones extranjeras se regirá por las disposiciones de la LEC, incluyendo la caducidad de la acción ejecutiva.* 3. *Podrá solicitarse la ejecución parcial de una resolución.*

Pero en el caso de España existe un problema que podrá ser superado una vez sea aprobado el Reglamento: el derivado de la duplicidad de sistemas de reconocimiento y ejecución de resoluciones extranjeras adoptadas en el marco de procedimientos de Jurisdicción Voluntaria: el dispuesto en la LCJI, dado lo dispuesto en el art. 41.2 y la regulación específica contenida en la Ley de Jurisdicción Voluntaria: arts. 11 y 12.

5.2. La autenticidad de los documentos públicos en que constan las medidas

5.2.1. Aplicación del principio de equivalencia propio de la cooperación internacional

La aceptación por los Estados miembros de los documentos públicos destinados a la protección de los adultos y de sus intereses es imprescindible para que sea posible que los diferentes sistemas de protección de los adultos en los Estados miembros sean tenidos en cuenta. Por ello, se trata de que los documentos públicos relativos a la protección de un adulto o de sus intereses formalizado por la autoridad de un Estado miembro, pueda tener en otro Estado miembro el mismo valor probatorio que en su Estado miembro de origen, o el efecto más parecido posible. Para determinar el valor probatorio de un documento público en otro Estado miembro o el efecto más parecido posible, debe hacerse referencia a la naturaleza y el alcance del valor probatorio del documento público en el Derecho del Estado miembro de origen. Porque, como señala SÁNCHEZ MORENO[29], *una cosa es el reconocimiento automático de medidas y otra el de los instrumentos auténticos, que en este contexto va a referirse sobre todo al documento notarial, dado que en los países de la UE son en muchas ocasiones los notarios los que establecen la medida voluntaria de apoyo.*

---

29 Sánchez Moreno, María de los Reyes, *op. cit.*, pág. 39.

Es el Capítulo V del Texto proyectado el que establece las normas sobre la aceptación de documentos públicos con fuerza ejecutiva en un Estado miembro que hayan sido emitidos por las autoridades competentes de otro Estado miembro, facilitando así su circulación en la UE. Ha de destacarse que, siguiendo una constante en el marco de la cooperación internacional, la presunción de autenticidad y ejecutividad que les corresponde es la que les corresponde en el país de origen, es decir, el principio de equivalencia, en los términos expresados en los dos apartados del l art. 16[30].

5.2.2. El concepto de autoridad central, la previsión del nuevo certificado de representación europeo y la creación de los registros de protección

El concepto de Autoridad Central constituye una figura fundamental en el texto proyectado, como autoridad encargada de la protección de adultos en cada Estado, con la responsabilidad que se le atribuye de favorecer la cooperación entre autoridades de los distintos Estados miembros. En consonancia con la terminología utilizada en el Convenio de La Haya sobre la protección de los adultos, y en el marco de otros Reglamentos europeos de Cooperación, jurídica internacional en materia civil, la Sección I del Capítulo VI del texto proyectado se refiere a la designación de las Autoridades Centrales, ya judiciales ya administrativas, con responsabilidades en materia de protección de adultos, con las atribuciones dispuestas en el art. 19 del texto; a saber: 1. cooperación y promoción de la cooperación entre las autoridades competentes de sus respectivos Estados en el aplicación del Reglamento; 2. suministro de información sobre la normativa, procedimientos y servicios nacionales en materia de protección de los adultos y adopción de las medidas apropiadas para la mejora de la aplicación del Reglamento; y 3. facilitación de las comunicaciones, por cualquier medio, entre las autoridades competentes, referidas en la Sección 2 (arts. 24-27).

La previsión de certificados que acompañen la circulación de las medidas y los documentos públicos en la UE constituye una novedad muy im-

30 Art. 16.1: *Los documentos públicos expedidos en un Estado miembro tendrán en otro Estado miembro el mismo valor probatorio que en el Estado miembro de origen, o el efecto más parecido posible, siempre que ello no sea manifiestamente contrario al orden público del Estado miembro de que se trate.*
Art. 16.2: *El documento público presentado deberá reunir los requisitos necesarios para ser considerado auténtico en el Estado miembro de origen.*

portante introducida por la propuesta, fundamental cuando aquellos deban ser reconocidos, ejecutados o en su caso aceptados en el extranjero. Se desarrolla su regulación en el Capítulo VII de la propuesta de Reglamento (arts. 34-44) y sustituirá al certificado previsto en el art. 38 del Convenio de La Haya de 2000 a estos efectos.

El certificado de representación europeo se expedirá en el Estado miembro en el que se haya adoptado la medida o se hayan confirmado los poderes de representación en relación con el adulto (art. 35.1) y previa solicitud del representante autorizado, el "solicitante", por medio de un a medida adoptada o poderes de representación confirmados en un Estado miembro para representar al adulto (art. 37.1). Como en el caso de otros certificados similares, es cada Estado miembro el que ha de determinar la Autoridad que será competente para expedirlo[31], lo que habrá de hacer de conformidad con las normas contenidas en el art. 38 del texto y en particular su acomodación al formulario que figura en el Anexo III del proyectado Reglamento, que contiene un modelo estandarizado disponible en los distintos idiomas de la UE, y que pretende facilitar el ejercicio de una medida de apoyo cuando vaya a actuarse en otro Estado miembro, o en otro Estado firmante del Convenio de La Haya en el ámbito de sus disposiciones, legitimando a quien ejerce el apoyo de un adulto discapacitado en otro Estado miembro.

Los efectos del certificado se regulan en el art. 40 del texto, destacando que su valor es exclusivamente probatorio, siendo su objetivo que el tercero que contrata con el representante del adulto legitimado por el certificado quede protegido por haber actuado de buena fe confiando en el contenido del certificado. En virtud de lo dispuesto en el art. 40.2 (con una redacción claramente mejorable), *se presumirá que el certificado prueba los extremos que han sido acreditados de conformidad con la ley aplicable a la medida de origen o los poderes de representación de origen o con cualquier potra ley aplicable a sus extremos concretos* y que *la persona que figure en el certificado como representante del adulto tiene las facultades mencionadas en el certificado sin más condiciones o limitaciones que las mencionadas en el certificado.* Una vez expedido para ser utilizado en otro Estado miembro, el certificado producirá igualmente los efectos enumerados en el art. 40 en el Estado miembro cuyas autoridades lo hayan expedido, si bien no sustituirá nunca a los documentos internos

---

31 Parece la mejor solución separar la competencia según se trate de certificados de medidas judiciales, que debieran ser emitidas por tribunal, y certificados de medidas voluntarias, que debieran ser emitidos por el notario.

empleados en los Estados miembros para fines similares (art. 34.3). Ha de añadirse que el certificado debe surtir los mismos efectos en todos los Estados miembros, debiendo presumirse que demuestra con exactitud los extremos incluidos en el certificado que hayan sido establecidos en virtud de la Ley aplicable (art. 40.1). Efectos probatorios que no deben extenderse a elementos que no estén regulados por el proyectado Reglamento. No obstante, la utilización del certificado no es obligatoria sino potestativa siempre para el apoderado y nunca puede ser exigido por la autoridad receptora (art. 34.2).

El capítulo VIII (Creación e Interconexión de Registros de Protección) se esfuerza por mejorar el suministro de información sobre la protección del adulto a las autoridades competentes de la UE, garantizando que las medidas adoptadas en otro Estado miembro o los poderes de representación concedidos por el adulto en otro Estado miembro se respeten en toda la UE. La creación de los Registros de Protección y su interconexión (art. 45 y ss.) constituye una exigencia tendente a garantizar una protección continua de los adultos en situaciones transfronterizas en la UE, de modo que las autoridades competentes y las autoridades centrales puedan tener acceso a la información pertinente sobre la existencia de medidas adoptadas por otras autoridades, incluidas las medidas adoptadas por autoridades de otro Estado miembro. Para ello, debe exigirse a los Estados miembros que creen y mantengan uno o varios Registros que consignen los datos relativos a la protección de adultos que incluyan información obligatoria sobre las medidas adoptadas por sus autoridades. La interconexión de los Registros de los Estados miembros es un componente esencial del mecanismo de cooperación para salvaguardar los derechos de los adultos en casos transfronterizos y garantizar la seguridad jurídica en la UE, de modo que es precisa su continua actualización.

6. PREVISIONES ESPECÍFICAS EN MATERIA DE COMUNICACIÓN ENTRE AUTORIDADES Y DE PROTECCIÓN DE DATOS

6.1. En materia de comunicación entre autoridades

El Reglamento dedica una especial atención a los medios de comunicación entre las autoridades competentes y las autoridades centrales de los Estados miembros. En este punto el proyecto de Reglamento va claramente por delante de lo dispuesto en el Convenio de La Haya de 2000, por razones obvias, principalmente por razón del tiempo transcurrido desde la promulgación de aquel.

El capítulo IX establece el uso obligatorio **de la comunicación digital** entre las autoridades competentes o las autoridades centrales, así como el uso opcional de la comunicación digital entre personas físicas y autoridades competentes. Se dispone que la comunicación escrita precisa para los procedimientos en virtud del Reglamento se realice principalmente y por regla general por medios electrónicos, a través de un sistema informático descentralizado seguro y fiable, con base en el sistema e-CODEX establecido por el Reglamento (UE) 2022"/850 del Parlamento Europeo y del Consejo, de 30 de mayo de 2022, relativo a un sistema informatizado para el intercambio electrónico transfronterizo de datos en el ámbito de la cooperación judicial en materia civil y penal y por el que se modifica el Reglamento (UE) 2018/1726. Se prevé asimismo que cuando no se recurra al sistema informático descentralizado, la comunicación habrá de realizarse por las vías alternativas más adecuadas, que deben incluir entre otras la transmisión lo más rápida posible y de forma segura por otros medios electrónicos seguros o mediante servicio postal y el correo electrónico.

6.2. En materia de protección de datos

Es el Capítulo X del proyectado Reglamento el que contiene las disposiciones afectantes a la protección de datos personales, disponiéndose ex art. 53 que el tratamiento de éstos que sea realizado en virtud del proyectado Reglamento ha de llevarse a cabo de conformidad con los Reglamentos (UE) 2016/679[32] y (UE) 2018/1725[33] y la Directiva 2002/58/CE del Parlamento Europeo y del Consejo[34]. También se especifica que los datos

32 Reglamento (UE) 2016/679 del Parlamento Europeo y del Consejo, de 27 de abril de 2016, relativo a la protección de las personas físicas en lo que respecta al tratamiento de datos personales ya la libre circulación de estos datos y por el que se deroga la Directiva 95/46/CE (DO L 119 de 4.5.2016, pág. 1).

33 Reglamento (UE) 2018/1725 del Parlamento Europeo y del Consejo, de 23 de octubre de 2018, relativo a la protección de las personas físicas en lo que respecta al tratamiento de datos personales por las instituciones, órganos y organismos de la Unión, y a la libre circulación de esos datos, y por el que se derogan el Reglamento (CE) nº 45/2001 y la Decisión nº 1247/2002/CE (DO L 295 de 21.11.2018, pág. 39).

34 Directiva 2002/58/CE del Parlamento Europeo y del Consejo, de 12 de julio de 2002, relativa al tratamiento de los datos personales y a la protección de la intimi-

personales que sean tratados en virtud del Reglamento han de serlo únicamente para los fines específicos establecidos en el mismo, sin que ello afecte al tratamiento con fines de archivo en interés público, de conformidad con el art. 5.1.b) y al art. 89 del Reglamento (UE) 2016/679.

BIBLIOGRAFÍA

Álvarez Tomé, María, "La protección internacional de adultos, el encaje de los actuales instrumentos de Derecho Internacional privado y las perspectivas de avances en la UE", Cátedra Jean Monnet Working Paper, 3/2017, http://hdl.handle.net/2445/106468

Gomáriz Moraga, Enrique, "Los derechos de los mayores: sobre la Convención Interamericana para las personas mayores y sus dificultades de aplicación", *Revista Tiempo de Paz*, nº 145, 2022.

González Granda, Piedad, *La reforma del sistema interno de la extensión y límites de la jurisdicción española en el orden civil*, ed. REUS, 2016.

González Granda, Piedad, *¿Quo Vadis, Jurisdicción Voluntaria?: la reestructuración parcial de la materia en la Ley 15/2015, de 2 de julio, de Jurisdicción Voluntaria.*

González Marimón, María, "Hacia una Unión Europea "de" las personas. Sobre la propuesta de la Comisión Europea sobre la protección de adultos vulnerables en situaciones transfronterizas", *Cuadernos de Derecho Transnacional* (octubre 2023), vol. 15, nº 2, págs. 420-445.

Herranz González, Rubén (ed.), "El edadismo o discriminación por edad y sus clases", en *La discriminacion por edad de las personas mayores; las múltiples caras del edadismo*, op.col., págs. 31-48, 2022.

Huenchan, Sandra. (ed), "Envejevimiento, personas mayores y Agenda 2030 para el Desarrollo Sostenible. Perspectiva regional y de derechos humanos", Publicación de las Naciones Unidas, 2018.

Lee, Ronald y Donehower, Gretchen. "El envejecimiento de la población, las transferencias intergeneracionales y el crecimiento económico: América Latina en el contexto mundial", *Notas de Población*, vol. 37, N° 90 (LC/G.2469-P), Santiago, Comisión Económica para América Latina y el Caribe (CEPAL), enero, 2010.

Liebman, Enrico., "L'azione per la delibaziones delle sentenze straniere", *Rivista di Diritto Processuale Civile*, 1927.

Martín Mazuelos, Francisco José, "Reconocimiento de actos extranjeros en materia de jurisdicción voluntaria en la nueva legislación", *Diario La Ley*, nº 8629 (21 de octubre de 2015).

Martínez Calvo, Javier y Sánchez Cano, Mª Jesús, "El equilibrio entre autonomía de la voluntad y protección del interés superior de la persona con discapacidad en el ámbito internacional y en el Derecho Civil española, *Anuario Español de Derecho Internacional Privado*, 2021, vol. 21.

---

dad en el sector de las comunicaciones electrónicas (DO L 201 de 31.7.2002, pág. 37).

Martínez-Cuevas, Isabel, "Edadismo", *Revista Electrónica de Biomedicina,* 2021, nº 3, págs. 31-33.

Naciones Unidas, *Transformar nuestro mundo: la Agenda 2030 para el Desarrollo Sostenible* (A/RES/70/1), Nueva York, octubre, *World Population Prospects: The 2015 Revision,* Nueva York, 2015.

Organización Panamericana de la Salud, Informe Mundial sobre el Edadismo, Washington, D.C.: Organización Panamericana de la Salud, 2021. https://doi.org/10.37774/9789275324455.

Ribera Casado, José Manuel,"Edadismo en tiempos de pandemia", *Anales de la Real Academia Nacional de Medicina,* 2020, nº 137, págs. 305-308.

Sánchez Moreno, María de los Reyes, "Hacia un nuevo Reglamento Europeo sobre personas vulnerables: las dos propuestas de la Comisión Europea de 31 de mayo de 2023", *El Notario del siglo XXI,* nº 3, septiembre 2023, pág. 38.

Aplicación del derecho extranjero en España. Una aproximación económica

ALFONSO-LUIS CALVO CARAVACA
Catedrático de Derecho internacional privado
Universidad Carlos III de Madrid
Vocal Permanente en la Sección Civil de la Comisión General de Codificación
ORCID ID: 0000-0003-2236-4641

JAVIER CARRASCOSA GONZÁLEZ
Catedrático de Derecho internacional privado
Universidad de Murcia
ORCID ID: 0000-0002-0347-7985

1. INTRODUCCIÓN

1. La brillante trayectoria del profesor doctor D. Víctor Moreno Catena ha transitado por los difíciles y sinuosos meandros multidimensionales del Derecho procesal y ha producido frutos de excelencia académica bien conocidos por todos. Sirvan estas páginas, dedicadas al tratamiento procesal del Derecho extranjero ante los tribunales españoles, como sincero, humilde y sentido homenaje a su magnífico magisterio y como prueba de agradecimiento por parte de los que tanto hemos aprendido de sus enseñanzas y de su talante como académico y como persona.

2. Como se puede leer en la excelente STS 3 marzo 1997, el Derecho extranjero, más que "probarlo", hay que "acreditarlo"[1]. La prueba es una actividad diseñada para los "hechos procesales". El Derecho extranjero no es un mero "hecho procesal". Por ello, su "acreditación" no sigue estrictamente las reglas sobre la prueba rigurosa de los hechos procesales. Los medios de acreditación del Derecho extranjero siguen un "régimen jurídico particular" caracterizado por su flexibilidad. Dicho lo anterior, cabe ahora poner de manifiesto que en relación con el deber jurídico de acreditar el contenido del Derecho extranjero, se han seguido, tradicionalmente, dos grandes "modelos teóricos" que se han presentado con matices, sesgos y variantes diferentes en todos los países. En suma, los distintos Estados siguen, en efecto, uno u otro "modelo" con diversas especialidades y tonalidades aplicativas que, además, han cambiado a través del tiempo[2].

---

1 STS 3 marzo 1997 [ECLI:ES:TS:1997:1494].

2 *Vid., ad ex.*, Alomar Martín, C. D., "Alegación y prueba del Derecho extranjero: comentario a la sentencia del Tribunal Supremo de 21 de julio de 2021", *Cuadernos de Derecho Transnacional*, 14, 1, 2022, págs. 560-569; Álvarez Agoués, L., "Control de oficio de la competencia judicial internacional, determinación de la Ley aplicable al régimen económico matrimonial y concreción del alcance y carga de la prueba del Derecho extranjero. A propósito de la sentencia nº 1402/2021 de la Audiencia Provincial de Málaga (sección sexta)", *Cuadernos de Derecho Transnacional*, 14, 2, 2022, págs. 916-926; Calvo Caravaca, A.-L. / Carrascosa González, J., "Derecho aplicable (II). Aplicación del Derecho extranjero", en A.-L. Calvo Caravaca / J. Carrascosa González (directores), *Tratado de Derecho internacional privado*, 2ª ed., Tirant lo Blanch, Valencia, 2022, págs. 680-683; Centner, B., *Iura novit curia in internationalen Schiedsverfahren: eine historisch-rechtsvergleichende Studie zu den Grundlagen der Rechtsermittlung*, Tübingen, Mohr Siebeck, 2019; Cerqueira G./ Nord N. (dir.), *La connaissance du droit étranger: à la recherche d'instruments de coopération adaptés: études de droit international privé comparé: colloque du 28 novembre 2019, Cour de cassation*, Paris, Société de législation comparée, 2020; Duden, K., "IPR im Ungefähr - Nichtermittelbarkeit ausländischen Rechts, Ersatzrechtsanwendung und Offenlassen des anwendbaren Rechts", *IPRax*, 2023, 1, págs. 49-56; Esplugues Mota, C., "The application of foreign law by judicial and non-judicial authorities: any news?", *ZZPInt.*, 24, 2019 (2020), págs. 3-21; Hüsstege, R., "Internetrecherche contra Sachverständigengutachten - Zur Ermittlung ausländischen Rechts durch deutsche Gerichte", *IPRax*, 41, 3, 2021, págs. 261-265; Lenglart, E., "La dénaturation d'un élément de preuve du droit étranger au stade de l'instance en exequatur (Civ. 1re, 1er décembre 2021, n° 20-13.644, Inédit) - Cour de cassation (1re civ.), 1er décembre 2021, n° 20-13.644", *Revue critique de droit international privé*, 2022-II, págs. 373-386; Lurger, B., "Ermittlung ausländischen Sachrechts in beschleunigten Verfahren vor österreichischen Gerichten", *IPRax*, 40, 1, 2020, págs. 67-76; MPI for Comparative And International Private Law, Max Planck Society (Ed.), *Hamburger Leitlinien zur Ermittlung und Anwendung ausländischen Rechts in*

2. MODELO DE APLICACIÓN DEL DERECHO EXTRANJERO A INSTANCIA DE PARTE

3. Según este primer modelo de regulación, —el modelo de aplicación del Derecho extranjero a instancia de parte—, el Derecho extranjero lo deben probar las partes en el litigio y el juez es un mero espectador de dicha actividad probatoria privada. Los países de *Common Law* siguen este modelo, pero también numerosos Estados iberoamericanos y es también el modelo adoptado como base del sistema en España. Este primer modelo se apoya en varios argumentos.

4. En primer término, se dice y se sostiene que el Derecho extranjero es un mero "hecho procesal" y no es "Derecho". Y no se puede considerar como "Derecho" porque, si así fuera, se estarían aplicando, en un país, los "mandatos soberanos" dictados por "otro país", lo que comportaría una lesión intolerable de la Soberanía estatal del país cuyos tribunales conocen del asunto. Como el Derecho extranjero es un "hecho procesal", lo deben probar las partes interesadas. Este primer argumento es, hoy día, totalmente insostenible: aplicar un Derecho extranjero en otro país en calidad de "Derecho", no lesiona en absoluto la soberanía de ese otro país. En efecto: el Derecho extranjero no es Derecho "*vigente*" en otro país, es sólo un Derecho que "*se aplica*" en otro país, lo que es totalmente distinto. En consecuencia, este primer argumento presenta un mero valor histórico y hoy día no permite justificar la prevalencia de este primer modelo regulativo.

5. En segundo lugar, el Derecho "extranjero" constituye un material jurídico "extranjero". Como el Derecho extranjero no es Derecho "nacional", no se puede tratar, desde el punto de vista procesal, "igual" que el Derecho del país cuyos tribunales conocen del asunto. Por tanto, el principio *jura novit curia* sólo alcanza al Derecho nacional y nunca al Derecho extranjero,

---

deutschen Verfahren für Gerichte, Sachverständige und Parteien, Oktober 2023 (disponible en https://hdl.handle.net/21.11116/0000-000D-C21F-6 y https://hdl.handle.net/21.11116/0000-000D-C472-5); Ortega Giménez, A., "El derecho a la tutela judicial efectiva y la alegación y prueba del derecho extranjero en España (A propósito de la sentencia de la Audiencia Provincial de Málaga, de 18 de octubre de 2021)", *Diario La Ley*, nº 10144, Sección Doctrina, 5 octubre 2022; Spellenberg, U., "Ermittlung ausländischen Rechts - Unbegleitete Jugendliche aus Guinea", *IPRax*, 40, 2, 2020, págs. 136-145; Ybarra Bores, A., "La prueba del Derecho extranjero y el artículo 33.3 de la Ley 29/2015, de cooperación jurídica internacional en materia civil", *Cuadernos de Derecho Transnacional*, 14, 1, 2022, págs. 525-558.

pues no se puede exigir a los jueces de un país que conozcan el Derecho de "otro país" ni mucho menos el Derecho de todos los casi doscientos países que hay en el planeta Tierra. No puede arrojarse sobre los hombros de los tribunales españoles la carga enorme de tener que acreditar el contenido de las Leyes de todos los países del mundo. Ello paralizaría la actividad judicial y comportaría costes muy elevados para la Administración de Justicia que, además, serían costes innecesarios. En efecto, probar el Derecho extranjero puede ser logrado por las partes a un menor coste que el que debería arrostrar el juez español.

6. En tercer lugar, probar el Derecho extranjero cuesta dinero y lleva tiempo. Sin embargo, los casos regulados por el Derecho extranjero son proporcionalmente escasos en el total de la litigación de un país y la aplicación de un Derecho extranjero beneficia sólo a los sujetos que desarrollan una "actividad internacional". Es decir, la aplicación del Derecho extranjero, en la mayor parte de los supuestos, beneficia exclusivamente los "intereses particulares" y no los "intereses generales". Por todo ello, el coste de la prueba del mismo lo deben soportar las partes interesadas, los litigantes. La sociedad española y el erario público español no tienen por qué pagar con tiempo y dinero lo que afecta a un sector reducido de sujetos o lo que es relativo únicamente a dos partes enfrentadas en un proceso judicial en España (SAP Barcelona 11 febrero 2009 [divorcio entre cónyuges marroquíes y *Mudawana* marroquí alegada pero no probada])[3].

3. MODELO DE APLICACIÓN DEL DERECHO EXTRANJERO DE OFICIO POR EL TRIBUNAL

7. Según este segundo modelo, el Derecho extranjero lo debe acreditar y probar el tribunal que conoce del asunto, que es el que lo debe aplicar. Este modelo se apoya en varios argumentos, que aparecen bien resumidos por la Resolución del Instituto de Derecho internacional en su sesión de Santiago Compostela de 1989 bajo el título "*L'egalité de traitement entre la loi du for et la loi étrangère*"[4].

En primer lugar, y es verdad, el Derecho extranjero es "Derecho" y, por tanto, desarrolla una "función estrictamente jurídica". En efecto, el Dere-

---

3 SAP Barcelona 11 febrero 2009 [ECLI:ES:APB:2009:1472].

4 Texto en: https://www.idi-iil.org/app/uploads/2017/06/1989_comp_02_fr.pdf.

cho extranjero resuelve el fondo del caso, asigna derechos y *property rights*. Exactamente igual que hace el Derecho nacional cuando rige la sustancia de una disputa jurídica. Por ello, el Derecho extranjero debe ser tratado igual que el Derecho del país cuyos tribunales conocen del asunto. Es decir, el tribunal debe probar o acreditar el contenido del Derecho extranjero (*jura [aliena] novit curia*).

En segundo lugar se ha subrayado, y es cierto, que los supuestos regulados por un Derecho extranjero son, hoy día, muy numerosos. De ello se beneficia un gran sector de la población. Por tanto, es justo distribuir el coste de la prueba del Derecho extranjero entre toda la sociedad, ya que toda la sociedad está implicada y toda la sociedad se beneficia de ello. Cuando el Derecho extranjero se aplica no en casos aislados sino en frecuentes ocasiones, establecer institutos o sistemas organizados públicos o privados para que los tribunales prueben *ex officio* el Derecho extranjero permite implementar "economías de escala". Un instituto de prueba del Derecho extranjero que expide al año 500 informes sobre Derecho extranjero es rentable y económico. No así si expide 13 informes. Son países que siguen este segundo modelo, con ciertas variantes, la inmensa mayoría de los que disponen de Leyes especiales de Derecho internacional privado promulgadas recientemente (Austria, Turquía, Suiza, Italia, Venezuela, Bélgica), así como Alemania, Japón y otros países.

4. EL MEJOR MODELO PARA ACREDITAR EL DERECHO EXTRANJERO EN LA SOCIEDAD DE LA TERCERA DÉCADA DEL SIGLO XXI

4.1. Aspectos generales. La tendencia a favor de un modelo mixto

8. Resulta complicado, laborioso y difícil, en suma, decidir, en abstracto, qué modelo regulativo es más adecuado en la sociedad actual. Con carácter preliminar, debe apuntarse que el debate entre ambos modelos regulativos es irresoluble a nivel teórico. Ello es así por diversos motivos.

En primer término, si se considera que el carácter "extranjero" del Derecho extranjero es determinante, entonces el modelo de aplicación del Derecho extranjero a instancia de parte es preferible. Por el contrario, si se considera que lo determinante es el "carácter jurídico" del Derecho extranjero, entonces es preferible el modelo de aplicación del Derecho extranjero de oficio.

En segundo lugar, no puede afirmarse que el modelo regulativo de la aplicación de oficio del Derecho extranjero asegure en mayor medida la aplicación del Derecho extranjero, que es la finalidad perseguida por la norma de conflicto. El modelo de la aplicación del Derecho extranjero a instancia de parte también puede garantizar la aplicación de tal Derecho extranjero. En efecto, basta exigir que la parte interesada pruebe el Derecho extranjero y, en caso contrario, desestimar la pretensión, sin aplicar el Derecho sustantivo del país cuyos tribunales conocen del asunto (*Lex Fori*). Además, en numerosas ocasiones, las partes están mejor posicionadas que el tribunal para acceder al contenido del Derecho extranjero de un modo perfectamente fiable, veloz y económico.

9. El mejor modelo regulativo de la prueba del Derecho extranjero debe convencer por motivos más "prácticos" que "teóricos". Pues bien, el modelo regulativo más adecuado en relación con esta cuestión consiste en la aplicación del Derecho extranjero mediante la colaboración entre el tribunal y las partes en diversos grados. En consecuencia, no se trata de decidir, de modo rígido, estático, dogmático y apriorístico, si se debe seguir un modelo de acreditación del Derecho extranjero "por las partes" o un modelo de acreditación del Derecho extranjero "por el juez". Se trata, más bien, de optar por el primero o por el segundo modelo o por una combinación entre ambos, según los caracteres del caso concreto suscitado. La pregunta no es "qué modelo es preferible", sino "en qué casos debe emplearse cada uno de tales modelos o una combinación entre ambos" (SAP Barcelona 19 diciembre 2017 [sumisión al Derecho belga e indemnización por clientela])[5].

10. Por tanto, parece claro que el mejor modelo regulativo de la prueba del Derecho extranjero debe convencer al legislador por motivos prácticos. Debe ser aquel modelo que garantiza, en mayor medida, la correcta acreditación del Derecho extranjero y, en consecuencia, su más exacta aplicación al fondo del asunto. Debe buscarse y preferirse el modelo más eficiente de acreditación del Derecho extranjero aplicable, subraya S. Dnes[6]. Para hacer Justicia en Derecho internacional privado, es necesario que el Derecho extranjero designado por la norma de conflicto pueda quedar acreditado

---

5 SAP Barcelona 19 diciembre 2017 [ECLI:ES:APB:2017:12794].

6 Dnes, S., "Promoting efficient litigation?", en P. Beaumont et al., *Cross-border litigation in Europe*, Oxford, Hart, 2017, págs. 463-473.

a un coste reducido y pueda, en consecuencia, aplicarse al caso concreto, como indica S. Vrellis[7].

11. Las reglas sobre aplicación y prueba del Derecho extranjero son "reglas instrumentales", son, explica F. J. Garcimartín Alférez, normas adjetivas[8]. Son herramientas jurídicas ancilares que se hallan al servicio de las normas de conflicto. Éstas son las normas que regulan las situaciones privadas internacionales, son las "normas reguladoras". Por tanto, si las normas de conflicto ordenan la aplicación de un Derecho extranjero, entonces las normas instrumentales sobre aplicación y prueba del Derecho extranjero deben seguir el modelo regulativo que garantice e impulse, en la mayor medida posible, la aplicación de ese Derecho extranjero. De este modo, la "norma instrumental" ayuda a una más correcta aplicación de la "norma reguladora", a cuyo servicio se encuentra.

12. En la búsqueda de la más correcta aplicación de las normas de conflicto y del Derecho extranjero potencialmente designado por éstas, no debe elegirse entre aplicación del Derecho extranjero "por el tribunal" o "por las partes" de modo previo e inflexible. El Derecho extranjero tendrá más oportunidades de ser acreditado con exactitud si tribunal y partes colaboran en dicho cometido que si lo hacen "por separado". En consecuencia, la colaboración entre tribunal y partes es el modelo regulativo preferible porque es el modelo regulativo que garantiza, en mayor medida, la correcta aplicación del Derecho extranjero y, en consecuencia, la correcta aplicación de la norma de conflicto. Se trata, expone H. L. Buxbaum, de un enfoque eficiente de la acreditación del Derecho extranjero. Ello se logra —indica el citado autor— mediante unas adecuadas dosis de regulación privada y regulación pública de la cuestión correctamente combinadas para alcanzar, en efecto, la eficiencia en la aplicación del Derecho extranjero[9].

---

7 Vrellis, S., "Conflit ou coordination de valeurs en droit international privé. A la recherche de la justice", *Recueil des Cours de l'Académie de Droit international de La Haye*, 2007, vol. 328, págs. 175-486.

8 Garcimartín Alférez, F. J., *Sobre la norma de conflicto y su aplicación judicial (cinco cuestiones clásicas)*, Ed. Tecnos, Madrid, 1994, págs. 99-100.

9 Buxbaum, H. L., "Public Regulation and Private Enforcement in a Global Economy: Strategies for Managing Conflict", *Recueil des cours de l'Académie de droit international de La Haye*, 2019, t. 399, págs. 267-442.

13. Debe tenerse presente que, en el siglo XXI, la aplicación del Derecho extranjero es una cuestión que afecta a toda la sociedad y no una cuestión que implica a unos pocos sujetos privilegiados. Ello es válido también en el caso de la sociedad española. Por tanto, resulta aconsejable establecer un sistema de colaboración estructurado sobre varios principios.

En primer lugar, el tribunal debería probar el Derecho extranjero de oficio a través de una "estructura pública de prueba del Derecho extranjero", como Institutos Jurídicos de Investigación o Institutos de Derecho Comparado, plataformas de Internet de valor y exactitud bien acreditada u otros recursos públicos y de acceso sencillo. Ello permitiría probar el Derecho extranjero a un coste mucho menor para toda la sociedad.

En segundo término, además, si el tribunal lo considera conveniente, o en casos concretos justificados en los que hacerse con el material jurídico foráneo no es fácil ni sencillo ni se ha conseguido un conocimiento exacto de las reglas jurídicas extranjeras, entonces las partes pueden ser llamadas a colaborar con el tribunal en la prueba del Derecho extranjero. Por ejemplo, ello será conveniente en el caso de que los litigantes sean nacionales de y/o residentes en países remotos cuyos Derechos son difíciles de probar por las instituciones españolas. De ese modo, con P. Kinsch, puede afirmarse que el Derecho internacional privado no debe imponer mandatos imperativos en las cuestiones que las partes pueden solventar a coste reducido[10]. Este enfoque ha sido también defendido como una estructura profunda de las mismas normas de conflicto, según ha escrito J. Ungerer[11].

En tercer lugar, debe admitirse que las partes prueben, por propia iniciativa, el Derecho extranjero, especialmente, cuando se encuentren en posición ideal para ello y lo puedan realizar con menor coste y mayor rapidez que los propios tribunales de Justicia españoles.

En cuarto lugar, el sistema mixto de colaboración entre tribunal y partes asegura, también, una más correcta aplicación de las normas de conflicto elaboradas por la Unión Europea (art. 81 TFUE). Dichas normas sólo son efectivas si se garantiza, al más alto nivel posible, la aplicación del Derecho extranjero designado por tales normas. En caso contrario, la

---

[10] Kinsch, P., "Trois visions de l'avenir d'un droit international privé néolibéral", en *Liber amicorum Angelo Davì: La vita giuridica internazionale nell'età della globalizzazione*, vol. I, Napoli, Editoriale Scientifica, 2019, págs. 165-193.

[11] Ungerer, J., "Nudging in Private International Law", *Rabels Zeitschrift für ausländisches und internationales Privatrecht (RabelsZ)*, volume 85, 2022, n. 1, págs. 1-31.

"armonía internacional de soluciones" y la eliminación del *forum shopping*, —objetivos primordiales buscados con dichas normas—, se desvanece. Y se esfuma también el propósito último perseguido por tales normas, que es la defensa y el impulso de las libertades fundamentales de los ciudadanos de la Unión Europea. Por ello, el art. 81.2.c) TFUE ofrece una óptima base legal para que la Unión Europea elabore normas procesales uniformes que opten por un sistema de prueba del Derecho extranjero que siga un modelo regulativo de colaboración entre tribunal y partes. Ello no ha tenido lugar todavía, pero, como expone D. Düsterhaus, no se descarta que en los próximos años pudiera ser una iniciativa que viera la luz[12].

14. En la línea antes trazada, se observa, de modo interesante, que la mayor parte de los Estados se inclinan, en la actualidad, por "sistemas mixtos de prueba del Derecho extranjero". Éste lo prueban los tribunales y las partes, que colaboran en ello de diferentes maneras. Así lo indica el art. 14 de la Ley de Derecho internacional privado de Italia[13]. También el art. 15 del Código de Derecho internacional privado de Bélgica de 16 julio 2004 (Ley de 16 julio 2004 que contiene el Código de Derecho internacional privado), así como el ejemplar art. 16 de la Ley de 18 de diciembre de 1987 de Suiza[14]. Estos Estados han elegido este "modelo regulativo mixto" porque es el que mejor garantiza una más exacta aplicación de la norma de conflicto y una más correcta acreditación del Derecho extranjero designado por ésta. Es ahora el momento de examinar el modelo que se sigue en España en relación con la acreditación del Derecho extranjero que debe aplicarse por indicación de las normas de conflicto españolas o europeas.

---

12 Düsterhaus, D., "Konstitutionalisiert der EuGH das internationale Verfahrensrecht der EU?", *ZEuP*, 26, 1, 2018, págs. 10-31.

13 Legge 31 maggio 1995, n. 218, di riforma del sistema italiano di diritto internazionale privato, Suppl. ord. GU Serie gen. 128 del 3 giugno 1995.

14 Ley que contiene el código de Derecho internacional privado (Bélgica). art. 15. "*§ 1er. "Le contenu du droit étranger désigné par la présente loi est établi par le juge. Le droit étranger est appliqué selon l'interprétation reçue à l'étranger. § 2. Lorsque le juge ne peut pas établir ce contenu, il peut requérir la collaboration des parties. Lorsqu'il est manifestement impossible d'établir le contenu du droit étranger en temps utile, il est fait application du droit belge*". Ley de Derecho internacional privado (Suiza), art. 16: "*1 Der Inhalt des anzuwendenden ausländischen Rechts ist von Amtes wegen festzustellen. Dazu kann die Mitwirkung der Parteien verlangt werden. Bei vermögensrechtlichen Ansprüchen kann der Nachweis den Parteien überbunden werden. 2 Ist der Inhalt des anzuwendenden ausländischen Rechts nicht feststellbar, so ist schweizerisches Recht anzuwenden*".

4.2. La aplicación judicial del Derecho extranjero en España. Recorrido histórico

15. Antes de la promulgación del Código Civil de 1889, ya la Sala Primera del TS español había elaborado unas reglas sobre la aplicación judicial del Derecho extranjero en España. Dichas reglas están basadas en la Ley XV, Título XIV de la Partida III del Rey Alfonso X el Sabio, que luego recogió la Novísima Recopilación de 1805 (Ley I, Título XIV, Libro XI), como ha puesto de relieve el muy documentado estudio de P. P. Miralles Sangro[15]. En el citado texto de las Partidas se afirma que en los litigios que debían decidirse con arreglo a un Derecho extranjero, las partes debían alegar y probar tal Derecho extranjero (*[los jueces] bien pueden recibir la prueba, o la ley o el fuero de aquella tierra que alegaron antel e déjese por ella averiguar e delibrar el pleyto*). En efecto, en el régimen jurídico español anterior al Código Civil de 1889, la alegación de los hechos y también del Derecho aplicable, español o extranjero, debía realizarse a instancia de parte. Por tanto, todo Derecho, nacional o extranjero debía ser alegado y probado por las partes en el litigio. Debe recordarse que las Partidas estaban directamente inspiradas en el Derecho Romano. En dicho ordenamiento, el adagio *jura novit curia* no tenía el sentido ni el alcance que tiene actualmente en los ordenamientos occidentales. En efecto, en Derecho Romano, las partes tenían que aportar al juez las los hechos y también las leyes concretas en los que apoyaban sus fundamentos de Derecho. Debían, pues, aportar hechos y Derecho aplicable al caso. El adagio *jura novit curia*, en Derecho Romano significaba que era el juez, y no las partes, el que decidía cuál era el fundamento jurídico correcto que decidía el caso. Significaba algo así como "las partes deben aportar los hechos relevantes, puesto que decidir el Derecho aplicable y los fundamentos jurídicos adecuados son tarea del juez". Esta idea pasó a las Partidas y se afianzó durante la Edad Media, pues en dicha época era tal la cantidad de leyes, normas, reglas y otras disposiciones y tal

---

15 Miralles Sangro, P. P., *Aplicación del Derecho extranjero en el proceso y tutela judicial*, Madrid, Dykinson, 2007, págs. 33-37. *Vid.* también M. de Angulo Rodríguez, "El Derecho extranjero en su tratamiento procesal en España", *Estudios de Derecho internacional público y privado. Homenaje al Profesor Luis Sela Sampil*, vol. II, Oviedo, Serv. Publ. Univ., 1970, págs. 967-984; Id., *Lecciones de Derecho procesal internacional*, Granada, Gráficas del Sur, 1974, págs. 55-67; Lorente Martínez, I., "Prueba y alegación del Derecho extranjero en el Derecho internacional privado europeo y español. La influencia de las Partidas y de Jacobo de las Leyes", *Actualidad civil*, nº 10, 2022.

la cantidad de costumbres vigentes, que resultaba imposible para los tribunales conocer el Derecho aplicable.

El *jura novit curia*, en la Edad Media, trataba de evitar que las partes se enzarzaran en polémicas jurídicas interminables y también quería impedir que las partes dieran lecciones el juez sobre el Derecho aplicable. Del mismo modo, se procuraba, así, que las partes se centraran en la aportación de los hechos. Como explica María Olga Gil García, el dicho jurídico en cuestión "*se dice que proviene de una misma anécdota procesal, un juez medieval interrumpió el discurso desmedido de un abogado con la recriminación 'venite ad factum, iura novit curia*"[16]. Por tanto, no es de extrañar que el Derecho, tanto el Derecho nacional como el Derecho extranjero, se tuvieran que probar por las partes y que eso haya sido así hasta la Codificación, ya en el siglo XIX.

16. Así las cosas, cuando el Código Civil español de 1889 entra en vigor, el legislador impone la aplicación de oficio, exclusivamente, del Derecho español (*jura novit curia*). En consecuencia, tanto los meros y puros hechos procesales como el Derecho extranjero quedaron sujetos al régimen de alegación y prueba a instancia de parte, esto es, siguieron sujetos al régimen jurídico que establecieran las Partidas alfonsinas en el siglo XIV. Pues bien, las reglas que, a partir del citado texto de las Partidas aplicó el TS desde su STS 21 junio 1864 [sucesión del Duque de Cadaval e inaplicación de las Leyes portuguesas por falta de prueba], pueden resumirse en tres grandes proposiciones[17].

17. En primer lugar, el Derecho extranjero no puede tratarse procesalmente como "Derecho". Tratar al Derecho extranjero como "Derecho" supondría un atentado contra la soberanía española, ya que llevaría a aceptar en España "mandatos de Soberanos extranjeros", leyes dictadas por otros soberanos. Por ello, para el TS, el Derecho extranjero se comporta como un "hecho procesal". Como tal, el Derecho extranjero debe alegarse y probarse a instancia de parte (STS 21 junio 1864, STS 20 marzo 1877, STS 13 enero 1885, STS 20 mayo 1887, STS 28 enero 1896, STS 7 noviembre 1896, STS 19 noviembre 1904, STS 1 febrero 1934, STS 9 enero 1936, STS 17

16 Gil García, M. O., "El principio iura novit curia en el sistema procesal romano", *RIDROM Revista internacional de Derecho Romano*, 1 (28), 2022, págs. 185-274. (https://doi.org/10.17811/ridrom.1.28.2022.185-274).

17 STS 21 junio 1864, *Jurisprudencia Civil*, vol. 9, pág. 488.

julio 1937, STS 29 septiembre 1956, STS 16 diciembre 1960, STS 30 junio 1962, STS 6 junio 1969, STS 5 noviembre 1971)[18].

18. En segundo lugar, el juzgador tiene la facultad, pero no la obligación, de "intervenir" en la prueba del Derecho extranjero. Así es, pero aún hay más. El TS nunca indicó en qué casos y/o circunstancias "podía intervenir" el juez en la prueba del Derecho extranjero. Por ello, los tribunales intervenían en la prueba del Derecho extranjero de modo discrecional e incluso arbitrario (STS 13 enero 1885; STS 30 enero 1930; STS 21 febrero 1935; STS 16 octubre 1940; STS 14 diciembre 1940, entre otras muchas)[19].

19. En tercer lugar, a falta de prueba del Derecho extranjero por la parte interesada, el tribunal español debía fallar con arreglo al Derecho material español (*Back To Lex Fori*). Con lo cual, bastaba con que las partes no probaran el Derecho extranjero para que éste no se aplicara y para que, en su lugar, el pleito se resolviese con arreglo al Derecho sustantivo español.

20. Las reglas elaboradas por la Sala Primera del TS en el siglo XIX fueron observadas por los tribunales españoles de un modo prácticamente unánime durante todo el siglo XX. Los cambios legislativos no tuvieron la más mínima incidencia en la cuestión. La doctrina que el TS forjó en su ya antes citada STS 21 junio 1864 [sucesión del Duque de Cadaval e inaplicación de las Leyes portuguesas por falta de prueba], en relación con la aplicación del Derecho extranjero ha permanecido prácticamente inalterada a través de los años y de los siglos. Varias razones explican este fenómeno.

---

[18] STS 21 junio 1864, *Jurisprudencia Civil* vol. 9, pág. 488; STS 18 marzo 1875, *Jurisprudencia Civil*, 1875, vol. 31-1, pág. 535; STS 26 mayo 1887, *Jurisprudencia Civil*, vol. 61, pág. 836; STS 28 enero 1896, *Jurisprudencia Civil*, vol. 79, pág. 125; STS 7 noviembre 1896, *Jurisprudencia Civil*, vol. 80, pág. 508; STS 19 noviembre 1904, *Jurisprudencia Civil*, vol. 99, págs. 392-403; STS 1 febrero 1934, *Jurisprudencia Civil*, vol. 212, pág. 459; STS 9 enero 1936, *Jurisprudencia Civil*, vol. 222, pág. 151; STS 17 julio 1937, *Jurisprudencia Civil*, vol. I (1936-1937), pág. 494; STS 29 septiembre 1956, *Jurisprudencia Civil* vol. 51, pág. 424; STS 16 diciembre 1960 [R. 4097]; STS 30 junio 1962 [R.3322]; STS 6 junio 1969 [R.3283]; STS 5 noviembre 1971 [R.4524].

[19] *Vid.* STS 13 enero 1885, *Jurisprudencia Civil*, t. 57. 1885, núm. 14; STS 30 enero 1930, *Jurisprudencia Civil*, vol. 192, pág. 553; STS 21 febrero 1935 [*Jurisprudencia Civil*, vol. 217, pág. 567]; STS 16 octubre 1940 [R.4934]; STS 14 diciembre 1940 [R. 1135].

En primer lugar, el Código Civil de 1889 carecía de regulación sobre la cuestión. Por tanto, a falta de Ley, siempre queda el TS. Y como el TS, ya antes del Código civil de 1889, había elaborado sus famosas "tres proposiciones" sobre la cuestión, tales reglas siguieron siendo observadas por los tribunales con absoluta fidelidad. El duque de Cadaval sigue alumbrando la ruta. El juez no puede hacer nada en relación con la prueba del Derecho extranjero, que queda totalmente en las exclusivas manos de las partes en el litigio.

En segundo término, en 1974, el art. 12.6.II CC, de nueva redacción, se ocupó de la aplicación del Derecho extranjero. Pero el texto de este precepto era confuso, ambiguo e impreciso. Y desde luego, el art. 12.6.II CC no optó en favor del modelo regulativo de la aplicación de oficio del Derecho extranjero. Algunas sentencias indicaron que el art. 12.6.II CC era base suficiente para admitir una "obligación del juez" de probar el Derecho extranjero en defecto de prueba por las partes (SAT Valencia 3 abril 1982, SAP Oviedo, Sec. 4ª, 13 marzo 1990; SAP Granada, Sec. 3ª, 12 febrero 1992)[20]. Sin embargo, en la práctica, el TS y con él la inmensa mayoría de los tribunales españoles, siguieron aferrados a las "tres proposiciones" forjadas por la Sala Primera del TS en el siglo XIX al respecto (STS 12 enero 1989; STS 11 mayo 1989; STS 7 septiembre 1990; STS 10 diciembre 1990; STS 16 julio 1991; STS 17 diciembre 1991; STS 23 octubre 1992; STS 31 diciembre 1994; STS 15 noviembre 1996; STS 25 enero 1999; STS 9 febrero 1999; STS 5 junio 2000; STS 13 diciembre 2000; STS 17 julio 2001; SAP Castellón 25 abril 2000; SAP Madrid 23 noviembre 2000)[21]. El texto del art. 12.6.II CC permitió la intervención del juez en la aplicación del Derecho extranjero, pero no ofreció elementos que guiaran dicha intervención. En consecuencia, el juez intervenía en la prueba del Derecho extranjero cuando le parecía, con total arbitrariedad. Al menos podía intervenir, eso

---

20 SAP Oviedo, Sec. 4ª, 13 marzo 1990, *Revista española de Derecho internacional*, 1991, vol. XLIII, págs. 532-535; SAT Valencia 3 abril 1982, *Revista General de Derecho*, 1983, pág. 1137; SAP Granada, Sec. 3ª, 12 febrero 1992, *Revista española de Derecho internacional*, 1992, vol. XLIV, págs. 236-239.

21 STS 12 enero 1989 [R. 3582]; STS 11 mayo 1989 [CENDOJ 28079110011989100083]; STS 7 septiembre 1990 [ECLI:ES:TS:1990:6131]; STS 10 diciembre 1990 [CENDOJ 28079140011990102264]; STS 16 julio 1991 [R. 1991\5389]; STS 17 diciembre 1991 [R. 9717]; STS 23 octubre 1992 [R. 1992/8280]; STS 31 diciembre 1994 [R.10245]; STS 15 noviembre 1996 [R. 8212]; STS 25 enero 1999 [R.321]; STS 9 febrero 1999 [R.1054]; STS 5 junio 2000 [R. 5094]; STS 13 diciembre 2000 [R. 10439]; STS 17 julio 2001 [R. 5433]; SAP Castellón 25 abril 2000 [AC 2000\1259]; SAP Madrid 23 noviembre 2000 [CENDOJ 28079370012000108816].

sí, pero no estaba sujeto a regla alguna cuando decidía probar o ayudar a probar el Derecho extranjero.

En tercer lugar, la Constitución española de 1978 no contenía mandatos específicos sobre la cuestión. Es completamente cierto que la Constitución de 1978 sí que recoge principios y valores que deberían haber inclinado al legislador a elaborar un régimen de la aplicación del Derecho extranjero en España "constitucionalmente orientado" que desarrollara los principios de "tutela judicial efectiva" y "seguridad jurídica", explica P. P. Miralles Sangró[22]. No obstante, el legislador no introdujo ninguna regulación "constitucionalmente orientada" de la cuestión. Y la jurisprudencia del TS y del TC, aunque con ciertas excepciones puntuales, tampoco forjó un modelo de interpretación de la normativa vigente con arreglo a la Constitución. En conclusión: para el TS, el art. 12.6.II CC elaborado en 1974 y la Constitución española de 1978 no tuvieron la más mínima incidencia práctica en la cuestión del tratamiento procesal del Derecho extranjero.

4.3. La aplicación del Derecho extranjero en España. Situación actual

4.3.1. La triple regulación legal

21. El Derecho internacional privado de la Unión Europea, explica H. J. Sonnenberger, no contiene una regulación normativa sobre la acreditación del Derecho extranjero[23]. Ante dicha ausencia regulativa, la acreditación del Derecho extranjero en litigios que se siguen ante tribunales españoles se rige, en la actualidad, por tres normativas diferentes. En primer lugar, los arts. 288 TFUE y 12.6 CC indican que las normas de conflicto europeas y españolas, respectivamente, son imperativas. En consecuencia, las partes no pueden prescindir de lo que indican tales normas de conflicto y pactar la "no aplicación" de las mismas, cuando éstas ordenen aplicar un Derecho extranjero al fondo del asunto. Del mismo modo, puede afirmarse que, cuando la norma de conflicto española ordena aplicar un concreto Derecho extranjero, es éste y no otro el Derecho estatal que debe regular la situación privada internacional de la que se trate. Esta premisa valorativa

---

22 Miralles Sangro, P. P., *Aplicación del Derecho extranjero en el proceso y tutela judicial*, Madrid, Dykinson, 2007, págs. 33-37.

23 Sonnenberger, H. J., "Grenzen der Verweisung durch europäisches internationales Privatrecht", *IPRax*, 2011-IV, págs. 529-534.

condiciona todo el régimen de la alegación y prueba del Derecho extranjero en el sistema español.

En segundo lugar, el art. 281.2 LEC constituye la clave de bóveda de todo el régimen jurídico de la prueba del Derecho extranjero en el sistema español. Dicho precepto deja clara la necesidad de prueba del Derecho extranjero, fija el objeto de la prueba cuando se trata de acreditar el Derecho extranjero, esto es, los extremos concretos a probar en relación con un Derecho extranjero y establece una regla general de la carga de la prueba del Derecho extranjero y las posibilidades de participación del tribunal en dicha prueba.

En tercer lugar, los arts. 33-36 LCJIMC marcan los contornos aplicativos del sistema al indicar el valor probatorio de la prueba practicada para acreditar el contenido y vigencia del Derecho extranjero (art. 33.2 y 4 LCJIMC), la solución a seguir en el caso de que resulte imposible, para las partes, probar el Derecho extranjero (art. 33.3 LCJIMC) y, finalmente, el régimen jurídico de la llamada "información del Derecho extranjero", esto es, la regulación de las solicitudes que las autoridades españolas realizan a las autoridades extranjeras en relación con el contenido y vigencia de un concreto Derecho extranjero y de las solicitudes que las autoridades extranjeras dirigen a las españolas para obtener datos sobre el Derecho español.

22. En particular, el art. 33 de la Ley 29/2015, de 30 de julio, de cooperación jurídica internacional en materia civil presenta una importancia valorativa que debe ser destacada[24]. Este precepto indica que, con carácter excepcional, en aquellos supuestos en los que no haya podido acreditarse por las partes el contenido y vigencia del Derecho extranjero, podrá aplicarse el Derecho español. La dicción del precepto lo ciñe a los casos en los que, para las partes, resulte imposible probar el Derecho extranjero, casos en los que el tribunal "puede" aplicar el Derecho sustantivo español.

Cierta jurisprudencia ha hecho decir al precepto lo que no dice: que, en caso de ausencia voluntaria de prueba del Derecho extranjero por parte de los litigantes, se debe aplicar el Derecho español. En esta muy preocupante dirección, fruto de la comodidad judicial, auténtico lado oscuro del Derecho internacional privado español, ya se han pronunciado ciertas sentencias (SAP Tarragona 23 noviembre 2018 [divorcio entre española e

[24] BOE núm. 182 de 31 julio 2015.

inglés]; AJPI Sevilla 25 mayo 2018 [bonos emitidos en España y presunta sumisión al Derecho de Nueva York]; SAP Islas Baleares 12 abril 2016 [divorcio entre cónyuges argentinos], SAP Ourense 6 septiembre 2016 [menor mejicano][25].

Sin embargo, todavía brilla la luz, pues en realidad, este art. 33.3 LCJIMC sólo debe aplicarse "*cuando no haya sido posible identificar la norma extranjera aplicable*", esto es, en presencia de este excepcional supuesto (AAP Barcelona 27 julio 2017 [ejecución de sentencia belga])[26]. El TS ha confirmado esta correctísima línea de interpretación del art. 33.3 LCJIMC (STS 3 abril 2018 [cónyuges colombianos]) en sintonía con el art. 281.2 LEC[27].

En suma, la LEC establece que, como regla general, la prueba del Derecho extranjero se practica a instancia de parte. Es decir: son las partes las que deben probar el Derecho extranjero. La parte que, por indicación de la norma de conflicto española, deba fundamentar su pretensión en un Derecho extranjero, deberá también probar tal Derecho extranjero. La carga de la prueba del Derecho extranjero o más bien, el deber jurídico de probar el Derecho extranjero corresponde, pues, a las partes. Así lo confirma el Preámbulo de la LCJIMC 2015: "*[n]uestro sistema se caracteriza por ser un sistema mixto que combina el principio de alegación y prueba a instancia de parte con la posibilidad de que el tribunal complete dicha prueba, valiéndose de cuantos medios de averiguación estime necesarios*". En realidad, efectivamente, acreditar el contenido del Derecho extranjero no es una "carga procesal", sino un "deber jurídico", tal y como escribe A.-L. Calvo Caravaca[28]. La carga procesal que no se respeta tiene como consecuencia que el hecho no probado desaparezca del proceso o que la cuestión sujeta a carga procesal no pueda hacerse valer en el juicio. El deber jurídico, por el contrario, sig-

---

25 SAP Tarragona 28 junio 2018 [ECLI:ES:APT:2018:1014]; SAP Ourense 6 septiembre 2016 [JUR2016\228499]; SAP Islas Baleares 12 abril 2016 [ECLI:ES:TSJBAL:2016:277]; AJPI Sevilla 25 mayo 2018 [ECLI: ECLI:ES:JPI:2018:6A].

26 AAP Barcelona 27 julio 2017 [ECLI:ES:APB:2017:6922A].

27 STS 3 abril 2018 [ECLI: ECLI:ES:TS:2018:1228].

28 Calvo Caravaca, A.-L., "Alegación del Derecho extranjero ante los tribunales españoles. Criterios del Tribunal Supremo", en A.-L. Calvo Caravaca/J. Carrascosa González (Dir.), *El Tribunal Supremo y el Derecho Internacional Privado,* vol. 2, Murcia, Rapid Centro Color S.L., 2019, págs. 663-686; Calvo Caravaca, A.-L. / Carrascosa González, J., "Carga de la prueba del Derecho extranjero ante los tribunales españoles. Criterios del Tribunal Supremo", en A.-L. Calvo Caravaca/J. Carrascosa González (Dir.), *El Tribunal Supremo y el Derecho Internacional Privado,* vol. 2, Murcia, Rapid Centro Color S.L., 2019, págs. 713-743.

nifica que, si la parte que lo tiene a su cargo no lo respeta, entonces dicha parte sufre una sanción legal. Por ello es preferible referirse al deber jurídico de acreditar el Derecho extranjero: si la parte no lo acredita ante los tribunales españoles, entonces no puede valerse de las ventajas que dicho ordenamiento podría atribuirle. Si fuera una carga procesal, —que no lo es—, la falta de prueba del Derecho extranjero comportaría necesariamente la aplicación del Derecho español.

23. La regla general según la cual el Derecho extranjero debe ser probado, exclusivamente, por las partes, se extrae de dos preceptos legales: (a) El art. 281.1 LEC. Este precepto establece una muy clara distinción entre (i) la "*prueba del Derecho extranjero*" por un lado, y (ii) la "*aplicación*" del mismo, por otro lado (SAP Murcia 14 noviembre 2008 [prueba del Derecho alemán]; SAP Asturias 10 febrero 2012 [accidente de circulación ocurrido en Marruecos]; SAP La Rioja 22 junio 2009, SAN CA 18 noviembre 2010 [sociedad con domicilio en Malvinas]; SAP Madrid 18 enero 2013 [contrato de agencia y Ley mejicana]; SAP Madrid 4 diciembre 2020 [matrimonio islámico celebrado en Madrid])[29]. La "*prueba del contenido y vigencia*" del Derecho extranjero corresponde a las partes y no a los tribunales. Por el contrario, la "*aplicación*" del Derecho extranjero corresponde al tribunal, pero sólo una vez que la prueba ya se ha realizado o ya se ha intentado por las partes; (b) El art. 282 LEC. Este precepto se refiere a la "iniciativa de la actividad probatoria" y alude a la prueba en general, sin ceñirse exclusivamente a la prueba de los "hechos". El art. 282 LEC cubre, por tanto, la prueba de "todo aquello que se debe probar", como, por ejemplo, el Derecho extranjero.

En sintonía con la regla general descrita, aplicable a todos los procesos regidos por el principio dispositivo, el tribunal no puede "suplir" la prueba del Derecho extranjero. Dicha prueba compete a las partes, no al tribunal. El juez no puede practicar de oficio la prueba del Derecho extranjero (*ne procedat iudex ex officio*), precisamente, porque ello compete a las partes. Así lo subraya, de modo abrumador, la jurisprudencia española.

---

29 SAN CA 18 noviembre 2010 [ECLI:ES:AN:2010:5030]; SAP Madrid 4 diciembre 2020 [ECLI:ES:APM:2020:15171]; SAP Murcia 14 noviembre 2008 [JUR 2009\104636]; SAP La Rioja de 22 junio 2009 [JUR 2009\309298]; SAP Madrid 18 enero 2013 [CENDOJ 28079370252013100009]; SAP Asturias 10 febrero 2012 [ECLI:ES:APO:2012:283].

4.3.2. La jurisprudencia normativa del Tribunal Supremo a favor del sistema mixto

24. Aunque el citado art. 33 de la Ley 29/2015, de 30 de julio, de cooperación jurídica internacional en materia civil es parco, confuso y poco definitivo, una ventaja sí que tiene. Y es que permite que la jurisprudencia desarrolle líneas avanzadas para asignar el deber jurídico de probar el Derecho extranjero y lograr, así, que el Derecho extranjero quede probado, que quede probado a coste reducido y que quede correctamente probado en todos sus extremos, precisa L. de Lima Pinheiro[30]. Y eso es lo que ha hecho el Tribunal Supremo en el siglo XXI, pues donde no llega la ley, llega la jurisprudencia.

a) Primer movimiento: las partes no deben alegar el Derecho extranjero

25. El TS ha precisado con acierto varios aspectos que ayudan a distinguir entre el régimen legal de la alegación de los hechos, por una parte, y la alegación del Derecho extranjero, por otro lado (STS 24 junio 2010 [Derecho inglés]; STS 4 julio 2006; STS 10 junio 2005; SAP Málaga 3 marzo 2006)[31].

Los "hechos" deben alegarse al proceso. Así lo indica el art. 399 LEC. Si las partes no alegan determinados hechos, el tribunal no los considerará a la hora de decidir el resultado del litigio. El hecho que no "está en el proceso", no existe para el juez (*quod non est in actis non est in mundo*).

Por el contrario, el art. 399 LEC no obliga a las partes a "alegar" o a aportar al proceso las normas jurídicas aplicables para resolver el litigio, sean normas jurídicas "españolas" o "extranjeras". Ello es así porque el Derecho extranjero no es un "hecho procesal", sino que constituye el "conjunto de normas jurídicas apropiadas" que resolverán en litigio (STS 1 abril 2011 [contrato de arrendamiento de servicios a ejecutar en Argentina]; STS 24 junio 2010 [Derecho inglés]; STS 23 marzo 2010 [accidente de circulación en Suiza]; STS 4 julio 2006 [Derecho alemán]; SAP Madrid 20 febrero 2014

---

30 de Lima Pinheiro, L., "A interpretação no direito internacional privado", *Cuadernos de Derecho Transnacional*, 2020, 11, 2, págs. 496-509.

31 STS 24 junio 2010 [CENDOJ 28079110012010100458]; STS 4 julio 2006 [R. 2006\6080] [ECLI:ES:TS:2006:4079]; STS 10 junio 2005 [R. 2005\7040]; SAP Málaga 3 marzo 2006 [CENDOJ 29067370052006100185].

[reclamación de honorarios profesionales y Derecho de Hong-Kong]; AAP Barcelona 13 junio 2008 [tutela de menor francés])[32].

En suma, según el TS, la aplicación del Derecho extranjero a un caso concreto no depende ni puede depender de que las partes lo aleguen o no lo aleguen, como muy bien ha señalado L. F. Carrillo Pozo[33]. El Derecho extranjero se aplica a un supuesto; porque así lo ordena la norma de conflicto europea o española: basta con que la norma de conflicto designe como aplicable un Derecho extranjero para que, "*como efecto de dicha norma, se considere que el litigio debe resolverse según el Derecho extranjero en la misma designado*" (STS 1 abril 2011 [contrato de arrendamiento de servicios a ejecutar en Argentina]; también SAP A Coruña 24 mayo 2023 [alimentos y menor nacido en Venezuela])[34]. Por tanto, ninguna parte tiene que "alegar" el Derecho extranjero al proceso porque tal Derecho extranjero "está ya en el proceso" en virtud de la norma de conflicto española que remite a tal ordenamiento. En consecuencia, si una parte o ambas partes no alegan el Derecho extranjero, éste no "desaparece" ni deja de existir en el proceso, porque sigue siendo el Derecho aplicable al caso, lo quieran o no lo quieran las partes, ya que la norma de conflicto española así lo ordena.

Ha quedado totalmente abandonada y yace hoy en el más absoluto olvido sepultada por el inexorable paso de los años la antigua jurisprudencia del TS según la cual el Derecho extranjero debía ser alegado siempre por las partes interesadas y con arreglo a la cual la falta de alegación del Derecho extranjero por las partes conducía a la "no aplicación" del Derecho

---

32 STS 24 junio 2010 [CENDOJ 28079110012010100458]; STS 23 marzo 2010; [ECLI:ES:TS:2010:3313]; STS 4 julio 2006 [ECLI:ES:TS:2006:4079]; STS 1 abril 2011 [ECLI:ES:TS:2011:1805]; SAP Madrid 20 febrero 2014 [CENDOJ 28079370212014100097]; AAP Barcelona 13 junio 2008 [JUR 2008\317023].

33 Carrillo Pozo, L. F., "Medios y objeto de la prueba del Derecho extranjero. Principios de la jurisprudencia del Tribunal Supremo", en A.-L. Calvo Caravaca/J. Carrascosa González (Dir.), *El Tribunal Supremo y el Derecho Internacional Privado*, vol. 2, Murcia, Rapid Centro Color S.L., 2019, págs. 687-712; L. F. Carrillo Pozo, "Alegación y prueba del Derecho extranjero en el ámbito laboral y tutela judicial efectiva", *Rev. Esp. Dcho Trabajo*, núm. 111, mayo-junio 2002, págs. 451-473; Id., "Una doctrina constitucional sobre alegación y prueba de la Ley extranjera", *Ar. Social*, 2003, núms. 7-8, págs. 53-84; Id., "El Derecho extranjero en el proceso de trabajo", *Revista del Ministerio de Trabajo y asuntos sociales*, núm. 62, 2006, págs. 13-58; Id., "Nota a la SA Barcelona de 17 abril 2007 (alegación y prueba del Derecho extranjero)", *REDI*, 2007, págs. 769-774.

34 STS 1 abril 2011 [ECLI:ES:TS:2011:1805]; SAP A Coruña 24 mayo 2023 [ECLI:ES:APC:2023:1250].

extranjero al supuesto (STS 16 diciembre 1960; STS 10 diciembre 1966; STS 9 mayo 1988)[35]. Así puede observarse en las ya citadas STS 10 junio 2005 y STS 4 julio 2006[36].

b) Segundo movimiento: el conocimiento propio del tribunal español sobre el Derecho extranjero y la doble private Wissen

26. El TS ha realizado un muy interesante segundo movimiento en favor del conocimiento judicial propio del Derecho extranjero como medio para acreditar el Derecho extranjero. Este segundo movimiento está compuesto, a su vez, por un doble impulso de la *Private Wissen* del tribunal competente[37]. En efecto, subraya el TS que el tribunal español que debe aplicar un Derecho extranjero porque así lo indica la norma de conflicto europea o española puede probar por sí mismo tal ordenamiento extranjero a través de dos mecanismos. Tales mecanismos evitan que las partes tenga que probar el Derecho extranjero. Ambos operan, destaca el TS, porque no tiene sentido ni hace ninguna falta que las partes gasten tiempo y dinero en probar un Derecho extranjero que puede ser perfectamente acreditado y probado por el tribunal competente de un modo más económico y más rápido.

27. En primer lugar, así, el TS enfatiza que cuando un tribunal español ya conoce el contenido, alcance y vigencia de un Derecho extranjero porque ya ha fallado anteriormente con arreglo a tal ordenamiento, no es necesario que las partes lo prueben. El tribunal ya se considera suficientemente bien ilustrado con su propio conocimiento del Derecho extranjero. Por tanto, si el tribunal español que debe fallar un caso sujeto al Derecho de otro país ya conoce ese concreto Derecho extranjero, puede emplear su propio conocimiento del Derecho extranjero (*private Wissen*). Así lo sostiene la STS 4 julio 2006 [Derecho alemán]: "*... en este punto, el artículo 12.6.II CC admite que el Juez utilice sus propios conocimientos, aunque nunca podrá suplir la prueba del derecho extranjero, sino que podrá recabar de las partes que se le apor-*

---

35 STS 16 diciembre 1960 [R. 4097]; STS 10 diciembre 1966, *Jurisprudencia Civil*, núm. 759, págs. 232-241; STS 9 mayo 1988 [R. 3582].

36 STS 4 julio 2006 [R. 2006\6080] [ECLI:ES:TS:2006:4079]; STS 10 junio 2005 [R. 2005, núm. 7040].

37 El "conocimiento privado del juez" es una expresión con pedigrí en el Derecho procesal. *Vid., ad ex.*, Stein, F., *Das private Wissen des Richters: Untersuchungen zum Beweisrecht beider Prozesse*, Leipzig, Hirschfeld, 1893.

ten los documentos correspondientes", así como la STS 17 marzo 1992 [Derecho italiano]: "...*no obstante la conveniencia de practicarla para mayor ilustración del órgano jurisdiccional, [el Derecho extranjero] puede ser conocido y aplicado de oficio por el órgano judicial o simplemente acreditado por medio de la aportación de las fotocopias de la 'Gazetta ufficiale', como ha ocurrido en el presente caso...*"[38]. Esta jurisprudencia ha sido nuevamente ratificada por la STS 24 junio 2010 [Derecho inglés][39]. Es la solución procesal más económica. No tiene sentido alguno que las partes prueben ante el juez lo que el juez ya conoce por sí mismo. Sólo se debe probar lo que el juez desconoce.

28. En segundo lugar, el TS ha manifestado que existen recursos sobre el Derecho extranjero que resultan de muy fácil y veloz acceso por parte del tribunal competente y que comportan un coste muy reducido o incluso inexistente. En tal supuesto, el tribunal puede hacerse con el material jurídico extranjero de modo rápido y seguro, esto es, con la máxima eficiencia. Así sucede, por ejemplo, cuando el mismo CGPJ dispone de medios de acreditación instantánea de ciertos Derechos extranjeros en su propia *webpage*. Los jueces y tribunales españoles pueden acceder *motu proprio* al contenido de numerosos Derechos extranjeros que constan en dicha *webpage* del CGPJ y también a través de otros *websites* oficiales de otros países extranjeros de contrastada autenticidad (SAP Castellón 15 abril 2010 [divorcio entre cónyuges marroquíes]; SAP Barcelona 14 octubre 2010 [divorcio de cónyuges marroquíes]; SAP Murcia 7 marzo 2023 [adopción de menor marroquí])[40]. Muy interesante resulta esta última resolución. En dicho caso, las partes no probaron el Derecho marroquí, —que prohíbe la adopción—, para intentar, con dicho movimiento estratégico procesal, que el tribunal español aplicase Derecho español y así poder adoptar a un menor marroquí. El tribunal, con buen criterio, probó de oficio el Derecho marroquí, visto que el texto legal y oficial marroquí que regula las cuestiones de estatuto personal es accesible de modo muy sencillo en Internet y demostró que el Derecho marroquí prohíbe taxativamente la adopción, de modo que se rechazó la constitución de dicha adopción en España.

---

38 STS 4 julio 2006 [ECLI:ES:TS:2006:4079]; STS 17 marzo 1992 [ECLI:ES:TS:1992:2310].

39 STS 24 junio 2010 [CENDOJ 28079110012010100458].

40 SAP Castellón 15 abril 2010 [R. JUR 2010\254057]; SAP Barcelona 14 octubre 2010 [CENDOJ 08019370182010100348]; SAP Murcia 7 marzo 2023 [ECLI:ES:APMU:2023:650].

29. Para impulsar esta doble *private Wissen*, el TS se ha basado en la letra y el espíritu del art. 281.2 LEC. Es ésta una norma muy receptiva a todo tipo de "medio de averiguación" del Derecho extranjero. No cabe, pues, su interpretación restrictiva. Ello permite defender la utilización del "conocimiento propio" que el juez español posee sobre el Derecho extranjero como medio para su acreditación mediante esta doble *private Wissen*.

30. Esta doble *private Wissen* defendida por el Tribunal Supremo completa una regla importante forjada por el Tribunal Constitucional para un caso muy particular. En efecto, cuando, pese a los esfuerzos de buena fe desplegados por una parte, ésta no consigue probar el contenido del Derecho extranjero aplicable, entonces el tribunal está obligado a intervenir e intentar la práctica de dicha prueba. En el famoso caso fallado por la STC 10/2000 de 17 enero 2000 [caso de los armenios], se abordó, en efecto, la precisión de la Ley aplicable a la separación de dos cónyuges de nacionalidad armenia y el Derecho armenio, aplicable a la separación judicial de los mismos, no pudo ser probado por la actora[41]. El Tribunal constitucional indicó que el tribunal español debía colaborar con las partes para probar el Derecho de dicho país. La mera dificultad de prueba del Derecho armenio no comporta la aplicación del Derecho español. En consecuencia, este art. 33.3 LCJIMC corrige al Tribunal Constitucional. Aunque también de modo relativo, puesto que la solución recogida en el precepto es "excepcional", de modo que puede estimarse que sólo procede después de que el tribunal haya intentado probar, con sus propios medios, el Derecho extranjero.

31. En todo caso, cuando el tribunal español emplea su propio conocimiento del Derecho extranjero, el juzgador debe respetar el "principio de contradicción". De ese modo, las partes podrán debatir, en su caso, sobre el verdadero contenido del Derecho extranjero. No debe impedir que las partes discutan sobre el verdadero y auténtico contenido del Derecho extranjero (STS 4 julio 2006)[42].

32. Por otro lado, el tribunal debe hacer constar en la sentencia, con toda claridad, la norma extranjera aplicada y su contenido, a efectos de un posible recurso (STS 24 junio 2010 [Derecho inglés]; STS 10 junio 2005;

---

41 STC 10/2000 de 17 enero 2000, RTC 2000\10, BOE núm. 42 de 18 febrero 2000.

42 STS 4 julio 2006 [ECLI:ES:TS:2006:4079].

STS 17 marzo 1992; STSJ Com. Valenciana Sala Civil y Penal 22 septiembre 2005).

5. REFLEXIONES FINALES

33. En primer lugar, cabe afirmar que el carácter fluido y casi melífluo de los arts. 281.2 LEC y 33 LCJIMC, —normas, se dice, de "textura abierta"—, ha llevado al Tribunal Supremo español a escanciar ciertas reglas de inspiración económica relativas a la prueba del Derecho extranjero ante tribunales españoles. Tales reglas permiten afirmar que, hoy día, el sistema español es un *sistema mixto* en el que la mayor parte de las veces el Derecho extranjero debe ser acreditado a instancia de parte, pero en el que existe una regla especial a cuyo tenor el tribunal puede y debe probar el Derecho extranjero en determinadas ocasiones. La tendencia es clara: el sistema español ha dejado de ser un sistema en el que rige exclusivamente la prueba del Derecho extranjero a instancia de los litigantes.

34. En segundo lugar, debe subrayarse que la norma de conflicto es una norma que indica el ordenamiento jurídico que rige el fondo del asunto. Las normas procesales que regulan el tratamiento procesal del Derecho extranjero están al servicio de tales normas de conflicto de leyes. Como antes se ha avanzado, son normas ancilares, auxiliares y complementarias. Sirven para que la norma de conflicto pueda realizar adecuadamente su función. Ello supone que deben ser interpretadas en el sentido más favorable a la aplicación del Derecho extranjero, que es el objetivo marcado por la norma de conflicto. No pueden frustrar dicho objetivo ni obstaculizarlo. Deben, por el contrario, facilitar la obtención del material jurídico foráneo. De ese modo, el Tribunal supremo ha asumido que deben seguirse el modelo regulativo de acreditación del Derecho extranjero que garantice e impulse, en la mayor medida posible, la aplicación de ese Derecho extranjero en los tribunales españoles.

35. En tercer lugar, también en este tema puede asegurarse que no hay comidas gratis (*there is not such thing as a free meal*). La justicia no es gratis. La aplicación del Derecho extranjero no es gratis. La acreditación de tal Derecho extranjero no es gratis. Alguien tiene que hacerlo e invertirá para ello tiempo y recursos económicos. Pues bien, el Tribunal Supremo ha entendido que el Derecho extranjero lo debe acreditar el sujeto, —tribunal o partes—, que esté en mejores condiciones para hacerlo a un coste más reducido. Lo debe acreditar el llamado "*cheapest cost avoider*". Por tanto, el Derecho extranjero lo debe acreditar el tribunal español que conoce del asunto cuando le resulte fácil, sencillo y veloz. Y cuando no sea así, lo deben probar las partes, porque éstas lo podrán hacer a un coste inferior que el que tendría que asumir el tribunal. A tal efecto, las partes pueden emplear cualquier medio de averiguación del Derecho extranjero. No hay más límites al respecto que los del sentido común y la lógica argumentativa. Todo sea por la norma de conflicto.

36. En cuarto lugar, el Tribunal Supremo español ha recurrido a su poder normativo implícito y complementador del ordenamiento jurídico también en estas cuestiones. Como el legislador no ha tomado partido de modo rígido, firme y sólido, el Tribunal Supremo ha abierto la vía hacia un sistema mixto de acreditación del Derecho extranjero. Porque donde la Ley no alcanza, llega la jurisprudencia.

37. En quinto lugar, puede destacarse la gran labor, una vez más, del Tribunal Supremo español al marcar los límites estrictos del art. 33 LCJMC. La aplicación del Derecho español a un supuesto regido por un Derecho extranjero sólo procederá cuando sea realmente imposible probar el Derecho extranjero.

SEGUNDA PARTE
MISCELÁNEA PROCESAL

Notas sobre las dudas que suscita el rumbo de la evolución del orden jurisdiccional contencioso-administrativo

LUCIANO PAREJO ALFONSO
Catedrático emérito de Derecho Administrativo
Universidad Carlos III de Madrid

1. EL CONTROL JUDICIAL DE LA ADMINISTRACIÓN: DESDE EL INICIAL DUALISMO DE CORTE FRANCÉS AL SUPUESTO MONISMO IMPUESTO POR EL PRINCIPIO DE UNIDAD JURISDICCIONAL

1.1. Introducción

En su origen y primer desarrollo el modelo de nuestro contencioso-administrativo es desde luego el francés. No es sorprendente, pues, el paralelismo, en lo fundamental, de la evolución de uno y otro en las fases de justicia retenida y delegada. Lo que no ha impedido, aun teniendo los dos desde el principio vocación final jurisdiccional, que la desembocadura de la de uno y otro haya sido en distinto mar: el francés en el dualismo jurisdiccional y el nuestro, desde la afirmación del principio de unidad jurisdiccional, en el orden ordinario judicial[1]. Surgen así inevitablemente las preguntas del porqué de esta distinta estación término y de la importación en ambos, sin embargo y ya en ella, del instituto casacional nacido en el seno del orden judicial ordinario; preguntas, cuya respuesta sólo resulta plausible desde la perspectiva histórica[2].

La respuesta a estas dos cuestiones no puede encontrarse en el distinto momento y, consecuentemente, diferente contexto de la implantación de uno y otro sistema: el constituyente en el curso del proceso revolucionario iniciado en 1789, en el caso francés y, en el español, no en el del primer proceso constituyente de 1812, sino sólo tras el cese de los movimientos pendulares entre el régimen constitucional y la vuelta al Antiguo Régimen y, por tanto, en los comienzos de la construcción del Estado liberal, primero en el marco del Estatuto Real de 1834, sucedido por la Constitución de 1837, y luego —bajo la Constitución de 1845— durante la década moderada[3/4], en la que justamente se dota al Estado liberal de Derecho en construcción de un claro y fuerte componente administrativo.

---

1 Estas son las dos soluciones que predominan en Europa, aunque conviven con la singular alemana de coexistencia de cinco jurisdicciones distintas y separadas (ordinaria, administrativa, financiera, laboral y social), cada una de ellas con su propio tribunal supremo. Según J-M. Lemoyne Portalis, "Dualité ou unité de juridiction? Aperçue de droit comparé ", *Les Cahiers Portalis* 2020/1, núm. 7, Presses Universitaires d'Aix Marseille, págs. 127-138; accesible en https://www.cairn.info/revue-les-cahiers-portalis-2020-1-page-127.htm&wt.src=pdf) sólo en seis países europeos la instancia suprema de lo contencioso-administrativo sigue siendo un Consejo de Estado y en otros doce lo es un tribunal superior administrativo, mientras que, en diez, aquella instancia es —con una u otra denominación— el Tribunal Supremo. Lo que lleva a dicho autor a concluir que en la Unión Europea el dualismo jurisdiccional es dominante, lo que se corresponde con la tradición romano-germánica (si bien en Noruega y Suiza existe unidad jurisdiccional).

2 Como dejó señalado E. García de Enterría ya en la edición inicial de su obra *Dos estudios sobre la usucapión en Derecho Administrativo* (IEP, Madrid, 1955, págs. 7-9), de la que se hicieron ulteriores ediciones (con rectificación por el autor de alguna de sus tesis), las instituciones no son tanto entidades lógicas, como arbitrios políticos, por lo que únicamente la historia puede ilustrar sobre su efectiva función política y social.

3 Según, citando la opinión —de principios del S. XX— de J. Mª Caballero y Montes, apuntó R. Mendizábal Allende ("El principio de unidad jurisdiccional y lo contencioso-administrativo", *RAP* núm. 64, págs. 337-387; pág. 339), el establecimiento de la jurisdicción contencioso-administrativa fue un problema politizado, cuyas dos soluciones alternativas se incluían en los programas de los partidos "moderado" y "progresista", por lo que quedó ligado a las incidencias de las luchas políticas.

En Francia, el sistema es obra, pues de los revolucionarios que alumbran derechos y libertades, mientras que en España lo es de los moderados en el poder, que establecen la Constitución de 1845[4]. Pero lo decisivo es que el sistema que se implanta en ambos casos se inscribe en la idea de la separación de poderes, por más que entre nosotros este principio ni se haya proclamado nunca de modo expreso, ni se haya aplicado de forma coherente con lo que postula.

Parece así plausible buscar la razón del diferente destino de nuestro sistema en las vicisitudes propias del proceso de decantación del Estado constitucional.

1.2. El sistema dual francés: el orden judicial ordinario y la jurisdicción administrativa; su culminación, la primera, en la Cour de Cassation, y, la segunda, en el Conseil d' État, con función casacional, éste último, sólo tardía

Procede, en todo caso, iniciar el análisis con el sistema francés, en cuyo nacimiento se sitúa, por lo que hace al orden judicial ordinario (civil y penal) la construcción de este sobre el principio de estricta aplicación de la Ley y con asignación, para asegurar tal principio, al órgano judicial en que

---

4 Así lo reconoce en su mismo inicio el preámbulo de la vigente Ley reguladora de la jurisdicción contencioso-administrativa al decir de dicha jurisdicción: "Desde que fue instaurada en nuestro suelo por las Leyes de 2 de abril y 6 de julio de 1845, y a lo largo de muchas vicisitudes, ha dado sobrada muestra de sus virtualidades".

5 En este sentido, A. M. Luque Reina, ("Otra historia de "lo contencioso-administrativo" en España: alteridad y discontinuidad entre la Monarquía católica y el Estado administrativo (1812-1845)", *Revista de Derecho Público: Teoría y Método,* Marcial Pons, Vol. 6 | 2022, págs. 93-113) señala: "Que el año de 1845 es un punto fundamental en la historia de la construcción de la administración en España es algo que así formulado nunca ha sido discutido. Se trata del año en el que a través de las famosísimas leyes de 2 de abril y 6 de julio de 1845 se puso en planta la jurisdicción contencioso-administrativa, por lo que sin necesidad de entrar en mayores consideraciones acerca de lo que esto significó o implicó entonces, pocas dudas cabe plantear a la importancia, al menos simbólica, del hito. Pero es que además 1845 representa un momento que se presta especialmente bien para funcionar como parteaguas (o discontinuidad) con el que diferenciar dos cronologías ("antes de" 1845 y "a partir de" 1845) que encierran un distinto grado de disenso historiográfico entre los administrativistas habitualmente interesados en el nacimiento de su disciplina y esa historia del derecho convencida de la utilidad del análisis desde la ajenidad…".

culmina de la función casacional, siendo así la casación —en su origen— un instituto ajeno al orden jurisdiccional administrativo. Esta circunstancia se explica por la dinámica conducente justamente al dualismo jurisdiccional.

En efecto, el diseño inicial, en Francia, del orden judicial se inscribe en la consagración revolucionaria de la división de poderes y, en concreto, en la necesidad de la preservación de la función legislativa, respondiendo el instituto casacional a una necesidad más bien política (la reserva al legislador de la interpretación auténtica de sus decisiones normativas)[6], si bien nace ya con vocación de conversión ulterior en mecanismo procesal judicial[7].

---

6 Ha de tenerse en cuenta que tal necesidad trae causa de la historia: en Francia, el Rey —una vez afirmada, ya en la época feudal, la supremacía de su jurisdicción sobre la totalidad de los órganos judiciales de las baronías y convertido, así, en juez supremo y última instancia a la que se podía recurrir— se reservó el derecho a intervenir en la justicia para suspender o modificar el curso de la jurisdicción ordinaria o, en su caso, sustituirla avocando para sí el conocimiento de un asunto mediante las *lettres d'evocation*, pero, además, conservó desde luego —para asegurar la efectividad de su poder normativo— la facultad de anulación de Sentencias por contravención de una ordenanza real.
Dos son los factores determinantes del surgimiento de esa potestad real de casar Sentencias:
1°. Los conflictos de jurisdicción entre los distintos Parlamentos judiciales suscitados por la reclamación por dos de ellos del conocimiento de un mismo asunto, llegando a pronunciar Sentencias contradictorias; supuesto, en que se seguía el procedimiento conocido como *règlement des juges* (en lo que puede verse el antecedente remoto de la función actual del *Tribunal de Cassation* que los franceses denominan disciplinaria).
2°. La apelación al Rey por sujetos privados afectados por Sentencias con la finalidad de obtener la anulación de éstas por contradicción con disposiciones reales; vía, que experimentó un apreciable crecimiento, alcanzando su máximo desarrollo en la segunda mitad del S. XVII con la generalización de la posibilidad de su utilización, con reiteración de la prohibición de infringir las ordenanzas reales y su extensión a cualquier otra norma emanada de la autoridad real.

7 Esta conversión ocurre ya con la Ley de 1 de abril de 1837, previa aprobación del Código civil (la Constitución de 1795 omite ya, por ello, toda referencia a la colocación del órgano competente para la casación junto al cuerpo legislativo). La clave está en el artículo 4 del Código civil, que prohíbe al juez no resolver so pretexto de silencio, oscuridad o insuficiencia de la Ley, en tanto que esta prohibición abre a la puerta a la interpretación judicial, perdiendo justificación el *referé* facultativo al parlamento (que se suprime) y la necesidad —ante la posibilidad de error en la interpretación— de acudir a la casación por *fausse interpretation* (que se

Para entender el planteamiento de los revolucionarios ha de tenerse en cuenta que:

- Sin perjuicio del surgimiento, a partir del Consejo Real, del Parlamento de París (y de la ulterior creación de Parlamentos en las provincias), aquel Consejo continuó existiendo y desempeñando sus funciones consultivas en este orden de cosas hasta que se apreció la procedencia —en 1578— de la diferenciación en su seno de dos Secciones: el *Conseil d'État*, para los asuntos políticos, y el *Conseil des parties*, para los asuntos judiciales. Mientras el primero ha permanecido hasta hoy (el Consejo de Estado culmina la estructura orgánica de la jurisdicción administrativa), el segundo se mantuvo, en su configuración originaria, sólo hasta la Revolución francesa, en la que fue replanteado justamente al servicio de la introducción del mecanismo judicial casacional (en el seno del orden judicial ordinario).
- Los Parlamentos franceses nunca se limitaron a juzgar, sino que —además de adoptar resoluciones de efectos generales (*arrêts de reglement*)— ejercieron funciones relacionadas con el poder legislativo, en particular el *enregistrement* de las ordenanzas reales conducente, en su caso, a la *remontrance.*

Se explica, pues, que la instauración de la división de poderes y de la idea de la Ley como manifestación de la voluntad general requirieran la clarificación de las relaciones entre las funciones judiciales y la del órgano legislativo, concretamente alguna previsión que preservara a la función de éste de intromisiones de los jueces. La cuestión determinante de la instauración de la *cassation* fue, consecuentemente, de porte constitucional: la evitación de toda intromisión de los jueces en la competencia del legislativo para la efectividad de la idea de la Ley como manifestación de la voluntad general y el principio de separación de poderes. Según I. Hualde López, la influencia de la doctrina de Montesquieu se manifestó en la necesidad de impedir la invasión del poder legislativo por el judicial, al propio tiempo que de privar al poder ejecutivo de toda función dirigida a impedir tal invasión[8].

---

suma al estrecho supuesto de contravención expresa del texto legal). A partir de ahí van a producirse progresivas aperturas al error de derecho por falsa aplicación de la Ley, interpretación contractual equivocada y defecto de motivación.

8 En punto a la inspiración de los constituyentes franceses de 1790 en la configuración de la *cassation*, dos son, sin embargo, las posiciones que se han venido manteniendo al respecto:

– Una, la elaborada a principios del S. XX por P. Calamandrei, que puede considerarse la seguida mayoritariamente en España, según la cual es de inspiración propia.
Según este planteamiento, aunque el heredado *Conseil des parties* resultaba de todo punto inadecuado, su función —la casación de Sentencias— sirvió de inspiración, entendida ahora como juicio sobre la Sentencia misma, no sobre el fondo del asunto resuelto. Tras el planteamiento por Robespierre —con la finalidad de reafirmar la supremacía del legislador— de dos medidas: una sustantiva —la prohibición a los jueces de la interpretación de las Leyes— y otra orgánica —la ubicación del tribunal de casación justamente en el seno de legislativo—, ambas medidas acaban estableciéndose en la Ley de 16-24 de agosto de 1790, si bien con la matización, la segunda, de la ubicación del tribunal, no en el seno de, sino junto al, poder legislativo, recuperándose el referé facultativo junto con la prohibición a los jueces de hacer reglamentos. Y la inmediata Ley de 27 de noviembre-1 de diciembre del mismo año, sin alterar las aludidas disposiciones, añadió a ellas, como función del tribunal, la anulación de cuantos procedimientos en los que se hubieran violado las formas (con reenvío a la instancia de la cuestión y el juego en último término del *referé* obligatorio, con subsiguiente obligación del juez de estar al pronunciamiento casacional) y de todas las Sentencias que contuvieran una contravención expresa del texto de la Ley (con prohibición de conocimiento del fondo de los asuntos y reenvío de la cuestión). Esta solución acaba derivando, con la Ley de 1 de abril de 1837, en la transformación en jurisdiccional de su carácter por el sencillo procedimiento de la omisión de su ubicación junto al legislativo.
Pero el paso decisivo resulta del establecimiento por el artículo 4 del Código civil de 1804 de la regla de *non liquet* y, por tanto, e implícitamente, de la necesaria facultad del juez de interpretar la Ley (perdiendo así sentido el *referé* facultativo, que desaparece) y la ampliación del viejo motivo de contravención expresa del texto de la Ley al nuevo de *fausse interpretation.*
– Otra, la mantenida entre nosotros por J. Nieva-Fenoll, según la cual se tuvo en cuenta el modelo ofrecido por el Reino Unido. Después de repasar los errores que pueden reprocharse a Calamandrei en el estudio que, en su día, hizo del origen de la institución, apunta los siguientes elementos:
i) La posición de Bentham favorable a las Leyes frente al *common law* y de Blackstone en el sentido de pertenencia al pueblo, en una democracia, del derecho de legislar; pueblo, representado por la Cámara de los Comunes y el complemento de la Cámara de los Lores (vestigio del Consejo Real) en un específico equilibrio entre los tres. De estas consideraciones derivaba dicho autor el carácter de ejercicio de suprema autoridad de las decisiones del Parlamento en cuanto expresión de la voluntad del pueblo.
ii) Estaban presentes ya, pues, la división (específica) de poderes y la supremacía de la Ley, lo que no fue desconocido para Montesquieu a la hora de formular su propio planteamiento influyente —como es bien sabido— en el constituyente francés.

Si, por tanto, la casación surge, en el orden judicial ordinario, en el mismo momento fundacional (por más que haya luego evolucionado), en el orden de la jurisdicción administrativa se introduce —sin desnaturalizarlo— solo una vez plenamente decantada, con identidad propia, esta jurisdicción y, además, por meras razones de orden práctico relacionadas con la carga de trabajo del *Conseil d'Etat.*

Hasta mediados del S. XX, en efecto, el Consejo de Estado es juez administrativo único. En 1953 tiene lugar una reforma legal calificada como acto fundacional de un orden jurisdiccional administrativo, que se ofrece ya organizado y jerarquizado de la misma forma que su homólogo judicial. Ese acto fundacional desencadena, en efecto, una evolución, de la que interesa aquí resaltar los siguientes momentos:

1°. La creación, en la propia reforma de 1953, de los tribunales administrativos[9] —con supresión de los Consejos de prefectura—, configurados como los órganos de la jurisdicción administrativa de primera instancia en lugar —salvo excepciones— del Consejo de Estado.

---

iii) No habiendo podido recurrir los constituyentes franceses al ejemplo de los EEUU, pues allí el control de constitucionalidad de las Leyes solo se estableció más tarde (con la Sentencia Marbury v. Madison de 1803), hubieron forzosamente de beber del único ejemplo que suministraba a la sazón el Derecho comparado: el inglés. Pues la de los Lores era en el S. XVIII una Cámara legislativa que, habiendo venido conociendo también, sin embargo y en apelación, de los asuntos de orden judicial competencia del Rey, conservó esta última competencia —hasta principios del S. XX— tras perder el Rey todo poder efectivo con ocasión de la revolución gloriosa de fines del S. XVII. El cometido judicial así retenido por esta Cámara suponía una última instancia en cualquier proceso restringida a la corrección de toda *injustice or mistake of the law* en que hubieran incurrido los jueces y tribunales inferiores. Y ello, justamente sin entrar en cuestiones de hecho, pues, en el sistema inglés, tales cuestiones se confiaban a los jurados.
De todo lo cual Nieva-Fenoll concluye que: i) son cuatro los datos que abogan por la influencia de la solución inglesa: limitación a los errores de Derecho (a *points of law*), con imposibilidad de práctica de prueba alguna; *distinct jurisdiction* (situada por encima de la ordinaria) y apelación ante órgano parlamentario; con el posible añadido de ii) la práctica tanto del reenvío (para el dictado de nueva Sentencia conforme a lo resuelto en sede de los Lores), como de una suerte de cuestión prejudicial basada en supuestos de difícil interpretación por los órganos judiciales ordinarios.

9 Con el antecedente de la creación en 1919 del primer tribunal administrativo (el de Alsacia y Lorena), que anuncia ya el ulterior decurso de la evolución.

2º. El establecimiento, en 1987 y para descargar de trabajo al Consejo de Estado, de los tribunales administrativos de apelación; operación, que completa el orden jurisdiccional administrativo, articulándolo en un juez de primera instancia (los tribunales administrativos ya aludidos) y un juez de apelación (los ahora creados), sin perjuicio de que, a comienzos de este Siglo, se limite la apelación en determinado número de asuntos de menor entidad y las acciones en reclamación de indemnización de hasta 10.000 euros.

3º. El desarrollo, en paralelo y hasta hoy, de hasta una treintena de las calificadas de "jurisdicciones especializadas", básicamente en las materias financiera, extranjería, social, financiera y extranjería, así como de disciplina de ciertas profesiones o actividades.

Es en este contexto en el que se produce la introducción del recurso de casación ante el Consejo de Estado, que cuenta hoy con una regulación no excesivamente detallada en el *Code de justice administrative.* Las características fundamentales de este recurso son las siguientes:

a) Impugnabilidad de: i) los pronunciamientos de los tribunales administrativos de apelación; y ii) todas, en general, las decisiones de las llamadas jurisdicciones administrativas especializadas no susceptibles de recurso alguno[10], así como iii) las resoluciones dictadas por un solo juez (en el seno de un tribunal administrativo) en asunto cuya cuantía no exceda de 10.000 euros.

b) Exigencia del fundamento del recurso en: vicios de forma, error de Derecho o infracción de la Ley (siendo factible el planteamiento en él de la cuestión de la validez de una Ley) y deducirse dentro del plazo legal.

c) Sometimiento del recurso a un trámite de admisión, en el que la decisión de inadmisión, que ha de ser motivada (siquiera sea sucintamente), solo puede producirse por presentación fuera de plazo o no fundamento en alguno de los motivos que abren esta vía, siendo posible impugnarla mediante recurso de rectificación de errores y de revisión.

---

[10] En el caso de estas últimas decisiones, la resolución del Consejo de Estado que las anule puede, bien reenviar el asunto a la misma jurisdicción (salvo imposibilidad de que en ella pueda conocer del mismo un órgano con composición distinta) u otra jurisdicción de la misma naturaleza, bien pronunciarse sobre el fondo si el interés de una buena administración de la justicia así lo justifica.

d) Efecto anulatorio (de la decisión impugnada) de la estimación del recurso, pudiendo el Consejo de Estado, bien reenviar el asunto al mismo órgano que dictó la decisión recurrida o a otro distinto de la misma naturaleza, bien resolver el fondo del asunto si el interés de una buena administración de la justicia lo justifica.

Pero es importante resaltar que la introducción de la casación no ha supuesto la pérdida por el Consejo de Estado de competencia para conocer:

- En única instancia, de determinados contenciosos, en su caso de plena jurisdicción[11].
- En apelación (en sustitución de los tribunales administrativos de apelación), de las cuestiones relativas a: i) el resultado de las elecciones municipales y departamentales; ii) las decisiones referidas a la legalidad de un acto de competencia del juez administrativo (cuando el tribunal administrativo haya sido requerido por un tribunal judicial); y iii) las decisiones adoptadas en relación con libertades públicas (el llamado "référé liberté").

---

11 En lo fundamental y a título ilustrativo: controversias sobre el cambio de nombre conforme al art. 61 del Código civil; la elección de representantes al Parlamento Europeo, las elecciones a instituciones representativas de Córcega y determinados territorios de ultramar y a integrantes de la asamblea de franceses en el extranjero; las consultas organizadas al amparo de los arts. 72-4 y 73 de la Constitución; las sanciones impuestas por: i) la Autoridad de Control Prudencial y de Resolución (en el sector financiero); ii) el Ministro de la Vivienda (en su caso, conjuntamente con el Ministro competente en materia de colectividades territoriales); iii) la Autoridad de Regulación de las Comunicaciones Electrónicas; determinadas decisiones de la Autoridad Regulación de los Mercados Financieros y de la Autoridad de regulación de los Transportes; determinado tipo de resoluciones de los tribunales administrativos; acuerdos adoptados por los consejos generales de departamentos de ultramar y los consejos regionales de ultramar; aplicación de técnicas de tratamiento de la información en materia de seguridad interior y finanzas; y decisiones relativas a las instalaciones en el mar de generación de energía renovable y las obras correspondientes, las obras relativas a redes eléctricas públicas e infraestructuras portuarias necesarias para la construcción, el almacenamiento, el ensamblaje, la explotación y el mantenimiento de instalaciones y obras; así como impugnación de ciertas decisiones de los órganos de la Polinesia francesa.

1.3. La evolución de nuestro sistema hacia la unidad jurisdiccional, con introducción final de la casación en el orden jurisdiccional contencioso-administrativo

La lógica encomienda al Consejo de Estado por el Estatuto de Bayona de 1808 (art. 58) del conocimiento de las competencias de jurisdicción entre los cuerpos administrativos y judiciales, la parte contenciosa, la administración y la citación a juicio de los agentes o empleados de la administración pública, puede dejarse aquí de lado por su nula incidencia en la evolución constitucional española[12]. Ha de estarse así, como punto de partida, a la Constitución de 1812, al margen de la posición que se adopte sobre sus fuentes inspiradoras —inglesas, francesas o históricas propias— y, en su caso, el grado de influencia de unas y otras en ella. Pues, con entera independencia de la intermitencia y la debilidad de su vigencia, esta Constitución va a erigirse en la referencia por excelencia del liberalismo decimonónico.

El texto gaditano atribuye ciertamente a los tribunales en exclusiva la potestad de aplicar las Leyes —prohibiéndoles actuar funciones distintas a las de juzgar y ejecutar lo juzgado y efectuando simultáneamente también prohibición tanto a las Cortes, como al Rey, de ejercicio de funciones judiciales, avocación de causas pendientes y orden de abrir los juicios fenecidos (arts. 242, 243 y 245)—, pero tal atribución no es universal, pues se extiende sólo a los asuntos civiles y criminales (de modo que el Tribunal Supremo previsto sólo culmina, en lo esencial, tales órdenes jurisdiccionales; art. 260). De ahí que no resulte contradictoria la simultánea entrega

---

[12] El título XI del estatuto consagra un orden judicial, que administra justicia de forma independiente en el ejercicio de tal función (arts. 97 y 98), con paralela supresión —además de las justicias de abadengo, órdenes y señorío— de los tribunales con atribuciones especiales, y determina la entera organización judicial (jueces conciliadores, juzgados de primera instancia, audiencias o tribunales de apelación, un Tribunal de reposición para todo el reino, y una Alta Corte Real; art. 101. Pero tales prescripciones se hacen:

a) A renglón seguido de la afirmación del gobierno de las Españas y las Indias por un solo Código de leyes civiles y criminales (art. 96) y junto con la previsión (derivada de la existencia de un solo código de comercio; art. 113) de tribunales y Juntas de comercio (en cada plaza principal; art. 114), lo que apunta a la restricción de los tribunales a los asuntos civiles, comerciales y criminales.

b) Sin perjuicio, en cuanto hace a la Administración de la Hacienda, de un tribunal de contaduría general para el examen y control de las cuentas del empleo de los fondos públicos (art. 122).

a las Leyes (arts. 275 y 278) de la determinación de la extensión de las facultades de los alcaldes a establecer en los pueblos, así en lo contencioso, como en lo económico, y la decisión sobre la existencia de tribunales especiales para conocer de determinados negocios. Quedaba así abierta la cuestión del conocimiento de los contenciosos administrativos, tanto más cuanto que a lo dicho se suma la previsión de un Consejo de Estado competente para conocer —eso sí, consultivamente— en los asuntos graves gubernativos (art. 236)[13].

La obra de las Cortes caminó más bien, en todo caso, en sentido judicialista: el Decreto de 9 de octubre de 1812 aprueba el Reglamento de Audiencias y Juzgados de Primera Instancia para la efectividad de los arts. 271 y 273 y el de 13 de septiembre de 1813 atribuye los negocios contenciosos de la Hacienda pública a Jueces Letrados de Primera Instancia y las Audiencias, si bien esta última disposición se dejó sin efecto en 1821 (al atribuirse el conocimiento de tales asuntos a las Juntas de Agravios provinciales).

La implantación del modelo francés de justicia administrativa retenida es, pues y como se ha avanzado ya, más tardía, en cuanto obra de las Leyes de 2 de abril y 16 de septiembre de 1845 (sobre la base del Consejo Real —que pasa a ser Consejo de Estado en 1860— y los Consejos Provinciales). Aunque en el bienio progresista (1854-56) se modifica el sistema así implantado, no se logra su sustitución por una fórmula verdaderamente judicialista, pues únicamente se encomiendan los asuntos a las Diputaciones provinciales y un llamado Tribunal Contencioso-Administrativo para volverse en 1856 al aludido sistema.

Va a ser la revolución de 1868 la que logre positivizar el objetivo del liberalismo decimonónico de la unidad jurisdiccional. Ya el Gobierno Provisional dicta una serie de Decretos entre los meses de octubre y diciembre de 1868 por los que, en lo que aquí interesa, se suprime la jurisdicción contencioso-administrativa, pasando los asuntos propios de la misma a las Audiencias y el Tribunal Supremo (con extinción del Consejo Real y los

---

13 El discurso preliminar del texto constitucional disipa en parte la indeterminación resultante en punto a lo contencioso-administrativo al declarar el propósito de refundir el conocimiento de los negocios gubernativos y expresar la conveniencia de no entorpecer la función judicial con tales negocios y de mantener "separadas" las funciones propias y características de las autoridades judiciales. Y la disipa en la medida en que deja claro que, en el marco constitucional de 1812, no habría sido imposible el establecimiento ya de una jurisdicción administrativa especializada.

Consejos Provinciales). Y la Constitución de 1869 habla de "poder judicial" (al igual que la Constitución de 1837 y la no promulgada de 1856), calificación que —atravesando todas las vicisitudes políticas posteriores— enlaza con la que realiza la vigente Constitución. Aunque en su art. 91 consagra la exclusividad de la potestad judicial de aplicación de las Leyes y la existencia de un solo fuero para todos los españoles, lo hace de nuevo sólo para las materias civil y criminal.

Pero la Ley provisional de organización del poder judicial de 15 de septiembre de 1870, aun reiterando la limitación en la atribución constitucional de la potestad jurisdiccional (art. 2)[14], lleva a cabo ya una verdadera y plena unificación jurisdiccional, al insertar en el Tribunal Supremo una Sala (la cuarta, de recursos contra la Administración; art. 63) competente para conocer de los recursos entablados contenciosamente contra resoluciones de la Administración General del Estado (art. 282), si bien omitiendo establecer paralela regulación para las Audiencias[15]. No obstante, el Decreto del Gobierno provisional de 16 de octubre de 1869 había abordado ya la reforma de lo contencioso-administrativo, adelantando la creación, además de la aludida Sala en el Tribunal Supremo, de una Sala en todas las Audiencias para la decisión sobre las cuestiones contencioso-administrativas. Y en el preámbulo del Decreto complementario de 26 de noviembre de 1868 se explicita el alcance de la reforma en tres extremos que interesa resaltar: i) una clara conexión con el principio de separación de poderes, entendiendo su exigencia en términos que han permitido señalar una mayor analogía con el sistema anglosajón que con el francés; principio requirente, en su combinación con el de unidad de fueros, de la reintegración de todas las jurisdicciones hasta entonces separadas; ii) un entendimiento del conocimiento judicial como no contradictorio con la preservación de las competencias de la Administración; y iii) una opción clara por el aseguramiento de la garantía de los derechos de los justiciables, sin perjuicio de la reafirmación de la especificidad propia de lo

---

14 E, incluso, determinando que:
– La prohibición a los jueces y Tribunales de ejercicio de funciones distintas de las expresadas en el texto legal (art. 3).
– Y, en consecuencia, la interdicción de mezcla —directa o indirecta— de los jueces y Tribunales en asuntos peculiares de la Administración del Estado, así como del dictado de reglas o disposiciones de carácter general acerca de la aplicación o interpretación de las leyes (art. 4).

15 A pesar de lo cual, las Audiencias no dejaron de conocer de los asuntos contencioso-administrativos.

contencioso-administrativo (frente a lo judicial ordinario) y, por tanto, su desarrollo por un cauce procesal propio. Pero, además se hace un expreso reconocimiento del carácter importado de la jurisdicción contencioso-administrativa hasta entonces existente y su falta de arraigo popular, con afirmación de su contradicción con los principios del Derecho propio.

Tras el corto periodo de vigencia de este modelo, el Decreto de 20 de enero de 1875 vuelve, ya en la Restauración, al sistema anterior de justicia contencioso-administrativa retenida (sobre la base del Consejo de Estado y unas comisiones provinciales), si bien con carácter provisional y con intención de proceder a otra reforma del sistema. Aunque tras diversas fallidas iniciativas y, en particular, la del proyecto del Gobierno de Sagasta de 1886, que pretendía la encomienda de lo contencioso-administrativo, de nuevo, al Tribunal Supremo y las Audiencias, la apuntada reforma acaba decantándose, en el contexto de un vivo debate entre los defensores del sistema judicialista y los del sistema de jurisdicción administrativa— por una solución transaccional. Es la definida en la Ley de 13 de septiembre de 1888 (denominada de Santamaría de Paredes), que implanta un sistema por ello denominado ecléctico o armónico, el cual va a durar —con modificaciones y progresos secundarios— prácticamente hasta la Ley reguladora de la jurisdicción contencioso-administrativa de 1956. Se trata de un sistema de justicia delegada, calificable ya de jurisdicción contencioso-administrativa[16], en el que esta jurisdicción se ejerce por un Tribunal de lo Contencioso-Administrativo (enmarcado, en 1894, en el Consejo de Estado) y Tribunales provinciales integrados en las Audiencias[17]. Una solución ciertamente de compromiso en asunto tan polémico, pero que permitió el ulterior paso de la judicialización; paso, que se da en 1904 con la extracción del Tribunal de lo Contencioso-Administrativo de la órbita del Consejo de Estado para su integración (como Sala Tercera) en el Tribunal Supremo.

Dejando de lado la regulación específica del recurso contencioso-administrativo local introducida por los arts. 386 a 400 del texto articulado de la Ley de régimen local de 17 de julio de 1945, aprobado por Decreto de 16 de diciembre de 1950 (con antecedente en mejoras introducidas en la

---

16 En este sentido, A. Guaita, *El proceso administrativo de lesividad (el recurso contencioso interpuesto por la Administración)*, Ed. Bosch, Barcelona 1953, págs. 29 y ss. También J. González Pérez, "Evolución de la legislación contencioso-administrativa", *RAP* núm. 130, septiembre-diciembre 1999, pág. 209.

17 Sobre la importancia de este texto legal, véase L. Martín Rebollo, *El proceso de elaboración de la Ley de lo contencioso-administrativo de 13 de septiembre de 1888*, IEA, Madrid 1975

Dictadura de Primo de Rivera), que no hace otra cosa que utilizar los Tribunales provinciales existentes (aunque dotándoles de una composición específica), la judicialización iniciada con la Ley de 1888 se completa[18] ya definitivamente —tras la suspensión de la vigencia del control jurisdiccional contencioso-administrativo para la Administración General del Estado operada, con ocasión de la Guerra Civil, por una Ley de 1938, y su restablecimiento por Ley de 18 de marzo de 1944, pero con nuevas mutilaciones en el ámbito de su competencia, y el texto refundido en 1952— por la Ley reguladora de la jurisdicción contencioso-administrativa de 16 de diciembre de 1956 (en adelante LJCA56). Conforme a su preámbulo, este texto legal —tras afirmar que la contencioso-administrativa no es más que una especie de la genérica función jurisdiccional y la inexistencia de diferencia esencial de naturaleza entre el contencioso-administrativo y los demás procesos de conocimiento— restringe por ello su contenido a las especialidades de aquélla y éste, remitiendo en lo demás a las Leyes orgánicas y procesales comunes (apdo. I)[19].

Consagrado por la Constitución de 1978 el principio de unidad jurisdiccional como base de la organización y funcionamiento de los Tribunales (art. 117.5[20]), la Ley orgánica 6/1985, de 1 de julio, del poder judicial (en adelante LOPJ), formaliza el modelo judicialista[21]. Y la Ley 10/1992, de

---

18 En la versión dada de dicha Ley de 13 de septiembre dé 1888, reformada en 1894, por la refundición de la Ley de lo contencioso-administrativo aprobada por Decreto de 8 de febrero de 1952.

19 Y declara (apdo. II) como razón de ser de la jurisdicción contencioso-administrativa el otorgamiento por la misma —por su organización y decisiones— de un grado de acierto, eficacia y garantía de las situaciones individuales no menor que el proporcionado por la tutela de otras jurisdicciones.

20 Sin perjuicio de remitir a la Ley la regulación del ejercicio de la jurisdicción militar en el ámbito estrictamente castrense y en los supuestos de estado de sitio, de acuerdo con los principios de la propia Constitución.

21 Declarando en el apdo. III de su preámbulo que, en cuanto corolario de la independencia judicial, la unidad de la jurisdicción, es, de modo consecuente con el mandato constitucional, absoluta, con la única salvedad de la competencia de la jurisdicción militar, dispone —entroncando con el art. 106.1 CE— el control por los Tribunales de la potestad reglamentaria y la legalidad de la actuación administrativa, así como el sometimiento de ésta a los fines que la justifican (art. 8) y distribuye la potestad de juzgar y ejecutar lo juzgado entre los Juzgados y Tribunales de los órdenes civil, penal, contencioso-administrativo y social, bajo la prescripción del ejercicio de la jurisdicción exclusivamente en los casos en los que dicha jurisdicción esté atribuida y la apreciación incluso de oficio de la falta de jurisdicción (art. 9).

30 de abril, de medidas urgentes de reforma procesal, avanza una reforma parcial, que (sin perjuicio de la referencia a la necesidad de una global del ordenamiento procesal) se justifica exclusivamente por un progresivo aumento de la litigiosidad que se considera que reclama la "modernización" de las normas procesales. Pero introduce dos novedades de bulto: una organizativa, la de los Juzgados de lo contencioso-administrativo (aunque solo a título de previsión, al quedar pendiente la Ley de planta y demarcación judiciales); y otra procesal, la del recurso de casación. Por lo que se refiere a esta última, declara, en el preámbulo y sin mayor razonamiento, la necesidad de la implantación, sin dilación, del recurso de casación ordinario[22] sustitutivo del tradicional de apelación[23], y señala que la regulación de aquél se mantiene —no obstante algunas peculiaridades— en la línea típica de las acciones de impugnación cuya finalidad básica es la protección de la norma y la creación de pautas interpretativas uniformes que presten la máxima seguridad jurídica conforme a las exigencias de un Estado de Derecho. Si bien la nueva casación ordinaria se concibe como limitada (en la medida en que solo procede por motivos tasados y no todas las Sentencias dictadas por las Salas de los Tribunales Superiores de Justicia son impugnables), se conserva su carácter de verdadero recurso, en la medida de la procedencia de su admisión en caso de cumplimiento de los requisitos legales (si bien emerge ya la exigencia —en el contexto de la impugnación de Sentencias de las Salas de lo Contencioso-Administrativo de los Tribunales Superiores de Justicia— del carácter relevante y determinante del fallo de las normas que se consideren infringidas[24]). No obstante, la vía casacional aparece ya:

i) Teñida de cierto formalismo[25].

---

22 Junto a él se crea un recurso de casación para la unificación de doctrina y se mantiene —aunque en forma casacional— la posibilidad de la impugnación en interés de la Ley.

23 La disposición derogatoria 2ª dispone la derogación de las normas reguladoras del recurso de apelación, sin perjuicio de la procedencia del recurso de casación.

24 En el preámbulo de la Ley se justifica así esta exigencia: "Del recurso de casación ordinario merece destacarse su exclusión en los casos de aplicación o interpretación del Derecho autonómico. La posible concurrencia de Derecho estatal y autonómico en una sentencia obliga a sentar el criterio de la relevancia e influencia de aquél en el fallo de la sentencia cuando su infracción se invoca como motivo de casación".

25 Denegación de la admisión por no cita de las normas reputadas infringidas o cita de unas normas que no guarden relación con las cuestiones debatidas, así como no constancia de haberse solicitado la subsanación de la falta invocada.

ii) Agrietada su naturaleza de recurso por la posibilidad de inadmisión por carencia manifiesta de fundamento del recurso o desestimación previa en el fondo de otros recursos sustancialmente iguales[26]. Y,

iii) Circunscrita al Derecho estatal, al quedar excluido como motivo la infracción de normas emanadas de los órganos de las Comunidades Autónomas.

En este contexto se produce la sustitución de la LJCA56 por la 29/1998, de 13 de julio, hoy vigente (en adelante LJCA98)[27]. Ésta, aunque reconoce que la de 1956 abrió camino en la cobertura de deficiencias históricas del Estado de Derecho, califica de insuficiente el trecho recorrido y, por ello, enumera en su preámbulo, entre las innovaciones que lleva a cabo, las siguientes:

a) La superación de la tradicional y restringida concepción del recurso contencioso-administrativo como una revisión judicial de actos administrativos previos, es decir, como un recurso al acto, mediante la apertura de las puertas para obtener justicia frente a cualquier comportamiento ilícito de la Administración[28].

---

26 El preámbulo de la Ley señala a este respecto: "En el aspecto procedimental se regula el trámite de admisión, de particular importancia en un orden jurisdiccional en que son frecuentes las impugnaciones masivas que tienen identidad de soluciones, sin perjuicio de las demás finalidades que persigue este instrumento de depuración que libera al Tribunal de toda la tramitación de un procedimiento cuando carezca, "ab initio", de sentido, en detrimento de su dedicación a aquellos que, sea cual sea su destino final, merezcan la atención del Tribunal".

27 La aprobación de esta Ley se acompañó, para proporcionarle la debida cobertura desde el punto de vista de la organización del poder judicial, de una reforma parcial de la Ley orgánica de este poder, operada por la Ley orgánica 6/1998, de 13 de julio. Desde su entrada en vigor ha sufrido diversas modificaciones concretas, la más reciente y significativa de las cuales —realizada en la Ley orgánica 7/2015, de 21 de julio, a la que luego se aludirá— ha introducido una nueva regulación del recurso de casación.

28 Con la consecuencia de la modulación del recurso contencioso-administrativo (sin merma de sus características comunes) en función del objeto sobre el que recae, distinguiendo así el recurso tradicional dirigido contra actos administrativos, ya sean expresos o presuntos; el que, de manera directa o indirecta, versa sobre la legalidad de alguna disposición general; el dirigido contra la inactividad de la Administración; y el referido a actuaciones materiales constitutivas de vía de hecho.

b) La compaginación de las medidas que garantizan la plenitud material de la tutela judicial y el criterio favorable al ejercicio de las acciones y recursos y a la defensa de las partes, desde la preocupación por conseguir un equilibrio entre las garantías, tanto de los derechos e intereses públicos y privados en juego como del acierto y calidad de las decisiones judiciales, con la celeridad de los procesos y la efectividad de lo juzgado, para la adecuada satisfacción del derecho que reconoce el artículo 24.1 CE.

c) El sometimiento a control judicial de la actividad de la Administración pública de cualquier clase que esté sujeta al Derecho Administrativo, articulando para ello las acciones procesales oportunas. Con el añadido del recuerdo de la naturaleza de control en Derecho que tiene el recurso contencioso-administrativo.

d) El establecimiento efectivo de los Juzgados de lo contencioso-administrativo (provinciales y centrales) y, en consecuencia, la reimplantación de la apelación ordinaria como recurso contra las resoluciones de estos órganos, pero sin dotar a dicha apelación de carácter universal (exclusión de los asuntos de menor entidad, a fin de no sobrecargar a las Salas de lo Contencioso-Administrativo de los Tribunales Superiores de Justicia) y no sólo por no ser apelables las decisiones en tales asuntos menores, sino porque desaparece por completo la apelación de las Sentencias dictadas en primera (y ahora única instancia) por las aludidas Salas de los Tribunales Superiores.

e) La renovación del reconocimiento de la razón de la introducción de la casación, al justificar en la falta de éxito de la medida de la reducción de la carga de trabajo del Tribunal Supremo la elevación sustancial de la cuantía de los recursos que tienen acceso a ella.

La importante novedad que supone la casación ordinaria ha sufrido aun una ulterior reforma con ocasión de la modificación de la regulación orgánica del poder judicial llevada a cabo por la Ley orgánica 7/2015, de 21 de julio. La explicación de esta nueva y por ahora última reforma es también más que escasa, pues se limita a:

- Expresar la opción por reforzar el recurso de casación (como instrumento por excelencia para asegurar la uniformidad en la aplicación judicial del Derecho) con la finalidad de intensificar las garantías en la protección de los derechos de los ciudadanos.
- La introducción, como clave de la admisión del recurso, del concepto de "interés casacional", pues aquella admisión depende de la

estimación de la presentación por el recurso de interés casacional objetivo para la formación de jurisprudencia.

- Declarar la persecución del fin de cumplimiento por el recurso, de modo estricto, de su función nomofiláctica, a cuyo servicio se coloca justamente el mecanismo de admisión para evitar que se convierta en una tercera instancia. A este efecto se confiesa el otorgamiento al Tribunal Supremo de la facultad de apreciación de la existencia (o no) en determinados casos de interés casacional objetivo (con obligación de motivar tal apreciación); regla, que se atenúa (aunque no se suprime) en los tasados supuestos en que se presume aquella existencia.

1.4. La razón de la culminación de la evolución de nuestro sistema en la solución monista

Si bien es nota común a los sistemas francés y español su descanso en el principio constitucional de separación de poderes, mientras en el primero la interpretación revolucionaria inicial de dicho principio conduce a consolidar el dualismo jurisdiccional preexistente, que logra afianzarse y permanecer hasta hoy, en el segundo, el nuestro, la combinación de la ambigüedad inicial —en 1812— en punto a la comprensión por la función judicial ordinaria del conocimiento de los asuntos gubernativo-administrativos contenciosos, pero permisiva de la decantación de la opción judicialista plena como ideal liberal, y la implantación tardía de una fórmula de corte francés para aquellos asuntos y, por tanto, propia del dualismo jurisdiccional, que no logra asentarse como alternativa de valor equivalente a la judicialista, acaba desembocando en el calificable de monismo judicial[29],

[29] No puede considerarse casual que la Constitución sólo califique el judicial como poder (estableciendo un Consejo General como su órgano de gobierno) y que el apartado II del preámbulo de la Ley orgánica del poder judicial, tras aludir a la Ley provisional de 1870 y demás normas existentes y afirmar el desajuste de las mismas con las demandas de la sociedad, afirme que "Desde el régimen liberal de separación de poderes, entonces recién conquistado, que promulgó aquellas Leyes, se ha transitado, un siglo después, a un Estado Social y Democrático de Derecho... El cumplimiento de estos objetivos constitucionales precisa de un Poder Judicial adaptado a una sociedad predominantemente industrial y urbana y diseñado en atención a los cambios producidos en la distribución territorial de su población, en la división social del trabajo y en las concepciones éticas de los ciudadanos".

tal como hoy lo determina la Constitución y precisa la LOPJ en los siguientes términos:

- Es "la justicia" la que se administra por jueces y magistrados integrantes del poder judicial, independientes, inamovibles, responsables y sometidos únicamente al imperio de la Ley, de suerte que a los órganos judiciales que invisten corresponde en exclusiva el ejercicio de la potestad jurisdiccional en todo tipo de procesos, juzgando y haciendo ejecutar lo juzgado, quedando circunscritos, al propio tiempo, al ejercicio de tal función (y las que expresamente les atribuyan las Leyes) [arts. 117 CE y 1 y 2 LOPJ].
- Por ello, el principio de unidad jurisdiccional es la base de la organización y funcionamiento de los Tribunales (sin otra modulación que la que resulta del mantenimiento de la jurisdicción militar y la del Tribunal de Cuentas) [arts. 117, 136 y 153 CE y 3 y 4 LOPJ], lo que implica que la jurisdicción es única y queda excluido cualquier tribunal de excepción. Y el carácter único de la jurisdicción explica que: i) los jueces y magistrados de carrera formen un cuerpo único (art. 122 CE), con un único sistema selectivo de la carrera judicial, sin perjuicio de la consideración de la especialización en el acceso a la categoría de magistrado[30] y ii) la organización judicial culmine, en todos los órdenes, en el Tribunal Supremo (art. 123 CE), sin perjuicio de la concesión a la organización territorial autonómica del Estado que supone la previsión de los Tribunales Superiores de Justicia (art. 152 CE)[31].

---

30 El preámbulo (apdo. VII) de la LOPJ es claro al respecto:
"... el sistema básico de ingreso en la carrera judicial sigue siendo el de oposición libre entre licenciados en Derecho, completada por la aprobación de un curso en el centro de estudios judiciales y con las prácticas en un órgano jurisdiccional.
El acceso a la categoría de Magistrado se verifica en las proporciones siguientes: de cada cuatro vacantes, dos se proveerán con los Jueces que ocupen el primer lugar en el escalafón dentro de la categoría; la tercera, por medio de pruebas selectivas y de especialización en los órdenes contencioso-administrativo y social entre los Jueces, y la cuarta, por concurso entre juristas de reconocida competencia y con más de diez años de ejercicio".

31 Sobre esta previsión se dice en el preámbulo (apdo. II) de la LoPJ lo siguiente: "
"La existencia de Comunidades Autónomas que tienen asignadas por la Constitución y los Estatutos competencias en relación con la Administración de Justicia obliga a modificar la legislación vigente a ese respecto. Tanto la Constitución como los Estatutos de Autonomía prevén la existencia de los Tribunales Supe-

Se entiende, así, que: i) la competencia para plantear la cuestión de constitucionalidad de una Ley se circunscriba al órgano judicial que conozca del proceso en el que deba aplicarse la norma de la que dependa el fallo (art. 163 CE); y ii) los tribunales sean los que controlan la potestad reglamentaria y la legalidad de la actuación administrativa, así como el sometimiento de ésta a los fines que la justifican (arts. 106 CE y 8 LoPJ) y, concretamente la jurisdicción contencioso-administrativa, la actividad de la Administración de las comunidades autónomas y sus normas reglamentarias (art. 153 CE).

2. EL PRINCIPIO DE UNIDAD JURISDICCIONAL Y LA DIFERENCIACIÓN DE ÓRDENES JURISDICCIONALES

2.1. *El contenido y alcance del principio de unidad jurisdiccional; consecuencias de su verdadera operatividad*

Se desprende de lo dicho que la unidad jurisdiccional en que descansa el sistema actual es compatible con la diferenciación de órdenes jurisdiccionales y, entre ellos, el contencioso-administrativo (art. 7 LoPJ). Es, pues, una unidad aglutinadora de diversidad, en tanto que reconduce la diferenciación de órdenes jurisdiccionales (cosa que, sin embargo, no sucede en la realidad) a la encomienda de la potestad de juzgar y ejecutar lo juzgado a jueces y magistrados integrantes del poder judicial (a lo que debe entenderse referida, pues, la calificación en el preámbulo de la LOPJ de dicha unidad como absoluta). Esta reducción del alcance de la unidad, que —como acredita la realidad jurisprudencial— ni siquiera asegura, como debe entenderse que es su aspiración, la coherencia del resultado del ejercicio de la función judicial, acerca, de hecho, nuestro sistema al alemán. El contenido nuclear del principio de unidad aparece, así, concentrado, además de en la unicidad del poder judicial en todo el territorio nacional, más bien en la prohibición tradicional (como arrastre de la reacción frente a la situación en el Antiguo Régimen) de tribunales carentes de la nota esencial de la independencia (por dependencia únicamente de la Ley y el

---

riores de Justicia que, según nuestra Carta Magna, culminarán la organización judicial en el ámbito territorial de la Comunidad Autónoma.

La ineludible e inaplazable necesidad de acomodar la organización del Poder Judicial a estas previsiones constitucionales y estatutarias es, pues, un imperativo más que justifica la aprobación de la presente Ley Orgánica".

Derecho) y de la existencia de fueros excepcionales (por relación a la regla general de la sujeción al juez predeterminado por la Ley para todos). Pero incluso este contenido nuclear padece las debilitaciones que resultan:

- De la modulación de la unicidad por razón de la organización territorial del Estado, en cuanto determinante ésta de la que la LOPJ denomina "acomodación" de la del poder judicial a la previsión constitucional y estatutaria de Tribunales Superiores de Justicia que culminen la organización judicial en el ámbito territorial de cada Comunidad Autónoma, determinante de la previsión en el artículo 330.4 LOPJ de la cobertura de una de cada 3 plazas en la Sala de lo Civil y Penal de los referidos Tribunales Superiores a partir de una terna presentada por la Asamblea Legislativa de la Comunidad Autónoma, así como de i) la asunción por las Comunidades Autónomas —bendecida por el Tribunal Constitucional— de competencias en materia de la administración de la Administración de Justicia; y ii) la creación de una casación "autonómica"; todo ello conducente a lo que F. Balaguer Callejón ha calificado de pluralismo del poder judicial[32] en una evolución, de la que la doctrina se ha mostrado partidaria[33].
- De la elusión, que no la infracción, de la prohibición de fueros excepcionales por la vía de la previsión de fueros especiales penales mediante la reserva del conocimiento a tribunales superiores a los que correspondería éste por razón de la materia, soslayando así el juez predeterminado por la Ley con carácter general.

Nada se opone, pues, sino que, por el contrario, todo postula por llevar el sistema a sus naturales consecuencias en el plano de la diversidad, es decir, en favor de un fortalecimiento de la fragmentación en órdenes jurisdiccionales especializados, llevándola hasta sus consecuencias naturales. Pues ésta constituye hoy una verdadera e insoslayable necesidad por razón de la complejidad tanto del ordenamiento jurídico (además de su variabilidad) como de la sociedad destinataria de la tutela judicial; necesidad, que se manifiesta, ya incluso en el seno de los órdenes jurisdiccionales y, por lo que hace al contencioso-administrativo y de modo acusado, por virtud de

---

32 F. Balaguer Callejón, "Poder judicial y Comunidades Autónomas", *Revista de Derecho Político* núm. 47, págs. 53-67.

33 Véase J. Mª. Porras Ramírez, "Unidad jurisdiccional y autonomía política. La posición constitucional de los Tribunales Superiores de Justicia", *Revista Española de Derecho Constitucional* núm. 67, enero-abril 2003, págs. 63-87.

la fragmentación múltiple de la Administración en organismos reguladores de sectores y mercados caracterizados por el saber experto en cada caso pertinente (lo que ha dado lugar en Francia, como ha quedado expuesto, a jurisdicciones especiales). Así lo tiene reconocido la propia LOPJ cuando en su preámbulo (apdo. VII) afirma la necesidad de la especialización de los jueces al menos en los órdenes contencioso-administrativo y social "a la vista de la magnitud y complejidad de la legislación de nuestros días", pero más allá, también cuando, en la atribución de la potestad jurisdiccional por el artículo 26, distingue entre Juzgados de Primera Instancia e Instrucción, de lo Mercantil, de Violencia sobre la Mujer, de lo Penal, de lo Contencioso-Administrativo, de lo Social, de Menores y de Vigilancia Penitenciaria.

2.2. *La realización plena de la especialidad del orden jurisdiccional contencioso-administrativo como clave; su relación con el principio de división de poderes o funciones*

Si —como demuestra el sistema francés y el resto de los europeos asimismo dualistas— no cabe reprochar al dualismo jurisdiccional que propicie una menor garantía del justiciable en los asuntos contenciosos administrativos (tomando como referencia el que otorga la jurisdicción ordinaria en los asuntos civiles), tampoco puede afirmarse que, por sí mismo, el de unidad jurisdiccional suponga desventajas en tal tipo de asuntos respecto de los de índole civil. Pero la clave a este respecto reside sin duda en el alcance del de unidad jurisdiccional y en la modulación que del mismo supone la especialidad del orden jurisdiccional contencioso-administrativo. Y ello, porque, sin perjuicio de la consagración de dicha unidad, la Constitución determina, en efecto:

1°. La configuración de la intervención judicial en los asuntos gubernativo-administrativos como revisora o *ex post*, en tanto que consistente precisamente en un control[34] sucesivo a la actuación previa del poder público administrativo, que presupone.

---

[34] El término parece proceder, etimológicamente del francés *contrôle*, derivado, a su vez, de *contre-rôle*, o registro de referencia, que procede del latín *contra rotulus*, cuya significación histórica es la de contraste, examen y comprobación de la correspondencia de un estado o proceso con un plan o esquema. Su esencia radica, así, en la actividad de comparación de un objeto con un criterio de referencia que aboca en la comprobación de una coincidencia o divergencia para (y este es su fin último) la adopción de la decisión que sea procedente. En nuestro Derecho

2º. La inevitable matización, en términos del expresado control y sin perjuicio de su plenitud, del derecho fundamental a la tutela judicial efectiva (art. 24.1 CE). Pues no puede olvidarse que este derecho fundamental es de configuración legal, por lo que su ejercicio y prestación están supeditados a los presupuestos y requisitos definidos por el legislador ordinario (aunque éste no pueda establecer obstáculos arbitrarios o caprichosos).

3º. La expresión organizativa primaria de la aludida matización mediante: i) la atribución del control de legalidad no genéricamente a los órganos del poder judicial, sino precisamente a los especializados en el seno de éste constitutivos del orden jurisdiccional contencioso-administrativo[35]; y, más precisamente, ii) a los órganos colegiados (tribunales[36]) de este orden.

Constitucional el término es, como la emergencia de la propia técnica, reciente, si bien en el histórico hay técnicas que hoy calificaríamos de control, pero que no aparecen aún bajo tal denominación. En todo caso, en la CE su uso es consciente y frecuente (hasta 10 veces), haciendo así del control un estricto concepto jurídico-constitucional, que hace referencia siempre primariamente a: i) la acción, actividad, gestión o cometido o, en su caso, las decisiones, los actos o las actuaciones u omisiones de un sujeto (una entidad o un órgano públicos); o ii) las entidades o los órganos públicos en cuanto tales. Y su objeto de control puede pertenecer: al mismo poder-función constitucional en que se integra el controlado, dentro de un mismo ordenamiento; a distinto poder-función constitucional que el controlado, pero inscribiéndose ambos aún en el mismo ordenamiento territorial; al mismo o distinto poder-función constitucional que el controlado, inscritos ambos, sin embargo, en distintos ordenamientos territoriales; y a cualesquiera otras funciones constitucionales, con independencia del ordenamiento en el que se inscriban. Todas sus manifestaciones pueden reconducirse a las variedades de política y jurídica. El de los tribunales sobre el complejo orgánico-funcional ejecutivo es jurídico, ejercido por un poder-función único inscrito en el ordenamiento general respecto de cuantas manifestaciones de aquel complejo existan en cualesquiera de los ordenamientos territoriales.

35 Atribución, que aflora en el artículo 153, c) CE, permitiendo considerarla implícita en el texto constitucional.

36 El artículo 106.1 CE habla de tribunales y no de juzgados y tribunales, que es la expresión que con mayor frecuencia se emplea en el título VI de la norma fundamental (si bien es cierto que en éste se utiliza también, en algún caso, la de tribunales sin más). Pero no parece que aquí pueda considerarse que el constituyente haya empleado el término "tribunales" de manera genérica e inespecífica. Es abrumadoramente mayoritaria la referencia constitucional precisa en ese terreno cuando la alusión es a todos los órganos, unipersonales y colegiados, de la planta

Si la razón de ser de las anteriores prescripciones constitucionales no es, ni puede ser, otra que la condición del complejo Gobierno-Administración (arts. 97 y 103 CE) de poder-función público dotado constitucionalmente de una esfera propia de actuación, la preservación de ésta debe entenderse asegurada igualmente por el subyacente principio de división de poderes-funciones[37]. De esta suerte, el control judicial puede y debe operar, sin perjuicio de su contenido propio, como "contención" de aquel poder-función en la esfera de actuación que le es constitucionalmente propia, pero en modo alguno como —sobre la base de la flexibilización de la separación y consecuente articulación y equilibrio entre poderes— intromisión en tal esfera bajo la veste formal de función de juzgar o ejecutar lo juzgado. Pues, como ha tenido ocasión de recordar el Tribunal Constitucional en su Sentencia 70/2022, de 2 de junio, la exclusividad de esta última función impide ciertamente que ningún otro poder del Estado ejerza la potestad jurisdiccional, pero también, en sentido inverso, que los jueces y tribunales integrantes del poder judicial ejerzan potestades públicas ajenas a la potestad de juzgar y hacer ejecutar lo juzgado. Y ello, a pesar de la matización

judicial (arts. 117.3 y 4, 118 y 122.1 CE), de modo que la que pudiera entenderse como genérica es absolutamente excepcional (art. 117. 5 y 6. CE).

37 El complejo orgánico-funcional Gobierno-Administración es, en efecto, un poder público constitucional (ejerciente de la función ejecutiva: art. 97 CE) y, por tanto, un poder igual que el judicial solo que diferenciado funcionalmente. Por tanto, la CE quiere que produzca decisiones y actuaciones "ejecutivas" que sean válidas y efectivas por sí mismas, sin perjuicio de que no sean definitivas precisamente por razón de su sujeción a control (cuando éste se produce). Pero son decisiones suyas, no del poder judicial, al que solo le corresponde (constitucionalmente) velar por su legalidad (en amplio sentido) y adecuación a sus fines legales.
La Sentencia del Tribunal Constitucional 70/2022, de 2 de junio, ha afirmado que, aunque la CE no la enuncie expresamente, la separación de poderes es un principio esencial de nuestro constitucionalismo y desde luego del Estado social y democrático de Derecho (insistiendo así en previa doctrina sentada en SSTC 108/1986, de 29 de julio; 166/1986, de 19 de diciembre; 123/2001, de 4 de junio; 38/2003, de 27 de febrero; 231/2015, de 5 de noviembre; 33/2019, de 14 de marzo; 48/2001, de 26 de febrero; 124/2018, de 14 de noviembre; 149/2020, de 22 de octubre; y 34/2021, de 17 de febrero), de modo que, aunque la evolución histórica haya conducido a una flexibilización que permite hoy hablar, salvo excepciones, de una cierta fungibilidad entre el contenido de las decisiones propias de cada una de las funciones, la separación entre ellas debe ser normalmente respetada a fin de evitar el desequilibrio institucional que conlleva la intromisión de uno de dichos poderes en la función propia del otro.

del alcance absoluto del principio de exclusividad jurisdiccional en el artículo 117.4 CE[38].

De ahí la respuesta negativa dada por el Tribunal Constitucional —en el contexto de la búsqueda, ciertamente en la situación excepcional generada por la pandemia de la Covid19, de aprovechamiento en favor del poder ejecutivo del carácter definitivo de las decisiones judiciales —revelador, por tanto, de un manejo "flexibilizador", en la práctica, de la separación de poderes— a la atribución al orden jurisdiccional contencioso-administrativo de la autorización previa de las medidas generales gubernativo-administrativas de protección de la salud pública como condición de su eficacia. La citada Sentencia 70/2022 afirma en efecto, que tal atribución supone:

- La asignación de una competencia que desborda totalmente la función jurisdiccional de los jueces y tribunales integrantes del poder judicial, incluso desde el punto de vista de la garantía de los derechos fundamentales, pues determina una inconstitucional (por quebrantamiento de la separación de poderes) conmixtión de la potestad reglamentaria y la potestad jurisdiccional.
- Un correlativo menoscabo de la potestad reglamentaria que la Constitución (y los respectivos estatutos de autonomía) atribuye al poder ejecutivo de forma exclusiva y excluyente, por lo que no cabe que el legislador la convierta en una potestad compartida con el poder judicial.
- Una desnaturalización del control de legalidad que corresponde a los tribunales del orden contencioso-administrativo; control, que si bien permite anular o, en su caso, inaplicar las normas reglamentarias, en modo alguno habilita para injerirse en la potestad reglamentaria y, en general, en las tareas constitucionalmente reservadas a otro poder del Estado. Y ese control se inscribe en la función revisora que les corresponde y que se ejerce *a posteriori*, no *a priori*. De

[38] Porque, aunque corresponde al legislador estatal atribuir a los jueces o magistrados funciones distintas de la jurisdiccional, tal atribución debe hacerse sin menoscabo ni de la exclusividad y la independencia de la función jurisdiccional, ni de las funciones atribuidas constitucionalmente a otros poderes del Estado. Lo que significa: la expresada matización es insusceptible de toda interpretación extensiva desnaturalizadora del poder judicial a fin de evitar el desequilibrio institucional que conllevaría la intromisión del poder judicial en las tareas constitucionalmente reservadas a otro poder del Estado, con la consiguiente quiebra del principio constitucional de separación de poderes

modo que la potestad reglamentaria del poder ejecutivo deja de ser tal si las normas emanadas de su ejercicio quedan privadas de un atributo esencial como lo es el de desplegar efectos por sí mismas, sin la intervención de otro poder público.

- Y una confusión de las funciones ejecutiva y judicial, que despoja al poder ejecutivo de la potestad reglamentaria y al mismo tiempo compromete la independencia del poder judicial, que, además, impide o dificulta la exigencia de responsabilidades jurídicas y políticas a las autoridades administrativas, vulnerando así el principio de responsabilidad de los poderes públicos, directamente relacionado con el principio de separación de poderes, como ya se dijo, así como el pleno control judicial de las administraciones públicas previsto por la Constitución.

3. LA INSUFICIENCIA DE LA ESPECIALIDAD ACTUAL DEL ORDEN JURISDICCIONAL CONTENCIOSO-ADMINISTRATIVO Y SUS CONSECUENCIAS

Surge de este modo la cuestión de la idoneidad y suficiencia de la diferenciación actual del orden jurisdiccional contencioso-administrativo para satisfacer las exigencias que derivan de lo expuesto, así como, también y a su vez, la ulterior de los términos del equilibrio entre el poder-función ejecutivo y el judicial.

Pues la renovación en 1998 del control contencioso-administrativo se inscribe en una evolución que parece conducir a:

1°. La difuminación del carácter revisor (control *ex post*) por dos vías:

a) La configuración del objeto del proceso sobre las pretensiones y no así la actuación administrativa, de suerte que la impugnación previa en vía administrativa solo resulta ser presupuesto y no objeto de dicho proceso, que —por ser siempre de plena jurisdicción— permite, en la misma medida de la legitimación activa que se posea, hasta la totalidad de las pretensiones que autorizan los arts. 31 y 32 LJCA.

El objeto del proceso se agota, pues, en las pretensiones que, sobre la base de derechos e intereses legítimos, es decir, de situaciones reconocidas y amparadas por el Derecho, se deduzcan por los titulares de éstas "en relación con" la actuación administrativa. Y la jurisdicción ejercida en el seno del proceso contencioso-administrativo comprende, por ello, no solo —cuando así proceda— la anulación de la actuación objeto de control, sino también el pronunciamiento de fondo sobre la estimación o no de las pretensiones deducidas (art. 71 LJCA). La construcción del proceso, en su caso, "impugnatoria", es decir, como recurso frente a y con ocasión de una actuación pública previa, tiene exclusivamente el alcance de modulación necesaria por razón del objeto de la intervención judicial. En este sentido el Tribunal Constitucional tiene dicho, como recuerda la STC 14/1997, de 28 de enero, que "la jurisdicción contencioso-administrativa no es una segunda instancia, sino que, ante ella, por el contrario, se sigue un auténtico juicio o proceso entre partes... (STC 138/1990)"[39].

b) La no compleción de la especialidad en la dimensión subjetiva de los integrantes de los órganos que forman el orden contencioso-administrativo y el abandono de: i) la preferencia —dado el objeto del control— del carácter colegiado de dichos órganos (por introducción de órganos unipersonales en la base de la planta de expresado orden); y ii) el principio de la doble instancia (por supresión del carácter universal de la apelación).

En el acto de clausura del Congreso de Magistrados Especialistas de lo Contencioso-Administrativo celebrado en 2022, el a la sazón Presidente del Tribunal Supremo y del Consejo General del Poder Judicial, el magistrado Carlos Lesmes (él mismo magistrado especialista), expuso que —de un total de 5.500 Jueces y Magistrados— sólo el ocho por ciento son especialistas (existiendo en el orden contencioso-administrativo únicamente 140, que, en el Tribunal Supremo, representan sólo un 18% del total de magistrados), siendo imprescindible, a su juicio la potenciación de la categoría, para lo cual es presupuesto el establecimiento de un sistema de preferencia en la carrera judicial[40]. Esta situación no

---

39 En relación con la superación del carácter revisor con simultánea conservación de la exigencia de un acto o actuación previos de la Administración se ha pronunciado con distinto alcance la jurisprudencia contencioso-administrativa: SsTS de 15 de octubre de 2001 (rec. 5899/1997); 17 de marzo de 2005 (rec. 3047/2001); y 19 de febrero de 2018 (rec. cas. 122/2016).

40 La importancia de la especialidad había sido ya destacada tempranamente por el Catedrático de Derecho Administrativo y Magistrado del Tribunal Supremo

es sino reflejo del régimen legal de provisión de las plazas en los diferentes órganos integrantes del orden jurisdiccional contencioso-administrativo y la consecuente insuficiencia de incentivos para acceder a la especialidad[41].

Es obvio que esta circunstancia no puede dejar de repercutir en la efectividad de la especificidad del orden jurisdiccional contencioso-administrativo y su idoneidad para el control constitutivo de su función constitucional; especificidad, que sin duda requiere la plena especialización de dicho orden jurisdiccional en la doble dimensión orgánico-funcional (requirente de la ocupación de cuando menos de la mayoría, si no todas, las plazas por

---

Sabino Álvarez Gendín, señalando (en "La especialización de los Tribunales Contencioso-Administrativos", RAP núm. 35, 1961, pág. 33) que: "No se puede encomendar la justicia administrativa a Magistrados que están preparados más esencialmente en el Derecho privado. Son modalidades radicalmente, si no contrarias, sí distintas, y es necesario enfocar los problemas de Derecho público tal como ellos son, y el examen de los hechos y la aplicación del Derecho a estos hechos atemperándose a los mismos, no al prejuicio personal derivado de distinta competencia jurídico-técnica, es decir, de la natural carencia de la competencia especializada, sino estudiando y apreciando su naturaleza jurídica pública, para restaurar el Derecho, sin que se pueda dejar de reconocer la existencia de relevantes excepciones".

41 Régimen de provisión, que, debe recordarse, es, en síntesis, el siguiente:
– Sólo para las plazas en Juzgados se requiere, en principio, la categoría de magistrado especialista; regla que, sin embargo, cede, en defecto del cumplimiento de postulante que cumpla tal requisito, en favor, sucesivamente, de magistrados que hayan prestado al menos tres años de servicio, dentro de los cinco anteriores a la fecha de la convocatoria, en el orden de que se trata, y, en otro caso, magistrado con mejor puesto en el escalafón. (art. 329).
– En el caso de las Salas o Secciones de la Audiencia Nacional y los Tribunales Superiores de Justicia únicamente se reserva una de las plazas a magistrado especialista (con preferencia del que ocupe mejor puesto en su escalafón), como excepción a la regla general de provisión en favor del magistrado con mejor puesto en el escalafón (art. 330.2).
– Por lo que hace a las plazas en el Tribunal Supremo, sólo dos de entre las reservadas a la carrera judicial han de corresponder a magistrados especialistas en el orden jurisdiccional contencioso-administrativo (art. 344).
Merece mención que el artículo 332 determina que los que asciendan a la categoría de magistrado mediante prueba selectiva con especialización en el orden contencioso-administrativo, conservan, sin embargo, los derechos a concursar a plazas de otros órdenes jurisdiccionales, de acuerdo con su antigüedad en el escalafón común.

magistrados especialistas y una adecuada determinación del contenido y el alcance del control judicial de legalidad) y personal (demandando esta última una selección-formación específica de los jueces y magistrados).

Como tampoco puede dejar de incidir en la aludida especificidad el abandono de la colegialidad en la base misma de los órganos judiciales del orden contencioso-administrativo, pues tal carácter parece ineludible por razón:

- La importancia y singularidad del control judicial de la actuación administrativa respecto de la forma ordinaria de prestación de la tutela judicial efectiva.
- Y la exigencia radical, por tanto, de la satisfacción del derecho a la tutela judicial en función de las características que a su otorgamiento impone su objeto, que en este caso incluye la de su implicación en el sistema de equilibrio entre poderes públicos. Los términos en que han de adoptarse hoy las decisiones administrativas parecen requerir un doble examen en la judicial (sin perjuicio de que la tempestividad de la tutela judicial pudiera justificar un régimen más expedito de la ejecución provisional de la resolución judicial recaída en primera instancia), sobre todo bajo la forma de posibilidad de reconsideración por un órgano judicial colegiado de la decisión tomada por un órgano judicial unipersonal.

  El abandono de la colegialidad sobre la base la supuesta menor entidad de algunos asuntos (por razón de la Administración actuante) desconoce que en todos los relativos a la actuación administrativa está implicado el interés general.

2º. El desdibujamiento —por complejización, tecnificación y variabilidad del ordenamiento aplicable— de la solo aparente claridad del criterio de control judicial: la legalidad de la actuación administrativa y el sometimiento de ésta a los fines que la justifican (que es solo otro modo de decir lo mismo, dada la determinación constitucional de aquella actuación) [art. 106.1 CE]. Y ello por más que ese control judicial sea estrictamente jurídico, como correlato obligado de la legitimación objetiva del poder judicial (conexión con el principio democrático gracias al Estado de Derecho, es decir, con la sujeción completa a la legalidad emanada de los órganos dotados de legitimación democrática propia, directa o indirecta) y la consecuente acotación de su función.

3º. La "normalización" del proceso contencioso-administrativo por el rasero del proceso civil, que se manifiesta en la creciente importancia de la aplicación supletoria de la Ley de enjuiciamiento civil.

La LJCA1956 justificó, en efecto y en su exposición de motivos (apdo. I), su circunscripción a la regulación de las "especialidades" del proceso contencioso-administrativo (con remisión, en todo lo demás, a las Leyes orgánicas y procesales comunes) en que: i) la jurisdicción constitutiva de su objeto no es más que una especie de la genérica función jurisdiccional y ii) la naturaleza de los procesos contencioso-administrativos no difiere esencialmente de los demás procesos de conocimiento. Solución ésta que, mantenida por la LJCA98 vigente, ha sido reafirmada justamente por la Ley de Enjuiciamiento Civil de 2000 (en adelante LEC), que afirma de sí misma (apdo. II de su exposición de motivos) ser expresión y materialización, con autenticidad, del profundo cambio de mentalidad que entraña el compromiso por la efectividad de la tutela judicial, también en órdenes jurisdiccionales distintos del civil, puesto que está llamada a ser Ley procesal supletoria y común, como efectivamente dispone en su artículo 4.

En la experiencia de esta aplicación supletoria (a título, no se olvide, de régimen procesal común) se manifiesta, sin embargo, la dificultad de la evolución que propicia (expresión de la cual son las dos tesis surgidas al respecto: la de autointegración de la LJCA y la de la LEC como verdadera norma procesal común)[42]. Como ha destacado J. R. Rodríguez Carbajo[43], la aplicación de la LEC en el proceso contencioso-administrativo es una causa permanente de

---

42 Buen ejemplo es la jurisprudencia recaída a propósito de la aplicación supletoria o no (respecto del artículo 139 de la Ley de la jurisdicción contencioso-administrativa) del artículo 394 de la Ley de enjuiciamiento civil. Véase, por todas, la STS de 16 de junio de 2022 (rec. cas. 3979/2021) y las en ella citadas.

43 J. R. Rodríguez Carbajo, "Las dificultades que plantea la aplicación de la Ley de enjuiciamiento civil en el proceso contencioso-administrativo", *Boletín del Ministerio de Justicia,* núm. 1947-1948, 2003, págs. 2833-2850.
Para la apreciación de semejantes dificultades, véase:
– Para el período de vigencia de la Ley de 1956, J. Mª. Cordero Torres, "La Ley de enjuiciamiento civil como supletoria del procedimiento contencioso-administrativo", *RAP* núm. 27, págs. 11-28.
– A partir de la Ley de 1998, E. de Miguel Canuto, "El orden contencioso-administrativo y la Ley de enjuiciamiento civil", *Revista de Derecho,* Universidad de Valencia, núm. 1, págs. 1-29.

conflictos conducentes a soluciones contradictorias tanto en la doctrina, como en la jurisprudencia.

La combinación de esta confusión y el proceso de normalización hace que la forma de control impuesta constitucionalmente en este ámbito a la tutela judicial pierda su consustancial impregnación por las características del objeto (la actuación administrativa teleológicamente definida por su fin: el interés general o bien común) a favor de su centrado en la contraposición tradicional entre situaciones jurídicas individualizadas y acción del poder público administrativo en cualquiera de las concretas manifestaciones antes expuestas, sin suficiente consideración de la incidencia en las situaciones de terceros o, incluso, la generalidad. Pues constituye un indebido reduccionismo el tratamiento de la Administración pública como "una parte más" de la relación jurídico-procesal, siendo así que aquélla nunca actúa en nombre y por cuenta propios, pues debe hacerlo y lo hace, por mandato constitucional, al servicio del interés general, es decir, por cuenta de cuantos, aunque terceros a dicha relación, resulten afectados. Parece clara la necesidad de un enfoque actualizador que, al propio tiempo que conserve las dimensiones indudablemente positivas de la evolución en curso, incorpore las correcciones y los complementos precisos para recuperar la función constitucional del control judicial. A este efecto parece la vía más prometedora la de superación de la tradicional perspectiva centrada en la incidencia en una concreta esfera de intereses y/o derechos de una precisa o determinada actuación administrativa gracias a la asunción de la más amplia que ofrece la relación jurídico-constitucional y su densificación en la jurídico-administrativa, todavía esencialmente inédita.

La **Constitución** funda, en efecto, no tanto un *status libertatis* cuanto una **relación jurídico-constitucional**, que —basada en la combinación de la vinculación sustantiva al orden de derechos fundamentales y libertades públicas con la garantía constitucional de la protección de unos y otras— determina la relación —en su seno— entre potestad de regulación y deber ciudadano de tolerancia. De este modo —y prescindiendo de los supuestos excepcionales admitidos de autotutela del ciudadano— **con** el **monopolio** del **poder** de **regulación se corresponde el** de **hacer efectivo** —mediante coerción— el **Derecho**, **del que** es **correlato**, a su vez, el **deber general** del **ciudadano** de **tolerancia**.

En la más concreta relación jurídico-administrativa —que se inscribe en el marco de la expresada relación jurídico-constitucional— i) los fines del poder público administrativo y los derechos fundamentales y ii) las competencias y las diferentes formas de actuación de dicho poder y los derechos de libertad y configuración de los ciudadanos forman un entramado en interés de a) la realización óptima de los derechos fundamentales y b) del cumplimiento dinámico-procedimental de las funciones administrativas "desde abajo", de modo que el "asunto" gestionado por la Administración (la realización del interés general o público) se revela como "asunto" igualmente del ciudadano y a la inversa, es decir, como "asunto común".

4. EL ÚLTIMO PASO POR AHORA DE LA EVOLUCIÓN: LA RECIENTE REFORMA DEL RECURSO DE CASACIÓN Y SUS CONSECUENCIAS

En sentido de la normalización del control judicial contencioso-administrativo con pérdida sensible de su "especialidad" se sitúa aún la renovación en 2015[44] de la casación en el orden jurisdiccional contencioso-administrativo acompañada del abandono de la universalidad de la apelación, es decir, de la construcción del citado control sobre el principio de la doble instancia (servida, al menos una de ellas, por un órgano judicial colegiado).

La introducción de la casación en el orden jurisdiccional estudiado no constituye una singularidad, pues —como demuestra el caso francés[45]— desborda nuestras fronteras, pero sí son peculiares sobre todo los términos en que aquí se ha renovado el régimen de la casación. Precisamente el caso francés, en el que se ha desarrollado paralelamente una amplia reflexión sobre la reforma de la casación, revela la más que probable operatividad entre nosotros también de motivos ligados, además de los explicitados, a la preocupación por la actualización de la posición y el papel del Tribunal Supremo (en Francia: de la Cour de Cassation y del Conseil d'État) en sus

---

44 Por la Ley orgánica 7/2015, de 21 de julio, de modificación de la Ley orgánica del poder judicial, cuya disposición final tercera modificó, a su vez, la LJCA98.

45 En Francia, la *Cour de Cassation* puso en marcha un proceso de análisis y propuesta (con el horizonte de 2030) para la reforma del instituto de la casación, en el curso del cual sobre todo la doctrina tomó posiciones críticas sobre la opción de asignar al tribunal de casación funciones calificables de normativas, que ha conducido a la redacción y publicación de un informe redactado por la Comisión constituida al efecto. Véase el *Rapport de la Commission de reflexión sur la Cour de Cassation 2030*, de julio de 2021 y también la detenida explicación que del planteamiento de dicha reforma ha hecho I. Hualde López, "El proyecto de reforma de la casación francesa", *InDret, Revista para el Análisis del Derecho*, julio de 2017.

obligadas relaciones, además de con el Tribunal Constitucional (en Francia: el *Conseil Constitutionnel*[46]), con los Tribunales Europeo de Derechos Humanos y de Justicia de la Unión Europea. Utilizando de nuevo, por razones obvias, la referencia francesa, la peculiaridad actual de la casación en nuestro caso resulta de que en Francia no ha habido hasta ahora —como resulta de lo ya expuesto en su momento— ni desnaturalización alguna de la condición de verdadera recurso (aunque tasado) de la casación, ni tampoco no ya supresión, sino siquiera restricción, de la doble instancia (universalidad de la apelación), como sí ha sucedido entre nosotros, a pesar del manejo también en el supuesto francés de los argumentos de descarga de trabajo y más pronto otorgamiento de la tutela judicial.

La nueva y actual casación representa un verdadero salto cualitativo en tanto que, a pesar de la persistencia de su denominación, el recurso deja de ser, en último término, verdaderamente tal (convirtiéndose, en lo fundamental, de demanda en Derecho en simple petición de conocimiento de un asunto), es decir, muta en un mecanismo en la práctica en la disposición del órgano judicial (incorporación de la lógica del *certiorari*, ajeno a nuestra cultura jurídica) para hacerse con el conocimiento (restringido) del correspondiente asunto con finalidad casacional. Pues para que pueda predicarse la condición de recurso es precisa la determinación reglada (por más restrictiva que sea) del acceso, es decir, del requisito de la "recurribilidad", ya que solo en tal caso puede existir un derecho al recurso[47]. A lo dicho se suma que, desde el punto de vista de su carácter, la casación, de instrumento nomofiláctico, se ha transformado en uno de unificación de la doctrina jurisprudencial más allá del caso concreto, es decir, no tan-

---

46 Sobre la cuestión de las relaciones con el Conseil Constitutionnel, véase, por ilustrativo, el trabajo de A. Roblot-Troizier, "La QPC, le Conseil d'État et la Cour de Cassation", *Nouveaux Cahiers du Conseil Constitutionnel núm. 40 (dossier: Le Conseil Constitutionnel: Trois Ans de QPC)*, junio de 2013.

47 El derecho a la revisión de su asunto en sede casacional ha dejado, en efecto, propiamente de existir, puesto que solo se reglan los requisitos de cumplimiento obligado cuya satisfacción es presupuesto de la mera posibilidad de la apreciación por el Tribunal Supremo del interés casacional y, por tanto, de la admisión. En este sentido es significativo que el Auto del Tribunal Supremo de 21 de marzo de 2017 (rec. 3081/2016) sostenga tempranamente que "... La admisibilidad del recurso no responde al solo reconocimiento del derecho del recurrente a la revisión de los pronunciamientos efectuados en la instancia, respecto de sus pretensiones, en razón de las infracciones denunciadas, sino que es preciso y solo podrá admitirse a trámite el recurso cuando el examen de tales infracciones presente ese interés casacional objetivo".

to para decir lo que prescribe la norma (para proteger su mandato en el asunto enjuiciado), cuanto para establecer y asegurar la interpretación judicial de la misma o, dicho de otro modo, para proteger lo que dice la jurisprudencia que dispone la norma. Más que nomofiláctico, el recurso de casación actual se ofrece, pues, como nomotético. Semejante transformación habría sido más aceptable de haberse i) configurado el Tribunal Supremo (y la casación) como tercera instancia, como sucede con la intervención en el Reino Unido de los tribunales superiores, y ii) dejado intacta la posibilidad de la apelación con carácter universal (salvo para los asuntos bagatela); decisión esta última, que de todas formas ha de ser reconsiderada a la vista de la Sentencia del Tribunal Europeo de Derechos Humanos en el asunto Saquetti Iglesias c. España, de 30 de junio de 2020, toda vez que las consecuencias que de ella se siguen difícilmente podrán limitarse al ámbito del Derecho sancionador administrativo.

En todo caso y como prueba su mala recepción inicial por la doctrina científica[48], cabe poner en duda, pues, que la reforma legal comentada refleje un razonable análisis de los requerimientos del marco constitucional y, concretamente, de la división y el equilibrio entre poderes implicado en el control asignado al orden jurisdiccional contencioso-administrativo.

---

48 Sobre las dudas suscitadas en la más relevante doctrina por la reforma legal en la línea indicada en el texto: E. García de Enterría, ¿Cambio radical del sistema jurídico español?, diario ABC, edición del día 6 de julio de 2002; F. J. Hernando Santiago, Jurisprudencia y seguridad jurídica, diario ABC, edición del día 19 de julio de 2002; Luis Díez-Picazo, Jurisprudencia y seguridad jurídica, diario ABC, edición del día 31 de julio de 2002; S. Muñoz Machado, El Estado de los jueces autónomos, diario ABC, edición del día 4 de septiembre de 2002; y Mª Paz García Rubio, Jurisprudencia, Constitución, Ley de Enjuiciamiento Civil, en Foro Iustel abierto el 10 de septiembre de 2002. Véase también, B. Lozano Cutanda, La reforma del recurso de casación contencioso-administrativo por la Ley orgánica 7/2015: análisis de sus novedades, Diario La Ley, nº 8599, Sección on line, de 7 de septiembre de 2015.
Estas dudas coinciden con las críticas surgidas en el debate, en Francia, en torno a la opción —manejada en las propuestas de reforma de la casación— por otorgar a ésta de un alcance "normativo", separándose de la considerada como función propia de la casación: la garantía de uniformidad en la aplicación de la Ley al servicio de la seguridad jurídica.

Información sobre el gravamen, interés casacional objetivo y tutela del ius litigatoris *en la casación contencioso-administrativa*[1]

IGNACIO COLOMER HERNÁNDEZ
Catedrático de Derecho Procesal
Universidad Pablo de Olavide de Sevilla

SUMARIO: 1. INTRODUCCIÓN. 2. FUNCIÓN DEL RECURSO DE CASACIÓN CONTENCIOSO-ADMINISTRATIVO. 3. INTERÉS CASACIONAL OBJETIVO. 4. GRAVAMEN DEL RECURRENTE Y TUTELA DEL *IUS LITIGATORIS*.

1. INTRODUCCIÓN[2]

La evolución que ha tenido el recurso extraordinario de casación en todos los órdenes jurisdiccionales, singularmente en el contencioso-administrativo que es el que constituye el centro de atención de este trabajo, ha determinado un cierto cambio y vaivén en relación con las finalidades que tradicionalmente se han venido atribuyendo a este recurso.

En concreto, la reforma que se operó en la casación contencioso-administrativa por la Ley Orgánica 7/2015, de 21 de julio ha supuesto un cambio esencial en el modelo de casación. Lo que llevó a una importante parte de la doctrina a cuestionar el papel que la defensa del *ius litigatoris* adquiría con la nueva regulación, en la que el interés casacional objetivo se

---

1 Esta publicación es parte del proyecto "Datos personales e información en la era digital: desafíos en su obtención y uso en los procesos judiciales y en los procedimientos sancionadores (DATER)" Ref.PID2022-137826NB-I00, financiado por MCIN/AEI/10.13039/501100011033/FEDER, UE; y del Proyecto Justicia sostenible en estado de mudanza global (JUSOST) CIPROM 2023-64 GVA.

2 La elección de un tema sobre el orden contencioso-administrativo es mi modesto homenaje al Prof. Moreno Catena que, dentro de su ingente y trascendente obra, ha sido uno de los pocos procesalistas que se ha ocupado de estudiar el proceso contencioso-administrativo con claridad, lucidez y sistemática. Sirva también este trabajo como muestra de agradecimiento por su magisterio durante toda mi carrera académica.

alzaba como piedra clave del sistema casacional en el orden contencioso-administrativo.

Transcurridos casi ocho años de la entrada en vigor de la reforma es preciso analizar e identificar, a la luz de la importante labor hermenéutica desarrollada por la Sala Tercera del Tribunal Supremo, cómo ha quedado articulada la correlación entre la defensa del *ius litigatoris* y la defensa del *ius constitutionis* en el desarrollo práctico de una casación contencioso-administrativa en la que el interés casacional objetivo aparece como el elemento esencial determinante para instar el conocimiento del Tribunal Supremo a través de este recurso.

Para ello, es preciso analizar en primer lugar la función que desarrolla el recurso de casación contencioso-administrativo. Para, en segundo lugar, determinar las consecuencias que la apreciación de la concurrencia de interés casacional objetivo para la formación de la jurisprudencia tiene en el modelo de casación y, muy en particular, en la correlación entre la defensa del *ius litigatoris* y la defensa del *ius constitutionis* a través de este recurso extraordinario. Y, finalmente, es necesario ocupar la atención en analizar el tratamiento que, en el seno del recurso de casación, debe darse a la información sobre el gravamen que haya provocado la resolución recurrida a la parte recurrente, en particular, determinando el alcance y los límites de la necesidad de identificar la existencia de un gravamen y su relación con la tutela del *ius litigatoris*.

2. FUNCIÓN DEL RECURSO DE CASACIÓN CONTENCIOSO-ADMINISTRATIVO

En una concepción clásica, como señala Moreno Catena[3], se ha considerado que la casación tenía una finalidad de defensa del *ius constitutionis*, esto es, de garantía de una exacta interpretación y aplicación de la ley. El recurso de casación cumplía originalmente una función nomofiláctica[4],

---

3 Ver, Moreno Catena (et. al), *Comentarios a la nueva Ley reguladora de la Jurisdicción Contencioso-Administrativa de 1998,* Editorial Universitaria Ramón Areces, Madrid, 1999, págs. 608 y 609.

4 Sobre el origen histórico del recurso de casación se puede ver García Fontanet, “Los Tribunales Superiores de Justicia como Tribunales de casación en el Orden contencioso: Pasado, presente y futuro de la casación”, en *Manuales de formación continuada,* núm. 31, CGPJ, Madrid, 2004, en especial sus consideraciones sobre la *querella nulitatis.*

para la salvaguarda y protección de las normas jurídicas, y una función uniformadora de la actuación de los tribunales en la interpretación y aplicación de las normas para conseguir la unidad del ordenamiento.

Junto a esta función de defensa del *ius constitutionis* la casación en España introdujo también una defensa del conocido como *ius litigatoris*, esto es, la protección de los derechos de los litigantes, con lo que la casación se convirtió en un instrumento para garantizar y defender los derechos de las partes en conflicto.

Como ha puesto de manifiesto la doctrina[5], la función de defensa del *ius constitutionis* fue evolucionando y progresivamente fue adaptando la función nomofiláctica de la casación hasta el punto de que, tras la LEC 1/2000, esta finalidad quedó limitada en el orden civil exclusivamente para las cuestiones sustantivas, reservando las cuestiones procesales para el recurso extraordinario de infracción procesal. Sin embargo, la reforma producida por el Real Decreto-ley 5/2023, de 28 de junio ha incluido también dentro del recurso de casación civil la posibilidad de control de los vicios de naturaleza procesal[6].

En cambio, para otros autores lo predominante en la casación contencioso-administrativa se concretaba en el predominio de la función uniformadora de la jurisprudencia de la aplicación del derecho frente a la estricta función nomofiláctica[7].

Otra parte de la doctrina consideraba posible la coexistencia armónica de ambas clases de fines de la casación, aunque eran conscientes de que en ocasiones podían resultar enfrentados[8].

---

5 Ver, entre otros, Moreno Catena, *op. cit.*, pág. 608; Armenta Deu, "Recurso de casación: Entre eficacia y nuevas orientaciones de fines tradicionales", *InDret*, 1, 2018, 49 págs.; Montero Aroca y Flors Matíes, *Tratado de recursos en el Proceso Civil*, Tirant lo Blanch, Valencia, 2005, pág. 698; Fresneda Plaza, "Juicio crítico del sistema de recursos", en *Diagnosis de la jurisdicción contencioso-administrativa. Perspectivas de futuro, Cuadernos de Derecho Judicial*, 9/2005, CGPJ, Madrid, págs. 209-291; Huelin Martínez de Velasco, "Los recursos", en *Influencia de la ley de Enjuiciamiento Civil en el orden contencioso-administrativo y en el orden social*, Manual de Formación continuada, 7, CGPJ, Madrid, 2001, pág. 238.

6 Artículo 477. 2 LEC. "*El recurso de casación habrá de fundarse en infracción de norma procesal o sustantiva, siempre que concurra interés casacional*".

7 Ver, Iglesias Canle, *Los recursos contencioso-administrativos*, Tirant lo Blanch, Valencia, 2005, pág. 101.

8 Sala Sánchez, Xiol Ríos y Fernández Montalvo, "Recursos de Casación y de Revisión (arts. 86 a 102 LJCA)", en *Práctica Procesal Contencioso-Administrativa*, Tomo VI,

Por tanto, la casación contenciosa-administrativa con anterioridad a la reforma de 2015 tenía como finalidad predominante lograr la uniformidad en la jurisprudencia, pero sin descuidar la defensa del *ius litigatoris*, como demostraba el hecho de que en la regulación derogada se contemplaba la posibilidad de depurar en sede de casación las infracciones procesales cometidas a lo largo del procedimiento y en la elaboración de la sentencia.

Sin embargo, tras la reforma operada en este recurso por la LO 7/2015 de reforma de la LOPJ, la casación parecía haber cambiado sustancialmente de finalidad, dejando, aparentemente, en un segundo plano la protección del *ius litigatoris*[9], y centrando su interés en la defensa del *ius constitutionis*, esto es, en el desarrollo de una finalidad nomofiláctica para la salvaguarda y protección de las normas jurídicas, y en una función uniformadora de la actuación de los tribunales en su labor de aplicación de las normas para conseguir la unidad del ordenamiento[10].

En este sentido, la Exposición de Motivos de la LO 7/2015 expresamente indicaba que "*con la finalidad de intensificar las garantías en la protección de los derechos de los ciudadanos, la ley opta por reforzar el recurso de casación como instrumento por excelencia para asegurar la uniformidad en la aplicación judicial del derecho. De esta forma, el recurso de casación podrá ser admitido cuando, invocada una concreta infracción del ordenamiento jurídico, tanto procesal como sustantiva, o de la jurisprudencia, la Sala de lo Contencioso-administrativo del Tribunal*

Vol 1, págs. 126-127.

9 Como señala Córdoba Castroverde con la exigencia de interés casacional objetivo para la admisión del recurso "*se trata de que el Tribunal Supremo conozca sólo de aquellos asuntos que presenten interés para la creación de jurisprudencia, superando la concepción del recurso de casación como instrumento primariamente enfocado a la satisfacción de intereses y derechos subjetivos concretos*" (*cfr.* "El nuevo recurso contencioso-administrativo" en *Revista de Jurisprudencia*, 1 octubre 2015, pág. 4 (http://www.elderecho.com/tribuna/administrativo/nuevo-recurso-casacion-contencioso-administrativo_11_877930001.html).

10 El Auto del Tribunal Supremo (Sala de lo Contencioso-administrativo) 26 septiembre 2018, rec. núm. 2475/2018 destaca que *"el actual recurso de casación se aparta del caso concreto y de la solución particularizada y se dirige a la solución de situaciones problemáticas generales y potencialmente relevantes para un gran número de situaciones, de modo que sólo se puede estimar presente un interés casacional objetivo para la formación de jurisprudencia cuando la interpretación normativa pretendida por la parte tiene una proyección significativa para una multitud de circunstancias presentes y, en particular, futuras, sirviendo así el principio de seguridad jurídica exigido por el art. 9.3 de la CE"*. En similar sentido, el Auto del Tribunal Supremo (Sala de lo Contencioso-administrativo) 1 febrero 2023, rec. núm. 519/2022.

Supremo estime que el recurso presenta interés casacional objetivo para la formación de la jurisprudencia.

En consecuencia, la casación contenciosa, tras la reforma de 2015, tiene una finalidad predominante que se concreta en desarrollar una función nomofiláctica mediante la búsqueda de la uniformidad en la aplicación judicial del derecho[11], pero sin prescindir de la eventual defensa del *ius litigatoris,* como demuestra el hecho de que se mantenga la posibilidad de depurar las infracciones procesales cometidas a lo largo del procedimiento y en la elaboración de la sentencia (artículo 88.1 y 89.2.c)[12].

Esta dualidad de funciones ya la venía reconociendo el Tribunal Supremo cuando distinguía entre el recurso de casación común u ordinario y la casación para la unificación de doctrina[13].

Tras la entrada en vigor de la nueva casación lo que ha ocurrido es que, al desaparecer la casación para la unificación de la doctrina, la función de uniformar la aplicación judicial del derecho se ha incluido de forma fundamental en el recurso de casación, aunque sin conseguir desplazar y hacer desaparecer la posibilidad de tutela del *ius litigatoris,* como antes se ha indicado.

La Sentencia del Tribunal Supremo (Sala de lo Contencioso-administrativo) 14 de mayo de 2019, rec. núm 3457/2017 expresamente reconoce que "*por más que el nuevo régimen del recurso de casación obligue a la Sala sentenciadora de este Tribunal Supremo a fijar la interpretación de las normas aplicables (artículo 93.1 de la Ley de esta Jurisdicción), esa labor hermenéutica no puede pres-*

11 Al respecto, Cancio Fernández señala que la LO 7/2015 "*introduce una sensacional revolución en nuestro sistema casacional, justificándolo en la necesidad de reforzar el recurso de casación como instrumento idóneo para asegurar la uniformidad en la aplicación judicial del Derecho, en aras de que la casación no se convierta en una tercera instancia procesal, sino que cumpla estrictamente su función nomofiláctica*" (*Cfr.* "La sala tercera del Tribunal Supremo ante el nuevo modelo de casación" en *Revista Aranzadi Doctrinal* núm. 4/2016, pág. 5).

12 El Auto del Tribunal Supremo (Sala de lo Contencioso-administrativo) 31 enero 2018, rec. núm. 1193/2017, destaca que "*este interés casacional objetivo que constituye la piedra angular del nuevo recurso de casación no desplaza ni sustituye el interés de las partes procesales en obtener la satisfacción de su derecho, ni por ende convierte la casación en un recurso abstracto o puramente dogmático o doctrinal, sino que en cierta medida se superpone a él, complementándolo*".

13 Ver, por ejemplo, la Sentencia del Tribunal Supremo (Sala de lo Contencioso-administrativo) de 23 julio de 2004.

cindir en modo alguno del objeto del litigio en los términos que derivan de la actuación administrativa recurrida y de las pretensiones ejercitadas por las partes"[14].

De manera que el Tribunal Supremo considera que en el recurso de casación debe incluirse la información relativa al caso concreto y a la afectación de los derechos de los recurrentes que constituya el gravamen, puesto que "*no cabe que el recurso de casación se desvincule del caso concreto objeto de enjuiciamiento, pues aún la función principal nomofiláctica asignada no debe hacerse en abstracto, de manera ajena a la controversia surgida entre las partes y resuelta en la sentencia impugnada, en tanto que, como se ha dicho en pronunciamientos anteriores, de otra manera se convertiría el Tribunal Supremo en órgano consultivo, y se subvertiría la naturaleza de las sentencias trocándolas en meros dictámenes, por ello, las interpretaciones de las normas jurídicas y la doctrina que emane debe tener como obligado punto de referencia el caso concreto que se enjuicia, lo que descubre un elemento de utilidad, pues el pronunciamiento que se dicte sirve en cuanto da satisfacción a los intereses actuados que han desembocado en el recurso de casación, de suerte que no procede fijar doctrina jurisprudencial en abstracto, desconectada del caso concreto, por lo que no ha lugar a entrar sobre aspectos de la cuestión de interés casacional que, por irreales, resulten ajenos e irrelevantes para resolver el caso concreto*"[15].

3. INTERÉS CASACIONAL OBJETIVO

El interés casacional objetivo para la formación de jurisprudencia es un requisito de admisibilidad[16] que se exige con carácter general, como

---

14 En el mismo sentido, el Auto del Tribunal Supremo (Sala de lo Contencioso-administrativo) 21 enero 2021, rec. núm. 526/2020 y el Auto del Tribunal Supremo (Sala de lo Contencioso-administrativo) 1 de junio de 2017, rec. núm. 1592/2017.

15 Sentencia del Tribunal Supremo (Sala de lo Contencioso-administrativo) 23 diciembre 2022, rec. núm 1763/2021.

16 Para un análisis doctrinal sobre el interés casacional objetivo como criterio de admisibilidad del recurso de casación contencioso-administrativo se puede ver, entre otros, en Bouazza Ariño, *La casación en el contencioso-administrativo*, Thomson Reuters-Civitas, Madrid, 2021, 265 págs.; Huelin Martínez de Velasco, "El interés objetivo en la nueva casación contencioso-administrativa", en *Anuario de la Facultad de Derecho de la Universidad Autónoma de Madrid*, 22 (2018), págs. 355-380; "La nueva casación contencioso-administrativa (primeros pasos)", en *Revista general de Derecho constitucional*, núm. 24, 2017; "Una senda escasamente explorada: el interés casacional en el orden contencioso-administrativo" en *Cuadernos Digitales de Formación*, CGPJ, 6-2009, págs. 377-416; Hinojosa Martínez, *El nuevo recurso de*

novedad a partir de la reforma de 2015, que concurra en los recursos de casación contencioso-administrativos que cualquiera de las partes en conflicto hayan planteado[17]. De modo que, el interés casacional se configura como un presupuesto para la admisibilidad del recurso, en el sentido de que si no concurre se procederá a su inadmisión[18]. Además, la exigencia

casación contencioso-Administrativo, Bosch, Barcelona, 2016, págs. 126 y 127; Ruiz López, *La reforma del recurso de casación contencioso-administrativo,* Tirant lo Blanch, Valencia, 2016, pág. 197; García Cómez del Mercado, Yáñez Díaz, y Vizán Palomino, *El recurso de casación contencioso-administrativo,* Comares, Granada, 2016, págs. 131 y 139; Cancio Fernández, "Y el common-law llegó, por fin, al Tribunal Supremo" en *Actualidad Jurídica Aranzadi núm. 871/2013*; Lozano Cutanda, "La reforma del recurso de casación contencioso-administrativo por la Ley Orgánica 7/2015: análisis de sus novedades" en *Diario La Ley,* Nº 8599, 7 de septiembre de 2015; Cancio Fernández, "El interés casacional como criterio de admisión en nuestro ordenamiento jurídico" en *El nuevo recurso de casación en el orden contencioso-administrativo,* Aranzadi Thomson-Reuters, Cizur Menor, 2015 (BIB 2015, 184588); Muñoz Aranguren, "La curiosidad del jurista persa y la reforma del recurso de casación contencioso-administrativo" en *Diario la Ley,* nº 8634, 28 de octubre de 2015, págs. 1-7 (versión digital); Fernández Farreres, "Sobre la eficiencia de la jurisdicción contencioso-administrativa y el nuevo recurso de casación 'Para la formación de jurisprudencia'" en *Revista española de Derecho Administrativo núm. 174/2015,* págs. 12-18; Pérez Alonso, "El nuevo sistema de casación en el orden contencioso-administrativo operado por la Ley Orgánica 7/2015 de 21 de julio: con la vista puesta en el certiorari estadounidense" en *Diario La Ley,* Nº 8621, 8 de octubre de 2015; Cancio Fernández, "La sala tercera del Tribunal Supremo ante el nuevo modelo de casación" en *Revista Aranzadi Doctrinal núm. 4/2016*; Córdoba Castroverde, "El nuevo recurso contencioso-administrativo" en *Revista de Jurisprudencia,* 1 octubre 2015 (http://www.elderecho.com/tribuna/administrativo/nuevo-recurso-casacion-contencioso-administrativo_11_877930001.html); Recuerda Girela, "El nuevo recurso de casación contencioso-administrativo y el concepto de interés casacional objetivo para la formación de la jurisprudencia" en *Revista Andaluza de Administración Pública,* nº 94/2016 enero-abril, págs. 107-150.

17 La exigencia de interés casacional, como se ha señalado, no es una novedad absoluta en nuestro derecho, pues supone "*una ponderada importación del certiorari del Tribunal Supremo norteamericano. Mecanismo procesal que, por cierto, no es del todo ignoto en nuestra práctica forense*" *cfr.* Cancio Fernández, "El Nuevo Recurso de Casación en el Orden Contencioso-Administrativo" en *Actualidad Jurídica Aranzadi núm. 915/2016,* pág. 2. En similar sentido, para el orden civil ver Catalina Benavente "La acreditación del interés casacional ante la Sala Primera del Tribunal Supremo", en *El vértice de los sistemas judiciales, Anuario de la Facultad de Derecho de la Universidad Autónoma de Madrid,* 22 (2018), UAM-BOE, págs. 281-315.

18 Algún autor ha criticado que la exigencia de interés casacional se haya planteado por la norma como un requisito de admisibilidad del recurso. Al respecto, ver, Rivero González, "El nuevo régimen de los recursos extraordinarios en la jurisdic-

de interés casacional objetivo es un requisito que se vincula directamente con la función nomofiláctica y uniformadora que la Ley otorga al recurso de casación tras la reforma que llevó a cabo la LO 7/2015[19].

El interés casacional está caracterizado en el recurso de casación contencioso-administrativo por las siguientes notas:

(i) Carácter objetivo.

El artículo 88.1 LJCA/1998 utiliza como requisito de admisión del recurso la apreciación en el mismo de "*interés casacional objetivo*". Al respecto, hay que destacar el adjetivo que se ha añadido al concepto de interés casacional, ya que se requiere que éste deba ser "objetivo". Sin embargo, la Ley de Enjuiciamiento Civil cuando delimita en el artículo 477.2[20] el interés casacional en relación con la casación civil no introduce ninguna mención a su carácter objetivo. Ni tampoco en el derogado artículo 93.2 e) LJCA/1998 se incluía mención alguna al carácter objetivo del interés casacional, cuya falta determinaba la inadmisión del recurso.

En este sentido, la inclusión de la mención expresa al carácter objetivo se ha de vincular con la necesidad de dar, al menos formalmente, una cierta estabilidad y seguridad a los recurrentes sobre la interpretación que debe darse a este concepto jurídico indeterminado por parte del Tribunal Supremo. Sin embargo, la doctrina desde el mismo instante en que se aprobó la reforma de la casación en 2015 se manifestó no muy confiada en esa objetividad, y consideró abiertamente que, en el nuevo sistema de la casación, el interés casacional actuaría como presupuesto habilitante y de

---

ción contencioso-administrativa" en *Revista Aranzadi Doctrinal núm. 10/2015*, pág. 6.

19 "*La noción de "interés casacional objetivo para la formación de la jurisprudencia", a que se refieren los artículo 88.1 y 90.4 LJCA, se erige como la piedra angular del nuevo modelo casacional, que atribuye a esta Sala Tercera como cometido principal, en palabras del artículo 93.1, fijar la interpretación de aquellas normas estatales o la que tenga por establecida o clara de las de la Unión Europea sobre las que, en el auto de admisión a trámite, se consideró necesario el pronunciamiento del Tribunal Supremo, para seguidamente, con base a esta interpretación y conforme a las restantes normas que fueran aplicables, resolver las cuestiones y pretensiones deducidas en el proceso*" (Auto Tribunal Supremo, Sala de lo Contencioso-administrativo, de 19 de junio 2017, rec. núm. 273/2017).

20 "*El recurso de casación habrá de fundarse en infracción de norma procesal o sustantiva, siempre que concurra interés casacional.*" (en la redacción dada por el Real Decreto-ley 5/2023, de 28 de junio).

cobertura para que la Sección de admisión del Tribunal Supremo ejerciese libremente[21] su facultad discrecional[22] de admisión o no de los recursos[23].

Ello, no obstante, y a pesar de esta inicial desconfianza de la doctrina hacia la apreciación objetiva del interés casacional, se puede constatar cómo se ha generado una práctica objetiva en la actuación de la Sección de admisión del Tribunal Supremo en relación con el interés casacional exigible para la admisión del recurso de casación.

En primer lugar, para la apreciación objetiva de la existencia de interés casacional se requiere, en palabras del Tribunal Supremo, que el recurso de casación articulado persiga *"como finalidad la formación de jurisprudencia cuando se estime que presenta interés casacional objetivo, pero no en abstracto, sino en relación con la resolución de las cuestiones suscitadas en el pleito que fueron objeto del pronunciamiento en la sentencia o debieran haberlo sido*"[24]. Es decir, el carácter objetivo del interés casacional no debe ser apreciado en abstracto por el criterio de la Sección de admisión, sino que se debe concretar en relación con el objeto del procedimiento y debe perseguir la finalidad de formación de jurisprudencia[25].

En segundo lugar, la naturaleza objetiva hace excepcional una delimitación libre del contenido del interés casacional en cada caso, dado que,

---

21 "*La cuestión central de esta nueva configuración del recurso reside en la determinación de cuándo podrá considerarse que existe "interés casacional objetivo para la formación de jurisprudencia". Y, a este respecto, se puede afirmar que para esa determinación el TS goza de un margen de apreciación prácticamente absoluto*" (*cfr.* Fernández Farreres, *op. cit.*, pág. 13).

22 "*Cuando los nuevos criterios de admisión —a pesar de lo alambicado del régimen instaurado por la reforma legislativa analizada— apuntan hacia un sistema sustancialmente discrecional más o menos enmascarado. Quizá hubiera sido más sencillo para el legislador —y más sincero— afirmar abiertamente su novedoso carácter discrecional*" (*cfr.* Muñoz Aranguren, *op. cit.*, pág. 7).

23 "S*erá en última instancia el Tribunal quien, según su propio criterio, seleccionará los asuntos que objetivamente deban dar lugar a una sentencia. En otras palabras, una ponderada importación del certiorari del Tribunal Supremo norteamericano*" (*cfr.* Cancio Fernández, *op. cit.*, pág. 1).

24 Auto del Tribunal Supremo (Sala de lo Contencioso-administrativo) 12 de abril 2019, rec. núm. 83/2019.

25 De ahí que las cuestiones exclusivamente casuísticas y particulares no revistan como regla general interés casacional objetivo (Vid, entre otros, el Auto del Tribunal Supremo (Sala de lo Contencioso-administrativo) 26 de septiembre 2018, rec. núm. 2745/2018 y el Auto del Tribunal Supremo (Sala de lo Contencioso-administrativo) 19 de noviembre 2018, rec. núm. 243/2018).

en principio, solo habrá interés casacional en alguno de los supuestos previstos en los números 2 y 3 del artículo 88 LJCA/1998[26]. En este sentido, este carácter objetivo del concepto de interés casacional no queda desvirtuado porque en el caso concreto sea la apreciación subjetiva de la Sección de admisión la que constate la concurrencia de alguno de los supuestos expresamente previstos en la norma[27]. Puesto que, no debe perderse de vista que, el legislador en el artículo 88 ha positivado una serie de criterios para amparar la decisión de admisión en orden a la apreciación del interés casacional, y carecería de sentido que se aceptase que el órgano *ad quem* pudiera tomar su decisión al margen de los parámetros que legalmente le ha dado la norma en un intento de objetivar esa decisión. Lo que sí está claro es que, dentro de esos criterios legales, la apreciación de su concurrencia es una apreciación subjetiva de la Sección de admisión, eso sí, que habrá de ser siempre motivada.

(ii) Finalidad de formación de jurisprudencia.

El carácter objetivo que presenta el interés casacional se dirige a la formación de jurisprudencia. De manera que el objeto de cualquier recurso de casación que se planteé debe tener la virtualidad de, atendiendo a su contenido, permitir que el Tribunal Supremo pueda dictar una resolución que pueda servir para iniciar, confirmar o matizar una doctrina jurisprudencial sobre la que haya dudas.

En principio, por tanto, no cumplen con la finalidad de formación de la jurisprudencia aquellos recursos en los que las cuestiones que se formulen

---

26 Como indica el Auto del Tribunal Supremo (Sala de lo Contencioso-administrativo) de 15 de febrero 2019, rec. núm. 22/2019 "*la invocación de circunstancias de interés casacional no expresamente contempladas en los apartados 2° y 3° del artículo 88 es una posibilidad excepcional, por lo que su alegación exige del recurrente que en el escrito de preparación justifique cuidada y rigurosamente el interés casacional objetivo del recurso que revela la circunstancia invocada (que lógicamente no habrá de ser reconducible a alguna de las circunstancias del apartado 2° o de las presunciones del apartado 3° del propio artículo 88)*".

27 "*El actual recurso de casación se aparta del caso concreto y de la solución particularizada y se dirige a la solución de situaciones problemáticas generales y potencialmente relevantes para un gran número de situaciones, de modo que sólo se puede estimar presente un interés casacional objetivo para la formación de jurisprudencia cuando la interpretación normativa pretendida por la parte tiene una proyección significativa para una multitud de circunstancias presentes y, en particular, futuras, sirviendo así el principio de seguridad jurídica exigido por el art. 9.3 de la CE*" (Auto Tribunal Supremo, Sala de lo Contencioso-administrativo, de 26 de septiembre 2018, rec. núm. 2745/2018).

hayan sido examinadas y resueltas por la Sala de lo Contencioso-administrativo con anterioridad[28], salvo que se suministren razones fundadas para sostener que sea preciso reconsiderar o matizar[29] la doctrina jurisprudencial existente sobre la materia[30].

Por ello, el hecho de que tribunal *a quo* no haya seguido la doctrina jurisprudencial existente no supone por sí solo la presencia de interés casacional objetivo para la formación de la jurisprudencia[31].

En consecuencia, el recurso no sólo se plantea para la tutela del *ius litigatoris*, es decir, para la defensa los derechos de la parte afectada por el gravamen, sino que necesariamente el asunto habrá de ser, cuando menos[32], encuadrable en alguno de los supuestos previstos en los apartados

---

28 Ver, entre otros, los Autos del Tribunal Supremo (Sala de lo Contencioso-administrativo) de 5 de diciembre 2018, rec. núm. 5363/2017; de 1 de junio 2018, rec. núm. 1996/2018; de 8 enero 2019, rec. núm. 4346/2019.

29 Vid, entre otros, el Auto del Tribunal Supremo (Sala de lo Contencioso-administrativo) de 27 octubre 2022, rec. núm. 8293/2018 y el Auto del Tribunal Supremo (Sala de lo Contencioso-administrativo) de 1 febrero 2023, rec. núm. 7531/2022.

30 El Auto del Tribunal Supremo (Sala de lo Contencioso-administrativo) de 21 febrero 2020, rec. núm. 7176/209 señala que "*como hemos dicho reiteradamente (por todos, ATS de 19 de diciembre de 2019), para llevar a cabo una adecuada fundamentación del interés casacional no basta con denunciar que se ha infringido la jurisprudencia, sino que, más allá de este inicial razonamiento, es necesario argumentar por añadidura que objetivamente conviene un pronunciamiento de la Sala de lo Contencioso-administrativo del Tribunal Supremo [artículo 89.2.f) in fine], a fin de formar jurisprudencia (artículo 88.1), sea porque no existe jurisprudencia propiamente dicha sobre el concreto aspecto en liza, sea porque se considera necesario unificar, matizar, clarificar, reforzar o tal vez reconsiderar la jurisprudencia ya existente*". En igual sentido, el Auto del Tribunal Supremo (Sala de lo Contencioso-administrativo) de 2 marzo 2023, rec. núm. 84/2023 y el Auto del Tribunal Supremo (Sala de lo Contencioso-administrativo) de 8 febrero 2023, rec. núm. 6/2023.

31 El Auto del Tribunal Supremo (Sala de lo Contencioso-administrativo) de 24 noviembre 2022, rec. núm. 566/2022 expresamente señala que "*el solo hecho de que se impute a la sentencia impugnada una infracción del Ordenamiento Jurídico o de la jurisprudencia no supone que sólo por eso ya exista interés casacional, pues, de aceptarse tal planteamiento, todos los recursos de casación ostentarían tal interés*". En similar sentido, ver el Auto del Tribunal Supremo (Sala de lo Contencioso-administrativo) de 8 enero 2019, rec. núm. 4346/2018 y el Auto del Tribunal Supremo (Sala de lo Contencioso-administrativo) de 26 septiembre 2019, rec. núm. 889/2019.

32 La alegación de interés casacional en el escrito de preparación del recurso debe basarse al menos en alguna de las circunstancias o presunciones previstas en el artículo 88, sin perjuicio de que excepcionalmente el recurrente pueda introducir otras circunstancias no previstas legalmente que refuercen su alegación de las

2 y 3 del artículo 88, para que la decisión del recurso por el Tribunal Supremo tutele el *ius constitutionis* desempeñando una función nomofiláctica o uniformadora en la aplicación e interpretación de las normas y de la jurisprudencia[33].

En todo caso, la defensa del *ius constitutionis* debe materializarse atendiendo al concreto objeto del proceso, como expresamente señala el Tribunal Supremo cuando afirma que "*por más que el nuevo régimen del recurso de casación obligue a la Sala sentenciadora de este Tribunal Supremo a fijar la interpretación de las normas aplicables (artículo 93.1 de la Ley de esta Jurisdicción), esa labor hermenéutica no puede prescindir en modo alguno del objeto del litigio en los términos que derivan de la actuación administrativa recurrida y de las pretensiones ejercitadas por las partes*"[34].

Por tanto, la tutela del *ius litigatoris*, esto es, de la pretensión jurídica de la parte que recurre, sigue estando presente en la nueva casación, por mucho que la mayoría de la doctrina haya puesto su foco en la potenciación del *ius constitutionis* que inspira la reforma de 2015. Y es que, no hay duda de que, la necesidad de tutela de la parte recurrente se encuentra medularmente ínsita en la propia naturaleza del recurso, pues de no ser así, resultaría evidente que no se prepararían recursos que no se destinaran a dar amparo y tutela a las pretensiones de la parte gravada por la sentencia o auto recurridos, ya que nadie se tomaría la molestia y el trabajo de recurrir sin pretender la revocación o anulación de la resolución que le grava, simplemente por la defensa de un interés general y abstracto de uniformar la jurisprudencia de futuro.

Por otra parte, es conveniente destacar que, al amparo de la normativa derogada, en concreto bajo la previsión contenida en el artículo 93.2.e), se venía considerando que el concepto de interés casacional a efectos de la casación contencioso-administrativa se vinculaba directamente con la gene-

---

causas legalmente previstas por estar directamente conectadas o vinculadas con aquellas.

33 Ver, al respecto, González de Lara Mingo, "Relación entre "ius constitutionis" y "ius litigatoris" en el nuevo recurso de casación" en *Actualidad administrativa*, Nº 1, 2020.

34 Sentencia Tribunal Supremo (Sala de lo Contencioso-administrativo) 4 de mayo 2019, rec. núm 3457/2017). En similar sentido, el Auto del Tribunal Supremo (Sala de lo Contencioso-administrativo) 9 de marzo de 2022, rec. núm 58/2022 "*el interés casacional que abre la puerta del recurso de casación es, pues, un interés casacional" objetivo*", *pero que a la vez ha de fundamentarse* "*con singular referencia al caso*".

ralidad de efectos que podía tener la decisión de la casación planteada[35]. Sin embargo, en la actualidad el contenido del concepto de interés casacional objetivo se ha ampliado por las previsiones contenidas en los apartados 2 y 3 del artículo 88, y abarca no sólo los casos de posible generalización de la decisión que se dicte en el recurso a otros supuestos o situaciones similares[36], sino que además se extiende a una serie de variadas circunstancias[37] caracterizadas, todas ellas, por el hecho de requerir el pronunciamiento de una decisión por parte del Tribunal Supremo que inicie, confirme o revise una línea jurisprudencial sobre el objeto del recurso.

Por tanto, la exigencia de interés casacional objetivo supone en la práctica un filtro de admisibilidad del recurso, pero no priva a la casación de su dimensión de protección del *ius litigatoris*, esto es, de su necesaria finalidad, como recurso, de dar la tutela a las partes mediante la estimación o no de sus pretensiones[38], aunque sí antepone la defensa del *ius constitutionis,* al permitir al órgano *ad quem* que solo admita y resuelva aquellos recursos

---

35 Esta forma de dotar de contenido al concepto jurídico indeterminado del interés casacional se ha mantenido en el nuevo artículo 88.2 c) cuando prevé que podrá apreciarse la existencia de interés casacional cuando la resolución que se impugna "*afecte a un gran número de situaciones, bien en sí misma o por trascender del caso objeto del proceso*".

36 El Auto del Tribunal Supremo (Sala de lo Contencioso-administrativo) de 26 de septiembre de 2018 (rec. núm. 2745/2018) expresamente señala que el actual recurso de casación "*sólo se puede estimar presente un interés casacional objetivo para la formación de jurisprudencia cuando la interpretación normativa pretendida por la parte tiene una proyección significativa para una multitud de circunstancias presentes y, en particular, futuras, sirviendo así el principio de seguridad jurídica exigido por el art. 9.3 de la CE*". Ver, las matizaciones sobre esta idea que se contienen en el Auto del Tribunal Supremo (Sala de lo Contencioso-administrativo) 9 de marzo de 2022, rec. núm 58/2022 para concluir que "*el interés casacional que abre la puerta del recurso de casación es, pues, un interés casacional" objetivo", pero que a la vez ha de fundamentarse "con singular referencia al caso*".

37 Como señala Córdoba Castroverde "*la mayoría de los criterios orientadores fijados en el art. 88.2 LJCA inciden en la trascendencia jurídica del asunto debatido, pero también se contemplan otros en los que es la trascendencia económica o de otro género (cuando "se siente una doctrina sobre dichas normas que pueda ser gravemente dañosa para los intereses generales") o social (cuando "afecte a un gran número de situaciones, bien en sí misma o por trascender del caso objeto del proceso") las que determinan ese interés casacional*" (*cfr. Op. cit.*, pág. 4).

38 En el Auto del Tribunal Supremo (Sala de lo Contencioso-administrativo) 1 de junio de 2017, rec. núm. 1592/2017 se reconoce que "*por más que se haya enfatizado la relevancia del llamado "ius constitutionis" en la articulación jurídica del nuevo recurso de casación, en ningún caso puede caracterizarse como un cauce para plantear cuestiones*

en los que sea necesario iniciar, revisar, matizar o confirmar una línea jurisprudencial sobre el asunto o la materia objeto del recurso.

En definitiva el interés casacional objetivo para la formación de jurisprudencia, como presupuesto de admisibilidad del recurso, que es controlado de forma inicial por el órgano *a quo* al comprobar la preparación llevada a cabo por el recurrente, y que es verificado materialmente en el momento de la admisión del recurso por la Sección de admisión, condiciona el concreto contenido de la decisión que se adopte al resolver el recurso, pues la sentencia fijará la interpretación de las normas estatales o de la Unión Europea sobre las que en el auto de admisión a trámite se haya considerado necesario un pronunciamiento[39].

Por tanto, resulta imprescindible tener en cuenta, para una correcta conceptuación de la casación contencioso-administrativa, que, aunque la tutela del *ius constitutionis* mediante el inicio, revisión o confirmación de la jurisprudencia sobre una materia o cuestión constituya una finalidad esencial del recurso, en modo alguno ha desaparecido la tutela del *ius litigatoris*[40], como prueba la necesaria congruencia que grava al Tribunal Supremo a la hora de resolver sobre las pretensiones deducidas en el proceso[41].

En consecuencia, el principal cambio operado por la reforma de 2015 no ha sido una alteración de la naturaleza del recurso para sacar de su objeto la tutela de los derechos de las partes, sino que, al introducir el interés casacional objetivo para la formación de jurisprudencia como presupuesto de admisibilidad, se ha otorgado al tribunal *ad quem* un criterio o filtro para

---

interpretativas del Ordenamiento en abstracto y, por ende, desligadas de las circunstancias concurrentes en el caso litigioso concernido".

39 La Sentencia del Tribunal Supremo (Sala de lo Contencioso-administrativo) 14 de mayo de 2019, rec. núm 3457/2017 expresamente reconoce que "*por más que el nuevo régimen del recurso de casación obligue a la Sala sentenciadora de este Tribunal Supremo a fijar la interpretación de las normas aplicables (artículo 93.1 de la Ley de esta Jurisdicción), esa labor hermenéutica no puede prescindir en modo alguno del objeto del litigio en los términos que derivan de la actuación administrativa recurrida y de las pretensiones ejercitadas por las partes*".

40 El Auto del Tribunal Supremo (Sala de lo Contencioso-administrativo) 31 enero 2018, rec. núm. 1193/2017, destaca que "*este interés casacional objetivo que constituye la piedra angular del nuevo recurso de casación no desplaza ni sustituye el interés de las partes procesales en obtener la satisfacción de su derecho, ni por ende convierte la casación en un recurso abstracto o puramente dogmático o doctrinal, sino que en cierta medida se superpone a él, complementándolo*".

41 Ver el artículo 93.1 LJCA/1998.

decidir qué recursos admite y consecuentemente cuáles resuelve[42]. Es decir, el interés casacional objetivo supone el elemento distintivo esencial en el nuevo sistema de casación contencioso-administrativo para determinar qué solicitudes de tutela de las partes recurrentes requerirán un pronunciamiento del Tribunal Supremo por tratarse de cuestiones que necesiten iniciar, revisar o confirmar una doctrina jurisprudencial sobre las mismas.

En definitiva, el Tribunal Supremo sintetiza el papel del interés casacional afirmando que "*el elemento nuclear que caracteriza y define el recurso de casación introducido con la LO 7/2015, es el denominado interés casacional objetivo que debe ser delimitado en el auto de admisión previsto al efecto. Pero, como hemos dicho en nuestras sentencias de 1 de febrero de 2019 (rec. cas. 3679/2019), de 18 de mayo de 2020 (rec. cas. 4166/2017), de 19 de mayo de 2021 (rec. cas. 5436/2019), y de 18 de abril de 2022 (rec. cas. 7579/2019), no cabe que el recurso de casación se desvincule del caso concreto objeto de enjuiciamiento, pues aún la función principal nomofiláctica asignada no debe hacerse en abstracto, de manera ajena a la controversia surgida entre las partes y resuelta en la sentencia impugnada, en tanto que, como se ha dicho en pronunciamientos anteriores, de otra manera se convertiría el Tribunal Supremo en órgano consultivo, y se subvertiría la naturaleza de las sentencias trocándolas en meros dictámenes, por ello, las interpretaciones de las normas jurídicas y la doctrina que emane debe tener como obligado punto de referencia el caso concreto que se enjuicia, lo que descubre un elemento de utilidad, pues el pronunciamiento que se dicte sirve en cuanto da satisfacción a los intereses actuados que han desembocado en el recurso de casación, de suerte que no procede fijar doctrina jurisprudencial en abstracto, desconectada del caso concreto, por lo que no ha lugar a entrar sobre aspectos de la cuestión de interés casacional que, por irreales, resulten ajenos e irrelevantes para resolver el caso concreto, como ocurre en el litigio que examinamos*"[43].

Por último, hay que destacar que no sólo debe concurrir un interés casacional objetivo para la formación de la jurisprudencia, sino que además

42 De modo que, por tanto, todo recurso de casación que sea admitido y dé lugar a una resolución del Tribunal Supremo cumplirá una finalidad de tutela del *ius constitutionis*, al fijar y uniformar la interpretación de las normas que se consideren infringidas, y otra finalidad de tutela del *ius litigatoris*, al resolver sobre las pretensiones de las partes anulando o confirmando la resolución recurrida, o, en su caso, retrotrayendo las actuaciones al momento del procedimiento en el que se hubiera cometido el vicio procesal alegado por la parte.

43 Sentencia del Tribunal Supremo (Sala de lo Contencioso-administrativo) 23 de diciembre de 2022, rec. núm 1763/2021.

el Tribunal Supremo exige al recurrente que justifique la conveniencia de un pronunciamiento por su parte en relación con la cuestión formulada[44].

Por otra parte, hay que tener presente que cuando el legislador ha impuesto al tribunal *ad quem*, en el artículo 90, el deber de realizar una apreciación sobre la existencia o no de interés casacional objetivo para formar jurisprudencia en el caso concreto objeto del recurso de casación, lo ha incluido como el principal contenido del juicio de admisión a trámite del recurso.

La Sección de admisión de la Sala del Tribunal Supremo, cuando enjuicie la admisión a trámite del recurso preparado, debe comprobar: que se haya cumplido el plazo para preparar el recurso, la legitimación de las partes, la recurribilidad de la resolución impugnada, el cumplimiento de las exigencias que el artículo 89.2 impone para el escrito de preparación, la relevancia y carácter determinante para el fallo de las infracciones denunciadas, y la existencia de un interés casacional objetivo para la formación de jurisprudencia (artículo 90.4).

La Sentencia del Tribunal Supremo (Sala de lo Contencioso-administrativo) 16 de noviembre 2022, rec. núm 25/2022 expresamente delimita el alcance y la naturaleza del juicio de admisibilidad del recurso de casación señalando que "*este juicio sucesivo se realiza desde dos perspectivas diferentes. Lo primero (la determinación del cumplimento de las exigencias formales del art. 89.2) constituye una valoración que se nutre sustancialmente de elementos reglados, que no dejan de serlo por el hecho de que en algún extremo se individualicen conforme a la técnica de los conceptos jurídicos indeterminados. En cambio, lo segundo (la formación del juicio sobre la conveniencia de la admisión del recurso desde el prisma del interés casacional objetivo) constituye una valoración innegablemente dotada de un margen de apreciación discrecional.*

---

44 Así, se indica, entre otros, en el Auto Tribunal Supremo (Sala de lo Contencioso-administrativo) 8 de enero 2019, rec. núm. 4346/2018) cuando señala que "*adicionalmente, el artículo 89.2.f) de la LJCA exige que el escrito de preparación fundamente no solo los supuestos que permiten apreciar la concurrencia de interés casacional, sino también la conveniencia de un pronunciamiento del Tribunal Supremo en la cuestión planteada. Conveniencia que, cabe entender —conforme a la función nomofiláctica atribuida al recurso de casación—, se refiere al interés general y no al particular de la parte recurrente, toda vez que no se trata de una segunda o ulterior instancia de revisión judicial sobre el caso concreto*". En similar sentido, Auto Tribunal Supremo (Sala de lo Contencioso-administrativo) 4 de abril 2019, rec. núm. 515/2018.

Lo cual, a su vez, determina que puede darse perfectamente (y de hecho se da con frecuencia) el caso de que un recurso de casación haya sido impecablemente preparado desde el punto de vista formal, pero aun así se inadmita, simplemente porque aún habiendo cumplido cuanto la Ley exige desde el punto de vista de su estructuración y desarrollo expositivo, la cuestión impugnatoria que través de él se suscita no reviste tal interés".

En este sentido, el juicio acerca de la relevancia casacional del recurso preparado determinará su admisión, cuando se estime que concurre interés casacional en el objeto del recurso[45], y, por el contrario, provocará su inadmisión, en aquellos supuestos en los que la Sección de admisión no aprecie justificadamente la existencia de dicho interés en la casación planteada.

De ahí la importancia y trascendencia que, en el modelo de casación contencioso-administrativa, ha asumido este juicio de relevancia casacional que se desarrolla y tiene por objeto necesario el contenido del escrito de preparación, ya que la decisión sobre la admisión se produce antes de la interposición del recurso a diferencia de lo que ocurría en el anterior modelo de casación, y que excepcionalmente puede también extenderse a las alegaciones de las partes personadas si la Sección de admisión considera, atendidas las circunstancias concurrentes en el asunto, que es conveniente oírlas sobre la existencia o no de interés casacional (artículo 90.1).

La decisión sobre la existencia o no del interés casacional presenta los siguientes caracteres:

(i) Es objetiva.

Esta característica del juicio de relevancia casacional supone que cuando la Sección de admisión decida sobre la concurrencia o no de interés en un concreto recurso preparado no lo podrá hacer de forma libre, sino que vendrá condicionada por las circunstancias y presunciones que legalmente se han recogido en el artículo 88.2 y 3. Es decir, la decisión del juicio de admisibilidad sobre la concurrencia o no de interés casacional se ha objetivado en la casación contencioso-administrativa, de forma que solo de

---

45 "*El interés casacional que abre la puerta del recurso de casación es, pues, un interés casacional" objetivo*", *pero que a la vez ha de fundamentarse "con singular referencia al caso*" Auto del Tribunal Supremo (Sala de lo Contencioso-administrativo) 9 de marzo 2022, rec. núm 58/2022.

forma excepcional será posible que se aprecie interés casacional al margen de alguna de las previsiones legales sobre el mismo[46].

(ii) El criterio de decisión es el interés del recurso para la formación de la jurisprudencia.

El juicio de admisibilidad viene también legalmente condicionado en cuanto a la finalidad que se debe perseguir con el mismo, y que no es otra que la utilidad o el interés del recurso para la formación de jurisprudencia[47]. De manera que, para que proceda la admisión, se requerirá que el recurso sirva para iniciar, revisar o confirmar la jurisprudencia sobre la materia o cuestión que haya sido objeto del mismo. Por ello, es preciso que el recurrente al preparar el recurso no sólo identifique y justifique un interés casacional basado en alguna de las circunstancias y presunciones del artículo 88. 2 y 3, sino que además alegue la necesidad de formar jurisprudencia[48], bien por no existir pronunciamientos sobre la materia[49],

---

46 De hecho, los autos de la Sección de admisión, desde el momento inicial de implementación del nuevo modelo de casación, como regla general han venido circunscribiendo la apreciación del interés casacional objetivo a alguno de los supuestos previstos en los apartados 2 y 3 del artículo 88. Ello, no obstante, desde el Auto del Tribunal Supremo (Sala de lo Contencioso-Administrativo) de 15 de marzo de 2017 (rec. núm. 93/2017) se reconoció el carácter de *numerus apertus* de los supuestos del artículo 88.2 LJCA, aunque también se señaló la excepcionalidad de invocar un interés casacional objetivo al margen de las circunstancias previstas en la norma.

47 "*En todo caso, corresponde a la parte que denuncia la vulneración de la jurisprudencia del Tribunal Supremo explicar por qué resulta conveniente la admisión del recurso para la formación objetiva de la jurisprudencia (arts. 88.1 y 89.2.f] LJCA)*" Auto del Tribunal Supremo (Sala de lo Contencioso-administrativo) 2 de febrero 2023, rec. núm 7/2023.

48 Así, se indica, en el Auto Tribunal Supremo (Sala de lo Contencioso-administrativo) de 8 de enero 2019, rec. núm. 4346/2018) cuando señala que "*adicionalmente, el artículo 89.2.f) de la LJCA exige que el escrito de preparación fundamente no solo los supuestos que permiten apreciar la concurrencia de interés casacional, sino también la conveniencia de un pronunciamiento del Tribunal Supremo en la cuestión planteada. Conveniencia que, cabe entender —conforme a la función nomofiláctica atribuida al recurso de casación—, se refiere al interés general y no al particular de la parte recurrente, toda vez que no se trata de una segunda o ulterior instancia de revisión judicial sobre el caso concreto*". En similar sentido, Auto Tribunal Supremo (Sala de lo Contencioso-administrativo) de 4 de abril 2019, rec. núm. 515/2018.

49 Por ejemplo, los casos del artículo 88.3 a).

bien por revisar los pronunciamientos que existan[50], o bien por confirmar el sentido de las sentencias que previamente haya dictado el Tribunal Supremo sobre la materia o cuestión objeto del recurso[51].

(iii) Ha de estar expresamente motivada.

El juicio de admisibilidad del recurso basado en su relevancia casacional ha de ser motivado. Al respecto, hay que tener presente que la decisión acerca de si procede o no la admisión del recurso no es una decisión cuyo contenido venga impuesta al órgano *ad quem* directamente por la norma, sino que es discrecional[52], es el resultado de la libertad de elección que la propia norma, el artículo 90, le reconoce. Por ello, no hay duda de que una decisión del órgano jurisdiccional en la que opta entre dos opciones legítimas, admitir o no admitir el recurso, requiere en nuestro ordenamiento una indicación de las razones y argumentos que justifican la decisión que se adopte[53], esto es, requiere una motivación expresa y adecuada.

Así, en aquellos casos en los que la existencia o no de alguna de las circunstancias del artículo 88.2 constituya el indicio sobre el que basar la apreciación sobre la concurrencia o no de interés casacional objetivo para formar jurisprudencia en la resolución impugnada, la resolución de la Sección de Admisión adoptará la forma de providencia sucintamente motivada, si decide la inadmisión, y de auto, si acuerda la admisión a trámite.

El Real Decreto-ley 5/2023, de 28 de junio ha introducido como novedad la necesidad de que la providencia de inadmisión deba ser sucintamente motivada por parte de la Sección de admisión más allá de limitarse simplemente a indicar, tal como prevé el artículo 90.4 d), la "*carencia en el recurso de interés casacional objetivo para la formación de jurisprudencia*", debiendo justificar, por tanto, las razones o argumentos que le han llevado a

---

50 A modo ejemplificativo los supuestos previstos en los apartados 2 f) y 3 b) del artículo 88.

51 Los casos del artículo 88. 2 b), e), f) y 3 b).

52 La Sentencia del Tribunal Supremo (Sala de lo Contencioso-administrativo) 16 de noviembre 2022, rec. núm 25/2022 indica al respecto que "*la formación del juicio sobre la conveniencia de la admisión del recurso desde el prisma del interés casacional objetivo constituye una valoración innegablemente dotada de un margen de apreciación discrecional*".

53 Para profundizar la necesidad y el alcance de la motivación en las decisiones discrecionales de los tribunales se puede ver Colomer Hernández, *La motivación de las sentencias: sus exigencias legales y constitucionales*, Tirant lo Blanch, Valencia, 2003, 438 págs..

apreciar la falta de relevancia casacional. Para un eficaz y eficiente funcionamiento del sistema de la casación, resulta muy conveniente que la Sección de admisión explique, de forma sucinta, las razones de su no admisión a trámite por considerar que no concurre interés casacional objetivo en el recurso preparado[54].

En los supuestos del apartado 3 del artículo 88, es decir en aquellos supuestos en los que concurra alguna de las circunstancias que permitan presumir la existencia de interés casacional objetivo, la inadmisión se acordará por auto motivado en el que se justificará que concurren las salvedades que en aquél se establecen.

Para facilitar la apreciación sobre la existencia de interés casacional en un concreto recurso de casación el legislador ha incluido en el apartado 2 del art. 88 un listado de circunstancias o indicios, que constituyen un *numerus apertus*[55], y cuya concurrencia permitirá y facilitarán a la Sección de admisión tomar su decisión respecto a la existencia del interés casacional[56].

En este sentido, debe tenerse en cuenta que estas circunstancias o indicios no son presunciones legales que exoneren al tribunal *ad quem* de su apreciación sobre el interés casacional, sino que simplemente le sirven para justificar su decisión permitiendo que se indique la existencia del mismo por la concurrencia de una o varias de las circunstancias legalmente reconocidas en el listado de ese precepto.

Por otra parte, en el artículo 88. 3 el legislador, en un intento de favorecer y permitir de forma objetiva la apreciación de relevancia casacional de los recursos que se preparen, ha incluido un listado de supuestos en los que se presume legalmente la existencia de interés casacional objetivo

---

54 Para, de este modo, ir produciendo un cuerpo de doctrina acerca de lo que no se considera que tenga un interés casacional objetivo, es decir, para ir transmitiendo a los operadores jurídicos una delimitación negativa de lo que se estima interés casacional, y no sólo una determinación positiva de lo que se considera interés casacional objetivo a través de la publicación en la web del Tribunal Supremo de los autos de admisión, tal como prevé el artículo 90.7.

55 Así, se reconoce, entre otros, en los Autos del Tribunal Supremo (Sala de lo Contencioso-administrativo) de 15 de febrero de 2019 (rec. núm. 22/2019); de 2 de febrero de 2018 (rec. núm. 5956/2017); de 7 de mayo de 2018 (rec. núm 738/2017); de 19 de diciembre 2019 (rec. núm. 485/2019) y de 22 de enero de 2021 (rec. núm. 521/2020).

56 Ver, el Auto del Tribunal Supremo, Sala de lo Contencioso-administrativo, de 5 de abril de 2017, rec. núm 628/2017.

para la formación de jurisprudencia[57]. Lo que supone que, en principio, cuando concurra alguna de las circunstancias del elenco legal procederá la admisión del recurso de casación[58], salvo que la Sección de admisión del Tribunal Supremo en los supuestos de las letras a), d) y e) aprecie que el asunto carece manifiestamente de interés casacional objetivo para la formación de la jurisprudencia en el caso en cuestión y en consecuencia lo inadmita por esa razón mediante auto motivado[59].

Dentro del listado del mencionado precepto se pueden distinguir dos clases de supuestos: de un lado, los casos en los que existe una presunción legal *iuris et de iure* de existencia de interés casacional y que consecuentemente habrán de ser admitidos una vez constatada la concurrencia de la circunstancia prevista en alguna de la letras b) o c) del artículo 88.3; y de otro lado, los casos en que alegada la concurrencia de alguno de los supuestos de las letras a), d) o e) en los que la presunción legal podrá ser vencida por apreciación contraria de la Sección de admisión sobre la existencia del interés casacional expresada mediante auto motivado de inadmisión del recurso de casación preparado.

La reforma operada en el precepto por el Real Decreto-ley 5/2023 ha introducido un nuevo supuesto de presunción de interés casacional. En concreto, se presumirá el interés casacional cuando la resolución que vaya a ser objeto de recurso de casación se aparte de la jurisprudencia existente de modo inmotivado pese a haber sido citada en el debate o ser doctrina asentada[60]. Los dos elementos que han de concurrir para aplicar esta nueva presunción de interés casacional son: (i) Que haya una falta de motivación o justificación de la decisión jurisdiccional que se aparte de la jurisprudencia vigente en relación con el objeto litigioso; (ii) Que la jurisprudencia de la que se aparte la resolución recurrida en casación haya sido

---

57 Ver, Auto del Tribunal Supremo (Sala de lo Contencioso-administrativo) de 10 de mayo 2017, rec. núm. 1150/2017.

58 Ver, Auto del Tribunal Supremo (Sala de lo Contencioso-administrativo) de 8 de marzo 2017, rec, núm. 75/2017.

59 Ver, Auto del Tribunal Supremo (Sala de lo Contencioso-administrativo) de 21 de junio 2019, rec. núm. 2415/2019

60 Esta posibilidad, que en la actualidad ya es derecho positivo tras la reforma de 2023, se venía aceptando de forma excepcional por el Tribunal Supremo (entre otros en los Autos del Tribunal Supremo (Sala de lo Contencioso-Administrativo) de 23 septiembre 2021, rec. núm. 6253/2020; de 25 febrero 2020, rec. núm. 3684/2019).

introducida en el debate por las partes[61] o bien sea una doctrina asentada y conocida[62]

4. GRAVAMEN DEL RECURRENTE Y TUTELA DEL *IUS LITIGATORIS*

La legitimación activa para recurrir en casación corresponde a cualquiera de las partes en el procedimiento contencioso-administrativo en el que se haya dictado la resolución recurrida. De modo que, el "*interés casacional objetivo que constituye la piedra angular del nuevo recurso de casación no desplaza ni sustituye el interés de las partes procesales en obtener la satisfacción de su derecho, ni por ende convierte la casación en un recurso abstracto o puramente dogmático o doctrinal, sino que en cierta medida se superpone a él, complementándolo*"[63].

La parte que recurra deberá ser perjudicada por la decisión adoptada por el órgano jurisdiccional[64]. Es decir, en otras palabras, la legitimación activa se reconoce a la parte en el proceso que sufra un gravamen por la adopción de la resolución impugnada[65].

61 Por tanto, en el escrito de preparación el recurrente deberá acreditar que, en el seno del procedimiento de instancia se ha introducido por el mismo o por la contraparte, una cita expresa de la doctrina jurisprudencial que se considera infringida por el órgano *a quo* sin haber justificado el apartamiento del sentido de la misma en la resolución objeto de recurso.

62 La exigencia de que sea doctrina jurisprudencial asentada y conocida impide, a mi juicio, que se pueda aplicar esta nueva presunción en aquellos casos en los que sólo haya un pronunciamiento del Tribunal Supremo, y en los que excepcionalmente se ha admitido su alegación al amparo de la presunción contenida en este apartado en su redacción originaria de la reforma de 2015 (por ejemplo, como ha ocurrido con el Auto del Tribunal Supremo (Sala de lo Contencioso-Administrativo) de 2 febrero 2023, rec. núm. 909/2022).

63 Auto del Tribunal Supremo (Sala de lo Contencioso-administrativo) 31 enero 2018, rec. núm. 1193/2017.

64 "*Que en principio el derecho a recurrir solo lo tienen "los afectados desfavorablemente" por las resoluciones judiciales, en el bien entendido de que el perjuicio solo lo ocasiona la parte dispositiva y no los meros razonamientos de las resoluciones*" Auto del Tribunal Supremo (Sala de lo Contencioso-administrativo) 5 junio 2019, rec. núm. 124/2019.

65 La Sala Tercera reconoce de forma excepcional la legitimación para recurrir en casación frente a sentencias estimatorias de las pretensiones ejercitadas, siempre que de los razonamientos contenidos en la motivación pueda derivarse un gravamen real, actual y directo para la parte que vaya a recurrir. En concreto, "*para que esa legitimación pueda reconocerse será preciso que en el supuesto examinado concurran circunstancias de entidad suficiente como para no poder descartar, a priori, la existencia de*

El Tribunal Supremo ha negado la posibilidad de comparecer a quienes pretendieran formular alegaciones generales sobre la cuestión litigiosa objeto de interpretación sin ostentar la condición de parte legítima en el proceso. Al respecto, el Auto de 31 enero 2018, rec. núm. 1193/2017 señala que "*la nueva ordenación de la casación ponga el énfasis en el llamado ius constitutionis, con cierta relegación o relativización del ius litigatoris, no autoriza a configurar el recurso de un modo abstracto o desvinculado de los concretos intereses legítimos en debate. Significa que el interesado —quien realmente lo sea en el proceso de que se trate—, además de pretender la satisfacción de su derecho eventualmente vulnerado por la sentencia o auto que se recurre en casación, ha de justificar también que el asunto presenta interés casacional objetivo para la formación de jurisprudencia, que es un interés que, obviamente, no está en sus solas manos y trasciende el ámbito de sus intereses*".

La cuestión que se planteó con la entrada en vigor de la reforma de 2015 fue si, tras el cambio de la casación, se había modificado el modelo de tutela y, en consecuencia, había desaparecido de entre las finalidades de este recurso la protección del *ius litigatoris* reservándose exclusivamente para proteger el *ius constitutionis* manifestado en la función nomofiláctica y uniformadora que desarrolla siempre que el recurso presentase interés casacional objetivo para la formación de jurisprudencia.

Al respecto, una gran parte de la doctrina consideró que el cambio en el modelo de casación había postergado, cuando no directamente había hecho desaparecer[66], la protección del *ius litigatoris* en aras a promover el *ius constitutionis*[67]. Esta opinión, extendida en la doctrina[68], fue consecuencia

---

un gravamen real, cierto y actual para el recurrente, en su esfera personal o patrimonial, que derive directa y objetivamente de la fundamentación jurídica de esa sentencia estimatoria. En el bien entendido de que el referido gravamen tendrá que derivar directamente de declaraciones de la sentencia que tengan por ciertos y acreditados determinados datos o apreciaciones, no siendo suficiente a tal efecto pretender afirmar la concurrencia del gravamen con base exclusiva en meras argumentaciones discursivas o hipotéticas que la sentencia pudiera contener" (Auto del Tribunal Supremo (Sala de lo Contencioso-administrativo) 5 diciembre 2019, rec. núm. 481/2019).

66 Sobre la base de que el Preámbulo de la LO 7/2015 de reforma de la LOPJ expresamente indicaba que "*con la finalidad de que la casación no se convierta en una tercera instancia, sino que cumpla estrictamente su función nomofiláctica, se diseña un mecanismo de admisión de los recursos basado en la descripción de los supuestos en los que un asunto podrá acceder al Tribunal Supremo por concurrir un interés casacional*".

67 Ver, Fernández Farreres, *op. cit.*, pág. 27.

68 Ver, Córdoba Castroverde, *op. cit.*, pág. 14

de centrar el análisis en el cambio producido en el modelo de admisión del recurso, y en concreto en la instauración del criterio del interés casacional objetivo.

Sin embargo, a mi juicio como defendí en su momento[69], este entendimiento no tomaba en consideración que, una vez pasado el juicio de admisibilidad, el recurso de casación sirve naturalmente para la tutela de los derechos e intereses de las partes como demuestra el hecho de que el nuevo artículo 87 bis exija que las pretensiones de las partes deban dirigirse a la anulación, total o parcial, de la resolución recurrida en cuanto generadora de un gravamen a las mismas. En este sentido, no debe olvidarse que la propia naturaleza del recurso de casación, y en particular el hecho de ser un recurso extraordinario[70], se vincula con la defensa y tutela del interés de las partes perjudicadas por la resolución.

Este carácter extraordinario del recurso sólo permite hacer valer aquellas infracciones procesales o de fondo en las que pueda haber incurrido el órgano jurisdiccional al dictar la resolución que es objeto de recurso, o cometidas durante la tramitación del procedimiento, siempre que se haya producido un gravamen o perjuicio al recurrente y siempre que, además, como novedad de la reforma de 2015, el recurso presente interés casacional objetivo para la formación de jurisprudencia. De manera que en el actual recurso de casación el carácter extraordinario proviene no tanto del carácter taxativo de los motivos previstos en la norma, sino de la necesaria concurrencia, y consecuente apreciación, de un interés casacional objetivo del recurso para formar jurisprudencia sobre el tema debatido[71].

---

69 Ver, Colomer Hernández, "El nuevo recurso de casación" en *Tratado de la Jurisdicción Contencioso-administrativa*, Palomar Olmeda (dir.), Tomo II, Thomson-Reuters Aranzadi, Cizur Menor, 2017, págs. 463-497.

70 Así lo ha reconocido el Tribunal Constitucional en su Auto 41/2018, de 16 de abril (ATC 2018, 41).

71 El Auto del Tribunal Supremo (Sala de lo Contencioso-administrativo) 26 septiembre 2018, rec. núm. 2475/2018 destaca que *"el actual recurso de casación se aparta del caso concreto y de la solución particularizada y se dirige a la solución de situaciones problemáticas generales y potencialmente relevantes para un gran número de situaciones, de modo que sólo se puede estimar presente un interés casacional objetivo para la formación de jurisprudencia cuando la interpretación normativa pretendida por la parte tiene una proyección significativa para una multitud de circunstancias presentes y, en particular, futuras, sirviendo así el principio de seguridad jurídica exigido por el art. 9.3 de la CE"*. En similar sentido, el Auto del Tribunal Supremo (Sala de lo Contencioso-administrativo) 1 febrero 2023, rec. núm. 519/2022.

En todo caso, la defensa del *ius constitutionis* debe materializarse atendiendo al concreto objeto del proceso[72], esto es, como expresamente señala el Tribunal Supremo "*el interés casacional que abre la puerta del recurso de casación es, pues, un interés casacional" objetivo", pero que a la vez ha de fundamentarse "con singular referencia al caso*"[73].

Y, por tanto, "*no cabe que el recurso de casación se desvincule del caso concreto objeto de enjuiciamiento, pues aún la función principal nomofiláctica asignada no debe hacerse en abstracto, de manera ajena a la controversia surgida entre las partes y resuelta en la sentencia impugnada, en tanto que, como se ha dicho en pronunciamientos anteriores, de otra manera se convertiría el Tribunal Supremo en órgano consultivo, y se subvertiría la naturaleza de las sentencias trocándolas en meros dictámenes, por ello, las interpretaciones de las normas jurídicas y la doctrina que emane debe tener como obligado punto de referencia el caso concreto que se enjuicia, lo que descubre un elemento de utilidad, pues el pronunciamiento que se dicte sirve en cuanto da satisfacción a los intereses actuados que han desembocado en el recurso de casación, de suerte que no procede fijar doctrina jurisprudencial en abstracto, desconectada del caso concreto, por lo que no ha lugar a entrar sobre aspectos de la cuestión de interés casacional que, por irreales, resulten ajenos e irrelevantes para resolver el caso concreto*" (Sentencia del Tribunal Supremo (Sala de lo Contencioso-administrativo) 23 diciembre 2022, rec. núm 1763/2021).

La nueva regulación de la casación no contiene con carácter expreso ninguna mención a la necesidad o no de gravamen para legitimar al recurrente, por lo que, en principio, esa exigencia se mantiene y, en consecuencia, la parte que vaya a recurrir en casación debe haber sufrido un gravamen que le legitime para pedir la anulación, total o parcial, de la resolución recurrida (artículo 87. bis. 2).

---

72 La Sentencia del Tribunal Supremo (Sala de lo Contencioso-administrativo) de 4 de mayo 2019, rec. núm 3457/2017 establece que "*por más que el nuevo régimen del recurso de casación obligue a la Sala sentenciadora de este Tribunal Supremo a fijar la interpretación de las normas aplicables (artículo 93.1 de la Ley de esta Jurisdicción), esa labor hermenéutica no puede prescindir en modo alguno del objeto del litigio en los términos que derivan de la actuación administrativa recurrida y de las pretensiones ejercitadas por las partes*".

73 "*El interés casacional que abre la puerta del recurso de casación es, pues, un interés casacional" objetivo", pero que a la vez ha de fundamentarse "con singular referencia al caso*" (Auto del Tribunal Supremo, Sala de lo Contencioso-administrativo, 9 marzo 2022, rec. núm. 58/2022). En similar sentido, los Autos del Tribunal Supremo (Sala de lo Contencioso-administrativo) 19 enero 2017, rec. núm. 273/2017; de 4 de febrero de 2018 rec. núm. 552/2018 y de 14 de noviembre de 2018, rec. núm. 2955/2018.

En este sentido, la Sala de lo Contencioso-administrativo del Tribunal Supremo ha reconocido expresamente que "*este interés casacional objetivo que constituye la piedra angular del nuevo recurso de casación no desplaza ni sustituye el interés de las partes procesales en obtener la satisfacción de su derecho, ni por ende convierte la casación en un recurso abstracto o puramente dogmático o doctrinal, sino que en cierta medida se superpone a él, complementándolo*"[74].

Sin embargo, no debe perderse de vista que la necesidad de un gravamen para legitimar al recurrente se encuentra en la actualidad un poco más difuminada de como tradicionalmente se ha venido exigiendo y conceptuando. Toda vez que el Tribunal Constitucional ha reconocido el derecho al recurso a una persona no en relación con un perjuicio derivado del fallo de una sentencia, sino por los perjuicios derivados de la argumentación contenida en la fundamentación o motivación de la sentencia recurrida[75].

A raíz de ello, se ha producido un debate en el seno del Tribunal Supremo para determinar si es posible o no el recurso cuando el fallo resulta favorable, o, en otros términos, si es posible la existencia de un gravamen derivado de la fundamentación y no de la decisión contenida en el fallo.

La Sala Tercera no se muestra proclive a aceptar la posibilidad de recurso cuando no haya gravamen derivado del fallo[76], y por esta razón parece que debe mantenerse la necesidad de que el motivo de casación alegado, concretado a las infracciones del ordenamiento o de la jurisprudencia que se estimen cometidas, esté encaminado a obtener la anulación de la deci-

---

74 Auto del Tribunal Supremo (Sala de lo Contencioso-administrativo) de 31 enero 2018, rec. núm. 1193/2017.

75 En efecto, ya desde la Sentencia del Tribunal Constitucional núm. 157/2003, de 15 septiembre (RTC 2003, 157) se ha establecido que "es perfectamente imaginable la existencia de supuestos en los que las declaraciones de la *resolución judicial, contenidas en su fundamentación jurídica, generen un perjuicio para el recurrente, con independencia absoluta del contenido de tal parte dispositiva. Y, sobre esta base, no existe razón alguna para negar, con carácter general, que la vía de los recursos pueda ser utilizada para la impugnación de aquellas declaraciones, so pretexto de una pretendida concepción de los recursos como limitados a aquellas pretensiones que tengan por objeto la alteración de la parte dispositiva de la resolución judicial recurrida, concepción limitada que no encuentra un fundamento jurídico que la sostenga*" (F. 7°).

76 Ver, entre otros, el Auto del Tribunal Supremo (Sala de lo Contencioso-administrativo) 3 de octubre 2018, rec. núm. 298/2018.

sión *a quo* en cuanto generadora de un gravamen o perjuicio. Y es que la Sala expresamente ha negado la posibilidad de recurrir frente a contenidos de la sentencia recurrida que no formen parte de su fallo, es decir, se ha negado la posibilidad de que los pronunciamientos *obiter dicta* puedan ser objeto del recurso de casación contencioso-administrativo[77].

Sin embargo, de forma excepcional[78] la Sala de lo Contencioso-administrativo ha admitido que pueda recurrirse en casación sentencias con fallo estimatorio de las pretensiones de la parte "*cuando su fundamentación jurídica ocasione al recurrente un gravamen real, actual y directo. En este sentido, es importante precisar que el gravamen que justificaría la aplicación de la excepción es algo conceptualmente distinto del mero interés por la legalidad que pudiera tener el recurrente o de la simple discrepancia que pudiera mantener éste con las declaraciones incorporadas a la referida fundamentación; y, asimismo, que tampoco podría entenderse justificada la aplicación de la excepción cuando el gravamen alegado por el recurrente fuera, en realidad, meramente hipotético, potencial, abstracto o conjetural*"[79].

En consecuencia, para acreditar la legitimación activa no sólo se debe incluir que se ha ostentado la condición de parte en la instancia, sino que además debe indicarse la condición de perjudicado por la resolución que

---

77 "*Que en principio el derecho a recurrir solo lo tienen "los afectados desfavorablemente" por las resoluciones judiciales, en el bien entendido de que el perjuicio solo lo ocasiona la parte dispositiva y no los meros razonamientos de las resoluciones*" Auto del Tribunal Supremo (Sala de lo Contencioso-administrativo) 5 junio 2019, rec. núm. 124/2019.

78 La Sala Tercera reconoce de forma excepcional la legitimación para recurrir en casación frente a sentencias estimatorias de las pretensiones ejercitadas, siempre que de los razonamientos contenidos en la motivación pueda derivarse un gravamen real, actual y directo para la parte que vaya a recurrir. En concreto, "*para que esa legitimación pueda reconocerse será preciso que en el supuesto examinado concurran circunstancias de entidad suficiente como para no poder descartar, a priori, la existencia de un gravamen real, cierto y actual para el recurrente, en su esfera personal o patrimonial, que derive directa y objetivamente de la fundamentación jurídica de esa sentencia estimatoria. En el bien entendido de que el referido gravamen tendrá que derivar directamente de declaraciones de la sentencia que tengan por ciertos y acreditados determinados datos o apreciaciones, no siendo suficiente a tal efecto pretender afirmar la concurrencia del gravamen con base exclusiva en meras argumentaciones discursivas o hipotéticas que la sentencia pudiera contener*" (Cfr. Auto del Tribunal Supremo (Sala de lo Contencioso-administrativo) 5 diciembre 2019, rec. núm. 481/2019).

79 Auto Tribunal Supremo (Sala de lo Contencioso-administrativo) 5 de junio 2019, rec. núm. 124/2019.

se va a recurrir, esto es, deberá indicarse el gravamen o perjuicio que la sentencia o auto le provoca[80].

En este sentido, el recurrente para poder conseguir, en su caso, una adecuada tutela del *ius litigatoris* debe incluir en su recurso una correcta información sobre el gravamen sufrido, que permita identificar de manera clara y precisa si el perjuicio causado por la resolución recurrida deriva de su fallo o de la argumentación contenida en su motivación, o de ambas. Y en este suministro de la información sobre el gravamen sufrido, el recurrente estará limitado, de una parte, por el concreto objeto del proceso y las circunstancias concurrentes en el caso; y de otra parte, en relación con el gravamen que pudiere haberle producido la justificación de la decisión, por la necesidad de acreditar que el perjuicio derivado de la fundamentación jurídica contenida en la motivación resulta real, actual y directo, al margen de un eventual gravamen producido por la decisión contenida en el fallo.

---

80 Auto del Tribunal Supremo (Sala de lo Contencioso-administrativo) 5 junio 2019, rec. núm. 124/2019.

Roles jurídicos de la mujer víctima de acoso en los expedientes disciplinarios previos al proceso administrativo

JUAN-LUIS GÓMEZ COLOMER
Catedrático de Derecho Procesal
Universidad Jaume I de Castellón

SUMARIO: 1. INTRODUCCIÓN: UNA GRAVE DESCONSIDERACIÓN JURÍDICA CON LA MUJER. 2. EL TREMENDO OLVIDO DEL ESTATUTO DE LA VÍCTIMA: UNA PROPUESTA DE REGULACIÓN. 3. LA JURISPRUDENCIA MAYORITARIA CONTRARIA, HASTA AHORA. 4. LA LEGISLACIÓN CLÁSICA, SU INCONSTITUCIONALIDAD Y LAS NUEVAS REFORMAS. 5. UNA ESPERANZA: LA SENTENCIA DEL TRIBUNAL SUPERIOR DE JUSTICIA DE LA COMUNIDAD VALENCIANA (SALA DE LO CONTENCIOSO-ADMINISTRATIVO) NÚM. 416/2021 Y SU ACEPTACIÓN INDIRECTA POR EL TRIBUNAL SUPREMO. 6. NUESTRA POSICIÓN FAVORABLE A OTORGAR A LA VÍCTIMA LA CUALIDAD DE PARTE EN ESTOS CASOS, CON BASE EN LA LEGISLACIÓN SOBRE IGUALDAD. 7. CONCLUSIÓN. BIBLIOGRAFÍA.

1. INTRODUCCIÓN: UNA GRAVE DESCONSIDERACIÓN JURÍDICA CON LA MUJER

En España enfrentamos una grave desconsideración jurídica con la mujer, pues no goza indubitadamente de la condición de parte en el expediente administrativo sancionador en el que ha sido víctima de acoso sexual, acoso laboral o tratos vejatorios y degradantes. Estamos ante una clara vulneración de varios principios constitucionales. Podemos estar en la vía de su remedio, pero falta más voluntad y sobre todo faltan normas más claras[1].

---

1 He tratado este tema en Gómez Colomer, J. L., *La inconstitucional desprotección administrativa de la mujer-víctima de hechos delictivos e ilícitos de acoso sexual, acoso laboral o trato vejatorio y degradante, cometidos por su superior jerárquico funcionario público*, en Manuel Jesús Dolz Lago / Juan-Luis Gómez Colomer (Coords.), "La lucha por la Justicia y el Derecho en el siglo XXI. In Memoriam del Magistrado Rafael Salvador Manzana Laguarda", Ed. Sepin, Madrid 2017, págs. 273 a 310; Gómez Colomer, J. L., *Tres graves falencias del Estatuto de la Víctima del Delito cuando la mujer es víctima de violencia doméstica, de género, de tratos vejatorios y humillantes, o de delitos contra la libertad e indemnidad sexuales*, en Montserrat de Hoyos Sancho (Dir.), "La víctima del

Vayamos por partes. El Estatuto de la Víctima del Delito de 2015[2] no ha resuelto, no ha querido o no ha podido resolver un problema real, muy trascendental, que afecta a la mujer que es víctima de delitos de violencia doméstica, de violencia de género, de tratos vejatorios y humillantes, o de delitos contra la libertad e indemnidad sexuales (acoso sexual, agresión sexual, abuso sexual, acoso laboral, etc.), siendo su agresor un funcionario público superior jerárquico: La negación de su condición de parte en el procedimiento administrativo sancionador, es decir, en el expediente disciplinario previo, cuando esos delitos constituyan también faltas disciplinarias (lo que ocurre prácticamente siempre), se haya iniciado o no antes del proceso penal. En mi opinión, es un error muy determinante. Creo sinceramente que no ha querido resolverlo, como intentaré demostrar en esta contribución.

Antes de entrar en este relevante tema jurídico, para que pueda constatarse sin duda alguna la importante sorpresa que produce que el Estatuto de la Víctima no haya regulado este tema, atendamos al listado general de derechos de las víctimas, es decir, considerando todas las normas aplicables, efectivamente regulados, un catálogo impresionante por cierto[3]:

1°) *Los derechos fundamentales no procesales de la víctima*, que serían:

a) Dignidad (art. 10.1 CE).

b) Honor (art. 18.1 CE).

c) Integridad física o moral (art. 15 CE).

d) Intimidad personal y familiar (art. 18.1 CE).

e) Propia imagen (art. 18.1 CE).

2°) *Los derechos fundamentales procesales de la víctima*, incidiendo varios de ellos en el proceso penal español:

a) Derecho a ser parte procesal (arts. 24.1 y 125 CE).

---

delito y las últimas reformas procesales penales", Editorial Aranzadi, Pamplona 2017, págs. 23 a 46; y Gómez Colomer, J. L., *La victimización secundaria de la mujer que ha sufrido acoso sexual, acoso laboral o tratos vejatorios y degradantes, a cargo de su superior jerárquico funcionario público, en el procedimiento administrativo sancionador*, en e-Eguzkilore. Revista electrónica de Ciencias Criminológicas, 2017, págs. 1 a 25.

2 Ley 4/2015, de 27 de abril, del Estatuto de la víctima del delito (BOE del 28), entrada en vigor el 28 de octubre de 2015.

3 Ampliamente, Gómez Colomer, J. L., *Estatuto Jurídico de la Víctima del Delito* (2ª ed.). Ed. Thomson Reuters-Aranzadi, Cizur Menor-Pamplona, 2015, págs. 234 y ss.

b) Derecho a la tutela judicial efectiva (art. 24.1 CE).

c) Derecho a la igualdad (art. 14 CE).

d) Derecho a ser informada de sus derechos (art. 24.1 CE).

e) Derecho a la asistencia gratuita de abogado y procurador (arts. 24.2 y 119 CE).

f) Derecho a ser oída (arts. 24.1 y 24.2 CE).

g) Derecho a la prueba (art. 24.2 CE).

h) Derecho a la reparación, mediante indemnización, restitución o instituciones de la Justicia restaurativa (art. 24.1 CE).

i) Derecho a la asistencia y apoyo (art. 24.1 CE).

j) Derecho a la protección de datos (art. 18.4 CE).

3°) *Los derechos ordinarios no procesales de la víctima*, que no se aplican a todas las víctimas y sólo en tanto en cuanto la legislación lo prevea expresamente:

a) Trabajo.

b) Vivienda.

c) Paro.

d) Protección.

e) Asistencia médica, social y jurídica.

f) Ayudas educativas.

g) Respeto.

h) Reconocimiento.

4°) *Los derechos ordinarios procesales de la víctima*:

a) Derecho de información.

b) Derecho a la asistencia.

c) Derecho a la protección.

d) Derecho a la participación.

e) Derecho a la reparación.

Todos estos últimos derechos tienen un contenido particularizado en la propia Ley 4/2015, de 27 de abril, del Estatuto de la Víctima del Delito, cit.

(a partir de ahora, abreviada LEstVict), y en la reforma de la LECRIM que implicó. Algunos de ellos han sido mejorados o completados por las Disposiciones Finales Primera y Novena de la Ley Orgánica 10/2022, de 6 de septiembre, de garantía integral de la libertad sexual (conocida como "Ley del sólo sí es sí"); y por el art. 101 del Real Decreto-ley 6/2023, de 19 de diciembre, por el que se aprueban medidas urgentes para la ejecución del Plan de Recuperación, Transformación y Resiliencia en materia de servicio público de justicia, función pública, régimen local y mecenazgo. Tampoco debemos olvidar el fundamento jurídico europeo de los derechos de la víctima, una legislación notable[4].

Sin entrar en el detalle, ni citar los artículos pertinentes, éste sería el contenido:

1) Derechos no procesales:

1º) Derecho a no ser molestada por abogados y procuradores en búsqueda fácil de clientes cuando sea víctima de una catástrofe, calamidad pública o sucesos con elevado número de víctimas que puedan constituir delito.

2º) Derecho de acceso a los servicios de asistencia y apoyo.

2) Derechos procesales penales:

1º) Derecho a entender y ser entendida en las actuaciones procesales penales desde la interposición de la denuncia.

2º) Derecho a la información desde el primer contacto con las autoridades competentes desde el momento previo a la presentación de la denuncia.

3º) Derechos específicos de la víctima como denunciante a obtener un resguardo validado y a la asistencia lingüística gratuita y a la traducción escrita.

4º) Derecho a recibir información sobre la causa penal.

5º) Derecho a la traducción e interpretación.

6º) Derecho de la víctima a participar en el proceso penal como parte ejerciendo la acción civil e interponiendo la pretensión penal:

A) Como parte procesal:

---

4 Se puede consultar en Gómez Colomer, J. L., *Estatuto Jurídico de la Víctima del Delito*, *cit.*, págs. 169 y ss.

a') Derecho a una participación activa en el proceso penal como parte penal y civil.

b') Derecho al reembolso de gastos.

c') Derecho a la Justicia restaurativa.

d') Derecho a la Justicia gratuita.

B) Sin ser parte:

a') Derecho a que se le comunique el auto de sobreseimiento y a impugnarlos.

b') Derecho a recurrir resoluciones dictadas durante la ejecución de la pena.

c') Derecho a presentar denuncias en España siendo extranjero por delito cometido en el extranjero.

C) Sea o no sea parte:

a') Derecho a la protección física.

b') Derecho a que se evite el contacto entre víctima e infractor.

c') Derecho a protecciones específicas durante la fase de investigación del crimen.

d') Derecho a la protección de la intimidad.

3) Derechos procesales no penales: Devolución de bienes, en razón de título de propietario, tanto si ha sido parte como si no.

Es importante observar, por lo que más adelante diré, que el Estatuto de la Víctima del Delito ha regulado también derechos que no tienen aplicación en el proceso penal, sino precisamente fuera de él.

Parece, pues, que en este amplio catálogo están todos los derechos de la víctima, pero no es así.

2. EL TREMENDO OLVIDO DEL ESTATUTO DE LA VÍCTIMA: UNA PROPUESTA DE REGULACIÓN

Pues bien, de ese listado, insistimos, impresionante, de derechos de las víctimas del delito, resulta altamente sorprendente constatar que el Estatuto de la Víctima de 2015 ha olvidado (¿conscientemente?) mejorar la situación jurídica de la víctima del delito que lo es también de una falta administrativa en un expediente disciplinario abierto por una administración pública, por ejemplo, una universidad, contra su agresor, funcionario público[5].

El problema se da cuando la víctima de delitos de violencia doméstica, de violencia de género, de tratos vejatorios, humillantes, intimidantes, amenazas y vejaciones injustas, sin perjuicio de otros (como el abuso de autoridad en el ejercicio del cargo, la grave desconsideración con subordinados, o la coartación de la libertad), o de delitos contra la libertad e indemnidad sexuales (acoso sexual, acoso sexual ambiental, acoso por razón de sexo, agresión sexual, abuso sexual, acoso laboral por ser mujer, etc.), tiene una relación de dependencia jerárquica respeto a su agresor, funcionario público, porque al constituir esos hechos punibles también infracciones muy graves o graves de naturaleza administrativa, están siendo valorados y fijados por la Administración en procedimientos sancionadores en los que la propia Administración es juez y parte, cuando el autor del delito sexual, o de los delitos de abuso y acoso sexual, acoso laboral o tratos degradantes y humillantes, varios delitos distintos en el Código Penal (arts. 178, 179, 181, 180, 184.1, 184.2, 173.1 y 173.2, respectivamente, entre otros), es un funcionario y la mujer es o funcionaria, o contratada (o estudiante por ejemplo), que está en relación jerárquica de dependencia con el autor del delito porque es su jefe o su superior jerárquico (o su maestro o profesor).

La cuestión a la que me refiero, insisto, de gravedad extrema, es que no se reconoce en forma indubitada, más bien se niega en la mayor parte de las ocasiones, al menos hasta ahora, a la víctima ser parte en el procedimiento administrativo sancionador contra su verdugo, acosador, agresor o violador, porque las leyes administrativas nada dicen al respecto expresamente. Es cierto que las nuevas sensibilidades de cara a la protección de la mujer, muy extendidas ya socialmente sobre todo tras la legislación de igualdad entre hombres y mujeres, y de protección a las víctimas de la violencia de género aprobadas en España en los últimos años[6], deberían permitir como sostenemos en este artículo una solución positiva para la víctima mujer, autorizándola a ser parte en el procedimiento, al igual que

---

5 Más ampliamente sobre este punto concreto, v. Gómez Colomer, J. L.: *La inconstitucional desprotección administrativa de la mujer-víctima de hechos delictivos e ilícitos de acoso sexual, acoso laboral o trato vejatorio y degradante, cometidos por su superior jerárquico funcionario público, cit.*, págs. 273 y ss.

6 Básicamente, la Ley Orgánica 3/2007, de 22 de marzo, para la igualdad efectiva de mujeres y hombres; y la Ley Orgánica 1/2004, de 28 de diciembre, de Medidas de Protección Integral contra la Violencia de Género, ésta citada *supra*.

respecto a sus seres más cercanos, por ejemplo, sus padres, que tienen un máximo interés en que la dignidad de su hija víctima sea restablecida cuanto antes. Pero se trata de que la norma sea clarísima, para que la nueva realidad impregne a todos los máximos responsables de la gestión pública, y eso es harina de otro costal.

Lamentablemente, la Administración española sigue viendo a la mujer-víctima como una intrusa, la considera carente de interés jurídico en el procedimiento por no ser "interesado", lo que en sí mismo no sólo choca frontalmente contra esa legislación, sino que es además una aberración jurídica, pues no se le deja participar en un procedimiento en el que se va a dilucidar sobre los hechos que ella misma ha sufrido, o sea, es precisamente la persona que más interés jurídico puede tener en contribuir como parte a una justa decisión. La excusa de que la administración vela por otros intereses no se sostiene (v. *infra*).

En nuestra opinión, la mujer que voluntariamente lo desee, puede ser admitida sin reparo alguno y ser considerada como parte en el procedimiento administrativo sancionador abierto en contra de su agresor, funcionario público superior suyo.

Si releemos el amplísimo catálogo de derechos de las víctimas en el proceso penal que ahora rige en España, sea o no sea parte en el mismo, recogido *supra*, y nos preguntamos cuál es la situación de esa misma víctima si coetáneamente hay de por medio un procedimiento administrativo, esté o no paralizado aún por el proceso penal, la respuesta que observamos es que su situación jurídica en absoluto puede compararse con los deseos y realidades del Estatuto, no siendo nada favorable.

Así es. Sabedor quien escribe estas líneas de que el Proyecto de Estatuto de la Víctima del Delito no resolvía el problema que ahora nos ocupa, a pesar de la enorme extensión que implicaba en el proceso penal respecto a los derechos de la víctima que no deseaba ser parte en el mismo, como acabamos de ver, y teniendo en cuenta la doctrina del Tribunal Constitucional que citaré *infra* en este escrito, propuse al Senado por canales oficiales y en plazo oportuno, al comprobar que no había nada de ello en el texto aprobado por el Congreso de los Diputados, que se estudiara el texto que a continuación cito para ayudar a resolver de una vez esta delicada cuestión.

Corría el año 2014 y se trataba de que el futuro Estatuto de la Víctima del Delito contuviera una norma en la que se dijera para los procedimientos administrativos sancionadores contra los autores condenados de esos delitos, lo siguiente:

"Artículo ... (Participación de la mujer víctima en el expediente administrativo sancionador incoado contra su agresor).
1. Los derechos garantizados en esta Ley se extenderán a las mujeres víctimas de hechos ilegítimos causados por funcionarios que hayan dado lugar a expedientes administrativos sancionadores, ya sea en su fase informativa, previa, o de cualquier otra naturaleza, ya sea en el propio expediente sancionador, así como a las víctimas indirectas a que se refiere este Estatuto, además de a aquellos interesados que acrediten un interés legítimo, como los padres o hermanos de la víctima, siempre que ésta haya denunciado los hechos en vía administrativa y pida expresamente por escrito ser parte en el expediente.
2. En todo caso y no siendo parte, la mujer víctima será oída antes de dictarse el correspondiente pliego de cargos, pudiendo alegar por escrito lo que a sus derechos e intereses más convenga.
3. Podrá también, sin necesidad de haber sido parte previa, recurrir en vía administrativa o jurisdiccional la decisión del expediente que formule la autoridad administrativa y le perjudique, que le será notificada personalmente.
4. Las víctimas de hechos ilegítimos e infracciones de naturaleza sexual, de acoso sexual directo o ambiental, de acoso por razón de sexo, de acoso laboral, o de maltrato funcionarial o laboral, que no puedan ser perseguidos en la vía penal o que ya lo hayan sido con resultado condenatorio del autor, o absolutorio pero con reconocimiento en la sentencia penal de que los hechos han existido pero no alcanzan la gravedad que el Derecho Penal exige para ser considerados como delito, tendrán derecho a pedir la medida cautelar de alejamiento del autor de la infracción, entre otras medidas cautelares posibles, durante la tramitación del expediente, desde su inicio con carácter informativo hasta el final. La autoridad judicial administrativa la acordará en función de la gravedad de los hechos.
5. En caso de condena penal firme del autor de las agresiones a que hace referencia este precepto que sea funcionario, los hechos declarados probados en la sentencia penal vincularán a la autoridad administrativa cuando se reabra el expediente que quedó paralizado en virtud de las normas procesales penales. La reapertura del expediente se hará de oficio por la autoridad administrativa una vez se le notifique la firmeza de la sentencia penal por el tribunal competente, sin perjuicio de que lo sea a instancia de la víctima.
6. La alteración, modificación o ignorancia de los hechos probados penales de condena por el responsable administrativo en la resolución que ponga fin al expediente administrativo sancionador, constituirán delito de prevaricación y de desobediencia de acuerdo con el Código Penal."

Naturalmente, estábamos ante una mera propuesta que, aunque muy fundada, debía ser discutida y depurada en los distintos foros jurídicos competentes.

Dos observaciones adicionales: Si en un futuro se tomase en consideración y se garantizara lo esencial de la misma, la mujer víctima de un autor funcionario superior condenado penalmente se sentiría verdaderamente mucho más protegida en el ámbito administrativo y no tendría que luchar, injustamente, contra dos agresores, contra el autor del delito que la ha victimizado primariamente, y contra la poderosa Administración que la está victimizando secundariamente.

Finalmente, que esta norma sea de naturaleza administrativa no plantea ningún problema, porque el propio Estatuto Jurídico de la Víctima del Delito contiene normas que no son sólo procesales penales. Si no se aceptara como contenido propio, siempre cabría añadir una disposición final para reformar la nueva Ley de Procedimiento Administrativo Común de las Administraciones Públicas de 2015, en el precepto que se considere más idóneo, añadiendo por ejemplo un artículo 4 bis, o un artículo 66 bis. Imposible no es, sólo se requiere voluntad firme y decidida de ayudar a la mujer-víctima en este tema concreto.

Esta propuesta no tuvo ningún éxito, ni siquiera se sometió a examen previo por parte de la Comisión de Justicia del Senado o al menos no hay constancia documental de ello, ni recibí tampoco ninguna noticia al respecto. Creo honradamente que se perdió en su momento una magnífica oportunidad de proteger mejor a la mujer (o al hombre) víctima de funcionarios abyectos. Pero siempre hay tiempo para rectificar.

3. LA JURISPRUDENCIA MAYORITARIA CONTRARIA, HASTA AHORA

No es correcto afirmar que la jurisprudencia excluye siempre a la víctima, pues en alguna ocasión una ciertamente escasa y a veces equívoca doctrina sobre el tema, ha permitido ello no obstante a la víctima ser parte en el procedimiento administrativo sancionador.

En efecto, ya antes de las reformas de 2015 y 2016, la jurisprudencia admitía en determinados casos, muy pocos, que la víctima del hecho ilícito pudiese ser parte en el procedimiento administrativo sancionador, en concepto de "parte interesada". Ciertamente no de manera uniforme, ni siquiera indubitadamente, pero lo admitió y se trataría de profundizar en esta vía para llegar a una doctrina consolidada a favor de la víctima.

La doctrina jurisprudencial mayoritaria ha sido, al menos hasta 2022, contraria a esta posición, pero el hecho de que haya habido excepciones, debe animar al más Alto tribunal ordinario de España a profundizar en esta dirección.

1°) Cito las siguientes resoluciones en contra de reconocer a la víctima como parte:

a) Sentencia del TS (Sala de lo Contencioso-Administrativo, Sección 7ª) de 6 julio de 1999, FJ 6 (RJ\1999\6833), Sentencia del TS (Sala de lo Contencioso-Administrativo, Sección 7ª) de 13 de julio de 1999 (RJ 1999\6957), Sentencia del TS (Sala de lo Contencioso-Administrativo, Sección 7ª) de 5 de febrero de 2002 (RJ 2002\2950), Sentencia del TS (Sala de lo Contencioso-Administrativo, Sección 6ª) de 15 de julio de 2002 (RJ 2002\7094), Sentencia del TS (Sala de lo Contencioso-Administrativo, Sección 7ª) de 26 de noviembre de 2002 (RJ 2003\1362), Sentencia del TS (Sala de lo Contencioso-Administrativo, Sección 6ª) de 26 de mayo de 2003, (RJ 2003\6712), Sentencia del TS (Sala de lo Contencioso-Administrativo, Sección 7ª) de 3 de mayo de 2012, (RJ 2012\6478), Sentencia del TS (Sala de lo Contencioso-Administrativo, Sección 3ª) de 20 de abril de 2015, (RJ 2015\1855), Sentencia del TS (Sala de lo Contencioso-Administrativo, Sección 3ª) de 19 de octubre de 2015 (RJ 2015\4905), y Sentencia del TS (Sala de lo Contencioso-Administrativo, Sección 3ª) de 26 de junio de 2007 (RJ 2007\6754),

b) Sentencia del TSJ de la Comunidad Valenciana, Sala 1ª, de 16 de abril de 2002, (JUR 2002\166155), Sentencia del TSJ Castilla-La Mancha Sala de lo Contencioso-Administrativo, sec. 1ª, núm. 353/2006 de 25 julio, rec. 326/2003, FD 3 y 4 (JUR\2006\270038), Sentencia del TSJ de Madrid, Sala 6ª) de 25 de marzo de 2009, (JUR 2010\315788), Sentencia del TSJ de Castilla-La Mancha, Sección 2ª) de 29 de abril de 2008, (JUR 2008\295578), y Sentencia del TSJ Andalucía (sede Granada), Sala de lo Contencioso-Administrativo, sec. 3ª, núm. 2378/2011 de 10 octubre, rec. 425/2004, FD 5 (RJCA\2012\101).

Pero en todas estas sentencias lo que destaca es el carácter genérico, inconcreto, o no referido al artículo privativo de derechos o intereses del accionante.

2º) A favor de que la víctima sea parte en el procedimiento administrativo sancionador, cito las Sentencias TSJ Andalucía (sede Granada), Sala de lo Contencioso-Administrativo, sección tercera, núm. 2378/2011, de 10 de octubre (RJCA 2012\101), y del TSJ de Castilla-La Mancha, sección primera, núm. 353/2006, de 25 de julio (JUR 2006\270038). En ellas se observa una conexión directa entre los derechos e intereses del denunciante y la acción que pretende ejercitar.

En concreto, respecto a las que están a favor, la Sentencia TSJ Castilla-León (sede Valladolid) Sala de lo Contencioso-Administrativo, sección única, núm. 99/2003, de 28 de enero, rec. 242/2001, FD 2, 3 y 4 (RJCA\2003\393), dice expresamente (la cursiva es nuestra)[7]:

> "SEGUNDO
> El primer y principal tema debatido en segunda instancia es el de si el demandante-apelante tiene legitimación activa para recurrir una resolución administrativa que deniegan las peticiones formuladas por aquél y ante la Dirección Provincial del MEC en Zamora, de apertura de expedientes disciplinarios al Director y Jefe de Estudios del Instituto de Educación Secundaria en donde el mismo y como profesor prestaba servicios.
> La sentencia da una respuesta negativa, acogiendo la causa de inadmisibilidad aducida por el Abogado del Estado, razonando al efecto en los fundamentos jurídicos 2° y 3°; con cita de jurisprudencia y concluyendo que el actor no ha demostrado que la incoación de los expedientes disciplinarios le produciría un efecto positivo en su esfera jurídica o le eliminara una carga o gravamen en la misma.
> El apelante combate esa solución con argumentos contenidos en el apartado A de su escrito de formalización del recurso; así invoca doctrina jurisprudencial sobre la legitimación activa y su apreciación, afirma que la Administración se la reconoció en el fundamento de derecho 4° de la resolución de 4 de mayo de 2000 y explica en qué consiste aquí el interés legítimo que dice tener.
> ...
> TERCERO
> *En el ámbito de los expedientes disciplinarios a los funcionarios públicos y cara a determinar qué legitimación puede tener en vía administrativa y en la procesal el sujeto que formula una denuncia son de tener en cuenta los siguientes presupuestos:*
> 1°.- Los artículos 27, segundo párrafo, y 48.3, segundo párrafo, del RD 33/1986 que aprueba el Reglamento de Régimen Disciplinario de los Funcionarios de la Administración del Estado; normas generales y supletorias que imponen al órgano sancionador la obligación de notificar al denunciante la incoación del expediente y la resolución que lo termina. Entonces, el denunciante no es un sujeto ajeno al expediente y el reglamento le reconoce cierta posición en tanto que se le han de comunicar ciertos actos administrativos.
> 2°.- El criterio y postura que la Administración mantenga con el sujeto denunciante; es decir, es un contrasentido que sí le reconoce legitimación o la condición de interesado en vía administrativa —en el expediente disciplinario— se la niegue en sede procesal pues iría en contra de sus actos previos.
> 3°.- *Los pronunciamientos jurisprudenciales del TS sobre la legitimación en el campo disciplinario*, destacando como general el de la Sentencia de la Sala 3ª y Sección 7ª de 6 de julio de 1999 cuando afirma en su fundamento jurídico 5°: "En este punto, es reiterada la jurisprudencia de esta Sala (Sentencias de 13 de enero de 1994, 21 de julio de 1995 y 18 de enero de 1996, entre otras resoluciones) que señala como el reconocimiento de la legitimación para ser

7 *N. del A.*: Recojo la sentencia tal y como ha sido publicada en la base de datos indicada.

parte interesada en un procedimiento administrativo es una cuestión de legalidad ordinaria, que resuelve el art. 23 de la Ley de Procedimiento Administrativo, en sentido sustancialmente igual al art. 31.1 de la Ley 30/92, de 26 de noviembre ". Y como específico el del fundamento 4° de la sentencia de la Sala 3ª y Sección 6ª donde se dice: "Partiendo de que la respuesta a la cuestión de la legitimación activa del recurrente-denunciante debe ser casuística, de modo que no resulte aconsejable ni una afirmación ni una denegación indiferenciadas para todos los casos, ha de entenderse que la existencia de la legitimación viene ligada a la de un interés legítimo de la parte, a cuya satisfacción sirva el proceso, lo que de partida sitúa el análisis en la búsqueda y determinación de ese interés, cuya alegación y prueba cuando es cuestionado, es carga que incumbe a la parte que se lo arroga, estimándose que el referente del tal interés no puede ser sólo un determinado acto de un determinado procedimiento administrativo, ya que únicamente tiene, en su caso, una relación instrumental con la satisfacción de dicho interés, sino que éste debe tener una entidad sustantiva y no meramente formal, y que en principio ha de ser el mismo que esté en la base del procedimiento administrativo y del proceso contencioso administrativo de impugnación de las resoluciones dictadas en aquél, siendo la consecuencia inmediata de este planteamiento que, si se niega la condición de parte en el procedimiento administrativo, por falta de interés en él, se carece ya de una base (en términos sustancialistas) para poder sustentar esa misma condición en un ulterior proceso impugnatorio de actos de aquél, pues el mero dato formal de la existencia de un acto dictado en el procedimiento administrativo no tiene "per se" entidad suficiente para alumbrar un interés nuevo diferenciable del existente antes (el archivo del expediente sancionador sin sanción no genera tal acto de archivo por si mismo un interés nuevo e independiente y diferenciable del preexistente), lo que no acontece si la Administración ha reconocido en vía procedimental administrativa dicha condición.

La clave, pues, para la determinación de si existe o no un interés legítimo en el proceso de impugnación de una resolución dictada en expediente abierto a virtud de denuncia de un particular por una hipotética responsabilidad, *debe situarse en el dato de si la imposición de una sanción puede producir un efecto positivo en la esfera jurídica del denunciante o puede eliminar una carga o gravamen, es esa esfera*, y será así, en cada caso, y en función de lo pretendido, como puede darse la contestación adecuada.

La base del anclaje de un interés legitimador del denunciante en vía disciplinaria y en este caso —disciplinaria profesional— sobre la que poder sustentar una hipotética condición de parte en el procedimiento administrativo a que pueda dar lugar la denuncia, o una derivada condición de parte procesal en un ulterior recurso contencioso administrativo de impugnación de resoluciones dictadas en aquél, ha de situarse desde la perspectiva de la existencia de un interés "real", con la amplitud que la Jurisprudencia de este Tribunal Supremo viene interpretando el art. 28.1.a) de la Ley Jurisdiccional de 1956 por exigencias del art. 24.1 de la Constitución y por decirlo con palabras del Tribunal Constitucional (STC 143/1987, FD°. 3°) el interés legítimo a que se refiere el art. 24.1 de la Constitución —y en el que debe de disolverse el concepto más restrictivo del art. 28.1.a) de la Ley de esta Jurisdicción, del año 1956—, "equivale a titularidad potencial de una posición de ventaja o de

una utilidad jurídica de quien ejercita la pretensión y que se materializaría de prosperar ésta" (SSTC 60/1982; 62/1983; 257/1988 y 97/1991, entre otras).
CUARTO
En el supuesto de esta apelación merecen ser destacados los siguientes aspectos fácticos: a) la iniciativa para depurar responsabilidades disciplinarias es únicamente del ahora demandante-apelante, así lo demuestra el examen del expediente administrativo y los antecedentes de las resoluciones recurrirlas; b) la resolución administrativa de segundo grado, dictada el 4 de mayo de 2000 por el Subsecretario de Educación y Cultura, reconoce en el fundamento de derecho 4° —de forma expresa— legitimación activa al recurrente-denunciante al amparo del artículo 31 de la Ley 30/1992, y c) el denunciante-demandante y apelante explica que un procedimiento sancionador sustanciado contra él viene motivado por una conducta abusiva y discriminatoria hacia el mismo del Director y Jefe de Estudios, que ello va en contra de su crédito y buen nombre, y que con los hechos denunciados pretende demostrar que aquel expediente obedece a tales razones siendo el único medio de resarcimiento en su prestigio profesional.
Ante esos antecedentes de hecho y aplicando los presupuestos jurídicos expuestos en el fundamento de derecho precedente es posible realizar las siguientes consideraciones: En primer lugar, la Administración en vía administrativa admitió que el ahora apelante tenía la condición de interesado y por ello estaba legitimado conforme al artículo 31 de la Ley de Régimen y Procedimental 30/1992; con lo cual reconoció al mismo legitimación y ello le veda para negar aquella en vía judicial, pues contradiría sus propios actos. En segundo lugar y complemento de lo anterior, tanto el órgano de primer grado (folio 33 del expediente) como el de segundo grado (folios 51, 53 a 58 del expediente) comunicaron al denunciante las decisiones que adoptaron sobre su denuncia y recurso, con lo que nunca le conceptuaron como un tercero ajeno a un expediente disciplinario. Y en tercer lugar, vistas las denuncias y el recurso de alzada existe una relación —al menos de principio— entre los hechos por los que en su momento le practicaron deducción de haberes al denunciante y las conductas que el mismo delata e imputa a los denunciados según lo que consta en el subapartado 3° del apartado A del escrito de apelación y que queda resumidamente expuesto más arriba en este fundamento de derecho.
Frente a estas consideraciones y en lógica consecuencia habrá que decir que *existe un interés que justifica la existencia de legitimación en el demandante-apelante; pues la resolución de los expedientes disciplinarios a sustanciar por razón de sus denuncias produce o puede producir un efecto positivo en la esfera jurídica de aquél, concretado en el prestigio* que puede mantener o del que puede ser acreedor como funcionario ante unos hechos que le han sido imputados y por los que ha sido privado de parte de sus haberes, los cuales pueden quedar desvirtuados por lo que se actúe en dichos expedientes disciplinarios. Ello sin contar con el reconocimiento previo de la misma por la Administración.
Si ello es así el Juzgador a quo ha aplicado indebidamente los artículos 19.1.a) y 69.b) de la Ley Jurisdiccional 29/1998, y en lo que concierne al presupuesto subjetivo del proceso negado en su sentencia la apelación debe ser acogida."

Conservar el prestigio del funcionario, en este caso, es interés suficiente. Pero creo sinceramente que las razones que se argumentan por nuestros tribunales para impedir que la víctima sea parte en el procedimiento administrativo son insuficientes y tienen una fácil contestación. Desde luego, la realidad nos muestra indubitadamente que una sensibilidad en términos generales a favor de la víctima no ha llegado todavía a la Administración, ni con carácter general, ni en los casos que conocemos, lo que es lamentable, ni siquiera después de 2007, como veremos inmediatamente. Pero desde una perspectiva de género, las cosas deben ser mucho más fáciles y la respuesta afirmativa debe ser segura.

4. LA LEGISLACIÓN CLÁSICA, SU INCONSTITUCIONALIDAD Y LAS NUEVAS REFORMAS

La Ley Orgánica 3/2007, de 22 de marzo, para la Igualdad efectiva entre Hombres y Mujeres, proporciona a la Ley de la Jurisdicción Contencioso-Administrativa de 1998, y también a la Ley de Procedimiento Administrativo de 2015, un fundamento explícito y suficiente para sostener que la víctima del delito, que ha sido denunciante y parte acusadora particular en el proceso penal, tiene un interés legítimo y por tanto también tiene derecho a ser parte en el posterior procedimiento administrativo sancionador, cuando los hechos sean de acoso sexual y acoso por razón de sexo (lo que incluye el acoso laboral y el trato vejatorio y degradante por ser mujer), porque al ultrajarse su dignidad siempre es "interesado".

La jurisprudencia mayoritaria negaba y niega a la víctima la calidad de parte en el expediente administrativo sancionador, sin distingos por la naturaleza de los hechos ilícitos, hubieran sido denunciados o no también en la vía penal. Lo acabamos de exponer. Basa su posición en entender que la víctima no reúne la calidad de "interesado" en el expediente administrativo porque carece de interés legítimo[8]. Los argumentos ofrecidos para sustentarla se pueden resumir en éste: En el Derecho Disciplinario la legitimación queda limitada porque es la Administración quien resulta interesada en la salvaguarda de su prestigio y dignidad, así como en preservar la garantía de la correcta actuación de los funcionarios.

---

8 Terminología derivada de la idéntica expresión constitucional del art. 24.1 CE sin duda alguna.

La cuestión central, por tanto, para esa jurisprudencia, es que la víctima carece de interés legítimo. Una visión demasiado literal, formal y rígida, absolutamente contraria a la protección de la mujer y al enorme desarrollo legislativo que este tema ha tenido en los últimos años en España, conforme a la cual y en definitiva, la víctima de un acoso sexual, laboral o trato degradante por ser mujer, tiene siempre un interés legítimo[9].

Pero es sabido, y no hace falta extenderse demasiado en ello, que nuestro Tribunal Constitucional ha sentado, en caso de seguirse un expediente administrativo disciplinario contra cualquier funcionario público, una doctrina inmutable, a saber, que los principios que rigen el Derecho Administrativo sancionador deben ser los mismos que los que regulan el proceso penal, por tanto, si no se reconoce ello expresamente en sede administrativa, ante la laguna de ley o la defectuosa regulación normativa, deben trasladarse los principios del Derecho Penal al Derecho Administrativo disciplinario.

Baste la cita de dos sentencias para fundar esta afirmación, con la que necesariamente debe estarse de acuerdo, so pena de entender en caso contrario que el procedimiento administrativo no está sujeto al régimen de garantías constitucionales establecido, algo inadmisible jurídicamente en nuestra democracia: La Sentencia TC 142/2009, de 15 junio (FJ 4), y la Sentencia TC 59/2014, de 5 mayo (FJ 3).

Desde una posición legalista y excesivamente formal puede pensarse que cuando el Tribunal Constitucional está afirmando la extensión del régimen garantista previsto en el art. 24 de la Constitución para el proceso penal al procedimiento administrativo sancionador, lo hace refiriéndose exclusivamente al imputado (investigado) o acusado, a quien están dirigidas la mayor parte de esas garantías, y por eso cita expresamente el art. 24.2 de la Constitución. Los mismos casos resueltos por el Tribunal Constitucional, que enumera en la segunda de las sentencias citadas, así dan a entenderlo.

Pero el art. 24.2 de la Constitución no regula sólo derechos constitucionales del imputado o acusado, más bien diría yo que regula derechos

9 Por eso sorprende que la escasa doctrina procesal que se ha "atrevido" a investigar el Derecho Administrativo sustantivo, sabiendo que el Derecho Procesal maneja conceptos de parte muy elaborados ya, ignore generalmente esta importante cuestión. Por ejemplo, tanto en la primera edición de su obra como en la última, v. Garberí Llobregat, J. / Buitrón Ramírez, G.: *El Procedimiento Administrativo Sancionador* (7ª ed.) Ed. Tirant lo Blanch, Valencia, 2021.

constitucionales de las partes procesales (incluidas las del proceso civil), y la víctima lo es en lo penal sin duda alguna, pues la propia Constitución le concede el derecho a ser parte acusadora en el proceso penal (art. 125), todos los cuales son atribuibles al imputado (investigado) o acusado, y algunos sólo a los acusadores. Común a ambas partes, y por tanto también al acusador, es el derecho a la tutela judicial efectiva.

Por eso, tan prudente como sabiamente, la primera de las sentencias citadas dice que "al ejercicio de las potestades sancionadoras de la Administración le son de aplicación las garantías procedimentales previstas en el art. 24.2 CE, si bien no mediante su aplicación literal, sino en la medida necesaria para preservar los valores esenciales que se encuentran en la base de dicho precepto y la seguridad jurídica que garantiza el art. 9.3 CE".

Obsérvese que no distingue entre partes, sino que garantiza una interpretación integradora de esas garantías adaptadas al procedimiento administrativo sancionador, y fijémonos también que en el proceso penal se decide siempre sobre hechos más graves que en el procedimiento administrativo sancionador, y por tanto éste tiene menos trascendencia jurídica.

¿Se puede negar entonces que la víctima pueda probar en el procedimiento administrativo los hechos que la convirtieron en tal, no vulneraría ello, además de su derecho a la tutela judicial efectiva, como veremos inmediatamente, su derecho a utilizar todos los medios de prueba pertinentes en su defensa (acción)? ¿Cómo interpretar que "todos" tienen derecho al Juez ordinario predeterminado por la ley si se excluye a la víctima? ¿No tiene la víctima derecho a un procedimiento administrativo sin dilaciones indebidas, cómo controlarlo si está excluída del mismo?

Pero hay más, y es que en el fondo lo que está haciendo esta doctrina constitucional es impedir que por una infracción del art. 24.2 se vulnere en realidad el derecho a la tutela judicial efectiva del art. 24.1 de la misma Constitución. Si se niega a la víctima ser parte en el proceso administrativo sancionador, se le están vulnerando los derechos indicados, que esencialmente conforman su derecho de acceso a la Justicia. ¿O es que excluyéndola se está cumpliendo con el principio sagrado de toda persona a tener derecho a obtener la tutela efectiva de los jueces y tribunales en el ejercicio de sus derechos e intereses legítimos, sin que, en ningún caso, pueda producirse indefensión? No, se le está vulnerando flagrantemente.

De hecho, la jurisprudencia constitucional respecto a la víctima, cuando se le niega uno de los derechos del art. 24.2 en el proceso penal, lo relaciona siempre con la vulneración de la tutela judicial efectiva del art. 24.1, ambos de la Constitución española, y le da la razón sin paliativos. En este sentido, valga por todas la Sentencia del TC 9/2008, de 21 de enero de 2008 (FJ 3).

Luego, si prudentemente trasladamos el régimen de garantías del proceso penal previsto para todas las partes al procedimiento administrativo sancionador, hay que concluir en buena lógica jurídica que se niega a la víctima su derecho a la judicial efectiva cuando se le impide ser parte en el mismo. El argumento es tan consistente como irrefutable, a no ser que se quiera vulnerar la Constitución en contra de dicha doctrina constitucional.

5. UNA ESPERANZA: LA SENTENCIA DEL TRIBUNAL SUPERIOR DE JUSTICIA DE LA COMUNIDAD VALENCIANA (SALA DE LO CONTENCIOSO-ADMINISTRATIVO) NÚM. 416/2021 Y SU ACEPTACIÓN INDIRECTA POR EL TRIBUNAL SUPREMO

La jurisprudencia favorable a la condición de parte interesada de la mujer víctima en el expediente disciplinario contra su agresor empieza a ser más clara. En un caso en el que un catedrático de una universidad pública española era acusado de haber acosado sexual y laboralmente a una estudiante de doctorado suya, contratada laboral además parcialmente en su grupo de investigación, la universidad excluyó a la mujer-estudiante-víctima del procedimiento disciplinario al negarle la condición de parte interesada, lo que, al parecer, podría haber permitido a la universidad despejar el camino para absolver al profesor. La víctima recurrió su exclusión en lo contencioso-administrativo y tras el desarrollo procedimental oportuno, el Juzgado de lo Contencioso-Administrativo competente desestimó la demanda, negando a la mujer-estudiante-víctima el derecho a ser parte en el expediente disciplinario incoado[10].

Contra dicha sentencia la víctima recurrió en apelación, a la que se opusieron tanto el profesor expedientado como la universidad. El Tribunal Superior de Justicia de la Comunidad Valenciana, a la postre competente por el lugar de ubicación geográfica de la universidad, estimó el recurso de apelación reconociendo a la estudiante su condición de parte y anulando el expediente disciplinario, en una sentencia que puede considerarse

---

10 Sentencia Juzgado de lo Contencioso Administrativo núm. 1 de Castellón núm. 498/2019, de 10 de julio (procedimiento ordinario núm. 1 80/2017). No está publicada en colecciones jurisprudenciales, que nosotros sepamos, pero hemos podido acceder a ella y la ponemos a disposición de quienes deseen consultarla.

pionera en este tema, la Sentencia del Tribunal Superior de Justicia de la Comunidad Valenciana (Sala de lo Contencioso-Administrativo, Sección 2ª), núm. 416/2021, de 1 de junio de 2021 (JUR\2022\356606), que comentamos inmediatamente.

No estando de acuerdo, el expedientado interpuso recurso de casación contra dicha sentencia, pero la universidad que resolvió el expediente disciplinario no. El Tribunal Supremo (Sala de lo Contencioso-Administrativo, Sección Primera), lo inadmitió a trámite mediante providencia de 22 de septiembre de 2022, ratificando la sentencia 416/2021 del Tribunal Superior de Justicia de la Comunidad Valenciana, que devino por ello firme.

Como consecuencia de dicha inadmisión, en trámite de ejecución de sentencia ante el órgano judicial de la primera instancia, se inició un segundo expediente disciplinario contra el mismo profesor en el que la mujer-estudiante-víctima vio reconocidos su derecho a la igualdad y su derecho a la tutela judicial efectiva, pudiendo participar en él como parte interesada.

Es importante atender a la argumentación de la sentencia del Tribunal Superior de Justicia de la Comunidad Valenciana. Para este órgano jurisdiccional, en el caso indicado (la cursiva es nuestra):

> "SEGUNDO.-
> Como quiera que desde el primer momento y en virtud de acuerdo de la Instructora del expediente por resolución de fecha 20-5-2016— folios 607 a 614 del expediente—, lo que se confirma por la resolución del Rector que se recurre de fecha 5-1-2017— folios 713 a 715 del expediente administrativo—, no se le reconoció legitimación a la actora en el expediente abierto por falta de interés o de titularidad de derechos, negándosele en todo momento la posibilidad de intervenir en el mismo con plenitud de derechos y garantías, *la cuestión que debemos decidir en primer lugar y de manera prioritaria y preferente, porque así se solicita en el recurso, y de lo que dependerá su actuación en el curso de tal expediente si se anulase, debe ser la de la legitimación activa de la demandante apreciada como causa de inadmisibilidad en la sentencia dictada* de acuerdo con el art. 69 b) de la LJC.
> TERCERO.-
> La legitimación activa de la actora por disposición legal en el expediente disciplinario que se debe incoar.
> Toda la jurisprudencia que se invoca en la sentencia apelada aborda la legitimación del denunciante en los expedientes de corte sancionador, como es el disciplinario que afrontamos en nuestro asunto, desde la perspectiva de los intereses o derechos subjetivos o intereses morales donde es tradicional negarle tal legitimación (como más reciente la sentencia del TS 68/2019, de 28 de enero (RJ 2019, 574)), sin embargo *no se ha tenido en cuenta el planteamiento de la actora al invocar el art. 12.3 de la Ley Orgánica 3/2007, de 22 de marzo* (RCL 2007, 586) que a su vez provocó la reforma de la LJCA (RCL 1998, 1741), introduciendo el supuesto de la legitimación que se reconoce

en el primer precepto donde se afirma que "La persona acosada será la única legitimada en los litigios sobre acoso sexual y acoso por razón de sexo."
Este tipo de legitimación es distinto a los tratados por la jurisprudencia tradicional en la materia, puesto que se trata de un supuesto de legitimación por voluntad legislativa como la que existe en otros ámbitos de nuestro ordenamiento, como la legitimación popular en materia ambiental, urbanística o del suelo reconocida en el art. 19.1.h) de la LJCA.
Esta legitimación está tratada en el apartado del citado art. 19. 1 i) que se refiere a la legitimación para la defensa del derecho de igualdad de trato entre mujeres y hombres, que corresponde además de los afectados y siempre con su autorización, también a los sindicatos y las asociaciones legalmente constituidas cuyo fin primordial sea la defensa de la igualdad de trato entre mujeres y hombres, respecto de sus afiliados y asociados, respectivamente. Y añade: "Cuando los afectados sean una pluralidad de personas indeterminada o de difícil determinación, la legitimación para demandar en juicio la defensa de estos intereses difusos corresponderá exclusivamente a los organismos públicos con competencia en la materia, a los sindicatos más representativos y a las asociaciones de ámbito estatal cuyo fin primordial sea la igualdad entre mujeres y hombres, sin perjuicio, si los afectados estuvieran determinados, de su propia legitimación procesal". Y por último se incide en la legitimación que tratamos en los siguientes términos: "La persona acosada será la única legitimada en los litigios sobre acoso sexual y acoso por razón de sexo." *Se trata, por tanto, de una legitimación específica* recalcándose que cuando nos encontremos ante litigios en materia de acoso sexual o por razón de sexo, la legitimación en este supuesto concreto no le corresponderá al sindicato, organismos públicos o asociaciones sino a la víctima del acoso y a nadie más.
Por tanto, y si por disposición legal, y en el ámbito concreto de la jurisdicción contencioso administrativa, se ha ido abriendo el campo de intervención a nuevos sujetos legitimados para actuar en el marco de nuestra competencia, a través de las sucesivas reformas procesales que se han introducido en ella como consecuencia de la necesidad de dar tutela a nuevas situaciones o realidades sociales especialmente necesitadas de protección, *entre estas, sin duda, está la de la mujer. Y así ha sido percibido por la sociedad* con la consiguiente respuesta legislativa que trata de darle más amparo y protección reconociendo tal legitimación en nuestra esfera jurisdiccional a través de las reformas que derivan de la Ley Orgánica 3/2007, entre otras, la del art. 19.1 i) tan mencionado.
Esa finalidad tutelante se destaca en la exposición de motivos de la citada Ley Orgánica en los siguientes términos: "El Título Primero define, siguiendo las indicaciones de las Directivas de referencia, los conceptos y categorías jurídicas básicas relativas a la igualdad, como las de discriminación directa e indirecta, acoso sexual y acoso por razón de sexo, y acciones positivas. Asimismo, determina las consecuencias jurídicas de las conductas discriminatorias e incorpora garantías de carácter procesal para reforzar la protección judicial del derecho de igualdad" Lo cual a su vez se inspira también en la necesidad de una acción normativa dirigida a combatir todas las manifestaciones aún subsistentes de discriminación, directa o indirecta, por razón de sexo y a promover la igualdad real entre mujeres y hombres, con remoción de los obstáculos y estereotipos sociales que impiden alcanzarla. *Esta exigencia se deriva de nuestro ordenamiento constitucional e integra un genuino*

derecho de las mujeres, pero es a la vez un elemento de enriquecimiento de la propia sociedad española, que contribuirá al desarrollo económico y al aumento del empleo.
CUARTO.-
Corolario o consecuencia del reconocimiento de la legitimación activa de la demandante.
Sin duda la negativa a la intervención de la actora en el proceso tanto administrativo como judicial, que es un derecho que debe reconocerle la Sala derivado de los razonamientos anteriores que admiten su legitimación activa, *supone la vulneración de su derecho a la tutela judicial efectiva* cuya protección ha movido y ha sido el eje de la reforma introducida por la mencionada Ley Orgánica, lo cual debe dar lugar a la nulidad de los actos recurridos por la causa mencionada en el art. 62.1 a) de la Ley 30/92 en relación con el 47.1 a) de la Ley 39/2015. No se puede desconocer que el art. 12 donde se reconoce la legitimación cuestionada se enmarca dentro del derecho a la tutela judicial efectiva y dice así: "Artículo 12. Tutela judicial efectiva.
1. Cualquier persona podrá recabar de los tribunales la tutela del derecho a la igualdad entre mujeres y hombres, de acuerdo con lo establecido en el artículo 53.2 de la Constitución, incluso tras la terminación de la relación en la que supuestamente se ha producido la discriminación.
2. La capacidad y legitimación para intervenir en los procesos civiles, sociales y contencioso-administrativos que versen sobre la defensa de este derecho corresponden a las personas físicas y jurídicas con interés legítimo, determinadas en las Leyes reguladoras de estos procesos.
3. La persona acosada será la única legitimada en los litigios sobre acoso sexual y acoso por razón de sexo".
La consecuencia de todo ello es la *retroacción de actuaciones al momento inicial de la incoación del expediente disciplinario que se deberá comenzar de nuevo* por los motivos señalados en la denuncia y en el informe de la Comisión Investigadora en investigaciones por acoso laboral, acoso sexual o acoso por razón de sexo de fecha 6-3-2012 con la obligación de notificar a la parte dicha resolución, *reconociéndosele el derecho a intervenir en el mismo como parte interesada con plenitud de derechos y garantías y en condiciones de igualdad con relación a la parte denunciada.*
De acuerdo con estos planteamientos y como consecuencia resultante de la nulidad de actuaciones decretada no cabe que se pueda entrar a decidir sobre la pretensión de derecho sustantivo articulada en el recurso, dirigida a resolver sobre la conducta objeto del expediente con calificación de la misma desde el punto de vista disciplinario, debiendo estarse a lo que resulte de su tramitación y en función a las actuaciones o acciones que puedan emprender las partes.
Por todo ello, *el recurso ha de ser estimado* solo en parte reconociendo a la actora la legitimación activa que se le había negado en la instancia."

La sentencia contiene dos argumentos importantes:

1º) Estamos ante una legitimación distinta a la usual, una legitimación por voluntad legislativa como la que existe en otros ámbitos de nuestro ordenamiento, como la legitimación popular en materia ambiental, urbanística o del suelo, lo que significa que la doctrina clásica sobre legitimación con relación a la mujer víctima de acoso sexual o laboral por su superior jerárquico administrativo no es aquí aplicable.

2°) Su desatención implica vulneración del principio de igualdad del art. 14 de la Constitución y del derecho a la tutela judicial efectiva del art. 24.1 de la Constitución. Se vulnera la igualdad porque excluyéndola se impide su lucha procedimental en condiciones de igualdad con relación a la parte denunciada; y se vulnera la tutela judicial efectiva porque le impide actuar con plenitud de derechos y garantías.

En consecuencia, se sentencia que se han violado por la universidad en el expediente disciplinario declarado nulo dos derechos fundamentales de la mujer-víctima, su derecho a la igualdad y su derecho a la tutela judicial efectiva.

Tras esta fundamentación jurídica, la sentencia estimó en parte el recurso de apelación y falló además que:

> "2° Rechazamos la causa de inadmisibilidad apreciada en la instancia de falta de legitimación activa de la parte actora en la persona de Dña. Mariana a la que debemos reconocer la legitimación negada en el expediente disciplinario incoado.
>
> 3° Anulamos la sentencia y los actos administrativos recurridos retrotrayendo el proceso judicial y las actuaciones administrativas relacionadas con el expediente disciplinario incoado al momento de su iniciación a fin de que la apelante pueda intervenir desde el principio en igualdad de derechos y en las mismas condiciones que se le han reconocido al denunciado, debiéndosele notificar la nueva resolución de incoación del expediente que se debe dictar por los hechos que determinaron la apertura en virtud de resolución de fecha... —folios ... del expediente administrativo.—"

El Tribunal Supremo, al inadmitir el recurso de casación, afirmó en la citada providencia que:

> "La Sección de admisión de la Sala de lo Contencioso-Administrativo del Tribunal Supremo acuerda la inadmisión a trámite del recurso de casación preparado por la representación procesal de don ... contra la sentencia de fecha 1 de junio de 2021, dictada por la Sala de lo Contencioso-Administrativo del Tribunal Superior de Justicia de la Comunidad Valenciana, Sección Segunda, estimatoria parcial del recurso de apelación 477/2019.
>
> Y ello, de conformidad con lo previsto: en el artículo 90.4.b) de la Ley 29/1998, de 13 de julio, reguladora de la Jurisdicción Contencioso-Administrativa (LJCA), por incumplimiento de las exigencias que el artículo 89.2.d) de la LJCA impone al escrito de preparación; y en el art. 90.4, d) LJCA por falta de interés casacional.
>
> Así, en relación con la infracción del art. 28 LJCA el recurso carece de interés objetivo para la formación de jurisprudencia, al existir jurisprudencia sobre

> dicho precepto y lo que debe considerarse como acto consentido, —como reconoce la parte recurrente al manifestar que la sentencia vulnera "la jurisprudencia del Tribunal Supremo sobre la inadmisibilidad del recurso contencioso administrativo respecto actos confirmatorios de otros anteriores consentidos y firmes"— por lo que la admisión del recurso únicamente supondría la aplicación de dicha jurisprudencia al caso concreto.
> En relación a la infracción, por inaplicación, del art. 19.1.a) LJCA el recurso de casación es inadmisible por falta de justificación de que la infracción imputada que se dice no haberse aplicado ha sido relevante y determinante de la decisión adoptada en la resolución recurrida, en el sentido de razonar de forma expresa cómo, por qué y en qué forma todas y cada una de las infracciones han sido relevantes y determinantes del fallo, siendo por tanto defectuoso el juicio de relevancia exigido por el art. 98.2.d) LJCA, soslayando que la ratio decidendi de la sentencia se articula en el artículo 19.1.i) LJCA."

El Tribunal Supremo inadmite el recurso, sin duda alguna, condicionado por la petición de la parte recurrente, pero debía haber aprovechado para sentar una clara doctrina sobre los derechos procedimentales de la mujer víctima de acoso sexual y laboral en un expediente disciplinario, porque con la sentencia valenciana no es suficiente.

El interés casacional residía precisamente en la necesidad de un cambio jurisprudencial general y en la falta de jurisprudencia concreta sobre este tema, y debería haber admitido el recurso de a trámite para, en contra del expedientado, sentenciar a favor de la mujer-estudiante-víctima recurrida, sentando la doctrina, clarísima e indubitadamente, de que la mujer víctima es parte interesada en un expediente disciplinario por hechos de acoso sexual y/o de acoso laboral.

Queda aún trabajo por hacer, aunque sin duda alguna con el precedente tan claro de la sentencia del TSJ valenciano ya se pueda seguir una ruta más fácil y diáfana[11].

---

[11] De hecho, la jurisprudencia posterior ha seguido la doctrina sobre legitimación de la víctima de la Sentencia del TSJ valenciano 416/2021. No hace falta citarlas para no excedernos en el espacio concedido.

6. NUESTRA POSICIÓN FAVORABLE A OTORGAR A LA VÍCTIMA LA CUALIDAD DE PARTE EN ESTOS CASOS, CON BASE EN LA LEGISLACIÓN SOBRE IGUALDAD

Es preciso además un análisis dogmático de la cuestión, con el fin de poder, modestamente, ayudar en su día a la creación de esa tan necesaria nueva doctrina jurisprudencial.

En nuestra humilde opinión, la posición de la víctima en el procedimiento administrativo debe ser corregida y la víctima debe poder ser parte del procedimiento administrativo sancionador, además de por lo dicho jurisprudencialmente, por las siguientes cuatro razones:

a) Control de la Administración: La víctima tiene un interés legítimo, en primer lugar, en controlar que el procedimiento se desarrolle adecuadamente, denunciando cualquier intento de protección de la más alta instancia de la institución a su funcionario superior, vigilando que no se produzca cualquier género de connivencia que intente mitigar la gravedad de los hechos o incluso para evitar la impunidad que amenaza siempre que los asuntos corporativos más trascendentes a cargo de alto personal se ventilan entre colegas y compañeros, por no decir amigos, que forman parte de ese colectivo[12]. Como ha afirmado la jurisprudencia, la víctima tiene un interés moral en ese control[13].

---

12 El control de la Administración en relación con los derechos fundamentales de los ciudadanos es cada vez más importante en nuestra sociedad, v. Parejo Alfonso, L.: "La vigilancia, la supervisión y el control administrativos. Reflexiones sobre su formación, evolución y situación actual", en Agudo González, J., (Dir.), *Control administrativo y Justicia Administrativa*, Ed. INAP Investiga, Madrid, 2016, págs. 32 y ss.

13 Véase el Auto del Tribunal Supremo de 7 de febrero de 2018 (Sala de lo Contencioso-Administrativo, Sección Primera, JUR 2018\37227), FD 2. Este auto dio esperanzas para cambiar la doctrina jurisprudencial al respecto (v. su FJ 3), al anunciar, en un caso distinto al que motiva esta contribución, pero sí de interés general sobre el tema, que (el subrayado es nuestro):
"TERCERO
Apreciada en la cuestión planteada la concurrencia de ese interés casacional objetivo para la formación de la jurisprudencia que justifica su admisión, y en cumplimiento de lo dispuesto en el art. 90.4 LJCA, declaramos que, habiéndose apartado deliberadamente el órgano judicial de instancia de la jurisprudencia existente por considerarla errónea, el interés casacional objetivo consiste en interpretar, aclarar y, en su caso, matizar la jurisprudencia que interpreta el artículo 19. 1 a)

No es un buen ejemplo de libro que la misma Administración de la que (probablemente) forma parte el expedientado sea la que actúa en solitario en su contra, bien reanudando el expediente administrativo cuando éste ha tenido que ser paralizado al admitirse a trámite la denuncia penal por aplicación del art. 114 LECRIM, bien cuando el proceso penal termina con condena y se abre un procedimiento administrativo sancionador a instancias de la víctima. Si añadimos que el instructor es generalmente miembro de la misma administración y probablemente compañero del agresor, la desprotección está más que servida. Es juez y parte, y esto es indiscutiblemente un peligro.

No digamos nada cuando el que protege al agresor es el jefe máximo de la institución, como el Ministro, el Consejero, el alcalde, el presidente, el rector, etc. La víctima, aunque hubiese ganado en lo penal, ve peligrar el castigo que realmente quiere para el autor del delito que ha sufrido, que no es otro que se le aparte de la Administración para que no pueda seguir cometiendo fechorías, porque ella no puede acceder al expediente ni se le autoriza a ser parte en el mismo. Es verdad que en caso de condena los hechos probados de la sentencia penal son inesquivables por la Administración (art. 137.2 LRJAPyPAC de 1992 —norma derogada—, hoy es el art. 77.4 de la LPAC de 2015, y art. 94.3 del Real Decreto Legislativo 5/2015, de 30 de octubre, por el que se aprueba el texto refundido de la Ley del Estatuto Básico del Empleado Público —normas vigentes—, así como jurisprudencia administrativa unánime), pero no es tampoco suficiente, porque se debe permitir a la víctima, como a cualquier interesado, poder asegurarse de que ello va a ser así, y eso sólo es posible si están comparecidos y personados en el expediente, para lo que antes hay que dar a las víctimas mujeres de estos abominables hechos la oportunidad legal de que puedan comparecer y personarse.

Con mayor razón, si en lo penal se ha dictado auto de sobreseimiento provisional y queda expedita la vía administrativa, pues como aquí

LJCA respecto de la posible legitimación del denunciante en el procedimiento administrativo sancionador para impugnar en la vía contencioso-administrativa las resoluciones dictadas en aquel procedimiento, bien pretendiendo la imposición de una sanción, bien pretendiendo la modificación de la sanción impuesta." Pero luego no se concretaron por la Sentencia del Tribunal Supremo (Sala de lo Contencioso-Administrativo, Sección 3ª) núm. 68/2019, de 28 de enero (RJ\2019\574), que en su FD 3 acabó afirmando, tras recordar toda la doctrina jurisprudencial existente, que la denunciante carecía en este caso de interés legítimo.

no hay vinculación a los hechos probados, formalmente inexistentes, ese peligro al que nos venimos refiriendo es más que una mera hipótesis.

Este control del buen hacer de la Administración (principio de la buena administración), es su utilidad jurídica, el beneficio o efecto positivo que da sentido a reconocer el interés legítimo de la mujer-víctima.

b) Control de la legalidad: En segundo lugar, la mujer víctima tiene un interés legítimo en que el procedimiento se desarrolle con todas las garantías y en que los hechos acreditados queden sancionados conforme al principio de legalidad. El cumplimiento de la ley por la Justicia administrativa (incluyendo la vía previa), es el mayor antídoto contra la victimización secundaria. Se trata del interés legítimo en la legalidad aplicable al que hemos hecho referencia *supra*.

c) Prevención especial: La mujer miembro del funcionariado tiene finalmente un interés legítimo en que su agresor-funcionario no vuelva a cometer hechos semejantes contra otra subordinada jerárquicamente. Evita con su participación la producción de hechos futuros semejantes por el mismo autor ya que, al ayudar en la determinación y la prueba de los hechos, favorece su condena administrativa y previene en forma ejemplarizante su reiteración.

d) Concepto de "interesado" moldeable en función del objeto: En efecto, la jurisprudencia contraria a que la víctima sea parte en el procedimiento administrativo sancionador es demasiado estricta y rígida, y sin embargo la propia Administración ha demostrado que en ese mismo concepto de interesado se puede ser más flexible. El ejemplo más claro es equiparar "interesado" con "afectado", en cuyo caso, cualquier posible afectación de la decisión de la Administración a una persona la legitima para ser parte siempre que sea titular del objeto de protección, lo que en el caso de la víctima de acoso sería indiscutible, ya que es su derecho constitucional a la dignidad, entre otros, lo que está en juego. Obsérvese a este respecto la legislación en materia de protección de datos y se verá que es posible progresar conceptualmente, de donde se deduce que empecinarse en mantener esa rigidez es absolutamente una regresión[14].

---

[14] Véanse los arts. 4.2, 6, 11, 12 y 13, entre otros de Ley Orgánica 3/2018, de 5 de diciembre, de Protección de Datos Personales y garantía de los derechos digitales;

Sería un contrasentido que la víctima tuviera reconocido un interés legítimo en el proceso administrativo y no en el procedimiento administrativo. Además, su interés legítimo no empece al de la Administración, pues es perfectamente compatible con la función de la Administración en el expediente. La Administración tiene interés, no lo negamos, pero no sólo ella.

Ya no se trata sólo de si la sanción puede producir un efecto positivo en la esfera jurídica del denunciante o puede eliminar una carga o gravamen en esa misma esfera, como dice la jurisprudencia. Esto es sólo parte del problema. Hoy se trata de la dignidad de la mujer, que como bien constitucional que es, siempre otorga interés legítimo a quien la ve ultrajada para defenderla.

Pero lo más importante es que desde hace un tiempo, mucho antes que el Auto del Tribunal Supremo de 7 de febrero de 2018[15], existe apoyo legal explícito para sustentar esa posición, la defensa de la dignidad como mujer legitima administrativamente a quien la haya visto ultrajada, y la jurisprudencia mayoritaria parece que no se haya enterado aún. Simplemente debemos recordar lo siguiente:

1.- Esa doctrina jurisprudencial mayoritaria contraria se basaba en el art. 31 de la Ley 30/1992, de 26 de noviembre, de Régimen Jurídico de las Administraciones Públicas y del Procedimiento Administrativo Común (BOE del 27), ley hoy derogada[16].

La clave estaba en los apartados 1, a) y 1, b), porque bien por separado, bien relacionándolos entre sí, la jurisprudencia entendía, como hemos visto, que la víctima no era "interesado" a los efectos legales por carecer de interés legítimo para ser parte en el procedimiento administrativo sancionador, por un lado, y por otro que no era titular de derechos que podían resultar afectados por la decisión que en el expediente administrativo

---

y los arts. 5.1, a), 23, 24 y 44, entre otros, de su Reglamento todavía en vigor (Real Decreto 1720/2007, de 21 de diciembre).

15 Citado en la nota 13.

16 Sobre el concepto de interés legítimo en la legislación anterior a la misma (Ley de Procedimiento Administrativo de 1958, art. 23), v. García de Enterría, E. y Fernández, T. R.: *Curso de Derecho Administrativo*, Ed. Civitas, Madrid, 1977, tomo II, págs. 392 y 393. Para la Ley de Régimen Jurídico de las Administraciones Públicas y del Procedimiento Administrativo Común de 1992, con profusión de detalles, González Pérez, J. y González Navarro, F.: *Comentarios a la Ley de Régimen Jurídico de las Administraciones Públicas y Procedimiento Administrativo Común* (2ª ed.), Ed. Civitas, Madrid, 2010, tomo I, págs. 864 y ss.

sancionador se pudiera adoptar, o que carecía de interés legítimo por no ser titular de derechos afectados por la decisión, en un procedimiento no iniciado por ella en este segundo caso.

Pero ya con esa legislación se podía sostener lo contrario, por las siguientes razones:

1ª) Los artículos 27, segundo párrafo, y 48.3 segundo párrafo, del RD 33/1986, de 10 de enero, que aprueba el Reglamento de Régimen Disciplinario de los Funcionarios de la Administración del Estado, además de las normas generales y supletorias concordantes, imponen al órgano sancionador la obligación de notificar al denunciante la incoación del expediente y la resolución que lo termina. Entonces, el denunciante no es un sujeto ajeno al expediente y el reglamento le reconoce cierta posición. En este sentido, por tanto, la víctima como denunciante del hecho no es ajena al expediente disciplinario, ni puede ser obligada a serlo.

2ª) El criterio y postura que la Administración mantenga con el sujeto denunciante juega un papel importante, es decir, es un contrasentido que si le reconoce legitimación o la condición de interesado en vía administrativa —en el expediente disciplinario— se le niegue en sede procesal pues iría en contra de sus actos previos (éste argumento es muy importante como ahora veremos). Lo mismo puede decirse con respecto a la relación existente entre el expediente previo informativo que causa el expediente disciplinario y éste mismo. La misma jurisprudencia ha relacionado ambas cuestiones sobre todo en el sentido de que el concepto de legitimación responde a la misma idea en lo administrativo y en lo contencioso administrativo[17]. Además, y desde la otra perspectiva, ¿por qué se le reconoce legitimación en la vía jurisdiccional y no en la previa administrativa? Sería un contrasentido separar ambas vías, la procedimental de la procesal y la procesal de la procedimental, porque de hacerlo así siempre quedaría afectado negativamente el derecho a la tutela judicial efectiva de la víctima, amén de su derecho constitucional a la igualdad procesal, como en estas páginas demostramos.

3ª) La concurrencia del requisito de la legitimación viene ligada a la de un interés legítimo de la parte, a cuya satisfacción sirve el proceso,

---

17 La Sentencia del Tribunal Supremo de 12 de febrero de 1998 (RA 2179), así lo afirma sin duda alguna.

lo que de partida sitúa el análisis en la búsqueda y determinación de ese interés, cuya alegación y prueba cuando es cuestionado, es carga que incumbe a la parte que se lo arroga, estimándose que el referente de tal interés no puede ser sólo un acto concreto de un determinado procedimiento administrativo, ya que únicamente tiene, en su caso, una relación instrumental con la satisfacción de dicho interés, sino que éste debe tener una entidad sustantiva y no meramente formal, y que en principio ha de ser el mismo que esté en la base del procedimiento administrativo y del proceso contencioso-administrativo de impugnación de las resoluciones dictadas[18]. Y viene en todo caso vinculada al hecho de si la imposición de una sanción puede producir un efecto positivo en la esfera jurídica del denunciante o puede eliminar una carga o gravamen, es decir, en definitiva, en la titularidad por parte del denunciante de un derecho o de un interés legítimo en que prospere su pretensión, entendido con la amplitud que le da la jurisprudencia del Tribunal Supremo, como una utilidad jurídica por parte de quien ejercita la pretensión y que se materializaría de prosperar ésta. La respuesta a la posible falta de legitimación es casuística, y viene ligada al interés legítimo de la parte, por lo que hay que buscar ese interés[19]. En

---

[18] Aunque alguna cita sea de fuentes antiguas, es de interés consultar: Gimeno Sendra, V. / Moreno Catena, V. / Garberí Llobregat, J. / González-Cuéllar Serrano, N., *Curso de Derecho Procesal Administrativo* (2ª ed.), Ed. Tirant lo Blanch, Valencia, 1994, págs. 126 a 141; Ortells Ramos, M. / Mascarell Navarro, M. J. / Cámara Ruiz, J. / Juan Sánchez, R., *El proceso contencioso-administrativo,* Ed. Comares, Granada, 1997, págs. 71 a 79; Cordón Moreno, F., *El Proceso Contencioso Administrativo* (2ª ed.), Ed. Aranzadi, Pamplona, 2001, págs. 114 a 132; Cabañas García, J. C., *El recurso contencioso-administrativo,* Ed. Trivium, Madrid, 1999, págs. 59 a 72; Sánchez Morón, M., *Las partes en el Anteproyecto de Ley reguladora del proceso contencioso-administrativo,* Documentación Jurídica. Monográfico dedicado al "Anteproyecto de Ley del Proceso Contencioso-Administrativo", núm. 51, julio-septiembre, 1986, págs. 751 a 769; García de Enterría, E. / Fernández, T. R.: *Curso de Derecho Administrativo* (19ª ed,), Ed. Thomson Reuters-Civitas, Madrid 2020, tomo II, págs. 651 y ss.; González Pérez, J., *Comentarios a la Ley de la Jurisdicción Contencioso-Administrativa* (3ª ed.), Ed. Civitas, Madrid, 1999, págs. 445 a 532; y González Cano, M. I., *La protección de los intereses legítimos en el proceso administrativo,* Ed. Tirant lo Blanch, Valencia, 1997, págs. 41 a 52.

[19] Véanse Sánchez Morón, M., *Derecho Administrativo. Parte General* (18ª ed.), Ed. Tecnos, Madrid 2022, págs. 492 a 496; Palomar Olmeda, A. (Dir.), *Procedimiento administrativo* (3ª ed.), Ed. Thomson Reuters-Aranzadi, Cizur Menor, 2022, págs. 273 a 304; Palomar Olmeda, A. (Dir.), *Tratado de la Jurisdicción Contencioso-Administrativa,*

este caso, tratándose de acoso sexual y de acoso laboral, el interés es más que obvio: Como parte se le permite luchar en igualdad de armas frente al expedientado, ayudando a la Administración, por el restablecimiento de su dignidad como mujer, lo que debe ser suficiente.

4ª) Como hemos visto, el interés legítimo equivale a una utilidad jurídica por parte de quien ejercita la pretensión y que se materializaría de prosperar ésta; es decir, la relación entre el sujeto y el objeto de la pretensión, con la que se define la legitimación activa, comporta que la anulación del acto que se recurre, sea en vía administrativa o jurisdiccional, produzca de modo inmediato un efecto positivo —beneficio— o negativo —evitación de un perjuicio— actual o futuro para el legitimado, pero cierto. Indubitadamente en este sentido, absolver al funcionario expedientado causaría un daño irreparable a su víctima, pues siendo reales los hechos, ya probados en sede de expediente informativo previo, quedaría absolutamente desamparada. Además, se parte de un fundamento arriesgado por la desigualdad que entraña, pues se niega legitimación a la víctima porque se piensa que la Administración siempre va a actuar correctamente, pero ese pensamiento no rige para el administrado titular de un interés legítimo individual a quien se le concede recurso contra la decisión de la propia Administración.

5ª) La jurisprudencia administrativa, constante desde los años ochenta, afirma que el interés legítimo no tiene por qué ser estrictamente jurídico, pues puede ser sin óbice alguno de naturaleza moral, lo que da cobertura específica a la víctima de un delito cuyo hecho es también infracción administrativa, al ser su agresor funcionario administrativo, específicamente en casos de acoso sexual, acoso laboral o trato vejatorio y degradante, cuando ésta denuncia en la vía previa administrativa[20].

Ed. Thomson Reuters-Aranzadi, Cizur Menor 2021, tomo I, págs. 321 a 410; Burgués Pascual, A. M. / García Cruz, P. (Coord.), *Derecho Administrativo Sancionador*, Ed. Atelier, Barcelona, 2022, págs. 300 a 307; y Vázquez Forno, L. / Álvarez Barbeito, *Manual práctico de procedimiento disciplinario de los funcionarios públicos*, Ed. Wolters Kluwer-Bosch, Madrid, 2021, págs. 287 a 296.

20 En particular, sobre este punto concreto y para la época citada, v. SS TS de 8 de abril de 1994 (RA 3016), y de 18 de febrero de 1997 (RA 1197).

6ª) Finalmente, también sabemos que el propio Tribunal Constitucional ha sentado como doctrina inmutable que los principios que rigen el Derecho Administrativo sancionador deben ser los mismos que los que regulan el proceso penal, por tanto, si no se reconoce ello expresamente en sede administrativa, ante la laguna de ley o la defectuosa regulación normativa, deben trasladarse los principios del Derecho Penal al disciplinario. Su aplicación legitima de manera incuestionable la extensión —*mutatis mutandi*— del estatuto de la víctima del delito al perjudicado por la infracción disciplinaria, posibilitándosele así la personación e intervención en las diligencias acordadas por el instructor. Por ello, cuando se abre un expediente disciplinario por razón de acoso sexual, acoso laboral o trato vejatorio o degradante de un funcionario jefe contra una mujer que le está subordinada jerárquicamente (por ejemplo, contra un catedrático de universidad frente a una alumna suya), no hay duda alguna que hay una víctima, la estudiante, y, por tanto, negarle a ella la cualidad de parte en el expediente es vulnerar sus derechos constitucionales, porque del artículo 125 de la Constitución el Tribunal Constitucional ha deducido indubitadamente que la víctima tiene derecho constitucional a ser parte en el proceso penal[21].

2.- La derogación de la ley anterior por la Ley 39/2015, de 1 de octubre, del Procedimiento Administrativo Común de las Administraciones Públicas, hoy vigente, no ha mejorado las cosas[22], porque sorprendentemente su art. 4, y en concreto su art. 4.1, b) repite literalmente el precepto anterior.

3.- Esa nueva legislación administrativa de 2015, al reiterar como hemos dicho la regulación derogada, comete un error mucho más grave de lo que pueda parecer, porque ignora que 8 años antes, ya se había resuelto el problema, al aprobarse la Ley Orgánica 3/2007, de 22 de marzo, para la Igualdad Efectiva de Mujeres y Hombres, y en concreto su art. 12.

Por tanto, es con base al concepto jurídico de igualdad y su protección constitucional específica, como se ha instrumentalizado la protección de

---

21 Por ejemplo, S TC 59/2014, de 5 de mayo.

22 No sólo en este punto, sino en general, la reforma no ha gustado a la doctrina. Véase, por ejemplo, Navajas Rebollar, M.: "Las novedades en la regulación del procedimiento administrativo común en la Ley 39/2015", *El Cronista del Estado Social y Democrático de Derecho*, octubre 2016, núm. 63, págs. 50 y ss.

la dignidad de la mujer en el procedimiento administrativo sancionador, otorgándole legitimación extraordinaria por voluntad de la ley[23].

Ni siquiera ahora hay que alegar ni justificar el interés directo, porque éste se da por existente simplemente por ser mujer y acosada sexualmente o por razón de sexo. Tiene en consecuencia interés legítimo por voluntad expresa de la ley, y esa legitimación extraordinaria nadie puede discutirla.

Sería discutible pensar que los términos legales "única legitimada" que usa el art. 44 de la Ley Orgánica 1/2004, de 28 de diciembre, de Medidas de Protección Integral contra la Violencia de Género, en relación con el más claro art. 2 LEstVict principalmente, excluye del concepto de víctima a los ascendientes y descendientes más próximos (padres e hijos de la mujer acosada). En mi opinión, la imposibilidad de ejercicio de la legitimación extraordinaria concedida a la víctima directa de acoso sexual o por razón de sexo debe habilitar automáticamente la de esas personas que por ser su familia son legalmente víctimas indirectas.

4.- La anterior norma, la llamada Ley de Igualdad, reforma por ello, en su disposición adicional 6.1, el art. 19.1, i) de la Ley 29/1998, de 13 de julio, reguladora de la Jurisdicción Contencioso-administrativa, para los procesos contencioso-administrativos, disponiendo que la mujer (y el hombre en su caso) será la única legitimada en los procesos sobre acoso sexual y acoso por razón de sexo[24].

De ello se deduce inequívocamente en nuestra opinión que:

1º) Los hechos tienen que haber sido de acoso sexual y acoso por razón de sexo. La terminología es penal, aplicable en un proceso administrativo.

2º) El acoso por razón de sexo incluye el acoso laboral o funcionarial (dependiendo de la naturaleza de su contrato con la Administración) y el trato vejatorio y degradante a la mujer por el simple hecho de serlo.

---

23 La Exposición de Motivos de dicha ley es muy clara en sus ap. I y III.

24 Poca trascendencia ha tenido en la doctrina tan importante reforma, v. González Pérez, J.: *Comentarios a la Ley de la Jurisdicción Contencioso-Administrativa* (8ª ed.), Ed. Civitas-Thomson Reuters, Madrid, 2016, págs. 327 y 328. Para la situación anterior (Ley de la Jurisdicción Contencioso-Administrativa de 1956, art. 28), v., del mismo autor, obra, editorial y lugar, pero primera edición de 1978, págs. 410 y ss.

3º) Si en estos casos la víctima está legitimada en el proceso contencioso-administrativo, que es posterior, con mayor razón en el procedimiento administrativo sancionador, que es anterior y del que trae causa la vía jurisdiccional. La posibilidad de dar satisfacción al administrado en la vía previa es el fundamento de la misma para evitar el proceso contencioso-administrativo posterior. Tratándose de víctimas de acoso sexual o laboral o de trato vejatorio y difamante, con mayor razón.

7. CONCLUSIÓN

Por tanto, a la vista de la Ley Orgánica para la Igualdad Efectiva de Mujeres y Hombres de 2007, en relación con la Ley de la Jurisdicción Contencioso-Administrativa de 1998, que otorgan legitimación extraordinaria a la víctima de acoso sexual y acoso por razón de sexo, y por tanto es interesada por tener interés legítimo *ope legis*, concluimos que también ha de serlo necesariamente en el expediente administrativo previo, en el que es automáticamente también "interesado".

Sostener jurídicamente lo contrario, además de posicionarse claramente en los tiempos que corren en contra de la mujer por el hecho de serlo, sería inconstitucional, pues vulneraría el derecho a la tutela judicial efectiva de la víctima (y también el principio de igualdad), como hemos indicado en este escrito, y además produciría una indeseable victimización secundaria, pues la Justicia no puede aumentar el sufrimiento de la víctima, y menos ante un tan rimbombante Estatuto de la Víctima como el que ahora tenemos, que regula también situaciones que no son procesales penales, como la que aquí se ha considerado, pero que ha preferido ignorar.

La Sentencia núm. 416/2021, de 1 de junio, de la Sala de lo Contencioso-Administrativo del Tribunal Superior de Justicia de la Comunidad Valenciana, comentada en este escrito y validada por el Tribunal Supremo, abre la vía de reconocer siempre a la víctima de acoso una legitimación *ex legem* para que tutele sus derechos en régimen de igualdad y controle la actuación de la Administración.

No obstante ello, sería deseable que la Ley de Procedimiento Administrativo de 2015 se modificara expresamente en el sentido aquí considerado, de acuerdo con esa última jurisprudencia. Hasta que ello suceda, o alternativamente hasta que esa nueva jurisprudencia al respecto sea indubitada, debe concretarse ese interés legítimo en una participación activa en el procedimiento sancionador con apoyo explícito en la legislación vigente, comprendiendo el derecho al menos a conocer las actuaciones y poder intervenir en el proceso en determinados actos, que sería el elemental, y segundo, el derecho, esencial, a ser parte plena en el procedimiento administrativo sancionador, por el que nos inclinamos.

BIBLIOGRAFÍA

Agudo González, J., (Dir.), *Control administrativo y Justicia Administrativa,* Ed. INAP Investiga, Madrid, 2016, págs. 32 y ss.

Burgués Pascual, A. M. / García Cruz, P. (Coord.), *Derecho Administrativo Sancionador,* Ed. Atelier, Barcelona, 2022.

Cabañas García, J. C., *El recurso contencioso-administrativo,* Ed. Trivium, Madrid, 1999.

Cordón Moreno, F., *El Proceso Contencioso Administrativo* (2ª ed.), Ed. Aranzadi, Pamplona, 2001.

Garberí Llobregat, J. / Buitrón Ramírez, G., *El Procedimiento Administrativo Sancionador* (7ª ed.) Ed. Tirant lo Blanch, Valencia, 2021, dos volúmenes.

García De Enterría, E. / Fernández, T. R.: *Curso de Derecho Administrativo,* Ed. Civitas, Madrid, 1977, tomo II; y 19ª ed., 2020, tomo II.

Gimeno Sendra, V. / Moreno Catena, V. / Garberí Llobregat, J. / González-Cuéllar Serrano, N., *Curso de Derecho Procesal Administrativo* (2ª ed.), Ed. Tirant lo Blanch, Valencia, 1994.

Gómez Colomer, J. L.: *Estatuto Jurídico de la Víctima del Delito* (2ª ed.). Ed. Thomson Reuters-Aranzadi, Cizur Menor-Pamplona, 2015.

Gómez Colomer, J. L.: "La inconstitucional desprotección administrativa de la mujer-víctima de hechos delictivos e ilícitos de acoso sexual, acoso laboral o trato vejatorio y degradante, cometidos por su superior jerárquico funcionario público", en Dolz Lago, M. J. / Gómez Colomer, J. L. (Coords.), *La lucha por la Justicia y el Derecho en el siglo XXI. In memoriam del Magistrado Rafael Salvador Manzana Laguarda,* Ed. Sepin, Madrid, 2017, págs. 273 a 310.

Gómez Colomer, J. L., *Tres graves falencias del Estatuto de la Víctima del Delito cuando la mujer es víctima de violencia doméstica, de género, de tratos vejatorios y humillantes, o de delitos contra la libertad e indemnidad sexuales,* en Montserrat de Hoyos Sancho (Dir.), "La víctima del delito y las últimas reformas procesales penales", Editorial Aranzadi, Pamplona 2017, págs. 23 a 46.

Gómez Colomer, J. L., *La victimización secundaria de la mujer que ha sufrido acoso sexual, acoso laboral o tratos vejatorios y degradantes, a cargo de su superior jerárquico funcionario público, en el procedimiento administrativo sancionador,* en e-Eguzkilore. Revista electrónica de Ciencias Criminológicas, 2017, págs. 1 a 25.

González Cano, M. I., *La protección de los intereses legítimos en el proceso administrativo,* Ed. Tirant lo Blanch, Valencia, 1997.

González Pérez, J., *Comentarios a la Ley de la Jurisdicción Contencioso-Administrativa* (3ª ed.), Ed. Civitas, Madrid, 1999.

González Pérez, J. y González Navarro, F.: *Comentarios a la Ley de Régimen Jurídico de las Administraciones Públicas y Procedimiento Administrativo Común* (2ª ed.), Ed. Civitas, Madrid, 2010, tomo I.

Navajas Rebollar, M.: "Las novedades en la regulación del procedimiento administrativo común en la Ley 39/2015", *El Cronista del Estado Social y Democrático de Derecho,* octubre 2016, núm. 63, págs. 50 a 59.

Ortells Ramos, M. / Mascarell Navarro, M. J. / Cámara Ruiz, J. / Juan Sánchez, R., *El proceso contencioso-administrativo,* Ed. Comares, Granada, 1997.

Palomar Olmeda, A. (Dir.), *Tratado de la Jurisdicción Contencioso-Administrativa,* Ed. Thomson Reuters-Aranzadi, Cizur Menor 2021, dos tomos.

Palomar Olmeda, A. (Dir.), *Procedimiento administrativo* (3ª ed.), Ed. Thomson Reuters-Aranzadi, Cizur Menor, 2022.

Sánchez Morón, M., *Las partes en el Anteproyecto de Ley reguladora del proceso contencioso-administrativo,* Documentación Jurídica. Monográfico dedicado al "Anteproyecto de Ley del Proceso Contencioso-Administrativo", núm. 51, julio-septiembre, 1986, págs. 751 a 769.

Sánchez Morón, M., *Derecho Administrativo. Parte General* (18ª ed.), Ed. Tecnos, Madrid 2022.

Vázquez Forno, L. / Álvarez Barbeito, *Manual práctico de procedimiento disciplinario de los funcionarios públicos,* Ed. Wolters Kluwer-Bosch, Madrid, 2021.

Algunas reflexiones sobre la eficiencia procesal. A propósito de la regulación del proceso laboral frente al civil[1]

Mª ISABEL ROMERO PRADAS
Catedrática EU de Derecho Procesal
Universidad de Sevilla

1. INTRODUCCIÓN

El presente estudio pretende analizar, a la luz de la tan buscada eficiencia procesal, las principales características y especialidades del proceso

[1] Este trabajo se realiza en el marco del proyecto de investigación “El acceso a la justicia de las personas vulnerables”, Proyecto I+D+I de generación de conocimiento y fortalecimiento científico y tecnológico del Ministerio de Ciencia e Innovación, con REF PID2021-123493OB-I00.

laboral que, desde los inicios de su regulación, quiso distanciarse de las normas procesales civiles en lo que éstas no resultaban adecuadas al enjuiciamiento de las pretensiones que se debían decidir en este ámbito que comenzaba a configurarse como tal. Se fue regulando, de este modo, un proceso judicial más ágil y flexible que el civil para dar respuesta a los incipientes conflictos laborales que desde finales del siglo XIX y principios del XX fueron surgiendo.

Debe destacarse que desde esas primeras normas dedicadas a regular el nuevo proceso se fueron articulando sólidas bases que han venido caracterizando al proceso laboral, y que, aunque, con inevitables adaptaciones, han llegado a la actual regulación en la vigente Ley reguladora de la jurisdicción social, Ley 36/2011, de 10 de octubre (en adelante, LJS).

Nos ha parecido que es buena ocasión para detenernos a reflexionar sobre la actual configuración del proceso laboral, cómo se ha llegado a ella, el sentido de sus principales normas especiales respecto a la regulación del proceso civil y, sobre todo, cómo puede avanzarse hacia un proceso laboral más eficiente.

Ciertamente, las necesarias especialidades que llegarán a configurar el proceso laboral se justifican por la inadecuación del proceso civil y sus órganos para la resolución de los incipientes conflictos de naturaleza laboral que fueron surgiendo[2], constituyendo, en todo caso, un ámbito de la jurisdicción ordinaria y gozando sus normas de la autonomía o independencia respecto al derecho material, la instrumentalidad y los demás caracteres del Derecho procesal[3]. Debe entenderse superada la clásica discusión sobre la naturaleza jurídica del proceso laboral que ha venido enfrentando a algunos laboralistas y procesalistas[4], por cuanto el estudio del proceso laboral forma parte de nuestra disciplina y debe abordarse científicamente

---

2 También la aparición del Derecho material trae causa de la inadecuación del derecho civil de obligaciones a las relaciones de trabajo. En este sentido, Valdés Dal-Ré, F., "Las jurisdicciones sociales en los países de la Unión Europea: convergencias y divergencias", *Actualidad Laboral*, núm. 8, 2000

3 Cortés Domínguez, V. (con Moreno Catena, V.), *Introducción al Derecho procesal*, 12ª ed., Tirant lo Blanch, Valencia, 2023, págs. 21 a 23; y Moreno Catena, V., en Romero Pradas, Mª I. (coord.), *Derecho procesal laboral. Parte general y parte especial*, Tirant lo Blanch, Valencia, 2021, págs. 28 a 30.

4 Montero Aroca, J., *Introducción al proceso laboral*, 5ª ed., Marcial Pons, Madrid, 2000, págs. 78 y 79.

desde los conceptos básicos del Derecho procesal[5], aunque con frecuencia —y esto sucede en cierta medida también con el contencioso-administrativo— resulta muchas veces olvidado por la doctrina procesal, centrada fundamentalmente en el estudio del proceso civil y del penal.

En las siguientes páginas nos proponemos analizar las especialidades del proceso laboral frente al civil, comenzando con el examen de sus orígenes y los principales hitos en su regulación. Se pondrá de manifiesto la curiosa circunstancia de que, distanciándose las normas propias del proceso social del modelo civil de entonces en aspectos que llegan a la actualidad, el propio proceso civil que surge de la LEC de 2000 se acerca en determinados aspectos al laboral[6]. Del mismo modo, se aprecia la influencia del proceso civil en el laboral, por cuanto sus normas son generales y supletorias respecto de éste, por lo que también ha sido preciso ir abordando su adecuación a aquél. En realidad, puede afirmarse que en la actualidad no son tantas las diferencias entre ambos procesos, al menos en cuanto a los principios que los informan, no sólo los relativos al régimen de la pretensión y al derecho material, sino también los del procedimiento[7], si bien debe destacarse una intervención bastante más activa del juez en el proceso laboral que en el civil. Sí se observan, sin embargo, en la regulación de los cauces procesales de uno y otro proceso, toda vez que el laboral insiste en mantener reglas muy consolidadas que sin duda son señas de su especialidad, pero que deben aplicarse a pretensiones muy diferentes y mucho más complejas que las reclamaciones de salarios o sobre seguros que motivaron su regulación separada de la civil, a inicios del pasado siglo.

Por eso, la última parte del estudio se centra en reflexionar sobre la actual configuración del proceso laboral, caracterizado por la eficacia de sus normas desde los inicios de su regulación, en el tránsito hacia la eficiencia procesal, esto es, nos adentramos en plantear la adecuación de ciertos principios y reglas clásicos de este proceso a la conflictividad laboral actual.

---

5 Debe destacarse la atención prestada a la idea de la integración del proceso de trabajo en el sistema general del Derecho procesal por Guasp Delgado, J., "Significación del proceso de trabajo en la teoría general del Derecho procesal", *Revista de la Universidad de Oviedo,* 1950, págs. 137 y ss.

6 De *notable influencia del proceso laboral sobre el nuevo proceso civil* habla Montoya Melgar, A., "Prólogo", en Aguilera Izquierdo, R., *Proceso laboral y proceso civil: convergencias y divergencias,* Thomson-Civitas, Madrid, 2004, pág. 16. *Vid.* infra, 4.3.

7 En este sentido también se expresa Roca Martínez, J. Mª, "Proceso laboral y proceso civil", en Neira Pena, Ana Mª (dir.), *Los desafíos de la justicia en la era post crisis,* Atelier, Barcelona, 2016, págs. 278 y 279.

2. CONSIDERACIONES INICIALES: EFICIENCIA DE LA JUSTICIA Y EFICIENCIA PROCESAL

La búsqueda de la eficiencia en la justicia constituye, sin duda, el motor que viene impulsando, en los últimos tiempos, las reformas que se están planteando en este ámbito, sobre todo a partir de la crisis sanitaria provocada por la COVID-19 en 2020, que evidenció las grandes deficiencias de nuestra Administración de justicia[8]. Sirvan, en este sentido, las palabras con las que se iniciaba la Exposición de Motivos del decaído Proyecto de Ley de medidas de eficiencia procesal del servicio público de Justicia (en adelante, PLEP[9]): "El sistema de Justicia de nuestro país, que da soporte al ejercicio de la potestad jurisdiccional, padece desde hace décadas de insuficiencias estructurales, algunas de las cuales, sin justificación, que han dificultado que ocupe plenamente el lugar que merece en una sociedad avanzada. No hay duda de que en algunos puntos del sistema puede haber déficit de recursos que haya que corregir, pero no parece que esta sea la causa principal de nuestros problemas crónicos, derivados más bien de la escasa eficiencia de las soluciones que sucesivamente se han ido implantando para reforzar la Administración de Justicia como servicio público"[10].

La eficiencia[11], como uno de los valores más buscados en el nuevo modelo de Justicia que pretendía el Plan Justicia 2030 —con el objetivo es hacer más eficiente la asignación de recursos, con normas y procedimientos actualizados y consensuar y desarrollar un modelo de cogobernanza[12]—, junto a la accesibilidad y la sostenibilidad, perseguía la obtención de los más óptimos resultados en el empleo de los recursos en el ámbito de la Ad-

---

8 Como afirma Laro González, E., "Una justicia eficiente y digital para una administración de justicia obsoleta", en Llorente Sánchez-Arjona, M. y Calaza López, S. (dirs.), *Digitalización de la justicia: prevención, investigación y enjuiciamiento*, Aranzadi, 2022, pág. 310, con la pandemia han relucido las grandes fisuras de la Administración de Justicia en comparación con otras administraciones mucho más vanguardistas y preparadas para afrontar una situación de tal envergadura.

9 BOCG (XIV Legislatura) de 22 de abril de 2022.

10 EM del PLEP, I, párrafo 1.

11 Entendida como "capacidad de lograr los resultados deseados con el mínimo posible de recursos" (según el Diccionario de la RAE, que define, a su vez, la eficacia como la "capacidad de lograr el efecto que se desea o se espera", sin más) y definida en la propia EM, I, párrafo 2 PLEP, como "capacidad del sistema para producir respuestas eficaces y efectivas".

12 https://www.justicia2030.es/documents/107891/185900/Resumen_ejecutivo_castellano.pdf/af34c8cf-dfb4-8126-aff5-a7fc4f677545?t=1621325883176.

ministración de Justicia[13]. No se olvide que Justicia 2030 es la concreción del Plan de Recuperación, Transformación y Resiliencia[14] para el Servicio Público de Justicia, y que la eficiencia del Servicio Público de Justicia, como uno de los grandes objetivos de la reforma de la justicia abordados en el referido Plan, orientada a asegurar que la transformación digital se concrete en una mejora organizativa y de procesos, cristalizó en los programas de "eficiencia organizativa", "eficiencia procesal" y "eficiencia digital", y se plasmó en tres Proyectos de Ley que decayeron con la disolución de las Cortes mediante el Real Decreto 400/2023, de 29 de mayo, de disolución del Congreso de los Diputados y del Senado y de convocatoria de elecciones.

Pues bien, la reciente aprobación del Real Decreto-ley 6/2023, de 19 de diciembre, de medidas urgentes para la ejecución del Plan de Recuperación, Transformación y Resiliencia en materia de servicio público de Justicia, función pública, régimen local y mecenazgo que incluye una batería de medidas para la transformación digital y procesal de la Administración de Justicia —convalidado por el Congreso el 10 de enero de 2024—, marca el inicio de la modernización del sistema de Justicia anunciada por el Gobierno, que debería incluir otras muchas reformas, pero que, de momento se limitan, además de a la digitalización, adaptando la realidad judicial

---

13 El Plan Justicia 2030, planteado desde el Ministerio de Justicia, parte con los objetivos y ejes estratégicos de consolidar los derechos y garantías de los ciudadanos, promover una mayor eficiencia del servicio público y garantizar el acceso a la justicia en todo el territorio. En lo referente a la consolidación de garantías y derechos, entre otras medidas, se prevé una batería de propuestas que incluye la promoción de servicios alternativos de resolución de controversias —para disminuir la litigiosidad de juzgados y tribunales—; en materia de eficiencia, se prevé completar la implantación de la Oficina Judicial, consolidar el expediente judicial digital e integrar las diferentes plataformas de gestión procesal para preservar la eficacia del sistema en todo el territorio, entre otras iniciativas; mientras que para garantizar el acceso a la justicia en todo el territorio se busca la cohesión y coordinación territorial mediante la transformación digital, para lo que se pretende abordar la interoperabilidad de sistemas informáticos del sector de Justicia que operan en los diferentes territorios "con el objetivo de superar la dispersión tecnológica actual y poner en marcha proyectos conjuntos para un mejor funcionamiento de la Administración de Justicia".

14 Estrategia española para canalizar los fondos destinados por Europa a reparar los daños provocados por la crisis del COVID-19 y, a través de reformas e inversiones, construir un futuro más sostenible (https://planderecuperacion.gob.es/).

española del siglo XXI al marco de las nuevas tecnologías[15], a otras introducidas en nuestras leyes procesales, que justifica el Preámbulo en "la necesidad de introducir los mecanismos eficientes que resultan imprescindibles para hacer frente al incremento de la litigiosidad y para recuperar el pulso de la actividad judicial, al compás de la recuperación económica y social tras la finalización de la situación de crisis sanitaria ocasionada por la COVID-19; así como las reformas correspondientes en las leyes procesales como medidas de agilización de los procedimientos en los distintos órdenes jurisdiccionales"[16] [17].

3. LA NECESIDAD DE UNA REGULACIÓN ESPECIAL PARA LA SOLUCIÓN DE LOS CONFLICTOS LABORALES

Como es sabido, el proceso laboral es un proceso bastante reciente, tal como acontece con los órganos jurisdiccionales específicos de este ámbito. Los tribunales y el proceso de trabajo tienen así, como es natural y según enseña Montero Aroca, un mismo origen: ambos encuentran su razón de ser en la falta de adecuación de los tribunales y del proceso ordinarios para hacer frente a las nuevas necesidades[18].

Hubo que conformar, así, un proceso que resultara eficaz para trabajadores y empresarios, frente a la ineficacia del proceso civil de entonces, fundamentalmente, por la duración y el coste[19].

---

15 Y "favoreciendo una relación digital entre la ciudadanía y los órganos jurisdiccionales y aprovechando las ventajas del "hecho tecnológico" también para fortalecer nuestro Estado social y democrático de Derecho mediante la disposición de medidas orientadas a la transparencia, la eficiencia y la rendición de cuentas de los poderes públicos" (Preámbulo RD-ley 6/2023, II, párrafo 13).

16 Preámbulo RD-ley 6/2023, II, párrafo 25.

17 Téngase en cuenta que se está tramitando el Proyecto de Ley Orgánica de medidas en materia de eficiencia del Servicio Público de Justicia y de acciones colectivas para la protección y defensa de los derechos e intereses de los consumidores y usuarios [BOCG (XV Legislatura) de 22 de marzo de 2024].

18 Montero Aroca, J., "La reforma de los tribunales y del proceso de trabajo", *Estudios de Derecho Procesal*, Barcelona, 1981, pág. 510.

19 Entre otras muchas publicaciones y referencias sobre el origen de la justicia laboral, de las que se dará cuenta en este estudio, destacamos en este momento, Alonso Olea, M., "Sobre la historia de los procesos de trabajo", *Revista de Trabajo*, núm. 15, 1966, págs. 7 a 35; Montero Aroca, J., "Los Tribunales de Trabajo entre el pasado y el porvenir", *Revista de Seguridad Social*, núm. 20, 1983, págs. 9 a 47;

3.1. De la etapa inicial a las primeras especialidades recogidas en la Ley de Accidentes de Trabajo de 1900

En un principio, no existía especialidad alguna en la tramitación de las pretensiones basadas en las normas incipientes de Derecho del Trabajo, de las que conocía la jurisdicción civil a través de este proceso. Sin embargo, el proceso civil y los tribunales civiles pronto se mostraron profundamente insatisfactorios e inadecuados para la resolución de estos conflictos, y ello por su falta de adecuación para hacer frente a las nuevas necesidades[20].

Fue la Ley de Accidentes de Trabajo, de 30 de enero de 1900 (LAT)[21], la que recogió las primeras especialidades sobre la regulación general de la LEC[22], de lo que sería el nuevo proceso, quedando fijadas en ella sus bases fundamentales[23]. Sin embargo, no se plasmó de momento en la creación de un nuevo proceso, ni de órganos especiales, sino que el art. 14 de la Ley de 1900 anunciaba unos Tribunales especiales para el conocimiento de ta-

---

Rodríguez Piñero y Bravo-Ferrer, M., "Proceso civil y proceso de trabajo", *Relaciones Laborales*, núm. 12, junio 2001 (LA LEY 6093/2002).; Aguilera Izquierdo, R., *Proceso laboral y proceso civil: convergencias y divergencias*, Thomson-Civitas, Madrid, 2004, págs. 19 y ss.

20 Montero Aroca, J., "La reforma de los tribunales y del proceso de trabajo", *op. cit.*, págs. 490 y 510.

21 Como afirmara Márquez Prieto, A., "Historia del proceso de Seguridad Social", *Revista Española de Derecho del Trabajo*, núm. 104, 2001, pág. 247, dicha ley debe ser entendida como la primera manifestación en nuestro país de un fenómeno más vasto que a nivel internacional perseguía la instauración de medidas legislativas de protección de la clase trabajadora. Dentro de esa filosofía resultaba incoherente que el Derecho sustantivo otorgara mejoras sociales a los obreros que posteriormente el Derecho Procesal pudiera malograr por no obedecer a la misma línea de principios.

22 Montero Aroca, J., "Los Tribunales de Trabajo entre el pasado y el porvenir", *Revista de Seguridad Social*, núm. 20, 1983, pág. 14.

23 La LAT estableció la responsabilidad directa y objetiva del empresario por los accidentes de sus operarios —creando de esa manera nuevas relaciones jurídicas de caracter material o sustantivo—, considerando que los procesos ante la jurisdicción civil resultaban inadecuados para la protección de los intereses de los obreros, protección que constituía la razón de ser de dicha disposición legal. Esta conciencia del legislador en que la conquista del derecho material podría convertirse en inútil si el trabajador accidentado tenía que utilizar el proceso civil correspondiente a la cuantía se plasma en la EM de la norma, en la que se destaca que "la rapidez en resolver las contiendas en que se hallen interesados clases jornaleras y desvalidas es lo que debe, ante todo, perseguirse". *Vid.* Márquez Prieto, A., *op. cit.*, pág. 257.

les litigios, al tiempo que arbitraba una solución provisional, disponiendo que "mientras se dictan las disposiciones relativas a los tribunales o jurados especiales que han de resolver los conflictos que surjan en la aplicación de esta Ley, entenderán de ellos los Jueces de Primera Instancia, con arreglo a los procedimientos establecidos para los juicios verbales y con los recursos que determina la LEC".

De este modo, la LAT, además de atribuir la competencia en exclusiva a los Jueces de Primera Instancia —y no a los Municipales—, optó por el juicio verbal por ser el más sencillo y rápido, con lo que se estaba abriendo paso a la oralidad como principio esencial del procedimiento. A lo anterior hay que añadir la previsión del art. 35 del Reglamento de dicha ley, de 28 de julio de ese mismo año, que consideraba siempre al obrero en estos procesos como litigante pobre, con lo que prácticamente se establecía la gratuidad, el segundo de los grandes principios del nuevo proceso[24]. Además de la consolidación de estos grandes principios, esenciales en la regulación del proceso laboral, la LAT directamente o por los problemas derivados de su aplicación, fue el origen de otras normas procesales todavía vigentes, como se irá exponiendo.

3.2. El surgimiento del nuevo proceso y el origen de los órganos laborales a partir de las Leyes de Tribunales Industriales de 1908 y 1912, y el Código de Trabajo de 1926

3.2.1. Consideraciones generales

Con la Ley de Tribunales Industriales (LTI) de 19 de mayo de 1908 surgen en España los jueces de trabajo y el proceso laboral[25], pues es entonces cuando se crean los Tribunales que anunciara la Ley de 1900, con el nombre de Tribunales Industriales. La Ley de 1908 fue profundamente modificada por la también LTI de 22 de julio de 1912, texto de referencia en el origen de los órganos y el proceso de trabajo, por cuanto fue enton-

---

24 La gratuidad del proceso laboral se logra con la LTI de 1912 y pasó a los posteriores textos procesales laborales, previsiones que fueron derogadas por la Ley 1/1996, de Asistencia Jurídica Gratuita, que establecía una regulación general y en la que, como más adelante desarrollaremos, se reconoce el derecho a la asistencia jurídica gratuita a los trabajadores y beneficiarios del sistema de Seguridad Social.

25 Alonso Olea, M. y Otros, *Derecho Procesal del Trabajo,* 12ª ed., Civitas, Madrid, 2002, pág. 41.

ces —la de 1908 tuvo una importancia limitada, pues los Tribunales que se creaban no llegaron a funcionar con regularidad— cuando se produjo la efectiva creación de los Tribunales Industriales y cuando se regula un proceso laboral que quedó ya prácticamente conformado, pudiendo afirmarse con Montero Aroca que si desde 1912 se ha asistido a alteraciones de importancia en la organización judicial que aplicaba el proceso, no ha habido reformas de importancia en el proceso mismo[26].

Como no podía ser de otra manera, en la línea trazada ya por la LAT, el nuevo proceso persigue ser un proceso eficaz. Por ello su creación aspira a ofrecer a trabajadores y empresarios un proceso rápido y barato[27]. La Ley de 1912 fue incorporada con muy leves modificaciones al Código de Trabajo (en adelante, CT) de 23 de agosto de 1926, como Libro IV, algunos de cuyos preceptos siguieron en vigor, en su versión inicial o con ligeras variantes de redacción, pese a la desaparición de los Tribunales Industriales regulados por ella, hasta la promulgación del primer Texto Refundido de Procedimiento Laboral en el año 1958[28] —y en los textos posteriores—.

3.2.2. Los Tribunales Industriales y otros órganos

Por lo que respecta al nuevo órgano jurisdiccional que se crea, la Ley autorizaba al Gobierno para, a petición de obreros y patronos, o por propia iniciativa, a constituir en las cabezas de partido judicial Tribunales Industriales, que se componían del Juez de primera instancia, como presidente,

---

26 Montero Aroca, J., *Comentarios a la Ley de Procedimiento Laboral* (con Iglesias Cabero, M. y Otros), I, Civitas, Madrid, 1993, pág. 12.
Sobre las diferencias entre una y otra ley *vid.* De Miguel Y Alonso, C., "El acceso a la justicia y los Tribunales de Trabajo en España", *Escritos en Homenaje al Profesor Prieto-Castro*, Vol. 2, Madrid, 1979, págs. 384 y 385.

27 En la exposición de motivos del dictamen de la Comisión del Congreso sobre el proyecto de ley de Tribunales Industriales de 1908 se decía que "los Tribunales Industriales, cuya creación se propone, han de entender en las múltiples reclamaciones de índole civil que el creciente desarrollo de la industria suscita cada día, cuando por su escasa importancia material no toleran los gastos y dilaciones de un juicio ordinario ... Esta deficiencia de la realidad no puede remediarse sólo dando intervención en el fallo al jurado técnico, sino abreviando y abaratando además el procedimiento. Mantener los gastos procesales equivale a declarar inaccesible la justicia para los proletarios". Nos remitimos a la cita de Montero Aroca, J., "La reforma de los tribunales y del proceso de trabajo", *op. cit.*, pág. 511.

28 Alonso Olea, M., "Sobre la historia de los procesos de trabajo", *op. cit.*, págs. 11 y 12.

y de cuatro jurados, dos obreros y dos patronos, designados por sorteo entre las listas elegidas por una y otra clase. Se trataba de un verdadero jurado, es decir, limitado al conocimiento de los hechos, reservándose el juez la aplicación a los mismos del derecho: pronunciaban el veredicto respondiendo afirmativa o negativamente a las preguntas que les sometía el Juez-presidente, el cual después dictaba la sentencia[29]. Es importante destacar, respecto a la competencia territorial, que con la LAT, que no contenía norma expresa sobre competencia territorial, se aplicaba el art. 62 LEC, admitiéndose la sumisión expresa y tácita, por lo que el trabajador, cuando demandaba a la compañía, debía atenerse a los pactos de la póliza[30], en los que se solían consignar cláusulas de sumisión expresa a tribunales distintos de los del lugar del accidente. Con esta situación quiso terminar la LTI de 1912, declarando nulas las cláusulas de sumisión expresa en los contratos de seguro (art. 18)[31], nulidad que se generalizó más adelante, recogiéndose en los textos posteriores de procedimiento laboral, hasta el de 1980, si bien con posterioridad una similar previsión de la LBPL no pasó al Texto Articulado, ni a la LPL de 1995, como tampoco a la actual LJS, a pesar de lo que suele mantenerse la improrrogabilidad de la competencia territorial en el proceso laboral[32].

También en relación a los órganos, sin extendernos en esta cuestión, debe señalarse que los Tribunales Industriales van a subsistir hasta el de-

---

29 Interesa destacar, como hace De Miguel y Alonso, C., *op. cit.*, pág. 386, que la Ley de 1908 no llegó a tener el desarrollo deseado ni una completa aplicación, por motivos fundamentalmente económicos, y también por el hecho de que las antagónicas posturas que se planteaban reiteradamente entre el jurado (obreros y patronos), desembocaban prácticamente en la realidad de que era el Juez de Primera Instancia el que, en definitiva, debía resolver el conflicto, hecho que interesa subrayar, como lejano motivo de la creación de la justicia profesional de las Magistraturas de Trabajo que habría de llegar en 1938. Además, incluso tras la Ley de 1912 y la promulgación del Código de Trabajo de 1926, los Tribunales Industriales no se llegaron a constituir en todos los partidos y, de hecho, los Jueces de Primera Instancia siguieron conociendo de numerosos conflictos laborales (*vid.* págs. 387 y 388 —nota 14—).

30 *Vid.* Montero Aroca, J., *Los Tribunales de trabajo (1908-193). Jurisdicciones especiales y movimiento obrero,* Universidad de Valencia, Servicio de Publicaciones, Valencia, 1976, pág. 31; y "Los Tribunales de Trabajo entre el pasado y el porvenir", *op. cit.*, pág. 16.

31 "Sobre la historia de los procesos de trabajo", *op. cit.*, pág. 13.

32 Ampliamente, Montero Aroca, J., *Comentarios a la Ley de Procedimiento Laboral* (con Iglesias Cabero, M. y Otros), I, *op. cit.*, págs. 72 y ss.

creto de 13 de mayo de 1938, que creó las Magistraturas de Trabajo, pero en la década de los veinte y de los treinta surgieron otros órganos que, aunque originariamente no tuvieron competencia jurisdiccional, poco a poco fueron asumiendo funciones de esta naturaleza. Por ello, los Tribunales Industriales, cuya composición y atribuciones no sufrieron alteraciones de importancia, perdieron bastante claridad en el ámbito de su competencia con la creación de los Comités Paritarios primero y, sobre todo, aquélla pasó en su mayor parte a los Jurados Mixtos, que vinieron a sustituir a los anteriores[33]. Se trataba de órganos constituidos por representantes de los obreros y de los patronos, y sus funciones principales eran las de prevención y regulación de las condiciones de trabajo, así como de conciliación y arbitraje, no las jurisdiccionales, como era lógico, por cuanto no tienen tal carácter —a veces ni siquiera cabía recurso jurisdiccional frente a sus resoluciones—[34].

En cuanto al ámbito jurisdiccional, venía determinado conjuntamente por el objeto del proceso ("calidad del asunto", según el art. 435 CT) y las partes ("calidad de las personas", art. 427). En cuanto a lo primero, el proceso había de versar sobre incumplimiento o rescisión de los contratos de arrendamientos de servicios, de los contratos de trabajo —individual o colectivo—, de aprendizaje o de embarco; o sobre accidentes de trabajo; o sobre incumpliendo de "leyes y disposiciones de carácter social que afecten particularmente al demandante y que no tengan señalado procedimiento especial, gubernativo o judicial"[35]. Respecto a las partes, se definía legalmente al "patrono" y al "obrero" (art. 427 CT), se recogían reglas sobre capacidad, y se plasmaba la amplitud en cuanto a la postulación, que subsiste en la actualidad, al permitirse la comparecencia por medio de representante en el pleno ejercicio de sus derechos civiles.

---

33 Montero Aroca, J., "La reforma de los tribunales y del proceso de trabajo", *op. cit.*, pág. 492.

34 *Vid.* ampliamente, Montero Aroca, J., "La reforma de los tribunales y del proceso de trabajo", *op. cit.*, págs. 492 y ss.; y Alonso Olea, M., "Sobre la historia de los procesos de trabajo", *op. cit.*, págs. 21 y ss.

35 Especial evolución ha seguido la materia de previsión social, después denominada de Seguridad Social. *Vid.* al respecto, sobre esta denominada jurisdicción de previsión, Montero Aroca, J., "Los Tribunales de Trabajo entre el pasado y el porvenir", *op. cit.*, págs. 19 y ss.; Alonso Olea, M., "Sobre la historia de los procesos de trabajo", *op. cit.*, págs. 29 y ss., denominándolos, "procesos y cuasi-procesos de seguros sociales"; y Márquez Prieto, A., "Historia del proceso de Seguridad social", *op. cit.*, págs. 253 y ss.

3.2.3. Desarrollo del proceso

Centrándonos ya en el desarrollo del proceso, las características fundamentales vienen representadas por la gratuidad en la fase de cognición (no de ejecución de sentencia, *ex* art. 451 CT); la oralidad, que predomina en todo el núcleo comprendido entre la demanda y la sentencia (arts. 459, 465 y 467 CT, relativos a la celebración del acto de conciliación, del juicio y conclusiones, respectivamente); la inmediación, que ponía en contacto directo al órgano jurisdiccional y las partes en el desarrollo del juicio (se desprende de los arts. 459 a 471 CT); la concentración, de forma que en el acto del juicio se desarrollaban múltiples actos procesales sin solución de continuidad, desde la ratificación de la demanda hasta la redacción de las preguntas destinadas a los jurados del juicio, teniendo la práctica de la prueba fuera del local de audiencia carácter excepcional, de manera que sólo interrumpía la sesión por el tiempo imprescindible (arts. 465, 467 y 468 CT); y la celeridad, ya que el juicio se declaraba urgente para todos los efectos procesales, y sus plazos perentorios e improrrogables (art. 455 CT), y sobre todo, el juez tenía facultades para resolver cuestiones incidentales sin ulterior recurso o con la mera admisión de la protesta para el de quebrantamiento de forma contra la sentencia definitiva, además de que el juicio se celebraba sin la presencia del demandante si éste no comparece sin alegar excusa bastante, entre otras (arts. 462, 465, 476 y 477 CT). No obstante, en cuanto a la celeridad, se pusieron de manifiesto algunos obstáculos que dificultaban la rapidez querida por el legislador: el primero, la separación entre el acto de conciliación y el de juicio, entre los cuales además se exigía que mediaran al menos tres días (art. 461 *in fine*), lo que suponía dos comparecencias sucesivas y espaciadas de las partes; el segundo, la complejidad representada por la existencia de Jurados, que podía generar dilaciones del proceso debido a la posible recusación de los mismos, ausencia al acto del juicio, y los problemas que pudiera representar la deliberación (arts. 474 a 476 CT)[36].

El proceso venía regulado en los arts. 456 y ss. CT[37] y guardaba bastante similitud con el actual, por lo que puede afirmarse que, aunque por su-

---

36 *Vid.* la exposición de Alonso Olea, M., "Sobre la historia de los procesos de trabajo", *op. cit.*, págs. 15 y 16; y Márquez Prieto, A., "Historia del proceso de Seguridad social", *op. cit.*, págs. 250 y ss.

37 Una descripción muy detallada puede verse en Alonso Olea, op. ult. *cit.*, págs. 16 y ss.

puesto que se han producido modificaciones, en lo esencial es el que ha llegado a nuestros días.

3.3. La justicia laboral a partir de la creación de las Magistraturas de Trabajo. El logro de una cierta unificación

El Decreto de 13 de mayo de 1938 suprimió los Tribunales Industriales y los Jurados Mixtos y creó las Magistraturas de Trabajo[38], a las que se atribuyeron las competencias anteriormente asignadas a aquéllos. Por otra parte, el Decreto de 6 de febrero de 1939 suprimió los órganos de la "jurisdicción especial de previsión" —los Patronatos de Previsión Social y las Comisiones Revisoras Paritarias, incluida la Superior—, derogando el Reglamento de 1932, y dispuso que la competencia de carácter contencioso de estos organismos pasara a las Magistraturas de Trabajo, así como que las demás materias atribuidas a las Comisiones pasaban a ser de la competencia del Servicio Nacional de Previsión Social (art. 8).

Sendos Decretos produjeron el efecto de reunir ante un mismo órgano, y bajo un mismo procedimiento, el conocimiento de la materia litigiosa social. El proceso establecido en los Decretos de 1938 y 1939 era el mismo utilizado ante los Tribunales Industriales, pues dichas normas se remitían a las reglas procedimentales recogidas en el CT: conforme al art. 2 del Decreto de 13 de mayo de 1938, "el conocimiento de los asuntos que se atribuyen a los Magistrados de Trabajo se ajustará a las normas procesales señaladas en el actual Código de Trabajo, cuando el Tribunal Industrial funciona sin jurado", con ciertas modificaciones que se señalan[39]. El Decreto de 1939 se remitía al anterior, aunque establecía algunas disposiciones especiales,

---

38 Frente a la situación anterior, en la que presidentes de los órganos que resolvían los conflictos laborales eran designados de modo prácticamente discrecional por el Ministerio de Trabajo, y los vocales eran elementos de clara parcialidad, se aspiraba a la creación de un "Juez profesional independiente". *Vid.* Montero Aroca, J., "La reforma de los tribunales y del proceso de trabajo", *op. cit.*, págs. 496 y 497, poniendo de manifiesto que ya la doctrina se venía inclinando por la creación de unos Tribunales especializados, en los que el elemento jurisdiccional fuera técnico y de carrera, con independencia garantizada, llegando incluso a hablarse de "magistratura del trabajo".

39 Por ejemplo, por habernos referido con anterioridad, la previsión de que la celebración del acto del juicio tendrá lugar en única convocatoria el mismo día de la conciliación sin avenencia, debiendo hacerse a este efecto la citación en forma para ambos actos.

entre las que debe ser destacada la relativa a la reclamación administrativa previa, que se exigió, por tanto, antes de que se instaurara la conciliación sindical obligatoria previa, prevista en la Ley de Bases de la Organización sindical, de 6 de diciembre de 1940, pero que se estableció por la Ley de 11 de julio de 1941, para los procesos por despido y, con carácter general por el Decreto de 9 de enero de 1950[40].

Respecto al nuevo órgano, como advierte Montero Aroca en relación a los Tribunales Industriales, el Decreto de 1938 se había limitado a cambiar la denominación y eliminar el elemento lego en la composición del órgano jurisdiccional, pues no se crearon Magistraturas en todas las provincias, sino que se dispuso que en las demarcaciones territoriales en las que no se designara Magistrado de Trabajo, asumirán las funciones los Jueces de Primera Instancia, si bien la designación de los Magistrados quedaba en manos del ministro de Organización y Acción sindical, el cual libremente podía hacer los nombramientos entre españoles mayores de edad, aptos para el desempeño de la función (art. 5)[41]. En este sentido, el Decreto de 12 de septiembre de 1939 reguló de nuevo el sistema de nombramiento de los Magistrados, y ya se consiguió la profesionalización, al establecerse que se designarían por concurso entre funcionarios de las carreras judicial y fiscal, sistema que quedó definitivamente establecido en la Ley de 17 de octubre de 1940, Orgánica de la Magistratura de Trabajo[42] (LOMT).

La LOMT de 1940, dispuso que las Magistraturas de Trabajo eran la "única institución jurisdiccional contenciosa en la rama social del derecho"[43].

---

40 *Vid.* ampliamente, Romero Pradas, Mª I., *La conciliación en el proceso laboral*, Tirant lo Blanch, Valencia, 2000, págs. 55 y ss.

41 *Vid.* "La reforma de los tribunales y del proceso de trabajo", *op. cit.*, pág. 497.

42 No se puede decir lo mismo de la independencia, al estar vinculados los Magistrados de Trabajo administrativa y disciplinariamente al Ministerio de Trabajo (art. 2 de la LOMT).

43 A partir de 1938, por tanto, las Magistraturas de Trabajo van a ser los órganos que conocen de las pretensiones sociales, si bien, como el Decreto de 6 de febrero de 1939 preveía, se asignaban al Servicio Nacional de Previsión, aplicando la regla según la cual se atribuían a dicho servicio las cuestiones que anteriormente fueran de la competencia de las Comisiones Paritarias y cuyo conocimiento no resultara expresamente otorgado a otros órganos, ciertas competencias en materia de seguros sociales, y expresamente se le atribuye la impugnación de liquidaciones y sanciones y materias de accidentes de trabajo (arts. 9 y 10). Con esta regla, y a través de la legislación sustantiva particular de cada seguro, se consigue burlar el objetivo perseguido por los Decretos de 1938 y 1939, que pretendían unificar el conocimiento de todos los pleitos de carácter social ante las Magistraturas de

En la misma Ley se creaba el Tribunal Central de Trabajo, aunque falto de regulación, y en el Decreto de 11 de julio de 1941 se le confirió el conocimiento de los recursos de suplicación. Además, siempre fue y es posible el recurso de casación ante el Tribunal Supremo[44].

Debe reparase también en que una Ley de la misma fecha que la de 26 de septiembre de 1941, que atribuyó al Magistrado de trabajo competencia para ejecutar lo acordado en la conciliación sindical, extendió la obligación de la reclamación administrativa previa a la vía judicial a todas las demandas derivadas del ejercicio de una acción laboral contra el Estado u Organismos dependientes, excluyendo en todos estos casos la conciliación sindical.

3.4. Necesidad de refundición de las normas procesales laborales: el texto refundido de 1958 y textos posteriores

Como venimos exponiendo, a partir de 1938 y, sobre todo, de 1940, fueron apareciendo un gran número de disposiciones que, de forma dispersa y fragmentaria, trataban de regular distintos aspectos del proceso de trabajo, ocasionándose en la práctica muy serias dificultades, de manera que el propio legislador consideró "imperioso" refundirlas en un solo texto, para facilitar su conocimiento y aplicación[45]. Este fue el origen de la Ley de 24 de abril de 1958, en la que, aparte de introducir algunas matizaciones so-

---

Trabajo. De este modo, sigue existiendo la dualidad en el conocimiento de las cuestiones relativas a seguros sociales, ahora ni siquiera merecedora de la denominación "jurisdiccional", por cuanto frente al enjuiciamiento por las Magistraturas de Trabajo, la competencia del Servicio Nacional de Previsión, que pronto fue sustituido por la Dirección Nacional de Previsión (Decreto de 18 de agosto de 1939, que reorganiza el Ministerio de Trabajo), lo era para conocer del recurso de alzada que se establecía en los distintos supuestos. *Vid.* ampliamente Márquez Prieto, A., "Historia del proceso de Seguridad social", *op. cit.*, págs. 260 a 263.

44 *Vid.* ampliamente, Montero Aroca, J., "La reforma de los tribunales y del proceso de trabajo", *op. cit.*, págs. 499 y 500. Téngase en cuenta que la Ley de 1940 se refería al recurso de apelación contra las resoluciones de la Magistratura, y que en el Decreto de 1941 se le cambió la denominación por la de recurso de suplicación y, además, se cambió su naturaleza, pues este recurso es de corte casacional. *Vid.* Montero Aroca, J., *El proceso laboral,* T. II, Bosch, Barcelona, 1982, págs. 71 y ss.; y ampliamente, Colmenero Guerra, J. A., *El recurso de suplicación,* Tirant lo Blanch. Valencia, 2001, págs. 54 y ss.

45 Señala la EM de la Ley de 24 de abril de 1958 que, desde 1938 "y por sedimentos sucesivos, se ha ido formando un cuerpo de normas de procedimiento laboral con rango jerárquico muy distinto, que es imperioso refundir en un solo texto

bre la regulación existente, se autorizó al Gobierno para publicar un texto refundido de procedimiento laboral[46], texto que se aprobó por Decreto de 4 de julio de 1958[47].

Baste decir que el art. 1 de esta LPL de 1958 determinaba la competencia de la Jurisdicción de Trabajo, declarándola la única —competente— para conocer, resolver y ejecutar sus decisiones en los conflictos individuales que se promuevan en la rama social del Derecho, competencia que viene determinada por la calidad de las personas y de la materia del asunto.

Además, se consiguió residenciar el conocimiento de todos los conflictos sobre Previsión social ante la Jurisdicción social, hasta conseguir, a partir de la LPL de 1966, un solo proceso especial en materia de Seguridad Social, que mantenía las características de necesidad de reclamación previa; la exigencia en cuanto a las partes, del litisconsorcio pasivo necesario; así como especialidades en cuanto a la prueba[48].

Debe tenerse en cuenta que formalmente se abandona la remisión al Código de Trabajo, aunque las reglas vienen a ser las que aquél contenía, añadiéndose, eso sí, por la ley de 24 de abril y por el texto refundido, ciertas normas que conferirían al proceso mayor agilidad, y que trascienden a nuestros días, entre las que cabe destacar el otorgamiento de fuerza ejecutiva a lo acordado en conciliación sin necesidad de ratificación ante el Magistrado, y la posibilidad de dictar sentencia *in voce*[49] (arts. 4 y 11 respectivamente de la Ley de abril 1958), además de la necesidad de comparecencia del actor a los actos de conciliación y juicio (art. 70 LPL 1958), y

---

para facilitar su conocimiento y aplicación por todos los interesados en la relación laboral: Tribunales, Administración, trabajadores y empresarios".

46 *Vid.* De Miguel y Alonso, C., *op. cit.*, pág. 391; y Montero Aroca, J, *Comentarios a la Ley de Procedimiento Laboral* (con Iglesias Cabero, M. y Otros), I, *op. cit.*, pág. 13.

47 BOE de 7 de agosto.

48 *Vid.* ampliamente, Márquez Prieto, A., "Historia del proceso de Seguridad social", *op. cit.*, págs. 263 y ss.

49 Se disponía que cuando por la cuantía de la reclamación solo quepa recurso de suplicación por quebrantamiento de formalidades procesales, el Magistrado inmediatamente de concluido el juicio, podrá formular su sentencia "in voce", lo que se hará constar en el acta del juicio, sin necesidad de razonarlo por escrito, el fallo que se dicte, del que quedarán notificadas las partes mediante su lectura y firma.

de la no suspensión del juicio por seguirse causa criminal sobre los hechos debatidos[50] (art. 73 LPL 1958).

En los años siguientes, asistimos a la publicación de varios textos refundidos, que fueron surgiendo para acomodar el proceso a las nuevas normas sustantivas. En particular, el decreto de 17 de enero de 1963 aprobó el segundo texto refundido, que se limitaba a introducir el proceso especial de conflictos colectivo, en virtud de la autorización conferida por el también Decreto de 20 de septiembre de 1962, que atribuía a los Tribunales de trabajo competencia en materia de conflictos colectivos. En 1966, y como consecuencia ahora de la Ley de Bases de Seguridad Social de 28 de diciembre de 1963, el Decreto de 21 de abril, aprueba la nueva redacción del texto refundido de procedimiento laboral (texto Articulado II de la Ley de Bases), refiriéndose las modificaciones a esta materia. De nuevo, modificaciones relativas a Seguridad Social son la causa del texto de 1973, aprobado por Decreto de 17 de agosto, modificando los procesos especiales de esta materia.

El quinto y último de los textos refundidos obedeció a reformas más trascendentes, como la aprobación del Estatuto de los Trabajadores por la Ley de 10 de marzo de 1980, refiriéndose las reformas fundamentalmente a la introducción de una serie de procesos especiales y a la acomodación de algunos artículos a la CE de 1978.

Como concluye Montero Aroca, esta complicada evolución no respondió, en general, al deseo de introducir reformas en el proceso laboral, me-

---

50 La regla trae causa de los problemas de aplicación de la LAT de 1900, ya que sucedió que los empresarios acudieron reiteradamente a la suspensión del juicio verbal (luego laboral), mediante la iniciación de otro penal, privando a los trabajadores de las consecuencias económicas del accidente por largos periodos de tiempo y obligándolos a transacciones ruinosas. La Real Orden de 4 de octubre de 1916 estableció que no debía confundirse la acción propia del accidente con la acción penal, pues la primera no se deriva de un delito o falta, sino del hecho del accidente en sí, por lo que es independiente y no puede estar condicionada por el ejercicio de la segunda. La Orden ministerial de 25 de marzo de 1936, con referencia a los accidentes de trabajo, estableció ya la no suspensión del proceso laboral, aunque se siguiera causa criminal sobre los hechos debatidos, salvo el caso del art. 514 LEC —que se refería a que la sentencia se haya de basar en un documento del que una de las partes sostiene la falsedad y entabla la acción criminal oportuna—. El texto refundido de 1958 extendió la norma especial de los accidentes de trabajo a todos los casos, y así fue pasando a los textos posteriores. *Vid.* Montro Aroca, J., "Los Tribunales de Trabajo entre el pasado y el porvenir", *op. cit.*, pág. 17.

jorando su norma reguladora, sino que. en la mayor parte de los casos, los cambios de debieron a la necesidad de acomodar las normas procesales a los materiales, pero no existió la voluntad política de realizar un avance real, de adecuarse a las nuevas necesidades prácticas y a los avances de la doctrina[51].

4. LA INTEGRACIÓN DE LA JUSTICIA LABORAL EN LA JURISDICCIÓN ORDINARIA: EL ORDEN SOCIAL

Debe señalarse que, desde la creación de las Magistraturas de Trabajo y el Tribunal Central de Trabajo, la organización judicial social no se había alterado, ni lo hizo con anterioridad a la CE, aunque sí se estudiaba su reforma[52], y se destacaba su configuración como jurisdicción ordinaria especializada (Miguel y Alonso[53]), tribunales ordinarios especializados (Prieto-Castro[54]) o Tribunales especializados o especiales (Montero Aroca[55]).

Es con la CE de 1978 cuando nuestra justicia laboral se integra en la jurisdicción ordinaria, y desde entonces, hemos asistido al proceso de adaptación que se completa con la LOPJ de 1985, la LDYPJ y la reforma del proceso laboral ordenada por la DA 12ª de la LOPJ, que, aunque tarde en el tiempo, y con bastantes incidencias, culminó con la LPL de 1990, posteriormente sustituida por el Texto Refundido de 1995[56], hasta arribar en la actual LJS de 2011.

4.1. Los órganos de la jurisdicción social

Como se ha visto, con anterioridad a la CE de 1978 y a la LOPJ de 1985, la organización judicial laboral estaba integrada por las Magistraturas de

---

51 *Comentarios a la Ley de Procedimiento Laboral* (con Iglesias Cabero, M. y Otros), I, *op. cit.*, págs. 13 y 14.

52 *Vid.* ampliamente Montero Aroca, "La reforma de los tribunales y del proceso de trabajo", *op. cit.*, págs. 502 y ss.

53 *Op. cit.*, pág. 392.

54 *Tribunales españoles, Organización y funcionamiento,* Tecnos, Madrid, 1979, págs. 37, 48 y ss.

55 *Vid.* ampliamente Montero Aroca, J., "Unidad de Jurisdicción y Tribunales especiales", *Estudios de Derecho Procesal*, Bosch, Barcelona, 1981, pág. 65.

56 *Vid.* un resumen de este proceso en Montero Aroca, J., *Comentarios a la Ley de Procedimiento Laboral* (con Iglesias Cabero, M. y Otros), I, *op. cit.*, págs. 14 y ss.

Trabajo, órganos unipersonales de base normalmente provincial, con sede en las capitales de provincia, vinculadas administrativamente al Ministerio de Trabajo, que conocían de los procesos laborales en instancia; por el Tribunal Central de Trabajo, órgano colegiado con sede en Madrid y competencia en todo el territorio nacional, compuesto por Salas, que conocía de un recurso específico, el de suplicación, contra resoluciones de las Magistraturas de Trabajo; y la Sala VI del Tribunal Supremo, que se creó en 1931, como Sala V, y se convirtió en la VI en 1957, que conocía del recurso de casación frente a otras sentencias de instancia de las Magistraturas de Trabajo[57].

La organización judicial actual, que nace de la CE de 1978 y la LOPJ de 1985[58], reordenándose la planta judicial, y que se pone en funcionamiento en 1989, viene constituida por los Juzgados de lo Social, órganos unipersonales de ámbito generalmente provincial, que sustituyen a las Magistraturas de Trabajo, y a los que se les encomienda el conocimiento en instancia de la mayor parte de los procesos sociales; las Salas de social de los Tribunales Superiores de Justicia —art. 152 CE— que se crean en las Comunidades Autónomas, a las que pasa la competencia de suplicación tras la desaparición del Tribunal Central de Trabajo, y se prevé que también les correspondan funciones en instancia; la Sala de Social de la Audiencia Nacional —órgano creado por el RD-ley 1/1977, de 4 de enero, al que se adicionaron esta Sala y la de lo contencioso-administrativo—, que también comenzó a funcionar en 1989, con sede en Madrid y competencia en toda España, a la que se le van a asignar determinados procesos sociales en instancia, aprovechando su ámbito territorial; y la actual Sala IV, Sala de lo Social del Tribunal Supremo.

La jurisdicción social queda, así, plenamente integrada en el Poder Judicial o jurisdicción ordinaria, al que se dedica el Título VI del texto constitucional, y sus órganos conocen, de acuerdo con el art. 9.5 LOPJ, "de las pretensiones que se promuevan dentro de la rama social del derecho, tanto en conflictos individuales como colectivos, así como las reclamaciones en materia de Seguridad Social o contra el Estado cuando le atribuya responsabilidad la legislación laboral". La propia LOPJ configura a los Juzgados de lo Social como los órganos que van a conocer —ya no de manera exclusiva, como las Magistraturas de Trabajo— de la instancia en este orden, al

57 *Vid.* Montero Aroca, J., *Introducción al proceso laboral,* 5ª ed., Marcial Pons, Madrid, 2000, pág. 36.

58 Que daba cumplimiento al mandato constitucional contenido en el art. 122.1. CE.

asignarles el conocimiento de todos los procesos que no estén atribuidos a otro órganos del mismo (art. 93), previsiones que se contienen en el art. 75.1° para las Salas de lo Social de los Tribunales Superiores de Justicia[59], y en el 67 para la Sala de lo Social de la Audiencia Nacional[60].

4.2. *El proceso laboral diseñado por la Ley de Bases de Procedimiento Laboral de 1989 y el texto articulado de la Ley de Procedimiento Laboral de 1990*

La LOPJ de 1985 había dispuesto que el Gobierno aprobara en el plazo de un año un nuevo texto refundido de la LPL, "en el que se contengan las modificaciones derivadas de la legislación posterior a la misma y se regularicen, aclaren y armonicen los textos legales refundidos" (DA 12ª). Este mandato no fue cumplido, pero algo después se promulgó la Ley 7/1989, de 12 de abril, de Bases de Procedimiento Laboral (LBPL), por la que se autorizaba al Gobierno para aprobar, en el plazo de un año, el texto articulado de la LPL, que vio la luz en el BOE de 2 de mayo de 1990 del RD Legislativo 521/1990, de 27 de abril. Con independencia de las vicisitudes técnicas y formales que rodearon la publicación de la que sería la LPL de 1990[61], la nueva regulación era precisa y venía exigida por la plena integración de los órganos del orden jurisdiccional social en la nueva estructura judicial derivada de la CE y la LOPJ. Como afirma la EM de la LBPL[62], la presente Ley viene a satisfacer un triple objeto: adecuar el proceso laboral a la nueva estructura judicial, que la LOPJ diseña y la LDYPJ concreta y desarrolla, "facilitar a los justiciables el disfruto de su derecho a recabar la tutela judicial efectiva en términos acordes con los imperativos constitucionales y ajustar la legislación procesal a los requerimientos provenientes de la legislación sustantiva, laboral y sindical".

---

59 Se les asignan en única instancia, los procesos que la ley establezca sobre controversias que afecten a intereses de los trabajadores y empresarios en ámbito superior al de un Juzgado de lo Social y no superior al de la Comunidad Autónoma.

60 Que conocerá de los procesos especiales de impugnación de convenios colectivos cuyo ámbito territorial de aplicación sea superior al territorio de una Comunidad Autónoma; y de los procesos sobre conflictos colectivos cuya resolución haya de surtir efecto en un ámbito territorial superior al de una Comunidad Autónoma.

61 *Vid.* en este sentido, Montero Aroca, J., *Comentarios a la Ley de Procedimiento Laboral* (con Iglesias Cabero, M. y Otros), I, *op. cit.*, págs. 14 a 16. *Vid.* también, Luján Alcaraz, J., "Nulidad parcial de la Ley de Procedimiento Laboral de 1990", *Anales de Derecho*, Universidad de Murcia, núm. 15, 1997, págs. 169 y ss.

62 I, párrafo 4.

De este modo, la nueva regulación del proceso laboral introduce importantes cambios respecto a la anterior, si bien, siguiendo nuevamente la EM de la LBPL[63], "la Ley mantiene la experiencia procesal acumulada, que se ha manifestado funcional a la exigencia constitucional de un proceso con todas las garantías y sin dilaciones indebidas. Así, la base 16.1 enuncia como principios del proceso la inmediación, la oralidad, la concentración y la celeridad, plasmados en el art. 74 del texto articulado; por otro lado, la base 7 autoriza a las partes a comparecer por sí mismas y a defenderse o a conferir su representación a cualquier persona que se encuentre en el pleno ejercicio de sus derechos civiles, y declara el carácter facultativo en los procesos de instancia de la defensa por Abogado, reiterando un criterio ya tradicional en nuestro ordenamiento".

Aparte de ello y en esa misma perspectiva de llenar de contenido el mandato constitucional, la Ley ha prestado un especial cuidado al tratamiento del principio de igualdad procesal[64], a la exigencia de contradicción y, como no podía ser de otra manera, al derecho de defensa.

La garantía del derecho de defensa, como uno de los ejes que ha guiado la elaboración del texto procesal, se plasma, de un lado, en la base 13.2, que ordena que los actos de comunicación se regulen garantizando el derecho de defensa; y, muy especialmente, en el acto del juicio, en cuyo curso se efectúa la contestación a la demanda, pudiendo el demandante ratificar o ampliar la demanda, aunque sin introducir variaciones sustanciales en la misma, y el demandado alegar cuantas excepciones estime pertinentes, así como, incluso, formular reconvención, lo que podría producir situaciones de indefensión, introduciendo la base 19 la exigencia de que la reconvención se anuncie en el trámite de conciliación extrajudicial o en la contesta-

---

63 II, párrafo 2.

64 Que ha de ser entendido, según la propia EM LBPL, II, párrafo 3, no de manera absoluta, sino en conexión con la naturaleza del ordenamiento laboral, que se caracteriza por un sentido compensador e igualador de las desigualdades que subyacen a las posiciones de trabajador y empresario, por lo que la ordenación del proceso debe incorporar "ciertas disparidades que se asientan, como en su día señaló la sentencia del Tribunal Constitucional 3/1983, "sobre una desigualdad originaria entre trabajador y empresario que tiene su fundamento no sólo en la distinta condición económica de ambos sujetos, sino en su respectiva posición en la propia y especial relación jurídica que los vincula" (FJ, 2.°, párrafo 4.°). Tal es el tratamiento que subyace a la regulación de aspectos tales como la competencia territorial o la ejecución de sentencias".

ción a la reclamación, a fin de evitar que el demandado pueda reconvenir de modo sorpresivo[65].

Especial cuidado se ha tenido igualmente en la regulación de las formas procesales. Las formas cumplen, desde luego, una importante función, pero una función instrumental o derivada al logro de los intereses y valores a que todo proceso sirve. Desde el momento en que el proceso laboral sirve intereses vitales para un elevado número de ciudadanos, su regulación ha de prescindir de formalismos innecesarios, asegurando así la mayor accesibilidad a la justicia[66].

También se ha buscado aproximar la regulación procesal laboral a la civil, allí donde tal aproximación era posible, tendencia uniformadora que se manifiesta también en potenciar el proceso común, manteniendo sólo las imprescindibles especialidades procesales, en las que se van a denominar modalidades procesales frente a los procesos especiales de la legislación anterior[67].

En cuanto a la tramitación, interesa destacar que la conciliación obligatoria previa y la reclamación previa a la vía judicial se van a regular en un título dedicado a la evitación del proceso (Título V del libro I, arts. 63 a 73 LPL 1990), y no ya entre los actos preparatorios y medidas precautorias, como se hacía con anterioridad. Respecto a la prueba, el art. 90.1 LPL 1990 dispone que "las partes podrán valerse de cuantos medios de prueba se encuentren regulados en la Ley, admitiéndose como tales los medios mecánicos de reproducción de la palabra, de la imagen y del sonido, salvo que se hubieran obtenido, directa o indirectamente, mediante procedimientos que supongan violación de derechos fundamentales o libertades públicas", por lo que además de omitir la referencia expresa a la LEC, el texto incorpora como novedad la admisión de los medios de reproducción de la palabra, sonido y la imagen, antes de que lo hiciera la LEC de 2000. También en relación a la práctica de la prueba, el art. 87 contiene importantes previsiones en orden a la intervención del órgano jurisdiccional que

---

65 EM LBPL, II, párrafo 4.

66 Tales son los criterios que informan la Ley y que pueden verse reflejados, entre otras, en las bases 10.1 (subsanación y convalidación de actos procesales), 17.3 (deber del Juez de advertir a las partes los defectos u omisiones de la demanda), 19.2 (medios de prueba) y 31.1 (tramitación de los recursos de suplicación y casación, con subsanación de los defectos corregibles), según continúa la EM LBPL, II, párrafo 5.

67 *Vid.* la EM LBPL, V, párrafos 1 y 2.

clarividencia el papel más activo del juez laboral en la consecución del "*descubrimiento de la totalidad de la relación jurídico-material debatida*"[68].

Por lo que respecta al sistema de recursos frente a resoluciones definitivas, se descarta la apelación y se establece el tradicional recurso de suplicación, ahora ante las Salas de lo social de los Tribunales Superiores de Justicia, de modo que se cumple la previsión contenida en el artículo 152.1.3º CE y se fortalece la función casacional del Tribunal Supremo, que conocerá de estos recursos frente a las resoluciones de instancia de los Tribunales Superiores de Justicia y de la Audiencia Nacional, así como, para unificar la jurisprudencia, se introduce el recurso especial de casación para unificación de doctrina[69]. Y, finalmente, el texto ha cuidado especialmente la regulación de las ejecuciones, aportando soluciones novedosas, con las que se confía agilitar y hacer efectiva esta capital manifestación del derecho a la tutela judicial.

Al texto articulado de 1990 le sucedió el Real Decreto Legislativo 2/1995, de 7 de abril, por el que se aprueba el texto refundido de la LPL, a fin de incorporar las modificaciones introducidas por la Ley 42/1994, que anunciaba el nuevo texto[70], por la Ley 11/1994, de 19 de mayo, por la que se modifican determinados artículos del ET, del texto articulado de la LPL y de la Ley sobre Infracciones y Sanciones de Orden Social; por la Ley 14/1994, de 1 de junio, por la que se regulan las empresas de trabajo temporal, y por la Ley 18/1994, de 30 de junio, por la que se modifica la normativa de elecciones a los órganos de representación del personal al servicio de las Administraciones públicas, de la Ley 9/1987, de 12 de junio, modificada por la Ley 7/1990, de 19 de julio.

Para concluir este epígrafe y destacar el alcance de la nueva regulación del proceso laboral de una nueva época, puede afirmarse que desde la consolidación de los grandes principios y manteniendo la esencia de la

68 *Vid.* entre otras muchas, las SSTC 227/1991, de 28 de febrero (ECLI:ES:TC:1991:227), y 41/1999, de 22 de marzo (ECLI:ES:TC:1999:41).

69 Que, como la EM LBPL, III, párrafo 3 indica, en modo alguno es un continuo del actual recurso en interés de la ley de que conoce el Tribunal Supremo contra sentencias dañosas o erróneas dictadas por el Tribunal Central de Trabajo. Como especialidad más destacada de este recurso, cabe citar el que su estimación produce efectos sobre las situaciones jurídicas creadas en virtud de la sentencia recurrida.

70 Ley 42/1994, de 30 de diciembre, de Medidas Fiscales, Administrativas y de Orden Social, que autorizó al Gobierno en su disposición final sexta para que, en el plazo de tres meses desde la entrada en vigor de la misma, elabore un texto refundido del Real Decreto Legislativo 521/1990, de 27 de abril.

regulación inicial, el legislador desarrolló un arduo ejercicio de valentía y pericia para conformar un proceso actual, respetuoso con las garantías constitucionales, y fiel a la simplificación de las formas y la consecución de un proceso ágil, rápido y barato[71].

4.3. Las recíprocas influencias de la Ley de Enjuiciamiento Civil y la Ley de Procedimiento Laboral

La promulgación de la LEC 2000, como no podía ser de otra manera, tuvo una influencia notable en la regulación del proceso laboral. No puede olvidarse que la LEC ha sido siempre supletoria respecto de la regulación del proceso laboral (v. gr., art. 498 del Código de Trabajo, o la DF 1ª LPL 1958). De un lado, la LEC 2000 reformó de manera directa, determinados artículos de la LPL, dando nueva redacción a preceptos concretos, lo que se hizo en la DF 11ª (son los arts. 2, 15, 47, 50, 183, 186, 234, 235 y 261 de la LPL de 1995). Por otro lado, al remitirse la regulación del proceso laboral de manera expresa y específica para materias concretas a la LEC, en una típica relación de complementariedad, la modificación de la regulación a la que se remite también repercutirá en el proceso laboral (es lo que sucede, fundamentalmente, con la práctica de la prueba, los medios de impugnación y la ejecución). Finalmente, a la supletoriedad de la LEC respecto de la LPL, que consagraba entonces la DA 1ª LPL, debe unirse la atribución de tal carácter por la propia LEC 2000 (art. 4), al proclamarse como supletoria de las restantes leyes procesales (LPL, LJCA y LECRIM)[72].

Sin embargo, y sin desconocer la influencia del texto procesal civil sobre el proceso laboral, lo cierto es que tal influencia tiene un alcance más limitado del que, en principio, pudiera parecer. Aparte de otras importantes razones, la fundamental es que la filosofía general de la nueva LEC es la de reforzar los principios de oralidad, inmediación y publicidad, así como otorgar mayor flexibilidad al proceso y garantizar la celeridad de la trami-

---

71 *Vid.* las reflexiones de Tascón López, R., "Del éxito del proceso social a su envejecimiento prematuro", *Revista de Trabajo y Seguridad Social, CIF*, núm. 315 (núm. 36/2009), págs. 72 y ss.; y "La renovación de la justicia social", *Revista de Trabajo y Seguridad Social, CIF*, núms. 341 y 342, 2011, págs. 10 y 11.

72 *Vid.* ampliamente, Cruz Villalón, J., "El limitado alcance de la supletoriedad de la Ley de Enjuiciamiento Civil de 2000 en el proceso laboral", en Martínez Abascal, V. A., *Nueva Ley de Enjuiciamiento Civil y proceso laboral*, Marcial Pons, Madrid, 2002, págs. 93 y 94.

tación procesal[73]. En este contexto, deben destacarse las palabras de MONTOYA MELGAR cuando afirma que siendo indudable que la LEC 2000 está llamada a incidir de modo relevante en la LPL 1995, *sería injusto ignorar la influencia que la LPL, y, más en general, el modelo del proceso laboral, han ejercido a su vez sobre el diseño del nuevo proceso civil*[74]. Dicho de otro modo, como afirma Cruz Villalón, *si en sus orígenes históricos el proceso laboral surge desgajándose del enjuiciamiento civil, uno de sus elementos más decisivos lo fue la falta de adecuación de las rigideces y formalidades del mismo a las exigencias de los asuntos sociales, donde era más imperiosa la efectividad de la celeridad procesal, la búsqueda de la verdad material y el otorgamiento de un papel más activo y directo a la actuación del Juez o Magistrado*, lo que se produce —más bien, tendríamos que añadir— *es un proceso de convergencia, en clave de acercamiento del proceso civil a los criterios tradicionales del proceso laboral*, por lo *que se puede fácilmente presumir que los cambios van a resultar de mayor envergadura en el primero y menor relevancia en el segundo*[75].

Téngase en cuenta, además que, sobre todo a partir de la LPL de 1990, la regulación del proceso laboral es mucho más completa o plena, no limitada a las especialidades imprescindibles, por lo que, aunque persisten algunas importantes remisiones a la LEC (v. gr., los medios de prueba), puede afirmarse que contamos con una buena regulación en el propio texto procesal laboral.

4.4. La necesidad de un nuevo texto procesal laboral

A pesar del éxito de la regulación del proceso laboral, seguida por otros procesos, como el contencioso-administrativo o el civil, como se ha pues-

---

73 Sirva el párrafo 8 de la EM de la LEC como muestra de lo que decimos: "La Ley diseña los procesos declarativos de modo que la inmediación, la publicidad y la oralidad hayan de ser efectivas. En los juicios verbales, por la trascendencia de la vista; en el ordinario, porque tras demanda y contestación, los hitos procedimentales más sobresalientes son la audiencia previa al juicio y el juicio mismo, ambos con la inexcusable presencia del juzgador".

74 Montoya Melgar, A., "Proceso civil y proceso laboral. En torno a las recíprocas influencias entre la Ley de Enjuiciamiento Civil y la Ley de Procedimiento Laboral", en Riíos Salmerón, B. y Sempere Navarro, A. V. (coords.), *Incidencia de la Ley de enjuiciamiento Civil en el Procedimiento Laboral*, Aranzadi, Elcano, 2001, pág. 25; también en "Prólogo", *op. cit.*, pág. 16. En este sentido, se ha acuñado la expresión "laborización" del proceso civil (*vid.* Tascón López, R., "Del éxito del proceso social a su envejecimiento prematuro", *op. cit.*, pág. 72).

75 *Op. cit.*, págs. 94 y 95.

to de manifiesto, no conviene pasar por alto algunos signos inquietantes que fueron puestos de manifiesto (además de por el Libro Blanco de la Justicia[76]), por la doctrina, llegándose a hablar de crisis de este proceso, de su envejecimiento prematuro y, en definitiva, de la necesidad de su reforma[77]. Entre estas deficiencias pueden citarse la delimitación de los órdenes jurisdiccionales social y contencioso-administrativo; el desbordamiento subjetivo de la justicia gratuita, que puede favorecer en algunos supuestos determinadas prácticas abusivas; el formalismo de la reclamación administrativa previa; los límites que muestra el principio de concentración, adecuado para el tratamiento de controversias relativamente sencillas, se muestra inefectivo ante la complejidad creciente de los pleitos sociales, lo que ha llevado a considerar la conveniencia de una contestación a la demanda escrita en determinados procesos, y de mayores márgenes para algunos medios de prueba (documental y pericial); la quiebra de la celeridad como consecuencia de la sobrecarga de asuntos; o el insuficiente tratamiento procesal de los procedimientos no jurisdiccionales de solución de conflictos[78].

A lo anterior debe unirse tanto las reformas sustantivas que fueron suponiendo modificaciones de la LPL (v. gr., las Leyes 45/2002, de medidas urgentes para la reforma del sistema de protección por desempleo y mejora de la ocupabilidad; 22/2003, Concursal; 20/2007, del Estatuto del Trabajo Autónomo; o la 3/2007, para la igualdad efectiva de mujeres y hombres); como las propias procesales, representada fundamentalmente por la Ley 13/2009, de 3 de noviembre, de reforma de la legislación procesal para la implantación de la nueva Oficina judicial, que se aprovechó para introducir algunas reformas necesarias, adicionales a las relativas a la implantación

---

[76] https://www.castillalamancha.es/sites/default/files/documentos/pdf/20161220/2._libro_blanco_de_la_justicia__documento_no_2.pdf, págs. 127 y ss.

[77] Cachón Villar, P. y Desdentado Bonete, A., *Reforma y crisis del proceso social*, Aranzadi, Pamplona, 1996, págs. 22 y ss. Muy sugerente la obra de Rodríguez Escanciano, S., *Deficiencias del proceso social y claves para su reforma*, Marcial Pons, Madrid, 2001. *Vid.* también Tascón López, R., "La renovación de la justicia social", *op. cit.*, págs. 10 y ss., afirmando, en relación a la LPL 1990 y 1995, que *el resultado final deslumbró al mundo jurídico más allá de las fronteras de la doctrina social, convirtiéndose en un referente durante la década de los noventa, si bien, el deslumbramiento provocado por el tan mencionado éxito generalizado del proceso social no hizo que la doctrina científica dejara de destacar la presencia de un buen número de defectos e imperfecciones que, como sobras, junto a las luces, ensombrecían la práctica forense en el ámbito social.*

[78] *Vid.* Rodríguez Escanciano, S., *op. cit.*, págs. 23 y ss.

de la propia Oficina Judicial, que, de forma parcial pero significativa, mejoraron técnicamente la regulación del proceso laboral[79]. Entre éstas, una buena parte viene a adaptar la LPL a la LEC: v. gr., se elimina la referencia a la inhibitoria (art. 14); se suprime la referencia a las medidas precautorias, que se cambia por la de actos preparatorios, anticipación y aseguramiento de la prueba y embargo preventivo (Capítulo I, del Título I del Libro II); o se suprime la referencia a las diligencias para mejor proveer, que pasan a denominarse, siguiendo la terminología de la LEC, "diligencias finales" (art. 88). Además, se afrontan otras reformas de mucho más alcance, como la que afecta a las acumulaciones, que ha sufrido reformas o retoques prácticamente en todos sus preceptos (Título II del Libro I); o al desarrollo de las sesiones del juicio, al generalizarse el registro de las sesiones del juicio en soporte apto para la grabación y reproducción del sonido y de la imagen (art. 89); además de otras muchas que no procede enumerar[80].

4.5. La Ley reguladora de la jurisdicción social de 2011

La demandada actualización del proceso laboral tuvo lugar con la promulgación de la Ley 36/2011, de 10 de octubre, reguladora de la jurisdicción social[81] (LJS). El Preámbulo de este texto reconoce la naturaleza singular de las relaciones laborales y sus específicas necesidades de tutela, que explican y justifican la especial configuración de la tradicionalmente conocida como rama social del Derecho, cuyas normas se han caracterizado desde antiguo por su agilidad, flexibilidad y capacidad de adaptación, y también por posibilitar una más rápida y eficaz resolución de conflictos, así como por las amplias potestades del juez o tribunal de dirección del proceso y la proximidad e inmediación de aquéllos respecto de las partes y del objeto litigioso, normas que han inspirado en uno u otro grado la mayoría de las reformas procesales adoptadas en otros órdenes jurisdiccionales a partir de la Constitución[82].

---

79 *Vid.* ampliamente, García Murcia, J., "La incidencia de la reforma procesal de 2009 en el procedimiento laboral: aspectos más sobresalientes", *Derecho de los Negocios*, núm. 232, Sección Relaciones Laborales, enero 2010 (LA LEY 7/2010).

80 *Vid.* también la enumeración de Tascón López, R., "La renovación de la justicia social", *op. cit.*, págs. 17 y ss.

81 BOE de 11 de octubre; entró en vigor el 11 de diciembre de 2011.

82 Preámbulo LJS, I, párrafos 1 y 2.

La nueva norma aspira a ofrecer una mayor y mejor protección a los trabajadores y a los beneficiarios de la Seguridad Social, fortaleciendo la tutela judicial, y persigue dotar a los órganos judiciales de instrumentos que agilicen los procesos de resolución de controversias, eviten abusos equilibrando la protección y tutela de los distintos intereses en conflicto, protejan mejor a los trabajadores frente a los accidentes laborales y proporcionen mayor seguridad jurídica al mercado laboral. Como también se indica, la Ley presenta una respuesta más eficaz y ágil a los litigios que se puedan suscitar en las relaciones de trabajo y seguridad social, y ofrece un tratamiento unitario a la diversidad de elementos incluidos en el ámbito laboral para una mejor protección de los derechos[83].

La LJS de 2011 mantiene la estructura de su antecesora, la LPL de 1995, y consolida sus principios rectores, distribución de reglas y organización interna, "de probada eficacia para la resolución de los conflictos en un tiempo menor al que se requiere en otros órdenes jurisdiccionales y altamente valorada por los profesionales", obedeciendo su promulgación tanto a la necesaria actualización del ámbito competencial del orden social, pendiente desde 1998 en lo relativo a incorporar las modalidades y especialidades procesales correspondientes a pretensiones sobre impugnación de resoluciones administrativas, tradicionalmente tuteladas en el orden contencioso-administrativo[84]; como a la voluntad de modernización de la Justicia, con el objetivo de mejorar su calidad y hacer más eficiente y ágil el servicio[85].

---

83 Preámbulo LJS, I, párrafo 3.

84 Se daba, así, cumplimiento a lo dispuesto en la DA 15ª de la Ley 35/2010, de 17 de septiembre, de Medidas urgentes para la reforma del mercado de trabajo, que disponía un plazo de 6 meses para que el Gobierno aprobara un Proyecto de Ley de reforma del Texto Refundido de la LPL de 1995, que contemplara tal atribución competencial.
De acuerdo con el Preámbulo, II, párrafo 2, la nueva norma introduce una clara ampliación del ámbito de conocimiento de los órganos del orden social, que además se racionaliza y clarifica respecto a la normativa anterior, sin duda la principal novedad, concentrando en el orden social, por su mayor especialización, el conocimiento de todas aquellas materias que, de forma directa o por esencial conexión, puedan calificarse como sociales.

85 En este sentido, la norma se incardina en el Plan Estratégico de Modernización del Sistema de Justicia (2009-2012), como marco de reforma estructural de la Administración de Justicia española, que tuvo una primera fase de actualización y agilización procesal con la aprobación de la Ley 13/2009, de 3 de noviembre, de Reforma de la legislación procesal para la implantación de la nueva oficina judi-

Con la nueva LJS se afronta una modernización de la norma a partir de la concentración de la materia laboral, individual y colectiva, y de Seguridad Social en el orden social y de una mayor agilidad en la tramitación procesal. De esta manera, se pretenden superar los problemas de disparidad de los criterios jurisprudenciales, dilación en la resolución de los asuntos y, en consecuencia, fragmentación en la protección jurídica dispensada. Estos problemas son incompatibles con los principios constitucionales de seguridad jurídica y tutela judicial efectiva, así como con el funcionamiento eficiente del sistema socioeconómico[86]. También se ha buscado la modernización de la normativa del procedimiento social hacia una agilización de la tramitación procesal. En la consecución de un procedimiento más ágil y eficaz, se ha realizado un ajuste íntegro de la normativa procesal social a las previsiones de la supletoria LEC, así como a la interpretación efectuada de la normativa procesal social por la jurisprudencia social y constitucional. Dicho ajuste ha permitido precisar armónicamente unos principios más acordes con el proceso social en aspectos como la regulación de las medidas cautelares, esenciales cuando se trata de vulneraciones de derechos fundamentales y libertades públicas, la reforma de las modalidades procesales de tutela de derechos fundamentales y libertades públicas, de conciliación de la vida personal, familiar y laboral y de materia electoral para incluir en su ámbito la impugnación del preaviso de elecciones sindicales. Se agiliza la tramitación procesal a partir del establecimiento de un conjunto de medidas y de reglas entre las que se incluyen disposiciones especiales sobre acumulación y reparto, en materias relativas a accidentes de trabajo y enfermedades profesionales, supresión de trámites superfluos o eliminación de traslados materiales de actuaciones innecesarios con las nuevas tecnologías, a cuya progresiva implantación la Ley se muestra abierta en distintas disposiciones. En la misma línea, se refuerza la conciliación extrajudicial y la mediación, el arbitraje, con regulación de una modalidad procesal de impugnación del laudo y con previsión de la revisión de los lau-

cial, donde ya se modificaban varios preceptos de la norma que regula el proceso en el orden social. La presente Ley —siempre según su Preámbulo— completa la modernización procesal en ese orden, racionalizando y fijando un nuevo texto normativo consolidado y actualizado a la realidad de la organización actual del trabajo. *Vid.* el Preámbulo LJS, II, párrafos 3 y 4.

86 Preámbulo LJS, III, párrafo 4. Se añade que con esta consolidación competencial se cierra el proceso de maduración del proceso social iniciado por la Ley de 1908 y continuado por el Texto Refundido de 1995, como jurisdicción con competencia unificada para conocer todos los litigios sobre materias sociales (párrafo 5).

dos arbitrales firmes, y la posibilidad de transacción judicial en cualquier momento del proceso, incluida la ejecución.

La LJS ha sufrido modificaciones varias, siendo la más destacada la producida poco después de su entrada en vigor por el Real Decreto-ley 3/2012, de 10 de febrero, primero, y por la Ley 3/2012, de 6 de julio, de medidas urgentes para la reforma del mercado laboral, después, que alcanzó a un gran número de preceptos e introdujo la modalidad procesal del despido colectivo impugnado por los representantes de los trabajadores del art. 124[87]; o las derivadas de la Ley 39/2015, de 1 de octubre, del Procedimiento Administrativo Común de las Administraciones Públicas, que suprimió la reclamación administrativa previa a las vías judiciales civil y laboral[88].

5. DEL PROCESO LABORAL EFICAZ AL PROCESO LABORAL EFICIENTE

5.1. Reformas procesales que buscan la eficiencia procesal

5.1.1. El decaído Proyecto de Ley de medidas de eficiencia procesal del servicio público de justicia

Las insuficiencias de nuestro sistema de Justicia, afloradas en gran medidas tras la situación de crisis sanitaria sufrida por la COVID-19, como ponía de manifiesto la EM del PLEP (I, párrafo 1), aunque en algunos puntos pudiera obedecer a un déficit de recursos que haya que corregir, no parece que esta fuera "la causa principal de nuestros problemas crónicos, derivados más bien de la escasa eficiencia de las soluciones que sucesivamente se han ido implantando para reforzar la Administración de Justicia como servicio público". Se hacía necesario, así, además de normalizar el desenvolvimiento de las actuaciones ante los juzgados y tribunales, introducir mecanismos eficientes que resultaban imprescindibles para acoger el previsible incremento de la litigiosidad, de un lado, y de otro, las reformas en las leyes procesales como medidas de agilización de los procedimientos en los distintos órdenes jurisdiccionales[89].

---

87 Y que ha sufrido modificaciones posteriores.

88 DF 3ª de la Ley 39/2015.

89 A dicha situación se añade la necesidad coyuntural de introducir mecanismos eficientes que resultan imprescindibles para acoger el previsible incremento de la litigiosidad en los próximos tiempos y para recuperar el pulso de la actividad

Así, de un lado, el PLEP introduce y potencia en nuestro ordenamiento jurídico los medios de solución alternativos a la jurisdicción para la solución de los conflictos jurídicos (los MASC), que pasan a considerarse medidas imprescindibles para la consolidación de un servicio público de Justicia sostenible. Se trata de potenciar la negociación entre las partes, directamente o ante un tercero neutral, partiendo de la base de que estos medios reducen el conflicto social, evitan la sobrecarga de los tribunales y pueden ser igualmente adecuados para la solución de la inmensa mayoría de las controversias en materia civil y mercantil (EM II, párrafo 2). Se pretendía introducir en el orden jurisdiccional civil los denominados MASC, de forma previa y obligatoria, lo que fue objeto de numerosos comentarios y publicaciones tanto del ALEP como del PLEP en el ámbito jurídico, porque supone un cambio trascendental en la tramitación de los procedimientos judiciales por su exigencia como requisito de procedibilidad[90] [91] previo al ejercicio de la acción judicial en relación al derecho a la tutela judicial efectiva como derecho fundamental.

De otro, se introducían reformas procesales tendentes a una mayor agilización en la tramitación de los procedimientos judiciales, básicamente en la LECRIM, la LEC, la LJCA, la LJS y la LJV.

En relación al ámbito social, como es sabido, la solución extrajudicial forma parte de la propia esencia del sistema de solución de conflictos laborales, y los procedimientos de solución extrajudicial de los conflictos jurídicos laborales tienen su propia regulación y peculiaridades, lo que constituye característica de la jurisdicción social desde su origen al mar-

judicial, al compás de la recuperación económica y social tras la terminación del estado de alarma declarado como consecuencia de la pandemia COVID-19, sin perjuicio de las reformas en las leyes procesales que se introducen en el presente texto legal como medidas de agilización de los procedimientos en los distintos órdenes jurisdiccionales, vinculadas en alguna ocasión a las correlativas y necesarias modificaciones en leyes sustantivas (EM, I, párrafo 7).

90 Art. 4.1.I PLEP.

91 El Proyecto de Ley Orgánica de medidas en materia de eficiencia del Servicio Público de Justicia y de acciones colectivas para la protección y defensa de los derechos e intereses de los consumidores y usuarios, en tramitación parlamentaria, aglutina materias muy diversas y de gran calado en el ámbito de la organización, gestión y resolución de los conflictos jurídicos, retomando la regulación de los medios adecuados de solución de controversias en vía no jurisdiccional.

gen de la jurisdicción civil, y de la aparición de la primera ley procesal laboral[92].

Por lo que respecta a las medidas de agilización procesal, entre los cambios propuestos en el PLEP se deben diferenciar los que son comunes con otras jurisdicciones, y los que, por el contrario, son propios de las especialidades de la jurisdicción social. Entre los primeros, el impulso de la oralidad de las sentencias y la introducción de la figura procesal del procedimiento testigo y la extensión de efectos de la sentencia. Específica en lo laboral es la separación en la tramitación del procedimiento del acto de conciliación y juicio, o la introducción de dos nuevos supuestos de tramitación preferente dentro de las reglas generales de la modalidad procesal de despido.

5.1.2. El Real Decreto-ley 6/2023

Las medidas relativas a la Administración de Justicia que contiene la norma pueden agruparse en dos bloques: las que tienen por objeto adaptar la realidad judicial al marco tecnológico y digital actual, de un lado, y las orientadas a la eficiencia procesal para garantizar procedimientos más ágiles y hacer frente al incremento de la litigiosidad, en la línea de los Proyectos de Ley de Eficiencia Digital y de Eficiencia Procesal decaídos.

No es éste el momento ni el lugar de analizar esta norma, convalidada por el Congreso de los Diputados el 10 de enero pasado[93]: son un total de veintiocho artículos los que se modifican (arts. 2, 18, 19, 21, 25, 26, 28, 29, 34, 44, 53, 55, 56, 59, 62, 64, 66, 81, 89, 97, 101, 103, 143, 188, 191, 234, 236 y 244) y se añaden tres (arts. 86 bis, 247 bis y 247 ter). Debe señalarse, no obstante, que no han pasado a la nueva normas ciertas previsiones del Proyecto de Ley que hubieran podido contribuir a la deseada agilización, como pueden ser la del art. 50 (en relación al impuso generalizado de las sentencias orales, algo ya conocido en el ámbito social, pero que se potenciaba), o la posibilidad de separación de los actos de conciliación judicial y juicio, con la proyectada modificación de artículos como el 82, el 83 o el 85. Y, sin ánimo de dar cuenta de las novedades introducidas por la norma en el proceso laboral, si debe dejarse constancia, al menos, ya que el Real Decreto-ley 6/2023 ha visto la luz cuando se estaba finalizando este trabajo,

---

92 Moya Amador, R, "El proyecto de ley de eficiencia procesal y las reformas previstas en el proceso laboral", *Trabajo y Derecho,* núm. 102, Sección Estudios, junio 2023 (LA LEY 4471/2023).

93 Acuerdo de convalidación (BOE 12 de enero).

de las principales que tienden a lograr eficiencia, agilización y celeridad en la solución de conflictos laborales, como son las relativas a la acumulación de acciones, procesos y recursos; la introducción del nuevo procedimiento testigo y la extensión de efectos de la sentencia que en él se dicte; o la modificación del proceso monitorio para potenciar su utilización. Habrá que ver, a partir de su entrada en vigor el 20 de marzo del presente año[94], la práctica y la utilidad de las medidas incorporadas.

5.2. Reflexiones sobre el proceso laboral actual y la consecución de una eficiencia real

Con independencia de que en otra ocasión y, tras su entrada en vigor, nos ocupemos de forma más precisa del análisis de las novedades introducidas por el Real Decreto-ley 6/2023, queremos detenernos ahora, como nos habíamos propuesto al abordar el tema de este trabajo, y sin desconocer dichas novedades, en la realidad del proceso laboral actual, que viene regulado por una ley bastante actual, modificada en la línea que se viene exponiendo, pero cuyos pilares no son nuevos, sino que se fueron conformando con la propia identidad de este proceso. Esto es, valorando muy positivamente, en general, el incuestionable acierto en la regulación del proceso laboral, debe reflexionarse sobre la adecuación del proceso diseñado en la ley procesal laboral en orden a lograr esa deseada eficiencia procesal tan mentada.

Lo primero que debe tenerse en consideración en esta tarea es que la litigiosidad laboral actual poco tiene que ver con la de las primeras regulaciones de este proceso, por lo que la simplicidad en la tramitación que siempre ha inspirado su regulación queda desbordada en muchísimas modalidades procesales; piénsese en un proceso de impugnación de despido colectivo conforme al art. 124 LJS o en procesos de impugnación de actos administrativos de los arts. 151 y 152 LJS.

Los procesos laborales actuales ya no se limitan a contener reclamaciones de cantidad, impugnar decisiones empresariales de despido o una prestación de seguridad social. Cada vez son más variados y complejos[95] y, sin embargo, salvo las especialidades que en cada caso se recogen en la

94 DF 9ª.2 II Real Decreto-ley 6/2023.

95 En este mismo sentido, señala Salinas Molina, F., "Una visión general de los desafíos de la jurisdicción social: propuestas de una reforma legislativa a partir de una experiencia práctica crítica", *Revista de Trabajo y Seguridad Social, CEF*, núm. 474,

ley, y que se refieren a determinados aspectos de la tramitación (exclusión de conciliación o mediación previa obligatoria, requisitos de la demanda, carácter preferente, etc.), se rigen por las mismas normas generales y las reguladoras del proceso ordinario, tal como indica el art. 102.1 LJS, según el que "en todo lo que no esté expresamente previsto en el presente Título, regirán las disposiciones establecidas para el proceso ordinario".

Pues bien, de esas normas generales, contenidas en el Libro I de la LJS, y de las reguladoras del proceso ordinario (Título I del Libro II), se derivan varias reglas aplicables a todo proceso laboral que merecen ser objeto de una detenida reflexión. A algunas de ellas se dedican los siguientes apartados.

5.2.1. La postulación facultativa en el proceso laboral de instancia

Como sabemos, el proceso laboral, que es de instancia única, permite tradicionalmente que las partes puedan comparecer por sí mismas, sin necesidad de hacerlo asistidas o representadas por profesional, lo que sin duda facilita y flexibiliza el acceso a la vía judicial en este ámbito. Sin embargo, la realidad muestra que en contadísimos casos las partes comparecen por sí mismas en el proceso, sirviéndose con carácter general de profesionales, incluso para el agotamiento de la vía previa. No se olvide que, además, los Juzgados de lo Social no nos los únicos órganos de instancia, pues también las Salas de lo Social de los Tribunales Superiores de Justicia y de la Audiencia Nacional —y hasta, aunque de manera más excepcional, la del Tribunal Supremo, único caso en el que la ley exige la intervención de Abogado— tienen atribuido el conocimiento de procesos en instancia, costando imaginar que los justiciables acudan por sí mismo a estos órganos jurisdiccionales.

Por otro lado, nuestro sistema de justicia gratuita reconoce el derecho (art. 2 d) LAJG), en el orden social, a los trabajadores y beneficiarios del sistema de Seguridad Social, tanto para la defensa en juicio como para el ejercicio de acciones para la efectividad de los derechos laborales en los procedimientos concursales; también para los litigios que sobre esta materia se sustancien ante el orden contencioso-administrativo[96]. De este

2023, pág. 36, que es innegable el carácter cada vez más complejo de los litigios laborales y la mayor extensión competencial del orden social.

96 También lo tienen reconocido las Entidades Gestoras y Servicios Comunes de la Seguridad Social, en todo caso (art. 2 b) LAJG).

modo, los trabajadores y los beneficiarios de la Seguridad Social, sean demandantes o demandados, podrán utilizar la defensa gratuita, al menos en vía de recurso, que es cuando el art. 21.1 LJS exige su intervención obligatoria[97].

El legislador presume que estos sujetos carecen de recursos económicos y por eso justifica su reconocimiento por ley, regla que no es nueva, como se sabe[98], pero que resulta poco adecuada cuando se aplica a colectivos como altos directivos u otros cargos con salarios elevados, perdiendo su originaria justificación. Por otra parte, de acuerdo con el art. 6 LAJG, este derecho comprende la defensa y representación gratuitas por abogado y procurador en el procedimiento judicial, cuando la intervención de estos profesionales sea legalmente preceptiva o cuando, no siéndolo, su intervención sea expresamente requerida por el juzgado o tribunal mediante auto motivado para garantizar la igualdad de las partes en el proceso (art. 6.3 a) LAJG). En este sentido, el art. 21.2 LJS se ocupa de garantizar la igualdad de las partes en el proceso en relación a la intervención de profesionales, disponiendo que el actor lo haga constar en la demanda, añadiéndose en el Real Decreto-ley 6/2023 que se indiquen los datos de contacto del profesional, y que el demandado ponga esta circunstancia en conocimiento del juzgado o tribunal por escrito, indicando también los datos de contacto de su profesional, dentro de los dos días siguientes al

---

Por otro lado, los sindicatos estarán exentos de efectuar depósitos y consignaciones en todas sus actuaciones ante el orden social y gozarán del beneficio legal de justicia gratuita cuando ejerciten un interés colectivo en defensa de los trabajadores y beneficiarios de la seguridad social (art. 20.4 LJS); también, según el art. 21.5 LJS, los funcionarios y el personal estatutario en su actuación ante el orden jurisdiccional social como empleados públicos gozarán del derecho a la asistencia jurídica gratuita en los mismos términos que los trabajadores y beneficiarios del sistema de seguridad social. El art. 235.1.I LJS excepciona de la posible condena en costas en el recurso, además de a quienes gocen del beneficio de justicia gratuita, cuando se trate de sindicatos, o de funcionarios públicos o personal estatutario que deban ejercitar sus derechos como empleados públicos ante el orden social.

97 En este sentido, afirma TASCÓN LÓPEZ, R., "Del éxito del proceso social a su envejecimiento prematuro", *op. cit.*, pág. 95, que resulta que la supuesta gratuidad como principio que rige el proceso social no es sino una quimera que queda reducida, al menos en instancia (no así en fase de recursos) a aquella situación en la cual el trabajador ha comparecido por sí mismo y es el empresario quien, según las previsiones del art. 21.2 de la —entonces— LPL, hace constar al órgano judicial en los dos días siguientes al de su citación para el juicio su intención de acudir al mismo asistido o representado por profesionales jurídicos.

98 *Vid.* supra, 3.1.

de su citación para el juicio[99], con objeto de que, trasladada tal intención al actor, pueda éste estar representado técnicamente por graduado social o representado por procurador, designar abogado en otro plazo igual o solicitar su designación a través del turno de oficio.

Dada la escasa probabilidad de que se acuda sin profesionales al proceso laboral, sobre todo cuando se trata de pretensiones que exigen tener conocimientos técnicos, que son la mayoría —piénsese, por la novedad, en el nuevo procedimiento testigo y la extensión de efectos de la sentencia que se dicte—, tal vez habría que considerar la oportunidad, de *lege ferenda*, de exigir con carácter general la intervención de profesionales en la instancia, excepcionando, por ejemplo, reclamaciones salariales de cuantía no superior a dos mil euros —siguiendo la regla de ámbito civil—. Esto permitiría el acceso a la justicia gratuita del colectivo de trabajadores y beneficiarios de la Seguridad Social, con el contenido del art. 6 LAJG, y muy especialmente, en lo que nos ocupa, de los comprendidos en apartados 1 y 3; también, por supuestos, de quienes (empresarios, personas físicas) acrediten insuficiencia de recursos para litigar en los términos de los arts. 2 y ss. LAJG. Planteada, como decimos, la designación generalizando de profesionales oficio, puede valorarse como muy positiva la previsión del art. 546.1 LOPJ, en la redacción dada por la LO 7/2015, de 21 de julio, de modificación de la LOPJ, que dispone que "es obligación de los poderes públicos garantizar la defensa y la asistencia de Abogado o la representación técnica de Graduado Social en los términos establecidos en la Constitución y en las leyes"[100]. Piénsese que los graduados sociales intervienen en un elevadísimo número de procesos en instancia, por lo que su incorporación al siste-

99 Y ello sin perjuicio de los establecido en el art. 81.5 LJS —añadido por el Real Decreto-ley 6/2023—, que en el trámite de admisión de la demanda dispone ahora que "el letrado o letrada de la Administración de Justicia requerirá a la parte demandada para que, en el plazo de dos días desde la notificación de la demanda, designe letrado o letrada, graduado o graduada social o procurador o procuradora, salvo que litigase por sí misma".

100 Téngase en cuenta, no obstante, que, a pesar del tiempo transcurrido, no se han llevado a cabo los desarrollos precisos para la entrada de los Graduados sociales en el sistema de justicia gratuita, en los términos que prevé la DF 11ª.2 de la Ley 42/2015, de 5 de octubre, de reforma de la LEC: "El Gobierno, en el plazo de un año a contar desde la publicación de esta Ley en el "Boletín Oficial del Estado", remitirá a las Cortes Generales, para su aprobación, el proyecto de ley que regule la capacitación profesional exigida a los graduados sociales para actuar en los procedimientos laborales y de Seguridad Social de conformidad con la Ley 36/2011, de 10 de octubre, reguladora de la jurisdicción social, y que determine,

ma de justicia gratuita estaría plasmando la práctica habitual con la ventaja para los trabajadores y beneficiarios de la Seguridad Social, y quienes acrediten insuficiencia de recursos económicos, de la efectiva gratuidad, al no tener que hacerse cargo de sus honorarios —sin descartar que en los casos en los que el trabajador solicitara la designación de profesionales de oficio, el profesional le reclame los correspondientes honorarios en los supuestos de notoria suficiencia de recursos económicos[101]—. Es cierto que podría entenderse que lo que se propone considerar, esto es, la intervención forzosa de los profesionales en la instancia del proceso laboral, salvo excepciones, contradice los tradicionales principios o bases del proceso laboral, pero no podrá discutirse que se corresponde con la realidad del proceso laboral de este siglo[102].

---

entre otros aspectos, el título exigible, la formación especializada y la evaluación a realizar.

A tal efecto y con el fin de elaborar, en el mismo plazo de un año, un estudio sobre los desarrollos normativos necesarios para la adaptación del marco legal que posibilite, en su caso, el acceso de los graduados sociales al sistema de representación técnica gratuita, se constituirá en el plazo de tres meses una comisión mixta formada por el mismo número de representantes del Consejo General de la Abogacía y del Consejo General de Graduados Sociales, de la que formarán parte los expertos, en igual número, que designe el Ministerio de Justicia".

101 Ya cuestionaba la aplicación mecánica del derecho en casos de notoria suficiencia de recursos, al menos para hacer frente a sus propios costes procesales Rodríguez Escanciano, S., *Deficiencias del proceso social y claves para su reforma, op. cit.* págs. 99 y 100. *Vid.* supra, 4.4.

102 Aprovechamos la reflexión para destacar la actividad de los Graduados Sociales, profesionales especialistas por excelencia en Derecho del trabajo y Derecho procesal laboral (actualmente, procedentes de los estudios de grado en relaciones laborales y recursos humanos), que venían actuando en la fase de instancia del proceso laboral precisamente por la libertad de representación, postulación y defensa, característica desde su origen en nuestro proceso de trabajo, hasta su reconocimiento en la LOPJ, y la posterior autorización para firmar recursos de suplicación concedida por la Ley 13/2009, con la modificación, entre otros, del art. 21.1 LPL 1995. En esta línea y dada su acreditada capacitación profesional, cuando se consiga el acceso a la justicia gratuita de estos profesionales, el legislador tendrá que abordar también la posibilidad de su actuación ante el Tribunal Supremos, pues, entre otras razones, no tendría mucho sentido la designación de un profesional por el turno de oficio que tuviera limitada su actuación ante los órganos del orden social. *Vid.* Rodríguez Piñero y Bravo-Ferrer, M., "La "representación" por graduado social en el proceso de trabajo", *Relaciones Laborales*, núm. 11, 1992 (LA LEY 479/2001); y Tascón López, R., "Del éxito del proceso social a su envejecimiento prematuro", *op. cit.*, págs. 96 y 97. *Vid.* también Salinas Molina, F., *op. cit.*, pág. 36, afirmando que es hora de abandonar el viejo principio de que la

5.2.2. El modelo de oralidad del proceso laboral: los actos de conciliación judicial y juicio

La decisiva opción por la oralidad como nota diferenciadora del proceso laboral desde su inicial regulación, frente al principio de formalización escrita que dominaba en el proceso civil tradicional, obedece, como se sabe, al intento de simplificar al máximo la tramitación procesal, imprimir mayor rapidez a las actuaciones, propiciando el pronto conocimiento por el juzgador de las alegaciones y las pruebas, y la relación directa entre el juez y las partes[103]. No cabe duda de que el predominio de la oralidad o de la escritura condiciona el discurrir más o menos rápido del procedimiento, de manera que cuando la oralidad inspira las actuaciones procesales se favorece la agilidad en la tramitación y la celeridad, razones que justificaron el modelo de enjuiciamiento laboral, tal como se viene reiterando y es sobradamente conocido. Sin embargo, no puede desconocerse que, en la actualidad, el proceso laboral ha dejado de ser un cauce rápido para resolver la conflictividad laboral: la situación de crisis económica anterior a la LJS de 2011, la gran cantidad de asuntos, en número y tipología, que acceden al orden social, y muy especialmente, a raíz de la crisis sanitaria, han llevado a la justicia social a una situación de verdadero colapso[104].

También en relación al modelo de oralidad que ha persistido en este proceso se suscitan interesantes cuestiones en el momento actual que tal vez deberían conducir a explorar algunas modificaciones en su regulación.

a) La conciliación judicial

Ya desde 1900, que recogió las primeras especialidades sobre la regulación general de la LECE para la materia laboral, se optó por el juicio verbal como cauce a seguir, por ser el más sencillo y rápido, y la LTI de 1908

---

defensa por postulación y la representación técnica por persona graduada social sea "facultativo" en la instancia *ex* art. 21.1 LJS.

103 Rodríguez Piñero y Bravo-Ferrer, M., "Sobre los principios informadores del proceso de trabajo", *Revista de Política Social*, núm. 81, 1969, págs. 54 y 55; y Rodríguez Escanciano, S., *Deficiencias del proceso social y claves para su reforma, op. cit.* pág. 113.

104 *Vid.* la STC 125/2022, de 10 de octubre (ECLI:ES:TC:2022:125), que considera que vulnera el derecho fundamental a un proceso sin dilaciones indebidas el señalamiento judicial, demorado en el tiempo por más de tres años, para la resolución de un litigio de reclamación de un resarcimiento indemnizatorio por incumplimiento de la formalización de un contrato de trabajo.

introdujo como especialidad, separándose del modelo civil, el intento de conciliación ante el Juez, después de presentada la demanda y antes de constituir el Tribunal, previendo ya que lo convenido se llevaría a efecto por el propio Juez por los tramites de ejecución de sentencia[105].

Pues bien, la actividad procesal básica con la que se ha configurado la dinámica del proceso laboral es el señalamiento, tras la admisión a trámite de la demanda, de los actos de conciliación judicial y juicio. En este sentido, y salvando la distancia que suponer atribuir al LAJ desde la reforma procesal de 2009, la función de la conciliación judicial, poca diferencia puede apreciarse entre lo que disponía el art. 69 de la LPL de 1958 —si la demanda fuera admisible, el Magistrado señalará, dentro de los diez días siguientes al de su presentación, el día y hora en que hayan de tener lugar los actos de conciliación y juicio— y el actual art. 82.1.I, rubricado "Señalamiento de los actos de conciliación y juicio" —de ser admitida la demanda, una vez verificada la concurrencia de los requisitos exigidos, en la misma resolución de admisión a trámite el secretario judicial señalará el día y la hora en que hayan de tener lugar sucesivamente los actos de conciliación y juicio, debiendo mediar un mínimo de diez días entre la citación y la efectiva celebración de dichos actos, salvo en los supuestos en que la Ley disponga otro distinto y en los supuestos de nuevo señalamiento después de una suspensión—. Sucede, sin embargo, que, manteniendo idéntica dinámica de actos procesales, esto es, desde que se admite la demanda, y tras el señalamiento, se cita para la celebración de los actos de conciliación judicial y juicio —especifica el art. 82.2 LJS, que se celebran el primero ante el secretario judicial y el segundo ante el juez o Magistrado y tienen lugar en única convocatoria pero en sucesivos actos—, hasta ese momento, que puede ser meses o años después, sigue sin realizarse actuación procesal alguna, de manera general, lo que tampoco parece corresponderse con la agilidad y celeridad que caracterizan al proceso laboral.

En este sentido, son muchas las opciones que se podrían barajar en orden a conseguir una mayor eficiencia procesal. Ciertamente, y basta tener en cuenta que el propio juicio verbal civil, antes de la reforma de 2015 por la Ley 42/2015, cuando la contestación a la demanda se hacía oralmente en la vista, como en el proceso laboral, exigía que la declinatoria se propusiera por escrito en los cinco primeros días posteriores a la citación para

---

105 El ámbito civil tenía establecida entonces la conciliación previa obligatoria ante la justicia municipal, de la que distanció la regulación laboral como se explica en Romero Pradas, Mª I., *La conciliación en el proceso laboral, op. cit.*, págs. 204, 207 y ss.

vista, con suspensión del curso del procedimiento, mientras que en el ámbito laboral, según el actual art. 14.1º LJS, "las declinatorias se propondrán como excepciones y serán resueltas previamente en la sentencia, sin suspender el curso de los autos". Esto es, el demandado en el proceso laboral, en el que, como venimos diciendo, pueden estar resolviéndose cuestiones bien complejas, no intervendrá hasta el día que se haya señalado para la celebrar los actos de conciliación judicial y juicio, salvo para comunicar su interés de comparecer en el juicio asistido o representado por profesional, en los términos del art. 21.2 LJS, o solicitar pruebas para su practica en el juicio que requieran diligencias de citación o requerimiento (arts. 77.3 y 78 LJS). Es en el acto del juicio, cuando podrá desplegar toda la artillería en orden a contestar a la demanda, tal como señala el art. 85.2 al disponer que "el demandado contestará afirmando o negando concretamente los hechos de la demanda, y alegando cuantas excepciones estime procedentes", incluida la posibilidad de reconvenir o allanarse a las pretensiones del actor (art. 85.3 y 7 LJS).

En aras a aprovechar ese "tiempo muerto" que transcurre desde la citación a la efectiva celebración de los actos de conciliación judicial y juicio, ya la LJS de 2011, aprovechando la intervención del entonces secretario judicial en sustitución del juez en la conciliación operada por la Ley 13/2009, permite, haciéndolo constar así en las cédulas de citación, que las partes formalicen conciliación en evitación del juicio, por medio de comparecencia ante la oficina judicial, sin esperar a la fecha del señalamiento, pudiendo alcanzar un acuerdo antes del día señalado para los actos de conciliación judicial y juicio (art. 82.3 LJS). Se trata de un adelanto de la conciliación judicial que merece una valoración positiva en aras de la agilización procesal[106], pero que podría haberse aprovechado para insertar una verdadera mediación intrajudicial en el proceso laboral, aprovechando ese espacio de tiempo en el que no se realizan actuaciones de manera general. En esta línea debe ser entendida la pretendida modificación del art. 82 LJS por el PLEP —y más aún por el ALEP—, en el sentido de separar las convocatorias de la conciliación y el juicio[107], que persigue, como se ha

---

106 Preámbulo LJS, IV, párrafo 2.

107 El ALEP los separaba, en todo caso, mientras que el PLEP disponía que el señalamiento del acto de conciliación en convocatoria separada y anticipada a la fecha del juicio podrá establecerse a instancia de cualquiera de las partes, si estimaran razonadamente que existe la posibilidad de llegar a un acuerdo conciliatorio, o de oficio por el letrado o la letrada de la Administración de Justicia si entendiera que, por la naturaleza y circunstancias del litigio o por la solución dada judicial-

afirmado, potenciar la función conciliadora dentro del proceso ante la ausencia de acto de juicio de forma inmediata, descargar de trabajo al órgano judicial, así como preparar y facilitar la agenda de señalamientos del juez de forma más segura al no tener la incertidumbre de los acuerdos alcanzados o no en la conciliación[108]. El Real Decreto-ley 6/2023, sin embargo, no ha asumido esta modificación, por lo que contamos únicamente con esa posibilidad de conciliación adelantada a la fecha del señalamiento que introdujo la LJS, previendo igualmente el art. 82.2 LJS que se indique también en la convocatoria que los litigantes podrán someter la cuestión a los procedimientos de mediación que pudieran estar constituidos de acuerdo con lo dispuesto en el art. 63 de esta Ley, adoptando las medidas oportunas a tal fin, sin que ello dé lugar a la suspensión, salvo que de común acuerdo lo soliciten ambas partes, justificando la sumisión a la mediación, y por el tiempo máximo establecido en el procedimiento correspondiente, que en todo caso no podrá exceder de quince días.

En relación a esta cuestión, consideramos que sería mucho más eficiente aprovechar el tiempo que media entre la citación y la efectiva celebración de los actos de conciliación judicial y juicio para derivar, en los supuestos en los que sea posible alcanzar un acuerdo, claro es, a las partes a una mediación externa, ante servicios de mediación especializados. Se trataría de generalizar, introduciendo en la LJS la oportuna previsión, lo que se ha venido haciendo como experiencia en algunos órganos judiciales[109].

b) La contestación a la demanda

También se ha defendido, aun reconociendo que es una cuestión polémica porque podría contradecir el principio de oralidad tal como impera en el proceso laboral, la conveniencia —si no de manera general, al menos selectiva— de introducir un trámite de contestación de la demanda por escrito, sobre todo porque el proceso laboral ha dejado de ser ese proceso de pretensiones simples, como venimos diciendo, y puede servir a la defensa del propio demandante conocer con antelación al juicio la postu-

---

mente en casos análogos, pudiera ser factible que las partes alcanzaran un acuerdo (art. 82.2.II PLEP).

108 Vid ampliamente, Moya Amador, R, *op. cit.*

109 https://www.poderjudicial.es/cgpj/es/Temas/Mediacion/Servicios-de-Mediacion-Intrajudicial/Mediacion-Social/.

ra de la parte contraria[110]. En la actualidad, se considera que puede ser un elemento verdaderamente transformador del clásico proceso laboral, incorporándola bien de manera general, o de forma particular para determinados tipos procedimentales, y se han puesto de manifiesto distintas ventajas frente al mantenimiento de la forma oral, además de la indudable agilización del procedimiento[111].

Sin embargo, el legislador no ha dado ese paso, que sí se dio en el ámbito civil con la Ley 42/2015 respecto al juicio verbal, lo que para algunos hubiera reforzado el equilibrio procesal de las partes, ya que el sistema de contestación a la demanda oral puede entenderse que sitúa al demandante en una situación de inferioridad procesal, pues éste conoce las defensas y excepciones del demandado una vez comenzado el juicio[112]. En relación a esta cuestión, sin pretender posicionarnos sobre la conveniencia de que la contestación a la demanda se haga por escrito, lo que sí queremos dejar claro es que en absoluto podría entenderse que afecta a la oralidad del proceso laboral, cuyo procedimiento seguiría siendo oral, ya que lo que lo

---

110 *Vid.* Agustí Juliá, J., "Algunas propuestas de modificación en una posible reforma de la Ley de Procedimiento Laboral", *Revista de Derecho Social*, núm. 4, pág. 240; y Rodríguez Escanciano, S., *op. cit.* págs. 113 y ss.

111 Particularmente, como destaca Serrano Espinosa, G. Mª, "Sobre la eficiencia procesal en la reforma del proceso laboral", Diario LA LEY, núm. 10277, Sección Justicianext, 2 de mayo de 2023 (LA LEY 3456/2023), se pondría solución definitiva al difícil encaje que en la actualidad tiene la aportación de la prueba documental por la parte demandada en el expediente judicial electrónico y sería un mecanismo adecuado para la fijación de hechos controvertidos.

112 *Vid.* Valdés Dal-Ré, F. y García Quiñones, J. C., en Monereo Pérez, J. L., *Ley de la Jurisdicción Social. Estudio técnico-jurídico y sistemático de la Ley 36/2011, de 10 de octubre*, Comares, Granada, 2013, pág. 470, donde exponen que en aras probablemente de una defensa a ultranza del principio de oralidad, la LBPL de 1989 mantuvo intacta aquella regla, descartando introducir un trámite de contestación a la demanda por escrito.
En este sentido, y haciendo referencia a la conciliación extrajudicial, Salinas Molina, F., *op. cit.*, pág. 41, se plantea incluso si conviene repensar si a la parte demandada comparecida, de no alcanzarse acuerdo, se le debería exigir, al igual que a la parte solicitante, que dejara constancia en el acta de los hechos en los que se fundamentará su oposición en juicio.
Como olvido imperdonable del PLEP —y del Real Decreto-ley 6/2023, por tanto— lo ha calificado Serrano Espinosa, G. Mª, *op. cit.*

define es la existencia de una audiencia oral en la que el juez se pone en relación directa con las partes y con las pruebas —personales—[113].

c) Las cuestiones previas

También el modelo de oralidad del proceso laboral actual llevó al legislador de la LJS de 2011 a introducir al inicio del juicio, tras darse cuenta de lo actuado si no hubiera avenencia en conciliación, un trámite denominado de cuestiones previas, en el que se resolverá, como señala el art. 85.1.II, motivadamente, en forma oral y oídas las partes, sobre las cuestiones previas que se puedan formular en ese acto, así como sobre los recursos u otras incidencias pendientes de resolución, sin perjuicio de la ulterior sucinta fundamentación en la sentencia, cuando proceda; añadiéndose que igualmente serán oídas las partes y, en su caso, se resolverá, motivadamente y en forma oral, lo procedente sobre las cuestiones que el juez o tribunal pueda plantear en ese momento sobre su competencia, los presupuestos de la demanda o el alcance y límites de la pretensión formulada, respetando las garantías procesales de las partes y sin prejuzgar el fondo del asunto. Se trata de resolver, con este carácter previo a las alegaciones, posibles cuestiones, esencialmente procesales, que pudieran impedir el pronunciamiento de fondo. Se ha querido incorporar con estas cuestiones previas una especie de audiencia previa al juicio con la referida finalidad (arts. 416 y ss. LEC), aunque al modo en que se hace desde la reforma de 2015 para el juicio verbal, en la propia vista (art. 443.2 y 3 LEC). De todos modos, no puede olvidarse que, en el proceso laboral, en este momento procesal, el demandado aún no ha contestado a la demanda, por lo que parece que se abren a éste dos posibilidades: alegar cuestiones previas antes de contestar a la demanda, o excepciones procesales en la contestación, lo que produce una dicotomía no fácil de entender. Como consecuencia del planteamiento y resolución de estas cuestiones podrá acordarse la continuación del proceso, abrir un trámite de subsanación o incluso decidirse la finalización del mismo por falta de algún presupuesto procesal, lo que sin duda debería hacerse ya en la sentencia.

---

113 Montero Aroca, J., *Comentarios a la Ley de Procedimiento Laboral* (con Iglesias Cabero, M. y Otros), I, *op. cit.*, págs. 494 y 495.

6. A MODO DE CONCLUSIÓN

En las anteriores páginas hemos querido trazar un breve recorrido por el surgimiento de la jurisdicción de trabajo hasta su integración en la ordinaria a fin de justificar sus especialidades en orden a plantear cómo conseguir un proceso laboral actual más eficiente.

El análisis realizado permite concluir, como se ha ido exponiendo, que, en la actualidad, se ha producido un innegable acercamiento entre los procesos civil y laboral, que responden a los mismos principios y han ido acercando su estructura. Incluso si nos referimos a la celeridad, uno de los principios o, más bien, consecuencia, que se ha querido conseguir con la especialidad del proceso laboral, hoy por hoy puede afirmarse con rotundidad que no es diferencia respecto a procesos civiles que en no pocas ocasiones se resuelven en un tiempo menor que los laborales[114].

Es por eso por lo que, en esta conclusión o reflexión final, y teniendo muy en cuenta las ideas que se han ido exponiendo, nos atrevemos a aventurar que, en este vaivén de normas que acercan un proceso a otro, quizás haya llegado el momento de acercar la regulación del proceso laboral a la del verbal civil actual, modelo de proceso del que partió el enjuiciamiento laboral hace ya bastante más de un siglo[115].

BIBLIOGRAFÍA

Aguilera Izquierdo, R., *Proceso laboral y proceso civil: convergencias y divergencias*, Thomson-Civitas, Madrid, 2004.

Agustí Juliá, J., "Algunas propuestas de modificación en una posible reforma de la Ley de Procedimiento Laboral", *Revista de Derecho Social*, núm. 4, págs. 239 a 242.

Alonso Olea, M., "Sobre la historia de los procesos de trabajo", *Revista de Trabajo*, núm. 15, 1966, págs. 7 a 35.

Alonso Olea, M. y Otros, *Derecho Procesal del Trabajo*, 12ª ed., Civitas, Madrid, 2002.

Cachón Villar, P. y Desdentado Bonete, A., *Reforma y crisis del proceso social*, Aranzadi, Pamplona, 1996.

Colmenero Guerra, J. A., *El recurso de suplicación*, Tirant lo Blanch. Valencia, 2001.

Cortés Domínguez, V. y Moreno Catena, V., *Introducción al Derecho procesal*, 12ª ed., Tirant lo Blanch, Valencia, 2023.

---

114 Roca Martínez, J. Mª, *op. cit.*, págs. 272 y ss., habla del mito de la celeridad del proceso laboral.

115 Reflexiones en este sentido ya se vierten en Roca Martínez, J. Mª, *op. cit.*, págs. 278 y ss.

Cruz Villalón, J., "El limitado alcance de la supletoriedad de la Ley de Enjuiciamiento Civil de 2000 en el proceso laboral", en Martínez Abascal, V. A. (coord.), *Nueva Ley de Enjuiciamiento Civil y proceso laboral,* Marcial Pons, Madrid, 2002, págs. 91 a 125.

De Miguel y Alonso, C., "El acceso a la justicia y los Tribunales de Trabajo en España", *Escritos en homenaje al Profesor Prieto-Castro, T. 1,* Editorial Nacional, Madrid, 1979.

García Murcia, J., "La incidencia de la reforma procesal de 2009 en el procedimiento laboral: aspectos más sobresalientes", *Derecho de los Negocios,* núm. 232, Sección Relaciones Laborales, enero 2010 (LA LEY 7/2010).

Gil Suárez, L., "Incidencia de la nueva Ley de Enjuiciamiento Civil en el proceso laboral", Actualidad Laboral, 2000/I

Guasp Delgado, J., "Significación del proceso de trabajo en la teoría general del Derecho procesal", *Revista de la Universidad de Oviedo,* 1950, págs. 137 a 159.

Laro González, E., "Una justicia eficiente y digital para una administración de justicia obsoleta", en Llorente Sánchez-Arjona, M. y Calaza López, S. (dirs.), *Digitalización de la justicia: prevención, investigación y enjuiciamiento,* Aranzadi, 2022, págs. 309 a 329.

Luján Alcaraz, J., "Nulidad parcial de la Ley de Procedimiento Laboral de 1990", *Anales de Derecho,* Universidad de Murcia, núm. 15, 1997, págs. 169 a 178.

Márquez Prieto, A., "Historia del proceso de Seguridad social", *Revista Española de Derecho del Trabajo,* núm. 104, 2001, págs. 247 a 276.

Montero Aroca, J., *Los Tribunales de trabajo (1908-193). Jurisdicciones especiales y movimiento obrero,* Universidad de Valencia, Servicio de Publicaciones, Valencia, 1976.

Montero Aroca, J., "Unidad de Jurisdicción y Tribunales especiales", *Estudios de Derecho Procesal,* Bosch, Barcelona, 1981, págs. 55 a 71.

Montero Aroca, J., "La reforma de los tribunales y del proceso de trabajo", *Estudios de Derecho Procesal,* Bosch, Barcelona, 1981, págs. 489 a 531.

Montero Aroca, J., "Los Tribunales de Trabajo entre el pasado y el porvenir", *Revista de Seguridad Social,* núm. 20, 1983, págs. 9 a 47.

Montero Aroca, J., *El proceso laboral,* Bosch, Barcelona, 1982.

Montero Aroca, J., *Comentarios a la Ley de Procedimiento* Laboral (con Iglesias Cabero, M. y Otros), Civitas, Madrid, 199

Montero Aroca, J., *Introducción al proceso laboral,* 5ª ed., Marcial Pons, Madrid, 2000.

Montoya Melgar, A., "Proceso civil y proceso laboral. En torno a las recíprocas influencias entre la Ley de Enjuiciamiento Civil y la Ley de Procedimiento Laboral", en Rios Salmerón, B. y Sempere Navarro, A. V. (coords.), *Incidencia de la Ley de enjuiciamiento Civil en el Procedimiento Laboral,* Aranzadi, Elcano, 2001, págs. 25 a 33.

Montoya Melgar, A.,"Prólogo", en Aguilera Izquierdo, R., *Proceso laboral y proceso civil: convergencias y divergencias,* Thomson-Civitas, Madrid, 2004, págs. 13 a 17.

Moya Amador, R, "El proyecto de ley de eficiencia procesal y las reformas previstas en el proceso laboral", *Trabajo y Derecho,* núm. 102, Sección Estudios, junio 2023 (LA LEY 4471/2023).

Prieto Castro, L. y Otros, *Tribunales españoles, Organización y funcionamiento,* Tecnos, Madrid, 1979.

Roca Martínez, J. Mª, "Proceso laboral y proceso civil", en Neira Pena, Ana Mª (dir.), *Los desafíos de la justicia en la era post crisis,* Atelier, Barcelona, 2016, págs. 265 a 280.

Rodríguez Escanciano, S., *Deficiencias del proceso social y claves para su reforma,* Marcial Pons, Madrid, 2001.

Rodríguez Piñero y Bravo-Ferrer, M., "Sobre los principios informadores del proceso de trabajo", *Revista de Política Social*, núm. 81, 1969, págs. 21 a 82.

Rodríguez Piñero y Bravo-Ferrer, M., "La "representación" por graduado social en el proceso de trabajo", *Relaciones Laborales*, núm. 11, 1992 (LA LEY 479/2001).

Rodríguez Piñero y Bravo-Ferrer, M., "Proceso civil y proceso de trabajo", *Relaciones Laborales*, núm. 12, junio 2001 (LA LEY 6093/2002).

Romero Pradas, Mª I., *La conciliación en el proceso laboral*, Tirant lo Blanch, Valencia, 2000.

Romero Pradas, Mª I. (coord.), *Derecho procesal laboral. Parte general y parte especial*, Tirant lo Blanch, Valencia, 2021.

Sala Franco, T., *Problemas actuales del proceso laboral*, Tirant lo Blanch, Valencia, 2020.

Salinas Molina, F., "Una visión general de los desafíos de la jurisdicción social: propuestas de una reforma legislativa a partir de una experiencia práctica crítica", *Revista de Trabajo y Seguridad Social, CEF*, núm. 474, 2023, pág. 23 a 53.

Serrano Espinosa, G. Mª, "Sobre la eficiencia procesal en la reforma del proceso laboral", *Diario LA LEY*, núm. 10277, Sección Justicianext, 2 de mayo de 2023 (LA LEY 3456/2023).

Tascón López, R., "Del éxito del proceso social a su envejecimiento prematuro", *Revista de Trabajo y Seguridad Social, CIF*, núm. 315 (núm. 36/2009), págs. 67 a 124.

Tascón López, R., "La renovación de la justicia social", *Revista de Trabajo y Seguridad Social, CIF*, núms. 341 y 342, 2011, págs. 5 a 22.

Valdés Dal-Ré, F., "Las jurisdicciones sociales en los países de la Unión Europea: convergencias y divergencias", *Actualidad Laboral*, núm. 8, 2000, págs. 103 a 117.

Valdés Dal-Ré, F. y García Quiñones, J. C., en Monereo Pérez, J. L., *Ley de la Jurisdicción Social. Estudio técnico-jurídico y sistemático de la Ley 36/2011, de 10 de octubre*, Comares, Granada, 2013.

De la evolución hacia un juicio verbal desnaturalizado al mantenimiento del statu quo*: una comparativa entre la LEC española y el CPC hondureño*

LOTARIO VILABOY LOIS
Profesor titular de Derecho Procesal
Universidad de Santiago de Compostela

Resumen: España y Honduras inician el camino de la modernización de su sistema de justicia civil en el siglo XXI, con una diferencia temporal de siete años. Como es tradición histórica, la ley procesal civil española (LEC 2000) ha influido en gran medida en la elaboración del código procesal civil hondureño (de 2007).

El presente trabajo analiza, desde una perspectiva comparativa, el punto de partida y la evolución procedimental de la que, durante el período 2000-2024, ha sido objeto el juicio verbal "común" de la LEC y, su correlativo (el proceso abreviado) del CPC, valorando tanto los aciertos del legislador (y del pre-legislador) y analizando los errores que deberían subsanarse.

Su finalidad es proporcionar a la doctrina, los operadores jurídicos y el legislador hondureño los elementos necesarios para valorar la oportunidad de introducir modificaciones en su proceso abreviado, que, sin perder en agilidad y celeridad, contribuyan a mejorar las garantías procesales que impidan la indefensión de las partes litigantes, a la vez que se mantengan los principios básicos de oralidad, concentración, inmediación y publicidad propios de un proceso plenario rápido.

Palabras clave: Conclusiones, contestación, eficiencia procesal, demanda, diligencias finales, juicio verbal, MASC, oralidad, reformas procesales controvertidas, proceso abreviado, vista

Se cumplen cuarenta años desde mi primer contacto académico con el Profesor Moreno Catena, habiendo obtenido él la cátedra de Derecho Procesal en la Universidad de Santiago de Compostela y siendo yo estudiante de último curso de la vieja Licenciatura en Derecho, cuando sus discípulos madrileños me ofrecen participar en este Libro Homenaje a su prolífera trayectoria académica, lo que hago con sumo gusto desde el aprecio que le profeso y desde mi anecdótica condición de ser el primer discípulo vivo del querido maestro.

En este contexto, pretendo que mi aportación constituya un pequeño guiño hacía lo que ha sido una de las facetas destacadas del Dr. Moreno Catena como cultivador y maestro de la ciencia procesalista: la contribución a la modernización de la Justicia en Iberoamérica y, más concretamente, del proceso civil en la República de Honduras.

De ahí que con este trabajo pretenda acercar, sin ánimo de exhaustividad, la evolución de la regulación del juicio verbal civil español a los queridos juristas hondureños; proceso que ha sufrido su transformación más importante entre los años 2015 y 2024, frente a las casi inexistentes modificaciones de las que ha sido objeto, durante este mismo periodo, el proceso abreviado civil hondureño. Espero que estas líneas sirvan para reflexionar sobre las bondades o falencias de esta evolución y la conveniencia de tenerlas o no en cuenta en futuras reformas de la legislación procesal civil de ese país tan apreciado por el Dr. Moreno Catena, por mí y por otros ilustres colegas de la escuela compostelana-sevillana-madrileña.

1. APROXIMACIÓN A LA TEMÁTICA

Honduras aprueba en el mes de enero de 2007 un nuevo Código Procesal Civil[1], que tiene su precedente en el Código de Procedimientos

---

[1] El proceso de modernización y dinamización de la justicia civil en la República de Honduras fue encabezado e impulsado por la Corte Suprema de Justicia en el

Civiles de 8 de febrero de 1906, y cuya entrada en vigor se produce en noviembre de 2010. Se sigue así el mismo camino emprendido por España años antes con la publicación de la Ley de Enjuiciamiento Civil de 2000, que sustituye a la centenaria Ley procesal civil de 1881.

El Código Procesal Civil de 2007, supone una innovación respecto al entonces sistema procesal vigente, y aunque aprovecha instituciones y conceptos del antiguo Código, establece claramente un nuevo modo de enjuiciar; situándose entre sus principales novedades la sustitución del proceso declarativo escrito por otro con claro predominio de la oralidad. El proceso civil oral supone que el juez debe resolver el pleito, celebrado ante él y con la prueba admitida y dirigida por él, lo que constituye un nuevo modo de trabajar[2].

Al igual que la Ley de Enjuiciamiento Civil española de 2000 (en vigor desde el 8 de enero de 2001), el Código Procesal Civil hondureño distingue, dentro de los procesos declarativos (Libro IV, Título I, Capítulo I), dos clases de procesos ordinarios (es decir, para tramitar cualquier pretensión que no tenga señala por la ley una tramitación especial), el denominado "ordinario" y el "abreviado", que responden a la característica de ser juicios declarativos ordinarios rápidos o acelerados; especificándose en los arts. 399 y 400, respectivamente, el ámbito[3] de cada uno de ellos, por razón de la materia y de la cuantía.

---

año 2005 con los trabajos de preparación de un Anteproyecto y de un Proyecto de nuevo Código Procesal Civil, que sustituyera el vetusto Código de 1906. Concluidos los trabajos previos y el correspondiente trámite parlamentario, el 26 de mayo de 2007 se publicó en la Gaceta-Diario Oficial de la República de Honduras el Decreto 211-2006 referente al nuevo "Código Procesal Civil", derogándose el Código de Procedimientos Civiles de 8 de febrero de 1906 y estableciéndose un periodo para la entrada en vigor de veinticuatro meses, que finalmente se prorrogó hasta el 1 de noviembre de 2010. En los trabajos de preparación intervinieron diferentes organizaciones e instituciones, así como destacados consultores nacionales e internacionales, entre los que se encuentran los Doctores Víctor Moreno Catena y Juan Luis Gómez Colomer. La influencia de los procesalistas españoles y de la Ley de Enjuiciamiento Civil de 2000 está presente a lo largo de todo el articulado del nuevo texto procesal civil hondureño.

2 González Clavijo, José Ramón, *Principios generales en el nuevo Código Procesal Civil*, Tegucigalpa, 2008, en https://cambiogeneracional.wordpress.com/wp-content/uploads/2011/12/principios-generales-en-el-nuevo-codigo-procesal-civil.pdf

3 Una comparativa del ámbito de los procesos declarativos ordinarios (ordinario y abreviado) en el CPC de Honduras y en la LEC española (ordinario y verbal) revela más semejanzas que diferencias, sin perjuicio de que el criterio de la cuantía

Desde el año 2007 al actual 2024 el proceso civil abreviado hondureño fue objeto de una única reforma, relativa a la cuantía, pasando de 50.000 lempiras a 100.000 en septiembre de 2016, esto es, de algo menos de 2000 € a casi 4000[4]. Por el contrario, el juicio verbal civil español sufrió varias e importantes reformas en el período 2000-2024 (concretamente, dieciséis)[5]. Daremos cuenta aquí sólo de las más importantes que afectan a los trámites comunes del procedimiento[6].

Como sostiene Montero Aroca[7], el juicio verbal que se plasmó en las leyes de enjuiciamiento civil españolas tiene su origen en la ineficacia del

---

del abreviado hondureño es muy inferior al verbal español, casi 2000 € frente a los 6000 de la LEC (15.000 € a partir de marzo de 2024).

Para Montero Aroca (con Gómez Colomer, Juan Luis, Montón Redondo, Alberto, Barona Vilar, Silvia), *Derecho Jurisdiccional II. Proceso Civil*, Ed. Tirant lo Blanch, 18ª edición, Valencia, 2010, págs. 390-391, en la LEC de 2000 el juicio verbal presenta una triple naturaleza jurídica: proceso declarativo ordinario y plenario (cuando su procedencia se determina en atención a la cuantía), juicio especial (cuando su procedencia se determina por razón de la materia) y juicio especial y sumario (cuando la procedencia se determina por razón de la materia y, además, se dice que la tutela será sumaria o que la sentencia tendrá carácter sumario). En el mismo sentido Vallespin Pérez, David, *Diligencias finales y juicio verbal: una oportunidad perdida con motivo de la Ley 42/2015*, en Práctica de Tribunales, nº 128, septiembre-octubre-2017, LA LEY 12067/2017 (Base de datos La Ley Digital).

4 Por Auto de la Corte Suprema de Justicia (art. 923 CPC) de 8 de septiembre de 2016 (publicado en el Diario Oficial La Gaceta No. 34,137 de fecha 13 de septiembre de 2016), se modificó el artículo 400 CPC respecto al ámbito del proceso abreviado, en el siguiente sentido: "2. *Se decidirán por los trámites del procedimiento abreviado las demandas cuya cuantía no sea superior a CIEN MIL LEMPIRAS (L.100,000.00)*", esto es, a casi 4000 €.

5 La regulación del juicio verbal ha sufrido modificaciones en los años 2001, 2003, 2009 (2), 2011 (2), 2012, 2013, 2015 (2), 2018 (2), 2019 (2), 2023 (2). Bastantes de ellas dan una respuesta adecuada a problemas que se plantean en la práctica forense. Otras parecen bien intencionadas, pero sus resultados probablemente sean los contrarios a los que con ellas se pretende alcanzar. Y algunas son desafortunadas, al pretender transformar un modelo de proceso civil basado en la oralidad y la presencialidad en otro totalmente escrito.

6 En consecuencia, no se abordarán en este trabajo las modificaciones que durante el periodo 2000-2024 se han producido en las llamadas "especialidades procesales" reguladas en el art. 250.1 LEC y desarrolladas en los arts. 437 y ss., pues analizarlas todas excedería el propósito de este estudio.

7 Sobre el origen del juicio verbal en España, ver Montero Aroca, Juan (con Gómez Colomer, Juan Luis, Montón Redondo, Alberto, Barona Vilar, Silvia), *Derecho Jurisdiccional II. Proceso Civil*, *op. cit.*, págs. 389-390.

proceso ordinario civil del Derecho común[8] para solucionar con eficacia los conflictos entre las partes, lo que "*llevó a configurar un nuevo tipo procesal que, sin dejar de ser ordinario (de referirse a cualquier objeto) y plenario (en el que se producía cosa juzgada), significara reducir el tiempo y el dinero, dando lugar a un nuevo tipo de proceso que fue el plenario rápido*"[9], en el que lo más importante fue el predominio de la oralidad frente a la escritura.

La estructura del juicio verbal en el Código de Procedimientos Comunes de 1906 (Honduras) y en el Código Procesal Civil vigente, presenta bastantes similitudes, Así, en el Código de 1906 (arts. 825 a 846) la demanda se interponía verbalmente, consignándose en acta los datos de las partes y la pretensión que se deducía, para a continuación celebrar una "comparecencia" en la que las partes expusieran lo que pretendiesen y a su derecho conduzca, y acto seguido propusiesen y se practicasen las pruebas admitidas, dictándose posteriormente la sentencia.

Por su parte, el Código vigente mantiene la estructura de Demanda escrita[10] (a diferencia de la demanda oral del CPC de 1906) y Audiencia única[11] en la que, con una regulación más detallada, tras el intento fallido de conciliación, se ratificará la demanda y se efectuará la contestación oral[12] por parte del demandado, pudiendo exponer, en su caso, la

---

8 Denominado "juicio ordinario de mayor cuantía" en la LEC de 1881, arts. 524 y ss., que provenía del *solemnis ordo iudiciarium* o proceso común en los Estados medievales, y que, a su vez, remontaba sus orígenes a la *litis contestatio* del Derecho Romano.

9 Montero Aroca, Juan (con Gómez Colomer, Juan Luis, Montón Redondo, Alberto, Barona Vilar, Silvia, *Derecho Jurisdiccional II. Proceso Civil…, op. cit.*), págs. 12-17.

10 Demanda que es sucinta (aunque no se diga expresamente) al no ser necesario en ella fundamentar jurídicamente la petición (confrontar art. 424.1.f) con art. 583.1 CPC); y que puede ser "formularia" cuando la pretensión no supere los 5.000 Lempiras (aproximadamente 200 €). Todo lo cual no impide que el abogado, si lo desea, presente una demanda ordinaria.

11 Así como la incomparecencia injustificada del actor a la audiencia producirá determinados efectos, entre los que figuran el poder tenerle por desistido de su demanda, la incomparecencia del demandado no impedirá la celebración de la audiencia, sin que el art. 590 CPC aclare si habrá de declarársele o no rebelde (mientras que la incomparecencia del demandado sí era sancionada con la declaración de rebeldía por el art. 583 CPC de 1906; misma declaración que se contempla en la LEC 1881 y en la LEC de 2000).

12 En los casos en que para la demanda se utilicen formularios normalizados, se podrá establecer que la contestación se efectúe también mediante formulario, que el tribunal acompañará a la notificación de la demanda, ver art. 833 CPC. Los

demanda reconvencional[13] (que será contestada también oralmente por el actor, quien también podrá contestar las excepciones procesales y materiales del demandado). Resueltas, en su caso, las excepciones procesales, la proposición, admisión y práctica de la prueba se regirá por lo establecido en las audiencias preliminar y probatoria del proceso ordinario (art. 593 en relación con los arts. 444 a 480 CPC).[14]

En términos bastante similares, plantean la estructura del juicio verbal las Leyes de enjuiciamiento civil españolas de 1881 y de 2000. Conforme a la primera (arts. 715 a 740), la demanda recibía el nombre de "papeleta" (cuyo contenido coincidía con el previsto en el art. 827 CPC 1906), celebrándose a continuación la "comparecencia"[15]. Por su parte, La LEC de 2000, en su redacción original, inicia con una demanda "sucinta"[16] o, en su caso, mediante impresos normalizados (art. 437.2), celebrándose a continuación una "vista" en la que el actor, según los casos, expondrá los fundamentos de su pretensión o simplemente ratificará los ya expuestos en la demanda (completa). Seguidamente, el demandado contestará a la demanda (iniciando por los temas procesales, de existir, sobre los que el actor también se podrá pronunciar)[17]. Resueltos los temas procesales, se fijarán

---

modelos de formularios serán elaborados y aprobados por la Corte Suprema de Justicia.

13 El demandado que pretenda reconvenir deberá ponerlo en conocimiento del actor con al menos cinco días de antelación respecto de la fecha de la audiencia única, salvo que el actor ya tuviera conocimiento de tal intención por haberla expresado el demandado en el acto de conciliación previo al proceso. La información que deberá proporcionar el demandado al actor será, en esencia, los hechos en que se funda la reconvención y la petición en que se concreta, ver art. 589.1 CPC.

14 Ver artículos 588 a 595 CPC.

15 El contenido de esta "comparecencia" apenas difiere en la LEC española de 1881 y en el CPC hondureño de 1906.

16 En la que basta con consignar los datos y circunstancias de identificación del actor y del demandado y el domicilio o los domicilios en que pueden ser citados, y fijar con claridad y precisión lo que se pida (art. 437.1). Nada impide, sin embargo, que el actor presente una demanda ordinaria (completa) del art. 399, argumento ex art. 437.1 LEC.

17 Para Vallespin Pérez, David, *Análisis constitucional del juicio verbal previsto en la Ley 42/2015, de 5 de octubre de 2015, de reforma de la Ley 1/2000, de 7 de enero de Enjuiciamiento Civil*, en Práctica de Tribunales, nº 117, noviembre-diciembre 2015, LA LEY 6243/2015 (Base de Datos La Ley Digital), citando a Ramos Méndez, la vista se configuraba como una caja de sorpresas en la que las partes jugaban al "gato y al ratón", ya que, de una parte, al demandante le valía una demanda sucinta, sin

los hechos controvertidos, para, a continuación, proponer, admitir y practica la prueba pertinente y útil, y dictarse la correspondiente sentencia[18].

Observamos así que con la publicación de la LEC de 2000 y del CPC de 2007 hasta aproximadamente el año 2015, la regulación del juicio verbal (español) y del proceso abreviado (hondureño) presenta muchas más semejanzas que diferencias. No obstante, como veremos a continuación, a partir de dicha fecha, con la disculpa de adaptar *"su regulación a las necesidades actuales, con la finalidad de agilizar alguno de sus trámites, reforzar las garantías de sus procesos y adaptarla tanto a las necesidades de la sociedad actual como a las de la propia Administración de Justicia."*[19] El legislador español emprende un nuevo rumbo para este proceso declarativo, que está lleno, como veremos, de luces y sombras.

2. MODIFICACIONES INTRODUCIDAS POR LA LEY 37/2011, DE 10 DE OCTUBRE, DE MEDIDAS DE AGILIZACIÓN PROCESAL[20]

Probablemente, la reforma de mayor calado introducida por la Ley 37/2011 en la regulación del juicio verbal es la modificación del art. 455.1 LEC relativo a las resoluciones recurribles en apelación, impidiendo que las sentencias dictadas en los juicios verbales por razón de la cuantía, cuando ésta no supere los 3.000 €, puedan acceder al recurso de apelación. Esta es la

---

fundamentación, que luego se ocuparía de desplegar por sorpresa; y, de otra, al demandado también le valía un simple "anuncio" de reconvención, pero sin ni siquiera explicar por qué. Ver Ramos Méndez, Francisco, *Enjuiciamiento Civil. Cómo gestionar los litigios civiles*, vol. II, Ed. Atelier, Barcelona, 2008, pág. 1556.

18 Este *iter* procedimental puede experimentar modificaciones en algunos puntos, en función de la pretensión que se ejercite. No obstante, como expone Vallespin Pérez, David, *Pasado, presente y futuro del juicio verbal (1)*, Práctica de Tribunales, nº 161, Sección Estudios, marzo-abril 2023, LA LEY 3134/2023 (Base de datos La Ley Digital), *"La regulación procesal civil del año 2000 relativa al juicio verbal (arts. 250 y 437 a 447 LEC) estuvo marcada, desde sus inicios, por una notable polémica acerca de muchos de sus trámites (pensemos, por ejemplo, en la demanda, la contestación, la vista, las conclusiones o las diligencias finales), quizás amparada por la necesidad de agilizar y simplificar la justicia, pero en buena medida presididos por importantes contradicciones para con el obligado respeto del modelo constitucional de juicio justo."*

19 Apartado IV de la Exposición de Motivos del Proyecto de Ley de Medidas de Eficiencia Procesal del Sector Público de Justicia, Boletín Oficial de las Cortes Generales (Congreso de los Diputados) serie A, nº 97-1, de 22 de abril de 2022.

20 BOE nº 245, de 11 de octubre de 2011.

excepción legal, porque el resto de sentencias (de 3.000 a 6.000 €[21] y las dictadas en juicios verbales que se tramiten por la materia), los autos definitivos y los que expresamente se indiquen por la ley, si tienen apelación.[22]

De esta manera, con la finalidad, confesada en la propia Exposición de Motivos, *"de limitar el uso, a veces abusivo, y muchas veces innecesario, de instancias judiciales"* o, más bien, de descongestionar una pequeña parte el servicio público de Justicia sin realizar estudios o aplicar criterios de mayor calado jurídico, se suprime la posibilidad de que sea revisada judicialmente una decisión judicial civil o mercantil dictada en primera instancia.

Recordemos, sin embargo, que la jurisprudencia consolidada del Tribunal Constitucional tiene establecido que el acceso a los recursos tiene una relevancia constitucional distinta a la del acceso a la Jurisdicción. Así, mientras el derecho a la obtención de una resolución judicial razonada y fundada goza de una protección constitucional en el art. 24.1 CE, el derecho a la revisión de esta resolución es un derecho de configuración, sin

---

21 Recurso de apelación que resuelve un solo magistrado de la Audiencia Provincial (equivalente a Corte de Apelaciones en el sistema judicial hondureño), desde la reforma operada en el art. 82.2,1°,II por la Ley Orgánica 1/2009, de 3 de noviembre, complementaria de la Ley de reforma de la legislación procesal para la implantación de la nueva Oficina judicial, por la que se modifica la Ley Orgánica 6/1985, de 1 de julio, del Poder Judicial (BOE n° 266, de 4 de noviembre de 1985),: *"Para el conocimiento de los recursos contra resoluciones de los Juzgados de Primera Instancia que se sigan por los trámites del juicio verbal por razón de la cuantía, la Audiencia se constituirá con un solo magistrado..."*; mientras que en los restantes casos (resoluciones dictadas en juicio verbal por razón de la materia) la Audiencia se constituirá con los tres magistrados propios de la correspondiente Sección.

22 El art. 455.1 LEC, en su redacción originaria, había generalizado el recurso de apelación para *"las sentencias dictadas en toda clase de juicio, los autos definitivos y aquéllos otros que la ley expresamente señale..."*.
De esta manera, con la finalidad, confesada en la propia Exposición de Motivos, *"de limitar el uso, a veces abusivo, y muchas veces innecesario, de instancias judiciales"*, o, más bien, de descongestionar una pequeña parte el servicio público de Justicia sin realizar estudios estadísticos o aplicar criterios de mayor calado jurídico, se suprime la posibilidad de que sea revisada judicialmente una decisión judicial civil o mercantil dictada en primera instancia.
La Ley 29/1998, de 13 de julio, reguladora de la Jurisdicción Contencioso-administrativa (BOE n° 167, de 14 de julio de 1998), priva del recurso ordinario de apelación a las sentencias dictadas por los Juzgados de lo Contencioso-administrativo en los asuntos cuya cuantía no exceda de los 18.000 € (cuantía que se eleva a los 30.000 € por la Ley 37/2011, de 10 de octubre, de medidas de agilización procesal) y los relativos a materia electoral comprendidos en el art. 8.4 de esa ley (art. 81).

que exista un derecho constitucional a la doble instancia[23]. Otra cuestión es la conveniencia de eliminar la segunda instancia en un procedimiento como el juicio verbal que (con anterioridad a 2015) puede decirse presentaba mayores carencias de seguridad jurídica y del derecho de defensa (como se verá en el presente trabajo) que el juicio ordinario, y donde la postulación procesal es obligatoria a partir de los 2.000 €[24]; en aras de un presunto ahorro de la sobrecargado administración de justicia[25].

Afortunadamente, el art. 707 CPC hondureño sigue considerando recurribles en apelación *"las sentencias, los autos definitivos que pongan fin al proceso y aquellos otros que la ley expresamente señale, dictados en primera instancia..."*.

3. MODIFICACIONES INTRODUCIDAS POR LA LEY 42/2015, DE 5 DE OCTUBRE, DE REFORMA DE LA LEY 1/2000, DE 7 DE ENERO, DE ENJUICIAMIENTO CIVIL[26]

La reforma del juicio verbal realizada por la Ley 42/2015 tiene como finalidad *"reforzar las garantías derivadas del derecho constitucional a la tutela*

---

23 Ver SSTC nº 181/2001, de 17 de septiembre (BOE nº 251, de 19 de octubre de 2001); nº 19/1983, de 14 de marzo (BOE nº 86, de 12 de abril de 2003).

24 Ley 4/2011, de 24 de marzo, de modificación de la Ley 1/200, de 7 de enero, de Enjuiciamiento Civil, para facilitar la aplicación en España de los procesos europeos monitorio y de escasa cuantía (BOE nº 72, de 25 de marzo de 2011). En la redacción originaria de la LEC 2000 la postulación procesal resultaba obligatoria a partir de los 900 € (150.000 pesetas).

25 Como indica Banacloche Palao, Julio, *Análisis crítico de las reformas introducidas en materia de recursos civiles por la reciente Ley de agilización procesal*, Diario La Ley, nº 7764, Sección Doctrina, 28 de diciembre de 2011, Año XXXII, Ref. D-483, LA LEY 20361/2011 (Base de datos La Ley Digital), es un error conceptual hacer depender la posibilidad o imposibilidad de la impugnación de cuál sea el origen del procedimiento, porque eso supone utilizar como criterio determinante del acceso al recurso una distinción que ha sido prevista por el legislador para una finalidad completamente distinta a la impugnatoria. Cuando la LEC establece que una materia determinada debe tramitarse a través del juicio verbal o del juicio ordinario, lo hace pensando en que esa estructura procedimental es la más adecuada para la tutela concreta que se pretende dispensar, y no en que esa materia tiene "más derecho" que el resto a acceder a una revisión jurisdiccional realizada por un tribunal superior.

26 Modificaciones menores, que no podemos abordar aquí, operadas por la Ley 42/2015 en el juicio verbal se refieren al plazo para interponer la declinatoria, indicación en la demanda de la dirección de correo electrónico o similares del

judicial efectiva, que son fruto de la aplicación práctica de la Ley de Enjuiciamiento Civil y que venían siendo demandadas por los diferentes operadores jurídicos"[27]. Tal objetivo se pretende conseguir fundamentalmente a) incrementando las garantías del demandado, haciendo que el actor deba presentar normalmente una demanda ordinaria; b) incrementando las garantías del actor, haciendo que el demandado deba contestar por escrito a la demanda; c) simplificando el procedimiento verbal mediante su homologación con el procedimiento ordinario en todo cuanto sea posible[28]; y d) clarificando determinados aspectos de su regulación legal.

Fruto de esta reforma es un juicio verbal ahora con dos fases obligatorias y una potestativa: Una fase escrita: la demanda y la contestación (en su caso, reconvención y contestación); una fase oral potestativa: la vista; y otra fase escrita: la sentencia[29].

3.1. De la demanda sucinta a la demanda ordinaria

La nueva redacción del art. 437 LEC establece que *"El juicio verbal principiará por demanda, con el contenido y forma propios del juicio ordinario, siendo también de aplicación lo dispuesto para dicho juicio en materia de preclusión de alegaciones y litispendencia."* Por tanto, la demanda sucinta deja de ser el modelo de demanda preeminente[30], posición que pasa a ocupar el mo-

---

demandado, aplicación del art. 400 LEC, momento de la declaración de rebeldía, recursos contra la admisión/inadmisión de pruebas, etc.

27 Exposición de Motivos, apartado IV (BOE nº 239, de 6 de octubre de 2015, págs. 90240 a 90288).

28 Con esta reforma, puede decirse que el juicio verbal se ha igualado notablemente al procedimiento ordinario, excepto por la ausencia de la audiencia previa —cuyo contenido se desarrolla en el procedimiento verbal en el momento inicial de la vista— y por el hecho de tener los plazos procesales más cortos. Para Vallespin Pérez, David, *Análisis constitucional del juicio verbal previsto en la Ley 42/2015..., op. cit.*, el legislador de 2015, con sus reformas, crea un nuevo juicio verbal mucho más cercano, estructuralmente hablando, al juicio ordinario.

29 Perarnau Moya, Joan, *El juicio verbal tras su reforma por la Ley 42/2015, de 5 de octubre. Una mirada práctica,* Diario La Ley, nº 8727, Sección Doctrina, 22 de marzo de 2016, Ref. D-121, LA LEY *1291/2016 (Base de Datos La Ley Digital).*

30 Vallespin Pérez, David, *Análisis constitucional del juicio verbal previsto en la Ley 42/2015..., op. cit.*, se hace eco de que la invitación a la utilización de la demanda sucinta contenida en la redacción originaria del art. 437.1º LEC 2000 supuso un claro atentado al derecho de defensa del demandado, ya que la misma debía fundarse al inicio del acto de la vista. En parecido sentido se pronuncia Duque

delo de demanda ordinaria (del art. 399 LEC); es decir, se lleva a la norma la realidad de que en los juicios verbales los demandantes, pese a no ser obligatorio, ya venían incluyendo en sus demandas todos los argumentos fácticos y jurídicos a su alcance[31].

El cambio de demanda sucinta a demanda ordinaria se ha considerado, tanto por los profesionales de la abogacía como por la mayoría de la doctrina procesalista, lógico y adecuado a la realidad de las cosas[32], en el entendido de que el juicio verbal no debe ser un proceso que deba iniciarse con un impreso normalizado rellenado por un abogado en ejercicio; lo cual está justificado cuando el particular interviene sin postulación procesal, más no cuando es el abogado quien redacta el acto de parte iniciador del procedimiento. En tales supuestos, el abogado debe desplegar toda su "lex artis" y presentar una demanda de juicio verbal con todos los hechos que le puedan ser favorables, los fundamentos de derecho adecuados, con el soporte jurisprudencial que asiste a su posición, y con un suplico ajustado a los intereses de su cliente.

Sin embargo, se sigue permitiendo (art. 437.2 LEC) que *"en los juicios verbales en que se actúe sin abogado y procurador*[33] *el demandante podrá formular*

Ortega, Mª Ángeles, *Código Procesal Civil: El procedimiento abreviado y sus especialidades (Módulo instruccional),* Tegucigalpa - Santa Rosa del Copán, 3-18 de noviembre de 2007, pág. 28 (en https://cambiogeneracional.files.wordpress.com/2011/12/el-procedimiento-abreviado-y-sus-especialidades-en-el-cpc.pdf), respecto al contenido de la demanda del proceso abreviado hondureño sin fundamentación jurídica.

31 En la práctica, el demandante ya se preocupaba de redactar una demanda al igual que lo hubiera hecho en el procedimiento ordinario, cuidando de alegar y exponer cuantos hechos y fundamentos de derecho pudiera incluir en la misma.

32 Supone un paso importante en la lucha por las garantías del proceso y especialmente del derecho de defensa del demandado, ver Rizo Gómez, Belén, *La demanda y la contestación en el juicio verbal. A propósito de su regulación actual y del Proyecto de Ley de medidas de eficiencia procesal del servicio público de Justicia de 22 de abril de 2022(1),* Práctica de Tribunales, nº 161, Sección Estudios, marzo-abril 2023, LA LEY 3135/2023 (Base de Datos La Ley Digital), para quien "*la escasa entidad económica y la simplicidad de los procesos que se sustancian en el juicio verbal no constituyen argumentos que permitan justificar adecuadamente la limitación de derechos fundamentales, como el derecho de defensa, máxime si se tiene presente que en realidad no todas las materias que se tramitan por el juicio verbal son sencillas, ni son de tan escasa entidad económica.*"

33 Aquellos cuya cuantía no exceda de 2.000 € (arts. 23.2.1º y 31.1.2º LEC) y los previstos en los arts. 23 y 31 LEC, Se produce así un distinto régimen de postulación procesal con referencia al proceso europeo de escasa cuantía, aplicable a asuntos transfronterizos en materia civil y mercantil cuya cuantía no exceda de 5.000 €,

una demanda sucinta, donde se consignarán los datos y circunstancias de identificación del actor y del demandado y el domicilio o los domicilios en que pueden ser citados, y se fijará con claridad y precisión lo que se pida, concretando los hechos fundamentales en que se basa la petición." Para facilitar este trámite se podrán cumplimentar unos impresos normalizados que se hallarán a disposición de los particulares en el órgano judicial competente.

No obstante, ya no estamos ante la demanda sucinta ausente de fundamentación fáctica y jurídica que contemplaba la redacción original del art. 437.1º LEC, sino que ahora, para garantizar el derecho de defensa del demandado, al actor que actúe sin postulación procesal se le exige que concrete también los hechos fundamentales en los que se basa la petición (por cierto, como vino exigiendo el art. 583.1.d) CPC desde sus inicios)[34], esto es, ha de efectuarse una narración de los hechos determinantes del conflicto, sin necesidad de realizar valoración jurídica alguna, ya que al particular no se le puede exigir el conocimiento de la praxis procesal ni del derecho sustantivo.

---

ya que en dicho proceso las partes pueden actuar por sí mismas, sin necesidad de estar asistidas por abogado ni por cualquier otro profesional del derecho (arts. 2 y 10 del Reglamento (CE) número 861/2007 del Parlamento Europeo y del Consejo, de 11 de julio de 2007, por el que se establece un proceso europeo de escasa cuantía).

A pesar de que el precepto (art. 437.2 LEC) se refiere a los procesos en que se actué sin abogado y procurador, consideramos que no resulta razonable presentar una demanda sucinta cuando la parte intervenga con abogado, aunque lo haga sin procurador que la represente.

34 Como indica Rizo Gómez, Belén, *La demanda y la contestación en el juicio verbal…, op. cit.*, el legislador de 2015 introduce una significativa novedad al integrar en el contenido de la demanda sucinta los hechos fundamentales en que se basa la petición; ya que con carácter previo no se requería la narración de los hechos fundamentales por lo que no constituía una parte fundamental del contenido de la demanda sucinta.

Tal exigencia se encuentra contemplada, desde su publicación, en el art. 583.1. d) del CPC de Honduras, que señala que deberá constar en el escrito de demanda del proceso abreviado: *"la descripción suficiente de los hechos en los que se basa la petición"*. Sin embargo, como indica Duque Ortega, Mª Ángeles, *Código Procesal Civil: El procedimiento abreviado…, op. cit.*, pág. 25, en la práctica, sin embargo, se ha revelado conveniente la inclusión de los argumentos jurídicos, que dan sustento a la pretensión, también en este tipo de demandas sucintas cuando se actúe con profesional del derecho, pues de esta forma se traslada al demandado una visión completa de qué es lo que el actor pretende con su demanda y por qué considera que su acción debe prosperar, lo que promueve la adopción de una decisión más adecuada frente a la demanda.

3.2. De la contestación oral a la contestación escrita

Una de las cuestiones más controvertidas de la regulación inicial del juicio verbal era la inseguridad jurídica que producía al actor, que la contestación a la demanda se efectuará por el demandado en forma oral, en el mismo momento de la vista; modalidad de contestación que es también la prevista en el proceso abreviado hondureño (art. 591.2 CPC).

Entre otras críticas, se argumentaba que el demandado tenía demasiado tiempo para preparar su contestación y que le era demasiado fácil "sorprender" al demandante; en particular, porque en la práctica tampoco se cumplía el plazo máximo de señalamiento de las vistas de 20 días, siendo varios meses los que transcurrían entre el traslado de la demanda y la celebración de la vista.

Se consideraba que esto provocaba un desequilibrio indeseado con el actor, que acudía a la vista sin conocer la posición procesal del demandado (sin saber si iba a allanarse o a presentar excepciones procesales y de fondo, o si aportar testigos desconocidos, etc.), lo que le obligaba a intentar adivinar tal oposición e ir armado a la vista para poder combatirla, resultando ello contrario a la seguridad jurídica que todo procedimiento judicial debe garantizar. Se criticaba que la rapidez y simplicidad del juicio verbal, que son sus mayores virtudes, no debían conseguirse a cambio de pérdida de las garantías de defensa. En particular, porque ello no ocurre en el procedimiento ordinario, donde el demandado tiene veinte días para contestar la demanda y alegar cuantas excepciones y hechos quiera introducir en el proceso, lo que permite al actor acudir a la audiencia previa con el conocimiento de la posición procesal del demandado.

La doctrina procesalista y los operadores jurídicos[35], mayoritariamente, venían reclamando una reforma legislativa que corrigiese este desequilibrio entre las partes, lo que tiene lugar quince años después. La Exposición de Motivos de la Ley 42/2015 deja claro que se trata de regular un nuevo juicio verbal más equitativo y ecuánime.

---

35 Como indica Magro Servet, Vicente, *La reconvención ante la reforma del nuevo juicio verbal con contestación escrita*, Práctica de Tribunales, nº 104, Sección Estudios, septiembre-octubre 2013, LA LEY 5211/2023 (Base de Datos La Ley Digital), la contestación por escrito en el juicio verbal era una reclamación permanente y constante de la abogacía.

El art. 438 en su nuevo redactado regula la "nueva" contestación a la demanda, que tendrá carácter escrito[36]: *"Admitida la demanda, (el letrado de la administración de justicia) dará traslada de ella al demandado para que la conteste por escrito en el plazo de diez días conforme a lo dispuesto para el juicio ordinario."* En consecuencia, se adopta la forma de contestación del juicio ordinario, sacrificando, como dice Sigüenza López, la piedra angular sobre la que se había diseñado el juicio verbal[37].

No obstante, por las razones ya indicadas, dicho cambio fue bien aceptado, por cuanto permite conocer de antemano las posiciones básicas de las partes, facilita que el demandante pueda defenderse en la vista de las excepciones procesales y materiales planteadas y favorece un equilibrio entre las posiciones de las partes. Y ello, a pesar de que el demandado ha pasado de tener varios meses (en la práctica) para preparar su contestación oral, a la mitad del plazo que dispone en el procedimiento ordinario para realizarla por escrito; como si los asuntos a dilucidar por esta clase de juicio necesitarán menos plazo[38] que los que se ventilan por el jui-

---

36 Consecuencia de que la contestación a la demanda haya pasado a ser escrita, es que la contestación a la reconvención también deberá realizarse por escrito en el plazo de diez días (art. 438.2, II LEC), que es la mitad del plazo previsto en el juicio ordinario (art. 407.2 LEC). Sobre las limitaciones que presenta la reconvención en el juicio verbal, ver art. 438.2 LEC.
En el proceso abreviado hondureño, al igual que ocurría en el juicio verbal español antes de la reforma operada por la Ley 42/2015 (aunque aquí la demanda reconvencional debía formularse de manera completa con antelación a la vista, para garantizar el derecho de defensa del actor), la reconvención se expone en la audiencia única (si bien debe anunciarse por escrito con cinco días de antelación respecto a la fecha de la audiencia, art. 589.1 CPC) y se contesta por el actor en la propia audiencia (arts. 591.2 y 592.1 CPC).

37 Sigüenza López, Julio, *El nuevo juicio verbal en el proyecto de ley de medidas de eficiencia procesal del servicio público de Justicia y los estándares europeos*, Cuadernos de Derecho Transnacional, octubre 2023, vol. 15, nº 2, pág. 966, en https://e-revistas.uc3m.es/index.php/CDT/article/view/8086/6239

38 La Exposición de Motivos (apartado IV) de la Ley 42/2015 trata de justificar la concesión de la mitad del plazo previsto en el juicio ordinario sobre la base de generalizar *"con ello la previsión que ya se recogía para determinados procedimientos especiales, lo que ha comportado la adecuación de todos los preceptos relacionados con el trámite del juicio verbal y de los procesos cuya regulación se remite al mismo, incluida la Ley 60/2003, de 23 de diciembre, de Arbitraje."*
Autores como Martí, consideran un error del legislador no equiparar el plazo de contestación de la demanda en el juicio verbal al plazo de veinte días del juicio ordinario, en cuanto ello supone acortar plazos a los letrados para sus trámites y

cio ordinario[39]. Pero, también es cierto que dos procesos ordinarios con (casi) los mismos trámites y plazos carecerían de justificación.

Por su parte, y en concordancia con lo establecido para la demanda cuando se actúe sin abogado y procurador, *"se comunicará al demandado que están a su disposición en el juzgado unos impresos normalizados que puede emplear para la contestación a la demanda"* (art. 438.1, II LEC). En el caso del Código Procesal Civil hondureño la posibilidad de que la demanda y la contestación se realicen mediante formularios queda reservado a que la pretensión no supere los cinco mil lempiras (aproximadamente 200 €), con independencia de que se litigue o no con profesional del derecho.

3.3. La no celebración de vista

Contestada la demanda, se incluye en la reforma una segunda novedad importante: la posibilidad de que no se celebre la vista. Conforme al art. 438.4 *"El demandado, en su escrito de contestación, deberá pronunciarse, necesa-*

---

no acortar el verdadero mal de la dilación de los procesos judiciales: el colapso de la administración de justicia. En su opinión, el proceso no se ve afectado por diez días más para contestar la demanda, por parte del letrado del demandado. El legislador debe darse cuenta de que los plazos de preparación de los escritos de contestación, de recurso de apelación y casación, etc., son plazos de calidad, que permiten un trabajo bien hecho, un completo estudio jurisprudencial, una revisión de lo escrito, una ratificación por parte del propio cliente.

Concluye el citado autor con la petición de que no se reduzcan los plazos (en días) a los abogados para desplegar su *lex artis* y sí se reduzcan los plazos (en meses) del colapso de la administración de justicia en nuestro país (un señalamiento de la vista oral en un juicio verbal, a los ocho o diez meses de admitirse a trámite —o ahora de contestarse la demanda— es una injusticia que debe ser reparada por el poder ejecutivo y legislativo), ver, MARTÍ, Joaquim, *El juicio verbal tras la reforma de la LEC 1/2000*, en http://www.bufetejmarti.com/item/122-el-juicio-verbal-tras-la-reforma-de-la-lec-1-2000

39 Argumentación a favor de conceder el mismo plazo que en el proceso ordinario que se va a ver reforzada, como veremos más adelante, con la ampliación del ámbito del juicio verbal llevada a cabo por el Real Decreto-ley 6/2023, debido a que materias y cuantías que hasta marzo de 2024 se tramitaban por el juicio ordinario pasarán a hacerlo por el juicio verbal, viendo los demandados reducido su plazo para contestar a la mitad.

Por su parte, el art. 5.3 (del Reglamento (CE) número 861/2007 del Parlamento Europeo y del Consejo, de 11 de julio de 2007, por el que se establece un proceso europeo de escasa cuantía), otorga al demandado un plazo de treinta días para contestar a la demanda en asuntos de hasta 5.000 €.

riamente, sobre la pertinencia de la celebración de vista. Igualmente, el demandante deberá pronunciarse sobre ello, en el plazo de tres días desde el traslado del escrito de contestación. Si ninguna de las partes la solicitase y el tribunal no considerase procedente su celebración, dictará sentencia sin más trámites."

Con esta regulación, la celebración de la vista pasa a ser potestativa de las partes y del juez, perdiendo el juicio verbal la oralidad que propugnó la LEC 1/2000 (y con anterioridad el art. 120.3 CE) y que es característica histórica de este proceso plenario rápido. Un juicio verbal (de "verbal" ya no tendría nada) con una demanda y contestación por escrito, sin que el juez haya tenido inmediación alguna, ni contacto directo con las partes y sus abogados, con afectación también del principio de publicidad.

No parece que vaya a convertirse en habitual la tramitación del juicio verbal sin vista, salvo que el proceso hubiere quedado reducido a una o varias cuestiones jurídicas, que la prueba que se aporte no sea personal, o se hayan presentado informes periciales y ni las partes ni el tribunal consideren necesaria la presencia de los peritos en la vista (argumento ex art. 429.8 LEC), o que el demandado no haya contestado la demanda y haya sido declarado en rebeldía. Además, al quedar supeditada la celebración de la vista a que una de las partes lo solicite, probablemente no faltará esta petición de parte; sin perjuicio de que en cualquier momento pueden las partes reconsiderar la petición de vista oral (art. 438.4, II LEC).

Cuando haya de celebrarse vista, ésta habrá de tener lugar en el plazo máximo de un mes, conforme a la nueva redacción dada por el la Ley 42/2015 al art. 440.1 (inicialmente, el plazo oscilaba, como dijimos, entre 10 y 20 días[40], al igual que acontece en el proceso abreviado hondureño, art. 588.4 CPC) desde el siguiente a la citación. Se amplía de esta manera el tiempo que podrá transcurrir desde la citación[41] hasta la celebración de la vista; plazo que es ahora coincidente con el contemplado en el 429.3 LEC para la celebración de la fase "juicio" en el proceso ordinario, lo que constituye otra evidencia de la intención de aproximar el juicio verbal al ordinario.

---

[40] En la práctica, suele decirse que ese plazo no se respetó ni en el primer señalamiento que dictaron los juzgados y tribunales de este país en enero del 2001, llegando en casos a señalarse la vista oral en un juicio verbal a los ocho o diez meses de admitirse a trámite la demanda.

[41] Sobre el contenido de la citación, ver art. 440 LEC y art. 588.3 CPC.

El desarrollo de la vista[42], regulado en el nuevo artículo 443 LEC, difiere poco de lo previsto para el procedimiento ordinario[43] (con la excepción de la audiencia previa, no prevista en el juicio verbal), ya que los arts. 438.2, 443.3.II y 445 LEC remiten a las normas previstas para el juicio ordinario[44].

---

42 El art. 441 LEC prevé los casos especiales en la tramitación inicial del juicio verbal en los supuestos específicos regulados por el propio art. 250.1º LEC.

43 En la vista, en primer lugar, se intentará un acuerdo entre las partes, o se preguntará por el Juez si han alcanzado un acuerdo con anterioridad a la vista; o bien, podrán pedir la suspensión para someter el proceso a mediación y arbitraje. De no ser así, se entra de lleno en el juicio, resolviéndose las cuestiones y alegaciones que puedan impedir la válida prosecución del proceso mediante sentencia sobre el fondo del asunto (con la regulación anterior a 2015, no era extraño encontrar supuestos donde el juez no resolvía, de forma oral y en ese mismo momento, excepciones procesales que habían sorprendido a la parte actora, y al propio juez. La solución pasaba por suspender la vista y dejar tiempo al juez para resolver la excepción planteada; y, una vez resuelta, señalar nueva vista oral si se desestimaba. O bien, resolverla en la propia sentencia final del proceso).
Superado el trámite de saneamiento del proceso, se entrará en el fondo del proceso, con la fijación de hechos sobre los que exista contradicción, trámite que en el proceso ordinario se deriva al momento de la audiencia previa. Fijados los hechos controvertidos, se propondrá prueba sobre los mismos, se practicará la admitida y se formularán, en su caso, las conclusiones.

44 En cuanto a la proposición de prueba, la Ley 42/2015 incluye y regula, la famosa e histórica "Instructa" que refleja por escrito la prueba propuesta, el nombre de los testigos, el nombre y cargo de los peritos, la dirección para su citación, la relación y motivo de su proposición, y cuantas cuestiones puedan servir a la parte para convencer al juez de su pertinencia. La redacción originaria de la LEC 2000 no contempló tal previsión, lo que motivó que los órganos judiciales debían transcribir los nombres de los testigos, su dirección, y todos los datos aportados por las partes; de tal manera que los juzgados comenzaron a exigir tales datos por escrito. Ahora, la Ley de reforma lo incluye en el nuevo redactado del art. 429.1.
No obstante, como indica Perarnau Moya, Joan, *El juicio verbal tras su reforma…*, *op. cit.*, en el juicio verbal no es necesario que las partes presenten por escrito las pruebas que propongan (*instructa*), pues, en primer lugar, la remisión que el art. 443.3 *in fine* LEC hace al art. 429.1 LEC se refiere exclusivamente a la posibilidad de que las partes puedan completar su proposición de prueba con las indicaciones que el Juez les pueda hacer al respecto; en segundo lugar, poca utilidad puede tener en el verbal la "instructa", ya que la prueba que se suele proponer debe practicarse en la misma vista e inmediatamente después de su admisión, no otro día y tras su administración por la oficina judicial como sucede en el procedimiento ordinario; y, en tercer lugar, tal exigencia de "instructa" parece contraria a los principios de sencillez y rapidez que presiden el juicio verbal, donde incluso pueden comparecer las partes sin abogado en determinados casos.

3.4. Las conclusiones

Otra rectificación más de la Ley 42/2015 es la posibilidad de inclusión del trámite de conclusiones, que no figuraba en la regulación originaria de la vista, lo que permitía a muchos jueces no conceder turno de conclusiones, "por no estar previsto en la Ley"[45], y dividía a la doctrina sobre la posibilidad o no de formular conclusiones en este tipo de proceso rápido[46].

---

45 No obstante, también ha de reconocerse que algunos jueces concedían unos breves minutos "únicamente para valoración de prueba".
Como indica Vallespin Pérez, David, *Diligencias finales y juicio verbal…, op. cit.*, ante este silencio legal, parte de la doctrina y de nuestra jurisprudencia optó por concluir que en los juicios verbales no existe un trámite de conclusiones. En el mismo sentido, Castillo Martínez, Carolina del Carmen, *El juicio verbal: procedencia de la celebración no de la vista en incidencias en su desarrollo tras la Ley 42/2015*, Práctica de Tribunales, nº 128, septiembre-octubre 2017, LA LEY 12063/2017 (Base de datos La Ley Digital).

46 Para Cortés Domínguez (con Moreno Catena, Víctor, *Derecho Procesal Civil. Parte General*, 5ª edición, Ed. Tirant lo Blanch, Valencia 2011, pág 281), *"el legislador, de forma incomprensible, ha suprimido los actos de conclusión en el juicio verbal (obsérvese lo dispuesto en el art. 447.1), equivocando el carácter necesariamente abreviado del juicio verbal con la supresión de actos procesales que tienen una extraordinaria importancia…"*. El mismo autor se congratula, años más tarde, de que el legislador haya *"subsanado, aunque solo parcialmente, en la reforma de 2015, el error que en su momento cometido cuando, de forma incomprensible, había suprimido los actos de conclusión en el juicio verbal…"*, *Derecho Procesal Civil. Parte General*, 11ª edición, Ed. Tirant lo Blanch, Valencia, 2021, pág. 305.
Oliva Santos, Andrés de la (con Díez-Picazo Giménez), *Derecho Procesal Civil. El proceso de declaración*, Ed. Centro de Estudios Ramón Areces, S.A., Madrid, 2000, pág. 387, sostiene que *"La LEC no prevé expresamente conclusiones ni informes en la vista de los juicios verbales… Distamos de estar seguros de que este silencio, reminiscencia quizá de la extrema simplicidad con que siempre ha sido regulado el juicio verbal, deba interpretarse en un sentido prohibitivo de unas actuaciones que pueden resultar de suma utilidad…"*.
Ortells Ramos, Manuel (director), *Derecho Procesal Civil*, 8ª edición, Ed. Thomson Aranzadi, Pamplona, 2008, pág. 425, sostiene que las conclusiones son admisibles en el juicio ordinario, pero no en el verbal, en el que la actividad probatoria en la vista es inmediatamente seguida por la sentencia. Sobre la polémica "conclusiones si o conclusiones no" en el juicio verbal, ver Corera Izu, Martín, *Las conclusiones en el juicio verbal: continúa la polémica*, Diario La Ley, nº 8509, Sección Tribuna, 27 de marzo de 2015, LA LEY 2217/2015 (Base de datos La Ley Digital); Valmaña Cabanes, Antonio, *La importancia del trámite de conclusiones y la conveniencia de su práctica en el juicio verbal*, InDret - Revista para el análisis del Derecho, nº 3, 2015, en https://indret.com/la-importancia-del-tramite-de-conclusiones-y-la-conveniencia-de-su-practica-en-el-juicio-verbal/

La omisión de este trámite suponía privar a las partes de hacer una valoración sobre la prueba practicada o bien en las contradicciones de las partes con su propia prueba; problemática que no se presenta en el proceso abreviado hondureño, donde el art. 584 CPC establece que *"Practicada la prueba*[47]*, la partes o sus defensores, en su caso, formularán oralmente sus alegatos finales*[48]*... por tiempo que no excederá de quince (15) minutos para cada parte"*; tiempo que es la mitad del contemplado para este mismo trámite en el juicio ordinario, pero que, de ser necesario, podrá ser ampliado por el juez.

La nueva regulación de este trámite de conclusiones deja en manos del juzgador la concesión o no de este turno de palabra[49], por lo que ya no podrá denegarse "por no estar previsto en la Ley", sino "por no entenderse necesario" por el propio juzgador, ya que la previsión es la de que "el tribunal podrá conceder"[50]. No obstante, desde una perspectiva práctica, ha de reconocerse que tal facultad judicial genera una cierta inseguridad en los defensores de las partes, que no sabrán a qué atenerse en cada caso, es decir, se les suscitarán dudas acerca de si el juzgador les va a conceder o no esta última palabra, lo que puede generar un cambio de estrategia, tratando de adelantar las conclusiones a trámites anteriores[51].

A nuestro juicio, con moderación (para lo cual la ley procesal le otorga facultades al director de la vista/audiencia), debería seguirse lo dispuesto para los procesos no dispositivos en el art. 753.2º LEC, sin que se alcance

---

47 Como indica Cortés Domínguez, Valentín (con Moreno Catena, Víctor, *Derecho Procesal Civil. Parte General*, 11ª edición, *op. cit.*, pág. 305), *"Los actos de conclusión sólo tienen sentido cuando en el proceso se ha propuesto y practicado prueba"*, lo que —añadimos nosotros— exige necesariamente la celebración de la vista prevista en el art. 443 LEC.

48 Sobre la forma, contenido e intervención del juez en los alegatos finales, ver los arts. 474, 475 y 476 CPC de Honduras.

49 Art. 447.1 LEC: *"Practicadas las pruebas, el tribunal podrá conceder a las partes un turno de palabra para formular oralmente conclusiones..."*.

50 Llama la atención que, en los procesos no dispositivos, tras la reforma introducida en el art. 753.2 LEC por la Ley 37/2011, de 7 de octubre, de medidas de agilización procesal, siempre cabían conclusiones (*"una vez practicadas las pruebas el Tribunal permitirá a las partes formular oralmente sus conclusiones, siendo de aplicación a tal fin lo establecido en los apartados 2, 3 y 4 del art. 433"*), mientras que tal previsión no se contemplaba para las demás modalidades del juicio verbal, cuando, conforme al art. 185.4 LEC, ello debe ser la regla general en las vistas en las que se haya practicado prueba.

51 En todo caso, de concederse este último turno de palabra, el contenido de las conclusiones será el previsto en el art. 433.2 y 3 LEC para el juicio ordinario.

a comprender, como indica Jiménez Cardona[52], *"que efecto negativo pueda derivarse de que, tras las pruebas, las partes, que disponen del proceso y definen su objeto, expongan ante el titular de la potestad jurisdiccional sus alegatos, quedando éste mejor informado sobre lo probado en el caso concreto y, por extensión, en mejor posición para dictar una sentencia correcta".*

4. MODIFICACIONES INTRODUCIDAS POR EL REAL DECRETO-LEY 6/2023, DE 19 DE DICIEMBRE, POR EL QUE SE APRUEBAN MEDIDAS URGENTES PARA LA EJECUCIÓN DEL PLAN DE RECUPERACIÓN, TRANSFORMACIÓN Y RESILIENCIA EN MATERIA DE SERVICIO PÚBLICO DE JUSTICIA, FUNCIÓN PÚBLICA, RÉGIMEN LOCAL Y MECENAZGO

Razones coyunturales de índole económica[53] son las que motivaron gran parte de las reformas procesales que se contienen en esta norma ju-

---

52 Jiménez Cardona, Noemí, *Conclusiones y diligencias finales en el juicio verbal,* Práctica de Tribunales, nº 162, Sección Estudios, mayo-junio 2023, LA LEY 5855/2023 (Base de datos La Ley Digital).

53 BOE nº 303, de 20 de diciembre de 2023.
Uno de los objetivos de este Real Decreto-ley es adelantar parte de las reformas procesales que se encontraban previstas en los Proyectos de Ley de Eficiencia Procesal y de Eficiencia Digital del Servicio Público de Justicia, cuya tramitación parlamentaria caducó con motivo de la disolución anticipada de las Cortes Generales y convocatoria de elecciones por Real Decreto 400/2023, de 29 de mayo; reformas que resultaban imprescindibles para no dilatar el cumplimiento de hitos y objetivos necesarios para obtener el cuarto desembolso fijado para el último semestre de 2023 en el Plan de Recuperación, Transformación y Resiliencia de España financiado con los fondos europeos *Next Generation.* Estos dos Proyectos de Ley, junto con el Proyecto de Ley de Medidas de Eficiencia Organizativa del Servicio Público de Justicia forman parte del "Plan Justicia 2030" (presentado a principios de 2021) mediante el cual el Ministerio de Justicia del Gobierno de España, con el apoyo de fondos europeos, pretende promover una mayor eficiencia del servicio público de Justicia.
El RDL 6/2023 desarrolla, en su Libro I, las Medidas de Eficiencia Digital y Procesal del Servicio Público de Justicia, entre las que se contemplan diferentes acciones para adaptar el servicio de Justicia al marco tecnológico y digital actual, a fin de garantizar el derecho de los ciudadanos y profesionales a relacionarse con la administración de justicia por medios electrónicos, como la generalización de la celebración de vistas y actos procesales por vía telemática, la creación de la Carpeta Justicia (que permitirá a cualquier persona consultar los expedidos en los

rídica emanada del Gobierno (posteriormente, convalidada por las Cortes Generales), prevista para casos de extraordinaria y urgente necesidad (art. 86 CE). Técnica legislativa que evita los preceptivos informes consultivos (CGPJ, CGAE, CGPE, FGE) y en gran parte el debate parlamentario sosegado; factores claves para obtener textos legislativos mejor meditados y con aportaciones de todos los sectores profesionales que trabajan en la administración de justicia.

Prescindiendo de las reformas tecnológicas (que no son pocas y de calado) y de las que afectan a otras instituciones del proceso civil, centraremos en las que inciden más directamente sobre la estructura del que hemos denominado juicio verbal "común" o general.

4.1. Ampliación del ámbito del juicio verbal

Como primera novedad importante, se encuentra la modificación del ámbito del juicio verbal, no sólo por razón de la materia, en el sentido de que se amplían las pretensiones que se van a conocer y decidir por los cauces del juicio verbal[54], sino también por la cuantía, pasándose de los

---

que es parte o interesada, así como pedir cita previa para ser atendida), etc.; así como la modificación de diferentes leyes procesales, para armonizar la regulación procesal civil, penal, contencioso-administrativa y social con el contexto de tramitación electrónica.

54 P.e., demandas sobre acciones individuales relativas a condiciones generales de la contratación (art. 250.1.14°), determinadas demandas en materia de propiedad horizontal (art. 250.1.15°), demandas en que se ejercite la acción de división de cosa común (art. 250.1.16°). Con lo que se pasa de 13 a 16 materias. No explicita sin embargo el legislador por qué procede a ampliar el ámbito del juicio verbal solo en estos tres casos y por qué se han escogido estos y no otros (¿si, p.e., son razones relativas a la ausencia de prueba o de prueba solo documental?, ¿si son otro tipo de motivos?), sobre todo para evitar que la decisión parezca el resultado de una determinación arbitraria. Acordémonos que esta reforma ha sido tramitada por la vía de urgencia, sin informes consultivos y escaso debate parlamentario.
Con anterioridad, por Ley 39/2002, de 28 de octubre (BOE n° 259, de 29 de octubre de 2002) se introduce en el art. 250.1 LEC, como demandas a decidir en juicio verbal, las que supongan el ejercicio de la acción de cesación en defensa de los interese colectivos y difusos de consumidores y usuarios. Por su parte, la Ley 42/2003, de 21 de noviembre (BOE n° 289, de 22 de noviembre de 2003), modifica la Ley de Enjuiciamiento Civil en materia de relaciones familiares de los nietos con los abuelos, de manera que la efectividad de los derechos reconocidos en el artículo 160 del Código Civil se sustanciará por los trámites y los recursos del

6.000 € a los 15.000[55], lo que, a su vez, impacta en el sistema de recursos, puesto que los juicios verbales por razón de la cuantía no tienen acceso al recurso de casación[56].

Por tanto, no parece que pueda seguir afirmándose, como hace la Exposición de Motivos de la LEC 2000, que *"se reserva para el juicio verbal... aquellos litigios caracterizados, em primer lugar, por la singular simplicidad de lo controvertido y, en segundo término, por su pequeño interés económico"*[57]. El juicio verbal, con seguridad, pasará a ser el proceso más usual, en detrimento del juicio ordinario, que adquirirá un carácter más residual.

Se observa de esta manera una evolución a la inversa en cuanto al ámbito del juicio verbal civil español y el del proceso abreviado civil hondureño, pues el CPC, en sus arts. 399.1 y 400.1, contempla mayor número materias para el proceso ordinario que para el abreviado[58] (11 frente a 8-11); mientras que la LEC aplica 16 para el verbal y 8 para el ordinario. Y lo mismo sucede con la cuantía, casi cuatro veces más para el juicio verbal (de 15.000 € a casi 4.000[59] el abreviado hondureño).

---

juicio verbal, con las peculiaridades dispuestas en el capítulo I, título I, libro IV de la Ley de Enjuiciamiento Civil.

55 Se desconoce si se ha realizado algún estudio previo que avale este incremento de la cuantía, lo que permitiría compartir o discutir la decisión tomada. Recordemos que el ámbito económico del juicio verbal pasó de las 500.000 pesetas del año 2000 (es decir, 3.000 €, RD 1417/2001) a los 6.000 € del año 2009 (Ley 13/2009).

56 Argumento ex art. 447.1 LEC relacionado con el art. 82.2.1°,II LOPJ.

57 El planteamiento teórico de que el juicio ordinario, en detrimento del juicio verbal, constituye la vía adecuada para enjuiciar las pretensiones que, por razón de la materia, el legislador considera más complejas o relevantes y, por razón de la cuantía, de contenido económico elevado, no es compartido por muchos profesionales del foro ni por un sector doctrinal, para quienes ni la materia ni la cuantía atribuida al conocimiento del juicio ordinario constituyen criterios objetivos sólidos que aseguren que los pleitos que se tramitan a través del mismo sean de una mayor complejidad que los que corresponden al verbal, ver Durán Silva, Carmen, *Juicio verbal y simplificación procesal (1)*, Práctica de Tribunales, n° 161, Sección Estudios, marzo-abril 20213, LA LEY 3137/2023 (Base de datos La Ley Digital).

58 Recordemos que el art. 400.1 CPC no ha sufrido ninguna reforma desde su entrada en vigor.

59 El art. 399.2 CPC si ha sufrido, como ya avanzamos, una modificación en 2016, pasando de 50.000 a 100.000 Lempiras.

4.2. Impresos normalizados de demanda y contestación on line

Por otra parte, y como lógica consecuencia a la decidida potenciación del uso de las nuevas tecnologías en la administración de justicia que pretende esta reforma, se dispone que los impresos normalizados que podrá usar el actor como demanda cuando actúe sin abogado y procurador, estarán a su disposición no sólo como hasta ahora en la sede del órgano judicial correspondiente, sino también en la sede judicial electrónica[60] (art. 437.2, 2º párrafo); lo que se reitera en el art. 438.1, párrafo segundo, respecto a los formularios o impresos normalizados a disposición del demandado para contestar la demanda.

4.3. Procedimiento testigo

Se trata de una novedad en la tramitación procesal civil, consecuencia de la introducción dentro del juicio verbal de las demandas en que se ejerciten acciones individuales relativas a condiciones generales de la contratación[61].

Se regula en el nuevo art. 438 bis LEC, y su finalidad es simplificar los procedimientos con demandas de identidad sustancial de objeto, sin necesidad de tramitar todas ellas por separado, y también homogeneizar la respuesta judicial en determinados tipos de procedimientos por su materia.

Con el procedimiento testigo, se permite a un juzgado que conoce de un litigio relativo a una determinada condición general de contratación, suspender los procedimientos posteriores relativos a condiciones generales sustancialmente idénticas (siempre y cuando no sea preciso realizar un

---

60 La sede judicial electrónica es aquella dirección electrónica disponible para los ciudadanos a través de redes de telecomunicaciones cuya titularidad, gestión y administración corresponde a cada una de las administraciones competentes en materia de Justicia (art. 8 RDL 6/2023, Libro I, Título II, Capítulo I).

61 Como indica Martínez del Toro, Susana, *El procedimiento testigo y el juicio verbal. Sus modificaciones en el Real decreto ley 6/2023, arts. 438 bis y 440 y ss. LEC,* Práctica de Tribunales, nº 166, Sección Estudios, enero-febrero 2024, LA LEY 7382, 2024 (Base de datos La Ley Digital), "*La litigación en masa de estas materias, determina la existencia de numerosos procedimientos similares e idénticos, con demandas en las que se ejercitan las mismas pretensiones por numerosos perjudicados. Se trata de demandas presentadas individualmente que se interponen de forma masiva, pretendiendo la reforma reducir esta litigación sin necesidad de tramitar todos los procedimientos completos, de todas las demandas, evitando repeticiones, que, habitualmente, finalizan con sentencias idénticas.*"

control de transparencia de la cláusula ni valorar la existencia de vicios en el consentimiento del contratante), a instancia de cualquiera de las dos partes o de oficio, hasta que el primer procedimiento, el denominado testigo, se resuelva mediante sentencia firme. En ese momento, el demandante del procedimiento suspendido podrá solicitar el desistimiento de su pretensión, la continuación del procedimiento suspendido o la extensión de los efectos de la sentencia dictada en el procedimiento testigo.

El objetivo es doble, por un lado, lograr una mayor economía procesal, y por otro, la homogeneidad en las resoluciones judiciales, lo que se traduce en una mayor seguridad jurídica con la uniformidad jurisprudencial. No obstante, como indican algunos autores, su regulación presenta varias deficiencias, cuyo análisis pormenorizado excede del ámbito de este trabajo[62].

4.4. Diligencias finales[63]

Se aclara también ahora que en materia de prueba son de aplicación al juicio verbal las previsiones que se contienen en los arts. 435 y 436 LEC

---

62 Sobre las diferentes problemáticas que plantea la regulación de este procedimiento testigo, ver Sigüenza López, Julio, *El nuevo juicio verbal en el proyecto de ley…, op. cit.*, págs. 976-977; Martínez del Toro, Susana, *El procedimiento testigo y el juicio verbal…, op. cit.* Para Fernández Seijo, José María, *El futuro y el pleito testigo en la jurisdicción civil (Una aproximación a la introducción del procedimiento testigo en la LEC tras la reforma del RDL 6/2023*, Práctica de Tribunales, Actualidad Civil, nº 2, Sección Consumidores y Usuarios, febrero 2024, LA LEY 7179/2024 (Base de datos La Ley Digital), *"La inclusión de solo dos artículos para disciplinar esta herramienta, el artículo 438 bis y el artículo 519, no da respuesta a todos los problemas teóricos y prácticos que plantea esta nueva institución. Tal vez con una técnica legislativa más reposada sería posible abordar todos los ángulos de una herramienta tan impactante, ya que puede paralizar muchos procedimientos judiciales declarativos y también incidir en la eficiencia de los procesos de ejecución."*

63 El CPC de Honduras de 1906 contemplaba en su art. 170 (Libro I. Disposiciones comunes a la jurisdicción contenciosa y a la voluntaria, Título IX, Capítulo II. De las votaciones y fallos de los pleitos) la posibilidad de que, después de la vista o de la citación para sentencia y antes de pronunciar su fallo, los jueces y tribunales acordasen (de oficio) providencias para mejor proveer, con suspensión del plazo para dictar sentencia. Sin embargo, el CPC de 2007 omite toda referencia a esta facultad judicial; en consecuencia, no se contempla tal posibilidad ni para el proceso ordinario ni para el abreviado.

Por su parte, sobre la supresión de las denominadas "diligencias para mejor proveer" contempladas en la LEC de 1881 y su sustitución en la LEC 2000 por unas sobre diligencias finales, esto es, la posibilidad de que a instancia de parte o de oficio, según los casos, se puedan practicar actuaciones de prueba dentro del plazo para dictar sentencia, en los concretos supuestos previstos en el art. 435.1 LEC; con la consecuencia de suspensión del plazo para dictar sentencia y la posibilidad para las partes (practicadas las diligencias finales) de presentar un escrito en el que resuman y valoren el resultado de estas últimas actuaciones probatorias.

Se pone fin de esta manera a una cuestión no pacífica en la doctrina y en la jurisprudencia relativa a si resultaban aplicables las diligencias finales a procesos declarativos diferentes al juicio ordinario[64]; al tiempo que se da un paso más en la equiparación de la estructura procedimental de los juicios ordinario y verbal.

5. MODIFICACIONES PREVISTAS EN EL PROYECTO DE LEY DE EFICIENCIA PROCESAL DEL SERVICIO PÚBLICO DE JUSTICIA

El Proyecto de Ley de Medidas de Eficiencia Procesal del Sector Público de Justicia fue aprobado por el Gobierno de la XIV Legislatura el 22 de abril de 2022, si bien posteriormente vio caducada su tramitación parla-

---

"diligencias finales", ver la Exposición de Motivos de la LEC 2000, epígrafe XII, párrafos 12 y 13.

Para una enumeración sistemática de los argumentos a favor y en contra, utilizados por la doctrina, en relación con la admisibilidad o no de las diligencias finales en el juicio verbal, ver Cámara Ruiz, Juan, *Las diligencias finales,* Anuario da Facultade de Dereito da Universidade da Coruña, nº 6, 2002, págs. 219 y ss.; Távora Zariquiey, Juan Antonio, *Conclusiones y diligencias finales en el juicio verbal,* Economist & Jurist, vol. 19, nº 154, págs. 78 y ss.; Jiménez Cardona, Noemí, *Conclusiones y diligencias finales..., op. cit.*

64 Para Gimeno Sendra, Vicente, *Derecho Procesal Civil. I. El proceso de declaración. Parte general,* 2ª edición, Ed. Ediciones Jurídicas Castillo de Luna, Madrid, 2017, págs. 627-629, *"aunque la cuestión no es pacífica en la doctrina, no resultan aplicables a los demás procesos declarativos (al otro ordinario denominado "juicio verbal" previsto en los arts. 437 a 444), ni a los especiales regulados en el libro IV de la LEC."*; si bien reconoce que las razones que llevaron al legislador a este conclusión no pueden descubrirse en la Exposición de Motivos, que al referirse a las mismas en el epígrafe XII no justifica esta inaplicación. Quizás el motivo se encuentre en que las materias y cuantía de las que conoce el juicio verbal son de menor entidad que las del ordinario, de ahí (afirma el legislador en el pár. 3º de citado epígrafe XII) la conveniencia de *"acudir a la máxima concentración de actos para asuntos litigiosos desprovistos de complejidad o que reclamen una tutela con singular rapidez."*

mentaria con motivo de la disolución anticipada de las Cortes Generales el 20 de mayo de 2023.

Su objetivo era introducir modificaciones sustanciales en los diferentes cuerpos legales y órdenes jurisdiccionales con la intención de agilizar el funcionamiento de la Justicia; modificaciones que, por lo que se refiere al juicio verbal civil[65], proponen nuevos cambios que ahondan en la modificación sustancial de su estructura inicial, y que se centran en:

5.1. Los MASC como requisito de procedibilidad

El Título I del Proyecto contiene un bloque de reformas relativas a la inserción y potenciación en nuestro sistema procesal civil, al lado de la propia Jurisdicción, de lo que denomina "medios adecuados de solución de controversias"[66] (en vía no jurisdiccional), como medida que se considera imprescindible para la consolidación de un servicio público de Justicia sostenible[67], que pueda hacer frente a la existencia permanente de una litigiosidad excesiva y desproporcionada, respecto a los medios y procedimientos actualmente vigentes.

---

65 Recuérdese que el Real Decreto-ley 6/2023 adelanta algunas de las modificaciones contempladas en el referido Proyecto, relativas al juicio verbal, como la ampliación del ámbito, el procedimiento testigo, las diligencias finales, etc.

66 El Título I, dedicado a la regulación de los medios adecuados de solución de controversias en vía no jurisdiccional, comienza con unas disposiciones generales relativas a su concepto y caracterización y al ámbito de aplicación de los mismos, constituido por los asuntos civiles y mercantiles, incluidos los conflictos transfronterizos, quedando excluidas las materias concursal y laboral, el proceso penal y los asuntos de cualquier naturaleza en los que una de las partes sea una entidad perteneciente al Sector Público.

67 Se regula también la asistencia letrada a las partes cuando acudan a uno de dichos medios, incluyendo las disposiciones necesarias para garantizar el principio de igualdad de armas, los efectos de la apertura del proceso de negociación y de su posible terminación sin acuerdo, las actuaciones negociadoras desarrolladas por medios telemáticos, los honorarios de los profesionales intervinientes, el principio esencial de confidencialidad común a todos los medios adecuados de solución de controversias, junto con las normas de tratamiento y protección de datos de carácter personal de las personas físicas y la manera de acreditar el intento de negociación a los fines de cumplir con el requisito correlativo de procedibilidad en el orden jurisdiccional civil. Del mismo modo, se contienen las disposiciones necesarias sobre la formalización del acuerdo entre las partes y su posible elevación a escritura pública u homologación judicial, según los casos, así como las normas pertinentes sobre la validez y eficacia del acuerdo.

Como consecuencia de lo anterior, el art. 4 del Proyecto establece como requisito de procedibilidad (más bien, como presupuesto de admisibilidad de la demanda), con carácter general en el orden jurisdiccional civil, para que sea admisible la demanda, el acudir previamente a algún medio adecuado de solución de controversias (de los previstos en el art. 1)[68]; requisito del cual quedan excluidos determinados procedimientos (entre ellos, los sumarios que, conforme al art. 250.1° LEC, se tramitan por los cauces del juicio verbal)[69].

---

68 Art. 4. Requisito de procedibilidad. "… *Se considerará cumplido este requisito si se acude previamente a la mediación, a la conciliación o a la opinión neutral de un experto independiente, si se formula una oferta vinculante confidencial o si se emplea cualquier otro tipo de actividad negociadora, tipificada en esta u otras normas, pero que cumpla lo previsto en los capítulos I y II del título I de esta ley o en una ley sectorial…* ".
Algunas críticas sobre la instauración de este requisito de procedibilidad pueden verse en Rizo Gómez, Belén, *La demanda y la contestación en el juicio verbal…, op. cit.*; Banacloche Palao, Julio, *Las reformas en el proceso civil previstas en el Anteproyecto de Ley de Medidas de Eficiencia Procesal: ¿una vuelta al pasado?*, Diario La Ley, n° 9814, Sección Plan de Choque de la Justicia / Tribuna, 19 de marzo de 2021, LA LEY 2979/2021 (Base de datos La Ley Digital), págs. 3-6. Para Pérez Daudí, Vicente, *Los MASC y el proceso civil. Propuestas de reforma del Proyecto de Ley de Eficiencia Procesal*, Diario La Ley, n° 10121, Sección Plan de Choque de la Justicia / Tribuna, 1 de septiembre de 2022, LA LEY 7344/2202 (Base de datos La Ley Digital), "*El proyecto de ley configura los MASC como un requisito de procedibilidad, regulando la inadmisión de la demanda el no acudir al mismo (reforma del artículo 403.2 por el PLEP). Creo que esta previsión es inconstitucional porque no tiene en cuenta la doctrina del Tribunal Constitucional de la subsanabilidad de los actos procesales que impiden el acceso a la jurisdicción, como manifestación del principio pro actione que se integra en el derecho.*"

69 No obstante, no podrán ser sometidos a medios adecuados de solución de controversias, ni aún por derivación judicial, los conflictos que afecten a derechos y obligaciones que no estén a disposición de las partes en virtud de la legislación aplicable, ni los que versen sobre alguna de las materias excluidas de la mediación conforme a lo dispuesto en el artículo 87 ter de la Ley Orgánica 6/1985. Tampoco se exigirá actividad negociadora previa como requisito de procedibilidad cuando se pretenda iniciar un procedimiento para la tutela judicial civil de derechos fundamentales; la adopción de las medidas previstas en el artículo 158 del Código Civil; cuando se solicite autorización para el internamiento forzoso por razón de trastorno psíquico conforme a lo dispuesto en el artículo 763 de la Ley 1/2000; cuando se pretenda la tutela sumaria de la tenencia o posesión o la resolución igualmente sumaria de demoliciones o derribos de obra en estado de ruina o que amenacen con causar daños; ni en determinados procedimientos de protección de menores. Por último, tampoco será preciso acudir a un medio adecuado de solución de controversias para la iniciación de expedientes de jurisdicción voluntaria.

Es así que el acuerdo alcanzado (que puede versar sobre una parte o sobre la totalidad de las materias sometidas a negociación) será vinculante para las partes, que no podrán presentar demanda con igual objeto[70]. Para que tenga valor de título ejecutivo el acuerdo habrá de ser elevado a escritura pública, o ser homologado judicialmente cuando proceda, o bien constar en la certificación a que se refiere el artículo 103 bis de la Ley Hipotecaria si es consecuencia de una conciliación registral (art. 12).

Esta especie de Justicia multipuertas que trata de potenciar el Proyecto donde los MASC se instauran en pie de igualdad con la propia Jurisdicción, presenta sin embargo algunas luces y muchas sombras, que no es posible abordar en este trabajo[71], entre ellas, la necesidad de un decidido impulso económico[72]. No obstante, si conviene dejar constancia de que, contra todo pronóstico, en la reciente reforma procesal operada por el RD-ley 6/2023 se haya condenado al olvido a esta "envolvente negociadora" que aparecía como una de las líneas estratégicas del referido Proyecto; pasándose de esta manera, como señala Calaza López[73], del todo (imposición

---

70 Art. 12.1 del Proyecto: "... *Contra lo convenido en dicho acuerdo solo podrá ejercitarse la acción de nulidad por las causas que invalidan los contratos, sin perjuicio de la oposición que pueda plantearse, en su caso, en el proceso de ejecución...* "

71 Ver un análisis más profundo en Calaza López, Sonia, *Ya llegan los medios adecuados de solución de controversias en vía no jurisdiccional: Cuanta más desjudicialización, mejor (1) (2),* Actualidad Civil, nº 6, Sección Persona y derechos / A fondo, junio-junio 2022, LA LEY 6248/2022 (Base de datos La Ley Digital).

72 Mucho nos tememos que, si la falta de medios sí representa uno de los motivos principales por los que, a pesar de las repetidas reformas aplicadas en la LEC (todas ellas dirigidas a mejorar el sistema judicial), actualmente aún sigamos padeciendo los envistes de un modelo de justicia ralentizado y poco eficiente en algunos casos; más de lo mismo ocurrirá con los MASC, lo repercutirá directamente en la confianza que los ciudadanos puedan depositar en ellos.

73 Calaza López, Sonia, *Contra todo pronóstico: Tanta digitalización como desconexión de la mediación. Ni MASC ni menos (1),* La Ley mediación y arbitraje, nº 18, Sección Doctrina, Primer trimestre de 2024, LA LEY 14647/2024 (Base de datos La Ley Digital). Para Banacloche Palao, Julio, *Las reformas en el proceso civil previstas en el Anteproyecto..., op. cit.*, pág. 3, "*la exigencia de acudir a un MASC para poder interponer cualquier demanda judicial de derechos disponibles recuerda demasiado a la obligación de intentar la conciliación que se requería, para ese mismo fin, en la LEC de 1881, hasta que se convirtió en facultativa por mor de la Ley 34/84, de 6 de agosto... La razón del cambio fue, según decía su Exposición de Motivos, porque "como demuestra la experiencia, ha dado resultados poco satisfactorios" (como también es previsible que suceda con los MASC que se imponen ahora).* "

de los MASC como requisito de procedibilidad) a la nada (nada sobre los MASC ha sido objeto de regulación en el referido RD-ley)[74].

5.2. Nueva fase intermedia escrita

Contestada la demanda (y, en su caso, la reconvención), el Proyecto de Ley instaura una especie de "fase intermedia (o audiencia previa) escrita", destinada, fundamentalmente, al saneamiento del proceso y a la proposición y admisión de la prueba a practicar en la vista[75].

De esta manera, el letrado de la administración de justicia, en lugar de citar, como hasta ahora, a las partes para la vista, dictará una resolución acordando dar traslado del escrito de contestación al actor y concederá a ambas partes un plazo común de cinco días para que propongan la prueba que quieran practicar en la vista[76]; plazo en el que la parte actora también podrá presentar por escrito las alegaciones que estime convenientes con respecto a las excepciones procesales planteadas por el demandado en su escrito de contestación, que puedan impedir la válida prosecución y término del proceso mediante sentencia sobre el fondo[77].

---

74 Algo parecido ya advertía Banacloche Palao, Julio, *La reforma de los procesos civiles prevista en el Proyecto de Ley de eficiencia procesal (disposiciones generales, juico ordinario y juicio verbal),* Diario La Ley, nº 10140, Plan de Choque de la Justicia / Tribuna, 28 de septiembre de 2022, LA LEY 8174/2022 (Base de datos la Ley Digital), con respecto al referido Proyecto de Ley y a la previsión contemplada en su disposición final décima, señalando que *"Nos encontramos pues ante toda una serie de preceptos que con seguridad (salvo que se modifique el Proyecto durante su tramitación parlamentaria) no van a estar vigentes al menos en los próximos años, y que corren el riesgo de que nunca lleguen a entrar en vigor…".*

75 Art. 66 del Proyecto de Ley que da nueva redacción al art. 438, 8, 9 y 10 LEC).

76 En ese mismo plazo y escrito —se entiende— ambas partes han de indicar las personas que, por no poderlas presentar ellas mismas, han de ser citadas por el letrado de la administración de justicia a la vista para que declaren en calidad de parte, testigos o peritos, a cuyo fin facilitarán todos los datos y circunstancias precisos para llevar a cabo la citación. También podrán pedir respuestas escritas a cargo de personas jurídicas o entidades públicas (art. 66 Proyecto de Ley que da nueva redacción al art. 438.8 LEC). Estos trámites se regulan en el actual art. 440. IV LEC, siendo el plazo para realizarlos el de los cinco días siguientes a la recepción de la citación para la vista.

77 Entendemos que el escrito de proposición de prueba y de alegaciones respecto a las excepciones procesales planteadas de contrario pueden tratarse del mismo escrito, o bien optar por presentar dos escritos diferenciados, al no establecerse

Posteriormente, en los tres días siguientes al traslado del escrito de proposición de pruebas, las partes podrán presentar otro escrito en el que realicen las impugnaciones relativas a la denuncia de inexactitud de las copias entregadas (art. 280 LEC), impertinencia o inutilidad de la prueba propuesta por el contrario (art. 283 LEC), ilicitud de alguna prueba propuesta (art. 287 LEC); así como pronunciarse sobre los documentos aportados de contrario (manifestando si los admite, impugna o reconoce) y sobre los dictámenes periciales (admitiéndolos, contradiciéndolos o proponiendo su ampliación), art. 427 LEC.

El tribunal resolverá por auto[78] sobre la impugnación de la cuantía (de haberse producido), las excepciones procesales planteadas, la admisión de la prueba propuesta, y la pertinencia de la celebración de vista, acordando, en caso de no considerarla necesaria, que queden los autos conclusos para dictar sentencia.

El Proyecto analizado crea así, para el juicio verbal, una fase intermedia de carácter escrito, por medio de la cual se dilucidarán la mayor parte de las actuaciones que son propias de la audiencia previa del juicio ordinario, contempladas en los arts. 416 y ss. LEC (función saneadora, función delimitadora de los términos del debate, función delimitadora de la prueba[79]).

No obstante, con independencia de la criticable brevedad de los plazos que se estipulan[80], resulta ciertamente disfuncional que después de las alegaciones iniciales se le pida a las partes que propongan la prueba de que intenten valerse, antes de comprobar si subsiste el litigio o si las partes están en disposición de negociar (como sucede ahora), sin haberse tampoco determinado previamente los hechos controvertidos (que habrá que deducir implícitamente de la contestación), y debiendo hacerlo ambas partes al

---

nada específico en la regulación proyectada. También al eliminarse toda referencia a la solicitud por las partes de celebración de la vista, entendemos que los escritos de proposición de prueba serán el momento adecuado para realizar dicha solicitud.

78 Auto que es recurrible en reposición, con efecto suspensivo (art. 66 del Proyecto de Ley que da nueva redacción al art. 438.10 LEC)

79 En la terminología de Barona Vilar, Silvia (con Gómez Colomer, Juan Luis, coordinadores), *Proceso Civil. Derecho Procesal II*, 2ª edición, Ed. Tirant lo Blanch, Valencia, 2022, pág. 206.

80 Así, p.e., el plazo es sumamente breve para formular objeciones de tanta transcendencia como las que se acaban de apuntar.

mismo tiempo, en lugar de primero el actor y luego el demandado (como sucede también ahora), afectándose la regla de la carga de la prueba[81].

5.3. La reducción del contenido de la vista e incluso su supresión

En una vuelta más de tuerca en el camino que deberá llevar a prescindir de la fase oral del juicio verbal, la celebración de vista ya no dependerá de la voluntad de las partes[82], sino que quedará condicionada a que el tribunal la considere necesaria, lo que obviamente ocurrirá cuando deba practicarse algún medio/s de prueba que no sea documental o pericial (y el tribunal no considere pertinente o útil la presencia de los peritos en el juicio o habiéndose propuesto solo documental se impugne su autenticidad)[83].

De esta manera, la oralidad del juicio verbal se deja definitivamente a la exclusiva facultad "discrecional" de juzgador *("el tribunal resolverá… sobre la pertinencia de la celebración de la vista, acordando, en caso de no considerarla necesaria, que quedan los autos conclusos para dictar sentencia")*[84] ; mientras

---

81 Como bien dice Sigüenza López, Julio, *El nuevo juicio verbal en el proyecto de ley…*, *op. cit.*, pág. 972, semejante planteamiento recuerda inevitablemente al trámite escrito de proposición de prueba por escrito que contemplaba la Ley de Enjuiciamiento Civil de 1881 para los juicios ordinarios de mayor y menos cuantía (arts. 553 y 693).

82 Se acoge la regulación del proceso europeo de escasa cuantía, cuyo art. 5.1 bis (del Reglamento (CE) número 861/2007 del Parlamento Europeo y del Consejo, de 11 de julio de 2007, por el que se establece un proceso europeo de escasa cuantía) deja en manos del órgano jurisdiccional denegar la solicitud de vista que formule cualquiera de las partes si considera que, habida cuenta de las circunstancias del caso, la vista oral no es necesaria para el correcto desarrollo del procedimiento.

83 *"Cuando la única prueba que resulte admitida sea la de documentos, y éstos ya se hubieren aportado al proceso sin resultar impugnados, o cuando se hayan presentado informes periciales y el tribunal no haya considerado pertinente o útil la presencia de los peritos en el juicio, se procederá a dictar sentencia, sin previa celebración de la vista."* (art. 66 del Proyecto de Ley que da nueva redacción al art. 438.10 LEC).

84 Sigüenza López, Julio, *El nuevo juicio verbal en el proyecto de ley…*, *op. cit.*, págs. 970 y 983, crítica esta propuesta de reforma de dejar en manos del juez la celebración o no de la vista, pues el art. 186 LEC otorga facultades a los jueces para dirigir los debates que se desarrollen durante las vistas y, en particular, la posibilidad de agilizar estas logrando que los debates se centren en las cuestiones objeto de la controversia que enfrente a las partes. Como indica el autor, *"son numerosos los países de la Unión Europea que regulan el desarrollo de una vista en los procesos civiles para que las partes puedan centrar los puntos de debate, quepa resolver las cuestiones procesales que puedan impedir que el proceso concluya con una sentencia sobre el fondo, se exploren las*

que, en la actualidad (art. 438.8,II LEC) basta *"con que una de las partes lo solicite para que el letrado de la administración de justicia señale día y hora para su celebración…"*.

Por lo que se refiere a la celebración de la vista, en los casos en los que tenga lugar, se iniciará con la función evitadora de la continuación del proceso; trámite que, en atención al objeto del proceso, podrá reiterar el juez antes de la práctica de la prueba, planteando a las partes la posibilidad de derivación del litigio a un medio adecuado de solución de conflictos[85],

---

posibilidades de alcanzar una solución negociada y aquellas puedan proponer los medios de prueba de que quieran valerse. Dicha vista o bien se prevé como un trámite obligatorio o bien se configura como un acto procesal que necesariamente ha de tener lugar si uno de los litigantes lo pide. La vista no constituye pues un acto procesal superfluo, ni se concibe así en esos países."

Por su parte, la Exposición de Motivos del Proyecto de Ley justifica el criterio adoptado con el argumento de que la actual regulación, al obligar a que deba convocarse vista si lo pide al menos una de las partes, da lugar a que se celebren muchísimas vistas innecesarias para la resolución del litigio. Se trata sin embargo de un dato cuyo contraste con la realidad forense diaria se desconoce, que no parece gozar de la contundencia suficiente como para eliminar el único acto oral que presenta el juicio verbal.

También para Pérez Vega, Ángeles, *Una visión crítica de la proyectada reforma del juicio verbal en el Anteproyecto de Ley de Medidas de Eficiencia Procesal del Servicio Público de Justicia*, Diario La Ley, nº 9841, Sección Plan de Choque de la Justicia /Tribuna, 3 de mayo de 2021, LA LEY 4723/2021 (Base de datos La Ley Digital), *"Estructuralmente el juicio verbal queda reducido a un intercambio de escritos entre las partes: escritos de alegaciones; escrito de proposición de prueba; escrito de impugnaciones; recurso de reposición y, en su caso, impugnación, con sus correspondientes tramitaciones y plazos. Esta nueva concepción del juicio verbal va a generar más trabajo y burocracia en los Tribunales de primera instancia, desafortunadamente, muchos de ellos bastante atascados ya, por lo que dudo que la tramitación del juicio verbal proyectada se más rápida y ágil."* En parecidos términos se pronuncia Domínguez Ruíz, Lidia, *¿Hacia una verdadera eficiencia procesal en la tramitación del juicio verbal? A propósito de las reformas previstas en el Proyecto de Ley de 22 de abril de 2022 (1)*, Práctica de Tribunales, nº 161, Sección Estudios, marzo-abril 2023, LA LEY 3136/2023 (Base de datos La Ley Digital).

85 Si las partes se muestran de acuerdo con la derivación, se acordará la suspensión del procedimiento incluso oralmente. La actividad de negociación debe desarrollarse en el plazo que fije el tribunal, que podrá prorrogarse de ser necesario. Si las partes llegan a un acuerdo total el tribunal decretará el archivo del procedimiento, sin perjuicio de que las partes deban solicitar previamente su homologación judicial. Si no se logra el acuerdo o éste es parcial, sin perjuicio de la homologación judicial del mismo, se levantará la suspensión y continuará la vista para la práctica de las pruebas en el día que se señale al efecto (art. 72 del Proyecto de Ley que reforma el art. 443.2 LEC).

cuando el letrado de la administración de justicia no hubiere intentado la derivación previa. No obstante, aunque el propósito de nueva derivación pueda considerarse bienintencionado, no parece muy realista cuando el propio Proyecto de Ley exige ya, que antes de presentar la demanda, la parte actora haya intentado un acuerdo consensuado con la otra parte, cuyo fracaso habrá de acreditar al ser requisito de procedibilidad para la admisión de la demanda. Con todo, si en algunas hipótesis tal eventualidad puede ser útil no le vemos mayor inconveniente dado que este trámite consumirá poco tiempo de la vista.

En caso de fracasar la función evitadora, la vista continuará con la intervención de las partes para realizar aclaraciones y fijar los hechos sobre los que exista contradicción, practicándose seguidamente las pruebas que resultaron en su momento admitidas (caso de existir hechos controvertidos), pudiendo en este momento completarse oralmente la proposición de prueba realizada anteriormente por escrito, lo que (aunque no se diga) dará lugar a una nueva fase de admisión-inadmisión, y, en su caso, a la interposición del correspondiente recurso oral de reposición y protesta (de resultar necesario)[86].

De lo expuesto, cabe colegir que, además de la potenciación de la función evitadora de la continuación del proceso, la proposición y admisión de la prueba en la nueva fase intermedia escrita proyectada se efectúa sin una determinación previa por las partes y el juez de los hechos controvertidos, dado que este trámite se retrasa al fracaso de la función evitadora en la vista, lo cual no parece acertado[87].

5.4. La sentencia oral

Novedad positiva del Proyecto de Ley es la posibilidad de que el tribunal dicte sentencia oralmente[88]. Recordemos que esta posibilidad prevista en

---

86 Art. 72 del Proyecto de Ley que modifica el art. 443. 2 y 4 LEC; y art. 73 del Proyecto de Ley que modifica el art. 445 LEC.

87 Recordemos que en el juicio ordinario la prueba se propone en la audiencia previa una vez fijados los hechos controvertidos (arts. 428 y 429.1 LEC), y lo mismo se contempla actualmente para el juicio verbal, art. 443.3 LEC: "… *Si no hubiere conformidad sobre todos ellos (los hechos), se propondrán las pruebas y se practicarán seguidamente las que resulten admitidas.*"

88 Art. 74 del Proyecto de Ley que modifica el art. 447.1 LEC. art. 35 del Proyecto de Ley que modifica el art. 210 LEC: "*3. Salvo en los procedimientos en los que no interven-*

el art. 200.3° CPC hondureño[89], no lo estaba en la Ley de Enjuiciamiento Civil española vigente (art. 210.3: *"En ningún caso se dictarán oralmente sentencias en procesos civiles"*), a pesar de la autorización general contenida en el art. 245.2°1 LOPJ (*"las sentencias podrán dictarse de viva voz cuando lo autorice la Ley"*). Se suma ahora la LEC a lo establecido en las leyes reguladoras del proceso penal y del laboral, que ya venían contemplando esta posibilidad de dictar sentencias *in voce*.

La oralidad de la sentencia permitirá a las partes conocer la resolución al finalizar la vista, disponiendo de un mayor plazo para interponer el recurso de apelación, caso de ser recurrible; o declarándose su firmeza en el mismo acto, si las partes se aquietan con la misma. No obstante, se nos antoja que no será la forma más habitual de resolver usada por los juzgadores, debido a la exigencia que conlleva de un estudio minucioso del asunto antes de la vista que permita confrontar la idea inicial del tribunal con el resultado de la prueba practicada[90]; además de implicarle al juez la doble tarea de exponer casi todo el contenido de la sentencia oralmente

---

ga abogado de conformidad con lo dispuesto en el artículo 31.2, podrán dictarse sentencias oralmente en el ámbito del juicio verbal, haciéndose expresión de las pretensiones de las partes, las pruebas propuestas y practicadas y, en su caso, de los hechos probados a resultas de las mismas, haciendo constar las razones y fundamentos legales del fallo que haya de dictarse, con expresión concreta de las normas jurídicas aplicables al caso. El fallo se ajustará a las previsiones de la regla cuarta del artículo 209 de esta ley.

La sentencia se dictará al concluir el mismo acto de la vista en presencia de las partes, sin perjuicio de su ulterior redacción por el juez, la jueza o el magistrado o la magistrada. Se expresará si la sentencia es o no firme, indicando, en este caso, los recursos que procedan, órgano ante el cual deben interponerse y plazo para ello.

4. Pronunciada oralmente una sentencia, si todas las personas que fueren parte en el proceso estuvieren presentes en el acto, por sí o debidamente representadas, y expresaren su decisión de no recurrir, se declarará, en el mismo acto, la firmeza de la resolución. Fuera de este caso, el plazo para recurrir comenzará a contar desde que se notificase a la parte la resolución así dictada mediante el traslado del soporte audiovisual que la haya registrado junto con el testimonio del texto redactado referido en el párrafo segundo del apartado anterior."

89 Art. 200.3 CPC: *"En los procesos civiles las sentencias podrán dictarse excepcionalmente en forma oral al finalizar la audiencia probatoria del proceso ordinario o la audiencia del proceso abreviado, debiendo motivarse por escrito en el plazo de cinco días"*.

90 Para Asencio Gallego, José María, *Las sentencias orales en el juicio verbal. Principio de oralidad y tutela judicial efectiva*, Práctica de Tribunales, n° 162, Sección Estudios, mayo-junio 2023, LA LEY 5854/2023 (Base de datos La Ley Digital), *"la oralidad en la sentencia, además de poder ser considerada un desbordamiento de este principio, puede plantear problemas en cuanto al cumplimiento de los requisitos de la motivación."*

y a continuación expresarlo por escrito (aunque sea de forma sucinta)[91], resultándole probablemente más sencillo poner la sentencia directamente por escrito.

6. A MODO DE CONCLUSIÓN

En primer lugar, la evolución de la que ha sido objeto (y proyectada) el juicio verbal español, tanto en su ámbito de aplicación (por razón de la materia y de la cuantía) como en su estructura procedimental, ha sido muy superior a la soportada por el proceso abreviado hondureño (una única reforma en 2016, para ampliar su cuantía). No obstante, como hemos visto, no todo este abanico de reformas merece una valoración positiva, lo que debe llevar al legislador hondureño a realizar una reflexión pausada que le permita incorporar sólo aquellas que pueden hacer más eficaz y garantista su proceso abreviado, sin pérdida de su esencia.

En segundo lugar, el juicio verbal ya no se determina solo por la escasa cuantía de las pretensiones, habiéndose convertido la materia en un criterio que ha ganado gran peso, como lo evidencia las dieciséis materias que integra el art. 250.1 LEC, frente a las ocho que contempla el art. 249.1 para el juicio ordinario; lo que, sin duda, lo convertirá en el más usado en la práctica forense.

En tercer lugar, a raíz de las comentadas modificaciones de las que ha venido siendo objeto el juicio verbal y, sobre todo, de las proyectadas, un proceso pensado en su inicio para tramitarse principalmente de forma oral (proceso plenario rápido) y, en consecuencia, con inmediación, concentración y publicidad, acabará transformándose, en no pocos casos, en un proceso que se tramite totalmente por escrito[92]; contrariando así su na-

---

91 Como dice Vallespin Pérez, David, *Pasado, presente y futuro del juicio verbal (1)..., op. cit.*, *"puede pasar que los jueces acaben decidiendo si su resolución será oral o no en el ámbito del juicio verbal, no tanto en función de las circunstancias del caso concreto (mayor o menor complejidad), sino previa ponderación, en su esquema mental, de aquello que les resulta más práctico y suponga menor pérdida de tiempo: dictar la sentencia oral, con una motivación sobre la marcha, para luego afrontar su redacción ulterior (cabe pensar que simplificada en cuanto a la motivación, pues vendría a reproducir lo expuesto de forma oral); o, por el contrario, dictar, como hasta ahora, una sentencia escrita, con una motivación más detallada y reflexiva."*

92 La escritura garantiza en menor medida la publicidad que la oralidad. Por otra parte, el procedimiento escrito llevado a hasta sus últimos extremos resulta dema-

turaleza inicial[93], lo dispuesto en el artículo 120.3 CE ("el procedimiento será predominantemente oral...")[94] y en el art. 229 LOPJ ("las actuaciones judiciales serán predominantemente orales"), y evitando que las partes (los justiciables), y sobre todo sus defensores (los profesionales), lleguen a tener cualquier clase de contacto directo con el titular de la potestad jurisdiccional. Pareciera como si se añorarán tiempos pasados de tramitación llevada a cabo en las oscuras oficinas de los juzgados, en presencia de un auxiliar y sin publicidad.

Ello sucederá cuando a los escritos de demanda y contestación (novedad que se introdujo en 2015), y a los proyectados de proposición de prueba (y de contestación por la parte actora a las excepciones procesales que eventualmente haya alegado el demandado) y, en su caso, de formulación de impugnaciones (relativas a las cuestiones indicadas en el apartado V.b de este trabajo), no se celebre vista por considerarla el tribunal innecesaria, incluso en contra del criterio de las partes. Pero aún en los casos en los que el juez considere necesaria la vista, primará la celebración por videoconferencia en vez de manera presencial[95].

---

siado rígido y formalista y nada elástico.
De ser el camino que desea seguir el legislador el de regular un juicio verbal escrito (similar al proceso europeo de escasa cuantía o al proceso monitorio), dejando como juicio con oralidad solo al ordinario, quizás debería reflexionarse con mayor profundidad acerca de las pretensiones idóneas para ser tramitadas de esta manera, lo que, con seguridad, llevaría a una drástica reducción del actual contenido del art. 250.1 LEC.

93 Coincidimos con Sigüenza López, Julio, *El nuevo juicio verbal en el proyecto de ley...*, *op. cit.*, pág. 891, en que se cambia de esta manera la esencia del juicio verbal tal y como fue concebido en el año 2000 y en épocas anteriores, que dejará de ser un proceso presidido por la palabra (inmediación y concentración), en contra incluso del deseo de las partes contendientes y de su estrategia procesal, transformándose en otro que puede desarrollarse íntegramente por escrito, contrariamente a lo que su propio nombre sugiere.

94 La consagración constitucional de un principio procedimental como la oralidad no encuentra parangón en ninguna de las Constituciones europeas, salvo en la Constitución austríaca, ni antecedente en los textos constitucionales españoles.

95 Recordemos que la potenciación de la celebración de actos procesales mediante presencia telemática es uno de los objetivos del RD-L 6/2023, afectándose de alguna manera los principios de inmediación y de publicidad. Ver nuevo art. 129 bis LEC. Celebración de actos procesales mediante presencia telemática: "1. ... los actos de juicio, vistas, audiencias, comparecencias, declaraciones y, en general, todos los actos procesales, se realizarán preferentemente mediante presencia telemática... 2. No obstante... en los actos que tengan por objeto la audiencia, decla-

En cuarto lugar, el propósito de las últimas reformas proyectadas se sitúa en la línea de que la ciudadanía "antes de entrar en el templo de la Justicia, deba solucionar sus controversias de derecho privado a través del templo de la concordia"[96], haciendo de los juzgados y tribunales del orden jurisdiccional civil un último recurso, tratando de convencer a la ciudadanía de que ello es lo razonable e imponiendo diferentes trabas para que se recurra a los órganos jurisdiccionales en demanda de la pertinente tutela.

No a otra conclusión llevan los siguientes datos: La ampliación del concepto de servicio público de Justicia, integrador no sólo de la clásica vía jurisdiccional, sino también de los medios consensuales de solución de controversias jurídicas, ofreciendo al ciudadano la vía más adecuada para gestionar su problema[97]; el establecimiento como requisito de procedibilidad para solicitar la tutela declarativa civil sobre derechos disponibles, de acudir previamente a algún medio adecuado de solución de controversias; la modificación de varios preceptos de la Ley de Enjuiciamiento Civil relacionados con la vista (la audiencia previa, el recurso de apelación, etc.), para regular la posible derivación judicial a medios adecuados de solución de controversias cuando los procedimientos judiciales se encuentren en primera instancia (apelación o ejecución); la introducción en materia de imposición y tasación de costas de las correspondientes reformas que permitan a los tribunales valorar la colaboración de las partes en la utilización de los medios adecuados de solución de controversias y el posible abuso del servicio público de Justicia[98]; la modificación de determinadas leyes

---

ración o interrogatorio de partes, testigos o peritos, la exploración de la persona menor de edad, el reconocimiento judicial personal o la entrevista a persona con discapacidad, será necesaria la presencia física de la persona que haya de intervenir y, cuando ésta sea una de las partes, la de su defensa letrada...". Con todo, una cosa es prever legalmente la posibilidad de celebrar vistas y comparecencias de forma telemática cuando concurran circunstancias excepcionales que impidan la presencialidad, lo cual nos parece lógico, y otra muy diferente que por razones de comodidad de los operadores jurídicos se ordene la celebración de una audiencia telemática, donde una buena parte de la información que aporta la inmediación física se pierde irremisiblemente, por no hablar de la afectación que sufre el principio de publicidad.

96 Ver Exposición de Motivos del Proyecto de Ley de Medidas de Eficiencia Procesal del Servicio Público de Justicia, apartado II, párrafo segundo.

97 Ver todo el apartado II de la Exposición de Motivos del Proyecto de Ley de Medidas de Eficiencia Procesal del Servicio Público de Justicia.

98 Regulándose a tal fin la posible solicitud de exoneración o moderación de las costas tras su imposición cuando se pueda acreditar la formulación de una propuesta

impositivas (IRPF, Patrimonio...) para incluir o favorecer la tributación de las cantidades o indemnizaciones obtenidas como consecuencia de determinados conflictos resueltos a través de medios consensuales o negociales; etc.

Por tanto, la solución a la cada vez mayor litigiosidad e insuficiencia de aparato judicial para dar una respuesta eficaz, parece que pasa, para el Gobierno y para el Legislador, por cada vez menos "proceso" y que éste sea escrito (o, en su defecto, telemático). Flaco favor se le está haciendo al juicio verbal, a los justiciables y, en definitiva, al sistema de justicia civil.

En quinto lugar, frente a estas transformaciones o modificaciones que ha venido sufriendo el juicio verbal civil, que le han alejado de su configuración originaria, no ha ocurrido lo mismo con el proceso ordinario laboral ni con el proceso contencioso-administrativo abreviado español, ni tampoco con el proceso abreviado civil hondureño, que siguen fieles a la estructura de demanda escrita y vista o juicio oral. No queremos decir con ello que el juicio verbal civil debe mantener la estructura prevista en las leyes de enjuiciamiento del siglo XIX o en la redacción originaria de la LEC 2000, pero sí que convendría repensar el modelo de juicio verbal civil que se desea, innovando sólo en aquellas cuestiones que favorezcan el equilibrio entre la simplicidad y celeridad que le caracteriza y el respeto a las garantías procesales propias de un Estado de Derecho.

A nuestro juicio, la solución pasa por convertir el juicio verbal en una especie de juicio ordinario "abreviado", que siga conservando la oralidad en los trámites en los que ésta aporta una mayor calidad de justicia que la escritura (una vez que la mayoría de las reclamaciones económicas pueden resolverse a través de la vía monitoria escrita). De esta manera, la estructura más adecuada pasaría por una fase de alegaciones escrita (incluida la reconvención)[99], teniendo en cuenta que las reformas introducidas en este sentido por la Ley 42/2015, mayormente aplaudidas por la doctrina y los profesionales de la práctica, han mejorado el procedimiento verbal en el aseguramiento de las garantías que impidan la indefensión de las partes

---

a la parte contraria en cualquiera de los medios adecuados de solución de controversias al que hubieran acudido, que la misma no hubiera sido aceptada por la parte requerida y que la resolución judicial que haya puesto término al procedimiento sea sustancialmente coincidente con el contenido de dicha propuesta.

99 Quizás igualándose el plazo para contestar a la demanda al contemplado en proceso ordinario (art. 404.1 LEC) y en los procesos especiales no dispositivos (art. 753.1 LEC).

litigantes[100]. De ahí que quizás pudieran tenerse en cuenta por el legislador hondureño.

Junto a ello, debiera conservarse, como regla general —y trámite esencial—, la celebración de la fase oral[101] del juicio verbal, no sólo cuando deba practicarse prueba personal, sino también siempre que alguna de las partes la solicite motivadamente o el tribunal la considere necesaria, dado que la vista cumple finalidades esenciales que van más allá de practicar unos determinados medios de prueba[102]; donde, además, las partes ten-

---

100 Podría incluso exigirse que los escritos iniciales contengan la proposición de prueba, pudiendo completarse en el acto de la vista en los casos que así lo ameriten; evitándose así eventuales sorpresas para la parte contraria.

101 Ya Carneluti, Francesco, *Derecho Procesal Civil y Penal I (Derecho Procesal Civil)*, Ed. Ediciones Jurídicas Europa-América, Buenos Aires, 1971, págs. 171-172, nos instaba a ver el proceso como un diálogo, en el cual las partes no solo están llamadas a hablar, sino también a escuchar.
A nuestro juicio, no parece que el principal motivo de atasco que sufren los juzgados y tribunales españoles se encuentre en la celebración de la vista del juicio verbal, siendo otras las causas a las que se debe prestar verdadera atención para corregirlas y aplicarles las oportunas soluciones con la finalidad de conseguir la agilización en la tramitación de los procedimientos judiciales.

102 La oralidad acerca la Justicia a los ciudadanos (a que la vean como algo propio y entendible, legitimidad social, transparencia); posibilita una Justicia de mayor calidad (inmediación, concentración, publicidad) y con ello una mayor probabilidad de acierto; permite una mayor concentración de las actuaciones procesales una vez determinado por escrito el objeto del proceso. También la función evitadora de la continuación del proceso y la función saneadora (caso de haber planteado el demandado excepciones procesales) ganan en celeridad y acierto. Se determinan con mayor claridad los hechos controvertidos, la proposición de prueba por su orden (del actor y del demandado) y su admisión, al tiempo que facilita la invitación probatoria que puede realizar el juzgador en los supuestos de insuficiencia probatoria. Igualmente cabe tener en cuenta que, aunque la finalidad principal de las conclusiones es efectuar un resumen de pruebas, no es la única, y el art. 433.3 LEC contempla la posibilidad de permitir informar sobre los argumentos jurídicos en que se apoye la pretensión y la resistencia. No desdeñable es tampoco la oportunidad de poder dictar sentencia oral, dando una imagen de celeridad y acercamiento al justiciable. Etc. Como indica Banacloche Palao, Julio, *Las reformas en el proceso civil previstas en el Anteproyecto…*, *op. cit.*, una de las grandes ventajas de la oralidad es que permite a los justiciables presenciar su juicio, ver al juez que le va a poner la sentencia, oír a su abogado defender sus pretensiones; en definitiva, sentir que su asunto es importante y que ha sido objeto del debate que merece. Eso es lo que acerca la Justicia al ciudadano.

gan la posibilidad de formular unas breves conclusiones[103], y, en su caso, puedan practicarse, excepcionalmente, diligencias finales[104].

Somos conscientes de que la estructura procedimental propuesta se asemeja en parte a la del juicio ordinario, lo que puede revivir la discusión acerca de si debiera existir un único procedimiento (el juicio ordinario) para tramitar todas las demandas civiles que pudieran plantearse[105]. No obstante, no es menos cierto que también existe consenso en la actualidad, en que por razones de seguridad jurídica y de calidad de la Justicia, las alegaciones iniciales de las partes en los procesos declarativos deben formularse por escrito (sin que ello atente a la oralidad), resolviéndose a continuación la contienda en una (o varias) fase presidida por la oralidad y sus principios consecuencia (inmediación, concentración y publicidad). En nuestro planteamiento, el juicio verbal seguiría diferenciándose del ordinario en su mayor simplicidad y celeridad, pero sin otorgar una tutela de calidad diferente según estemos ante uno u otro proceso declarativo.

---

103 No consideramos que suprimiendo las conclusiones se gane en agilidad y celeridad en la celebración de las vistas. Por el contrario, con unas conclusiones bien dirigidas y encauzadas, no se pierde tiempo en absoluto, y se gana en que el juez tenga más clara la resolución que puede dictar acertando en la búsqueda de la verdad material.

104 En materia de diligencias finales debe mantenerse lo contemplado en el art. 445 LEC después de la redacción dada por el RD-ley 6/2023.

105 Autores como Gimeno Sendra cuestionan la necesidad de mantener el juicio verbal, al considerar que ha perdido su fundamento o razón de ser, entre otros motivos porque el juicio ordinario también se rige por los principios de oralidad, inmediación y concentración; porque las sucesivas reformas lo han aproximado al juicio ordinario (contestación escrita e introducción al inicio de la vista de unas actuaciones similares a las de la audiencia previa); y porque la Ley 4/2011 introdujo en la LEC la Disposición final vigésimo cuarta sobre medidas para facilitar la aplicación en España del Reglamento (CE) nº 861/2007 del Parlamento Europeo y del Consejo, de 11 de julio, en cuya virtud se estableció un proceso europeo de escasa cuantía, ver Gimeno Sendra, Vicente, Díaz Martínez, Manuel, Calaza López, Sonia, *Derecho Procesal Civil. Parte Especial*, Ed. Tirant lo Blanch, Valencia, 2020, págs. 15-17.
También Lorca Navarrete, Antonio María, *La eficacia de la reciente modificación del juicio verbal por Ley 42/2015, de 5 de octubre*, en Diario La Ley, nº 8679, Sección Tribuna, 12 de enero de 2016, Ref. D-12, La Ley 8073/2015 (Base de datos La Ley Doctrina), sostiene que *"la referida ley de reforma ha igualado, en cuanto a trámites procesales, juicio ordinario y juicio verbal por lo que se me antoja que bien podría postularse la desaparición del juicio verbal y la consolidación de un único juicio ordinario que como ordinario lo sea tal para la resolución de todas las "contiendas judiciales" a que alude el art. 248 de la Ley de Enjuiciamiento Civil"*. En parecidos términos se pronuncia también Perarnau Mova, Joan, *El juicio verbal tras su reforma..., op. cit.*

El derecho de los padres a que sus hijos sean educados de acuerdo con sus convicciones en la reciente doctrina constitucional

ÓSCAR CELADOR ANGÓN
Universidad Carlos III de Madrid

1. CONSIDERACIONES INICIALES

El alcance y contenido de los derechos a la educación y a la libertad de enseñanza, que proclama el artículo 27.1 CE, ha sido debatido periódicamente tanto por el legislador como por los tribunales, debido a la necesidad de acomodar dichos derechos a la evolución que ha experimentado la sociedad española[1]. Recientemente se han suscitado debates muy interesases, tanto desde la perspectiva del Estado social debido al papel que la educación desempeña para el correcto funcionamiento del denominado ascensor social, como debido a la colisión que en ocasiones se produce entre los derechos a la educación y a la libertad de enseñanza.

El artículo 27.3 CE garantiza el derecho de los padres a participar activamente en la formación religiosa y moral de sus hijos. El Tribunal Supremo ha señalado a este respecto que, si bien este derecho es compatible con la enseñanza del pluralismo que ordena nuestro modelo constitucional, "está referido al mundo de las creencias y de los modelos de conducta individual

---

1 *Vid.* Polo Sabau, J. R., "La enseñanza de la religión en la escuela pública: fundamento constitucional y desarrollo normativo", Revista General de Derecho Administrativo, Nº 33, 2013. Souto Galván, B., "El derecho de los padres a educar a sus hijos conforme a sus propias convicciones en la jurisprudencia del Tribunal Europeo de Derechos Humanos", Revista europea de derechos fundamentales, Nº 17, 2011, págs. 245-268.

que, con independencia del deber de respetar esa moral común subyacente en los derechos fundamentales, cada persona es libre de elegir para sí y de transmitir a sus hijos"[2]. Por su parte, el Tribunal Constitucional ha señalado que el artículo 27.3 CE "comprende el derecho a elegir un centro religioso para los hijos cuando se profesa esa religión, y también el derecho a optar por un centro educativo no confesional en lugar de un centro religioso cuando no se profesa religión alguna"[3].

En consecuencia, el artículo 27.3 CE ordena un derecho que opera, por una parte, en su vertiente positiva, garantizando el derecho de los padres a educar a sus hijos de acuerdo con su sistema de creencias y convicciones personales, siempre que estas seas sean respetuosas con el orden público y los principios constitucionales[4]; por la otra, el aspecto negativo del derecho impide que los poderes públicos adoctrinen a los menores de forma contraria a las creencias y convicciones de sus progenitores[5]; y por último, parece evidente que no estamos ante un derecho de naturaleza prestacional que traslade a los poderes públicos la responsabilidad de

---

[2] Continúa exponiendo el tribunal, "estos derechos mencionados en los artículos 16.1 y 27.3 significan, por eso, un límite a la actividad educativa del Estado. En efecto, el Estado, en el ámbito correspondiente a los principios y la moral común subyacente en los derechos fundamentales, tiene la potestad y el deber de impartirlos, y lo puede hacer, como ya se ha dicho, incluso, en términos de su promoción. Sin embargo, dentro del espacio propio de lo que sean planteamientos ideológicos, religiosos y morales individuales, en los que existan diferencias y debates sociales, la enseñanza se debe limitar a exponerlos e informar sobre ellos con neutralidad, sin ningún adoctrinamiento, para, de esta forma, respetar el espacio de libertad consustancial a la convivencia constitucional". STS de 11 de febrero de 2009, FJ. 6.

[3] STC 26/2024, de 14 de febrero, FJ. 5.

[4] *Vid.* Rodríguez Blanco, M., "La enseñanza de la religión en la escuela o la permanente conflictividad judicial", El Derecho eclesiástico del Estado: en homenaje al profesor Dr. Gustavo Suárez Pertierra, Tirant lo Blanch, 2021, págs. 713-726. Rodríguez García, JA., "La educación intercultural: estudio jurídico-comparado (España-Latinoamérica)", Revista general de derecho público comparado, Nº 10, 2012. Ruano Espina, L., "Objeción de conciencia a la Educación para la Ciudadanía, La objeción de conciencia a la educación para la ciudadanía ante los Tribunales Superiores de Justicia", Revista General de Derecho Canónico y Eclesiástico del Estado Nº 17, 2008.

[5] *Vid.* Celador Angón, O., "Laicidad constitucional y modelo educativo", Libertad de conciencia, laicidad y derecho: "liber discipulorum": en homenaje al Prof. Dr. Dionisio Llamazares Fernández, Civitas Thomson Reuters, 2014, págs. 281-302.

educar a los menores de acuerdo con las creencias y convicciones de sus progenitores.

Para que el artículo 27.3 alcance su máxima eficacia es necesario que ambos progenitores estén de acuerdo en cuál debe ser la formación de sus hijos. Como consecuencia del principio de laicidad, el Estado no puede juzgar o valorar la decisión de los padres desde la perspectiva religiosa, ya que lesionaría el principio de neutralidad de los poderes públicos salvo que la religión elegida sea contraria a los principios constitucionales. Sin embargo, en aquellos supuestos en los que los progenitores quieren educar a sus hijos en centros educativos con idearios diferentes, dada la dificultad, por no hablar de imposibilidad, de satisfacer los deseos de ambos progenitores, serán los jueces los que, una vez analizadas las circunstancias de cada caso concreto, decidan a qué escuela asistirán los menores, atendiendo al interés superior del menor.

De acuerdo con este planteamiento, el objeto de este trabajo es analizar cómo se han resuelto los conflictos entre los progenitores en este contexto, y conocer el papel que han desempeñado el interés superior del menor y el libre desarrollo de su personalidad. En este terreno, conviene destacar el especial protagonismo de la doctrina constitucional establecida recientemente con ocasión de la sentencia 26/2024, de 14 de febrero, ya que el Tribunal Constitucional se pronunció sobre la posición irreconciliables de 2 progenitores, pues el padre quería que su hija asistiera a una escuela privada concertada con un ideario religioso, mientras que la madre quería escolarizar a la menor en una escuela laica.

2. PRINCIPIOS CONSTITUCIONALES

El derecho a la educación y la libertad de enseñanza se recogen en el artículo 27.1 CE con una fórmula sencilla, de forma que: "todos tienen el derecho a la educación. Se reconoce la libertad de enseñanza". En el punto siguiente se establece el objeto a la educación señalando, en la línea de la Declaración Universal de Derechos Humanos, que la educación tendrá por objeto el pleno desarrollo de la personalidad humana en el respeto a los principios democráticos de convivencia y a los derechos y libertades fundamentales. El marco constitucional asigna la responsabilidad y la titularidad del derecho a la educación al Estado, pero establece un sistema dual en el cual convive la enseñanza pública y privada, y de forma subsidiaria a la enseñanza pública —ideológicamente neutral— concurren centros escolares que representan la concepción ideológicamente pluralista de la sociedad española[6].

El derecho a la educación, entendido como el derecho "a formar en libertad y para la libertad la propia conciencia como parte del derecho al libre desarrollo de la personalidad en expresión del artículo 10.1 CE"[7], es un derecho de naturaleza prestacional vinculado a la esencia del Estado social, que debe interpretarse en paralelo al mandato contenido en el artículo 9.2 CE que ordena a los poderes públicos, tanto promover las condiciones para que la libertad y la igualdad del individuo y de los grupos en que se integra sean reales y efectivas, como remover los obstáculos que impidan o dificulten su plenitud y facilitar la participación de todos los ciudadanos en la vida política, económica, cultural y social[8].

La libertad de enseñanza ha sido definida por el Tribunal Constitucional como "una proyección de la libertad ideológica y religiosa y del derecho a expresar y difundir libremente los pensamientos, ideas u opiniones que también garantizan y protegen otros preceptos constitucionales (especialmente arts. 16.1 y 20.1 a)"[9]. Asimismo, la libertad de enseñanza implica el derecho a crear instituciones educativas (27.6 CE), y se conforma como un derecho que sirve de cauce para que el ejercicio del derecho de los padres a elegir la educación religiosa y moral de sus hijos (27.3 CE). Se trata, en palabras del Tribunal Constitucional, "de derechos que tienen límites necesarios que resultan de su propia naturaleza, con independencia de los que se producen por su articulación con otros derechos o de los que, respetando siempre su contenido esencial, pueda establecer el legislador"[10]. La formulación de la libertad de enseñanza puede parecer redundante a la vista de lo establecido en los números 3 y 6 del artículo 27, salvo que con la inclusión expresa de este derecho se pretendiera excluir el monopolio estatal de la educación[11].

---

6 Lozano, B., La Libertad de Cátedra, Marcial Pons, Madrid, 1995, págs. 253-254.

7 Llamazares Fernández, D., Llamazares Calzadilla, MC., Derecho de la libertad de conciencia II. Libertad de conciencia, identidad personal y solidaridad, (3 ed.), Thomson Reuters-Civitas, 2007, pág. 61.

8 Llamazares Fernández, D., Llamazares Calzadilla, MC., Derecho de la libertad de conciencia II, *cit.*, pág. 90.

9 STC 5/1981 de 13 de febrero de 1981, FJ 7.

10 STC 5/1981 de 13 de febrero de 1981, FJ 7.

11 Ello explicaría, en palabras de Suárez Pertierra, "la circunstancia de su tardía integración en el proceso constitucional, que se remonta al Dictamen de la Comisión", Suárez Pertierra, G., "Reflexiones Acerca de la relación entre libertad

Por su parte, el artículo 27. 2 CE señala que "la educación tendrá por objeto el pleno desarrollo de la personalidad humana en el respeto a los principios democráticos de convivencia y a los derechos y libertades fundamentales", lo cual implica que es necesario que los sujetos pasivos de la educación conozcan cuáles son los principios democráticos de convivencia y los derechos y libertades fundamentales para poder acomodar su conducta a los mismos, y esto podría no ser factible en el supuesto de que el contenido de la educación tuviera que supeditarse exclusivamente a los deseos de los padres en este terreno.

El ejercicio de los derechos a la educación y a la libertad de enseñanza debe armonizarse con los derechos que, además del texto constitucional, reconocen los principales tratados y acuerdos internacionales de derechos humanos a los padres de los discentes. El artículo 26.3 de la Declaración Universal de los Derechos Humanos señala que: "los padres tendrán derecho preferente a escoger el tipo de educación que habrá de darse a sus hijos". Por su parte, el artículo 18.4 del Pacto Internacional de Derechos Civiles y Políticos establece que "los Estados Partes en el presente Pacto se comprometen a respetar la libertad de los padres y, en su caso, de los tutores legales, para garantizar que los hijos reciban la educación religiosa y moral que esté de acuerdo con sus propias convicciones". Y, por último, el artículo 13.3 del Pacto Internacional de Derechos Económicos, Sociales y Culturales indica que "Los Estados Partes en el presente Pacto se comprometen a respetar la libertad de los padres y, en su caso, de los tutores legales, de escoger para sus hijos o pupilos escuelas distintas de las creadas por las autoridades públicas, siempre que aquéllas satisfagan las normas mínimas que el Estado prescriba o apruebe en materia de enseñanza, y de hacer que sus hijos o pupilos reciban la educación religiosa o moral que esté de acuerdo con sus propias convicciones".

Respecto a la conexión entre el derecho de los padres a elegir la educación religiosa de sus hijos y la enseñanza de la religión en la escuela pública, Llamazares Fernández ha señalado, en mi opinión acertadamente, que "el artículo 13 del PIDESC lo único que hace es garantizar la libertad de elección de los padres y no reconocerles un mero derecho-libertad, de manera que no entraña para los Estados firmantes obligación alguna de insertar este tipo de enseñanza en el sistema educativo correspondiente, ni desde luego implica su financiación pública. Tampoco desde el punto

de enseñanza e ideario de centro educativo", Anuario de Derechos Humanos, 2, 1983, págs. 627-644.

de vista constitucional se puede deducir para el Estado español ninguna obligación, ni en su relación con su inserción en el sistema educativo ni con su transformación en un derecho-prestación que exija financiación pública"[12].

De acuerdo con este planteamiento, el autor señala que la impartición de enseñanza de la religión en la escuela pública se debe a una decisión exclusiva del Estado, que se ha traducido en que este se comprometa a su impartición mediante los Acuerdos de cooperación firmados con las confesiones religiosas en 1979 y 1992[13]. Una de las peculiaridades de los Acuerdos de cooperación de 1992 es que estos se autodefinen en el terreno de la enseñanza de la religión como un mecanismo para dar efectividad a lo dispuesto en el artículo 27.3 CE[14]. Ahora bien, esto no quiere decir que estamos ante una fórmula que pretende salvaguardar el derecho que asiste a los padres para que sus hijos reciban la formación religiosa y moral que esté de acuerdo con sus propias convicciones. Por el contrario, la enseñanza de la religión confesional en la escuela, si bien favorece el ejercicio del derecho mencionado, puede ser sustituida por otras fórmulas de similar alcance y contenido, y en todo caso no forma parte de la cooperación obligada que deben realizar los poderes públicos con las confesiones religiosas, pues el ejercicio del derecho de libertad religiosa, tanto de los padres como de sus hijos, no está en peligro[15].

---

12 Llamazares Fernández, D., Llamazares Calzadilla, MC., Derecho de la libertad de conciencia II, *cit.*, pág. 172.

13 Llamazares Fernández, D., Llamazares Calzadilla, MC., Derecho de la libertad de conciencia II, *cit.*, pág. 172.

14 *Vid.* Acuerdo entre el Estado español y la Santa Sede sobre Enseñanza y Asuntos Culturales, firmado en la Ciudad del Vaticano el 3 de enero de 1979. Ley 24/1992, de 10 de noviembre, por la que se aprueba el Acuerdo de Cooperación del Estado con la Federación de Entidades Religiosas Evangélicas de España, Ley 25/1992, de 10 de noviembre, por la que se aprueba el Acuerdo de Cooperación del Estado con la Federación de Comunidades Israelitas de España, y la Ley 25/1992, de 10 de noviembre, por la que se aprueba el Acuerdo de Cooperación del Estado con la Federación de Comunidades Israelitas de España.

15 *Vid.* Fernández-Coronado González, A., "Sentido de la cooperación del Estado laico en una sociedad multireligiosa", Revista General de Derecho Canónico y Derecho Eclesiástico del Estado, Nº 19, 2009. Ferreiro Galguera, J., "Desarrollo de los Acuerdos de cooperación de 1992: luces y sombras", en Revista General de Derecho Canónico y Derecho Eclesiástico del Estado, Nº 44, 2017. Polo Sabau, J. R., "Los acuerdos del Estado español con las confesiones religiosas minoritarias en la perspectiva de su trigésimo aniversario", Anuario de derecho eclesiástico del Estado, Nº 38, 2022, págs. 185-218.

3. POSICIÓN DEL TRIBUNAL EUROPEO DE DERECHOS HUMANOS

Conocer la posición del Tribunal Europeo de Derechos Humanos (TEDH) sobre la materia objeto de estudio es muy relevante ya que, tal y como señala el artículo 10.2 CE, "las normas relativas a los derechos fundamentales y a las libertades que la Constitución reconoce se interpretarán de conformidad con la Declaración Universal de Derechos Humanos y los tratados y acuerdos internacionales sobre las mismas materias ratificados por España", entre los que destaca el Convenio Europeo de Derechos Humanos (CEDH).

El CEDH, por una parte, garantiza en su artículo 9 el derecho a la libertad de pensamiento, conciencia y religión, de forma que "1. Toda persona tiene derecho a la libertad de pensamiento, de conciencia y de religión; este derecho implica la libertad de cambiar de religión o de convicciones, así como la libertad de manifestar su religión o sus convicciones individual o colectivamente, en público o en privado, por medio del culto, la enseñanza, las prácticas y la observancia de los ritos. 2. La libertad de manifestar su religión o sus convicciones no puede ser objeto de más restricciones que las que, previstas por la ley, constituyan medidas necesarias, en una sociedad democrática, para la seguridad pública, la protección del orden, de la salud o de la moral públicas, o la protección de los derechos o las libertades de los demás"; y por la otra, el artículo 2 del Protocolo adicional señala que "A nadie se le puede negar el derecho a la educación. El Estado, en el ejercicio de las funciones que asuma en el campo de la educación y de la enseñanza, respetará el derecho de los padres a asegurar esta educación y esta enseñanza conforme a sus convicciones religiosas y filosóficas".

El derecho de los padres a que la educación de sus hijos se conforme a sus convicciones religiosas y filosóficas, y que se reitera en términos muy similares en el artículo 27.3 CE, no quiere decir que la escuela pública deba ofertar enseñanza de la religión confesional acorde con las convicciones de los padres, ya que ese caso todos aquellos países europeos en los no se imparte esta enseñanza estarían incumpliendo el CEDH. Por el contrario, el artículo 2 del protocolo adicional debe interpretarse como la obligación de los poderes públicos de articular un modelo educativo que no sea proselitista y respete la libertad de conciencia de los dicentes y sus padres, permitiendo que estos puedan educar a sus hijos de acuerdo con sus creencias o convicciones en el entorno familiar.

El TEDH se ha pronunciado en numerables ocasiones sobre conflictos relacionados con el derecho a la libertad de conciencia en el contexto educativo[16]. La jurisprudencia del TEDH ha reconocido un elevado grado de autonomía a los Estados en este terreno, de forma que éstos son libres para: bien prohibir o permitir que la escuela pública imparta enseñanza de la religión confesional, bien reconocer o no la objeción de conciencia a los contenidos curriculares, o bien permitir la presencia de símbolos religiosos (dinámicos o estáticos) en las aulas de las escuelas. Sin embargo, y aquí se aprecia de forma nítida la labor constructiva de esta jurisprudencia, la libertad de la que disfrutan los Estados está limitada por el respeto a la libertad de pensamiento conciencia y religión de los alumnos, y el principio de neutralidad de los poderes públicos.

En concreto, la capacidad de actuación de los Estados en el terreno educativo está limitada por los siguientes principios:

Primero: las escuelas públicas, en la medida que son espacios educativos tutelados por los poderes públicos, no pueden tener un ideario ideológico que pueda lesionar la libertad de conciencia de los menores, y a este respecto es indiferente la naturaleza de la ideología, religión o filosofía, objeto de debate. No se trata de que las escuelas públicas deban moldear su ideario para satisfacer los deseos de los padres de los alumnos, sino de que este debe ser lo suficientemente aséptico y neutral como para no lesionar los bienes jurídicos mencionados[17]. La conceptualización que el TEDH ha realizado sobre la libertad de pensamiento, conciencia y religión en este terreno es tan genérica que, por ejemplo, el tribunal ha estimado que la ideología o la filosofía inherente a los castigos corporales que imponen algunas escuelas escocesas lesiona el artículo 9 del CEDH[18].

Segundo: los Estados pueden decidir entre impartir o no enseñanza de la religión como hecho cultural o como hecho confesional. En el primer caso, dado el carácter objetivo y neutral de las enseñanzas, los Estados pueden negarse a reconocer el derecho a la objeción de conciencia de los alumnos; pero en el segundo de los supuestos, al tratarse de una ense-

---

16 En este contexto, me remito a las conclusiones de mi estudio: Celador Angón, O., Libertad de conciencia y Europa: un estudio sobre las tradiciones constitucionales comunes y el Convenio Europeo de Derechos Humanos, Dykinson, 2011.

17 *Vid.* Kjeldsen, Busk Madsen y Pedersen contra Dinamarca, demandas núms. 5095/1971, 5920/1972 y 5926/1972, sentencia de de 7 diciembre 1976, TEDH 1976\5. Alejandro Jiménez Alonso y Pilar Jiménez Merino contra el Reino de España, demanda núm. 51188/1999. JUR 2006\242834.

18 *Vid.* Campbell y Cosans contra Reino Unido, demandas núm. 7511/1976 y 7743/1976, sentencia de 25 de febrero de 16 diciembre 1982, TEDH 1982\1.

ñanza subjetiva y adoctrinadora, los Estados deben diseñar mecanismos de exención de los alumnos que eviten que éstos sean discriminados tanto por asistir como por eximirse de la enseñanza (art. 14 CEDH), y la asistencia de los alumnos debe ser libre y voluntaria (art. 9 y el protocolo adicional nº 1 al CEDH). La misma lógica se aplica a educación sexual, ya que el criterio utilizado para determinar la coherencia de su impartición en el marco del CEDH es exclusivamente cuál es su finalidad. Según el TEDH, un modelo de educación sexual que explica el sistema reproductivo, los mecanismos que evitan los embarazados no deseados y las enfermedades de transmisión sexual no lesiona el CEDH[19].

Tercero: la presencia de símbolos religiosos o ideológicos estáticos en las aulas de las escuelas públicas, diferentes a aquellos que representan la naturaleza democrática del Estado (texto constitucional, bandera o la imagen del Jefe del Estado), *a priori* lesiona el CEDH[20]. La posición del TEDH en un primer momento fue tajante, ya que, en su opinión, la presencia de símbolos religiosos en las escuelas públicas lesiona numerosos derechos contenidos en el CEDH, entre los que se encuentran la libertad de pensamiento, conciencia y religión, el derecho de los padres a que sus hijos no reciban una educación contraria a sus creencias o convicciones, y la neutralidad ideológica y religiosa de los poderes públicos (que el tribunal deduce de la naturaleza del Estado democrático)[21]. Sin embargo, en una segunda fase[22], el tribunal ha señalado que: "la exposición en las aulas de las escuelas públicas de un símbolo que es razonable asociar a la religión mayoritaria en Italia, podría contribuir al pluralismo educativo esencial para preservar una "sociedad democrática", tal y como la concibe el Convenio"[23]. El tribunal ha optado por reconocer un elevado margen de apreciación a los Estados cuando se trata de conciliar el ejercicio de las funciones que asumen en el ámbito de la educación y la enseñanza y el res-

---

19 *Vid.* Hasan y Eylem Zengin contra Turquía, demanda núm. 1448/2004, sentencia de 9 octubre 2007 del TEDH 2007\63. Grzelak contra Polonia, demanda núm. 7710/02, sentencia de 15 de junio de 2010— Folgero y otros contra Noruega, demanda núm. 15472/2002, sentencia de 29 junio 2007.

20 *Vid.* Lautsi contra Italia, demanda no. 30814/06, sentencia de 3 de noviembre de 2009

21 *Vid.* Lautsi contra Italia, demanda no. 30814/06, sentencia de 3 de noviembre de 2009

22 *Vid.* Lautsi contra Italia, demanda no. 30814/06, sentencia de 18 de marzo de 2011.

23 Parágrafo 32.

peto del derecho de los padres a asegurar esta educación y esta enseñanza de acuerdo con sus convicciones religiosas y filosóficas[24].

La cuestión de sí los alumnos de las escuelas públicas pueden portar símbolos religiosos ha sido respondida por el TEDH desde la perspectiva del principio de laicidad, debido a que los Estados que han prohibido su uso (Turquía y Francia) han justificado sus posiciones en este principio constitucional[25]. En estos supuestos, el TEDH ha sentenciado a favor de los Estados, ya que la prohibición se refería a cualquier tipo de símbolo, y pretendía salvaguardar el orden público y los principios constitucionales. Esto no quiere decir que los alumnos no puedan portar símbolos religiosos en el contexto escolar, sino que los Estados pueden prohibir su uso (esta decisión pertenece a su margen de discrecionalidad) cuando pretendan salvaguardar otros intereses públicos, como la correcta prestación del servicio educativo, el principio de laicidad (si así lo prevén sus ordenamientos jurídicos), o el derecho de los demás alumnos a no ser objeto de proselitismo religioso o ideológico.

Respecto a los conflictos que pueden producirse entre los padres acerca de cuál debe ser la educación religiosa y moral de sus hijos, el tribunal ha señalado que "el objetivo prioritario de tener en cuenta el interés superior del niño implica conciliar las opciones educativas de cada progenitor, e intentar alcanzar un equilibrio de los padres, excluyendo todo juicio de valor y, en su caso, estableciendo normas mínimas sobre las prácticas religiosas personales [...] Los intereses de los menores residen principalmente en la necesidad de mantener y promover su desarrollo en un entorno abierto y pacífico, conciliando en la medida de lo posible los derechos y convicciones de cada uno de sus progenitores"[26].

En consecuencia, y teniendo en cuenta la necesidad de que los tribunales valoren las especificidades de cada caso concreto, la regla general

---

24 En palabras del tribunal: "la opción de la presencia del crucifijo en las aulas de los colegios públicos compete, en principio, al margen de apreciación del Estado demandado. Por lo demás, la circunstancia de que no exista un consenso europeo sobre la cuestión de la presencia de símbolos religiosos en los colegios públicos confirma este enfoque". Parágrafo 70.

25 *Vid.* Leyla Çahin contra Turquía, demanda núm. 44774/1998, sentencia de 29 junio 2004. Dahlab contra Suiza. sentencia núm. 42393/199. Kervanci contra Francia, demanda núm. 31645/2004, sentencia de 4 diciembre 2008. Dogru contra Francia, demanda núm. no. 27058/05, sentencia de 4 de diciembre de 2008.

26 T.C. contra Italia, demanda no. 54032/18, sentencia de 19 de agosto de 2022. Parágrafos 42 y 44.

cuando no sea posible que los progenitores se pongan de acuerdo en este contexto, y que, además, los menores no tengan la capacidad y madurez suficiente para elegir de forma autónoma sobre su formación religiosa, es reconocer un espacio autónomo e independiente a los menores, pero que puede limitar el derecho de los padres a decidir la formación religiosa y moral de sus hijos en el contexto educativo, que puede reconciliarse con la función educativa que los padres pueden desempeñar en el contexto familiar[27].

4. ANÁLISIS DE LA STC 26/2024, DE 14 DE FEBRERO

4.1. Antecedentes

El conflicto entre los progenitores surgió debido a la ausencia de acuerdo respecto al ideario del centro en el que querían escolarizar a su hija, toda vez que la menor se encontraba en régimen de guarda y custodia compartida por semanas alternas y mitad de vacaciones. Ambos progenitores justificaron la elección de un modelo de escuela de acuerdo con el siguiente planteamiento. El padre pretendió escolarizar a la menor en una escuela religiosa concertada, localizada cerca de su residencia, que impartía todos los ciclos de enseñanza, y cuyo ideario era acorde con sus creencias religiosas. La madre defendió que la menor fuera escolarizada en un centro educativo con un ideario o carácter laico, y alegó que no podía sufragar el coste del colegio que prefería el padre, y que discrepaba con el proyecto educativo y pedagógico del centro escolar. Se trata de dos posiciones difícilmente armonizables, toda vez que ambas opciones incidirán en el libre desarrollo de la personalidad de la menor, y en su derecho a la libertad de pensamiento, conciencia y religión[28].

---

27 *Vid.* Voto particular del juez Sabato en T.C. contra Italia, demanda no. 54032/18, sentencia de 19 de agosto de 2022. Parágrafos 18-32.

28 De acuerdo con el artículo 236-13 de la Ley 25/2010, de 29 de julio, del libro segundo del Código civil de Cataluña, relativo a la persona y la familia., "1. En caso de desacuerdo ocasional en el ejercicio de la potestad parental, la autoridad judicial, a instancia de cualquiera de los progenitores, debe atribuir la facultad de decidir a uno de ellos. 2. Si los desacuerdos son reiterados o se produce cualquier causa que dificulte gravemente el ejercicio conjunto de la potestad parental, la autoridad judicial puede atribuir total o parcialmente el ejercicio de la potestad a los progenitores separadamente o distribuir entre ellos sus funciones temporalmente, por un período máximo de dos años. 3. En los procedimientos que se

El Juzgado de Primera Instancia núm. 15 de Barcelona dictó auto accediendo a las pretensiones del padre, justificando su decisión en los siguientes argumentos. Por una parte, el conflicto no puede resolverse atendiendo a las distancias de los centros escolares de los domicilios familiares o al arraigo social de la menor, debido a que, al haber un régimen de custodia compartida, esta está sometida a los círculos de influencia de ambos progenitores. Por otra, respecto a las diferentes opciones religiosas de los progenitores, el tribunal estimó que ambas son legítimas y no podía primar a una sobre la otra. Y, por último, el tribunal de instancia estableció que el centro educativo que prefería el padre satisfacía mejor el interés de la menor, ya que, dada la proximidad al domicilio del padre, permitía que la niña pudiera comer en casa, toda vez que el padre contaba con un gran apoyo familiar y el centro religioso era solo un poco más caro que el elegido por la madre. Para salvaguardar el derecho de la madre a que su hija tuviera una educación laica, el tribunal estableció que la menor asistiría a la asignatura alternativa a religión, en el caso de que así lo solicitase la madre, al interpretar el tribunal que la menor podría recibir la formación religiosa que su padre deseaba fuera del horario escolar.

La madre recurrió la sentencia del Juzgado de Primera Instancia, al entender que esta lesionó tanto su derecho a la libertad ideológica, como su derecho a la tutela judicial efectiva, así como el de la menor. En concreto, en opinión de la recurrente, la decisión de instancia era de imposible cumplimiento, debido a que el centro escolar religioso no ofertaba una enseñanza alternativa a la clase de religión confesional, toda vez que el centro tenía un fuerte carácter religioso que se traducía en la presencia de numerosos símbolos religiosos que generaban una fuerte atmosfera religiosa, y el centro ofertaba en horario escolar una serie de actividades, como la práctica de la oración, la catequesis o la práctica de sacramentos, que lesionaban su derecho a la libertad de conciencia.

---

sustancian por razón de desacuerdos en el ejercicio de la potestad parental, los progenitores pueden someter las discrepancias a mediación. Asimismo, la autoridad judicial puede derivarles a una sesión previa de carácter obligatorio para que conozcan el valor, las ventajas, los principios y las características de la mediación. Si así lo acuerdan las partes, a las que debe escucharse, esta sesión puede continuar, en el mismo momento o en uno posterior, con una exploración del conflicto que les afecta. Las partes pueden participar en la sesión previa y en la mediación asistidas por sus abogados. Esta asistencia es necesaria si lo requieren las partes o si así lo dispone la autoridad judicial y debe desarrollarse siempre con pleno respeto por los principios de la mediación y por la igualdad entre las partes".

La Audiencia Provincial de Barcelona desestimó el recurso de apelación, en el entendido de que, durante el tiempo dedicado a la clase de religión, la menor realizaba actividades distintas acompañada de otras menores, y que las actividades curriculares y extracurriculares con contenido religioso eran de carácter voluntario. El tribunal soportó su decisión en el hecho de que centro elegido por el padre ofertase todos los ciclos formativos, así como varias asignaturas en inglés, un segundo idioma extranjero, actividades como natación, tuviera mejores instalaciones y oferta de actividades extraescolares, y que el precio de la educación fuese, en palabras del tribunal, moderado.

4.2. Posición del Tribunal Constitucional. El interés superior de las personas menores de edad

De acuerdo con el relato descrito, el tribunal tuvo que pronunciarse sobre la escuela a la que debía asistir la menor, tomando como punto de referencia la radicalidad de las posturas enfrentadas de los progenitores. *A priori*, las decisiones de los tribunales que se pronunciaron sobre el asunto se soportaron exclusivamente en las ventajas que tenían las opciones educativas por las que se decantaron los progenitores, sin entrar a valorar en qué medida el ideario religioso o laico de los centros educativos podía lesionar el derecho a la libertad de conciencia de la menor, o el derecho de los padres a elegir la formación religiosa y moral de sus hijos.

El Tribunal Constitucional tuvo que establecer en qué medida fueron ponderados correctamente los derechos y libertades fundamentales en juego, teniendo en cuenta la necesidad de salvaguardar el interés superior de la menor. Con este objeto, el tribunal se remitió a su doctrina sobre el derecho a la libertad religiosa y el derecho de los padres a que sus hijos reciban la formación religiosa y moral que esté de acuerdo con sus propias convicciones. En palabras del tribunal, "los menores de edad son titulares también del derecho a la libertad religiosa, de acuerdo con el genérico reconocimiento del art. 16.1 CE a los individuos y comunidades, y en consonancia con la Convención de derechos del niño, de 20 de noviembre de 1989, que expresamente lo reconoce en el art. 14.1, sin perjuicio de "los derechos y deberes de los padres y, en su caso de los representantes legales, de guiar al niño en el ejercicio de su derecho de modo conforme a la evolución de sus facultades" (art. 14.2). Esta libertad religiosa queda sujeta "únicamente a las limitaciones prescritas por la ley que sean necesarias para proteger la seguridad, el orden, la moral o la salud públicos o los derechos y libertades fundamentales de los demás" (art. 14.3). En términos análogos se reconoce el derecho de libertad religiosa de los menores en el art. 6 de la Ley Orgánica 1/1996, de 15 de enero, de protección jurídica del menor"[29].

Respecto al papel de los centros educativos de titularidad privada en este contexto, según el tribunal "el derecho a establecer un ideario propio de los centros docentes aúna dos perspectivas: por un lado, es una faceta del derecho a crear centros docentes y, por otro lado, conecta con el derecho de los padres a elegir el tipo de formación religiosa y moral que desean para sus hijos, aunque entre ambos no existe una relación de instrumentalidad necesaria, pero sí hay "una indudable interacción" entre ellos. El derecho reconocido en el art. 27.3 CE es distinto del derecho a elegir centro docente reconocido en el art. 13.3 del Pacto internacional de derechos económicos, sociales y culturales, aunque resulta obvio que la elección del centro docente es un modo de elegir una determinada formación religiosa y moral, y aunque no hay identidad entre ambos derechos, la conexión entre ellos es indudable. El ideario educativo propio de cada centro, además, no está limitado a los aspectos religiosos y morales de la actividad educativa, sino que puede extenderse a los distintos aspectos de su actividad [...] pero también hemos indicado que los derechos a crear instituciones educativas y a elegir el centro docente y la formación religiosa o moral de los hijos (art. 27.1, 3 y 6 CE) admite, como todo derecho fundamental, restricciones que respondan a un fin constitucionalmente legítimo y que sean necesarias y adecuadas para alcanzar dicho objetivo; es decir, restricciones que se ajusten al canon de proporcionalidad resultante de las normas constitucionales de protección de derechos fundamentales sustantivos conforme al triple juicio de adecuación, necesidad y proporcionalidad en sentido estricto o ponderación de beneficios y perjuicios"[30].

El tribunal recordó su doctrina en el contexto del interés superior de las personas menores de edad, tomando como punto de partida el mandato contenido en el artículo 39 CE, según el cual "los niños gozarán de la protección prevista en los acuerdos internacionales que velan por sus derechos", y en este terreno señaló el papel que desempeña la Convención sobre los derechos del niño, aprobada por la Asamblea General de Nacio-

---

29 FJ 2º, en relación a la STC 154/2002, de 18 de julio, FJ 9 a). En este contexto, el tribunal se remitió a las SSTC 187/1996, de 25 de noviembre, FJ 2; 141/2000, de 29 de mayo, FJ 5; 77/2018, de 5 de julio, FJ 2; 106/2022, de 13 de septiembre, FJ 2 C); 130/2022, de 24 de octubre, FJ 5, y 131/2023, de 23 de octubre, FJ 3.

30 FJ 2º b, en relación a las STC 5/1981, FJ 8, y STC 74/2018, de 5 de julio, FJ 4 a).

nes Unidas el 20 noviembre 1989, que establece que: "en todas las medidas concernientes a los niños que tomen las instituciones públicas o privadas de bienestar social, los tribunales, las autoridades administrativas o los órganos legislativos, una consideración primordial a que se atenderá será el interés superior del niño"[31].

En el caso concreto de la libertad de conciencia, el tribunal ha expuesto que: "los menores de edad son titulares plenos de sus derechos fundamentales, entre ellos, el derecho a la libertad de creencias, sin que el ejercicio de este derecho puede abandonarse por completo a lo que decidan quienes tengan atribuida su guarda y custodia o su patria potestad, cuya incidencia sobre el disfrute de los derechos fundamentales por parte de la persona menor se modulará en función de su madurez y los distintos estadios en que la legislación gradúa su capacidad jurídica. De manera que pesa sobre los poderes públicos, y de manera especial sobre los órganos judiciales, el deber de velar por que el ejercicio de esas potestades por sus padres o tutores se haga en interés de la persona menor y no al servicio de otros intereses que, por muy lícitos y respetables que puedan ser, deben postergarse ante el "superior" del niño. Y así, concluíamos en la citada sentencia que, frente a la libertad de creencias de sus progenitores y su derecho a que sus hijos reciban la formación religiosa y moral que esté de acuerdo con sus propias convicciones, se alza como límite aquella misma libertad de creencias que asiste a los menores de edad, manifestada en su derecho a no compartir las convicciones de sus padres, o más sencillamente, a mantener creencias diversas a las de sus padres. Libertades y derechos de unos y otros que, de surgir el conflicto, deberán ser ponderados teniendo siempre presente el "interés superior" de los menores de edad (arts. 15 y 16.1 CE en relación con el art. 39 CE)"[32]. La aplicación de la doctrina constitucional a este caso concreto, requiere tener en cuenta que estamos ante una persona menor de edad con un grado de madurez muy limitado debido a su edad[33].

---

31 Art. 3.1.

32 FJ 4 b, en relación a la posición del tribunal en la STC 141/2000, de 29 de mayo.

33 Según el Código civil de Cataluña, "En caso de desacuerdo sobre el ejercicio de la potestad parental, cualquiera de los progenitores puede recurrir a la autoridad judicial, que debe decidir habiendo escuchado al otro progenitor y a los hijos que hayan cumplido doce años o que, teniendo menos de ellos, tengan suficiente juicio". Artículo 236-11.4 de la Ley 25/2010, de 29 de julio, del libro segundo del Código civil de Cataluña. En este caso concreto, debido a la edad de la menor y a

En opinión del tribunal de instancia, el interés superior de la menor requería que está fuera escolarizada en un centro religioso, en vez de en una escuela pública laica, debido a la calidad de su oferta académica y sus instalaciones deportivas y educativas. Ahora bien, el principal foco de conflicto entre los padres no fue la calidad de la educación, sino el fuerte carácter religioso del centro que, en opinión de la madre, lesionaba su derecho garantizado en el artículo 27.3 CE, el cual no se traducía exclusivamente en la oferta de la asignatura de religión confesional, ya que este estaba presente en el proyecto educativo, el modelo pedagógico y la metodología docente, del centro, el cual reclamaba de forma activa la adhesión de sus alumnos al ideario religioso del centro[34].

Una vez establecido que ambos centros eran idóneos para escolarizar a la menor, el tribunal señaló, respecto al interés superior del menor, que este "debe determinarse en relación con la enseñanza en un centro no confesional o religioso. Para dar respuesta a esta cuestión, en principio debería

---

su grado de madurez, el tribunal de instancia no estimó conveniente escuchar a la menor.

34 Señala el tribunal, "Pero el centro concertado tenía, además, y esta era la diferencia fundamental que originó el conflicto entre los progenitores, un claro carácter religioso. Así se desprende del folleto informativo del centro escolar concertado —aportado por la madre— según el cual, entre sus valores se incluye la espiritualidad, con una referencia explícita a Dios; se autodenomina como escuela cristiana y afirma que los centros educativos de la congregación "son una obra eclesial de educación cristiana", que su "identidad está basada en el proyecto evangélico de Jesús, como propuesta alternativa y significativa para una sociedad más justa, más humana y liberadora", con referencia al humanismo cristiano, a la educación en los valores evangélicos. Define su proyecto educativo como cristiano e indica que dentro del horario escolar se educa la interioridad, "propiciando momentos de oración, de reflexión y de silencio, especialmente al inicio del día y por medio del oratorio", se ofrecen valores sociales y cívicos a través de la figura de Jesús de Nazaret. Respecto de su identidad cristiana, afirma compartir "con las familias, primeras responsables, esta identidad, los fines y valores que desarrollamos y la tarea cotidiana de educar" y añade que "compartimos también esta identidad y nuestro carisma original con todos los agentes educativos del centro, empezando por los profesores, así como con los colaboradores y todas las personas comprometidas. La participación corresponsable y generosa hace que nuestra misión sea verdaderamente compartida, profética y perenne, y que vivamos nuestra identidad como comunidad educativa fuerte". Desde el punto de vista pedagógico, se afirma potenciar, entre otros aspectos, "el carácter evangélico de nuestras obras", la pedagogía y metodología proponen valores cristianos, se define la misión del centro como "educar honrados ciudadanos y buenos cristianos", idea que se desarrolla con constantes referencias a la religión cristiana". FJ 5 b.

haberse atendido a las propias creencias de la menor, porque el respeto a las mismas constituye el respeto a su interés superior y podría justificar el sacrificio de los legítimos intereses de terceros, en este caso, sus progenitores. Como ya hemos tenido ocasión de indicar, el interés superior del menor en relación con el derecho fundamental a la libertad de creencias, del que también es titular el menor de edad, determina que el ejercicio de este derecho no puede abandonarse por completo a la decisión de los padres, sino que debe modularse en función de la madurez del menor. Y los poderes públicos, de manera especial los órganos judiciales, tienen el deber de velar por que el ejercicio de estas potestades por sus padres o tutores se haga en interés del menor y no al servicio de otros intereses"[35]. Ahora bien, en este caso concreto, debido a la edad de la menor no fue factible valorar su opinión personal al respecto.

En consecuencia, el tribunal señaló que, dada la dificultad de reconciliar la posición de los progenitores, la solución más acorde con el interés superior de la menor es que su formación escolar se desarrolle en un contexto religioso neutral, ya que: "la decisión judicial, en estos casos, debe participar del deber de neutralidad del Estado como principio derivado del art. 16.3 CE. Al establecer el citado precepto constitucional que ninguna confesión tendrá carácter estatal, se reconoce la aconfesionalidad por parte del Estado, lo que determina una delimitación o separación entre funciones religiosas y estatales. Esta neutralidad estatal en materia religiosa es, además, presupuesto para la convivencia pacífica entre las distintas convicciones en materia religiosa existentes en una sociedad plural y democrática [...] Frente a la opción de un colegio religioso, cuyo proyecto pedagógico global está explícitamente dirigido a la formación en una concreta fe, el colegio público no confesional resulta más acorde para favorecer el libre desarrollo de las convicciones de la menor desde una posición de neutralidad con respecto a las divergentes posiciones de sus progenitores. De este modo se atiende al interés superior de esta a formar sus propias creencias en materia religiosa a través de una información y un conocimiento transmitidos de manera objetiva, crítica y plural, permitiendo que pueda desarrollar una opinión crítica en el seno de una familia caracterizada por la diversidad en esta materia"[36]. En otras palabras, la escolarización de la menor en un centro neutral, en la medida en la que permite que esta desarrolle sus convicciones y creencias en un contexto

35 FJ 5 b. En relación a la STC 141/2000, de 29 de mayo, FJ 5.

36 FJ 5 b.

libre de adoctrinamiento, es compatible con que los progenitores ejerzan sus derechos garantizados en el artículo 27.3 CE.

De acuerdo con este planteamiento, el tribunal estimó el recurso de amparo, al entender que se lesionó el derecho de la madre a que su hija recibiese la formación religiosa y moral que esté de acuerdo con sus propias convicciones. Según el tribunal, el conflicto acerca de qué colegio debía escolarizar a la menor no debería haberse resuelto atendiendo a la calidad de la oferta educativa de las opciones elegidas por los progenitores, sino intentando salvaguardar el ejercicio del derecho de los padres a elegir la educación religiosa y moral de sus hijos, y el hecho de que la menor asistiera a una escuela con un ideario neutral permitía que ambos progenitores complementasen su educación con su propia visión sobre el fenómeno religioso[37].

4.3. Votos particulares

La decisión del Tribunal Constitucional fue objeto de dos votos particulares, uno formulado por los magistrados Enríquez Sancho, Espejel Jorquera y Tolosa Tribiño, y otro, concurrente con el voto de la mayoría, firmado por el magistrado Campo Moreno.

El primer voto particular discrepó con el planteamiento del voto mayoritario, ya que el recurso de la madre no se soportó en la defensa y garantía de los derechos fundamentales de la menor, pese a que esta es titular del derecho a la libertad religiosa, con independencia de que el ejercicio del mencionado derecho deba modularse atendiendo a su madurez. La diferencia de posturas de los progenitores puede reconducirse a que, mientras que la madre invocó el derecho de liberta religiosa en sentido negativo, solicitando que la niña no fuera educada rodeada de una simbología que, en su opinión, era lesiva para su libertad religiosa, el padre lo hizo en sentido positivo.

La principal crítica del voto particular se centró en que, en su opinión, los tribunales sí que realizaron la ponderación necesaria para resolver el

---

37 En palabras del tribunal, "Fuera del entorno escolar, cada uno de los progenitores puede hacer partícipe a su hija de sus propias convicciones morales y religiosas dentro del respeto a los derechos y convicciones del otro progenitor hasta que la menor adquiera la suficiente madurez para tener sus propias convicciones y creencias, que podrían ser diversas a las de sus padres" FJ 5 b.

conflicto entre los progenitores desde la perspectiva del artículo 27.3 CE. En concreto, para las firmantes del voto particular, "la ponderación por tanto del art. 27.3 CE está hecha, en el marco correcto de lo previsto en ese precepto constitucional (que habla de "la formación religiosa y moral") y respetando las creencias de cada progenitor (art. 16.1 CE). No se efectúa la ponderación, desde luego, en el marco desbordado de la Constitución que pretendía la madre y que acoge la sentencia de la que discrepamos, de que la hija esté aislada de todo contacto con el hecho religioso en su amplio sentido"[38].

En opinión del voto particular, el voto mayoritario ignoró el juicio probatorio realizado por el tribunal de instancia, sustituyendo a los tribunales ordinarios en el ejercicio de una competencia que es exclusiva de estos; ya que soportó su decisión en sus propias conclusiones sobre la atmósfera del centro escolar elegido por el padre, a partir del programa escrito, al que la sentencia denomina "folleto", elaborado por el centro escolar, y aportado en el recurso de apelación por la madre al que la Audiencia Provincial no concedió ninguna relevancia probatoria.

Asimismo, según el voto particular, la sentencia "rompe con la doctrina constitucional pacífica sobre el carácter aconfesional del Estado, sentando una nueva doctrina de efectos peligrosos y que no satisface el interés superior de la menor en el caso"[39]. El voto justificó su posición en el Acuerdo entre el Estado Español y la Santa Sede sobre Enseñanza y Asuntos cul-

---

[38] Punto 1 c) del voto particular. Continuado exponiendo el voto particular, "la sentencia de la que discrepamos, sin embargo, afirma que "las resoluciones judiciales han soslayado el verdadero conflicto de derechos fundamentales de los padres [...] el art. 27.3 CE, que ha quedado desplazado por una comparación entre las prestaciones ofrecidas por cada centro educativo, ni tampoco ha acertado al identificar el interés superior de la menor". Este aserto no es en absoluto cierto, como acaba de explicarse, pues los órganos judiciales efectuaron la debida ponderación constitucional de los dos aspectos que debían dilucidarse ante la discrepancia de los progenitores. La tesis que exterioriza la sentencia solo puede ser entendida desde una óptica que, ya sin cobertura en el mencionado precepto constitucional, propugna la prohibición no solo de que la menor reciba formación religiosa, sino que tenga cualquier contacto con lo que la sentencia define como "el elemento religioso [que] trasciende de la asignatura de religión y se hace presente de manera general en el proyecto educativo" del centro. Este aserto, que luego desarrolla la sentencia, merece una censura tanto desde el punto de vista de los hechos probados en el procedimiento de instancia, como desde aquel otro del principio de aconfesionalidad del Estado, como de inmediato se dirá". Punto Punto 1 c) iii).

[39] Punto 3 del voto particular.

turales, cuyo artículo I establece que "En todo caso, la educación que se imparta en los Centros docentes públicos será respetuosa con los valores de la ética cristiana", y posteriormente ordena que "el hecho de recibir o no recibir la enseñanza religiosa no suponga discriminación alguna en la actividad escolar". En opinión del voto particular, ambos preceptos "responden al principio de laicidad positiva al que hemos hecho ya referencia (art. 16.3 CE), y que nunca han sido objeto de cuestionamiento ante este tribunal"[40].

La definición que el voto da al principio de laicidad positiva en el terreno educativo es muy discutible, ya que soporta su alcance y contenido, por una parte, en que los centros docentes públicos acomoden sus enseñanzas al respeto de una ética privada (ética cristiana), de forma que sean terceros, completamente ajenos a la prestación del servicio público educativo, los que puedan decidir sobre los contenidos del currículo escolar atendiendo a criterios subjetivos; y por la otra, la impartición de enseñanza de religión confesional en la escuela pública supone, por definición, la segregación de su alumnado atendiendo a cuales sean sus creencias o convicciones personales, ya que estos reciben una formación diferenciada en función de que cursen la enseñanza de religión o su alternativa[41]. De hecho, la interpretación que el voto particular hace del principio de laicidad positiva podría suponer que el derecho de los padres a decidir la formación religiosa y moral de sus hijos pudiera ser anulado en función de que su ejercicio sea coherente con los valores de la ética cristiana; toda vez que se concedería a la Iglesia católica una especie de derecho de censura sobre los contenidos del currículo escolar cuando estos puedan atentar contra sus principios doctrinales[42].

Finalmente, el voto particular incidió en que el debate constitucional debería haberse centrado exclusivamente en conciliar las opciones educativas que propusieron los padres, y ordenar la escolarización de la menor

---

40 Punto 3 del voto particular.

41 *Vid.* Vidal Gallardo, M., "Gestión pública de la diversidad y educación intercultural", Revista General de Derecho Canónico y Derecho Eclesiástico del Estado, Nº 35, 2014.

42 *Vid.* Llamazares Calzadilla, M. C., "Acuerdos Iglesia-Estado, Derechos fundamentales y soberanía", Secularización, cooperación y derecho: Estudios en homenaje a la profesora Dra. Dª Ana Fernández-Coronado González / coord. por Salvador Pérez Álvarez, José Daniel Pelayo Olmedo, 2023, págs. 135-146.

en el centro con mejor oferta educativa, con independencia de que su ideario fuera opuesto a las creencias de uno de los padres[43].

El voto del magistrado Campo Moreno coincidió con el voto mayoritario en que la asistencia de la menor a una escuela neutral protege, en mayor medida que su escolarización en un colegio religioso, su derecho a la autodeterminación cuando alcance la madurez necesaria[44]. Ahora bien, el magistrado discrepó de la metodología utilizada por el voto mayoritario para resolver el conflicto entre derechos fundamentales de los padres de la menor[45].

---

43 El voto particular criticó al voto mayoritario, señalando que para este: "la simple existencia de un ambiente religioso significa una presencia tóxica del que hay que preservar a toda costa a la hija menor de la recurrente. Ya no se trata de que no reciba enseñanza religiosa alguna (decisión judicial ya adoptada), sino que no vea signos religiosos (cruces cristianas, etc.) dentro de las instalaciones, que desconozca lo que es una monja o un sacerdote y desde luego que no tenga cualquier conversación con ellos aunque se refiera a clases o tutorías de las asignaturas no religiosas. O en fin, que interactúe con otros menores que sí van a la clase de religión, rezan o sencillamente participan de las creencias de sus padres, porque todo lo que sea tener cualquier acercamiento al fenómeno religioso debe ser impedido por el juez, por el Estado". Punto 3 b) del voto particular.

44 En palabras de Campo Moreno: "asumo que el modo más idóneo para lograr ese objetivo, hasta tanto llega ese momento y vista la discrepancia existente entre los padres, consiste en la selección de un centro de enseñanza que resulte suficientemente neutral en el ámbito de las creencias religiosas. Comparto, igualmente, que esa condición o atributo de "neutralidad" solo estaba presente, en el caso concretamente enjuiciado, en el centro de enseñanza (no confesional) elegido por doña N.C.R. (madre de la menor y demandante de amparo), no tanto porque en el colegio elegido por el padre contemplase, dentro de la ruta curricular, la enseñanza de la asignatura de religión, sino porque dicho centro estaba caracterizado por un proyecto educativo profundamente imbuido de convicciones religiosas, que impregnaban, en definitiva, todo el desarrollo de la vida escolar".

45 Señala Campo Moreno: "La tesis sostenida por la mayoría pasa por alto, en definitiva, que hay casos en los que el juez civil puede verse excepcionalmente obligado a resolver este tipo de conflicto de un modo que no resulte acorde a una de las pretensiones ejercitadas por los padres, si ambas resultan perjudiciales para el interés superior del menor. No está de más recordar que, de acuerdo con la doctrina de este tribunal, hay situaciones en que los menores deben ser protegidos incluso frente a pretensiones proselitistas de sus propios padres. Esto se corresponde mal con la idea de un conflicto entre derechos propios de los progenitores, en el que el derecho de uno deba ceder ante el derecho del otro". Punto i del voto particular en referencia a la STC 141/2000, de 29 de mayo.

Para Campo Moreno, en el supuesto analizado es muy discutible que el epicentro del debate sea un conflicto de derechos fundamentales de los cuales sean titulares los progenitores. Según el voto particular, el conflicto no tiene su anclaje jurídico en el artículo 27.3 CE, ya que este derecho se limita a proteger a los padres ante un potencial adoctrinamiento de sus hijos contrario a sus creencias o convicciones, lo cual, llevado a su máxima manifestación, supondría "cierta cosificación de los hijos e hijas menores, como si estos no fueran titulares plenos de los derechos fundamentales (incluida la libertad religiosa) y fueran, más bien, el mero objeto sobre el que los padres proyectan sus propias convicciones morales"[46]. En consecuencia, el magistrado interpretó que el conflicto entre los derechos de los padres es de carácter meramente horizontal, de forma que la libertad religiosa de la menor sería el derecho fundamental que procede garantizar frente al ejercicio de las funciones tuitivas parentales y, en la medida en la que la menor no podía ejercer por si misma el derecho debido a su edad, la solución que mejor salvaguarda su futuro ejercicio del derecho de libertad religiosa es la escolarización en un centro educativo neutral frente al fenómeno religioso.

5. CONSIDERACIONES FINALES

El derecho de los padres a que sus hijos sean educados de acuerdo con sus convicciones, que garantizan tanto el artículo 27. 3 del texto constitucional como los principales tratados y acuerdos internacionales de derechos humanos, se conforma como un derecho, si bien autónomo, fuertemente conectado con los derechos a la educación y a la libertad de enseñanza. Cuando los padres eligen escolarizar a sus hijos en un centro docente público o privado (concertado o no concertado) están incidiendo en su formación religiosa y moral, ya sea mediante la asistencia del alumno a la asignatura de religión confesional, ya sea porque el alumno se eduque en un contexto neutral (en el caso de la escuela pública) o en una escuela con un ideario o carácter religioso.

Los textos señalados se limitan a garantizar la libertad de elección de los padres, pero no cabe hablar de un derecho de naturaleza prestacional, que traslade a los poderes públicos la responsabilidad de educar a los menores de acuerdo con las creencias y convicciones de sus progenitores.

---

46 Punto ii del voto particular.

Por el contrario, se trata de un derecho que ordena que los padres pueden educar a sus hijos de acuerdo con su sistema de creencias y convicciones personales, cuando estos respeten el orden público y los principios constitucionales; asimismo, en su vertiente negativa, este derecho impide que los poderes públicos adoctrinen a los menores de forma contraria a las creencias y convicciones de sus progenitores.

El TEDH se ha pronunciado sobre esta temática, principalmente desde la perspectiva del artículo 2 del Protocolo adicional, recordando que los tribunales deben valorar las especificidades de cada caso concreto, y que, en ausencia de acuerdo entre los progenitores y cuando los menores no tengan la capacidad y madurez suficiente para elegir de forma autónoma sobre su formación religiosa, es necesario reconocer un espacio autónomo e independiente a los menores, que puede limitar el derecho de los padres a decidir la formación religiosa y moral de sus hijos en el contexto educativo, pero que puede reconciliarse con la función educativa que los padres pueden desempeñar en el contexto familiar.

El Tribunal Constitucional acaba de pronunciarse de forma muy similar a como lo hecho el TEDH, señalando que, cuando los padres no estén de acuerdo acerca de la escuela en la que escolarizar a sus hijos, no sea posible reconciliar sus posiciones, y no sea factible valorar la opinión de los menores (debido a su edad y/o grado de madurez), los tribunales deben ordenar la escolarización de los menores en un centro neutral, ya que esta es la opción que permite en mayor medida que estos desarrollen sus convicciones y creencias en un contexto libre de adoctrinamiento, y es compatible con que los progenitores eduquen a sus hijos de acuerdo con sus creencias o convicciones personales, en el contexto familiar fuera del horario escolar.

Por lo tanto, en caso de falta de acuerdo de los progenitores sobre la escolarización de sus hijos, no debe valorarse de forma principal la calidad de la oferta educativa de las opciones elegidas por los progenitores, en la medida en la que se trate de centros autorizados por las administraciones educativas. De esta manera, el alcance y contenido del artículo 27.3 se localiza fuera del contexto escolar, y se circunscribe al contexto familiar, de forma que ambos progenitores puedan complementar la educación que sus hijos reciben en la escuela con la visión sobre el fenómeno religioso que consideren más apropiada.

BIBLIOGRAFÍA

Celador Angón, O., Libertad de conciencia y Europa: un estudio sobre las tradiciones constitucionales comunes y el Convenio Europeo de Derechos Humanos, Dykinson, 2011.

Celador Angón, O., "Laicidad constitucional y modelo educativo", Libertad de conciencia, laicidad y derecho: "liber discipulorum": en homenaje al Prof. Dr. Dionisio Llamazares Fernández, Civitas Thomson Reuters, 2014, págs. 281-302.

Fernández-Coronado González, A., "Sentido de la cooperación del Estado laico en una sociedad multireligiosa", Revista General de Derecho Canónico y Derecho Eclesiástico del Estado, Nº 19, 2009.

Ferreiro Galguera, J., "Desarrollo de los Acuerdos de cooperación de 1992: luces y sombras", en Revista General de Derecho Canónico y Derecho Eclesiástico del Estado, Nº 44, 2017.

Lozano, B., La Libertad de Cátedra, Marcial Pons, Madrid, 1995.

Llamazares Fernández, D., Llamazares Calzadilla, MC., Derecho de la libertad de conciencia II. Libertad de conciencia, identidad personal y solidaridad, (3 ed.), Thomson Reuters-Civitas, 2007.

Llamazares Calzadilla, M. C., "Acuerdos Iglesia-Estado, Derechos fundamentales y soberanía", Secularización, cooperación y derecho: Estudios en homenaje a la profesora Dra. Dª Ana Fernández-Coronado González / coord. por Salvador Pérez Álvarez, José Daniel Pelayo Olmedo, 2023, págs. 135-146.

Polo Sabau, J. R., "La enseñanza de la religión en la escuela pública: fundamento constitucional y desarrollo normativo", Revista General de Derecho Administrativo, Nº 33, 2013.

Polo Sabau, J. R., "Los acuerdos del Estado español con las confesiones religiosas minoritarias en la perspectiva de su trigésimo aniversario", Anuario de derecho eclesiástico del Estado, Nº 38, 2022, págs. 185-218.

Rodríguez Blanco, M., "La enseñanza de la religión en la escuela o la permanente conflictividad judicial", El Derecho eclesiástico del Estado: en homenaje al profesor Dr. Gustavo Suárez Pertierra, Tirant lo Blanch, 2021, págs. 713-726.

Rodríguez García, JA., "La educación intercultural: estudio jurídico-comparado (España-Latinoamérica)", Revista general de derecho público comparado, Nº 10, 2012.

Ruano Espina, L., "Objeción de conciencia a la Educación para la Ciudadanía, La objeción de conciencia a la educación para la ciudadanía ante los Tribunales Superiores de Justicia", Revista General de Derecho Canónico y Eclesiástico del Estado Nº 17, 2008.

Souto Galván, B., "El derecho de los padres a educar a sus hijos conforme a sus propias convicciones en la jurisprudencia del Tribunal Europeo de Derechos Humanos", Revista europea de derechos fundamentales, Nº 17, 2011, págs. 245-268.

Suárez Pertierra, G., "Reflexiones Acerca de la relación entre libertad de enseñanza e ideario de centro educativo", Anuario de Derechos Humanos, 2, 1983, págs. 627-644.

Vidal Gallardo, M., "Gestión pública de la diversidad y educación intercultural", Revista General de Derecho Canónico y Derecho Eclesiástico del Estado, Nº 35, 2014.

Reflexiones sobre la excepción de objeción de conciencia a la luz de la última doctrina del Tribunal Constitucional

VALENTÍN CORTÉS DOMÍNGUEZ

1

Quiero advertir que éste no será, en realidad, un trabajo doctrinal; porque no pretendo ni analizar ni criticar doctrinas científicas jurídicas anteriores, ni ofrecer criterios doctrinales de futuro, sino plasmar en un papel pura y simplemente pensamientos que me han venido tras la lectura de dos sentencias de este año del Tribunal Constitucional, (SSTC 19/2023 de 22 de marzo y 44/2023 de 9 de mayo), en lo que se refiere sólo a un tema muy concreto de los tratados en ellas: la *objeción de conciencia*; no en otros temas, principales, que en aquellas se dilucidan, que exceden del marco de estudio de mi especialidad jurídica.

De esta manera, así, exponiendo mis reflexiones y pensamientos en este tema de la objeción de conciencia, sin más autoridad científica y jurídica que la mía, si es que la tengo, emulo cuanto hemos venido haciendo, desde hace ya muchos años, **Víctor Moreno** y yo en nuestra colaboración científica, que empezó en 1982 y que sigue inquebrantable hasta la fecha. En un libro como éste, que se publica en honor del **Profesor Moreno Catena**, he decidido, modestamente, que no lo voy a tratar y homenajear de forma distinta a como lo he tratado científicamente tanto tiempo; distinta a como siempre lo he tratado, pero, y es lo importante, también respetado científicamente: siempre hemos expuesto nuestras opiniones jurídicas, nuestras reflexiones, sin darnos lecciones de ningún tipo, y menos doctrinales, lo que nos ha permitido hacer juntos, y siempre con acuerdo total, tantas buenas obras jurídicas y durante tanto tiempo.

2

Vamos a hacer, pues, en este estudio de homenaje una breve y parcial reflexión sobre esas dos sentencias del Tribunal Constitucional que han desarrollado como objeto principal de ambas, al hilo del examen de la constitucionalidad cuestionada de dos leyes (LO 3/2021 de 24 de marzo, de reconocimiento de la eutanasia y LO 2/2010 de 3 de marzo del aborto), una doctrina llamada *"creativa y constructiva"* de la Constitución, por la que, desde ahora, para así encuadrar el tema, existen derechos constitucionales al aborto y a la eutanasia, que se denominan de *"autodeterminación"* de la *propia muerte* y de la *gestación*, respectivamente. Estas sentencias han sido posteriormente confirmadas por las que resolvían recursos similares de otros recurrentes, y que entiendo no es necesario citar ni traer aquí, pues no introducen factores importantes que debamos tener en cuenta para estas reflexiones.

Tal como he advertido más arriba, no será, pues, objeto de esta reflexión hacer la crítica, que creo se merece, de esa tal llamada *doctrina creativa y constructiva* de la Constitución, aunque, no me resisto a salirme un poco ahora del guion, y decir que, en mi opinión, el Tribunal Constitucional no ha sido regulado y constituido, como órgano esencial de nuestra Constitución y Estado de Derecho, para crear normas constitucionales o modificarlas, ni crear derechos constitucionales *ex novo*, sino, más bien, para aplicarla e interpretarla. Como igualmente opino que la capacidad de interpretar la norma que tienen los órganos jurisdiccionales (sean judiciales o constitucionales) tiene el límite obvio en la prohibición de la derogación vía interpretación o de la creación de la norma jurídica. Por tanto, mi rechazo a esta actividad "creativa" del Tribunal Constitucional es total.

Tampoco me resisto a poner de manifiesto lo llamativo y, desde luego, *"constructivo"* que es que la posibilidad de quitarse la vida (que tiene cualquier persona con capacidad física de hacerlo mediante el suicidio) se convierta en derecho, y, por demás, constitucional, cuando no se tiene tal capacidad física de hacerlo; pero este estudio lo dejamos a los especialistas en la materia. Ya conocemos lo preocupado que se mostró Montequieu en su *De l'Esprit des Lois* (Primera, Parte, Libro VI) por esta posibilidad, por esta tendencia ahora llamada *"creativa y constructiva"* de los jueces, tan americana como aquella otra tendencia de entender a la sentencia como una corazonada ("*hunch*") del juez que la dictaba.

Porque, en realidad, sólo nos interesa, como antes he advertido, entrar en la doctrina que emanan esas sentencias, no en cuanto a los citados derechos de autodeterminación, sino exclusivamente en cuanto esas sentencias se refieren a la constitucionalidad de los llamados *derechos de objeción de conciencia*, que regulan las leyes que se recurrieron ante el Tribunal, dado la perspectiva procesal que, creo, tienen necesariamente los mismos.

Porque, la objeción de conciencia de la que nos hablan esas sentencias, dicho en pocas palabras, y por demás sencillas, tiene virtualidad en cuanto, podríamos decir, es un "*contra-derecho*", que se tiene frente a determinados derechos que, por sí mismos, en cuanto se ejercen por sus titulares, ponen a terceras y determinadas personas en una posición de sujeción, prevista en la Ley, que se traduce en el cumplimiento de ciertas obligaciones que están establecidas en la norma jurídica. Lo que, en principio, quiere decir, que sólo en un plano de defensa, fundamentalmente procesal o procedimental, cabe ejercer la objeción de conciencia, bien porque no queremos sujetarnos a la obligación que nos impone la norma cuando se ejercita un derecho por un tercero, que nos afecta de esa forma directa, bien porque queremos anular la eficacia de la posible sanción que, en su caso, la autoridad competente nos ha podido imponer por no sujetarnos, precisamente, al mandato de la norma.

En términos procesales, que son los nuestros, podríamos decir que la objeción de conciencia se tiene siempre frente al ejercicio de *derechos potestativos al cambio* de un tercero, que afectan al Estado o a determinadas personas imponiéndoles, como sujeción, el cumplimiento de esos deberes u obligaciones (según los casos), cumplimiento que hace posible precisamente la satisfacción del derecho potestativo al cambio de aquella otra persona.

3

Pues bien, si nos detenemos en el objeto material de las leyes que son valoradas en las sentencias citadas (eutanasia y aborto), igualmente podemos deducir como evidente que la eutanasia debe ser siempre aplicada y practicada por profesionales de la medicina, al igual que el aborto; en caso distinto, esas "prácticas" no son consideradas por la ley ni eutanasia ni aborto en sentido técnico-jurídico, con las consecuencias jurídicas de todo tipo que ello comporta.

Igualmente, y de otra parte, si la eutanasia y el aborto son ahora respectivamente derechos constitucionales fundamentales de autodeterminación de la muerte y de la gestación, y técnica y jurídicamente deben ser llevados a cabo por profesionales médicos especializados, se deduce como corolario que el Estado debe proteger la tutela y ejercicio de tales derechos, porque la Constitución le obliga a proteger y tutelar todos los derechos fundamentales de las personas, como cabe deducir, para la totalidad de ellos, del contenido de las normas sitas en el Capítulo Segundo, Titulo Primero de la Constitución y, fundamentalmente, de lo dispuesto en su art. 53.

Por tanto, y por añadidura, si, a la postre, esas prestaciones conciernen, como así sucede, al personal médico que está integrado en el sistema sanitario español, sea público o privado, es éste quien se ve sometido a la sujeción que impone el ejercicio de los citados derechos, como sujetos que deben llevar a cabo y posibilitar la eutanasia y el aborto.

Téngase en cuenta que si los derechos al aborto y a la muerte no tuviesen la naturaleza constitucional-fundamental que les ha otorgado esta doctrina del Tribunal, el Estado no estaría obligado a tutelarlos y protegerlos mediante acciones especiales y adecuadas a su satisfacción, de donde los médicos especialistas adscritos al sistema sanitario español tampoco tendrían sujeción y obligación algunas de practicar abortos y eutanasias, pues, frente a la petición del interesado, podrían negarse simplemente, porque estarían frente al ejercicio de derechos ajenos que no les conciernen. Sólo el haberlos catalogado el Tribunal Constitucional como fundamentales hace que el médico especialista como tal, si ejerce en España, quede obligado a la prestación de tal servicio, porque ese servicio, del que es sujeto activo, es parte de la tutela y protección a la que está obligado el Estado por mandato de la Constitución.

Pero, incluso, la objeción de conciencia, en estos casos, es exclusivamente, según la doctrina emanada de sentencias del TC posteriores, que confirmaron las que estamos analizando, *del personal médico*, pero no de las *instituciones hospitalarias especializadas* en la prestación médica dentro de la que es posible encuadrar al aborto o a la eutanasia y donde pueda trabajar ese personal médico; estas últimas, al estar integradas necesariamente en el sistema sanitario español, se ven obligadas a la prestación de esos servicios, que se entienden como otros más de los servicios que debe contener la sanidad española.

Así, pues, es de esta realidad, declarada constitucional por estas sentencias, de la que debemos partir, no siendo, como ya he repetido objeto de nuestra reflexión, entrar en la crítica y examen de tal doctrina constitucional que ha levantado, como es lógico, grandes polémicas jurídico-constitucionales, en las que podríamos, en su caso, participar en otra sede.

4

Para avanzar en el tema que nos proponemos desarrollar no está mal recordar que el art. 30 de la Constitución, aun cuando sea para el servicio militar obligatorio, que no existe ya en nuestras fuerzas armadas, estableció y reguló la objeción de conciencia que permitía, en determinadas circunstancias, no cumplir el *deber* de servir militarmente a la Nación. Es la única referencia en el texto constitucional a la objeción de conciencia.

En pocas palabras, frente a la Ley y el establecimiento de *deberes legales* (prestación del servicio militar), la moral, la conciencia de cada uno, fundamentaba, en determinadas circunstancias, el *contra-poder*, que alegado, permitía eximirse de su cumplimiento, o de la sanción que se impusiera por falta de ese cumplimiento. Pareciera que el constituyente tuvo en cuenta el argumento de **Francisco de Vitoria**, en *De iure belli:" si subdito constat de iniustitia belli, non licet militare, etiam ad imperium Principis"*.

Pues bien, al socaire de la mención en la Constitución de la objeción de conciencia, el Tribunal Constitucional estableció (STC 161/1987) que la objeción de conciencia era *el derecho a ser eximido del cumplimiento de los deberes constitucionales o legales por ser ese cumplimiento contrario a las propias convicciones* (subrayado mío). En ese concepto de objeción de conciencia entraba, pues, como baremo de validez y eficacia de un *deber* legal o constitucional, lo que el Tribunal Constitucional llamó *"convicciones"*, que no es otra cosa que la *moral individual* que pueda tener el sujeto que se ve concernido por el *deber* legal.

Así, pues, en realidad, ese derecho a la objeción, tal como decimos, aparecía como un *contra-poder*, pues se tenía en cuanto se ejercitaba por el Estado el Poder que imponía deberes y situaciones contrarias a la propia convicción moral; en el caso concreto, el deber de servir en el ejército. Y siendo así, fundamentalmente, el contra-poder se ejercía, procedimental o procesalmente, por vía de excepción, bien para eximirse del cumplimiento, bien para oponerse a la sanción que se hubiese impuesto por falta de cumplimiento.

En la sentencia citada, el Tribunal Constitucional fue más explícito aún, porque igualmente declaró que, en nuestro Ordenamiento Jurídico, *no existía un derecho fundamental general a la objeción de conciencia,* sino sólo un derecho, que contenía ese contra-poder, de carácter ordinario, pero sólo cuando la ley ordinaria lo reconociera para un tema concreto o un deber concreto; o cuando fuera la propia Constitución (como es el caso del art. 30 citado) quien lo reconociera, pero advirtiendo que, en ese caso, no se trataba de un *derecho (contra-poder) fundamental*, sino un simple derecho subjetivo que tenía evidentemente sustento y apoyo dentro de la Constitución, por lo que esa norma no abría la vía al reconocimiento de la objeción de conciencia de forma generalizada para todos los supuestos en los que la ética o la moral concreta del afectado se enfrentara a los deberes concretos que le pudiera imponer a una determinada persona una norma legal. De lo contrario, es evidente, el Derecho perdería su sentido como norma emanada del Estado que debe ser cumplida.

Sin embargo, antes de esta sentencia, por el contrario, y de ahí la importancia de la sentencia que hemos brevemente comentado, la STC 53/1985 había *admitido* constitucionalmente la *objeción de conciencia general*, (pues se tiene el *contra-derecho*, según el Tribunal, con independencia de que se haya dictado o no la regulación legal específica sobre la objeción) vinculándola en el derecho fundamental a *la libertad religiosa e ideológica* (art. 16.1 de la Constitución). Claro es que en esta sentencia el Tribunal no estaba decidiendo sobre la objeción de conciencia frente al ejercicio del poder del Estado de establecer deberes (como el del servicio militar) sino la objeción de conciencia, en abstracto, *frente al ejercicio de un derecho de tercera persona* amparada por una norma legal; matiz, como se puede observar, de enorme importancia. En un caso, se contemplaban deberes frente al Estado; en otro, obligaciones frente a derechos de terceras personas.

Después de 1987, fecha de la sentencia que antes hemos comentado brevemente, en la STC 321/1994, nos dijo *que la libertad de conciencia sí es un derecho fundamental, pero no basta por sí misma para liberar a los ciudadanos de sus deberes por razón de sus convicciones, a no ser que se reconozca expresamente en una ley para el caso concreto* (subrayado mío).

Y más tarde, el Tribunal no tuvo inconveniente (STC 145/2015), analizando un caso concreto, de derivar la objeción de conciencia, ejercida contra el derecho de una tercera persona, sólo del derecho a la libertad religiosa e ideológica del art. 16.1 de la Constitución, que, en el caso concreto, le impedía como farmacéutico expender productos y fármacos contra la concepción a quien tenía derecho a comprarlos en un establecimiento farmacéutico; bien es verdad que, en ese caso, también lo decía el propio Tribunal, el derecho a acceder a esos medicamentos no necesaria ni exclusivamente se protegía y se hacía realidad en el establecimiento farmacéutico del demandante de amparo, sino en cualquier otra farmacia a la que podía acudir la persona que ejercitaba el derecho.

5

Tras este breve repaso a la jurisprudencia, para mí, básica y suficiente del Tribunal Constitucional sobre la objeción de conciencia, creo que se puede decir, de una parte, que existe una diferencia en la doctrina constitucional según estemos ante la objeción de conciencia frente al ejercicio de un poder del Estado que impone un determinado deber en el ciudadano (*contra-poder*), y la objeción de conciencia que se ejerce frente al ejercicio de un derecho de una tercera persona (contra-derecho). En el primer caso, la objeción tiene que estar clara y expresamente admitida en la ley para el supuesto concreto, pues no cabe una objeción de conciencia general frente a todos los deberes que nos pueda imponer el Estado a través de la ley. En el segundo, el derecho de objetar se tiene esté o no regulado en la ley, siempre que se cubran unos requisitos materiales que más adelante examinaremos. Importante, pues, la diferencia.

Tanto en unos supuestos como en otros el Tribunal establecía, como origen y sustento del contra-poder o del contra-derecho, *la moral o la ética* (las convicciones) concretas del sujeto concernido por los deberes o u obligaciones constitucionales o legales. Lo que significa que, frente al principio recogido en el art. 9.1 de la Constitución, por el que los ciudadanos y los poderes públicos están siempre sometidos a la Constitución y al resto del Ordenamiento Jurídico, se permitía por el Tribunal Constitucional que, en supuestos concretos en los que el deber o la obligación pudiese quebrantar los principios morales del ciudadano (convicciones), éste pudiera liberarse de tales deberes u obligaciones. La Moral, pues, tal como decíamos al principio de estas líneas, se posicionaba con eficacia jurídica en contraposición al Derecho.

Sin embargo, es importante destacar que el Tribunal Constitucional, con esta doctrina, dio acertadamente la necesaria cobertura constitucional al problema de la preminencia, en esos casos, de la Moral sobre el Derecho y resolvió el dilema creado por supuestos en los que la validez y eficacia de la norma jurídica quedaría al albur de las convicciones morales o éticas que se pudieran tener por los concernidos por la norma legal o constitucional.

Porque, evidentemente, ello, cuando menos, chocaba formalmente con los términos ineludibles del citado art. 9.1 de la Constitución, en cuanto a la primacía exclusiva y excluyente de la Constitución y de la Ley, refrendada esa primacía por el art. 117 de la Constitución, y conformada, también, por normas del ordenamiento ordinario como las del art. 6.1 del CC, art. 13 LOPJ y otras, puesto que todo ese conjunto normativo se compadecía poco o nada con la posibilidad de que, en un caso concreto, se pudiera eludir el mandato constitucional o legal en base a las propias convicciones morales.

Para comprender la importancia del dilema y la de su solución, no se olvide que, bajo mi criterio, al menos, todo ese conjunto normativo, es concordante con la doctrina dominante hoy día, y lo es desde hace tiempo, en el mundo de los Estados de Derecho, establecida por KELSEN en su *Teoría Pura del Derecho,* que, como se sabe, desliga el estudio y la eficacia y, por consiguiente, la esencia del Derecho, de cualquier consideración externa al mismo, como pueda ser la Ética o la Moral. Porque, en efecto, incardinando, tal como hizo a la postre el Tribunal, en la jurisprudencia citada, en un derecho constitucional (como el de la libertad ideológica y religiosa) la objeción de conciencia, la prevalencia de la Ética o de la Moral sobre el texto legal, aparecería anclada de esa manera, no en algo extraño al Derecho, sino en la propia norma constitucional; y, constitucionalizándose, acabaría, por consiguiente, también, permitida y asumida por la propia Constitución. De modo que esa invocación a las *convicciones,* que se hace en la objeción de conciencia, sería a la postre, incluso en la terminología de Kelsen, una manifestación de su teoría pura del derecho (*vid.* Kelsen, *Reine Rechtslehre,* Viena, 1934).

En cualquier caso, no está de más recordar en este momento que, en nuestro Ordenamiento, han regido desde siempre importantes reglas morales que han condicionado la eficacia y validez, en determinados casos, del ejercicio de los derechos. Baste recordar ahora el contenido de diversas normas del Título Preliminar del Código Civil para comprender el alcance de la Moral, de las *convicciones ideológicas o religiosas,* en este caso, podríamos decir "constitucionales", para modular el ejercicio de los derechos y hacerlo eficaz.

6

Las sentencias del Tribunal Constitucional, que son objeto de esta reflexión, y que citábamos al principio, han dado, digámoslo así, un salto cualitativo de enorme importancia en materia de objeción de conciencia al convertir los derechos ordinarios, regulados en las leyes citadas, al aborto y a la eutanasia, en derechos con naturaleza constitucional que se denominan de *"autodeterminacion"* de la gestación o de la propia muerte. Son, pues, nuevos derechos fundamentales, que antes, amén de otra denominación, eran de naturaleza ordinaria.

Obsérvese que, en cuanto a la eutanasia, se trata ahora de un derecho que no es referible directamente al de la vida, sino al de la muerte, en modo tal que lo mismo que tenemos un derecho a la vida (art. 15 Constitución) ahora tenemos un derecho distinto, pero ciertamente relacionado, a morir; y lo mismo que las mujeres tienen la posibilidad de provocar la propia gestación, lo que parece ser inherente al derecho a la vida y al de la dignidad y libertad personal, ahora las mujeres tienen un derecho fundamental distinto y autónomo a autodeterminar su propia gestación, en este caso, poniéndole fin. (No está de más preguntarse, aunque sea de forma retórica, si este derecho nuevo permitiría, no tanto la terminación de la gestación, que ya vemos que sí, como la manipulación de ésta: por ejemplo, ¿ese derecho permitiría provocar una gestación monstruosa mediante la manipulación genética?). Ya hemos dicho que no vamos a entrar en ello.

Lo importante en este momento es comprender, fuera de discusiones terminológicas, morales y religiosas, que, en cualquier caso, tras las sentencias, esas leyes, ahora declaradas constitucionales, podemos decir que, en realidad, lo que hacen es desarrollar, *a priori y legislativamente,* lo que, según el Tribunal Constitucional (aunque evidentemente no de forma explícita), estaba y está en la propia Constitución como derechos constitucionales, después de la aplicación de esa, cuando menos, sorprendente teoría de la *jurisprudencia constructiva* que parece haber adoptado como norma ordinaria de elaboración doctrinal y creación constitucional.

Es decir, para el Tribunal Constitucional el derecho a autodeterminar la propia muerte y el derecho a autogestionar el embarazo (poniéndole fin) *están en la Constitución,* y, siendo así, de ahí debemos partir en nuestro análisis. No son, pues, derechos ordinarios que se deriven o apoyen en otros derechos constitucionales, sitos en la Constitución, o que estén *anclados* en otros derechos constitucionales, *sino derechos constitucionales autónomos y de nueva creación.*

Pues bien, esta nueva realidad constitucional, de la que metodológicamente es imprescindible partir, produce y tiene forzosamente consecuencias sobre la objeción de conciencia que se regula en las mencionadas leyes —(y advierto que no vamos a entrar en la amplitud que pueda tener en estos casos las dos objeciones que se regulan, ni menos en las condiciones en las que se puedan ejercer, que, por cierto, se han declarado en todo caso, plenamente constitucionales)—. *Pues, al ser ejercitada la objeción de conciencia con eficacia constitucional, en estos casos, ante unos derechos fundamentales de terceras personas, el* ***contra-derecho****, que significa aquella, tiene forzosamente que tener la misma naturaleza que la del derecho que se objeta.* Pues es de todo punto lógico que los ciudadanos no se puedan eximir de sujeciones y obligaciones constitucionales, que hacen referencia a derechos de terceras personas, que por demás son *fundamentales*, alegando *contra-derechos* de naturaleza *ordinaria*. Porque sabemos que el ejercicio de un derecho fundamental prima siempre frente al posible ejercicio de un derecho ordinario como sería, en ese supuesto, la oposición de la objeción de conciencia; *por lo que sólo en el caso de dos derechos constitucionales, uno cedería frente al otro según las circunstancias que rodeen a los hechos y actos del momento.*

Por tanto, *la naturaleza de la objeción de conciencia en este caso es y tiene que ser un contra-derecho tan fundamental y constitucional como lo son los derechos objetados.*

Por consiguiente, la trascendencia de estas resoluciones del Tribunal Constitucional, fuera de declarar de naturaleza constitucional los derechos al aborto y a la eutanasia, está también en que se ha creado igualmente por el Tribunal, aunque no se diga expresamente, *un contra-derecho fundamental de objeción de conciencia,* o si queremos decirlo con una terminología adaptada a la nueva doctrina constructiva, *de autodeterminación de la propia conciencia o de las propias convicciones morales, ideológicas o religiosas.*

7

Se trata, pues, de un salto cualitativo en la doctrina constitucional, por demás trascendente, que se explica metodológicamente porque:

En primer lugar, en la objeción de conciencia del art. 30, y de la doctrina jurisprudencial que de ahí emanó en sentencias posteriores referidas a *deberes* impuestos por el Estado, estábamos en presencia de un *contra-poder* que por razón de las propias convicciones morales se ejercitaba contra un deber impuesto a favor del Estado, precisamente cuando la Constitución le permitía establecer el deber de prestar el servicio militar a los ciudadanos, pero, obsérvese, no en relación con otros deberes de los comprendidos en la Sección 2ª del Capitulo Segundo, sino solamente en relación al deber del servicio militar; no, por ejemplo, frente al deber de contribuir mediante los impuestos al sostenimiento de los gastos públicos (art. 31), como gustaría, supongo, a gran parte de la población.

En segundo lugar, en las sentencias en las que se hablaba, no de poderes del Estado, sino de derechos de terceras personas, estábamos en presencia de *un contra-derecho,* pero concebido de forma general y abstracta, en el que no se trataba de objetar deberes impuestos por el Estado a favor del Estado, sino de objetar el ejercicio de derechos reconocidos a ciudadanos que imponen, por su propia naturaleza, sujeciones a determinadas personas obligadas por ello legalmente. Si es cierto que en la STC 145/2015 se trataba del *contra-derecho* concreto del farmacéutico al ejercicio y satisfacción del derecho de un tercero a adquirir un medicamento (muy diluido en cuanto a la sujeción, dado que esta afecta no a una persona, sino a un colectivo amplísimo), en los demás supuestos estudiados por el Tribunal Constitucional en esas sentencias se trataba de admitir la existencia de una objeción de conciencia de *carácter abstracto* que podía estar concretada legalmente o no.

En todos los supuestos contemplados, sin embargo, la objeción de conciencia no era considerada un *derecho fundamental autónomo*, sino que era un *derecho ordinario* que tenía amparo y cobijo en el derecho fundamental a la libertad ideológica y religiosa reconocidas en el art. 16 de la Constitución.

Pues bien, desde el momento en que, tras las sentencias de 2023 que estamos analizando, tal como hemos dicho, los derechos al aborto y a la eutanasia ya no son ordinarios, sino constitucionales, y, *de naturaleza fundamental*, metodológicamente es imprescindible que la objeción tenga naturaleza constitucional-fundamental. La consecuencia es que, desde ahora, podemos decir que tenemos el derecho constitucional a la objeción de conciencia, que nos permite, por razones morales, no sujetarnos a la voluntad de quien pueda hacerlo ejercitando un derecho fundamental. Y es relevante, desde el punto de vista metodológico, que, en la nueva doctrina constitucional, este *contra-derecho* aparece como *distinto y autónomo* del derecho que se reconoce en el art. 16 de la Constitución a la libertad religiosa e ideológica, aunque es evidente que con él está relacionado.

Todo esto opino que cabe deducirlo de los términos en los que se expresan esas sentencias. Veamos:

– En la sentencia 19/2023 de 22 de marzo, que es la primera de las que se dictó, y que se refiere a la eutanasia, se dice de forma contundente que:

"no existe en nuestro ordenamiento jurídico, sobre la base del art. 16 de la Constitución, un genérico derecho fundamental a sustraerse, alegando imperativos de conciencia, a cualesquiera deberes jurídicos, lo que constituiría un inconcebible, por absurdo, poder de veto individual frente a la legislación y como ya se dijo en la sentencia 161/1987, anteriormente citada por nosotros, la negación misma de la idea del Estado".

Es decir, el Tribunal parte de la idea de que no existe un derecho fundamental a la objeción de conciencia, que lógica y necesariamente tiene que estar relacionado con el derecho a la libertad religiosa e ideológica, pues si no se tiene éste es imposible tener el primero, refiriéndose siempre a *"deberes jurídicos"*.

Esta afirmación tan aparentemente contundente del Tribunal, no lo es y, en apariencia, se compadece poco con las afirmaciones que siguen, pues se nos dice a continuación:

"cuestión distinta es que el legislador pueda o, incluso, en algunos casos, deba reconocer el carácter moralmente controvertido de ciertas decisiones normativas sobre asuntos vitales y permitir entonces, con las debidas garantías para el interés general, que el individuo inicialmente obligado llegue a quedar exento de cumplir con un mandato no conciliable con sus más arraigadas convicciones. En tales hipótesis, la libertad de conciencia podría quedar comprometida si el legislador hubiera desconsiderado por entero, contra toda razón, tales situaciones de conflicto o compromiso personal extremo, siempre que tuvieran suficiente arraigo cultural y si las garantías que al efecto hubiere predispuesto fueran ignoradas mediante actos o resoluciones singulares (...) No existe, en suma tal derecho general o indeterminado a la objeción de conciencia, pero son concebibles casos en que proceda la ***defensa jurisdiccional*** *de la libertad de conciencia ante la plena ignorancia por la ley de una objeción que debió haberse considerado por el legislador o frente a quien aplicó la legalidad sin respetar sus disposiciones en garantía de quien pudiera llegar a declararse objeto".* (Subrayados y negrita míos).

Si no hemos entendido mal al Tribunal, pueden darse situaciones en las que la ley nos impone *obligaciones,* que son inconciliables con nuestra convicciones y en las que no ha previsto la llamada objeción de conciencia; no son casos, como los anteriormente comentados, en los que la relación es la de *poder-sujeción* (deber), propia de nuestras relaciones con el Estado, sino casos en los que la relación jurídica es la de *derecho-obligación,* en las que no hay un poder al que se nos sujeta mediante un deber ineludible, *sino un derecho, reconocido por la Constitución, que se ejercita por su titular y que se "realiza" mediante el establecimiento legal de una obligación para un tercero.*

En esos casos, cuando la ley no ha establecido nada en relación a la objeción de conciencia, se tiene el contra-derecho de la objeción de conciencia, nos dice la sentencia, si se alegan convicciones morales con el consiguiente arraigo cultural, y así, aun en el silencio de la Ley, *tendríamos el derecho constitucional a la defensa jurisdiccional de nuestras convicciones,* evitando la sujeción legal que se nos impone.

En otras palabras, tenemos el *contra-derecho,* por fuerza constitucional (no está amparado en la ley ordinaria), de oponernos al ejercicio del derecho del tercero, en caso de que ese derecho nos obligue a prestaciones o sujeciones contrarias a nuestras convicciones, se haya o no previsto por el legislador, cuando, en caso negativo, se debería haber previsto. La objeción de conciencia, pues, nos permite el *contra-derecho* de carácter abstracto, aunque hay que concretarlo al alegarlo, de no sujetarnos al mandato legal que se impone por el ejercicio de un derecho, sea o no fundamental, de una tercera persona.

– Por su parte, la sentencia 44/2023, llega a decir que

"el legislador puede o, incluso en algunos casos debe, reconocer el carácter moralmente controvertido de ciertas decisiones normativas sobre asuntos vitales y permitir entonces, con las debidas garantías para el interés general, que el individuo inicialmente obligado llegue a quedar exento de cumplir con un mandato no conciliable con sus más arraigadas convicciones. En tales hipótesis, la libertad de conciencia podría quedar comprometida si el legislador hubiera desconsiderado por entero, contra toda razón, tales situaciones de conflicto o compromiso personal extremo, siempre que tuvieran suficiente arraigo cultural y si las garantías que al efecto hubiera predispuesto fueron ignoradas mediante actos o resoluciones singulares (subrayados míos).

Aparece así, también aquí, la objeción de conciencia como un *contra-derecho* fundamental, frente a la situación anterior donde ese derecho siempre tenía naturaleza ordinaria, aunque con base constitucional en el art. 16 de la Constitución.

Ahora, por tanto, podemos afirmar que, tras esta doctrina constitucional, que recoge el legado doctrinal de la anterior que hemos citado, en base al derecho a la libertad ideológica y religiosa, *existe un derecho abstracto a la objeción de conciencia, de carácter constitucional-fundamental, que se tiene, bien cuando está previsto en la ley ordinaria, bien cuando no lo está y, en ese caso, los hechos concretos encajen, en el supuesto de hecho abstracto que se establece y recoge la doctrina que comentamos.*

Lo anterior no es óbice para que la objeción de conciencia tenga su base lógica en el derecho fundamental a la libertad de conciencia ideológica o religiosa (art. 16 Constitución); o, dicho de otra manera, que el *contra-derecho* a la objeción de conciencia se tenga porque, en definitiva, uno de los principios básicos de nuestra Constitución es el reconocimiento de la dignidad de la persona. En efecto, todos los derechos fundamentales que se reconocen a los individuos en nuestra Constitución tienen su base lógica en *la dignidad de la personas, y en los derechos inviolables que le son inherentes* (art. 10 Constitución), lo que no es óbice para que nuestra Constitución trate a todas esas derivadas, que denomina, en el Capítulo Primero del Título Primero, como derechos fundamentales, dándoles tratamiento y denominación propia y diferente, que merecen explícitamente el reconocimiento y tutela. Ahora, el Tribunal Constitucional lo que ha hecho es añadir al elenco de derechos que derivan de la dignidad y esencia de las personas, amén de entre otros el de la libertad ideológica y religiosa, estos dos nuevos derechos de autodeterminación de la gestación y de la muerte.

8

De esta doctrina se deriva que, para el Tribunal Constitucional en estos casos de silencio legal, la moral individual con eficacia enervante ni tiene que ser colectiva ni puede restringirse a una o varias materias concretas, pero que, en todo caso, tiene que ser y estar *arraigada en quien la alega.* Esto significa que estamos, no ante casos aislados de objeción de conciencia, sino ante un *numerus apertus* que, lógicamente, exigirá, en el futuro, concreción y adaptación a los criterios establecidos que encierra el término *"arraigo"*.

Definir el *arraigo* de un determinado comportamiento o exigencia moral es ciertamente difícil, al menos para mí. *Arraigar* es término similar a "echar raíces", en las plantas; o, en las personas, establecerse de manera fija en un lugar; o establecerse de manera firme, en un pensamiento o en la manera de ser; o, en las ideas o costumbres, hacerlas firmes y difícil de extirpar o quitar.

Todas estas acepciones nos dan base para poder decir que *el arraigo de una exigencia o comportamiento moral nos tiene que poner, en mi opinión, y cuando menos, de frente a una* ***convicción firme, no pasajera, adquirida desde tiempo, y con vocación de permanencia; y, lógicamente, comprobable, que nos impide, sin violentarla, en un momento dado cumplir, frente a derechos ejercitados por terceros, con nuestras obligaciones legales o contractuales.***

Este carácter de arraigo es fácil comprenderlo en los casos que se han tratado en las sentencias que hemos examinado, porque, además, y no es baladí, reviste el carácter no de generalizado, pero sí de una colectividad importante de ciudadanos: así, es algo arraigado en la conciencia de los individuos (por supuesto no de todos, pero sí de una parte significativa de ellos), que el aborto atenta contra la vida del *nasciturus,* que merece protección en esa convicción moral, o que entienden que puede ser un comportamiento rechazable para otras personas con una determinada creencia no necesariamente religiosa; al igual que la eutanasia, como sustituto del suicidio, puede, fuera de convicciones religiosas, violentar o violenta la conciencia de individuos en determinadas circunstancias. De donde se infiere que la comprobación del arraigo de esa convicción moral no produce graves problemas. Por eso, se justifica, según esa doctrina constitucional, que la objeción de conciencia, en esos casos, sea también un contra-derecho constitucional fundamental, que está así reconocido por la Ley, pero que, en caso de no haber sido reconocido, era evidente que debería haberse reconocido y, por tanto, sería contra-derecho aun sin reconocimiento legal.

Pero, si no estamos ante casos tan paradigmáticos ¿frente a qué derecho o cuáles derechos fundamentales, reconocidos a terceras personas, es posible pensar que cabría objetar en conciencia dentro de los límites establecidos por la jurisprudencia que analizamos?

Para entender el campo de análisis en el que nos estamos moviendo, según mi opinión, no se debería olvidar que la objeción de conciencia de la que hablamos se tiene sólo frente al ejercicio de derechos fundamentales, porque frente al ejercicio de *derechos subjetivos individuales ordinarios* opino que no cabe más *"objeción en conciencia"* que la que se pueda derivar de los "principios morales" que se encuentran recogidos en el Título Preliminar del Código Civil, y en las normas sobre la nulidad de contratos y obligaciones [arts. 1275, 1300 y ss., partiendo de las limitaciones contractuales que impone el art. 1255 del CC, u otras desperdigadas por el ordenamiento jurídico (por ejemplo, art. 648 CC cuando habla de ingratitud)] no solamente en la referencia directa a la "moral" (todo indica que colectiva), sino también en la referencia al consentimiento (falta de voluntad o de voluntariedad) o incluso a la causa contractual que pudieran ser contrarios a esa moral. Esos son los limites admitidos en nuestro Derecho para que la *moral* pueda tener eficacia frente al ejercicio por terceros de sus derechos subjetivos ordinarios.

Pero, yo creo que estas alegaciones, directas o indirectas, a la moral no cabe confundirlas con la objeción de conciencia, en su sentido técnico jurídico, que estamos analizando y que se deduce del examen de las sentencias del Tribunal Constitucional citadas, que, como hemos venido repitiendo, siempre se tiene frente al ejercicio de un tercero de un derecho que considera fundamental.

También e igualmente, es obligado partir, para el correcto entendimiento de estos contornos o límites, de que, frente a los poderes del Estado que imponen deberes a los ciudadanos, no cabe alegar más objeciones de conciencia que las que estén reconocidas y reguladas por el Derecho positivo (sólo, servicio militar), si hacemos, como es obligado hacer, una interpretación correcta de la doctrina emanada por el Tribunal Constitucional en las sentencias que hemos analizado.

Desde estas premisas, entiendo que no es el momento de establecer un elenco o una lista de otros posibles casos en los que el ejercicio de un derecho fundamental de alguien pueda imponer a un tercero a cumplir una obligación legal que pueda chocar con su moral; eso tendrá que ir e irá dilucidándolo el futuro, caso por caso, el Tribunal Constitucional, en un desarrollo de esa teoría constructiva de su jurisprudencia (si es que se consolida), pero podemos pensar que en el ámbito de la salud, pero también de la educación o de la información podrían darse casos en los que, efectivamente, se produzca ese choque o colisión de derechos igualmente protegidos por la Constitución, casos que, dentro de los contornos señalados en esas sentencias del Tribunal Constitucional, merecerían entrar en la categoría de *moral arraigada*. Porque, en efecto, la Moral puede ser más o menos compartida por muchos, pero, para ser tenida en cuenta como *contra-derecho*, debe ser propia del que la alega como óbice del cumplimiento de una *obligación*, (exigible para la realización del derecho frente al que se objeta) pues, obviamente, no cabe objetar apelando a la moral de otras personas, por muy generalizada que esté, si no es claro que se comparte.

Pero, entiendo igualmente, y para terminar, que en un mundo con el entrecruce, por los efectos de la inmigración, de culturas tan diversas y a veces tan distantes en el mantenimiento de los valores humanos esenciales, la "moral arraigada", de la que nos habla el Tribunal Constitucional, no es tan sólo la que el individuo pueda tener, por muy comprobable que sea y por muy íntimamente que la sienta, sino que parece apropiado exigir a esas convicciones no se opongan a los principios básicos que informan nuestro ordenamiento jurídico constitucional en orden a lo que significa *dignidad de las personas*, y los valores que encierra el art. 10 de la Constitución en su conjunto, con mención incluida a la *Declaración Universal de los Derechos Humanos.*

¿Por qué no hay sentencias condenatorias en España por el delito de corrupción internacional?[1]

PILAR OTERO GONZÁLEZ[2]

SUMARIO: 1. BALANCE DE APLICACIÓN DEL TIPO PENAL. 2. ¿POR QUÉ NO SE CASTIGAN ESTAS CONDUCTAS? POSIBLES CAUSAS. 2.1. DIFICULTADES DE PERSEGUIBILIDAD. 2.2. AMPLIO ALCANCE DE LA EXTRATERRITORIALIDAD DE LA FCPA. 3. HACIA UN NUEVO BIEN JURÍDICO PROTEGIDO PARA LUCHAR CONTRA LA CORRUPCIÓN INTERNACIONAL. 3.1. INSUFICIENCIA DE LA COMPETENCIA LEAL COMO BIEN JURÍDICO PROTEGIDO EN ESTE ÁMBITO Y DE LA ESTRATEGIA ANTICORRUPCIÓN CENTRADA EN LA REPRESIÓN Y PREVENCIÓN DEL DELITO. 3.2. CORRUPCIÓN Y GLOBALIZACIÓN VERSUS CORRUPCIÓN Y GOBERNANZA. 3.3. CONCRECIÓN JURÍDICO-PENAL DEL BIEN JURÍDICO BUENA GOBERNANZA: "EL DERECHO AL DESARROLLO Y A LA SOBERANÍA PERMANENTE SOBRE LA EXPLOTACIÓN DE LOS RECURSOS NATURALES". 4. PROPUESTAS PARA FACILITAR LA PERSEGUIBILIDAD DE ESTAS CONDUCTAS. BIBLIOGRAFÍA.

1. BALANCE DE APLICACIÓN DEL TIPO PENAL

Pese a la presumible bondad de la tipificación del cohecho internacional en el art. 286 ter del CP, en ocasiones excediéndose incluso de las previsiones del Convenio OCDE de "*Lucha contra la Corrupción de Agentes Públicos Extranjeros en las Transacciones Comerciales Internacionales*", que motivó su introducción, y pese a las modificaciones que han pretendido mejorar la técnica legislativa o superar ciertos obstáculos que impedían la incriminación[3], el balance de aplicación de este delito no puede ser más negativo: constan dos sentencias condenatorias en los 24 años de vida del tipo penal. En primer lugar, la SAN 3/2017, 23-2 donde se condena a dos sujetos por emitir pagos de 70.000€ a altos cargos del Ministerio de Educación

---

1 El presente trabajo se enmarca en el Instituto de Justicia y Litigación Alonso Martínez, que dirigió muchos años Víctor Moreno Catena, gran compañero del Departamento de Derecho penal, procesal e Historia del derecho de la Universidad Carlos III de Madrid.

2 Catedrática de Derecho penal. Universidad Carlos III de Madrid.

3 Sobre ello puede consultarse mi trabajo "Corrupción de empresas multinacionales, ineficacia del tipo y buena gobernanza", en *Eunomía. Revista en Cultura de la Legalidad*, nº 23, octubre, 2022-marzo, 2023, 65-92.

de Guinea Ecuatorial, para conseguir contratos de edición de libros de texto con dicho Estado. Se percibe, sin necesidad de profundizar en los hechos probados, que no es precisamente este el prototipo de corrupción internacional, pues, por el contrario, estos casos suelen ir acompañados de falsedades documentales, sociedades pantalla y blanqueos de capitales. Y, en segundo lugar (este sí paradigmático de corrupción internacional), la SAN 4/2023, 24-2 y confirmada por la Sala de Apelación de la AN (SAN 813/2023, 16-10), condenando al exdirector comercial de la empresa semipública DEFEX y al presidente de la subcontratista por las adjudicaciones del Gobierno de Camerún entre 2005 y 2013 a cambio de comisiones y sobornos a autoridades y funcionarios para el suministro de material de defensa y seguridad.

A los casos anteriores, deben añadirse, por su relevancia, 3 autos de imputación por parte de la Audiencia Nacional. En primer lugar, el asunto de la empresa española FCC Construcción S.A. —pieza separada del caso Odebrecht—, que emitió pagos en Suiza de 82 millones de euros para conseguir que se le adjudicaran unas obras en el Metro en Panamá, colaborando así con el desvío de fondos hacia la "caja b" de Odebrecht S.A. para el pago de estos sobornos[4]. En segundo lugar, pesa el AAN 6 de marzo de 2019[5] sobre el caso DEFEX (pieza separada de Arabia Saudí) por el pago de comisiones millonarias a funcionarios de este país con el fin de conseguir el contrato de venta de armas. Debe tenerse en cuenta un detalle al respecto: no sabemos si esto supone realmente un cambio de tendencia por parte de España en punto a la voluntad de perseguir estas conductas, ya que ambas diligencias del caso DEFEX traen causa de una comisión rogatoria de un tribunal de Luxemburgo, país promotor de la persecución de la presumible práctica corrupta, no España[6]. Con idéntica mecánica comisiva destaca el caso MERCASA (también empresa pública) reflejado en el AAN 2741/2022, 7-4, donde se acuerda la apertura de juicio oral contra 18 personas y 4 mercantiles por corrupción en los contratos para la construcción en un mercado mayorista en Luanda (Angola). Las socieda-

---

4 AAN 2715/2019 Diligencias previas - Audiencia Nacional. Juzgados Centrales de Instrucción 29/10/2019 nº de Recurso:34/20 por presunto delito de cohecho internacional (286 ter) y blanqueo (301) CP.

5 Diligencias Previas 65/2014 y 122/2015 del Juzgado de Instrucción Número 5 de la Audiencia Nacional.

6 Véase, Arvelo Rodríguez, P., "La aportación del marco penal español para erradicar la corrupción transnacional: una doble vía inacabada", *Eunomía,* nº 17, 2019, 163.

des investigadas (MERCASA, la más importante) a través de la mercantil CONSORCIO MERCASA INCATEMA CONSULTING SL (CMIC), se concertaron para la consecución y mantenimiento de contratos públicos en República Dominicana, Panamá, Argentina y Angola, pagando comisiones a autoridades y funcionarios públicos de esos países. Los pagos por parte de CMIC se camuflaban bajo acuerdos de consultoría a través de intermediarios, abonándoles por esta tarea de intermediación ilícita un porcentaje de la suma total del contrato público adjudicado. Uno de los intermediarios trabajaba también para DEFEX con el mismo patrón, cobrando comisiones millonarias sobre el valor del contrato marco.

2. ¿POR QUÉ NO SE CASTIGAN ESTAS CONDUCTAS? POSIBLES CAUSAS

2.1. Dificultades de perseguibilidad

Las dificultades de perseguibilidad derivan, en primer lugar, de la complejidad de estos procedimientos con multitud de piezas separadas de muy difícil probanza y de muy difícil conexión, cuya obtención definitiva de la prueba tarda muchos años en lograrse. Alguno de los casos señalados lleva ya casi dos décadas investigándose.

A partir de ahí distingamos varios supuestos:

Por lo que respecta al cohecho activo, si la actuación corruptora de la empresa se produce en España (a pesar de su dimensión internacional), los tribunales españoles serán competentes conforme al principio de territorialidad (23.1 LOPJ). Lógicamente este único instrumento resulta irrisorio en el escenario en que se desarrollan estas conductas. Conscientes de ello, el art. 4 del Convenio OCDE y el art. 17 del Convenio CDE 173 establecen el principio de personalidad activa concretado a través de la nacionalidad, sin necesidad del requisito de doble incriminación. Este principio es aplicable al supuesto más habitual, esto es, cuando la actuación del sujeto corruptor se produce en el extranjero a través de intermediarios locales, conducta perseguible en España "previa interposición de querella por el agraviado o por el Ministerio Fiscal" (23.6 LOPJ) y "siempre que el procedimiento se dirija contra un español, o contra un extranjero que resida habitualmente en España, o en relación con personas jurídicas con sede o domicilio social en España" (art. 23.4 n) LOPJ).

Esta necesidad de interposición de querella puede ser otra razón que explica la falta de procedimientos. En la SAN 3/2017 el pago se efectuó en

España por lo que no hizo falta iniciar el procedimiento por esta vía, sino que bastó la denuncia del MF. Además, los acusados confesaron los hechos (de hecho, se les aplicó la atenuante de confesión) lo que simplificó la instrucción —tan compleja en estos delitos—. Por el contrario, cuando el pago se realiza en el extranjero nos enfrentamos a nuevos inconvenientes: lo habitual es que no se reconozcan los hechos pues, al haber operado en terceros países, recabar los elementos probatorios se torna más difícil, siendo imprescindible la colaboración del Estado extranjero donde estos sucedieron. Sería indispensable que comparecieran los funcionarios y autoridades del Estado extranjero, lo cual puede propiciar que se desencadene una crisis diplomática[7].

Por su parte, la conducta del funcionario corrompido será perseguible conforme a la normativa interna del Estado al que pertenezca. En consecuencia, si es español podrá subsumirse su conducta en los arts. 419-422 CP que tipifican el cohecho pasivo. Esto genera, a su vez, otra disfunción: el funcionario español que comete cohecho pasivo en transacciones comerciales internacionales será castigado con menor pena (arts. 419 y ss.) que el particular que realiza el cohecho activo en el mismo ámbito (art. 286 ter).

Adicionalmente, la equiparación —desde la LO 1/2015— a efectos de este delito, entre el funcionario nacional y el extranjero permite incriminar a este último conforme a la normativa interna española del cohecho, en el caso sumamente improbable de que lo cometiera en territorio español.

Lo habitual, sin embargo, será que el funcionario extranjero cometa el cohecho pasivo fuera de España, con lo cual, para perseguir su conducta y siempre que no ostente inmunidad de jurisdicción de la que gozan algunos de estos sujetos corrompidos[8], solo[9] cabe acudir a los mecanismos de

---

7 Arvelo Rodríguez, P., *op. cit.*, 163.

8 Véase, Convención de la ONU de 2004 sobre "las Inmunidades jurisdiccionales de los Estados", ratificado por España y recibido en la normativa interna mediante la Ley Orgánica 16/2015, de 27 de octubre, arts. 22 y 23. Sobre inmunidades, Garrocho Salcedo, A.; Otero González, P., "El Derecho penal interno ante los atentados contra personas internacionalmente protegidas y locales de legaciones extranjeras: el ordenamiento español", en *The Yearbook of Diplomatic and Consular Law /Anuario de Derecho de Diplomático y Consular /Annuaire de droit diplomatique et consulaire,* n° 1, 2016, 33-62. Las Mismas, "Concepto y alcance de la inmunidad personal en el art. 606 del Código Penal", *La ley Penal: revista de derecho penal procesal y penitenciario,* nº 83, 2011, 20-44. Las Mismas, "Delitos contra el derecho de gentes", en Álvarez García, F. J. *Tratado de Derecho penal español. Parte especial,* Valencia: Tirant lo Blanch, 2018, 513-546.

cooperación internacional[10], como la extradición[11] —aunque es altamente improbable que el Estado extranjero la conceda— o la Orden europea de detención y entrega[12].

---

9 Silva Sánchez, J. M., "Doce tesis sobre el delito de corrupción de funcionarios extranjeros", *Persuadir y razonar: Estudios jurídicos en homenaje a José Manuel Maza Martín*, Tomo II, coord. por Carlos Gómez-Jara Díez, Pamplona, (Aranzadi Thomson Reuters), 2018, 648 señala otra posibilidad de persecución del funcionario extranjero que comete el cohecho fuera del territorio nacional —derivada de la equiparación que realiza el art. 427 CP entre el funcionario español y el extranjero— y es a través de la aplicación del art. 23.3.h) LOPJ: *"Conocerá la jurisdicción española de los hechos cometidos por españoles o extranjeros fuera del territorio nacional cuando sean susceptibles de tipificarse, según la ley penal española, como alguno de los siguientes delitos: h) Los perpetrados en el ejercicio de sus funciones por funcionarios públicos españoles residentes en el extranjero y los delitos contra la Administración Pública española"*. Este autor lo interpreta en el sentido de que el requisito de conexión en este caso es que hayan intervenido en el hecho ciudadanos españoles. *Vid.*, al respecto, comentarios de Blanco Cordero, I., "Responsabilidad penal de las empresas multinacionales por delitos de corrupción en las transacciones comerciales internacionales y *ne bis in ídem", en Revista Electrónica de Ciencia Penal y Criminología* (RECPC), 2020, 22-16, 40.

10 Ampliamente, Fabián Caparrós, E. A., *La corrupción de agente público extranjero e internacional,* Valencia: Tirant lo Blanch, 2003, 153-154.

11 En general, suelen surgir escollos importantes a la hora de conceder la extradición. Así, sobre un supuesto paradigmático de corrupción internacional, véase interpretación del Auto AN (Sala de lo Penal, Sección 4ª), de 2 de marzo 2012, JUR\2013\9982, en Otero González, P., "Los nuevos delitos de corrupción en los negocios tras la reforma penal por LO 1/2015 (análisis de cuestiones concretas de los art. 286 bis y ter CP), en Villoria, M., Gimeno Feliu, J. M.; Tejedor Balsa, J. (eds.). *La corrupción en España: ámbitos, causas y remedios jurídicos.* Barcelona: Atelier, 2016, 491-492. Este caso y otros no relacionados necesariamente con corrupción internacional demuestran que la extradición es sumamente difícil de conseguir, no solo por el incumplimiento en muchos casos del art. 2 de la Ley de Extradición pasiva relativo al principio de doble incriminación, dadas las disparidades entre las legislaciones penales de los países involucrados (caso por ej., del argelino Khaled Nezzar), tampoco por la dificultad de probar en algunas situaciones la adquisición fraudulenta de la nacionalidad, sino porque en muchos de estos supuestos está prohibido que España —en cumplimiento de la jurisprudencia del TEDH— extradite a un extranjero cuando corre el riesgo de ser condenado a la pena de muerte.

12 Ley 23/2014, de 20 de noviembre, arts. 34 a 62.

2.2. Amplio alcance de la extraterritorialidad de la FCPA

Otra razón evidente de la ausencia de procedimientos penales conforme al art. 286 ter CP estriba en el amplio alcance de la extraterritorialidad de la FCPA USA 1977. Efectivamente, esta ley es aplicable a cualquier empresa —aunque sea extranjera— que cotice en EEUU o esté obligada a facilitar información a la Securities Exchange Commission (SEC) así como a cualquier ciudadano extranjero o compañía extranjera cuando realicen en EEUU cualquier actividad orientada a conseguir algunas de las prácticas ilícitas contempladas en la mencionada ley. Es decir, basta un acto preparatorio de la actividad corrupta en sí, una conexión con EEUU meramente tangencial interpretada de forma laxa por el DOJ y por la SEC, como el envío de un correo electrónico o una transferencia bancaria a EEUU[13].

Teniendo en cuenta que la mayoría de las multinacionales que corrompen a funcionarios extranjeros cumplen alguno de estos requisitos, la rápida aplicación de la FCPA (que nace precisamente con esa vocación extraterritorial) está comportando cuantiosas multas para eludir la posible responsabilidad penal en ese país y, aunque ello no suponga un obstáculo para que el Ministerio Fiscal español emprendiera acciones legales en nuestro país en los términos de la LOPJ anteriormente mencionados, subyace la seria sospecha de infracción del principio *non bis in ídem* si ello tuviera lugar, lo que también puede ser un motivo que esté frenando el enjuiciamiento de estos delitos en España.

Aunque *a priori* la circunstancia de haber sido enjuiciados estos hechos previamente en otro país incentivara a perseguirlos en el nuevo, puesto que pueden tomar como base la investigación —siempre compleja— ya realizada en el primer Estado[14], sobre todo porque el *modus operandi* de estas conductas repite los mismos patrones, lo cierto es que, quizá por esa sospecha de vulneración del *bis in ídem*, no se están persiguiendo estas conductas en España. Pongamos como ejemplo de ello el caso Fresenius Medical Care AG & Co. KGaA. FMC, empresa proveedora de equipos de diálisis, que, habiendo corrompido durante muchos años a funcionarios de países extranjeros, acordó pagar multas millonarias para eludir la aplicación de la FCPA en Europa, África y Oriente Medio.

---

13 *Vid.* ampliamente, Villegas García, M. A.; Encinar del Pozo, M. A., "El "caso Fresenius": el "día D" de la FCPA en España", *La Ley Penal: revista de derecho penal, procesal y penitenciario,* nº 140, septiembre-octubre, 2019, 7-8.

14 Blanco Cordero, I., *op. cit.*, 6.

En efecto, bajo un acuerdo de enjuiciamiento aplazado (*non-prosecution agreements)* con el Departamento de Justicia de EEUU (DOJ), y tras el pago de la correspondiente multa por parte de Fresenius, la SEC resolvió el caso con una orden administrativa interna[15]. El acuerdo compensó con creces a la empresa de diálisis ya que tenía como objetivo eludir el ejercicio de acciones penales, por las consecuencias, posiblemente devastadoras, que hubiera tenido para la empresa afrontar un juicio en los Estados Unidos, cuya normativa sobre responsabilidad penal de la persona jurídica está basada en un modelo de responsabilidad vicarial cuasi objetivo en el que hubiera bastado que constase probado que un solo empleado de la compañía realizó un pago ilícito prohibido por la *FCPA* —en nombre y en beneficio de la entidad— para afirmar su culpabilidad[16].

Lo relevante a nuestros efectos es que la filial de esta empresa en España, FMC *Spain,* reconoce que desde 2007 también celebró falsos acuerdos de consultoría con médicos que podían influir en concursos públicos y realizó pagos con distintas finalidades obteniendo como consecuencia de ellos cuantiosos beneficios[17]. Se trata de una empresa española que realizó prácticas corruptas en España y a la que se le aplicó la FCPA por la conexión anteriormente mencionada. Y no ha sido enjuiciada en nuestro país por estos hechos.

Adviértase —apoyando esta idea— que DEFEX y MERCASA, las únicas empresas sobre las que pesan autos de imputación en España por el delito de corrupción internacional son públicas, y, por tanto, no cotizan en EEUU.

No obstante, aunque España no persiguiera estos delitos cuando ya han sido enjuiciados bajo la FCPA por posible vulneración del *bis in ídem,* si esos sobornos se han desplegado en diversos países, ello no impediría que estos Estados pudieran sancionar los hechos, fundamentalmente si se han cometido en su territorio, por una interpretación diferente del ámbito de aplicación del principio *non bis in ídem.*

---

15 Ampliamente sobre el caso, https://www.worldcomplianceassociation.com/

16 Villegas García, M. A.; Encinar del Pozo, M. A., *op. cit.*, 8.

17 Detalladamente sobre toda la actividad ilícita, Villegas García, M. A.; Encinar del Pozo, M. A., *op. cit.*, 5-6.

En efecto, la experiencia de nuestro entorno demuestra que no suelen apreciar en estos casos lesión del principio *non bis in ídem*. Así ha ocurrido con dos ejemplos recientes en Francia y en Alemania[18].

Por lo que respecta a Francia, el Tribunal penal de París en sentencia de 18 de junio de 2015, absolvió a varias empresas que, estando imputadas en Francia por varios delitos de corrupción, ya habían alcanzado por estos mismos hechos un acuerdo de enjuiciamiento aplazado con las autoridades estadounidenses bajo el amparo de la ley estadounidense, alegando el principio *non bis in ídem*. El tribunal francés interpretó que el acuerdo obtenido tenía la consideración de una "sentencia"[19]. Sin embargo, el 26 febrero 2016 el Tribunal de Apelación de París falló en contra al entender que este principio no impide el enjuiciamiento de los hechos, pues no existe, en su opinión, identidad de hechos (debe advertirse que aplican un concepto ciertamente estricto de identidad de los hechos) ni las conductas afectan al mismo bien jurídico protegido en Francia. Se confirma el 14 de marzo de 2018 por el Tribunal Supremo francés (Court de Cassation) aduciendo que los delitos se han cometido en territorio francés (se observa una amplia apreciación del principio de territorialidad).

Alemania, por su parte, debido a ese no reconocimiento transnacional del *non bis in ídem*, considera que no se vulnera por el doble enjuiciamiento, si bien en caso de una segunda condena la pena impuesta en el primer país debe abonarse a la nueva pena en proporción a lo ya ejecutado en aplicación del principio de deducción[20].

Para abordar correctamente el problema del *non bis in ídem* debería existir un reconocimiento expreso de la validez transnacional del principio[21], lo que no resulta sencillo por varias razones. En primer lugar, porque esta dimensión del principio no encuentra plasmación alguna en convenciones internacionales —el Convenio OCDE, de hecho, no resuelve esta cues-

---

18 Blanco Cordero, I., *op. cit.*, 4.

19 *Vid.*, al respecto Villegas García, M. A.; Encinar del Pozo, M. A., *op. cit.*, 11.

20 *Vid.* sobre ello ampliamente Blanco Cordero, I., *op. cit.*, 8, 21-27.

21 Sobre la internacionalización del *ius puniendi vid.* También, Gómez Iniesta, D. J. "El *ius puniendi* del Consejo de Seguridad de las Naciones Unidas", EN: Nieto Martín, A.; García Moreno, B. *Ius Puniendi y Global Law. Hacia un Derecho Penal sin Estado*, Valencia: Tirant lo Blanch, 2019, 155-157. Sobre el *ne bin in ídem*, García Rivas, N., "Alcance y perspectivas del *ne bis in ídem* en el espacio jurídico europeo", en: Neto Martín, A.; García Moreno, B. *Ius Puniendi y Global Law. Hacia un Derecho Penal sin Estado*, Valencia: Tirant lo Blanch, 2019, 443-473.

tión—, salvo en el ámbito particular de la UE donde el TJUE, a raíz de la interpretación del art. 54.2 del Convenio de aplicación de Schengen, ha fijado directrices para su aplicación. En segundo lugar, la perspectiva para la regulación transnacional de los conflictos de jurisdicción debe ser su distinta naturaleza[22], que tampoco resulta fácil su determinación.

No obstante, es necesario reflexionar sobre las consecuencias que pueden derivarse de una aplicación transnacional de este principio, pues puede ocasionar la desventaja de que la empresa multinacional sometida a varias jurisdicciones llegara al acuerdo con aquel país que le impusiera sanciones menos severas o pudiera ocurrir que los países impusieran sanciones más leves a sus propias empresas nacionales —para protegerlas—, que a las extranjeras[23], como ocurre en EEUU. Probablemente por este motivo a la FCPA no parece interesarle ofrecer pautas para resolver los posibles conflictos de *bis in ídem*. O incluso podría desincentivar que las multinacionales lleguen a esos acuerdos de no persecución por miedo a persecuciones múltiples, disuadiéndolas así de promover investigaciones internas o colaborar con las autoridades[24].

A ello debe añadirse, por último, la complejidad de determinar el alcance del principio *non bis in ídem*, dada la profusión actual de sanciones no estatales (sanciones disciplinarias en el seno de las empresas, listas negras de empresas corruptas, etc.), lo cual dificulta el encaje y compatibilidad entre ellas.

Mientras tanto, la única vía posible parece ser la cooperación entre los Estados inmersos en la investigación de hechos corruptos con cierta identidad, para lograr, en su caso, un reparto equitativo de las sanciones económicas impuestas[25]. Esto probablemente no soluciona el problema de fondo de la desigualdad, pues los acuerdos se seguirán alcanzando entre los países desarrollados.

Es inevitable que esta amplia extraterritorialidad genere asimismo una tensión con las jurisdicciones internas por el deseo de mantener intacto

---

22 Ampliamente, Nieto Martin, A., "Las transformaciones del Ius puniendi en el derecho global, en Nieto Martín, a. García Moreno, B., *Ius Puniendi y Global Law. Hacia un Derecho Penal sin Estado*, Valencia: Tirant lo Blanch, 2019, 107-109.

23 Blanco Cordero, I., 2020, *op. cit.* 7-9.

24 Blanco Cordero, I., 2020, *op. cit.* 41-42.

25 Blanco cordero, I., 2020, *op. cit.* 42.

su *ius puniendi*[26] rechazando la renuncia a sus respectivas jurisdicciones. Tal es el caso en Francia de la "*Loi no 2016-1691 du 9 décembre 2016 relative à la transparence, à la lutte contre la corruption et à la modernisation de la vie économique*", que, a su vez, expande la aplicación extraterritorial de su ley en relación con los delitos de corrupción, o la *Bribery Act*, 2010, de Reino Unido, con la misma capacidad expansiva extraterritorial[27] para perseguir el soborno internacional.

Todo ello pone de manifiesto, como ya mantuve en otro lugar[28], que estas conductas son difícilmente subsumibles en un sistema todavía basado en una dogmática rígida, apegada al principio de soberanía, como el *ius puniendi* o el principio *non bis in ídem*, de complicada conciliación con el contexto global donde se desarrollan estos comportamientos. Es cierto que no siempre resulta fácil el encaje de las disposiciones internacionales en la normativa nacional, pues puede romper la coherencia interna propia del sistema de incriminación, en este caso, del delito de cohecho. Sin embargo, es cierto también que el funcionario extranjero debe garantizar el correcto funcionamiento de la actividad económica internacional y, en consecuencia, al realizar el cohecho pasivo incumple el compromiso asumido en este ámbito[29], pero sin posibilidad de que su conducta se incrimine por la vía de la configuración actual del art. 286 ter CP, precisamente por los motivos anteriormente aducidos, que pueden resumirse en la inadmisible injerencia en los asuntos internos del Estado corrompido.

Sin embargo, no debe perderse la perspectiva de que el tema que analizamos no es un problema de *bis in ídem* por posible conflicto de jurisdicción, sino que es, al contrario, un problema de impunidad.

Al mismo tiempo, esta desmesurada aplicación extraterritorial de las leyes anticorrupción en transacciones internacionales, fundamentalmente

---

26 Sobre el alcance y retos actuales de la soberanía nacional, *vid.*, Sieber, U.; Nuebert, C. W., "Investigaciones transnacionales de crímenes en el ciberespacio: retos a la soberanía nacional", en Nieto Martín, A.; García Moreno, B., *Ius Puniendi y Global Law. Hacia un Derecho Penal sin Estado*, Valencia: Tirant lo Blanch, 2019, 306-390.

27 Ampliamente, Blanco Cordero, I., 2020, *op. cit.*, 10 y 21 y ss.

28 Otero González, P., 2016, *op. cit.*, 492.

29 Faraldo Cabana, P., "¿Se adecua el Derecho penal español al Convenio de la OCDE de lucha contra la corrupción de agentes públicos extranjeros en las transacciones comerciales internacionales? Avance de resultados de la evaluación en fase 3", *Boletín de Información del Ministerio de Justicia*, nº 2148, 2012, 16.

de la FCPA, favorece la desigualdad entre los Estados, pues no olvidemos que la multa se paga a Estados Unidos (piénsese en el caso *Fresenius*) mientras que el país afectado por la corrupción (si lo centramos en el cohecho pasivo) no es precisamente EEUU, sino los países en vías de desarrollo, por lo que quien impone las multas y recibe su cuantía no son realmente los damnificados por la corrupción[30]. Las víctimas, en efecto, son los países en vías de desarrollo (pues es sabido que la corrupción internacional frena la economía limitando el progreso de esos países), sin embargo, la sanción económica se paga a los países desarrollados. En otras palabras, la privatización de los conflictos jurisdiccionales a través de acuerdos enriquece aún más a los países ricos.

En definitiva, si bien el Convenio OCDE supuso un importante avance en la lucha contra la corrupción, hoy debe superarse su perspectiva por ser insuficiente, al ahondar en la desigualdad entre los Estados, no tomando como referencia a la verdadera víctima. La óptica, por el contrario, debe centrarse en los derechos de los realmente perjudicados: los países en vías de desarrollo.

3. HACIA UN NUEVO BIEN JURÍDICO PROTEGIDO PARA LUCHAR CONTRA LA CORRUPCIÓN INTERNACIONAL

3.1. Insuficiencia de la competencia leal como bien jurídico protegido en este ámbito y de la estrategia anticorrupción centrada en la represión y prevención del delito

Se ha demostrado que la competencia justa y leal es un bien jurídico insuficiente para luchar penalmente contra la corrupción internacional, porque ahonda en la brecha de desigualdad entre los países ricos y los pobres. Es *competencia leal* entre las empresas poderosas, es, por tanto, una competencia leal limitada para frenar este fenómeno.

La corrupción internacional va mucho más allá de la distorsión de las condiciones del mercado, va mucho más allá de la vulneración de la competencia leal. Por el contrario, además de desincentivar la inversión y reducir la confianza en las autoridades[31], hace ineficiente el sistema económico,

---

30 Blanco Cordero, I., 2020, *op. cit.*, 7 y 41-42.

31 Consúltese la Resolución del Parlamento Europeo, de 17 de diciembre de 2020, sobre gobernanza empresarial sostenible (2020/2137(INI)), —P9_TA-PROV

especialmente el de los países emergentes, al desviar los recursos destinados al bienestar social de la población, impidiendo que se garanticen las condiciones mínimas necesarias para su prosperidad[32].

Por tanto, si el bien jurídico *competencia leal* ha sido ineficaz para frenar la corrupción internacional, debe modificarse el eje de actuación, impulsándose una auténtica gobernanza global que no dependa de los intereses de unos pocos países y corporaciones.

De otro lado, durante mucho tiempo la corrupción se consideró un fenómeno nacional y su combate, en consecuencia, se centró en el ámbito interno de cada Estado: se ponía el foco fundamentalmente en el corrompido, en la corrupción del funcionario, de acuerdo con la tradición en los ordenamientos jurídicos de raíces romanas[33]. Más tarde, la globalización demostró que la perspectiva interna era insuficiente y desenfocada para abordar esta otra dimensión de la corrupción, lo que derivó en soluciones multilaterales para combatirla. Como es sabido, estos esfuerzos multilaterales tomaron como base, fundamentalmente, el Convenio OCDE de 1997 de "*lucha contra la corrupción de agentes públicos extranjeros*" y la "*Convención contra la corrupción de la ONU 2003*" colocando el centro de atención en los agentes privados, en los corruptores, esto es, en el papel de las empresas que sobornan a los políticos para su beneficio mutuo. Era necesario ese cambio de perspectiva, dado que las empresas multinacionales evidentemente comparten responsabilidad con los corruptos porque influyen indebidamente en las reglas del juego en su beneficio. Por tanto, debe no olvidarse que la responsabilidad recae tanto en los que influyen indebidamente como los que se dejan influir. Así, los países ricos de la OCDE

(2020)0372—.

32 *Vid.*, al respecto, Kaufmann, D., "Diez mitos sobre la gobernabilidad y la corrupción", *Finanzas y desarrollo: publicación trimestral del Fondo Monetario Internacional y del Banco Mundial,* Vol. 42, nº 3, 2005, 41 y ss. Jiménez Valderrama, F.; García Rodríguez, L., "El interés jurídico protegido en el delito de corrupción privada en Colombia. Análisis de contexto y conexiones con el derecho de la competencia desleal", *Revista del Instituto de Ciencias Jurídicas de Puebla,* México, año IX, nº 35, enero-junio, 2015, 161-162. Capdeferro Villagrasa, O., "La obligación jurídica internacional de luchar contra la corrupción y su cumplimiento por el Estado español", *Eunomía,* nº 13, 2018, 116.

33 Tiedemann, K., "El nuevo procedimiento penal europeo", en Arroyo Zapatero, L.; Nieto Martín, A., *El Derecho Penal de la Unión Europea. Situación actual y perspectivas de futuro,* Cuenca: Ediciones de la Universidad de Castilla-La Mancha, 2007, 145-146.

salieron bastante mal parados con esta ampliación de la definición de corrupción[34] que pone el acento en los corruptores.

Desde la óptica de los corruptores, la globalización de la estrategia anticorrupción se ha centrado, en primer lugar, en la respuesta represiva, no solo a través del delito de cohecho, sino teniendo en cuenta su asociación con el fenómeno de la delincuencia organizada, que implica contar con redes estables y con el apoyo de complejas estructuras societarias que sirven para blanquear las amplias cantidades de dinero y para colocarlas posteriormente en paraísos fiscales. En consecuencia, además de los correspondientes delitos de blanqueo y de fraude fiscal, ha resultado necesario impulsar la recuperación de activos. Así, se ha desarrollado la estrategia UMBRA anticorrupción[35] impulsada por INTERPOL para fomentar y mejorar la recogida, la gestión y el intercambio de información sobre delitos de corrupción. En nuestro Derecho interno, esta dirección se plasma en la Disposición Final 1ª de la LO 5/2010, que modificó la LECRIM introduciendo un nuevo art. 367 septies, el cual previó la creación de la Oficina de Recuperación y Gestión de Activos (ORGA).

Junto con lo anterior, esta estrategia global anticorrupción ha exigido reforzar los mecanismos de prevención de la corrupción en las empresas multinacionales, en primer lugar, a través de los delitos específicos de falsedades en la información contable; en segundo lugar, contando con colaboración de las compañías a través del cumplimiento de los programas de *compliance* que, como es sabido, descansan en el modelo de responsabilidad por defecto de organización. Al respecto, el Informe OCDE sobre las fuentes de detección del cohecho internacional corrobora la eficacia de esta vía de actuación. En él se señala que de los 263 casos que han terminado en condena por cohecho internacional desde la entrada en vigor del Convenio OCDE, en el 23% se tuvo conocimiento de los hechos gracias a denuncias internas voluntarias[36]. La empresa, en efecto, admite

---

34 Kaufmann, D., *op. cit.*, 82.

35 COMS/FS/2017-02/ACO-01.

36 OCDE (2017), *La Detección del Cohecho Internacional*, Ediciones OCDE, París. www.oecd.org/corruption/the-detection-of-foreign-bribery.htm, especialmente 17 y ss. El informe hace referencia al concepto de "denuncia interna voluntaria" cuando esta procede de las empresas, mientras que cuando son las personas físicas las que denuncian las conductas que nos ocupan, se utilizan los términos de "confidente" o "testigo colaborador". En el caso de estos confidentes, solo el 2% deriva en una detección de este tipo de cohecho. Se necesita para ello campañas de sensibilización, canales de denuncia de fácil acceso, indemnizaciones económicas

la irregularidad cometida, que supone un acuerdo como mecanismo de exención de responsabilidad penal o de atenuación, según los distintos ordenamientos jurídicos[37], o bien como presupuesto para renunciar a ejercer la acción penal[38]. Para ello se necesitan incentivos que promuevan la denuncia y arbitrar procedimientos claros para denunciar.

No debe olvidarse, finalmente, la función primordial que tiene la cooperación internacional en casos pluri jurisdiccionales, responsable del 7% de los casos detectados sobre cohecho internacional. Existe, al respecto, la red consolidada GECI: Grupo de Expertos sobre Cohecho Internacional, que pretende fomentar el intercambio de información en tiempo real, promoviendo la realización de investigaciones conjuntas en casos de cohecho internacional multi jurisdiccional[39].

Toda esta estrategia centrada en la respuesta penal, si bien es necesaria como se ha demostrado, se ha revelado insuficiente. Por tanto, el combate a la corrupción internacional requiere una reflexión y una estrategia más holística, lo que conlleva una respuesta multidisciplinar, anticipándose al posible delito con otros instrumentos aplicados en un momento anterior de la actuación de la empresa para procurar decisiones éticas, lo que intenta desarrollarse en los siguientes epígrafes.

3.2. Corrupción y globalización versus corrupción y gobernanza

A mayor poder, debe haber una mayor responsabilidad social corporativa. Sin embargo, las empresas se han escudado, fundamentalmente desde la crisis económica de 2007-2008 hasta la actualidad, en que la propia globalización es tan desbordante que les impide hacerse cargo de esa responsabilidad.

---

micas o recompensas y mejorar la protección de los denunciantes (anonimato, confidencialidad) frente a represalias (sanciones). Por su parte, el Informe OCDE señala que el periodismo detecta un 2%, las organizaciones internacionales un 2%, la asistencia jurídica mutua el 7%, la administración tributaria el 1%, y las UIF (unidades de inteligencia financiera) el 2%.

37 *Vid.*, por ejemplo, *El caso de la naviera noruega* (2014), cuyo acuerdo determinó una atenuación de la pena: OCDE (2017), 23-24.

38 Por ejemplo, *caso del Reino Unido: SFO vs. ICBC SB PLC (2015).*

39 Como señala el Informe OCDE (2017), 180, desde marzo de 2016, el GECI ha contribuido, por ejemplo, a coordinar la investigación del caso multi jurisdiccional Unaoil por una trama de cohecho internacional en la que supuestamente están implicadas 23 empresas de Australia, Canadá, Reino Unido y Estados Unidos.

Esta idea ha quedado demostrada palpablemente con la crisis global que la pandemia por la Covid-19 ha generado en la humanidad, poniendo en entredicho la propia globalización, porque la globalización la gobiernan unas pocas empresas poderosas que solo persiguen su propio beneficio. Si las empresas potentes gobiernan la globalización y, al mismo tiempo, se escudan en esta para no asumir responsabilidades, significa que hay que superar esa cultura de la globalización. ¿Cuál es el concepto de globalización al que nos estamos refiriendo en este caso[40]? La globalización en este contexto de predominio de relaciones económico-financieras transnacionales, repercute en una versión política e ideológica de todos conocida: el "neoliberalismo económico", que obedece a un proyecto político desarrollado desde los países hegemónicos del actual capitalismo global. El alto rendimiento del capital durante las últimas décadas ha hecho que los ricos sean mucho más ricos, ahondando en la brecha de la desigualdad mundial y en las asimetrías de poder[41], donde, además, algunas multinacionales son más poderosas que muchos Estados[42]. Esto ha sido así porque la globalización económica ha estado únicamente supeditada a los intereses del mercado sin sujetarse a ninguna normativa que garantizara la salvaguarda de los derechos humanos. En este contexto, la corrupción internacional constituye el paradigma que refleja los excesos del capitalismo económico[43].

Además, esta crisis de la pandemia, como otras tantas, ha propiciado la corrupción precisamente por la inacción y tolerancia de los gobiernos, que ignoran deliberadamente a aquellos que se benefician de esta, cuando de todos es sabido que el soborno en el extranjero por parte de las empresas multinacionales socava la gobernanza pública en las economías emergen-

---

40 Sobre los distintos significados de globalización, *vid.*, Fariñas Dulce, M. J., "Globalización y cultura de la legalidad", *Eunomía. Revista en Cultura de la Legalidad,* nº 2, marzo-agosto, 2012, 109-114.

41 Fariñas Dulce, M. J., 2012, *op. cit.*, 110-111. Wang H., Rosenau, J. N., "Transparency International and Corruption as an Issue of Global Governance", *Global Governance: A Review of Multilateralism and International Organizations,* 7(1), 2001, 25-49.

42 Por ejemplo, de las cien economías más grandes del mundo, cincuenta y una son empresas. Ampliamente, Meseguer Sánchez, J. V., *El Control Jurídico de la Actuación de las Empresas Transnacionales: Derecho Penal y Responsabilidad Social Corporativa,* Tesis doctoral, UCAM San Antonio, Murcia, 2016, 360.

43 Parés López de Lemos, A., "Pluriofensividad de los delitos de corrupción en las transacciones comerciales internacionales: corrupción y cohecho", *Foro, Nueva época,* vol. 20, núm. 1, 2017, 180.

tes[44] y cuando por todos es conocido que las multinacionales con sede en países de la OCDE cuando operan dentro de la OCDE tienen comportamientos bastante diferentes que cuando operan fuera de la OCDE[45], excusándose en que la corrupción de funcionarios extranjeros es un mal necesario para tener éxito en los negocios realizados con los gobiernos de países en vías de desarrollo[46].

Por tanto, urge ahora más que nunca, tras la crisis social que ha generado la pandemia, impulsar una auténtica gobernanza global que no dependa de los intereses de unos pocos países y unas cuantas empresas poderosas que gobiernan la globalización.

La gobernanza global a que nos estamos refiriendo, a diferencia de la globalización, tiene un propósito: humanizar la globalización con ética pública para conseguir la justicia social. Así, la buena gobernanza, especialmente la que se refiere a la lucha contra la corrupción, tiende a mejorar la renta *per cápita* de un país. Cada vez más empresas y gobiernos reconocen la necesidad de un acuerdo común de gobernanza. La gobernanza es una forma de gobierno propia de las sociedades complejas en la que la calidad de interacción entre las administraciones públicas entre sí y con los actores sociales fundamenta la legitimidad de la actuación pública. El nuevo paradigma se construye, así, sobre un mejor gobierno que profundice en la ética pública y la interrelación social, una mejor administración que preste servicios públicos de calidad a los ciudadanos y una mejor responsabilidad que incremente la transparencia y la rendición de cuentas[47].

Por tanto, hay que consolidar ese concepto amplio de transparencia[48], que venimos exponiendo, pero no desde la óptica del mercado, que ha

---

44 Kaufmann, D., *op. cit.*, 89-90.

45 Puede consultarse al respecto, Otero González, P., “La respuesta del Derecho penal noruego a la corrupción: un modelo a seguir”, en Castro Moreno, A.; Otero González, P. *Corrupción y delito: aspectos de Derecho penal español y desde la perspectiva comparada,* Madrid: Dykinson, 2017, 203-251.

46 Burneo Labrín, J. A., “Corrupción y derecho internacional de los derechos humanos”, *Derecho PUCP,* nº 63, 2009, 334-335.

47 Fernández Ajenjo, J. A., “La gobernanza y la prevención de la corrupción como factores de desarrollo económico y social”, en Rodríguez García, N.; Rodríguez López, F., *Corrupción y desarrollo,* Valencia: Tirant lo Blanch, 2017, 164-176.

48 Debe comprender la divulgación pública de los ingresos y bienes de los candidatos a cargos públicos y de los funcionarios; elaboración de una lista negra pública de las empresas que han demostrado sobornar en la contratación pública, transparencia fiscal y financiera, contratación pública transparente, seguimiento

acrecentado las desigualdades entre ricos y pobres, sino desde la buena gobernanza desvinculada de esos intereses del mercado y adaptada a cada país en función de sus necesidades[49]. En los países en vías de desarrollo la prioridad será el apoyo a las reformas de contratación pública, el fortalecimiento de las instituciones de rendición de cuentas[50] y eliminar la discrecionalidad de los funcionarios públicos robusteciendo los mecanismos de supervisión autónoma, mientras que en los países desarrollados los esfuerzos deben centrarse en presionar a los gobiernos para que respalden y ratifiquen los convenios internacionales anticorrupción y, a la vez, ayudar a las empresas a liberarse de las prácticas empresariales corruptas. Cuando la corrupción se convierte en un problema de gobernanza global es más fácil para las empresas salir de la trampa de la corrupción. Para las empresas competitivas la preferencia siempre ha sido la igualdad de oportunidades. Para las que carecen de competitividad la corrupción siempre será el instrumento para obtener oportunidades de negocio. Para estas, el impacto del nuevo entorno de gobernanza hace más difícil incurrir en corrupción. Si se conciencia de que la corrupción es un obstáculo para el desarrollo económico, con consecuencias perjudiciales para la comunidad empresarial multinacional, es probable que los gobiernos reconsideren su actitud hacia la corrupción porque a la postre perjudica sus intereses al reconceptualizar los costes y beneficios[51]. En resumen, toda política debe ser contextualizada ya que la misma puede tener resultados diferentes en función del impacto del país donde se aplique.

Para asegurar mejores resultados necesitamos, en primer lugar, reforzar los instrumentos internacionales contra la corrupción, que impliquen en mayor medida a la comunidad internacional y que se concentren más en las causas subyacentes de la corrupción.

---

periódico de la gobernanza de la lucha contra la corrupción y del presupuesto y gasto de las empresas.

49 Sobre los principios que debe reunir la acción de los poderes públicos para que podamos hablar de buen gobierno, véase Agnafors, M. "Quality of Government: Toward a more complex Definition", *American Political Science Review,* 107(3), 2013, 433-445. Villoria, M.; Izquierdo. A., *Ética pública y buen gobierno.* Madrid: Tecnos, 2016; villoria, M., Gimeno Feliu, J. M.; Tejedor Balsa, J. (eds.), *La corrupción en España: ámbitos, causas y remedios jurídicos,* Barcelona, (Atelier), 2016.

50 Kaufmann, D., *op. cit.*, 88-91. Schloss, M. J., "Gobernabilidad, corrupción y desarrollo: algunas evidencias estadísticas y experiencias", *Encuentros Multidisciplinares,* nº 27, septiembre-diciembre, 2007, 3. WANG, H.; Rosenau, J. N., 2001, 25-49.

51 *Vid.*, Recomendación OCDE (2017) sobre Integridad pública.

En segundo lugar, insistir en los controles externos independientes que visen la transparencia y evalúen de forma estricta la rendición de cuentas. La divulgación pública y la amplia difusión de las listas de empresas infractoras podrían ser un importante elemento disuasorio, pero insuficiente, puesto que, complementariamente, se necesita que los propios países asuman la responsabilidad y tomen la iniciativa de llevar a cabo reformas políticas e institucionales, que son las más difíciles de conseguir[52].

En tercer lugar, y como consecuencia de lo anterior, debe reducirse la discrecionalidad de los poderes discrecionales[53] y, en cuarto lugar, empoderar a la sociedad civil[54] para que proteja los intereses del individuo y responsabilice a las instituciones estatales por no controlar, y a las empresas por no promover la transparencia, pues parece estar demostrado que cuanto mayor es el control social menor es la corrupción. Al fin y al cabo, la sociedad civil es la víctima directa afectada por la corrupción. El problema es que carecen de organización[55]. Que la sociedad tenga el control significa ceder soberanía por parte de los Estados, por lo que en la lucha contra la corrupción está adquiriendo protagonismo la soberanía interrelacional, que produce una dilución de la frontera entre los poderes público y privado. Esta gobernanza interrelacional aglutina no solo las ONG y multinacionales, sino también redes de carácter global (como el G20 o como el B20), creando grupos de trabajo para la ejecución de normas anticorrupción. Pretende conseguirse que las empresas se autorregulen para prevenir la corrupción, y que además establezcan un sistema de autocontrol o supervisión propio y privado que descargue la labor de los Estados[56].

La implantación de estas medidas supone menor coste económico que el desarrollo de una regulación excesiva sobre la materia[57], que también

52 Fernández Ajenjo, J. A., *op. cit.*, 159-185. Kaufmann, D., *op. cit.*, 93.

53 Scholss, M. J., *op. cit.*, 13-15.

54 Sobre la participación ciudadana, Cano Blandón, L. F., "La participación ciudadana en las políticas públicas de lucha contra la corrupción: respondiendo a la lógica de gobernanza", *Estudios Políticos,* nº 33, Medellín, julio-diciembre, 2008, 147-177. Jiménez Sánchez, F., "El antídoto de la corrupción: la calidad de la gobernanza", *Revista Administración y Ciudadanía,* EGAP, Vol. 15, núm. 1, 2020, 222. Schloss, M. J., *op. cit.*, 5.

55 Scholss, M. J., *op. cit.*, 5.

56 Sobre la soberanía interrelacional, ampliamente, Nieto Martín, A., *op. cit.*, 74 y ss.

57 Kaufmann, 2005, *op. cit.*, 91.

ha resultado ser ineficaz[58]. En efecto, las regulaciones excesivas anticorrupción parecen tener poco impacto (maquillan el problema) y provoca que se descuiden reformas de gobernanza más fundamentales y sistémicas[59]. Debe simplificarse, por tanto, la normativa al respecto —fundamentalmente en la contratación pública—.

En definitiva, la compleja corrupción internacional se ha abordado con soluciones complejas pero parciales. Por el contrario, la clave para mejorar la eficacia de la lucha contra la corrupción internacional se encuentra en la mejora de la calidad de los gobiernos[60] y en otorgar protagonismo a la sociedad civil a través de la gobernanza interrelacional, como complemento necesario de las medidas preventivas y represivas. No es un problema, en fin, que pueda atajarse solo con medidas técnicas, que han resultado insatisfactorias[61]. Tratarlo así es simplificar el problema y, por tanto, no solucionarlo.

3.3. Concreción jurídico-penal del bien jurídico buena gobernanza: "El derecho al desarrollo y a la soberanía permanente sobre la explotación de los recursos naturales"

En el plano del derecho penal la *buena gobernanza* se configura como un bien jurídico supraindividual cuyo contenido de lesividad, al igual que el de los demás bienes jurídicos supraindividuales, es muy difícil de concretar debido a su vaguedad, por lo que hay que hacer un esfuerzo de definición derivada de la propia lesión que supone el delito en concreto que estamos analizando. En otros términos, necesita concreción para que la lesividad de este delito pueda acomodarse al principio de taxatividad. Esta vaguedad, en cualquier caso, no es tan diferente al *orden socioeconómico* donde se ubica actualmente la conducta analizada.

---

58 Informe OCDE (2019) www.oecd.org/corporate/Anti-Corruption-Integrity-Guidelines-for-SOEs.htm
subraya que los enfoques convencionales, basados en la complejidad de normativa, observancia más estricta y cumplimiento más firme, han mostrado una eficacia limitada.

59 Kaufmann, D., *op. cit.*, 88.

60 Monteduro F; Hinna. A.; Moi, S., "Governance and Corruption in the Public Sector: An Extended Literature Review", In *Governance and Performance in Public and Non-Profit Organizations*. Published online: 18 abr 2016, 31-51.

61 Jiménez Sánchez, F., *op. cit.*, 220.

De este modo, la *buena gobernanza* puede construirse como un bien jurídico categorial —como lo puede ser el correcto funcionamiento de la Administración Pública (T. XIX del CP) o de la Administración de Justicia (Título XX del CP)— concretado después de forma más específica en cada una de las manifestaciones lesivas derivadas de los delitos tipificados en cada Capítulo. Así, por ejemplo, el principio de *no venalidad en el desempeño de actividades públicas* es el bien jurídico concretamente protegido en el delito de cohecho de ámbito interno. Desde esta perspectiva, esa preservación de la buena gobernanza debe luego materializarse en un bien jurídico más concreto emanado directamente del tipo penal que regula la corrupción internacional.

Como se viene manifestando, lo que resulta en todo caso necesario es la adopción de nuevas medidas de gobernanza de los mercados distintas a las medidas regulatorias implantadas hasta el momento, dado que no han resultado eficientes y han acrecentado las desigualdades. Por tanto, la intervención del derecho penal está justificada en la medida en que se vulneran los derechos humanos, en especial el bienestar social de los países emergentes; daños, que van más allá de los competidores directos del primer mundo[62].

Desde esta perspectiva, no cabe duda de que el delito de corrupción internacional es pluriofensivo y, por tanto, relacionarlo exclusivamente con la vulneración de la competencia leal de las empresas que compiten en los países desarrollados, implica comprender el problema de una manera limitada y sesgada. Se vulnera también el correcto funcionamiento de la Administración Pública —al poderse incriminar el cohecho pasivo a través de la remisión al art. 427 efectuada por el art. 286 ter—, pero, además —y esto

---

62 Paredes Castañón, J. M., "El mercado como objeto de regulación y protección jurídica: el caso de las restricciones verticales a la competencia", *Revista de Derecho penal y Criminología de la UNED*, 3ª época, nº 22, 2019, 108, 120, 148. Aguilar García, J. "Normativa española sobre prácticas corruptas de nuestras empresas en el extranjero", 2009, 1-21. *Vid.*, "P9_TA-PROV (2021)0014 Derechos humanos y democracia en el mundo y política de la Unión Europea al respecto —Informe anual 2019 Resolución del Parlamento Europeo, de 20 de enero de 2021, sobre "*los derechos humanos y la democracia en el mundo y la política de la Unión Europea al respecto*— Informe anual 2019 (2020/2208(INI))". Puede consultarse, asimismo, García Ramírez, S., "Orden penal, globalización y gobernanza", Síntesis de la intervención del autor en el *Seminario sobre Gobernanza Global y Cambio Estructural del Sistema Jurídico Mexicano*, en el Instituto de Investigaciones Jurídicas, UNAM, 7 de febrero, 2014, 347.

es lo relevante— este tipo concreto de corrupción internacional vulnera los derechos humanos de los países emergentes al impedirles su bienestar social. Así, la gobernanza eficaz vinculada a la lucha contra corrupción internacional, desvinculada de los intereses del mercado y supeditada a la protección de los derechos humanos, —tal como se ha concretado en el epígrafe anterior—, deberá centrarse en proteger "*el derecho al desarrollo y a la soberanía permanente sobre la explotación de los recursos naturales*" por parte del pueblo donde estos se han hallado.

Sin embargo, cuando media la corrupción en transacciones internacionales se produce lo que se conoce como la "maldición de los recursos naturales"[63], esto es, esa situación en la que un país, que, poseyendo valiosos recursos naturales (petróleo, coltán, diamantes, etc.), en lugar de mejorar el bienestar de toda la sociedad, acaba conduciendo a un proceso de cambio institucional en el que las élites del país, a cambio de sustanciosos beneficios, refuerzan la capacidad extractora de empresas extranjeras desincentivando los comportamientos productivos de la población propia.

Estos comportamientos incumplen la Resolución 1803 (XVII) de la Asamblea General de la ONU, de 14 de diciembre de 1962, sobre "Soberanía permanente sobre los recursos naturales" donde se declara "*el derecho de los pueblos y de las naciones a la soberanía permanente sobre sus riquezas y recursos naturales debe ejercerse en interés del desarrollo nacional y del bienestar del pueblo del respectivo Estado*"[64].

---

63 Jiménez Sánchez, F., *op. cit.*, pág. 227.

64 Se reafirma este derecho inalienable en la "Resolución 2158 (XXI) de la Asamblea General de la ONU de 25 de noviembre de 1966", reconociendo que constituye una de las bases del desarrollo económico y del progreso industrial de los países en desarrollo. Progreso, que se consigue en mayor medida cuando los países están por sí mismos en condiciones de explotarlos. Asimismo, se recoge este derecho tanto en el "Pacto Internacional de Derechos Civiles y Políticos", como en el "Pacto Internacional de Derechos Económicos, Sociales y Culturales". El párrafo 2° del artículo 1 de ambos Pactos afirma que: *"Para el logro de sus fines, todos los pueblos pueden disponer libremente de sus riquezas y recursos naturales, sin perjuicio de las obligaciones que derivan de la cooperación económica internacional basada en el principio del beneficio recíproco, así como del derecho internacional. En ningún caso podrá privarse a un pueblo de sus propios medios de subsistencia"*, constituyendo una violación a la Carta y la Declaración contenida en la Resolución 2625 (XXV). Igualmente, se plasma en la "Carta de Derechos y Deberes Económicos de los Estados (art. 2)", en la "Resolución 3281 (XXIX) de la Asamblea General de las Naciones Unidas 12 de diciembre de 1974" y en la "Carta Africana sobre los Derechos Humanos y de los Pueblos (art. 21)".

Uno de los pocos casos en contrario es el del descubrimiento del petróleo en el Mar del Norte por parte de Noruega, en el que tal hallazgo llegó en un momento en el que las instituciones políticas eran tan sólidas que impidieron las conductas extractivas oportunistas. En efecto, a principios del siglo XX, Noruega era un país muy pobre con una economía arcaica cuyo sector más poderoso era la pesca. Sin embargo, cien años después se sitúa entre los primeros países más ricos del mundo atendiendo al PIB *per cápita*[65] gracias al descubrimiento del petróleo y a su excelente gestión.

Ello nos da la pista sobre la relación de causalidad que existe entre la solidez de un gobierno y el respeto del derecho del pueblo a la explotación propia de los recursos naturales, y viceversa: la relación entre los gobiernos débiles proclives a la corrupción y la extracción de los recursos por parte de empresas extranjeras. Si este derecho a la explotación propia de los recursos naturales nació como un arma en la lucha contra los países industrializados de Occidente para lograr una independencia real de los países en vías de desarrollo y, por tanto, vinculado con las políticas de descolonización[66], la admisión por parte de los gobiernos de estos países de la explotación de determinados recursos por empresas extranjeras constituye una nueva forma de dominación y explotación neocolonial, consentida por el propio país "neocolonizado" a cambio del enriquecimiento personal de sus gobernantes producto del cohecho.

En otras palabras, esta clase de corrupción a gran escala en la que participan tanto las multinacionales como los dirigentes del país en vías de desarrollo, que conlleva derivar la explotación de los recursos naturales a manos de extranjeros, constituye otra forma de patrimonicidio[67], en la medida en que implica desposeer a la población de sus recursos, pues se les impide su explotación, sin que de ello deriven beneficios —al contrario—,

---

65 https://es.statista.com/estadisticas/600552/los-paises-con-el-mayor-producto-interior-bruto-pib-per-capita

66 Sánchez-Apellániz y Valderrama, F., "La soberanía permanente sobre los recursos naturales: orígenes y contenidos", Texto de la ponencia presentada a las *V Jornadas de Profesores españoles de Derecho Internacional y Relaciones Internacionales,* Sevilla, 1980, 4-6. *Vid.*, también Díaz Burgos, M., *La protección jurídico-penal del medio ambiente y el delito ambiental en Colombia,* Tesis Doctoral. Universidad Santo Tomás, Colombia, 2015, 37-41.

67 Sobre ello, Nieto Martín, A., "Bases para un futuro derecho penal internacional del medio ambiente", *Revue internationale de droit pénal,* 3, vol. 82, 2011, 481-495. El mismo, "Bases para un futuro derecho penal internacional del medio ambiente", *AFDUAM,* 16, 2012, 151-159.

para los ciudadanos de dicho Estado. Se vulnera, en definitiva, su derecho a la autodeterminación y su derecho de explotación, que debe ejercerse tanto frente a las empresas multinacionales como a las élites corrompidas del propio país (las dos caras de la actividad corrupta). El patrimonicidio representaría, precisamente, un abuso de poder intolerable, tanto de los corruptos como de los corruptores, que atenta directamente contra este derecho fundamental al desarrollo y explotación de los recursos por parte de la población. El injusto que revela este tipo de corrupción, adquiere, así, otra dimensión, cual es la destrucción de los pilares económicos de un Estado.

4. PROPUESTAS PARA FACILITAR LA PERSEGUIBILIDAD DE ESTAS CONDUCTAS

El art. 4.4 del Convenio OCDE, ciertamente con una redacción muy laxa, establece que "*Cada Parte revisará si el fundamento actual de su jurisdicción es eficaz para combatir el cohecho a funcionarios públicos extranjeros y, si no lo fuere, adoptará las medidas que correspondan*". Claramente se ha demostrado que la competencia establecida en el art. 23.4 LOPJ para el enjuiciamiento de este delito no ha sido efectiva, y tampoco ha ayudado a la incriminación de estas conductas la fórmula prevista en el art. 286 ter de "corromper o intentar corromper *por sí o por persona interpuesta*", necesaria en el ámbito de los negocios internacionales, donde este tipo de corrupción se realiza gracias a la ayuda de intermediarios extranjeros, que, bajo el disfraz de la mediación comercial, son los que conocen el proceso local de adjudicación[68].

Por otro lado, el interés lesionado con estas gravísimas conductas es lo suficientemente relevante como para que su enjuiciamiento se pudiera hacer efectivo a través del principio de jurisdicción universal, pues no deja

68 Fabián Caparrós, E. A., *op. cit.*, 93-94. También, Benito Sánchez, D., *El delito de corrupción en las transacciones comerciales internacionales*, Madrid: Iustel, 2012, 241-242. La misma, Benito Sánchez, D., "Análisis de las novedades incorporadas al delito de corrupción en las transacciones comerciales internacionales por la ley orgánica 1/2015, de 30 de marzo", *Estudios de Deusto*, vol. 63/1, enero/junio, 2015, 205-228. La misma, "La corrupción de funcionario público extranjero en transacciones comerciales internacionales. Especial referencia al papel de la *Foreign Corrupt Practices Act*", en Castro Moreno, A.; Otero González, P. *Prevención y tratamiento punitivo de la corrupción en la contratación pública y privada*, Madrid: Dykinson, 2016, 115-146.

de ser una grave violación de los derechos humanos. Sin embargo, como es sabido, el principio de jurisdicción "*universal*" previsto en el art. 23.4 de la LOPJ ha visto restringido su ámbito de aplicación, primero, por la LO 1/2009 y, fundamentalmente después, por LO 1/2014, de 13 de marzo, donde se limita ostensiblemente su alcance.

Como propuesta más realista, tomando como base la regulación actual, y por lo que respecta a la perseguibilidad del cohecho activo, debería modificarse, en primer lugar, el art. 23.6 LOPJ, eliminando la exigencia de la previa interposición de querella por el agraviado o por el Ministerio Fiscal, pues, como se ha constatado, puede ser una de las causas que motivan la falta de perseguibilidad de estas conductas. Y, de otro lado, el art. 23.4 n) LOPJ debe someterse a revisión, para flexibilizar la limitación de su aplicación actual, vinculada al principio de personalidad activa derivado de la nacionalidad, si queremos que la persecución, no solo de este sino de otros delitos cometidos por empresas multinacionales que violan derechos humanos, sea efectiva. Si estas conductas son *transnacionales* debemos, pues, superar el criterio vinculado a esta exigencia de la *nacionalidad* de la persona física/domicilio de la persona jurídica para perseguirlas. Para ello, debe condicionarse esa perseguibilidad a otro tipo de criterios, como la de sustituir la personalidad activa vinculada a la sede por el lugar donde tiene el principal centro de actividad la empresa corruptora o adoptando el modelo de incriminación de la falta de organización de la empresa permitiendo perseguir el comportamiento corrupto realizado en un país extranjero siempre que el defecto de organización de la empresa se haya producido en el país donde tiene su actividad principal[69].

Con todo, el problema principal no es la perseguibilidad del cohecho activo sino cómo articular la perseguibilidad del cohecho pasivo del funcionario extranjero. Si el cohecho pasivo de este funcionario se realiza en el extranjero, como es lo habitual, debemos seguir manteniendo esa dimensión interna para evitar injerencias en los asuntos de un Estado extranjero, por lo que será la normativa del Estado de este funcionario el competente para juzgar su conducta. Por eso es tan importante presionar a los gobiernos para que respalden y ratifiquen los convenios internacionales anticorrupción y los incorporen a su derecho interno de la forma más armonizada posible a efectos de reforzar el castigo del cohecho pasivo conforme a la legislación de aquellos países donde se produzca.

---

69 De forma análoga, véase la *Bribery Act*, 2010, de Reino Unido. Ampliamente, Nieto Martín, A., 2012, 160.

BIBLIOGRAFÍA

Agnafors, M., "Quality of Government: Toward a more complex Definition", *American Political Science Review,* 107(3), 2013, 433-445.

Aguilar García, J. "Normativa española sobre prácticas corruptas de nuestras empresas en el extranjero", 2009, 1-21.

Arvelo Rodríguez, P., "La aportación del marco penal español para erradicar la corrupción transnacional: una doble vía inacabada", *Eunomía,* nº 17, 2019, 135-165.

Benito Sánchez, D., *El delito de corrupción en las transacciones comerciales internacionales,* Madrid: Iustel, 2012.

Benito Sánchez, D., "Análisis de las novedades incorporadas al delito de corrupción en las transacciones comerciales internacionales por la ley orgánica 1/2015, de 30 de marzo", *Estudios de Deusto,* vol. 63/1, enero/junio, 2015, 205-228.

Benito Sánchez, D., "La corrupción de funcionario público extranjero en transacciones comerciales internacionales. Especial referencia al papel de la *Foreign Corrupt Practices Act*", en Castro Moreno, A.; Otero González, P. *Prevención y tratamiento punitivo de la corrupción en la contratación pública y privada,* Madrid: Dykinson, 2016, 115-146.

Blanco Cordero, I., "Responsabilidad penal de las empresas multinacionales por delitos de corrupción en las transacciones comerciales internacionales y *ne bis in ídem*", *Revista Electrónica de Ciencia Penal y Criminología* (RECPC), 22-16, 2020, 1-47.

Burneo Labrín, J. A., "Corrupción y derecho internacional de los derechos humanos", *Derecho PUCP,* nº 63, 2009, 333-347.

Cano Blandón, L. F., "La participación ciudadana en las políticas públicas de lucha contra la corrupción: respondiendo a la lógica de gobernanza", *Estudios Políticos,* nº 33, Medellín, julio-diciembre, 2008, 147-177.

Capdeferro Villagrasa, O., "La obligación jurídica internacional de luchar contra la corrupción y su cumplimiento por el Estado español", *Eunomía,* nº 13, 2018, 114-147.

Díaz Burgos, M., *La protección jurídico-penal del medio ambiente y el delito ambiental en Colombia,* Tesis Doctoral. Universidad Santo Tomás, Colombia, 2015.

Fabián Caparrós, E. A., *La corrupción de agente público extranjero e internacional,* Valencia, (Tirant lo Blanch), 2003.

Faraldo Cabana, P., "¿Se adecua el Derecho penal español al Convenio de la OCDE de lucha contra la corrupción de agentes públicos extranjeros en las transacciones comerciales internacionales? Avance de resultados de la evaluación en fase 3", *Boletín de Información del Ministerio de Justicia,* 2148, 2012, 1-20.

Fariñas Dulce, M. J., "Globalización y cultura de la legalidad", *Eunomía. Revista en Cultura de la Legalidad,* nº 2, marzo-agosto, 2012, 109-114.

Fernández Ajenjo, J. A., "La gobernanza y la prevención de la corrupción como factores de desarrollo económico y social", EN: Rodríguez García, N.; Rodríguez López, F., *Corrupción y desarrollo,* Valencia: Tirant lo Blanch, 2017, 159-185.

García Ramírez, S., "Orden penal, globalización y gobernanza", Síntesis de la intervención del autor en el *Seminario sobre Gobernanza Global y Cambio Estructural del Sistema Jurídico Mexicano,* en el Instituto de Investigaciones Jurídicas, UNAM, 7 de febrero, 2014, 337-359.

García Rivas, N., "Alcance y perspectivas del *ne bis in ídem* en el espacio jurídico europeo", en Nieto Martín, A.; García Moreno, B. *Ius Puniendi y Global Law. Hacia un Derecho Penal sin Estado,* Valencia: Tirant lo Blanch, 2019, 443-473.

Garrocho Salcedo, A.; Otero González, P., "Concepto y alcance de la inmunidad personal en el art. 606 del Código Penal", *La ley Penal: revista de derecho penal procesal y penitenciario,* nº 83, 2011, 20-44.

Garrocho Salcedo, A.; Otero González, P., "El Derecho penal interno ante los atentados contra personas internacionalmente protegidas y locales de legaciones extranjeras: el ordenamiento español", *The Yearbook of Diplomatic and Consular Law / Anuario de Derecho de Diplomático y Consular /Annuaire de droit diplomatique et consulaire,* n° 1, 2016, 33-62.

Garrocho Salcedo, A.; Otero González, P., "Delitos contra el derecho de gentes", EN: Álvarez García, F. J. *Tratado de Derecho penal español. Parte especial,* Valencia: Tirant lo Blanch, 2018, 513-546.

Gómez Iniesta, D. J. "El *ius puniendi* del Consejo de Seguridad de las Naciones Unidas", en Nieto Martín, A.; García Moreno, B. *Ius Puniendi y Global Law. Hacia un Derecho Penal sin Estado,* Valencia: Tirant lo Blanch, 2019, 155-181.

Informe OCDE, *La Detección del Cohecho Internacional,* Ediciones OCDE, París, 2017, www.oecd.org/corruption/the-detection-of-foreign-bribery.htm

Informe OCDE, *Directrices en materia de Lucha Contra La Corrupción e Integridad en las Empresas Públicas,* 2019, www.oecd.org/corporate/Anti-Corruption-Integrity-Guidelines-for-SOEs.htm

Jiménez Sánchez, F., "El antídoto de la corrupción: la calidad de la gobernanza", en *Revista Administración y Ciudadanía,* EGAP, Vol. 15, núm. 1, 2020, 219-240.

Jiménez Valderrama, F.; García Rodríguez, L., "El interés jurídico protegido en el delito de corrupción privada en Colombia. Análisis de contexto y conexiones con el derecho de la competencia desleal", *Revista del Instituto de Ciencias Jurídicas de Puebla,* México, año IX, nº 35, enero-junio, 2015, 159-178.

Kaufmann, D., "Diez mitos sobre la gobernabilidad y la corrupción", *Finanzas y desarrollo: publicación trimestral del Fondo Monetario Internacional y del Banco Mundial,* Vol. 42, Nº 3, 2005, 41 y ss.

Meseguer Sánchez, J. V., *El Control Jurídico de la Actuación de las Empresas Transnacionales: Derecho Penal y Responsabilidad Social Corporativa,* Tesis doctoral, UCAM San Antonio, Murcia, 2016.

Monteduro F; Hinna A.; Moi, S., "Governance and Corruption in the Public Sector: An Extended Literature Review", In *Governance and Performance in Public and Non-Profit Organizations.* Published online: 18 abr 2016, 31-51.

Nieto Martín, A., "Bases para un futuro derecho penal internacional del medio ambiente", *Revue internationale de droit pénal,* 3, vol. 82, 2011, 477-505.

Nieto Martín, A., "Bases para un futuro derecho penal internacional del medio ambiente", *AFDUAM,* 16, 2012, 137-164.

Nieto Martín, A., "Las transformaciones del *Ius puniendi* en el derecho global", en Nieto Martín, A.; García Moreno, B., *Ius Puniendi y Global Law. Hacia un Derecho Penal sin Estado,* Valencia: Tirant lo Blanch, 2019, 17-110.

OCDE, *La Detección del Cohecho Internacional,* Ediciones OCDE, París, 2017, www.oecd.org/corruption/the-detection-of-foreign-bribery.htm

OCDE, *Directrices en materia de Lucha Contra La Corrupción e Integridad en las Empresas Públicas,* 2019, www.oecd.org/corporate/Anti-Corruption-Integrity-Guidelines-for-SOEs.htm.

Otero González, P., "La corrupción en los negocios tras la reforma penal por LO 1/2015", *Cuadernos de José María Lidón*, nº 12, 2016, 199-260.

Otero González, P., "Los nuevos delitos de corrupción en los negocios tras la reforma penal por LO 1/2015 (análisis de cuestiones concretas de los art. 286 bis y ter CP), en Villoria, M., Gimeno Feliu, J. M.; Tejedor Balsa, J. (eds.). *La corrupción en España: ámbitos, causas y remedios jurídicos.* Barcelona, (Atelier), 2016, 451-496.

Otero González, P., "La respuesta del Derecho penal noruego a la corrupción: un modelo a seguir", en Castro Moreno, A.; Otero González, P. *Corrupción y delito: aspectos de Derecho penal español y desde la perspectiva comparada*, Madrid: Dykinson, 2017, 203-251.

Otero González, P., "Corrupción de empresas multinacionales, ineficacia del tipo y buena gobernanza", en *Eunomía. Revista en Cultura de la Legalidad*, nº 23, octubre, 2022-marzo, 2023, 65-92.

Paredes Castañón, J. M., "El mercado como objeto de regulación y protección jurídica: el caso de las restricciones verticales a la competencia", *Revista de Derecho penal y Criminología de la UNED*, 3ª época, nº 22, 2019, 107-158.

Parés López de Lemos, A., "Pluriofensividad de los delitos de corrupción en las transacciones comerciales internacionales: corrupción y cohecho", *Foro, Nueva época*, vol. 20, núm. 1, 2017, 127-187.

Sánchez-Apellániz y Valderrama, F., "La soberanía permanente sobre los recursos naturales: orígenes y contenidos", Texto de la ponencia presentada a las *V Jornadas de Profesores españoles de Derecho Internacional y Relaciones Internacionales*, Sevilla, 1980, 1-40.

Scholss, M. J., "Gobernabilidad, corrupción y desarrollo: algunas evidencias estadísticas y experiencias", *Encuentros Multidisciplinares*, nº 27, septiembre-diciembre, 2007, 1-15.

Sieber, U.; Nuebert, C. W., "Investigaciones transnacionales de crímenes en el ciberespacio: retos a la soberanía nacional", en Nieto Martín, A.; García Moreno, B., *Ius Puniendi y Global Law. Hacia un Derecho Penal sin Estado*, Valencia: Tirant lo Blanch, 2019, 306-390.

Silva Sánchez, J. M., "Doce tesis sobre el delito de corrupción de funcionarios extranjeros", *Persuadir y razonar: Estudios jurídicos en homenaje a José Manuel Maza Martín*, Tomo II, coord. por Carlos Gómez-Jara Díez, Pamplona: Aranzadi Thomson Reuters, 2018, 643-655.

Tiedemann, K., "El nuevo procedimiento penal europeo", en Arroyo Zapatero, L.; Nieto Martín, A., *El Derecho Penal de la Unión Europea. Situación actual y perspectivas de futuro*, Cuenca: Ediciones de la Universidad de Castilla-La Mancha, 2007.

Villegas García, M. A.; Encinar del Pozo, M. A., "El "caso Fresenius": el "día D" de la FCPA en España", *La Ley Penal: revista de derecho penal, procesal y penitenciario*, nº 140, septiembre-octubre, 2019, 1-22.

Villoria, M.; Izquierdo. A., *Ética pública y buen gobierno.* Madrid, (Tecnos), 2016.

Villoria, M.; Gimeno Feliu, J. M.; Tejedor Balsa, J. (eds.), *La corrupción en España: ámbitos, causas y remedios jurídicos*, Barcelona: Atelier, 2016.

Wang H., Rosenau, J. N., "Transparency International and Corruption as an Issue of Global Governance", *Global Governance: A Review of Multilateralism and International Organizations*, 7(1), 2001, 25-49.

El Ministerio Público en Italia

IGNACIO FLORES PRADA[1]
Catedrático de Derecho Procesal
Universidad Pablo de Olavide de Sevilla

1. PLANTEAMIENTO

La naturaleza jurídico-política del Ministerio Fiscal y su posición en el juego de poderes no fue claramente definida, ni en la Constitución de 1978 ni en el Estatuto Orgánico de 1981. El nuevo régimen democrático rompió con el tradicional Ministerio Público napoleónico dependiente del Poder Ejecutivo, pero no quiso, no pudo, o no supo encontrar un nuevo modelo que encajara adecuadamente en el nuevo sistema político. Tras más de cuarenta y cinco años de vigencia constitucional, aún seguimos discutiendo cuál qué debe ser la posición jurídico-política del Fiscal en el moderno Estado de Derecho.

Se trata, sin duda, de un problema complejo. Desde mitad del siglo XX, es un problema que no ha encontrado una solución clara y satisfactoria, lo que viene generando importantes tensiones que han traspasado el terreno jurídico-doctrinal para entrar de lleno en el ámbito de las cuestiones que en los últimos tiempos ocupan cotidianamente la atención de la opinión pública y de los medios de comunicación.

---

1 Es imposible, y poco apropiado, resumir en una breve nota a pie de página los vínculos que me unen con mi maestro, Víctor Moreno. Me conformo con decir que está entrelíneas de lo meritorio que yo haya podido escribir, y de lo que de bueno haya podido tener mi comportamiento académico.

Este planteamiento inicial nos sitúa ante un escenario de crisis, en el sentido de cambio y transformación de modelos institucionales, que no sólo afecta al Ministerio Público español, sino que se inscribe en un proceso de reforma del Ministerio Público continental y, más ampliamente, del conjunto del sistema judicial en el tránsito del Estado liberal al moderno Estado constitucional.

Si nos preguntamos por las causas que explican la ambigüedad institucional que caracteriza al moderno Ministerio Público, conviene tomar cierta perspectiva, desde la que resulta fácil advertir la profunda vinculación histórica entre modelo de defensa pública de la legalidad y sistema político. Se trata de una dialéctica que explica, no sólo la situación que actualmente vive el Ministerio Público sino, más ampliamente, la evolución histórica que han experimentado los distintos modelos de defensa pública de la legalidad sobre el telón de fondo de las grandes transformaciones del sistema político.

Para entender la vinculación constante entre Ministerio Público y sistema político es preciso reparar en que los órganos encargados de la defensa pública de la legalidad cumplen una función jurídico-política de primer orden en la estructura constitucional del Estado. Su construcción es una construcción ideológica antes que una construcción técnico-jurídica (Jannaconne). La posición que ocupa la defensa pública de la legalidad en el sistema político es una posición de frontera; frontera entre diversos poderes, frontera entre realidad social y aparato judicial, frontera entre política y Derecho (Chiavario). El ejercicio de la acción penal pública es, en sí misma, un poder del Estado, el Poder de Acusar ha sido denominada con acierto (Díez-Picazo, L. M.). Un poder que aparece con toda claridad cuando la acusación se asume por el Estado en régimen de monopolio y, más aún, cuando la imposibilidad de mantener el principio de obligatoriedad en el ejercicio de la acción penal pública empieza a dejar paso a márgenes cada vez más amplios y menos controlados de discrecionalidad.

Desde una perspectiva histórica, la dialéctica entre defensa pública de la legalidad y sistema político puede estructurarse sintéticamente en dos grandes etapas, divididas por la caída del Antiguo Régimen y el nacimiento del Estado de Derecho.

Prácticamente desde el nacimiento de las civilizaciones clásicas y hasta la Revolución Francesa, los distintos modelos articulados históricamente para la defensa pública de la legalidad pueden reducirse a la dialéctica entre el sistema difuso de acción popular y el sistema concentrado, basado en una estructura orgánica pública, jerarquizada y dependiente del poder político (Nobili). En el marco de las tres grandes transformaciones del Estado en la Europa continental —la transición de la República al Imperio en Roma; la construcción del Estado absoluto y el nacimiento del Estado de Derecho— puede constatarse, y resulta perfectamente explicable, el tránsito de uno al otro sistema como una consecuencia directa del fortalecimiento del poder y de la estructura político-estatal, común a los tres procesos aludidos. El comportamiento histórico de dicha dialéctica demuestra que la consolidación de la estructura política trae consigo el abandono progresivo del modelo difuso y su sustitución por el modelo concentrado. Al propio tiempo, la estructura requirente mostrará gradualmente mayor dependencia política cuanto más se fortalece y expande el ámbito de intervención y responsabilidad del Poder en el ámbito del Estado absoluto.

Si nos fijamos ahora en la segunda etapa, que arranca con la Revolución Francesa y que se extiende hasta nuestros días, esta interdependencia entre Ministerio Público y sistema político resulta todavía más evidente.

A partir de la Revolución Francesa se han sucedido en la Europa continental dos sistemas constitucionales, que hemos dado en llamar Estado liberal y Estado constitucional. Pues bien, a lo largo de la edad contemporánea, la configuración del Ministerio Público continental no ha hecho sino reflejar sucesivamente estas transformaciones políticas, lo que permite hablar básicamente de tres modelos de Ministerio Público: el primero, revolucionario, difuso y republicano, en el que el Ministerio Público representaba al Estado-comunidad y era elegido por los ciudadanos (el modelo de Ministerio Público norteamericano); el segundo liberal, burocratizado y jerárquico, en el que el Ministerio Público es órgano de representación del Ejecutivo ante los tribunales, y el tercero, con variantes en los diferentes modelos constitucionales continentales, que habrá de reflejar los fundamentos ideológicos del moderno Estado democrático y social, y que se debate entre un Ministerio Público representante de la defensa pública de la legalidad, y un Ministerio Público con cierta comunicación con los órganos democráticos encargados de definir la política criminal (Tonini-Conti).

El primero de los modelos, al que hemos denominado revolucionario y republicano, es producto de la Revolución Francesa y dura diez años; exactamente lo mismo que dura la Revolución. Durante este periodo, se rompe con el Ministerio Público heredado del Antiguo Régimen, configurando un sistema de acusación pública difuso, descentralizado, independiente y electivo.

Sin embargo, este modelo difuso e ideológicamente republicano, como tantas otras instituciones de corte claramente democrático, serán suprimidas por el golpe de Estado napoleónico en 1799. La contrarrevolución, presidida por principios autoritarios, impone un modelo de Ministerio Público centralizado, burocrático y jerárquicamente dependiente del Poder Ejecutivo, que se extenderá por toda Europa a lo largo del siglo XIX. No es difícil, pues, advertir la paradoja que la Revolución imprime finalmente en el modelo de defensa pública de la legalidad, que consiste en la recuperación del Ministerio Público del Antiguo Régimen y su implantación en el marco jurídico-político del Estado de Derecho.

Y es precisamente este desajuste entre un Ministerio Público autoritario y un Estado de garantías el que ayuda a entender todo un proceso de replanteamiento de la posición jurídica del Ministerio Público a partir del nacimiento del Estado constitucional en la segunda mitad del siglo XX.

En Europa, este proceso de modernización ha dado lugar a modelos dispares que van desde la independencia del Ministerio Público en Italia, pasando por el principio de autonomía portugués, hasta modelos como el alemán o francés en los que se mantiene, aunque corregido, el sistema de dependencia del Poder Ejecutivo.

Este proceso de replanteamiento de la posición constitucional del Ministerio Público tiene también reflejo en España, aunque su desarrollo viene mediatizado por las particulares vicisitudes de la vida política española, poco favorecedoras de una reflexión sosegada acerca de los principales problemas que plantean las transformaciones del Estado de Derecho. En este contexto han de inscribirse las sucesivas fórmulas que desde principios del siglo XX evidencian la búsqueda de una nueva posición jurídica del Ministerio Público como órgano de representación, órgano de comunicación y órgano de relación del Gobierno ante los Tribunales de Justicia.

Todo el proceso descrito indica claramente el agotamiento del modelo de Ministerio Público napoleónico y, en especial, la incompatibilidad de un Ministerio Público dependiente del Poder Ejecutivo y el moderno Estado constitucional de garantías. Sin embargo, es claro también que no hemos encontrado aún el consenso necesario sobre el modelo que lo deba sustituir en el marco del nuevo sistema constitucional.

2. EL MODELO ITALIANO

2.1. Síntesis inicial

La vía italiana del *Pubblico Ministero* constituye una de las aportaciones más originales, y también más debatidas, en el actual contexto europeo. El vigente ordenamiento jurídico italiano relativo al Ministerio Público, que arranca del decreto sobre organización judicial de 1941 y de la Constitución de 1947, configura al fiscal, en líneas muy generales, como un magistrado que, sin formar parte del Poder Judicial, goza de las mismas garantías que la magistratura, desvinculado del Poder Ejecutivo, sin una dependencia jerárquica nacional sino territorial y con una fuerte intervención en el proceso penal.

Si hubiera que elegir una cualidad que defina en conjunto al modelo italiano de Ministerio Público, sería, sin duda, la *independencia.* El modelo italiano de Ministerio Público se construye sobre una independencia política, una importante autonomía orgánica interna, una clara independencia en la dirección de la investigación y en el ejercicio de la acción penal, y una cierta independencia personal de cada uno de los miembros del Ministerio Público.

Los cuatro pilares que conforman la identidad del Ministerio Público italiano desde la Constitución de 1948 son, esquemáticamente, los siguientes:

1. Un estatuto personal basado en la integración del Ministerio Público en la magistratura, con autonomía funcional y orgánica.

2. Una posición jurídico-política de independencia externa, garantizada por la integración del Ministerio Público italiano en el Consejo Superior de la Magistratura, que es un órgano independiente políticamente al contar con 2/3 de sus miembros designados entre y por los propios magistrados, tanto del Ministerio Público como de la magistratura decisioria. El Consejo Superior de la Magistratura tiene encomendadas las funciones del ingreso, la formación, los nombramientos, los ascensos y el régimen disciplinario y de inspección de las carreras judicial y fiscal, lo que garantiza junto al sistema de nombramiento la independencia externa del Ministerio Público italiano.

3. La tercera característica del Ministerio Público en Italia es su descentralización. No estamos propiamente ante una institución sino más bien ante un conjunto de órganos policéntrico (Díez-Picazo, 2000), con la potestad repartida conforme al principio, no de jerarquía sino de compe-

tencia. Italia no organiza su Ministerio Público en forma piramidal sino en estratos horizontales, de modo que cada órgano asume la competencia objetiva en función de su nivel, y dentro de su nivel en función de su circunscripción territorial. No hay un vértice que coordine y dirija la actividad del Ministerio Público, sino que la función del Ministerio Público se deposita en los órganos, es decir, en las distintas fiscalías, que son propiamente los titulares de la acción penal y los responsables de la dirección de las investigaciones penales preliminares. El Ministerio Público italiano puede definirse como el conjunto de órganos públicos que representan, en el proceso penal, el interés general del Estado en la persecución y castigo de los delitos. Así pues, el Ministerio Público en Italia no es un órgano unitario sino, más bien, una función institucional fraccionada y repartida entre los diferentes órganos de la fiscalía, cada uno de los cuales ejerce sus funciones ante los juzgados y tribunales en los que está representado [Tonini-Conti (art. 51.3 cpp)].

4. El cuarto y último de los pilares sobre los que se apoya el Ministerio Público en Italia se concreta en la función, esto es, en el conjunto de competencia que asume el fiscal italiano. En Italia, el estatuto funcional del Ministerio Público se concreta y sintetiza en el ejercicio de la acción penal; un ejercicio que puede definirse sintéticamente como exclusivo (en régimen de monopolio), obligatorio (principio constitucional de obligatoriedad de la acción penal *ex* art. 112) y extendido (en cuanto el ejercicio de la acción penal se extiende a los cometidos previos a la misma, consistentes en la dirección de la investigación y la búsqueda, selección y aseguramiento de fuentes de prueba que permitan decidir sobre la formulación de la acusación en la fase intermedia).

En conjunto, puede afirmarse que el Ministerio Público italiano constituye un conjunto descentralizado de órganos, compuestos por funcionarios con un estatuto similar a los jueces, dotados de autonomía interna e independencia externa, cuya función se concreta en el ejercicio de la acción penal pública en régimen de monopolio y exclusividad, incluyendo o extendiendo su cometido a la dirección de las investigaciones penales preliminares.

Como referencias normativas constitutivas del modelo de acusación pública italiana, hay que consignar las siguientes disposiciones fundamentales:

* El RD 1941, n. 12, de Ordenamiento Judicial (publicado en la Gaceta Oficial, n. 28, de 4 de febrero de 1941). Se trata de un texto quc ha sufrido

importantes reformas, pero que aún está en vigor. Al Ministerio Público se le dedica el Título III, artículos 69 a 84.

* El RD Legislativo de la lugartenencia, de 31 de mayo de 1946, n. 511, sobre Garantías de la Magistratura (publicado en la Gaceta Oficial n. 136, de 22 de junio de 1946). Texto importante, en el que por primera vez se suprime la facultad de dirección del Ministro de Justicia sobre el Ministerio Público, adjudicándole únicamente facultades de vigilancia sobre los órganos del Ministerio Público.

* La Constitución de 1948 (texto aprobado por la Asamblea Constituyente el 22 de diciembre de 1947, Gaceta Oficial n. 298 de 27 de diciembre, con entrada en vigor el 1 de enero de 1948). El título IV está dedicado a la Magistratura, en la cual queda integrado en Ministerio Público, con un estatus singular, similar pero no idéntico al de la magistratura decisoria.

* El Código de Proceso Penal de 1989, Decreto del Presidente de la República n. 447, de 22 de septiembre de 1988, en desarrollo de la Ley de Delegación n. 81, de 16 de febrero de 1987.

* El Decreto Legislativo de 20 de febrero de 2006, n. 106, publicado en la Gaceta oficial, n. 66, de 20 de marzo de 2006, sobre reorganización de los órganos del Ministerio Público.

* La Circular sobre organización del Ministerio Público, de 16 de diciembre de 2020, sobre la organización de los órganos de la Procura.

* La Ley n. 71 de 2022, de delegación al Gobierno para la reforma del sistema judicial, para la adopción de disposiciones organizativas y disciplinarias, y para la introducción de modificaciones en la constitución y funcionamiento del Consejo Superior de la Magistratura.

2.2. Los pilares del modelo

2.2.1. La integración del Ministerio Público en la magistratura

Quizá el rasgo más característico, y al tiempo más complejo, del Ministerio Público italiano, es su integración en la magistratura con un estatuto propio. Se trata de un estatuto que parte de la consideración de la Magistratura como un cuerpo único, dividido o separado interna y funcionalmente en la magistratura postulante o requirente (Ministerio Público) y la magistratura decisoria (Judicatura). Este esquema estatutario no es original de la Constitución, sino que arranca del RD de 1941 sobre Ordenamiento Judicial. Una norma que nace en pleno periodo fascista, en la que la integración de la fiscalía en la magistratura no debe entenderse como una conquista de garantías, sino más bien como una norma de simplificación estructural de cuerpos próximos, previendo dentro de un régimen único en la denominación, estatutos diferentes en cuanto a la organización y funciones.

Este modelo de cuerpo único, con diversidad de funciones y estatutos, se mantiene en la Constitución de 1948, en la que finalmente, y tras largos e intensos debates, se regula una magistratura dividida entre los magistrados del orden requirente (Ministerio Público) y los magistrados de orden decisorio (jueces). La complejidad de tal división interna, en cuanto a estatutos, garantías, prerrogativas, organización y funciones, queda patente en la ambigüedad con la que la magistratura decisoria queda regulada en el texto constitucional.

El cambio de modelo resultaba, eso sí, evidente, con la sola lectura de los preceptos dedicados a la institución: el artículo 104 establece que el procurador general ante la Corte de Casación formará parte del Consejo Superior de la Magistratura; el artículo 107. 4º, atribuye al Ministerio Público todas las garantías establecidas, con respecto a él, en el ordenamiento judicial; el artículo 108 garantiza la independencia del Ministerio Público ante las jurisdicciones especiales y, finalmente, el artículo 112 regula el principio de obligatoriedad del ejercicio de la acción penal. Todos los preceptos mencionados se encuentran ubicados en el Título correspondiente a la Magistratura, siendo denominados magistrados todos los miembros del Ministerio Público.

Si bien las garantías judiciales aparecen definidas con cierta claridad *en* la propia Constitución, el estatuto del Ministerio Público queda *diferido desde la Constitución* al legislador, con una difusa y poco comprometida fórmula, según la cual, el Ministerio Público goza de las garantías que prevea el legislador para la magistratura en la ley de ordenamiento judicial.

Mientras que los jueces gozan claramente de las garantías de inamovilidad, independencia personal e institucional y sumisión únicamente al imperio de la ley, el Ministerio Público aparece integrado tácitamente en la magistratura (no por disposición sino por ubicación), siendo destinatario de dos disposiciones directas: reserva de ley sobre ordenamiento judicial para la regulación de su estatuto (art. 107.4) y obligatoriedad en el ejercicio de la acción penal (art. 112). De modo indirecto, la Constitución integra al Ministerio Público en el orden separado e independiente de otros poderes que forma en conjunto la magistratura (art. 104.1) y garantiza la independencia de los órganos del Ministerio Público ante los tribunales de las jurisdicciones especializadas (curiosamente sólo se garantiza de modo expreso en la Constitución la independencia de estos miembros del Ministerio Público y no la de los demás).

De la compleja y difusa regulación constitucional del Ministerio Público (Zanon), pueden extraerse básicamente las siguientes consecuencias:

1. El Ministerio Público está integrado en la magistratura junto con los miembros de la judicatura, y pertenece por tanto a un poder independiente y separado políticamente del resto de poderes del Estado.

2. El estatuto del Ministerio Público debe ser regulado por el legislador ordinario. Sin perjuicio de ello, deben respetarse como garantías la independencia externa del Ministerio Público, la inamovilidad de sus miembros, y la autonomía organizativa.

3. La integración del Ministerio Público en la magistratura somete las decisiones organizativas, funcionales y estatutarias del Ministerio Público al Consejo Superior de la Magistratura.

4. El estatuto y las garantías constitucionales para el Ministerio Público se predican, fundamentalmente, de los órganos de la acusación pública, que son los titulares de la acción penal y los depositarios del poder de acusar en el modelo italiano.

5. El Ministerio Público asume como función constitucional esencial el ejercicio de la acción pública bajo el principio de obligatoriedad.

Más sintéticamente conviene acordar con Jannaccone en las dos conclusiones más claras que pueden extraerse del mencionado diseño normativo: en primer lugar, que el legislador no podrá abolir la institución y, en segundo lugar, que tampoco podrá el legislador ordinario, en el marco jurídico político del Estado, asignar al Ministerio Público una colocación que le saque del cuadro organizativo del Poder Judicial para integrarlo en el Poder Ejecutivo.

2.2.2. Independencia política y autonomía funcional

Tal y como se ha avanzado, una de las principales características, tal vez la más llamativa, del modelo italiano de acusación pública sea la independencia externa del Ministerio Público. Una independencia externa que se deduce de la Constitución, que deriva de la integración de la fiscalía italiana en la magistratura, y que se garantiza con la atribución al Consejo

Superior de la Magistratura de la dirección de la organización y funcionamiento de la institución.

Tal y como aparece regulado en la Constitución (art. 104), el Consejo Superior de la Magistratura es el órgano de autogobierno interno de las carreras judicial y fiscal, y el garante de su independencia externa. Está compuesto por el Presidente de la República, por el Presidente y el Fiscal Jefe de la Corte de Casación, y por un número de vocales de los que 2/3 son elegidos por y entre magistrados y fiscales, de acuerdo con el régimen establecido por la ley. El otro tercio estará compuesto por profesionales (profesores de universidad y abogados) y será nombrado por el Parlamento.

En cumplimiento de la delegación constitucional, el legislador aprobó en 1958 la Ley que regula la Constitución y el Funcionamiento del Consejo Superior de la Magistratura (ley de 24 de marzo de 1958, n. 195, modificada posteriormente por las leyes 695/1975 y 44/2002. Esta última disposición establece que los componentes electivos serán 24, de los cuales 16 son miembros togados (jueces y fiscales) y 8 laicos (abogados y profesores). La distribución entre jueces y fiscales, dentro de los miembros togados, responde al siguiente esquema: 1 magistrado del Tribunal Supremo, 1 fiscal del Tribunal Supremo, 4 fiscales de fiscalías de distrito y de apelación, y 10 jueces de distrito y de apelación.

2.2.3. Estructura orgánica descentralizada

Otra de las características singulares del Ministerio Público italiano es su estructura orgánica interna descentralizada. Italia nunca ha tenido un Ministerio Público unitario al modo español, alemán o portugués. Desde la primera ley sobre organización judicial de 1865, la estructura del Ministerio Público italiano se ha basado en distintos niveles horizontales de órganos, desplegados territorialmente, sin que existiera jamás una pirámide, ni tampoco un Fiscal General al frente de toda la institución. Más que ante una institución, se insiste, estamos ante un entramado orgánico, que hasta el DL de 1946 encontraba unidad en la superior dirección y vigilancia del Ministro de Justicia, según el modelo napoleónico vigente en Italia hasta el periodo republicano.

En la actualidad, la estructura orgánica del Ministerio Público en Italia se divide en tres grandes niveles horizontales según el rango de los tribunales ante los que se constituyen los órganos del Ministerio Público: tribunal de casación (nacional), tribunales de apelación (regionales) y tribunales territoriales o de distrito (provinciales). De acuerdo con la planta vigente, existe en Italia una fiscalía ante el tribunal de casación, una fiscalía ante cada uno de los veintiséis tribunales de apelación y una fiscalía ante cada uno de los ciento sesenta tribunales territoriales o de distrito.

El principio de organización que rige en esta estructura es el principio de competencia, no el de jerarquía. Así, los órganos del Ministerio Público ante los tribunales de apelación no están jerárquicamente subordinados a la fiscalía del tribunal de casación, ni las fiscalías de distrito están subordinadas a su respectiva fiscalía del tribunal de apelación al que territorialmente pertenecen.

El reparto de competencias se establece con arreglo a los principios de instancia y territorio. Así, los asuntos objetivamente se reparten en función de su naturaleza y gravedad entre los tres niveles señalados. Dentro de cada nivel en el que existe una pluralidad de órganos (apelación y distrito), la distribución de asuntos se aplica conforme al criterio de territorialidad.

La autonomía externa es muy elevada en cada uno de los órganos de la fiscalía italiana. Los fiscales jefes de los órganos superiores (fiscal jefe del tribunal supremo y fiscales jefes de las fiscalías de los tribunales de apelación) tienen competencias muy limitadas de dirección y control sobre los órganos inferiores. Las competencias del fiscal jefe del Tribunal Supremo prácticamente se limitan a facultades de coordinación de la información y a la resolución de los conflictos de competencia entre fiscalías de diferentes distritos de apelación, en tanto que las facultades de los fiscales jefes de los tribunales de apelación añaden a las señaladas, únicamente la de avocación de asuntos cuando se evidencie una inactividad o falta de diligencia grave por parte de los jefes de los órganos territoriales de distrito del Ministerio Público.

Sobre este esquema, la reciente modificación introducida por la ley n. 71 de 2022 a partir de la Circular sobre organización de los órganos de la fiscalía de 16 de diciembre de 2020, no altera sustancialmente el orden de competencias ni las relaciones verticales y horizontales entre los órganos de la fiscalía. Se trata de una reforma dirigida a reforzar la obligación de planificación y transparencia de los fiscales-jefes de cada órgano del Ministerio Público. En este sentido, la reforma de 2022 ha modificado los números 6 y 7 del art. 1 del decreto legislativo n. 106 de 2006, en los que ahora se prevé la obligación de los jefes de cada fiscalía de presentar el esquema organizativo de cada órgano del Ministerio Público y los criterios de atribución y gestión de la actividad de los fiscales delegados que sirven en las respectivas fiscalías. Este proyecto de organización y gestión, según el nuevo apartado 7 del DL de 2006 debe ser presentado cada cuatro años por el procurador jefe y aprobado por el Consejo Superior de la Magistratura.

Desde el punto de vista estructural, la imagen que proyecta el Ministerio Público italiano no es, como se viene advirtiendo, la de una pirámide, sino la de una pluralidad de pirámides, organizadas por niveles horizontales. No existe tampoco una autoridad única que coordine la actuación de la fiscalía italiana, sino que el modelo es policéntrico, de modo que hay una pluralidad de jefaturas según el nivel y el territorio.

No constituye una excepción al principio de competencia, aunque otra cosa pudiera parece, la fiscalía especial antimafia, instituida en 1992. Con la finalidad de coordinar e impulsar la eficacia de la persecución de delitos mafiosos en Italia se creó en 1992 la Dirección Nacional Antimafia (Decreto ley de 20 de noviembre de 1991, n. 367, desarrollado por la Ley de 20 de enero de 1992), dentro de la que se integró la Fiscalía Especial Antimafia. La Jefatura de esta fiscalía debe recaer en un fiscal designado por el Consejo Superior de la Magistratura entre los fiscales destinados en el Tribunal de Casación. Al margen de los fiscales adscritos a la jefatura de la Fiscalía Especial Antimafia, esta fiscalía no cuenta con órganos propios; tampoco forma una pirámide unitaria. Ante al contrario, la Fiscalía Especial Antimafia se descompone en Fiscalías Especiales Antimafia territoriales, que dependen directamente de los respectivos fiscales jefes. Así, en cada fiscalía de distrito ubicada en la capital de la región se creará un pool de magistrados especializados en procesos contra la mafia, nombrados a propuesta del respectivo fiscal jefe, y sobre los que el Fiscal Jefe Antimafia únicamente retiene vagas facultades de coordinación, de opinión sobre las propuestas de nombramiento, de solución de conflictos de competencia en investigaciones, y de avocación de asuntos en casos de ineficacia o inactividad.

En suma, estamos ante una potestad fragmentada, distribuida y asignada *in toto* a cada órgano del Ministerio Público, que goza de elevados márgenes de autonomía funcional, únicamente limitada por ciertas facultades de coordinación a nivel general de los órganos superiores, y por facultades extremas de intervención en casos de descoordinación de investigaciones o de incumplimiento grave de las funciones de investigación o ejercicio de la acción penal.

2.2.4. Dirección de la investigación y ejercicio obligatorio y exclusivo de la acción penal

De conformidad con el art. 112 de la Constitución, el Ministerio Público tiene la obligación de ejercitar la acción penal. Este es su cometido esencial, que debe cumplir además bajo la directriz constitucional del principio de obligatoriedad.

A nivel legal, las atribuciones del Ministerio Público italiano aparecen concretadas, por una parte, en el Capítulo II del Título III del RD sobre Ordenamiento Judicial de 1941 (arts. 73 a 84) y, por otra parte, en las normas procesales, señaladamente en el Código de Procedimiento Penal de 1989 y en el Código de Procedimiento Civil (RD de 28 de octubre de 1940, n. 1443). El art. 73 del RD sobre Ordenamiento Judicial relaciona las funciones básicas encomendadas al Ministerio Público, que concreta en las siguientes:

1. El Ministerio Público tiene encomendada la vigilancia del cumplimiento de la ley, la pronta y regular administración de la justicia, la tutela de los derechos del Estado, de las personas jurídicas, de los incapaces, interesando en casos de urgencia los procedimientos cautelares necesarios para su eficaz protección.

2. El Ministerio Público promueve la represión de los delitos y la aplicación de las medidas de seguridad.

3. El Ministerio Público cuida del cumplimiento de las sentencias judiciales y de las demás decisiones judiciales.

Sin perjuicio de las limitadas competencias atribuidas al Ministerio Público en las normas procesales civiles, administrativas y laborales italianas, en general promoviendo la defensa del interés público y la protección de los derechos de los indefensos, no cabe duda que cuantitativa y cualitativamente, el proceso penal es el ámbito funcional genuino del Ministerio Público italiano.

Después de años cumpliendo funciones mixtas en la instrucción judicial (combinando limitadas facultades de investigación preliminar y competencias de control sobre la instrucción judicial) y asumiendo el control del ejercicio de la acción penal en régimen de monopolio, el nuevo Código de Proceso Penal de 1989 reformó en profundidad el sistema italiano de justicia penal, encomendando al Ministerio Público, además del ejercicio de la acción penal en la fase intermedia, la dirección de las investigaciones preliminares bajo el control del juez de garantías.

De este modo, la competencia esencial del Ministerio Público italiano comprende la dirección de la investigación preliminar, el ejercicio de la acción penal, el sostenimiento de la acusación en juicio, y el control sobre la ejecución penal. Todo ello bajo los principios de exclusividad y obligatoriedad.

La regulación constitucional, muy anterior en el tiempo a la reforma del proceso penal, había depositado ya en manos del Ministerio Público el ejercicio de la acción penal, estableciendo la obligatoriedad como criterio rector de su ejercicio. Junto a ello, y salvo supuestos de delitos electorales, el ejercicio de la acción penal es, además, una competencia exclusiva del Ministerio Público, de tal forma que ni los particulares ni ningún otro ciudadano, institución o persona jurídica puede ejercitar la acción en el proceso penal.

Este planteamiento, resultado de una compleja deliberación en el seno de la asamblea constituyente, reflejaba una clara apuesta en la arquitectura del modelo político italiano desde 1947: la acción penal es una competencia exclusiva del Ministerio Público, y ha de ser ejercitada bajo el principio de obligatoriedad en la medida en que dicho principio garantiza la objetividad, imparcialidad, previsibilidad y seguridad jurídica que resulta exigible en el cumplimiento de tan importante competencia jurídica. Esta posición, polémica y discutida en la propia constituyente como se ha indicado, es coherente con la posición institucional reconocida al Ministerio Público en la Constitución, en la que se establece su integración en la magistratura y su independencia política e institucional. De este modo se trataba de proteger por una doble vía el ejercicio imparcial de la acción penal, evitando interferencias políticas en su ejercicio: garantizando la independencia del Ministerio Público y asegurando el ejercicio automático (obligatorio) de la acción penal.

Sin cuestionar ahora la lógica de tal planteamiento, especialmente considerada en el momento político en el que se formula, no puede ocultarse sin embargo la considerable concentración de poder que esta decisión implica. Por una parte, resulta indudable la concentración de poder que se genera en la magistratura, que tras la Constitución controla la acción y la decisión (*input* y *output*) en el sistema de justicia penal. Por otra parte, y claramente a partir de la aprobación del nuevo Código de Procedimiento Penal en 1989, la concentración de poder en manos del Ministerio Público, que asume la doble competencia de controlar el inicio de las investigaciones preliminares y la decisión sobre el ejercicio de la acusación en la fase previa al juicio.

En esta concentración de poder, mantenido y ampliado en un contexto social, jurídico y político bien distinto al aquel en que se originó, está el origen de muchas de las tensiones, polémicas y críticas que viene recibiendo el moderno Ministerio Público italiano, al que se le reconoce un papel decisivo sin duda en la lucha contra la corrupción política, pero al que al tiempo se demanda algún mecanismo de control y responsabilidad democrática que sirva para contrapesar tan formidable poder concentrado en manos de funcionarios independientes y sin responsabilidad política alguna.

2.3. La formación del modelo

El Ministerio Público italiano es el producto de una larga y significativa evolución, que puede ser dividida en dos grandes etapas: la prerrepublicana (desde 1856 a 1947), y la republicana (a partir de la Constitución de 1948). Esta segunda etapa debe ser dividida, a su vez, en dos periodos: un largo periodo inicial, que discurre por el camino hacia la independencia y la personalización de la función requirente (1948-2006), y un segundo periodo, iniciado con la reforma de 2006, que se orienta hacia la jerarquía interna y la coordinación orgánica.

2.3.1. Etapa pre-republicana (1865-1948)

La etapa prerrepublicana viene marcada fundamentalmente por el decreto de organización judicial de 1865. A falta de disposiciones concretas sobre el Ministerio Público en el Estatuto Albertino (1848), es este decreto de 1865 el que establece la primera configuración jurídica del Ministerio Público italiano, claramente influenciado por el modelo francés.

En efecto, el art. 68 del Estatuto albertino proclamaba que “La justicia emana del Rey y es administrada en su nombre por los jueces instituidos por él instituidos”. Tras esta proclamación inicial seguían varios artículos (69 a 73) en los que se concretaban las garantías esenciales de la judicatura, entre las cuales cabe señalar la inamovilidad de los magistrados, el principio del juez natural, la prohibición de establecer jueces extraordinarios, la publicidad de las audiencias además del reconocimiento al poder legislativo de la competencia exclusiva para la interpretación normativa.

Ninguna referencia se contiene en la primera carta constitucional italiana respecto del Ministerio Público, siendo el citado decreto de 1865 la primera norma que se ocupa de regular el fiscal italiano. De acuerdo con las disposiciones del decreto de 1865, el primer fiscal italiano es un fiscal burocratizado, jerarquizado y dependiente políticamente del Poder Ejecutivo. El art. 129 del decreto de 1865 estableció que "El Ministerio Público es el representante del Poder Ejecutivo ante la autoridad judicial y está colocado bajo la dirección del Ministro de Justicia".

Como señala Díez-Picazo, L. M. "la influencia del modelo napoleónico resultaba también patente en la organización interna de la institución, caracterizada por una rígida jerarquía: los procuradores generales ante cada uno de los tribunales de apelación eran los jefes del Ministerio Público dentro de su circunscripción, de los cuales dependían los procuradores ante cada tribunal; y bajo las órdenes de estos últimos se hallaban funcionarios de menor rango y antigüedad en la carrera, que no eran en rigor titulares de la función sino significativamente "sustitutos" del procurador correspondiente. El Ministerio Público ante la Corte de Casación tenía una organización jerárquica similar. La superioridad jerárquica llevaba aparejadas facultades de dirección, vigilancia, e incluso avocación de asuntos; y comportaba además la atribución al Ministro de Justicia de la potestad disciplinaria sobre todos los funcionarios del Ministerio Público. Estos, en fin, constituían un cuerpo de funcionarios públicos, diferenciado de la carrera judicial y, por supuesto, carente de las garantías de independencia propias de esta última".

Este modelo de jerarquía interna presenta, no obstante, una singularidad que acompañará al Ministerio Público italiano en toda su trayectoria. Se trata de una jerarquía interna descentralizada, que encuentra unidad en la dirección externa del Ministro de Justicia. Sucede así que el Procurador General ante la Corte de Casación no ha sido nunca, en realidad, el jefe del Ministerio Público italiano. Estamos, en origen, ante una pirámide con vértice externo, con descentralización interna, y con una jerarquía limitada entre los procuradores generales de las cortes de apelación y los órganos inferiores del Ministerio Público.

Este esquema básico conformado por un Ministerio Público unitario bajo la dirección del Ministro de Justicia, burocrático y jerárquico, se mantendrá inalterado hasta el cambio de sistema político que tiene lugar en Italia tras la segunda guerra mundial. El desarrollo normativo posterior, prácticamente hasta 1946, cristaliza sobre el tradicional marco de representación del Poder Ejecutivo ante la autoridad judicial en los decretos de 14 de diciembre de 1921 y de 30 de diciembre de 1923, aunque sobre la naturaleza del órgano se mantienen, por parte de un cualificado sector doctrinal, nuevas líneas de reforma que anuncian la importante renovación de la institución en la Constitución de 1947. En suma, las normas sobre organización judicial no alteran en lo esencial el modelo de organización y la naturaleza del Ministerio Público italiano, que se mantendrá básicamente hasta el cambio de sistema político que tiene lugar con la abdicación del Rey Víctor Manuel III y con el advenimiento de la República desde la Constitución de 1947.

2.3.2. Etapa republicana (desde 1948)

La importante reforma judicial italiana de 2006, que afecta de modo importante al Ministerio Público, especialmente en materia de organización interna, frena el proceso de personalización e independencia personal de los magistrados del Ministerio Público, reforzando en cierto modo la jerarquía en cada órgano y las funciones de coordinación de los órganos superiores. Esta reforma de 2006 marca una clara división en la evolución del Ministerio Público italiano tras la entrada en vigor de la Constitución de 1948.

2.3.3. Primer periodo: hacia la independencia y la personalización (1948-2006)

El periodo que transcurre entre 1948 y 2006 es una etapa caracterizada por una clara tendencia hacia la independencia tanto externa o política, como personal o funcional. En este periodo se rompe con la tradicional dependencia externa del Ministro de Justicia, al tiempo que se fortalecen las garantías personales de los magistrados del Ministerio Público en detrimento de los poderes de dirección y coordinación de las jefaturas.

Tras la entrada en vigor de la Constitución, el primer pilar sobre el que se levantará la independencia externa o política del Ministerio Público italiano es la aprobación de la ley que regula el Consejo Superior de la Magistratura. Previamente, como se recordará, el DL Legislativo de la lugartenencia, de 31 de mayo de 1946, n. 511, sobre Garantías de la Magistratura, había modificado significativamente la palabra que definía la facultad del Ministro de Justicia sobre el Ministerio Público, cambiando la tradicional "dirección" por la mera "vigilancia".

Con la constitución del Consejo Superior de la Magistratura, el Ministerio de Justicia pierde prácticamente todas las facultades sobre el Ministerio Público relativas al ingreso, la promoción, los nombramientos, la inspección y la exclusiva de la acción disciplinaria. Tan solo mantiene el Ministro la facultad de proponer al Consejo Superior de la Magistratura los nombramientos para los cargos no directivos del Ministerio Público (art. 11 de la Ley de 24 de marzo de 1958). Una facultad que perderá tras la sentencia del Tribunal Constitucional italiano de 1963, en la cual se declara contraria a la Constitución la prerrogativa exclusiva de propuesta de nombramientos reconocida legalmente al Ministro de Justicia. A partir de la sentencia de 1963, el Ministro de Justicia podrá proponer candidatos para los cargos no directivos del Ministerio Público, pero su propuesta podrá concurrir con las que formule la comisión correspondiente del Consejo Superior de la Magistratura, a quien en todo caso corresponderá la facultad de nombramiento (Díez-Picazo, L. M.).

El tercer pilar en el camino hacia la independencia del Ministerio Público italiano, con una incidencia muy señalada en el fortalecimiento de la independencia personal, se levanta en 1989, con la aprobación del nuevo Código de Proceso Penal.

El nuevo Código Procesal Penal sustituye el viejo modelo acusatorio formal o mixto encarnado por el código Rocco, vigente en Italia desde 1930, e instaura un nuevo sistema de corte claramente acusatorio, en el que, sobre la idea de la centralidad del juicio y la formación contradictoria de la prueba en el plenario, cobra especial protagonismo el Ministerio Público, al que se encarga en exclusiva la dirección de la fase de investigación preliminar, encaminada a la búsqueda, selección y conservación de las fuentes de prueba útiles para decidir sobre el fundamento de la acusación en la fase previa al juicio.

Si tenemos en cuenta que, además de la dirección de la investigación preliminar, el Ministerio Público asume en exclusiva la decisión sobre la imputación, la decisión sobre la procedencia de formular acusación y una iniciativa fundamental en la determinación del procedimiento idóneo, pocas dudas quedan acerca del enorme poder que el fiscal asume en el nuevo modelo procesal de 1989. Tal vez por ello, el legislador hizo acompañar la reforma propiamente procesal de un conjunto de disposiciones accesorias de actuación y aplicación del nuevo código, entre las que destacan reformas orgánicas judiciales encaminadas a fortalecer la independencia personal de los funcionarios del Ministerio Público.

En esta línea deben inscribirse las normas dirigidas a fortalecer la inamovilidad de los miembros del Ministerio Público, la introducción de criterios objetivos de asignación para la mayoría de asuntos en cada fiscalía, así como la fijación de fuertes límites para la avocación de asuntos por parte de los fiscales jefes, en el interior de cada órgano, o para la avocación de asuntos por parte de los fiscales jefes de las fiscalías regionales sobre asuntos asignados a las fiscalías de distrito o locales dentro de su territorio.

La importancia de las funciones asignadas al Ministerio Público en el código de proceso penal de 1989 explican este nuevo paso hacia la independencia personal de los fiscales, necesario a juicio del legislador para garantizar la imparcialidad y la objetividad en el desempeño de un papel decisivo en el impulso de la justicia penal, en un momento, no se olvide, especialmente complejo en la lucha contra la corrupción pública, en general, y de la clase política, en particular (Tonini-Conti).

2.3.4. Segundo periodo: coordinación y jerarquía interna (desde 2006)

Un largo periodo de reflexión doctrinal, profesional y política sobre el modelo judicial italiano termina fraguando en la reforma judicial promovida por la Ley de Delegación para la reforma judicial (Decreto Legislativo de 25 de julio de 2005, n. 150).

La reforma del ordenamiento se ha aplicado con seis decretos legislativos (Decreto Legislativo del 27 de enero de 2006, nº 25 relativo a: "Institución del Consejo Directivo del Tribunal Supremo y nueva disciplina de los Consejos Judiciales"; Decreto Legislativo del 30 de enero de 2006, nº 26 relativo a: "Institución de la Escuela Superior de la Magistratura"; Decreto Legislativo del 2 de febrero de 2006, nº 35 relativo a: "Publicidad de los cargos extrajudiciales otorgados a los magistrados"; Decreto Legislativo del 20 de febrero de 2006, nº 106 relativo a: "Disposiciones en materia de reorganización de los órganos del Ministerio Público"; Decreto Legislativo del 23 de febrero de 2006, nº 109 relativo a: Ilícitos disciplinarios de los magistrados, de las sanciones correspondientes y del procedimiento para su aplicación"; Decreto Legislativo del 5 de abril de 2006 nº 160 relativo a: "Nueva disciplina del acceso a la magistratura").

En términos generales, cabe decir que los aspectos más relevantes de la reforma han concernido al acceso a la magistratura, el sistema de evaluación profesional de los magistrados, la formación inicial y permanente, la reorganización de los órganos del Ministerio Público y el paso de las funciones fiscales a las judiciales, además del sistema disciplinario.

De entre todas las proyecciones de la reforma, la más relevante sin duda es la que afecta a la reorganización de los órganos del Ministerio Público, publicada por Decreto Legislativo de 20 de febrero de 2006, n. 106, publicado en la Gaceta oficial, n. 66, de 20 de marzo de 2006.

La intención es clara y diáfana: corregir la tendencia a la independencia personal de los miembros del Ministerio Público, recuperando la jerarquía interna, fortaleciendo los poderes del Fiscal-Jefe, e introduciendo ciertos elementos de coordinación de los órganos superiores sobre los inferiores. Son medidas que hay que interpretar, fundamentalmente, en clave de eficacia, y no tanto en clave de control político. En efecto, la reforma no toca en absoluto la independencia externa; únicamente incide en la coordinación interna de las fiscalías, seriamente quebrantada durante el periodo anterior por causa de una deriva hacia la personalización de la función, y con la consiguiente fragmentación en el ejercicio de la acción penal. Se trata de recuperar operatividad, unidad interna de actuación y coordinación, al menos intraorgánica, en el ejercicio de la acción penal.

Básicamente, las medidas introducidas por el Decreto de 2006 son las siguientes:

1. Designación del Fiscal-Jefe de cada órgano como titular único y exclusivo de la acción penal. Es el responsable, el director y el organizador de cada órgano del Ministerio Público.

2. El ejercicio de la acción penal se personaliza en el Fiscal-Jefe. Puede ejercer la acción penal directamente, o bien por delegación, a través de los fiscales integrados en la respectiva fiscalía.

3. El Fiscal-Jefe tiene potestad para designar al Teniente-Fiscal del órgano respectivo, que elegirá entre los procuradores adjuntos (categoría profesional adquirida por antigüedad en la carrera). Asimismo puede designar coordinadores de secciones con especialización funcional entre los procuradores adjuntos o entre los demás procuradores integrados en la respectiva fiscalía.

4. El Fiscal-Jefe tiene potestad para establecer los criterios de organización interna de la fiscalía, para impartir directrices funcionales, tanto generales como particulares, para establecer criterios específicos de asignación de asuntos, y para fijar el sistema de asignación o de reparto ordinario entre los fiscales de la plantilla.

5. Asimismo, el Fiscal-Jefe asume en exclusiva la potestad para establecer las instrucciones operativas que deba seguir la policía judicial en el ámbito funcional de la fiscalía, y para decidir sobre la utilización y asignación de medios materiales, fondos e instrumentos tecnológicos con los que cuente la fiscalía.

6. Es el Fiscal-Jefe el único que puede facilitar, por sí o por el fiscal en quien delegue, información a los medios de comunicación sobre los pro-

cedimientos abiertos en la fiscalía, con el máximo respeto a la eficacia de la investigación y a los derechos de los encartados.

7. Por último, asume el Fiscal-Jefe el control de todas las solicitudes de medidas cautelares a través de un procedimiento de visado, que ejercerá por sí o por el fiscal o los fiscales delegados expresamente para tal cometido.

Junto al fortalecimiento de las facultades de las jefaturas, contiene el Decreto algunas medidas que reconocen ciertas potestades de coordinación a los órganos superiores, limitadas en su alcance, y siempre respetuosas con el contenido esencial de la autonomía funcional de cada órgano.

Al Fiscal-Jefe ante el Tribunal de Casación se atribuyen, además de la potestad de acción disciplinaria, facultades esencialmente informativas, dirigidas a recabar datos de los órganos del Ministerio Público italiano a efectos de memorias e informes. Asume el Fiscal-Jefe ante el Tribunal de Casación la competencia de resolver los conflictos de competencia que surjan en el curso de investigaciones que lleven a cabo fiscalías situadas en diferentes regiones, careciendo por ello de un superior común.

Las jefaturas de las fiscalías ante los Tribunales de Apelación tienen reconocidas las mismas funciones que el Fiscal-Jefe ante el Tribunal de Casación, si bien circunscritas a las fiscalías locales de su ámbito territorial. Se añade a estas competencias una función ya tradicional e importante, que consiste en la posibilidad de acordar la avocación de asuntos ante el incumplimiento grave o la inactividad de alguna de las fiscalías adscritas territorialmente al ámbito de la Fiscalía regional ante el Tribunal de Apelación.

3. CRÍTICAS Y TENSIONES

Al margen de subrayar lo innovador del sistema, y reconocer la fascinación que suscita en ciertos sectores doctrinales y profesionales, hay que señalar que los problemas, las ambigüedades y los replanteamientos que viene sufriendo el modelo italiano de Ministerio Público son ciertamente notables. La propia definición del Ministerio Público como magistratura y el alcance de tal definición, la falta de una jerarquía integral y, por ende, de una unidad de actuación en política criminal, la crisis de la obligatoriedad en el ejercicio de la acción penal, los problemas de legitimidad democrática y responsabilidad política de la institución, la frontera entre derecho y política en el ejercicio de la acción penal y las importantes atribuciones de la institución con la aprobación del nuevo Código de procedimiento penal son cuestiones objeto de profunda discusión y debate en la actualidad y que son precisamente las que ocupan el objeto principal de este trabajo.

En efecto, el modelo italiano de Ministerio Público está sujeto en la actualidad a importantes tensiones y críticas internas, que se mueven más en el terreno de la técnica jurídica, tanto procesal como constitucional, que en el terreno de la presión política. Quiere decirse que, bajo el ruido del juego político de intereses, corre un debate vivo, profundo y muy interesante, que sitúa en el centro de la discusión la posición jurídico-política del Ministerio Público, cuestionando hasta qué punto resulta acertado un modelo en el que el poder de acusar viene encomendado a una institución, a un conjunto de órganos por mejor decir, políticamente independientes y exentos de todo control democrático.

Entre los temas que alimentan de modo constante este debate en Italia, sobresalen cuatro cuestiones que creo que pueden tener más interés que las demás. La primera, principal, núcleo y origen de las demás, es el principio de obligatoriedad de la acción penal, sobre el que se construye básicamente la independencia institucional del Ministerio Público italiano. Derivados de él, aparecen otros tres problemas conexos: la independencia jurídico-política, la descentralización interna y la unidad de carreras. A ellos me referiré brevemente a continuación.

3.1. Obligatoriedad de la acción penal

Como se recordará, el art. 112 de la Constitución italiana de 1948 consagra el principio de obligatoriedad de la acción penal al señalar sintéticamente que: “El Ministerio Público tiene la obligación de ejercitar la acción penal”. Con el principio de obligatoriedad se trató de asegurar un ejercicio automático de la acción penal, es decir, una acción penal ejercida sin dirección, sin presiones ni influencias externa. La obligatoriedad libraba a la acción penal de la manipulación política y, de paso, permitía configurar al órgano encargado de su ejercicio como un órgano independiente: quien no ejerce poder sino actividad mecánica puede (y debe ser independiente). Una doble garantía para la previsibilidad, la objetividad y la seguridad jurídica: independencia del órgano y ejercicio automático de su competencia. Una lógica incuestionable subyacía a tal planteamiento, cuya principal debilidad era la propia posibilidad del automatismo, es decir, la posibilidad real de que la acción penal se pudiera ejercitar sin sujeción a otro condicionamiento que no fuera el derivado de la calificación jurídica de los hechos.

Sin entrar ahora en los planteamientos que cuestionan la propia conveniencia del principio de obligatoriedad (VIVES), lo cierto es que el principal problema con que se enfrenta el Ministerio Público italiano es que la propia realidad ha puesto de manifiesto la imposibilidad de aplicar el principio de obligatoriedad. La consecuencia directa de esta constatación es que la acusación es un verdadero y auténtico poder, que se ejerce de modo selectivo, con estrategias y orientaciones fijadas por órganos independientes, cuya actividad escapa a cualquier instrumento de control democrático.

En efecto, uno de los principales problemas que plantea el principio de obligatoriedad se refiere a la proliferación de zonas de discrecionalidad implícita entre los órganos encargados del ejercicio de la acción penal, tanto mayor cuanto más rígidamente se configura el mencionado principio.

Suelen reconocerse dos clásicos espacios de discrecionalidad en los sistemas en los que rige el principio de obligatoriedad. De una parte, se reconoce un determinado brote de discrecionalidad ante la imposibilidad de automatismo en las decisiones de los órganos de la acusación pública a la hora de calificar jurídicamente unos hechos como delictivos, a la hora de valorar la suficiencia de la prueba, a la hora de determinar la petición de pena o, finalmente, a la hora de considerar la conveniencia de interponer los recursos posibles ante una determinada decisión judicial; es la que se llama discrecionalidad técnica o interpretativa. Junto a ella, de otra parte, aparece la llamada discrecionalidad política o de oportunidad, característica en modelos orgánicos de acusación burocratizados y jerarquizados, en mayor o menor sintonía con el Poder Ejecutivo. En estos modelos, la responsabilidad política en la dirección de la lucha contra la criminalidad habilita al Gobierno para dirigir orientaciones a los órganos de la acusación, más o menos concretas según los casos, referidas a prioridades, objetivos y medios en el ejercicio de la acción penal.

Ninguna de ellas constituye un peligro grave para el sistema democrático porque en ambos casos existen mecanismos de control que garantizan la sujeción a la ley y la transparencia de las distintas decisiones. Ninguna de ellas constituye, así, discrecionalidad *implícita*, por que lo característico de ésta es, precisamente, su falta de transparencia y control.

La discrecionalidad *implícita* es una consecuencia directa, ni querida ni reconocida, del principio de obligatoriedad en el ejercicio de la acción penal pero claramente presente en el funcionamiento de los modernos sistemas de enjuiciamiento penal, incluido el italiano. Ni los medios materiales ni humanos con que cuenta la Administración de Justicia han crecido a la par que los índices de delincuencia en las modernas sociedades democráticas, por lo que los órganos públicos de investigación se ven, cada vez con mayor frecuencia, en la necesidad de adoptar decisiones que implican una selección de prioridades en la lucha contra la criminalidad. Se trata de decisiones que, en el mejor de los casos, conllevan un orden de prioridad, pero que en no pocas ocasiones conducen a que muchas *notitiae criminum*, generalmente en infracciones de menor gravedad, queden sin respuesta, engrosando las llamadas *bolsas negras de la criminalidad*.

Allí donde aparece esta modalidad de discrecionalidad sumergida, la estructura del sistema procesal, y en concreto la titularidad de la investigación oficial, conducen a identificar los órganos llamados a asumir tan delicada tarea. Sucede así que en Italia, al asumir el Ministerio Público el monopolio de la acción penal, constitucionalmente obligatoria, así como la dirección de la investigación preliminar, es el órgano en quien recaen buena parte de las facultades de decisión en este campo. Ha sido precisamente en los resultados de un trabajo de *campo* de un autor italiano, Di Federico, donde hemos encontrado tres ejemplos muy elocuentes del problema que venimos tratando; creemos que merece la pena describirlos someramente.

1. El primero se refiere a un proceso judicial que mereció enorme publicidad en Italia: sin denuncia alguna, el Ministerio Público de Turín inició hace algunos años un procedimiento para verificar indicios de posibles irregularidades en el comportamiento fiscal de los ciudadanos de dicha capital. Como consecuencia de la investigación, se abrieron numerosos procedimientos acompañados, en muchos casos, de la privación de libertad de los imputados. Ante tal actividad, la procura de la república de una ciudad próxima en distancia y dimensiones, manifestó que la decisión de sus colegas no sólo les había parecido legítima sino oportuna, aunque "desgraciadamente" y aún a sabiendas de la investigación en su ciudad arrojaría parecidos resultados, no estaban en condiciones de iniciar tal investigación ya que los recursos humanos de su Fiscalía estaban ya ocupados en otros importantes asuntos.

2. En el segundo caso, las dificultades de seguir una línea homogénea y eficaz en la lucha contra la criminalidad son puestas de manifiesto por un procurador-jefe de una ciudad de dimensiones medias. La más que débil jerarquía interna que rige en cada órgano del Ministerio Público italiano impide una adecuada coordinación sobre la actuación de los distintos sustitutos del procurador-jefe; en el supuesto que comentamos, tres de los cinco sustitutos con que cuenta la Fiscalía en cuestión estaban, por iniciativa propia, dirigiendo una investigación que les obligaba a emplear muchas

horas en escuchar los resultados de las intervenciones telefónicas ordenadas por el Juez sin que resultara posible una razonable distribución del trabajo ni menos aún una coordinada selección de preferencias en la investigación criminal.

3. Finalmente, el autor recuerda la impunidad con que se desarrollaban, durante un período especialmente conflictivo, frecuentes ocupaciones estudiantiles en los locales del instituto universitario que él mismo dirigía. Sus requerimientos ante la Fiscalía obtuvieron por respuesta la siguiente contestación: "¿te imaginas lo que sucedería si tomásemos la iniciativa e hiciésemos intervenir a las fuerzas del orden?; no podemos asumir la responsabilidad de provocar nosotros una revolución estudiantil, en una situación ya bastante tensa como la que tenemos".

La evidencia de esta manifestación puramente discrecional en el ejercicio de la acción penal ha venido dividiendo a la doctrina italiana a la hora de buscar soluciones al problema entre quienes se muestran partidarios de eliminar dicha discrecionalidad por la vía de profundizar en mecanismos técnico-legales como la despenalización, la simplificación procesal, el incremento de medios humanos y materiales en la estructura requirente o la modificación del sistema de registro de noticias delictivas, manteniendo, si no aumentando, la independencia del Ministerio Público; frente ellos, hay quienes aceptan dicha discrecionalidad como algo consustancial al ejercicio de la acción penal y, por ello, necesitada de un control y una dirección política que ajuste la actividad del Ministerio Público a las expectativas sociales. En los últimos tiempos, sin embargo, importantes juristas encuadrados en un sector doctrinal que pudiéramos llamar conservador, comienzan a aceptar la conveniencia de determinadas líneas políticas en el ejercicio de la acción penal, emanadas del Parlamento y no del Ejecutivo, a los efectos de preservar la independencia del Ministerio Público.

A la vista de la resumida panorámica que se nos ofrece, no es difícil convenir en que el núcleo de todos los problemas está en la falta de control, uniformidad y responsabilidad con que la ineliminable discrecionalidad viene ejercitada. La ausencia de una respuesta normativa adecuada que haga emerger esta cuestión abandona zonas muy amplias de la política criminal en manos de una estructura autónoma ¾Ministerio Público¾, cuando no independiente y difusa ¾Poder Judicial¾, a la que es de todo punto imposible exigir la necesaria coordinación y responsabilidad que dicha discrecionalidad comporta. Al margen de poner en serios aprietos la observancia del principio de igualdad, de la que más adelante hablaremos, debe llamarse la atención sobre la importante proyección de estas decisiones en relación con la nueva criminalidad económica, la política antiterrorista, la persecución de determinados delitos menores muy vinculados con la percepción de seguridad ciudadana y, finalmente, la necesaria coordinación en materia de política criminal internacional.

En el análisis de la tensión entre obligatoriedad y discrecionalidad en el ejercicio de la acción penal hay que anotar un reciente capítulo, cuya trascendencia con relación a la discrecionalidad en el ejercicio de la acción penal está aún por calibrar. Me refiero a la llamada *reforma Cartabia*, introducida por la Ley de delegación n. 134 de 2021 y desarrollada a través del DLGS n. 150 de 2022.

Esta reforma se inscribe dentro del compromiso constitucional y europeo de garantizar una tutela judicial efectiva y en un plazo razonable. Con esta reforma se ha puesto en marcha en Italia una batería de medidas penales y procesales, que han venido acompañadas de una importante dotación presupuestaria, de un programa de formación y reciclaje profesional, de la creación de una comisión de seguimiento y control del proceso de implantación y funcionamiento. Entre las medidas anunciadas destacan la referidas a la tramitación digital del proceso, a las notificaciones en ausencia del sujeto pasivo, al plazo de las investigaciones preliminares, a los filtros que permitan limitar los asuntos que lleguen a juicio oral en función de la previsibilidad de obtener sentencias de condena, a la aceleración de los plazos en la fase de impugnación y, finalmente, las que suponen una mejora estructural en términos de eficiencia del funcionamiento del aparato de la justicia penal.

Como desarrollo de la ley n. 134 de 2021, el 30 de diciembre de 2022 entró en vigor el Decreto Legislativo de 10 de octubre de 2022, n. 150, dedicado específicamente a la reforma del proceso penal. Tal y como se adelantó en la ley de 2021, el propósito fundamental es la simplificación procedimental y la reducción de la duración de los procesos, objetivo al que se comprometió Italia con la puesta en marcha, en materia de justicia, del plan nacional de recuperación y resiliencia (PNRR) presentado ante la Comisión Europea para la inversión de fondos europeos tras la pandemia.

Entre las novedades más destacadas del Decreto Legislativo n. 150 de 2022 destaca una medida, a mi juicio muy importante por su relación con el principio de obligatoriedad en el ejercicio de la acción penal prevista en el art. 112 de la Constitución. Esta reforma consiste en la obligación que pesa sobre el Ministerio Público de realizar una evaluación en la fase intermedia acerca de la razonable probabilidad de alcanzar una sentencia de condena. En este sentido, tanto el fiscal como el Juez de la Audiencia

Preliminar deben basar su actuación en la regla de la previsibilidad razonable de la condena, de tal manera que el ministerio fiscal deberá solicitar el sobreseimiento cuando los indicios obtenidos en la investigación preliminar no permitan predecir razonablemente la imposición de una sentencia de condena. Al propio tiempo, se prevé que el Juez de la audiencia preliminar dicte sentencia archivo ¾falta de los fundamentos necesarios para la apertura de juicio¾ cuando la valoración de los resultados de la investigación no permita formular una predicción razonable de una sentencia de condena.

Como señalaba con anterioridad, es pronto aún para valorar la trascendencia de esta reforma, que sin duda está llamada a establecer un filtro de valoración de eficacia en el ejercicio de la acción penal por parte del Ministerio Público. La previsibilidad de una futura sentencia de condena es una formulación tan indeterminada como permisiva de amplios márgenes de discrecionalidad. En este sentido, es significativo que la propia ley de delegación (n. 134 de 2021) prevea que los órganos del Ministerio Público, para garantizar la eficacia y la uniformidad en el ejercicio de la acción penal deben indicar, dentro de los criterios generales de organización y funcionamiento que el fiscal-jefe presentará ante del Consejo Superior de la Magistratura cada cuatro años, los criterios específicos de prioridad en el ejercicio de la acción penal, y que supondrán la selección de las noticias delictivas que tendrán prioridad para su investigación y persecución, teniendo en cuenta el volumen del *input* de noticias delictivas y los medios disponibles en cada órgano del Ministerio Público.

Por su parte, el decreto legislativo n. 150 de 2022 ha introducido el art. 3-*bis* en las disposiciones de actuación del cpp con la finalidad de subrayar en el contexto procesal, que los criterios de prioridad en el ejercicio de la acción penal no tienen valor solo ni principalmente organizativo, sino que están dirigidos a condicionar las decisiones procedimentales del Ministerio Público desde el momento mismo de la inscripción de la noticia delictiva (Tonini-Conti).

3.2. Independencia política

Probablemente, el principal efecto que produce constatar la imposibilidad de garantizar efectivamente el principio de obligatoriedad se proyecta sobre la posición jurídico-política del Ministerio Público. En la Italia actual, para un sector importante de la doctrina, de la propia carrera judicial, de la abogacía y de la política, un Ministerio Público independiente, que disfruta de significativos márgenes de discrecionalidad, constituye un relevante problema procesal y constitucional.

En esencia, se trata de plantear cómo puede someterse a control democrático la actividad del Ministerio Público sin afectar la necesaria objetividad que debe rodear el ejercicio de la acción penal. Es evidente, en este sentido, que cada órgano del Ministerio Público realiza su propia selección de prioridades en el ejercicio de la acción pública, que se proyectan en el momento, y en la propia decisión de iniciar la investigación preliminar, que repercute en la estrategia de la investigación, en la decisión sobre el procedimiento adecuado y, sin duda, en las decisiones y criterios de la política de conformidad del Ministerio Público. Y resulta que todas estas decisiones, que suponen en conjunto una clara política de la acción penal, escapan a todo mecanismo de responsabilidad, de control, de contrapeso.

Esta preocupación se ha traducido, al menos, en dos iniciativas de reforma constitucional, que han incidido fundamentalmente en la necesidad de encauzar una cierta responsabilidad democrática derivada del ejercicio de la acción penal.

A finales de la década de los noventa, la Comisión bicameral constituida para elaborar un anteproyecto de reforma constitucional italiana dedicó una parte importante de los debates a la modificación de la Justicia y, en concreto, al artículo 112 de la vigente Constitución. Tras seis propuestas sucesivas del Diputado BOATO (relator para la reforma del sistema judicial) no fue posible presentar un texto respaldado por toda la Comisión por lo que, finalmente, fueron presentados dos textos alternativos: 1) propuesta BOATO, según la cual el artículo 112 quedaría con la siguiente redacción "el Ministerio Público tiene la obligación de ejercitar la acción penal. La ley establece las medidas idóneas para asegurar su efectivo ejercicio". Esta propuesta constituye el punto final de seis sucesivos borradores en los que el mencionado Senador venía manteniendo la necesidad de matizar el principio de obligatoriedad desde las prescripciones de la ley.

La segunda propuesta final, a cargo de los Diputados Parenti y Buttiglione y de los Senadores Maceratini, Pera, Loiero y Lisi, más avanzada en cuanto a la reducción del principio de obligatoriedad, se concreta en los siguientes términos: "El Ministerio Público ejercita la acción penal según las modalidades establecidas por la ley salvo que considere insubsistente la ofensividad del hecho o el interés público en su persecución. El Ministro de Justicia informa anualmente al Parlamento sobre el estado de la Justicia, sobre la eficacia de las oficinas judiciales, sobre el ejercicio de la acción penal y sobre el uso de los medios de investigación".

Posteriormente, el Ministro Alfano presentó el 7 de abril de 2011 un borrador de anteproyecto de reforma constitucional en materia de justicia, que no prosperó debido a la caída del último gobierno Berlusconi. No obstante, es una propuesta extraordinariamente interesante, no solo para despejar ciertas algunos prejuicios de intento de manipulación política de la justicia, sino fundamentalmente para comprobar de qué modo la posición de absoluta independencia del Ministerio Público sigue preocupando al conjunto de la clase política italiana, y de qué forma se ha pretendido afrontar el problema, tratando de no afectar el ejercicio imparcial y objetivo de la acción penal.

Recogiendo unas palabras de Giovanni Falcone, el Ministro de Justicia afirmaba que "estaría más de acuerdo con quien sostiene que, a falta de claros controles institucionales, serán siempre más graves los peligros derivados de las influencias indirectas o de poderes ocultos dirigidos a incidir sobre la actividad del Ministerio Público. Considero que es el momento de racionalizar y coordinar la actividad del Ministerio Público, hasta ahora prácticamente irresponsable por efecto de una visión fetichista de la obligatoriedad de la acción penal".

Es de notar que el borrador de proyecto de reforma constitucional equilibra la intervención sobre el Ministerio Público desde un doble punto de actuación. Por un lado, crea el Consejo Superior del Ministerio Público, garantizando la separación de las carreras judicial y fiscal. A la carrera fiscal se le garantiza constitucionalmente la autonomía funcional y la independencia política, estableciendo un equilibrio entre los miembros del Consejo Superior del Ministerio Público elegidos por la propia carrera, y los miembros elegidos por el Parlamento. Por otra parte, la intervención sobre el principio de obligatoriedad es simple pero de suma importancia: la propuesta indica que: "El Ministerio Público ejercitará obligatoriamente la acción penal según los criterios establecidos en la ley", lo que, en otras palabras, habría supuesto constitucionalizar el principio de legalidad en el ejercicio de la acción penal, como por ejemplo sucede en España.

3.3. Descentralización interna

Otro de los efectos negativos que viene generando la ficción de la obligatoriedad del ejercicio de la acción penal se proyecta directamente sobre la organización interna del Ministerio Público italiano. En síntesis puede afirmarse que una acción penal selectiva está condenada a ser ejercitada fragmentariamente si está encomendada a una organización descentralizada.

En efecto, la descentralización puede resultar inocua ante una acción penal automáticamente ejercitada, pero cuando el ejercicio de la acusación se convierte en selectivo, la descentralización añade un elemento de distorsión como es la fragmentación.

Esencialmente, el problema surge porque, bajo una organización policéntrica, cada órgano diseña y aplica su propia política criminal. Esto se traduce en que cada órgano:

1. Establece su propia selección de prioridades

2. Adopta sus propias decisiones de política criminal

3. Establece sus criterios doctrinales de calificación e interpretación normativa

4. Diseña sus propios criterios de operatividad y dirección policial

5. Dispone de sus propias normas de reparto de trabajo y de organización interna de la fiscalía

Al analizar desde un punto de vista crítico las vinculaciones entre una acción penal selectiva y una organización descentralizada, aparecen sin duda algunas ventajas en el balance. Las más importantes consisten en la mayor dificultad de hacer llegar presiones externas a una organización descentralizada, y la ventaja que supone, a efectos de contrapesos del sistema, una organización con una pluralidad de criterios para el ejercicio de la acción penal. Sin embargo, los inconvenientes que este tipo de estructuras organizativa representa para una política selectiva de la acción penal son quizá más evidentes. Entre otros, la afectación del principio de igualdad, el riesgo para la seguridad jurídica y la eficacia procesal, y la dificultad para afrontar una cooperación judicial, fiscal y policial mínimamente coordinada.

Como puede advertirse, el debate que subyace tras el problema de la descentralización orgánica es de enorme calado jurídico y político. Lo que está en cuestión es si la acción penal, si el poder de acusar, debe ser ejercitado de manera unitaria o coordinada, o resulta más adecuado garantizar la independencia personal de quien lo ejerce, con lo que debe renunciarse a la coordinación a favor de una escrupulosa objetividad.

3.4. Unidad de carreras judicial y fiscal

En el mes de abril de 2011, las Cámaras de Abogados Penalistas de toda Italia convocaron una huelga general que generó una considerable repercusión política y jurídica. El motivo de la huelga no era otro que manifestar su clara postura favorable a la separación de las carreras judicial y fiscal en el momento en el que comenzaba a discutirse el borrador de reforma constitucional de la justicia promovida por el ministro Alfano.

Como se recordará, la unidad de las carreras judicial y fiscal arranca en Italia del RD sobre Ordenamiento Judicial de 1941, siendo recogido de manera tácita y poco precisa por la Constitución de 1948. No obstante, durante años se convirtió en uno de los elementos de identidad del modelo italiano de justicia, siendo respaldado por numerosos pronunciamientos de los tribunales supremo y constitucional.

Sin embargo, tras la aprobación del Código de Procedimiento Penal de 1989, y sobre todo tras la reforma constitucional de 1999, que introdujo en la norma suprema italiana las garantías esenciales de proceso justo (art. 108), las críticas hacia la unidad de carreras no han hecho más que arreciar.

El fundamento de tales críticas es que tal modelo institucional provoca un doble desajuste:

1. Un desajuste de orden jurídico-político, en la medida en que la unidad de carreras supone una concentración de poder (sin contrapeso) en manos de la magistratura. Como ya se indicó, tras la entrada en vigor de Código de Proceso Penal de 1989, en manos del Ministerio Público (es decir, de la magistratura) se encuentran las decisiones relativas al inicio de la investigación preliminar y al ejercicio de la acusación en la fase intermedia. Ambas presididas por los principios de exclusividad y ausencia de control institucional. Sucede así que el input de la justicia penal está plenamente en manos del Ministerio Público. Y comoquiera que también está en manos de la magistratura (decisoria) la solución del conflicto penal (output), parece razonable sostener que en un modelo político basado fundamentalmente en los *cheks and balances* (pesos y contrapesos) debiera mirar con recelo tal concentración de poder sin contrapesos democráticos (Guarnieri y Pederzoli).

2. Un desajuste procesal, derivado de la concentración en la misma institución de dos funciones, de cuya efectiva separación dependen importantes garantías del proceso. Las funciones de investigar-acusar y juzgar deben estar, no solo formalmente separadas y en manos de instituciones distintas,

sino psicológicamente distantes, estatutariamente lejanas, estratégicamente divididas y, si se apura, enfrentadas. Ello es así porque de la efectiva separación entre juez y fiscal dependen, nada menos, que garantías como la eficacia del proceso justo, la real contradicción entre acusación y defensa, la imparcialidad judicial, el derecho de defensa, la igualdad de las partes, y la existencia de controles y contrapesos internos dentro del proceso.

La proximidad institucional de jueces y fiscales en nada beneficia al proceso, ni a las partes, ni al fin de la justicia. Paradójicamente, cuanto más separados estén jueces y fiscales, cuanta menos relación corporativa exista entre ellos, cuanto mayor sea la distancia profesional, mayores serán las garantías, mayor la asunción de la condición de parte del Ministerio Público, menor el riesgo de convertir la instrucción en arsenal probatorio preconstituido, mayor la relevancia de la defensa y menor la inclinación del juez (sea decisor o de garantías) por inclinarse a apoyar las tesis de su par.

Parece, con todo, que la idea de separación de las carreras judicial y fiscal va poco a poco encontrando apoyo en el legislador. Por un lado, conviene citar a este respecto la disposición contenida en el art. 29 del Decreto de 22 de septiembre de 1988, n. 449, que limita el paso de los magistrados de la fiscalía a la judicatura, y viceversa, a la concurrencia de concretas aptitudes en unos y otros para la nueva función solicitada, de tal suerte que el paso de una a otra función dejaba de ser libre e ilimitada. Más recientemente, y dentro de la batería de decretos que desarrollan la ley de delegación sobre reforma del sistema judicial de 2005, se han dado nuevos pasos en la dirección de limitar el cambio de función dentro de la magistratura (Informe sobre la Magistratura en Italia, información oficial del Consejo Superior de la Magistratura, págs. 187 y ss.).

En este sentido, cabe señalar que las disposiciones a las que hace referencia el capítulo IV del Decreto Legislativo nº 160/06, dictado en aplicación de la ley de delegación 150/05, sucesivamente modificada por la Ley 2007 nº 111/07, han introducido algunas prohibiciones relevantes para pasar de las funciones de Público Ministerio a las de Juez y viceversa. Antes de la entrada en vigor de las disposiciones a las que hace referencia el capítulo V del Decreto Legislativo nº 160/06 había pocos obstáculos para pasar de la carrera fiscal a la judicial y viceversa, para ello era suficiente, con arreglo al art. 190 del RD 12/1941, un fallo de aptitud formulado por el Consejo Judicial del distrito correspondiente.

En 2003 una circular del Consejo Superior de la Magistratura (Circular nº P-5157/2003 del 14 de marzo de 2003 —Deliberación del 13 de marzo de 2003) había regulado las modalidades de formulación del fallo y previsto la incompatibilidad de pasar de unas a otras funciones en el ámbito de la misma circunscripción. Además cuando se accedía a la magistratura se podían otorgar indistintamente al nuevo magistrado las funciones de fiscal o de juez. Tras la reciente reforma del ordenamiento las funciones de juez de primera instancia sólo pueden otorgarse a magistrados que hayan conseguido la primera evaluación de profesionalidad, es decir cuatro años después del nombramiento.

Por otro lado, la reforma de 2005 ha limitado el paso de las funciones bajo un aspecto objetivo prohibiéndolo en los siguientes casos: a) dentro del mismo distrito; b) dentro de otros distritos de la misma región; c) dentro del distrito del Tribunal de Apelación que la ley establezca como competente para comprobar la responsabilidad penal de los magistrados del distrito en el que el magistrado ejerce cuando se cambian las funciones. Bajo el aspecto subjetivo se indica un límite máximo de cuatro cambios durante toda la carrera del magistrado junto con la previsión de un periodo de permanencia mínima en las funciones de cinco años. Para el cambio se pide: a) la participación en un curso de calificación profesional, y b) la formulación por parte del Consejo Superior de la Magistratura, de un fallo de idoneidad para desempeñar las nuevas funciones.

4. ALGUNAS CONCLUSIONES

A la vista de las tensiones y críticas que suscita el modelo italiano de Ministerio Público, apoyado sobre una opción ideológica de independencia política, institucional y organizativa, en la que la acción penal, la dirección de los órganos del Ministerio Público y la dirección de la investigación quedan en manos de funcionarios independientes y no sometidos a suerte alguna de control democrático, conviene introducir algunas consideraciones finales sobre una tendencia que parece advertirse en Europa, dirigida a suavizar los extremos en la ubicación del Ministerio Público, y a encontrar una vía de equilibrio basada en la autonomía funcional.

Descartadas las alternativas tradicionales que permitía el sistema político liberal a partir de la clásica trilogía de poderes, parece claro que la naturaleza jurídica del Ministerio Público podría construirse en el Estado social sobre nuevas categorías, extraídas del propio funcionamiento del sistema político, entre las que cabe apostar por la autonomía funcional y orgánica y por el principio de competencia.

En primer lugar, conviene empezar por señalar que la autonomía constituye un punto intermedio entre la independencia absoluta y la subordinación, que permite conciliar, en el funcionamiento de determinados órganos e instituciones, ámbitos de competencia exclusivos con mecanismos de colaboración en líneas políticas comunes y generales.

La aplicación de esta categoría al Ministerio Público parte de la necesaria distinción entre la autonomía funcional y la autonomía política en el sistema de ejercicio de la acción penal. Por un lado, al Gobierno corresponde el ámbito de decisión política, estableciendo los criterios y prioridades generales de la política criminal para el ejercicio de la acción penal. La ejecución se encomienda a una institución diferente, el Ministerio Público, que dispone de competencias exclusivas para aplicar dicha política criminal dentro de los márgenes de la legalidad.

La distinción entre autonomía política y funcional constituye un claro ejemplo de reparto del poder, que refleja un sistema de equilibrio, de pesos y contrapesos, en virtud del cual el Ministerio Público actúa como filtro y garantía de legalidad en la ejecución de la política criminal diseñada por el Gobierno. Es preciso por tanto reconocer un ámbito de decisión política al Gobierno, y un ámbito de indemnidad en la actuación del Ministerio Público, garantizado por los principios de legalidad e imparcialidad recogidos en el art. 124 de la Constitución. De esta suerte, el Ministerio Público únicamente puede ejecutar la política criminal del Gobierno en la medida en que ésta se mueva dentro de los márgenes de la legalidad.

Esta posición de equilibrio y este ámbito de autonomía funcional se concretan en un segundo principio básico del moderno sistema político ¾el principio de competencia¾ que resulta de extraordinaria utilidad para definir la posición de equilibrio que ocupa el Ministerio Público en el juego de poderes.

En realidad, la aplicación al Ministerio Público del principio de competencia no es sino la concreción de uno de los principios que rigen el reparto del poder y los equilibrios internos en la estructura jurídico-política del moderno Estado de Derecho. Con poco que se observe, el principio de competencia está presente en la desconcentración del poder político institucional a través de órganos de control y agencias autónomas que garantizan un adecuado sistema de contrapesos. Pero es también el principio de competencia el que ha permitido la descentralización del poder político a través de un reparto de atribuciones y un sistema de control mutuo entre los órganos centrales y los entes autonómicos o regionales a nivel territorial.

Por ello, cuando decimos que el principio de competencia puede ser considerado como un principio implícito en el estatuto jurídico-político del Ministerio Público estamos utilizando la esencia de un rasgo organizativo y estructural del Estado social para aplicarlo a la posición constitucional de una institución que está reclamando con urgencia una modernización de sus categorías. Así y desde el punto de vista de las relaciones externas, el principio de competencia explica la atribución al Ministerio Público de un conjunto de facultades y atribuciones infranqueables, y para cuyo ejercicio no necesita de un mandato singular en cada ocasión que les competa actuar.

Así planteado el reparto de competencias entre los márgenes de decisión política y la autonomía funcional de los órganos encargados de su aplicación, es necesario disponer herramientas para que las líneas de política criminal definidas por el Gobierno puedan ser debatidas en el ámbito político y trasladadas al Ministerio Público sin afectar las garantías de legalidad e imparcialidad que presiden la actuación de la institución.

En primer lugar, es preciso que las decisiones gubernamentales en este terreno sean públicas, transparentes y sometidas a debate político en el Parlamento. Cuando estas instrucciones son hechas públicas por el Gobierno antes de ser dictadas y pueden, por consiguiente, ser discutidas en el Parlamento, se logrará una transparencia que no sólo garantiza la higiene democrática, sino que incide también en la seguridad jurídica al proporcionar a los ciudadanos y poderes públicos la posibilidad de un conocimiento previo de las líneas prioritarias de actuación del Ministerio Público.

En segundo lugar, es necesario proteger adecuadamente la objetividad e imparcialidad en la actuación del Ministerio Público, impidiendo que, a través de las referidas instrucciones, pueda el Gobierno interferir en los distintos procesos penales en curso. En este sentido, entiendo que las instrucciones que el Gobierno puede dirigir al Ministerio Público siempre habrán de ser instrucciones generales y positivas, de orientación y actuación, quedando en todo caso prohibidas las instrucciones particulares y negativas, que pretendan impedir el inicio de la investigación o el sentido de la acusación en cualquier proceso penal en curso.

A mi modo de ver, estas pueden ser ideas útiles para repensar el modelo de Ministerio Público en el moderno Estado constitucional. Son las claves de este nuevo modelo de Estado, un Estado complejo, con una arquitectura de poderes basada en los contrapesos, con la existencia de poderes intermedios y bisagras del sistema político, con una clara flexibilización del lenguaje legal, un aumento de la discrecionalidad de los órganos encargados de la promoción y aplicación de la justicia, es el escenario en el que debe reflexionarse el nuevo modelo de Ministerio Público.

Esta correspondencia constante entre Ministerio Público y modelo de sistema político ha sido descrita acertadamente por Jannaccone, poniendo a mi juicio el acento en lo esencial para dibujar el perfil del Ministerio Público en el marco del moderno sistema constitucional: "el aspecto crítico se impone por la especial naturaleza de la institución, cuya colocación en el cuadro del ordenamiento del Estado es de frontera, frontera entre diversos poderes, frontera entre realidad social y aparato judicial, frontera entre política y derecho. Su regulación jurídica, sigue diciendo el autor italiano, es una construcción política más que una construcción técnica. A un cierto tipo de Estado corresponde un cierto tipo de Ministerio Público. Donde, por efecto de factores de tradición histórica o como producto de un estancamiento legislativo se registra una falta de sintonía entre los dos elementos, inevitablemente se verifican presiones de fuerzas políticas dirigidas a ponerlos nuevamente en conexión, adecuando la estructura organizativa del Ministerio Público y las reglas de su funcionamiento a las características del Estado del cual es expresión".

BIBLIOGRAFÍA

AA.VV. *Pubblico Ministero e accusa penale. Problemi e prospettive di riforma*, Giustizia penale oggi/4, Zanichelli, Bologna, 1979.

Bartellini, "Il Pubblico Ministero dallo Stato liberale allo Stato fascista: significato di un ordinamento (leggi e circolare 1865-1941)", en *Natura e funzioni del Pubblico Ministero*, III Convegno Nazionale, Roma, Eur-Palazzo dei Congressi, 23 a 25 aprile, 1966, arti grafiche jasillo, Roma

Borgna/Casano, *Il giudice e il Principe*, Donzelli, Roma, 1997.

Bruti Liberati, Ceretti, Giasanti, *Governo dei giudici*, Feltrinelli, Milano, 1996.

Casorati y Borsani, *Codice di procedura penale commentato*, vol. I, Milano, 1874-1887

Chiavario, *L'azione penale tra diritto e politica*, Padova, 1995

Conde-Pumpido Ferreiro, *El Ministerio Público*, Pamplona, 1999.

Cordero, *Procedura penale*, Giuffré, Milano, 1995, págs. 182 y ss

Delmas-Marty, *Procesos penales de Europa*, Zaragoza, 2000

Di Federico, "Obbligatorietá dell'azione penale, coordinamento delle attività del pubblico ministero e loro rispondenza alle aspettative della comunità", en *Accusa penale e ruolo del PM*, Jovene, Napoli, 1991.

Dias/Ghirilinghelli de Azevedo (coords.), *O papel do Ministério Público. Estudio comparado dos países latino-americanos*, Almedina, Coimbra, 2008

Díez-Picazo, L. M., *El poder de acusar*, Barcelona, 2000.

Ferri, "L'istituto del Pubblico Ministero nell'attuale ordinamento giudiziario e nella Costituzione della Repubblica", en *Natura e funzioni del Pubblico Ministero*, III Convegno Nazionale, Roma, Eur-Palazzo dei Congressi, 23 a 25 aprile, 1966, arti grafiche jasillo, Roma, 1967

Flores Prada, *El Ministerio Público en España*, Valencia, 1999.

Florian, *Diritto processuale penale*, Torino, 1939, pág. 95 y Vassalli, *La potestá punitiva*, Torino, 1942

Foschini, "Ministro della Giurtizia e Pubblico Ministero nella nouva Costituzione", en *Archivio Penale*, 1948, I,

Gaito, "Natura, caratteristiche e funzioni del pubblico ministero. Premesse per una discussione", en *Accusa penale e ruolo del PM*, Jovene, Napoli, 1991.

Guarnieri, *Pubblico Ministero e Sistema Politico*, Padova, 1984.

Guarnieri/Pederzoli, *La democrazia giudiziaria*, Il Mulino, Bologna, 1997, y su versión en español *Los jueces y la política*, Taurus, Madrid, 1999

Ipallomeni, "L'azione penale", en *Giustizia Penale*, 1901, págs. 353 a 361

Jannaccone, "Il Pubblico Ministero nel sistema costituzionale", en *Il Pubblico Ministero nell'ordinamento italiano*, Rassegna dei magistrati, V Congreso Nazionale, Unione Magistrati Italiani, anno XVII, núms. 7-9, luglio-settembre, 1977.

La Costituzione della Repubblica nei lavori preparatori della Asamblea Costituente, Camera dei deputati, Segretariato Generale.

Leone, *Trattato di diritto processuale penale*, Napoli, 1961

Leone, *Intorno alla riforma del codice di procedura penale*, Milano, 1964

Leone, *Sistema del diritto processuale penale*, I, Milano, 1965

Lozzi, *La magistratura dinanzi al nuovo Re*, Torino, 1900, pág. 171

Martínez Dalmau, *Aspectos constitucionales del Ministerio Público*, Valencia, 1999.

Neppi Modona, "Art. 112. Il Pubblico Ministero ha l'obbligo di esercitare l'azione penale", en *Comentario della Costituzione* (a cura di Giuseppe Branca), (Tomo IV), Zanichelli, Bologna, 1987.

Nobili, "Accusa e burocrazia", en *Pubblico Ministero e accusa penale. Problemi e prospettive di riforma*, AA. VV., Giustizia penale oggi/4, Zanichelli, Bologna, 1979.

Nobili, *Scenari e trasformazioni del processo penale*, Padova, 1998.

Pagliario y Tranchina, *Istituzioni di Diritto e Procedura Penale* (3ª edic.), Giuffrè, Milano, 1996, pág. 228).

Palombarini, "PM e Giudice: distinzione delle funzioni e separazione delle carriere", en *Questione Giustuzia*, 1/1993

Petrocelli, "Il Pubblico Ministero e l'unitá della istruttoria penale", en *Riv. Pen.*, 1952

Pizzorno, *Il poteri del giudici*, Latterza, Roma, 1998.

Pizzorusso, "Per un collegamento fra organi costituzionali politici e pubblico ministero", en *Pubblico Ministero e accusa penale*, Giustizia Penale oggi, Zanichelli, Bologna, 1979.

Pizzorusso, *L'organizzazione della giustizia in Italia*, Einaudi, 1982.

Rassat, *Le Ministère public entre son passé et son avenir*, Librairie Génerale de Droit et de Jurisprudence R. Pichon et R. Durand-Auzias, París, 1967.

Roxin, *Derecho procesal penal*, Buenos Aires, 2000.

Sabatini, *Il Pubblico Ministero nel diritto processuale penale*, Napoli, 1943

Tonini / Conti, *Manuale di procedura penale* (24ª ed.), Giuffrè, Milano, 2023.

Vellani, *Il Pubblico Ministero nel proceso*, (II Volúmenes), publicaciones de la Facultad de Derecho de la Universidad de Modena, Bologna, 1970

Vives, *Reforma del Proceso Penal*, Tirant lo Blanch, Valencia, 1992.

Zagrebelsky, V., "Independenza del Pubblico Ministero e obbligatorietà dell'azione penale", en *Pubblico Ministero e accusa penale*, Giustizia Penale oggi, Zanichelli, Bologna, 1979

El secreto de Estado en la prueba de testigos del proceso penal italiano[1]

JOSÉ ALBERTO REVILLA GONZÁLEZ
Universidad Autónoma de Madrid

1. INTRODUCCIÓN

En 1980, el profesor Víctor Moreno publicaba su tesis doctoral bajo el título *El secreto en la prueba de testigos del proceso penal*, abordando el estudio normativo de los secretos públicos y privados en el marco del proceso penal. Entre los primeros, situaba aquellos secretos que se refieren al Estado,

[1] Esta publicación es parte de los proyectos “Una aproximación holística al régimen jurídico de la información clasificada en la era digital” (PID2021-123563NB-I00), financiado por MCIN/AEI /10.13039/501100011033 y por FEDER y “Datos personales e información en la era digital: desafíos en su obtención y uso en los procesos judiciales y en los procedimientos sancionadores (DATER)" Ref.PID2022-137826NB-I00, financiado por MCIN/AEI/10.13039/501100011033/FEDER, UE.

al aparato estatal[2], deteniéndose en el estudio de la escasa regulación contenida en el artículo 417.2º de la ley de Enjuiciamiento Criminal, y en la Ley 9/1968, de 5 de abril, sobre secretos oficiales.

Pese al tiempo trascurrido desde entonces, ambos textos normativos mantienen su vigencia, y la regulación relativa a los secretos de Estado permanece anclada en una envejecida regulación, cuyos intentos de reforma no han prosperado en estos años. Mas de cuarenta y cinco años después de aprobada la Constitución de 1978, lo distintos gobiernos que se han sucedido desde entonces no han sido capaces de aprobar una nueva Ley de Enjuiciamiento Criminal que dote a España de un sistema de justicia penal moderno y eficaz. La vieja Ley de 1882 se mantiene en pie con numerosas reformas que han tratado de ir adaptando el texto a la necesidades y exigencias de cada momento. Pero esa amalgama de cambios y añadidos al texto original que se han ido sucediendo en estos años son una respuesta insatisfactoria, y se hace necesario un cambio estructural profundo que incorpore una regulación con satisfactorias respuesta a las exigencias actuales.

Po su parte, la Ley de secretos oficiales de 1968, aunque reformada parcialmente en octubre de 1978, ha sido también objeto de cuestionamiento por su origen preconstitucional; y, pese a las distintas iniciativas para la elaboración de un nuevo texto legislativo, se mantiene en vigor. La citada reforma modificó, entre otras cuestiones, el artículo 10, estableciendo que la declaración de "materias clasificadas" no afectará al Congreso de los Diputados ni al Senado, que tendrán siempre acceso a cuanta información reclamen, en sesiones secretas. Sin embargo, no fue más allá en otras cuestiones importantes que reclaman una actualización. Aprobado el anteproyecto de ley de Información Clasificada por el Consejo de Ministros el 1 de agosto de 2022, quedó malogrado por la falta de acuerdo político y por la disolución de las Cortes Generales y la convocatoria de elecciones generales anticipadas, convocadas para el 23 de julio de 2023.

Hoy, el secreto de Estado sigue carente de una regulación completa sobre todas las implicaciones procesales que la materia tiene. Particularmente, aquellas relativas a situaciones en las que se trata de utilizar información clasificada como prueba dentro del proceso penal. Por ello, las miradas se han dirigido al derecho comparado, tratando de buscar referentes a tener en cuenta en una futura legislación.

---

2 Moreno Catena, V. (1980) El secreto en la prueba de testigos del proceso penal, pág. 79.

En aquel trabajo, el Profesor Víctor Moreno tomaba como referente legislativo el tratamiento procesal que preveía el entonces vigente *Codice di procedura penale,* poniéndolo en contraste con la previsión del número 2º del artículo 417 de nuestra Ley de enjuiciamiento criminal. La regulación italiana ha experimentado importantes cambios desde entonces, que merecen ser considerados de cara a una futura regulación del tratamiento procesal del secreto de Estado en el marco del proceso penal. Por ello, queremos contribuir con este trabajo a dar continuidad a un estudio que, como señalara el profesor Gutiérrez-Alviz y Armario en el prologo a aquella publicación, "responde a intereses superiores, teniendo a proteger la defensa y seguridad del Estado, problemática de suma importancia"[3].

La difícil armonía entre seguridad y transparencia de la actividad pública debe encontrar un adecuado ajuste en una sociedad democrática. Ni las exigencias de seguridad pueden constituir un escudo que lleve a una opacidad inaceptable; ni el anhelo de transparencia puede traspasar límites que lleve a facilitar información que, de conocerse, puede ser perjudicial para la seguridad o integridad de los Estados[4]. Ello hace que puedan enfrentarse ideológicamente dos posiciones antitéticas respecto del secreto de Estado, una totalmente favorable a las razones del secreto, y la otra defensora a ultranza de la trasparencia. Pero, limitar el principio de transparencia en ciertos casos no significa, ni mucho menos, un ataque al Estado democrático; pues existe en las democracias más avanzadas, y los *arcana imperii* (en la clásica expresión de Tácito) han permanecido presentes a lo largo de la historia[5]. Una visión realista y conciliadora debe en tener en

---

3 Gutíerrez-Alviz y Armario, F. (1980) Prólogo al libro El secreto en la prueba de testigo del proceso penal, pág. 12.

4 Como señala la Exposición de Motivos de la Ley 9/1968, de 5 de abril, sobre secretos oficiales, "si la publicidad ha de ser característica de la actuación de los Órganos del Estado, es innegable la necesidad de imponer limitaciones, cuando precisamente de esa publicidad puede derivarse perjuicio para la causa pública, la seguridad del mismo Estado o los intereses de la colectividad nacional".

5 *Vid.* Gómez Orfanel, (2008) G.: "El secreto de Estado en Saavedra Fajardo". Res Publica, 19, 177 y ss.; Benvenuto, Rodrigo (2022). Discrecionalidad y secreto en la democracia radical. La crítica de Spinoza a los arcana imperii. Anacronismo e Irrupción 12 (23), 41-67; Vega Fernández, F. (2007) El principio de publicidad después de la reforma constitucional de 2005. Revista de Derecho Público, 69, (fasc. 1), págs. 174-185. No obstante, Kantorowicz señalaba hace años que "la expresión secretos de Estado tiene más sabor cristiano que de Tácito", puesto que hay razones para pensar no en el historiador romano, sino en el Derecho romano debido a una ley de los emperadores Graciano, Valentino y Teodosio, quienes en

cuenta ambos valores (secreto y transparencia), considerando que no son incompatibles, sino que deben estar equilibrados y en una justa armonía.

La constante amenaza terrorista, la difícil situación de conflictos armados que se vive en determinados países, el mantenimiento del orden constitucional, el fortalecimiento de las instituciones democráticas, la necesaria estabilidad política y social, y las graves violaciones de derechos humanos, ha hecho que se eleven los estándares de seguridad y las imposiciones derivadas de ello, afectando muchas veces al ejercicio de otros derechos. Ello lleva a considerar el secreto de Estado como elemento esencial para la seguridad de los países. El secreto excluye del conocimiento público determinadas noticias, datos, informaciones o material de los que sólo los sujetos autorizados pueden tener conocimiento de ellos. La razón subyacente se encuentra en la necesidad de proteger la seguridad nacional y seguridad pública, que representan el bien social colectivo[6]. Si en los Estados autocráticos o con una dirección colectiva totalitaria, desprovistos de mecanismos de control popular, esa confrontación antitética cede en favor del secreto; en los Estados democráticos avanzados, el balanceo de intereses es una obligación que legitima la respuesta limitativa de la transparencia. Conseguir un marco adecuado de respeto a los derechos y libertades, a la vez que se impide el mal uso de la información, constituye el punto de base de una necesaria combinación armónica.

Con razón se ha dicho que la problemática relativa la secreto de Estado es un significativo banco de pruebas del sistema democrático de todos los ordenamiento[7], pues, como señalaba Bobbio, uno de los rasgos característicos de la forma democrática de Estado es el "gobierno del poder

---

el año 395 se dirigían al praefectus Urbi Symmachus diciendo que era "sacrilegio" discutir el juicio del Príncipe y las decisiones de los funcionarios. Palabra que bordea la "zona de silencio" reservada para misterio y arcana. Kantorowicz, E. H. (1959) *Secretos de Estado.* Un concepto absolutista y sus tardíos orígenes medievales (trad. Rodríguez Aranda). Revista de Estudios Políticos (104), pág. 41-42. Publicación original en The Harvard Theological Review, XLVIII (1955). 65-91.

6 El secreto de Estado es un instrumento de la política de seguridad y defensa de éste, y la opción de utilizarlo queda abierta a cada país que debe tomar las correspondientes decisiones en función de sus circunstancias, de sus valores éticos y políticos. Sánchez Ferro, S. (2006) El secreto de Estado, pág. 127.

7 Arconzo, G. y Pellizzone, I. (2012). Il segreto di stato nella giurisprudenza della Corte costituzionale e della Corte europea dei diritti dell'uomo. Rivista AIC (1) pág. 1 (https://www.rivistaaic.it/it/rivista/ultimi-contributi-pubblicati/irene-pellizzone/il-segreto-di-stato-nella-giurisprudenza-della-corte-costituzionale-e-della-corte-europea-dei-diritti-dell-uomo).

visible"[8]. La diferente medida con que asumen la publicidad y el secreto puede considerarse un criterio distintivos entre un régimen democrático y un régimen autoritario.

La cuestión resulta particularmente compleja cuando las razones de ese secreto se hacen valer en el marco de proceso judicial, y de manera especial en un proceso penal, donde tiene la capacidad de limitar la investigación. La regulación del secreto de Estado y sus implicaciones procesales ha constituido tradicionalmente una expresión del necesario equilibrio dentro de la arquitectura general del ordenamiento jurídico. El proceso penal se encamina a la búsqueda de la verdad sobre determinados hechos, en un marco contradictorio y equilibrado entre las partes, libre de coacción, y sin la sustracción de datos relevantes que impidan fundamentar la decisión sobre la base de un conocimiento íntegro de los elementos de prueba que puedan ser tomados en consideración. Por el contrario, el secreto aparta del proceso información relevante sobre los hechos que se juzgan, en nombre o bajo pretexto de un bien común cuyo objetivo es asegurar la salvaguarda de los intereses fundamentales de la Nación. Como señala Panzavolta[9], "*il processo arde di sapere, ha sete di conoscenza, vuole rimuovere veli e oscurità, cerca trasparenza; il segreto è tenebra, mistero, opacità, ignoranza*". Ese velo de opacidad con el que la ley cubre el interés superior, supone un obstáculo en la investigación, hace sacrificar el hallazgo de la verdad, y supone, incluso, minar el derecho de defensa en aras de las razones de Estado[10].

El secreto supone un dique más allá del cual no se puede investigar, salvo en los casos y condiciones establecidas, debiéndose indagar en "aguas transparentes". Cuando la necesidad de investigación se encuentra con las restricción del secreto, surge ese momento de fricción entre los poderes del Estado. Entonces, la pregunta clave es quién tiene la última palabra

---

8 Bobbio, N. (1980). La democrazia e il potere invisibile. Rivista italiana di scienza politica, (II), pág. 181.

9 Panzavolta, M. (2010) Vecchio e nuovo della disciplina processuale del segreto di Stato, en AA.VV., Nuovi profili del segreto di Stato e dell'attività di intelligence, (dir. G. Illuminati), Torino, pág. 149.

10 Como señala Sendín Mateos, "La presencia de un secreto puede ocasionar que en un proceso el valor epistémico de la verdad sea derrotado por otros valores no epistémicos, como la seguridad nacional y la defensa". Sendín Mateos, J. A. (2020). Secreto de Estado. Eunomía. Revista en Cultura de la Legalidad, 18, pág. 269.
Vid. Grevi, V. (2007) Come unire segreto di stato e diritto alla difesa, Corriere della sera, 8 febrero 2007.

para decidir sobre esa barrera a la revelación de pruebas en caso de oponerse el secreto de Estado.

2. EVOLUCIÓN DEL SECRETO DE ESTADO EN LA LEGISLACIÓN ITALIANA. EL IMPORTANTE PAPEL DE LA *CORTE COSTITUZIONALE*

En Italia, el tema del secreto de Estado ha sido, después de años de poca atención por parte de la doctrina, objeto de un interés creciente en los últimos tiempos, a raíz de determinados hechos y de la jurisprudencia constitucional sobre el tema. Además, desde el punto de vista legislativo, la institución del secreto ha experimentado una notable evolución, pasando de un enfoque del secreto de Estado en el que éste podía abarcar casi cualquier cosa (siendo principal instrumento de la llamada razón de Estado); a un sistema en el que el secreto representa un elemento de mantenimiento del sistema democrático, controlando su uso mediante la fijación de límites y garantías[11].

Desde el punto de vista constitucional, el fundamento del secreto de Estado se ha buscado en diferentes artículos de las Constitución. Algunos autores han resaltado los artículos 5, 52, 126 y 139 de la Constitucional como normas que fundamentan la legitimidad del secreto de Estado. En primer lugar, el principio de unidad e indivisibilidad de la Republica contenido en el art. 5, que permite considerar que la consecución de tal objetivo ampara el establecimiento y confirmación del secreto respecto de determinadas actividades. En segundo lugar, el deber ciudadano de defensa de la Patria que señala el artículo 52, que conlleva la abstención de cualquier acción capaz de poner en peligro la seguridad nacional. Concepto que está constitucionalizado en el art. 126, fijando la posibilidad de disolver los consejos regionales y destituir a los presidentes de los consejos por razones de seguridad nacional. Por último, se ha señalado al artículo 139, que elimina la forma republicana de la posible revisión constitucional. Y, aunque la

---

11 La Ley de 24 de marzo de 1915, n. 273 estableció por primera la competencia del Gobierno para prohibir por períodos de tiempo la publicación por cualquier medio de determinadas informaciones relativas a la fuerza, preparación o defensa militar del Estado, contemplando el delito de divulgación de noticias relativas a acontecimientos respecto de los cuales se hubiera prohibido su divulgación. Al respecto, puede verse Carucci, P. (1998). I servizi di sicurezza civili prima della legge del 1977. *Studi Storici, 39*(4), 1031 y ss.

noción de "forma republicana" sigue siendo debatida, parte de la doctrina ha considerado que es una especie de resumen de los principios fundamentales de la Constitución[12]. Preceptos a los que también se ha añadido por algunos autores el artículo 54 de la Constitución, que instituye el deber de los ciudadanos de fidelidad a la República. Deber de fidelidad que exige del ciudadano abstenerse de llevar a cabo actividades que sean lesivas para las libertades y para la esfera de acción de los órganos estatales[13].

Pero, más allá del apoyo normativo constitucional, a la construcción del secreto de Estado ha contribuido especialmente la *Corte costituzionale,* siendo común en la doctrina italiana la idea de que la institución del secreto de Estado, en la historia del derecho italiano republicano, ha sido escrita más por el Tribunal Constitucional que por el legislador. Por lo que la *Corte costituzionale* ha llegado a ser definido a menudo como un "juez del secreto"[14]. No tanto porque la Corte —como parece desprenderse de la sentencia núm. 40 del 2012— se consagre como controlador de los actos de secreto, sino porque muchas de las disposiciones contenidas en las dos leyes sobre secretos de Estado que se han sucedido en la historia republicana (primera la Ley de 24 de octubre de 1977, n° 801; luego la Ley de 3 de agosto de 2007, n° 124) responden a principios originalmente enunciados por el Tribunal Constitucional[15].

Prueba del aporte dado por la Corte Constitucional al desarrollo del tema del secreto son las importantes sentencias número 82/1976, de 6 de abril[16] de y 86/1977, de 24 de mayo, que marcarían el camino de posteriores declaraciones de la Corte constitucional[17]. Así, en la sentencia 82/1976,

---

12 *Vid.* Luciani, M. (2011) Il segreto di stato nell'ordinamento nazionale. Gnosis Rivista italiana di intelligence. Quaderno di intelligence, pág. 11 y ss.

13 Al respecto, puede verse, Sánchez Ferro, S. (2006). El secreto de Estado…cit. pág. 128 y ss.

14 Barile, P. (1987) Democrazia e segreto. Quaderni costituzionali (1), pág. 40.

15 Arconzo, G. y Pellizzone, I. (2012). Il segreto di stato nella giurisprudenza…, *cit.* pág. 2.

16 Depositada el 14 de abril de 1976, publicada en la "Gazz. Uff." n. 105 del 21 abril 1976.

17 Las consecuencias procesales de la oposición del secreto ha sido después afrontada por una serie de sentencias, que marcan la evolución de la jurisprudencia constitucional sobre el secreto de Estado. Así, las sentencias n. 110 de 1998, n. 410 de 1998, n. 487 de 2000, n. 106. de 2009, n. 40 de 2012 y n. 24 de 2014. En ellas se expresan los principios que deben inspirar el equilibrio de las relaciones entre los poderes ejecutivo y judicial. Al respecto, puede verse Sánchez Ferro, S. (2013) La

la Corte mantiene que no puede considerarse irracional que la forma y la intensidad de la protección —penal y procesal— de los distintos tipos de secretos reconocidos en la legislación vigente se diversifican, en función de la relevancia de los intereses a los que pertenecen, alcanzando el nivel más alto cuando está en juego un verdadero y propio secreto militar relativo a "la fuerza, preparación o defensa militar del Estado", involucrando por tanto al supremo interés de la seguridad del Estado en su personalidad internacional, es decir, el interés de Estado-comunidad a su integridad territorial, a su independencia y —en último extremo— a su supervivencia misma. Interés presente y preeminente sobre cualquier otro en todos los sistemas estatales, cualquiera que sea el régimen político, lo cual encuentra expresión, en nuestro texto constitucional, en la fórmula solemne del art. 52, que proclama la defensa de la patria "deber sagrado del ciudadano".

Un año después, la sentencia 86/1977, de 24 de mayo[18] viene a considerar que, para equilibrar los intereses igualmente garantizados por la Constitución, es necesario establecer, en los casos en que entren en conflicto, a cuál de ellos se le da prioridad en el sistema constitucional, ya que responde a necesidades de la comunidad que no puede refrenarse. Haciendo un equilibrio entre poderes, la Corte destacó que el secreto sólo puede justificarse si tiene como objetivo garantizar la protección de un interés constitucional de seguridad del Estado, preeminente y soberano frente a otros intereses de naturaleza constitucional involucrados. Así, entiende que no cabe duda de que en la contraposición entre el interés de la seguridad y el de la justicia, el primero constituye un interés esencial, con un claro carácter de preeminencia absoluta sobre cualquier otro, ya que afecta la existencia misma del Estado. Lo que le llevó a afirmar que es posible incidir en la función jurisdiccional de protección de la seguridad del Estado, con el único límite de la necesidad de la justificación de la medida por parte del Ejecutivo que opone el secreto[19].

Las sentencias núm. 82/1976 y núm. 86/1977 crearon un soporte doctrinal que se ha mantenido hasta nuestros días, y que ha influido en las posteriores reformas legislativas: tanto la Ley de 24 octubre 1977, n. 801, como

---

última jurisprudencia de la Corte Costituzionale italiana en materia de secreto de Estado. Teoría y realidad Constitucional (31), pág. 497-526.

18 Depositado el 24 de mayo de 1977, Publicada en la Gazz. Uff. núm. 148 de 1 de junio de 1977.

19 Sobre la importancia y la fundamentación de esta sentencia puede verse Sánchez Ferro, S. (2006) El secreto…, *cit.* pág. 135 y ss.

la Ley de 3 agosto 2007, n. 124; como la Ley 133/2012, de 7 de agosto, que ha establecido que el Primer Ministro, a petición del Presidente de la *Comisión Parlamentaria para la Seguridad de la República (Comitato parlamentare per la sicurezza della Repubblica)*[20], deberá presentar, en sesión secreta, el marco informativo adecuado que permita examinar el fondo de la confirmación de la oposición del secreto.

3. SECRETO DE ESTADO Y PROCESO PENAL

3.1. El Codice di Procedura Penale de 1930 (Código Rocco)

El giro político producido en Italia tras la primera Guerra Mundial trajo consigo una recodificación que adaptara la legislación a la filosofía del Estado totalitario. Siendo el campo penal la rama del derecho que expresa en mayor medida los valores esenciales de una sociedad, no es de extrañar que en ese nuevo contexto político-social se abordara ampliamente la reforma de las disciplinas penales en la elaboración normativa de los años 30, ligada al nombre del ministro de Justicia Alfredo Rocco. La reforma del Código penal —CP—, del Código de procedimiento penal —CPP— y del ordenamiento penitenciario, marcó este período particular de la historia de Italia.

Como se decía en el preámbulo del *Codice penale* "la reforma penal destaca no sólo por su grandeza intrínseca, sino también por la importancia indudablemente superior que tiene respecto de cualquier otra reforma legislativa. El poder de castigar es de hecho uno de los mayores atributos de la soberanía, hasta el punto de que nuestros antiguos lo consideraban uno de los más esenciales".

Nuevo Código penal que, en coherencia con esa concepción preeminente del Estado, establece una notable ampliación del alcance de la protección penal garantizada a los secretos de Estado. La diferencia entre el objeto de la protección con relación a la legislación anterior es notable. El

---

20 La Comisión Parlamentaria para la Seguridad de la República fue creada por el artículo 30 de la ley de 3 de agosto de 2007, n. 124. La ley atribuye a este órgano parlamentario la función de verificar que la actividad del Sistema de información de seguridad (conjunto de órganos y autoridades que tienen la tarea de garantizar las actividades de información) se realiza en cumplimiento de la Constitución y las leyes, en el interés exclusivo y para la defensa de la República y de sus instituciones.

perímetro del secreto de Estado es mucho más amplio y absorbe cualquier información destinada a permanecer secreta "en interés de la seguridad del Estado o, en interés político, interno o internacional del Estado" (art. 256. CP). Si el art. 107 del código penal de 1889 (Código Zanardelli) se refería a "los secretos políticos o militares relativos a la seguridad del Estado"; el art. 256 del nuevo código habla de "noticias que, en interés de la seguridad del Estado o, en todo caso, en interés político interno o internacional del Estado, deben permanecer secretas".

Dentro de esa corriente reformadora, el inicio de los estudios para el nuevo Código de procedimiento penal se produce después de que se publicara la ley de 24 de diciembre de 1925 núm. 2260, que delegaba en el gobierno la facultad de proceder a una reforma penal, y en la que se exponían las razones de la reforma. Momento en el que el nuevo régimen ya había dado amplias pruebas de su involución autoritaria. Tras una fase de estudio, que duró hasta mayo de 1929, se publicó un proyecto preliminar de nuevo *Codice di procedura penale*, precedido de un informe del ministro Rocco, en el que se decía que todas las instituciones procesales estaban plenamente informadas por los principios fundamentales establecidos por la revolución espiritual que creó el régimen político. Se declaraba eliminar la aplicación procesal de las doctrinas demo-liberales, según las cuales la autoridad es considerada un opresor insidioso del individuo; y el acusado, incluso cuando es sorprendido en el acto, se presume inocente con esa tendencia genérica favorable a los delincuentes, fruto de un sentimentalismo aberrante y morboso, que tanto ha debilitado la represión y favorecido la expansión de la delincuencia. De este modo, se abandona la idea liberal bajo la cual la exigencia básica del proceso es la protección de los derechos del acusado frente a las pretensiones punitivas del Estado, con el consiguiente debilitamiento de los derechos individuales.

La regulación procesal de los secretos de Estado estaba contenida en los artículos 352 párrafo 2 y 342 párrafo 1° del Código de procedimiento penal. Artículos que proporcionan una protección procesal a los secretos de Estado en los ámbitos del interrogatorio de testigos y de la exhibición documental, respectivamente, aunque no utilizan un mecanismo simétrico. En cuanto al interrogatorio de los testigos, el art. 352 CPP establece una prohibición real de interrogar al testigo por parte del juez; mientras que el art. 342; sobre el deber de exhibición, postula una excepción por parte del custodio de la cosa o documento amparado por el secreto.

El Código está marcado por una jerarquía de valores que sitúa el interés del Estado en una posición prioritaria sobre cualquier otro interés, por lo que blinda el secreto y establece un límite infranqueable para la autoridad judicial. El juez necesita una autorización ministerial especial —del ministro de Justicia— para proceder contra el declarante en caso de oposición del secreto. El artículo 352 del CPP dejaba la última palabra sobre la existencia de un obstáculo a la averiguación, en caso de oposición del secreto, a la autoridad política, al ministro de Justicia[21]. Por consiguiente, se requiere la autorización ministerial como condición para el enjuiciamiento del testigo supuestamente reticente, sobre la base del artículo 372 del Código penal.

Es fácil comprender cómo esta regulación garantizaba un privilegio "a los funcionarios públicos, empleados públicos y encargados de un servicio público" a los que se refería el Código. Privilegio que se fundamentaba en oponer la existencia de secreto a las solicitudes probatorias del magistrado, quien carecía de cualquier posibilidad de control, que en cambio era confiado a la cima de la autoridad administrativo[22].

3.2. El Secreto en el período posconstitucional. Importancia del secreto de Estado en los procesos penales

Aprobada en 1947 una nueva Constitución (que entraría en vigor el 1 de enero de 1948) se realiza una configuración institucional completamente nueva, donde se recoge el principio de separación de poderes, de autonomía e independencia del Poder Judicial, y la sumisión de los jueces únicamente a la ley (arts. 101 y 104 CI). A su vez, recoge ciertas normas de-

---

21 El citado artículo determinaba que: "Los funcionarios públicos, empleados públicos y encargados de un servicio público no puede, bajo pena de nulidad, estar obligado a declarar sobre los hechos conocidos por razones oficiales y que deben permanecer en secreto.
Éstos, bajo pena de nulidad, no deben ser interrogados sobre secretos políticos o militares de Estado o sobre otras noticias que revelada puede perjudicar la seguridad o los intereses del Estado políticas, internas o internacionales, del propio Estado.
Si la Autoridad procesal no considera fundada la declaración realizada por cualquiera de las personas antes mencionadas, lo comunica al fiscal general del tribunal de apelación, quien informa al ministro de la Justicia. En este caso no se procederá a ninguna acción por el delito referido al artículo 372 del código penal, sin la autorización del Ministerio de Justicia".

22 *Vid.* Grevi, V. (1978) Segreto di stato e processo penale: evoluzione normativa e questioni ancora aperte, en Chiavario, M. Segreto di stato e giustizia penale, pág. 41 y ss.

dicadas al proceso penal en las que se marca una clara discontinuidad con la doctrina política plasmada en el código Rocco. Así, en particular, el art. 27, párrafo 2, que afirma el principio de presunción de inocencia, y el art. 13, párrafo 5, que impone límites máximos a la prisión preventiva.

En ese nuevo marco constitucional podría pensarse que el código Rocco estaba destinado a tener una vida muy corta, tanto por su manifiesta incompatibilidad con varios principios constitucionales, como por la presumible voluntad política de dar un signo de discontinuidad con la legislación fascista. Sin embargo, no fue así. El código de 1930 se mantuvo en vigor durante más de cuarenta años de régimen democrático; si bien, con una importante intervención reformista. Por ejemplo, la que se produjo con la ley núm. 517 de 1955, que vino a restablecer las principales garantías que originalmente se habían establecido con el código de 1913.

Por lo que se refiere a la materia del secreto, el legislador dejó, inexplicablemente, el marco jurídico anterior; y, en particular, mantuvo la institución de la autorización ministerial. Supervivencia del régimen jurídico del secreto que se da en un delicado momento histórico para Italia. Son los "años de plomo" (*Anni di piombo*) y del *straggismo*, que van desde finales de los años 60 hasta comienzo de los 90. Son unos años en los que Italia convive con la matanza y la masacre (*strage*). Sucesos como el atentado terrorista de Piazza Fontana de Milán (*strage di Piazza Fontana*), en 1969[23]; el asesinato de *carabinieri*, como el del comisario Luigi Calabresi a manos de Lotta Continua, en 1972; el secuestro y asesinato de Aldo Moro en 1978 por las Brigadas Rojas (*Brigate Rosse*), la explosión en la estación central de trenes en Bolonia en 1980; o el asesinato de jueces, como Cesare Terranova, en 1979, Rocco Chinnici, en 1983 o Falcone y Borsellino, en 1992, que habían sido símbolo de la lucha del Estado italiano contra el crimen organizado. Todo ello supuso una desestabilización social y política en la colectividad italiana, que amenazaba los pilares e instituciones del Estado.

Son años en los que, además, se celebran importantes juicios que encontraron en el secreto de Estado un importante muro que incidía en el derecho de defensa. Una situación histórico en el que se da esa supervivencia de una regulación jurídica nacida bajo una ideología política muy distinta. Así, el proceso contra Eugenio Scalfari y Lino Jannuzzi sobre el caso

---

[23] Atentado terrorista que tuvo lugar contra las oficinas centrales de la Banca Nazionale dell'Agricoltura, y que ha sido considerado como *la madre di tutte le straggi* (la madre de todas las masacres).

Sifar[24]. Un proceso por difamación llevado a cabo a finales de los años 60 (1967-68) contra el semanario L'Espresso, su redactor jefe Eugenio Scalfari y el periodista Lino Jannuzzi, por la publicación periodística del llamado caso Sifar. Bajo el título "Complotto al Quirinale", L'Espresso publicó en mayo de 1967 un artículo sobre un plan golpista del general Giovanni de Lorenzo —antiguo jefe del Sifar, concebido en 1964: se trataba del llamado "Piano Solo[25]. El proceso arrancó de las denuncias del general de Lorenzo y del coronel Mario Filippi, y terminó con la condena en primera instancia de Eugenio Scalfari y Lino Jannuzzi; aunque serían absueltos en segunda instancia. El proceso resultó condicionado desde el inicio por la oposición del secreto de Estado por parte de los testigos exculpatorios propuestos por los acusados. Ello llevó a afirmar que fueron inicialmente condenados no porque fueran culpables, sino porque no tuvieron la oportunidad de defenderse, violando su presunción de inocencia[26].

La historia de las relaciones entre los servicios de seguridad y el ejercicio de la jurisdicción se entrelaza con los acontecimientos más delicados de la historia republicana. Son momentos en los que se producen formas graves de desviación en el desempeño de la actividad institucional de los Servicios, incluso a través de indebidas injerencias en las investigaciones reali-

---

24 El SIFAR era el *Servizio informazioni forze ármate*, servicio secreto militar italiano, que estuvo operativo desde los comienzos de la "guerra fría", en 1949, hasta 1966; que se vio envuelto en varios escándalos y sospechas a lo largo de los años. La supresión definitiva del SIFAR se produjo por el ministro socialdemócrata Roberto Tremelloni, ministro de Defensa en el III Gobierno Moro, creándose el se creó el nuevo servicio secreto militar italiano, el Servicio de Información de Defensa (SID).

25 La publicación de los planes golpistas de De Lorenzo por la revista L'Espresso en mayo de 1967 se producía poco después de que el régimen de los coroneles tomara el poder en Grecia ("Plan Prometeo")—, lo que desencadenó el llamado "Plan De Lorenzo". En marzo de 1969 se creó una comisión parlamentaria para investigar los hechos. La mayoría de sus miembros llegaron a la conclusión de que el plan de De Lorenzo tenía un carácter puramente defensivo (como reacción a los levantamientos que pudieran ocurrir) y que no era probable que se implementara con éxito. Incluso el líder de los socialistas, Pietro Nenni, dudó de la seriedad del plan golpista. Sin embargo, el caso "De Lorenzo" provocó una pérdida de confianza de la población en los políticos y en los órganos de seguridad.

26 La documentación del proceso fue entregada en febrero de 2014 al Archivo Estatal de Roma, donde puede ser estudiada. Una importante fuente para la investigación histórica, se enmarca en una actividad de valorización de los documentos judiciales de la segunda mitasd del siglo XX realizada por la administración italiana.

zadas por la autoridad judicial para la verificación de delitos terroristas[27]. Las investigaciones por la masacre de Piazza Fontana dan muestra también de esas limitaciones en la actuación de la justicia, y cómo el secreto de Estado jugó también un papel importante en el procedimiento[28]. En el proceso de primera instancia llevado a cabo en Cantazaro[29], uno de los acusados, Guido Giannettini declaraba que no podía defenderse por culpa del secreto, que sustraía a los jueces los documentos capaces de exculparlo, y de confirmar las explicaciones dadas sobre su conducta[30]. Giannettini fue condenado a cadena perpetua en primera instancia y posteriormente absuelto en apelación, con sentencia confirmada por el Tribunal Supremo (*Corte Suprema di cassazione*).

Las incidencias entre las autoridades judiciales y los servicios de inteligencia parecen repetirse en el tiempo; siempre surgen de la aparición de cuestiones sobre la obtención de documentos, de la negativa de los testigos a responder objetando el secreto de Estado, o del perjuicio denunciado por los acusados, que afirman que no pueden defenderse debido a la existencia del secreto de Estado.

3.3. Giro jurisprudencial y legislativo

3.3.1. Ilegitimidad constitucional de los artículos 342 y 352 del CPP

La conocida sentencia de la Corte Costituzionale n. 86 de 24 de mayo de 1977 (a la que ya hemos hecho referencia), no sólo fijo los parámetros para una definición del secreto político-militar ajustados a la Constitución, sino que abrió la puerta a un control sobre el ejercicio de las facultades de secreto, y fijó las directrices para un futura legislación sobre la materia. Sentencia que ocupa todavía un papel central, y que puede considerarse un verdadero y propio "*leading case*" en la materia, no sólo en cuanto a

---

27 Ruta, G (2022) Il segreto di Stato nella giurisprudenza costituzionale e di legittimità. Escuela de la Magistratura. Florencia 21.4.2022

28 Al respecto, puede verse Tobagi, B. (2019) Piazza Fontana, il processo impossibile.

29 El juicio fue desplazado desde la ciudad de Milán hacia la localidad de Catanzaro, una ciudad de la región de Calabria.

30 Giannettini era un periodista que fue reclutado por el SID (Servicio de Información de Defensa), servicio secreto italiano que había reemplazado en 1966 al Servicio de Información de las Fuerzas Armadas —SIFAR—, y que fue disuelto en 1977.

identificar la función y fundamento constitucional del secreto, sino también a fijar los límites de su oposición.

La sentencia 86/1977 tiene su origen en una cuestión de legitimidad constitucionalidad (*giudizio di incostituzionalità*) promovida por el juez de instrucción del Tribunal de Turín, en el proceso (n. 665 de 1975) seguido contra Edgardo Sogno, Randolfo Pacciardi, Luigi Cavallo y otros, en el asunto que ha pasado a la historia como el "*Golpe Bianco*". Un plan sobre un supuesto golpe de Estado presidencialista en Italia, del que Edgardo Sogno se consideró el principal promotor, y que pretendía el establecimiento de un nuevo orden constitucional de estilo presidencialista, según el modelo gaullista de la V República francesa[31].

El plan, que nunca pasó de la fase de proyecto, derivó en un proceso judicial por un presunto delito de subversión del orden constitucional (reato di eversione dell'ordinamento costituzionale), que desembocó en la absolución de los acusados. Durante la fase de instrucción, el juez debía examinar algunos documentos sobre la estrecha relación entre el acusado Sogno y algunos órganos de inteligencia italianos y extranjeros; pero la Autoridad de Seguridad Nacional (*Autorità nazionale per la sicurezza*) sólo envió una parte de la documentación al juez de Turín que la había solicitado, oponiendo el secreto para el resto. De igual manera, durante el curso de la investigación, un testigo opuso el secreto, absteniéndose de declarar.

El control de constitucionalidad se planteó sobre las dudas de los artículos 342 y 352 del CPP, limitados a la parte correspondiente al secreto político-militar, en relación con los artículos 101, 102 y 112 de la Constitución; en cuanto que eliminaban el control del juez sobre el ejercicio de la jurisdicción. Según el juez a quo, la normativa no se correspondería con la estructura de relaciones entre los poderes ejecutivo y judicial que establece la actual Constitución, ya que la reconocida independencia del Poder Judicial respecto del Gobierno, y la dependencia exclusiva de la ley conllevan como corolario la inconstitucionalidad de la facultad del Gobierno de impedir investigaciones encaminadas a la obtención de pruebas[32]. Es decir,

---

31 Sogno —ferviente anticomunista— estaba convencido de que Italia necesitaba una república presidencial y por tanto una reforma constitucional similar a la que el general Charles de Gaulle había logrado en Francia con el establecimiento de la Quinta República (régimen republicano en vigor en Francia desde el 5 de octubre de 1958).

32 Como señala Sánchez Ferro, el juez no plantea la inconstitucionalidad de los propios secretos de Estado, sino el régimen de tutela de los mismos establecido en los

existiría un poder de bloqueo con el que el ejecutivo podría paralizar el ejercicio de la jurisdicción[33].

Se parte, pues, de un conflicto entre el interés en el secreto de determinados hechos de relevancia político-militar y el interés en obtener pruebas sobre hechos penalmente relevantes. La sentencia vino a establecer algunos principios importantes, como han quedado ya expuestos, que servirán de base para la legislación posterior, además de alimentar el debate doctrinal y jurisprudencial desarrollada posteriormente.

En primer lugar, el Tribunal da la definición de secreto político militar, que implica el interés supremo de la seguridad del Estado en su personalidad internacional, es decir, el interés del Estado-comunidad en su propia integridad territorial, en su propia independencia y, en última instancia, en su propia supervivencia. Considerando que los intereses que pueden protegerse mediante el secreto son intereses institucionales, deben permanecer claramente diferenciados de los del Gobierno y de los partidos que lo apoyan.

Sólo en los casos en que se trata de actuar para salvaguardar esos intereses supremos y esenciales del Estado, puede encontrar legitimidad el secreto a que se refieren los artículos. 342 y 352 CPP como medio o instrumento necesario para alcanzar el objetivo de la seguridad, y nunca podrá emplearse el secreto para impedir la determinación de hechos subversivos del orden constitucional. Lógicamente, si el secreto se dispone para salvaguardar el Estado democrático, no puede esgrimirse para amparar hechos que socavan ese Estado.

Pero, partiendo de esa legitimidad constitucional, surge el problema de identificar la autoridad política investida con el poder de imponer al secreto de Estado. La Corte constitucional vino a determinar que esa autoridad debe identificarse con el Presidente del Consejo de Ministros —Primer Ministro—, a quien corresponde, de conformidad con el art. 95 de la Constitución, dirigir la política general del Gobierno y es res-

---

artículos 342 y 352 CPP Sánchez Ferro, S. (2006). El secreto…, *cit.* pág. 136.

33 Lo que el juez observa es que la legislación prevista en los artículos. 342 y 352 CPP es esencialmente una legislación que bloquea el ejercicio de la función jurisdiccional "*Non corrisponderebbe all'assetto dei rapporti fra potere esecutivo e giudiziario fissato dall'attuale Costituzione, in quanto la "riconosciuta indipendenza della Magistratura dal Governo e la esclusiva dipendenza dalla legge" comporterebbe "come corollario l'incostituzionalità del potere del Governo* di impedire accertamenti istruttori", diretti all'acquisizione di elementi di prova".

ponsable de ella. Por ello, aunque la iniciativa de las operaciones comprendidas en ese noción de secreto puedan partir de órganos diferentes y menores, en el momento en que se trata de adoptar decisiones definitivas y vinculantes, no puede dejar de intervenir quien está en la cúpula de la organización gubernamental, que es, precisamente, el Presidente del Consejo de Ministros.

Además, la decisión de imponer el secreto debe estar justificada. El poder del Ejecutivo no es ilimitado. Hay un límite, impuesto no sólo por la extrema delicadeza del asunto y por la necesidad de minimizar tanto los abusos como la posibilidad de conflictos con el poder jurisdiccional, sino sobre todo por la necesidad de conocer las razones fundamentales de la posible determinación del secreto para ser conocido. Para ello es necesario, considera la Corte, que el Ejecutivo indique las razones esenciales que subyacen al secreto.

Sobre la base de estos principios, La corte constitucional declaró la ilegitimidad constitucional de los artículos. 342 y 352 CPP en la parte en que disponen que el Procurador General de la Corte de Apelaciones informe al Ministro de Justicia y no al Presidente del Consejo de Ministros; y en la parte en que no disponen que el Presidente del Consejo de Ministros deberá dar, en un plazo razonable, una respuesta fundamentada en los motivos esenciales para la posible confirmación del secreto.

3.3.2. La ley 801 de 24 de octubre de 1977. Reorganización de los servicios de inteligencia y nueva regulación del secreto de Estado

a) Reforma de los servicios de inteligencia

La necesidad de reorganización de los servicios de inteligencia y la cuestión del secreto de Estado eran temas importantes en Italia a finales de los años 70. Se trataba de conseguir una modernización y reorganización de los organismos encargados de la seguridad; a la vez que abordaba la cuestión del secreto de Estado, tratando de diseñar un sistema que pudiera equilibrar tanto las necesidades de protección estatal como las garantías legales necesarias.

El proceso comenzó el 2 de noviembre de 1976 con el anuncio de cinco proyectos de ley, el último de los cuales fue resumido posteriormente en el proyecto de ley 696 y expuesto a la comisión de asuntos constitucionales en el informe de febrero de 1977.

El debate parlamentario se centraría en dos temas: la reorganización de los servicios de inteligencia, y la cuestión del secreto de Estado[34]. Respecto del primer tema, el modelo elegido fue un sistema dual (militar y civil), con la creación de dos nuevas agencias de seguridad que quedarían bajo la dependencia de los Ministerios de Defensa (SISMI) y de Interior (SISDE). A la vez, se crea el CESIS[35], con un papel de coordinación entre las dos agencias de inteligencia y la Presidencia del Consejo de Ministros; y se instituye la Comisión Parlamentaria, COPACO[36], para supervisar las actividades de esas dos agencias.

El segundo punto del debate parlamentario abordó la cuestión del secreto de Estado, tomando como referencia las sentencias de la Corte Constitucional, con el fin de construir un sistema que pudiera equilibrar tanto las necesidades de protección estatal como las garantías legales necesarias[37].

De este modo, cinco meses después de la sentencia 86/1977, el legislador aprobó la Ley núm. 801 de 24 de octubre de 1977[38], con la que se reforma profundamente la disciplina del secreto de Estado, colmando las lagunas de la legislación precedente, y reformulando las relaciones entre el poder judicial y el ejecutivo. La ley 801 del 1977 está inspirada en gran parte en la jurisprudencia constitucional; y en particular, sigue la línea trazada por el Tribunal Constitucional en la indicada sentencia, dictada en mayo de ese mismo año.

---

34 Esta reorganización tiene lugar después de que un ex jefe del SID, Vito Miceli, fuera arrestado por "conspiración contra el Estado" (el llamado "Golpe Borghese"), y respondía a una pretendida democratización en la organización de los servicios de inteligencia y e evitar posibles abusos de poder.

35 Comitato Esecutivo per i Servizi di Informazione e Sicurezza (Comité Ejecutivo de Servicios de Inteligencia y Seguridad).

36 Comitato parlamentare di controllo sui servizi segreti (Comité Parlamentario para el Control de los Servicios Secretos).

37 *Vid.* Pisa, P. (1977) Il segreto di Stato di fronte alla Corte costituzionale: luci ed ombre in attesa della "riforma". Giurisprudenza Costitucionale (I). pág. 1206 y ss.

38 Publicada en la Gazzetta Ufficiale el 7 noviembre 1977, n. 303, titulada: "Istituzione e ordinamento dei servizi per le informazioni e la sicurezza e disciplina del segreto di Stato"

b) El trascendental papel del primer Ministro en la Ley n. 801/1977

Un aspecto importante de la Ley es la atribución al Primer Ministro de un papel central en materia de seguridad, información y secreto, en línea con lo que había fijado las sentencia de la Corte costituzionale de 1977. Si bien la ley no le otorga la exclusividad en materia de secretos, si le confiere un papel central en esta materia. Así, el artículo 1 le atribuye la alta dirección, la responsabilidad política general y la coordinación de la política de información y seguridad, en interés y para la defensa del Estado democrático y de las instituciones que la Constitución establece como su fundamento. A él le corresponde, además, dictar las directivas y emitir cualquier disposición necesaria para la organización y el funcionamiento de esas actividades, controlar la aplicación de los criterios relacionados con la fijación del secreto del Estado y la identificación de los organismos competentes, y ejerce la protección del secreto del Estado.

Pero, además, él va a ser quien confirme (la llamada "conferma") el secreto frente a las solicitudes de autoridades jurisdiccionales cuando ha sido opuesto por quien está llamado a declarar: el llamado acto de oposición (atto di opposizione). Lo que significa, como señala Sánchez Ferro, que la valoración última de la necesidad de que algo quede cubierto por el secreto de Estado es asunto del Primer Ministro y no del juez.

Ese "acto de oposición" es precisamente el que enlaza el secreto de Estado con su tutela procesal, y puede entenderse como una alegación de la existencia de un secreto, realizada por los sujetos llamados a declarar, que conlleva un doble efecto: motivar la negativa a prestar declaración, señalando su legitimidad; y advertir al juez de las limitaciones probatorias, evitando el peligro de transgresiones no intencionadas[39]. Esa oposición de los sujetos legitimados constituye el primer paso para la iniciación del procedimiento, que vendrá marcado por la solicitud de confirmación de la existencia de secretos de Estado, dirigida por la autoridad judicial al Primer Ministro.

---

39 Como indica Sánchez Ferro, "implica la alegación de la existencia de un secreto de Estado frente a requerimientos de las autoridades competentes que quisieran incorporar dicho material a una causa abierta". Sánchez Ferro, S. (2013). La última jurisprudencia., pág. 504.

En caso de confirmación, esa ratificación actúa como impedimento para la persecución por el delito a que se refiere el art. 372 del Código penal (falsa testimonianza); debiendo el juez dictar "sentencia de no proceder" por la existencia de un secreto de Estado, si estima que el conocimiento de lo que está amparado por el secreto de Estado es imprescindible para determinar la responsabilidad del imputado.

No obstante, pese al papel central que le ley le otorga, su actuación no está exenta del control, sino que está llamado a responder de su gestión, pues no se le permite la realización de actos desviados de las directrices u orientaciones legales. La Ley institucionaliza los instrumentos a través de los cuales el control político se va a efectuar. Así, el artículo 11, prevé que el Gobierno debe enviar al Parlamento cada seis meses un informe escrito sobre la política de información y seguridad, en el que se incluida la actividad secreta. Artículo que, además, crea una comisión parlamentaria específica (COPACO— *Comitato parlamentare di controllo sui servizi segreti*—), al que se asigna la tarea, como órgano de control, de verificar que las actividades de los servicios secretos se realizaban cumpliendo los objetivos y fines establecidos por la ley.

Además, el artículo 16 estableció que el Presidente del Consejo de Ministros quedaba obligado a comunicar cada caso de confirmación de la oposición al secreto de Estado, indicando los motivos esenciales y una breve explicación, a la comisión parlamentaria a que se refiere el artículo 11 de esta ley. La Comisión Parlamentaria, si por mayoría absoluta de sus miembros considera infundada la oposición al secreto, lo comunica a cada una de las Cámaras para las consiguientes valoraciones políticas. Previsiones de control que se completaba con lo previsto en el artículo 17, que obligaba al Primer Ministro a comunicar a las Cámaras la motivación relativa de cada caso de oposición al secreto de Estado. Un control que parece extinguirse con la recepción de la información enviada.

Se trata, pues, de unos controles especiales, que pueden resumirse así:

– el establecimiento de una comisión de control parlamentario con poderes propios (art. 11),

– la obligación del Gobierno de comunicar, tanto a la Comisión (art. 16) como a las Cámaras (art. 17), los casos de oposición al secreto de Estado.

Como se ve, una fiscalización de la actividad gubernativa que cabe ver como consustancial a la idea de democracia, y que trata de evitar ámbitos exentos de control que permita una actuación arbitraria. Máxime, cuando se trata de un ámbito que interfiere en la función jurisdiccional.

c) Reforma del secreto de Estado. Objeto y límites

Los propósitos reformistas buscaban dar una regulación integral a un asunto tan delicado como es el secreto de Estado, con lo que una de las primeras preocupaciones era determinar cuáles eran los asuntos cubiertos por él. Se indicaba, así, una serie de intereses fundamentales, más o menos determinados, que pudieran ser los únicos capaces de justificar la fuerte protección otorgada a los secretos de Estado y el sacrificio de otros valores y derechos garantizados constitucionalmente, y que pudieran entrar en conflicto con las necesidades del secreto."

De conformidad con el artículo 12 de la Ley núm. 801/1977, están cubiertos por el secreto de Estado los actos, documentos, noticias, actividades y cualquier otra cosa cuya difusión pueda causar daño a la integridad del Estado democrático, a las relaciones y acuerdos internacionales, a la defensa de las instituciones establecidas por la Constitución y su fundamento, al libre ejercicio de las funciones de los órganos constitucionales, a la independencia del Estado respecto de otros Estados y las relaciones con ellos, y a la preparación militar y defensa del Estado. Estableciendo que, en ningún caso los hechos subversivos del orden constitucional podrán ser objeto de secretos de Estado.

Como señala Sánchez Ferro, la nueva definición del secreto de Estado cubre tres esferas diferentes: una de carácter principalmente militar, inspirada en las exigencias de la defensa nacional frente a agresiones externas; otra que cubriría los secretos políticos, orientada a defender las principales estructuras del estado democrático; y un tercer ámbito que cubriría aquellas informaciones cuya revelación pudiera dañar las relaciones de Italia con otros Estados[40].

El legislador no quiso distanciarse de lo que la Coste constitucional había establecido sólo unos meses antes de la aprobación de la ley. Recoge el concepto de integridad del Estado en su doble significado de pleno ejercicio de los poderes soberanos y de conservación del territorio, haciéndose alusión a la defensa de las instituciones establecidas por la Constitución, como fundamento del Estado democrático.

No obstante, la referencia a los que podríamos llamar al secreto internacional, establecido para proteger las relaciones con otros Estados, suscitó algunas dudas y preocupaciones. Se consideraba, en opinión de algunos,

---

[40] Sánchez Ferro, S. (2006) El secreto., pág. 141.

una fórmula excesivamente genérica y amplia, que podía servir para cubrir toda información que de alguna manera pueda dañar una relación con cualesquiera otros países. Pero la doctrina, sobre la base de la orientación de la jurisprudencia constitucional, ha entendido que no debe entenderse cubierto por el secreto de Estado cualquier aspecto de las relaciones de Italia con otros Estados, sino sólo aquellos que hacen referencia a la defensa nacional[41].

Por último, el art. 12 inciso 2 de la ley n. 801 de 1977, en línea con lo que ya había expresado la Corte constitucional, establece que en ningún caso los hechos subversivos del orden constitucional podrán ser objeto de secretos de Estado[42]. La necesidad de garantizar el orden democrático y las instituciones de la República hace que no puedan amparase bajo el velo del secreto aquellos actos que tienden, precisamente, a desarticular la estructura global de las instituciones democráticas. Por lo tanto, no puede actuar como impedimento de una revelación que pudiera considerarse ilícita. Una locución que pude entenderse deliberadamente genérica, y que sirve para una amplitud de hipótesis excluyente de la aplicación del secreto de Estado. Por lo tanto, dentro de ese concepto de "hechos subversivos del orden constitucional caben los más variados hechos que, en un contexto interpretativo, se consideren susceptibles de socavar los principios supremos del sistema constitucional[43].

d) Modificación del Codice di procedura penale

La ley también reguló la relación entre secretos de Estado y procesos penales. Un vínculo en el que se puede producir uno de los mayores desencuentros entre poderes del Estado. La pertinencia del secreto, reclamada por el poder ejecutivo, se opone a la necesidad de comprobar la verdad en el marco de la actividad jurisdiccional. A ese equilibrio entre poder Ejecutivo y Judicial es al que trata de dar respuesta la nueva regulación, deter-

---

41 Barile, P. (1987) Democrazia e segreto, en Quaderni Costituzionali, pág. 38.

42 Fue la Corte costituzionale en la sentencia n. 86 de 1977 la que formuló por primera vez la expresión "fatti eversivi per l'ordine costituzionale".

43 Al respecto puede consultarse, Pace, A (2009) I "fatti eversivi dell'ordine costituzionale" nella l. n. 801 del 1977 e nella l. n. 124 del 2007," Scritti in onore di Lorenza Carlassare, (vol. III), pág. 1117 ss; también en Costituzionalismo.it (2009, fasc. 2) https://www.costituzionalismo.it/i-fatti-eversivi-dellordine-costituzionale-nella-legge-n-801-del-1977-e-nella-legge-n-124-del-2007/

minando hasta qué punto pueden restringirse o sacrificarse los derechos procesales por las necesidades del secreto de Estado.

El legislador de 1977 se preocupó por establecer una correspondencia entre la noción de secreto de Estado definida por el art. 12 y las nuevas normas procesales derivadas del texto modificado del CPP. El propósito era impedir que la regulación procesal se aplicase más allá de las fronteras de los secretos de Estado determinado legalmente. Los artículos 13 a 15 de la citada ley introducen cambios en el Código de procedimiento penal vigente en ese momento, dándose una nueva redacción al artículo 352 del CPP[44].

De este modo, la regulación sobre el secreto de Estado queda ajustada a las siguientes modificaciones:.

- Las palabras "secreto político-militar" contenidas en los párrafos primero y segundo del artículo 342 del Código de Procedimiento Penal se sustituyen por las palabras "secreto de Estado".
- Los funcionarios públicos, empleados públicos y encargados de servicios públicos tienen la obligación de abstenerse de declarar y no deben ser interrogados sobre nada cubierto por el secreto de Estado.
- Se establece la confirmación del secreto por el Primer Ministro, para el caso de que la autoridad judicial no considere fundada la afirmación hecha sobre el secreto de Estado por los funcionarios, empleados y encargados de servicios públicos.
- Se fija un plazo de 60 días para realizar la confirmación, a contar desde la recepción de la solicitud.

---

44 La redacción del nuevo artículo 352 del Codice de procedura penale establece los siguiente:
Dovere d'astenersi dal testimoniare e divieto di esame determinati dal segreto di Stato.
"I pubblici ufficiali, i pubblici impiegati e gli incaricati di pubblico servizio hanno l'obbligo di astenersi dal deporre e non debbono essere interrogati su quanto coperto dal segreto di Stato.
Se l'autorità procedente non ritiene fondata la dichiarazione fatta da alcuna delle predette persone in ordine alla segretezza, interpella il Presidente del Consiglio dei Ministri che, ove ritenga di confermarla, deve provvedervi entro sessanta giorni dal ricevimento della richiesta. In tal caso non si procede per il delitto di cui all'articolo 372 del codice penale e, se la conoscenza di quanto coperto dal segreto di Stato sia essenziale, l'autorità procedente dichiara di non doversi procedere nell'azione penale per l'esistenza di un segreto di Stato"

En virtud, pues, de la nueva redacción introducida por el art. 15 al art. 352 CPP, se establece, junto a la prohibición de que la autoridad competente realice el examen testimonial sobre lo que está cubierto por secretos de Estado, una obligación para los funcionarios, empleados públicos y responsables de un servicio público de abstenerse de declarar sobre las materias cubiertas por este secreto. Obligación para la que no deja margen de discrecionalidad cuando se trata de temas comprendidos en el ámbito de esos secretos. Pudiendo entenderse, incluso, que, aun cuando no le conste al declarante una clasificación concreta sobre determinados datos, si tiene una razonable creencia a cerca de la limitación objetiva de conocimiento, debe abstenerse de declarar sobre los mismos.

En cuanto a la "confirmación" del secreto, no parece que sea propiamente una condición de procedibilidad o perseguibilidad del delito. Pues, de hecho, el juez no pierde la facultad de continuar con el proceso, y por tanto de decidir sobre el fondo, como sería el caso si la citada confirmación gubernamental operara en términos negativos. Más exactamente, tras la oposición del secreto y la posterior "confirmación", se establece un obstáculo al ejercicio de la función jurisdiccional únicamente a nivel probatorio.

La sentencia que declara la inadmisibilidad de la acción por existencia de un secreto de Estado es el efecto de la suma de dos elementos: el acto de confirmación y la valoración de "esencialidad" que realiza el juez sobre la prueba amparada por el secreto de Estado[45]. Es decir, el juez no queda privado absolutamente de su poder para continuar con la causa penal, sino que debe valorar en el caso concreto si existen base probatoria para continuar. Lo que se le impide es adquirir y utilizar, incluso indirectamente, la información sujeta a restricción, sin perjuicio de la posibilidad de recurrir a otros medios de prueba. Si bien, la ley no especifica ningún parámetro de referencia para la valoración de esa esencialidad por el juez.

En el caso de no confirmar la oposición de secreto formulada por el testigo sin fundamento, no se requiere autorización expresa para proceder contra él. De acuerdo con el nuevo texto del art. 352, la persecución por el delito a que se refiere el art. 372 parece convertirse en norma, a falta de

---

45 La ley no fijaba ningún parámetro para determinar esa noción de "esencialidad"; pero habrá que entender que se estaba refiriendo a que la misma fuese fundamental o necesaria, no sólo que fuese importante, que tiene una menor entidad que el concepto de esencial. Es decir, deber ser necesaria para el avance del proceso en el conocimiento de la realidad fáctica.

confirmación del secreto por parte del Presidente del Consejo de Ministros.

Lo que se echa de menos en esta nueva regulación, que en general sigue los criterios jurisprudenciales de la Corte constitucional, es la falta de mención a la obligación de motivación de la confirmación del secreto de Estado por el Primer Ministro. El artículo 352 no alude a esa motivación, ni exige que se pongan en conocimiento del juez razón alguna sobre la procedencia de la oposición al secreto[46]. Sin embargo, la sentencia constitucional 86/ 1977 imponía claramente al Primer Ministro la obligación de dar a conocer "*le ragioni essenziali dell'eventuale conferma del segreto*"; que se entendió como una necesidad de garantizar las buenas relaciones entre órganos de diferentes poderes, y que servía como instrumento de convicción para el juez que había tenido dudas sobre las declaraciones del testigo acerca del alegado secreto. Falta de previsión que podía hacer pensar si no se habría incurrido en una ilegitimidad constitucional, a la luz de lo razonado en la mencionada sentencia.

3.4. La ley n. 124 de 3 de agosto de 2007

El siglo XXI comenzaba con una serie de ataques terroristas cometidos en Estados Unidos el 11 de septiembre de 2001 por el grupo terrorista Al Qaeda. El fracaso de los servicios de inteligencia americanos en descubrir los planes terroristas constituye una de las cuestiones más polémicas en la historia de los servicios de inteligencia. Como consecuencias de dichos sucesos, muchos países fortalecieron su legislación antiterrorista, e incrementaron los poderes de los servicios de inteligencia con el fin de prevenir y actuar contra posibles ataques terroristas. En 2004 y 2005 la acción terrorista golpeó Madrid y Londres, acentuándose ese espíritu reformista. En Italia se presentaron también algunas propuestas legislativas, con el objeto de introducir cambios en la comunidad de inteligencia y reformar cuestiones relativas secreto de Estado[47]. Ello daría lugar a un largo debate parlamentario que culminaría con la aprobación de la Ley de 3 agosto de 2007 n. 124 (comúnmente conocida como la reforma de la inteligencia italiana

---

46 Sólo se requería que el Primer Ministro diera esa motivación a la Comisión parlamentaria de control de los secretos oficiales.

47 Vid https://leg15.camera.it/_dati/lavori/schedela/trovaschedacamera_wai.asp?Pdl=445, donde se recoge el Proyecto de ley 445 del diputado Ascierto, presentado el 4 de mayo de 2006, y otros proyectos concurrentes.

de 2007), que reformó la estructura y organización de los servicios secretos italianos y del secreto de Estado en Italia[48].

Una ley que viene aprobada 30 años después de la Ley de 1977, y que reitera la elección del legislador de abordar en un solo texto la regulación de los servicios de información y la legislación sobre los secretos de Estado. Fue aprobada durante el segundo gobierno de Romano Prodi (Gobierno Prodi II)[49], y supuso una reforma absoluta de los servicios secretos italianos, creando nuevos servicios y suprimiendo algunos que ya existían. Todo el aparato de inteligencia se somete a un proceso de reforma profunda mediante la reorganización de todo el sector de la información nacional. Consta de 46 artículos, divididos en seis capítulos, entre los que cabe destacar el primero (artículos 1 a 18) dedicado a la "Estructura del sistema de información para la seguridad de la República", y el quinto (artículos 39-42) dedicado a la "Disciplina del secreto".

La Ley 124/2007 ha tenido, además, una significativo alcance en la regulación de los aspectos procesales de la institución del secreto, mediante la modificación e incorporación de diversos artículos al Código de procedimiento penal. El interés del legislador se centró particularmente en algunos aspectos de las interacciones entre secreto de Estado y proceso: la oposición del secreto por parte del testigo y el procedimiento de confirmación que se puede promoverse por la autoridad judicial (arts. 202 y 204); la adquisición judicial de documentos secretos (arts. 256 bis, y 256 ter.), o el tema de la interceptación de comunicaciones relativas a miembros de los servicios de información (art. 270 bis.). Cuestiones que tienen, todas ellas, una particularidad común, que es la limitación de acceso a fuentes de prueba por parte del juez, lo que constituye una limitación al ejercicio de la potestad jurisdiccional.

3.4.1. Nueva estructura de los servicios secretos,

La ley diseño un nuevo sistema de información para la seguridad de la República, poniendo los servicios bajo un control más estrecho del Presidente del Consejo de Ministros, superándose el reparto de responsabilidades de gestión con los Ministros de Defensa y del Interior previsto por la

---

[48] Ley que ha sido modificada por la Ley de 7 de agosto de 2012, n. 133

[49] Romano Prodi asumió la Presidencia del Consejo de Ministros en mayo de 2006, cargo que abandonaría en 2008 al perder la moción de confianza en el Senado italiano, que provocó la caída de su gobierno.

ley 801/1977. Al Presidente le corresponde nombrar a los responsables de cada organismo; coordinar las políticas de seguridad de la información, emitir directivas y, previa consulta al Comité Interministerial para la Seguridad de la República, dictar las disposiciones necesarias para la organización y funcionamiento del Sistema de Información para la Seguridad de la República[50].

En cuanto a las diferencias con la organización anterior del sistema de información, resulta interesante destacar que se supera la división entre inteligencia militar y civil, situándose ahora la distribución organizativa y funcional entre seguridad "interna" y "externa". Mientras que antes las agencias de información se encontraban divididas en el SISMI —dependiente del Ministerio de Defensa— y el SISDE —dependiente del Ministerio del Interior—, ahora las competencias se reparten entre las dos nuevas Agencias: la Agencia de Información y Seguridad Exterior (AISE)[51]; y la Agencia de Información y Seguridad Interior (AISI)—, que van a actuar según el ámbito territorial de la amenaza.

A su vez, se crea el Departamento de Información de Seguridad (Dipartimento delle informazioni per la sicurezza —DIS—), que constituye el órgano utilizado por el Primer Ministro para el desempeño de sus funciones, asignándole una función de control sobre las actividades de las Agencias[52]. Control que se ejerce a través de la Oficina central de inspección (Ufficio centrale ispettivo —UCI—). De este forma, se trata de asegurar la unidad en la planificación de la investigación, análisis y actividades operativas de la información de la AISE y la AISI.

---

50 Son atribuidas exclusivamente al Presidente del Consejo de Ministros: la alta dirección; la responsabilidad política general; el establecimiento, confirmación de oposición y protección de secretos de Estado; el nombramiento de la alta dirección de DIS, AISE y AISI; la determinación de recursos financieros; y la coordinación de políticas de seguridad de la información.

51 Se sustituyó el SISDE por la AISI y el SISMI por la AISE.

52 Papel de coordinación que se ha visto reforzado con la aprobación de la Ley 133/2012, de 7 de agosto; sobre todo en lo que respecta al análisis estratégico de la inteligencia y a la gestión de los recursos humanos. Esta Ley también asigna al DIS la coordinación de las actividades de información destinadas a proteger las infraestructuras críticas y el ciberespacio.

3.4.2. Nueva disciplina del secreto de Estado

El capítulo V contiene las nuevas normas sobre secretos de Estado, capítulo que comienza con el artículo 39, una de los más relevantes de la nueva ley, referido al contenido y límites del secreto de Estado. El párrafo primero delimita el objeto de éste, estableciendo que alcanza a los hechos, documentos, noticias, actividades y cualquier otra cosa cuya difusión pueda causar daño a la integridad de la República, incluso en relación con los acuerdos internacionales, la defensa de las instituciones creadas por la República como su fundamento, a la independencia del Estado respecto de otros Estados y las relaciones con ellos, y a la preparación militar y defensa del Estado.

Los intereses tutelados por el secreto son, pues:

- la integridad de la República,
- la defensa de las instituciones que la Constitución establece como su fundamento;
- la independencia del Estado respecto de otros Estados y las relaciones con ellos;
- la preparación militar y defensa del Estado.

La nueva definición de secreto de Estado da una cierta continuidad a la regulación precedente, contenida en el artículo 12 de la ley 801/1977, pero con dos diferencias: la alusión a la integridad de la República en lugar de la integridad del Estado democrático, y la eliminación de la referencia al "libre ejercicio de las funciones de los órganos constitucionales". Ello hizo pensar que tal vez podría haberse pensado en otros intereses cuya protección resulta también trascendentes para el Estado, como son los económico-financieros. Si bien aparecían en el texto del proyecto de ley, luego se eliminarían durante la tramitación parlamentaria. Pero, hay que pensar que los intereses económicos no están desconectados por completo de los intereses políticos, el entorno complejo en el que se mueve la economía internacional, la acumulación de acontecimientos de naturaleza muy diversa, y el potencial desestabilizador que tienen las crisis económicas son factores que hace pensar en la necesidad de incluir estos intereses entre los dignos de la máxima protección.

En cualquier caso, para la correcta delimitación acerca de lo que queda amparado por el secreto de Estado, no podemos quedarnos sólo con lo establecido en el párrafo primero del art. 39; sino que hay que completar tal previsión con lo dispuesto en los párrafos siguientes, que añaden adiciones importantes para la comprensión de aquello cuya divulgación resulta prohibida. Así, el párrafo tercero alude al alcance del daño que el conocimiento del secreto debe suponer a los intereses protegidos por la Ley, fijando que están amparados por el secreto de Estado las informaciones, documentos, hechos, actividades, cosas o lugares cuyo conocimiento, fuera de los ámbitos y lugares autorizados, pueda menoscabar gravemente los fines a que se refiere el apartado 1. Por otro lado, se excluye expresamente que los secretos de Estado puedan referirse a información relativa a actos de terrorismo o subversión del orden constitucional o a hechos constitutivos de los delitos a que se refieren los artículos 285, 416-bis, 416-ter y 422 del Código penal[53].

La Ley fija, además, en ese artículo 39 el papel central que al Primer Ministro corresponde en esta materia. Así, dispone que delimitará reglamentariamente los criterios para la identificación de las informaciones, documentos, hechos, actividades, cosas y lugares susceptibles de estar sujetos al secreto de Estado; y a partir de esta normativa se identifican una serie de ámbitos operativos de protección a través del secreto[54]. En cualquier caso, la restricción de conocimiento necesita de una especificación concreta a través de un acto político que también corresponde al Primer Ministro, como cúspide del poder ejecutivo, lo que constituye el "atto de apposizione"[55].

Otra de las novedades importantes que introduce la Ley es la limitación temporal del secreto de Estado. El plazo establecido es de 15 años, pudiendo ser prorrogado en determinados casos por otros 15. Transcurrido ese plazo, a contar desde el establecimiento o confirmación de la oposición del secreto de Estado, cualquier persona interesada puede solicitar al Primer Ministro tener acceso a la información, documentos y documentos, a las actividades, cosas y lugares cubiertos por el secreto de Estado. No obstante, no es necesario en todos los casos agotar dicho plazo, siendo posible que

---

53 "Devastazione, saccheggio e strage"; "Associazione di tipo mafioso"; "Scambio elettorale politico mafioso" y "strage".

54 En desarrollo de este artículo se dictó el DPCM de 8 de abril de 2008: "Criteri per l'individuazione delle notizie, delle informazioni, dei documenti, degli atti, delle attività, delle cose e dei luoghi suscettibili di essere oggetto di segreto di Stato", publicado en la Gazzetta Ufficiale de 16 abril 2008, n. 90.

55 Acto de "apposizione" que puede ordenar el Primer Ministro de forma independiente o a instancia de la administración competente, a través del director general del Departamento de Información para la Seguridad (DPCM de 8 de abril de 2008).

el Primer Ministro extinga anticipadamente el secreto, si desaparecen las necesidades o razones que aconsejaron la protección inicial.

La fijación de un periodo de tiempo preciso va a permitir una trasparencia respecto de hechos que pueden considerarse históricos, ayuda a evitar arbitrariedades y estimula una responsabilidad política, al saber que resulta hoy amparado por el secreto puede ser conocido por la ciudadanía en un periodo de tiempo relativamente corto.

3.4.3. La Oposición y confirmación del secreto. Reforma del *Codice di procedura penale*

El Código Procesal Penal de 1930 vivió un largo proceso de reformas, comenzando con unos primeros de cambios que tenían por objeto la modificación de aquellas normas en las que resultaba más evidente la huella del régimen fascista. La entrada en vigor del nuevo texto constitucional en 1948 exigía una adaptación normativa, que conduciría a la primera gran reforma del Código Rocco, que se llevó a cabo a través de Ley de 18 de junio de 1955, n. 517.

En 1962 se crearía una Comisión ministerial, presidida por Francesco Carnelutti, para la elaboración de un proyecto de reforma del proceso penal, que no llegaría a término. Hubo que esperar hasta 1987, para que se aprobara una delegación legislativa para la elaboración de un nuevo Código ("*legge delega*" de 16 de febrero de 1987, n. 81)[56], en la que el Parlamento indicaba al gobierno las directivas que el nuevo Código de procedimiento penal debería cumplir, incluida la necesidad de adaptar el proceso penal a un modelo acorde con los tratados internacionales sobre la base del principio acusatorio. Finalmente se aprobaría un nuevo Código de procedimiento penal en 1988, que entraría en vigor en octubre de 1989. Quedaba así derogado el viejo artículo 352 del Codice Rocco, pasando a regularse la cuestión de secreto, en similares términos, en los artículos 202 y 256 del nuevo CPP.

---

[56] Una primera delegación legislativa tuvo lugar en 1974, en la que se establecían los criterios rectores a los que el gobierno debía ajustarse para la elaboración de un nuevo Código. Ello permitió la elaboración del Anteproyecto de 1978 que no saldría adelante.

a) El artículo 202 del CPP

La aprobación de la Ley 124/2007 trajo consigo una modificación procesal, en la que se introducían nuevos artículos al CPP[57], y se daba una nueva redacción a esos artículos 202 y 204. El artículo 40 de la de la ley de reforma de 2007 modificó los citados artículos en algunas cuestiones importantes. La nueva redacción del artículo 202, aun manteniendo esa similar dinámica, introduce importantes reformas en la regulación del testimonio sujeto a secreto de Estado. Si bien, algunos autores no han visto en esta nueva redacción un cambio radical desde el punto de vista constitucional.

Veamos el sentido de la reforma:

El art. 202 CPP, bajo el título "Secreto de Estado", regula la protección del secreto en los procesos penales, en particular en el contexto de los interrogatorios de testigos, reafirmando, en principio, la dinámica de la redacción anterior, que establecía la siguiente secuencia:

- Obligación de abstenerse de declarar de funcionarios, empleados públicos y encargados de un servicio público
- oposición del secreto de estado por los sujetos legitimados
- Información por la autoridad judicial al Primer Ministro, solicitando confirmación
- confirmación del secreto por parte del Primer Ministro

a') Alcance subjetivo de la obligación de abstención de declarar.

El artículo mantiene la obligación legal de abstenerse de declarar a los funcionarios públicos, empleados públicos y encargados de un servicio público, cuando lo que es objeto de testimonio son hechos cubiertos por el secreto de Estado[58]. No es una simple dispensa facultativa, o un derecho de excusa que le permite ampararse en él para no declarar, sino una obligación que le constriñe a no desvelar aquello de lo que ha tenido conocimiento por razón de su cargo y está amparado por el secreto. La ley no dice que no podrá ser obligado a declarar, que supondría admitir la declaración

---

57 Se añadieron también los artículos 118 bis; 256 bis; 256 ter y 270 bis.

58 Además de la facultad de abstención de los parientes próximos que determina el artículo 199 CPP, de los sujetos obligados al secreto profesional (art. 200) y del secreto de los empleados públicos del artículo 201, el Codice establece una excepción adicional de la obligación general de verdad de quien testifica en un proceso penal.

que voluntariamente estuviera dispuesto a dar; sino que tiene la obligación de abstenerse de hacerlo, lo que son cuestiones claramente distintas.

En cuanto al alcance subjetivo, ha de entenderse que el artículo obliga no sólo a quienes en el momento de presta el testimonio son empleados o tienen cargo público, sino también a quienes tuvieron, pero han perdido tal condición, en el momento de ser interrogados. La obligación de reserva subsiste a la pérdida de la condición de funcionario o empleado público. La propia Ley 124/2007, en su artículo 21, apartado 12, dice que todo el personal que trabaje en o para el DIS (Dipartimento delle informazioni per la sicurezza) o los servicios de información para la seguridad está obligado, incluso después del cese de dicha actividad, a respetar el secreto de todo aquello de lo que tenga conocimiento en el ejercicio o con motivo de sus funciones[59]. Además, el artículo 360 del Codice penale, referido al "cese de la condición de funcionario público", dispone expresamente que cuando la ley considera la condición de funcionario público, o de encargado de un servicio público, o realizando un servicio público, como elemento constitutivo o como circunstancia agravante de un delito, el cese de esta cualidad en el momento en que se comete el delito, no excluye la existencia de éste ni la agravante si el hecho se refiere al cargo o al servicio realizado.

Por otro lado, cabe preguntarse si esa misma obligación impuesta para los empleados públicos se extiende a quienes son conocedores de un secreto de Estado, pero nunca han tenido tal condición. En principio podemos pensar que esa información, por su limitación de acceso, no puede tenerla quien no ha participado de funciones públicas especialmente relevantes. Sin embargo, es posible, por ejemplo, que personas que colaboran con los servicios de inteligencia puedan conocer en algún caso información sensible de debe ser salvaguardada. Ello ha llevado a la doctrina a plantearse el alcance subjetivo de la norma más allá de los funcionarios o empleados público[60]. Quienes sostienen que la referencia subjetiva es puramente ilustrativa, y que puede extenderse a particulares conocedores de información cubierta por el secreto de Estado, lo hacen desde la consideración

---

59 "12. Tutto il personale che presta comunque la propria opera alle dipendenze o a favore del DIS o dei servizi di informazione per la sicurezza è tenuto, anche dopo la cessazione di tale attività, al rispetto del segreto su tutto ciò di cui sia venuto a conoscenza nell'esercizio o a causa delle proprie funzioni".

60 *Vid.* Setti, S. (2016) La tutela del segreto di Stato nella procedura penale, pág. 2 https://www.sicurezzanazionale.gov.it/sisr.nsf/approfondimenti/la-tutela-del-segreto-di-stato-nella-procedura-penale.html

de que el fundamento del artículo 202 CPP es la protección de la información cubierta por el secreto, y la exclusión del testimonio se realiza no sobre la base del estatus que ostenta el testigo, sino sobre la base de la protección de intereses superiores no disponibles para el interrogado[61]. Además, en apoyo de esta postura se esgrimen los artículos 261 y 262 del Codice penale, que castiga a quienes revelan información secreta o cuya divulgación está prohibida[62]. No obstante, hay autores que, pese a tale argumentos, se aferran a la literalidad legislativa, considerando infructuoso el esfuerzo hermenéutico por superar el sentido exacto y propio de la letra de la ley[63]. Entendemos, que la obligación de abstención alcanza no sólo a quienes jurídicamente tiene esa condición de empleados públicos que la ley señala, sino también a quienes, sin una investidura formal o una relación de servicio como empleado público, tiene conocimiento de esa información por razón de la actividad desarrollada; pues de lo contrario estaríamos admitiendo los daños que cause con su conducta.

La situación también pude presentarse respecto del investigado o acusado cuando es preguntado por una cuestión cuya respuesta considera amparada por el secreto de Estado. Cuestión particularmente compleja cuando, para poder defenderse, se encuentra en la necesidad de revelar información amparada por el secreto[64].

---

61 *Vid.* Mastropaolo, F. (1978) Nozione e disciplina del segreto di Stato, en AA.VV., segreto di Stato e servizi di informazione e sicurezza— commento alla legge 24 ottobre 1977, n. 801, pág. 76.

62 El artículo 261 CP referido a la "*Rivelazione di segreti di Stato*" establece que "Chiunque rivela taluna delle notizie di carattere segreto indicate nell'articolo 256 e' punito con la reclusione non inferiore a cinque anni..."; mientras el artículo 262 CP, que contempla los casos de "*Rivelazione di notizie di cui sia stata vietata la divulgazione*", castiga a "Chiunque rivela notizie, delle quali l'Autorita' competente ha vietato la divulgazione, e' punito con la reclusione non inferiore a tre anni..."

63 En este sentido, Setti, S. (2016), La tutela del segreto., *cit.* pág. 3.

64 *Vid.*; Masaracchia, A. (2007) Diritto alla prova dell'imputato e segreto di Stato: corsi e ricorsi storici di una questione definitivamente chiarita, in Giurisprudenza costituzionales, (n. 3), pág. 2343 y ss; Panzavolta, M. (2012) La Corte costituzio nale e la cortina del segreto (dell'imputato) sull'accusa di attività "deviata" dei servizi segreti, Cassazione penale (10), pág. 3275 y ss.; Pace, A. (2012) Sull'asserita applicabilità all'imputato dell'obbligo di astenersi dal deporre su fatti coperti dal segreto e sull'inesistenza dei "fatti eversivi" come autonoma fattispecie di reato, Revista AIC (n. 3) en www.associazionedeicostituzionalisti.it, 1 ss. (también en Giurisprudenza costituzionale (n. 1), pág. 526 y ss.); Sica, G. (2012) Il segreto di Stato e l'imputato nel processo penale. Commento alla sentenza della Corte costituzionale n. 40 del 2012, www.federalismi.it; Cerruti, A. (2013) Delle condizioni

Bajo la vigencia del Código de procedimiento penal de 1930, la Corte de Casación excluyó que el acusado estuviera incluido entre los destinatarios del art. 352 de ese código. Además de la imprecisa expresión legislativa ("no deben ser interrogados"), se entendió que la ubicación del artículo dentro del capítulo dedicado a los testigos, la referencia al testimonio contenida en él, y la exclusión prevista de la acción penal por el delito de perjurio, en caso de confirmación del secreto, dejaban claro que la disciplina en cuestión afectaba únicamente a quienes comparecían como testigos. Igualmente, la argumentación basada en el fin de la norma, que se entendía era proteger al testigo frente al riesgo de incriminación, hacía concluir esa exégesis. Situación que, según la doctrina dominante, no habría cambiado con la entrada en vigor del Código de Procedimiento Penal de 1988; resultado, incluso, más clara ahora la exclusión. No sólo por la ubicación del precepto (artículo 202) dentro del Capítulo dedicado a la prueba testifical; sino por la literalidad de la norma, con referencias expresas al testigo, por el cambio en la expresión legislativa, que ahora hablaba de la "obligación de abstenerse de declarar", y por la circunstancia de que el art. 209 del nuevo código, al extender ciertas reglas del testimonio al interrogatorio del acusado, no hacía ninguna referencia al artículo 202.

El tema del alcance subjetivo de la obligación de abstenerse fue abordado por la Corte constitucional en la sentencia n. 40 de 29 de febrero de 2012, en uno de los diferentes pronunciamientos sobre el conocido caso "Abu Omar", uno de los casos judiciales más controvertidos en Italia en los últimos años[65]. La sentencia resuelve el conflicto de atribuciones entre los poderes del Estado surgido a raíz de las notas del Presidente del Consejo de Ministros de fechas 03/12/2009 y 22/12/2009, mediante los cuales había confirmado el secreto de Estado invocado por los acusados (ex director del SISMI[66] y un empleado del mismo Servicio), durante el interrogatorio a que se refiere el artículo 415-bis, apartados 3 y 5, CPP en la fase de conclusión de la investigación preliminar. La confirmación del secreto se justificaba por la necesidad de no hacer públicos los métodos organizativos y las técnicas operativas del Servicio.

---

soggettive dell'opposizione del segreto di Stato: vecchi problemi, nuovi bilanciamenti, medesimi limiti, Giurisprudenza italiana, (n. 1), pág. 35 y ss.

65 Al respecto puede consultarse el trabajo de Sánchez Ferro, S. (2013) La última jurisprudencia de la Corte Costituzionale italiana en materia de secretos de Estado. Teoría y realidad Constitucional (31) pág. 514 y ss.

66 Servizio per le Informazioni e la Sicurezza Militare, agencia de inteligencia militar italiana de 1977 a 2007.

En el fondo del conflicto no sólo se ponía de relieve la relación entre los efectos de la oposición del secreto de Estado y el derecho fundamental de defensa, sino que el fundamento del conflicto examinado por la Corte constitucional era el alcance subjetivo de la prohibición de informar acerca de hechos cubiertos por el secreto de Estado. La Corte plantea la cuestión en los siguientes términos: "se trata evidentemente del problema de la interferencia entre el secreto de Estado y otro valor constitucional primario, incluido en el ámbito de los derechos fundamentales del individuo: el derecho de defensa. Las preguntas que tradicionalmente se plantean a este respecto son de doble naturaleza: por un lado, si el acusado está autorizado a revelar a la autoridad judicial circunstancias cubiertas por el secreto de Estado, cuando ello parezca necesario para evitar una condena injusta; por otra parte, ¿cuáles son los efectos de cualquier oposición al secreto? Previamente a la reforma llevada a cabo por la ley n. 124 de 2007, la opinión mayoritaria fue que la primera cuestión, cuya resolución condiciona la de la segunda, debía recibir una respuesta afirmativa. A la luz de esa regulación, la prohibición de declarar sobre hechos cubiertos por el secreto de Estado no podría haber sido invocada por el acusado (o por la persona sometida a la investigación). De este modo, concluía la Corte, estos sujetos disfrutaban de la más amplia libertad de maniobra, pudiendo elegir entre guardar silencio o hacer declaraciones, incluso sobre hechos cubiertos por el secreto de Estado, o incluso presentar pruebas que las respalden. La divulgación —cuando fuera necesaria con fines defensivos— no habría sido punible en ningún caso, proporcionando la justificación para el ejercicio de un derecho de rango primario.

La regulación de la materia, sin embargo, ha sido significativamente modificada por la ley núm. 124 de 2007. Si bien la modificación del art. 202 CPP no supuso una alteración en lo que se refiere a la exclusiva referencia del testigo, sí se introdujo una disposición situada fuera del código (el art. 41 de la ley n. 124 de 2007), que no encuentra límites de aplicación relacionados con la condición procesal del declarante.

De este modo, sobre la base de ese art. 41 de la ley núm. 124 de 2007, también el acusado y la persona sometida a la investigación están facultados para oponer el secreto de Estado cuando deben exponer hechos y circunstancias cubiertos por el secreto. En este sentido, la Corte concluyó que el citado art. 41, que prohíbe a los funcionarios, empleados públicos y trabajadores de servicios públicos informar sobre hechos cubiertos por el secreto de Estado, tiene un valor general en el contexto procesal, incluyendo también al imputado e investigado[67]. Ambos son titulares de un derecho-deber de oponer el secreto de Estado, no pudiendo elegir entre el interés de la seguridad nacional y el derecho individual de defensa. Por ello, la ley también les protege del riesgo de una condena injusta. Frente a la oposición del secreto, la autoridad judicial está obligada a solicitar la confirmación del Primer Ministro si considera que el conocimiento de lo sometido a secreto es esencial para el decisión final del proceso. Si el Primer Ministro confirma la oposición del secreto, se prohíbe a la autoridad judicial adquirir y utilizar, incluso indirectamente, la información amparada por el secreto. Si bien, no le impide que proceder sobre la base de elementos autónomos e independientes de los hechos, documentos y cosas amparados por el secreto (art. 41. 5 y 6 Ley 124/2007)[68].

b') Oposición procesal del secreto.

---

[67] El art. 41 de la ley 124/ 2007 prevé una regulación que es casi un reflejo de la prevista en el art. 202 CPP para el testigo; pero en el artículo 41 se contempla la hipótesis de que quienes oponen el secreto son sujetos distintos (un perito, por ejemplo). Con esta regulación se llena un vacío de la regulación anterior, dando un trato similar, aunque no idéntico, a ambas situaciones. En este caso, sólo si la autoridad judicial considera que el conocimiento de lo que está cubierto por el secreto es "esencial" para la decisión final del proceso, pide confirmación de la existencia de secreto de Estado al Primer Ministro, suspendiendo toda iniciativa para adquirir la información cubierta por el secreto. En el caso del art. 202 se procede de manera automática, por el solo hecho de que el secreto es opuesto por el testigo, mientras que en los casos a que se refiere el art. 41 sólo tiene la obligación de informar al primer Ministro previa valoración sobre esa esencialidad del conocimiento de lo amparado por el secreto.

[68] El artículo 41 Ley 124/2007 dispone:
"5. L'opposizione del segreto di Stato, confermata con atto motivato dal Presidente del Consiglio dei ministri, inibisce all'autorità giudiziaria l'acquisizione e l'utilizzazione, anche indiretta, delle notizie coperte dal segreto.
6. Non è, in ogni caso, precluso all'autorità giudiziaria di procedere in base a elementi autonomi e indipendenti dagli atti, documenti e cose coperti dal segreto".
A este respecto, ha de señalarse la doctrina de la Corte costituzionale contenida en las sentencias 110 y 410 de 1998. En ellas se venía a establecer que la oposición del secreto no priva absolutamente a la autoridad judicial de comprobar los hechos del delito al que se refiere. Sólo puede impedir la adquisición y el consiguiente uso de las pruebas sobre las que se extiende el secreto. La verificación de los hechos no termina con la confirmación del secreto de Estado, la actividad investigadora sólo estará sujeta a la barrera de la documentación cubierta por el secreto; pudiendo seguir la actividad investigadora para determinar los hechos delictivos investigados, sin utilizarlos.

La declaración de la imposibilidad de prestar declaración revelando información cubierta por un secreto de Estado es, primeramente, la condición necesaria para poner en marcha el procedimiento previsto en el artículo 202 CPP, y a la vez produce un doble efecto: argumenta legalmente la negativa a prestar declaración, e impide al juez cualquier iniciativa encaminada a adquirir la información amparada por el secreto.

En principio, ha de considerarse que la buena fe y el deber de lealtad está presente en la actuación del testigo, y que, ante el conocimiento de que determinados hechos están amparados por el secreto, realice la oportuna oposición. La cuestión es qué ocurre cuando debiendo guardar secreto, el testigo declara violando el secreto y dando a conocer información que debía permanecer oculta. En esos casos, se plantea la posibilidad de usar o no la información aportada a efectos probatorios. En este punto, la doctrina y la jurisprudencia se mostrado divergente, pues mientras que para algunos no existe una imposibilidad de uso de la información; no han faltado quienes defiendan una inutilizabilidad probatoria de la información recogida con violación del secreto de Estado[69]. En este punto, consideramos que, sin perjuicio de la responsabilidad por revelación ilícita, no hay dificultad en admitir el posible uso probatorio de la información aportada. La prohibición impuesta es la de divulgar o dar a conocer la información cubierta por secreto, no su uso posterior. Eso no afectaría a la inviolabilidad de la información, que ya se habría producido; ni supone un daño al interés legítimo de la seguridad nacional por ser desvelada, puesto que ya se causó al facilitar la información. Lo contrario supondría una limitación al ejercicio de la potestad jurisdiccional para proteger un interés que ya se ha desvanecido.

c') Confirmación del secreto. Motivación de la decisión.

En primer lugar, dispone la obligación para el Presidente del Consejo de Ministros de justificar el acto de confirmación dirigida al autoridad judicial que le dirigió la información a los efectos de la eventual confirmación. En el proyecto de Código de 1988 se establecía que el Primer Ministro indicara las razones esenciales de la confirmación. En este punto, el proyectado art. 202 iba más allá de lo previsto en el art. 352 del viejo Código, y se acercaba a la jurisprudencia de la Corte Constitucional, que hablaba del deber de confirmación motivada[70]. Sin embargo, tal exigencia de mo-

---

69 Setti, S. (2016), La tutela del segreto., *cit.*, págs. 5-6.

70 Sentencia n. 86 de 24 de mayo de 1977.

tivación fue desestimada en la redacción final del Código, por entender que la ley n. 801 de 1977 basó el sistema de fiscalización de los secretos de Estado en el ámbito de control parlamentario; no existiendo razones para imponer que esa justificación fuese también dada al órgano judicial.

El sentido de esa motivación no es otro que la necesidad de justificar la barrera al ejercicio de la actividad jurisdiccional, incorporándola como una garantía democrática frente al uso arbitrario del poder. Sin embargo, el problema viene a la hora de su efectivo cumplimiento por la autoridad política (falta de motivación), y la determinación de la amplitud exigible (motivación insuficiente). Si consideramos, en términos amplios, que la motivación exige justificar la decisión tomada, proporcionando la razones que llevan a acordarla; no puede entenderse que hay motivación cuando se realizan afirmaciones generales que no tienen conexión alguna con el caso concreto. No creemos que la motivación aquí exigida deba de ajustarse a las pautas más estrictas que se imponen en el ámbito jurisdiccional[71]; pero sí debe dar una respuesta que, aun siendo breve, contenga un mínimo de elemento valorativo y lógico. Lo que en ningún caso se cumple cuando la respuesta es del tipo: "Ritengo che il segreto di Stato sia stato correttamente opposto dal testimone e pertanto dichiaro espressamente di confermarlo ai sensi dell'articolo 202, comma 3 del codice penale"[72]. Así, únicamente se da cuenta de la declaración afirmativa del secreto, y la fuente normativa sobre la que se proyecta la decisión, sin mayor profundidad argumentativa. La exigencia de motivación viene impuesta por una sujeción al principio de legalidad en el desempeño de sus funciones, a que está sometido el Primer Ministro, permitiendo conocer si actúa dentro del marco de la ley. Se trata de eliminar abusos y arbitrariedades, incrementando las garantías frente al uso del secreto como instrumento de mera conveniencia político-partidista. Por ello, entendemos que debe contener una exposición, aunque se concisa, de las razones en las se fundamenta la decisión, aunque excluyendo lo que pueda implicar un descubrimiento de datos o informaciones que no pueden ser desveladas. Lo que se trata es de justificar ante la autorizad judicial por qué prevale el secreto sobre la verificación de la existencia o no de los hechos constitutivos del delito, permitiéndole realizar un control de la legitimidad formal del acto, que le

71 Sobre la motivación en el ámbito jurisdiccional, puede verse: Taruffo, M. (1975), La motivazione della sentenza civile; Colomer Hernández, I. (2003) La motivación de las sentencias: sus exigencias constitucionales y legales-

72 Confirmación del secreto de Estado por Berlusconi en el caso Abu Omar, noviembre de 2008 (https://www.reuters.com/article/idUSMIE4AG0DP/)

pueda llevar a plantear o excluir un recurso por conflicto de atribuciones entre poderes del Estado.

Además, ha de tenerse en cuenta que el Primer Ministro debe comunicar la decisión de confirmación al COPASIR (Comitato parlamentare per la sicurezza della Repubblica), órgano del Parlamento que ejerce el control parlamentario sobre el trabajo de los servicios secretos italianos. El artículo 41, apartado 9, de la Ley n. 124 de 2007 establece que el Presidente del Consejo de Ministros está obligado a comunicar al Comité, indicando las razones esenciales, todos los casos de confirmación de la oposición del secreto de Estado, quien, si considera infundada la oposición al secreto, informará a cada una de las Cámaras para las valoraciones oportunas.

En cuanto al plazo de confirmación y los efectos de la misma, la Ley n. 124 de 2007 redujo a la mitad el plazo de confirmación por parte del Primer Ministro, pasando de 60 a 30 días; y definió con más detalle los efectos de la oposición confirmada. Respecto de dicho plazo, ha de señalarse que el mismo coincide con lo establecido en el artículo 256 ter. CPP, para el caso de la obtención de documentos u otras cosas sobre las que se objeta el secreto de Estado. Sin embargo, tanto el artículo 256, como el artículo 256 bis. CPP, relativos también a supuestos de entrega de documentos afectados por secreto oficial, mantienen un plazo de 60 días para que el Primer Ministro confirme el secreto. Esa diferencia de plazos para la confirmación, supone una falta de armonía legislativa que hace surgir algunas cuestiones. En primer lugar, cabe preguntarse si el plazo del artículo 256.4 no ha quedado derogado por la previsión del art. 256 ter (introducido por la Ley n. 124 de 2007); o si ambas normas (256 y 256 ter CPP) deben considerarse vigentes. En tal caso, debe determinarse el ámbito de aplicación de cada una de ellas. Dada la secuencia legislativa en la regulación y las previsiones de las distintas normas, puede entenderse que el art. 256 ter resultará de aplicación cuando se trate de adquisición documental en los espacios especialmente sensible previstos en el art. 256 bis, mientras que en los lugares no particularmente amparados será el art. 256[73].

---

73 Por otro lado, también cabe plantearse el encaje de la regulación de las adquisición de pruebas documentales con las normas dictadas para las pruebas testificales. Así, puede cuestionamos la aplicación de lo dispuesto en el art. 204 CPP a las hipótesis reguladas en los artículos. 256 bis. y 256 ter.; tanto en lo referido a la exclusión de secretos de Estado, como a su inoponibilidad al Tribunal Constitucional. En este punto, entendemos que el artículo 204 CPP se aplica también a los supuestos de los supuestos de pruebas documentales.

Con respecto al proceso, la confirmación tiene el efecto inmediato de impedir a la autoridad judicial la adquisición y el uso, incluso de manera indirecta, de la información cubierta por el secreto de Estado (art. 202, párrafo 5°). Y, si el conocimiento de lo amparado por el secreto de Estado es indispensable para la decisión final del proceso, el juez declarará que no puede proceder por la existencia del secreto de Estado (párrafo 3°). No obstante, se preserva explícitamente la posibilidad de que la autoridad judicial pueda actúe sobre la base de elementos autónomos e independientes de los hechos, documentos y cosas amparados por el secreto (párrafo 6°). Es decir, si la información amparada por el secreto no es considerada esencial por el juez para el proceso[74], éste podrá continuar; no obstaculizándose su marcha sobre la base de elementos autónomos e independientes; y la misma solución se prevé para el caso de que el Primer Ministro niegue la existencia del secreto de Estado, o no responda a la solicitud de la autoridad judicial en el plazo de treinta días.

En cualquier caso, ese carácter de esencial será difícil determinar, cuando es una información que no resulta conocida ni conocible, por lo que habrá que estarse al restante material probatoria del que se disponga o que pueda lograrse.

d') Conflicto de atribuciones ante el Tribunal Constitucional.

La Ley 124/2007 de 2007 intentó delimitar el alcance del ejercicio de la potestad jurisdiccional y del poder Ejecutivo ante una contraposición de intereses surgida en el proceso penal, cuando es alegado el secreto de Estado. Pero, además, abordó el mecanismo para la solución de las posibles controversias entre ambos poderes nacidas en el contexto procesal, previendo la intervención de la Corte constitucional.

Frente a la confirmación del secreto, la autoridad judicial puede aceptar la decisión del Primer Ministro, con las diferentes consecuencias para el proceso según la trascendencia o el alcance que pueda tener el secreto en la decisión final del mismo; o puede no estar de acuerdo con la confirmación de la oposición, y plantear un conflicto de atribuciones entre poderes del Estado (*conflitto di attribuzione*) ante la Corte constitucional, órgano frente al cual el secreto de Estado nunca puede oponerse[75]. La

---

74 El conocimiento del secreto es considerado como algo meramente provechoso, circunstancial o accesorio.

75 *Vid.* Tirino, N. (2016) Segreto di Stato e conflitto di attribuzione fra poteri dello Stato (https://dirittifondamentali.it/2016/01/01/segreto-di-stato-e-conflitto-

Corte tiene pleno acceso a la información amparada por el secreto, quien deberá adoptar las garantías necesarias para garantizar la reserva. Algunos han llegado a entender que el conflicto de atribuciones representa la herramienta de control más incisiva, porque, en un en cierto sentido, llega hasta la propia supresión del secreto por parte de la Corte constitucional, mientras que el control ejercido por el Parlamento tiene como único objetivo activar el mecanismo de responsabilidad política[76].

En los últimos años, diversas sentencias de la Corte constitucional han abordado la cuestión de las consecuencias procesales de la oposición y confirmación del secreto de Estado. Resoluciones que representan pasos importantes en el tratamiento de esta institución, y que marcan la evolución jurisprudencial sobre la materia. Se trata, en particular, de diferentes sentencias dictadas a raíz de algunos conflictos de atribuciones surgidos con relación a la debatida adquisición de documentos amparados por el secreto de Estado en el conocido caso del ex imán de Milán "Abu Omar[77]" (Nasr Osama Mustafa Hassan).

En primer lugar, la sentencia n. 106/2009 de 8 de abril vino a resolver cinco conflictos de atribuciones planteados por diversas autoridades judiciales y por el Primer Ministro[78], que, por la homogeneidad de todos ellos, justificaba su acumulación a los efectos de su tratamiento conjunto y la resolución en una única sentencia. La Corte, apoyándose en precedentes decisiones (sentencia núm. 86 de 1977), vino a establecer que la seguridad del Estado constituye un interés esencial, con preeminencia absoluta sobre todos los demás, ya que afecta a la existencia misma del Estado, uno de cuyos aspectos es la jurisdicción. De ello se deduce que en esta materia el Primer Ministro está investido de un amplio poder, que sólo puede verse limitado por la necesidad de explicar al Parlamento las razones esenciales que subyacen a las decisiones adoptadas, y por la prohibición de oponerse al secreto en relación con hechos subversivos del orden. Lo que lleva a afirmar que "la identificación de hechos, documentos, noticias, etc. que puede comprometer la seguridad del Estado y deben, por tanto, perma-

---

di-attribuzione-fra-poteri-dello-stato/); Pupo, V. (2015) Prime note sul segreto di Stato nella dimensione della democracia rappresentativa, (https://giurcost.org/).

76 Titino, N. (2016) segreto di Stato., pág.

77 Asunto que terminaría con la condena a Italia por el TEDH (Sentencia de 23 de febrero de 2016 (asunto Nasr and Ghali v. Italy, 44883/09).

78 Recursos numero 2, 3 y 6 de 2007, y los numero 14 y 20 de 2008.

necer secreto constituye el resultado de una "evaluación en gran medida discrecional y, más exactamente, de una discrecionalidad que va más allá del alcance y los límites de una discrecionalidad puramente administrativa, ya que afecta a la *salus rei publicae*".

Por otro lado, la Corte remarcó su papel en el conflicto de atribuciones, de conformidad con lo dispuesto en el artículo 202.7 del CPP, que sería valorar la subsistencia o no de los requisitos del secreto de Estado formalmente opuesto y confirmado, no hacer una valoración sobre el fondo y sobre cómo se ha desarrollado el proceso de declaración[79].

En los casos examinados, se concluyó que algunas pruebas no podían desvelarse porque guardaban relación con cuestiones de seguridad nacional italiana. Entre las pruebas excluidas se encontraban documentos del SISMI y testimonios que contenían información sobre la relación entre el SISMI y la CIA. Además, los testigos clave no podían testificar, ya que las pruebas se refieren también a la relación del SISMI con la CIA. Si bien, la Corte, siguiendo la doctrina establecida en la sentencia n. 110 de 1998, remarca la idea de que el secreto de estado opuesto y confirmado por el Primer ministro no impide investigar el delito, sino únicamente utilizar, directa o indirectamente, elementos de prueba cubierto por el secreto de Estado.

Posteriormente, la sentencia de 23 de febrero 2012, n. 40 vendría a resolver otro conflicto de atribuciones, esta vez planteado entre Primer Ministro y el juez de la audiencia preliminar de Tribunal de Peruggia, en el marco del procedimiento seguido contra el general Nicolò Pollari, ex director del Servicio de Información y Seguridad Militar (SISMI) y contra Pio Pompa, empleado del mismo Servicio; a los que se le imputaba un delito de malversación. Se consideraba que ambos habían llevado a cabo actividades encaminadas a recopilar y procesar información sobre opiniones políticas, contactos e iniciativas de magistrados, funcionarios del Estado, periodistas y parlamentarios. Para ello se habrían apropiado de dinero y recursos del SISMI, utilizándolos para fines claramente ajenos a los institucionales del Servicio. Tanto Pollari como Pompa habían pedido al fiscal que fuera sometido a un interrogatorio, de conformidad con el art. 415-bis, párrafo 3, del Código de Procedimiento Penal, y con ocasión de este acto habían expuesto que, para defenderse plenamente de las acusaciones formuladas en su contra, tendrían que revelar información cubierta por

---

[79] *Vid.* Sánchez Ferro, S.(2013) La última jurisprudencia…, *cit.*, pág. 513.

secreto de Estado, por ser inherente al "interna corporis" del SISMI, por lo que alegaban el secreto de Estado sobre todos los hechos descritos en los cargos. Por tal razón, se solicitó al Primer Ministro confirmar la existencia de secreto de Estado respecto de determinadas circunstancias, cuyo conocimiento se consideró esencial para la definición del procedimiento. El Primer Ministro confirmó el secreto por la necesidad de proteger el *interna corporis* del entonces SISMI, con referencia a la divulgación de la dinámica interna de la actividad del Servicio. Situación que daría lugar al conflicto planteado.

La peculiaridad del asunto es el hecho de que el secreto de Estado fue reclamado por dos personas sometidas a investigación, con motivo del interrogatorio que ellos mismos solicitaron, de conformidad con el art. 415 bis, apartado 3, CPP En particular, alegaron que, para poder defenderse y demostrar plenamente y de manera irrefutable la inexistencia de los hechos que se les imputaba, deberían haber expuesto circunstancias no susceptibles de revelación, ya que estaban cubiertas por el secreto de Estado.

La Corte constitucional reiteró el carácter ampliamente discrecional y puramente político de la valoración —que corresponde al Primer Ministro— sobre los medios adecuados y necesarios para garantizar la seguridad del Estado, en cuya base está la identificación de informaciones que, en interés supremo de la *salus rei publicae,* están destinadas a permanecer secretas. La consecuencia es que —sin perjuicio de las competencias de la Corte en el contexto de los conflictos de atribución— el control de los métodos de ejercicio del poder de secreto sigue confiándose exclusivamente al Parlamento, ya que éste es el lugar normal de control sobre el fondo de las decisiones superiores y más graves del Ejecutivo, con exclusión de cualquier control jurisdiccional al respecto.

El epílogo de estas decisiones lo marca la sentencia de la Corte constitucional n. 24 de 13 febrero de 2014, aceptando los recursos presentados por la Primer Ministro contra la sentencia de la Corte di Cassazione de 19 de septiembre de 2012, que había anulado con remisión al tribunal la sentencia absolutoria dictada por el Tribunal de apelación (Corte d'appello) de Milán el 15 diciembre de 2010[80]. La Corte constitucional señaló que no

---

80 Sentencia que, entre otras cosas, confirmó la de primer grado en la parte declaraba la acción penal inadmisible, de conformidad con el artículo 202 del Código de procedimiento penal, debido a la existencia del secreto de Estado. *Vid.* Pisanelli, G. (2014), La sentenza della corte costituzionale n. 24 del 2014 in materia di segreto di stato (http://www.federalismi.it).

correspondía al Tribunal de Casación anular la absolución de los acusados, ni los autos dictados los días 22 y 26 de octubre de 2010, mediante los cuales la Corte de apelación de Milán había considerado inutilizables las declaraciones de los sospechosos durante las investigaciones preliminares[81].

En el fondo de la cuestión latía la idea de si podía imponerse el secreto a las actuaciones individuales de funcionarios que actuaron fuera de sus funciones. Es decir, si la utilización de las fuentes de prueba relativas a cualquier conducta delictiva individual y específica llevada a cabo por agentes del SISMI, también de acuerdo con miembros de servicios exteriores, pero al margen de sus deberes funcionales y en ausencia de autorización de una parte del alta dirección del SISMI, suponía una revelación de secreto.

La Corte constitucional reitera, una vez más, que la aplicación del secreto por parte del Primer Ministro goza de un amplio poder discrecional, sobre cuyo ejercicio queda excluido cualquier control por parte de los jueces comunes, ya que el juicio sobre los medios adecuados para garantizar la seguridad del Estado es de carácter político. Por ello, la declaración de la Corte suprema, según la cual el secreto no abarcaría las conductas "extrafuncionales" que habrían llevado a cabo los agentes del SISMI, equivale a una modificación sustancial (en contenido y alcance) de lo que, por el contrario, había sido el claro "objeto" del secreto. La autoridad judicial no puede acabar sustituyendo a la autoridad política en la determinación concreta de lo que constituye la materia de secretos de Estado.

El conflicto de atribuciones supone, pues, un instrumento de control con importantes repercusiones en materia del secreto, que puede llegar tan lejos como no permitir a la autoridad judicial obtener o utilizar (directa o indirectamente) informaciones o documentos amparados por el secreto de Estado. No obstante, del examen de la jurisprudencia constitucional tras la entrada en vigor de la Ley 124 de 2007, parece mostrarnos una Corte que se autoasigna más una función de control predominantemente externo y formal del acto secreto, que una efectiva vigilancia de que cumple con la función de protección de valores constitucionales y de los intereses explícitos señalados en el artículo 39 de la Ley, para cuya protección está previsto el secreto de Estado.

---

81 El 24 de febrero de 2014, la Corte de casación, aplicando la sentencia de la Corte constitucional, anuló la condena del Tribunal de Apelación de Milán dictada el 12 de febrero de 2013, absolviendo definitivamente a Nicolò Pollari, Marco Mancini; y a los agentes Giuseppe Ciorra, Raffaele Di Troia y Luciano Di Gregori, ya que la acción penal no podía continuar debido a la existencia de secreto de Estado.

El Nuevo Código Penal Hondureño: Una Explicación Desde Su Visión de Política Criminal

RIGOBERTO CUÉLLAR CRUZ

1. AGRADECIMIENTO

De entrada quisiera agradecer la oportunidad brindada de contribuir con esta obra colectiva en honor a nuestro estimado Prof. Dr. Víctor Moreno Catena.

Al respecto, y cuando se me ofreció el participar en la misma, tuve claro que en mi condición de jurista latinoamericano dicha oportunidad, más allá de constituir un honor, representaba una verdadera obligación moral.

Y sostenemos vehementemente lo anterior, dado el enorme aporte que el Dr. Víctor Moreno ha brindado para el fortalecimiento del Estado de Derecho en América Latina, específicamente en Centroamérica, y en nuestro caso concreto que es al que me referiré con propiedad, en Honduras.

Tuve el honor de conocer personalmente por primera vez al Dr. Moreno Catena cuando formo parte de mi Tribunal de Tesis doctoral en la Universidad Jaume I de Castellón a mediados del año 1999. Para esa época era un joven Fiscal hondureño, bajo la dirección del Prof. Dr. Juan Luís Gómez Colomer, que temblaba ante la idea de tener que defender un trabajo de investigación en el que había invertido años de esfuerzo y que además debía hacerlo ante personalidades que admiraba profundamente, pero que solo conocía por sus extensas trayectorias profesionales y a través de sus valiosas obras.

Nunca olvidaré las palabras del Dr. Colomer cuando me advirtió que el prestigio en la defensa de una tesis doctoral, no solo se hacía depender de la calidad de la investigación y de la superación de su defensa; sino también del propio prestigio y renombre de los miembros del Tribunal examinador que lo conforman.

Sin duda que como doctorando extranjero, más allá del haber superado mi examen de tesis con la nota de *sobresaliente cum laude por unanimidad*; uno de los honores más grandes que llevo, y que pregono con frecuencia, es el hecho que dicha nota me fuese otorgada por juristas de la calidad y el reconocimiento internacional del Dr. Víctor Moreno Catena.

Posteriormente, la vida me concedió el privilegio, no solo de trabajar al lado del Dr. Moreno Catena en varios proyectos académicos y políticos en Honduras, sino más allá de eso y de poder llamarle en ese contexto profesional mi compañero y colega; de poder llegar a fortalecer nuestros vínculos personales hasta permitirme en la actualidad llamarle mi amigo.

Y es a estos importantes proyectos en Honduras, con los que contribuyó decididamente el Dr. Moreno Catena, a los que quiero hacer referencia ahora siquiera someramente; dado que es en éstos proyectos en los que descansa parte importante de su legado en estas tierras mayas y que sin duda ameritan reconocimiento, aunque por ahora se limiten a estas humildes palabras y aprovechando el presente medio gentilmente concedido para ello.

Académicamente, resulta importante destacar que el Dr. Víctor Moreno Catena y el Dr. Juan Luís Gómez Colomer, apoyaron firmemente en el año 2005 mi iniciativa de estructurar y poner en marcha a través de la Universidad Tecnológica de Honduras (UTH) lo que sería en aquél entonces el primer programa en Honduras de Maestría en Derecho Procesal Penal (hoy en Justicia Penal) y cuya primera promoción inició en el año 2008.

Cabe destacar que dicho programa de maestría continúa exitosamente vigente hasta la fecha y ha sido cursado por cientos de Jueces, Fiscales, Defensores Públicos y Abogados en el Ejercicio privado, incluyendo también Magistrados de la Corte Suprema de Justicia y altas autoridades del Ministerio Público.

Al respecto, por su calidad, longevidad y alcance, no cabe duda que la contribución que dicho proyecto académico ha significado, y continúa significando a favor del fortalecimiento del Estado de Derecho en Honduras, solo puede describirse como de trascendental.

Posteriormente, en el año 2008, se presentó la oportunidad política e histórica de reformar más de 100 años de Justicia civil en Honduras; reto para el cual nuevamente el Dr. Moreno Catena dijo presente ante el llamado y junto al Dr. Gómez Colomer lideraron una comisión de juristas nacionales e internacionales (del cual honrosamente forme parte) y que dio como resultado un nuevo Código Procesal Civil que entró en vigencia en el año 2010. Código Procesal Civil inspirado en la Ley de Enjuiciamiento Civil española y que hasta el día de hoy continúa siendo un referente de reforma para toda América Latina.

Finalmente, considero importante hacer referencia por su importancia a otro proyecto académico que precisamente surgió como resultado de la aprobación del nuevo Código Procesal Civil; y fue la estructuración y puesta en marcha en el año 2009, nuevamente a través de la Universidad Tecnológica de Honduras (UTH), del primer programa de maestría en Derecho Procesal Civil en Honduras. Programa liderado por el Dr. Moreno Catena y el Dr. Gómez Colomer, en condición de Coordinadores Internacionales, y este servidor, en condición de Coordinador General Nacional.

Al igual que su programa hermano en Procesal Penal, este programa de postgrado continúa exitosamente vigente hasta la fecha y ha contribuido a la formación de cientos de servidores públicos del sector Justicia, así como de Abogados litigantes independientes, contribuyendo con ello a la materialización efectiva de la aún reciente reforma procesal civil en Honduras.

Y hacemos una nostálgica remembranza y recapitulación de lo anterior, pues a nuestro parecer la descripción somera de los proyectos y experiencias descritas en Honduras, deberían bastar para poder expresar 2 cosas: La primera, que no cabe duda que la huella dejada por el Dr. Víctor Moreno Catena, como académico, político y como ser humano, ha trascendido por mucho las fronteras españolas; y, la segunda, que como hondureño me resulta imperativo aprovechar la oportunidad brindada para exteriorizarle ahora unas quizás simples, pero muy sentidas palabras: ¡Gracias Dr. Víctor Moreno Catena!

2. INTRODUCCIÓN

Empezaré haciendo eco de una célebre frase expresada en su momento por uno de los hombres más brillantes de nuestra historia: Albert Einstein.

Einstein, en su definición de "locura", sostenía lo siguiente: *"Locura es hacer lo mismo, una y otra vez, esperando obtener resultados diferentes"*. Y es con base a esta frase que enmarcaré el objeto de mi estudio, que no es sino intentar explicar la importancia y el alcance del nuevo Código Penal, en gran medida aún incomprendido en Honduras, desde la perspectiva de política criminal que el mismo pretende instaurar.

Pero, para ello, debemos empezar por recordar dos aspectos que todo Abogado aspirante a jurista debe interiorizar y tener siempre presente, y sobre los cuales permanentemente hago hincapié en mis alumnos de grado y postgrado de la facultad de Derecho: 1) La teoría "contractualista" de la Constitución; y, 2) La diferencia entre dos conceptos que son comúnmente confundidos, pero cuya diferencia es de la más trascendental importancia: "Proceso" y "Procedimiento".

Sobre ambos aspectos señalados me referiré muy resumidamente ahora, pues cada uno de ellos daría lugar a un merecido estudio individualizado, lo que por razones de espacio excedería el que se me ha brindado para esta ocasión.

Así, y sobre la denominada doctrinalmente "Teoría Contractualista de la Constitución[1]", baste por ahora recordar que más allá del concepto romántico, y hasta cierto punto inútil, que generalmente se enseña en nuestras aulas de Derecho latinoamericanas; la Constitución no es más, ni menos, que un contrato, contrato suscrito entre el Poder Constituido y nosotros los ciudadanos. Es por ello que, desde una perspectiva sociológica, correctamente nos referimos a la Constitución como un "contrato social".

Pero más allá de la conceptualización sociológica y filosófica de la Constitución como un contrato social, y ahora desde una perspectiva eminentemente jurídica, lo importante es comprender los efectos jurídicos que conlleva el aceptar, correctamente, que la Constitución *es* un contrato. Consecuencias jurídicas que por otra parte resultan comunes a todo instrumento legal de esa naturaleza vinculante entre partes.

Así, en primer lugar, debe aceptarse hoy que la Constitución —contrario al concepto genérico aún prevalente entre nuestros Abogados latinoameri-

---

1 Sobre el tema en general, puede verse entro otros, a Rulperez Alamillo, Javier, En Torno a la Reforma Constitucional y la Fuerza Normativa de la Constitución, Editorial Tirant lo Blanch, Valencia, España, 2018. Igualmente, Soberanes Fernández, José Luís, Obra Jurídica de un Constituyente: Fernando Lizardi, Editorial UNAM, México D.F., México, 2019, Págs. 77-85.

canos— no es una simple "norma marco" o una mera "norma programática", sino que por el contrario constituye una norma de aplicación directa e inmediata al caso concreto; y, en segundo lugar y complementariamente a lo anterior, que la Constitución no requiere de normativa secundaria para su efectividad.

Es decir, y como ocurre con cualquier contrato, sus cláusulas son de cumplimiento inmediato y directo, pues como se suele sostener en materia civil: "El contrato es Ley entre partes".

En pocas palabras y en lo que aquí interesa por lo que desarrollaremos más adelante: Las cláusulas de la Constitución contenidas en su articulado, no se cuestionan, ni mucho menos se "interpretan" maquiavélicamente en contra de sus propios mandatos *¡se acatan y se cumplen!*

Al respecto, debemos tener siempre presente que el aceptar y respetar esta exigencia básica constitucional, es en realidad lo que ha permitido a otros países, Estados Constitucionales de Derecho al igual que Honduras, alcanzar niveles de desarrollo muy superiores al nuestro.

Ahora bien, y con respecto a la necesaria diferenciación entre los términos de "proceso" y "procedimiento"; debemos admitir, de entrada, que dichos términos son comúnmente confundidos entre sí y que generalmente no tenemos problema alguno para definir lo que es "procedimiento", pero que al momento de intentar definir lo que es "proceso", terminamos asumiendo que básicamente son lo mismo, casi como si se tratase de sinónimos, cuando ciertamente no lo son.

De hecho, podemos sostener que la única idea correcta que de entrada asumimos sobre dichos términos, es que "proceso" se refiere a algo *macro,* es decir que denota algo más grande que el "procedimiento", que se refiere a algo más *micro.* Pero hasta ahí en realidad llega nuestra capacidad de distinción.

Debemos tener claro que distinguir entre ambos aspectos es fundamental para comprender debidamente el alcance de lo que han sido nuestras últimas 3 grandes reformas legislativas en Honduras; nos referimos al Código Procesal Penal, al Código Procesal Civil, y ahora, a nuestro nuevo Código Penal que entró en vigencia recientemente en el año 2020.

Para valorar adecuadamente esa importancia, nótese por ejemplo que nuestro Código Procesal Penal, antes de la reforma, se denominaba Código de "Procedimientos" Penales; por su parte, nuestro Código Procesal Civil, antes de la reforma, se denominaba Código de "Procedimientos" Comunes.

Pues bien, ese cambio de Códigos de *"Procedimientos"* a Códigos *"Procesales"*, no constituye un mero cambio de nomenclatura, sino muy por el contrario, se traduce en una visión completamente distinta de cómo debe entenderse y aplicarse hoy el Derecho.

Al respecto, y como me gusta ejemplificar para efectos de facilitar la comprensión de lo sostenido a mis alumnos de grado, se trata de un cambio completo y absoluto de lenguaje. Ilustrativamente, podemos decir así que los anteriores Códigos estaban escritos en chino y los nuevos están escritos en alemán (solo por tomar como ejemplo dos idiomas con raíces lingüísticas absolutamente diferentes).

Y esa visión distinta del Derecho es compartida también por nuestro nuevo Código Penal, el que incluso se lee de manera completamente diferente al anterior; pues su estructura, ahora informada por el nuevo principio de "proporcionalidad" (Art. 5 CP), marca una evidente ruptura con respecto a la estructura que guardaba nuestro anterior Código de 1984.

Así, y solo para brindar resumidamente un ejemplo, en nuestro anterior Código Penal una determinada conducta ilícita generalmente se encontraba tipificada en un solo Artículo; ahora, esa misma conducta la podemos encontrar estructurada en el nuevo Código Penal partiendo de un tipo penal básico, pero con subsiguientes subtipos penales agravados o atenuados, según el caso.

De tal forma que, si por ejemplo buscamos la pena máxima de un tipo en particular, ya no la encontraremos en un solo Artículo, como usualmente acontecía en el anterior Código, sino que tendremos que partir del tipo penal básico y seguir leyendo los subtipos penales agravados de los Artículos subsiguientes hasta llegar a aquél que contenga la pena más alta, atendiendo las mayores circunstancias agravantes específicas que concurran para ese delito en concreto.

Esa simple diferencia de "lectura" llevó a muchos críticos del nuevo Código Penal a erróneamente sostener en Honduras que se habían rebajado las penas para ciertos tipos, al no atender debidamente el análisis de las penas previstas para el resto de subtipos penales agravados. Penas que, casi en la generalidad de los casos, en realidad superan las previstas en el anterior Código Penal.

Volviendo a nuestro tema principal, en términos generales podemos definir "proceso", como la finalidad que se persigue al momento de realizar uno o más actos complementarios en concreto.

Por su parte, el "procedimiento", se refiere al conjunto de pasos o acciones que debemos llevar a cabo para alcanzar ese objetivo trazado y que hemos definido previamente como "proceso".

De tal forma que, en atención a lo expuesto, nuestro "procedimiento", dada su naturaleza instrumental, siempre deberá, o al menos debería, responder a nuestro "proceso".

Así, al "procedimiento" le interesan las preguntas relacionadas con el ¿Cómo? ¿Cuándo? y ¿Dónde? es decir le importa la *forma*; mientras que, al "proceso", le interesan las preguntas esenciales del ¿Por qué? y ¿El para qué? es decir le interesa el *fondo*.

Al respecto, debemos aclarar de entrada que esto no significa que el "procedimiento" no sea importante, pues sin duda lo es; pero debe comprenderse debidamente que éste siempre será accesorio por su ya evidenciada naturaleza instrumental y deberá en todo caso adaptarse a nuestro "proceso".

Ahora bien, surge la pregunta válida de por qué es importante comprender esta distinción genérica para un Abogado que aspira a ser jurista y por ende busca realizar aproximaciones correctas en el estudio de una norma jurídica; pues sencillamente porque todas las Leyes y Códigos, incluyendo nuestro Código Procesal Penal y nuestro nuevo Código Penal, responden de la misma manera a un "proceso" y regulan "procedimientos" en sus respectivos cuerpos normativos para garantizar el cumplimiento efectivo de los mismos.

Es decir, tanto nuestro Código Procesal Penal, como ahora nuestro nuevo Código Penal, tienen un proceso claro, persiguen un objetivo bien definido, y en realidad todo su articulado no constituye más que procedimiento diseñado con precisión para alcanzar ese objetivo.

En otras palabras, los más de 400 Artículos que conforman el Código Procesal Penal hondureño y los más de 600 Artículos que conforman el nuevo Código Penal, no son más que procedimiento; y la única manera en que lograremos una lectura, una interpretación y una aplicación correcta de cada uno de esos Artículos, es si comprendemos debidamente y de forma previa cuál es el proceso que estos cuerpos normativos persiguen.

De no comprenderse debidamente lo anterior, acontecerá lo que lamentablemente sucede en nuestros Tribunales a diario: Jueces, Fiscales, Defensores Públicos y Abogados en el ejercicio privado, realizando lecturas aisladas de preceptos legales, que con demasiada frecuencia conducen a interpretaciones equivocadas e incluso contrarias a la finalidad misma que persigue el Código, y como consecuencia inevitable, a una aplicación errónea de la norma.

Para ilustrar lo anterior de una manera sencilla, podríamos decir que intentar leer, interpretar y aplicar cualquier Artículo, ya sea en este caso del Código Procesal Penal o del nuevo Código Penal, sin comprender claramente el proceso de cada uno de estos Códigos, sería tan inútil como intentar armar un rompecabezas complejo de 10,000 piezas sin tener frente a nosotros la imagen que se pretende recrear.

Solo que debemos recordar al respecto, que en la vida real no estamos hablando de simples piezas de un rompecabezas, sino de la afectación directa que por interpretaciones erróneas de estas normas se realizan en nuestros Tribunales sobre ciudadanos quienes por diversas circunstancias, en la mayoría de casos ajenas a su voluntad, día a día se ven obligadas a sufrir un sistema de Justicia penal, ya sea como víctimas o como imputados.

En el contexto del tema que estamos abordando, al enfrentarnos a la tarea de comprender cuál es el "proceso" que inspira y orienta el caso específico de nuestro nuevo Código Penal; necesariamente debemos tornar nuestra atención a la política criminal que el mismo pretende fijar.

Y al respecto nos permitimos adelantar desde ahora un aspecto importante sobre el cual ahondaremos con mayor propiedad y amplitud más adelante: Y es que, por primera vez en nuestra historia, contamos con un Código Procesal Penal y un Código Penal que hablan el mismo idioma al conformar de manera coherente una política criminal común.

3. ASPECTOS RELEVANTES DE POLÍTICA CRIMINAL

Podemos definir de una manera sencilla y resumida el concepto de política criminal "como el conjunto de acciones que realiza un Estado para enfrentar el fenómeno delictivo y al delincuente"[2]; capacidad de respuesta que por supuesto siempre estará condicionada a las limitaciones materiales

---

2 Sobre la definición de política criminal, puede verse, entre otros, Tocora, Fernando, Política Criminal Contemporánea, Editorial Temis, S.A., Bogotá, Colombia, 1997. Igualmente Blanco Lozano, Carlos, Tratado de Política Criminal. Tomo II La Política Criminal Aplicada, J. M. Bosch Editor, Barcelona, España, 2007; y, sobre la relación entre política criminal y reformas en materia penal, Mir Puig, Santiago con Corcoy Bidasolano, Mirentxu y Gómez Martín Víctor, Política Criminal y Reforma Penal, Editorial Edisofer, Madrid, España, 2007.

y personales existentes para afrontar dicho problema social, pues ciertamente ningún Estado, por rico que aparente ser, tiene a su disposición recursos ilimitados.

Así, el marco general de una política criminal estatal estará enmarcada en el cuerpo de Leyes, generales y especiales, creadas y aprobadas para enfrentar el delito y al delincuente; así como en la debida coordinación de las políticas institucionales de los órganos de persecución y de decisión oficiales. Entre éstos, y muy especialmente, el Poder Judicial, el Ministerio Público y la Policía Nacional.

Coordinación de esfuerzos institucionales que, en todo caso, siempre deberá realizarse en estricto apego y observancia, tanto del mandato constitucional, como de la legalidad ordinaria vigente sobre la materia[3].

Lo anterior, dado que ciertamente no sería válido ni legítimo el implementar una política criminal contraria a los fundamentos esenciales de un Estado democrático, por ejemplo haciendo prevalecer una pretendida eficacia en la persecución del delito, pero en menoscabo del respeto y vigencia de derechos y garantías individuales.

Situación última que, de darse, peligrosamente posicionaría al Estado en la misma condición de delincuente que el de los sujetos a quienes pretende perseguir; con la diferencia que si hay algo que la historia nos ha demostrado, es que la capacidad de daño que puede ocasionar un individuo en particular a través del quebrantamiento de la Ley, jamás se podrá comparar con la magnitud del perjuicio que en contra de sus ciudadanos puede cometer un Estado que arbitrariamente decide desdibujar los límites constitucionalmente permitidos en su actuar[4].

Pues bien, en este marco legislativo que define la política criminal, dos leyes destacan como pilares fundamentales de la misma: El Código Penal y el Código Procesal Penal.

---

3 Un análisis de la temática, específicamente relacionada con el contexto hondureño, puede verse en Cuéllar Cruz, Rigoberto, La Formula, No Tan Mágica, de Enfrentar la Delincuencia en Honduras, en *"Ensayos Sobre Política Criminal, Derecho Penal y Proceso Penal"*, Editorial AGM, Tegucigalpa, Honduras, 2004, Págs. 72-76.

4 En similares términos se pronuncia Gómez Colomer, si bien en referencia al peligro latente que para los Derechos y garantías de los ciudadanos significaría la utilización indiscriminada, y fuera de parámetros legales aceptables, de los nuevos medios y actos tecnológicos de investigación. Gómez Colomer, Juan Luís, La Contracción del Derecho Procesal Penal, Editorial Tirant lo Blanch, Valencia, España, 2020, Págs. 293-317.

En ambos casos, la orientación de dicha política criminal queda definida por dos aspectos básicos y complementarios: La finalidad que se persigue con la pena de prisión, en el caso del Código Penal; y, la finalidad que se persigue con la prisión preventiva, como la medida cautelar personal más gravosa, en el caso del Código Procesal Penal.

Lo verdaderamente trágico, es que la mayoría de veces nuestros legisladores no son conscientes de lo aquí expresado, por lo que al no comprender su alcance, las reformas sobre estos dos Códigos las limitan a lo que ellos equivocadamente entienden y reducen a simples reformas sobre Artículos de cuerpos normativos aislados, sin ser conscientes que a través de estas "pequeñas" reformas en realidad se podría estar distorsionando peligrosamente la visión de política criminal originalmente diseñada. Solo por citar un ejemplo, esto fue lo que aconteció con la reforma al Artículo 184 del Código Procesal Penal, referente a la prisión preventiva. Tema sobre el cual volveremos más adelante.

Por lo tanto, para comprender adecuadamente la política criminal que define el "proceso", es decir la finalidad del nuevo Código Penal, es necesario volver a examinar y comprender las teorías clásicas existentes sobre la finalidad de la pena, a fin de identificar la opción por la que se ha inclinado dicho Código.

4. RECORRIDO SUMARIO DE LAS TEORÍAS CLÁSICAS SOBRE LA FINALIDAD DE LA PENA

Obviamente, y por razones de espacio, haremos un recorrido muy general sobre las teorías clásicas que a través de la historia se han formulado sobre la finalidad que debe cumplir la pena en el Derecho Penal[5]. Teorías que como se sabe han venido siendo formuladas principalmente a través de la doctrina alemana.

---

5 Al respecto, puede verse entre otros, Roxin, Claus, Derecho Penal. Parte General. Tomo I, Editorial Civitas, Madrid, España, 2000, Págs. 86-103; y, Mir Puig, Santiago, Derecho Penal. Parte General, Editorial Tecfoto, S.L., Barcelona, España, 1999, Págs. 46-62; y, en especial sobre la relación entre los fines de la pena y la fijación de la política criminal, Cutiño Raya, Salvador, Fines de la Pena, Sistema Penitenciario y Política Criminal, Editorial Tirant lo Blanch, Valencia, España, 2017.

Lo anterior resulta necesario como paso previo para comprender cuál era la política criminal fijada por nuestro anterior Código Penal, y así poder valorar en su justa medida, lo que ahora propone nuestro nuevo Código Penal.

4.1. La Teoría Retributiva

Así, debemos iniciar primeramente con la denominada ***teoría retributiva***. Como su nombre indica, dicha teoría se centraba en la persona del condenado, bajo la premisa que la pena de prisión debía cumplir una finalidad de "expiación del pecado" cometido por el delincuente.

Es decir, bajo esta teoría la finalidad de la pena de prisión era la de simplemente hacer sufrir al condenado, para que a través de ese sufrimiento retribuyera el mal causado. Lógicamente, y en el marco de esta teoría, entre más grande era el dolor y el sufrimiento infligido, más eficaz resultaba la pena.

La exposición más clara de esta teoría, la podemos ver en la realidad del sistema de Justicia Penal de la Europa del siglo XIX y su descripción más gráfica la encontraremos en obras literarias como el "Conde de Montecristo" de Alejando Dumas o en la obra "Los Miserables" de Víctor Hugo.

Resulta importante destacar que esta teoría se encuentra casi completamente abandonada en nuestros días, al menos por Estados de Derecho más consolidados que el nuestro; y ello sencillamente porque la misma carece de fundamento constitucional alguno y porque centra el fin de la pena de prisión en sí misma y por ende sin ningún otro fundamento real de utilidad social.

Sin embargo, la superación de esta teoría no es tan evidente en el contexto latinoamericano, y sin duda no lo es en el caso particular de Honduras, donde aún se propugna que la finalidad del sistema de Justicia Penal, y su consecuencia máxima, la pena de prisión, debe seguir siendo la provocación de dolor y sufrimiento al condenado como la única manera de expiar su culpa y compensar la ofensa social causada como resultado de su comportamiento delictivo.

Para comprobar lo anterior, basta examinar nuestros sistemas penitenciarios actuales, diseñados como infiernos para todas aquellas personas que tengan la desgracia de ser enviadas a los mismos. Ciertamente no podemos negar que en general nuestras cárceles latinoamericanas están especialmente diseñadas con ese fin: Causar desesperanza y dolor.

Igualmente podemos comprobar la vigencia de esta teoría en la propia idiosincrasia popular. Así, por ejemplo, en Honduras hemos observado como en muchas ocasiones ha resurgido el tema de la pena de muerte como eslogan político de campaña (a pesar de la imposibilidad constitucional de la misma) o el deseo manifestado por la ciudadanía en cuanto a que los autores de algunos delitos deberían ser fusilados o castrados.

No cabe duda que esta teoría era una de las que preponderantemente informaban nuestro Código Penal anterior, donde de hecho la única pena prevista para cualquier delito, fuera este grave o no, era la prisión.

Y sobre lo anteriormente sostenido se me podría objetar que también existían penas previstas como la multa o la inhabilitación, pero lo cierto es que salvo casos muy excepcionales, estas penas siempre eran legalmente consideradas como accesorias a la pena de prisión. Es decir, era un Código que indiscriminadamente recetaba siempre la misma medicina: Cárcel.

4.2. Teoría de la Prevención General

La segunda teoría clásica a la que debemos hacer referencia es la ***teoría de la prevención general***. A diferencia de la teoría retributiva, esta teoría ya no se centra específicamente en la persona del condenado, sino en el mensaje que la pena de prisión debe enviar a la sociedad en general. La misma tiene dos manifestaciones distintas: Una negativa y otra positiva.

4.2.1. Teoría de la Prevención General en su aspecto negativo

Así, y en su vertiente negativa, el mensaje que la pena de prisión debe enviar a la sociedad es uno de intimidación y de miedo.

En este sentido, su mensaje es sencillo: "¡Si no quieren sufrir la misma pena y sufrimiento que este condenado, deben comportarse"! Lógicamente, en el contexto de esta teoría, entre más alta es la pena mayor será el supuesto efecto disuasivo que transmite.

El cuestionamiento más significativo a esta teoría, radica en la demostrada falsedad de que se pueden disuadir eficazmente comportamientos delictivos únicamente mediante la simple amenaza de una pena abstracta; y lo anterior sin importar cuan grave o severa esta pudiese parecer. Ciertamente la resolución delictiva no funciona de manera tan simplista.

Así, por ejemplo, el suponer que un ladrón dejará de cometer robos solo porque se aumento la pena al delito de robo en el Código Penal, resultará una idea errónea; pues la realidad es que la gran mayoría de delincuentes no sopesan las consecuencias penales de sus acciones.

Un claro ejemplo del fracaso de esta teoría es la propia pena de muerte. Sobre la misma, y aunque coincidiremos fácilmente en que no existe una pena más grave que ésta, lo cierto es que en países donde aún se aplica las estadísticas demuestran que no ha logrado reducir los niveles de violencia o la comisión de delitos.

En el caso específico de Honduras, para dar un ejemplo cercano y propio, se estableció y se encuentra vigente la pena de privación de la libertad de por vida para delitos muy graves. A pesar de la evidente gravedad de esta pena, es claro que no ha tenido un impacto positivo en la reducción de nuestras lamentablemente altas y alarmantes estadísticas delictivas[6].

Un ejemplo evidente de lo anterior, es el delito de extorsión con resultado de muerte de la persona extorsionada (Art. 372, párrafo segundo, del CP). Este delito, a pesar de merecer pena de prisión a perpetuidad, muy lejos de desaparecer o disminuirse, ha experimentado un alarmante aumento en el país durante los últimos años, en gran parte debido al creciente problema social de los grupos criminales organizados que funcionan en el país denominados como "maras" o pandillas.

En el mismo sentido, podemos mencionar el delito de secuestro agravado (Art. 240 CP), el cual también conlleva la pena de prisión perpetua en caso de que, por dolo o imprudencia, se cause la muerte de la persona secuestrada. Aunque afortunadamente no ocurre con la misma frecuencia que el delito de extorsión, lo cierto es que el secuestro sigue siendo una realidad permanente en nuestro país.

La teoría de la prevención general en su aspecto negativo, al igual que la teoría retributiva, a pesar de haber demostrado su fracaso en la práctica, sigue muy arraigada en la sociedad hondureña.

Lo anterior se hace evidente al observar la respuesta de nuestro Poder Legislativo ante el aumento de ciertas formas de delincuencia en el país. Al respecto la respuesta por nuestro Congreso Nacional suele ser la misma:

---

6 Una lectura responsable y objetiva en Honduras sobre el comportamiento y crecimiento de los delitos con resultado de muertes violentas, puede verse en los estudios estadísticos que año con año realiza el Instituto Universitario en Democracia, Paz y Seguridad (IUDPAS) de la Universidad Nacional Autónoma de Honduras, a través de su Observatorio Nacional de la Violencia (ONV) app-iudpas.unah.edu.hn

Realizar reformas en el Código Penal para aumentar las penas; sin embargo, el resultado igualmente resulta ser al final el mismo: Decepcionante.

También se puede observar en las críticas infundadas que aún persisten en Honduras por algunos sectores en torno al nuevo Código Penal, donde la crítica más frecuente es que se trata de un "Código de la Impunidad", debido a la supuesta reducción de penas en algunos delitos.

Con respecto a lo anterior, y aunque cabe aclarar que dicha crítica resulta en la mayoría de casos infundada, como evidenciábamos en apartados anteriores; es válido hacer una reflexión muy simple: ¿Realmente el aumento penas en el anterior Código Penal logró prevenir un incremento en la comisión de estos tipos penales? Nuestros índices delictivos parecen indicar lo contrario.

El antiguo Código Penal también se basaba en esta teoría imponiendo penas desproporcionadas sin considerar la gravedad del delito o la peligrosidad del delincuente.

De esta manera, era común escuchar expresiones como "robo es robo" o "la Ley es dura, pero es la Ley", ya que efectivamente la pena era la misma, tanto para el robo de una gallina, como para el robo de un televisor de 70 pulgadas.

4.2.2. Teoría de la Prevención General en su aspecto positivo

Por otro lado, esta misma teoría de la prevención general, ahora en su aspecto positivo, conlleva una connotación distinta. El mensaje que el Estado intenta transmitir a la sociedad a través de la pena de prisión no es de intimidación o miedo, sino de confianza.

En pocas palabras, el mensaje es sencillo: "Tengan confianza en nuestro sistema de justicia penal. Aunque no siempre podemos evitar que se cometan delitos, sí tenemos la capacidad de investigarlos, identificar a los responsables, acusarlos, juzgarlos y, en caso de ser encontrados culpables, imponerles la pena correspondiente".

Esta teoría tiene una gran ventaja sobre la anterior, ya que para la disuasión en la comisión de delitos no se basa únicamente en la amenaza abstracta de una pena, por más grave que sea; sino en la certeza de que, sin importar la gravedad de esa pena, ésta será cumplida en caso de que el delito se cometa.

En resumen, esta teoría concluye acertadamente que lo realmente crucial no es la gravedad de la pena, sino la capacidad del Estado para identificar, investigar, acusar, juzgar y, en su caso, condenar a los responsables, aplicando efectivamente la pena establecida por la Ley.

En nuestra opinión, la presente teoría asume un enfoque correcto al instituir la lucha contra la impunidad, como la forma más eficaz para disuadir comportamientos delictivos.

Ahora bien, es innegable que esta teoría promueve la implementación de un sistema de Justicia mucho más costoso que el de la misma teoría en su sentido negativo; pues es evidente que simplemente aprobar reformas de aumento de penas en el Congreso Nacional o llevar a cabo operativos policiales y militares masivos y visualmente impactantes en las que ahora se denominan "saturaciones" en barrios y colonias consideradas como peligrosas (aunque resulten insostenibles a largo plazo); son medidas mucho más económicas que invertir de manera responsable en la contratación, formación y debido equipamiento de Fiscales, Jueces, Policías de Investigación y Médicos Forenses.

Sin embargo, debemos tener claro que las primeras medidas, aunque populares y políticamente atractivas, son a corto plazo y solo generan una sensación momentánea y falsa de seguridad en la ciudadanía. A mediano y largo plazo su eficacia resulta insignificante e incluso contraproducente.

Y lo anterior no lo digo yo, lo demuestran los resultados de más de 40 años de su implementación en Honduras, así como en otros países de América Latina, donde se adoptan bajo el llamativo lema de políticas de "mano dura" o de "cero tolerancia" contra la delincuencia.

4.3. Teoría de la Prevención Especial

Finalmente, llegamos a la última teoría clásica importante sobre la finalidad de la pena, la ***teoría de la prevención especial***. Esta teoría, al igual que la retributiva, vuelve a centrarse sobre la persona del condenado, pero bajo una óptica frontalmente contraria.

Según esta teoría, la única finalidad legítima de la pena de prisión debería ser la rehabilitación y reinserción del condenado en la sociedad.

Esto implica asumir responsablemente la realidad de que tarde o temprano el condenado cumplirá su pena, saldrá del centro penitenciario y volverá a la sociedad que lo excluyó; por lo tanto es transcendental trabajar en su rehabilitación para que, al regresar, ya no represente una amenaza.

Es innegable que esta teoría, al igual que la teoría de la prevención general en su aspecto positivo, requiere una visión a largo plazo y una mayor voluntad de inversión económica estatal.

No cabe duda que cambiar radicalmente la realidad actual de nuestros sistemas penitenciarios implica procurar mejores condiciones de salud y vida, así como implementar programas permanentes y sostenibles de educación y oportunidades laborales reales una vez liberados. De lo contrario, al menos en la realidad social aún existente en Latino América, los condenados simplemente regresarían a las mismas realidades de pobreza que los llevaron a delinquir en primer lugar.

Esta visión ambiciosa choca frontalmente con la arcaica mentalidad retributiva que, como mencionamos anteriormente, aún persiste de manera muy marcada en la sociedad hondureña y latinoamericana en general.

Y al respecto podría sostenerse que la búsqueda de esa resocialización en nuestra población penitenciaria, no solo resultaría difícil, sino en algunos casos incluso imposible; pero ante este cuestionamiento hipotético, valdría formularse la siguiente interrogante: ¿Alguna vez lo hemos intentado? Sin duda el declarar fracaso en un esfuerzo que ni siquiera hemos iniciado, carecería de toda validez.

5. OPCIÓN DE POLÍTICA CRIMINAL PROPUESTO POR EL NUEVO CÓDIGO PENAL

Ante el desolador panorama descrito anteriormente, surge la importante pregunta: ¿Qué propone nuestro nuevo Código Penal al respecto?

En primer lugar, es importante destacar que nuestro nuevo Código Penal presenta una propuesta concreta, la cual difiere significativamente de lo que se ha intentado hasta ahora.

Esta propuesta innovadora, por sí sola, debería recibir elogios y aplausos, especialmente considerando el evidente fracaso de la política criminal establecida por nuestros anteriores Códigos Penales, fundamentados como hemos visto en una combinación, tanto de las teoría retributiva, como de la teoría de la prevención general en su aspecto negativo.

Y lo anterior no es simplemente una apreciación subjetiva de quien escribe, sino la conclusión objetiva basada en más de 40 años de implementación real de estas políticas en nuestro país.

Al respecto, nadie podría sostener seriamente que el problema delictivo en Honduras ha mejorado en estas últimas cuatro décadas. Por el contrario, es un problema que ha ido en aumento año tras año, colocándonos en la deshonrosa posición de ser uno de los países más violentos del mundo.

Entonces ¿En qué consiste este nuevo enfoque propuesto por el nuevo Código Penal? Sencillamente consiste en adoptar e implementar las únicas dos teorías que hasta la fecha no hemos intentado: La teoría de la prevención general en su aspecto positivo, que busca restablecer la confianza ciudadana en el sistema de justicia penal; y, la teoría de la prevención especial, que se enfoca en el condenado procurando su rehabilitación y reinserción social.

Cabe evidenciar que esta nueva propuesta no es un invento o una mera conclusión personal; sino que el propio Código Penal la reconoce expresamente, tal y como se refleja en su Artículo 73, que al regular una de sus figuras más innovadoras, la suspensión del fallo, sostiene literalmente que: "El órgano jurisdiccional competente puede suspender de forma motivada el fallo de las sentencias condenatorias a penas que no sean graves, ***atendiendo a las exigencias de prevención general y especial***…".

Por otro lado, es importante destacar que el nuevo Código Penal basa su propuesta de política criminal en la aceptación de dos realidades distintas, pero complementarias. Realidades que, por otra parte, consideramos como inobjetables.

La primera, como sostuvimos en la parte introductoria al tratar el tema de la teoría contractualista; es que como Estado hondureño, y al momento de aplicar el contrato que llamamos Constitución, estamos estrictamente sometidos al cumplimiento de la cláusula establecida en su Artículo 87, misma que consagra la garantía penal en la ejecución y que al efecto establece que: "Las cárceles son establecimientos de seguridad y defensa social. ***Se procurará en ellas la rehabilitación del recluido y su preparación para el trabajo***".

Es decir, al adoptar el nuevo Código Penal la teoría de la prevención especial, en realidad el Estado no está haciendo más que cumplir fielmente con lo que nuestra Constitución ha ordenado desde 1980, pero a lo que neciamente nos hemos rehusado a atender durante todas estas décadas.

La segunda realidad, dolorosa pero innegable, es que hablar de reeducación y resocialización de nuestra población penitenciaria, considerando la realidad actual de nuestros sistemas carcelarios, resulta una aspiración simplemente imposible de concretar.

Ante esta realidad, nuestro nuevo Código Penal toma la siguiente decisión: Aunque pueda resultar irónico, la única forma de aspirar a rehabilitar a un condenado es precisamente evitando, en la medida de lo posible, que éste ingrese a un centro penitenciario.

Esto será de especial atención e interés para el nuevo Código Penal, por ejemplo en casos de delincuentes primerizos no reincidentes, delincuentes condenados por la comisión de delitos no graves cuya naturaleza no refleje especial peligrosidad, ya sea objetiva o subjetiva, o en el caso de condenados por delitos imprudentes, donde la aspiración a una rehabilitación o reeducación podría resultar incluso un sinsentido dada la falta de intencionalidad en la comisión del hecho por parte de su autor.

Es decir, a diferencia de nuestros Códigos Penales anteriores, nuestro nuevo Código Penal abandona la idea de que las cárceles son la única respuesta efectiva para enfrentar el fenómeno delictivo. Muy por el contrario, admite que nuestro sistema penitenciario y la criminalización que éste produce, no solo no es la solución, sino que en gran parte ***es el problema***.

En este sentido, es innegable la veracidad de la expresión popularmente asumida de que "nuestras cárceles, lejos de ser centros de resocialización, constituyen auténticas universidades del crimen".

En estas "universidades", delincuentes condenados por el robo de una bicicleta y por mera necesidad de sobrevivencia se ven obligados a integrar bandas organizadas dentro del centro penal, saliendo graduados en robo de vehículos, extorsión o sicariato.

De esta manera, nuestras cárceles se convierten en auténticas "lavadoras automáticas", donde se introduce ropa sucia, pero al final del ciclo de lavado lamentablemente sacamos ropa incluso más sucia que como ingresó.

Complementariamente, y como mencionamos al inicio de este apartado, nuestro nuevo Código Penal combina la teoría de la prevención especial también con la teoría de la prevención general en su aspecto positivo. Sin embargo, reserva esta función ejemplificante del sistema de justicia penal para los delitos graves o para condenados reincidentes, así como para aquéllos que demuestren especial peligrosidad al momento de cometer el delito. Tema que abordaremos más adelante en el último apartado.

5.1. Coherencia con la Política Criminal Fijada por el Código Procesal Penal

Resulta importante evidenciar ahora, que esta política criminal fijada por nuestro nuevo Código Penal, en realidad no es tan novedosa; pues de hecho la misma ya venía siendo propuesta y asumida por nuestro Código Procesal Penal, desde su vigencia en el año 2000.

Al respecto, su regulación original y acertada sobre la prisión preventiva como medida cautelar de carácter ya no excepcional, sino excepcionalísima, reflejaba la misma idea: Evitar, en la medida de lo posible y como regla general, el encarcelamiento de imputados en nuestros centros penitenciarios. Por supuesto aquí adicionalmente amparado en otro fundamento constitucional importante, como ciertamente lo es el debido respeto al Derecho fundamental al estado de inocencia[7].

Política criminal que no obstante en gran medida ha venido siendo desnaturalizada por reformas posteriores que ha sufrido nuestro Código Procesal Penal sobre el tema, al establecerse un listado de delitos que se ha venido ampliando o reduciendo con el tiempo y en los que forzosamente el Juez debe imponer la medida cautelar de la prisión preventiva, sin opción a poder considerar medida cautelar alterna alguna.

Estas reformas, paradójicamente, fueron mayoritariamente aprobadas por los mismos legisladores que en su momento aprobaron el Código Procesal Penal, justificadas políticamente en la supuesta exigencia ciudadana de "mano dura" contra los delincuentes. Esto revivió la errónea aplicación de la prevención general negativa, y sobre todo, puso de manifiesto la falta de comprensión acerca del alcance y el propósito de lo que originalmente se había aprobado.

De igual forma, debe destacarse que a esa misma política criminal de brindar una segunda oportunidad y evitar el internamiento de imputados en centros penitenciarios, respondió la instauración en nuestro entonces

---

7 Al respecto puede verse, entre otros, a Montero Aroca, Juan con Gómez Colomer, Juan Luís, Barona Vilar, Silvia, Esparza Leibar, Iñaki y Etxeberría Guridi, José F., Derecho Jurisdiccional III. Proceso Penal (23ª Edición), Editorial Tirant lo Blanch, Valencia, España, 2015, Págs. 266-296. Igualmente, Moreno Catena, Víctor con Cortés Domínguez, Valentín, Derecho Procesal Penal (11ª Edición), Editorial Tirant lo Blanch, Valencia, España, 2023, Págs. 351-367. En el específico contexto hondureño, puede verse Cuéllar Cruz, Rigoberto, Las Medidas Cautelares en el Nuevo Proceso Penal, en "Ensayos de Política Criminal…", *op. cit.* Págs. 85-110; y, Cuéllar Cruz, Rigoberto con Caballero Klink, Jesús y Galan Miguel, Juan Antonio, Las Medidas Cautelares, Cuadernos de Estudios Judiciales Rafael Alvarado Manzano, Proyecto de Fortalecimiento del Poder Judicial de Honduras Corte Suprema de Justicia/Agencia Española de Cooperación Internacional/Consejo General del Poder Judicial de España, Editorial LITOCOM, Tegucigalpa, Honduras, 2001.

nuevo proceso penal de las manifestaciones derivadas del principio de oportunidad (criterios de oportunidad, suspensión condicional del proceso penal y las conformidades); mismas que brindan al procesado la posibilidad, mediante la aceptación voluntaria del hecho y el resarcimiento a favor de la víctima del daño causado, de someterse a condicionamientos judiciales o conformarse en consenso con el Fiscal a penas o delitos menores a los señalados originalmente en la acusación. Todas ellas tendientes a evitar la pena de prisión.

Finalidad de las manifestaciones del principio de oportunidad, que por otra parte y lamentablemente tampoco se ha comprendido por los principales actores del proceso penal, y entre éstos muy especialmente por el propio órgano encargado de su promoción e implementación, el Ministerio Público. Situación denunciada de incomprensión que en algunos casos ha conducido a la desnaturalización de sus alcances y objetivos y en otros casos incluso a su desuso[8].

Es así, que desde nuestra introducción anticipamos que ahora, por primera vez en nuestro país, podemos afirmar con certeza que contamos con una política criminal coherente establecida entre nuestro nuevo Código Penal y nuestro Código Procesal Penal.

Esta coherencia evidenciada es un logro significativo que debe ser debidamente valorado y comprendido especialmente por nuestros políticos, con el fin de evitar contradecirla mediante reformas legislativas que carezcan de las necesarias y responsables reflexiones científicas, lo que conllevaría a cometer los mismos errores del pasado.

6. MECANISMOS REGULADOS POR EL NUEVO CÓDIGO PENAL PARA LA EJECUCIÓN DE SU POLÍTICA CRIMINAL

Ahora bien, y como último punto a desarrollar en el presente trabajo, resulta importante destacar que nuestro nuevo Código Penal no solo fundamenta su nueva propuesta de política criminal en una simple expresión

---

[8] Sobre la experiencia en la implementación del principio de oportunidad en el proceso penal hondureño, puede verse Cuéllar Cruz, Rigoberto, El Significado de la Reforma Procesal Penal en Honduras Desde Una Perspectiva de Política Criminal: Una Experiencia a Compartir, en "Ensayos de Política Criminal...", *op. cit.* Págs. 1-30.

retórica de voluntad; sino que por el contrario establece los mecanismos necesarios, en su propia normativa, para hacerla efectiva.

Y lo anterior lo hace bajo una fórmula interesante y sencilla: Aplica la teoría de la prevención general positiva, con penas ejemplificantes de prisión, para los delitos que merezcan penas graves; pero, para los delitos que merezcan penas menos graves y leves, que ciertamente son la mayoría, aplicará la teoría de la prevención especial con penas sustitutivas a la prisión y que procuren la reeducación y resocialización del condenado. Esto último, por supuesto cumpliendo con una serie de requisitos legales adicionales o complementarios, como ser delincuente primario y haber satisfecho plenamente el derecho resarcitorio de la víctima.

Y es precisamente al cumplimiento de este "proceso" del nuevo Código Penal, que responden sus instituciones más innovadoras, a saber:

La categorización de penas, que por primera vez se realiza en un Código Penal hondureño, distinguiendo entre graves (aquéllas que exceden de 5 años de prisión) y menos graves y leves (inferiores a estos 5 años de prisión) y que se encuentra regulada en su art. 36;

El novedoso abanico de nuevas penas, reguladas en su art. 35, y que más allá de la clásica pena de prisión, prevé como nuevas penas privativas de la libertad el arresto domiciliario y la detención de fin de semana, así como un listado innovador de nuevas penas descritas como "privativas de otros Derechos"; y, finalmente,

Las nuevas instituciones de la suspensión del fallo, del art. 73; el reemplazo de la pena de prisión, de los arts. 74 al 77; y, por último, la reinventada suspensión en la ejecución de la pena, de los arts. 78 al 80.

Todas estas innovaciones van específicamente orientadas a brindar alternativas reales y judicialmente motivadas a lo que constituía antes la regla general de la pena de prisión; por supuesto, como dijimos, en los supuestos de delitos no graves y en el caso de delincuentes no peligrosos primarios o aquéllos condenados por la comisión de delitos imprudentes.

Al respecto, podría resultar tentador anticipar pesimistamente el fracaso de esta nueva propuesta de política criminal al cuestionar de antemano sus posibilidades reales de éxito. Sin embargo, en mi opinión, precisamente ahí reside su principal obstáculo y enemigo: El cambio de mentalidad y la imperiosa necesidad de formación que esta normativa requiere para su correcta implementación.

Lo anterior es especialmente relevante para aquellos actores que están destinados a desempeñar un papel fundamental en su aplicación; y con ello no solo me refiero a jueces, fiscales y defensores públicos, sino también a los abogados que ejercen en el ámbito privado, ya que de su comprensión adecuada dependerá la efectiva utilización de muchas de sus instituciones.

Sin duda el cambio no será fácil. Los cambios profundos rara vez lo son. Estamos hablando de superar muchos años de una arraigada mentalidad y cultura retributiva; sin embargo, considero que como hondureños tenemos la obligación de brindar a esta nueva propuesta una verdadera oportunidad, lejos de intentar boicotear sus esfuerzos, ya sea por ignorancia o por la mera resistencia al cambio.

Oportunidad que este nuevo Código Penal ciertamente merece, aunque sea únicamente por el valor intrínseco de intentar algo diferente, dado el demostrado fracaso de lo hasta ahora implementado.

Así, y a manera de conclusión, cerraré con la misma reflexión de Einstein con la que inicie, pues después de todo, *"locura no es más que es hacer lo mismo, esperando obtener resultados diferentes"*.

BIBLIOGRAFÍA

Blanco Lozano, Carlos, Tratado de Política Criminal. Tomo II La Política Criminal Aplicada, J. M. Bosch Editor, Barcelona, España, 2007.

Cuéllar Cruz, Rigoberto, La Formula, No Tan Mágica, de Enfrentar la Delincuencia en Honduras, en *"Ensayos Sobre Política Criminal, Derecho Penal y Proceso Penal"*, Editorial AGM, Tegucigalpa, Honduras, 2004, Págs. 72-76.

Cuéllar Cruz, Rigoberto, Las Medidas Cautelares en el Nuevo Proceso Penal, en *"Ensayos Sobre Política Criminal, Derecho Penal y Proceso Penal"*, Editorial AGM, Tegucigalpa, Honduras, 2004, Págs. 85-110.

Cuéllar Cruz, Rigoberto con Caballero Klink, Jesús y Galan Miguel, Juan Antonio, Las Medidas Cautelares, Cuadernos de Estudios Judiciales Rafael Alvarado Manzano, Proyecto de Fortalecimiento del Poder Judicial de Honduras Corte Suprema de Justicia/Agencia Española de Cooperación Internacional/Consejo General del Poder Judicial de España, Editorial LITOCOM, Tegucigalpa, Honduras, 2001.

Cuéllar Cruz, Rigoberto, El Significado de la Reforma Procesal Penal en Honduras Desde Una Perspectiva de Política Criminal: Una Experiencia a Compartir, en *"Ensayos Sobre Política Criminal, Derecho Penal y Proceso Penal"*, Editorial AGM, Tegucigalpa, Honduras, 2004, Págs. 1-30.

Cutiño Raya, Salvador, Fines de la Pena, Sistema Penitenciario y Política Criminal, Editorial Tirant lo Blanch, Valencia, España, 2017.

Gómez Colomer, Juan Luís, La Contracción del Derecho Procesal Penal, Editorial Tirant lo Blanch, Valencia, España, 2020, Págs. 293-317.

Mir Puig, Santiago, Derecho Penal. Parte General, Editorial Tecfoto, S.L., Barcelona, España, 1999, Págs. 46-62.

Mir Puig, Santiago con Corcoy Bidasolano, Mirentxu y Gómez Martín Víctor, Política Criminal y Reforma Penal, Editorial Edisofer, Madrid, España, 2007.

Montero Aroca, Juan con Gómez Colomer, Juan Luís, Barona Vilar, Silvia, Esparza Leibar, Iñaki y Etxeberría Guridi, José F., Derecho Jurisdiccional III. Proceso Penal (23ª Edición), Editorial Tirant lo Blanch, Valencia, España, 2015, Págs. 266-296.

Moreno Catena, Víctor con Cortés Domínguez, Valentín, Derecho Procesal Penal (11ª Edición), Editorial Tirant lo Blanch, Valencia, España, 2023, Págs. 351-367.

Roxin, Claus, Derecho Penal. Parte General. Tomo I, Editorial Civitas, Madrid, España, 2000, Págs. 86-103.

Rulperez Alamillo, Javier, En Torno a la Reforma Constitucional y la Fuerza Normativa de la Constitución, Editorial Tirant lo Blanch, Valencia, España, 2018.

Soberanes Fernández, José Luís, Obra Jurídica de un Constituyente: Fernando Lizardi, Editorial UNAM, México D.F., México, 2019, Págs. 77-85.

Tocora, Fernando, Política Criminal Contemporánea, Editorial Temis, S.A., Bogotá, Colombia, 1997.

El desplome del proceso penal: Las condenas sin juicio

FERNANDO VELÁSQUEZ VELÁSQUEZ
Profesor jubilado de la Universidad Sergio Arboleda
Asesor Académico de la misma casa de estudios

SUMARIO: 1. INTRODUCCIÓN. 2. LA CRISIS DEL PENSAMIENTO DE OCCIDENTE Y EL DERECHO. 3. LA CRISIS DEL DERECHO PROCESAL PENAL. 4. EL PROCESO PENAL "CLÁSICO" Y EL "MODERNO". 5. LA CRISIS DEL ACTUAL "PROCESO PENAL" Y SUS CAUSAS. 6. CONCLUSIONES. BIBLIOGRAFÍA.

1. INTRODUCCIÓN

Hablar de la crisis de los sistemas de juzgamiento en materia penal y, por ende, del proceso penal en los países de nuestra órbita cultural —incluso en todo el planeta— parece ser un lugar común[1] en atención a que el mismo, cada día más, se convierte en un verdadero mercado punitivo[2]; hoy está claro que el proceso penal ha sido diseñado para que no exista como un instrumento civilizado de juzgamiento de las conductas

---

1 Eugenio Raúl Zaffaroni, *El enemigo en el Derecho Penal* (Buenos Aires: Ediar, 2006); Bernd Schünemann, "Cuestiones básicas de la estructura y reforma del procedimiento penal bajo una perspectiva global". *Revista Derecho Penal y Criminología* 25(76) (2004): 175-197. https://revistas.uexternado.edu.co/index.php/derpen/article/view/1034. Por ello, con toda razón —y eso explica el título de esta ponencia— Eugenio Raúl Zaffaroni e Ílison Dias Dos Santos, *La nueva crítica criminológica. Criminología en tiempos de totalitarismo financiero* (Bogotá: Grupo Editorial Ibáñez, 2019), afirman que "...el proceso se reduce a una negociación de tienda de baratijas, donde ambas partes —procesado y fiscal— quieren obtener ventaja (*plea bargaining*), lo que acaba reemplazando presos sin condena por condenados sin juicio" (135).

2 Aunque el instituto trae a la mente la imagen de "un bazar del Medio Oriente", las cortes criminales estadounidenses "son más parecidas a los modernos supermercados en donde los precios de varios productos han sido claramente establecidos y colocados con anterioridad", dice Malcolm M. Feeley, "Pleading Guilty in Lower Courts", *Law & Society Review* 13(2), (1979): 461-466. http://www.interscience.wiley.com.

criminosas que ponen en riesgo a las personas y a las mismas comunidades organizadas como Estados, razón por la cual se habla de la existencia de un "proceso penal" "sin proceso"[3].

Sin embargo, este fenómeno no puede ser mirado de manera aislada, circunscritos únicamente a lo que sucede en el mundo de los despachos judiciales y en los fríos textos legales que vierten las normativas en materia de procedimientos penales; ello es así porque el asunto se inscribe en un marco más general, cual es la crisis del raciocinio jurídico —también del propio del derecho procesal penal— que, a su vez, se asienta en un fenómeno global cual es el atinente a las dificultades que atraviesa el pensamiento de Occidente, cuando no son las dificultades de los modelos de organización social con el consiguiente derrumbe de los estados nacionales, unidas a diversos factores adicionales, lo que ayuda a entender ese fenómeno.

Así las cosas, de cara a participar en este muy merecido homenaje que se le tributa a un gran académico, este escrito llama la atención sobre la necesidad de estudiar el problema que ya el título de la contribución plantea en ese ámbito; una vez hecho esto, y mostrada esa crisis del proceso penal clásico o reformado —reemplazado por el "moderno"—, se precisan las causas de ese derrumbe y se formulan algunas conclusiones para el debate.

2. LA CRISIS DEL PENSAMIENTO DE OCCIDENTE Y EL DERECHO

Los tropiezos que vive el pensamiento en Occidente en la época contemporánea son parte de un fenómeno complejo que ha evolucionado a lo largo de los siglos; se ha llegado, pues, a lo que algunos pensadores denominan la *posmodernidad*, un término en uso en el continente americano para designar el estado de la cultura después de las transformaciones que han afectado a las reglas de juego de la ciencia, la literatura y las artes a partir del siglo XIX[4].

---

3 Concluyente al respecto, Juan Luis Gómez Colomer, *La contracción del Derecho Procesal Penal. Reflexiones de política criminal, jurídico-dogmáticas y pragmáticas sobre la necesidad de una reforma integral del enjuiciamiento criminal en España* (Madrid: Editorial Tirant lo Blanch, 2020).

4 Jean-François Lyotard, *La Condición Postmoderna. Informe sobre el saber* (Buenos Aires: Editorial R.E.I. Argentina S. A., 1991); Vattimo, Gianni, *El fin de la Modernidad. Nihilismo y Hermenéutica en la Cultura Posmoderna*, 2ª ed. (Madrid: Gedisa, 1987).

Ahora bien, ello tiene sus raíces en eventos y cambios fundamentales que se desarrollaron a lo largo de la historia. Uno de los factores cruciales fue la transición de la Edad Media a la Edad Moderna, que presenció la emergencia de nuevas perspectivas científicas, sociales y políticas; además, el Renacimiento y la Ilustración, aunque promovieron la razón y el progreso, también sembraron las semillas de la duda y la crítica hacia las tradiciones establecidas.

En el siglo XX, la crisis del pensamiento en Occidente se intensificó con la proliferación de corrientes filosóficas que cuestionaban las estructuras conceptuales tradicionales: El existencialismo, el posmodernismo y otras concepciones desafiaron las nociones absolutas y objetivas de verdad, introduciendo la idea de que la realidad es subjetiva y contextual; además, la globalización y los avances tecnológicos acelerados han generado una sensación de desorientación y pérdida de identidad cultural[5].

Naturalmente, los trances del pensamiento occidental plantea preguntas cruciales sobre el futuro de esa cultura. La pérdida de certezas absolutas ha llevado a un relativismo que puede conducir a la apatía intelectual y moral; sin embargo, también abre la puerta a la creatividad y la adaptabilidad, al permitir la exploración de nuevas perspectivas y soluciones. La educación y la promoción de un pensamiento crítico se vuelven imperativas para superar esta situación y construir un fundamento sólido para el progreso futuro.

Como es obvio, este es un asunto en extremo complicado en atención a que la crisis del pensamiento occidental se manifiesta de manera diversa en distintas áreas, como la filosofía, la política, la religión y la cultura; las perspectivas, pues, varían desde críticas a la racionalidad y la modernidad hasta reflexiones sobre la pérdida de valores tradicionales y la identidad cultural[6].

---

5 Touraine, Alain, *Critique de la Modernité* (Paris: Les Éditions Fayard, 1992), 119 y ss.; ya antes, Sigmund Freud "El Malestar en la Cultura". En *Obras Completas* 3, editado por Jacobo Numhauser Tognola (Madrid: Editorial Biblioteca Nueva, 1996), 3017 y ss., explora las tensiones entre la cultura y el individuo, analizando cómo las demandas de la sociedad pueden entrar en conflicto con las necesidades humanas más básicas; sus reflexiones proporcionan una visión psicoanalítica de los desafíos en la evolución del pensamiento occidental. También, Zygmunt Baumann, *Modernidad Líquida* (México: Fondo de Cultura Económica, 2003), 21 y ss.; Jürgen Habermas, *El Discurso filosófico de la modernidad. Doce Lecciones* (Madrid: Taurus, 1993).

6 En un plano general, Baumann, *idem.*

Ahora bien, esos escollos han dejado una profunda huella en diversas esferas, y el ámbito jurídico no ha escapado a su influencia afectando sus fundamentos, sus estructuras y sus respuestas a los desafíos contemporáneos. Como se recordará, la modernidad con su énfasis en la razón, la objetividad y la búsqueda de leyes universales, estableció los cimientos del sistema jurídico occidental, además la Ilustración contribuyó a la consolidación de principios como la igualdad ante la ley y los derechos individuales; no obstante lo cual los cambios del pensamiento en el siglo XX cuestionaron estos fundamentos, dando paso a una reevaluación crítica de la modernidad y sus concepciones jurídicas.

De igual forma, se debe tener en cuenta que la posmodernidad, caracterizada por la desconfianza hacia las grandes narrativas y la diversidad de perspectivas, ha desafiado las certezas conceptuales en el ámbito legal[7]. La noción de que el derecho refleja una verdad objetiva ha sido cuestionada, dando lugar a interpretaciones más fluidas y contextualizadas; la teoría crítica[8] y la deconstrucción[9] han influido en la manera en que se comprenden las leyes y las instituciones jurídicas.

---

7 Ya Michel Foucault, *Surveiller et Punir: Naissance de la Prison* (Paris: Gallimard, 1977); el mismo, *Vigilar y Castigar: nacimiento de la prisión* (Buenos Aires: Siglo Veintiuno Editores Argentina S. A., 2003), examina la evolución de las prácticas punitivas y cómo ellas influyen en la conformación de la sociedad moderna. El mismo autor, *La Arqueología del Saber* (México: Siglo XXI Editores, 1979) desarrolla su enfoque arqueológico para analizar las estructuras del conocimiento y sus nexos con el poder.

8 Jürgen Habermas, *Teoría de la Acción Comunicativa* I. *Racionalidad de la acción y racionalización social* (Madrid: Taurus, 1999), como figura central de esta corriente; este pensador está ligado de manera directa con la Escuela de Frankfurt y en esa obra —amén de otros escritos— aborda de forma cuestionadora la sociedad, la política y la cultura. La Teoría Crítica, obvio es decirlo, busca comprender y transformar las estructuras sociales opresivas y alienantes. También, Anthony Giddens, *Sociología*, 3ª ed. (Madrid: Alianza Editorial, 2000), obra en la cual —amén de presentar sus ideas— el autor muestra cómo se ha desarrollado la sociedad moderna a lo largo del tiempo; del mismo expositor: *Consecuencias de la modernidad* (Madrid: Alianza Editorial, 1994).

9 La "deconstrucción", es un vocablo que se debe entender no en el sentido de disolver o de destruir, sino en el de analizar las estructuras sedimentadas que forman el elemento analítico, la discursividad filosófica en la que pensamos. Sobre esta corriente, Jacques Derrida, *De la Gramatología*, 4ª. ed. (México: Siglo XXI, 1986), quien examina la relación entre el lenguaje y la escritura, cuestionando la primacía de la escritura sobre el habla y, de paso, abrir el camino de cara a su posterior exploración de la desconstrucción. También, Jacques Derrida, *La voz y*

En este preciso contexto, la globalización, un fenómeno central en todo el espectro del mundo contemporáneo, ha llevado a una interconexión sin precedentes entre las sociedades y los sistemas legales; esto ha generado nuevos desafíos para el Derecho, que se enfrenta a la necesidad de adaptarse a las realidades transnacionales y a cuestionamientos sobre la validez de las normas legales en un contexto globalizado.

De otro lado, los avances tecnológicos han transformado la forma en que interactuamos con el mundo, planteando dilemas éticos y legales. Por ello, desde la privacidad digital hasta la inteligencia artificial en la toma de decisiones judiciales, la crisis del pensamiento occidental se manifiesta en la necesidad de replantear los marcos legales para abordar los desafíos emergentes[10].

Es más, ello también ha puesto de manifiesto la importancia de la diversidad cultural y la identidad en el marco jurídico; el pluralismo cultural y la revisión crítica de los derechos humanos plantean preguntas fundamentales sobre la equidad y la justicia en un mundo caracterizado por la multiplicidad de voces y experiencias.

Naturalmente, la crisis del derecho en la modernidad occidental puede atribuirse a una serie de factores interrelacionados que afectan las fundamentaciones tradicionales del sistema jurídico. A continuación, se destacan algunas de las causas principales:

En primer lugar, es evidente la *transición filosófica* producida por el paso de la metafísica a la razón; en efecto, durante la modernidad, hubo un cambio significativo en la forma en que la sociedad occidental fundamentaba sus creencias y sistemas. La transición desde una base metafísica, que a menudo se apoyaba en autoridades divinas, hacia una justificación en

---

el Fenómeno. Introducción al problema del signo en la fenomenología de Husserl (Valencia: Pre-Textos, 1985); aquí interesa su trabajo "Devant la loi" ("Delante de la Ley") en realidad, con un cuento de Franz Kafka como punto de partida para la reflexión, publicado en *La Faculté de Juger* (Paris. Les Éditions de Minuit, 1985), 87-139), en el cual explora su enfoque deconstruccionista y su aplicación a las ciencias sociales, incluyendo la teoría del derecho.

10 En este contexto son válidas las reflexiones de la Premio Nobel de Economía Amartya Sen, *Desarrollo y Libertad* (Buenos Aires: Editorial Planeta Argentina, 2000), quien explora la relación entre desarrollo humano, libertad y justicia; además, examina cómo las políticas y las instituciones pueden influir en la capacidad de las personas para llevar vidas que valoren, centrándose en la importancia de la libertad individual y las oportunidades.

la razón y la lógica introdujo nuevos desafíos para las estructuras legales tradicionales.

Así mismo, en segundo lugar, deben mencionarse *el individualismo y la desconfianza en la autoridad.* El auge de esos dos fenómenos durante la Edad moderna desafió las estructuras jerárquicas tradicionales y generó una creciente autonomía individual, lo cual condujo a una desconfianza en las autoridades y estructuras legales establecidas, para erosionar la aceptación generalizada de las normas jurídicas.

Adicional a ello, en tercer lugar, advinieron *críticas a la racionalidad jurídica* sobre todo por los cuestionamientos filosóficos gracias a que pensadores como Nietzsche[11] y Foucault[12], quienes pusieron en tela de juicio la racionalidad jurídica, argumentando que no era tan objetiva e imparcial como se pretendía; estas censuras socavaron la confianza en la capacidad del derecho para lograr la justicia y la equidad.

En cuarto lugar, *la globalización y la diversidad cultural.* Como se dijo, la globalización introdujo nuevos desafíos al sistema jurídico, porque las so-

---

11 Friedrich Nietzsche, *Así Habló Zaratustra. Un libro para todos y para nadie* (Madrid: Alianza Editorial, 2003); en esta obra critica la moral tradicional y plantea su concepto de la voluntad de poder, sugiriendo una revaluación de los valores morales establecidos; para aterrizar en el mundo del Derecho penal, sus elaboraciones más importantes se pueden ver en Friedrich Nietzsche, "Genealogía de la Moral ", en *Obras Completas IV. Escritos de madurez II y Complementos a la edición*, editado por Diego Sánchez Meca (Madrid: Editorial Tecnos, 2016), 438-560. Si bien es cierto que —en apariencia— no hay una concepción uniforme de lo jurídico en toda su construcción intelectual (Rodrigo, Barahona Israel, "El pensamiento jurídico de Federico Nietzsche: Una posición existencial ante el Derecho", en *Revista de Filosofía de la Universidad de Costa Rica* 20 (1967), 41-54. https://revistas.ucr.ac.cr/index.php/filosofia), también lo es que él se ocupa del asunto en diversos pasajes de sus trabajos y ello desde una perspectiva crítica, todo lo cual lo torna en un importante filósofo cuestionador de la racionalidad jurídica, máxime si en él hay una marcada inclinación a la impugnación de lo penal y, además, sienta las bases sobre las que luego discurre Michael Foucault (Edison Carrasco Jiménez, "Nietzsche y su visión del derecho penal", *Polis. Revista Latinoamericana* 21 (2008):1-21 http://journals.openedition.org/polis/2924). Para un amplio debate sobre el asunto: Kurt Seelmann, *Nietzsche und das Recht: Vorträge der Tagung der Schweizer Sektion der Internationalen Vereinigung für Rechts— und Sozialphilosophie, 9.-12. April 1999 in Basel* (Stuttgart: Franz Steiner, 2001), 7 y ss.

12 Michel Foucault, *La Microfísica del poder*, 2ª ed., (Madrid: Las Ediciones de la Piqueta, 1980); aquí el pensador francés examina cómo el poder se manifiesta en diferentes niveles y cómo está intrínsecamente ligado a las estructuras sociales y discursivas.

ciedades se volvieron más interconectadas; la diversidad cultural y la coexistencia de diferentes sistemas legales generó tensiones en la aplicación de normas universales y condujo a la necesidad de adoptar enfoques más flexibles y pluralistas.

Adicional a ello, en quinto lugar, se observa una *crisis de legitimidad* propiciada por la corrupción en el sistema legal y el abuso de poder; en definitiva: cuando las instituciones legales no son percibidas como imparciales y justas, la confianza del público en el sistema disminuye, y debilita la eficacia de la ley.

Además, en sexto lugar, se produjeron *cambios en la estructura social y económica*, como la industrialización y la urbanización, que también tuvieron un impacto en las demandas y expectativas hacia el sistema jurídico; la ley tradicional a menudo, bien se sabe, luchó por adaptarse a las nuevas realidades sociales.

Así las cosas, estas causas interactúan de manera compleja contribuyendo, de forma colectiva, a la crisis del derecho en la modernidad occidental; desde luego, se debe tener en cuenta que la comprensión del asunto no es homogénea, dado que —ya se advirtió— diferentes corrientes filosóficas, sociales y culturales, pueden haber influido de manera única en diversas regiones y contextos específicos.

3. LA CRISIS DEL DERECHO PROCESAL PENAL

Los trances del pensamiento jurídico en general también alcanzan a las concepciones que se ocupan del derecho procesal penal y al propio derecho positivo que se designa con ese nombre; por eso, de los voluminosos tratados sobre la materia que exponían todos los componentes del proceso penal clásico a partir de pulidas exposiciones teóricas que daban cuenta de los diversos institutos, con un marcado énfasis en la teoría del proceso penal y sus cimientos constitucionales como los alemanes[13], aus-

---

13 Por ejemplo, entre otros, Mittermaier, Carl Joseph Anton, *Das Deutsche Strafverfahren in der Fortbildung durch Gerichtsgebrauch und Landesgesetzbücher und in genauer Vergleichung mit dem englischen und französischen Strafverfahren*, 2 vols., 4ª ed., (Heildelberg: Buchhandlung J.C.B. Mohr, 1845-1846), una irrepetible obra que —sumada a las muchas que publicó el agudo pensador sobre el asunto entre 1809 y 1866— no solo se ocupa del proceso penal reformado de los estados alemanes de entonces sino del de Inglaterra y Francia: hasta llegar al último gran tratado sobre

tríacos[14], italianos[15], españoles[16] y argentinos[17], etc., se ha pasado a elaboraciones teóricas de menor monta que dan cuenta de los lineamentos esenciales del procedimiento penal, muchas veces sin muchas preocupaciones por las constructos teóricos[18].

Se produce, si se quiere, una especie de vuelta parcial al procedimentalismo propio de los siglos XIX y comienzos del XX, con la diferencia de

---

la materia: Karl Peters, *Strafprozess*, 4ª ed. (Heidelberg: C. F. Müller, 1985); otro texto mucho más abreviado es el de Claus Roxin y Bernd Schünemann, *Strafverfahrensrecht* (München: C. H. Beck, 30ª ed., 2022).

14 Un muy buen ejemplo, es el magnífico trabajo de Julius Vargha, *Das Strafprocessrecht.* Systematisch dargestellt. 1ª ed. (Berlin: Carl Heymanns Verlag, 1885).

15 Vincenzo Manzini, *Trattato di diritto processuale penale italiano secondo U nuvo códice*, 4 vols., 4ª ed. (Torino: Unione Tipografico-Editrice, Torinese, 1952); el mismo, *Trattato di diritto processuale penale italiano*, actualizado por Giovanni Conso y Gian Domenico Pisapia, 4 vols., 6ª ed. (Torino: Unione Tipografico-Editrice Torinese, 1967-1972), el último gran tratado de derecho procesal penal en Italia con un poco más de 3000 páginas; el mismo, *Tratado de Derecho Procesal Penal*, 5 ts. (Buenos Aires: Ediciones Jurídicas Europa-América, 1951); Giovanni Leone, *Tratado de Derecho Procesal Penal*, 3 Vols. (Buenos Aires: Ediciones Jurídicas Europa-América, EJEA, 1989); y, hoy, entre muchos otros: Paolo Tonini y Carlotta Conti, *Manuale di Procedura Penale*, XXIIIª ed., (Milano: Editorial Giuffrè Francis Lefebvre, 2023), que conservan cierta tradición en materia de tratados.

16 Yendo desde autores tradicionales como Miguel Fenech, *Derecho Procesal Penal*, 2 Vols. (Barcelona: Edit. Labor, 1952), hasta llegar a los contemporáneos: José María Asencio Mellado, *Derecho procesal penal*, 2ª ed., (Valencia: Tirant lo Blanch, 2020); Juan Montero Aroca *et al.*, *Derecho Jurisdiccional III. Proceso Penal* 27ª ed. (Valencia: Tirant lo Blanch, 2019); Moreno Catena, Víctor y Valentín Cortés Domínguez. *Derecho Procesal Penal*, 11ª ed., (Valencia: Tirant lo Blanch, 2023).

17 Jorge A. Clariá Olmedo: *Tratado de Derecho Procesal* Penal, 7 Vols. (Buenos Aires: Ediar, 1960-1968); Alfredo Vélez Mariconde, *Derecho Procesal Penal*, 3 vols. (Córdoba: Lerner, 1986); Jorge E. Vázquez Rossi, *Derecho Procesal Penal*, 3 tomos (Buenos Aires: Rubinzal-Culzoni Editores, 1995); Julio B. Maier, *Derecho Procesal Penal argentino* (Buenos Aires: Hammurabi, 1989).

18 Así los manuales alemanes que se ocupan de las materias propias del derecho procesal penal de forma esquemática mediante una presentación didáctica del derecho vigente, dirigida a estudiantes y practicantes: Tonio Walter, *Strafprozessrecht. Ein Lehrbuch für Studenten und angehende Praktiker* (Tübingen: Mohr Siebeck, 2020); Holm Putzke y Jörg Scheinfeld, *Strafprozessrecht*, 9ª ed., (München, C. H. Beck, 2022), con casos prácticos y esquemas; Urs Kindhäuser y Kay H. Schumann, *Strafprozessrecht*, 6ª ed. (Baden-Baden: Nomos Verlag, 2022); Werner Beulke y Sabine Swoboda, *Strafprozessrecht*, 16ª ed. (Heidelberg: C. F. Müller, 2022); y Heribert Ostendorf y Janique Brüning, *Strafprozessrecht*, 5ª ed. (Baden-Baden: Nomos Verlag, 2024).

que esas elaboraciones responden a diversos momentos históricos, cuando eran otros los modelos políticos y económicos; esto es, se alude a esa corriente que se dedica al estudio del procedimiento como una mera sucesión cronológica y ordenada de actos procesales desde el comienzo hasta el fin, o, en otras palabras, una especie de *judicialismo* o *derecho judicial*[19]. Se trata, pues, del estudio del procedimiento judicial penal, aunque ahora el pretexto fementido es el estudio de las llamadas técnicas de la investigación y del proceso penal que tanto se ha proclamado con la introducción de los sistemas de enjuiciamiento criminal propios de los países anglosajones, en los países de tradicional orientación escritural y ritual.

De esta forma, los apuros del derecho procesal penal en el contexto de la modernidad occidental implican desafíos específicos que afectan la administración de la justicia penal, a cuyo efecto es pertinente identificar diversas causas y manifestaciones del asunto.

En efecto, en primer lugar, para aludir a la *racionalización y la búsqueda de la verdad*, debe decirse que durante la modernidad se intensificó la obtención de la verdad en el proceso penal a través de la aplicación de la razón y la lógica. Sin embargo, las críticas filosóficas, como las de Nietzsche y Foucault, ya mencionados, cuestionaron la idea de una verdad objetiva y pusieron de manifiesto la influencia de factores sociales, culturales y políticos en la interpretación de los hechos; esto, por supuesto, lleva a que se desconfíe en torno a la capacidad del proceso penal para descubrir la "verdad" de forma imparcial.

En segundo lugar, debe hacerse referencia al *individualismo y a los derechos del acusado*. Como se recordará el ascenso del individualismo también se reflejó en un cambio en el enfoque en relación los derechos del inculpado; la atención se desplazó hacia la protección de los derechos individuales frente al poder del Estado, lo cual llevó a hacer un mayor énfasis en la presunción de inocencia, el derecho a un juicio justo y la prohibición de la tortura, entre otras garantías, aunque la efectividad de estas protecciones puede variar.

Adicional a ello, en tercer lugar, ello toca con los *problemas de legitimidad y eficacia*. Se dice esto porque la percepción sobre la falta de legitimidad y eficacia del sistema procesal penal, puede surgir debido a fenómenos

---

19 Juan Manuel, Alonso Furelos, "El procedimentalismo español. Siglos XIX y XX". *Revista de Derecho UNED* 15 (2014), 554 y ss. DOI: https://doi.org/10.5944/rdu-ned.15.2014

como la corrupción en la aplicación de la ley, el abuso de poder por parte de las autoridades, y la falta de recursos para garantizar una representación legal y judicial adecuada. Estos problemas, por supuesto, contribuyen a fomentar la desconfianza en el sistema y afectan la capacidad de la justicia penal para cumplir con sus objetivos.

Así mismo, en cuarto lugar, se debe hacer referencia a *la globalización y a los nuevos desafíos transnacionales.* La globalización, ya se ha expresado, produjo un aumento en los delitos transnacionales como el lavado de dinero, el terrorismo, el tráfico ilegal de drogas, el tráfico de personas, el tráfico de armas de toda especie, atentados contra la naturaleza o el medio ambiente, crímenes de poderosos como las corporaciones multinacionales o de los estados (guerras preventivas, institucionalización de torturas, desapariciones, etc.), desafiando las jurisdicciones tradicionales. Por ello, el derecho procesal penal se enfrenta a la dificultad de adaptarse a estos desafíos, coordinar acciones entre las diversas jurisdicciones y garantizar procesos justos en los casos que involucran a actores de diferentes partes del mundo con diversas nacionalidades y que, en principio, están regidos por sistemas procesales penales distintos en atención a las peculiaridades de cada país.

Finalmente, en quinto lugar, debe aludirse al papel de *la tecnología y de la privacidad.* Los avances tecnológicos plantean cuestionamientos muy importantes sobre la privacidad en el contexto del derecho procesal penal; así las cosas, la recopilación y el uso de datos electrónicos, la vigilancia masiva y la utilización de tecnologías forenses, entre otros factores, generan grandes preocupaciones sobre el equilibrio entre la eficacia en la investigación penal y la protección de los derechos individuales.

En conjunto, pues, estos elementos contribuyen a una crisis en el derecho procesal penal, para el cual la búsqueda de un equilibrio entre la justicia, los derechos individuales y la eficacia en la aplicación de la ley se ve desafiada por diversos factores inherentes a la modernidad occidental; por ello, entonces, la respuesta a esta situación implica considerar con cuidado las dinámicas cambiantes de la sociedad y los valores fundamentales de la justicia penal.

Obviamente, esta dificultades del derecho procesal penal como disciplina se reflejan en los cambios introducidos durante las últimas décadas a los ordenamientos jurídicos, para dar cabida a normatividades que regulan las nuevas realidades que dan paso a un proceso penal o a un simulacro del mismo, que dista del tradicional, clásico o reformado. Nadie mejor que David Garland desnuda las nuevas circunstancias de los sistemas procesales penales. En efecto, asevera que el sistema de justicia penal se ha convertido en un mecanismo para mantener el control social en lugar de abordar las causas subyacentes del comportamiento delictivo[20]; para él, después de recrear la historia del derecho penal, con el paso de la modernidad a la modernidad tardía, se ha mudado de una cultura del cambio social a una que se preocupa solo por el control. Y, agrega, se ha producido el resquebrajamiento de uno de los mitos políticos más importantes de la modernidad, esto es, la idea de un Estado soberano como titular monopólico del control del delito.

El argumento central de su libro gira en torno al concepto de "encarcelamiento masivo" y al surgimiento de políticas punitivas de control del delito. Garland sostiene que el cambio hacia estrategias punitivas no es solo una respuesta al aumento de las tasas de criminalidad, sino que está profundamente arraigado en variaciones culturales y políticas; es más, destaca la influencia del neoliberalismo y la política de Ley y Orden en la formación de políticas de control del delito. Analiza, además, cómo el temor público al crimen, las representaciones mediáticas de los delincuentes y la retórica política punitivista contribuyen a la construcción de una "cultura del control".

Esta cultura enfatiza el castigo, la vigilancia y las estrategias de exclusión, para mantener el orden social. Examina diversos aspectos de la misma, como el crecimiento de las prisiones, el aumento del uso de tecnologías de vigilancia y el señalamiento de grupos sociales específicos, especialmente las minorías raciales. Asimismo, explora las consecuencias de la cultura del control en las personas, las comunidades y en el propio sistema de justicia penal. En fin, discute el impacto de las políticas punitivas en la vida de los delincuentes, la erosión de las libertades civiles y el potencial de divisiones e desigualdades sociales.

Otro tanto, sin duda, cabe decir de la monumental y visionaria obra de Luigi Ferrajoli[21], para quien los sistemas punitivos de las democracias avanzadas no han sabido responder a los grandes desafíos que plantea la cuestión criminal y, en su lugar, han implantado un derecho penal máximo que produce dos expansiones patológicas: la del *derecho de la penalización* (la inflación legislativa que lleva al colapso a los sistemas judiciales y del principio de legalidad, para crear un enorme derecho penal burocrático);

---

20 David Garland, *The Culture of Control: Crime and Social Order in Contemporary Society* (Oxford: Oxford University Press, 2001).

21 Luigi Ferrajoli, *Derecho y razón. Teoría del garantismo penal* (Madrid: Trotta, 1995), 537 y ss., en especial 695 ss., cuando describe el sistema italiano.

y, la del aumento desmesurado de las aflicciones punitivas con el *incremento del encarcelamiento*, la criminalización de la pobreza y la impunidad de los crímenes de los poderosos, producto de una política indiferente a las causas estructurales de los fenómenos criminales y a las garantías, a la cual solo le interesa secundar o alimentar los miedos y los humores represivos del conglomerado social.

Por eso, se trata de sistemas procesales penales —si así se les puede llamar— que introducen las negociaciones sobre la pena y sobre el procedimiento que, advierte, conllevan un total renunciamiento a las garantías penales, dado que los imputados acaban reconociendo responsabilidades penales con tal de hacerse acreedores a las "gabelas punitivas", cuando no víctimas de la total perversión burocrática y policial de una buena parte de la justicia penal[22], con total menosprecio del auténtico modelo procesal penal acusatorio; y, por supuesto, en contravía del propio diseño constitucional. Una auténtica contracción del derecho procesal penal mientras la expansión del derecho penal camina a ritmos inusitados[23].

4. EL PROCESO PENAL "CLÁSICO" Y EL "MODERNO"

Cuando se habla del proceso penal deben distinguirse dos versiones del mismo que, respectivamente, en atención a los momentos históricos en que se manifiestan, se pueden dividir en *clásico* y *moderno*[24].

Con la primera denominación se hace referencia a un procedimiento penal mediante el cual la sentencia se emite después de adelantar un juicio principal inmediato, oral y público[25]. A veces, se denomina también como "reformado" para aludir a las trasformaciones mediante las cuales el proceso penal inquisitivo basado en registros, fue reemplazado a lo largo del siglo XIX por un procedimiento penal con división de poderes; un proceso penal que, en el caso de Alemania (Ley de 1° de febrero de 1877) y Austria

---

22 *Ibidem*, 748-749.

23 De nuevo, Gómez Colomer, *La contracción del Derecho Procesal Penal*, 123 y ss.

24 Marc Thommen, "Gerechtigkeit und Wahrheit im modernen Strafprozess (Antrittsvorlesung)". *Recht: Zeitschrift für juristische Weiterbildung und Praxis* 32(6), (2014): 264-276. http://www.uni.recht.ch/

25 Arnd Koch, "Die gescheiterte Reform des reformierten Strafprozesses. Liberale Prozessrechtslehre zwischen Paulskirche und Reichsgründung". *Zeitschrift für Internationale Strafrechtsdogmatik* (*ZIS*) 10 (2009): 542-548. http://www.zis-online.com/dat/artikel/2009_10_365.pdf.

(Ley de del 23 de mayo de 1873), advierte Vargha —pletórico de entusiasmo con las reformas de entonces—, se centraba en dos objetivos igualmente importantes, cuya consecución debería buscar todo procedimiento penal racional: por un lado, asegurar la realización del poder punitivo del Estado y, por otro lado, proporcionar a los ciudadanos las garantías necesarias contra posibles abusos que puedan estar asociados con el ejercicio del poder punitivo estatal. Desde luego, el ideal del procedimiento penal radicaba en ese momento —y se supone que también así debería ser en las sociedades modernas— en la realización armoniosa de estos dos propósitos[26].

Con razón, pues, advertía el mencionado expositor que era "mérito de la teoría del Estado progresista haber reconocido tanto a la comunidad como al individuo desde un punto de vista reconciliador, como un "fin en sí mismo", y haber abandonado la ilusión de que es posible promover el bien común realmente y no solo aparentemente a expensas del bien individual"; y añadía, para hacer referencia a lo dicho en precedencia: "Esta concepción moderna del derecho ha enterrado el anticuado proceso inquisitivo y, al igual que todos los logros de libertad de la actualidad, ha dado lugar a nuestro nuevo procedimiento penal reformado"[27].

Así las cosas, con este punto de partida era claro —y son palabras que debieran caracterizar un verdadero proceso penal democrático en el seno de las actuales sociedades de la información—, que el núcleo de este diseño reformado "es simplemente el reconocimiento práctico que caracteriza al Estado de derecho constitucional: que el individuo es un fin en sí mismo y que su bienestar merece la misma protección legal que el bienestar de la colectividad".

En fin, que "la transformación del procedimiento penal es, por lo tanto, una manifestación de un proceso de transformación jurídica del Estado"[28]. Un Estado que diseñó un proceso penal en el cual el acusado

---

26 Julius Vargha, *Die Vertheidigung in Strafsachen -Historisch und dogmatisch Dargestellt* (Wien: Verlag der Manz'schen K. K. Hof-Verlags— und Universitäts Buchhändlung, 1879), 269; una obra preciosa que hace tanto una exposición clara del desarrollo histórico de la defensa en el proceso judío, griego, romano, canónico, alemán, francés e inglés (la primera parte), como de la doctrina de la defensa en el procedimiento penal reformado, para el caso en Alemania y Austria (la segunda parte). Del mismo, *Das Strafprocessrecht*, 29.

27 *Idem*, *Die Vertheidigung in Strafsachen.*

28 *Ibidem*, 270.

también actuaba y era tratado como un sujeto procesal, como una persona parte de ese proceso; algo inconcebible en el proceso inquisitorial propio de un Estado policial absolutista, para el cual primaba la persecución implacable de los fines del bien común a expensas del bienestar y los derechos de las personas, de los súbditos que eran meros objetos o simples medios de investigación.

De ahí, pues, que el "proceso reformado" y el "proceso acusatorio" se volvieron sinónimos, y por eso se escribió el primero bajo el nombre del último como una de las aspiraciones más importantes en la bandera de los partidos políticos progresistas de entonces[29].

Este proceso clásico así concebido por los reformadores que gestaron la Ordenanza Procesal alemana de 1877, contrasta con el "moderno" —al cual se alude en seguida— que, por lo general, concluye con una orden de castigo emitida por la fiscalía o una propuesta de fallo de la fiscalía que el tribunal puede aprobar luego de rituar un procedimiento abreviado. Por supuesto, la distinción entre el proceso penal clásico y el moderno no se limita solo a la competencia material para dictar sentencias sino, además, a la capacidad para determinar los hechos que son objeto de debate.

En efecto, en el proceso penal clásico los hechos se investigan en la fase previa, pero ellos solo se establecen de manera vinculante durante el juicio en sede judicial; en el llamado proceso penal moderno, en cambio, los hechos son determinados por la fiscalía y son simultáneamente considerados como válidos, porque el propósito es evitar una extensa determinación de los mismos en el tribunal. Además, en el proceso penal clásico las audiencias principales con un ritual que preside el juzgamiento son de gran relevancia comunicativa y simbólica[30]; también se trata de la elaboración ritual del conflicto creado por el delito.

Esta elaboración pública de los delitos se aborda en la famosa paráfrasis: "No solo se debe hacer justicia; también se debe ver qué se hace"[31]. No

---

29 *Ibidem*, 271; Vargha, *Das Strafprocessrecht*, 30.

30 Jacqueline Hodgson, "Conceptions of the Trial in Inquisitorial and Adversarial Procedure", editado por Antony Duff, Lindsay Farmer, Sandra Marshall, Victor Tadros, *The Trial on Trial, Volume 2, Judgment and Calling to Account, Hart Publishing* (Oxford, Portland: Hart Publishing, 2006), 226 y ss. La autora hace una comparación entre aspectos rituales y procedimientos que tienen lugar en los tribunales penales de Inglaterra, Gales y Francia, en especial los de menor rango.

31 Thommen, "Gerechtigkeit und Wahrheit im modernen Strafprozess...", 266, nota 15. En realidad, la cita original del juez del Reino Unido Lord Gordon Hewart,

obstante, en los países anglosajones los tribunales penales están organizados con jurados y son los ciudadanos quienes deciden sobre la culpabilidad o inocencia; además, la pena se establece en caso de culpabilidad[32].

Ahora bien, el proceso penal clásico en atención a que se concebía como de partes se puede visualizar muy bien mediante una trinidad que sitúa a un juez en la cima y a las partes litigantes, la acusación y la defensa, en los dos extremos inferiores; la fiscalía por un lado, el acusado y su abogado defensor por el otro, se enfrentan ante el tribunal, allí discuten sobre los hechos y la culpabilidad o la inocencia del acusado. El juez independiente está por encima de todo. En otras palabras: el proceso acusatorio ("reformado") se funda en el principio de la publicidad de las partes, lo que cualquier violación de este principio implica —de manera simultánea— una violación esencial al principio acusatorio. El criterio esencial (o central) del proceso acusatorio, dice Vargha, "[...] es la trinidad acusatoria de juez, parte acusadora y parte defensora. Su procedimiento consiste en una audiencia oral entre estos tres factores. Donde en una actuación procesal que funda una decisión esencial, en la cual el juez obtiene las premisas para su juicio, falta una o ambas partes, el procedimiento acusatorio parece interrumpido. Si faltan ambas partes, se está incurriendo nuevamente en el proceso inquisitivo; si solo se excluye la parte defensora pero se permite la parte acusadora, la situación para la defensa es incluso peor que en el proceso inquisitivo"[33].

Lo importante en esta imagen triangular es que, en primer lugar, el juez está en la cima y, en segundo lugar, que la acusación y la sentencia están

---

Juez Principal en una decisión clave sobre la apariencia de parcialidad —que se ha hecho famoso como precedente en el mundo anglosajón—, es la siguiente: "[Es] de importancia fundamental que la justicia no solo se realice, sino que se manifieste y sin lugar a dudas se vea que se realiza" (*Befangenheitsanschein:"[It] is of fundamental importance that justice should not only be done, but should manifestly and undoubtedly be seen to be done*"), Rex. v. Sussex Justices, Ex parte McCarthy, *King's Bench Division*, 1924, 259.

32 Para un estudio del sistema norteamericano, Felix Bommer, "Abgekürztes Verfahren und Plea Bargaining im Vergleich", *Zeitschrift für Schweizerisches Recht (ZSR)* 128 (II) (2009), 5-124. https://www.legalis.ch/de/zsr-rds/, 36 y ss. Una introducción general al *Sistema Adversarial* de los Estados Unidos, en Stephan Landsman, *The Adversary System. A Description and Defense* (Washington-London: American Enterprise Institute for Public Policy Research, 1984).

33 Vargha, *Die Vertheidigung*, 288.

separadas y están a cargo de personas distintas[34]. Esta separación de poderes con la consiguiente distribución de funciones en el proceso penal es una respuesta a los abusos cometidos en la época en que rigió el proceso inquisitivo de la Edad Moderna y, hoy en día, es una máxima igualmente aplicable tanto a sistemas procesales adversariales como inquisitivos.

De lo dicho hasta ahora, pues, se puede concluir que el proceso penal clásico se caracteriza por un procedimiento judicial público e inmediato (hay una trinidad de juez, fiscal y acusado); la justicia se logra al cumplir con las reglas de equidad y el principio de dignidad humana, amén de tratar de encontrar un núcleo de verdad sobre los hechos; en otras palabras, un proceso penal regido por los principios que integran un debido proceso[35].

A diferencia de ese proceso penal clásico, ya no inquisitivo sino adversarial (acusatorio)[36], el rito judicial penal moderno se caracteriza por la fijación vinculante de los hechos que ocurre ya en la fase preliminar. En este procedimiento el proceso penal generalmente concluye con una propuesta de sentencia basada en la interpretación de los hechos por parte del fiscal; y, cuando se trata de procedimientos abreviados que son los predominantes, la propuesta de sentencia es formalmente aprobada por el tribunal, aunque en la realidad, sea una sentencia del fiscal[37].

Ahora bien, cuando se consultan las estadísticas se comprueba que en los países donde rige este proceso penal —por llamarlo de alguna manera, porque está claro que no lo es—, cerca del 95% de todas las condenas por delitos graves se realizan acudiendo a ese tipo de procedimientos máxime si la lógica que los acompaña es diferente[38]. En efecto, aquí no se trata de

---

34 Vargha, *Das Strafprocessrecht,* 38.

35 La exposición de los mismos, de cara a la Ordenanza Procesal Penal Austriaca, en Vargha, *Das Strafprocessrecht,* 31-49.

36 Para el distingo entre estos dos sistemas, en Ferrajoli, *Derecho y razón,* 562 y ss.

37 Bommer, "Abgekürztes Verfahren, 108; bien advierte el expositor suizo —al hacer una comparación entre el sistema norteamericano y las nuevas instituciones utilitarias introducidas en su país— que "Este incumplimiento en la división de poderes procesales puede asustar a un fiscal sensible al estado de derecho, mientras que su colega con más poder podría aprovechar las nuevas libertades de manera más enérgica".

38 Stephanos Bibas, "Designing Plea Bargaining from the Ground up: Accuracy and Fairness without Trials as Backstops", *William & Mary Law Review* 57(4) (2016), 1055-1081. https://scholarship.law.upenn.edu/faculty_scholarship/1644, 1058, para quien no solo la excepción se ha convertido en regla, sino que hoy en día,

una puesta en escena acompañada de drama y teatro —según se cuestiona— sino de privilegiar la eficiencia y la economía.

En estos tiempos, pues, el proceso penal está diseñado para que concluya; son procedimientos rápidos, de "liquidación", y no hay lugar a la puesta en escena de la Justicia porque es demasiado costosa. Así las cosas, los denominados procesos penales modernos se caracterizan, por un lado, por el papel destacado del fiscal y, por otro lado, por la forma en que se recopila la información sobre los hechos.

En cuanto al papel de la fiscalía, la característica principal de ese remedo de proceso radica en la concentración de poder en el fiscal; él decide por sí solo la apertura de las actuaciones y delinea una hipótesis de culpabilidad que se traduce en una propuesta de sentencia que se somete a la consideración del acusado. A éste no le queda otra alternativa que someterse y aceptar, so pena de tener que soportar que se adelante un juicio muy costoso en el que corre, si quiere enfrentarlo, enormes riesgos y puede verse condenado a penas muy elevadas.

La esencia de estos procedimientos cortos, pues, radica en que la acusación casi siempre se convierte directamente en una sentencia de tal manera que una sospecha se torna en un veredicto de culpabilidad. Es más, todo el procedimiento se basa en la premisa de que el Estado sabe que solo unos pocos acusados impugnan las decisiones adoptadas por las autoridades judiciales en materia penal, como si se tratara de los más crudos tiempos de la Inquisición. El fiscal actúa como "Gran Inquisidor"[39], por eso ahora "cuenta las condenas como muescas en su cinturón"[40].

---

aproximadamente el 94% de los acusados de delitos graves se declaran culpables, mientras que solo el 4% se somete a juicio con jurado y el resto a juicio sin jurado; en los casos de faltas el 99% de los acusados se declaran culpables. En otros países, como los latinoamericanos —con las dificultades estadísticas existentes—, las cifras son inferiores y ello depende de diversos factores: Sobre ello, Máximo Langer y Máximo Sozzo, "Plea Bargaining in Latin America", en *Research Handbook of Plea Bargaining and Criminal Justice,* editado por Máximo Langer, Mike McConville y Luke Marsh (Cheltenham: Edward Elgar Publishing, 2024), 88-143.

39 Martin Schubarth, "Zurück zum Grossinquisitor? - Zur Rechtsstaatlichen Problematik des Strafbefehls", en Marcel Alexander Niggli/José Hurtado Pozo/Nicolas Queloz (Hrsg.), *Festschrift für Franz Riklin, Zur Emeritierung und zugleich dem 67. Geburtstag* (Zürich: Schulthess, 2007), 527.

40 Bibas, "Designing Plea Bargaining", 1063.

De hecho, con este tipo de procedimiento se renuncia a una de las conquistas más importantes de la Ilustración, esto es, la ya mencionada separación de poderes en el proceso penal entre la persona que investiga y la que dicta sentencia; aquí el fiscal termina por ser, al mismo tiempo, acusador y juez. Desde luego, esa equiparación entre el fiscal del "proceso moderno" y el inquisidor no es del todo exacta si se tiene en cuenta que ahora se le permite al acusado acudir a un tribunal independiente (por lo menos en teoría) en cualquier momento.

Así las cosas y de forma resumida, puede decirse lo siguiente: la fiscalía en el llamado proceso penal moderno es muy poderosa; y el triángulo (la "Trinidad") se ha convertido en una construcción vertical, en cuya virtud el fiscal se sitúa arriba y el acusado abajo. El triángulo solo existe a pedido del acusado.

Adicional a ello, en este modelo desaparece un principio fundamental para un proceso penal clásico, democrático, esto es, el de *la igualdad de armas*. Según el diseño clásico, en cada proceso penal se enfrentan dos intereses sagrados del Estado: por un lado, la expiación de un delito cometido y, por otro lado, asegurar que ningún inocente sea castigado. Dado que se reconoce que la persecución, la investigación y la defensa del acusado no pueden recaer en una sola entidad, el Estado asigna estas diversas funciones a diferentes personas, quienes actúan en interés de la justicia.

Por ello, idealmente, el fiscal es el representante de la ley, y el defensor es el vocero de la inocencia (del acusado, sea que finalmente se le encuentre culpable o no); la parte acusadora y la defensora, que trabajan de cara la consecución de un objetivo que es sagrado, se enfrentan durante el proceso de manera igual y con los mismos derechos[41]. Esto no es posible en el "moderno" proceso penal.

En ese diseño de juzgamiento, entonces, impera el dictado de la eficiencia porque él está concebido para generar la menor cantidad posible de trabajo de investigación; sin duda, si todo se investigara —tarea hoy imposible—, se perdería la eficacia buscada. Por eso, no es necesario abrir una investigación y el fiscal tiene la libertad de decidir si quiere interrogar o no a los acusados o a los testigos. En pocas palabras: el proceso corto se llama así porque la investigación de los hechos es en extremo breve; con razón, en lengua inglesa se habla de los "tribunales canguros" (*Kangaroo Courts*)

---

41 Vargha, *Die Vertheidigung*, 289.

porque la justicia realiza saltos como la de este marsupial, pues se brinca de la sospecha al veredicto[42].

Aquí, así se diga respetar todas las garantías inherentes al debido proceso legal, no hay investigación y la verdad ya no se busca porque todo está diseñado para que el acusado asuma su responsabilidad. En otras palabras: en el llamado proceso penal moderno, la justicia, en términos simples, requiere que formalmente se respeten las reglas de equidad, la dignidad humana y el debido proceso, y que el acusado, considerado como sujeto del procedimiento, asuma la responsabilidad de la acusación; no obstante, se suelen enumerar también diversas ventajas de ese sistema[43].

Así las cosas, para resumir, en el proceso penal clásico la búsqueda de la verdad y la justicia eran el eje central y su razón de ser. Sin embargo, la justicia se lograba —por un lado—, cuando se respetaban las reglas de la equidad y se tomaba en serio al acusado como ser humano; y, por el otro, un veredicto solo se consideraba justo cuando el verdadero culpable era condenado.

En el denominado proceso penal moderno, esta búsqueda de la verdad ha sido eliminada y, en su lugar, ha surgido un sistema de asunción autónoma de responsabilidad: el acusado puede aceptar la propuesta de sentencia y asumir la responsabilidad, o puede exigir un juicio completo. Sin embargo, los procedimientos cortos son deficientes en diversos aspectos del Estado de derecho: para que los acusados puedan defenderse con éxito contra las órdenes impartidas por la fiscalía, las disposiciones procesales deben mejorarse de manera significativa; el objetivo debe ser que el acusado no tenga que elegir entre un proceso corto o un proceso justo, sino que pueda optar por un proceso corto pero justo[44].

Por tal razón, se puede afirmar que el proceso penal "moderno" funciona con una lógica distinta a la del clásico: ahora importan la eficacia y la economía, pues él está diseñado para generar el menor esfuerzo de investigación posible; así mismo, los juicios penales modernos son cortos y el papel del fiscal es muy grande, porque él es quien decide si inicia el juicio penal (concentración del poder en sus manos). De igual forma, en

---

42 Así, Thommen, "Gerechtigkeit und Wahrheit im modernen Strafprozess...", 275.

43 Juan Carlos Ferré Olivé, "El *Plea Bargaining*, o cómo pervertir la justicia penal a través de un sistema de conformidades *low cost*", *Revista Electrónica de Ciencia Penal y Criminología RECPC* 20-06 (2018), 1-30. http://criminet.ugr.es/recpc/

44 Thommen, "Gerechtigkeit und Wahrheit im modernen Strafprozess...", 276.

esos juicios penales cortos no interesan los hechos sino el resultado; y algo que es bien relevante: la acusación, casi siempre, se convierte en sentencia, la sospecha se traduce en sentencia; ya no se busca la verdad, el acusado solo asume "su" responsabilidad, por ende la responsabilidad es mejor que la verdad.

En fin, bien se advierte que el peligro de estos institutos radica en los poderes que se le otorgan a la fiscalía que de esta manera interviene de forma grave en la política criminal del Estado: "No solo la fiscalía es la dueña de la masa de fallos penales, sino que ahora, en condiciones dadas o por crear, también tiene el poder de imponer sus ideas de retribución justa y prevención necesaria incluso en el ámbito de la delincuencia grave"[45].

Es más, ese moderno proceso penal —que, repítase, ya no tiene nada de "moderno" ni de "proceso"—, convertido en un instrumento de inquisición, se fortalece con los avances tecnológicos, entre ellos las llamadas pruebas genéticas predictivas[46] y, de su mano, los test genéticos, los bancos de datos y las muestras genéticas, cuando no mediante la utilización de la tecnología informática que es manipulada para combatir el delito y perseguir a los delincuentes en el contexto de una sociedad que parece haber dejado de ser post-crimen para tornarse en pre-crimen, sin olvidar los instrumentos que posibilita la llamada inteligencia artificial; todo ello, se repite, de la mano de políticas criminales gerenciales y actuariales[47] que, para estos efectos, tienen la virtud de "enriquecer" —dicen ellas— el

---

45 Bommer, "Abgekürztes Verfahren, 114.

46 Fernando Velásquez Velásquez, "Pruebas genéticas predictivas y moderno proceso penal". *Estudios Penales y Criminológicos* XXXVII (2017): 391-438. Doi: https://doi.org/10.15304/epc.37.4158.

47 Harcourt, Bernard E. (2003) "The Shaping of Chance: Actuarial Models and Criminal Profiling at the Turn of the Twenty-First Century", *University of Chicago Law Review*, vol. 70, 2003, 105-128, quien habla de "[...] un nuevo modo de gestión burocrática del crimen que involucre un estilo de pensamiento que enfatiza la agregación, las probabilidades y el cálculo de riesgos en lugar de la determinación individualizada: una nueva episteme probabilística modelada sobre una base actuarial o de riesgo" (106; en especial, 113 y ss.); también, Harcourt, Bernard E., *Against prediction: Punishing and Policing in an actuarial Age.* University of Chicago Press, Chicago, 2006. Antes, Malcolm M. Feeley y Jonathan Simon, Jonathan. "*The New Penology: Notes on the Emerging Strategy of Corrections and Its Implications*", *Criminology* 30(4), (1992): 449-474. https://doi.org/10.1111/j.1745-9125.1992.tb01112.x.

derecho penal con conceptos nuevos como el de los "criminales de carrera" (*career criminals*)[48], entre otros.

5. LA CRISIS DEL ACTUAL "PROCESO PENAL" Y SUS CAUSAS

Ubicados en el anterior contexto, que permite ver la forma como la crisis del pensamiento de Occidente ha incidido en las concepciones jurídicas y, en concreto, en las del Derecho procesal penal —no solo como disciplina del conocimiento sino como ordenamiento jurídico—, deben ahora pergeñarse algunas ideas adicionales de cara a entender cuáles son algunas de las causas de ese quiebre o desplome del proceso penal.

Al respecto, debe advertirse que ese modelo formal introducido hoy en los países europeos y latinoamericanos, amén de las latitudes asiáticas, africanas, neozelandesas y australianas, es un diseño que —con diversas variantes y matices— se caracteriza porque al lado de los tradicionales esquemas de juzgamiento se introducen los institutos propios de la justicia penal negociada tomados del derecho anglosajón.

En otras palabras: el entramado de esos cambios se produce en el ámbito propio de la coexistencia de dos prototipos diferentes de procedimiento penal: el angloamericano (*Adversary System*) con su justicia negociada y el continental europeo (herencia del procedimiento inquisitivo francés), en el seno de las sociedades de la información actuales[49], el segundo de los cuales —como producto de la crisis general que se observa— ha sido ahora permeado por los dictados del primero, para conformar un híbrido con diversas manifestaciones que se extiende como una verdadera mancha de aceite y refleja, de una o de otra manera, las diversas tensiones entre los principios de legalidad y de oportunidad características de la época contemporánea.

Se ha avanzado, pues, por lo menos desde el punto de vista formal, en la privatización de la justicia penal gracias al empleo de una serie de mecanismos en cuya virtud los legisladores contemporáneos prevén que la decisión final del conflicto jurídico penal dependa, en muchos casos, de un acuerdo entre las partes y no de la aplicación de la ley; se trata, entonces,

48 Harcourt, *Against prediction*, 1 y ss.

49 Schünemann, "Cuestiones básicas de la estructura", 175-176.

de diversos dispositivos mediante los cuales se evita el juicio y se negocia incluso la pena a imponer[50].

Por supuesto, una cosa son los diseños pensados para que no haya un verdadero proceso penal o éste sea la excepción —recuérdese el análisis de Gómez Colomer[51]— y otra muy distinta lo que sucede en la realidad cuando se ponen en escena esos diseños que comportan otras culturas investigativas y de juzgamiento, amén de duros escenarios en los cuales peligran los derechos ciudadanos, se profundizan las desigualdades sociales y el Estado-Nación se derrumba. Así las cosas, entre las causas que contribuyen a ahondar el colapso de ese proceso penal que se llama "moderno" se deben mencionar las siguientes:

En primer lugar, la desarticulación del Estado de Derecho, producto de la globalización económica —denominación no generalizada, pues hay quienes prefieren la de *mundialización*[52] al paso que otros hablan de *formación global*, o de *cultura global*[53]— y la integración supranacional; el Estado nacional y la pérdida de las fronteras. Con ese esquema ahora se cuestiona de manera profunda el pensamiento jurídico y se aduce que se ha producido un virtual agotamiento de sus modelos teóricos y analíticos, pues el derecho positivo imperante no es compatible con el nuevo modelo[54]. Es tan avasallador el influjo de estos fenómenos que algunos teóricos se auguran, incluso, el derrumbamiento de toda la Dogmática jurídica (incluida la procesal penal) como disciplina construida a lo largo de los años[55].

De igual forma, en segundo lugar, como este modelo globalizado es impuesto desde los países centrales hacia los de la periferia, la concepción del derecho —por ende, también del Derecho procesal penal— que se quiere imponer está claramente enfocada en defensa de los intereses pre-

[50] Velásquez Velásquez, Fernando, *La Justicia Penal: Legalidad y Oportunidad* (Valencia: Tirant lo Blanch, 2018), 27 y ss., 34 y ss., 41 y ss.

[51] Nota 3.

[52] André Jean Arnaud, *Entre modernidad y globalización. Siete lecciones de Historia de la Filosofía del Derecho y del Estado* (Bogotá: Universidad Externado de Colombia, 2000), 35.

[53] De Sousa Santos, Boaventura, *La globalización del Derecho* (Bogotá: Universidad Nacional-Facultad de Derecho/ILSA, 1999), 37.

[54] Faria, José Eduardo, *El derecho en la economía globalizada* (Madrid: Trotta, 2001), 13.

[55] *Ibidem*, 43.

dominantes y no en pro de los de los sometidos, urgidos de mejorar sus condiciones de justicia conmutativa y distributiva[56].

Así las cosas, en tercer lugar, el Derecho procesal penal —por supuesto también el sustantivo— que hoy pregona un buen sector de la doctrina aboga por una maximización de la intervención punitiva del Estado, por un derecho penal eficientista o en expansión, para el cual la defensa de la "seguridad interior"[57] se torna en un cometido central.

Todo esto, en cuarto lugar, deriva en la falta de institucionalidad y en la descomposición de formas de organización social más rudimentarias y menos consolidadas como las latinoamericanas y las africanas, que han caído en manos de élites corruptas y/o de líderes populistas que las han descuadernado, sembrando el caos en todos los ámbitos, sin olvidar lo que sucede en los sistemas procesales penales de juzgamiento.

De esta forma, en quinto lugar, se derrumba el proceso penal clásico estructurado para sociedades de mediados del siglo XIX que creyeron, por supuesto de manera fundada, que un proceso acusatorio al estilo alemán y austríaco era la solución perfecta para investigar las diversas formas de criminalidad en el seno de las sociedades de entonces[58]. Por eso, ante la nueva irracionalidad, nadie quiere "dar a cada uno lo suyo" como reza la máxima de Ulpiano al definir la idea de Justicia.

A eso se suma, en sexto lugar, la criminalidad desbordada y masiva, producto del enorme aumento de la cantidad de delitos en el seno de estas sociedades industriales posmodernas; y ello, por supuesto, es también fruto de la rápida expansión de la criminalidad organizada en el seno de las nuevas organizaciones sociales.

Adicional a ello, en séptimo lugar, se deben tener en cuenta las dificultades probatorias para investigar las criminalidades contemporáneas (económica, ambiental, terrorista, informática, etc.), lo que obliga al Estado a acudir a métodos no convencionales (agentes encubiertos o infiltrados; delación, justicia sin rostro, jueces e investigadores secretos, etc.).

---

56 AA. VV., *Sentido y contenidos del Sistema Penal en la Globalización* (Bogotá: Fiscalía General de la Nación/Ediciones Jurídicas Gustavo Ibáñez, 2000).

57 Jesús María Silva Sánchez, *La expansión del Derecho penal. Aspectos de la Política criminal en las sociedades postindustriales* (Madrid: Civitas, 1999), 29.

58 Vargha, *Die Vertheidigung*, 269 y ss.; el mismo, Das S*trafprocessrecht*, 29 y ss.

En octavo lugar, la corrupción es también un cáncer que carcome no solo a los estados "nacionales" —o a lo que queda de ellos— sino a los sistemas de enjuiciamiento procesal penal; el tema es tan preocupante que en muchos países (y aquí quedan incluidos también los europeos y asiáticos), sobre todo los del llamado "tercer mundo", todo el aparato de persecución penal está atravesado por ese fenómeno.

Además, en noveno lugar, el excesivo formalismo y ritualismo propio de unos procesos penales decimonónicos —cuyas garantías son solo de papel, porque en la realidad cotidiana los sistemas procesales funcionan para pisotearlas— se volvió un arma en contra de una buena administración de justicia penal, haciendo que los procesos se retrasen de manera exagerada y se incremente la congestión judicial.

Es más, en décimo lugar, ese estado de cosas genera hastío y cansancio no solo entre la comunidad sino para todos los sujetos que intervienen en el sistema penal, que terminan por ver en esa actividad un escenario imposible y paquidérmico concebido para fomentar la burocracia y el clientelismo, máxime que en muchos países es evidente la injerencia de la clase política en la conformación de los aparatos de investigación y de juzgamiento, al punto de producirse una verdadera cooptación de los mismos.

Naturalmente, en decimoprimer lugar, esto posibilita el facilismo en el cumplimiento de esas actividades porque no es la preparación académica y profesional el criterio para seleccionar a los administradores de justicia penal, sino la pertenencia o no a determinados grupos de poder (como las bandas criminales, las agrupaciones mafiosas) o la vinculación con los miembros de la clase política, el criterio determinante para engrosar las filas de la justicia penal. La mediocridad académica y profesional, pues, se enseñorea y ello se traduce en una justicia penal deficiente solo llamada a pagar favores a quienes postulan al tren de funcionarios o a quienes les sirven.

Y, por supuesto, en decimosegundo lugar, todo ello se inscribe en la carencia de recursos físicos y materiales para emprender las tareas de investigación y juzgamiento; las falencias en la investigación criminal terminan, pues, por derrumbar todo el edificio del proceso penal clásico construido sobre unas bases muy distintas y para tiempos y condiciones sociales, políticas, económicas, etc. muy diferentes.

Y las consecuencias no se dejan esperar: "La pobreza de medios para la instrucción de los procesos, lleva a que las policías dependientes del poder ejecutivo sean las verdaderas autoridades de instrucción o sumario. El deterioro policial y la corrupción fomentada por los políticos que habilitan crecientes espacios de recaudación ilícita degradan la eficacia del servicio de seguridad, lo cual, en un marco social en que el desempleo y la anomia que genera la exclusión aumentan la frecuencia de los errores de conducta violentos, resulta una verdadera combinación letal: se degradan la prevención primaria y también la secundaria"[59].

También, en décimo tercer lugar, se debe tener en cuenta que los enormes costos económicos del proceso penal clásico o reformado se tornaron en enormes y casi imposibles de sufragar en medio de economías mundiales en crisis, sobre todo después de los estragos de la pandemia de 2019-2021, por lo cual con esa lógica era necesario buscar mecanismos para abaratar los costos y agilizar la administración de justicia penal.

En fin, a ello se suma —en décimo cuarto lugar— la introducción de reformas a las normativas procesales improvisadas, mal orientadas, pensadas para servir a los intereses de quienes quieren liderar el populismo punitivo y obtener dividendos electorales, el resultado no puede ser más desastroso.

Así las cosas, acudir al modelo anglosajón de justicia negociada con sus aceptaciones de cargos y sus procedimientos breves y sumarios[60] —sea para introducirlo de verdad o solo como remedo, con o sin retoques, porque los matices son muchos—, no deja de ser un instrumento "adecuado" para propiciar un escenario distinto así, a la hora de hacer el balance, ello sea un salto al vacío para las garantías penales y procesales, para la democracia, para las libertades y para la humanización del derecho procesal penal; o como dice Schünemann, "un hacha para las raíces de una tradición centenaria"[61].

Con esa forma de mirar los fenómenos poco importa, pues, si se llega a un proceso sin proceso, o a un remedo de proceso para pobres, enemigos y excluidos, como sucede en los países de la periferia donde más han golpeado los contaminados aires de la globalización, donde la irracionalidad se campea y la justicia penal es selectiva y clasista; donde —bien se ha dicho— el poder punitivo se ejerce "mediante medidas de contención para sospechosos peligrosos", esto es, en la práctica se trata de "un derecho penal de *peligrosidad presunta* que sobre la base de esta impone penas sin sentencia condenatoria formal a la mayor parte de la población prisionizada"[62].

59 Zaffaroni, *El enemigo*, 71.

60 Que son un retorno a la inquisición, Bommer, "Abgekürztes Verfahren, 115.

61 Schünemann, "Cuestiones básicas de la estructura", 181.

62 Zaffaroni, *El enemigo*, 69.

El enorme daño, entonces, ya está hecho y el retorno a los senderos de la libertad y de la justicia parece por ahora una quimera, máxime si los principios y las garantías son cosa del pasado y la justicia penal que triunfa es la de los comercios donde todo se negocia[63]; la de la posmodernidad que impone el discurso autoritario a ultranza y en todos los lares.

6. CONCLUSIONES

Esta contribución demuestra como la crisis que vive hoy el derecho procesal penal y con él, el proceso penal "clásico" o reformado, reemplazado por un llamado proceso penal "moderno" —un proceso sin proceso—, es en realidad un salto al vacío que se inscribe en los trances que atraviesa el pensamiento de Occidente en plena posmodernidad.

Así mismo, para que en este contexto un proceso penal moderno sea tributario de los designios de la libertad y de la democracia, debe cumplir todas las reglas procesales y nunca el acusado podrá ser degradado a un mero objeto procesal; se debe garantizar el derecho a un verdadero debido proceso.

Dar ese paso supone una marcha atrás en las reformas de las últimas décadas, para lo cual se deben ajustar numerosas disposiciones procesales, especialmente en relación con las obligaciones de interrogatorio, la traducción de las órdenes penales y el procedimiento de oposición. Y, si se acude a procedimientos más breves, ellos tendrán que respetar de manera cabal esos dictados porque solo así se les podrá considerar como justos[64].

En esta tensión entre los principios de legalidad y oportunidad que hoy se vive, cuando la balanza se inclina en beneficio de este último con el

---

63 El asunto es tan preocupante que, según la propia doctrina, "la justicia estadounidense está muy deformada" y "el acuerdo de culpabilidad es una manera preocupante de administrar la justicia"; ello, tras poner en evidencia la preocupación de los propios tribunales de los Estados Unidos sobre el asunto (Bibas, "Designing Plea Bargaining", 1058, 1081).

64 Thommen, "Gerechtigkeit und Wahrheit im modernen Strafprozess...", 275; en detalle, Marc Thommen, *Kurzer Prozess —fairer Prozess? Strafbefehls— und abgekürzte Verfahren zwischen Effizienz und Gerechtigkeit* (Bern: Stämpfli Verlag, 2013), 227 y ss. (independencia judicial), 78 y ss. (derecho a ser escuchado), 85 y ss. (defensa), 97 y 231 y ss. (principio de publicidad), 124 y ss. (procedimiento de oposición), 125 y ss. (presunción de inocencia), 295 y ss. (condiciones para juicios cortos justos); sobre las deficiencias de los procedimientos abreviados, *ibidem*, 220 y ss.

sacrificio del primero, y el derecho procesal penal se ahoga en el expansionismo, es hora de proclamar que la tarea de administrar justicia penal solo se pueda cumplir en el escenario propio de un derecho procesal penal mínimo, de garantías, que sacuda todos los cimientos del carcomido edificio actual[65].

Y eso, es seguro, se puede lograr si se aboga por un sistema procesal penal que, sin sacrificar el proceso penal tradicional, dé cabida a las nuevas formas de componer el conflicto, para que imperen los principios de legalidad y oportunidad de forma equilibrada y sin claudicaciones, de tal manera que haya "tanta legalidad como sea posible; tanta oportunidad como (política y económica en la actualidad) sea necesario"[66].

Por ello, si se considera acertadamente al derecho procesal penal como un sismógrafo de la Constitución del Estado, que proporciona información sobre la "relación general entre el Estado y el individuo", entonces la justicia negociada, de manera paralela, es una especie de prueba de fuego para el estado del proceso penal[67] de la cual, por supuesto, sale muy mal librado.

Así mismo, como los sistemas procesales de juzgamiento en materia penal se habían tornado en escenarios de ausencia de aplicación de justicia, hasta convertir las cárceles en jaulas donde se almacenan detenidos sin condena y sin juicio, ahora —en medio de una filosofía calvinista y utilitaria— se ha cambiado ese escenario por otro no menos dantesco y problemático desde la perspectiva de las garantías penales: el de los condenados sin juicio y, por ende, sin proceso[68].

Por lo anterior, es válido plantear con Ferrajoli[69] que debe refundarse el derecho punitivo en su conjunto para restituir su eficiencia y garantías

---

65 En los propios Estados Unidos se escuchan voces según las cuales "...es hora de diseñar un sistema de negociación de los cargos desde cero y luego poner en práctica algunas de esas ideas", de tal manera que el modelo sea exacto e imparcial (Bibas, "Designing Plea Bargaining", 1061).

66 Winfried Hassemer, "Legalität und Opportunität im Strafverfahren. Eine Skizze ", en W. Hassemer, *Freiheitliches Strafrecht* (Berlin: Philo Verlag, 1999), 81.

67 Stephan Barton, "Ausbalancierungen des Adhäsionsverfahrens", en *Strafrecht als Risiko. Festschrift für Cornelius Prittwitz zum 70. Geburtstag*, editado por Beatrice Brunhöber *et al.* (Baden-Baden: Nomos Verlag, 2023), 424.

68 Zaffaroni y Dias, *La nueva crítica criminológica*, 135.

69 Luigi Ferrajoli, *Principia iuris. Teoría del Derecho y de la Democracia. 2. Teoría de la democracia* (Madrid: Trotta, 2011), 366; para España, con una propuesta concreta,

según el modelo normativo que se llama *derecho penal mínimo*, para que se oriente a "restaurar el papel del derecho penal como instrumento costoso, sólo utilizable como *extrema ratio* y dirigido a la minimización de la violencia tanto de los delitos como de las penas y a la tutela de los bienes y los derechos fundamentales constitucionalmente establecido". Por eso, entonces, se debe producir no sólo una drástica *despenalización* para que sólo se persigan aquellas conductas punibles graves que tengan alto impacto social sino una radical *descarcelación* de tal manera que el instrumento de la cárcel también sea para los hechos más significativos.

En fin, cuando en el seno de la posmodernidad con el consiguiente derrumbe del pensamiento jurídico procesal se convoca a rendirle homenaje a un profesor como Víctor Moreno Catena, con motivo de su jubilación —un ser humano que sólo respira afecto y enormes calidades como persona y académico, amén de paciente amigo y colega—, quien a lo largo de su vida se ha dedicado a cultivar la teoría del proceso penal y a rendirle culto a las libertades, hay que festejar que ello se haga. Y, sobre todo, que sea en su país, una nación que no quiere un "proceso sin proceso" y muchos "condenados sin juicio".

BIBLIOGRAFÍA

Alonso Furelos, Juan Manuel. "El procedimentalismo español. Siglos XIX y XX". *Revista de Derecho UNED* 15 (2014), 547-572. DOI: https://doi.org/10.5944/rduned.15.2014

Arnaud, André Jean. *Entre Modernidad y Globalización. Siete lecciones de historia de la filosofía del Derecho y del Estado.* Bogotá: Universidad Externado de Colombia, 2000.

Asencio Mellado, José María. *Derecho Procesal Penal*, 2ª ed. Valencia: Edit. Tirant lo Blanch, 2020.

Barahona Israel, Rodrigo. "El pensamiento jurídico de Federico Nietzsche: Una posición existencial ante el Derecho". *Revista de Filosofía de la Universidad de Costa Rica* 20 (1967), 41-54. https://revistas.ucr.ac.cr/index.php/filosofia.

Barton, Stephan. "Ausbalancierungen des Adhäsionsverfahrens". En *Strafrecht als Risiko. Festschrift für Cornelius Prittwitz zum 70. Geburtstag*, editado por Beatrice Brunhöber *et al.*, 407-424. Baden-Baden: Nomos Verlag, 2023.

Baumann, Zygmunt. *Modernidad Líquida.* México: Fondo de Cultura Económica, 2003.

Beulke, Werner y Sabine Swoboda. *Strafprozessrecht*, 16ª ed. Heidelberg: C. F. Müller, 2022.

Bibas, Stephanos. "Designing Plea Bargaining from the Ground up: Accuracy and Fairness without Trials as Backstops". *William & Mary Law Review* 57(4) (2016), 1055-1081. https://scholarship.law.upenn.edu/faculty_scholarship/1644.

Gómez Colomer, *La contracción del Derecho Procesal Penal*, 335 y ss.

Bommer, Felix. "Abgekürztes Verfahren und Plea Bargaining im Vergleich". *Zeitschrift für Schweizerisches Recht (ZSR)* 128 (II) (2009), 5-124. https://www.legalis.ch/de/zsr-rds/.

Carrasco Jiménez, Edison. "Nietzsche y su visión del derecho penal". *Polis. Revista Latinoamericana* 21 (2008):1-21 http://journals.openedition.org/polis/2924.

Clariá Olmedo, Jorge A. *Tratado de Derecho Procesal* Penal, 7 Vols. Buenos Aires: Ediar, 1960-1968.

De Sousa Santos, Boaventura. *La globalización del Derecho.* Bogotá: Universidad Nacional-Facultad de Derecho/ILSA, 1999.

Derrida, Jacques. *De la Gramatología,* 4ª. ed. México: Siglo XXI, 1986.

Derrida, Jacques. *La voz y el Fenómeno. Introducción al problema del signo en la fenomenología de Husserl.* Valencia: Pre-Textos, 1985.

Derrida, Jacques. "Devant la loi", en *La Faculté de Juger.* Paris: Les Éditions de Minuit, 1985, 87-139.

Faria, José Eduardo. *El derecho en la economía globalizada.* Madrid: Trotta, 2001.

Feeley, Malcolm M. "Pleading Guilty in Lower Courts". *Law & Society Review* 13(2), (1979): 461-466. http://www.interscience.wiley.com.

Feeley, Malcolm M. y Jonathan Simon. "*The New Penology: Notes on the Emerging Strategy of Corrections and Its Implications*". *Criminology* 30(4), (1992): 449-474. https://doi.org/10.1111/j.1745-9125.1992.tb01112.x.

Fenech, Miguel. *Derecho Procesal Penal,* 2 Vols. Barcelona: Editorial Labor, 1952.

Ferrajoli, Luigi. *Derecho y Razón. Teoría del Garantismo Penal.* Madrid: Trotta, 1995.

Ferrajoli, Luigi. *Principia iuris. Teoría del derecho y de la democracia. 2. Teoría de la democracia.* Madrid: Trotta, 2011.

Ferré Olivé, Juan Carlos. "El *Plea Bargaining,* o cómo pervertir la justicia penal a través de un sistema de conformidades *low cost*", *Revista Electrónica de Ciencia Penal y Criminología RECPC* 20-06 (2018): 1-30. http://criminet.ugr.es/recpc/.

Foucault, Michel. *Surveiller et Punir: Naissance de la prison.* Paris: Gallimard, 1975.

Foucault, Michel. *La Arqueología del Saber.* México: Siglo XXI Editores, 1979.

Foucault, Michel. *La Microfísica del poder,* 2ª ed., Madrid: Las Ediciones de la Piqueta, 1980.

Foucault, Michel. *Vigilar y Castigar: nacimiento de la prisión.* Buenos Aires: Siglo Veintiuno Editores Argentina S. A., 2003.

Freud, Sigmund. "El Malestar en la Cultura". En *Obras Completas* 3, editado por Jacobo Numhauser Tognola, 3017-3067. Madrid: Editorial Biblioteca Nueva, 1996.

Garland, David. *The Culture of Control: Crime and Social Order in Contemporary Society.* Oxford: Oxford University Press, 2001.

Giddens, Anthony. *Sociología,* 3ª ed. Madrid: Alianza Editorial, 2000.

Giddens, Anthony. *Consecuencias de la Modernidad.* Madrid: Alianza Editorial, 1994.

Gómez Colomer, Juan Luis. *La contracción del Derecho Procesal Penal. Reflexiones de Política Criminal, Jurídico-Dogmáticas y Pragmáticas sobre la necesidad de una Reforma integral del Enjuiciamiento Criminal en España.* Madrid: Editorial Tirant lo Blanch, 2020.

Habermas, Jürgen. *El Discurso filosófico de la Modernidad. Doce Lecciones.* Madrid: Taurus, 1993.

Habermas, Jürgen. *Teoría de la Acción Comunicativa I. Racionalidad de la acción y Racionalización social.* Madrid: Taurus, 1999.

Harcourt, B. E. *Against Prediction: Punishing and Policing in an Actuarial Age. Paper presented at the Criminal Justice roundtable Harvard Law School May. 13, 2005.* Chicago: Chicago Public Law and Legal Theory Working Paper 94 [Disponible en http://www.law.uchicago.edu/files/files/94-beh-against-prediction.pdf].

Harcourt, B. E. *Against Prediction: Punishing and Policing in an Actuarial Age.* Chicago: University of Chicago Press, 2006.

Hassemer, Winfried. "Legalität und Opportunität im Strafverfahren. Eine Skizze ". En W. Hassemer: *Freiheitliches Strafrecht*, 69-85. Berlin: Philo Verlag, 1999.

Hodgson, Jacqueline. "Conceptions of the Trial in Inquisitorial and Adversarial Procedure", editado por Antony Duff, Lindsay Farmer, Sandra Marshall, Victor Tadros, *The Trial on Trial, Volume 2, Judgment and Calling to Account, Hart Publishing*, 223-242. Oxford, Portland: Hart Publishing, 2006.

Kindhäuser, Urs y Kay H. Schumann. *Strafprozessrecht*, 6ª ed. Baden-Baden: Nomos Verlag, 2022.

Koch, Arnd. "Die gescheiterte Reform des reformierten Strafprozesses. Liberale Prozessrechtslehre zwischen Paulskirche und Reichsgründung". *Zeitschrift für Internationale Strafrechtsdogmatik* (*ZIS*) 10 (2009): 542-548. http://www.zis-online.com/dat/artikel/2009_10_365.pdf.

Langer, Máximo, y Máximo Sozzo. "Plea Bargaining in Latin America". En *Research Handbook of Plea Bargaining and Criminal Justice*, editado por Máximo Langer, Mike McConville y Luke Marsh, 88-143. Cheltenham: Edward Elgar Publishing, 2024.

Landsman, Stephan. *The Adversary System. A Description and Defense.* Washington-London: American Enterprise Institute for Public Policy Research, 1984.

Leone, Giovanni. *Tratado de Derecho Procesal Penal*, 3 Vols. Buenos Aires: Ediciones Jurídicas Europa-América (EJEA), 1989.

Lyotard, Jean-François. *La condición Postmoderna. Informe sobre el Saber.* Buenos Aires: Editorial R.E.I. Argentina S. A., 1991.

Maier, Julio B. *Derecho Procesal Penal argentino.* Buenos Aires: Hammurabi, 1989.

Manzini, Vincenzo. *Tratado de Derecho Procesal Penal*, 5 ts. Buenos Aires: Ediciones Jurídicas Europa-América, 1951.

Manzini, Vincenzo. *Trattato di Diritto Processuale Penale Italiano secondo u nuvo Códice*, 4 vols., 4ª ed. Torino: Unione Tipografico-Editrice, Torinese, 1952.

Manzini, Vincenzo. *Trattato di Diritto Processuale Penale Italiano*, actualizado por Giovanni Conso y Gian Domenico Pisapia, 4 vols. 6ª ed. Torino: Unione Tipografico-Editrice Torinese, 1967-1972.

Mittermaier, Carl Joseph Anton. *Das deutsche Strafverfahren in der Fortbildung durch Gerichts-Gebrauch und Landesgesetzbücher und in genauer Vergleichung mit dem englischen und französischen Strafverfahren*, 2 vols, 4ª ed. Heildelberg: Buchhandlung J.C.B. Mohr, 1845-1846.

Montero Aroca, Juan *et al. Derecho Jurisdiccional III. Proceso Penal*, 27ª ed. Valencia: Tirant lo Blanch, 2019.

Moreno Catena, Víctor y Valentín Cortés Domínguez. *Derecho Procesal Penal.* Valencia: Tirant lo Blanc, 11ª ed., 2023.

Nietzsche, Friedrich. *Así habló Zaratustra. Un libro para todos y para nadie.* Madrid: Alianza Editorial, 2003.

Nietzsche, Friedrich. “Genealogía de la Moral ”. En *Obras Completas IV. Escritos de Madurez II y Complementos a la edición*, editado por Diego Sánchez Meca, 438-560. Madrid: Editorial Tecnos, 2016.

Ostendorf, Heribert y Janique Brüning. *Strafprozessrecht*. Baden-Baden: Nomos Verlag, 5ª ed., 2024.

Peters, Karl. *Strafprozess*, 4ª ed. Heidelberg: C. F. Müller, 1985.

Putzke, Holm y Jörg Scheinfeld. *Strafprozessrecht*, 9ª ed. München: C. H. Beck, 2022.

Roxin, Claus y Bernd Schünemann, Bernd. *Strafverfahrensrecht*, 30ª ed. München: C. H. Beck, 2022.

Schubarth, Martin. “Zurück zum Grossinquisitor? - Zur Rechtsstaatlichen Problematik des Strafbefehls”. En Marcel Alexander Niggli, José Hurtado Pozo, Nicolas Queloz (Editores), *Festschrift für Franz Riklin, Zur Emeritierung und zugleich dem 67. Geburtstag*, 527-537. Zürich: Schulthess, 2007.

Schünemann, Bernd. “Cuestiones básicas de la estructura y reforma del procedimiento penal bajo una perspectiva global”. *Revista Derecho Penal y Criminología* 25(76) (2004): 175-197. https://revistas.uexternado.edu.co/index.php/derpen/article/view/1034.

Seelmann, Kurt. *Nietzsche und das Recht: Vorträge der Tagung der Schweizer Sektion der internationalen Vereinigung für Rechts— und Sozialphilosophie, 9.-12. April 1999 in Basel.* Stuttgart: Franz Steiner, 2001.

Sen, Amartya. *Desarrollo y Libertad*. Buenos Aires: Editorial Planeta Argentina, 2000.

Thommen, Marc. “Gerechtigkeit und Wahrheit im modernen Strafprozess (Antrittsvorlesung)”. *Recht: Zeitschrift für juristische Weiterbildung und Praxis*, 32(6), (2014): 264-276. http://www.uni.recht.ch/.

Thommen, Marc. *Kurzer Prozess —fairer Prozess? Strafbefehls— und abgekürzte Verfahren zwischen Effizienz und Gerechtigkeit*. Bern: Stämpfli Verlag, 2013.

Tonini, Paolo y Carlotta Conti. *Manuale di Procedura Penale*, XXIII ed. Milano: Giuffrè Francis Lefebvre, 2023.

Touraine, Alain. *Critique de la Modernité*. Paris: Les Éditions Fayard, 1992.

Vargha, Julius. *Die Vertheidigung in Strafsachen —Historisch und dogmatisch dargestellt.* Wien: Verlag der Manz'schen K. K. Hof-Verlags— und Universitäts Buchhändlung, 1879.

Vargha, Julius. *Das Strafprocessrecht. Systematisch dargestellt.* 1ª ed., Berlin: Carl Heymanns Verlag, 1885.

Vattimo, Gianni. *El fin de la modernidad. Nihilismo y Hermenéutica en la Cultura Posmoderna*. 2ª ed. Madrid: Gedisa, 1987.

Vázquez Rossi, Jorge E. *Derecho Procesal Penal*, 3 tomos. Buenos Aires: Rubinzal-Culzoni Editores, 1995.

Velásquez Velásquez, Fernando. “Pruebas genéticas predictivas y moderno proceso penal”. *Estudios Penales y Criminológicos*, XXXVII (2017): 391-438. Doi. https://doi org/10.15304/epc.37.4158.

Velásquez Velásquez, Fernando. *La Justicia penal: Legalidad y Oportunidad*. Valencia: Tirant lo Blanch, 2018.

Vélez Mariconde, Alfredo, *Derecho Procesal Penal*, 3 vols. Córdoba: Lerner, 1986.

Walter, Tonio. *Strafprozessrecht. Ein lehrbuch für Studenten und angehende Praktiker.* Tübingen: Mohr Siebeck, 2020.

Zaffaroni, Eugenio Raúl, e Ílison Dias Dos Santos. *La nueva crítica criminológica. Criminología en tiempos de totalitarismo financiero.* Bogotá: Grupo Editorial Ibáñez, 2019.
Zaffaroni, Eugenio Raúl. *El enemigo en el Derecho Penal.* Buenos Aires: Ediar, 2006.

La difícil implementación del Recurso de Casación en Chile

JUAN CARLOS MARÍN GONZÁLEZ
Tecnológico de Monterrey

1. INTRODUCCIÓN

Conocí al profesor Víctor Moreno Catena a mediados de los noventa del siglo pasado en la Universidad Carlos III de Madrid. En ese tiempo era el único catedrático de Derecho Procesal de dicha universidad y por la materia que deseaba investigar en mi doctorado —las medidas cautelares en el proceso civil— la vinculación con su persona y trabajo resultó natural.

Desde un comienzo me impresionó su empatía, inteligencia y generosidad. Estas tres cualidades no suelen encontrarse juntas en una persona. Tuve, pues, la fortuna de incorporarme muy pronto en el Departamento de Derecho Procesal de dicha universidad, y compartir con un magnífico grupo de profesores titulares y doctorandos de dicho departamento. Nada de ello habría sido posible sin la desinteresada ayuda del profesor Moreno Catena, que me permitió disfrutar de un extraordinario ambiente académico en unas de las mejores universidades de España y poder, de este modo, concluir exitosamente mis estudios de doctorado bajo su atenta supervisión.

Al profesor Moreno Catena, en su trayectoria universitaria, no solo le han preocupado las cuestiones dogmáticas de nuestra disciplina, sino, también, aquellas que dicen relación con el funcionamiento mismo de la Justicia —con todos los problemas que ella presenta en España—[1] y aquellas que tienen que ver con otras disciplinas afines al derecho, como la economía, por ejemplo[2]. De esta perspectiva, el trabajo que ahora

---

1 Véase al respecto el Libro Blanco de la Justicia. Consejo General del Poder Judicial (CGPJ). 1998, en la que el Departamento de Derecho Procesal de la Universidad Carlos III tuvo una importante participación. Se expresa en la introducción de este texto: "El origen del presente Libro Blanco se encuentra en la preocupación del Consejo General del Poder Judicial, elegido por el Congreso de los Diputados y el Senado en julio de 1996, respecto al estado de la Administración de Justicia en España, consecuencia de los problemas estructurales, funcionales y organizativos de la misma, y a la necesidad de abordar una reforma en profundidad. Esta preocupación no resulta únicamente de que el Consejo cumpla la obligación de todo poder público de examinar críticamente el estado del área o materia encomendada a su gestión, para detectar deficiencias y proponer mejoras, sino también de la conciencia de que, aun tras las profundas reformas que ha experimentado la Justicia en nuestro país, existe en la sociedad un extendido estado de opinión que refleja una profunda insatisfacción con el funcionamiento de la Administración de Justicia, y que afecta, o puede afectar muy negativamente, a la confianza del pueblo español en ella". Más adelante se explicó por el CGPJ la forma como se llevó a cabo el estudio: "Sobre la base de los cuestionarios enviados y las respuestas escritas obtenidas, se llevaron a cabo, entre enero y mayo de 1997, más de doscientas entrevistas con representantes de las instituciones y organizaciones mencionadas, —que, a su vez y con carácter previo, habían llevado a cabo extensas consultas en su ámbito funcional y territorial— que tuvieron oportunidad de ampliar y matizar más personalmente sus contestaciones, así como intercambiar puntos de vista con los miembros de la Comisión. El presente Libro Blanco se ha elaborado partiendo de las respuestas, orales y escritas, suministradas a lo largo de ese proceso de recogida de información; un resumen de las cuales, con expresión de sus autores, se incluye como Anexo. Elementos también decisivos para su elaboración han sido los datos e informaciones suministrados por los Servicios de Inspección y Estadística del Consejo General del Poder Judicial, así como estudios expresamente encargados por el Consejo a la Fundación de la Universidad Carlos III de Madrid sobre cálculo de tiempos en procesos civiles, y a la empresa Demoscopia sobre estado de la opinión pública sobre la Justicia".

2 Expreso mi enorme agradecimiento al catedrático de Derecho y Economía de la Universidad Carlos III de aquel entonces, profesor Santos Pastor, tempranamente desaparecido, que junto con el profesor Moreno Catena organizaron unas estupendas jornadas sobre la Justicia y el Análisis Económico del Derecho, y que nos

presento en este libro —en el que se le rinde un merecido homenaje a su gran trayectoria académica— trata de combinar las dos tradiciones que el profesor Moreno Catena ha cultivado en su vida profesional: (i) por un lado, el estudio dogmático del recurso de casación, donde abordo los que, en mi parecer, son los principales problemas que este recurso presenta en el sistema nacional; y (ii) por el otro, el análisis de algunas estadísticas de este recurso que nos permita conocer cómo funciona en la práctica diaria del quehacer de abogados y jueces en Chile.

2. PRESENTACIÓN

En el sistema jurídico chileno cuando se habla del recurso de casación se habla de dos instituciones diversas, aunque emparentadas. Por un lado, del recurso de casación en el fondo; y por el otro del recurso de casación en la forma. Si bien ambos medios de impugnación fueron regulados por primera vez en Chile en el Código de Procedimiento Civil del año 1903 (CPC)[3], su historia es muy diversa.

El recurso de casación en el fondo fue largamente resistido por los intelectuales liberales del siglo XIX, tanto que durante todo ese siglo los juicios en Chile se resolvieron en dos instancias, sin ninguna revisión ulterior por parte de la Corte Suprema del mérito de lo resuelto por las Cortes de Apelaciones del país. La aceptación del recurso de casación en el fondo solo ocurrió a inicios del siglo XX con la entrada en vigor, como indiqué, del CPC cuando buena parte de los juristas que tenazmente se opusieron a su incorporación en el sistema jurídico chilena ya habían desaparecido[4].

---

permitió a muchos doctorandos conocer una aproximación distinta al estudio de los sistemas judiciales. Al profesor Santos Pastor le debo, también, la posibilidad de haber investigado en el Instituto de Estudios Avanzados de la Universidad de Londres.

3 El art. 937 original CPC (actual 764) estableció: "El recurso de casación se concede para invalidar una sentencia en los casos expresamente señalados por la ley". Por su parte, el art. 938 (765) CPC señaló: "El recurso de casación es de dos especies: de casación en el fondo y de casación de la forma. Es de casación en el fondo en el caso del artículo 940. Es de casación en la forma en los casos del artículo 941".

4 Véase mi trabajo: "El recurso de casación en el sistema procesal civil chileno. ¿Por qué constituye una instancia más?". *Lo público y lo privado en el derecho.* Estudios en homenaje al profesor Enrique Barros Bourie. Adrián Schopf Olea y Juan Carlos Marín G. (editores). Thomson Reuters. 2017, págs. 1059-1096.

La casación en la forma, en cambio, tuvo un temprano reconocimiento en el derecho chileno, aunque no con este nombre, ya en el Reglamento de Justicia del año 1824 bajo la denominación de recurso de nulidad. Su fisonomía quedó definida, en buena medida, el año 1837 en la reglamentación que del recurso de nulidad hizo una de las conocidas Leyes Marianas[5]. Desde su consagración definitiva el año 1903 —ya con el nombre de recurso de casación en la forma— y durante más de setenta no presentó mayores inconvenientes en el foro nacional, aun cuando en su regulación existía un problema de diseño que permaneció latente hasta el año 1977. Este año el gobierno militar realizó una simple, pero muy sensible reforma a este recurso que, en el plano normativo y en la práctica, lo asimiló —por determinados vicios— con el recurso de casación en el fondo (y respecto de la sentencia de primera instancia con el de apelación)[6].

En la primera parte de este trabajo (I) me referiré al recurso de casación (fondo y forma) y, especialmente, al problema que aludí en el párrafo anterior. En la segunda parte (II) mostraré algunas estadísticas sobre el funcionamiento del recurso de casación en Chile referidas al año 2019.

3. LA COMPLEJA RECEPCIÓN DE LA CASACIÓN EN EL SISTEMA PROCESAL CIVIL CHILENO

3.1. El recurso de casación en el fondo

Es indiscutible que nuestros legisladores tuvieron presente, al momento de redactar los distintos proyectos del futuro CPC[7], los diversos modelos

---

[5] Las Leyes Marianas fueron, en verdad, cuatro Decretos Leyes que se publicaron el año 1837 y que toman su nombre del jurista Mariano Egaña Fabres (1783-1846). La primera fue la Ley de Implicancias y Recusaciones, de 2 de febrero; la segunda, la Ley sobre Fundamentación de las Sentencias, de 3 de febrero; la tercera, la Ley sobre Juicio Ejecutivo, de 8 de febrero; y, finalmente, la cuarta, la Ley relativa al recurso de nulidad de 1 de marzo.

[6] De conformidad con el diseño normativo del CPC solo el recurso de casación en el fondo es competencia exclusiva y excluyente de la Corte Suprema. El recurso de casación en la forma es de competencia tanto de las Cortes de Apelaciones, cuando se recurre en contra de la sentencia definitiva de primera instancia, como de la Corte Suprema, cuando se presenta en contra de la sentencia de segunda instancia. En este ensayo solo aludiré a este último aspecto.

[7] A grandes trazos podemos señalar que la codificación de las leyes adjetivas en Chile recién se inicia en la década de los sesenta del siglo XIX. Si bien el pen-

que del recurso de casación en el fondo existían en el Derecho Comparado. De ellos hubo dos que sobresalieron: (i) el que podríamos denominar original francés, conocido como *casación con reenvío*; y (ii) el que a partir de 1855 se implementó en toda España, denominado *casación sin reenvío*. Sobre estos dos modelos se desarrolló una enconada discusión entre los partidarios de uno y otro sistema. Pero también debemos tener presente que en algunos aspectos —no menores— nuestra casación se apartó de ambas tradiciones. De este modo, por ejemplo, el recurso de casación en el

---

samiento original de las autoridades chilenas fue proceder en primer lugar a la codificación de estas leyes antes incluso, que el de las leyes sustantivas, hasta 1860 nada se había avanzado a este respecto. El año 1862 se encargó al jurista Vargas Fontecilla (1824-1883) la misión de elaborar un Proyecto de Ley de enjuiciamiento civil para la república del cual sólo alcanzó a redactar su libro I relativo a las Disposiciones comunes a todos los juicios. En 1870 se encomendó al abogado Blest Gana (1832-1872) que continuara desempeñando la labor de redacción de una Ley de enjuiciamiento civil. En 1871 este autor publicó el libro II, sobre Juicio ordinario, comprensivo de 133 artículos sin numerar, y un año después el libro III acerca de los Juicios especiales, con 233 artículos no numerados. El año 1873 se nombró una comisión (denominada Comisión Revisora o Primera Comisión) para que informara sobre el avance del Proyecto de Ley de enjuiciamiento civil; esta comisión encomendó a don J. Lira (1835-1886) redactar nuevamente los libros II y III del referido proyecto (que fueron impresos en 1875, con 193 y 433, artículos respectivamente) y la redacción de un libro IV, que vio la luz pública el año 1877, y que abarcó 104 artículos. La referida Comisión trabajó durante diez años en el estudio del Proyecto de Código de enjuiciamiento civil, al término de los cuales informó que se procedería a la revisión de la totalidad del Proyecto. Esta labor fue realizada sólo por el secretario de dicha comisión Sr. Lira, quien publicó los cuatro libros, con los acuerdos alcanzados hasta esa fecha, en otros tantos cuadernos. Este trabajo es conocido como Proyecto de 1884 o Proyecto Lira, el cual abarcó 1.167 artículos. Hacia el año 1888 se resolvió designar una nueva comisión (denominada Comisión Redactora o Segunda Comisión) para que diera forma definitiva al Código de enjuiciamiento civil. Después de una cuidadosa revisión se imprimieron los correspondientes cuatro libros, en otros tantos cuadernos, dando por resultado el Proyecto de Código de Procedimiento Civil del año 1893, que fue presentado por el Ejecutivo al Congreso Nacional en mensaje de 1° de febrero de aquel año. Después de múltiples dificultades al interior del Congreso, y de haber permanecido paralizada la discusión por más de siete años, se creó el año 1900 una Comisión Mixta de senadores y diputados encargada de informar el Proyecto de Código. En enero de 1902 se publicó el Proyecto de Código de Procedimiento Civil revisado por la Comisión Mixta de senadores y diputados, conocido como Proyecto de 1902. Este Proyecto fue presentado para debate en el Congreso Nacional, siendo finalmente aprobado como Código de la nación por la Ley N° 1.552 de 28 de agosto de 1902, comenzando a regir el 1° de enero del año 1903.

fondo se alejó del modelo francés al dar competencia a la Corte Suprema no solo para invalidar la sentencia recurrida (casar) sino, también, para dictar una segunda sentencia que sustituyera a la anulada (sentencia de reemplazo). En este punto, por tanto, se acercó más el modelo español de casación. Se alejó, sin embargo, de esta última tradición en a lo menos dos aspectos muy sensibles: (i) el recurso de casación en el fondo en Chile solo previó una causal genérica de procedencia: "infracción de ley con influencia sustancial en lo resolutivo del fallo". El sistema español en la regulación de la LEC 1881, en cambio, previó siete causales que permitían casar una sentencia por infracción de ley o doctrina legal; y (ii) en segundo lugar, el modelo chileno cerró la puerta a que la Corte Suprema pudiera modificar los hechos asentados soberanamente por los jueces de instancia en la sentencia recurrida. La casación española permitió, de manera acotada y bajo determinadas circunstancias, esta modificación[8].

Uno de los temas que más preocuparon a los legisladores en el siglo XIX en Chile fue evitar que el recurso de casación en el fondo se transformara (en los hechos) en una tercera instancia. Al respecto se propusieron varios resguardos para evitar que la casación fuera vista por los abogados como un recurso más al que acudir para, en última instancia, obtener una sentencia que reconociera los derechos de sus clientes. Probablemente, como lo advirtiera en su momento José Victorino Lastarria, cualquier resguardo y previsión que el legislador tomara se iba a mostrar insuficiente para restringir la actividad de los abogados de buscar revertir una sentencia desfavorable[9]. Es algo que un abogado siempre hará: agotar todos los recursos que el ordenamiento jurídico le permite para ganar el pleito.

---

8 Existe una tercera diferencia importante pero que alude al recurso de casación en la forma. En efecto, en el caso de la casación formal el legislador nacional previó nueve causales de procedencia en los que mezcló vicios *in procedendo* con vicios *in iudicando*. En España, en cambio, el recurso por quebrantamiento de forma contempló ocho causales de procedencia siendo todas constitutivas de un vicio *in procedendo*.

9 Señalaba Lastarria: "Si hay razón para establecer esta tercera instancia, también debe haberla para establecer la cuarta y así hasta lo infinito, porque si no hay seguridad de que la Corte de Apelaciones dicte siempre sus sentencias conforme a la ley, tampoco la habrá de que la Corte Suprema aplique siempre el sentido literal y el espíritu de la disposición legal aplicable al caso controvertido. Creer que este recurso no se usará sino muy rara vez, es hacerse ilusión. No basta la multa de 300 pesos que establece el art. 2° del proyecto. Para el litigante perdido no sirven esas multas, cuando se le deja la esperanza de que la Corte Suprema puede fallar la causa como él lo desea, dándole a la ley la inteligencia que él le da y no la que le

Desde esta perspectiva, en mi parecer, dos fueron los factores que de manera decisiva sirvieron para convertir a nuestro recurso de casación en el fondo en una tercera instancia de resolución de los litigios. En primer lugar, el haber permitido que la Corte Suprema una vez que acogía un recurso pudiera entrar sobre el fondo del litigio y emitir la respectiva sentencia de reemplazo. Esta resolución es una inequívoca sentencia de segunda instancia. El segundo factor determinante a este respecto fue una temprana interpretación, *contra legem*, que nuestra Corre Suprema desarrolló a propósito de las denominadas leyes reguladoras de la prueba y que le permitió (permite) modificar los hechos que los jueces de instancia soberanamente dieron por probados, lo que le estaba (está) vedado normativamente. Abordaré las dos situaciones de inmediato.

3.1.1. La casación sin reenvío

El primer aspecto aludido dice relación con uno de los asuntos más polémicos que tuvieron que decidir nuestros legisladores el siglo XIX: la posibilidad de que el propio órgano de casación, una vez que anula el fallo impugnado, resolviera el asunto por el cual se recurrió. Lo anterior se conoce como modelo de casación sin reenvío. Al respecto en la parte pertinente del mensaje con el cual se envió el proyecto de Código de Procedimiento Civil de 1893 al Congreso Nacional se indicó:

> "La casación en el fondo introduce en nuestra legislación una novedad reclamada por las necesidades de dar uniforme aplicación a las leyes. Se ha limitado sólo a las sentencias de las Cortes de Alzada, como encargadas de dar la norma para el correcto funcionamiento de los tribunales inferiores. Aun cuando, para conservar a la casación su verdadero y elevado carácter, aconsejan muchos jurisconsultos *limitar las funciones del tribunal a sólo la declaración que invalida el fallo reclamado, se ha creído preferible encomendarle también la resolución del asunto en que la casación recae*, con el fin de evitar dilaciones y gastos a los litigantes, y una organización más vasta del tribunal a quien se encarga esta misión". (Énfasis añadido).

El mensaje deja claro, en primer término, que la casación en el fondo se reguló en nuestro sistema jurídico para uniformar la aplicación de las leyes. Ese fue el preciso objetivo que nuestro legislador le asignó a este instituto. Luego de esta aclaración se añade en el mensaje que "para conservar a la

---

dio la Corte Apelaciones". Lastarria, José Victorino, *Obras completas*, vol. III, *Proyectos de ley y discursos parlamentarios*, primera serie, Santiago de Chile, Imprenta, Litografía y Encuadernación Barcelona, 1907, págs. 338 y 339.

casación su verdadero y elevado carácter, aconsejan muchos jurisconsultos limitar las funciones del tribunal a solo la declaración que invalida el fallo reclamado", es decir, muchos juristas en Chile en el siglo XIX deseaban seguir el modelo de casación original francés que, como es conocido, solo da competencia a la Corte de Casación para anular el fallo y no para dictar una segunda sentencia sobre el fondo del asunto. Sin embargo, nuestro legislador se apartó de este modelo y siguió más de cerca el español de casación sin reenvío y, por tanto, con una eventual sentencia de reemplazo que sustituye a la anulada. La decisión que finalmente prevaleció en Chile fue esencialmente práctica y económica: no dilatar más la resolución de los procesos judiciales y no cargar más nuestras escuálidas finanzas públicas con una organización más vasta de nuestra Corte Suprema. Esta situación, sin embargo, alteró profundamente la fisonomía del recurso de casación de acuerdo con ideal que de él tuvieron los revolucionarios franceses y, en mi parecer, contribuyó a transformarlo en un recurso muy parecido al de apelación.

Cadiet, refiriéndose a la función que desempeña la Corte de Casación francesa, en lo que ahora estamos destacando, señala: "[...] *A su vez, a diferencia de la apelación, el recurso no abre un tercer grado de jurisdicción. La "Cour de cassation" no es un tribunal de instancia; solamente es juez de derecho. Su función consiste en pronunciarse sobre la legalidad de la resolución recurrida y no sobre el fondo del asunto. No se le somete el litigio, y por tanto no tiene que resolver de nuevo como lo hace un tribunal de apelación, sino que solamente se le somete la decisión pronunciada en primera o segunda instancia o en apelación. En consecuencia, si el recurso está justificado, el juez de casación no puede, en principio, sustituir la decisión de los tribunales de instancia por la suya; no puede más que anular la resolución recurrida y remitir el asunto ante un tribunal de instancia, a quien corresponderá resolver de nuevo el litigio*: la "*Cour de cassation*" "*casa, anula y remite...*", tal y como se lee en la parte dispositiva de las sentencias de casación. Aquí es donde se encuentra su función principal, que explica su creación originaria "en relación con el cuerpo legislativo", a tenor de la expresión de la ley de 27 de noviembre —1 de diciembre de 1790. Centinela de la ley, la "Cour de cassation" ha tenido como primera función la de asegurar el respeto de la legalidad"[10].

---

[10] Cadiet, Loïc. "El sistema de la casación francesa". *Los recursos ante Tribunales Supremos en Europa*. Manuel Ortells (coordinador). Difusión Jurídica. Madrid. 2008, págs. 27 y 28.

Como adelanté no fue este el sistema que se implantó en el país. El art. 959 original (actual 785) del CPC dispuso: "Cuando la Corte Suprema invalidare una sentencia por casación en el fondo, *dictará acto continuo y sin nueva vista, pero separadamente, sobre la cuestión materia del juicio que haya sido objeto del recurso, la sentencia que crea conforme a la ley y al mérito de los hechos tales como se han dado por establecidos en el fallo recurrido*, reproduciendo los fundamentos de derecho de la resolución casada que no se refieran a los puntos que hayan sido materia del recurso y la parte del fallo no afectada por éste"[11]. (Énfasis añadido).

Al obligar el legislador nacional a la Corte Suprema a dictar la sentencia sobre el mérito del asunto desnaturalizó el recurso de casación en su versión primigenia francesa. La sentencia de reemplazo obliga a la Corte Suprema a ejercer una actividad que es incompatible con la función de anulación. Esto lo advirtió Andrés Bello hace más de ciento setenta años: "Yo creo, señor, que puede ocurrir muy bien el inconveniente expuesto en segundo lugar por el señor presidente; y que, para salvarlo, sería necesario otro proyecto de lei, [...] porque me parece que no se podría ocurrir de otra manera a este inconveniente, sino estableciendo un tribunal que solo conociera de las causas de nulidad. *En todo país, la corte de casación, o corte de nulidad, no conoce de otra especie de causas, precisamente para evitar el inconveniente que ha indicado el honorable señor presidente. Me parece que sería preciso hacer esta reforma a la corte suprema, porque la facultad de conocer las nulidades es*

---

11 Esta norma tiene su antecedente inmediato en la Ley de Enjuiciamiento Civil de 1855 que reguló al recurso de casación en el título XXI, artículos 1010 a 1102. En el art. 1060 dispuso lo siguiente: "Si el recurso se hubiera fundado en infracción de ley o doctrina admitida por la jurisprudencia, dictará el Tribunal a continuación, pero separadamente, sobre la cuestión objeto del pleito, la sentencia que crea conforme a los méritos de los autos y a lo que exigieren la ley o doctrinas quebrantados en la ejecutoria". El anterior, como no podía ser de otra manera, fue uno de los temas más sensibles que debió enfrenar la comisión encargada de redactar la aludida Ley de Enjuiciamiento. Así nos lo explica Gómez de la Serna: "La cuestión más grave que la Comisión discutió y resolvió, es la de la competencia del Tribunal llamado a decidir sobre el fondo de la cuestión en los casos en que se anule la sentencia como contraria a ley o a doctrina legal. No deben ocultarse las dificultades que encontró la Comisión en su camino, mucho menos cuando se vio obligada a separarse de lo que hasta entonces se observaba, y del ejemplo de las demás naciones". Gómez de la Serna, Pedro. *Motivos de las variaciones principales que ha introducido en los procedimientos la Ley de enjuiciamiento civil*, Madrid, Imprenta de la Revista de Legislación, 1857, pág. 190. Nótese, en todo caso, que el art. 1060 LEC 1855 nada dice sobre el mantenimiento de los hechos tal como se han dado por establecidos en el fallo recurrido, como sí lo hizo el art. 959 CPC (1903).

incompatible con la facultad de administrar justicia en primera o segunda instancia. Yo doy mucho valor a este inconveniente; pero, para evitarlo, no me parece suficiente una nueva redacción o la agregación de un artículo. Sería necesario un proyecto de ley que determinara quién haya de conocer de las causas que ahora conoce la corte suprema, como tribunal que no es de nulidad, sino de primera o segunda instancia"[12].

El legislador nacional era consciente, en todo caso, de que el modelo adoptado envolvía un grave riesgo: que al resolver el fondo de la disputa los jueces de la Corte Suprema (y también los abogados) pensaran que la casación era una tercera instancia. Para evitar este grave peligro los partidarios de la casación sin reenvío tenían una salida: evitar que el tribunal de casación pudiera modificar los hechos asentados y probados en las dos instancias previas. Con ello quedaría claro que este recurso no sería igual que el de apelación pues, a diferencia de este último, en la casación no habría posibilidad de revisar los hechos asentados por los jueces de instancia. La casación se limitaría simplemente a analizar la correcta aplicación de la ley por parte de estos jueces. El asunto, teóricamente, estaba bien pensado y por ello el art. 954 CPC, que acabamos de ver, señaló que la Corte Suprema al dictar la sentencia de reemplazo lo haría de acuerdo con el *mérito de los hechos tales como se han dado por establecidos en el fallo recurrido*. En este aspecto nuestra casación se apartó del sistema español que no contenía ninguna restricción como la mencionada.

Esta trascendental salvaguarda, sin embargo, se verá afectada porque la Corte Suprema pronto evidenció que no estaba muy dispuesta a seguir en todos los casos el mandato del legislador. Es lo que desarrollaré en el siguiente apartado,

---

12 Bello, Andrés, *Obras completas*, t. VII, Opúsculos jurídicos, Universidad de Chile, Editorial Nascimento, 1932, pág. 48. (Énfasis añadidos). Proyecto de ley sobre fundamentación de las sentencias de 1850. Sesión del Senado del 31 de julio de 1850. Lastarria también lo advirtió: "Puédese admitir el recurso de nulidad de una sentencia de segunda instancia, por ser esta contraria al texto de una ley, o si se quiere, por haber fallado *ultra petita*, o por menos de lo pedido, pero es preciso que en tales casos el tribunal supremo se limite a declarar la nulidad, es decir, a declarar que la segunda instancia ha sido defectuosa y que debe repetirse ante la Corte competente, pero sin extenderse a juzgar sobre el asunto. Este sí que sería un verdadero recurso de casación". Lastarria, José Victorino, *Obras completas, Op. cit.*, pág. 350.

3.1.2. La infracción de las leyes reguladoras de la prueba

El segundo aspecto que contribuyó de manera decisiva a transformar nuestra casación en el fondo en una instancia más de revisión de los hechos y del derecho fue una práctica que, desde muy temprano, desarrolló la Corte Suprema en una interpretación *contra legem* en la que estableció que se encontraba habilitada para alterar los hechos de la causa si los jueces de instancia habían infringido las denominadas leyes reguladoras de la prueba[13]. Sobre este aspecto Hunter observa que "la jurisprudencia fue paulatinamente estableciendo una diferencia entre las diversas disposiciones que regulaban la actividad probatoria en el proceso civil. Esta distinción cobró fuerza cuando los tribunales superiores fueron reservando el control de las normas reguladoras de la prueba a la Corte Suprema por medio del recurso de casación en el fondo. De esta manera la única forma de modificar el establecimiento de los hechos fue denunciando una infracción a las normas reguladoras de la prueba, es decir, que los jueces, al establecer la existencia de un hecho, habían infringido alguna de estas disposiciones [...]"[14].

Destaco que, en un principio la Corte Suprema siguió el mandato del legislador[15]. Pronto, sin embargo, se apartó de este camino[16].

---

13 El concepto de leyes reguladoras de la prueba se acuña "para hacer referencia al conjunto de disposiciones de aplicación imperativa que establecen límites o prohibiciones en torno a la admisibilidad y valor de los medios de prueba"., Hunter, Ivan, *El rol del juez. Prueba y proceso*, Der Ediciones, Santiago, 2020, pág. 400.

14 Ídem, pág. 399,

15 En los primeros fallos luego de la entrada en vigor del CPC el año 1903 la Corte Suprema respetó la salvaguarda que había establecido el legislador. Señaló: "Aunque el tribunal sentenciador incurra en un error al determinar los hechos específicos, apreciando privativamente la prueba rendida, éstos son inamovibles y en mérito de ello no son revisables por parte del tribunal de casación". Corte Suprema, 16 de diciembre de 1903. RDJ, t. 1, sec. 1ª. pág. 210. Corte Suprema, 12 de septiembre de 1904. RDJ, t. 2, sec. 1ª. pág. 75. Corte Suprema, 11 de julio de 1906. RDJ, t. 3, sec. 1ª. pág. 437. Corte Suprema, 21 de diciembre de 1906. RDJ, t. 4, sec. 1ª. pág. 371. Corte Suprema, 23 de agosto de 1907. RDJ, t. 4, sec. 1ª. pág. 425. Corte Suprema, 12 de junio de 1911. RDJ, t. 9, sec. 1ª. pág. 508. También resolvió: "La conclusión a la que llega el tribunal sentenciador de que las presunciones no reúnen los caracteres de gravedad, precisión y concordancia para que tenga valor de plena prueba, por más errónea que sea esa conclusión, no podría en caso alguno ser revisada por el tribunal de casación, desde que la ley no ha señalado los hechos que son necesarios para formar presunciones graves, precisas y concordantes, sino que, por el contrario, todo lo ha dejado, al respeto, a la discreción del

Ya vimos que el art. 959 original del CPC dispuso expresamente que al dictar la Corte Suprema la sentencia de reemplazo lo haría conforme "*al mérito de los hechos tales como se han dado por establecidos en el fallo recurrido* [...]". La norma, como se aprecia, no contiene ninguna excepción y si bien en la discusión de nuestros legisladores el tema fue objeto de un intenso debate[17], finalmente la norma aprobada fue clara en cuanto a su alcance:

---

tribunal originario". Corte Suprema, 13 de diciembre de 1929. RDJ, t. 27, sec. 1ª. pág. 694. Corte Suprema, 07 de julio de 1937. RDJ, t. 34, sec. 1ª. pág. 379. Corte Suprema, 26 de septiembre de 1944. RDJ, t. 42, sec. 1ª. pág. 318. Corte Suprema, 31 de diciembre de 1945. RDJ, t. 43, sec. 1ª. pág. 321.

16 Señaló al respecto: "Si el recurso interpuesto no se funda en la violación de las leyes reguladoras de la prueba, los hechos establecidos en la sentencia recurrida deben tenerse como verdaderos y ser antecedente inamovible para el pronunciamiento del fallo por el tribunal de casación, si los jueces de la causa los dan por acreditados, en virtud de sus facultades privativas, al calificar los medios probatorios producidos en el procesal". Corte Suprema, 13 de junio de 1906. RDJ, t. 8, sec. 1ª. pág. 491. Corte Suprema, 12 de agosto de 1909. RDJ, t. 7, sec. 1ª. pág. 195. Corte Suprema, 10 de septiembre de 1910. RDJ, t. 8, sec. 1ª. pág. 491. Corte Suprema, 4 de julio de 1911. RDJ, t. 9, sec. 1ª. pág. 406. Corte Suprema, 15 de julio de 1911. RDJ, t. 9, sec. 1ª. pág. 454. Corte Suprema, 31 de mayo de 1912. RDJ, t. 10, sec. 1ª. pág. 434.

17 La primera vez que se discutió este asunto lo fue a propósito del Proyecto de Ley de Enjuiciamiento Civil de 1877, primer proyecto del proceso de codificación que contiene una disposición a este respecto. El art. 791 previó siete causales que hacían procedente el recurso de casación en el fondo y en la forma. La primera era relativa a la casación en el fondo; las seis restantes eran causales de la casación formal. Pues bien, el inciso final de esta disposición señaló lo siguiente: "En el caso del núm. 1° de este artículo y aun cuando sólo se trate de infracción de las leyes que reglan el enjuiciamiento, el recurso se dice de casación en el fondo; en los de los demás, de casación en la forma". *Proyecto de Código de Enjuiciamiento Civil.* Conclusión del libro III y del libro IV, Santiago de Chile, Imprenta de la República de J. Núñez, 1877, págs. 47 y 48. Puesto el artículo en debate el comisionado Gandarillas —en la sesión 85, del 2 de mayo de 1879— observó que: "[...] conforme al último inciso de este artículo, se quiere dar lugar al recurso de casación en el fondo aun por infracción de las leyes que reglan el enjuiciamiento. Si, como le parece, esta regla tiende a invalidar las sentencias que fijan el criterio judicial respecto a la apreciación y admisibilidad de la prueba, la considera inaceptable: en su concepto, no debe darse tanta extensión a este recurso, porque eso equivaldría a establecer casi en todos los juicios una tercera instancia". El ministro de Justicia de la época, señor Huneeus, participó de la opinión de Gandarillas "porque ve también que esta disposición conduce directamente al establecimiento de una tercera instancia". (Énfasis añadido). *Proyecto de Código de Enjuiciamiento Civil,* libro III, Santiago de Chile, Imprenta el Progreso, 1884, pág. 358 (énfasis añadido)

los hechos no podían ser objeto de modificación por la Corte Suprema. De este modo nuestra casación cerró la puerta a esta posibilidad y con esto se alejó de la casación española en la cual el art. 1692 LEC 1881 dejó abierta una pequeña ventana: "Habrá lugar al recurso de casación por infracción de ley o de doctrina legal: [...] 7ª. Cuando en la apreciación de las pruebas haya habido error de derecho o de hecho, si este último resulta de documentos o actos jurídicos que demuestren la equivocación evidente del juzgador".

Por ello De la Oliva, refiriéndose brevemente a la evolución del recurso de casación en España, ha señalado: "Es importante señalar que, en 1958, la casación por infracción de ley" *deja abierta una puerta, ciertamente no ancha, pero tampoco angostísima, a la revisión por el TS del "juicio de hecho" (o, mejor, del juicio sobre los hechos) llevado a cabo por los tribunales de instancia (motivo 7º del art. 1692)*. No se trata, por tanto, ni de una casación ajena a lo procesal, ni férreamente circunscrita a *quaestiones iuris* y plenamente cerrada en cuanto a los hechos declarados probados o considerados dudosos"[18].

Como se aprecia, la posibilidad de que el TS modificara los hechos de la causa se admitía de manera expresa en la LEC 1881, aunque de una manera acotada. Se permitía en aquellos casos en que los jueces al apreciar la prueba incurrían en un error de hecho *si este último resulta de documentos o actos jurídicos que demuestren la equivocación evidente del juzgador.* No se podía, por tanto, modificar los hechos por cualquier infracción en la apreciación de la prueba, sino solo en los casos que la disposición señalaba. Por ello Manresa, al comentar esta disposición, señaló lo siguiente: "El tribunal sentenciador es soberano para la apreciación de las pruebas, como se deduce de la ley y tiene declarado el Tribunal Supremo en multitud de sentencias. Pero al hacer esta apreciación puede incurrir en error de hecho [y] de derecho, y justo es tal caso que se conceda por ese motivo el recurso de casación para que el Tribunal Supremo pueda enmendar el agravio. [...] Y para fundarlo en *error de hecho*, es requisito indispensable que tal error resulte comprobado con documentos o actos auténticos, presentados oportunamente en el pleito, y citados en el recurso, que demuestren la equivocación *evidente* del juzgador, pues si no obra en los autos o no los precisa el recurrente, no pueden tomarse en consideración"[19].

---

18 De la Oliva, Andrés, *Casación, oralidad y nuevo proceso civil*, Ediciones jurídicas de Santiago, 2009, pág. 21. (Énfasis añadido).

19 Manresa, José María, *Comentarios a la ley de enjuiciamiento civil*, 5ª. ed., t. VI, Madrid, 1929, págs. 234 y 235.

En cambio, en el país, sin una autorización como la que acabamos de ver contenía, en su versión original, la LEC 1881, la jurisprudencia de la Corte Suprema ha consolidado la idea de que está habilitada para modificar los hechos de la causa —sin mayor restricción— si en la sentencia casada se vulneran las leyes reguladoras de la prueba. Aleccionador a este respecto es el siguiente fallo de nuestro Máximo Tribunal:

> "Que, según se adelantó, la revisión de la forma en que se han dado por establecidos los hechos por parte de los jueces de la instancia, al conocer de un recurso de casación en el fondo, ha sido una tarea que muchos ordenamientos no permiten, dejando definitiva e inmutablemente resuelta esta materia conforme al juicio de los magistrados del mérito. *El sistema chileno, en lo referente al recurso de casación en el fondo, ha transitado desde la imposibilidad de modificar los hechos a la aceptación jurisprudencial en materia civil, aspecto que se cumple ante el supuesto que los recurrentes denuncien infringidas las normas que gobiernan la prueba*. En efecto, no puede soslayarse la importancia de la correcta aplicación de la ley en la determinación de los presupuestos fácticos materia integrada por la noción de leyes reguladoras de la prueba, desde que sólo una vez fijados aquéllos, procederá la determinación de la correcta aplicación de las normas sustantivas que reglan el asunto sometido al conocimiento de los sentenciadores del fondo, pero en lo cual resulta igualmente relevante el estricto cumplimiento de la legislación que regula, con un carácter objetivo, los distintos aspectos que integran la actividad probatoria de las partes y el tribunal. *De lo dicho con antelación se desprende que esta Corte, conociendo de una nulidad de fondo, puede entrar a apreciar la forma como han sido fijados los hechos, al precisar la correcta aplicación de las normas legales pertinentes a la prueba, pero para ese exclusivo objeto: examinar la legalidad en la fijación de los hechos y, por lo mismo, su validez*. La Corte Suprema no varía los hechos y sobre ellos asienta una nueva decisión, sino que únicamente —en el fallo de casación— establece que aquellos supuestos fácticos —fijados erróneamente— no permiten llegar a la determinación adoptada por los jueces de la instancia en cuanto a la aplicación del derecho sustantivo. En una labor anexa a ésta, determinados los hechos correctamente decide la litis conforme a la normativa aplicable a esos nuevos supuestos fácticos establecidos válidamente, esto es en el fallo de reemplazo"[20].

Resulta notable el reconocimiento explícito que hace la Corte cuando señala: *El sistema chileno, en lo referente al recurso de casación en el fondo, ha transitado desde la imposibilidad de modificar los hechos a la aceptación jurisprudencial en materia civil, aspecto que se cumple ante el supuesto que los recurrentes denuncien infringidas las normas que gobiernan la prueba.*

---

[20] Corte Suprema, 12 de enero de 2012, Rol Nr. 680-2011 (énfasis añadido).

Evidentemente este "tránsito" a que alude el fallo entre la imposibilidad de modificar los hechos a su aceptación jurisprudencial se ha efectuado sin ninguna modificación del texto legal y, por tanto, en contra del mandato del legislador quién, como lo hemos visto, no permite esta modificación.

3.2. El recurso de casación en la forma

3.2.1. Los vicios que lo hacen procedente

El aspecto que deseo abordar con mayor profundidad en este ensayo ha sido menos estudiado por nuestra doctrina o, si se prefiere, ha sido menos advertido. Esta segunda situación dice relación con la mezcla en la que incurrió el recurso de casación en la forma al reglamentar de manera conjunta vicios que se producen durante la tramitación del proceso (*in procedendo*), con aquellos que se producen al dictar la sentencia (*in iudicando*). Esta reglamentación, cuyo origen no es claro para nosotros, terminará irremediablemente por equiparar a la casación en la forma con la casación en el fondo, haciendo, hoy en día, muy tenue sus diferencias pues, como lo veremos en la segunda parte de este estudio, las causales *in iudicando* concentran aproximadamente el 90% de los recursos de casación en la forma que anualmente se presentan en el país.

Si bien originalmente tratándose de ambas categorías de vicios la Corte Suprema no podía resolver el fondo del litigio y debía reenviar el asunto a la Corte de Apelaciones (no inhabilitada) para que esta lo dirimiera nuevamente[21], esto va a cambiar el año 1977[22].

---

21 En efecto, el art. 959 original del CPC señaló: "En los casos de casación en la forma, la misma sentencia que declare la casación determinará el estado en que queda el proceso, el cual se remitirá para su conocimiento al tribunal correspondiente. Este tribunal es aquel a quien tocaría conocer del negocio en caso de recusación del juez que pronunciaron la sentencia".

22 La casación en la forma, hasta 1977, en cierta forma, funcionó de manera similar a la original casación francesa, es decir, el tribunal anulaba y reenviaba el asunto para que el correspondiente juez de instancia, con plena competencia, resolviera el fondo de la disputa. Lógicamente ningún problema producía esta situación cuando el vicio por el cual la Corte Suprema anulaba el fallo era *in procedendo*. El problema se producía, en cambio, cuando la Corte anulaba por un vicio *in iudicando*, pues en este caso la Corte Suprema en su sentencia de casación ya había emitido algún parecer sobre el fondo de la disputa.

El art. 941 del CPC original (actual art. 768) previó nueve causales de procedencia del recurso de casación en la forma: la 1ª, 2ª, 3ª, 8ª y 9ª se refieren inequívocamente a vicios cometidos durante la sustanciación del proceso (*in procedendo*)[23]. En cambio, las causales 4ª., 5ª. 6ª, y 7ª son vicios que se producen al momento de dictar la sentencia definitiva (*in iudicando*)[24]. Pues bien, si comparamos esta situación con la que se reguló en la LEC de 1881 tenemos que esta ley señaló en el art. 1691 lo siguiente: "El recurso de casación habrá de fundarse en alguna de las causas siguientes: 1ª. Infracción de ley o de doctrina legal en la parte dispositiva de la sentencia; 2ª. Haberse quebrantado alguna de las formas esenciales del juicio; 3ª Haber dictado los amigables componedores la sentencia fuera del plazo señalado en el compromiso, o resueltos puntos no sometidos a su decisión, o que aunque lo hubieran sido, no fueren de índole civil o estuvieren comprendidos en las excepciones consignadas en el párrafo 2º del art. 487".

Si nos concentramos en los dos primeros motivos que hacían procedente la casación en España en 1881, vemos que en la primera causal se previó lo que nosotros en Chile entendemos es el recurso de casación en el fondo; y en la segunda, lo que entendemos es el recurso de casación en la forma. Ahora bien, en el caso español, a diferencia de la reglamentación en Chile, tratándose del primer motivo que hacía procedente el recurso de casación

---

23 Art. 941: "El recurso de casación en la forma ha de fundarse precisamente en alguna de las causas siguientes: 1ª. En haber sido la sentencia pronunciada por un tribunal incompetente o integrado en contravención a lo dispuesto por la ley; 2ª. En haber sido pronunciada por un juez, o con la concurrencia de un juez, legalmente implicado, o cuya recusación estuviere pendiente o hubiese sido declarada por tribunal competente; 3ª. En haber sido acordada en los tribunales colegiados por menor número de votos o pronunciada por menor número de jueces que el requerido por la ley o con la concurrencia de jueces que no asistieron a la vista de la causa, y viceversa; [...] 8ª. En haber sido dada en apelación legalmente declarada desierta, prescrita o desistida; y 9ª. En haberse faltado a algún trámite o diligencia declarados esenciales por la ley o a cualquier otro requisito por cuyo defecto las leyes prevengan expresamente que hay nulidad".

24 Art. 941: "El recurso de casación en la forma ha de fundarse precisamente en alguna de las causas siguientes: [...] 4ª. En haber sido dada *ultra petita,* esto es, otorgando más de lo pedido por las partes, o extendiéndola a puntos no sometidos a la decisión del tribunal, sin perjuicio de la facultad que éste tenga para fallar de oficio en los casos determinados por la ley; 5ª. En haber sido pronunciada con omisión de cualquiera de los requisitos enumerados en el artículo 193 [requisitos de la sentencia definitiva]; 6ª. En haber sido dada contra otra, pasada en autoridad de cosa juzgada, siempre que ésta se hubiere alegado oportunamente en el juicio; 7ª. En contener decisiones contradictorias [...]".

(infracción de ley o doctrina legal) el art. 1692 desglosó siete causales que daban lugar a este recurso[25], mientras que la casación en el fondo en Chile solo previó una única causal genérica: infracción de ley[26].

Si prestamos atención a las causales 2ª. (congruencia); 3ª. (*ultra petita*); 4ª. (decisiones contradictorias); y 5ª (cosa juzgada) del art. 1692 LEC 1881 podemos ver que ellas corresponden a los vicios que el recurso de casación en la forma previó en Chile en las causales 4ª, 6ª, y 7ª del art. 941 (768) CPC, es decir, lo que en España se reguló como un motivo de infracción de ley propio de un recurso de casación en el fondo, en Chile se lo reguló como un vicio que habilitaba la interposición de la casación formal. Esta regulación, no advertida por nuestra doctrina, terminará por equiparar, como avancé, a ambas casaciones en Chile.

Por su parte, el art. 1693 LEC 1881 contempló ocho motivos que hacían procedente la casación por quebrantamiento de las formas esenciales del juicio[27]. En términos generales se recogieron en estos motivos los que la

---

25 Las causales que el legislador español desglosó en el art. 1692 por infracción de ley o de doctrina legal fueron las siguientes: 1ª. Cuando el fallo contenga violación, interpretación errónea o aplicación indebida de las leyes o doctrinas legales aplicables al caso del pleito; 2ª. Cuando la sentencia no se congruente con las pretensiones oportunamente deducidas por los litigantes; 3ª. Cuando el fallo otorgue más de lo pedido, o no contenga declaración sobre alguna de las pretensiones oportunamente deducidas en el pleito; 4ª. Cuando el fallo contenga disposiciones contradictorias; 5ª. Cuando el fallo sea contrario a la cosa juzgada, siempre que se haya alegado esta excepción en el juicio; 6ª. Cuando en razón de la materia haya habido abuso, exceso o defecto en el ejercicio de la jurisdicción, conociendo un asunto que no sea de competencia judicial, o dejando de conocer cuando hubiere el deber de hacerlo; 7ª. Cuando en la apreciación de las pruebas haya habido error de derecho o de hecho, si este último resulta de documentos o actos jurídicos que demuestren la equivocación evidente del juzgador".

26 El art. 940 del CPC señaló en su inciso primero: "El recurso de casación en el fondo tiene lugar contra sentencia pronunciada con infracción de ley, siempre que esta infracción haya influido sustancialmente en lo dispositivo de la sentencia".

27 "1ª. Por falta de emplazamiento, en primera o segunda instancia, de las personas que hubieran debido ser citadas para el juicio; 2ª. Por falta de personalidad en alguna de las partes o en el procurador que la haya representado; 3ª. Por falta de recibimiento a prueba en alguna de las instancias, cuando procediere con arreglo a derecho; 4ª. Por falta de citación para alguna diligencia de prueba o para sentencia definitiva en cualquiera de las instancias; 5ª. Por denegación de cualquiera diligencia de prueba, admisible según las leyes, y cuya falta haya podido producir indefensión; 6ª. Por incompetencia de jurisdicción, cuando este punto no haya sido resuelto por el Tribunal Supremo, y no se halle comprendido en el número

casación en la forma en Chile previó como causales 1ª, 2ª, 3ª y 9ª en el art. 941 CPC, esto es, típicos vicios *in procedendo.*

Por ello De la Oliva, refiriéndose a la situación del recurso de casación en España, ha podido señalar lo siguiente: "Esto sentado, es de notar que los dos grupos de motivos de los dos recursos de casación no se dedican, el primero, a de ley sustantiva y, el segundo, a la infracción de normas procesales. Entre los siete motivos del art. 1692 (casación por infracción de ley), seis se relacionan con normas procesales (dos con la congruencia y uno con la coherencia interna de la sentencia, otro con la cosa juzgada, otro con la jurisdicción y otro con la prueba). Es el motivo primero del art. 1692 LEC el previsto para denunciar las infracciones de normas sustantivas. En cambio, los ocho motivos del art. 1692 (casación por quebrantamiento de forma) se refieren todos a infracciones procesales. *Lo que distingue los dos recursos es que los motivos del llamado recurso por infracción de ley constituirían vicios o errores in iudicando o, para ser más precisos, vicios cometidos al dictar la sentencia, mientras que los motivos de casación por quebrantamiento de forma serían todos vicios o errores in procedendo, errores o infracciones en el curso del proceso*". (Énfasis añadido).

En cambio, en Chile, Romero, refiriéndose al recurso de casación en la forma observa que "a través de este instrumento se denuncian ciertos errores *in procedendo* vinculados a la observancia de los requisitos de existencia o validez de la relación procesal y a la correcta ejecución de ciertos actos procesales que la ley considera como trámites esenciales [...]"[28]. Romero no parece advertir la diferencia radical que existe entre los dos grupos de causales que el art. 941 CPC contempló.[29]

6º del artículo anterior; 7ª. Por haber concurrido a dictar sentencia uno o más jueces, cuya recusación, fundada en causa legal e intentada en tiempo y forma, hubiese sido estimada, se hubiere denegado, siendo procedente; 8ª. Por haber sido dictada la sentencia por menor número de jueces que el señalado por la ley".

28 Romero, Alejandro, *Curso de derecho procesal civil. Los medios de impugnación*, t. V, Thomson Reuters, Santiago, 2021, pág. 172.

29 Paillás tampoco parece notarlo. Refiriéndose a los vicios de las formas del procedimiento señala: "Bajo la vigencia del antiguo CPC francés la violación de las formas del procedimiento estaba sometida a las normas de la *requête civile*, actualmente suprimida. Hoy se aplican las disposiciones generales de la casación, siempre que los errores cometidos por las partes sean substanciales y, si se trata de errores en que incurrió el juez, que éste haya tenido la posibilidad de comprobar su inobservancia. [...] Los vicios pueden ser cometidos en la conformación del tribunal, en la falta de comunicación del proceso al ministerio público, en el desarrollo irregular de los debates, en el quebrantamiento de las reglas sobre publicidad de

De la Oliva concluye su análisis señalando lo siguiente: "Por eso, de estimarse la casación por quebrantamiento de forma, el TS reenvía las actuaciones al tribunal inferior para que proceda de nuevo a partir del momento del vicio apreciado y subsanada (casación con reenvío), pero en caso de estimarse la casación por infracción de ley, al no existir vicios *in procedendo*, se considera que el TS está en condiciones de realizar una doble actividad: por un lado, casar (romper, anular) la sentencia recurrida y, por otro, dictar, el mismo TS, una segunda sentencia (que aparecía así nombrada) en sustitución de la casada (casación sin reenvío)[30].

Lo señalado por el profesor español respecto de la casación por quebrantamiento de forma en España podría haber sido perfectamente aplicable al recurso de casación en la forma en Chile, según la regulación original del CPC, si éste hubiera previsto solo vicios *in procedendo* (como lo hizo la normativa española). Sin embargo, al haber contemplado también vicios *in iudicando* resulta aplicable lo que De la Oliva concluye para la casación por infracción de ley en España, es decir, predicable de nuestra casación en el fondo.

Desconozco las razones por las cuales nuestro legislador se alejó de manera tan radical del modelo español que, no se olvide, estudió y tuvo muy presente en la reglamentación de nuestra casación. Tal vez la temprana regulación que del recurso de nulidad tuvimos en Chile —que ya en 1837 previó la nulidad "formal" por *ultra petita*— ejerció una influencia importante[31]; o, tal vez, la reglamentación que del recurso de casación en la forma hizo en el Proyecto de 1877 (cuatro años antes que la publicación de la LEC 1881) que contempló la procedencia del recurso por "haber sido dada contra otra pasada en autoridad de cosa juzgada entre las mismas partes"[32]; haya sido decisiva en nuestro legislador. En cualquier caso, lo

---

la audiencia, o pueden ser vicios relativos al pronunciamiento de la sentencia y su redacción, etc. [...] En Chile estos defectos están comprendidos dentro de lo que se denomina casación en la forma [...]". Paillás, Enrique, *El recurso de casación en materia civil*, Editorial Jurídica, 2008, págs. 139 y 140.

30 De la Oliva, Andrés, *Casación, oralidad y nuevo proceso civil*, *Op. cit.*, pág. 22.

31 Art. 2 Decreto Ley sobre recurso de nulidad: "Se entiende haberse faltado a las formas esenciales de la ritualidad de los juicios, solo en los casos siguientes: [...] 8º Si el juez hubiere fallado *ultra petita*, extendiendo su sentencia a puntos absolutamente separados o inconexos con lo alegado, deducido y probado por las partes en el discurso de la causa".

32 El art. 791 del Proyecto de 1877 señaló lo siguiente: "El recurso de casación ha de fundarse precisamente en alguna de las causas siguientes: 1ª. En haber sido la

cierto es la confusión en la que incurrió nuestro legislador al juntar vicios que se cometen en el desarrollo del proceso, con otros que, inequívocamente, se cometen al momento de emitir la sentencia definitiva, será "solucionada" el año 1977.

3.2.2. La reforma a la casación en la forma del año 1977

a) Dos procesos emblemáticos resueltos antes del año 1977

a') *Paños Oveja Tomé S.A. con la Dirección de Industria y Comercio (Dirinco).*

Antes de analizar la reforma que se efectuó al recurso de casación en la forma el año 1977, deseo examinar dos procesos emblemáticos que muestran de manera palmaria la diferencia que existía, antes de la reforma, entre el recurso de casación en la forma y el recurso de casación en el fondo.

El primer proceso fue resuelto por la Corte Suprema el año 1973. La sociedad Paños Oveja Tomé S.A., interpuso el interdicto de amparo en contra de la Dirección de Industria y Comercio (Dirinco) y de los interventores que había nombrado. Se pidió, asimismo, el restablecimiento de la tenencia de los inmuebles intervenidos y requisados. La autoridad sostuvo que el tribunal carecía de competencia para conocer de la demanda, porque las perturbaciones de que se quejaba el actor provenían de un acto de autoridad administrativa, lo que era competencia de un juez especial contencioso administrativo que no existía en Chile y no de la justicia ordinaria. Las dos primeras instancias acogieron la tesis de la Dirinco. La sociedad Paños Oveja Tomé *recurrió de casación en la forma* por la causal 5ª del artículo 768 del Código de Procedimiento Civil, en relación con el Nr. 6 del 170 del

---

sentencia dada contra ley o contra doctrina legal. Se entiende por doctrina legal, para el efecto de este artículo, la que derivada más o menos directamente de la ley o de los principios reglas del derecho, se halla generalmente recibida por la jurisprudencia de los tribunales; 2ª. En haber sido pronunciada por un tribunal incompetente; 3ª. En haber sido pronunciada por un juez o con la concurrencia de algún juez legalmente implicado o cuya recusación hubiese sido declarada por tribunal competente; 4ª. En haber sido extendida sin sujeción a lo dispuesto por la ley; 6ª. En haber sido dada por cohecho; 7ª. En haber sido dada contra otra pasada en autoridad de cosa juzgada entre las mismas partes; 8ª. En haber sido pronunciada con infracción de algún trámite o diligencia declarados sustanciales por la ley. En el caso del núm. 1º de este artículo y aun cuando solo se trate de infracción de las leyes que reglan el enjuiciamiento, el recurso se dice de casación en el fondo; en los de los demás, de casación en la forma". (Énfasis añadido).

mismo Código. La Corte tuvo por no interpuesto el recurso de casación en la forma y actuando de ofició resolvió lo siguiente:

> "Que esta sentencia carece de las consideraciones necesarias para fundar su decisión, pues no bastan las contenidas en el fallo recurrido. Además, *no establece los hechos indispensables para que este Tribunal, si aprecia en forma diferente la excepciones que son materia de la causa, pueda pronunciarse sobre todas las defensas que se han deducido*"[33].

Destaco que la Corte se duele que la sentencia de instancia no hubiere establecido los hechos indispensables para que ella misma ("este Tribunal") pudiere pronunciarse sobre las defensas que se habían hecho valer. Claro que en 1973 la Corte no podía, aun cuando la sentencia hubiere establecido los hechos, pronunciarse sobre las defensas hechas valer. De todos modos, destaco que pese a que se recurrió de casación en la forma hay una tendencia casi irrefrenable de la Corte por resolver el fondo mismo de la disputa. Prosigue:

> "Que, en efecto, ello es aún más necesario, si se considera que la doctrina sustentada por los jueces de instancia, contraría abiertamente lo establecido en sentencias de esta Corte, y especialmente en el juicio de la sociedad *Rayonhil Industria Nacional de Rayón S.A.*, que también entabló interdictos posesorios en una situación similar a la de este juicio" (...) Por estas consideraciones (...) *se invalida de oficio la sentencia de 9 de mayo último, corriente a fojas 159 y se repone la causa al estado de dictarse un nuevo fallo por el tribunal no inhabilitado que corresponda*"[34].

Es decir, en el parecer de la Corte los jueces de fondo cometieron un error al fallar como lo hicieron, esto es, considerar que la justicia ordinaria no era competente para resolver la disputa entre un particular y la Administración. Más allá de lo correcto o incorrecta de esta apreciación, lo interesante es preguntarnos lo siguiente: una vez anulada la resolución recurrida ¿qué podía resolver el tribunal no inhabilitado al que la Corte Suprema reenvió el asunto? ¿Podía haber sostenido que la justicia ordinaria era a pesar de todo incompetente? ¿No habría cometido desacato? ¿No debía el tribunal de alzada resolver en el sentido dicho por la Corte? Y si esto último era así ¿para qué, entonces, reenviar el asunto? ¿No era mejor que la propia Corte Suprema, que ya había estudiado el fondo del asunto,

---

33 Corte Suprema, 31 de octubre de 1973, Revista de Derecho y Jurisprudencia, t. LXX, sec. 1ª, pág. 80, considerando 2° (énfasis añadido).

34 Ídem, pág. 80, considerando 3° (énfasis añadido).

resolviera de una buena vez la disputa? Es lo que sucede porque el vicio por el cual se recurrió no fue uno *in procedendo*, sino uno *in uidicando.*

b') *Rayonhil Industria Nacional de Rayón S.A. con la Dirección de Industria y Comercio Dirinco.*

Traigo a colación la sentencia que la Corte Suprema cita más arriba, el proceso *Rayonhil Industria Nacional de Rayón S.A. con Dirinco*, porque ilustra de manera muy clara la diversa forma como funcionaban antes de 1977 ambas casaciones. Los dos litigios efectivamente eran muy parecidos. Los predios de la sociedad Rayonthil fueron ocupados el 24 de mayo de 1971 por numerosas personas debido a una resolución del director de Industria y Comercio (Dirinco). Si bien la Contraloría declaró ilegal la resolución tuvo que tomar razón de ella en virtud del decreto de insistencia presidencial. En contra de la ocupación el afectado entabló interdicto de restitución. Al igual que sucedió en el anterior proceso, los jueces de instancia acogieron la excepción de incompetencia planteada por la defensa. En contra del fallo de alzada la sociedad Rayonhil interpuso *recurso de casación en el fondo*, que fue acogido por la Corte Suprema. En este caso la Corte sí podía resolver el fondo de la disputa. En su sentencia de reemplazo señaló: "Teniendo presente las consideraciones contenidas en el fallo de casación que antecede, revoca la resolución apelada de 31 de mayo de 1972 y declara que es válido todo lo obrado en esta causa, que los tribunales ordinarios tienen jurisdicción para conocer de los interdictos posesorios y de la acción de indemnización de perjuicios que se ha deducido y que el Sexto juzgado Civil de Mayor cuantía es competente para conocer del presente juicio"[35].

Nótese como la Corte Suprema puede, al haberse deducido recurso de casación en el fondo y haber sido este acogido, dictar de inmediato y sin nueva vista la sentencia de reemplazo que consideraba pertinente. Aquí no había reenvío y, por lo tanto, no había ni pérdida de tiempo, ni duda sobre si el fallo de casación era vinculante o no. ¿Por qué no adoptar esta misma solución para el recurso de casación en la forma por determinadas causales? Es lo que se logró en 1977.

---

[35] Corte Suprema, 5 de septiembre de 1973, Fallos del Mes, Nrs. 178 y 179, 1973, pág. 177.

b) La reforma a la casación en la forma del año 1977: su equiparación con el recurso de casación en el fondo

El Decreto Ley Nr. 1.682, publicado el 25 de enero de 1977, introdujo un trascendental cambio que acercó peligrosamente la casación formal a su homónima de fondo, al permitirle a la Corte Suprema dictar sentencia de reemplazo cuando acogiera el recurso por las causales 4ª, 5ª, 6ª y 7ª del artículo 768 del CPC.

No tenemos certeza de las razones que impulsaron al gobierno militar a materializar estos dos cambios, pero no es difícil aventurar que ellos encuentran su fundamento en lo que vivió Chile durante el gobierno del presidente Salvador Allende Gossens (1908-1973). Se sabe que en el período de la Unidad Popular (1970 a 1973) las relaciones entre el Ejecutivo y los tribunales superiores del país fueron particularmente tensas. Pues bien, fueron en esos años de particular tensión que se fraguó la idea de dotar de mayores facultades a los tribunales de justicia, en particular a la Corte Suprema que así lo había pedido, lo que se vino a concretar a los pocos años de caído el gobierno socialista de Allende.

La modificación que se materializó el año 1977 consistió en facultar a la Corte Suprema para dictar sentencia de remplazo cuando acogía un recurso de casación en la forma por vicios *in iudicando*. Al respecto se adicionaron al artículo 786 del Código de Procedimiento Civil los siguientes incisos tercero y cuarto:

> "Si el vicio que diere lugar a la invalidación de la sentencia fuere alguno de los contemplados en las causales 4°, 5°, 6° y 7° del artículo 768, deberá el mismo tribunal, acto continuo y sin nueva vista, pero separadamente, dictar la sentencia que corresponda con arreglo a la ley.

Lo dispuesto en el inciso precedente regirá, también, en los casos del inciso primero del artículo 776, si el tribunal respectivo invalida de oficio la sentencia por alguna de las causales antes señaladas".

Como se puede apreciar desde 1977 y hasta el día de hoy la Corte Suprema cuando acoge un recurso de casación en la forma —por nuestros conocidos vicios *in iudicando*— no tiene que reenviar el asunto al tribunal no inhabilitado, sino que una vez anulada la sentencia objeto del recurso puede acto continuo, pero separadamente dictar la sentencia que corresponda con arreglo a la ley. Si se presta atención la redacción del art. 786 CPC es idéntica a la original del art. 959 CPC que previó la sentencia de reemplazo solo para el recurso de casación en el fondo. Como señaló De la Oliva refiriéndose a la casación por infracción de ley "al no existir vicios *in procedendo*, se considera que el TS está en condiciones de realizar una doble actividad: por un lado, casar (romper, anular) la sentencia recurrida y, por otro, dictar, el mismo TS, una segunda sentencia (que aparecía así nombrada) en sustitución de la casada (casación sin reenvío)"[36].

4. ESTADÍSTICAS DEL RECURSO DE CASACIÓN AÑO 2019

4.1. Los números mandan

El estudio de las estadísticas que genera el Poder Judicial es algo que los estudiosos del derecho procesal en Chile no solemos realizar. En general nuestras investigaciones son de tipo dogmático, es decir, análisis de las normas legales involucradas en el respectivo ensayo; estudio de los antecedentes históricos de dichas normas; examen de la doctrina relevante —nacional y comparada— y análisis de la jurisprudencia de los tribunales superiores del país. En este sentido, como adelanté al inicio de este ensayo, este trabajo busca rendir un homenaje al profesor Moreno Catena que es de aquellos juristas a quienes el funcionamiento de la justicia y los números que el sistema judicial produce sí les preocupan.

4.1.1. Recursos presentados y admitidos

Tipo de recurso	Cantidad
Casación en el fondo:	1.325
Casación en la forma:	329
Total:	1.654

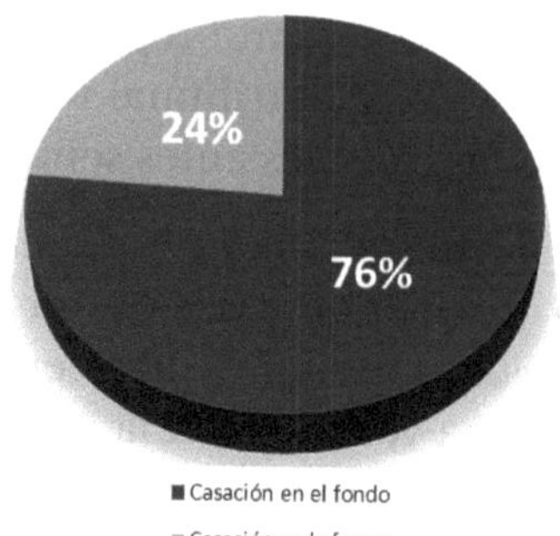

[36] De la Oliva, Andrés, *Casación, oralidad y nuevo proceso civil*, *Op. cit.*, pág. 22.

La gráfica muestra que un setenta y seis por ciento de los recursos de casación que se presentaron el año 2019 fueron en el fondo. La casación formal representa solo un veinticuatro por ciento. El predominio de la casación sustancial es nítido, sin olvidar que, adicionalmente, la gran mayoría de los recursos de casación en la forma se fundan en un vicio *in iudicando*. Téngase presente, además, lo siguiente: (i) 1.027 recursos de casación en el fondo se interpusieron de manera individual; (ii) 31 recurso de casación en la forma que se presentaron de manera individual; y (iii) 298 recursos de casación en el fondo y en la forma se presentaron de manera conjunta.

4.1.2. Decisión del recurso

Decisión	Cantidad	Porcentaje
Rechaza:	1.116	68%
Inadmisible:	67	4%
Acoge:	365	22%
Invalida de oficio:	106	6%
Total:	1.654	100%

Los números muestran que cerca de un 70% de los recursos de casación presentados el año 2019 fueron rechazados por la Corte Suprema. Por contraste solo un 22% fueron acogidos. Lo anterior debería producir un natural desincentivo en los abogados a utilizar este medio de impugnación. Sin embargo, la realidad parece desmentir esta última afirmación. De este modo, si comparamos estas cifras con las de un trabajo anterior que efectué sobre esta materia, podemos observar que, en general, el número de los recursos de casación conocidos por la Corte Suprema se ha mantenido más o menos estables, con un ligero descenso. Los años 2013, 2014 y 2015 la Corte Suprema resolvió en el mérito un promedio de 1850 recursos[37].

---

37 Véase mi trabajo "El recurso de casación en el sistema procesal civil chileno. *Op. cit.*, págs. 1127 y ss.

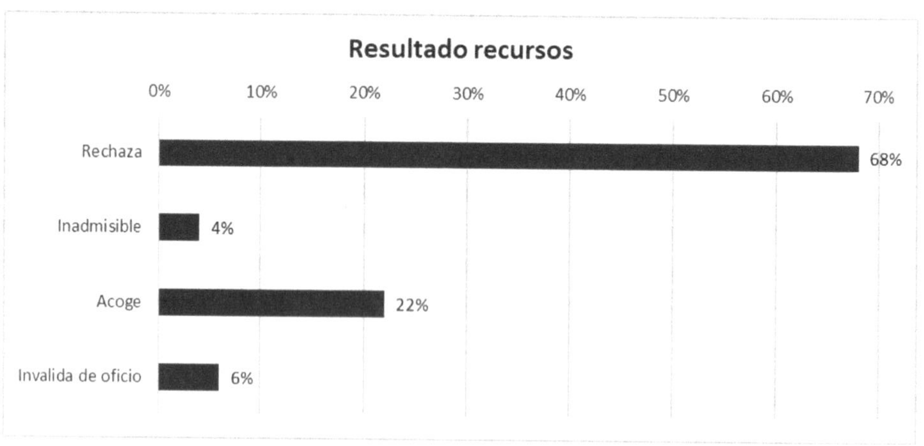

4.1.3. Desglose de los recursos de casación en el fondo

a) Decisión adoptada por la Corte

Decisión	Cantidad	Porcentaje
Rechaza:	924	70%
Inadmisible:	2	0,2%
Acoge:	321	24%
Invalida de oficio:	78	6%
Total:	1.325	100%

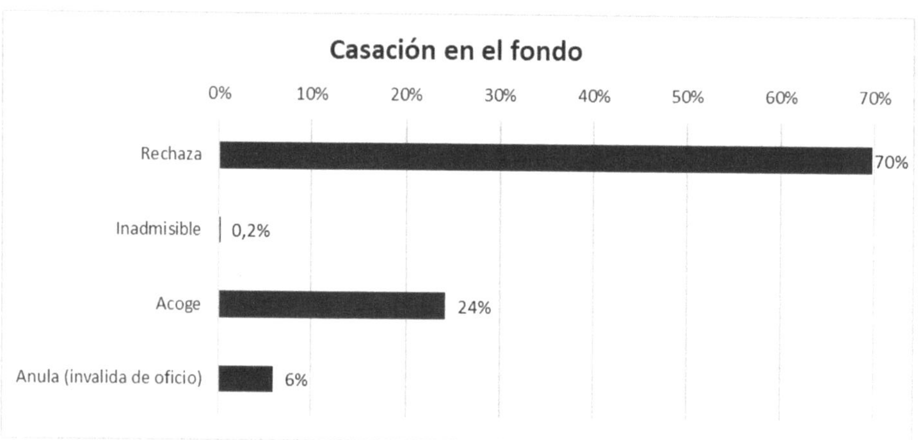

Tratándose del recurso de casación en el fondo los números muestran que un 70% de ellos son rechazados. En cuanto a los recursos acogidos estos alcanzan un 24%. Si a esta cifra sumamos las actuaciones de oficio de la Corte Suprema (6%) llegamos a un total de 30% de recursos de casación en el fondo acogidos. Esta última cifra es superior en un 10% al promedio de recursos acogidos, más las actuaciones de oficio que hizo la Corte Suprema, los años 2013, 2014 y 2015, donde la cifra fue de un 19.2%[38]. Se puede constatar, por tanto, en el año 2019 un aumento tanto en los recursos de casación en el fondo acogidos, como de las actuaciones de oficio que hizo la Corte Suprema.

4.2. Desglose de recursos de casación en la forma

4.2.1. Decisión adoptada por el tribunal

Decisión	Cantidad	Porcentaje
Rechaza:	192	58%
Inadmisible:	65	20%
Acoge:	44	13%
Invalida de oficio:	28	9%
Total:	329	100%

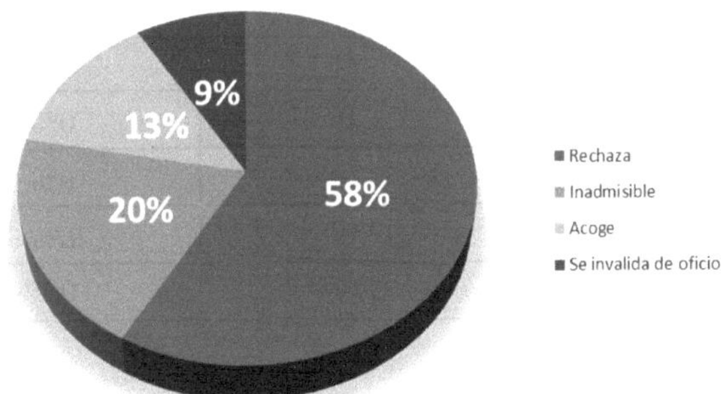

Tratándose del recurso de casación en la forma son varios los aspectos que deseo resaltar. El rechazo alcanza un 58%, cifra inferior a la que se produce tratándose del recurso de casación en el fondo. No obstante, esta cifra puede llevarnos a un engaño porque tratándose de la casación formal la cifra de recursos declarados inadmisibles representa un 20%. La razón

---

[38] Ídem.

por la que he debido incorporar este tipo de rechazos se debe a que en estos casos se han presentado de manera conjunta un recurso de casación en la forma con uno en el fondo. La Corte al conocer de ellos ha declarado inadmisible el recurso de casación en la forma y se ha pronunciado sobre el mérito del recurso de casación en el fondo, sea para rechazarlo (la mayor de las veces), sea para acogerlo (la menor). Por tanto, si sumamos esta declaración de inadmisibilidad tenemos que el rechazo de los recursos de casación en la forma alcanza un 78%, porcentaje superior al de rechazo de la casación de fondo. El número de recursos acogidos llega a un 13%, que sumados a las actuaciones de oficio (especialmente altas, 9%) no da un total de 22% de recursos de casación en la forma acogidos.

4.2.2. Causales invocadas por el recurrente al presentar el recurso de casación en la forma: artículo 768 CPC

Causales	Cantidad	Porcentaje
N° 1	9	3%
N° 2	2	1%
N° 3	3	1%
N° 4	94	23%
N° 5	188	47%
N° 6	9	2%
N° 7	31	9%
N° 8	0	0%
N° 9	24	6%
No expresa	39	8%
Total:	399[39]	100%

[39] Existen más causales de casación en la forma que el número de recursos presentados debido a que los recurrentes suelen invocar más de una causal en cada uno de sus recursos.

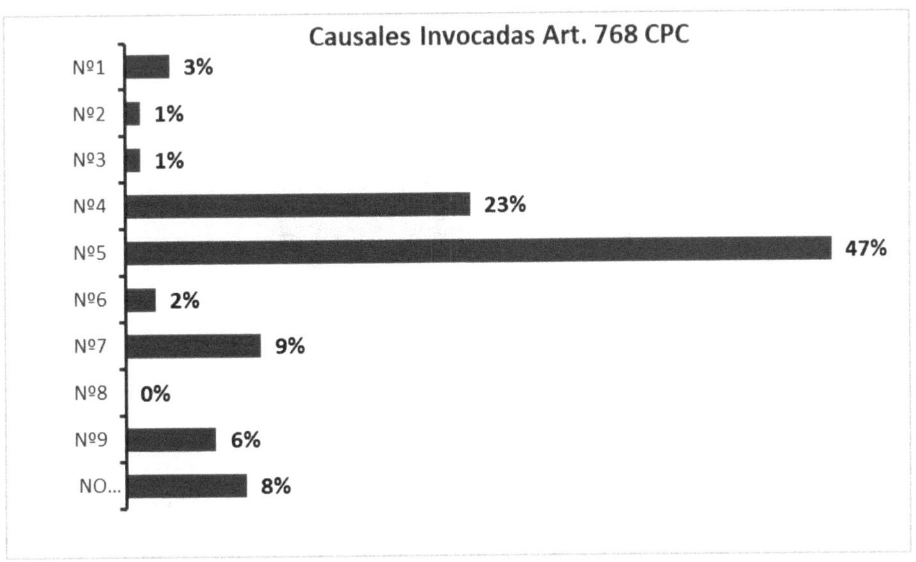

Ya advertí al inicio de este trabajo que los datos muestran que los abogados cuando casan en la forma lo hacen de manera mayoritaria por las causales que permiten a la Corte Suprema dictar sentencia de reemplazo. Me refiero a las causales 4ª, 5ª, 6ª, y 7ª del art. 768 del CPC, que concentran casi un 81% de los vicios que se hace valer por medio de este recurso. Nosotros ya sabemos que lo anterior corresponde a vicios *in iudicando*. Por contraste, la causales que permiten a la Corte Suprema reenviar el asunto al tribunal no inhabilitado, por vicios *in procedendo*, alcanzan solo a un 11%. Dentro de estas causales la 2ª, la 3ª y la 8ª del art. 768 son absolutamente marginales[40].

a) Comparación de las causales del artículo 768 del CPC: sentencia de reenvío versus sentencia de reemplazo

Causales	Cantidad	Porcentaje
Reenvío: causales 1, 2, 3, 8 y 9	38	11%
Reemplazo: causales 4, 5, 6 y 7	322	89%
Total	360	100%

40 Estas cifras son coincidentes con las estadísticas de los años 2013, 2014 y 2015. Véase mi trabajo "El recurso de casación en el sistema procesal civil chileno". *Op. cit.*, págs. 1130 y 1131 (año 2013); pág. 1138 (año 2014) y pág. 1146 (2015).

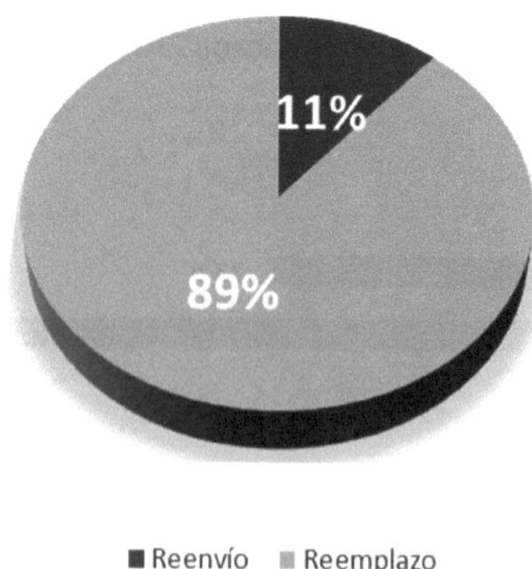

Si comparamos las causales del art. 768 que permiten a la Corte Suprema dictar sentencia de reemplazo versus aquellas que la obligan a dictar sentencia de reenvío, vemos la enorme diferencia que se produce en la práctica en la invocación de unas y otras. Los vicios propiamente formales que señalan los abogados en sus escritos cubren un porcentaje muy menor de los recursos de casación en la forma (solo un 11%). En cambio, tratándose de los vicios que permiten a la Corte dictar sentencia de reemplazo ellos cubren cerca del 90%. Como he señalado, estas son las causales menos *formales* del recurso, es decir, aquellas en las que el vicio no se comete durante la sustanciación del proceso, sino al momento de dictar la sentencia que será impugnada. No es propiamente un vicio *in procedendo,* como suele enseñarse sino un vicio *in iudicando.* Este tema nos debe llevar a repensar estos dos tipos de vicios y a determinar si es razonable que los vicios *in iudicando* los sigamos regulando al amparo del recurso de casación en la forma.

b) Manera como los abogados hacen valer las causales del recurso de casación en la forma

Causales	Cantidad	Porcentaje
Juntas: reemplazo y reenvío	25	7,6%
Solo reemplazo	245	74,5%
Solo reenvío	15	4,6%
No expresa	44	13,4%
Total	329	100%

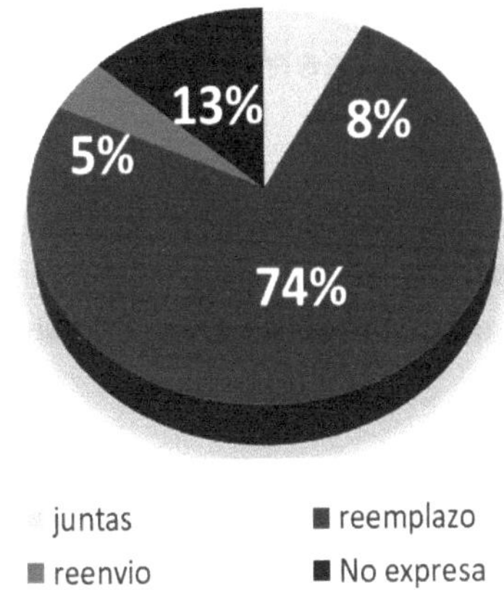

Si ahora nos concentramos en la diversa forma como los abogados hacen valer los vicios que le permiten recurrir de casación en la forma en contra de las sentencias de las Cortes de Apelaciones, podemos observar no son muchas las ocasiones en las que los abogados juntas causales que permiten a la Corte Suprema dictar una sentencia de reenvío, con una que le permite dictar una sentencia de reemplazo. La cifra solo alcanza al 7.6%. En cambio, las causales por un vicio *in iudicando* —de manera aislada o conjunta— llegan a casi un 75%. Por contraste las causales por un vicio *in procedendo* —de manera aislada o conjunta— no llegan al 5%.

c) Desglose de las causales por un vicio in iudicando

Causales *in indicando*	**Recursos**
6	3
4	49
5	131
7	8
4, 5	29
4, 7	6
4, 5, 6, 7	1
5, 7	12
4, 5, 7	2
5, 6	1
4, 6	3
Total	245

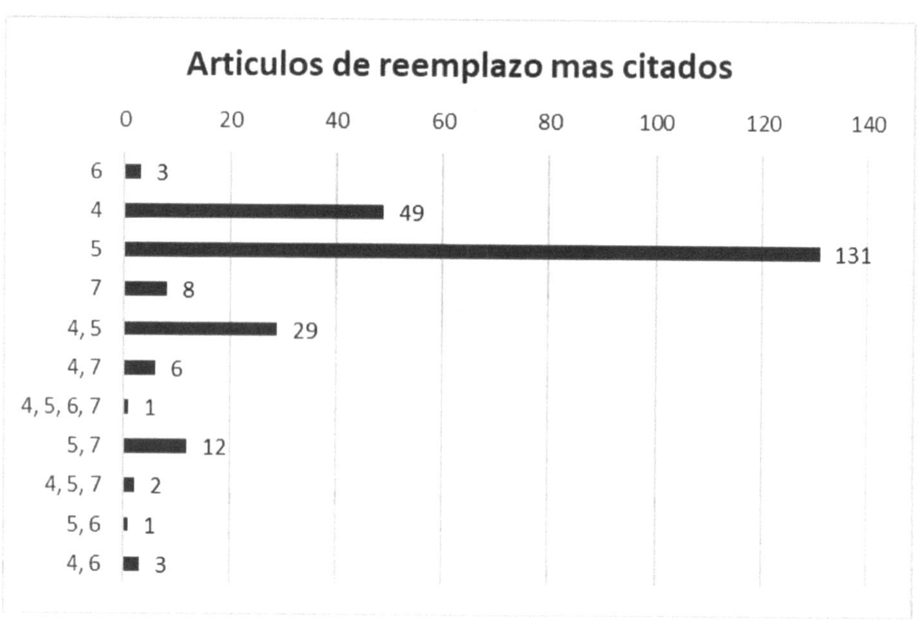

La gráfica muestra que de los 245 recursos en los que se hizo valer alguna causal que permite a la Corte emitir la correspondiente sentencia de reemplazo la del número cuatro (*ultra petita*) y la del número cinco (omisión de los requisitos de la sentencia definitiva) concentran el mayor porcentaje con mucha distancia. Son estas mismas causales (4 y 5) las que los abogados hacen valer de manera conjunta la mayoría de las veces.

d) Desglose de las causales por un vicio in procedendo

Causales *in procedendo*	Recursos
1	4
2	1
3	3
9	7
Total	15

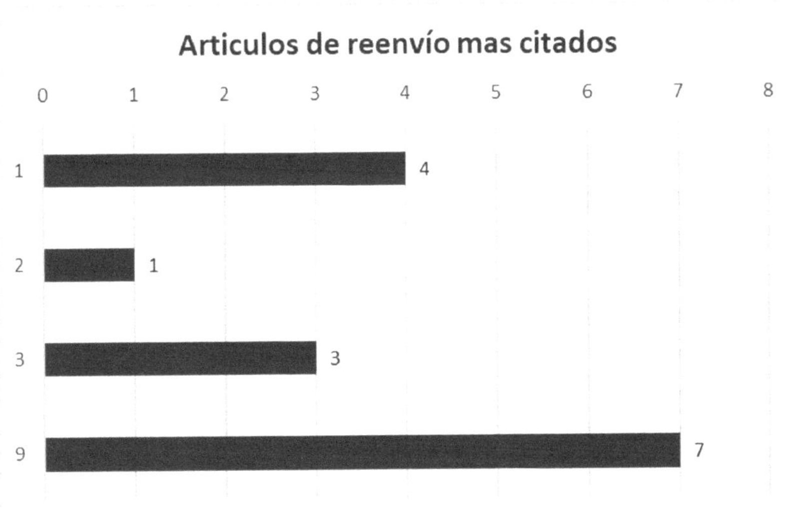

Al analizar las causales que obligan a la Corte Suprema a reenviar el asunto al tribunal no inhabilitado para que siga conociendo de la causa, podemos observar que la causal del número nueve (omisión de algún trámite declarado esencial por la ley) es la concentra la mayor cantidad, seguida de la del número uno (incompetencia).

e) Desglose de las causales por un vicio in procedendo presentadas de manera conjunta con una por un vicio in iudicando

Causales *in indicando*	**Recursos**
5, 9	11
1, 5, 9	2
4, 9	2
4, 5, 7, 9	1
1, 4, 5	2
7, 9	1
2, 4, 5	1
1, 5	2
6, 9	1
1, 4	1
4, 5, 9	1
Total	25

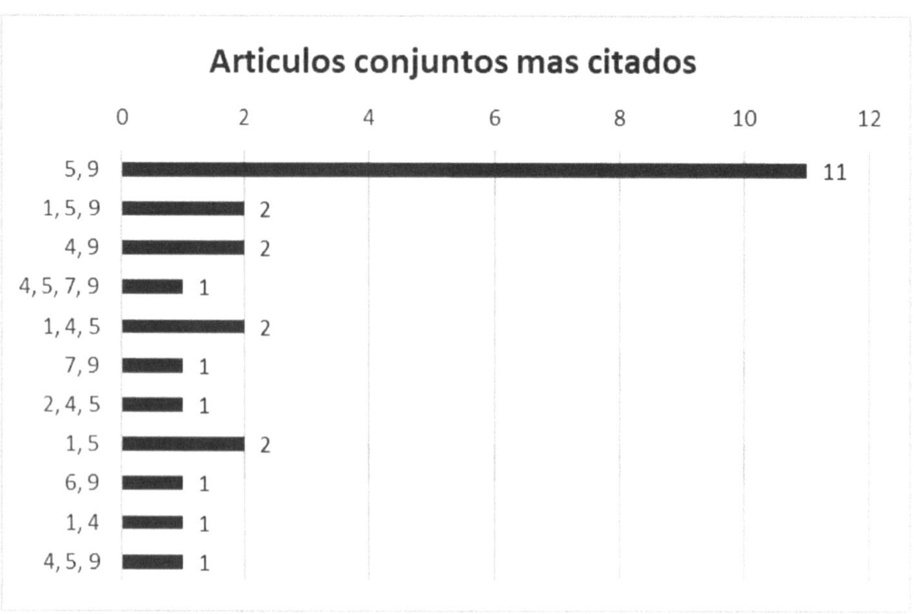

Finalmente, la última gráfica que presentaremos en este estudio nos muestra que en aquellos casos en los que los abogados hacen valer conjuntamente ambos tipos de causales, la pareja que más se repite es la del número cinco (omisión de los requisitos de la sentencia definitiva) con la del número nueve (omisión de los requisitos de la sentencia definitiva), lo que corrobora lo que la estadística anterior muestra: son las causales que más se utilizan en el foro nacional en sus respectivas categorías (reemplazo y reenvío).